临沂矿业集团公司志

（1991—2020）

（上卷）

《临沂矿业集团公司志》编纂委员会　编

新华出版社

图书在版编目（CIP）数据

临沂矿业集团公司志. 上, 1991—2020 /《临沂矿业
集团公司志》编纂委员会编. —北京：新华出版社，
2021.6

ISBN 978-7-5166-5871-0

Ⅰ.①临…　Ⅱ.①临…　Ⅲ.①矿业－企业集团－概况
－临沂－1991-2020　Ⅳ.①F426.1

中国版本图书馆CIP数据核字（2021）第100597号

临沂矿业集团公司志. 1991—2020

作　　者：《临沂矿业集团公司志》编纂委员会　编

责任编辑：蒋小云　　　　　　　　封面设计：中尚图

出版发行：新华出版社
地　　址：北京石景山区京原路8号　　邮　　编：100040
网　　址：http://www.xinhuapub.com
经　　销：新华书店
　　　　　新华出版社天猫旗舰店、京东旗舰店及各大网店
购书热线：010-63077122　　　　中国新闻书店购书热线：010-63072012

照　　排：中尚图
印　　刷：炫彩（天津）印刷有限公司
成品尺寸：285mm×210mm，1/16
印　　张：73.5　　　　　　　　　字　　数：1973千字
版　　次：2021年6月第1版　　　印　　次：2021年6月第1次印刷
书　　号：978-7-5166-5871-0
定　　价：498.00元（全2卷）

《临沂矿业集团公司志》编纂委员会

主　　　任：张圣国　刘孝孔

副　主　任：鲁守明　何祥成　侯宇刚　提文科

委　　　员：赵仁乐　肖庆华　王苏南　靳家皓　李存禄　曹庆伦

　　　　　　祁方坤　石富山　王　军　王学兵　李宪寅　张红芳

　　　　　　尉　光　张　明　王统海　孔祥堂　刘恩功　赵治国

　　　　　　王荣宝　刘中军　刘厚福　闫陶章　贾自富　宋　陵

　　　　　　马先文　张海涛　田国志　刘春峰　崔希国　赵太强

　　　　　　陈立海　刘金顺　邢连军　朱玉清　林英良　陈广印

　　　　　　李乐成　李安平　齐宝华　郑士东　翟健飞　白景志

　　　　　　王玉强　吴　涛　李善祥　任智德　龙禄财

主　　　审：何祥成　提文科

主　　　编：王学兵

副　主　编：李宪寅　张红芳

执行副主编：董立霞

史志办公室主任：王学兵

　　　副主任：李宪寅　张红芳　李守仁

　　　成　员：董立霞　王玉英　顾宗岷　郑培永

　　　　　　　田　凯　杨永霞

《临沂矿业集团公司志》评审组专家

陈　昌　　煤炭工业文献委副主任、《中国煤炭工业志》副总纂

唐延仲　　《山东省志》副总纂、四级调研员

徐其端　　山东省煤炭行业协会秘书长

严继承　　山东能源集团机关党委书记

孙卓龙　　《山东能源集团志》执行副主编

杨建平　　兖矿集团原史志办公室副主任

汪　宏　　枣矿集团原史志办公室主任、《枣庄矿业集团公司（矿务局）志》主编

向着太阳出发

临矿集团之歌

（合唱）

曹 勇词
孟卫东曲

1=♭E 4/4

每分钟116拍 豪情满怀地

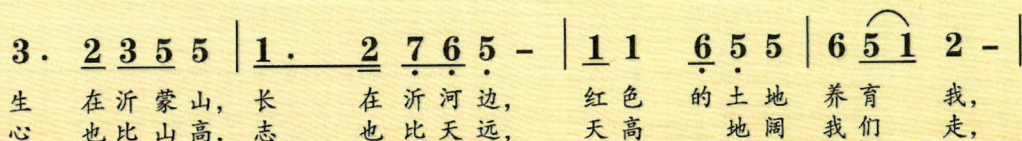

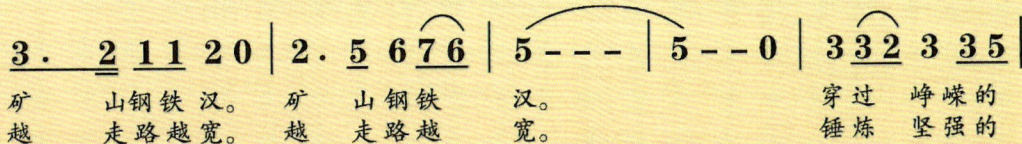

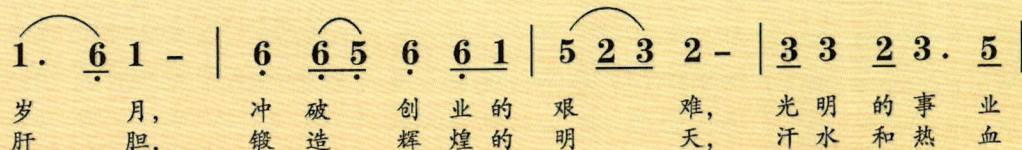

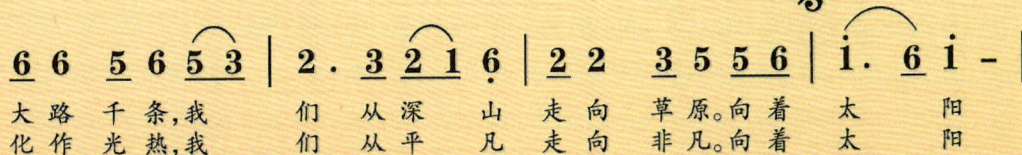

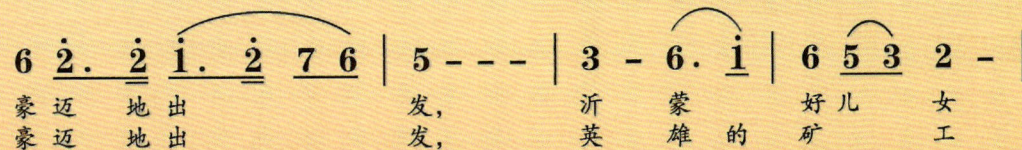

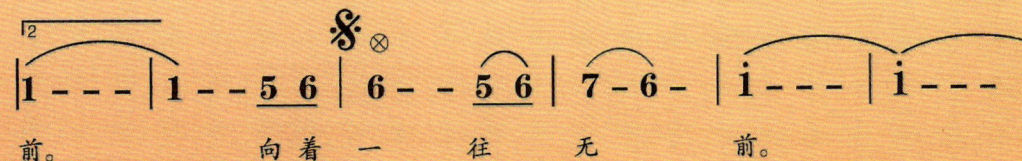

3. 2 3 5 5 | 1. 2 7 6 5 - | 1 1 6 5 5 | 6 5 1 2 - |

生 在沂蒙山， 长 在沂河边， 红色 的土地 养育 我，
心 也比山高， 志 也比天远， 天高 地阔 我们 走，

3. 2 1 1 2 0 | 2. 5 6 7 6 | 5 - - - | 5 - - 0 | 3 3 2 3 3 5 |

矿 山钢铁汉。 矿山钢铁 汉。 穿过 峥嵘的
越 走路越宽。 越 走路越 宽。 锤炼 坚强的

1. 6 1 - | 6 6 5 6 6 1 | 5 2 3 2 - | 3 3 2 3. 5 |

岁 月， 冲破 创业的 艰 难， 光明的事业
肝 胆， 锻造 辉煌的 明 天， 汗水和热血

6 6 5 6 5 3 | 2. 3 2 1 6 | 2 2 3 5 5 6 | 1. 6 1 - |

大路千条，我 们从深 山 走向草原。向着 太 阳
化作光热，我 们从平 凡 走向非凡。向着 太 阳

6 2. 2 1. 2 7 6 | 5 - - - | 3 - 6. 1 | 6 5 3 2 - |

豪迈 地出 发， 沂蒙 好儿 女
豪迈 地出 发， 英雄的矿 工

2. 5 6 7 6 | 5 - - - | 3 6 1 3. 4 3 2 | 1 - - - | 1 - - 0 :‖

敢 为 人 先。 敢 为 人 先。
一 往 无 前。 一 往 无 前。

[2] 1 - - - | 1 - 5 6 | 6 - - 5 6 | 7 - 6 - | 1 - - - | 1 - - - |

前。 向着 一 往 无 前。

1 0 0 0 ‖

- 全国煤炭工业先进集体
- 山东省省级文明单位
- 省级重合同守信用企业
- 山东省国企改革先进单位
- 平安山东建设先进单位
- 山东省富民兴鲁劳动奖章
- 山东省企业文化建设示范单位
- 山东省思想政治工作优秀企业
- 山东煤炭安全质量标准化公司
- 山东省管理创新优秀企业
- 山东省花园式单位
- 中国最具成长性企业

领导班子

临矿集团党委书记、董事长　张圣国

临矿集团党委副书记、总经理　鲁守明

2020年12月，临矿集团领导班子

左起：靳家皓（党委委员、纪委书记）、肖庆华（党委委员、副总经理）、鲁守明（党委副书记、总经理）、赵仁乐（党委委员、副总经理、总工程师）、

何祥成（党委副书记、工会主席）、张圣国（党委书记、董事长）、
王苏南（外部董事、财务总监）、李存禄（党委委员、副总经理、安全总监）

1992年1月，临沂矿务局领导班子

左起：李春晓　李加夫　赵荣思　崔宝德　叶　泰　李景锡　王恩功　黄文斋

2005年10月，临沂矿务局领导班子

前排左起：刘成录　刘孝孔　李义文　孙廷华　陈　猛

后排左起：王洪忠　雷其春　曹庆伦　吴洪军　于德亮　张廷玉

2008年9月，临矿集团领导班子

左起：曹庆伦　雷其春　于德亮　刘成录　刘孝孔　李义文

宿洪涛　陈　猛　吴洪军　申传东　张廷玉

2011年7月，临矿集团领导班子

左起：荣　刚　陈家忠　雷其春　张希诚　刘成录　刘孝孔　郭修杰　石富山　曹庆伦

2016年1月，临矿集团领导班子和先模人物合影

前排左起：赵仁乐　曹庆伦　张廷玉　张希诚　刘孝孔　提文科　于德亮　王　军

2017年5月，临矿集团领导班子

左起：赵仁乐　于德亮　祁方坤　提文科　刘孝孔　张圣国　曹庆伦　石富山　王　军

关心关怀

1991年12月25日，中煤总公司副总经理范维唐（前排左一）到矿务局调研。

2001年1月10日，山东煤矿安全监察局局长公茂泉（中）到古城煤矿检查指导工作。

2004年12月27日，山东煤矿安全监察局局长王子奇（左一）到新驿煤矿检查指导工作。

2005年3月5日，山东省副省长王仁元（右一）到矿务局调研。

2006年9月20日，全国政协常务委员、原煤炭工业部副部长张宝明（前左二）到古城煤矿调研。

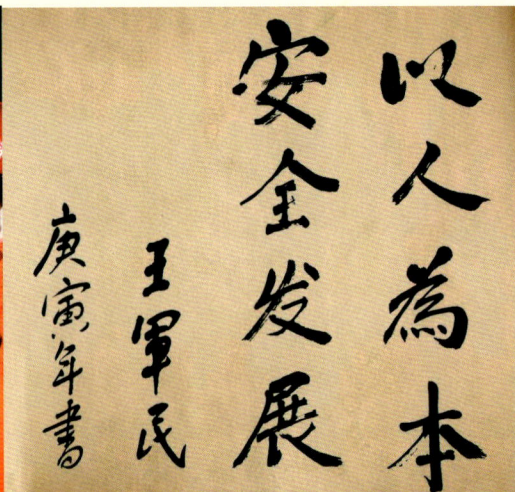

以人为本 安全发展

王军民

庚寅年书

2010年5月18日，山东省副省长王军民（左二）到古城煤矿调研并题词。

2010年7月14日，山东省省长助理周齐（左二）、山东省国资委副主任李红（左一）、山东煤矿安全监察局局长王子奇（右一）到上海庙矿业公司榆树井煤矿调研。

2010年7月14日，山东能源集团董事长卜昌森（前右）到上海庙矿业公司调研。

2011年4月9日，国家安监总局总工程师黄毅（前排左二）到山东玻纤集团调研。

2011年4月11日，山东省委书记姜异康（前左）到山东玻纤集团调研。

2011年5月31日，山东省煤炭工业局局长乔乃琛（中）到邱集矿检查指导工作。

2011年7月23日，临沂市委书记张少军（前中）到上海庙矿业公司榆树井煤矿调研。

2011年8月5日，内蒙古自治区党委书记胡春华（中）到上海庙矿业公司调研。

2011年8月8日，省国资委主任、党委副书记谭成义（右一）到上海庙矿业公司榆树井煤矿调研。

2011年8月23日，政协第十一届全国委员会经济委员会副主任张国宝（右）到上海庙矿业公司榆树井煤矿调研。

2012年5月15日，山东省副省长张建国（左一）到山东玻纤集团调研。

2012年7月18日，国家能源局副局长吴吟（中）到上海庙矿业公司调研。

2013年11月13日，山东省政府副省长张超超（前右一）到会宝岭铁矿调研。

2017年8月18日，省管企业监事会主席王绍亮（前中）到上海庙矿业公司新上海一号煤矿调研。

2017年9月16日，临沂市委书记王玉君（前右）到山东玻纤集团检查指导工作。

2018年4月10日，山东煤矿安全监察局局长、党组书记王端武（右一）到鲁西煤矿检查指导工作。

集团领导

1994年3月，省煤管局副局长刘振翮（左二）到古城煤矿检查指导矿井建设，临沂矿务局局长崔宝德（右二）陪同。

1995年11月9日，临沂矿务局党委书记赵荣思（左一）主持劳动合同签订会议。

2002年10月1日，矿务局党委书记张军主持东山矿业公司成立大会。

1999年1月28日，矿务局党委书记李加夫在年度工作表彰大会上讲话。

2005年9月20日，矿务局局长李义文（右一）到古城煤矿检查指导工作。

2006年8月30日，临矿集团总经理孙廷华（右二）到新驿煤矿检查指导工作。

2009年7月28日，临矿集团党委副书记、总经理宿洪涛（左一）到新驿煤矿井下查看工作面情况。

2011年4月14日，临矿集团党委书记、董事长刘成录（左一）到古城煤矿指导工作。

2015年8月6日，临矿集团党委书记、董事长张希诚（右二）到王楼煤矿指导工作。

2017年11月30日，临矿集团总工程师赵仁乐（前中）到新驿煤矿检查指导工作。

2018年11月16日，临矿集团党委副书记、总经理侯宇刚（右二）到新驿煤矿调研工作。

2019年4月26日，临矿集团党委书记、董事长刘孝孔（右一）到株柏煤矿调研指导工作。

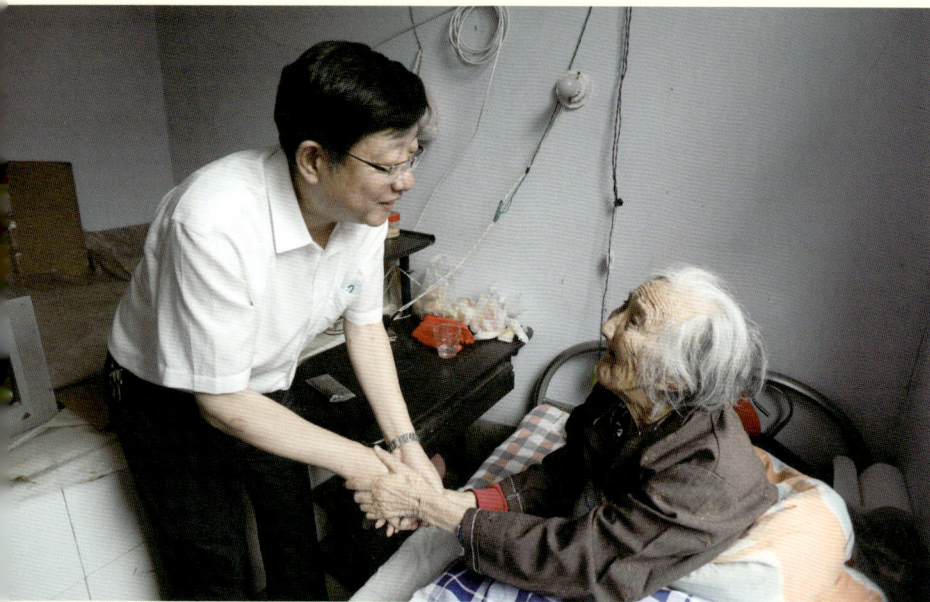

2020年9月29日，临矿集团党委副书记、工会主席何祥成（左一）到山东能源驻沂水县第一书记帮扶村走访慰问困难群众。

2020年12月1日，临矿集团副总经理肖庆华（左一）到榆树井煤矿检查指导工作。

2021年1月11日，临矿集团副总经理、安全总监李存禄（右一）到新驿煤矿检查工作。

2021年1月15日，临矿集团党委书记、董事长张圣国（中）到里彦煤矿查看生产现场。

2021年2月19日，临矿集团财务总监王苏南（左一）到郭屯煤矿检查选煤厂改造及"两化融合"工作。

2021年4月27日，临矿集团党委副书记、总经理鲁守明（右一）到里彦煤矿查看生产现场。

2021年5月8日，临矿集团纪委书记靳家皓（右二）到邱集煤矿检查党建工作。

党建引领

2015年9月14日，临矿集团党委"三严三实"廉政教育专题报告会。

2015年12月11日，临矿集团在郭屯煤矿召开菏泽煤电公司领导干部会议。

2016年5月10日，临矿集团党委"两学一做"学习教育动员部署暨党建工作座谈会。

2016年7月15日，临矿集团党委举办"两学一做"微型党课竞赛。

2017年3月28日，临矿集团召开第一次党代会。

2017年6月6日，山东能源集团党委副书记王勇（左一）到古城煤矿采煤一工区党支部督导"两学一做"制度化常态化工作。

2017年8月30日，临矿集团党校在军城实训基地揭牌。

2017年9月，临矿集团职工学习《习近平的七年知青岁月》。

2018年6月27日，王楼煤矿组织80名共产党员赴革命圣地延安、梁家河等地接受红色革命传统教育。

2018年12月26日，临矿集团党委副书记提文科（前排右一）到新驿煤矿进行党建工作考核。

2019年6月6日，临矿集团党委书记、董事长刘孝孔（右一）为感动临矿"十大奋斗者"获得者颁奖。

2019年7月9日，临矿集团党委选择临矿红色基因发源地——莒县煤矿旧址作为第一站，开展"寻找初心、淬炼党性"现场教育。

2020年12月28日，临矿集团党委书记、董事长张圣国（中）到上海庙矿业公司督导省委巡视反馈问题整改工作。

发展历程

1960年3月1日，临沂矿务局成立。

1992年12月5日，株柏煤矿投产剪彩仪式。

2001年1月12日，矿务局首个现代化矿井古城矿井建成试生产。

2001年3月14日，矿务局千人形势任务报告会。

2002年10月1日，山东东山矿业有限责任公司挂牌仪式在矿区俱乐部举行。

2004年9月9日，王楼矿井开工仪式。

2005年6月22日，山东省管企业主辅分离辅业改制现场会在矿务局召开。

2005年7月11日，山东煤矿莱芜煤机厂移交矿务局管理。

历经沧桑终崛起
再创发展新辉煌

濮洪九

2006.4.10

2006年8月5日，临沂矿业集团有限责任公司成立揭牌仪式。中国煤炭工业协会第一副会长、党委书记濮洪九为临矿集团成立题词。

2007年12月28日，内蒙古上海庙矿业有限责任公司成立仪式。

2011年11月19日，临矿集团举办"产量超千万，收入过百亿"庆典活动。

2012年6月16日，会宝岭铁矿采选工程联合试运转剪彩仪式。

2014年1月22日，山东玻纤集团股份有限公司揭牌仪式。

2015年10月16日，澳大利亚煤炭资源勘探现场。

2015年12月9日，临矿集团与都城伟业集团在鲁能集团北京总部签订《菏泽煤电公司股权转让协议》。

2016年7月1日，新驿煤矿矿长李存禄（左）与任城监狱监狱长贾吉生（右）签订接管鲁西煤矿协议。

2018年5月8日，临矿集团整合鲁北、亿金、运销三家公司成立山东物商集团有限公司。

2019年4月26日，中国煤炭教育协会理事长李增全（左）与临矿集团副总经理鲁守明（右）为山东煤炭技师学院全国煤炭行业高技能人才培训基地揭牌。

2020年9月3日，临矿集团控股的山东玻纤集团股份有限公司在上海证券交易所成功上市。

生产建设

1987年11月28日，举行株柏矿井主井开工典礼。

1994年1月29日，古城煤矿主井井筒地面注浆工程开工。

2001年11月7日，新驿矿井召开井筒注浆施工方案审查会。

2007年7月8日，上海庙矿业公司榆树井煤矿主副立井井检孔开工仪式。

2008年2月，山东玻纤复合材料有限公司奠基仪式。

古城煤矿现代化百万吨综采工作面（2002年）。

2012年1月1日，会宝岭铁矿实现联合试运转。

2012年5月9日，山东玻纤复合材料有限公司10万吨池窑拉丝项目三期工程第二条3万吨ECR玻璃纤维生产线点火。

2016年12月24日，鲁北公司基地首列煤炭专列入库交收。

2017年12月28日，内蒙古上海庙矿业公司新上海一号煤矿奠基仪式。

科技创新

2016年11月，临矿集团召开第四届科技大会。

2012年9月14日，山东玻纤集团产业发展研讨会在复合材料公司召开。

2016年2月4日，鲁北公司基地火车翻车机投入运营。

2017年7月，山东煤炭技师学院机器人实训车间。

2017年7月7日，临矿集团王楼煤矿智能化远程运销系统运行。

山东玻纤集团自动化产品包装系统（2018年）。

郭屯煤矿智能化综采工作面（2017年）。

2018年7月7日，临矿集团召开"临矿之最"新旧动能转换创新成果表彰大会。

2018年8月24日，邱集煤矿举办科技创新成果巡展会。

2019年6月13日，田庄煤矿智能化柔性托辊生产线建成运行。

鲁西煤矿智能化选煤厂一角（2019年）。

2014年10月，会宝岭铁矿井下-430米5G无人电机车轨道。

2018年3月，上海庙矿业公司工作面实现远距离供液，最大供液距离3000米以上。

2018年4月18日，鲁西煤矿采用沿空留巷工艺实现无煤柱开采。

2018年4月25日，鲁西煤矿引进首套岩巷高效快速掘进线。

2018年12月31日，新驿煤矿首个薄煤层智能化工作面安装试运行。

田庄煤矿刨煤机综采工作面（2018年）。

和谐矿山

1996年7月1日，株柏煤矿举办庆"七一"文艺晚会。

2006年10月1日，新驿煤矿举办第三届集体婚礼。

2008年5月1日，临矿集团举行庆"五一"、迎"五四"系列文体活动。

王楼煤矿职工公寓（2009年）。

2010年9月22日，新驿煤矿开展井口中秋送平安活动。

2011年1月1日，古城煤矿举办庆祝矿井投产10周年文艺晚会。

2011年1月31日，古城煤矿包车送职工回家过年。

2011年7月26日，临矿集团举行庆祝建党90周年红歌演唱会。

2012年2月6日，临矿集团举行庆元宵焰火晚会。

2012年3月8日，临矿集团机关庆祝"三八"妇女节，集体舞表演《向着太阳出发》。

2012年10月25日，临矿集团"赞歌献临矿 喜迎十八大"系列活动之舞台表演《绣红旗》。

2014年5月1日，会宝岭铁矿举行庆"五一"长跑比赛。

2016年4月6日，临矿集团在新驿煤矿举办庆"五一"书法摄影展。

2017年9月18日，上海庙矿业公司创办的科大鹰骏幼儿园正式开学。

2018年12月5日，菏泽煤电公司职工通勤车开通运行。

　　2020年2月17日，临矿集团联合临沂交运集团开辟"临沂—鄂尔多斯"职工返程复工专线。临矿集团董事长刘孝孔（前排右九）、总经理侯宇刚（前排右八）为首批赶赴内蒙古矿区复工复产的189名干部职工送行。

矿容矿貌

临矿集团总部
（2011年）

古城煤矿
（2010年）

菏泽煤电公司
（2016年）

郭屯煤矿（2020年）

彭庄煤矿（2018年）

王楼煤矿（2017年）

新驿煤矿（2015年）

鲁西煤矿（2019年）

田庄煤矿（2020年）

邱集煤矿
（2020年）

里彦煤矿（2020年）

上海庙矿业公司榆树井煤矿（2019年）

上海庙矿业公司
新上海一号煤矿
（2020年）

永明煤矿
（2020年）

株柏煤矿（2018年）

澳大利亚公司总部办公地点（左）（2019年）

山东煤炭技师学院（2018年）

山东玻纤集团
（2019年）

山东物商集团亿金
物流（2016年）

会宝岭铁矿公司
（2020年）

奉献社会

1991年3月，矿务局技工学校团委组织团员青年开展便民服务活动。

2010年5月17日，古城煤矿举办"情系玉树"捐款活动。

2015年12月，临矿集团参加平邑石膏矿坍塌事故救援。

临矿集团扶贫村桃棵子村"沂蒙红嫂祖秀莲纪念馆"（2015年）。

2015年12月3日，临矿集团工会主席曹庆伦（右一）到扶贫村调研。

2020年2月10日，临矿集团举办"抗击疫情"爱心捐款活动。

临矿集团扶贫村新建王庄村幼儿园达省级规范标准（2018年）。

荣誉成就

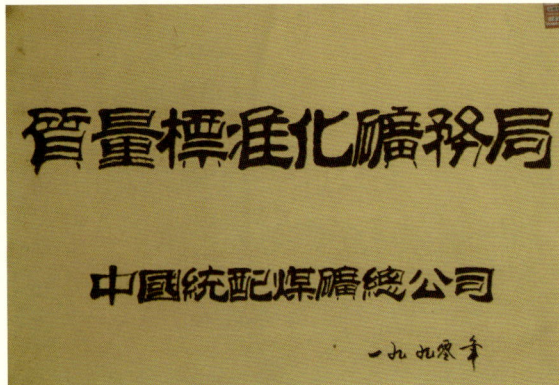

质量标准化矿务局

中国统配煤矿总公司

一九九〇年

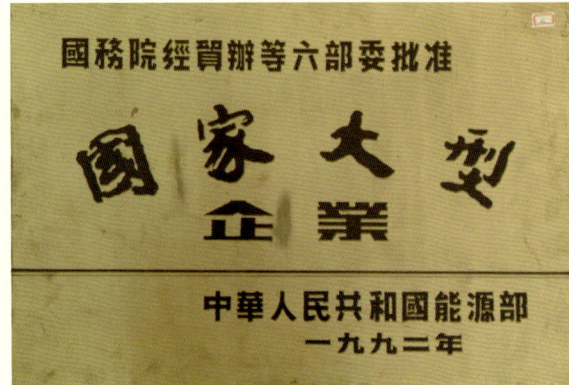

国务院经贸办等六部委批准

国家大型企业

中华人民共和国能源部

一九九二年

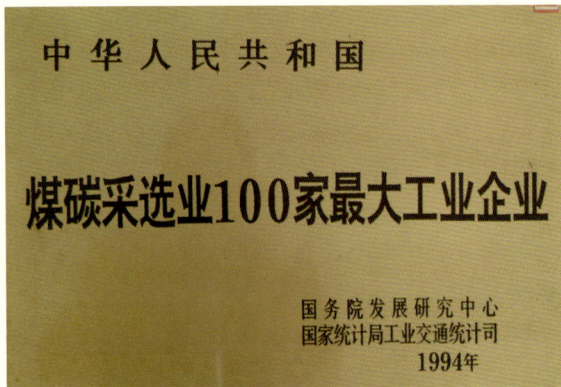

中华人民共和国

煤碳采选业100家最大工业企业

国务院发展研究中心
国家统计局工业交通统计司
1994年

国家经贸委等六部委批准

国家大型企业

中华人民共和国煤炭工业部

一九九五年

安全生产先进单位

奖

山东省煤炭工业管理局
二〇〇〇年元月

省级重合同守信用企业
PROVINCIAL CONTRACT-STRESSING AND PROMISE-KEEPING ENTERPRISES

山东省工商行政管理局

临沂矿务局 1998-2000年度环境目标责任制

先进单位

山东省煤炭工业局
二〇〇一年五月

全国煤炭工业

先进集体

中华人民共和国人事部
中国煤炭工业协会
二〇〇七年九月

省 级

文明单位

山东省精神文明建设委员会

证书

临沂矿业集团有限责任公司申报的《以大数据分析共享创建企业智慧管理新模式》被遴选为"2020年全国智慧企业建设最佳实践案例"。

证书编号：ZTW202002052

全国"安康杯"竞赛优胜企业

中华全国总工会
国家安全生产监督管理总局
二〇〇八年一月

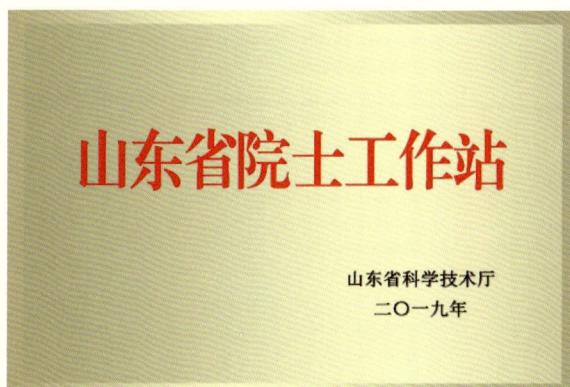

山东省院士工作站

山东省科学技术厅
二〇一九年

山东能源临矿集团

二〇一九年度
企业文化建设典范企业

中国企业文化建设评会组委会
二〇一九年十月

众手成志

2018年8月31日，临矿集团续志工作启动大会暨史志编纂业务培训会议在技师学院召开。

2019年11月15日，全国煤炭企业修志工作座谈会在古城煤矿召开。

2019年12月6日，临矿集团史志编纂工作推进会在王楼煤矿召开。

　　2020年12月10日，菏泽煤电公司、新驿煤矿、会宝岭铁矿公司、上海庙矿业公司、邱集、株柏煤矿、山东物商集团等志书终审会在菏泽煤电公司召开。

　　2020年12月10日，临矿集团权属单位7部志书终审会参会人员

前排左起：李宪寅　范吉宏　郑培永　齐宝华　戚洪来　张海涛　李存禄　汪　宏　何祥成
　　　　　孙卓龙　王学兵　朱玉清　刘九周　任小红　杨永霞　董立霞
后排左起：董　敬　徐良勇　田新立　王慧超　郭景池　刘纪玉　杨现贵　李　东　孙迎东
　　　　　秦　涛　李　冰　陈　重　高志勇　孔令福　王新立　王凤斌

2021年3月29日，古城、王楼、田庄、山东玻纤集团、技师学院等5部志书终审会和临矿集团志复审会在技师学院召开。

2021年3月29日，临矿集团志复审会和权属单位5部志书终审会参会人员

前排左起：李德志　齐宝华　邵长余　李宪寅　汪　宏　何祥成　孙卓龙　王学兵　李　泉
　　　　　张海涛　田　凯

中排左起：刘九周　武玉楼　张善俊　杨永霞　董立霞　任小红　杨红树　张俊宝　张　卫
　　　　　赵钦营　张红芳　李洪光

后排左起：董忠科　徐学文　高　杰　郑培永　孙运兆　郭良金　徐晓华　陈培永　董晓伟
　　　　　孟　凯　孟庆科

临矿集团志复审稿修改专班（2021.4.6—23）
左起：李 奇 杨永霞 徐学文 郑培永 王学兵 李德志 田 凯 吴海刚 董立霞

2021年5月15日，临矿集团公司志书终审会参会人员
前排左起：杨建平 徐其端 何祥成 陈 昌 严继承 唐延仲 汪 宏 孙卓龙
后排左起：杨永霞 张红芳 郑培永 郭良金 李德志 王学兵 董立霞

序

　　在党的百年华诞到来之际，在临矿人携壮丽崛起雄风，满怀"忠诚+担当、智慧+汗水、公平+清正"豪情，向着打造百年临矿高质量发展的新征程砥砺奋进的关键时期，《临沂矿业集团公司志（1991—2020）》问世了。这是临矿人政治生活和文化建设中的一件大喜事。

　　编史修志是中华民族的优良传统，从古至今，历代不衰。临沂矿务局已编纂出版第一部《临沂矿务局志（1948—1990）》，是研究考证临沂煤炭发展史，特别是研究临矿历史和文化的一份宝贵财富。《临沂矿业集团公司志（1991—2020）》是按照山东能源集团的统一部署，编纂出版的第二部志书。它以翔实可靠的资料，全景式展示了临矿集团30年探索和曲折发展的艰辛历程、战略布局、历史性成就，体现了临矿人面对长期的艰难困境，集群力、抓扭亏、求生存、谋发展的特色；突出了面对新的发展机遇，大胆改革，创新体制，低成本扩张，实现跨越式发展的特点；彰显了临矿集团新旧动能转换、工业3.0+改造升级、大数据平台建设、智能智慧临矿建设的特质。是临矿集团30年锐意进取，全面发展的一部不可多得的百科全书。

　　20世纪90年代以来，面对资源枯竭、亏损严重、"断奶缺粮"的生存危机，临矿人发扬"特别能战斗"的矿工精神和艰苦奋斗、无私奉献的沂蒙精神，向困难奋起宣战，开启了艰难曲折的扭亏解困历程，为煤炭事业的振兴发展付出了巨大牺牲、做出了重大贡献。进入21世纪，临矿人以敢为人先的非凡气魄，紧紧抓住国家深化国企改革，以及西部大开发的机遇，大力实施产权制度改革、衰老煤矿破产重组、主辅分离辅业改制、"三项制度"改革和对外低成本扩张等战略措施，使临矿在难得的历史机遇前抢占先机、赢得主动，一举取得令人瞩目的伟大成就，使临沂矿区得以翻天覆地。特别是古城煤矿投产、全面深化改革、并购菏泽煤电三个标志性事件，推动临矿集团跨入了改革发展、突飞猛进的历史新时代。如今，勤劳智慧的临矿人正在新山东能源集团的坚强领导下豪迈地向着打造百年临矿的宏伟目标奋勇前进。我们坚信，有着光荣传统的临矿人，过去能够凭借英勇无畏、百折不挠的气概，创造出令人惊美的"临矿奇迹"，今天，也一定能够在新一轮改革发展大潮中勇立潮头、大显身手、再立新功，让临矿这颗"沂蒙明珠"更加熠熠生辉、华彩夺目。

　　古人云："治天下者以史为鉴，治郡国者以志为鉴"。我们要充分运用《临沂矿业集团公司志（1991—2020）》所呈现的大量信息资料，在临矿集团新时代发展壮大的征程中更好地发挥镜鉴明志、崇德力行的作用。

　　编修志书是一项巨大而浩繁的文化工程。在各级领导的大力支持下，在各部门、各单位的通力协作、密切配合下，圆满完成《临沂矿业集团公司志（1991—2020）》的编纂工作，实属不易，功莫大焉！谨向曾为临矿集团改革发展殚精竭虑、无私奉献的老领导、老同志致以崇高的敬意；向在本志编纂过程中给予指导和帮助的领导、专家和各界人士，以及付出大量心血的全体编修人员表示诚挚的谢意！

张圣国

2021年6月

凡 例

一、本志坚持以马克思列宁主义、毛泽东思想、邓小平理论、"三个代表"重要思想、科学发展观、习近平新时代中国特色社会主义思想为指导，坚持历史唯物主义和辩证唯物主义的观点和方法，全面、真实、系统地反映临矿集团改革发展的成就和经验，力求做到思想性、资料性和科学性的统一，突出时代特点和临矿特色。

二、本志为《临沂矿务局志（1948—1990）》续志。上限1991年，下限2020年，部分内容适当上溯下延。

三、本志采用述、记、志、传、图、表、录等体裁。卷首设序、概述，中设专业志，篇下设无题序，后缀附录、编纂始末。以志为主；图、表随文设置，表格、图按篇章的顺序编号。

四、本志采用语体文、记述体，第三人称。党政机关、单位、机构等使用当时称谓，首次用全称，后用简称。叙述1991—2020年的事务，使用临矿集团，不再加注临沂矿务局；以临矿集团成立的2006年7月25日为基准日，此前称临沂矿务局或矿务局、临沂矿务局党委或局委；基准日及后称临矿集团或集团公司、集团，临矿集团党委或集团党委。

五、标点符号、专业名词、纪年、数字、计量单位等按照国家相关规定使用。

六、本志收录人物，坚持生不立传和重在业绩的原则，采用传、简介、名录等形式，收录曾在临矿集团发展中做出重大贡献和有重大影响的人物。

七、本志资料主要由临矿集团档案室、各处室、各单位提供，其中的各类数据，以临矿集团公布的数据为准。部分资料来源于走访调查的口碑文字，经考证核实后入志。

目　录

上　卷

第一篇　管理体制

第二篇　煤炭产业

第三篇　煤矿安全

第四篇　玻纤产业

第五篇　铁矿产业

第六篇　重点项目

第七篇　经营管理

下　卷

第八篇　科技与环保

第九篇　党群组织

第十篇　企业文化

第十一篇　文教卫生

第十二篇　后勤保障

第十三篇　人物与荣誉

附　录

概　述

临沂矿业集团公司志

一

临沂矿业集团有限责任公司总部位于山东省临沂市罗庄区商业街69号。其前身是抗日战争及解放战争时期为八路军和解放军兵工厂提供燃料的地方煤矿。解放初期设立临沂煤矿，后在整合周边煤矿的基础上于1960年建立临沂矿务局，1986年上划煤炭工业部管理，1998年隶属关系划归山东省政府管理。2006年，经省政府批准改制为临沂矿业集团有限责任公司，注册资本20亿元，是省属国有独资公司。2011年3月，经省委、省政府批准，临矿集团隶属山东能源集团有限公司。

2020年末，临矿集团资产总额358亿元。拥有全资公司13个、控股公司5个、参股公司10个。董事会、经理层和机关部（处）室15个、独立核算单位2个、直属中心7个。拥有古城、新驿、王楼、郭屯、彭庄、株柏、邱集、鲁西、里彦、榆树井、永明等11对煤炭生产矿井，新上海一号1对联合试运转矿井，1对铁矿石生产矿井会宝岭铁矿，1对在建铁矿凤凰山铁矿，另有山东玻纤集团、山东物商集团、山东盟鲁公司、澳大利亚公司、山东煤炭技师学院5家单位。产业涉及煤电、铁矿、玻璃纤维、物流贸易、矿业技术服务、现代农业等多个领域，主要生产经营单位分布在鲁蒙陕沪4省区10个地市，另外涉足香港地区、澳大利亚等国家商贸和煤炭资源开发。

2020年末，临矿集团权属矿井年核定生产能力1662万吨。其中省内917万吨：古城煤矿120万吨、新驿煤矿105万吨、王楼煤矿100万吨、郭屯煤矿240万吨、彭庄煤矿80万吨、邱集煤矿75万吨、株柏煤矿30万吨、鲁西煤矿87万吨、里彦煤矿80万吨；省外745万吨：榆树井煤矿300万吨、新上海一号煤矿400万吨（联合试运转）、永明煤矿45万吨。

临矿集团煤炭储量8.82亿吨，主要产品以气煤、气肥煤、1/3焦煤、褐煤为主，另有少量焦煤、贫煤、贫瘦煤等不同变质程度的煤。品种有精煤、混煤、洗混煤等。煤炭产品具有低灰、低硫、发热量高、粘结性好等特点，是全国重要的煤炭生产企业之一。

二

临矿集团坚持不断深化改革，实行多种形式的经营责任制，探索企业经营机制，建立现代企业制度，推动企业实现从濒临破产到涅槃重生、从平凡走向非凡的华丽转身。

实行多种经营责任制。1992年，矿务局以五寺庄煤矿、水泥厂为试点进行经济体制、经营机制探索改革。在此基础上，局属各单位积极推进改革，引入竞争机制、实施双向选择，改革得到进一步深化。对后勤服务、物资供应、煤炭运销等部门进行分离，实施内部市场化运营。1994年，矿务局推行人事、劳动用工和工资分配"三项制度"改革，推行岗位全员劳动合同化管理和岗位技能工资制。

1996—1998年，按照山东省煤炭工业管理局（简称省煤管局）的统一部署，矿务局选择塘崖煤矿兴塘瓷厂和技工学校电梯安装中心实行股份合作制和股份制试点；对汤庄煤矿塑料编织厂、龙山瓷厂、基本建设工程公司（简称工程公司）石膏矿等单位实行租赁承包；关停岐山煤矿、桥头矿井2对亏损矿井；对大部分单位实行全员风险抵押承包，对部分单位实行独立法人经营。实行煤炭生产、多种经营、后勤服务3条线核算与管理。

探索企业整体改革改制。2001年2月—2002年8月，矿务局完成15个下属单位的产权制度改革，所有生产经营单位全部改制为各种类型的有限责任公司，完成由工厂制向公司制的转变。2002年10月，成立投资主体多元化的山东东山矿业有限公司，标志着矿务局整体改制迈出重要的第一步，首开全省国有重点企业实现投资主体多元化之先河。

2003年12月，经省经贸委等厅局批复，同意将矿务局工程公司等9个单位纳入辅业改制范围，均改制为非国有法人控股单位。至2006年10月底，除后勤服务中心因政策调整退出外，其他8个单位均完成改制工作。

2004年，省煤炭局先后将其12个经济实体和3家煤机厂委托或划归矿务局管理，由矿务局负责对其进行深化改革。2006年，完成经营机制转换。

建立完善现代企业制度。2006年8月，临沂矿业集团有限责任公司挂牌成立，标志着走过46年奋斗历程的矿务局实现重大历史性跨越，成为临矿发展史上的一个重要里程碑。同年，省国资委实施国有企业法人治理结构改革试点，临矿集团作为重要试点单位之一，在规范公司治理结构、健全监督约束机制和规避各种风险等方面大胆探索和不断创新。2007年3月16日，临矿集团第一届董事会第一次会议召开，标志着完善公司法人治理结构试点工作进入实质性启动。6月，董事会通过《关于修改临矿集团公司章程的议案》，进一步加强了党组织在公司中的核心作用；同时，建立总法律顾问制度。

剥离企业办社会职能。1999年8月—2007年9月，矿务局按照国家政策对企业办社会职能进行移交，先后将7所职工子弟学校、1所幼儿园、5所矿办职工医院、2个社区管理机构、1个公安处移交地方管理。2003年8月—2006年5月，先后将12个党组织、1353名党员、5个团委、2个团总支、21个团支部、208名团员以及工会组织移交地方管理。2020年，完成职工家属区"三供一业"分离移交。

三

临矿集团坚持煤与非煤并重，不断优化产业结构，加大资源获取力度，产业结构全面优化升级，形成以煤电、铁矿、玻纤三大产业为支柱，以物流贸易、技术服务、现代农业三大产业为支撑的产业结构。

煤炭产业支柱持续"坚挺"。积极实施"走出去"资源扩张战略，先后开发并购接管获取煤炭资源100亿吨以上。1996年5月，矿务局在济宁新区建设的第1对矿井—古城煤矿正式开工建设。2011年11月，临矿集团成功实现煤炭产量过千万吨、销售收入过百亿元的"千万百亿"的历史性跨越。2012年，并购澳大利亚主焦煤稀缺资源储量7.6亿吨。2015年，并购菏泽煤电公司。

铁矿产业支撑"异军突起"。2006年7月，临矿集团与省鲁南地质工程有限公司共同出资成立临沂会宝岭铁矿有限公司，注册资本7亿元。2018年末，拥有1座生产矿井会宝岭铁矿，1座筹建矿井凤凰山铁矿。资产总额41.45亿元，资源总储量3.64亿吨，矿区总面积4.95平方千米。

玻纤产业发展"一鸣惊人"。1992年，矿务局在草埠煤矿成立玻璃纤维风筒布加工厂，涉足玻璃纤维行业。2006年，将玻纤产业作为战略性产业扶持，并确定为临矿集团的三大主业之一。2008年1月，整合光力士集团、沂水县热电公司、淄博草埠实业公司成立山东玻纤复合材料有限公司（简称玻纤公司）。2013年12月，改制更名为山东玻纤集团股份有限公司（简称山东玻纤集团）。2018年12月，8万吨无氟无硼玻璃纤维窑炉成功点火，成为全球首家数字玻纤生产线。产品遍布全国31个省（自治区、直辖市），远销欧、美、亚、非及大洋洲20多个国家和地区。2020年9月，山东玻纤集团在上海证券交易所"鸣锣上市"，成为临沂市第5家境内上市公司，山东能源集团第5家上市公司。

物流贸易产业规模"滚雪球"。2018年1月，山东物商集团注册成立，注册资本5亿元，资产总额

24.57亿元，由临矿集团亿金公司、鲁北公司、运销公司整合而成。物商集团坚持做实体物流，构建鲁北商城电商平台和太原煤炭交易中心鲁北交收库、上海期货交易中心鲁南有色金属交割库"一平台两交割（收）库"物流贸易格局，强力推进"地上煤矿""铁矿石内陆港"、大宗商品交易和城市配送四大战略。

矿业技术服务产业"墙外香"。 2002年12月，成立临沂兴宇工程设计有限责任公司。2016年，成立山东盟鲁采矿工程有限公司。2016年7月，成立人力资源公司，提供快速掘进、工程建设、劳务服务专业化技术劳务服务输出。2017年，株柏煤矿急倾斜煤层机械化开采技术走出国门、输入越南；会宝岭铁矿公司风险分级管控体系和隐患排查治理双重预防体系上升为行业标准，成立山东中威安全技术服务公司，对外开展技术服务工作。

四

临矿集团始终把安全生产作为企业稳定、长远发展的永恒主题，坚持"安全第一、生产第二"的根本原则，坚持以矿井质量标准化建设为动力，狠抓现场安全管理。截至2020年12月31日，临矿集团实现安全生产1442天。

坚持规范制度建设。 严格落实安全目标责任、安全生产主体责任等制度。牢固树立办矿先治灾和有灾必治、灾害可控的安全管理理念，突出冲击地压防治、水害治理、"一通三防"、顶板管理等重点。

强化科技创新引领。 突出科技保安，企业本质安全水平明显提升。坚持"一表一卡一手册"管理模式，逐矿开展安全经济开采评价，现场作业安全环境明显改善。完善专项防控、专业排查、单位治理、安监监督"四位一体"的针对性动态检查闭环管理体系。7对矿井通过国家一级安全生产标准化矿井验收，4对矿井通过国家二级安全生产标准化矿井验收。

创新安全管理方式。 探索出百人违章率对比考核、安全责任基金制、区域负责制、安全金牌奖励、岗前3分钟安全自律法、安全100风险预控管理体系等好经验、好做法。加强非煤安全监管，会宝岭铁矿被评为省级"双重预防机制"建设标杆企业。各单位每年按岗位工种对职工进行分批、分层次的全员安全脱产轮训，受训面100%。

五

临矿集团始终坚持创新驱动发展战略，深入落实"科技是第一生产力"发展理念，不断完善技术创新管理机制、科技经费保障机制、科技创新奖励机制、人才队伍培养机制、群众性技术革新机制等，强化创新考核引导，建立1000万元/年创新奖励基金，推动企业科技创新不断发展。

科技创新硕果盈枝。 1991—2020年，临矿集团有197项科技项目获得各级奖项。其中，获国家国土资源科技二等奖1项，中国岩石力学协会科技一等奖1项，山东省科技进步奖16项。累计申请专利突破1500项，万人发明专利拥有量45件，专利授权938项，软件著作权60件，山东省地方标准2项，注册商标20个，知识产权贯标认证单位4家。临矿集团获得省技术创新先进单位等称号，王楼煤矿获得中国煤炭工业科技创新示范矿等称号，会宝岭铁矿公司、上海庙矿业公司、山东玻纤集团、邱集煤矿被认定为国家级高新技术企业。

2016年，临矿集团投资20亿元，在煤炭行业率先推进以10大类26项工业3.0+装备升级项目为主要内容的新旧动能转换工程，开启临矿集团大数据工程和财务、人力资源、设备、安全生产、党建五大共享平台建设。

2020年末，临矿集团科技研发人员768人，拥有院士工作站2个，博士后创新实践基地2个，国家级质量监督站1个，省级企业技术中心2个，省级工程技术中心1个，国家级农业示范基地1个，煤炭行业技能大师工作室8个，省级劳模工作室8个，国家煤炭行业突出贡献工程师2人，全国技术能手1人，国家煤炭行业技能大师27人，山东省首席技师和省技术能手1人。科技人员对制约企业发展的关键技术实施重点攻关，千米深井开采技术等具有临矿特色的十大技术逐步成型。临矿集团采掘机械化程度分别达96.2%、99.3%，采掘工效分别达36.165吨/工、0.125米/工。

绿色发展前程似锦。深入践行"绿水青山就是金山银山"理念。全面推行全价值链无废开采，打响煤矸石、废水、废气、塌陷地治理专项攻坚战，实现"出煤不见煤、矸石不升井、垃圾不落地、污水不外排"。截至2020年末，累计完成采煤塌陷地治理35260亩。古城、郭屯、新驿、邱集、鲁西煤矿及会宝岭铁矿被评为国家级绿色矿山，山东玻纤集团被评为国家级绿色工厂，株柏、榆树井煤矿被评为省级绿色矿山。临矿集团及9家权属单位获得2019发现中国绿色创造力样本称号。

六

临矿集团党委坚持企业改革改制与基层党组织建设同步，把党委领导、公司治理和内部管理高度融合，严格落实党内各项制度，加强党员教育和管理。紧紧围绕生产经营和职工思想实际，坚持开展职工思想政治工作，不间断进行各类宣传教育。

党群工作"凝魂聚气"。加强党对工会和共青团组织的领导，支持开展各类群众活动，加强精神文明建设。加强治安保卫、信访稳定工作，维护矿区和谐稳定、企业改革和生产发展大局。加强党风廉政建设和反腐倡廉工作，制定《临矿集团领导班子建设20条纲要》，坚持党管干部原则，健全完善选人用人机制，实施管理、技术、技能"三通道十二级台阶"管理制度。1991—2020年，临矿集团涌现出一大批先进集体、先进个人和劳动模范，其中全国劳动模范4名，全国煤炭工业劳动模范7名，山东省劳动模范2名。同时积极助力精准扶贫，先后选派13人担任省直、市直驻村第一书记，圆满完成兰陵县和沂水县6个乡镇20个村的脱贫攻坚任务，累计投入帮扶资金1410.47万元，争取政策支持资金1.43亿元。

企业文化"融心融力"。2009年起，临矿集团对企业使命、发展愿景、核心价值观及企业精神进行重新提炼和升华，对企业识别系统进行充实完善，融合伟大的沂蒙精神，构建具有临矿特色的企业文化体系，塑造"人为本、实为基、新为贵、效为先"的核心价值观和"阳光、坦诚、简单"的"实·新"文化。2020年末，临矿集团有省级文明单位6个。

职工生活"芝麻开花"。在加快企业发展的同时，始终坚持以人为本、全心全意依靠职工办企业，让职工共享改革发展成果，职工生活质量不断改善提高。职工收入大幅提升，2020年，在职职工年平均收入10.6万元。同时积极构筑职工生活保障体系，不让一名困难职工生活过不下去，不让一名困难职工子女上不起学，不让一名患大病职工看不起病。实行职工养老、工伤、医疗、失业等社会保险统筹，解决了职工的后顾之忧。

继往开来，未来可期。2020年11月，临矿集团新一届领导班子上任后，谋划了临矿集团"十四五"时期主要目标、重点任务和改革举措，力争"十四五"期间全面建成智能化矿井，建成具有核心竞争力的创新型企业，树立职工至上的理念，着力保持和改善职工生活，着力提升职工的获得感、自豪感、幸福感，让职工的生活更加美好！

展望未来，前途似锦。临矿集团将会在企业高质量发展的康庄大道上昂首阔步前行，再次创出新的更大奇迹！

大事记

1991年

1月5日　中国统配煤矿总公司批复同意《临沂矿务局曲阜矿井计划任务书》，批准曲阜矿井设计能力90万吨/年，同时建设1座相同规模的炼焦选煤厂。

1月6日　矿务局召开第十次安全工作总结表彰大会，对8个先进单位、31个安全先进集体、95名先进个人进行表彰奖励。

1月10日　矿务局首台机电结合秤在草埠煤矿投入使用。

1月16日　煤炭工业部山东煤炭工业管理局公布临沂矿务局为大一型煤炭企业。

1月27日　局委召开1990年度党务工作总结表彰会，6个党建和思想政治工作先进单位、8个双文明建设先进单位、21个党务工作先进部门、52名优秀党务工作者受到表彰奖励。

2月22日　山东煤炭工业管理局（以下简称"山东煤管局"）春节慰问文艺演出团到褚墩煤矿慰问演出。

2月25日　矿务局建立行政与工会联席会议制度，每年召开2次。

2月27日　矿务局开展"六好区队"建设活动。

3月6日　党委书记赵荣思率团赴兖州矿务局学习"六好区队"建设经验。

3月9日　临沂地区环保联合检查团对总厂焦化废水处理工程进行验收。

3月15日　中国统配煤矿总公司命名临沂矿务局为质量标准化矿务局、草埠煤矿为特级标准化矿井、五寺庄煤矿为质量标准化矿井、褚墩煤矿为一级质量标准化矿井、塘崖煤矿为二级质量标准化矿井。

3月25日　矿务局向临沂地区苍山县人民政府申请终止联合生产砖瓦、陶瓷及开发铝矾土合同。

3月28日　矿务局实行党政领导干部回避制度。

4月11—13日　矿务局召开第五届职工代表大会第一次会议。

4月12日　矿务局召开1990年度劳动竞赛优胜单位和劳动模范表彰会。16个单位获"丰收杯"优胜奖、3个单位获"节俭杯"优胜奖、5个单位获"技术进步杯"优胜奖、11个单位获"管理进步杯"优胜奖、3个单位获先进单位称号，表彰100名劳动模范。

4月13日　局委建立党委常委会议制度和党委政工例会制度。

4月15日　矿务局实行局行政领导干部和局机关行政处室廉洁勤政责任制。

同日　矿务局职工子弟中学、小学合并为临沂矿务局职工子弟学校。

4月18日　矿务局召开1990年度生活福利达标工作总结表彰会，表彰奖励6个矿级生活福利达标先进单位、13个最佳福利点、40名最佳服务人员、19名先进管理干部。

4月23日　中国统配煤矿总公司人事局局长吕世兴到褚墩煤矿检查党风廉政建设工作情况。

5月4日　矿务局"十大杰出青年"命名表彰大会在局机关举行，丁秀太、聂瑞明、刘成录、李保刚、刘国林、李爱军、高兴福、尹廷启、孟庆国、王善杰获"十大杰出青年"称号。

5月15日　矿务局推行医院（卫生所）标准化管理，印发《矿级医院（卫生所）标准化管理检查评分标准》。

5月19日　矿务局实行领导干部基层联系点制度。

同日　局委在全局开展民主评议党员工作，按照"合格、基本合格、不合格"3个档次对每名党员作出评价。

6月9日　矿务局召开第二个"班组长活动日"座谈会，13名班组长以"安全在我心中"为主题，介绍在实际工作中抓安全生产的经验及体会。

同日　局委在党员中开展"忆传统、作贡献、做新时期合格党员"活动。

6月13日　中国统配煤矿总公司批复同意江苏煤矿设计研究院承担临沂矿务局曲阜矿井选煤厂的设计工作。

6月20日　矿务局水泥厂首批出口韩国的2000吨525号水泥运抵岚山港，实现水泥出口"零"的突破。

7月3日　矿务局成立解决亦工亦农轮换工问题领导小组，启动全局亦工亦农轮换工的转招工作。

7月5日　矿务局试行多种经营集体经济使用行业内部贷款的价让租赁全民固定资产办法，对局、矿多种经营开发基金的来源、内部贷款办法、固定资产价让和出租办法等作出规定。

7月10日　山东煤管局对褚墩煤矿、塘崖煤矿的20个生活福利点进行检查，褚墩煤矿被评为"好"，塘崖煤矿被评为"较好"。

7月18日　矿务局开展向安徽、江苏等遭受特大洪涝灾害的省份及部分遭受特大暴雨袭击的兄弟矿务局捐款救灾活动。全局共捐款20万元，其中，职工捐款96620元，参加捐款职工14120人。

8月8日　矿务局印发《关于物资集中管理、统一采购供应的规定》，对物资供应公司和多种经营总公司双方的供应范围、购料计划的审批、结算办法及双方的责任等作出明确规定。

8月16日　矿务局召开第三批井下职工家属"农转非"会议，部署1987年12月31日前符合条件的井下职工的"农转非"工作。

8月22日　山东省公安厅批准矿务局建立经济民警大队，定员140人。

8月26日　山东煤管局在兖州矿务局举办全省煤炭系统首届会计知识大奖赛，临沂矿务局代表队获团体笔试第二名、团体总分第三名，于德亮获个人笔试第一名。

9月2日　山东煤管局批准临沂矿务局建筑安装工程公司晋升为"山东煤炭工业省级先进企业"。

9月13日　矿务局呈请临沂地区行署尽快制止褚墩镇办煤矿越界开采桥头井安全保护煤柱行为。

9月25日　矿务局代表队参加临沂地区人大常委会工委等6部门举办的"临沂地区行政诉讼法知识竞赛"决赛，获总分第一名。

10月16日　株柏煤矿正式移交生产管理。

10月20日　矿务局与山东煤管局延续2年承包，与1988年3年承包衔接。

10月22日　矿务局制定《临沂矿务局劳保医疗管理暂行办法》。采取医疗费与个人经济利益适当挂钩的办法，根据职工年龄划分相应的年龄组，不同年龄组执行不同的医疗费定额。

11月1日　中国统配煤矿总公司"税收、物价、财务"检查团到矿务局进行检查。

11月8日　山东煤管局批准注销五寺庄煤矿生产能力。1998年6月20日，批准五寺庄煤矿矿井报废。

同日　矿务局青年思想政治工作研究会在煤田地质勘探工程公司召开第六次年会，46篇论文在会上交流，15篇论文被评为优秀论文。

11月20日　山东统配煤矿产品技术鉴定及定点会在矿务局煤田地质勘探工程公司召开。鉴定会对煤田地质勘探工程公司机械厂研制的YQ-0.5、YQ-1型液压矿车清车机进行鉴定，认为该机达到国内同类产品先进水平。

12月12日　矿务局职工思想政治工作研究会在褚墩煤矿召开第六次年会，会上对获得优秀研究会称号的五寺庄、汤庄、褚墩煤矿、总厂、局青年思想政治工作研究会和获得优秀论文奖的22篇论文作者给予表彰奖励。

12月16日　矿务局储运站铁路专线技术改造开工建设。该储运站建成后，年吞吐能力增加4倍，达30万吨以上。1992年8月1日竣工。

12月20日　局委批准临沂矿区工会成立临沂矿区工人运动研究会。

12月25日　中国统配煤矿总公司副总经理范维唐率团到矿务局检查工作。

同年　矿务局技工学校通过中国统配煤矿总公司检查验收，被评为全国煤炭系统一类技工学校。

同年　矿务局组织职工子弟学校学生参加全国初中三年级化学竞赛，汤庄煤矿职工子弟学校张宝星、田丽华分别获得山东省一等奖、三等奖，塘崖煤矿职工子弟学校王玉清获得山东省二等奖。

1992年

1月6日　矿务局在局机关召开第十一次安全工作总结表彰大会，对6个先进单位、35个先进集体、101名先进个人表彰奖励。

1月8日　局委在总厂召开1991年度新闻报道工作会议，临沂电视台、临沂广播电台等新闻单位领导到会祝贺。有5个单位获得新闻报道先进集体称号，8人获优秀通讯员一等奖，10人获优秀通讯员二等奖。

1月15日　局委在褚墩煤矿召开推广思想政治工作"区、站、网"活动现场会。

同日　局委召开1991年度党建工作表彰大会，对6个党建工作先进单位、22个党建工作先进部门、55名优秀党务工作者及7名端正党风先进个人进行表彰奖励，并授予8个单位（1991）双文明单位称号。

1月21日　矿务局调整职工洗理费标准，男职工由每人每月1.6元调整为7元，女职工由每人每月2.4元调整为8元。

1月24日　矿务局召开总结表彰大会，对在1991年度生产建设、安全、经营管理等工作中做出优异成绩的16个单位、10个红旗区队、100名劳动模范进行表彰奖励。

1月28日　矿务局为离退休人员增加离退休金，规定有资金负担能力的单位自1992年12月起执行；无资金负担能力的单位从审批之月起，按增加离退休金后的标准发给；其余单位待有资金承担能力时再予以补发。

2月26日　矿务局向临沂地区苍山县人民政府提出中止铝矾土矿《联营协议》。

2月27日　矿务局召开1991年度共青团工作总结表彰大会。

2月29日　岐山煤矿实现安全生产9周年。

3月10日　山东煤管局在肥城县兴隆煤矿召开YQ系列矿车清车机推广现场会，向全省地方煤矿推广临沂矿务局煤田地质勘探工程公司机械厂研制生产的YQ系列矿车清车机。

3月19日　局委书记赵荣思、局长崔宝德带领五寺庄煤矿、水泥厂的行政负责人及有关人员到淄博矿务局双沟煤矿和淄博市水泥厂学习改革经验。局党政联席会议决定，首先在五寺庄煤矿、水泥厂进行破除"一大三铁"改革试点。26日，矿务局改革试点工作组分别进驻五寺庄煤矿、水泥厂，开展打破"一大三铁"改革试点工作。

3月25日　中国统配煤矿总公司副总经理韩英在山东煤管局局长王遇春陪同下到矿务局检查工作。

3月28日　矿务局召开衰老报废煤矿转产规划会议。

3月31日　矿务局召开生活卫生工作会议，表彰奖励11个先进单位、实现生活福利管理和设施3个达标单位、16个最佳福利点、20名优秀医务工作者、31名生活福利优秀管理干部和49名最佳服务员。

4月7日　五寺庄煤矿被山东煤管局党组授予山东煤炭优秀新闻工作单位称号。

4月11日　矿务局召开多种经营展品进京参展筹备会议，各单位分管领导、多种经营公司及劳动服务公司的经理参加会议。

5月4日　矿务局团委命名表彰15个新长征青年突击队和51名新长征突击手。

5月9日　五寺庄煤矿机关进行改革，机关人员实行竞争上岗，科室由26个压减为14个，人员由114人减少至81人。

5月9—19日　矿区工会组织事故案例画展到各矿（处）巡回展出。

5月14日　局委召开反腐防变教育活动动员大会，部署开展反腐败防演变教育活动。

5月15日　矿务局召开对外开放工作会议，各单位党政负责人和纪委、监察负责人及局机关副处级以上干部参加会议。

5月17日　矿务局按照中国统配煤矿总公司的要求，对长期从事煤炭事业的职工建立荣誉制度。规定凡达到荣誉条件的干部职工，一律在达到规定年限的当年9月14日由矿务局召开大会，颁发荣誉证书和纪念章，并由所在单位按照规定标准发给一次性荣誉金。

5月20日　矿务局印发《关于劳动工资制度改革草案的实施意见》。

5月24日　矿务局副局长张军代表矿务局与山东煤管局签订煤炭质量保证责任书。

6月11日　局委召开第四次"三先两优"（先进党委、先进党支部、先进个人和优秀党支部、优秀党务工作者）总结表彰会议。

6月25日　矿务局召开第四次科技大会，表彰奖励重要科技进步成果82项、优秀论文24篇和优秀科技工作者60名。

6月27日　矿务局代表队参加山东煤管局在龙口矿务局举行的全省基建施工统计竞赛，夺得全省第二名，作为山东二队参加全国比赛。

7月7日　局长崔宝德被中国煤炭工业企业管理协会评为第四届"（1992）中国煤炭工业优秀局长"。

7月22日　山东煤管局批准组建临沂矿务局曲阜矿井筹建处。

8月1日　塘崖煤矿龙山瓷厂二期工程开工建设，总投资80万元，其中，中国统配煤矿总公司投资30万元，塘崖煤矿职工筹资50万元。

8月3—4日　矿区工会在草埠煤矿召开群监工作现场经验交流会。

8月7—8日　局委在草埠煤矿召开创建"六好区队"经验交流会。

8月12日　矿务局决定报废汤庄煤矿桥头井北风井。

8月15日　矿务局机械厂与山东煤炭科学研究所共同开发，并由矿务局机械厂试制的XH型锅炉余热水箱，通过山东煤管局技术鉴定。

8月24日　矿务局杜东吉、单景林、郭军、刘志楼组成的山东代表二队获全国煤炭建筑业施工统计知识竞赛团体第三名。

9月23日 矿务局向临沂地区行署专题报告，呈请解决矿务局煤矿井田内部分小煤井违法开采，严重威胁国营煤矿矿井安全问题。

同月 矿务局水泥厂与湖南技术进出口公司签订7000吨水泥出口合同，产品销往孟加拉国。矿务局水泥厂首次以全权代理的身份组织产品出口。

10月1日 矿区工会在矿区职工俱乐部举办美术、书法、摄影、剪纸作品展览，展出作品553件，展期15天。

同日 矿务局劳动服务公司纸箱厂建成投产，该厂利用地区劳动服务公司扶持贷款建设，总投资30万元，年产值60万元；塘崖煤矿蓝星日用化工厂建成投产，总投资15万元，年产值70万元。

10月14日 矿务局提高定额工作物等级标准和艰苦岗位津贴。

10月18日 矿务局完成1992年1303名井下职工家属"农转非"工作。

10月23日 矿务局发电厂机组并网工程经临沂电业局验收合格，一次并网成功。

10月31日 临沂市粮油价格于9月1日全面放开，矿务局对在职职工、离退休人员每人每月补贴3元；职工因病或非因工死亡供养直系亲属1人者按12元、2人者按18元、3人及以上者按24元一次性发放；技工学校在校学生按每人每月补贴2元发放粮油补贴。不分县市和地区，全局执行统一标准，自各单位所在县市放开粮油价格之月起发放。

11月20日 中国统配煤矿总公司批准株柏矿井11月下旬试生产。12月3日，成立株柏煤矿党委。5日，株柏煤矿投产，设计生产能力21万吨/年。

11月21日 矿务局召开各单位主要负责人及局机关有关处室负责人参加的会议，部署煤价放开前的准备工作，以应对国家确定的东北地区、华东地区和湖南省煤炭价格自1993年元旦起全部放开的新形势。

11月25—27日 山东省政协部分常委、委员组成的赴煤炭企业检查团到矿务局检查工作。

12月15日 中国统配煤矿总公司批准临沂矿务局矿区通信工程以矿务局电话站为汇接局，二级单位电话站为支局的星形汇接方式。

1993年

1月3日 中国统配煤矿总公司住房制度改革领导小组批准《临沂矿务局职工住房制度改革试行方案》。

1月7日 矿务局决定自1993年1月1日起，物资供应公司供应全局的物资材料一律实行浮动价格。

1月17日 矿务局召开第十二次安全工作表彰大会，对11个先进单位、97名先进个人表彰奖励。

2月22日 海南同成集团有限公司首届股东会在矿务局召开。山东煤管局、枣庄矿务局、临沂矿务局、兖州矿务局、龙口矿务局工程处、山东矿业学院、中国煤炭工业技术咨询开发公司等12家驻海南分公司，合资组建海南同成集团有限公司。

2月27日 岐山煤矿实现安全生产10周年。

2月28日 矿务局决定将建井工程处、建筑安装工程公司合并为临沂矿务局基本建设工程公司（以下简称"工程公司"）。

3月4日 局委撤销建井工程处党委、建筑安装工程公司党支部，建立基本建设工程公司党委。

3月25日 工程公司取得能源部批准的煤炭矿井建设"二级施工企业"资质证书。

4月1日 矿务局调整井下工作津贴。井下采掘工为每工3元，从事井下工作的巷修工等为每工2.2元，井下其他辅助工等为每工1.5元。

4月5日 局委在职工中部署开展社会主义市场经济教育活动。12—14日，矿务局在汤庄煤矿举办社会主义市场经济教育骨干培训班，各单位宣传科长、职工教师及局有关处室人员参加。

4月16日 矿务局决定由矿务局中学开办职业中专医士和护理专业1个班，招收护士40名、医士30名，只限于局职工子女和有关单位的职工子女，学制3年，全日制上课，国家承认中专学历，毕业不包分配。

4月19日 矿务局召开1992年度表彰大会，对14个先进单位、59名保持劳动模范称号的个人、40名劳动模范进行表彰奖励。

4月22日 矿务局成立多种经营处、生活服务公司、煤炭运销公司，撤销煤质加工销售处。

4月29日 局委在汤庄煤矿召开六好区队建设现场经验交流会。

5月3日 塘崖煤矿被临沂地区总工会授予振兴沂蒙先进企业称号。

5月8日 临沂地区经济体制改革委员会批准成立煤炭运销公司，隶属临沂矿务局，全民所有制性质，实行自主经营、独立核算、自负盈亏。

5月18日 煤炭工业部批准矿务局曲阜矿井选煤厂可行性研究报告，同意配套新建曲阜矿井选煤厂。

5月20日 国家计划委员会、煤炭工业部、山东煤管局、临沂矿务局、煤炭工业邯郸设计研究院等部委和单位在兖州市召开曲阜矿井施工组织设计预审会。

6月1日 五寺庄煤矿搪瓷厂建成投产，总投资200万元。

6月24日 矿务局批准岐山煤矿建设新型合成液体燃料项目，投资25.5万元，由矿务局转产资金借款解决。

7月1日 局委在局机关召开总结表彰会，对23个先进党支部、99名优秀共产党员进行表彰。

7月2日 局委在塘崖煤矿召开职工社会主义市场经济教育现场会。21日，矿务局举办职工社会主义市场经济教育知识竞赛，15个单位代表队参加。

7月14日 矿务局对全局专职纪检、监察工作人员实行办案补贴，每人每月18元，与出勤挂钩。29日，矿务局制定局机关职工误餐补贴办法，机关在职职工每人每天0.5元全月15元，小车班和救护队人员每人每月8元。

7月21日 矿务局批准技工学校成立银河开发实业总公司，全民所有制性质，隶属矿务局，由技工学校负责管理。

7月26日 矿务局物资供应公司储运站遭遇龙卷风和暴雨袭击，造成部分设备设施损失。

7月27—29日 矿务局在褚墩煤矿召开房改会议，部署房改工作。

7月31日 矿务局制定承包集团汇报制度，规定承包集团汇报会议一般每月初召开1次，并对会议的召集、主持及会议的内容等作出规定。

8月1日 莒县煤矿布鞋厂生产线投产。该生产线投资20万元，年产布鞋15万双，质量技术指标达到国家标准。3日，布鞋厂参加北京布鞋产品订货会，订货3.5万双。

8月4—5日 矿务局南部矿区14个单位遭受几十年罕见的特大暴风雨袭击。全局累计经济损失2520万元。灾后，开展生产自救和捐款救助活动。到8月18日，全局职工捐款61645.5元。山东煤管局局长王遇春、副局长李继会到矿务局慰问干部职工。9月1日，新汶矿务局为矿务局救灾捐款30万元。

10月15日，兖州矿务局为矿务局救灾捐款20万元。

8月10日　矿务局批准岐山煤矿建设年产6万平方米花岗石板材生产线项目，要求该项目建设资金控制在700万元内。

8月11日　临沂地区抗洪救灾工作电话会议后，矿务局召开矿（厂）长参加的紧急会议，贯彻落实全区抗洪救灾工作，要求积极配合罗庄镇搞好龙山煤矿的抢险排水救人工作。

8月13日　矿务局批准汤庄煤矿新建铸钢件厂项目，总投资369万元；10月26日，批准汤庄煤矿筹建耐磨材料厂，总投资60万元。

10月16日　山东煤管局局长王遇春带领全省7局1矿30名局（矿）长、党委书记到褚墩煤矿参观。

10月20—21日　煤炭工业部副部长濮洪九一行，到矿务局检查工作。

10月21日　在临沂地区职工社会主义市场经济教育总结表彰会上，矿务局被授予"全区企业职工社会主义市场经济教育先进单位"称号。

10月22日　矿务局批准莒县煤矿筹建玛钢厂项目，总投资175万元。

10月25日　临沂矿务局曲阜矿井筹建处更名为临沂矿务局古城矿井筹建处。11月4日，临沂矿务局曲阜矿井更名为临沂矿务局古城矿井。

11月10日　煤炭工业部安全检查团一行13人，在局委书记赵荣思、局长崔宝德等领导陪同下到汤庄煤矿检查指导工作。

同日　局委印发通知，部署开展《邓小平文选》第三卷的学习。12月24—25日，局委在汤庄煤矿举办首期《邓小平文选》学习研讨班，各单位党组织负责人和宣传科长、政工科长参加学习研讨。

11月20日　临沂矿务局总厂更名为临沂繁星实业公司。同日，矿务局批准成立临沂恒河实业总公司。同日，矿务局向四川省宜宾地区工商行政管理局申请在宜宾地区设立办事处，并向该办事处拨款20万元。

11月26日—12月3日　在1993年中国新科技成果、专利技术、专利产品博览会上，煤田地质勘探工程公司机械厂研制的专利产品整体式液压矿车清车机获得金奖，技工学校实习厂研制的专利产品有色金属连接铸锭机获得银奖。

12月30日　矿务局成立古城矿井建设管理委员会。

1994年

年初　国内首家TY型左右旋浴盆生产线在临沂恒河实业总公司搪瓷厂投入批量生产。

1月1日　矿务局驻岚山办事处与日照市秦海渔业公司签订养殖扇贝联营协议。

1月6日　矿务局、矿区工会对在1993年度安全工作中做出显著成绩的12个先进单位、100名安全标兵给予表彰奖励。

同日　成立临沂矿区工程质量监督检测站、古城矿区工程质量监督检测站。

1月7日　矿务局批准莒县煤矿将橡塑鞋底厂扩建为声光鞋厂，总投资金额696.63万元；批准草埠煤矿建设年产3万吨轻质碳酸钙厂，总投资540万元；批准塘崖煤矿龙山瓷厂二期扩建工程，总投资542万元。

1月10日　局委、矿务局对在1993年度新闻报道工作中做出优异成绩的5个先进集体和23名优秀通讯员进行表彰奖励。

同日　局委对获得中共临沂地委"全区职工社会主义市场经济教育先进单位"称号、获得"临沂地区'东方杯'新党章知识学习竞赛优秀组织奖""山东省社会主义市场经济知识竞赛集体组织奖"和"临沂地区'华丰杯'社会主义市场经济知识竞赛一等奖"的11个先进单位和32名先进个人进行表彰奖励。

1月21日　矿务局完善调研员制度，规定1984年6月20日前任职的，可改任同级调研员。

同日　成立临沂恒河实业总公司，注册资本200万元，流动资金30万元。24日，临沂恒河实业总公司与平邑县柏林乡签订联营开采石膏合同。

2月2日　矿务局批准草埠煤矿玻璃纤维厂扩建工程，总投资560万元。20日，批准岐山煤矿花岗石厂扩建工程，总投资319.7万元。

2月18日　局委书记赵荣思、工会主席李春晓率矿务局春节慰问演出团到各单位慰问演出。

2月28日　岐山煤矿实现安全生产11周年。

3月18日　矿务局对在岗的专职纪检、监察、审计工作人员实行办案补贴，每人每月补助25元，每月出勤满20天的按全额发放，不满20天的按每日1元计发。

4月1日　矿务局实行每日工作8小时、平均每周工作44小时工时制。

同日　矿务局对职工图书补助费、洗理费和交通补贴标准进行调整。图书补助费由原每人每月4.5元，调整为每人每月15元；洗理费由原男职工每人每月7元、女职工每人每月8元，调整为男职工每人每月15元、女职工每人每月17元；交通补贴由原每人每月5元，调整为每人每月10元。

4月13日　国家能源投资公司批准古城矿井炼焦煤选煤厂建设项目，年设计能力90万吨。

4月16日　国家能源投资公司批准临沂矿区专用通信网工程以矿务局电话站为汇接局、其余10个站为支局组成星形辐射状通信网。临沂矿务局至山东公司（济南）以数字微波信道经枣庄矿区微波站进入山东煤矿微波干线。5月1日，矿务局首家数字式内部程控电话交换机在褚墩煤矿开通。

4月19日　矿务局认购1994年国库券230万元。

4月21—25日　由临沂恒河实业总公司、北京大都会美术中心、临沂地区文联联合举办的首届"鲁星"杯全国青年国画展在中国美术馆举行。

5月1日　矿务局提高班中餐标准，将每班每人1元提高到每班每人2元。

同日　印发《临沂矿务局经济合同管理暂行办法》。该办法对依法签订、履行、变更和解除合同纠纷、维护企业合法权益作出明确规定。

5月6日　塘崖煤矿兴搪瓷厂破土动工，总投资500万元，建筑面积6000平方米。10月1日，塘崖煤矿兴搪瓷厂建成投产。

5月11日　山东煤管局多种经营处与济南煤炭设计院等专家到汤庄煤矿审查《关于日本援建植物质型煤工程可行性研究报告》。20日，矿务局成立物质型煤项目管理小组。

5月18日　山东煤管局批准临沂矿务局机械制修厂铸造车间技术改造项目，要求总投资控制在600万元内。

同日　矿务局批准汤庄煤矿建设费县金利石膏矿，年产石膏20万吨。

5月25日　矿务局制定《劳保医疗管理暂行办法》补充规定，对老红军、二等乙级以上革命残废军人、国家规定的烈性传染病（鼠疫、霍乱等）和其他免费病种，经审查属实，可全额报销。

6月6日　矿务局批准临沂恒河实业总公司更名为临沂矿务局恒河实业总公司（以下简称"恒河实业总公司"）。

6月30日　局委召开先进党支部、优秀共产党员表彰大会，对22个先进党支部和98名优秀共产党员进行表彰。

7月1日　矿务局对20世纪60年代精减下放的部分老职工生活困难补助费标准偏低问题予以调整。中华人民共和国建国前（简称"建国前"）参加工作的，由每人每月20元调整为每人每月50元，建国后参加工作的，由每人每月15元调整为每人每月40元。

7月14日　莒县煤矿实现安全生产7周年。

8月23日　矿务局成立现代化管理成果鉴定评审委员会。25日，印发《临沂矿务局企业管理现代化成果管理办法》。

9月12日　矿务局批准将临沂矿务局职工医院更名为临沂矿务局中心医院。

9月21日　矿务局成立劳动保险事业管理处，隶属劳动工资处，编制单列。23日，矿务局成立劳动保险基金委员会。

9月24日　矿务局印发《深化企业工资制度改革、推行岗位技能工资制实施意见》及其2个配套实施意见。

9月26日　草埠煤矿"回采面单体液压支护倾斜挂梁前探支护"项目通过山东煤管局鉴定。

10月1日　矿务局向贫困地区捐送衣被活动结束。全局捐赠衣被5901件、现金1994元。

10月5日　山东煤管局批准将五寺庄煤矿四采区西部部分资源划归地方开采。

10月15日　矿务局印发《做好初信初访集体访工作暂行规定》《职工群众逐级上访试行办法》。

10月27日　局委在各级党团组织和广大党团员中开展缴纳特别党费团费建立希望工程助学基金活动。

11月16日　印发《深化矿务局机关干部人事制度改革的实施意见》。局机关由32个处室减少为21个处室，分别为党委办公室、组宣部、纪委监察部、团委、机关党委、矿区工会、局长办公室、干部处、规划建设处、卫生处、人民武装部、企业管理处、安全监察局、生产调度处、科技处、机电处、通风防尘处、财务处、审计处、劳动工资处、多种经营处，定员174人。

11月30日　山东煤管局批准古城矿井建筑安装材料在地区价格范围内施行最高限价。

12月12日　矿务局批准工程公司开采蒙阳石膏矿，投资998.38万元。16日，矿务局批准岐山煤矿建设蒙临石膏矿，投资360万元。21日，矿务局批准莒县煤矿声光鞋厂扩建工程，投资990.26万元；同日，矿务局批准莒县煤矿磷肥厂扩建工程，投资789.77万元。

同日　临沂地区计划委员会批准汤庄煤矿建设年产40万件卫生洁具生产线，该项目固定资产投资2985万元。

12月13日　矿区工会举办《中华人民共和国劳动法》知识竞赛。

12月18日　矿务局召开第五次科技大会。

1995年

1月25日　山东煤管局批准矿务局发电厂扩建1×6000千瓦发电机组初步设计。2月16日，矿务局批准发电厂1×6000千瓦机组扩建工程开工。

3月1日　矿务局中小学教师实行资格上岗制度。

3月2—4日　矿务局在招待所召开第七届职工代表大会第一次会议，对1993年度经济效益显著、实现安全生产的7个先进单位和98名劳动模范进行表彰奖励。

3月30日　汤庄煤矿被山东省绿化委员会授予山东省部门造林绿化先进单位称号。

4月6日　矿务局批准物资供应公司建设木地板加工厂，总投资43万元。

4月10日　矿务局向临沂市矿管局送审《关于"柏林乡第二石膏矿"变更矿名和采矿许可证的请示》，五寺庄煤矿接管该石膏矿，实行独立经营。

4月18—21日　矿区工会在汤庄煤矿举办劳动争议调解干部培训班。

4月29日　矿务局执行劳动部《企业最低工资规定》，要求凡在临沂市范围内的单位，执行最低工资标准160元。

5月4日　在临沂市召开的跨世纪青年人才群英会上，褚墩煤矿杜明勤被授予全市新长征突击手称号，刘西常被授予全市红旗青年突击队队长、全市新长征突击手称号。

5月15—25日　矿区工会组织事故安全展览，在8个矿巡回展出16场次。

5月18日　恒河实业总公司青岛鲁星宾馆开业，投资400万元，按三星级标准改造装修。

5月19日　山东煤管局"三项制度"改革检查团到褚墩煤矿检查工作。

5月20日　临沂市政协主席高广田、市委副书记乔延春、副市长李彦华一行，到褚墩煤矿调研。

5月29日　五寺庄煤矿实现安全生产3周年。

同日　矿务局印发《关于清理检查"小金库"的通知》，要求6月初自查，6月中旬至8月底迎接上级的检查验收。

6月1日　矿务局向煤炭工业部财劳司呈报《关于同意终止租赁铝钒土矿合同的复函》。同日，矿务局成立参加1995福建投资贸易洽谈会筹备工作领导小组。

6月30日　矿务局实施《职工基本养老保险基金统筹管理办法》《职工基本养老保险金征缴金额核定办法》。

同日　局委召开"七一"总结表彰大会，对17个先进党支部和100名优秀共产党员进行表彰。

7月1日　矿务局实行深化住房制度改革实施办法。

7月6日　局委在党员中开展建设有中国特色的社会主义理论和党章学习活动。

7月19日　矿务局实行岗位技能工资制。

7月27—29日　矿务局为遭受特大洪水灾害的沈阳矿务局、抚顺矿务局举行捐款活动，共捐款2.14万元。

8月25日　局委、矿务局举行纪念抗日战争胜利50周年座谈会。

9月1日　局委规定对副处级以上领导干部在经济活动中收受礼品实行登记制度。

9月28日　矿务局批准草埠煤矿玻璃纤维厂进行扩建，项目总投资控制在900万元内。

10月4日　矿务局批准岐山煤矿新建年产1000吨金属镁厂。

10月13日　山东煤矿工会主席石绍敏率团到褚墩煤矿对群监会工作检查。

10月16日　矿务局全面实行劳动合同制。

11月27日　矿务局成立扭亏解困领导小组，崔宝德任组长。

12月26日　国家经贸委、国家计委、国家统计局、财政部、劳动部、人事部联合发文公布1994年度全国大型工业企业名单，矿务局为大一型企业。28日，矿务局被山东省经济委员会、山东省统计局划为山东省（1994）大一型工业企业。

同年　矿务局职工密长明被煤炭工业部授予全国煤炭工业劳动模范称号。

1996年

1月1日　矿务局实施《内部单位经营者年薪制试行办法》。

1月4日　局委印发《关于深入开展推荐优秀团员作党的发展对象工作的实施意见》。

1月11—12日　全局宣传思想工作会暨局思想政治工作研究会第十次年会在汤庄煤矿召开。会上对1995年度优秀思想政治工作者、新闻报道工作先进单位、优秀通讯员、优秀政研会和优秀论文、优秀调查报告作者进行表彰奖励。

1月25日　国家开发银行业务局批准矿务局聘用江苏兴达建设监理咨询公司对古城矿井建设进行监理。

2月3日　局委书记赵荣思、局长崔宝德、矿区工会主席李春晓，到基层单位走访慰问特困职工。

3月26日　矿区工会开展建设"职工信赖的家"活动。4月2日，矿区工会送温暖基金会向全局筹集基金。

3月30—31日　矿务局第七届职工代表大会第二次会议召开。

3月31日　矿务局召开工作总结表彰大会，对1995年度增盈、减亏成绩显著的10个先进单位和96名劳动模范进行表彰奖励。

4月5日　矿务局批准塘崖煤矿水泥厂生产线技改工程，改造后年生产能力由2.8万吨增加到10万吨。

4月26日　矿务局对部分离休干部执行每人每月80元护理费，从批准之日起执行，报请山东煤管局批复。

4月29日　全局庆"五一"劳动模范座谈会召开，26名局级以上劳动模范应邀参加。局委书记赵荣思、局长崔宝德、矿区工会主席李春晓出席座谈会。

5月3日　临沂团市委召开全市跨世纪青年人才表彰会，草埠煤矿丁秀太被授予十大杰出青年、新长征突击手标兵称号。

5月15日　山东煤管局党委副书记李忠、机关党委副书记王庆利走访慰问汤庄煤矿特困职工家庭，并将省局机关广大干部职工捐款送到他们手中。

5月29日　矿务局开展管理效益年活动，并成立活动领导小组，崔宝德任组长，赵荣思、李加夫任副组长。

6月12日　印发《临沂矿务局关于干部人事管理工作有关问题的暂行规定》《临沂矿务局关于加强从工人中聘用管理人员工作的暂行规定》《临沂矿务局关于加强科技人员管理的暂行规定》。

6月20日　矿务局转发山东煤管局《关于对全省煤矿实行救护有偿服务的规定》，于1996年6月1日起执行。

6月22日　矿务局对1993—1995年度8个节能先进单位和18名先进工作者进行表彰奖励。

6月24日　全局扭亏解困有线广播动员大会召开。中心会场设在局职工俱乐部，下设7个分会场，5000人参加会议。

6月25日　矿务局对1995年度获得临沂市"重合同守信用企业"称号的9个单位和25名优秀合同管理员进行表彰奖励。

6月26日　矿务局成立整顿会计工作秩序领导小组，崔宝德任组长，赵荣思、李加夫任副组长。

6月28日　煤炭工业部扭亏解困专家组在山东煤管局有关领导陪同下，到褚墩煤矿检查指导工作。

7月1日　局委对全局17个先进党支部和95名优秀共产党员进行表彰奖励。

7月7日　山东煤管局批准济宁王楼井田划归矿务局开发。

7月15日　矿务局制定《构建"三个一"格局劳动工资管理暂行办法》。

7月16日　矿务局制定《临沂矿务局财务会计制度实施办法》。

同日　矿务局向国家开发银行煤炭石油信贷局申请古城矿井铁路专用线和选煤车间延期建设。

8月16日　山东煤管局局长赵增和、副局长公茂泉，到褚墩煤矿检查工作。

8月17日　煤炭工业部驻山东煤管局质量检查团，到褚墩煤矿检查指导工作。

8月17—19日　矿务局向遭受特大洪涝灾害的菏泽地区捐款16000元。

9月3日　矿务局批准岐山煤矿建设年产1600万条纸塑复合袋生产线。16日，纸塑复合袋建设项目开工建设。

同日　山东煤炭工业管理局、山东团省委对全省煤炭系统争当青年岗位能手活动进行总结表彰，杜明勤被授予杰出青年岗位能手称号，高玉传、曹芹、崔连军、聂瑞明、唐光平、王力海被授予青年岗位能手称号。

9月12日　煤炭工业部财劳司副司长谢玉清，到褚墩煤矿检查指导工作。

9月16日　局机关召开机构改革动员大会，局长崔宝德作动员讲话.18日，印发《临沂矿务局关于深化局机关机构改革的实施意见》。改革后，局机关设"8部1室"，即政治工作部、生产技术部、财务部、劳动工资部、组织人事部、规划建设部、多种经营部、教育卫生部、党政办公室，定编77人。

9月19日　矿务局批准恒河实业总公司年产6000吨原色纸无污染机械草浆造纸厂项目建设。

9月24日　山东煤管局安全监察局副局长杨兴田，到褚墩煤矿指导工作。

9月25日　国家审计署驻济南特派员办事处下达对矿务局古城矿井基本建设项目开工前审计意见书。

同月　局委获得临沂市学理论学党章知识竞赛优秀组织奖。矿务局推荐的电视新闻《情系煤海写春秋——记临沂市优秀共产党员、褚墩煤矿掘进一队队长刘西常》在中共山东省委宣传部、山东电视台组织的《先锋颂》栏目评比中获得二等奖，在中共临沂市委宣传部、临沂电视台组织的《沂蒙先锋谱》栏目评比中获得特别奖。

10月10日　矿务局决定从1997年1月1日起实施新工作时间，职工由平均每月工作23.5天减少为21天。

10月11日　矿务局向临沂市人民政府报送请求立即制止汤庄煤矿井田范围内私开小煤井的紧急报告。

10月14日　煤炭工业部批准将济宁煤田王楼井田划归矿务局开发建设。

11月5日　山东煤管局批准为矿务局45名抗日战争时期参加革命工作的离休干部发放护理费每人每月80元，从1996年9月起执行。6日，印发《临沂矿务局临沂矿区工会关于做好困难职工扶贫解困工作的意见》。

11月8日　印发《临沂矿务局院（校）长综合奖励试行办法》，自1996年1月1日起执行。

11月11日　矿务局印发《关于推行群众逐级上访和分级受理制度》实施细则，自1997年1月1日起执行。

11月28日　株柏煤矿实现安全生产1000天。

12月1—13日　矿务局对全局爆破器材管理使用情况进行全面检查验收，经过评定有6个单位达到部特级标准，1个单位达到部一级标准。

12月6日　矿务局向山东煤管局呈报汤庄煤矿15层煤的部分边角煤划归汤庄村开采的报告。

12月16日　矿务局成立医疗保险制度改革领导小组，崔宝德任组长，李加夫、李景锡任副组长。同日，矿务局下达1996年煤矿井下职工家属"农转非"指标2500人。17日，矿务局批准解决1976年唐山地震后煤矿转招的城镇合同制工人家属子女"农转非"问题。

12月18日　矿务局召开第六次科技大会。

12月24日　矿务局成立消防安全领导小组，张军任组长，许作庆、孙加民任副组长。

1997年

1月3日　矿务局机关职工实行新工时制。自1997年1月起，局机关职工每天工作8小时，每周工作5天。

1月15日　局委对矿处级领导干部实行谈话打招呼、函询和诫勉制度。

1月23日　矿务局成立"三五"普法领导小组。

1月24日　局委、矿务局对在1996年度区队（车间）建设中做出突出成绩的22个区队（车间）给予表彰奖励，对在1996年度新闻报道工作中做出显著成绩的6个单位和25名通讯员给予表彰奖励。局委对在1996年度思想政治工作中做出优异成绩和突出贡献的5个单位、31名思想政治工作者进行表彰奖励。

1月26日　局委、矿务局授予在1996年度"双文明"建设中做出积极贡献的7个单位"双文明单位"称号。矿务局、矿区工会对1996年度全局扭亏增盈成绩显著的13个单位和98名劳动模范给予表彰奖励。

1月28日　矿务局成立社会保险制度改革领导小组，崔宝德任组长，李加夫任副组长，办公室设在局社会保险事业处。同日，矿务局对企业最低工资标准进行调整，古城矿井筹建处最低工资标准为每人每月220元，临沂市三区境内的单位为每人每月200元，褚墩、株柏、草埠、岐山煤矿为每人每月180元；加班工资、各种津贴、保险、福利待遇不作为最低工资标准。从1996年9月1日起执行。

2月13日　矿务局印发《机关业务保安人员安全责任承包考核奖惩办法》，自1997年1月1日起执行。

2月17日　山东煤管局批准矿务局1997年售、租房价格、公积金缴纳标准意见。调整后的售房成本价拟定为502元/平方米左右；租金拟定为2.1元/平方米（使用面积）；公积金缴纳标准为25元/月。

2月26日　煤炭工业部批准矿务局古城矿井优化设计方案。

2月26—28日　矿务局召开第八届职工代表大会第一次会议。矿务局集体合同由职工方首席代表、矿区工会主席李春晓与矿务局方代表、局长崔宝德签订。合同期限自1997年1月1日起至1998年12月31日止。

3月6日　印发《临沂矿务局法律事务工作暂行规定》。

3月20日　印发《临沂矿务局信访工作目标管理试行办法》，1997年4月1日试行。

4月8日　矿务局对矿山救护队员营养津贴进行调整。矿务局专职救护队员每月60元/人，各矿辅助救护队员每月30元/人，自1997年3月1日起执行。

4月27日　矿务局成立内部结算中心，隶属财务部。5月1日，矿务局撤销各单位银行开户。12日，印发《临沂矿务局内部结算中心储备基金制度》《临沂矿务局内部结算中心收支预算管理制度（试行）》（1997年6月1日执行）。7月25日，矿务局聘请53人为内部结算中心义务监督员。

5月4日　山东煤管局批准《临沂矿务局1997年实现扭亏为盈保证书》。

同日　全局第二次群众安全工作理论研讨会在煤田地质勘探工程公司召开。

5月14日　矿务局同意热电厂年产2000吨无氧铜杆生产线建设项目。

5月15日　矿务局批准草埠煤矿玻璃纤维厂改为集体性质，并更名为临沂矿务局金山玻璃纤维厂。

5月23日　矿务局对1996年度重合同守信用单位、合同管理先进个人进行表彰奖励。

同日　山东煤管局批准矿务局热电厂扩建1×6000千瓦机组工程可行性研究报告，总投资2858.99万元。

6月27日　局委、矿务局授予13个单位1996年度计划生育工作先进单位称号，授予49人（1996）计划生育工作先进工作者称号。

6月28日　局委授予基层16个党支部先进党支部称号，授予10人十佳优秀党支部书记称号，授予97人优秀共产党员称号。

7月10日　煤炭工业部对全国277名煤炭技工学校优秀学生进行表彰，临沂矿务局技工学校尹海军、张萍、张华、许伟、张政名列其中。

7月28日　山东煤矿工会劳动执法检查团到褚墩煤矿检查指导工作。

7月31日　局委、矿务局解除对塘崖煤矿和机械厂党政领导因未完成1996年扭亏解困责任目标而受到的黄牌警告。

8月6日　局委成立重大案件协调工作小组，杨跃林任组长，辛崇政任副组长。同日，成立老干部工作管理委员会，李加夫任主任，张军、赵学仁任副主任。

8月10日　经临沂矿区工会第六届五次全委会选举，报请山东煤管局同意，赵学仁任临沂矿区工会主席。

8月19日　矿务局成立企业改制工作领导小组，崔宝德任组长，李加夫、张军、赵学仁任副组长。

9月3日　矿务局向山东煤管局扶贫解困领导小组送审《临沂矿务局困难职工扶贫脱贫规划意见》。7日，矿务局发放《特困职工证》。

9月11日　矿务局老人乐园开始筹建。10月15日，为筹建老人乐园，各单位捐款19.5万元，矿务局机关捐款6.5万元。1998年4月1日，矿务局"老人乐园"开工建设，建设资金22.8万元。

9月15日　成立中共临沂矿务局党校，李加夫任校长，杨跃林、张书军、陆云高任副校长。

9月21日　局委呈请山东煤管局党组拟定于1997年11月下旬召开临沂矿务局第三次党代会。

9月24日　矿务局制定《建设工程造价管理暨招标管理试行规定》。

9月25日　局委制定矿处级干部年度述职报告制度。同日，矿务局撤销岐山煤矿建制，成立矿务局古城煤矿金利包装制品厂，归古城煤矿筹建处管理，聘崔守芬为厂长。

9月28日　印发《临沂矿务局住房公积金内部单位（个人）抵押贷款暂行管理办法》。

10月2日　矿务局精神文明建设指导委员会成立，崔宝德任主任，李加夫任副主任。同日，矿务局工程造价暨招标投标管理领导小组成立。

10月18日 局委决定对新提拔科级以上（含副科级）干部实行上岗廉政谈话教育制度。23日，局委对局机关各职能部门实行反腐倡廉责任制管理，要求各部门按照职责范围和党纪条规组织实施。

10月27日 印发《临沂矿务局职工工伤保险暂行办法》。11月29日，印发《临沂矿务局职工医疗保险制度改革试行方案》和《临沂矿务局职工医疗保险制度改革试行方案实施细则》，自1997年12月1日起试行。

11月24日 局委印发《发扬艰苦奋斗精神，制止奢侈浪费行为十条意见》。

12月3日 矿务局撤销劳动保险事业管理处，成立社会保险事业处。

12月4日 矿务局实行生产矿长例会制度。

1998年

1月6日 矿务局、矿区工会对1997年度实现安全生产的11个先进单位和96名安全标兵进行表彰奖励。

1月9—19日 全局开展"进百家门、知百家情、解百家难、暖百家心"活动。活动中，矿务局拨款6万元，救济200户特困家庭。各级领导走访慰问困难职工和工病亡遗属1735户，送慰问金19.47万元。

1月13日 矿务局提高任教30年中小学教师退休待遇，1998年1月1日执行。

1月18—19日 山东煤管局副局长李长春等到矿务局慰问困难职工。

2月12日 矿务局对在1997年度多种经营工作中取得显著成绩的9个先进单位、6个利润上台阶单位、12个先进集体和26名多种经营标兵进行表彰奖励。

2月15日 印发《临沂矿务局全员效益风险抵押金试行办法》。

3月5日 局委对在1997年度思想政治工作中成绩突出的5个先进单位和31名优秀思想政治工作者进行表彰奖励；对9个单位授予双文明单位称号；对在全局六好区队（车间）建设中成绩突出的20个区队（车间）给予表彰奖励。

3月6日 局委、矿务局对未完成1997年扭亏解困责任目标的褚墩煤矿、恒河实业总公司、莒县煤矿、热电厂领导班子成员实行黄牌警告。9月8日，局委、矿务局对因未完成1997年度扭亏增盈责任目标而受到相应处分的褚墩煤矿、恒河实业总公司、莒县煤矿、热电厂领导班子解除黄牌警告。

3月30日 矿务局调整审计、纪检、监察人员工作补贴标准，由每人每月25元改为每人每天2元，按月平均42元标准发放，兼职人员按此标准减半发放，1998年1月1日执行。

3月31日 在全省煤炭系统信访工作表彰会上，矿务局被山东煤管局授予信访工作达标单位称号。

4月3日 矿务局团委被临沂团市委授予先进团委、全市信息调研工作先进单位称号，矿务局中学被授予全市少先队工作红旗单位称号，汤庄煤矿职工子弟学校被授予手拉手先进学校称号，技工学校被授予优秀基层团委称号。

4月16日 临沂矿区工会部署开展5月安全宣传教育月活动。

4月20日 矿务局将局中学、工程公司职工子弟学校确定为素质教育实施试点单位。

4月24—25日 山东煤矿工会主席石绍敏带领山东煤管局扶贫检查团，对矿务局1997年以来《实施扶贫脱贫规划意见》和下岗职工再就业情况进行检查。

4月29日　矿务局举办职工"爱国、爱党、爱矿山"卡拉OK演唱比赛。

4月30日　临沂市召开全市劳动模范表彰大会，褚墩煤矿杜明勤获得全国五一劳动奖章，汤庄煤矿郑金水被临沂市人民政府授予劳动模范称号，株柏煤矿谢充启被临沂市总工会授予振兴沂蒙劳动奖章。

5月13日　矿务局、矿区工会部署开展技术大比武活动，比武工种为掘进、机电、电工、通风、救护5类项目。

5月18日　矿务局开始对科级及以下干部进行工商管理培训，培训课时168小时，200人参加。

5月20日　矿务局同意用古城煤矿家属居住区土地2.67万平方米交换鲁南地质工程勘察院生活办公基地4.63万平方米。

5月20—25日　临沂矿区工会在各矿巡回开展安全生产教育活动，播放安全宣传录像片，对职工、家属及学生进行宣传教育。

5月24日　淄博市沂源县人民政府将光力士集团548.1万股股权以548万元转让给矿务局，矿务局享有对光力士集团的管理经营权。

6月1日　全局少先队工作总结表彰大会召开，表彰10个优秀中队、20名优秀雏鹰奖章获得者和11名优秀少先队辅导员。

6月2日　日本无偿援助植物质型煤项目资产移交矿务局。

6月3日　莒县煤矿遭受冰雹、暴风袭击，造成直接经济损失15万元。

6月8—9日　矿务局庆祝第九个班组长活动日，全局28名优秀班组长参加集中活动。

6月24日　局委被中共临沂市委宣传部授予（1997）党员教育工作先进单位称号。同日，褚墩煤矿党委被中共山东省委宣传部授予先进党员活动室称号。30日，局委对评选出的15个先进党支部、96名优秀共产党员、十佳党支部书记和10名优秀党员干部给予表彰奖励。

8月10日　矿务局对1997年度重合同守信用单位、合同管理先进个人进行表彰奖励。并对评选出的1996—1997年度企业管理现代化优秀成果给予奖励。

8月11日　国家经济贸易委员会、国家煤炭工业局、山东省人民政府下发《关于山东国有重点煤矿管理体制改革问题商谈纪要》，将包括矿务局在内的21户原煤炭工业部所属煤炭企事业单位划转山东省人民政府管理。

8月28日　矿务局成立下岗职工基本生活保障和再就业工作领导小组。

9月10日　矿务局对全局30名优秀教师和10名优秀教育工作者给予表彰奖励。

9月24日　在山东煤管局全省国有重点煤矿100户五好文明家庭表彰会上，褚墩煤矿张振乾、草埠煤矿郭兴华、总厂王鲁民、塘崖煤矿刘继华受到表彰。

10月12日　全局党员缴纳特别党费9416元，支援"沂蒙山希望小学"建设。

10月20—22日　矿务局承办全省国有重点煤矿第十二届老年人门球比赛。

11月1日　矿务局对1996年12月31日前离退休、退职人员基本养老金进行调整。离休人员月增65元；1993年12月31日前退休、退职人员月增33元；1994年1月至1996年12月31日前退休、退职人员月增22元。1997年7月开始执行。

11月2日　褚墩煤矿发生突水，造成经济损失398万元。

11月9—17日　矿务局党校分2期对70名基层党支部书记进行培训，并对47名优秀中青年干部进行党风廉政建设、经济合同和经济纠纷处理、财经纪律、《中华人民共和国劳动法》等内容的学习辅导。

11月18日 矿务局召开第七次科技大会。

12月23日 矿务局聘请刘继玉、张树玲、陈晓阳、张学、张守平、葛献章、陈修礼、张友军、王绍田9人为矿务局劳动鉴定委员会劳动鉴定员。

1999年

1月1日 矿务局撤销莒县煤矿编制，成立竹园井，隶属汤庄煤矿，其资产、人员和债权债务一并划归汤庄煤矿。

1月2日 矿务局、矿区工会对1998年度实现安全生产的12个先进单位和98名安全标兵进行表彰奖励。28日，矿务局召开总结表彰大会，对1998年度14个先进单位和98名劳动模范进行表彰奖励。

1月25日 山东煤管局党组书记、局长赵增和一行，到矿务局进行春节走访慰问。

1月26日 印发《临沂矿务局内部单位经营者收入分配试行办法》，原办法同时废止。

同日 矿务局局长崔宝德、局委书记李加夫带领各单位党政主要领导和局机关有关部门负责人50余人到淄博矿务局观摩学习改革发展经验。

3月10日 山东煤管局批准组建山东古城煤炭开发有限责任公司，撤销临沂矿务局古城矿井筹建处。

3月12日 矿务局向临沂市关井压产领导小组办公室提交解决汤庄煤矿井田内4座小煤井非法开采的紧急报告。

3月18日 矿务局召开宣传思想工作会议暨局思想政治工作研究会第十三次年会，表彰奖励4个文明煤矿（单位）、6个思想政治工作先进单位、6个新闻报道工作先进单位、21个局级六好区队（车间）、10个优秀政研会、30名优秀思想政治工作者、32名优秀通讯员、40篇优秀研究成果。同日，局委、矿务局部署开展创建文明区队（车间）、文明班组、文明科室、文明家庭、文明职工活动。

3月22日 矿务局部署开展"解放思想，加快发展"大讨论活动。

3月31日—4月1日 矿务局召开第九届职工代表大会第一次会议。

4月16日 局委调整矿区工会机构，撤销矿区工会综合部、财务部，组建矿区工会生产保护法律部、组宣文体部、保障女工事业部，办公室继续保留。同日，局委撤销总厂党委，总厂党委书记、纪委书记、党委委员一律免职，由恒河实业总公司党委公布下属党组织。

4月30日 矿务局、矿区工会举办劳动模范座谈会，30名局级及以上劳动模范参加。

5月3日 调整全局职工1999年度9%工资性补贴，调整的基数为岗位技能工资加各种补贴之和，补贴标准为本人上年度核定的月平均工资基数的9%，最低标准为每人每月50.9元，最高标准为每人每月254.3元，1999年1月1日执行。

5月5日 为纪念华东革命烈士陵园建园50周年，矿务局开展向华东革命烈士陵园续建工程捐款活动。

5月18日 矿务局批准热电厂2号沸腾炉技改项目方案，技改资金控制在100万元内，矿务局投资50万元，热电厂自筹50万元。

5月24日 矿务局转发《关于贯彻执行山东省因病死亡丧葬补助费的通知》，要求因病死亡职工丧葬补助费自1999年6月1日起按500元标准执行，由所在单位承担。

6月9日　矿务局举行庆祝第十个班组长活动日座谈会，20名优秀班组长代表参加会议。

6月10—12日　矿务局组织无偿献血活动，450人参加，超额完成临沂市下达的献血指标。

6月10—21日　局委连续举办4期以"解放思想、加快改革、促进发展"为主题的矿处级干部培训班，各单位及局机关151人参加学习。

6月20日　矿务局同意莒县煤矿关井闭坑。

6月29日　局委召开"七一"表彰大会，对全局评选出的17个先进党支部、96名优秀共产党员、10名十佳党支部书记和10名优秀党员干部给予表彰奖励。

7月1日　矿务局将五寺庄煤矿35千伏变电所资产划拨给塘崖煤矿。

7月14日　矿务局召开卫生防疫工作会议，部署夏秋季节肠道传染病防治工作。

7月19日　山东煤管局党组党风廉政建设检查团，到矿务局检查党风廉政建设工作。

8月2日　矿务局和罗庄区人民政府举办塘崖煤矿职工子弟学校交接仪式，将该校移交西高都镇管理，开启全省煤炭系统企业办学移交地方管理的先河。

8月4日　山东煤管局党组副书记、副局长李继会，到褚墩煤矿检查矿务公开建设工作。

8月16日　局委、矿务局成立清理清退干部职工多占公有住房领导小组。同日，印发《关于推行厂务公开、加强民主监督和管理的实施意见》。

8月18日　矿务局成立老年大学。11月3日，成立矿务局老年书画研究会。

8月23日　煤炭工业部临沂矿区建设工程质量监督站、煤炭工业部曲阜矿区建设工程质量监督站更名为煤炭工业临沂矿区建设工程质量监督站、煤炭工业曲阜矿区建设工程质量监督站。

9月7日　山东煤管局批准热电厂改造2×1500千瓦沸腾炉机组、新增集中供热工程技术改造项目，投资786.54万元。

9月13日　矿务局成立国庆50周年和澳门回归保卫工作领导小组。

9月27日　党委宣传部、矿区工会、团委在矿区职工俱乐部联合举办以"祖国颂、改革开放颂和共产党颂"为主题的青年卡拉OK比赛和国庆专场文艺晚会。

10月4日　矿务局制定《特困职工家庭困难救济暂行办法》。

10月11日　矿务局向山东煤管局呈报《临沂矿务局汤庄煤矿关井破产实施方案》。2000年3月13日，矿务局向山东煤管局申请解决汤庄煤矿关闭破产职工安置费缺口1143.3万元。

10月15日　山东煤管局批准在技工学校设立计算机应用中级培训基地。30日，矿务局成立计算机2000年问题应急指挥中心。

11月29日　矿务局部署开展12月信访法规集中宣传月活动。

12月15日　矿务局举办临沂矿区迎接澳门回归书画展。

2000年

1月1日　矿区工会发起"降成本，保安全、强管理、增效益"建功立业活动。

1月25日　山东省经济贸易委员会批准煤田地质勘探工程公司建设辐照中心技改项目建议书。

1月26日　山东煤管局局长公茂泉、山东煤矿工会主席石绍敏到矿务局走访慰问，发放救济款11万元。

2月24日　在山东煤管局1999年度多种经营工作总结表彰大会上，工程公司、光力士集团、热电厂被授予多种经营工作先进单位称号。

同日　矿务局开展向困难职工子女献爱心救助活动，救助26名中小学生。

2月28日　恒河实业总公司搪瓷厂、总厂划归矿务局管理。4月3日，矿务局搪瓷厂新型替代产品宝石八角浴盆研制成功。

3月4日　临沂矿区工会被山东煤矿群监会评为全省重点煤矿矿区际群众安全工作竞赛优胜单位。

3月13日　矿务局宣传思想工作会议暨矿务局思想政治工作研究会第十四次会议召开。

3月16日　矿务局召开多种经营工作总结表彰大会，对在1999年度多种经营工作中取得显著成绩的7个先进单位、10个先进集体、27名先进个人进行表彰奖励。

同月　矿务局被全国总工会和国家经济贸易委员会授予1999年度全国安康杯优胜企业称号。

4月17日　印发《临沂矿务局专业技术拔尖人才选拔与管理工作暂行办法》。

4月29日—5月1日　矿务局召开第九届职工代表大会第二次会议。5月1日，矿务局召开1999年度总结表彰大会，向实现减亏增盈的14个先进单位颁发锦旗，对98名局级劳动模范进行表彰奖励。同日，局委被中共临沂市委宣传部授予党员教育工作先进单位称号。

4月29日　褚墩煤矿采煤队队长杜明勤出席全国劳动模范和先进工作者表彰大会，被授予全国劳动模范称号。

5月10日　矿务局印发《改革和发展实施方案》，被列为第一批三家改制单位之一的矿务局机械厂改制工作正式启动。

5月21日　矿务局老年人太极拳剑队获得临沂市第五届"大陆杯"老年人太极拳剑比赛最佳奖。

5月23日　矿务局对1999年度保持省级重合同守信用企业称号的5个单位和保持市级重合同守信用企业称号的3个单位予以通报表彰。

6月9日　矿务局第十一个班组长活动日座谈会在局招待所召开，18名优秀班组长代表参加。

6月12—26日　矿务局举办矿处级领导干部理论学习培训班，159人参加。

6月28日　山东煤管局批准矿务局搪瓷厂进行公司制改造。

6月29日　局委召开"七一"表彰大会，对17个先进党支部、96名优秀共产党员和10名十佳党支部书记进行表彰奖励。

7月7日　山东省发展计划改革委员会批准将新驿矿井划归矿务局开发。

7月10日　矿务局被国家煤炭工业局评为国有重点煤矿质量标准化矿务局，草埠、褚墩、株柏煤矿被命名为行业级质量标准化矿井。

7月20日　印发《临沂矿务局改革改制工作指导意见》。矿务局对岐山、莒县、五寺庄煤矿3对关闭矿井进行验收。

8月17日　矿务局公布褚墩、汤庄、草埠、塘崖、株柏、莒县煤矿，中心医院、恒河实业总公司、工程公司、总厂、技工学校、机械厂医院或卫生所为局内定点医疗机构。

9月10日　矿务局表彰奖励29名优秀教师和10名先进教育工作者。

9月12日　临沂市经济贸易委员会批复同意矿务局机械厂、总厂、搪瓷厂、兴塘瓷厂改造为有限责任公司，分别成立职工持股会，办理职工持股会登记手续。12月13日，矿务局在矿区职工俱乐部召开机械厂、总厂、搪瓷厂改革改制动员大会。16日，矿务局搪瓷厂鲁星日用搪瓷生产线正式投产。2001年3月6日，矿务局批准搪瓷厂改制为临沂鲁星搪瓷有限责任公司实施方案。5月23日，矿务局委派张书军为临沂鲁星搪瓷有限责任公司董事。

9月29日　山东省煤炭工业局、山东煤矿工会在济南南郊宾馆召开全省煤炭工业双文明先进单位、劳动模范表彰大会。株柏煤矿、工程公司被授予双文明先进单位称号，汤庄煤矿宋启明、塘崖煤矿刘继华、株柏煤矿王云海、矿务局中学于海霞、草埠煤矿王建设被授予劳动模范称号。

9月30日　矿务局、矿区工会共同出资2.5万元，对24名考上大学的特困职工子女进行帮扶助学。

10月9日—11月3日　矿务局党校举办基层党支部书记优秀中青年干部培训班，200人参加集中培训。

10月18日　印发《临沂矿务局职工住房公积金贷款管理暂行办法》。

10月24日　劳动和社会保障部批准矿务局技工学校为山东煤炭高级技工学校。

11月2—4日　矿务局老年体操队获得全省第二届老年人无极健身球保健操最佳奖。

11月23日　矿务局批复同意汤庄煤矿关闭破产方案。

12月18日　矿务局召开第八次科技大会。

2001年

1月6日　矿务局对2000年度实现安全生产的14个先进单位和90名安全标兵进行表彰奖励。

1月12日　矿务局召开古城矿井移交生产管理大会。

2月12日　矿务局对评选出的2000年度18名优秀经济合同管理员和10个样板合同给予表彰奖励。

2月23日　省煤炭局党组决定：李义文任临沂矿务局局长，孙廷华任副局长兼安全监察局局长，潘元庭、陈猛任副局长，曹庆伦任总工程师，崔宝德任局级调研员，许作庆任副局级调研员。免去崔宝德的临沂矿务局局长职务、张军的副局长职务、许作庆的总工程师职务、刘成录的安全监察局局长职务（保留副局级）、芦文祥的副局级职务。同日，省煤炭局党组决定：李义文任临沂矿务局党委书记，张军任党委副书记，杨跃林任纪委书记、党委常委，孙廷华、潘元庭、陈猛任党委常委。免去李加夫的临沂矿务局党委书记、常委职务，杨跃林的党委副书记、常委职务，崔宝德的党委常委职务。3月5日，经省煤炭局党组研究，矿务局党委常委会由李义文、张军、杨跃林、孙廷华、潘元庭、陈猛、赵学仁组成。

同日　矿区工会开展以"抓创新，强管理，保安全，降成本，增效益"为主要内容的"十五"建功立业"开元杯"竞赛活动。同日，矿务局、矿区工会对2000年度13个减亏增盈先进单位和46名劳动模范进行表彰奖励。

3月14日　局委、矿务局对2000年度文明煤矿、文明单位和"五个争创"活动中做出显著成绩的5个单位、20个区队车间、21个基层科室、23个班组、30名职工和29户职工家庭给予表彰奖励。局委对在2000年度思想政治工作中做出优异成绩的7个先进单位、30名思想政治工作先进个人给予表彰奖励。同日，矿务局召开千人形势报告会，党委书记、局长李义文在会上作以解放思想、改革发展为主题的形势报告，拉开了临矿人思想大解放的序幕。

3月23日　矿务局印发《加强管理严格控制招待费支出的几项规定》，确定接待地点为招待所、丽景假日酒店、局机关食堂。

3月27日　矿区工会开展"女职工素质自我达标"活动。

4月4日　矿务局成立多种经营总公司，陈猛兼任多种经营总公司总经理，撤销局多种经营部。

成立新驿矿井筹建处，潘元庭兼任新驿矿井筹建处主任。撤销古城矿井筹建处。

4月4—5日 矿务局召开第九届职工代表大会第三次会议。

4月5日 矿务局批准总厂改制为创元焦化公司实施方案、机械厂改制为亚龙机械公司实施方案。9日，召开亚龙机械公司创立大会，依法选举产生公司第一届董事会；10日，局委派周世军为亚龙机械公司执行监事，成立亚龙机械公司党总支，撤销机械厂党总支；成立创元焦化公司党总支，撤销总厂党总支；召开创元焦化公司创立大会，选举产生公司第一届董事会，杜朝学任董事长。

4月6日 矿务局召开2000年度总结表彰大会暨2001年签订经济合同动员大会。对2000年度减亏增盈的13个先进单位和96名劳动模范进行表彰奖励。局长李义文分别与各单位签订2001年经营承包合同。

4月9日 印发《临沂矿务局以物抵账管理办法》《关于加强劳务输出劳动力管理的规定》。

同日 局委加强领导干部廉洁自律，印发"十三个不准"。

4月13日 矿务局获得1998—1999临沂市思想政治工作优秀企业称号。

4月20日 矿务局代表队在临沂市歌咏比赛中获得优秀组织奖、演唱二等奖、优秀创作奖。

4月23日 矿务局对月人均生活费低于156元的困难职工家庭进行核查，有1617户6337人应享受国家低保政策。

4月26日 矿务局实行物资供应工作例会制度，印发《临沂矿务局物资采购管理办法》《临沂矿务局物资供应计划管理办法》《临沂矿务局物资比价采购管理暂行规定》。

4月30日 矿务局召开庆"五一"劳动模范座谈会，18名代表参加。

5月14日 矿务局对接触职业性危害因素的劳动者办理《职业性健康监护证》。

5月28日 塘崖煤矿实现安全生产5周年。

6月1日 矿务局救护队派1个小队驻勤古城煤矿，担负该矿日常救护抢险工作。

6月11日 省煤炭局批复同意褚墩、塘崖、草埠、汤庄煤矿组建有限责任公司，局热电厂、工程公司、煤田地质勘探工程公司、物资供应公司进行公司制改造，局中心医院进行改制。13日，矿务局批复同意中心医院改制为临沂罗庄中心医院实施方案。

6月15日 矿务局撤销局内部结算中心及派驻单位办事处，对二级单位财务科科长、副科长、主管会计实行委派制。

6月19日 矿务局成立古城煤矿热电厂筹建处，刘成录兼任筹建处主任。

6月25日 褚墩煤矿所属汽车运输公司、沂昌公司从褚墩煤矿分离，并入矿务局劳动服务公司。

6月29日 局委对评选出的17个先进党支部、46名优秀共产党员、2个先进基层党组织给予表彰奖励。

7月8日 印发《临沂矿务局改制单位财产清查评估实施办法》。

7月12—14日 山东省煤矿工会授予临沂矿区工会群监会先进矿区群监会称号、塘崖煤矿工会群监会先进矿际群监会称号、株柏煤矿工会协管会先进矿际协管会称号。

7月23日 印发《临沂矿务局关于深化住房制度改革实施方案》，对职工多占公有住房进行清理。9月5日，对干部职工个人借欠公款问题进行检查清理。

8月25日 矿务局组建工程、卫生、中学教师、小学教师、技校教师系列初级职务评委会。

8月31日 矿务局委派陈猛兼任临沂鲁星搪瓷有限责任公司董事；兰春忠兼任公司监事；免去张书军公司董事职务。

9月10日　矿务局对28名优秀教师和11名先进教育工作者给予表彰奖励。

9月12日　矿务局向省煤炭局申请将塘崖、褚墩、草埠、五寺庄煤矿4对矿井列入2001年关闭破产计划。

9月14日　矿务局请求山东省财政厅继续保留原下拨的亏损补贴。

9月26日　山东省煤矿工会授予中心医院职业道德十佳单位称号、工程公司刘丙军职业道德十佳标兵称号。

10月11日　罗庄区人民武装部任命李义文为矿务局人民武装部部长，张军为政委。

10月12日—11月11日　局委在领导班子成员中开展以"三个代表"为主要内容的学习教育活动。

10月18日　恒河实业总公司并入塘崖煤矿。11月18日，塘崖煤矿实现安全生产2000天。12月20日，褚墩煤矿并入塘崖煤矿，其资产、人员和债权、债务一并划归塘崖煤矿。

10月31日—11月1日　局长、党委书记李义文、党委副书记张军等带领矿务局参观学习团一行63人，到里能集团和淄博矿务局葛亭煤矿考察学习。

11月2日　矿务局团委、技工学校工会联合举办"21世纪青年风采"演讲比赛。

11月3日　局委召开"三个代表"学习教育活动专题民主生活会。

11月12日　矿务局成立新区建设指挥部，李义文为总指挥，潘元庭为副总指挥。

11月19日　局机关进行机构改革，机关处室（含实体单位）由27个精减为18个；上岗管理人员（含实体工人）195人，比改革前268人减少73人。

2002年

1月1日　成立淄博草埠实业有限责任公司（简称草埠实业公司）。

同日　矿务局执行住房公积金新标准，职工个人每人每月25元，单位相应补助每人每月25元。

1月5日　矿务局批准塘崖煤矿改制为临沂兴元煤业有限责任公司方案。24日，矿务局向兴元煤业公司出资48.3万元，占公司注册资本的10%。3月3日，召开兴元煤业公司成立大会。8月25日，成立兴元煤业公司工会职工持股会。

1月10日　印发《临沂矿务局关于对供水、供电、取暖等实行市场化管理的暂行规定》。

1月13日　矿务局批复同意褚墩煤矿改制为临沂恒昌煤业有限责任公司（简称恒昌煤业公司）方案。3月15日，召开恒昌煤业公司成立大会。

同日　山东省民政厅厅长李淼、临沂市副市长牛泉然，到汤庄煤矿走访看望困难职工。

1月19日　省煤炭局副局长郑晓光一行，到矿务局走访慰问。

1月24日　矿务局向亿金物资公司出资85.1万元，占公司注册资本的51%。3月4日，召开亿金物资公司成立大会。

2月3日　召开临沂兴大工程有限责任公司（简称兴大工程公司）创立大会。9月3日，成立兴大工程公司工会职工持股会。

2月22日　矿务局向省煤炭局请示，要求企业进行整体改制。

2月27—28日　矿务局召开第九届职工代表大会第四次会议。

2月28日　矿务局召开2001年度工作总结表彰大会，对2000年度做出突出贡献的9个先进单位、31名劳动模范和63名先进标兵进行表彰。

3月6日　矿务局向兴大工程公司出资8.9万元，占公司注册资本的1.05%。9月3日，成立兴大工程公司工会职工持股会。

3月8日　矿务局春节慰问演出团到基层各单位巡回演出，历时45天，演出12场次。

3月20日　李文荣、王春霞、韩奎英、庄子娟、庄玉荣、王宝霞、车进花、王春叶、王长华、鲁通玲被评为临沂矿区"十佳女职工"。

5月8日　矿务局、矿区工会召开庆"五一"劳动模范代表座谈会，14名代表参加座谈。

6月9日　开展学习温州人吃苦耐劳、自强不息、敢想敢干精神的思想解放活动。

6月27日　局委对评选出的4个先进基层党组织、17个先进党支部、44名优秀共产党员给予表彰奖励。28日，临沂矿区工会、草埠实业公司工会、恒昌煤业公司工会被山东省煤炭工业局、山东省煤矿工会分别授予全省煤矿扶贫送温暖工作先进单位称号。

7月1日　矿务局与山东煤田地质局签订新驿井田探矿权转让协议。8月3日，新驿矿井筹建处举行主井开工试挖仪式。

7月10日　矿务局对职工2002年9%工资补贴标准予以调整。

7月30日　山东省总工会、山东省民政厅、山东省财政厅领导，到矿务局检查低保工作。

8月6日　矿务局撤销劳动服务公司编制，人员、资产划入招待所。9日，批准招待所改制为临沂煤苑实业有限责任公司（简称煤苑实业公司）。10日，召开临沂煤苑实业有限责任公司创立大会。9月10日。山东省煤炭局批准矿务局招待所改制为有限责任公司。

8月14日　省煤炭局召开省属煤炭企业第三次厂务公开经验交流会，株柏煤矿、华建工程公司被授予全省煤矿厂务公开工作先进单位称号。

8月15日　矿务局批准将设计院改为临沂兴宇工程设计有限公司，注册资本总额51万元，其中，矿务局作为法人股东出资45万元，职工个人出资6万元。

8月17日　古城煤矿热电厂主厂房工程破土动工。

8月19日　矿务局召开第九届职工代表大会第五次会议。会议审议通过《关于深化临沂矿务局企业制度改革，组建临沂矿业有限责任公司的实施方案》。

8月27日　省煤炭局批复同意矿务局组建山东东山矿业有限责任公司。9月16日，山东东山矿业有限责任公司（简称东山矿业公司）举行创立大会，25名股东及股东委托人参加会议。会议表决通过《山东东山矿业有限责任公司章程》《山东东山矿业有限责任公司董事会、监事会选举办法》，选举产生东山矿业公司第一届董事会和第一届监事会。10月1日，矿务局在矿区职工俱乐部举行山东东山矿业有限责任公司成立挂牌仪式。山东省经济贸易委员会副主任、省煤炭局党组书记、局长王宝山，山东煤矿安全监察局党组书记、局长公茂泉，中共山东省委企业工委委员、办公室主任李发跃等，矿务局领导班子和部分职工代表1000余人参加大会。

9月10日　矿务局对22名优秀教师和8名先进教育工作者给予表彰。

9月13日　召开临沂矿区工会职工持股会创立大会。职工持股第一届会员代表大会第一次会议审议通过《临沂矿区工会职工持股会章程》。

9月20日　矿务局以货币形式向沂水热电公司出资1000万元。

9月27日　省煤炭局批准将矿务局古城煤矿采矿权转让给东山矿业公司。10月1日，株柏煤矿划归东山矿业公司，更名为山东东山矿业有限责任公司株柏煤矿分公司。11月4日，山东省煤炭局批准东山矿业公司经营层持股有关问题。

11月11日　张军任矿务局党委书记。

11月26日　矿务局以货币形式向恒昌煤业公司增加出资19.5万元，累计出资50万元，占公司注册资本的10%。12月25日，矿务局以货币形式向兴大工程公司增加出资0.7万元，累计出资9.6万元，占公司注册资本的10%。

12月24日　矿务局召开第九次科技大会。

12月29日　矿务局增加离休干部待遇，增加项目包括1992—1995年3次职务补贴、60元误餐补贴、36元驻济补贴、140元生活补贴、25%住房补贴。自2002年1月1日起执行。

2003年

1月7日　矿务局以货币形式向亿金物资公司增加出资36.8万元，累计出资121.9万元，占公司注册资本的51%。29日，矿务局以货币形式向临沂鲁星搪瓷有限责任公司增加出资6万元，累计出资36万元，占公司注册资本的30%；向华建工程公司增加出资6.73万元，累计出资33.23万元，占公司注册资本的10%；向创元焦化公司增加出资6万元，累计出资18万元，占公司注册资本的10%；向兴元煤业公司增加出资12.2万元，累计出资60.5万元，占公司注册资本的10%；向草埠实业公司增加出资16万元，累计出资56万元，占公司注册资本的10%。2月24日，向沂水热电公司增加出资1000万元，累计出资2000万元，占注册资本总额的40%。

1月23日　省煤炭局副局长闫忠恩一行，到矿务局走访慰问。

1月28日　临沂市民政局副局长孙德士一行，到矿务局慰问特困职工。

2月12日　矿务局批准兴元煤业公司兴塘日用瓷厂二期工程建设，投资规模控制在480万元内，建设工期6个月。

2月18日　矿务局召开第十届职工代表大会第一次会议。

2月20日　矿务局召开2002年度总结表彰大会，表彰12个先进单位、31名劳动模范、61名先进标兵。

3月16日　矿务局成立对口单招领导小组，由潘元庭、陆云高、兰春忠、张瑞清、王怀江组成，潘元庭任组长，领导小组下设招生办公室，办公室设在技工学校，张瑞清任主任，宋玉泉担任副主任。

4月18日　矿务局召开非典型性肺炎防治工作会议，部署非典型性肺炎防治工作。

5月2日　印发《临沂矿区工会职工持股会章程（修订稿）》。

5月31日　东山矿业公司股东大会研究决定，由东山矿业公司注入资金3500万元，草埠实业公司注入资金1500万元，成立沂水热电公司。

6月18日　矿务局印发《加强煤矿外包工程安全生产管理的规定》。

7月4—6日　矿务局工作会议、局委"七一"表彰会议召开，表彰6个先进基层党组织、20个先进党支部、40名优秀共产党员。

8月8日　矿务局被省深化省属国有企业改革领导小组办公室确认为省属重点国有企业。

8月10日　矿务局成立工资集体协商委员会。局长李义文为企业方首席代表，总会计师于德亮、劳资社保处处长刘守明、组干处处长陆云高、财务处处长张廷玉、监察处处长兰春忠、生产技术处处长刘恩功、办公室主任王荣宝、企业管理处处长李庆春为企业方代表；矿区工会主席赵学仁为职工方首席代表，矿区工会副主席季广修、矿区工会保障女工部部长王素梅、草埠实业公司工会主席孙富兴、恒昌煤业公司工会主席于世祥、古城煤矿工会主席张传毅、兴元煤业公司工区区长肖俊卿为职工方代表。

8月18日 矿务局印发《煤矿安全生产"双基"建设工作标准及考核评级暂行办法》。

9月10日 矿务局对32名优秀教师和8名先进教育工作者表彰奖励。

9月12日 省煤炭局批复矿务局老干部工作归属中共山东省委企业工委管理。

同日 临沂市中级人民法院依法宣告塘崖煤矿破产。

10月1日 印发《临沂矿务局科学技术成果管理办法》。

10月13日 局委撤销汤庄煤矿、莒县煤矿党委建制，其组织关系移交地方管理。

10月20日 矿务局同意草埠实业公司玻璃纤维厂扩增拉丝炉位18台、退捻机6台，玻纤纱生产能力扩大到2600吨/年。

10月22日 省煤炭局副局长李卫东，到新驿矿井筹建处检查指导工作。

12月16日 省煤炭局批复同意塘崖煤矿采矿权转让给兴元煤业公司，批复同意褚墩煤矿采矿权转让给恒昌煤业公司。同日，矿务局以货币形式向煤苑实业公司增加出资82.2万元，累计出资164.4万元，占公司注册资本的51%。

12月21日 印发《临沂矿务局重大生产安全事故应急救援预案（试行）》。

12月23日 山东省经济贸易委员会、山东省财政厅、山东省劳动和社会保障厅批准矿务局主辅分离改制分流总体方案，同意将矿务局工程公司等9个单位纳入辅业改制范围，均改制为非国有法人控股单位。

2004年

1月1日 矿务局对在职职工统一按临沂市规定25%比例实行住房补贴。

1月9日 省煤炭局纪检组长张英学一行，到临沂矿区春节走访慰问。

1月12日 中共山东省委企业工委对矿务局党委班子进行调整：李义文任党委书记；刘孝孔任党委副书记、纪委书记；吴洪军任党委常委。张军不再担任党委书记职务；潘元庭、赵学仁不再担任党委常委职务；杨跃林不再担任党委常委、纪委书记职务。中共山东省委企业工委研究同意，刘孝孔任临沂矿区工会主席候选人；赵学仁不再担任工会主席职务。山东省人事厅任命吴洪军为副局长，张军为正局级调研员，潘元庭、赵学仁为副局级调研员。

1月20日 矿务局批准物资供应公司主辅分离改制分流实施方案。

2月3日 省煤炭局批复同意矿务局技工学校改制为民营学校，移交当地政府管理。3月9日，省煤炭局批准矿务局主辅分离改制分流总体方案。

2月5日 临沂矿区工会召开第六届十四次全委扩大会议，会议同意赵学仁辞去矿区工会委员、常委、主席职务，增补刘孝孔、施安东、宋忠玲、孙洪德为矿区工会委员，补选刘孝孔为矿区工会委员、常委、主席。

2月16日 省煤炭局为加快所属实体公司的改革改制步伐，根据《山东省人民政府关于深化省属国有企业改革的意见》，将邱集、马坊煤矿，山东省煤炭工业发展总公司及田庄煤矿划归矿务局管理，将其他省煤炭局所办实体委托给矿务局管理。

2月17日　矿务局与省煤炭局办理山东省煤炭工业发展总公司等12个托管企业交接手续。4月5日，矿务局调整山东省煤炭工业发展总公司主要负责人，矿务局副局长陈猛兼任该公司总经理；13日，省煤炭局对山东省煤炭工业发展总公司及田庄、马坊、邱集煤矿的财务状况进行清查审计。6月30日，省煤炭局将山东省煤炭经济技术开发总公司、山东省煤炭工业供销总公司、山东省煤炭物资总公司、山东全成经贸公司、山东省煤炭联合运销总公司、山东省煤炭销售中心、山东省煤炭技术服务公司、山东省煤炭工业支护装备公司、山东省煤炭工业经济贸易公司、山东省煤矿电器厂等实体划归矿务局管理。12月31日，省煤炭局将山东省煤炭工业供销总公司临沂公司、山东省地方煤矿培训中心划归矿务局管理。

3月7日　山东省煤矿工会主席石绍敏一行，到兴元煤业公司、株柏煤矿调研。

3月10日　省煤炭局副局长宋本胜一行，到新驿矿井筹建处调研。

3月25日　矿务局对退休人员住房补贴实行局内统筹。同日，印发《临沂矿务局职工基本医疗保险暂行办法》。

4月6日　中共山东省委企业工委副书记曾昭起、办公室主任李发跃到矿务局检查指导工作。同日，东山矿业公司补选孙廷华为第一届董事会董事、副董事长；补选刘孝孔为第一届董事会董事；聘任吴洪军为公司副总经理；补选兰春忠为第一届监事会主席。

4月18日　矿务局驻济工作组成立。工作组由副局长陈猛带队，主要以山东省煤炭工业发展总公司为依托，对省煤炭局划转的部分企业进行改革。

4月30日　成立新驿煤矿。5月14日，临沂矿区工会批准成立新驿煤矿工会。

5月11日　临沂矿区工会组织举办山东省实施《工会法》办法知识竞赛。6月15—16日，矿务局获得临沂市职工学习《山东省实施〈工会法〉办法》"商业银行杯"知识竞赛金奖。

5月17日　矿务局组织开展"慈心一日捐"活动，共捐款33.5万元。

5月30日　古城煤矿翁洪周被中国能源化学工会、中国煤炭工业协会授予优秀采煤队长称号，株柏煤矿张树宽被授予优秀运输队长称号。

5月　矿务局李义文获得临沂市振兴沂蒙劳动奖章，株柏煤矿一工区获得振兴沂蒙劳动奖状，古城煤矿王洪忠获得山东省富民兴鲁劳动奖状，恒昌煤业公司刘西常获得全国五一劳动奖章。

6月1日　新驿煤矿通过省煤炭局组织的联合试运转验收，矿井具备生产条件，创出同一区域、同类矿井21个月零23天建成投产的新记录。

6月30日　局委表彰奖励5个先进基层党组织、21个先进党支部、43名优秀共产党员和10名优秀党务工作者。

同月　兴大工程公司彩印厂获得全国煤炭系统模范职工小家称号。

7月5日　矿务局在矿处级领导干部中开展"六观"（世界观、人生观、权力观、利益观、地位观）教育活动。

同日　成立东山矿业公司新区内部结算中心。

7月10日　矿务局、株柏煤矿、技工学校、兴大工程公司被临沂市总工会授予2003职工代表大会先进星单位称号。

7月12日　华建工程公司六〇一项目部QC质量管理小组被山东省经济贸易委员会、山东省总工会、山东团省委、山东省科学技术协会和山东省质量管理协会联合授予2004山东省优秀QC小组。

7月13日　矿务局加强对各单位的银行开户和货币资金管理。同日，印发《临沂矿务局新区内部结算中心结算管理办法》。

7月26日　省煤炭局将泰安、济南煤机厂划归矿务局管理。

9月3日　王楼矿井举办矿井建设开工仪式。

9月8日　矿务局对15名优秀教师和7名先进教育工作者给予表彰奖励。

9月15日　矿务局成立清产核资领导小组。

9月20日　矿务局批准热电厂主辅分离改制分流实施方案。

10月1日　矿务局中学整体移交临沂市罗庄区人民政府管理。10日，局委撤销矿务局中学党总支建制。

10月12—14日　全省煤矿职工优秀青年歌手选拔赛在龙口矿业集团有限公司举行，矿务局选手获得一等奖。

11月15日　东山矿业公司以货币形式向房地产开发公司增加出资500万元，累计出资950万元，占公司注册资本的95%。

11月26日　山东煤矿安全监察局局长公茂泉，到新驿煤矿检查工作。

12月2日　山东省经济贸易委员会副主任、山东省煤炭工业局局长王宝山到新驿煤矿检查工作。

12月6日　印发《临沂矿务局煤炭统一销售业务规范与管理办法》《临沂矿务局煤炭运销体制改革方案》《临沂矿务局煤炭产品内部收购依质计价办法》。

12月8日　局委制定积极预防和妥善处置群体性事件工作预案。

12月12日　省煤炭局副局长卜昌森到新驿煤矿检查工作。

12月20日　省国资委批准矿务局技工学校改制分流实施方案。

12月25日　兴大工程公司获得临沂市第八届职工职业道德十佳单位称号。

12月27日　山东煤矿安全监察局副局长王子奇，到新驿煤矿检查指导工作。

2005年

1月7日　山东省总工会副主席陈维义一行，到矿务局春节走访慰问。

1月14日　塘崖煤矿（含褚墩井）实施政策性破产，其财产经临沂市中级人民法院在临沂宏大拍卖行拍卖，被恒昌煤业公司以123万元竞标成功。

同日　局委制定加强各级领导干部及管理人员亲属廉洁自律的十三条规定。

1月16日　局委成立保持共产党员先进性教育活动领导小组和办事机构。24日，全局保持共产党员先进性教育活动动员大会召开。

同月　济南煤机厂党组织划归矿务局党委领导。

2月2日　省国资委副主任汲斌昌一行，到矿务局慰问困难老职工、老党员、老劳模。

2月16日　印发《临沂矿务局党风廉政建设责任制》《临沂矿务局党风廉政建设责任制考核办法（试行）》。18日，印发《临沂矿务局内部经营业绩年度考核暂行办法》。

2月19日　矿务局、矿区工会对2004年度11个先进单位、39名劳动模范、70名优秀员工进行表彰奖励。

2月20日　矿务局批准草埠煤矿申报破产。2006年8月20日，临矿集团批复同意草埠实业公司矿井闭坑。

2月23日　矿务局举办首届元宵节焰火晚会。

2月25日　山东省委宣传部、省国资委、省文化厅组织的生产一线慰问演出团，到矿务局慰问演出。

3月4日　山东省副省长王仁元、临沂市市委书记李群到矿务局调研。

3月10日　矿务局向山东煤矿安全监察局申请成立定编97人的矿山救护大队；同月，组建矿务局矿山救护大队。

3月16日　古城煤矿被山东煤矿安全监察局授予（2004）山东煤矿一通三防安全科技示范矿井称号。

3月21—25日　济南市天桥区人民法院裁定山东省煤炭经济技术开发总公司、山东省煤矿电器厂、山东省煤炭工业支护装备公司、山东省煤炭工业经济贸易公司、山东省煤炭工业供销总公司5家企业破产。由于上述企业已无财产可供分配，被济南市天桥区人民法院当庭裁定破产终结。

3月25日　矿务局《分离辅业实现共赢，精干主业加快发展》——国企改革经验探析在《大众日报》发表。

3月28日　省煤炭局批准古城煤矿核定生产能力由180万吨/年调整为220万吨/年，田庄煤矿由60万吨/年调整为90万吨/年。

4月8日　矿务局批准山东省煤炭物资总公司申报破产。10月14日，济南市天桥区人民法院裁定山东省煤炭物资总公司破产终结。

4月11日　矿务局出资90%，东山矿业公司出资10%，成立内蒙古鲁蒙能源开发有限责任公司，开发建设内蒙古上海庙矿区。

4月22日　局委撤销临沂腾源热电有限责任公司（简称腾源热电公司）党总支建制。

4月28日　山东省煤炭销售中心召开职工大会，表决通过《山东省煤炭销售中心改制方案》《山东省煤炭销售中心职工安置方案》。

5月1日　矿务局将职工个人缴纳基本养老保险费比例由7%调整为8%。6月1日，矿务局对退休人员住房补贴标准进行调整，由25%调至35%。

5月2日　矿务局在各矿开展"优质、安全、高效、低耗"争创精品掘进工程竞赛活动。

5月12日　矿务局批准沂水热电公司建设年产2000万块粉煤灰制砖项目。

5月13日　山东省煤炭技术服务公司召开职工大会，表决通过《山东省煤炭技术服务公司改制方案》《山东省煤炭技术服务公司职工安置方案》。

5月30日　山东省煤矿工会同意雷其春为临沂矿区工会第六届委员会主席候选人。6月11日，矿区工会召开第六届十五次全委扩大会议，同意刘孝孔辞去矿区工会主席、常委、委员职务，增补雷其春为矿区工会委员、常委，被选举为矿区工会主席。

同月　矿务局李义文获得山东省富民兴鲁劳动奖章，新驿煤矿刘厚福、兴大公司魏利、株柏煤矿吴沛奇、田庄煤矿朱如峰获得临沂市振兴沂蒙劳动奖章。

6月6日　局委部署开展创建"四好"领导班子活动。11日，成立临沂矿务局文化体育协会。12日，局委制定《加强企业文化建设指导意见》。15日，局委组织开展争创"五个好"党组织和党员活动。

6月20日　矿务局对企业工伤全残人员伤残津贴、生活护理费和供养亲属抚恤金进行调整。

6月22日　山东省管企业主辅分离辅业改制现场会在矿务局举行，推介矿务局改革改制工作经验。

6月28日　省煤炭局批准总厂、机械厂、搪瓷厂进行公司制改造。

7月4日　局委对6个先进基层党组织、22个先进党支部、50名优秀共产党员和10名优秀党务工作者给予表彰奖励。

同日　矿务局被省煤炭局授予全省煤炭系统安全生产先进单位称号；株柏、邱集煤矿被授予全省煤炭系统安全生产先进矿井称号，兴元煤业公司、新驿煤矿被授予全省煤炭系统安全生产双基建设先进单位称号。

7月5日　矿务局向省煤炭局申请开发建设济南黄河北煤田资源。

7月6日　局委组织开展"保持清醒头脑、保持创业激情、开展二次创业"主题学习活动。

7月11日　省国资委同意莱芜煤机厂划归矿务局管理。

8月18日　省煤炭局批复邱集煤矿核定生产能力调整为90万吨/年。10月10日，批准新驿煤矿核定生产能力调整为110万吨/年。

9月2日　矿务局被列为2005中国煤炭工业企业100强，排名第四十位。

9月10日　印发《临沂矿务局领导人员廉政谈话制度》。

9月27日　山东省煤炭临沂温泉疗养院党组织关系由矿务局党委转交临沂市委。

9月28日　矿务局成立分离企业办社会职能工作领导小组。

同月　与山东大学合办工商管理硕士（MBA）研究生课程进修班开班，2007年9月结业。

10月25日　省国资委批准矿务局改制为临沂矿业集团有限责任公司。

10月26日　局委组织开展"慈心一日捐"活动。12月16日，局委组织开展"送温暖、献爱心"捐助活动。

同日　山东省"安康杯"竞赛检查团到矿务局检查工作。

10月30日　印发《临沂矿务局矿山救护队员实行服役制招聘管理办法》《临沂矿务局救护大队队员招聘办法》。

10月31日　山东煤矿群监会检查团到矿务局检查指导工作。

11月18日　印发《临沂矿务局领导干部下井带班规定》。

12月26日　矿务局给离休干部增发生活补贴、调整住房补贴；同时对在职职工住房补贴标准进行调整，由25%调整至35%，自6月1日起执行。

2006年

1月6日　矿务局以货币形式向沂州府公司增加出资135.04万元，累计出资264万元，占注册资本的40%。16日，向华建工程公司增加出资106.801万元，累计出资206.5万元，占注册资本的10%；向兴元煤业公司增加出资89.5万元，累计出资150万元，占注册资本的10%。4月6日，向恒昌煤业公司增资150万元，累计出资200万元，占注册资本的10%。

1月10日　临沂矿区工会建立困难职工帮扶中心。

1月17日　省国资委规划发展处处长李现实一行，到临沂矿区慰问困难老职工、老党员、老劳模。

1月24日　省煤炭局纪检组组长张英学一行，到矿务局慰问困难职工和劳动模范。

2月17日　矿务局成立黄河煤田筹建处、内蒙古鲁蒙能源开发有限责任公司筹建处。

3月1日　矿务局向中国煤炭工业协会写出专题报告，要求对日本政府绿色援助项目矿务局汤庄煤矿植物质型煤厂资产进行处置。

3月2日　矿务局技工学校整体改制为民办非企业单位，改制后的名称为罗庄区中等职业技术学校。东山矿业公司、矿务局、临沂矿区工会共同出资600万元组建罗庄区中等职业技术学校。东山矿业公司以货币形式向罗庄区中等职业技术学校出资120万元，占全部开办资金的20%。临沂矿区工会以货币形式向罗庄区中等职业技术学校出资360万元，占全部开办资金的60%。

3月3日　矿务局将山东省煤炭工业供销总公司临沂公司委托亿金物资公司管理。

同日　矿务局、矿区工会对2005年度取得优异成绩的10个先进单位、50名劳动模范、500名先进生产（工作）者进行表彰奖励。

3月4日　局委部署开展"站在新起点，实现新跨越"解放思想大讨论。

3月6日　矿务局老龄工作委员会和老年人体育协会成立。

同日　矿务局对连续3年达到煤矿安全程度评估A级矿井的兴元煤业公司董事长奖励10000元；对连续2年达到煤矿安全程度评估A级矿井的株柏煤矿矿长奖励5000元；对2005年度达到煤矿安全程度评估A级矿井的田庄、邱集煤矿矿长分别奖励2000元。

4月3日　局委建立廉政工作巡视制度。9日，局委在部署开展治理商业贿赂专项活动。14日，矿务局清理整顿违规建购干部、职工住房问题。

4月11日　山东省劳动和社会保障厅批复同意筹建山东临沂煤炭技术学院。

4月16日　成立矿务局榆树井矿井筹建处。

4月20日　矿务局开展社会主义荣辱观宣传教育活动。同日，局委组织开展第一届（2006）感动临矿十大新闻人物评选活动。

4月21日　根据中共临沂市委组织部要求，将临沂兴元煤业公司党委、创元焦化公司党总支、鲁兴搪瓷公司党支部、临沂罗庄中心医院党委、华建工程公司党委、亚龙机械公司党总支党组织隶属关系移交罗庄区委管理；恒昌煤业公司党委党组织关系移交郯城县委管理；兴大工程公司党总支党组织隶属关系移交兰山区委管理，涉及党员746人。以上8个党组织的离退休党员暂由临沂矿务局党委管理。

5月1日　矿务局获得"山东省富民兴鲁劳动奖状"。

5月9日　矿区工会组织开展"慈心一日捐"活动。

5月15日　省国资委委派李义文为临矿集团董事长（法定代表人）；委派孙廷华为董事。同意雷其春为董事（职工代表）。委派申传东为财务总监。任命张军为调研员。省国资委党委决定撤销中共临沂矿务局委员会、中共临沂矿务局纪律检查委员会，成立中共临沂矿业集团有限责任公司委员会、中共临沂矿业集团有限责任公司纪律检查委员会。李义文任临矿集团党委书记；孙廷华任党委副书记；刘孝孔任党委副书记、纪委书记；刘成录、陈猛、雷其春、吴洪军任党委常委。

5月16日　省国资委批准临矿集团在临沂市境内的所属单位离退休人员（包括破产企业）、在职职工全部纳入临沂市医疗保险统筹范围。

5月21日　临矿集团被省国资委公布为首批推行总法律顾问制度的省管企业。

6月12日　临矿集团对符合条件的退休独生子女父母发放一次性养老补助。

6月27日　临矿集团举办安全生产知识竞赛，14个代表队参加。

7月1日　临矿集团对职工住房公积金缴存标准进行调整。

同日　临矿集团党委对6个先进基层党组织、19个先进党支部、51名优秀共产党员和10名优秀党务工作者给予表彰奖励。

7月8日　临矿集团成立内蒙古矿区建设指挥部和山东煤机装备公司筹建处。成立临沂会宝岭铁矿筹建处，会宝岭铁矿由临矿集团与山东省鲁南地质工程有限公司共同出资建设，注册资本7亿元。

7月17日　临矿集团被省煤炭局命名为安全质量标准化公司。兴元煤业公司、恒昌煤业公司、株柏、田庄、邱集、古城煤矿被省煤炭局授予2005安全生产双基建设省级先进单位称号。18日，临矿集团被省煤炭局授予2005全省煤炭系统安全生产先进集体称号。

7月20日　临矿集团和山东轻工业学院联合举办硅酸盐专业大专班。

7月29日　临矿集团位列2006中国煤炭工业100强企业第四十五位。

8月5日　临沂矿业集团有限责任公司成立挂牌仪式在临沂人民大会堂举行。中国煤炭工业协会副会长王广德，省国资委副主任孔凡太，省煤炭工业局局长、党组书记王宝山，山东煤矿安全监察局局长、党组书记王子奇，省工商行政管理局党组副书记、副局长王天仁，省司法厅、里能集团党委书记李发跃，临沂市市长连承敏、市人大常委会副主任李荣强等市区领导参加大会。

8月25日　临矿集团举办纪念依法推行职工民主管理25周年征文活动。

同日　按照省级技术中心标准，经过自查，拟申请成为省级技术中心。

8月29日　省国资委主辅分离督导组到临矿集团调研主辅分离、辅业改制情况。9月4日，省国资委批复同意临矿集团主业结构调整为煤炭、矿山机械制造、玻璃纤维及制品。

同月　临沂矿务局矿山救护大队更名为临矿集团矿山救护大队。

9月9日　光力士集团矿井工业广场移交淄博市沂源县人民政府。

9月10日　中国煤炭工业协会副会长濮洪九、窦庆峰，省煤炭工业局局长王宝山，省人民政府参事、省煤炭学会会长公茂泉等到临矿集团指导工作。

9月13日　印发《临沂矿业集团有限责任公司维护稳定工作应急预案》。

同日　临矿集团党委组织开展文明单位创建活动。

同日　临矿集团以货币形式向山东煤机装备有限公司出资900万元，占注册资本的30%。临矿集团工会以货币形式向山东煤机装备有限公司出资2100万元，占注册资本的70%。

9月19日　全国政协常委、原煤炭工业部副部长张宝明一行，到临矿集团指导工作。

9月22日　临矿集团成立山东省地方煤矿培训中心改企转制工作领导小组。

10月1日　印发《临沂矿业集团有限责任公司非煤单位安全生产管理办法》《临沂矿业集团有限责任公司非煤单位安全生产管理考核办法》。

10月8日　于德亮任临矿集团总法律顾问。22日，省国资委批复同意临矿集团建立总法律顾问制度工作方案。

同日　临矿集团被省委宣传部、省委组织部、省经济贸易委员会、省国资委、省总工会公布为企业文化建设示范单位。

10月14日　德国MUM中介公司经理米勒到临矿集团考察访问。

10月23日　印发《临沂矿业集团有限责任公司奖金管理办法》。

10月31日　中国国电集团公司副总经理张圣集一行，到临矿集团就双方在煤炭销售相关领域的交流与合作进行磋商。

11月1日 内蒙古自治区鄂尔多斯市市委书记云峰、市长杜梓一行，到内蒙古榆树井煤矿指导工作。

11月2日 省煤炭局副局长卜昌森到马坊煤矿检查指导工作。

同日 赵政民、温燕明、申传东被省国资委聘任为临矿集团外部董事。

11月6日 临沂矿区工会开展送温暖、献爱心捐助活动，13358名干部职工和离退休老干部捐款30.8万元。

11月7日 临沂矿区工会部署开展签订女职工特殊权益保护专项集体合同工作。12月5日，临矿集团举办女职工"素质提升、岗位建功"演讲比赛。

12月7日 省国资委批复同意临矿集团退出持有的兴大工程公司10%的国有股权。

12月13日 省国资委确认原矿务局招待所、热电厂、物资供应公司改制分流符合国家主辅分离政策。

12月18日 省国资委批复同意临矿集团将青岛市的2处房产（青岛市武夷山路483号住宅515平方米和青岛市保税区厂房71.8平方米），通过具有公物拍卖资格的拍卖公司实施公开拍卖。

12月19日 临矿集团获得临沂市学习型组织标兵单位称号和振兴沂蒙劳动奖状。

12月27日 省国资委在临矿集团召开完善公司治理结构试点工作会议。会议由省国资委副主任孔凡太主持，省国资委主任谭成义讲话，并举行首批外部董事派出仪式，标志着临矿集团公司治理试点工作正式进入实施阶段。

12月28日 临矿集团批准组建山东煤机装备集团有限公司。

2007年

1月1日 成立山东煤机装备集团有限公司。4月26日，临矿集团以货币形式向山东煤机装备集团有限公司出资2100万元，累计出资3000万元，占注册资本的30%。

同日 临矿集团调整企业精减老职工生活困难补助费标准、企业职工因病或非因工死亡后供养直系亲属生活困难补助标准和企业离休人员基本养老金标准。

1月8日 临矿集团被省委、省人民政府授予平安山东建设先进单位称号。

同日 临矿集团向省国资委请示拟投资开发建设会宝岭铁矿。1月16日，临矿集团以货币形式向临沂会宝岭铁矿有限公司增加出资7200万元，累计出资1.62亿元，占注册资本的90%。

1月18日 临矿集团对2006年度达到煤矿安全程度评估A级矿井的古城、田庄、新驿、邱集、株柏、马坊煤矿领导班子分别奖励1万元。

1月21日 临矿集团向省国资委申请将青岛鲁煤大厦、山东省煤炭联合运销总公司、山东省鲁煤实业联合公司、山东联创技术中心、莒县新城建材公司的国有产权划转给省国有资产投资控股有限公司。

1月26日 临矿集团成立亿金物资公司驻古城、新驿、田庄、邱集、马坊煤矿、王楼一号井、王楼二号井、内蒙古矿区榆树井筹建处供应站，同时撤销相应单位的供应科建制。

2月12日 临矿集团被列为全国千家节能重点企业。

2月15日 印发《临沂矿业集团有限责任公司煤炭销售价格管理办法》《临沂矿业集团有限责任

公司煤炭市场信息调研及发布管理办法》。

3月7日　选举产生临矿集团工会第一届委员会。9日，临矿集团、临矿集团工会对在2006年度工作中做出突出成绩的8个先进单位、30名劳动模范、300名先进生产（工作）者予以表彰奖励。

3月10日　印发临矿集团《高校毕业生、专业技术人才招聘暂行规定》。

3月16日　印发《临沂矿业集团有限责任公司章程》。5月8日，省国资委批准《临沂矿业集团有限责任公司章程》。

3月21日　煤炭高级技工学校举行山东科技大学继续教育学院山东煤校分院揭牌仪式暨2007级新生开学典礼。

3月28日　临矿集团对古城、新驿煤矿防治水安全示范矿井分别奖励2万元；对新驿、马坊煤矿一通三防安全示范矿井分别奖励2万元；对在防治水安全示范矿井、一通三防安全示范矿井建设中做出贡献的有关专业人员奖励2万元。

4月1日　印发《临沂矿业集团有限责任公司物资供应管理办法（试行）》。17日，印发《临沂矿业集团有限责任公司续志工作方案》。25日，临矿集团正式启用省国资委网上财务快报直报系统。

4月24日　成立临矿集团工会群众安全监督检查委员会。

同月　田庄煤矿被省煤炭局授予全省煤炭工业科技创新优秀矿井称号。

5月1日　临矿集团对企业退休军转干部增发生活补助。6月20日，临矿集团对退休人员、病亡职工遗属纳入社会化统筹管理。

5月8日　省国资委批准《临沂矿业集团有限责任公司章程》。

6月7日　临矿集团成立节能环保办公室和压煤搬迁办公室；10日，临矿集团成立节能减排工作领导小组。7月6日，印发《临沂矿业集团有限责任公司节能目标责任考核办法》。

7月10日　沂源县人民政府与临矿集团草埠煤矿签订破产清算协议书，土地、房屋建筑、低值易耗品、有关设施设备、345万元中央财政补贴以及23人移交地方。

7月25日　省国资委批复同意会宝岭铁矿筹建立项。

7月28日　临矿集团被省煤炭局命名为安全质量标准化公司。

8月10日　印发《临沂矿业集团有限责任公司法律事务工作管理办法》。17日，印发《临沂矿业集团有限责任公司合同管理办法》。

8月22日　临矿集团与中国烟草总公司举行合作签字仪式，签订《开发建设上海庙矿区合作意向书》。临矿集团党委书记、董事长李义文，党委副书记、董事、总经理孙廷华，副总经理吴洪军；中国烟草投资管理公司总经理吴建明出席仪式。

9月4日　临矿集团工会开展《中华人民共和国劳动合同法》集中学习宣传月活动。11月2日，临矿集团举办《中华人民共和国劳动合同法》学习班。12月12日，临矿集团举办《中华人民共和国劳动合同法》知识竞赛。

9月26日　省国资委批准临矿集团投资8280万元，参股内蒙古三新铁路有限责任公司。

9月28日　临矿集团李义文，古城煤矿翁洪周被授予全国煤炭工业劳动模范称号，新驿煤矿综采一工区被授予全国煤炭工业先进集体称号。

10月23日　山东煤矿安全监察局《关于临矿集团军城矿井建设工程安全设施竣工验收的批复》，同意军城矿井组织生产。

10月30日　临矿集团工会在各生产矿井实行统一的女工家属安全协管活动经费和家属协管员津

贴标准。

11月1日 古城煤矿选煤厂二期扩建工程正式进入试生产阶段，联合试运转后，达到180万吨/年的设计生产能力。

11月25日 国家发展和改革委员会对《内蒙古鄂尔多斯上海庙矿区总体规划》作出批复，同意对上海庙矿区煤炭资源开发进行总体规划，同意总体规划划定的矿区范围、矿区井田划分和建设规模，其中榆树井矿井300万吨/年、新上海一号矿井400万吨/年。26日，省国资委员会同意临矿集团出资3亿元，与中国烟草总公司各投资50%，共同组建内蒙古上海庙矿业有限责任公司。

同月 临矿集团技术中心被认定为省级技术中心，曹庆伦兼任技术中心主任。

12月20日 上海庙矿业公司召开第一届第一次股东会议，根据公司章程和股东双方推荐意见，成立第一届董事会，中国烟草代表任董事会董事长，临矿集团代表任副董事长、总经理。28日，上海庙矿业公司举行成立大会，正式挂牌成立。

12月25日 新上海一号矿井副井工程开工建设；2008年4月14日，竣工；4月20日，开机冻结；5月25日，试挖；6月2日，正式开挖；2009年3月22日掘砌到底，井深476米；2010年3月10日，井筒装备安装完成；9月12日，井塔主体工程完成；2011年11月12日，副井提升系统投入试运行。

2008年

1月14日 成立山东东山王楼煤矿有限公司，委派王立才为执行董事，邵长余为理事，聘任王立才为经理。

1月30日 成立山东玻纤复合材料有限公司，陈猛任公司执行董事，刘孝孔为公司监事，牛爱君为总经理（法定代表人）。

2月12日 新上海一号矿井风井工程开工建设；2008年5月14日，竣工。

2月25日 榆树井矿井主、副立井井筒同时开挖，井深分别为366.5米、347.5米，分别于9月16日、10月1日竣工。

3月3日 临矿集团成立预算审计处、技术中心、史志办公室、信访维稳办公室；压煤搬迁办公室单列；成立监察处，与纪委合署办公，撤销监察审计处。

3月17日 山东省煤炭高级技工学校成立山东齐鲁煤炭职业培训学校，拓展学制班办学外的培训业务。11月26日，山东省煤炭高级技工学校向省劳动厅提交申请，在山东临沂煤炭技术学院基础上申办山东煤炭技师学院。2010年11月23日，省人民政府批准成立。

3月21日 临矿集团与中国工商银行山东省分行举行银企全面合作协议签字仪式。

4月1日 山东东山古城煤矿有限公司注册成立。

4月18日 中国烟草投资管理公司与临矿集团就双方出资组建矿业公司相关事宜达成协议，签订《出资人协议书》，烟草投资管理公司总经理吴建明、临矿集团董事长李义文出席签字仪式；中国烟草代表许志龙担任上海庙矿业公司第一届董事会董事长。19日，上海庙矿业公司召开第一届第一次董事会会议，决定矿业公司的生产经营工作由临矿集团负责管理，并制定《上海庙矿业公司章程》。

4月21日 中国煤炭工业劳动保护科学技术学会对《新上海一号矿井建设项目安全预评价报告》进行评审，并在国家煤矿安全监察局安全监察司备案。23日，矿业公司成立第一届监事会，中国烟草代表张书东任监事会主席。

4月22日　经省国资委批准，建立临沂矿业集团有限责任公司监事会，委派马承文为监事会主席、孟令湘为常务监事、吴乃东为监事，同意兰春忠、张传毅为监事（职工代表）。5月28日，临矿集团召开监事会成立大会。

4月23日　成立新上海二号矿井筹建处。

5月6日　临矿集团召开2007年度总结表彰大会，对10个先进单位，50名劳动模范，300名先进生产（工作）者进行表彰。

5月8日　成立马坊煤矿。

5月21日　新上海一号煤矿主井井筒正式开挖。29日，上海庙矿业公司在鄂托克前旗注册成功，先期注册资本6亿元。7月11日，国土资源部对《新上海一号矿井划定矿区范围》作出批复。8月6日，国家发改委对《关于新上海一号矿井项目开展前期工作的咨询复函》作出批复，同意新上海一号矿井按400万吨/年建设规模开展前期工作。

6月4日　内蒙古自治区主席巴特尔到上海庙矿业公司榆树井煤矿筹建处检查指导工作。

同月　总部机关开展"奋战五年，二次创业，打造临矿百年基业我该怎么办"大讨论活动。

同月　临矿集团在全体党员领导干部中开展"艰苦奋斗、勤廉创业，为打造临矿百年基业建功立业"主题教育活动。

7月3日　成立军城矿井筹建处党总支，赵仁乐任党总支书记。

8月18日　省国资委同意玻纤复合材料有限公司整合光力士公司和沂水县热电公司。

9月24日　省委常委、副省长、党组副书记王军民到上海庙矿业公司检查。省办公厅副主任李世瑛，省经贸委员会主任、党组书记郭述禹，省经贸委党组成员、省煤炭工业局局长、分党组书记卜昌森，宁夏回族自治区住房和城乡建设厅副厅长刘德军陪同。

10月27日　省国资委举办"解放思想、改革开放，加快构建责任型创新型和谐型国资监管体系，努力推动省管企业实现由大变强新跨越"报告会，临矿集团应邀作学习科学发展观专题报告。

12月31日　省煤炭工业局、省煤矿工会和煤矿文化体育协会联合主办的煤海放歌——山东省煤炭行业纪念改革开放30周年巡回文艺演出在古城煤矿演出。

2009年

1月3日　内蒙古矿区建设指挥部党总支成立，吴洪军任党总支书记，撤销内蒙古矿区建设指挥党支部建制。

1月5—7日　省煤炭局局长乔乃琛、规划发展处处长于秀忠带领综合、基础技术资料、规划建设、政治经济4个调研组，到上海庙矿业公司调研，落实《鄂尔多斯市人民政府与山东省煤炭工业局加快建设内蒙古上海庙能源化工基地战略合作协议》，加快推进上海庙能源化工基地建设。2月6日，内蒙古自治区煤炭工业局准予榆树井矿井建设项目备案并同意按期开工；12日，省国资委聘请中介机构对上海庙矿业公司进行评估，资产评估总值44.8亿元，其中矿业权38.6亿元。

1月31日　山东玻纤光力士公司玻璃球厂关停。3月23日，在沂源县工商管理局注销营业执照。

2月22日　王楼煤矿码头正式投入运营。

4月21日　上海庙能源化工基地2台100千瓦空冷超超临界燃煤发电和2台30万千瓦煤矸石热电空冷热电联产项目举行奠基仪式，临矿集团参股该项目比例为15%。

4月30日　内蒙古自治区党委副书记、主席巴特尔主持召开自治区人民政府第4次主席办公会议，研究自治区国土资源厅《关于煤炭转化项目资源配置事宜》，同意为上海庙矿业公司170万吨甲醇制乙二醇项目配置新上海一号井田5亿吨煤炭资源，由业主申请办理矿区范围划定手续，待煤矿建设项目核准后，再办理采矿权事宜。

5月5日　临矿集团纪念"五四"运动90周年暨首届青工创新工作法命名大会在新驿煤矿召开，对10项青工创新工作法予以表彰。

5月23日　省委副书记、省长姜大明到山东玻纤公司指导工作。

6月9日　国家发改委召开上海庙矿区煤炭资源开发主体整合协调会议，引进神华集团公司、中国烟草总公司、临矿集团、新矿集团和晋煤集团等开发主体。

6月12日　成立山东东山王楼二号（军城）煤矿党委，撤销军城矿井筹建处党总支。

6月29日　宁夏回族自治区人民政府副主席赵小平到榆树井矿井检查工作。

9月10日　成立山东省鲁北煤炭配送基地有限公司。11日，成立临沂矿业集团马坊煤矿有限公司。

9月26日　榆树井矿井选煤厂开工建设；2010年8月6日，具备带水、带煤、带介运转条件；2011年3月1日，实现带煤试运转。

9月28日　内蒙古自治区人民政府对《关于落实国家能源局〔2009〕1260号会议纪要实施方案》作出批复，将榆树井井田、新上海一号井田、内蒙古鲁蒙能源开发有限公司勘查区块划归上海庙矿业公司。

11月24日　上海庙矿业公司召开第三次股东会议，中国烟草总公司将持有的矿业公司股权划转给中国双维投资公司，由双维投资公司作为上海庙矿业公司的股东，承担烟草总公司在出资协议中约定的各项权利、义务；同意上海庙矿业公司参股鄂托克前旗上源水务公司，参股比例为5%。

2010年

4月　古城煤矿工会被中华全国总工会授予全国模范职工之家称号。

5月5日　临矿集团纪念"五四"运动91周年暨第二届青工创新工作法命名表彰大会在古城煤矿召开，对20项青工创新工作法进行命名颁奖。

5月18日　山东省委常委、副省长王军民到古城煤矿调研工作。

6月3日　上海庙矿业公司在榆树井矿井召开第四次股东会议，决定双方股东以货币资金方式对公司进行增资，各增加出资6亿元。

6月23日　玻纤公司10万吨池窑拉丝项目二期工程举行开工庆典仪式。

7月1日　临矿集团成立预算处；成立审计处，与纪委、监察处合署办公；撤销预算审计处。

7月10日　临矿集团安全工作会议在古城煤矿召开。

10月26日　临矿集团节能减排现场会在王楼煤矿召开。中国煤炭工业协会副会长王广德、山东省煤炭工业局副局长王立亭、临矿集团董事长李义文、副总经理陈猛及山东省煤炭工业局、济宁市节能环保办公室、中青国能公司、临矿集团公司办公室、综合开发处等有关部门负责人出席会议，集团公司12家单位代表参加。

12月3日　上海庙矿业公司召开第五次股东会议，表决通过陈家忠担任法定代表人和总经理职务，吴洪军因工作调动不再担任法定代表人和总经理职务。

12月20日　山东省国土资源厅批复株柏煤矿扩界申请，扩界区保有资源储量411万吨。

12月27日　临沂华建房地产开发有限责任公司更名为山东临矿置业有限责任公司。

2011年

3月16日　古城煤矿自动化控制中心投入使用。19日，古城煤矿新建选煤厂10万吨煤泥浮选项目正式投入运行。

3月25日　临矿集团创先争优活动推进会暨党内对标活动部署会在古城煤矿召开。

4月11日　省委书记、省人大常委会主任姜异康到山东玻纤检查工作。

同日　临矿集团安全培训中心被国家安全生产监督管理总局批准为二级安全技术培训中心。

5月5日　临矿集团在王楼煤矿召开第三届青工创新工作法命名表彰大会。

5月10日　美国伊士曼国际项目部总监、伊士曼金斯堡化学品部总监、伊士曼亚太区业务拓展总监阎晓农，到上海庙矿业公司考察，双方就有关项目合作进行洽谈。

5月16日　省国资委决定，刘成录任临矿集团党委书记、董事长，张希诚任临矿集团党委副书记，李义文同志不再担任临矿集团党委书记、董事长职务。

6月8日　临矿集团党委、临矿集团工会在王楼煤矿举办"庆祝建党90周年"文艺演出。

同月　《上海庙矿区总体规划（修编）》将新上海二号矿井更名为鹰骏三号矿井。

7月1日　省煤矿工会、山东煤矿文化体育协会在王楼煤矿举办"庆祝中国共产党成立90周年"文艺汇演。

7月27日　临沂会宝岭铁矿与山东省鲁南地质工程勘察院签订《山东省苍山县沟西—西官庄地区铁矿普查探矿权转让合同》，为凤凰山铁矿成立提供资源支撑。28日，成立临沂会宝岭铁矿有限公司，撤销临沂会宝岭铁矿筹建处建制。

8月5日　内蒙古自治区党委书记胡春华到上海庙矿业公司考察。

同日　省委常委、副省长孙伟到山东玻纤调研指导工作。

8月8日　省委常委、常务副省长、省政府党组副书记兼省国资委党委书记王仁元到上海庙矿业公司检查工作。

8月23日　政协第十一届全国委员会经济委员会副主任张国宝到上海庙矿业公司检查工作。

9月8日　内蒙古自治区人民政府副主席、党组成员赵双连到上海庙矿业公司检查工作。

9月30日　实施"十百千"人才工程，确定利用3～5年重点培养一支优秀的经营管理、高技能人才、领军的骨干人才队伍。到"十二五"末，重点培养10名以上具有相当影响力的科技或管理专家；100名以上具有相当影响力的各个专业的拔尖人才或专业技术（学科）带头人；1000名以上优秀高技能操作人才。

10月24日　古城安全技术培训中心划归山东煤炭技师学院管理。

11月10日　临矿集团在新驿煤矿举办"超越杯"职工书画摄影作品展，展出书法、绘画、摄影作品等100多幅。

11月19日　临矿集团"煤炭产量超千万、销售收入过百亿"（庆典）仪式在古城煤矿职工俱乐部举行。山东能源集团董事长、总经理卜昌森出席并讲话，山东能源集团党委委员、工会主席宿洪涛，山东能源集团调研员李义文，临矿集团领导班子成员、董事会、监事会、部分（离）退休老领导等260余人参加。

12月21日 田庄煤矿与武所屯生建煤矿签署委托管理合同，托管武所屯生建煤矿。

2012年

1月1日 王楼煤矿团委与共青团济宁市市中区委举行"蒙山情·运河缘·牵手2012"首届集体婚礼。

1月10日 山东能源集团在济南召开2012年工作会议，临矿集团4个省外创业先进集体、5名先进个人、4名好矿嫂受到表彰。

1月12日 临矿集团一届六次职代会在机关综合楼会议室召开，156名正式代表和4名特邀代表参加会议。13日，临矿集团2011年度工作总结表彰大会召开，表彰10个先进单位，80名劳动模范，400名先进生产（工作）者和10名感动临矿对外开发十大新闻人物。

同月 泰安煤机公司获得全国机械行业百强企业、全国机械行业著名品牌称号；山东玻纤被命名为省管企业文明单位。王楼煤矿获得2011年度省级文明单位称号；临矿集团获得2010—2011年度省管企业思想政治工作十佳企业称号。

2月3日 临矿集团在总部机关召开组织干部工作会议，部署"十百千"人才工程首批人选推荐、干部人事档案工作。

2月29日—3月1日 柬埔寨王国人民党主席亲身顾问、秘书、外交官安本那伦及柬埔寨太平洋绿能公司董事长林清一行7人，到古城煤矿、会宝岭铁矿考察。

3月6—7日 越南越煤集团总经理助理阮明坚一行7人，到山东煤机集团、泰安煤机公司、泰安芬瑞特公司、莱芜煤机公司参观考察。

3月8日 临矿集团走进春天暨机关女工庆"三·八"文艺联欢会在机关综合楼会议室上演。

3月17日 首届和谐山东社会责任榜颁奖典礼在山东政协大厦举行，临矿集团董事长、党委书记刘成录获和谐山东十大功勋企业家称号，临矿集团获和谐山东最具社会责任企业称号。

4月7日 临矿集团召开领导干部学习会，北京鹏远咨询有限公司CEO叶东、原中央纪委培训中心主任刘春锦、中国矿业大学教授周敏，分别作企业危机管理和公关、党风廉政建设、学习世界500强专题报告。

4月10日 朝鲜兴盛经济集团理事李吉春、江苏中朝矿业投资有限公司总经理王荣之到煤机集团参观考察。

4月15日 榆树井煤矿日产原煤10168吨，成为临矿集团首家日产原煤突破万吨的矿井。6月2日，榆树井煤矿2012年上半年累计生产原煤101.26万吨，首次突破百万吨大关。

同月 临矿集团获得省管企业思想政治工作十佳企业称号，古城煤矿获得省管企业思想政治工作优秀企业称号

5月4日 临矿集团团委获得山东省五四红旗团委称号；王楼煤矿团委获得全国五四红旗团委称号。同日，山东能源集团团委组织召开庆祝共青团建团90周年暨共青团创新工作会议，临矿集团莱芜煤机公司龙舟大学生创新团队带头人陈超获得山东能源集团首届十大杰出青年称号，上海庙一号煤矿筹建处陈广印、临沂会宝岭铁矿有限公司王正英分别获得十大优秀青年称号。

5月8日　临矿集团在新驿煤矿召开大学生创新团队建设暨第四届青工创新工作法命名表彰大会，对10个大学生（青工）创新团队和16项青工创新工作法进行命名表彰。

同日　湖南省发改委党组成员、省经协办党组书记、主任毛七星，岳阳市人民政府副市长蒋锋及湖南省山东商会一行，到山东煤机集团考察。

5月15日　副省长张建国到山东玻纤公司检查工作。

5月30日　中国矿业大学应用技术学院实习基地在古城煤矿挂牌成立。

同月　在中央、省市委逐级开展的基层党组织分类定级活动中，临矿集团党委被临沂市委评定为"先进"等次。

6月5日　"山东能源·临矿杯"首届中国沂河文化体育旅游节新闻发布会暨总冠名签约仪式在临沂举行，授予临矿集团首届中国沂河文化体育旅游节战略合作伙伴荣誉证书。

6月10日　由省煤炭工业局、省煤矿工会、山东煤矿文化体育协会主办的"第二届山东煤矿艺术节文艺汇演·临矿专场"在王楼煤矿举办。

6月13日　省管企业纪检监察工作会议暨廉洁风险防控管理工作推进会在临矿集团举行，山东能源集团、临矿集团、兖矿集团、山东高速作经验介绍，并现场观摩。

6月16日　会宝岭铁矿举行300万吨采选工程项目联合试运转庆典仪式。

6月28日　在省企业家年会上，临矿集团被评为省企业文化成果十佳单位。

8月15日　临矿集团党委副书记、纪委书记刘孝孔做客由中共山东省纪委、山东省监察厅与鲁网联合打造的"山东纪委书记在线"栏目，推广介绍临矿集团反腐倡廉建设经验。

8月28日　株柏煤矿召开安全生产十周年座谈会。

同日　第二届山东煤矿艺术节"山东能源临矿集团王楼煤矿杯"纪实电视专题片展评在王楼煤矿举办，山东能源集团6家单位和兖矿集团的50部作品参与展评。

9月2日　临矿集团古城煤矿与肥矿集团梁宝寺公司结为友好矿井。

9月9—12日　临沂市第六届老年人乒乓球比赛在临沂市兰山区举行，临矿集团获得男子单打第一名，女子单打第一名、第三名的优异成绩。

9月13日　临矿集团·新矿集团高端机电设备技术应用交流会在山东能源机械集团举行。

9月14日　马坊煤矿实现连续安全生产17周年。

同日　山东能源临矿集团玻纤产业发展研讨在复合材料公司召开，山东能源技术研发中心副主任范建国，战略规划部战略研究室主任李君清，技术研发中心科技管理处处长贾庆贤，临矿集团董事长、党委书记刘成录，总经理张希诚，副总经理陈猛，总工程师曹庆伦及有关部门负责人参加。

同月　王楼煤矿团委被共青团山东省委评为省级示范性基层团组织。

10月10—11日　临矿集团举办喜迎党的"十八大"暨第五届老年人书画展，展出作品118幅。23日，临矿集团举办"喜迎十八大庆祝老人节"老年人体育健身项目汇演。

10月12日　古城煤矿运煤通道下穿铁路立交桥工程顺利通过竣工验收。

10月17日　山东能源集团董事长、总经理卜昌森到临沂市苍山县长城镇看望临矿集团两名扶贫第一书记。

10月25日　临矿集团举行"赞歌献临矿 喜迎十八大"文艺联欢会。

10月30日　临矿集团工会在王楼煤矿举办群众安全工作暨班组建设经验交流会。

同月　在省企业联合会、省企业家协会、省工业经济联合会联合举办的"2011年度山东省优秀企业报刊"征选表彰活动中，临矿集团企业之歌——《向着太阳出发》获2011年度山东省企业优秀歌曲，《百年临矿》获2011年度山东省企业优秀专题片，《临沂矿业集团有限责任公司》、古城煤矿《盛世腾飞》获2011年度山东省企业优秀画册，内蒙古上海庙矿业有限责任公司《上矿天地》获山东省企业报刊优秀奖。

11月5日　中国科学院院士宋振骐在王楼煤矿举办专题讲座。

11月11日　会宝岭铁矿公司原矿石累计回采量突破100万吨，创造国内非煤矿山试运转当年的产量记录。

11月19日　省委书记姜异康到山东煤机集团指导工作。

11月24日　省煤炭工业局组织召开临矿集团科技成果专场鉴定会议，7项科技成果通过鉴定。

12月12日　全国首套最长距离煤泥管道输送系统在古城煤矿投入使用。

同日　榆树井煤矿自矿井投产以来首次实现与国铁接轨贯通。

12月26日　古城煤矿以原煤产量、销售收入、实现利润三项指标优势，跨入山东能源十大生产矿井行列。

12月27日　山东能源集团ERP项目试点动员会在临矿集团召开。

12月28日　临矿集团党委召开2012年度党员领导人员民主生活会，主题为"认真学习党的十八大精神，深入落实科学发展观，推动临矿集团实现又好又快发展"。

同月　王楼煤矿选煤厂被山东省煤炭运销协会授予2011年度全省十佳选煤厂称号。

2013年

1月13日　临矿集团召开二届一次职代会，180名正式代表和1名特邀代表参加会议。14日，临矿集团召开2012年度工作总结表彰大会，对10个先进单位、100名劳动模范、2012年度感动临矿优秀技校毕业生进行表彰奖励。

同月　玻纤公司研发中心被山东省经济信息化委员会认定为省级企业技术中心。

2月28日　临矿集团团委被临沂团市委授予红旗团委称号。

同月　古城煤矿《深部沿空综放工作面动力灾害防治技术研究》成果，被中国煤炭工业协会、中国煤炭学会联合评为中国煤炭工业科学技术二等奖。

3月4日　临矿集团举办反腐倡廉警示教育报告会。

3月14日　临矿集团在军城煤矿召开新能源综合利用现场工作会，推广军城煤矿在太阳能、矿井水余热、压风机余热综合利用等方面的典型经验。

3月28—30日　临矿集团邀请北京中矿天安科技发展有限公司专家到王楼煤矿进行"探水雷达"原理和技术培训。

4月1日　临矿集团机关首次召开管理人员民主考评会，22个处室247人分生产科技、经营后勤、行政党群3个组进行民主测评。

同日　《人民日报》14版专题介绍王楼煤矿大学生采煤队。27日，山东卫视《调查》栏目记者到王楼煤矿采访大学生采煤队。8月9—15日，东方卫视采访王楼煤矿大学生采煤队。

4月8日　临矿集团召开管理提升年推进会，开展管理提升年活动。

4月24日　临矿集团在煤机集团莱芜煤机公司召开共青团工作座谈会。

4月26—27日　山东能源集团在王楼煤矿召开煤矿充填开采技术研讨会。

5月6日　临矿集团团委、煤机集团团委被授予全国煤炭行业五四红旗团委，煤机集团莱芜煤机公司团委干事韩焕香被授予全国煤炭行业优秀共青团干部，上海庙矿业公司新上海一号煤矿综掘一工区副区长高启强、泰安煤机公司技术人员王来奇被授予全国煤炭行业优秀共青团员。

5月8日　临矿集团在古城煤矿召开薄煤层开采论证暨四咀煤矿、永明煤矿三机配套专题会。

5月9日　临矿集团与沂源县人民政府举行格赛博资产收购协议签字仪式。

5月16日　省国资委决定，张希诚任临矿集团党委书记、董事长，刘成录不再担任党委书记、董事长、常委、委员职务，雷其春不再担任党委常委、委员职务。5月25日，临矿集团召开领导干部会议，宣布省国资委关于领导班子调整的决定。张希诚任临矿集团董事长、法定代表人、党委书记；刘孝孔任董事、总经理；刘成录调任枣矿集团董事长、党委书记。

5月21—22日　山东能源集团电厂经济运行培训暨研讨会在玻纤公司电厂召开。

5月29日　临矿集团组织离退休干部60人到临沭县滨海红色文化纪念园暨刘少奇在山东纪念馆参观。

同月　古城煤矿被授予全国安全文化建设示范企业称号。

6月19日　临矿集团在军城煤矿召开首次总工程师办公例会。

6月29日　临矿集团举行老年人庆"七一"文艺演出，迎接建党92周年。

7月4日　由泰安煤机公司承制的中国首台出口南非卡拉甘迪装车站正式启运，标志着国家快速定量装车系统产品走出国门、打入国际市场，填补国内煤机企业独立研发制造出口装车系统的空白。

7月19日　临矿集团党委召开党建工作总结表彰大会，对6个先进基层党组织、18个先进党支部、45名优秀共产党员、10名优秀党务工作者进行命名表彰。同日，临矿集团召开主题为"寻求固本强基之策，拓展突围转型之路"的半年工作会议。20日，临矿集团党委召开党的群众路线教育实践活动动员大会。

8月15日　临矿集团召开机关薪酬分配制度改革会议，推动落实"工效挂钩、工资收入向一线倾斜、促进减员提效"三原则。

8月20日　临矿集团召开二届一次职代会代表团组长第三次联席会议，审议通过《关于深化强基固本、"瘦身健体"工程的指导意见》《关于深化薪酬分配制度改革的实施意见》《关于深化全员绩效考核、管理提升的指导意见》。

8月23日　临矿集团召开经济运行分析暨全面市场化全员业绩考核推进会。会议采取"四会合一"的形式，将半年工作推进会、经济运行分析会、全面市场化推进会、全员业绩考核推进会合并召开。

9月23日　临矿集团董事长、党委书记张希诚与澳大利亚昆士兰州州长坎贝尔·纽曼在北京就资本运作、投资方式的多元化、市场化等发展方式进行交流探讨。

9月27日　全国大学生采煤班现场会在神东国际交流中心召开，王楼煤矿大学生采煤队在会上作典型发言。10月16—17日，新华社、中国煤炭报、中国安全生产报、山东卫视等媒体采访团对王楼煤矿大学生采煤队进行专题采访。

10月10日　临矿集团"结亲连心"工作组赴苍山县庄坞镇山后村扶贫点开展走访活动。

10月22日　临矿集团首期能源管理体系培训班开班仪式在古城安全技术培训中心举行。

10月27日　临矿集团召开第三届科技大会。同日，临矿集团召开"六大攻坚战"（省内煤矿攻坚、铁矿产业攻坚、玻纤产业攻坚、上海庙矿区突围转型攻坚、澳大利亚项目攻坚、煤机产业攻坚）推进会。

11月13日　省副省长、省国资委党委书记张超超到会宝岭铁矿调研。

11月21日　临矿集团党委召开党的群众路线教育实践活动专题民主生活会。12月5日，临矿集团在王楼煤矿召开廉洁风险防控管理提升工作推进会。

12月22日　山东玻纤集团股份有限公司创立大会暨第一次股东大会召开。

12月30日　在临沂市见义勇为基金会换届大会上，临矿集团被授予支持见义勇为事业模范单位称号，党委副书记、总经理刘孝孔被推选为临沂市见义勇为基金会第二届理事会常务理事。

12月31日　临矿集团老年大学举办老年人迎新年联欢会。同月，老干部处党总支被省委、省政府授予全省离休退休干部先进集体称号。

2014年

1月10日　临矿集团召开第二届职工代表大会第二次会议，177名正式代表，1名特邀代表参加。

1月11日　临矿集团召开2013年度工作总结表彰大会，10个先进单位、50名劳动模范、10名感动临矿十大管理提升新闻人物受到表彰奖励。同日，召开2014年工作会议。

1月22日　山东玻纤集团举行揭牌仪式，改制为山东玻纤集团股份有限公司。

2月8日　临矿集团在古城煤矿召开煤炭市场形势分析会。

2月13日　临矿集团在王楼煤矿举行"三优三提三降"（优化系统、优化设计、优化劳动组织，系统提速、煤炭提质、矿井提效，降低头面个数、降低设备和人员占用、降低成本）活动。

2月25日　临矿集团党委召开党的群众路线教育实践活动总结大会。

2月27日　古城安全培训中心被山东省煤矿培训中心认定为现场培训基地。

3月14日　临矿集团与山东科技大学举行博士挂职签约仪式。

3月24日　临矿集团与山东微湖集团湖西煤矿篮球、乒乓球友谊赛在古城煤矿举行。

3月30日　玻纤公司主办的2014欧塞尔壁布新品发布暨中国内墙装饰行业研讨会在济南山东大厦开幕。

3月31日　国内煤炭行业首座集物料储存、输送、计量、搅拌于一体的综合现代化工程搅拌站在古城煤矿投入使用。

4月2日　临矿集团首期导师带徒煤机高中级技术人员培训班开班仪式在煤机集团举行。

4月18日　临矿集团工会主办的以"唱响临矿、放飞梦想"为主题的庆"五一"国际劳动节职工歌手大赛在王楼煤矿举行，16个单位56名选手参加比赛；19日，临矿集团在王楼煤矿举行第三届职工乒乓球比赛，17支代表队109名选手参加比赛。

4月30日—5月5日　临矿集团党委书记、董事长张希诚一行6人，到澳大利亚公司调研指导工作。

同月　古城煤矿被中国能源化学工会全国委员会授予全国能源化学系统工人先锋号称号。

5月30日　临矿集团在莱芜煤机公司召开第六届青工创新工作法命名表彰大会，对14项"青工创新工作法"予以命名表彰。

6月5日　临沂电视台、临沂日报、沂蒙晚报、罗庄电视台等媒体采访团，到临矿集团采访。

6月6日　集团机关召开2013年度落实党风廉政建设责任制民主考评会。

6月20日　国家烟草专卖局副局长王莹、中国烟草宁夏回族自治区局长师增建、中国烟草内蒙古自治区局长王志毅，到上海庙矿业公司检查指导工作。

6月21日　内蒙古自治区党委书记王君到上海庙矿业公司考察。

6月25日　临矿集团在新驿煤矿举办"强化红线意识 促进安全发展"为主题的安全生产管理知识竞赛，16支代表队参加。

6月27日　临矿集团党委书记、董事长张希诚被授予山东省优秀企业家称号。

7月3日　临矿集团在王楼煤矿召开首次安全技术经济环境"四位一体"（安全、技术、经济、环境）专题论证会。

7月12日　临矿集团党委召开党建工作总结表彰会，对7个先进基层党组织、18个先进党支部、52名优秀共产党员、12名优秀党务工作者进行命名表彰。

7月15日　中国煤炭报、大众日报、经济导报、山东国资等媒体，联合采访、报道临矿集团减亏治理、减人提效、突围转型、价值链提升及推进经济技术一体化、打造创新型低碳产业的发展历程。

7月17日　山东煤炭技师学院被省人力资源和社会保障厅命名为山东省"金蓝领"培训项目省级培训基地；28日，被命名为山东省技师工作站；10月，山东煤炭技师学院入选山东省技师工作站。

7月23日　临矿集团在古城安培中心举行第一期地测防治水专业技术人员开班典礼。

7月24日　临矿集团、山东科技大学在王楼煤矿召开挂职博士座谈会。

7月25日　临矿集团党委举办创建服务型党组织论坛，21名选手就本单位在基层服务型党组织创建工作中的亮点进行介绍、分享经验。

7月30日　山东能源集团供应业务工作例会暨会宝岭铁矿介质粉推介会在会宝岭铁矿公司召开。

8月21日　临矿集团召开主题为"降成本、降'四金'占用，号召广大干部职工坚定信心，迎难而上，共克时艰，积极应对困难和挑战，遏制经济效益明显下滑的态势，保持企业平稳持续发展"的经济活动分析会。

8月26—31日　山东能源集团副董事长、总经理、党委副书记李位民，党委委员、副总经理孙世海到澳大利亚公司考察调研。

9月2日　临矿集团党委召开党风廉政建设警示教育大会。

9月10日　由临沂市委组织部、人社局等部门联合主办，临矿集团承办的临沂市第七届"劳动之星"暨集团公司第三届职业技能竞赛在王楼煤矿开幕，分8个专业，189名选手参加。

9月23日　临矿集团机关文艺演出队受邀参加临沂市"庆祝新中国成立65周年"经典诵读演出活动，自编自演配舞朗诵《绣红旗》。

9月25日　临矿集团与山东科技大学签订校企战略合作框架协议，就深化校企合作、实现互利共赢、结成长期利益共同体达成共识。

9月30日　临矿集团党委书记、董事长张希诚，党委副书记、总经理刘孝孔分别走访慰问临矿集团部分建国前老党员。

10月8日　临矿集团在古城煤矿召开改革突围转型座谈会；11月6—27日，在总部机关先后分8批召开改革突围转型座谈会

10月16日　临矿集团举行全省煤炭系统老年人第二十六届书画笔会。

12月4日　临矿集团管彦峰被中国煤炭工业协会授予煤炭行业技能大师称号，张军创新工作室被命名为煤炭行业技能大师工作室。

同日　临矿集团在古城煤矿召开四维安全预警与应急救援指挥系统建设推进会议。

12月8日　临矿集团举办合同法担保法知识讲座。

12月23日　临矿集团党委召开2014年度党员领导人员"群众路线教育实践活动"专题民主生活会。

2015年

1月5日　临矿集团在新驿煤矿举行专利知识专题讲座。

1月8日　凤凰山铁矿筹建处交由会宝岭铁矿有限公司统一管理。

1月14日　临矿集团召开第二届职工代表大会第三次会议，正式代表156名，特邀代表1名。

1月15日　临矿集团召开2014年度总结表彰大会，对11个先进单位、50名劳动模范、11个感动临矿改革突围转型优秀团队表彰奖励。召开2015年工作会议，提出2015年的总目标是实现"三保、三压、三增"（保现金流、保吃饭、保项目投资，压成本、压"四金"、压人员，稳产增效、减亏增盈、节支增收）。

1月22日　临矿集团在古城煤矿召开"一表一卡一手册"专题座谈促进会。

1月23日　山东能源集团劳模（高技能人才）创新工作室现场交流推进会在王楼煤矿举行。临矿集团"金点子、技能大赛"总结表彰会暨技师协会揭牌仪式在王楼煤矿召开。

1月26日　上海庙矿业公司成立京盛煤矿项目部，入驻京盛煤矿；2017年5月退出。

1月28日　临矿集团在田庄煤矿举行设备再利用中心及油品供应中心揭牌仪式。

2月10日　临矿集团副总经理于德亮到兰陵县帮扶村走访慰问贫困户。

2月13日　山东科技大学与临矿集团实训基地建设合作签约仪式在临矿集团总部机关举行。3月17日，双方合作的实训教育基地揭牌仪式在马坊煤矿举行。6月29日，华北科技学院110名学员入驻临矿集团"活矿山"实训基地（马坊煤矿）实习，成为该实训基地迎来的首批省外学员。

3月19日　临矿集团党委召开2014年度落实党风廉政建设责任制情况民主测评会。

同日　临矿集团总工程师培训班在山东煤炭技师学院举行开学典礼。

3月20日　临矿集团网站开通"民生通道"栏目，拓宽职工诉求渠道，建立听取民声、收集民意、解决民需的互动平台。

3月25日　临矿集团在新驿煤矿召开产供销座谈会暨煤质管理工作会。

4月4日　《临沂矿业集团铁矿资源开发利用规划环境影响报告书》通过山东省环保厅审查。

4月14日　临矿集团在王楼煤矿举办首届职工文艺展演。

4月22日　临矿集团召开二届三次职代会代表团（组）长会议，审议通过《关于聘任调研员和协理员及内部退养的管理规定》《内部劳动力市场管理暂行办法》。

4月29日　在山东能源集团工会、党委宣传部举办的"四新"形势任务教育演讲比赛中，王楼煤矿孙笑获一等奖，古城煤矿王勇和王楼煤矿董凯获二等奖。

5月4日　临矿集团团委获得全国煤炭行业五四红旗团委称号。

5月8日　临矿集团"四新"（新常态、新挑战、新机遇、新作为）形势任务教育巡回慰问演出团，分别到省内各权属单位和内蒙古等省外煤矿进行慰问演出。

5月14日　山东煤矿安全监察局在古城煤矿召开远程监察平台联网现场实施会议。

5月27日　临矿集团改革领导小组召开专题会议，就对标调研龙煤集团、安徽草楼铁矿的发展经验进行集中学习。

6月4日　临矿集团党委举办"三严三实"专题教育党课，全面启动"三严三实"专题教育工作。8月12日，临矿集团领导班子"三严三实"专题学习研讨交流会在总部机关举行。9月14日，临矿集团党委在总部机关举办"三严三实"廉政教育专题报告会。

6月12日　临矿集团组织副处级及以上党员干部120余人，到临沂市预防职务犯罪警示教育基地参观学习，进行廉政警示教育。

6月16日　临矿集团在王楼煤矿举办安全法律法规暨安全管理知识竞赛，11支代表队参加。

6月30日　临矿集团召开并购菏泽煤电公司会议，通报并购、接管菏泽煤电公司等有关事项，委托古城煤矿矿长主持开展前期工作。

7月10日　临矿集团召开党建工作总结表彰大会，对5个先进基层党组织、14个服务型党支部建设示范点、40名优秀共产党员和10名优秀党务工作者进行命名表彰。

7月20日　临矿集团技师协会挂牌仪式和第一期高技能人才培训开班仪式在山东煤炭技师学院举行。7月29日，临矿集团将闭坑矿井马坊煤矿划归山东煤炭技师学院管理使用，筹建实训基地。9月15日，山东煤炭技师学院马坊实训基地被中国煤炭协会命名为全国煤炭行业首批实习实训基地。12月12日，中国矿业大学与山东煤炭技师学院共建马坊实践教育基地揭牌仪式在山东煤炭技师学院举行。

8月12—14日　临矿集团在古城煤矿举行煤炭采制化机构改革竞聘考试。

8月25日　临矿集团大数据技术与应用培训班在总部机关举办，中国矿业大学（北京）副校长孙继平、浪潮集团执行总裁王兴山、临矿集团挂职博士苗俊德授课。9月1日，临矿集团在古城煤矿举办挂职博士座谈会，授予山东科技大学苗德俊等3名挂职博士临矿集团荣誉职工，成为临矿集团首批获此称号的社会人士。

10月9日　在鲁能集团北京总部，山东能源集团与鲁能集团举行菏泽煤电公司《战略合作框架协议》《菏泽煤电托管协议》签约仪式。11月6日，菏泽煤电公司股权转让在上海联合产权交易所公开挂牌；12月4日下午5时，临矿集团顺利摘牌。12月9日，在鲁能集团北京总部，临矿集团与鲁能都城伟业集团举行《菏泽煤电公司股权转让协议》签约仪式；鲁能集团占有菏泽煤电公司股权83.59%，转让价款12.12亿元，其股权和经营管理权移交给临矿集团。

11月18—21日　临矿集团党委在总部机关举办2期党组织书记集中培训班，全面贯彻落实上级关于开展基层党组织书记集中培训工作的通知要求，提高基层党务工作者的业务素质和工作能力。

同日　邱集煤矿《一种仰角钻孔反注浆套管及固管工艺》获国家知识产权局颁发的发明专利证书，煤炭产业实现国家发明专利"零突破"。

12月10日　临矿集团在山东煤炭技师学院召开高技能人才工作座谈会。

12月11日　菏泽煤电公司召开2015年第二次股东会暨五届二次董事会、监事会。审议通过关于将公司名称由山东鲁能菏泽煤电开发有限公司变更为山东能源临矿集团菏泽煤电有限公司的议案《关于修改公司章程的议案》、关于选举公司董事、监事的议案，选举公司董事长、法定代表人的议案、审议通过关于聘任副总经理的议案。17日，临矿集团召开菏泽煤电公司接管后第一次现场办公会，制定"一年减亏、二年持平、三年盈利"的总体规划。

同日　临矿集团领导班子人事管理权由省国资委交山东能源集团党委管理。

12月22日　省工商行政管理局注销山东东山军城能源开发有限公司，收回《营业执照》，发放新登记分公司《营业执照》。完成《营业执照》《组织机构代码证》《税务登记证》"三证合一"办理工作。军城煤矿与王楼煤矿合并工作正式完成。29日，临矿集团决定撤销军城煤矿及军城煤矿党委建制，交由王楼煤矿实行一矿两井管理模式。

12月25日—2016年1月29日　临矿集团参与平邑县玉荣石膏矿"12.25"坍塌事故抢险救援。3月10日，平邑石膏矿生命大救援获评2015年度齐鲁公益盛典"年度生命救援奖项"，临矿集团党委书记、董事长张希诚作为救援代表接受颁奖。

2016年

1月7日　临矿集团党委举办学习贯彻新修订的《中国共产党廉洁自律准则》《中国共产党纪律处分条例》视频辅导报告会。

1月14日　临矿集团工会在总部机关召开第二次代表大会，参会代表160名、特邀代表1名。

1月15日　临矿集团召开第二届职工代表大会第四次会议。16日，临矿集团召开2015年度工作总结表彰会，对5个先进单位、68名劳动模范表彰奖励。

1月20日　临矿集团在古城煤矿召开2015年度权属单位纪委书记述职评议会议。

2月14日　临矿集团机关举行2016年春节团拜会。

3月1日　临矿集团工会在田庄煤矿举行"让亲情走进安全"职工演讲比赛，各权属单位的37名职工、7名女工主任参加。

3月9日　玻纤集团邀请国信证券、国浩律师所、山东证监局等中介机构，通过视频讲座的方式为集团股东和高管进行上市辅导培训。

3月11日　临矿集团在古城煤矿召开2016年度山东科技大学挂职博士座谈会。

3月31日　临矿集团召开领导干部会议。张希诚调任山东能源集团副总经理，不再担任临矿集团党委书记、董事长；刘孝孔任临矿集团党委书记、董事长，不再担任总经理；张圣国调任临矿集团党委常委、董事、总经理；张廷玉调任山东能源集团总经理助理、财务管理部部长、投资公司执行董事、总经理，不再担任临矿集团党委常委、副总经理。4月5日，临矿集团召开新一届领导班子第一次党政领导班子会议，研究通过《临矿集团领导班子建设20条纲要》《关于调整临矿集团领导班子成员工作分工的通知》。11日，临矿集团召开首次党政领导班子周一工作例会。党委书记、董事长刘孝孔主持会议并讲话，公司领导班子成员张圣国、石富山、于德亮、曹庆伦、提文科、王军、赵仁乐出席会议，各处室负责人、安全生产业务处室副处级以上人员参加会议。

4月9日　临矿集团党委书记、董事长刘孝孔率领在家班子成员，部分所属单位、处室负责人一行33人考察组，到山东红领集团参观学习智能制造、大数据建设等先进管理模式。

4月11日　临矿集团提升运输专业高技能人才培训班在山东煤炭技师学院开班。

4月15日　临矿集团调整山东东山矿业有限责任公司董事监事人员，刘孝孔为山东东山矿业有限责任公司董事、董事长（法定代表人）；张圣国为山东东山矿业有限责任公司董事；曹庆伦为山东东山矿业有限责任公司职工董事；提文科为山东东山矿业有限责任公司监事、监事会主席；吴士其为山东东山矿业有限责任公司监事；刘厚福为山东东山矿业有限责任公司职工监事。聘任刘孝孔为山东东山矿业有限责任公司总经理。22日，临矿集团召开第五届董事会第一次会议，审议通过《关于临矿集团"十三五"发展规划纲要（草案）的议案》等议案。

4月19日　临矿集团党委召开基层党组织书记抓党建工作述职评议会议。

4月26日　"冀中能源杯·第三届感动中国的矿工"颁奖仪式在北京举行，王楼煤矿大学生采煤队队长刘辉获得"十大杰出矿工"称号。

4月28日　临矿集团在新驿煤矿召开煤炭产品提质增效经验交流会。

5月10日　临矿集团党委召开"两学一做"学习教育动员部署暨党建工作座谈会。

5月13日　临矿集团召开二届四次职代会代表团（组）长第二次联席会议，审议通过《临沂矿业集团有限公司关于开展2016年度控员提效分流安置职工的实施意见》《临沂矿业集团有限公司内部人力资源市场管理暂行办法》《临沂矿业集团有限公司借用人员管理办法》。

5月18日　临矿集团党委书记、董事长刘孝孔在总部机关主持召开临矿大数据建设工作推进会。

5月20日　临矿集团召开2015年度"感动临矿十大科区长"表彰大会暨"感动临矿"十年总结大会、第七届青工创新工作法命名表彰大会。

5月25日　临矿集团在新驿煤矿召开专题会议，对古城、王楼、新驿、郭屯、彭庄等11对生产矿井的276个工作日和新生产能力组织生产经营方案进行审查。

5月26—27日，临矿集团党委书记、董事长刘孝孔率领班子成员及部分处室、权属单位负责人一行40余人，到浙江余杭和上海对标学习世界玻纤顶尖企业欧文斯科宁复合材料有限公司（以下简称OC公司），并到上海著名的有机蔬菜生产企业多利农庄参观考察。

5月29日　临矿集团举办第四届财务知识竞赛，首次落实"三考三荐"（考试考核考察，个人自荐实名推荐组织推荐）人才战略，178人参加。

5月30日　澳洲公司完成MDL324项目环评公示。

同月　临矿集团新班子在"六大攻坚战"的基础上，提出创建"人均工效、人均收入、人均创新成果、人均客户价值"四个领先，打造"企业富强、资源富裕、职工富有、客户富足"的四富临矿。

6月2日　原煤炭工业部副部长、原国家安全监管局局长张宝明到临矿集团调研工作。

同日　临矿集团党委"两学一做"学习教育指导督导组会议在机关总部召开。

6月3日　临矿集团举行主题为"强化安全发展观念，提升全民安全素质"的"安全生产月"活动启动仪式。

同日　临矿集团在王楼煤矿举行职工创新创效"3531"工程竞赛推进会。

6月12日　临矿集团在古城安培中心举办"两学一做"学习教育组织人事暨党支部书记培训班，220名党支部书记参加。21日，临矿集团在古城煤矿首次开启新型师带徒教学模式。

6月14—15日　临矿集团党委在山东煤炭技师学院举办"两学一做"暨新提拔中层领导干部廉政教育学习班，60余名学员参加。

6月15日　山东能源集团批准田庄煤矿成立山东明昊物业服务有限公司。8月，田庄煤矿注册成立山东兖州明昊物业服务公司，注册资金300万元。

6月16日　临矿集团工会干部培训班在山东煤炭技师学院开班，40名学员参加。

6月30日　罗克兰矿业（香港）有限公司股权完成变更，由山东能源澳大利亚有限公司的子公司变更为鲁北公司的子公司。

7月2日　召开纪念建党95周年暨党建工作总结表彰大会，对6个先进基层党组织、16个先进基层党支部、43名优秀共产党员、10名优秀党务工作者进行表彰。

7月19日　临矿集团召开煤电产业工作会，部署"去产能""出僵尸"和转产转型转移等工作。

7月22日　临矿集团财会专业人才选拔面试评价会在机关举行，5位外部面试专家担任面试评价工作，18名财务专业人员参加面试。

8月11—12日　临矿集团党委书记、董事长刘孝孔率团50余人到安徽马钢集团考察学习。

8月17日　临矿集团召开发行直接债务融资产品宣贯会。产品期限为3年，收益率7.5%/年。

8月20日　山东能源集团"两学一做"典型巡回报告会在临矿集团总部机关举行。25日，山东能源集团党委巡察组巡察临矿集团动员会在总部机关召开，拟用一个月的时间对临矿集团开展巡察。

8月26日　临矿集团在菏泽煤电公司召开2016年度山东科技大学挂职博士座谈会。

8月31日　临沂市第九届"劳动之星"暨临矿集团第四届职业技能竞赛启动仪式在玻纤集团举行，临矿集团承办10个竞赛项目。

9月1日　临矿集团召开铁矿产业工作会，对铁矿产业发展提出意见和建议。

9月6日　临矿集团与齐鲁新航集团和里能集团举行省属监狱煤矿移交接管划转协议签字仪式，正式接管鲁西煤矿。18日，正式接管里彦煤矿。30日，正式接管武所屯煤矿。

9月13日　临矿集团召开上海庙矿业公司矿井复产方案论证会，确定先进行榆树井煤矿复产，再逐步恢复新上海一号煤矿生产。

9月27日　山东能源集团党委宣讲团在临矿集团总部机关举行"两学一做"学习教育宣讲报告会。

9月28日　临矿集团党委书记、董事长刘孝孔率团20人，赴浪潮集团、韩都衣舍电子商务集团考察学习。12月26日，临矿集团与浪潮集团签署大数据战略合作协议。

9月29—30日　山东能源集团煤矿冲击地压技术交流会在菏泽煤电公司召开，北京科技大学教授姜福兴作防冲专业学术讲座。

10月3日　新驿煤矿文兴坡压煤村庄过渡搬迁项目启动，搬迁完成后将解放350万吨原煤储量。

10月30日　王楼二号军城井顺利实现闭坑关井。

11月1—3日　临矿集团在菏泽煤电公司举办"良好家风传承"系列活动成果展评暨演讲比赛。

11月3日　国务院安委会巡查组到株柏煤矿开展巡查工作。

11月15日　中国（太原）煤炭交易中心与临矿集团在德州市齐河县共同举办鲁北交收仓库推介会，并进行双方战略合作签约和交收仓库认定签约。鲁北交收仓库成为中国（太原）煤炭交易中心在山东地区设立的第一个交收库。

11月25日　临矿集团在总部机关召开第四届科技大会。

11月29日　临矿集团与中铁十九局签订战略合作协议。

11月30日　山东能源集团创元投资公司与菏泽光源电力公司签约股权转让协议，持有菏泽煤电公司13.08%股权，成为第二大股东，菏泽煤电公司96.67%的股权归属山东能源。

12月16日　临矿集团总经理张圣国率团到兖矿集团实地学习考察"蓝天工程"项目。

同日　山东省属煤炭企业采煤塌陷地综合治理现场会在王楼煤矿召开。

12月16日　临矿集团在总部机关举办劳动用工法律风险防范知识讲座；同日，临矿集团在总部机关举办机关消防安全教育培训。

12月19日　临矿集团在总部机关举行矿处级党员领导干部党纪党规知识考试，73人参加；21日，在新驿煤矿举行西部权属单位矿处级领导干部党纪党规知识考试，60人参加。

12月22日　临矿集团党委书记、董事长刘孝孔率团，先后到华电集团、大唐集团考察交流。

12月24日　临矿集团鲁北公司铁路专用线正式开通，首列煤炭专列入库。

12月27日　临矿集团在总部机关举行总部家属区供水分离移交签约仪式。

同日　菏泽煤电公司变更《企业法人营业执照》，企业名称为临矿集团菏泽煤电有限公司，注册资本8.5亿元。

12月28日　临矿集团召开2017年度煤炭客户座谈会暨煤炭订货会。

12月30日　上海庙矿业公司翁洪周获国务院特殊津贴。

2017年

1月13日　临矿集团在总部机关召开第二届职工代表大会第五次会议。

1月14日　临矿集团在总部机关召开2016年度总结表彰大会，8个单位获得先进单位称号，80人获得劳动模范称号。同日，召开2017年度工作会议，拟定再造一个新临矿战略规划。

1月18日　郭屯煤矿铁路专用线通车运行。

1月20日　山东能源集团党委第二巡察组巡察临矿集团反馈会议在临矿集团总部机关召开。

1月21日　临矿集团党委召开2016年度党员领导人员专题民主生活会。

1月22日　山东省煤炭工业局党组成员、副局长黄传富，省煤矿工会主席李斌一行，到临矿集团走访慰问老党员和困难职工。

1月23日　临矿集团在总部机关举办公司上市政策法规讲座，国信证券TMT部执行总经理张立新、国浩律师事务所律师王家水，分别对国有控股股东与上市公司的关系、国有控股股东对上市公司的管理方式等内容进行讲解。

2月8日　临矿集团在山东煤炭技师学院举行储量管理人员培训班开班典礼，30人参加。

同日　临矿集团在总部机关召开首次双向任职座谈会，8名机关人员到古城、新驿、王楼煤矿、菏泽煤电公司任职。

2月24日　临矿集团在总部机关召开土地房产工作会议，全面贯彻《临沂矿业集团有限责任公司土地房产管理办法》《关于开展土地房产调查摸底的通知》精神，开展"两堂一舍"星级量化考核工作。

同日　临矿集团"快速掘进""高效回采"现场推进会在菏泽煤电公司召开。

3月1日　临矿集团在总部机关召开武装保卫工作暨总结表彰会，对7个先进单位、12名护卫标兵表彰奖励。

3月10日　临矿集团团委在总部机关举办"青年之声"工作推进培训会，贯彻落实共青团"青年之声"建设"四个融合"（"青年之声"与共青团工作全面融合，"青年之声"与"青年之家"全面融合，团内团外全面融合，机关和基层全面融合）工作现场推进会精神，14个团组织的30名"青年之声"工作业务骨干参加。同日，临矿集团团委在总部机关召开"一学一做"教育实践部署动员会。

3月20日　临矿集团通防专业技能人才培训班在军城培训基地开班，各权属单位推荐的41名技术骨干参加。

3月21日　临矿集团党委书记、董事长刘孝孔在总部机关主持召开党委常委会议。研究同意20项议案提交第五届董事会第七次会议审议；听取并同意第一次党代会筹备及有关事项安排；研究通过《临沂矿业集团有限责任公司党委常委会议事规则（试行）》；同意首届十佳优秀支部工作法表彰的有关事项。

3月22日　临矿集团党委在总部机关召开基层党组织书记抓党建工作述职评议会议，山东能源集团党委组织部派员到会指导。同日，在总部机关召开2017年党建暨党风廉政建设工作会议。

3月24日　临矿集团与河南理工大学在菏泽煤电公司举行校企战略合作协议签约仪式。

同日　临矿集团召开第五届董事会第七次会议，审议通过《关于修改集团公司章程的议案》《关于修改集团公司董事会议事规则的议案》等20项涉及管理问题和全面风险防控等8个方面的议案。

3月27日　临矿集团团委被评为2016年度临沂市红旗团委。

3月28—29日　临矿集团第一次党员代表大会召开，122名党员代表参加。山东能源集团党委副书记王勇、党委组织部副处长刘焕强出席大会开幕式，会议选举产生第一届党委委员、常委、副书记、书记和纪委委员、常委、副书记、书记。29日，召开新第一届党委会第一次会议和纪委第一次会议。29日，鲁北公司电商平台直属子平台"鲁北商城"上线试运营揭牌仪式在临矿集团总部机关举行。

4月1日　临矿集团党委书记、董事长刘孝孔在总部机关主持召开现代农业产业治理煤矿塌陷地规划论证会。

4月7日　临矿集团在郭屯煤矿召开"三通道十二台阶①"人才攀登工程座谈会。

4月11日　山东能源集团党委常委、董事、工会主席宿洪涛带领党建工作考核组，到临矿集团考核2016年度党建思想政治工作、党风廉政建设及信访稳定工作。

4月11日—5月19日　临矿集团领导干部"思维转型、能力升级"专题研修班在浙江大学举行，专题研修班共分4期，采取集中脱产轮训的方式，204名副处级以上人员参加。研修班结束后，收集优秀学员感悟汇编成《之江问学》。

4月12日　临矿集团贯彻省国资委省委巡视反馈问题整改座谈会精神暨严肃财经纪律视频会议在总部机关召开。

4月16日　临矿集团首个研究生科技创新团队在菏泽煤电成立。

4月18日　临矿集团第一个无人值守工作面——王楼煤矿27307工作面试运转成功。

4月28日　临矿集团在王楼煤矿召开纪念"五四"运动98周年暨2017年"五四"表彰会。

5月4日　临矿集团召开对标管理、工业3.0+改造升级和"4+1"平台建设推进会。

5月5日　临矿集团在菏泽煤电公司郭屯煤矿召开"虚拟社区"建设推进会。

5月11日　临矿集团召开职工家属区"三供一业"分离移交工作会议。12月29日，临矿集团与罗庄区政府签订"三供一业"分离移交协议。

5月18—19日　临矿集团组织原局级领导崔宝德、赵荣思、李加夫、李景锡、潘元庭、许作庆一行，先后到鲁北公司、邱集、鲁西煤矿参观考察。

5月18—19日　山东能源集团在古城煤矿召开冲击地压防治部分实施细则编制研讨暨煤矿冲击地压防治工作交流会。

5月23日　临矿集团在菏泽煤电公司启动"发展是硬道理、挣钱是真本事、党建是大动力"的宣讲活动。

同日　省国资委主任、党委书记张斌到内蒙古上海庙矿区调研指导工作。

同日　王楼煤矿喻兴农业园农副产品上线鲁北公司电商平台鲁北商城，销售实现"互联网+"新模式。

6月1日　临矿集团为沂水县夏蔚镇甄家疃、晏婴店子、王庄3个省定贫困村的536名少年儿童捐赠学习用品。

6月1—2日　临矿集团在新驿煤矿举行综采维修电工职业技能竞赛。

6月6日　临矿集团首个班组长活动日庆祝活动暨"感动临矿十大工匠"颁奖典礼在菏泽煤电公司召开,对明星班组代表、明星班组长,优秀班组代表、优秀班组长、感动临矿十大工匠获得者进行表彰。会议确定每年6月6日为班组长活动日。

6月9日　临矿集团党委在总部机关召开推进"两学一做"学习教育常态化制度化工作座谈会。

同日　临矿集团在调度会议室召开安全生产共享平台技术交流会,与北京龙软科技股份有限公司共同探讨智慧矿山建设与安全生产共享平台应用技术开发。

6月16日　临矿集团在总部机关召开对标管理培训会议,邀请标杆管理学会会长、泓冰标杆管理公司董事长陈泓冰授课。

6月20日　临矿集团党委在总部机关召开排查安全隐患防范四类风险专项行动部署会。

同日　临矿集团在军城实训基地举办煤质洗选专业技能人才培训班。

6月23日　临矿集团在新驿煤矿举办2017年度全面落实企业安全生产主体责任主题安全生产知识竞赛。

7月7日　临矿集团党委在总部机关召开纪念中国共产党成立96周年暨党建工作总结表彰大会,4个"四好"领导班子、4个先进基层党组织、20个过硬党支部、20名优秀党支部书记、10名优秀党务工作者、40名优秀共产党员受到命名表彰。同日,临矿集团在总部机关召开新旧动能转换成果奖励暨工作推进会,对新旧动能转换阶段性重大创新即时奖励正式奖和提名奖获奖代表进行表彰奖励。

7月24日　临矿集团机关党委举办"党员爱心基金"特殊党费缴纳活动,199名党员捐助14500元。

7月26日　临矿集团在总部机关举行驻地家属区供水改造分离移交签约仪式。

8月1日　新上海一号矿井复采首面114152工作面实现联合试运转。创出单面日产过万吨、使用1.2米带宽吊挂胶带首次达到2000米、工作面运煤方式首次从上拉改为下运。

8月4日　临矿集团大数据建设首个平台模块财务共享中心上线试运行。17日,临矿集团在总部机关召开五大平台、大数据建设推进会暨大数据专题培训会。

8月5日　山东省国资委党委副书记时民到上海庙矿业公司调研指导工作。

8月9日　中国水产科学研究院南四湖生态渔业产学研示范基地、中国水产科学研究院池塘生态工程技术研究中心济宁工作站在王楼煤矿喻兴生态园挂牌成立。

8月14—26日　临矿集团财务人员能力提升培训班在浙江大学举办,分2期进行,123人参加。

8月20日　中国煤炭教育协会理事长、中国煤炭工业协会培训中心主任李增全,中国煤炭教育协会秘书长孟琦到军城实训基地调研指导工作。

8月23日　王楼煤矿喻兴农业园被省农业厅、省旅游发展委员会评为生态休闲农业示范园区。

8月24—25日　临矿集团在总部机关组织开展第一期企业生产经营决策沙盘模拟演练。

8月30日　临矿集团党委在军城实训基地举行党校揭牌仪式暨第一期党支部书记培训班开学典礼,70人参加。

同日　临矿集团在总部机关举行社会职能移交框架协议签字仪式。

8月31日　临矿集团信用等级被中煤协会评定为AAA级。

同日　临矿集团在总部机关召开新旧动能转换报告会,山东社会科学院党委副书记、院长张述存受邀作报告。

同日　临矿集团在总部机关召开国企改革发展报告会，省国资委政策法规处处长、研究室主任孙运伟受邀作报告。

9月5日　山东能源集团"省第十一次党代会和全省国有企业改革发展工作会议精神宣讲团"到临矿集团宣讲。

9月6日　临矿集团在古城煤矿召开企业文化发展提升团队座谈会。

9月11日　临矿集团在山东煤炭技师学院举行总部机关人员军训启动仪式，122人参训。

9月12—16日　临矿集团在王楼煤矿举办"永远跟党走、共筑中国梦"系列文体活动。

9月20日　临矿集团混合所有制改革培训班在浙江大学开班，培训为期5天，50名学员参加。

9月22日　临矿集团党委在古城煤矿召开十九大信访维稳工作会议。

同日　临矿集团在田庄煤矿召开薄煤层采掘机械化推进现场会、总工程师例会、调度室主任会议。

9月30日　国家能源局批准临矿集团参股的大唐郓城630摄氏度超超临界二次再热电厂项目立项。11月30日，省发改委核准临矿集团参股的大唐郓城630摄氏度超超临界二次再热国家电力示范项目首台机组。12月14日，临矿集团参股的大唐郓城发电有限公司成立，2018年1月18日揭牌。

10月18日　临矿集团党委组织广大党员群众收听收看党的十九大开幕会。

10月19日　临矿集团在总部机关召开"良好家风传承"离退休干部座谈会。

10月20日　临矿集团在古城煤矿举办"领悟梁家河精神，不忘初心续远航"学习《习近平的七年知青岁月》青年论坛。

11月1日　临矿集团在古城煤矿召开二届五次职代会代表团（组）长联席会议，讨论通过《工人岗位（工种）划岗归类标准》《临沂矿业集团有限公司薪酬管理暂行办法》。

11月3—15日　临矿集团学习贯彻党的十九大精神党务人员培训班在浙江大学举办，分2期，140人参加，并实地考察学习浙江传化集团的非公党建工作。

11月14日　山东省委省直机关工委书记张圣中到临矿集团调研党建工作。

11月15日　临沂市机关学习贯彻十九大精神暨党建工作现场推进会在临矿集团召开。

11月22日　山东能源集团党委宣讲团到上海庙矿业公司宣讲党的十九大精神。

11月23日　临矿集团在总部机关召开纪委一届二次全委（扩大）会议。24日，临矿集团党委在总部机关召开一届二次全委（扩大）会议。

11月28日　临矿集团在田庄煤矿召开"良好家风传承"系列活动总结表彰暨座谈会，对获得"十佳廉内助""我的家风故事"优秀征文代表进行表彰。

11月29日—12月14日　临矿集团人力资源能力提升培训班在浙江大学举办，分2期，121名学员参加。

同日　山东能源集团党委宣讲团到临矿集团宣讲党的十九大精神。

12月8日　山东能源澳大利亚公司海拉隆煤矿预可研优化报告审查会议在古城煤矿召开。

12月14—18日　临矿集团物流贸易和供应链管理提升班在浙江大学华家池校区举办，60名学员参加。

12月19日　省国资委党委书记、主任张斌到临矿集团调研指导工作。

12月20日　临矿集团在王楼煤矿举办双重预防机制管理信息系统培训班。

12月26日 临矿集团在浙江大学举办第一期大数据专题培训班，历时3天。2018年7月1日，举办第二期大数据专题培训班，历时7天，共112人参加。

12月28日 临矿集团完成甘肃兴隆煤业有限公司注销手续，撤销兴隆煤矿筹建处建制。

同月 临矿集团被浙江大学授予2017年最佳学习型企业。

2018年

1月4日 山东能源集团批复会宝岭铁矿公司设立山东国安安全技术服务公司。

1月9日 临矿集团成立党建思想政治工作研究会。

1月13日 临矿集团在总部机关召开第二届职工代表大会第六次会议，152名正式代表，1名特邀代表参加。14日，在总部机关召开2017年总结表彰会议，对2017年度先进单位和劳动模范、2017年下半年新旧动能转换成果、第四届科技大会以来知识产权成果进行表彰奖励。同日，临矿集团在总部机关召开2018年工作会议，确立建成创新型临矿的目标任务。

1月23日 省煤炭工业局党组书记、局长乔乃琛，省煤矿工会主席李斌一行，到临矿集团走访慰问。

1月26日 临矿集团在古城煤矿召开2018年度节能环保工作会议。

1月30日 临矿集团在军城实训基地举行采矿卓越工程师培训班开班仪式，通过考试选拔35名学员参加为期3年的培训。

2月2日 临矿集团在古城煤矿召开法律事务工作月度例会暨法律风险防范联动机制建设工作启动会。

2月9日 临矿集团党委在总部机关召开2017年度党员领导人员专题民主生活会，山东能源集团党委副书记、董事田志锋到会指导。

2月13日 临矿集团在总部机关召开党员干部纪律作风集中整顿活动动员会。2月28日—3月2日，临矿集团党委党员干部纪律作风集中整顿活动督导组集中督导各单位纪律作风集中整顿活动开展情况，同时对全国"两会"期间信访稳定工作情况进行检查指导。

2月23—24日 临矿集团党委副书记、总经理张圣国到上海庙矿业公司主持召开复产现场办公会，部署榆树井煤矿、新上海一号煤矿全面复产系统工作。

2月24日 临矿集团与沂水县夏蔚镇地企共建心连心文艺演出在总部演出，夏蔚镇政府及被帮扶村村委向临矿集团赠送锦旗。

3月8日 临矿集团在总部机关召开2017年度权属单位纪委书记述职评议会议。9日，临矿集团基层党委书记抓党建工作述职评议会在总部召开，山东能源集团党委组织部派员参加。

3月9日 临矿集团党委在总部召开一届三次全委（扩大）会议。

3月15日 临矿集团在古城煤矿召开机电维修专业技能操作型员工培训会议，研究讨论PLC编程专业技能操作型员工培训等内容。

3月18日 株柏煤矿与山东能源重装集团恒图科技有限公司就柔性掩护支架采煤工作法的技术研发、产品输出签署战略合作协议。

3月20日 临矿集团在古城煤矿召开班清班结暨对标管理工作推进会。

3月23日 临矿集团在总部机关举行大数据—财务共享中心启用仪式，山东能源集团总经理助理、财务部长张廷玉，浪潮国际副总裁魏代森，新华社、大众日报、中国煤炭报、齐鲁晚报等媒体记者受邀出席。4月8日，临矿集团党政领导班子工作例会首次采用大数据分析模式。

3月25日 临矿集团与辰信集团签订《新疆腾达煤矿托管协议》。27日，菏泽煤电公司对新疆腾达煤矿托管经营。

3月27日—4月16日 临矿集团党校举办学习贯彻党的十九大精神党支部书记培训班，分2期，126名基层党支部书记参加。

4月9日 临矿集团党委在古城煤矿召开"大学习、大调研、大改进"暨党建工作推进会。

4月15日 临矿集团——山东科技大学矿山灾害预防控制国家重点实验室深部支护工程示范中心揭牌仪式在王楼煤矿举行，中国科学院院士宋振骐，临矿集团总工程师赵仁乐，山东科技大学党委副书记尹华及矿山与安全工程学院相关领导和教授参加仪式。尹华、赵仁乐为示范中心揭牌。

4月20日 山东能源集团财务共享平台建设经验交流会在临矿集团召开，山东能源集团财务总监李继斋出席会议。

4月23日 成立山东物商集团有限公司（简称物商集团），亿金公司、鲁北公司、运销公司统一移交物商集团管理。同日，成立山东物商集团有限公司党委，撤销亿金公司党委、鲁北公司党支部建制。5月8日，山东物商集团有限公司召开成立大会。

4月24日 中国煤炭职工政研会授予党委副书记提文科全国煤炭工业优秀党委书记称号，授予古城煤矿全国煤炭工业文明煤矿称号、菏泽煤电公司2016—2017年度全国煤炭工业文明单位称号。

5月2—7日 临矿集团在浙江大学举办工业智能化生产专题培训班，60名相关专业人员参加。

5月4日 临矿集团党校在山东煤炭技师学院举行兼职教师聘任仪式暨座谈会，党委副书记、党校校长提文科为受聘兼职教师颁发聘书。聘任兼职教师18名，聘期3年，为临矿集团党校首批聘任兼职教师。

5月5日 临矿集团大数据分析师培训班在山东煤炭技师学院举办，50名学员参加。

5月8日 临矿集团与山东省煤田地质局签订战略合作协议。

同日 临矿集团在王楼煤矿召开2018年共青团工作会议，为受到表彰的6个五四红旗团委、20个五四红旗团（总）支、26名优秀共青团员、21名优秀共青团干部、7个青年志愿服务先进集体、21名青年志愿服务先进个人颁奖。

5月9日 临矿集团"拥抱新时代担当新使命"党的十九大精神知识竞赛在郭屯煤矿举行，13支代表队39名选手参加。

5月11日 大唐山东发电有限公司总经理、党委副书记陈明良一行，到临矿集团洽谈郓城电厂项目深度合作事宜。

5月15日 临矿集团在王楼煤矿召开矿山灾害预防控制国家重点实验室深部支护工程示范中心揭牌仪式。

5月16—17日 中国科学院院士宋振骐应邀到里彦煤矿考察调研工作，作《采矿（煤）工程学科发展战略研究报告》的学术讲座。

5月23日 临矿集团在总部机关召开首批技术管理技能专家聘任暨领导干部契约化管理签约大会，向5名首席专家、6名资深高级（工程）师颁发技术管理专家聘书。总经理张圣国代表临矿集团分别与2017年后新任矿处级领导干部代表签订领导干部契约化管理协议书。

5月24日 临矿集团党委书记、董事长刘孝孔为会宝岭铁矿公司青年创客中心揭牌。

5月30日　临矿集团党委书记、董事长刘孝孔带队，赴江苏宿迁电子商务产业园和峄州港考察学习，落实省委"大学习、大调研、大改进"部署要求和山东能源物流贸易工作会议精神。

6月1日　临矿集团第五届职业技能竞赛起重专业决赛在会宝岭铁矿公司举行，22名选手进入决赛。

6月1—4日　临矿集团党委书记、董事长刘孝孔，率队赴新疆地区实地考察调研战略项目推进工作。

6月6日　中共临沂市委组织部在临沂市广播电视台举办"不忘初心跟党走 牢记使命再起航"学习党的十九大知识竞赛决赛，临矿集团代表队获得一等奖。

同日　临矿集团在上海庙矿业公司召开2018年班组长日暨第八届青工创新工作法、2017年度感动临矿"'两化一大'十大创新能手"表彰大会。7日，临矿集团在上海庙矿业公司榆树井煤矿召开选煤技术交流会。

6月13日　临矿集团党员代表会议在总部机关召开，选举产生14名参加山东能源集团第一次党代会代表。7月2日，临矿集团党委在大数据中心召开一届四次全委（扩大）会议，传达学习贯彻山东能源集团第一次党代会精神。

6月19日　临矿集团党委中心组理论学习（扩大）会议在大数据中心举行，专题学习习近平总书记视察山东重要讲话精神。

6月20日　临矿集团党委在军城培训基地举办新党员培训班，106人参加。

6月27日　临矿集团在新驿煤矿召开控员提效工作座谈会，对实施控员提效、"4D归零"工作提出要求。

7月4日　临矿集团新旧动能转换重大工程现场推进会、创客联盟成立大会暨临矿集团——大连化物所共建双创示范基地揭牌仪式在会宝岭铁矿举行，中科院大连化物所研究生部主任熊博晖、知识产权与成果转化处院地合作主管陈维东应邀出席会议。4—6日，新旧动能转换亮点工程现场观摩会先后在会宝岭铁矿及王楼、里彦、古城、鲁西、郭屯煤矿举行。

7月7日　临矿集团在郭屯煤矿召开"临矿之最""临矿第一"新旧动能转换创新成果表彰大会。15个"临矿之最"、16个"临矿第一"项目和8个科技考核成绩优秀单位受到表彰奖励。同日，临矿集团在郭屯煤矿召开新旧动能转换工作推进会。

同日　临矿集团党委在郭屯煤矿召开纪念建党97周年暨党建工作总结表彰大会，授予4个单位四好领导班子、6个基层党组织先进基层党组织、4个单位党风廉政建设先进单位、19个党支部过硬党支部、41人优秀共产党员、20人优秀党支部书记、10人优秀党务工作者、8人优秀纪检监察干部称号。

7月12日　临矿集团机电工程技术骨干人员培训班在军城实训基地开班，43人参加。

同日　临矿集团党委三季度党建工作例会暨首届党支部书记论坛启动仪式在株柏煤矿举行。

7月13日　在山东省第六届职工职业技能大赛上，临矿集团代表山东能源集团参加钳工项目比赛，获团体第2名，技师学院张军获全省个人第3名。

7月23日　山东能源集团信息化会计竞赛培训班在临矿集团总部机关举行。

7月26日　临矿集团以"实践创新、追赶超越"为主题的创新成果矿区巡展在古城煤矿启动，集中展示临矿集团创客创新取得的进展和成就。

8月14日—9月3日　临矿集团"创新型临矿"高级管理人员培训班在深圳华为大学举办，培训班分3期，采取集中脱产轮训的方式进行，学员包括基层单位部分班子成员、总部机关副处级及以上管理人员106人参加培训。

8月15日　张圣国调任山能重装集团党委书记、执行董事、总经理，侯宇刚调任临矿集团党委副书记、总经理。

8月31日　临矿集团在技师学院召开续志工作启动大会，临矿集团党委副书记提文科，《山东能源集团志》执行副主编孙卓龙，临矿集团史志办公室及各权属单位相关人员60余人参加会议。

9月18日　临矿集团在古城安培中心举办党员发展对象培训班，78人参加。

9月19日　省煤炭局在里彦煤矿召开采煤塌陷地综合治理工作联合督查现场会。

9月27—28日　临矿集团在郭屯煤矿举行"践行新思想 青春创时代"主题演讲比赛，纪念改革开放40周年。

10月11日　临矿集团在总部机关召开保密暨知识产权工作培训会，邀请山东省国家保密局主任闫功略，江苏汇智知识产权服务有限公司总经理、江苏大学专利培育与运营中心主任韩奎国分别就保密工作和知识产权保护作专题讲座。

10月17日　菏泽煤电公司被授予全国煤炭工业先进集体称号，古城煤矿采煤队李涛被授予全国煤炭工业劳动模范称号。

10月22—24日　临矿集团党委在党校举办"习近平谈治国理政"专题读书会，中国领导科学研究会副秘书长、中国领导网执行总编辑、中国作家协会会员、资深媒体人、知名文化学者程冠军受邀到会作《习近平谈治国理政》专题辅导报告。

10月23日　临矿集团2018年度专业人才库培训班在党校开班，分4期23个专业，409人参训。

10月25日　临矿集团在党校召开领导干部廉政警示教育大会。

10月29—30日　临矿集团开展"问题指引2019—攻难点、解痛点、疏堵点"大讨论活动。

11月4—6日　中国企业文化建设协会授予临矿集团古城煤矿2018年度文化建设先进单位；提文科、王学兵、张红芳获2018年度企业文化建设优秀工作者称号；李安平、张红芳获2018年度企业文化建设优秀理论成果奖。

11月15日　全国煤矿安全监控系统升级改造推进会在王楼煤矿召开。

11月17日　临矿集团与北京龙软科技公司、北京大学合作完成的《煤矿安全生产共享大数据智能管理平台研究与应用》通过中国煤炭工业协会、中国工程院科技成果鉴定。

11月22日　临矿集团党委在郭屯煤矿举办优秀中青年干部"中国道路中国梦"专题讲座。

12月18日　"2015年，山东能源临矿集团并购菏泽煤电，成为山东能源四大基地之一的菏泽煤电化基地的重要支撑"和"2018年3月，山东能源临矿集团会宝岭铁矿'双重预防'体系建设标准被确定为山东省非煤矿山建设行业标准"，入选山东能源集团改革开放"40年40事"。

12月21日　临矿集团获批设立省级博士后创新实践基地。

12月28日　临矿集团在会宝岭铁矿公司召开信访稳定和意识形态工作专题会议，传达山东能源集团信访维稳工作专题会议精神和临矿集团党委《关于进一步加强和改进意识形态工作的实施意见》。

12月30日　山东玻纤8万吨无氟无硼玻璃纤维项目窑炉正式点火。

2019年

1月3日　临矿集团召开2019年安全工作会议。

1月10日　临矿集团召开第二届职工代表大会第七次会议，152名代表及1名特邀代表参加。同日，召开2018年总结表彰会，对4个四好领导班子、3个先进基层党组织、5个党风廉政建设先进单位、20个过硬党支部、42名优秀共产党员、10名优秀党务工作者、6名优秀纪检干部进行命名表彰。同日，召开第五届科技大会暨新动能创新成果表彰会；召开2019年工作会议。

1月14日　山东能源"新春走基层"暨"十大媒体进临矿"采风活动及摄影培训班启动仪式在新驿煤矿举行。特邀新华社、光明日报、经济日报、工人日报、科技日报、中国网、中国青年报、大众日报、齐鲁晚报、山东能源新闻中心"十大媒体"的资深摄影记者到基层开展采风活动，新华社资深记者范长国主持召开摄影培训交流会。

1月17日　中国煤矿文工团到临矿集团进行"我们的中国梦"文化进万家慰问演出。

1月24日　山东能源集团党委常委满慎刚到沂水县省派驻"第一书记"帮扶村走访慰问。

1月29日　临矿集团党委召开2018年度党员领导人员民主生活会。山东能源集团党委常委、纪委书记王川到会督导。

同月　临矿集团获得全国煤炭行业职业技能鉴定先进单位称号。

同月　临矿集团获得临沂市第十一届"劳动之星"职业技能竞赛最佳组织奖，古城、新驿煤矿及玻纤集团获得优秀组织奖，程立群、彭利军、闫大鹏被授予2018劳动之星和技术能手称号。

2月12日　临矿集团与临沂交通运输投资集团举行汽车租赁服务协议签约仪式。

2月21日　临矿集团召开2019年金融机构合作座谈会。临沂市金融监管机构，建设银行、中国银行、农业银行等14家临沂市合作银行负责人，东方证券、平安证券、太平洋资管公司等12家金融和评级机构77名财金、商界和银行领导参会。

2月26日　临矿集团召开纪委一届五次全委（扩大）会议。27日，临矿集团党委召开一届五次全委（扩大）会议；召开基层单位党委书记履行全面从严治党责任和抓基层党建工作述职评议会，14个单位的党委书记进行现场述职。

2月27日　临矿集团召开2019年度工作任务指标解码会议，与各权属单位签署经营业绩目标责任书。

同月　会宝岭铁矿自主设计研发"七彩党建"手机app，打造"七彩党建"线上阵地，实现党建工作全景展示。

3月5—6日　临矿集团党委书记、董事长刘孝孔率队，到中国平安保险股份有限公司考察学习建设智慧企业。

3月14日　临矿集团举行"奋力建成智能智慧临矿"主题巡回宣讲报告会，历时7天对权属单位进行巡回宣讲。

3月24日　临矿集团首次面向社会招聘10名大数据分析师和软件工程师。

3月26日　临矿集团召开安全生产暨"五假五超"（假整改、假密闭、假数据、假图纸、假报告和超层越界、超能力、超强度、超定员、证照超期）集中整治会议。

3月28日　临矿集团举办矿长新安全理念、智能智慧矿山专题培训班。邀请中国煤炭科工集团（煤炭科学研究总院）首席科学家、中国工程院院士王国法，中国矿业大学教授、博士生导师丁恩杰等授课。

同月　省新闻奖企业媒体作品复评结果揭晓，临矿集团《沂蒙老区采煤绝技出国门》获通讯类一等奖。

4月7—13日　临矿集团总经理侯宇刚率团，到澳洲公司考察调研。

4月10日　国家煤矿安全监察局副局长桂来保，到郭屯煤矿进行安全督察。

4月17—18日　山东能源集团在菏泽煤电郭屯煤矿召开新闻宣传业务研讨会。

4月19日　临矿集团举行人力资源专业和工程管理专业考试，正式启动2019年度"三考一聘"（考试、考核、考察、聘任）专业技术考试。

4月30日　临矿集团召开纪念五四运动100周年暨2019年共青团工作会议，对4个五四红旗团委、20个五四红旗团（总）支部、22名优秀共青团干部、25名优秀共青团、14个青年志愿服务先进集体、23名青年志愿服务先进个人进行表彰。

同月　宋振骐院士工作站落户临矿集团。7月17日，临矿集团举行院士工作站、智能采矿临矿学院揭牌暨课题合作签约仪式。

5月10日　临矿集团党委调研组到彭庄煤矿进行作风整顿调研，历时1个月。

5月16日　临矿集团举办矿井支护技术专题讲座，特邀捷马矿山支护设备制造有限公司王亚杰博士授课。

5月17日　菏泽煤电公司与中国科学院院士、中国岩石力学与工程学会理事长何满潮签署战略合作协议。

6月6日　临矿集团召开2019年班组长日暨"感动临矿十大奋斗者"表彰大会，对15个明星班组、15名明星班组长、15个优秀班组、15名优秀班组长和2018年度感动临矿"十大临矿奋斗者"进行表彰。

6月17日　临矿集团党委召开"不忘初心、牢记使命"主题教育领导小组会，部署"不忘初心、牢记使命"主题教育工作；7月2日，举办"不忘初心、牢记使命"主题教育读书班；9日，组织党员到临矿红色基因的发源地莒县煤矿旧址，开展"寻找初心、淬炼党性"现场教育。

7月12日　临矿集团党委召开党建工作总结表彰大会，授予4个单位四好领导班子、3个基层党组织先进基层党组织、5个单位党风廉政建设先进单位、20个党支部过硬党支部、42名同志优秀共产党员、20人优秀党支部书记、10人优秀党务工作者、6人优秀纪检监察干部称号。

8月15日　临矿集团代表队在临沂市委宣传部举办的"学习强国"知识竞赛复赛和决赛中分获冠军和亚军。

8月30—31日　临矿集团工会、团委在郭屯煤矿举办"阅读伴我成长"讲书大赛。

9月10日　临矿集团、王楼煤矿、株柏煤矿、会宝岭铁矿公司、卓意公司入选"中国绿色企业创造力样本"，郭屯、新驿煤矿入选"中国绿色能源创造力样本"，古城、邱集、鲁西煤矿入选"中国绿色科技创造力样本"。

9月17日　临矿集团党委开展"爱党爱国爱企爱岗、向新中国成立70周年献礼"主题宣讲活动。

9月19日　山东能源集团第三届群众安全工作"十个十佳"颁奖典礼在菏泽煤电公司郭屯煤矿举行。

9月24日　临矿集团召开50年以上党龄党员"政治生日"座谈会。

9月26日　深部岩土力学与地下工程国家重点实验室山东能源临矿集团深井冲击地压防治中心签约及揭牌仪式在郭屯煤矿举行。全国政协委员、中国科学院院士、中矿创新联盟理事长、深部国家重点实验室主任何满潮等出席仪式。

9月30日　临矿集团微电影《最美逆行者》获得中国能源化学地质工会2019年"京能杯"第二届微电影视频创作大赛一等奖。

10月17日　临矿集团举办深化改革暨新一轮思想、管理和技术变革报告会,邀请专家作《并购重组案例分析》《强军方能卫国——习近平强军思想要点解读》《智慧煤矿建设现状与发展方向》报告。

10月18日　国家煤矿安全监察局副局长张恩玺,到上海庙矿业公司调研。

10月24—26日　在全国干法选煤现场会上,郭屯煤矿选煤厂获得优质高效选煤厂称号,里彦、新驿、田庄、彭庄、郭屯煤矿选煤厂获得行业级质量标准化选煤厂称号。

10月30日　山东能源集团人才工作座谈会在临矿集团召开,临矿集团作人才发展三通道建设典型发言。

同月　在中国企业文化建设峰会上,临矿集团被评为2019年度企业文化建设典范企业,古城、邱集煤矿、会宝岭铁矿公司被评为2019年度企业文化建设先进单位。

11月1日　浙江能源集团、临沂矿业集团煤电联营战略合作签约仪式在临矿集团大数据中心举行。

11月6—8日　在山东省第一届矿山救援技术竞赛中,临矿集团救护大队获得指挥员战术运用一等奖。

11月15日　中国煤炭工业协会煤炭工业文献委在古城煤矿召开全国煤炭企业修志工作座谈会,来自中央管理的煤炭企业、省级煤炭集团分管修志的领导与编办主任,《中国煤炭工业志》编办、省级《煤炭工业志》编办负责人共85人参加。

12月1日　临矿集团在总部机关召开2020年高校毕业生双向选择推介会,来自全国各地19所院校的大学毕业生参加。

12月12日　山东能源集团党委第二巡察组进驻临矿集团全面开展巡察"回头看"工作。

同日　山东煤矿安全监察局党组书记、局长王端武到郭屯煤矿调研指导工作。

2020年

1月3日　临矿集团举办航空安全管理体系专题讲座,山东航空公司安全总监周宁、航空安全管理部副总经理冯刚作专题报告。

同日　临矿集团召开2020年安全工作会议。

1月4日　临矿集团在总部机关举办智能开采培训班。

1月9日　临矿集团召开第二届职工代表大会第八次会议,153名代表及1名特邀代表参加会议。10日,召开2019年总结表彰会,表彰先进单位7个、劳动模范90人、2018—2019年度科技创新示范单位2个、2018—2019年度科技创新优秀单位8个、新动能创新成果24个、高附加价值专利35个、创客作品60个、优秀创客团队10个、优秀创客个人20人、创客创业先锋1人。同日,临矿集团在总部机关召开2020年工作会议。

1月17日　临矿集团在王楼煤矿举办首届智能巡检机器人比赛,4支代表队参赛。3月2日,召开首届智能巡检机器人大赛会议,对评出的1个获奖单位、3个机器人团队、4名团队之星、2名管理之星进行表彰奖励。

1月20日　山东能源集团党委常委满慎刚到沂水县省派驻"第一书记"帮扶村走访慰问。

1月23日　临矿集团成立新冠肺炎疫情防控处置工作领导小组,安排部署具体防控工作。

2月2日　山东能源集团工会主席宿洪涛，党委常委满慎刚到邱集煤矿以"四不两直"（不发通知、不打招呼、不听汇报、不用陪同接待、直奔基层、直插现场）方式督导新冠肺炎疫情防控工作。6日，临矿集团召开应对新冠肺炎疫情工作领导小组会议，研究部署疫情防控、复工复产、安全生产、后勤保障等工作。

2月10日　临矿集团在大数据中心以"云视频"形式召开两级领导班子会议，进一步安排部署节后疫情防控和复工复产后的安全生产工作。同日，临矿集团组织"打赢防疫阻击战"奉献爱心捐款活动，16046人捐款180万元。

2月17日　临矿集团联合临沂交运集团开辟"临沂—鄂尔多斯"职工返程复工专线，189名员工顺利到达内蒙古上海庙，中央电视台进行专题报道。

2月18日　山东能源集团党委常委、纪委书记王川到会宝岭铁矿公司督导安全生产工作。

2月21日　省政府召开新闻发布会，通报任城监狱新冠肺炎疫情。鲁西煤矿快速应对，启动三级响应，主动隔离21名职工。26日，该矿553名职工经过核酸检测，均为阴性，确认零感染、零疑似。

2月23—24日　山东能源集团工会主席宿洪涛到菏泽煤电公司郭屯、彭庄两矿调研督导新冠肺炎疫情防控和安全工作。

2月24日　临矿集团在古城煤矿召开领导班子会暨安全大检查工作调度推进会，就疫情防控与安全生产工作进行分析研究，并就特殊时期、关键时期实现"两手抓、两手硬、两确保"工作进行具体部署。

同月　临矿集团"大数据赋能企业数字化转型项目"入选国家工业和信息化部2020年大数据产业发展试点示范项目。

3月10日　临矿集团党委召开2019年度基层党委书记述职评议会议，6位基层党委书记进行视频述职，8位基层党委书记进行书面述职。19日，临矿集团召开2019年度基层纪委书记履行监督责任工作述职评议会议，8个单位纪委书记视频述职，6个单位纪委书记书面述职。

3月17日　内蒙古自治区党委书记、人大常委会主任石泰峰到上海庙矿业公司调研指导工作。

3月26日　临矿集团召开党委一届六次全委（扩大）会议，表彰113项优秀党建创新成果，聘任34名首席和资深专家。

4月29–30日　国家煤矿安全监察局党组成员、副局长桂来保到菏泽煤电公司郭屯煤矿督导调研工作。

4月30日　鲁守明任临矿集团总经理、党委常委、副书记、董事；何祥成任党委常委、副书记、工会主席、职工董事；靳家皓任党委委员、常委、纪委书记；侯宇刚不再担任总经理、党委副书记、常委、委员、董事职务；提文科任临矿集团非领导职务，免去党委副书记、常委、委员职务；祁方坤任临矿集团非领导职务，免去纪委书记、党委常委、委员职务。

5月7日　临矿集团与中国移动山东有限公司举行5G战略合作签约仪式。

5月15日　临矿集团董事长刘孝孔率团到绿地集团山东区域管理总部考察。

5月18日　临矿集团召开党政领导班子工作例会，部署退休人员社会化管理和"两会"期间信访维稳工作。6月24日，临沂市国有企业退休人员社会化管理协议集中签订仪式在临矿集团总部机关举行。

5月20日　山东能源三级联合应急预案演练在山东能源集团、临矿集团、王楼煤矿同步展开。此次演练以远程视频"云上连线"的方式进行，临矿集团为主要抢险组织单位，王楼煤矿为抢险实施主体，山东能源集团全面参与和指导，济宁市能源局及辖区内8对冲击地压矿井现场观摩。

5月21日　临矿集团与浙江大学通过"云上课堂""云上直播"的形式，联合举办"后疫情时代企业化危为机—转型升级"专题培训班，400人在20个分会场云上参训。

6月5日　临矿集团党员党性体检中心、临矿集团党员干部廉政教育基地揭牌。基地建筑面积1900平方米，内设追根溯源馆、清新驿馆、党性体检馆、源党建馆、融文化馆、谈心谈话室、讲习所、智汇港、拍照室等主题展区。

6月6日　临矿集团举行2020年班组长日、技术专家聘任、第九届青工创新工作法、第一位"数字员工"卡通形象和名字、2019年度感动临矿"十大智能智慧建设新闻人物"颁奖颁证典礼。

6月22日　临矿集团与中国联通临沂市分公司举行5G战略合作签约仪式。

6月25日　德州市齐河县突发强对流天气伴随大暴雨，引发邱集煤矿双回路停电，96名人员滞留井下。经全力救援，井下人员安全升井。

7月11日　临矿集团党委召开党建工作总结表彰大会，授予2个单位四好领导班子、4个单位先进基层党组织、20个党支部过硬支部、41人优秀共产党员、20人优秀党支部书记、10人优秀党务工作者、10人优秀纪检监察干部、100人党员先锋岗、20个支部工作法优秀支部工作法称号。

同日　临矿集团召开2020年半年安全生产工作会议，为二季度安全生产标准化优秀单位古城煤矿、会宝岭铁矿公司颁发红旗，为安全标准化改进单位榆树井煤矿、技师学院颁发黄旗。

7月17日　澳洲公司在新加坡交易所发行1亿美元高级固息债券。22日，澳洲公司3年期3亿美元国际银团贷款成功出账。

7月20日　临矿集团党委在总部机关召开落实山东能源集团党委巡察"回头看"情况反馈意见专题会议。

7月28日　山东能源集团在临矿集团总部机关举行"讲大局、聚合力、保稳定、促发展"形势任务教育巡回宣讲报告会。

7月28日—8月1日　临矿集团在浙江大学举办"后疫情时代企业化危为机——转型升级"专题培训班。

7月30日　国家煤矿安全监察局党组成员、副局长宋元明到郭屯煤矿调研透明化智能工作面建设情况。

8月2日　临矿集团青年领军人才素能提升班在浙江大学举办。

同日　临矿集团在山东科技大学举办智能开采（AI工程师）培训班。为期21周，41名学员参加的重点班在山东科技大学黄岛校区举行，为期10周，105名学员参加的普通班在临矿集团党校举行。

8月13日　临矿集团大数据中心、财务共享中心成为中国高校共享财务专业委员会、西安交通大学的实践基地。

8月19日　省煤矿工会副主席王传奎到菏泽煤电公司和古城煤矿进行"金秋助学"走访慰问。

9月3日　山东玻纤集团在上海证券交易所成功上市。

9月9日　山东能源集团党委第一巡察组专项巡察临矿集团动员会在总部机关召开。11月3日，临矿集团党委在总部机关召开巡视整改工作推进会。

9月16日　临矿集团党委书记刘孝孔为临矿集团党组织党性体检中心、菏泽煤电公司"红·领·带"党建展览馆揭牌。

10月7日　临矿集团西部矿区安全生产指挥中心在古城煤矿成立。

10月13日　山东能源集团党委副书记、总经理满慎刚到上海庙矿业公司调研指导、慰问干部职工。

10月15日　临沂市第十三届"劳动之星"暨临矿集团第六届职业技能竞赛启动。

10月26日　临矿集团党委在总部机关召开巡视整改专题民主生活会。

10月20日　临矿集团慰问抗美援朝老战士许汝川、于瑞珍、蒋龙，送上中共中央、国务院、中央军委联合制作的"中国人民志愿军抗美援朝出国作战70周年纪念章"。

11月4—5日　山东能源集团党委书记、董事长李希勇到临矿集团指导工作。

11月9—10日　在中国企业文化建设峰会上，新驿煤矿、上海庙矿业公司、山东煤炭技师学院被评为2020年度企业文化建设示范单位，会宝岭铁矿公司创客文化、菏泽煤电公司"宜·家园"文化、永明煤矿"红双核"党建文化被评为2020年度百佳职工文化品牌，邱集煤矿机运工区被评为2020年度企业文化建设优秀班组，菏泽煤电公司高志勇等4人被评为2020年度企业文化建设创新标兵。

11月12日　山东能源集团党委副书记、总经理满慎刚到邱集煤矿调研指导工作。

11月13日　山东省会计学会会计教育专业委员会2020年年会暨第21届山东省高校会计教师联谊会会计学术联盟第二届"齐鲁会计论坛"走进临矿。

11月14日　中国曲艺家协会、中国曲艺牡丹奖艺术团艺术家走进菏泽煤电公司彭庄煤矿。

11月18日　张圣国任临矿集团党委书记、董事长兼任山能重装党委书记、执行董事；刘孝孔调任枣矿集团党委书记、董事长，不再担任临矿集团党委书记、董事长；石富山任临矿集团顾问，不再担任副总经理。

11月24–27日　临矿集团党委举办《习近平谈治国理政》第三卷专题读书会。

12月2日　临矿集团举行《反哺——山东能源临矿集团第一书记扶贫记》出版座谈会暨新书发行仪式。

12月7日　山东能源集团在临矿集团总部机关举办党的十九届五中全会精神巡回宣讲报告会。

12月10日　临矿集团在菏泽煤电召开新驿、邱集、株柏煤矿、会宝岭铁矿、上海庙矿业公司、物商集团、菏泽煤电公司7部志书终审会。

12月15日　临矿集团举办2020年宪法宣传暨法律风险防控专项培训会议。

12月17日　临矿集团党委举办党的十九届五中全会精神专题学习班，112人参加。

12月26日　临矿集团召开职业技能竞赛表彰会，对2个技能大师工作室、3名技能大师、6名"陕煤杯"全国煤炭行业职业技能竞赛获奖选手、29名第六届职业技能竞赛获奖选手、8个优秀组织单位、10名新型学徒制优秀学员进行命名表彰。

注释：

①管理、技术、技能"三通道"均按照四层十二台阶模式设计，建立专业发展序列，形成临矿集团"梯"型构架的"三通道十二台阶"人才攀登工程。

管理通道：从高到低设置集团高管级、处级、科级、管理四个层次，每个层次又设立三个岗位。

集团高管级设副总经理、总经理、董事长三个岗位；处级设副处级、处级、副总师三个岗位；科级设副科级、科级、副总级三个岗位；管理级设见习管理、专员管理、主管管理三个岗位。

技术通道：从高到低设置专家级、高级、中级、初级四个层次，每个层次设立三个岗位。专家级设首席专家、资深首席专家、临矿院士三个岗位；高级设高级工程师、资深工程师、首席高级工程师三个岗位；中级设助理工程师、工程师、主管工程师；初级设见习技术员、技术员、主管技术员。

技能通道：从高到低设置工匠级、高级、中级、初级四个层次，每个层次设三个岗位。工匠级设首席工匠、资深首席工匠、临矿工匠院士；高级设高级技师、资深高级技师、首席高级技师；中级设技师、主管技师、资深技师；初级设初级工、中级工、高级工。

第一篇　管理体制

临沂矿业集团公司志

1988年1月，经山东煤炭工业管理局批准，临沂矿务局实行集团承包经营，同时实行局长负责制，改变了企业党政不分、职责不明的状况，确立了局（矿）长在生产经营中的中心地位。2001年开始，临沂矿务局自上而下进行改革，在全省率先完成改革改制、关闭破产和主辅分离工作。2006年，成立临沂矿业集团有限责任公司，实现企业由传统的"工厂制"向现代"公司制"的重要转变，开启及企业发展的历史新篇章。临矿集团以董事会和监事会建设为重点，从董事会、监事会、经理层规范运作以及党委会发挥作用等多个层面，大胆探索实践，初步形成了"责权明确、运转协调、制衡有效"的公司治理结构。实现了出资人（国资委）职责到位、企业经营自主权到位，党组织在企业中的政治核心作用显著增强，从领导体制和经营机制上保证了企业的持续稳定发展。2016年，临矿集团确立"领跑市场只能保生存、领先行业才是保发展"的工作理念，按照"主业精强、产业协同、行业领先、集群发展"的工作原则，重新梳理和界定临矿的发展格局、产业布局、发展方向和发展重点，进入了全力打造人均工效领先、人均收入领先、人均创新成果领先、人均客户价值领先，企业富强、资源富裕、职工富有、客户富足的"四个领先、四富临矿"的历史新阶段。

第一章　领导体制

第一节　局（矿）长负责制

1988年3月24日，临沂矿务局按照中共中央、国务院发布的《全民所有制工业企业厂长工作条例》《中国共产党全民所有制工业企业基层组织工作条例》《全民所有制工业企业职工代表大会条例》精神，经煤炭工业部山东煤炭工业管理局同意，实行局长负责制和集团承包经营。局长为法人代表，处于中心地位、起着中心作用，对全局物质文明和精神文明建设负有全面领导责任。局党委工作重点开始转移到执行保证、监督职责上。矿区工会和职工代表大会接受党委领导的同时，发挥审议重大决策、监督行政领导、维护职工合法权益等方面的权利和作用。矿务局行政、矿务局党委和矿区工会分工协作、协调一致，共同完成任期目标和承包经营任务。

第二节　集团公司治理结构

2006年8月5日，临矿集团成立，实行董事长负责制、矿长实行生产安全经营目标责任制，董事长每年初与矿长签订年度任务目标责任书。10月20日，山东省国资委将临矿集团列入全省完善国有独资公司和国有控股公司治理结构试点单位，要求按照"总体规划、分步实施、突出重点、加快推进"的原则，建立和完善董事会制度、监事会制度，探索完善公司治理结构新形势下党组织政治核心作用的发挥途径和方法，实现决策层与执行层分开。

一、董事会

（一）成员

2007年3月15日，临矿集团第一次董事会会议

2007年3月15日，根据山东省国资委党干〔2007〕4号文件要求，临矿集团召开第一届董事会第一次会议。董事会成员由6人组成，党委书记李义文任集团公司董事长，总经理孙廷华任董事，赵政民、温燕明、申传东任外部董事，工会主席雷其春任职工董事。

2009年1月，省国资委将集团公司董事会成员调整为7人，分别为李义文、赵政民、温燕明、孟宪昌、申传东、宿洪涛、雷其春。12月，申传东调走后为6名董事，李义文任董事长。

2010年12月，董事会成员调整为李义文、赵政民、温燕明、刘成录、雷其春、孟宪昌6人，李义文任董事长。

2011年8月，临矿集团董事会换届，第二届董事会成员由6人组成，分别为刘成录、赵政民、温燕明、孟宪昌、张希诚、雷其春，刘成录任董事长。

2013年8月，第三届董事会成员由5人组成，分别为张希诚、刘孝孔、赵政民、温燕明、孟宪昌，张希诚任董事长。

2015年4月，第四届董事会成员由5人组成，分别为张希诚、刘孝孔、臧桂茂、王军、曹庆伦，张希诚任董事长。

2016年3月，第五届董事会成员由5人组成，分别为刘孝孔、张圣国、臧桂茂、王军、曹庆伦，刘孝孔任董事长。

2018年8月，董事会成员调整为刘孝孔、侯宇刚、臧桂茂、王军、曹庆伦5人，刘孝孔任董事长。

2020年4月，董事会成员调整为刘孝孔、鲁守明、何祥成、王苏南4人，刘孝孔任董事长。

2020年11月，第五届董事会成员调整为张圣国、鲁守明、何祥成、王苏南4人，张圣国任董事长。

（二）职权

1. 董事会

执行股东的决定和规章制度，并向股东报告工作；决定公司的经营计划和投资方案；制订公司的年度财务预算方案、决算方案；制订公司的利润分配方案和弥补亏损方案；制订公司增加或者减少注册资本以及发行债券的方案；制订公司合并、分立、改制、解散、申请破产或者变更公司形式的方案；决定公司内部管理机构的设置，决定公司分支机构的设立和撤销；按照有关规定，行使对公司高级管理人员职务的管理权。决定聘任或者解聘公司总经理；根据董事长的提名，决定聘任或者解聘公司董事会秘书；根据总经理的提名，决定聘任或者解聘副总经理等高级管理人员；负责对以上人员进行业绩考核并决定其报酬和奖惩事项；制订公司章程修订稿或修正案草案；制订公司的基本管理制度；制订董事会议事规则，对董事会召开和表决的程序等作出规定；对公司经营管理实施监督，听取或审议总经理的工作报告，检查总经理和其他高级管理人员对董事会决议的执行情况；管理公司财务等重大信息公开事项；建立与股东、党委会、监事会重大事项沟通制度，如实提供有关情况和报告；审议法律法规、公司章程及山东能源集团管控纲要和权力清单规定的其他事项。

2. 董事长

确定董事会会议议题，召集和主持董事会会议；督促、检查董事会决议的执行情况，并向董事会报告；组织制订董事会议事规则，签署董事会文件；组织建立董事会与股东、党委会、监事会的沟通机制，如实向董事会报告监事会要求纠正的问题和党委会对有关事项的意见，督促检查落实，并及时反馈；代表董事会向股东报告工作；提名董事会秘书，提出董事会专门委员会的设置与人选建议；在发生不可抗力或重大危急情形，无法及时召开董事会会议时，对公司事务行使符合法律和公司利益的特别裁决和处置权，并在事后及时向董事会、股东报告；法律法规、公司章程和董事会授予的其他职权。

3. 董事

了解和掌握履职所需的公司有关信息；出席董事会会议和其他董事会活动，在董事会会议上充分发表意见，对表决事项独立审慎地行使表决权；对提交董事会会议的文件、材料提出补充要求；根据法律法规和本章程的规定，提出召开董事会临时会议的建议；如实向股东报告有关情况，维护股东的知情权；书面或者口头向股东、监事会提出意见和建议；法律法规和本章程规定的其他职权。职工董事与公司其他董事享有同等职权，同时应当承担关注和反映职工正当诉求、维护职工合法权益、向职工大会或职工代表大会述职的义务。

（三）董事会会议

董事会会议分为定期会议和临时会议，由董事长召集和主持。董事会定期会议每年至少召开四次，原则上每季度召开一次。临时会议，按照有关程序召开。董事会会议应由二分之一以上的董事出席方可举行。每名董事有一票表决权。

根据董事会议事及决策的规则、程序，董事会办公室负责筹备董事会会议，董事会定期或不定期召开会议对各专业委员会提出的议案进行审议，形成决议，由有关方面组织贯彻实施，并将执行情况定期向董事会报告。

董事会议案由公司职能部门负责拟制，履行相关程序后提交会议审议；需经董事会专门委员会审议和总经理审查的议案，各专门委员会按照职能审议和经总经理审查后，提交董事会。

董事会实行集体决策，采取每人一票和全体董事过半数以上通过的原则，通过特别决议时，应经全体董事三分之二以上同意。

董事会作出决议后，属于总经理职责范围内或董事会授权总经理办理的事项，由总经理组织贯彻实施，并将执行情况定期向董事会作出书面报告。董事长有权亲自或委托其他董事，检查督促会议决议的执行情况。董事会秘书在董事会、董事长的领导下，应主动掌握董事会决议的执行进展情况，对实施中的重要问题，定期和及时向董事会和董事长报告并提出建议。

董事会由5名董事组成，其中，执行董事2名，外部董事2名，职工代表董事1名。执行董事和外部董事由山东能源集团委派。董事会设董事长一名，由山东能源集团从董事会成员中指定。职工代表董事，指由公司职工大会、职工代表大会或其他形式民主选举产生的职工代表担任的董事。

董事会根据需要设立战略与投资委员会、提名与薪酬委员会、考核委员会、审计风险委员会4个专门委员会和董事会办公室。专门委员会成员全部由董事组成，由董事会选举产生，对董事会负责。

董事会办公室作为董事会常设工作机构，负责筹备董事会会议，办理董事会日常事务。董事会办公室设董事会秘书，为公司高级管理人员，在董事会的领导下，对董事会负责，承担法律、法规及《集团公司章程》对公司高级管理人员所要求的义务。

二、监事会

公司设监事会，由5名监事组成，其中股东代表监事2名、职工代表监事3名。

股东代表监事人选由股东提名，决定聘任和解聘；职工代表监事由公司职工通过职工代表大会、职工大会或者其他形式民主选举产生。

监事会设主席1人，由全体监事过半数选举产生。监事会主席召集和主持监事会会议；监事会主席不能履行职务或不履行职务的，由半数以上监事共同推举一名监事召集和主持监事会会议。

董事、高级管理人员不得兼任监事。监事的任期每届为3年，届满可以连任。监事任期届满未及时任命，或监事在任期内辞职导致监事会成员低于法定人数的，在新委任的监事就任前，原监事仍应当依照法律法规和公司章程的规定，继续履行监事履职行权。

监事会对股东负责，行使下列职权：监督检查公司贯彻执行法律法规、国有资产监督管理规定和股东单位制度的落实情况，公司章程执行情况，公司内部控制体系、风险防范体系及预算管理体系的建立和运行情况；监督检查公司重大决策行为，重点关注决策事项调研论证的充分性、决策要件的完备性、决策主体的合规性、决策程序的规范性，监督检查董事会及专门委员会运作情况，审议董事会工作报告并提出书面意见；监督检查公司重大经营管理活动，重点关注经营管理行为的合法性、妥当性；检查公司财务，主要检查财务状况、资产质量和经营效益，重点关注财务管理制度执行、财务预算编制及执行、大额资金运作、董事和高级管理人员职务消费等情况，对财务报告等财务会计资料的真实性、合法性和完整性承担监督责任；监督检查董事、高级管理人员履行职责情况，对其工作业绩进行评价，并提出奖惩、任免建议；发现公司重大决策、重大投融资、重要资产处置、大额资金运作等事项存在的较大风险，情况紧急时可要求董事会或高级管理人员立即暂停该行为，并同时向股东报告；发现公司经营情况异常，可以进行调查；必要时可要求公司财务总监、纪检监察和内部审计等机构的人员参与，可以聘请会计师事务所、律师事务所等专业机构协助其工作，费用由公司承担；发现董事、高级管理人员存在违反法律法规、公司章程或国资监管有关规定的行为，损害公司利益或国有资产权益时，应要求其予以纠正，情节严重且拒不改正的，可向股东提出罢免建议；监督检查财务决算审计过程，并对会计师事务所审计工作质量作出评价；提议召开股东会议、董事会临时会议；向股东提出提案、报告工作，提出意见和建议；法律法规、公司章程及股东授予的其他职权。

监事可以列席董事会和各专门委员会会议、总经理办公会及监事会认为需要列席的其他会议，并对会议决议事项提出质询或者建议。

监事会每年至少召开2次会议，监事可以提议召开临时监事会会议。监事会会议在过半数监事出席时方可召开。监事应出席监事会会议，不能出席的，可以书面委托其他监事出席。委托书上必须载明对于各项列入表决程序议案的明确意见或授权受托人行使表决权，否则视为放弃对有关议案的投票权。监事会会议以现场会议的形式举行，在保证与会监事能充分发表意见并真实表达意思的前提下，经全体监事同意，也可以通信方式或者书面材料审议方式举行。

监事会会议进行表决时，每名监事享有一票表决权，表决事项应当经全体监事过半数同意方可通过。

监事会应当制订监事会议事规则，对监事会的议事方式和表决程序等作出规定，以确保监事会的工作效率和科学决策。公司应当为监事会提供必要的工作条件。监事会行使职权所必需的费用，由公司承担。

董事、高级管理人员应当如实向监事会提供有关情况和资料，不得妨碍监事会行使职权。

监事执行公司职务时违反法律法规和公司章程的规定，给公司造成损失的，应当承担赔偿责任。

三、经理层

经理层为执行层，对董事会负责。公司设总经理1名、副总经理1～3名、财务总监1名、总工程师1名、总法律顾问1名。

公司总经理、副总经理、财务总监、总工程师、总法律顾问和董事会秘书为公司高级管理人员。

总经理对董事会负责，行使下列职权：主持公司的安全生产及日常经营管理工作，组织实施董事会决议，并向董事会报告工作；组织实施公司年度经营计划、投资方案和财务预算；拟订公司内部生产经营管理机构设置方案，提交董事会审议；根据董事会安排，组织制订公司的发展战略规划；组织制订公司的经营计划、投资方案、投资项目；拟订公司的基本管理制度；制订公司的具体规章；按照有关规定，向董事会提请聘任或者解聘公司副总经理、总工程师、总法律顾问；按照有关规定，决定聘任或者解聘除应由董事会决定聘任或者解聘以外的负责管理人员；公司章程或董事会授予的其他职权。

总经理决定聘任或者解聘除应由董事会决定聘任或者解聘以外的负责管理人员时，应当事先听取公司党委的意见。公司党委对总经理或经理层提名的人员进行认真酝酿并提出意见建议，或者向总经理推荐人选。

总经理对公司和董事会负有忠实、勤勉义务，应当维护出资人和公司利益，认真履行职责，落实董事会决议和要求，接受董事会的监督和指导，完成年度、任期业绩考核目标和公司经营计划，做好安全生产和环境保护等工作。

总经理办公会议由总经理召集和主持，副总经理等高级管理人员参加，研究公司日常生产经营工作。总经理不能履行职务时，可委托一名副总经理召集和主持。总经理办公会议应当有会议记录。议题经充分讨论后，应形成会议纪要，经总经理签署后执行。

财务总监是公司财务负责人，依法履行财务管理、财务监督职责，对股东和董事会负责。财务总监的选拔、聘任、委派（推荐）、培训、考核和奖惩等管理工作由股东负责。财务总监按照法律法规、公司章程以及股东有关规定履职行权。

高级管理人员执行公司职务时违反法律法规和公司章程的规定，给公司造成损失的，应当承担赔偿责任。

2006年5月，根据山东省国资委鲁国资党任〔2006〕22号文件精神，临沂矿业集团组建成立经理层领导班子。孙廷华任总经理，刘成录、陈猛、吴洪军、于德亮、张廷玉任副总经理，曹庆伦任总工程师。

2006—2020年，集团公司领导班子成员进行多次调整。宿洪涛、刘成录、张希诚、刘孝孔、张圣国、侯宇刚、鲁守明先后担任临矿集团总经理。

四、义务和法律责任

董事、监事和高级管理人员对公司负有忠实、勤勉义务，不得有侵害国有资产出资人权益的行为；董事、监事和高级管理人员对公司的保密义务，应至相关信息被依法公开披露为止；未经公司董事会决定，董事、监事、高级管理人员关联方不得与公司进行交易。关联方不得利用与公司及其所出资企业之间的交易谋取私利，损害公司利益；未经批准，公司的董事、监事、高级管理人员不得在其他经济组织兼职。经批准兼职的，不得擅自领取兼职报酬；按照有关规定，公司董事、监事、高级管理人员实行任职回避、公务回避及报告说明制度。

董事、监事、高级管理人员有下列行为之一，造成国有资产损失的，依法承担赔偿责任；涉嫌犯罪的，依法移交司法机关追究刑事责任：利用职权收受贿赂或者取得其他非法收入和不当利益的；侵占、挪用公司资产的；在企业改制、财产转让等过程中，违反法律法规和公平交易规则，将公司财产低价转让、低价折股的；违反法律法规和公司章程规定与本公司进行交易的；不如实向资产评估机构、会计师事务所提供有关情况和资料，或者与资产评估机构、会计师事务所串通出具虚假资产评估报告、审计报告的；未经股东同意，利用职务便利为自己或者他人谋取属于公司的商业机会，自营或者为他人经营与公司同类业务的；接受他人与公司交易的佣金归为己有的；擅自披露公司秘密的；违反法律法规和公司章程规定的决策程序，决定公司重大事项的；有其他违反法律法规和公司章程规定执行职务行为的。

董事、监事、高级管理人员违反上述规定所得的收入，依法予以追缴或者归公司所有。造成国有资产重大损失的，依照有关规定和程序予以免职、解聘。为依法追究董事、监事、高级管理人员的赔偿责任，股东可以依法向人民法院提起诉讼。

第二章　管理机构

第一节　党委机构

一、集团党委

1991—2006年，矿务局党委组织关系隶属临沂市委（其间，临沂市历经临沂地区、地级临沂市的名称变化）管理。

1991年1月—2002年5月，矿务局党委历经煤炭工业部山东煤炭工业管理局、中国统配煤矿总公司山东公司、山东煤炭工业管理局、山东省煤炭工业局等主管单位领导。

2002年5月—2004年6月，中共山东省委组织部决定临沂矿务局党委受中共山东省委企业工委党委领导。

2004年6月，矿务局党委受山东省国有资产管理局党委领导。

2006年5月15日，山东省国资委党委决定撤销临沂矿务局党委、纪委，成立临矿集团党委、纪委。

2015年12月8日，山东省国资委将临矿集团党委移交山东能源集团党委管理。

1991—2020年临矿集团党委领导班子任职表

表1-2-1

姓名	职务	任职时间	备注
赵荣思	书记	1982.06—1998.03	
	常委	1975.07—1998.03	
李加夫	书记	1997.07—2001.10	
	常委	1983.05—2001.10	
李义文	书记	2001.02—2002.11 2004.01—2011.05	
	副书记	2002.11—2004.01	
	常委	2001.02—2011.05	
张军	书记	2002.11—2004.01	
	副书记	2001.02—2002.11	
	常委	1997.06—2004.02	
刘成录	书记	2011.05—2013.05	
	副书记	2010.12—2011.05	
	常委	2002.11—2013.05	

续表

姓名	职务	任职时间	备注
张希诚	书记	2013.05—2016.03	
	副书记	2011.05—2013.05	
	常委	2011.05—2016.03	
刘孝孔	书记	2016.03—2020.11	
	副书记	2004.01—2016.03	
	纪委书记	2004.01—2015.03	
	常委	2004.01—2020.11	
张圣国	书记	2020.11—	
	副书记	2017.01—2018.08	
	常委	2020.11—2020.12	
杨跃林	副书记	1997.06—2004.01	
	纪委书记	1997.06—2004.01	
	常委	1997.06—2004.01	
孙廷华	副书记	2006.05—2008.09	
	常委	2001.02—2008.09	
宿洪涛	副书记	2008.09—2010.12	
	常委	2008.09—2010.12	
提文科	副书记	2017.01—2020.04	
	纪委书记	2015.03—2017.01	
	常委	2015.03—2020.04	
侯宇刚	副书记	2018.08—2020.04	
	常委	2018.08—2020.04	
鲁守明	副书记	2020.04—	
	常委	2020.04—2020.12	
何祥成	副书记	2020.04—	
	常委	2020.04—2020.12	
崔宝德	常委	1975.09—2001.02	
赵学仁		1997.08—2004.01	
潘元庭		2001.02—2004.01	
陈　猛		2001.02—2015.03	
吴洪军		2004.01—2010.06	
雷其春		2005.04—2013.05	
郭修杰		2015.03—2015.09	
张廷玉		2015.03—2016.03	
曹庆伦		2015.05—2020.02	

姓名	职务	任职时间	备注
黄文斋	纪委书记	1987.06—1992.09	
	常委	1987.06—1992.09	
钟广俊	纪委书记	1993.03—1995.09	
	常委	1993.03—1995.09	
祁方坤	纪委书记	2017.01—2020.04	
	常委	2017.01—2020.04	
靳家皓	纪委书记	2020.04—	
	常委	2020.04—2020.12	

注：2020年12月，山东能源集团取消临矿集团常委会设置，原党委常委转为党委委员。

二、党委工作机构

1991—1994年11月，矿务局党委组织工作机构主要是党委办公室、组织部、宣传部、纪委、矿区工委、团委、机关党委。

1994年11月，设置党委办公室、组织宣传部、纪委、团委、机关党委、人民武装部、老干部处。

1996年9月，设置政治工作部（宣传部、机关党委、人武部、老干部处、团委）、组织人事部、党政办公室、纪委监察处。

2001年11月，设置政工处（党委办公室、宣传部、机关党委、团委）、组织干部处、监察审计处（纪委）、老干部处、武装保卫处。

2007年12月，设置党委组织部、干部处（合署办公），政工处（党委办公室、党委宣传部、团委、机关党委合署办公），纪委、监察审计处（合署办公），老干部处、武装保卫处。

2008年3月，设置党委组织部、干部处（合署办公），政工处（党委办公室、党委宣传部、团委、机关党委合署办公），纪委（与监察处合署办公），老干部处、武装保卫处。

2015年12月，设置党委组织部（与人事处合署办公），政工处（党委办公室、党委宣传部、团委、机关党委合署办公），纪委（与监察处合署办公），老干部处、武装保卫处。

2017年7月，设置党委办公室（与宣传部、信访稳定办公室、企业文化部合署办公），组织部（与人事部、统战部合署办公），纪委（与监察部合署办公），机关党委（与团委、党校合署办公），老干部处、武装保卫部。

第二节　行政机构

一、临矿集团

临沂矿业集团有限责任公司前身是临沂矿务局，成立于1960年3月。

2005年10月25日，经山东省人民政府国有资产监督管理委员会（以下简称省国资委），同意临沂矿务局依据《中华人民共和国公司法》，改制为省属国有独资公司，更名为临沂矿业集团有限责任公司，隶属省国资委管理。

2006年5月15日，省国资委委派李义文为临矿集团董事长，孙廷华为董事；同意雷其春为董事（职工代表）。8月5日，临矿集团挂牌成立。

2010年12月，山东能源集团组建成立，临矿集团全部国有资产划转山东能源集团。

2012年1月1日，省国资委将临矿集团的管理职能移交给山东能源集团。山东能源集团作为临矿集团母公司和国有资产出资人，依照《中华人民共和国公司法》《企业国有资产监督管理暂行条例》等法律、法规对临矿集团行使出资人职权，决定重大事项。临矿集团作为国有独资公司，依法享有国有出资和负债形成的全部法人财产权，向山东能源集团承担国有资产的保值增值责任。

1991—2006年临沂矿务局行政领导任职表

表1-2-2

姓名	职务	任职时间	备注
崔宝德	局长	1982.04—2001.02	
李义文		2001.02—2006.08	
李加夫	副局长	1983.05—1997.06	
叶 泰		1983.05—1993.02	
李景锡		1983.05—1997.06	
张 军		1987.12—2001.02	
潘元庭		1993.02—2004.01	
孙廷华	副局长	1997.06—2006.08	
陈 猛		1997.06—2006.08	
刘成录		2002.11—2006.08	
吴洪军		2004.01—2006.08	
廖星荣	总工程师	1983.05—1992.05	
漆光壁		1992.05—1997.06	
许作庆		1997.06—2001.02	
曹庆伦		2001.02—2006.08	
于德亮	总会计师	2001.02—2006.08	
王恩功	安全监察局局长	1983.05—1994.02	
张 军		1994.02—1997.06	兼职
刘成录		1997.06—2001.02	
孙廷华		2001.02—2006.08	兼职

2006年5月—2020年12月临矿集团董事会任职表

表1-2-3

姓名	职务	任职时间	备注
李义文	董事长	2006.05—2011.05	
刘成录		2011.05—2013.05	

续表

姓名	职务	任职时间	备注
张希诚	董事长	2013.05—2016.03	
刘孝孔		2016.03—2020.11	
张圣国		2020.11—	
赵政民	外部董事	2006.11—2015.08	
温燕明		2006.11—2015.08	
申传东		2006.05—2009.06	
孟宪昌		2008.12—2015.08	
臧桂茂		2015.05—	
王 军		2015.05—2020.03	
王苏南		2020.03—	
孙廷华	内部董事	2006.05—2008.09	
雷其春		2006.05—2013.05	
宿洪涛		2008.09—2010.12	
刘成录		2011.05—2013.05	
张希诚		2011.05—2016.03	
刘孝孔		2013.05—2020.11	
曹庆伦		2015.06—2020.02	
张圣国		2016.03—2018.08，2020.11—	
侯宇刚		2018.08—2020.04	
鲁守明		2020.04—	
何祥成		2020.04—	
王荣宝	秘书	2007.03—2015.03	
尉 光		2015.03—	

2008年4月—2020年12月临矿集团监事会任职表

表1-2-4

姓名	职务	任职时间	备注
马承文	监事会主席	2008.04—2008.09	
梁金久		2008.09—2012.07	
李正明		2015.08—	
孟令湘	外派监事	2008.04—2012.07	
吴乃东		2008.04—2012.03	
付业宁		2015.08—2016.10	
张传毅	职工监事	2008.04—2015.08	
兰春忠		2008.04—2012.07	

续表

姓名	职务	任职时间	备注
刘守明	职工监事	2012.07—2015.08	
刘中军		2015.08—	
李守举	职工监事	2015.08—	
刘厚福		2015.08—	

注：根据省国资委要求2012年底监事会撤销，2013年8月外部监事撤销。

2006年5月—2020年12月临矿集团经理层任职表

表1-2-5

姓名	职务	任职时间	备注
孙廷华		2006.05—2008.09	
宿洪涛		2008.09—2010.12	
刘成录		2010.12—2011.05	
张希诚	总经理	2011.05—2013.05	
刘孝孔		2013.05—2016.03	
张圣国		2016.03—2018.08	
侯宇刚		2018.08—2020.04	
鲁守明		2020.04—	
刘成录		2006.05—2010.12	
陈 猛		2006.05—2015.04	
吴洪军		2006.08—2010.12	
于德亮		2006.05—2018.03	
张廷玉		2006.05—2016.03	
石富山		2008.12—2021.01	
郭修杰	副总经理	2010.12—2015.09	
陈家忠		2010.12—2015.06	
管清向		2017.01—2019.01	
赵仁乐		2018.08—	
肖庆华		2019.08—	
李存禄		2020.12—	
申传东		2006.05—2009.06	
荣 刚	财务总监	2009.06—2012.03	
王 军		2015.04—2020.03	
王苏南		2020.03—	
曹庆伦	总工程师	2006.05—2015.06	
赵仁乐		2015.06—	

二、机关处室设置

1991年1月，矿务局机关设行政办公室、调度室、生产技术处、总工程师办公室、计划处、地质测量处、通风防尘处、机电处、基本建设处、财务处、劳动工资处、煤炭加工销售处、科技处、企业管理处、工程质量监测站、卫生处、公安处、监察处、安全检查局、生活福利处、教育培训部、审计处、干部处、档案处、人民武装部、设计室26个行政职能部室。6月25日，设立临沂矿务局图书代办站，代办站设在教育培训部普教科。8月22日，建立经济民警大队，定员140人，下设经济民警小队13个，小队长13个；经济民警大队部设在局公安处，定员3人，列入公安处编制，设大队长、教导员，由矿务局任免。

1992年10月21日，建立矿务局安全仪器计量站（科级）。

1993年2月28日，矿务局工程处、矿务局建筑安装工程公司合并为临沂矿务局基本建设工程公司。

1993年4月22日，成立矿务局多种经营处、矿务局生活服务公司。撤销煤质加工销售处，成立矿务局煤炭运销公司。

1994年11月16日，下发《关于深化矿务局机关干部人事制度改革的实施意见》，通过核岗定编，引入竞争机制，合理组合、择优上岗，全面实行以聘任（用）制为主的任用方式，形成干部能上能下、能进能出的动态管理机制。局机关由党委办公室、组织部、宣传部、矿区工会、纪委监察处、团委、机关党委、局长办公室、干部处、计划处、卫生处、人民武装部、生活福利处、文体部、企业管理处、安全监察局、生产技术处、调度室、科技处、通风防尘处、机电处、财务处、审计处、劳动工资处、多种经营处、公安、老干部处、档案处、总工程师办公室、地质测量处、基本建设、质量监督站32个处室、339人（其中管理人员210人），减为党委办公室、组织宣传部、纪委监察处、团委、机关党委、矿区工会、局长办公室、干部处、规划建设处、卫生处、人民武装部、企业管理处、安全监察局、生产调度处、科技处、机电处、通风防尘处、财务处、审计处、劳动工资处、多种经营处等21个处室，编制定员174人，比原来减少165人。机关处室负责人由48人减为36人。编制单列的处室为公安处、教育培训部、老干部处（老干所）、质量监督站、劳动保险事业管理处、房改办6个，学术团体为煤经会。

1994年12月26日，成立局机关小车队（科级），隶属局长办公室。

1995年9月6日，成立临沂矿务局测量队，人员由局生产调度处及局属各单位测绘人员组成（隶属关系不变）。办公室设在矿务局生产调度处。

1996年5月6日，组建临沂矿务局职业技能鉴定站，为处级单位，编制单列。在局工资处领导和省鉴定中心的指导下，实施职业技能鉴定工作。

1996年9月，矿务局进行局机关机构改革，设管理职能机构"八部一室"，即政治工作部、生产技术部、财务部、劳动工资部、组织人事部、规划建设部、多种经营部、教育卫生部、党政办公室；定编77人，其中，管理岗75人，工勤岗2人；单设部门4个，即纪委监察处、工会、安全监察局、公安处，定编39人，其中，管理岗35人，工勤岗4人；双重职能、自谋费用的机构6个，即审计处、质监站、劳动保险事业管理处、劳动技能鉴定站、法律事务处、科技信息中心，定编管理岗29人，工勤岗9人；房改办与生活服务中心合并，成立后勤服务中心，定编管理岗位22人，为独立二级单位；教研室，定编6人，行政隶属矿务局中学，业务隶属教育卫生部，实行双重领导；隶属部室管理的二级实体5个。通过改革，局机关管理人员由原来的207人减少至121人，工勤人员由原来的100人减少至6人。

1997年3月4日，成立临沂矿务局计算机培训中心，设在局技工学校，人员均为兼职。

1997年4月27日，撤销财务部资金管理科，成立内部结算中心，隶属财务部，为副处级单位，编制定员9人（管理人员8人，工勤1人）；内部结算中心下设10个办事处，为副科级单位，每个办事处编制定员2人，关系隶属局内部结算中心。12月3日，撤销局劳动保险事业管理处，成立社会保险事业处（正处级），不再隶属劳动工资部；下设财务科、统筹管理科、劳动保险科、医疗工伤保险科、机关劳保科。12月18日，撤销局内部结算中心驻岐山矿办事处，成立局内部结算中心驻工程公司办事处。

1998年12月30日，成立局下岗职工再就业服务中心，隶属劳动工资部。

2000年3月，公安处划归临沂市公安局建制序列，成立临沂市公安局河西分局。

2001年4月6日，坚持"管理、培训、装备并重"的原则，成立矿务局安全技术培训中心。设办公室主任1人，办公室副主任3人。安全技术培训中心设在局技工学校。

2001年11月，以加快"三项制度"改革、建立现代企业制度为方向，按照管理创新、思想创新、实施"三步走"战略的目标，本着精干高效、竞争择优的原则进行局机关机构人事改革。除局领导和局党委按有关规定直接任命的处室负责人外，局机关其他处室负责人和管理人员均实行公开竞聘。全机关设管理处室16个，分别是行政办公室、生产技术处、安全监察局、财务处、劳动工资处、社保处、企业管理处、多种经营处、总务处、质监站、监察审计处（纪委）、矿区工会、组织干部处、政工处、老干部处、武装保卫处。定编117人，其中，管理人员108人、工人9人。直属经济实体2个，分别是设计室、煤炭运销公司，定编16人，其中，管理人员15人、工人1人。隶属处室管理的直属单位1个，即救护队，属安全监察局管理，定编32人，其中，管理人员2人、工人30人；隶属处室管理的经济实体6个，定编40人，其中，管理人员10人、工人30人；隶属行政办公室管理的有小车队、打印部、机关食堂；隶属生产技术处管理的有实验室；隶属总务处管理的有通信中心；隶属政工处管理的有电视台。撤销教育卫生处，成立卫生处和教育处。卫生处负责全局的卫生防疫和职业病防治工作，与中心医院合署办公；教育处负责全局普通教育的学籍管理和教学研究，与矿务局中学合署办公。改革后，局机关由27个部（处）室及实体单位268人，精简到18个处室及实体单位205人，减少管理处室9个63人，实际竞争上岗195人，比改革前减少73人。36名正副处级管理人员中，具有大专以上学历的34人，占处级管理人员的94.44%，平均年龄40.3岁，比改革前平均减少5.2岁，文化程度、年龄结构、专业分布进一步优化合理。

2002年2月5日，劳资处与社保处合并为劳资社保处，一个机构二个牌子。

2003年3月21日，成立安全仪器计量站，隶属生产技术处管理；成立河西分局财务科。

2004年7月5日，成立总务处综合楼管理科。为进一步加强对新区矿井的开发、建设和经营管理工作，设总指挥1人，副总指挥1人，指挥3人；成立新区指挥部资源开发建设处、综合处、计划预算处3个职能处室，保留办公室，撤销计划预算室、财劳室；成立新区内部结算中心；局煤炭运销公司整体搬迁到新区办公。10月10日，撤销教育处，原隶属教育处的有关业务暂由组织干部处负责，原教育处的处长、科长一并解聘。

2005年3月1日，撤销局卫生处建制，处长、副处长自行免职。原隶属卫生处管理的职业病防治业务划归安全监察局管理，预防保健业务划归总务处管理。10月20日，成立技术中心。

2007年5月5日，成立综合开发处，负责非煤产业的管理、调研、开发，矿产资源的开发和其他资源的综合利用，矿井压煤及村庄搬迁，节能、环保、招商引资、非煤产业的统计等工作；撤销黄河煤田筹建处。6月7日，成立节能环保办公室、压煤搬迁办公室。

2008年3月3日，成立预算审计处、史志办公室、信访稳定办公室，压煤搬迁办公室单列；撤销监察审计处，成立监察处，与纪委合署办公。10月20日，成立临矿集团武装部，撤销矿务局武装部。9月29日，撤销财务处驻新区内部结算中心、财务处基建财务科，原新区内部结算中心主任一并解聘。

2010年4月14日，成立接待处，隶属行政办公室管理。接待处下设管理科、餐饮部。2011年12月4日，成立煤质管理处。

2012年5月23日，对行政办公室、政工处、技术中心等相关部室进行调整；25日，对机关新设技术岗位实行公开竞聘上岗。7月13日，下发机关空缺岗位公开竞聘工作实施意见，对竞聘的指导思想和基本原则、岗位和任职要求、竞聘程序和日程安排等相关内容作了详细规定。10月18日，成立临矿集团安全技术培训中心，撤销矿务局安全技术培训中心。

2013年10月6日，成立临矿集团资本运营处、工程监督管理处。资本运营处与法律事务处合署办公，职责为资本运营、投资管理、法律事务、改革改制、风险管理，配合财务处负责产权管理。工程监督管理处与质监站合署办公，负责工程管理、质量监督、质量认证。

2014年1月24日，印发《集团公司机关工作业绩写实考核管理办法》，制定考核及结果兑现办法，实现业绩写实考核管理的规范化、制度化。2月14日，成立非煤产业管理处。6月4日，成立企业管理提升办公室。

2015年9月25日，成立马坊煤矿留守处。

2016年6月27日，成立后勤保障部，总务处、武装保卫处、老干部处隶属于后勤保障部管理。7月27日，成立财务部，财务部下设资金管理中心、大数据共享中心、政策研究中心和机关财务科，资金管理中心内设融资创新科、资金管理科，大数据共享中心内设综合管理科、会计科、成本科，政策研究中心内设政策研究科、预算管理科；撤销财务处及原机构设置，原聘任财务处及内设机构人员职务全部解聘。设部长1人，主任会计师兼大数据共享中心主任（副处级）1人。同日，成立临矿集团人力资源有限公司，设总经理1人。10月10日，对2015年度临矿集团机关管理技术人员民主测评结果进行公示；参加测评人数200人，处级管理人员51人，科级及以下管理人员149人。11月22日，下发《关于组织开展集团公司机关与基层单位管理技术人员双向交流任职工作的通知》，规定双向交流任职方式、任职程序、基层任职人员提名、机关任职岗位需求及双向任职要求做了规定，双向交流任职工作自2017年1月开始。12月26日，成立法务资本部，法务资本部下设资本运营处、法律事务处；成立财务部机关会计服务中心。

2017年3月20日，成立监察部，撤销监察处。6月19日，成立技术研究院（安全经济技术环境一体化研究院），技术研究院内设矿井水害防治技术研究所、智能化自动化技术研究所、大数据研究所、冲击地压防治技术研究所、深部支护技术研究所、超高水充填材料研究所、玻纤复合材料研究所。6月26日，成立大数据中心，撤销信息中心，原聘任信息中心人员职务自然聘任为大数据中心职务。7月3日，成立党校、工会管理学院、团员培训学校、干部学院、职工教育培训中心，人员均为兼职。8月21日，成立工程造价中心。9月30日，成立审计考核部，原聘任审计处人员职务自然聘任为审计考核部职务。

2017年4月，设立财务共享中心，隶属财务部管理，权属单位的财务统一纳入共享中心统一核算，对所有权属单位采用相同的标准作业流程，形成集会计核算、资金管理、税费管理、报表管理于一体的财务体系。

2018年4月23日，成立大数据分析室。

2019年1月，组织对机关管理人员进行综合评议，共有297人参与民主测评，118人参与座谈。2月18日，成立督办检查室，设在办公室，设主任1人，副主任1人。7月8日，成立矿用支护材料研究所，办公地点设在田庄煤矿。8月9日，成立防治冲击地压办公室，设在生产技术处。9月29日，成立资源开发办公室，负责统筹外部资源开发及有效利用。10月20日，成立职业能力水平评价中心，设在人力资源处。

2020年5月25日，成立非煤产业管理中心，撤销非煤产业管理处；成立环境保护中心，与压煤搬迁办公室合署办公。

2020年6月，按照山东能源集团"三转三提"专项整治活动要求，在机关总部开展以"守纪律、转作风、强素质、树形象"为主要内容的专项整治活动。9月开始，每季度由集团主要领导、分管领导和权属单位党政负责人对各部室从能力建设、队伍建设、作风建设3个方面的综合表现进行网上或无记名测评打分，测评结果集团主要领导、分管领导和权属单位党政负责人分别占30%、30%、40%的权重，进行加权平均后直接应用于机关季度绩效薪酬考核，并根据测评结果每季度排出名次，在集团内部公布。对每季度排在前5名的部室，在当季的最后一个月予以纪律作风考核加分，年度内季度素质能力测评累计2次及以上排名倒数第一的部室，扣部室负责人年薪的10%，部室负责人向集团党委写出检查，取消部室年度评先树优资格。部室负责人每年进行1次述职评议；部室工作人员每季度在部室范围内进行1次述职评议，评议结果与部室个人绩效薪酬、评先树优挂钩。机关工作人员连续4个季度述职评议为末位的，实行末位淘汰。

2020年12月28日，临矿集团制定《借用人员审批管理流程》，除组织人事部门集中组织的有明确借用期限的挂职锻炼人员外，其余借调借用人员于2020年12月31日前全部返回原单位；总部机关、上级机关和地方部门借用人员，各权属单位之间借用人员由临矿集团领导班子集体研究；各权属单位内部部门之间借用人员由本单位领导班子集体研究；因临时工作借用的由单位分管领导审批。借用手续统一由组织人事部门办理。借用期限一般不超过3个月，因临时工作借用的期限一般不超过15天，同一人员年度内连续借用不得超过2次。从严控制地面单位借用井下生产人员。

2020年末，总部机关设置办公室、党办宣传部（与党委统战部合署办公）、生产技术处、机电运输处、通风防尘处、安全监察局、财务部、资本证券化领导小组办公室、法务资本部、企业管理处、人力资源处、审计考核部、非煤产业管理中心（与环境保护中心、压煤搬迁办公室合署办公）、工程监督管理处、组织人事部、纪委监察部、技术中心（一体化研究院）、大数据中心、工会、后勤保障部、机关党委（与团委合署办公）、煤质管理处、设计院、资源开发办、救护大队。

第三节　所属单位

1991年，矿务局有汤庄、草埠、五寺庄、褚墩、塘崖5个煤矿，核定能力60万吨/年。其中草埠矿15万吨/年、褚墩矿15万吨/年、塘崖矿21万吨/年、汤庄矿9万吨/年；五寺庄核定后的能力不足6万吨/年，列为无生产能力小井。

1994年，矿务局有汤庄、草埠、莒县、岐山、褚墩、塘崖、株柏、五寺庄煤矿8对生产矿井，总厂、机修厂、水泥厂、发电厂4个地面生产厂，地质公司、工程公司、劳动服务公司、物资供应公司4个公司和古城矿井筹建处，以及矿务局中学、技工学校和医院。

1996年，有8对生产矿井、4厂、5公司（地质公司、工程公司、劳动服务公司、恒河实业总公司、物资供应公司）17个生产经营单位，以及矿务局中学、技工学校、中心医院及1个筹建矿井。

2000年7月，成立临沂华建房地产开发公司，三级开发资质，注册资本500万元，矿务局出资占比90%。2005年4月，矿务局对华建房地产公司增资至950万元，出资占比95%。2007年12月，华建房地产公司成为临矿集团全资子公司。

2002年3月，成立临沂亿金物资有限责任公司，由矿务局供应公司改制设立。矿务局出资占69%，东山公司出资占31%。12月，临沂兴宇工程设计有限责任公司成立，为矿务局独资公司。

2002年9月，矿务局实行主辅分离，组建山东东山矿业有限责任公司，矿务局出资占51%，企业法人出资、职工通过工会持股会出资和自然人出资占49%，下辖古城、新驿、株柏煤矿和王楼矿井筹建处、华建房地产开发公司、沂水热电有限责任公司6个单位。

2004年2月16日，山东省煤炭工业局将田庄、邱集、马坊煤矿3个地方矿和山东省煤炭工业发展总公司4个单位划归临沂矿务局管理。6月30日，山东省煤炭工业局将山东省煤炭经济技术开发总公司等10个经营性公司（山东省煤炭经济技术开发总公司、山东省煤炭工业供销总公司、山东全成经贸公司、山东省煤炭工业经济贸易公司、山东省煤炭工业支护装备公司、山东省煤炭联合运销总公司、山东省煤炭技术服务公司、山东省煤炭物资总公司、山东省煤炭销售中心、山东省煤矿电器厂）划归临沂矿务局管理。7月26日，山东煤矿泰安机械厂及山东煤矿济南机械厂划归临沂矿务局管理。

2005年3月，临沂矿务局煤炭运销公司成立，临沂矿务局出资占比90%，东山公司出资占比10%。4月，内蒙古鲁蒙能源开发有限公司成立，矿务局出资占90%，东山公司出资占10%。7月，山东省煤炭工业局、山东省国资委将山东煤矿莱芜机械厂划归临沂矿务局管理。其后，矿务局对山东省煤炭经济技术开发公司、山东省全成经贸公司等7家公司和山东煤矿泰安机械厂、山东煤矿莱芜机械厂实施破产，对山东省煤炭联合运销总公司、山东省煤炭销售中心、山东省煤炭技术服务公司、山东煤炭工业供销总公司临沂公司等4家公司实施整体改制，全部从矿务局剥离。

2006年7月，成立临沂会宝岭铁矿有限公司，其中临矿集团出资占96.25%，山东省鲁南地质工程有限公司出资占3.75%。9月，山东煤机装备集团有限公司成立，为临矿集团独资公司。下辖山东泰安煤矿机械有限公司、山东莱芜煤矿机械有限公司、山东兖州煤矿机械有限公司3个子公司、1个销售分公司和1个压滤机事业部。

2006年末，临矿集团所属国有独资的有3个生产矿、3个煤机厂、2个公司和5个经营实体，3个控股公司、10个参股单位。10个参股单位中，临沂亿金物资有限责任公司临矿集团出资占20%，东山公司出资占31%，临沂矿区工会出资占49%。临沂沂州府实业有限责任公司，为原临沂煤苑实业有限责任公司，于2002年8月由矿务局招待所改制设立，矿务局出资占40%，职工通过工会持股会出资占60%。临沂兴元煤业有限责任公司、临沂恒昌煤业有限责任公司、临沂创元焦化有限责任公司、淄博草埠实业有限责任公司、临沂亚龙机械有限责任公司、临沂华建工程有限责任公司、临沂鲁星搪瓷有限责任公司7家公司，矿务局各持有10%的股份。

2007年12月，临沂华建房地产开发有限责任公司变更为临矿集团全资子公司。

2008年2月，山东玻纤复合材料有限公司成立。2009年8月，经省国资委批准，整合山东光力士集团股份有限公司（原为临矿集团控股公司）和沂水县热电有限责任公司（原为东山矿业公司控股公司）。山东玻纤复合材料公司拥有3个主体经营单位，成为集玻缡纤维及制品生产和发电、供热于一体的企业。2013年10月17日，更名为山东玻纤复合材料集团有限公司；12月27日，整体变更为山东玻纤集团股份有限公司。

2008年5月，成立内蒙古上海庙矿业有限公司，临矿集团、中国双维投资公司各出资50%。

2009年10月，成立山东省鲁北煤炭配送基地有限公司，为临矿集团全资子公司。11月，临矿集团设立马坊煤矿有限公司，为全资子公司。

2010年2月，东山公司变更为临矿集团独资公司，下设山东东山古城煤矿有限公司、山东东山新驿煤矿有限公司、山东东山王楼煤矿有限公司、山东东山军城能源开发有限公司4个子公司和山东东山矿业有限责任公司株柏煤矿分公司。

2011年11月，临矿集团出资收购甘肃兴隆煤业有限责任公司，股权占比85%。

2011年末，临矿集团有二级单位21家，其中全资单位14家，控股单位3家，参股单位4家。

2012年8月，临矿集团出资收购澳大利亚罗克兰里奇有限公司，股权占比51%，注册成立山东能源澳大利亚有限公司，为临矿集团全资子公司。9月，收购澄城县石家坡煤矿有限责任公司，为临矿集团全资子公司。12月20日，临矿集团设立全资子公司山东凤凰山铁矿有限公司。

2012年末，临矿集团有古城、新驿、王楼、军城、株柏、田庄、邱集、马坊、榆树井、永明、石家坡、兴隆12对煤炭生产矿井，1对铁矿石生产矿井会宝岭铁矿，1对在建煤矿新上海一号煤矿、1对在建铁矿凤凰山铁矿，以及玻纤集团、煤机集团、济南煤机厂、澳大利亚公司、亿金公司、鲁北公司、运销公司、山东煤炭技师学院、鲁蒙公司、兴宇公司、发展公司、置业公司等全资公司17家，控股公司5家，参股公司5家。

2013年12月，临沂亿金物资有限公司股权变更，临矿集团和山能国贸各出资50%。

2015年9月，山东玻纤变更为临矿集团控股公司，出资占比65.93%。11月3日，田庄煤矿出资设立山东省田庄煤矿济宁市兖州区物业管理服务中心；2018年7月17日注销。

2015年末，临矿集团有古城、新驿、王楼、军城、株柏、田庄、邱集、马坊、榆树井、永明、石家坡、兴隆12对煤炭生产矿井，1对铁矿石生产矿井会宝岭铁矿，1对在建煤矿新上海一号煤矿、1对在建铁矿凤凰山铁矿，另有玻纤集团、重装集团、济南煤机厂、澳大利亚公司、亿金公司、鲁北公司、运销公司、山东煤炭技师学院、鲁蒙公司、兴宇公司、发展公司、置业公司等全资公司14家，控股公司7家，参股公司6家。

2015年底，临矿集团并购菏泽煤电，成立临矿集团菏泽煤电有限公司，临矿集团出资占比83.59%，增加郭屯、彭庄2对煤炭生产矿井。

2016年9月，接管山东省监狱局划转的鲁西、里彦、武所屯煤矿。同年，马坊、军城、石家坡、兴隆4个煤矿实施化解产能予以退出。

2017年5月，山东省煤炭工业发展总公司注销。7月，山东盟鲁采矿工程有限公司成立，为临矿集团全资子公司。10月，澄城县石家坡煤矿有限责任公司注销。12月，临矿集团与大唐发电有限公司组建大唐郓城发电有限公司，临矿集团出资占比30%；甘肃兴隆煤业有限责任公司注销。

2018年1月9日，由玻纤集团出资设立临沂至诚钙业有限公司，注册资金3000万元人民币，2019年1月3日注销。同日，亿金公司股权变更，成为临矿集团全资子公司；泰安亿金物资有限责任公司划转给山能国贸。29日，山东物商集团有限公司成立，下设亿金公司、鲁北公司等8家子公司和1家分公司；2020年4月，注册资本增至70000万元。

2018年6月，山东煤炭技师学院成立，开办资金600万元。同月，济南煤机厂与重装集团整合后，变更为临矿集团参股公司，持股比例12.66%。

2019年1月，山东省武所屯生建煤矿出资人变更为临矿集团；8月，山东里能鲁西矿业有限公司、山东里能里彦矿业有限公司股东先后变更为临矿集团；10月，山东物商集团有限公司和罗克兰矿业（香港）有限公司共同出资设立日照罗克兰国际物流有限公司，双方各持股50%。

2020年6月18日，山东绿源特种材料有限责任公司股权转让给自然人。

2020年，临矿集团拥有古城、新驿、王楼、郭屯、彭庄、株柏、邱集、鲁西、里彦、榆树井、新上海一号（2017年底联合试运转）、永明等12对煤炭生产矿井，1对铁矿石生产矿井会宝岭铁矿，1对在建铁矿凤凰山铁矿，以及东山公司、物商集团、澳大利亚公司等全资公司13家，玻纤集团等控股公司5家，参股公司10家。

图1-2-1

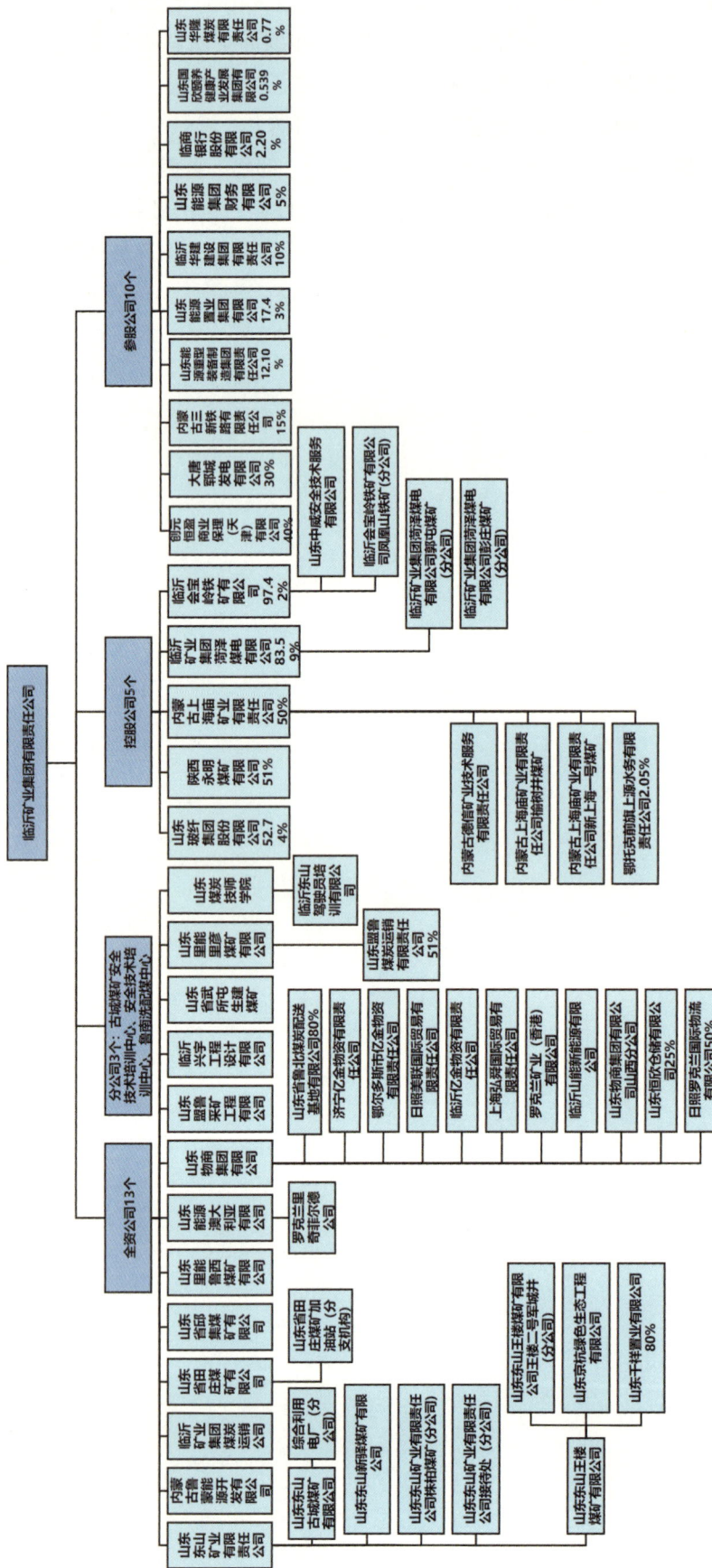

2020年12月临矿集团组织机构图

临沂矿业集团有限责任公司

全资公司13个
- 山东东山古城煤矿有限责任公司
- 临沂矿业集团煤炭运销有限公司
- 内蒙古鲁泰能源煤炭开发有限责任公司
- 山东省田庄煤矿有限公司
- 山东省田庄煤矿加油站（分支机构）
- 山东田庄煤矿综合利用电厂（分公司）
- 山东省临沂矿业集团煤矿有限公司
- 山东东山新驿煤矿有限公司
- 山东东山里彦煤矿有限责任公司（分公司）
- 山东东山新驿煤矿有限责任公司（分公司）
- 山东东山里彦鲁西煤矿有限公司
- 山东能源澳大利亚有限公司
- 罗克兰里奇菲尔德公司
- 山东物南集团有限公司
- 山东东山王楼煤矿有限公司
  - 山东东山王楼煤矿有限公司王楼二号井（分公司）
  - 山东京东绿色生态工程有限公司
  - 山东平祥置业有限公司 80%

分公司3个：古城煤矿安全技术培训中心、安全技术培训中心、鲁南洗煤中心
- 山东省武所屯生建煤矿
- 临沂兴宇工程设计有限公司
- 山东盟鲁采矿工程有限公司
- 山东里能里彦煤矿有限公司
- 山东煤炭技师学院
- 临沂东山驾驶员培训有限公司
- 山东盟鲁煤炭运销有限责任公司 51%
- 山东鲁北煤炭配送基地有限责任公司 80%
- 济宁亿金物资物流有限责任公司
- 鄂尔多斯市亿金物资有限责任公司
- 日照美联国际贸易有限责任公司
- 临沂亿金物资有限责任公司
- 上海众利国际贸易有限公司
- 罗克实业（香港）有限公司
- 临沂山能新能源有限公司
- 山东临矿集团国际有限公司山西分公司
- 山东恒欣仓储有限公司 25%
- 日照罗克兰国际物流有限公司 50%

控股公司5个
- 山东埏纸集团股份有限公司 52.74%
- 陕西永明煤矿有限公司 51%
- 内蒙古上海庙矿业有限责任公司 50%
  - 内蒙古德信矿业技术服务有限责任公司
  - 内蒙古上海庙矿业有限责任公司杨树井煤矿
  - 内蒙古上海庙矿业有限责任公司新上海一号煤矿
  - 鄂尔多斯前上海水务有限责任公司 2.05%
- 临沂矿业集团菏泽煤电有限公司 83.59%
  - 临沂矿业集团郭屯煤电有限公司（分公司）
  - 临沂矿业集团彭庄煤矿（分公司）
- 临沂益岭铁矿有限公司 97.42%
  - 山东中威安全技术服务有限公司
  - 临沂金宝山铁矿（分公司）凤凰山铁矿

参股公司10个
- 劭兀恒盛商业保理（天津）有限公司 40%
- 大唐郓城煤电有限公司 30%
- 内蒙古三新煤焦有限责任公司 15%
- 山东能源重型装备制造集团有限责任公司 12.10%
- 山东能源置业有限公司 17.43%
- 临沂华建建设集团有限责任公司 10%
- 山东能源集团财务有限公司 5%
- 临商银行股份有限公司 2.20%
- 山东国欣颐养健康产业发展集团有限公司 0.539%
- 山东华聚煤炭有限责任公司 0.77%

第三章 企业改制

第一节 临沂矿务局改制

一、开放搞活

1992年1月18日—2月21日，改革开放总设计师邓小平南巡发表重要谈话，在全国掀起新一轮改革开放的高潮。

1992年3月19日，局长崔宝德、党委书记赵荣思带领五寺庄煤矿矿长和水泥厂厂长及有关人员，到淄博矿务局双沟煤矿和淄博市水泥厂学习改革经验。在此基础上，局党政联席会议决定，先在五寺庄煤矿和水泥厂进行破除"一大三铁"（大锅饭、铁饭碗、铁工资、铁交椅）改革试点，取得经验后再在全局推广，并派出工作组进行指导。五寺庄煤矿制订改革方案，对矿机关机构进行精简，将原有的23个科室精减到14个，工作人员由原来的114人减少至81人，并全部实行竞争上岗。同时，改革生产一线的大工区管理体制，将三级生产管理改为二级管理，使体制瘦身扁平化。

1992年10月，中共十四大首次确立建立社会主义市场经济体制的目标模式，作出加快经济发展的战略部署，国家开始把国有重点煤炭企业逐步推向市场，并提出三年放开煤价，三年抽回补贴。在这种"断奶绝粮"的生存危机面前，矿务局按照"三个有利于"（有利于发展社会主义生产力，有利于增强社会主义综合国力，有利于提高人民生活水平）和"三改一加强"（改革同改组、改造、加强管理相结合）的要求，在企业领导体制、经营机制、管理模式、用工制度、分配制度等方面进行积极的尝试和探索。

1994年上半年，矿务局成立"三项制度"改革领导小组，制订并实施改革方案。至11月底，经过核岗定编、择优上岗，局机关处室由32个减少至21个，处室负责人由48职减少至36职，工作人员由339人减少至174人。

在学习试点单位改革经验基础上，局属各单位裁减机构，压缩人员，引入双向选择的竞争上岗机制，制订《岗位技能工资制实施方案》，合理确定机关管理、辅助、采掘一线三类人员增资关系，并向采掘一线工人倾斜，从而打破了工人与干部的身份界限，推动全局改革工作由点到面深入发展。至1993年6月底，全局撤并机关科室83个，精减427人，比改革前分别下降45.6%和59.7%。

1996年5月，矿务局下发《深化改革工作实施要点》，要求各单位通过建立内部模拟市场，实行分线管理、分离经营、分灶吃饭，转岗分流，减人提效；衰老报废矿井及早实现顺利转产；在经营管理上，摆脱对上级的依赖，积极进入市场，尽快成为市场竞争主体。

1996—1998年，矿务局在塘崖煤矿兴塘瓷厂和技工学校天河电梯安装中心进行股份合作制改革试点；在汤庄煤矿塑料编织厂、塘崖煤矿龙山瓷厂、工程公司石膏矿进行租赁承包经营；对亏损严重的岐山煤矿、桥头矿井实施关闭；对扭亏无望的其他经营厂点限期停产；矿务局成立企业改制工作领导小组，推进企业转机建制，对局直辖单位实行独立法人经营；在全局实行全员风险抵押承包。

1999年初，矿务局分批次组织全局45名副处级以上管理人员到淄博矿务局、邯郸钢铁集团有限责任公司、诸城市等改革改制先行单位进行考察学习。

2000年4月20日，矿务局向山东煤管局提交《关于对局属总厂、机械厂、搪瓷厂进行公司制改造的请示》。5月，矿务局下发改革和发展实施方案，继续推进总厂、机械厂、搪瓷厂股份制改造，同时对其他地面生产经营单位以及具备市场竞争能力的煤矿企业进行产权制度改革。6月28日，山东煤管局批复同意临沂矿务局将所属的总厂、机械厂改组为股份合作制企业，由职工集体经营，股本采取定向募集方式设立；同意将搪瓷厂改组为有限责任公司，股东以其认购的股份对企业承担有限责任，企业以其全部资产对企业债务承担责任。改制后的公司为独立的法人实体和市场竞争主体，严格按照国家有关法律法规和企业章程规范运作，依法经营。

二、公司制改造

（一）思想解放教育

2001年2月，山东煤管局对临沂矿务局领导班子进行调整，李义文任党委书记、局长。矿务局新领导班子抓住国家深化国有企业改革的战略机遇，制定主辅分离辅业改制以及衰老煤矿关闭破产实施方案。为扫清思想障碍，有针对性地在全局陆续开展了6次大的思想解放教育活动。

2001年3月14日，矿务局召开由全局各单位班子、职工代表、劳动模范和局机关全体职工参加的千人企业改革形势报告会，提出"解困先解思想困，脱贫先脱思路贫""扭亏先扭人，扭人先扭心"的行动口号，向企业在长期计划经济体制运行中形成的"等、靠、要、熬"思想开刀。会后，在广大职工中开展大讲国家靠什么繁荣和富强、企业靠什么生存和发展、个人靠什么谋生和富裕的"三大讲"活动，正确认识国家、企业和职工个人的利益关系，明确企业是为国家和职工创造利润财富的经济组织，坚定树立人的价值高于资产价值、共同价值高于个人价值、团队价值高于单体价值、社会价值高于经济价值的思想。

2002年6月9日，矿务局举办赴温州、上海学习考察报告会，对照温州、上海的先进经验，联系企业改革中的思想实际，重点解决"不敢干、不敢闯、不敢试"的问题。

2003年7月5—6日，矿务局召开全局工作会议，学习贯彻山东省委工作会议精神，在全局深入开展解放思想、干事创业、加快发展为主题的教育活动，引导全局上下自觉克服小富即满、小成即满的低层次低标准的自满情绪，牢固树立干大事业、求大发展的雄心壮志和气魄。

2004年，在全局深入开展"企业靠什么发展？员工靠什么成才？企业与员工怎样互惠共赢？"3个问题的大讨论，牢固树立了临矿人"举力尽责，强企富员"的理念。

2005年，矿务局把改革开放、企业改制的思想实际纳入党的先进性教育活动，强化各级党委的政治核心作用、基层党组织的战斗堡垒作用、广大党员的先锋模范作用。

2006年，全局通过开展"站在新起点、实现新跨越"思想解放大讨论，有效地解决了职工中普遍存在的满足于已有成绩、加快发展思路狭窄、工作能力平庸、工作作风漂浮（简称"满、窄、庸、浮"）的问题，企业上下呈现出干事创业的思想共振和步调一致的和谐气氛。

（二）局属单位改革改制

按照"自下而上，先易后难，分步实施"的改革思路，矿务局决定先从局直属地面生产经营单位和井型较小、产量较低、资产较少的生产矿井开始进行股份制改造，通过吸纳职工入股，组建股份制公司，实现国有资本的有序退出。然后，组建投资主体多元化的矿业有限责任公司，采取控股、参股等产权联结方式，优化生产要素配置，推进资本扩张和产权重组，建立以资本为主要联结纽带的母子公司体制，组建集团公司。

2001年初，矿务局向山东煤管局提交《关于在褚墩煤矿、塘崖煤矿、草埠煤矿、汤庄煤矿组建有限责任公司的请示》《关于对局属热电厂、煤田地质勘探工程公司、物资供应公司、工程公司进行公司制改造的请示》《关于对局属中心医院进行改制的请示》，山东煤管局批复同意了以上3个请示。临沂矿务局迅速按照有关规定积极推进各项改制工作。

2001年4月17日，总厂改制为临沂创元焦化有限责任公司，注册资本180万元。矿务局出资18万元，创元焦化公司职工持股会出资162万元，持股比例分别为10%和90%；18日，机械制修厂改制为临沂亚龙机械有限责任公司，注册资本80万元。矿务局入股8万元，亚龙机械公司职工个人入股72万元，持股比例分别为10%和90%。10月24日，搪瓷厂改制为临沂鲁星搪瓷有限责任公司，注册资本100万元。矿务局出资30万元，鲁星搪瓷公司职工持股会出资70万元，持股比例分别为30%和70%。

2002年1月1日，草埠煤矿改制为淄博草埠实业有限责任公司，注册资本560万元，由矿务局全额出资。10日，塘崖煤矿改制为临沂兴元煤业有限责任公司，注册资本390万元，矿务局出资39万元，兴元煤业公司职工持股会出资351万元，持股比例分别为10%和90%。12日，物资供应公司改制为临沂亿金物资有限责任公司，注册资本166.8万元，矿务局出资85.1万元，亿金物资公司工会持股会出资81.7万元，持股比例分别为51%和49%。同日，中心医院进行股份制改造，注册资本600万元，矿务局出资60万元，中心医院职工持股会出资540万元，持股比例分别为10%和90%。16日，基本建设工程公司改制为临沂华建工程有限责任公司，注册资本265万元，矿务局出资26.5万元，华建工程公司出资238.5万元，持股比例分别为10%和90%。18日，褚墩煤矿改制为临沂恒昌煤业有限责任公司，注册资本302.3万元，矿务局出资30.2万元，恒昌煤业公司职工持股会出资272.1万元，持股比例分别为10%和90%。2月3日，煤田地质勘探工程公司改制为临沂兴大工程有限责任公司，注册资本850万元，矿务局出资8.9万元，兴大工程公司职工持股会出资841.1万元，持股比例分别为1.05%和98.95%。3月26日，热电厂改制为临沂腾源热电有限责任公司，注册资本200万元，矿务局出资102万元，腾源热电公司职工持股会出资98万元，持股比例分别为51%和49%。8月10日，招待所改制为煤苑实业公司，注册资本80万元，矿务局出资40.8万元，煤苑实业公司工会持股会出资39.2万元，持股比例分别为51%和49%。

至2002年8月10日，全局有12个单位组织召开新公司创立大会，选举产生董事会，并依法产生由董事长、总经理、副总经理等组成的高级管理层。

（三）国有企业投资主体多元化

在对直属单位实施改制的基础上，矿务局加大改革力度，实施国有企业投资主体多元化改革。

2002年8月19日，矿务局第九届职工代表大会第五次会议，表决通过矿务局组建东山矿业公司的实施方案。20日，矿务局向省煤炭局提交书面请示。27日，省煤炭局批复同意临沂矿务局组建东山矿业公司，并要求严格按照国家法律、法规和规范性文件的有关规定运作，实行规范经营，真正成为自主经营、自负盈亏、自我发展、自我约束的法人实体。

2002年9月16日，山东东山矿业有限责任公司（简称东山矿业公司或东山公司）召开创立大会，25名股东及股东委托人参加会议，表决通过《山东东山矿业有限责任公司章程》《董事会、监事会选举办法》。选举产生东山矿业公司第一届董事会和第一届监事会。第一届董事会第一次会议选举李义文为东山矿业公司董事长、张军为副董事长；第一届监事会第一次会议选举杨跃林为监事会主席；经董事会研究决定，聘任李义文为总经理。同日，东山矿业公司召开第二次股东大会，宣布当选的董事长、副董事长、监事会主席名单，审议通过《山东东山矿业有限责任公司经营层持股管理办法》《山东东山矿业有限责任公司经济目标责任书》。

2002年10月1日，东山矿业公司挂牌成立，注册资本8000万元，矿务局作为国有法人股东出资50%，已改制的12个矿务局直属企业法人单位出资12.5%，局属其他单位职工通过工会社团法人出资17.5%，矿务局10名经营班子成员以自然人出资20%。东山矿业公司股东会由27个出资股东组成，其中：国有法人股东1个，即矿务局；已改制的局直属企业法人股东12个；局属其他工会社团法人股东4个；自然人股东6个。股东会为公司的权力机构。董事会由股东会选举产生，为公司的决策机构，由13人组成，董事会选举产生董事长1人、副董事长1人，董事长为公司的法定代表人。经理层由董事会聘任产生，是对董事会负责、执行董事会决议并报告工作的执行机构，由8人组成，其中，总经理1人、副总经理4人、总工程师1人、总会计师1人、财务部门负责人1人。

矿务局与东山矿业公司作为各自独立的法人实体同时存在，独立运行，矿务局领导班子成员与东山矿业公司董事会、监事会、经理层组成人员相互交叉任职。矿务局原有的体制和管理职能除对东山矿业公司行使国有股东的权利外，其他未变；东山矿业公司实行独立核算、资产分离、自主经营，经营情况与矿务局一并上报下达。

（四）临沂矿业集团有限责任公司成立

2001年，矿务局在着手对下属单位实施股份制改造的同时，开始探索将矿务局改制为集团公司、建立现代企业制度的问题，但由于当时全局国有净资产不足5亿元，达不到山东省人民政府规定的改制国有独资公司的条件要求。为尽早跻身于全省国有独资重点煤炭企业集团之列，矿务局经过几年的努力，企业规模和经济总量实现跨越式发展。2005年9月末，全局资产总额达到37.45亿元，负债24.41亿元，净资产13.04亿元（其中，国有净资产7.96亿元），资产负债率65.18%，具备改制为国有独资公司的条件。

2005年10月12日，矿务局向山东省国资委提交《关于临沂矿务局改为临沂矿业集团有限责任公司的请示》。25日，山东省国资委批复同意临沂矿务局改制为临沂矿业集团有限责任公司及公司章程，并指出临沂矿业集团有限责任公司为山东省人民政府设立的国有独资公司，山东省人民政府授权山东省国资委代表国家履行出资人职责，要求临沂矿务局按照有关规定办理国有资产产权登记、工商登记等事宜，建立现代企业制度，规范法人治理结构，通过市场化运作尽快将企业做大做强。

2006年5月15日，山东省国资委委派申传东为临矿集团财务总监；12月27日，委任赵政民、温燕明、申传东为外部董事。

2006年8月5日，在临沂人民会堂召开临沂矿业集团有限责任公司成立大会，宣读了山东省国资委《关于临沂矿务局改制为临沂矿业集团有限责任公司的批复》，山东省工商行政管理局副局长王天仁为临矿集团颁发工商执照，中国煤炭工业协会副会长王广德、山东省国资委副主任孔凡太、山东省煤炭工业局局长王宝山、临沂市市长连承敏共同为"临沂矿业集团有限责任公司""临沂矿业集团"揭牌。山东省人民政府副省长王仁元代表省政府专门为临矿集团成立发来贺信；中国煤炭工业协会副会长王广德、山东省国资委副主任孔凡太、山东省煤炭工业局局长王宝山、山东煤矿安全监察局局长王子奇、临沂市副市长慕增利以及临矿集团党委书记、董事长李义文和党委副书记、总经理孙廷华先后在会上讲话。临沂矿业集团有限责任公司注册资本7亿元，拥有3个国有独资生产矿、3个煤机厂、2个公司、5个经营实体和3个控股公司以及10个参股单位。以临矿集团为母公司，以山东煤机装备集团有限公司、山东东山矿业有限责任公司等5个全资、控股公司为子公司，以田庄煤矿等3个矿为分公司，其他参股公司为集团成员，建立起完善的法人治理结构和以资本为主要联结纽带的母子公司体制的矿业集团，形成主业突出、多业并举、投资主体多元化的产权结构。公司从业人员17784人，主要经营煤炭生产、非煤矿业、煤矿机械制造与加工、煤化工、玻璃纤维、发电、供气、建筑、建材等产业。

2006年，临矿集团成立后，机构设置精干精简，机关设置20个处室，配备60名处级干部、82名科级干部、57名一般管理人员，多数管理人员身兼数职。对基层单位班子的配备全部控制在4～8人，22个单位处级以上干部129人。

临矿集团重点加强对企业决策、经营管理、劳动用工、人事和分配制度建设。建立以董事会为决策中心的决策指挥系统，忠实履行出资人代表的职责，履职重点是管战略、管决策、管考核、管督导、管风险，带领企业提高竞争力，实现国有资产保值增值。日常经营事务全部交由经理层执行，董事会只进行指导、监督和评价。

在经营管理上，实行放权经营，自负盈亏；对国有独资单位和控股公司直接管理，对参股公司和分离单位经营自主权完全放开。

在劳动用工方面，重点加强了劳动组织整顿。用人单位推行以岗位管理为核心的管理制度，实行"动态考核、岗位转换"的新型劳动用工制度；实施尊重人权、以人为本的人事制度，建立起员工与企业之间的双向选择、能进能出、能上能下的劳动用工和人事制度。在工资分配方面，推行各尽所能、绩效分明的差异化分配制度；推行工资总额和经济效益挂钩的办法，拉开收入差距。

第二节 山东东山矿业有限责任公司

2002年9月16日，山东东山矿业有限责任公司（简称东山矿业公司）举行创立大会，25名股东及股东委托人参加会议。会议表决通过《山东东山矿业有限责任公司章程》《山东东山矿业有限责任公司董事会、监事会选举办法》，选举产生东山矿业公司第一届董事会和第一届监事会。

2002年11月22日，设立山东东山矿业有限责任公司株柏煤矿（分公司）。

2002年10月1日，山东东山矿业有限责任公司宣布成立。

2003年7月31日，设立沂水县热电有限责任公司（东山公司出资3500万元，占比70%）。

2004年9月28日，成为临沂华建房地产开发有限责任公司股东（东山公司出资450万元，占比90%）；2005年4月14日，东山公司增资500万元，持股950万元，占比95%；2008年6月15日，将全部股权转让给临矿集团。

2006年3月，设立山东东山军城能源开发有限公司（子公司），出资120万元参股罗庄区中等职业技术学校，占比20%。

2008年2月3日，设立山东东山王楼煤矿有限公司（子公司）；3月25日，设立山东东山新驿煤矿有限公司（子公司）；4月1日，设立山东东山古城煤矿有限公司（子公司）。

2008年9月16日，临矿集团根据国务院国资委《关于规范国有企业职工持股、投资的意见》、2009年3月24日国务院国资委《关于实施〈关于规范国有企业职工持股、投资的意见〉有关问题的通知》、山东省国资委2009年6月1日《关于转发国务院国资委国资发改革〔2008〕139号、〔2009〕49号文件的通知》，开展职工持股清退工作。

2009年7月8日，临矿集团第一届董事会第十三次会议，审议通过《关于受让山东东山矿业公司等单位非国有股股权的议案》。同意临矿集团按测算的价款经省国资委备案后，受让东山公司股权。

临矿集团根据董事会决议制订《临沂矿业集团有限责任公司规范职工持股投资行为实施方案》，于2009年7月14日向省国资委清理规范领导人员和职工持股工作联席会议进行专题汇报。根据省国资委联席会议提出的意见对方案进行修改完善，于2009年12月23日上报省国资委。

2010年1月7日，省国资委对《临沂矿业集团有限责任公司规范职工持股投资行为实施方案》进行备案。

2010年1月底，临矿集团完成职工持股规范清理工作，已改制的12个局直属企业法人股东临沂创元焦化有限责任公司、临沂亚龙机械有限责任公司、临沂鲁星搪瓷有限责任公司、淄博草埠实业有限责任公司、临沂兴元煤业有限责任公司、临沂亿金物资有限责任公司、中心医院、临沂华建工程有限责任公司、临沂恒昌煤业有限责任公司、临沂兴大工程有限责任公司、临沂腾源热电有限责任公司、煤苑实业公司全部退出，东山公司成为临矿集团独资的有限责任公司。

2010年2月4日，东山公司股东变更为临沂矿业集团有限责任公司，股权占比100%，注册资本112200万元。公司下设4个子公司、1个分公司，1个控股公司，分别为山东东山古城煤矿有限公司、山东东山新驿煤矿有限公司、山东东山王楼煤矿有限公司、山东东山军城能源开发有限公司、山东东山矿业有限责任公司株柏煤矿和沂水县热电有限责任公司。5月14日，东山公司将沂水热电股权转让给山东玻纤公司。11月1日，成立山东东山矿业有限责任公司接待处（分公司）。

2015年12月22日，山东东山军城能源开发有限公司注销。

2020年末，山东东山矿业有限责任公司有3个子公司、2个分公司，即山东东山古城煤矿有限公司、山东东山新驿煤矿有限公司、山东东山王楼煤矿有限公司和山东东山矿业有限责任公司株柏煤矿、山东东山矿业有限责任公司接待处。

第三节　破产与分离

一、关闭破产

（一）破产背景

为落实中央关于国有企业三年改革脱困目标和国务院关于关闭破产工作的一系列部署，国家煤炭工业局于1999年初提出国有煤炭企业关井破产"三个一批"和当年破产14个企业、关闭40个矿井的工作思路。2000年6月1日，中共中央办公厅、国务院办公厅下发《关于进一步做好资源枯竭矿山关闭破产工作的通知》，进一步加大对资源枯竭矿山实施政策性破产的工作力度，国家将在职工安置、社会职能移交、资产重组等方面给予政策性扶持。

21世纪初，矿务局大部分矿井已处在衰老报废期，资源枯竭、长期亏损、负担沉重，职工生产生活困难。

矿务局通过积极争取，1999年，汤庄煤矿（含竹园煤矿）被列入国家第一批"14·40"关闭破产计划（即当年破产24个企业，关闭40个矿井）。2000年2月3日，全国企业兼并破产和职工再就业领导小组下发《关于下达部分资源枯竭矿山破产项目的通知》，将汤庄煤矿列入国家关闭破产项目。2001年7月17日，临沂市中级人民法院依法裁定该矿进入破产程序，7月19日，在《人民法院报》进行公告。2002年6月28日，临沂市中级人民法院依法裁定终结破产程序。

2002年，经全国企业兼并破产和职工再就业工作领导小组批准，塘崖煤矿列入国家第二批"16·60"关闭破产计划（即当年破产16个企业、关闭60个矿井），2003年9月12日，进入法定破产程序，2005年1月17日，破产程序终结。

2003年，经全国企业兼并破产和职工再就业工作领导小组批准，草埠煤矿列入国家第三批"25·70"关闭破产计划（即当年破产25个企业、关闭70个矿井），2005年3月2日，进入法定破产程序，2006年5月29日，破产程序终结。

（二）主要步骤

1. 按上级关于破产前期准备工作的要求，做好分立法人、项目申报、确认银行债权和核呆规模、落实关闭破产费用等各项工作。

2. 将企业的经营资产、债权债务、各种档案等进行摸底调查，全面清理，规范管理。

3. 制订关闭破产预案，包括资产变现和资金平衡、职工安置、社会公用设施移交和稳定工作等方案。

4. 召开职工代表大会，通过关闭破产决议和职工安置方案。

5. 深入做好思想政治工作、政策宣传解释和保持稳定的工作。

6. 规范拟破产单位破产前财务、销售等方面的经营管理，严格财务账面管理。规避因账目混乱造成债权债务不清而带来的经济损失风险。

7. 妥善处理破产前企业形成的一些敏感性债务，建立工作机构，争取地方政府的支持和帮助、依法成立破产清算组，强化责任落实。

8. 制订关闭破产财务管理办法。

（三）方案实施

1. 清理拖欠职工费用。进入破产程序后，矿务局对清理拖欠的职工款项逐项进行分析，借鉴外单位经验，对中央财政、省财政补助范围以外的12项拖欠款计1500万元，由矿务局承担进行补发。

2. 清理破产企业资产。对破产企业财产委托中介机构拍卖，对零星报废资产实行公开拍卖。

3. 按时足额发放职工经济补偿金、安置费和拖欠费用。坚持按照政策算准算细，张榜公布，让职工对账，让职工监督，所有费用一律通过银行打卡足额发放。

4. 妥善解决职工安置再就业。按照中央文件规定，坚持公开办公，坚持公开办事，坚持公开承办结果。3个矿井破产程序终结时，对符合条件的3050人办理了提前退休、退养手续，有2186人领取安置费自愿解除劳动合同自谋职业，有2812人利用有效资产重组安置，1～6级工伤的113人移交社会安置，具有社会职能的191人移交政府安置。

5. 资产重组，组建民营企业。汤庄、塘崖、草埠煤矿关闭破产后，矿务局按照政策规定，依法变现资产，重组新的股份制企业，先后组建临沂奥洁瓷业有限责任公司，安置职工573人；莒县新城建材有限责任公司，安置职工32人；临沂兴元煤业有限责任公司，安置职工499人；临沂恒昌煤业有限责任公司，安置职工486人；临沂创元焦化有限责任公司、临沂鲁星搪瓷有限责任公司、淄博草埠实业有限责任公司，安置职工1038人。

二、破产重组

省煤炭局为加快所属实体公司的改革改制步伐，根据《山东省人民政府关于深化省属国有企业改革的意见》，于2004年2月16日、6月30日、12月31日先后将其所办的12个经济实体委托或划归临沂矿务局管理，并对其进行深化改革。

（一）实体破产重组

1. 企业状况

12个单位是成立于计划经济时期的省煤炭局机关办实体，主要经营煤炭、建材、煤矿设备及器材等。其中9个单位已经营瘫痪，资不抵债，扭亏无望，停业多年，属于无资金、无经营场所、无经营活动的"三无皮包"企业，另外3个勉强能够维持经营、管理混乱、官司不断，历史遗留问题多而复杂、职工生活困难。

2. 深化改革意见

针对管理混乱、历史遗留问题复杂、企业基本情况不清等问题，矿务局抽调有关处室骨干成立驻济工作组，先后组织20多次，历时3个多月，跑遍7个省16个地市，对企业涉及的问题进行全面的调查、清理、摸底，在此基础上，下发《关于对省煤炭局划转企业深化改革的指导意见》和《关于对省煤炭局划转企业深化改革有关问题的处理意见》，明确企业改革的指导思想和工作原则、深化改革采取的主要形式和工作阶段安排、人员分流安置、历史遗留问题的处理与解决等问题，为实施操作提供了具体依据。

3. 职工安置

在对职工妥善安置问题上，按照刚性政策、有情操作的原则，认真细致地开展工作。从2004年12月开始，用1年半的时间，先后对12个单位的355名职工进行分流安置，全部办理了与原企业终止劳动合同手续；在已退休的60人中，除煤矿培训中心27人外，其他33名退休人员的社会保险纳入属地管理；分流安置或改制的84名党员组织关系全部转移到分流单位或社区。

4. 依法破产

经济南市中级人民法院批准，济南市天桥区人民法院分别于2004年11月—2006年4月，分4批依法裁定8个严重资不抵债的企业破产还债。在完成相关工作和法定程序后，先后于2005年3月—2006年12月被济南市天桥区人民法院裁定破产终结，依法解除8个单位各类债务1.58亿元。

5. 改制、重组

按照山东省国资委要求，对山东省煤炭技术服务公司、山东省煤炭销售中心进行改制，完成了产权置换和职工身份置换，新的公司先后于2006年1月19日、6月30日挂牌成立。山东省煤炭工业供销总公司临沂公司于2006年3月3日委托临沂矿务局亿金物资公司管理；山东省地方煤矿培训中心因属事业单位编制，事改企工作完成后划归临沂矿务局管理。

（二）煤机厂破产重组

按照省国资委的要求，矿务局对3个煤机厂实施关闭破产，先后向省国资委提交《关于申报山东煤矿泰安机械厂关闭破产预案的请示》《关于申报山东煤矿济南机械厂关闭破产预案的请示》《关于申报山东煤矿莱芜机械厂关闭破产预案的请示》。

2006年9月5日，省国资委转发全国企业兼并破产和职工再就业工作领导小组《关于下达安徽省江北机械厂等286户企业破产项目的通知》，济南煤机厂被列入全国286户企业破产项目；2007年1月19日，省国资委转发全国企业兼并破产和职工再就业工作领导小组《关于下达山西阳泉煤业（集团）三矿有限责任公司等8户企业破产项目的通知》，泰安煤机厂被列入全国8户企业破产项目；4月4日，省国资委转发全国企业兼并破产和职工再就业工作领导小组《关于下达山西潞安集团五阳煤矿有限公司等10户企业破产项目的通知》，莱芜煤机厂被列入全国10户企业破产项目。

临矿集团按照全国企业兼并破产和职工再就业工作领导小组、省国资委的要求，分流安置2986人，顺利完成3个煤机厂破产重组，优化了资产，转换了经营机制，促进了企业健康发展。

三、辅业改制

（一）主辅分离及分离单位

2000年末，矿务局所属的22个单位中非煤和后勤服务单位有17个，占77.27%；从事非煤和后勤服务的人员5206人，占在册职工总数的44.97%；下岗职工3222人，占在册职工总数的27.83%。这些单位主要表现为主业弱小，非煤弱穷，大小单位捆在一起，共同在困境中苦熬挣扎，是一个典型的计划经济"小而全"的格局，成为市场经济条件下企业继续发展的沉重负担。

2002年11月18日，国家经济贸易委员会、财政部等8部委联合发布《关于国有大中型企业主辅分离辅业改制分流安置富余人员的实施办法》，是国有企业改革发展的重大机遇。

矿务局在深入学习和调研的基础上，决定对下属机械厂、热电厂、工程公司、招待所、中心医院、煤田地质勘探工程公司、物资供应公司、后勤服务中心、技工学校、矿务局中学10个单位实施主辅分离、改制分流，制定了《临沂矿务局主辅分离改制分流实施方案》，并向省劳动和社会保障厅等主管部门提交《关于实施主辅分离改制分流的请示》。2003年12月23日，山东省经济贸易委员会、山东省财政厅、山东省劳动和社会保障厅联合向山东省煤炭工业局下发《关于临沂矿务局主辅分离总体方案的批复》，同意矿务局制订的主辅分离改制分流总体方案，将矿务局工程公司、机械厂、热电厂、煤田地质勘探工程公司、物资供应公司、招待所、技工学校、后勤服务中心、中心医院9个单位纳入辅业改制范围，均改制为非国有法人控股单位。

2004年3月，矿务局按照山东省劳动和社会保障厅、山东省煤炭工业局的要求，按照先易后难，成熟一个操作一个，确保社会稳定的原则，先后对9个单位分批组织实施主辅分离辅业改制。

至2006年10月底，矿务局列入主辅分离辅业改制的9个单位中，除后勤服务中心因国家政策调整经省国资委同意调出改制范围外，其他8个单位完成主辅分离辅业改制，改制后成为独立市场主体。涉及在册职工1839人，全部解除劳动合同，实现身份置换，其中，参加重组1638人，办理内部退养27人，自谋职业174人。

（二）分离方案及实施

1. 主辅分离工作主要任务

（1）使部分企业从业务关系上脱离矿务局，独立经营。

（2）将企业办社会的职能部分移交地方政府。

（3）停办部分社会职能的纯职能性业务。

2. 方案设计

根据上级批复，起草《临沂矿务局关于主辅分离改制分流工作实施意见》，经矿务局职代会讨论通过后，在辅业单位公示7天，确认职工无异议后，由山东省劳动和社会保障厅批复后实施。

3. 职工安置

制定职工安置方案前，广泛征求职工意见，由职工本人填写《职工安置意向调查表》。安置渠道包括重组、内部退养、自谋职业。其中，办理内部退养、自谋职业的，必须加写一份申请书。

（三）股权设置

管理层持股情况。分离单位改制初期，经营层人员持股一般在职工持股的10倍左右。2002年末，矿务局下发《关于改制单位股权结构调整的指导意见》，提高和规范经营班子持股比例，规定经营层总的持股比例达到本公司注册资本的20%，主要经营者股权额达到经营层其他人员平均持股额的1.5倍。

2006年8月29日—9月2日，省国资委督导组对临矿集团主辅分离辅业改制工作进行检查验收。10月2日，省国资委督导组对问题整改情况进行复查，通过检查验收，临矿集团主辅分离辅业改制工作目标任务宣告完成。

四、职能移交

1999年8月开始，矿务局对企业办社会职能进行移交，先后将临沂市境内所属企业的6所职工子弟学校、5所矿办职工医院、2个社区管理机构、1个公安处移交地方管理；将关井破产、分离重组或代管的12个单位党组织、1353名党员移交地方党组织管理。

（一）学校移交

1999年8月2日，矿务局根据《中共山东省委山东省人民政府关于进一步搞好国有大中型企业的意见》，经过与临沂市罗庄区人民政府协商，塘崖煤矿按协议规定将学校土地使用权、建筑设施及其他固定资产、流动资产等、学校教职员工30人移交地方政府管理。塘崖煤矿职工子弟学校的移交，开启了全省煤炭企业社会职能移交地方管理的先河。

2002年4月18日，矿务局与罗庄区人民政府协商，将五寺庄煤矿职工子弟学校移交罗庄区册山镇管理。按照协议规定，将学校所用资产及所占用土地、教职员工23人移交地方政府管理。

2003年1月10日，矿务局与罗庄区人民政府协商，将汤庄煤矿设施、教职员工49人成建制移交罗庄区人民政府管理；8月9日，株柏煤矿与临沂市郯城县沙墩镇人民政府签订《沙墩镇人民政府接受株柏煤矿职工子女在镇中、小学就读协议书》，将株柏煤矿职工子弟学校在校生转沙墩镇中小学就读，并对以后适龄儿童、少年作为镇中小学校的招生范围，株柏煤矿职工子弟学校停止办学，19名任教老师妥善安置。

2004年9月24日，将临沂矿务局中学、临沂矿务局工程公司学校管理使用的学校资产一次性移交罗庄区人民政府，罗庄区人民政府自2004年10月1日起接管临沂矿务局中学和工程公司学校，教职工137人移交地方。

2006年10月26日，临矿集团将塘崖煤矿褚墩井学校设施、23名教职工成建制移交郯城县人民政府管理。

2007年11月12日，草埠煤矿将职工子弟学校所用资产、15名在职教师、1名退休教师移交沂源县人民政府管理。

（二）医院（卫生所）移交

2003年1月10日，矿务局、罗庄区人民政府、临沂市市南医院三方协商签订协议，汤庄煤矿关闭破产后，其职工医院资产、人员30人成建制移交罗庄区人民政府，由临沂市市南医院管理；9月22日，矿务局将莒县煤矿卫生所资产移交莒县人民政府，纳入莒县服务中心管理，以承包方式经营，自收自支。

2004年12月20日，矿务局、罗庄区人民政府、临沂罗庄中心医院经三方协商签订协议，塘崖煤矿关闭破产后，其职工医院（含塘崖井、五寺庄井的职工医院）资产、人员21名成建制移交罗庄区人民政府，由临沂罗庄中心医院管理。

2005年12月19日，矿务局、郯城县人民政府、罗庄区人民政府、临沂罗庄中心医院经四方协商签订协议，塘崖煤矿褚墩井关闭破产后，其职工医院的资产、人员19名成建制移交郯城县人民政府，再由郯城县人民政府移交罗庄区人民政府，由临沂罗庄中心医院管理。

（三）公安机构移交

2007年9月25日，按照《山东省人民政府办公厅关于加快推进省属国有企业分离办社会职能工作的通知》和山东省财政厅、山东省国资委《关于临沂矿业集团有限责任公司所属公安机关移交临沂市管理对账结果的批复》，临矿集团与临沂市人民政府签订协议，将所属河西公安分局一次性全部分离并成建制移交临沂市人民政府管理，将河西公安分局原所用资产按照"移交资产无偿划拨"的原则，一次性划拨给临沂市人民政府，河西公安分局20名公安干警由临沂市人民政府接收。

（四）社区管理机构移交

2003年6月6日，矿务局按照国家实施政策性关井破产的有关规定，经与罗庄区人民政府协商并达成协议，将汤庄煤矿破产后离退休人员管理服务机构（后更名为罗庄区煤园管理服务处）和14名管理服务人员及关闭破产后需移交管理的各类人员2338人整体移交罗庄区人民政府；将土地、房产、设备及其他低值易耗品等无偿整体移交罗庄区人民政府，作为离退休人员管理服务机构办公场所和离退休人员活动场所以及运营；9月22日，将莒县煤矿离退休人员管理服务中心及7名管理服务人员、关闭破产后需移交管理的各类人员1108人、矿区土地23.07万平方米、房产8971平方米等一并移交莒县人民政府管理。

2007年10月9日，将草埠煤矿离退休等人员社会保证金发放和离退休人员管理服务机构（鲁村镇草埠社区居民委员会）及8名管理人员、关闭破产后需移交管理的各类人员1391人移交沂源县人民政府管理，将土地、房产一并移交沂源县人民政府。

（五）党群团组织及信访稳定工作移交

2003年8月5日，矿务局党委将莒县煤矿党组织及78名党员关系移交莒县劳动局党组管理；21日，将汤庄煤矿党组织及349名党员关系移交中共临沂市罗庄区委管理。

2004年10月8日，矿务局党委将矿务局中学党组织及41名党员关系移交中共临沂市罗庄区委管理。

2005年11月4日，矿务局党委将临沂疗养院党委及139名党员关系移交中共临沂市委组织部管理。

2006年4月21日，矿务局党委将兴元煤业公司党委及174名党员、创元焦化公司党总支及50名党员、鲁星搪瓷公司党支部及18名党员、临沂罗庄中心医院党委及119名党员、华建工程公司党委及110名党员、亚龙机械公司党支部及43名党员的组织关系移交罗庄区党委管理；将恒昌煤业公司党委及141名党员的组织关系移交中共临沂市郯城县委管理；将兴大工程公司党总支及91名党员的组织关系移交中共临沂市兰山区委管理。

2006年5月8日，经临沂团市委批复同意，临沂矿务局团委将已改制分离的恒昌煤业公司、兴元煤业公司、创元焦化公司、鲁星搪瓷公司、临沂罗庄中心医院、华建工程公司、兴大工程公司、亚龙机械公司8个单位的5个团委、2个团总支、21个团支部，208名团员移交地方管理。

2006年4月26日，临沂市总工会同意矿务局将兴大工程公司工会移交临沂市兰山区工会管理；将兴元煤业公司工会、创元焦化公司工会、鲁星搪瓷公司工会、临沂罗庄中心医院工会、华建工程公司工会、亚龙机械公司工会移交临沂市罗庄区工会管理；将恒昌煤业公司工会移交临沂市郯城县总工会管理。

2007年4月19日，经中共临沂市委同意，临矿集团党委将已分离的恒昌煤业公司、兴元煤业公司、创元焦化公司、鲁星搪瓷公司、临沂罗庄中心医院、华建工程公司、兴大工程公司、亚龙机械公司信访稳定工作移交地方管理。

表1-3-1

2001—2009年临矿集团关闭破产、主辅分离改制、社会职能移交人员构成情况统计表

类别（单位）	进入破产程序时间	终结破产程序时间	社区职能移交时间	职工人数	1.移交人员 小计	1~6级工残	学校	医院	供水	公安	社区机构	2.提前退休退养	3.重组	4.自谋职业
总计				13062	586	99	251	143	1	20	72	3572	6389	2515
一、关闭破产				11066	429	99	114	143	1	0	72	3545	4752	2340
（一）汤庄矿	2001.07.17	2002.6.28		1846	130	30	49	33	1	–	17	619	587	510
1.汤庄井			2003.06	1275	106	16	49	30	1	–	10	426	389	354
2.营县井			2003.09	571	24	14	–	3	–	–	7	193	198	156
（二）塘崖矿	2003.09.12	2005.01.17		4579	132	33	23	40	–	–	36	1856	1235	1356
1.褚墩井			2008.08	1656	72	16	23	19	–	–	14	686	446	452
2.塘崖井				1501	32	7	–	13	–	–	12	662	396	411
3.五寺庄井				1422	28	10	–	8	–	–	10	508	393	493
（三）草埠煤矿	2005.03.02	2006.5.29	2007.10	1927	78	32	15	23	–	–	8	571	947	331
（四）煤机厂破产				2714	89	4	27	47	0	0	11	499	1983	143
1.泰安煤机	2008.06.13			1130	52	1	27	18	–	–	6	294	736	48
2.莱芜煤机厂	2008.06.12			1584	37	3	–	29	–	–	5	205	1247	95
二、主辅分离	2003年12月23日批复实施方案 2006年9月全部结束			1839	–	–	–	–	–	–	–	27	1637	175
1.机械厂				174	–	–	–	–	–	–	–	4	146	24
2.热电厂				169	–	–	–	–	–	–	–	2	133	34
3.工程公司				565	–	–	–	–	–	–	–	7	508	50
4.地质勘探工程公司				163	–	–	–	–	–	–	–	3	113	47
5.物资供应公司				107	–	–	–	–	–	–	–	–	106	1
6.招待所				67	–	–	–	–	–	–	–	–	47	15
7.中心医院				396	–	–	–	–	–	–	–	5	386	4
8.技工学校				198	–	–	–	–	–	–	–	6	198	–
三、社会职能移交	2004年9月学校移交 2007年11月公安全部移交			157	157	–	137	–	–	20	–	–	–	–

注：1.省煤炭局2004—2005年划归矿务局管理3矿（田庄煤矿、邱集煤矿、马坊煤矿）、3厂（泰安煤机厂、济南煤机厂、莱芜煤机厂）及13个公司19个单位，涉及职工5211人；2.自2006年1月起，对矿务局所属破产重组及主辅分离等9个参股或退出单位2787人划出统计范围。3.截至2009年9月，企业办10所中小学423名在职及离岗退休教师全部移交。

第二篇　煤炭产业

煤炭生产作为临矿集团的主导产业，在矿井生产建设中注重集约、内涵、绿色、循环发展。在资源勘探与整合方面，致力于获取省外、国外煤炭资源，总资源储量由1990年末的7500万吨，扩展到2020年末的1101438万吨，为煤炭开采可持续发展奠定坚实的基础。通过对续建、新建、改扩建和接管矿井的技术改造，矿井生产能力得到显著提高，年设计生产能力从1990年末的100多万吨扩大到2020年的近2000万吨。生产中淘汰落后工艺和设备，创建和引进先进生产开采技术，煤炭生产技术装备水平和采掘机械化程度逐步提高。各矿根据自身特点积极探索实用的综采综放、快速掘进技术，不断优化生产辅助系统，减人、减头、减面、提速、提质提效，形成一个又一个高产高效矿井。随着时代科技的迅猛发展，临矿集团加强"智慧矿山"建设，运用先进的物联网、云平台技术，建成煤炭生产、设备运行、生产调度、工业视频、人员定位、安全监测监控等信息化网络体系，井下生产活动逐步实现远程智能控制操作。2016年开始，临矿集团倡导绿色开采，探索完成一系列以矸换煤、充填开采的采煤工艺技术。

1993年，国家放开除电煤外的其他煤炭价格，煤炭销售逐步按市场价运作。矿务局顺势开展煤质升级竞赛活动，着力提高煤炭质量，稳定市场份额，凸显煤质增收。2005年开始，实现内部统一销售，构建起现代化销售网络平台，建立完善煤质管理长效机制，形成煤炭运销工作的精细化、信息化、规范化管理。2013年开始，临矿集团加快推进实施"大洗煤、大配煤、大市场"战略，千方百计提高原煤洗选加工综合创效能力，实现煤炭产品排矸、洗、配、调质多元化加工、多元化收益。部分矿井建成全智能煤场管理系统，提高煤炭发运效率，提升了运销管理水平。

第一章　资源与勘探

第一节　资　源

1990年末，矿务局只有5对生产矿井和3对无能力小井，年设计生产能力102万吨，实际生产原煤86万吨。全局总资源储量7474.9万吨，其中暂不能利用储量516.7万吨，工业储量5144.3万吨，可采储量3072.2万吨。

1996年5月，古城煤矿开工建设，2000年12月投产。山东省矿产资源委员会批准《山东省兖州煤田临沂矿务局古城矿井储量报告》，认定古城矿井-1000米以浅可利用储量15766.8万吨，暂不能利用储量5248万吨。

2002年8月，新驿煤矿开工建设，2004年6月试生产。

2004年2月，省煤炭局将田庄煤矿、邱集煤矿、马坊煤矿3个地方煤矿划归矿务局管理。9月，王楼煤矿开工建设，2007年7月试生产。

2007年1月，军城煤矿开工建设，2009年7月试生产。

1990年末临沂矿务局煤炭资源储量表

表2-1-1　　　　　　　　　　　　　　　　　　　　　　　　　　　　　　　　　　　　　单位：万吨

序号	矿井名称	总储量	表内储量			暂不能利用储量
			合计	工业储量	可采储量	
合计	全局	7474.9	6958.2	5144.3	3072.2	516.7
一	汤庄矿	870.2	563.2	387.6	219.1	307.0
1	汤庄井	606.0	559.2	383.6	217.6	46.8
2	桥头井	264.2	4.0	4.0	1.5	260.2
二	草埠矿	716.2	716.2	509.3	305.4	0.0
三	莒县矿	42.3	41.3	41.3	16.3	1.0
四	岐山矿	58.7	7.1	7.1	5.0	51.6
五	五寺庄矿	539.3	539.3	351.5	162.3	0.0
六	褚墩矿	2386.2	2283.1	1705.8	1193.2	103.1
七	塘崖矿	1183.0	1183.0	816.7	464.4	0.0
八	株柏矿	1679.0	1625.0	1361.0	706.5	54.0

2008年2月，榆树井煤矿开工建设，2010年7月试生产。2005年11月，中国煤炭地质总局第一勘探局地质勘查院编制《内蒙古自治区鄂托克前旗榆树井井田煤炭勘探报告》，查明内部蕴藏的经济不粘煤煤炭资源量34563万吨。2010年8月，煤炭工业济南设计研究院有限公司编制《榆树井矿井初步设计变更说明书》，计算矿井可采储量22348.8万吨，按1.3的储量备用系数，矿井服务年限57.3年。

2008年5月，新上海一号煤矿开工建设，2012年9月，试生产。2005年5月，中国煤炭地质总局第一勘探局地质勘查院编制《内蒙古自治区鄂托克前旗新上海一号井田煤炭勘探报告》，查明煤炭资源量51902万吨。

2011年12月，临矿集团对甘肃省兴隆煤业有限公司和陕西省石家坡煤矿控股经营，其井田分别处于甘肃省兰州市榆中县水岔沟煤田和陕西省渭南市澄城县渭北煤田。

2012年9月，临矿集团对渭北煤田的陕西省永明煤矿控股经营。

2015年10月，临矿集团对菏泽煤电公司控股经营。菏泽煤电公司下辖彭庄煤矿、郭屯煤矿2对生产矿井，井田属巨野煤田，分布在菏泽市郓城县境内。

2016年9月，临矿集团对鲁西煤矿、里彦煤矿、武所屯煤矿接管经营。

2016年，按照国家去僵尸矿井政策，临矿集团将甘肃境内的兴隆煤业、陕西境内的石家坡煤矿和山东境内的军城煤矿3对矿井去产能关闭。

2018年，按照国家去僵尸矿井政策，临矿集团将武所屯煤矿去产能关闭；2020年，将田庄煤矿去产能关闭。

2020年末，临矿集团所属煤矿有12个。山东省境内矿井9对，分别为郭屯、彭庄、古城、新驿、王楼、邱集、株柏、鲁西、里彦煤矿；省外矿井3对，分别为榆树井煤矿（内蒙古自治区）、新上海一号煤矿筹建处（内蒙古自治区）和永明煤矿（陕西省）。拥有探矿权7个，分别为内蒙古鹰骏三号煤矿、古城煤矿扩大区、古城煤矿红楼探矿区、王楼煤矿扩界区和澳大利亚324探矿权、澳大利亚890探矿权、澳大利亚930探矿权。

2020年末临矿集团煤炭资源储量表

表2-1-2　　　　　　　　　　　　　　　　　　　　　　　　　　　　　　　　　单位：万吨

	煤矿（矿权）名称	资源储量	资源量	基础储量	储量
生产矿井	古城	17597.4	14000.4	3597	1336.6
	新驿矿	23596	18980	4616	2650
	王楼	18273.1	13541.5	4731.6	2891.6
	邱集	23625.6	20534.7	3090.9	1874.5
	株柏	953.5	564.9	388.6	310.9
	彭庄	12620.4	10560.2	2060.2	1666.7
	郭屯	45780.5	25748.6	20031.9	15129.9
	鲁西	13809.9	11864.9	1945	1426
	里彦	8660.2	6975.4	1684.8	1427.7
	榆树井	38219.3	18237.3	19982.1	15985.6
	永明	1160.21	278.92	881.29	739.7
基建矿井	新上海一号	49927.5	3009.4	46918.1	32128.1
探矿权	古城煤矿扩大区	3528.2	2107.2	1421.0	710.6
	古城煤矿红楼探矿区	3823.6	–	–	–
	王楼煤矿扩界区	1284.9	–	–	–
	鹰骏三号煤矿	120798.0	120798.0	–	–
	澳大利亚矿权	717780	–	255570	9949
合计		1101438.31	267201.4	366918.5	88226.9

第二节　地　质

　　临矿集团所开发的煤炭资源主要形成于古生代石炭二叠纪和侏罗系，分布在临沂煤田、兖州煤田、宁阳汶上煤田、济宁煤田、黄河北煤田、巨野煤田、鄂尔多斯煤田等，地质构造和开发技术条件复杂。

一、临沂煤田（株柏煤矿）

　　临沂煤田位于华北石炭二叠纪坳陷型聚煤盆地东南部，煤系基底地层为奥陶系，上覆地层为白垩系青山组、王氏组和广泛分布的第四系。处于鲁西系东南缘和新华夏式构造体系第二隆起带交叉处，地质构造复杂，受郯庐断裂带活动影响，存在多期构造。

（一）地层

　　临沂煤田的地层层序由老到新为奥陶系、石炭系、二叠系、白垩系、第四系。奥陶纪中期地层隆起遭受剥蚀，与石炭纪地层呈假整合接触；中石炭纪开始地层接受连续沉积，到二叠纪晚期遭受风化剥蚀，与上覆白垩系地层呈角度不整合接触。其中，石炭系太原组、二叠系山西组和石盒子组是含煤地层。

株柏煤矿井田位于临沂煤田东南部,地层层序由老到新为奥陶系、石炭系、二叠系、白垩系、第四系。

1. 奥陶系

井田有6个钻孔揭露,最大揭露厚度41.6米。岩性为浅灰色厚层状石灰岩。质纯、性脆,有蜂窝状溶洞。

2. 石炭系

自下而上分为本溪组、太原组。本溪组在井田内有6个钻孔穿过。厚度60.9~111.51米,平均84.85米。太原组在井田内有9个钻孔揭露。地层完整,厚度100.39~196.61米,平均135.41米。主要由浅灰色—深灰色砂岩、砂质泥岩、泥岩、粘土岩、石灰岩组成。含煤12层,十六层煤局部可采。

3. 二叠系

自下而上分为山西组、下石盒子组、上石盒子组。山西组为井田主要含煤地层,有13个钻孔揭露。地层完整,厚78.68~153.17米,平均114.44米。有原生变化与火成岩侵入造成的后生变化,结构复杂,为岩浆穿插侵入煤层造成。下石盒子组为本井田含煤地层,厚度63.22~99.57米,平均77.42米。上石盒子组由杂色粘土岩和灰—灰绿色的砂岩组成,地层厚度0~104.72米。

4. 白垩系青山组

井田内有31个钻孔揭露,地层厚度0~554.96米。下段为杂色凝灰质岩夹灰绿色凝灰岩,砾石成分主要为石灰岩、石英岩,厚度0~98.82米;上段为灰绿色—杂色凝灰岩、凝灰质砂岩和火山角砾岩,夹薄层凝灰质砾岩、石英岩,厚度0~98.82米。

5. 第四系

井田范围内地层厚度4~19.64米,平均12.54米,广泛分布于其他地层之上。与下伏地层呈不整合接触。

(二)构造

株柏井田位于临沂煤田东含煤带的南端,其东侧为唐吾—葛沟大断裂。井田煤系地层为一单斜构造形态,地层走向近南北,倾向东,倾角25~55度,断裂构造极为发育,以低角度正断层为主。地层倾角受构造影响较大,随构造性质的不同而变化。整个井田以南北向或近南北向断层为主,构成了井田的主要构造格架。根据区域性构造特征及井田内构造形态推断,近南北走向断层受区域性断裂所控制,属张性断裂;北东和北西向断层以压扭性断裂为主。断裂构造以走向正断层为主,其次发育倾向断层及斜交断层。井田内的构造受郯庐断裂带活动影响,直接控制了该井田近南北向断裂构造F_3、F_6、F_9、F_8;近南北向走向断层受区域性断裂所控制,大多以张性正断裂为主,它切割了井田南北两侧北东和北西向以扭性为主的断裂构造F_{17}、F_{10}、F_{10-1},派生了次一级的断裂构造F_{25}、F_{26}、F_{29}等。井田内岩浆岩侵入严重,以岩床状侵入石炭—二叠系的岩浆岩为蚀变闪辉正煌岩、蚀变橄榄绿岩、碳酸盐绿泥石化辉绿岩基性岩类,对煤层煤质影响较大。其中3煤受影响最大,局部被吞蚀或部分吞蚀,其可采性受到直接影响,靠近岩浆岩的煤层,多变为天然焦,远离岩浆岩时煤变质程度较低,其工业牌号为气煤—肥煤。

(三)煤层

株柏煤矿主采二叠系山西组2煤、3煤,走向近于南北,倾向东,倾角25~65度,平均38度。断裂构造发育,煤层产状受地质构造及岩浆岩影响较大。①2煤厚度0~5.66米,平均1.62米。可采区段分布于F_{18}断层以北F_9断层西侧，南部煤层变薄。煤层厚度变异系数64.7%，煤层可采性指数0.65，为全区大部可采的较稳定煤层。煤层以肥煤为主，层位较稳定，结构简单，煤厚变化较大。②3煤厚度0.29~10.95米，平均3.5米。除东北部的煤层外，全区可采。煤层可采性指数0.89，煤层厚度变异系数51.2%，为基本全区可采的较稳定煤层。受岩浆岩侵蚀严重，F_{17}断层以北除6-7、6-9、7-1孔外，煤层由肥煤变质为天然焦，所占比例高达57%。因岩浆岩侵入造成煤层局部变薄、夹矸增多。

（四）水文地质

临沂煤田地表全部被第四系覆盖，地表水系发育，第四系松散含水层富水性强。区域含水层主要有第四系砂砾石层；白垩系底部凝灰质灰岩；石炭系三、八、九、十、十四层石灰岩；奥陶系石灰岩。

1. 株柏井田地表水系

地表水系属沂河水系。源于鲁山的沂河长570千米，自北向南流经该井田西北部，向南流经江苏，注入黄海。沂河河床宽阔，坡度小，河水流量随季节变化，历年最高洪水位+65.65米，最大流量每秒15400立方米。沂河上游建有大、中型水库，可调节河水水量。

2. 井田含水层

井田内对矿井生产有影响的含水层自上而下有第四系孔隙含水层、白垩系裂隙岩溶含水层、二叠系煤$_3$顶底板裂隙含水层、石炭系灰岩裂隙岩溶含水层及奥陶系石灰岩裂隙岩溶含水层，其中白垩系裂隙岩溶含水层、二叠系煤$_3$顶底板裂隙含水层是直接充水层。

（1）第四系孔隙含水层。由砂、卵石组成，平均厚度12.54米。成分以石英为主、长石次之，棕黄色，粒度由上而下渐粗、分选性好，局部底含砾石层。本层为矿井主要潜水含水层，区内分布广泛，由大气降水和地表水补给，主要由沂河水补给；水位标高+45.94~+49.27米，含水丰富。为间接充水含水层，对煤$_2$、煤$_3$开采基本无影响。

（2）白垩系裂隙岩溶含水层。为浅紫红—灰绿色凝灰岩和凝灰质砾岩，厚度0~554.96米，由西向东逐渐增厚。白垩系含水层在深部并非直接受第四系水的补给中，而是通过一定的通道与上部含水层发生水力联系，属中等富水性含水层。

（3）二叠系煤3顶、底板裂隙含水层。煤$_3$顶板为砂质泥岩，局部是中—细砂岩，平均厚度15.9米；直接底为砂质泥岩，老底是中—细砂岩，平均厚度24.06米，富水性微弱，表面地下径流条件差。

（4）石炭系灰岩裂隙岩溶含水层。第三、八、九、十、十四层石灰岩是本系地层的主要含水层，其中三灰含水丰富。与3煤间距足够大，揭露本层钻孔证实富水性弱。

（5）奥陶系石灰岩裂隙岩溶含水层。勘探揭露奥灰的钻孔未发现奥灰严重漏水现象。井田内钻孔揭露的厚度仅7.72~41.60米，无全厚。该含水层与煤$_2$、煤$_3$法向距离约338米，生产矿井均未触及，对矿井生产不会产生影响。

二、兖州煤田（古城、田庄、里彦煤矿）

兖州煤田为石炭二叠系全隐蔽式煤田，在区域构造位置上处于鲁西南拗陷区的东缘。包括古城、田庄、里彦煤矿。

（一）地层

兖州煤田地层区划属华北地层区鲁西地层分区兖州地层小区，位于山东省西南部。除东北部有奥陶系出露外，其余被第四系覆盖。第四系之下发育有新近系、古近系、侏罗系、二叠系和石炭系。缺失志留系、泥盆系和三叠系等。

1. 古城煤矿

井田地层由上到下为第四系、古近系、上侏罗统三台组、上二叠统石盒子组（上部）、下二叠统石盒子组黑山段和月门沟群山西组、太原组、本溪组及奥陶系中下统。

（1）第四系（Q）。由粘土、砂质粘土、粘土质砂、砂层以及砂砾层组成，偏底部处见钙质层。厚度157.5～218.6米，平均170.92米，由东北向西南逐渐变薄。①上组（$Q_上$）由砂质粘土、粘土质砂以及砂层组成。厚度41.9～55.6米，平均48.83米。②中组（$Q_中$）由黄褐色夹灰绿色斑块的粘土、砂质粘土及砂砾层组成，厚度40.42～98.01米，平均58.82米。③下组（$Q_下$）由灰绿色粘土、砂质粘土及砂层组成，厚度55.42～84.33米，平均70米。含粘土质较高，呈半固结状态。与下伏地层不整合接触。

（2）古近系（E）。分布于14勘探线以东，为断陷盆地沉积，厚度0～312.95米。岩性特征可与官庄组相当。与下伏地层不整合接触。下段厚度0～312.95米，由灰褐色或棕色砂岩、粉砂岩、砂砾岩和红色粘土岩组成，固结中等，砾岩成份以石灰岩为主。上段厚度0～200米，由砖红色砂岩夹灰绿色斑块的粘土质泥岩、粉砂岩及砂砾岩组成，固结中等，砾岩成分大部分为凝灰质砾石。

（3）侏罗系上统三台组（J_3s）。主要分布于矿井深部，为砖红色、灰绿色的陆相碎屑岩沉积，厚度0～607米。与下伏地层不整合接触。①上段。最大残留厚度260.5米，由灰绿色细砂岩、砂质泥岩、泥岩组成，砂岩为钙质胶结，夹薄层中砂岩和砂砾岩，底部以1层灰色砾岩与下伏砖红色砂岩分界。②下段。最大厚度385.2米，以砖红色细砂岩为主，夹猪肝紫色砂质泥岩、粉砂岩，泥质胶结，易风化松散。底部有一层含铁质的砂砾岩或粗砂岩，与下伏地层分界。

（4）二叠系石盒子组（$P_2\hat{s} + P_1h$）。为1套陆相碎屑岩，东北薄、西南厚，厚度280～320米，平均311.59米。由灰绿色、浅灰白色砂岩和灰绿色带紫红色斑块的砂质泥岩、泥岩组成，厚度30～40米。中上部有1层厚5～10米的灰白色中—粗粒砂岩，偶含小砾石为其特征。底部砂岩具有泥质包裹体，含植物碎片化石，下部偶有煤线出现。与下伏地层整合接触。

（5）二叠系下统山西组（$P_1\hat{s}$）。厚度52.25～108.10米，平均76.57米。20勘探线以东剥蚀严重，无山西组地层赋存。由灰—灰白色的细砂岩、中砂岩、深灰—灰黑色粉砂岩夹砂质泥岩、泥岩和煤层组成，含煤2～4层，自上而下编号为$2_上$、2、$3_上$、3。其中$2_上$煤层位于本组的中部，为局部可采煤层；3煤层位于山西组下部，全区可采的主采煤层。与下伏地层整合接触。

（6）二叠系下统太原组（C_2P_1t）。厚度145.92～193.5米，平均厚度168.47米。20勘探线以东剥蚀严重，残厚30～70米。中部8～19勘探线间厚度较大，多为180米左右。地层由灰色、深灰色、灰黑色的细砂岩、粉砂岩、砂质泥岩、泥岩、绿灰色粘土岩、灰色石灰岩及油页岩和煤组成。石灰岩发育11层，含煤可达19层。与下伏地层整合接触。

（7）石炭系上统本溪组（C_2b）。厚度19.8～58.98米，平均厚度35.85米。为滨海相沉积，由深灰色泥岩、浅灰色或灰绿色夹紫红色的粘土岩、粉砂岩、铝土岩、石灰岩（十二灰、十三灰、十四灰）及薄煤层（19煤、20煤）组成。与下伏地层假整合接触。

（8）奥陶系中统马家沟组（O_2m）。区域厚度640～660米，上部为灰色、棕灰色厚层状灰岩，夹白云质灰岩及泥灰岩和角砾状灰岩。中部以深灰色灰岩为主，夹黄灰色白云质灰岩及灰质白云岩，中下为灰绿色泥灰岩及角砾状灰岩。下部以褐灰色厚层状灰岩、花斑状灰岩为主，夹白云质灰岩、角砾状灰岩及泥灰岩薄层。

2. 田庄煤矿

井田地层自上而下有第四系、侏罗系上统蒙阴组、二叠系下统山西组、石炭系上统太原组、石炭系中统本溪组和奥陶系中统。

（1）第四系（Q）厚度121.18～169.64米，平均145.36米。以棕黄色或灰绿色粘土、砂质粘土、粘土质砂为主，夹砂及砂砾多层。上组以粘土夹棕黄色的砂层为主，为冲积相沉积，富水性好，透水性强；中组以灰绿色粘土、砂质粘土为主，似洪积湖积混合相，基本属隔水组；下组由粘土夹浅灰、灰白色含长石较多的砂及砂砾层组成，底部砂砾层时有时无。属含水组，但透水性较上组差。

（2）上侏罗统（J₃）。最大残存厚厚44.4米，仅1孔（新21）揭露，分布于井田东南角的小范围内，以紫红色细—中粒泥质砂岩为主，较松散。下部有厚约10米的灰绿色细砂岩与粉砂岩互层，底部时有厚3米以下的紫红色砾岩或砂岩。

（3）下二叠统山西组（P₁s）。最大残存厚度87.22米，分布于靠近马家楼支三断层的西侧，呈狭长条分布。受剥蚀严重，残留者只有该组下段。由灰白色中—细粒长石石英砂岩、深灰色薄层泥岩、深灰色粉砂岩组成。

（4）上石炭统太原组（C₂P₁t）。厚度168.27～186.48米，平均177.33米，为本井田主要含煤地层，浅部遭受不同程度的剥蚀，普遍保存不全。为海陆交互相沉积，沉积厚度较稳定。以深灰、灰黑色泥岩、粉砂岩为主，夹灰色、灰绿色粘土岩、细中粒砂岩、石灰岩和煤层。含薄层石灰岩8层、煤层16层。①三灰以上段厚度24.75～33.03米，平均29.75米。比较稳定，以深灰—灰黑色海相泥岩、粉砂岩为主，夹薄层不稳定灰岩2层（常相变为海相泥岩），局部可采煤层1层（第6层煤）。②三灰—十下灰层段厚度98.44～127.92米，平均110.6米。岩性、岩相有一定变化，灰岩、煤层多而薄，并见冲刷现象，含较稳定可采煤层1层（15上）。三灰—五灰间以粉砂岩为主，七灰下伏的砂岩常冲刷12煤，局部冲刷至14煤。③十下灰—十二灰顶界层段厚度19.65～33.79米，平均24.72米。由深灰色泥岩、灰色粘土岩和煤层组成，岩性、厚度稳定，夹灰岩1层、稳定可采煤层2层（16上、17煤）。十下灰厚度稳定，其下有16煤以区别于其他灰岩。

（5）中石炭统本溪组（C₂b）厚度29.03米。岩性以灰色石灰岩、灰色及杂色粘土岩为主，夹煤线，岩性变化大。上部为灰色粘土岩、粉砂岩及十二灰（不稳定）；中部有第十三、十四层灰岩，其中十四灰较稳定，厚度亦较大；下部以杂色粘土岩为主，夹透镜状的十五灰。

（6）中奥陶统灰岩（O₂）。由灰、青灰色质纯致密厚层状石灰岩组成，上部夹薄层灰岩及灰绿色粘土岩。顶部、遭受风化侵蚀，多呈灰黄色，网状裂隙发育。

3. 里彦煤矿

（1）第四系（Q）。全区覆盖，厚度114.33～163.3米，平均145.58米。主要由粘土、砂质粘土、粘土质砂、砂及砂砾层组成，属河、湖相沉积。在井田的东部及北部厚度较小，西部及南部厚度较大。①下组厚度22.20～68.68米，以褐色粘土及灰白色中砂、粗砂为主，局部含砂砾层，粘土呈半固结，可塑性强。②中组。厚度37.10～73.5米，以黄褐色粘土及粘土质砂为主，局部含细砂及中砂。③上组厚47.75～68米，由土黄色粘土、细砂、中砂组成，偶见少量砂砾。

（2）侏罗—白垩系三台组（J₃K₁s）分布于井田中北部，厚度0～170.5米，平均59.34米。主要由砖红色粘土质细粒及中粒砂岩组成，铁、泥质胶结，结构较松散，底部常有一层不稳定的细砾岩组成。与下伏地层呈角度不整合接触。

（3）石炭—二叠系月门沟群（C₂P₂y）。①本溪组（C₂b）。厚度30.13～42.71米，平均38.13米，由北向南地层逐渐变厚。属海陆交互相沉积，由杂色粘土岩、粉砂岩、铝铁质泥岩等组成。与下伏马家沟群平行呈不整合接触。②太原组（C_2P_1t）。受后期剥蚀影响，残存厚度49.43～203.39米，平均143.07米，为井田主要含煤地层。岩性以灰色粉砂岩和灰黑色泥岩为主，间夹灰—灰绿色中砂岩、灰色泥岩、石灰岩及煤层。为典型的海陆交互相沉积，发育石灰岩16层，含煤19层。其中6、15$_上$、16$_上$、17、18为可采或局部可采煤层。③山西组（$P_{1-2}\hat{s}$）。受后期剥蚀，仅在井田中部部分保存，最大残厚32.49米，平均17.03米。由砂岩、粉砂岩、粉细砂岩互层、粘土岩及煤层组成，以灰—灰白色、灰绿色砂岩为主，砂岩含量高，多以厚层状分布于煤层的顶板及底板。

（4）奥陶纪马家沟群（$O_{2-3}m$）。井田范围内有6个钻孔揭露，最大揭露厚度453.2米，为灰—褐灰色厚层石灰岩、白云质灰岩、夹泥灰岩及少量的钙质泥岩，岩溶较发育，为煤系地层下伏的主要含水层。

（二）构造

1. 古城煤矿

井田位于兖州向斜东北翼，以断裂构造为主，褶曲不发育，仅在矿井东南部发育几个短轴褶曲。

受南北向峄山断层和北西向滋阳断层影响，主要断层展布方向为北西向。经勘探、地震补充勘探及井巷揭露，有断层183条。其中落差小于5米的77条、5～30米的71条、31～100米的28条、落差大于100米的7条。

岩浆岩仅在矿井西北部3～5号孔（位于矿井边界以外）穿见，为基性辉绿岩和辉绿玢岩，呈脉状沿断层带（F_5）侵入太原组地层中，单层最大厚度10.22米，最小厚度0.22米。岩浆岩的侵入时代为燕山期，由于岩脉是沿断层破碎带侵入，对煤层变质无明显影响。

2. 田庄煤矿

基本构造形态为一单斜，地层总体倾向东南，倾角3～10度，一般为6度，局部地段接近水平状态。发育有次一级的宽缓褶皱和断裂构造。

（1）褶皱。①北西及北北西向褶皱。卓家村向斜，轴向336～317度，向南东倾伏，轴长3400米。郭营背斜，轴向342～324度，略呈弧形，向南东方向翘起，轴长3600米。固城向斜，轴向305～316度，略呈弧形。轴向两端翘起，全长4800米。高家村向斜轴向140度，向南东倾伏，幅度40米，幅宽600～1000米。②北东及北东东向褶皱。苗家营背斜两端轴向62度东，中段50度东，略呈S形，向北东翘起，轴长2500米。齐村背斜轴向45～80度，向南东倾伏，幅度80米，幅宽300～1050米。沙河向斜。轴向45～80度，幅度70米，幅宽800米。娘娘庙背斜轴向80度，幅度60米，幅宽1000米。梁家营向斜轴向30度，幅度30米，幅宽300～600米。

（2）主要断裂落差大于15米的断层有9条。①北北东—北东向断裂。DF_{L67}正断层，位于矿井中间偏北部位。北北东走向，倾向北西转北西西，断面倾角70度，落差0～28米，控制延伸长度1000米。DF_{L63}正断层，位于矿井中间偏北部位。落差0～50米，北东走向，中段转近南北走向，倾向正西—北西西，断面倾角70度，控制延展长度1600米。F_1正断层，位于矿井中间部位。落差0～55米，鲍74号孔北为北北东走向，南转近南北向，倾向北西西转南西西，断面倾角70度，控制延展长度2600米。F_6正断层，位于井田中间偏西部位。落差0～30米，北东走向，倾向北西，断面倾角60～75度，控制延展长度600米。F_8正断层，位于井田中间偏北部位，落差0～34米，北东走向，倾向南东，断面倾角70度，控制延展长度1300米。②北北西—北西向断裂。DF_{L29}正断层，位于矿井西北部。落差0～40米，走向北西转北北西，倾向南西，断面倾角70度，区内控制延展长度3000米。DF_{L27}正断层，位于矿井东部。落差0～20米，走向北西，倾向南西，断面倾角70度，区内控制延展长度700米。DF$_{L17}$正断层，位于矿井东部。落差0～36米，走向北北西，倾向北东，断面倾角70度，区内控制延展长度700米。马家楼支二正断层，位于矿井东部。落差20～53米，走向北北西，倾向西，断面倾角70度，区内控制延展长度1500米。

3. 里彦煤矿

井田位于兖州向斜的南翼，总体形态在区内表现为北西向—近南北的南陶城向斜。井田内形成北北东—北东向褶曲，迭加于早期形成的构造格局之上，形成"穹""盆""马鞍型"构造格局。井田内次一级褶曲发育，主要为北北东向、北北东—北东向，分布在矿区的南部煤层露头附近，局部控制煤层的走向变化及等高线起伏。矿区内断层大多分布在褶曲轴部，并与之平行。

（三）煤层

1. 古城煤矿

矿井含煤地层为太原组和山西组，含煤地层总厚度245.04米。区内含煤25层，煤层平均总厚度19.82米，含煤系数7.9%。区内可采及局部可采煤层7层，厚度12.86米。

（1）山西组厚度52.25～108.1米，平均76.57米。含煤4层，自上而下为2$_{上}$、2、3$_{上}$、3煤等，煤层平均厚9.9米，含煤系数12%。其中2$_{上}$、3煤为可采和局部可采煤层，厚度9.15米。3煤为全区主要可采煤层，2$_{上}$煤局部可采。山西组3煤为矿井主采煤层，位于山西组的下部，厚度5.57～10.85米，平均8.58米。全区可采，层位稳定，厚度变异系数10%。直接顶板为厚度3米深灰色的砂质泥岩，少数孔为泥岩；老顶是灰白色含黑色矿物较多的中粒砂岩；底板为厚5～7米发育波状层理及生物扰动构造的细砂岩，常相变为灰黑色的砂质泥岩，有时为泥岩。属于结构简单、全区可采的稳定煤层。

（2）太原组厚度145.92～193.50米，平均168.47米。含煤21层，自上而下为5、6$_{上}$、6、8$_{上}$、8$_{下}$、9、10$_{上}$、10$_{下}$、11、12$_{上}$、12、13、14、15$_{上}$、15、16$_{上}$、16$_{下}$、17、18$_{上}$、18、18$_{下}$煤等。煤层总厚9.89米，含煤系数5.8%。6、10$_{下}$、15$_{上}$煤为局部的可采煤层，16$_{上}$、17煤为大部可采煤层。

2. 田庄煤矿

井田含煤地层为二叠系下统山西组和石炭系上统太原组。山西组局部残存，大都遭受剥蚀含煤地层主要为太原组，剥蚀层位最大到十$_{下}$灰岩底板，平均总厚177.33米。含可采和局部可采煤层5层，为10$_{下}$、15$_{上}$、16$_{上}$、17、18$_{上}$煤，平均纯煤总厚度3.44米，含煤系数1.94%。其中主要可采煤层16$_{上}$、17煤平均纯煤总厚度2.24米，占可采煤层总厚的65%。其他煤层均为不可采煤层。井田主采15$_{上}$、16$_{上}$、17煤。

（1）15$_{上}$煤层赋存于太原组中部，除西部边界、北边界中部、东翼采区中部因剥蚀缺失外，全区分布较广泛。顶板为九灰，局部相变为细砂岩、粉砂岩，局部有泥岩、炭质泥岩伪顶；底板多为粘土岩，局部相变为粉砂岩、中细粒砂岩。煤层厚度0.15～1.06米，平均0.75米；有夹石0～3层，一般为1层，厚度0.02～0.06米，岩性为粘土岩。

（2）16$_{上}$煤层。主要可采煤层。除西部边界、北边界中部因剥蚀缺失外，全区分布广泛。煤层赋存标高-120～-300米，顶板为十$_{下}$灰，局部相变为泥岩、粘土岩，局部有泥岩伪顶；底板为粘土岩，局部相变为粉砂岩、泥岩。煤层厚度0.55～1.64米，平均1.22米，为薄—中厚煤层。煤层结构简单，有夹石1～3层，厚度0.1～0.3米，岩性为炭质砂岩、黄铁矿结核、炭质泥岩。

（3）17煤层。主要可采煤层。除西部边界、北边界中部因剥蚀缺失外，分布于整个矿井范围。位于太原组下部，顶板为十一灰，局部相变为粉砂岩、细砂岩，多含有泥岩伪顶；底板为粘土岩，局部相变为页岩。煤厚0.35～1.41米，平均1.02米，为薄—中厚煤层。绝大部分见煤点煤厚大于0.8米，有夹石1～2层，厚度0.02～0.2米，岩性为炭质砂岩、铝质泥岩、黄铁矿。煤层结构较简单。

3. 里彦煤矿

井田主要含煤地层为二叠系山西组、石炭—二叠系太原组，平均总厚160.1米，含煤20层。山西组含煤1层，太原组含煤19层，可采煤层5层。其中山西组3煤层、太原组$16_{上}$、17煤层为矿井的主要可采煤层，太原组6、$15_{上}$、18三煤层为可采或局部可采煤层。井田内可采及局部可采煤层有3、6、$15_{上}$、$16_{上}$、17、18煤。

（1）3煤层。位于山西组中部，井田内山西组地层受后期剥蚀严重，煤层倾角小，顶板到第四系、上侏罗统距离小，个别点顶板直接为第四系砂砾层或上侏罗统底界，煤层顶部大面积风化。下距6煤层34.99～56.65米，平均41.07米。赋存标高-114～-353米，埋深153.06～392.78米。煤层厚度1.65～10.1米，平均4.93米。煤层结构简单，含炭质泥岩夹矸0～1层，为局部可采煤层。属稳定煤层。顶板以粉砂岩为主，次为泥岩；底板以粉、细砂岩为主，少数为泥岩。

（2）6煤层。位于太原组的上部，赋存标高-140～-393米，埋深178.85～433.87米。煤层厚度0.4～0.81米，平均0.66米。煤层结构简单，不含夹矸。为大部可采煤层，属较稳定煤层。顶板多为粉砂岩，次为泥岩；底板以粉砂岩为主，其次为细砂岩及泥岩。

（3）$15_{上}$煤层。位于太原组的中部，赋存标高-99～-408米，埋深137.10～447.77米。煤层厚度0.3～1.57米，平均0.77米。煤层结构简单，含炭质泥岩夹矸0～1层。为大部可采煤层，属较稳定煤层。顶板主要为九灰，局部相变为泥岩、粉砂岩，泥岩伪顶较普遍；底板以粉砂岩为主，其次为砂岩及粘土岩。

（4）$16_{上}$煤层位于太原组的下部，赋存标高-106～-525米，埋深144.75～566.8米。煤层厚度0.7～1.44米，平均0.97米。煤层结构简单，含炭质泥岩夹矸0～3层。为全区可采煤层，属稳定煤层。$十_{下}$灰岩为其直接顶板，层位稳定。

（5）17煤层位于太原组下部，赋存标高-101～-513米，埋深139.75～554.8米。煤层厚度0.59～1.28米，平均1.02米。煤层结构简单，含炭质砂岩或炭质泥岩夹矸0～1层。为全区可采煤层，属稳定煤层。

（6）18煤层位于太原组下部，赋存标高-122～-533米，埋深160.75～574.8米。煤层厚度0.13～1.29米，平均0.72米。煤层结构复杂，含炭质泥岩或泥岩夹矸1～3层。为大部可采煤层，属不稳定煤层。顶板一般为泥岩，少数为粉砂岩，底板为泥岩。

（四）水文地质

1. 古城煤矿

井田位于渊源泉水文地质单元的北补给区。单元边界北起长沟断层和郓城断层，南至凫山断层，东至峄山断层，西到孙氏店断层，南北长约55千米，东西宽约26千米，单元面积1400平方千米。区域构造对岩溶水起着明显的控制作用，控制了含水构造的形成和水文地质单元的划分。单元内具有独立的补给、径流和排泄区，补给区全部为覆盖型，大气降水渗入第四系地层后向下补给奥陶系灰岩，地下水流向南西，穿过滋阳断层转向南流。古城矿区内主河流有泗水河、沂水河，沂水河属泗水河的支流。泗水河自北向南流入矿区；在第8勘探线以东，沿17煤露头线以外向南流入南阳湖。

矿区内第四系厚度一般170～180米，最厚可达284米，赋存稳定的砂层6～8层，为松散孔隙含水层组。上组富水性强，中组属于隔水层段，下组富水性中等，是下伏各含水层的补给水源，对煤层开采无直接影响。上侏罗系、二叠系石盒子组和山西组砂岩构成区内裂隙含水层，富水性均弱。其中山西组3层煤顶板砂岩厚度17.46米，是上组煤顶板直接充水含水层，单位涌水量0.00465～0.197升/（秒·米），多小于0.02升/（秒·米），对煤层开采无大的威胁。岩溶裂隙含水层由石炭系薄层灰岩及奥陶系厚层组成，前者地表无露头，含水层厚度不大。第三层石灰岩、第十$_下$层石灰岩层位稳定，单层厚度多在10米以内，露头呈狭长条带隐伏于第四系之下，补给面积有限，导水性好而富水性弱，矿井开采时可以疏干；后者含水层厚度大，构成煤系基底的底鼓突水含水层。区域奥陶系厚度621.29～870.73米，划分为7段。顶部第六段厚约110米，富水性中等—强，上距17层煤垂直间距平均46.49米，下组煤开采时有突水的可能，需要采取疏降措施。开采3煤层的井田水文地质条件属于中等类型。

2. 田庄煤矿

矿井主采煤层为16$_上$和17煤层，直接充水含水层主要为十$_下$灰岩，八灰、九灰厚度较薄，富水性较差，对开采的影响较小。各主要灰岩含水层都与第四系下组接触，接受其下渗补给，使第四系下组砂层成为间接充水含水层。

边界断层马家楼断层使井田内十$_下$灰岩与区外奥灰间距变小或直接对口接触，十$_下$灰有接受奥灰水补给的可能；受断层的影响，十四灰和十$_下$灰、奥灰的水力联系密切，使奥灰、十四灰成为间接充水含水层。开采16$_上$、17煤层时，奥灰至煤底的间距分别为49.57米、43.09米，存在奥灰水底鼓的威胁。西部基底奥灰的露头面积大，水源地与井田相邻，奥灰的富水性强、联通性好，对矿井威胁大。

3. 里彦煤矿

（1）地表水系。井田内3条河流穿过，幸福河流经自矿区中部，泗河流经本矿西侧，白马河流经本矿东侧。幸福河河床宽度较窄，流域面积、流量均较小，对矿山开采无影响。泗河发源于泗水县东北，全长142千米，流域面积约2570平方千米，河床宽100～1000米，最大流量每秒3380立方米，向西南泄入南阳湖。白马河发源于曲阜市东南的泉林，自北向南流经本矿东南部，河床宽约250米，最大流量每秒353立方米；经过疏浚常年有水，可以通航。

（2）地下水系。①第四系上组和下组砂砾层孔隙含水层。总厚度114.33～163.30米，平均145.58米，东薄西厚，为冲、洪积沉积物。含水层与隔水层相互交错，砂层透镜体比较发育，岩性变化较为复杂。按颜色、岩性和富水性划分为上、中、下3组，上组和下组是含水层组。②3煤顶、底板砂岩裂隙含水层。包括3煤顶板及底板砂岩，为开采3煤的直接充水含水层。3煤上距上侏罗统底界最大间距仅12.31米，顶板砂岩不发育，大部分钻孔为粉砂岩或砂质泥岩，厚度2.54～9.51米，充水空间不发育。3煤底板砂岩厚度1.6～16.17米，以细砂岩为主，未发现漏水孔。3煤露头多隐伏于上侏罗统之下，仅西南部隐伏于第四系之下，3砂的补给水源为上侏罗统砂砾岩及第四系砂砾层水。③太原组石灰岩岩溶裂隙承压含水层。三灰岩溶裂隙承压含水层厚度3.7～7.1米，平均5.59米。上距3煤42.0～65.7米，正常开采3煤时三灰水不会溃入矿井，只有巷道穿过时才可能进入矿井。五灰岩溶裂隙承压含水层厚度0.40～5.88米，平均1.96米，下距15$_上$煤43.30～72.28米，平均56.71米。正常情况五灰水与采煤无关，只有巷道穿过时才可能进入矿井。十$_下$灰岩溶裂隙承压含水层为16$_上$煤直接顶板，为开采16$_上$煤层直接充水含水层。厚度3.33～9.08米，平均5.03米。疏排后，十$_下$灰对煤层开采影响变小。十二灰岩溶裂隙承压含水层有分叉与合并现象，分叉时十二$_上$灰厚度0.20～1.88米，十二$_下$灰厚度2.30～10.50米，间距3.37～15.91米；合并时，十二灰厚度9.67～10.52米。勘探阶段未对十二灰进行抽水试验，在断层部位可形成对口或近于对口接触，构成充水隐患。十四灰岩溶裂隙承压含水层厚度1.46～13.45米，平均8.03米。资料表明奥灰、十四灰联系不密切，一旦有大的导水断层作为补给通道，垂向上十四灰接受奥灰补给，其富水性加强，将对下组煤的开采构成威胁。大的导水断层附近作为预防底板承压含水层突水重点。奥陶系石灰岩岩溶裂隙承压含水层最大揭露厚度453.2米，裂隙、岩溶不发育，正常情况下奥灰水对煤层开采影响不大。

三、宁阳汶上煤田（新驿、鲁西煤矿）

（一）地层

1. 新驿煤矿

井田位于宁阳—汶上煤田东部，地层自下而上有奥陶纪中下统、石炭纪月门沟群本溪组、石炭二叠纪月门沟群太原组、二叠纪月门沟群山西组、二叠纪下石盒子组和上石盒子组、侏罗纪蒙阴组、第四纪。

（1）奥陶纪中下统（O_{1-2}）最大揭露厚度160.72米，岩性为灰及棕灰色厚层状灰岩、豹皮灰岩，夹多层白云质灰岩及薄层泥岩，岩溶较发育，为主要含水层。

（2）石炭纪月门沟群本溪组（C_2b）厚度17.1～18.3米，平均18.2米。为一套以海相为主的海陆交互相沉积，由紫色泥岩、粉砂岩、铝铁质泥岩组成。底部常含一层杂色铝铁质泥岩，与下伏中下奥陶统石灰岩呈假整合接触。

（3）石炭二叠纪月门沟群太原组（C_2P_1t）厚度157.80～178.45米，平均170.30米。井田内普遍发育，为主要含煤地层。由灰—灰黑色粉砂岩、泥岩、浅灰色中、细砂岩、石灰岩及煤层组成。含石灰岩14层，含煤20层，为典型的海陆交互相沉积。

（4）二叠纪月门沟群山西组（$P_1\hat{s}$）厚度34.2～98.6米，平均77.52米，是本区主要含煤地层。主要由浅灰、灰白色中、细粒砂岩及灰黑色粉砂岩、泥岩和煤层组成，砂岩含量较高。含煤5层，其中$3_{上1}$、$3_{上2}$煤层厚度大、储量丰富，为主采煤层。

（5）二叠纪石盒子组（$P_{1-2}\hat{s}$）残留厚度27.9～186.1米，平均45.48米；由黄绿、紫灰、灰等杂色泥岩、粉砂岩及灰绿色砂岩组成。中统上石盒子组残留厚度29.1～359.9米，平均171.06米，由灰、灰绿色中、细砂岩和黄绿、灰紫等杂色泥岩与粉砂岩组成。其下发育有一层中细粒砂岩，为上、下石盒子组的分界。

（6）侏罗纪蒙阴组（J_3m）最大残留厚度182.5米，平均87.92米，分布在半边店向斜的轴部，分上、下两个亚组。地层底部多有紫红色砂砾岩，与下伏地层呈不整合接触。

（7）第四纪（Q）厚度162.4～216.1米，平均185.32米。由粘土、钙质粘土、砂质粘土、砂及砂砾层组成。上组厚度95.2～105.5米，由棕黄、褐色砂、粘土质砂及粘土、砂质粘土相间沉积而成，砂层松散且透水性和水质较好。中组厚度27～52米，由灰绿色粘土、砂质粘土夹砂层组成，以隔水性能为主，为重要的隔水层。下组厚度39.7～59米，以灰绿、灰白色中、细砂夹粘土、砂质粘土组成，含砂2～4层，富水性中等。

2. 鲁西煤矿

区内地层发育由老到新依次有奥陶系、石炭系、二叠系、侏罗系、第四系。

（1）奥陶纪马家沟群（$O_{2-3}m$）总厚度大于800米，最大揭露厚度109.41米。为灰—深灰、褐灰色厚层状石灰岩、白云质灰岩，夹泥灰岩及少量钙质泥岩。

（2）石炭—二叠纪月门沟群（C_2P_1y）。①本溪组（C_2b）厚度6.8～36.3米，平均厚度19.84米。由灰、灰绿、深灰、紫等色的泥岩、粉砂岩、铝质泥岩组成。与下伏马家沟群呈假整合接触。②太原组（C_2P_1t）厚度125.92～210米，平均厚度169.68米。主要由深灰色粉砂岩、泥岩、灰色砂岩、石灰岩及煤层组成。含石灰岩15层，是煤岩层对比的良好标志层。为井田主要含煤地层，含煤13层（4～17煤层），16、17煤层可采，其余煤层均不可采。与下伏本溪组呈整合接触。③山西组（$P_1\hat{s}$）。厚度52.7～106.55米，平均72.06米。由浅灰、灰白、灰绿色中、细砂岩、深灰色粉砂岩、泥岩及煤层组成。中、下部砂岩含量增高。为本井田主要含煤地层，含煤4层（1、2、$3_上$、$3_下$），可采煤层为$3_上$、$3_下$煤层。为从海陆交互相向陆相发展的过渡相沉积，与下伏太原组为整合接触。

（3）二叠纪石盒子群（$P_{1-2}\hat{s}$）。厚度17.9～495.2米，平均厚度222.54米。主要由黄、绿、灰、紫等杂色泥岩、粉砂岩夹灰绿色砂岩组成。其上部常夹厚层状中、粗粒砂岩，中、下部所夹细、中粒砂岩，均不稳定。与下伏山西组为整合接触。

（4）侏罗纪淄博群三台组（$J_{2-3}s$）最大揭露厚度340.2米，由1套灰紫、黄绿、紫红等色的砂质泥岩、粉砂岩和中、细砂岩组成。下部常含有砂砾岩或砾岩层，砂岩中常见交错层理。与下伏石盒子组呈角度不整合接触。

（5）第四系（Q）厚度150.82～278.35米，平均223.54米。褐黄、灰黄、棕黄色、灰白色细砂、中砂、粗砂、粘土、钙质粘土、砂质粘土、粘土质砂夹2～3层粘土或砂质粘土组成，顶部0.5米为耕土。与下伏三台组呈角度不整合接触。

（二）构造

1. 新驿煤矿

新驿井田总体为一向斜构造，即半边店向斜。以长沟支五断层为界，北半部地层倾角10～15度左右；南半部地层倾角5～10度。

（1）褶皱。区内主要褶皱方向为北东向—北东东向。对井田影响较大的为半边店向斜，向斜轴由南北转北东，延展长约10千米，跨度9千米，最大幅度750米；自南向北被F_{D122}断层及其支断层切割成阶梯状断块。以长沟支五断层为界，北半部$3_上$煤层最大埋深800米，地层倾角10～15度；南半部$3_上$煤层最大埋深300米，大部分被剥蚀。下组煤埋藏较浅，地层倾角5～10度。

（2）断层。井田内断层的力学性质主要是受后期孙氏店断层东西向拉伸及南北向挤压作用而形成的张扭性断层，造成井田内构造方向大部为北北东或北东向。井田内落差10米以上的断层181条，10米以下的断层343条；以北东向、北西向为主，其次为近南北向、近东西向。落差大于100米的17条、51～100米的19条、31～50米的23条、10～30米的122条。井下揭露的张扭性断层，一般闭合较好，仅局部导水。区内逆断层4条，DFF_{61}、DFF_{80}、DFF_{165}和KDF_2，落差小于15米。

（3）岩浆岩。井田有一中性岩浆岩侵入体侵入山西组地层中，对3煤层及煤质有不同程度的影响。有3个钻孔见岩浆岩，从所获的资料看岩浆岩的侵入层位、深度、侵入体的层数、厚度有较大变化。

2. 鲁西煤矿

井田为一走向近南北、倾向东的单斜构造。地层沿走向和倾向均有一定程度的波状起伏，地层倾角多在5～15度，个别地段受构造影响达25度。

（1）本矿井内褶曲不发育，仅发育次级褶曲。①大唐阳向斜。位于井田的北部，轴向为近东西，向西仰起；南翼较缓，倾角8～10度，北翼浅部较陡，倾角6～15度，跨度约2450米，幅度约720米。向斜轴线较平直，在井田内东西延伸长度约3500米。②南唐阳背斜。发育于井田中北部，轴部大致位于第10勘查线附近。背斜轴向北东80度，向东倾伏。背斜的北翼较陡，倾角在15～25度；南翼则较缓，倾角在5～15度，跨度约3350米，幅度约750米。背斜形态在浅部较显著，深部逐渐宽缓，在井田内东西延伸长度约5000米。

（2）除井田边界断层外，井田内次级断层较发育，主要有北西、北东、东西和 南北向四组。区内断层大部分为高角度正断层，倾角70度左右。已查明或基本查明落差大于10米的断层41条，其中落差大于100米的5条、50～100米的4条、30～50米的6条、20～30米的8条、10～20米的7条。

（三）煤层

1. 新驿煤矿

井田主要含煤地层为山西组和太原组，大部和局部可采煤层为$3_{上1}$、$3_{上}$（$3_{上2}$）、$15_{上}$、16、17煤。其中山西组$3_{上1}$、$3_{上}$（$3_{上2}$）煤平均厚1.13米、1.82米，占可采煤层总厚的49.75%，为矿区主采煤层。

（1）$3_{上1}$煤层位于山西组中上部，上距2煤层15.15～16.32米，平均15.74米，煤层底板标高–150～–760米。煤层厚度0.25～3.62米，平均1.13米；可采范围内平均厚度1.28米，属较稳定煤层。煤层结构简单，一般不含夹矸，部分孔中见1层夹矸，岩性为泥岩、炭质泥岩或粉砂岩。顶板为泥岩、粉砂岩，少数为中、细砂岩，个别孔见炭质泥岩、泥岩伪顶。底板为泥岩、粉砂岩，少数为细砂岩。

（2）$3_{上}$（$3_{上2}$）煤层位于山西组中上部，上距$3_{上1}$煤层0.42～12.80米，平均4.02米。下距三灰32.18～101.20米，平均74.97米，煤层底板标高–150～–770米。煤层厚度0.40～3.55米，平均1.82米，可采范围内平均厚度1.94米，为较稳定煤层。煤层结构简单，一般不含夹矸，部分孔中见1～2层夹矸，为泥岩、炭质泥岩、粉砂岩，个别为细砂岩。顶板主要为泥岩、粉砂岩，少数为细砂岩。底板主要为泥岩、砂质泥岩、粉砂岩，个别孔有炭质泥岩、泥岩伪底。

（3）$15_{上}$煤层位于太原组中下部，煤层厚度0.30～1.62米，平均0.68米，为局部可采的不稳定煤层。煤层结构简单，一般不含夹矸，部分钻孔含1层夹矸。直接顶九灰厚度0～1.4米，平均0.54米，其上为泥岩、粉砂岩。底板为细砂岩、粉砂岩、泥岩。

（4）16煤层位于太原组下部，煤层底板标高–150～–985米。煤层厚度0.44～2.20米，平均1.27米，为稳定煤层。煤层结构简单，含1层夹矸，多为炭质砂岩、泥岩，少数为粉砂岩、细砂岩。顶板为石灰岩，少数有泥岩伪顶。底板为泥岩，少数为粉砂岩、细砂岩、中砂岩。

（5）17煤层位于太原组下部，煤层底板标高–150～–995米。煤层厚度0.19～1.65米，平均1.03米，为较稳定煤层。煤层结构简单，部分含1层夹矸，多为泥岩、炭质泥岩。顶板为石灰岩、粉砂岩、泥岩。底板为泥岩，部分为砂质泥岩。

2. 鲁西煤矿

井田主要含煤地层为山西组和太原组，总厚度约241.74米。含煤17层，煤层总厚9.09米。其中可采煤层$3_{上}$、$3_{下}$、16、17煤，总厚度6.03米。

（1）$3_{上}$煤层位于山西组中上部，赋煤标高–160～–369米。煤层倾向近东西，地层倾角5～15度，个别地段受构造影响达25度。可采范围内煤层厚度0.72～2.82米，平均1.90米。煤层结构较简单，含0～2层夹矸，为炭质泥岩。为大部可采的较稳定煤层。煤层顶板为粉砂岩、泥岩、砂岩；底板为细砂岩、粉砂岩。

（2）$3_{下}$煤层位于山西组的下部，赋煤标高–163～–722米，为矿井的主采煤层。煤层倾向近东西，为大部可采的较稳定煤层。煤层倾角多在5～15度，个别地段受构造影响达25度。可采范围内煤层厚度0.73～4.36米，平均2.68米。煤层结构较简单，含0～2层夹矸，为炭质泥岩或泥岩。

（3）16煤层位于太原组中部，赋煤标高–157～–960米。煤层倾向近东西，倾角一般小于15度，仅在中部个别地段达25度。可采范围内煤层厚度0.78～1.36米，平均1.13米。煤层结构简单，偶含1层夹矸，为大部可采的较稳定煤层。煤层顶板为十$_下$灰，底板为细砂岩、粉砂岩、泥岩。

（四）水文

1. 新驿煤矿

井田内地表水系为河流，主要是洸府河，其次是杨家湾和黄狼沟，历年最高洪水位+49.1米。第四纪中组粘土类隔水层发育良好，各基岩含水层与地表水、大气降水无直接水力联系。

井田内对矿井生产有影响的含水层自上而下有第四系砂岩、风氧化带、太原组三灰、十$_下$灰、本溪组十三灰和奥陶系灰岩。其中，太原组十$_下$灰、本溪组十三灰含水层是直接充水含水层，奥陶系灰岩含水层是间接充水含水层。

（1）第四系。厚度由南东向北西逐渐增厚，为冲洪积沉积物，潜水水位埋深5～7米。上组含水层由棕黄色、褐色砂、粘土质砂及粘土、砂质粘土相间沉积而成。厚度95.2～105.5米，平均厚度100米。砂层松散，透水性较好，分布较稳定的砂层7～8层，砂层厚31～62米，属中等—强富水含水层。下组含水层由灰绿色—灰白色中、细砂夹粘土组成，厚度39.7～59.0米，平均50米，含砂2～4层。覆盖于各基岩含水层露头上，是各基岩含水层补给水源。

（2）山西组3$_上$煤层顶底板砂岩裂隙含水层。粗砂岩，厚3.60～3$_上$（3$_{上1}$）煤层顶板砂岩以灰白色中、细砂岩为主，局部为粗砂岩，厚度3～32.93米，平均11.65米。3$_上$（3$_{上2}$）煤层底板砂岩多为灰白色细砂岩，裂隙局部发育，局部58.88米，平均30.05米，富水性弱。

（3）太原组石灰岩岩溶裂隙含水层。①三灰。厚度3.4～7.1米，平均4.76米，浅部裂隙发育，见溶蚀现象，局部岩芯破碎。三灰富水性不均一，浅部富水性中等，深部富水性较弱。②十$_下$灰含水层厚4.9～7.8米，平均5.58米，具裂隙充填方解石脉，局部岩芯破碎，见溶蚀现象。富水性极不均一，为16煤层直接顶板，是开采16煤层的直接充水含水层。其下距奥灰59.10～61.55米，平均60.33米，在断层落差较大处，可与奥灰形成对口接触，易接受奥灰水的补给。

（4）奥陶系石灰岩岩溶裂隙含水层。17煤至奥灰间距正常。奥灰裂隙发育，充填或不完全充填方解石脉，见溶洞，局部岩芯破碎。井田东、南、西三面，奥灰均为覆盖型，直接接受第四系下组水的补给，从区域规律分析，覆盖区奥灰岩溶裂隙较发育，地下水动态稳定，富水性强。

2. 鲁西煤矿

本井田属淮河流域南四湖水系。井田内地表无大的河流通过，农用排灌沟渠纵横，村庄星罗棋布，植物繁茂。在井田东部有跃进沟通过，流向洸府河。沟渠水量受大气降水影响，雨季有水，秋冬旱季多干涸，区内基本不受洪涝威胁。汛期洸府河的最高洪水位标高+39.3米，最大流量每秒400立方米（1964年9月1日）。主、副井井口标高+43.5米，比洸府河最高洪水位高出4.2米。

含煤地层均为新生界松散层所覆盖。基岩段含水层自上而下可以分为侏罗系砂岩裂隙含水层（段）、煤系风氧化带含水层、3煤顶底板砂岩裂隙含水层（段）、第三层石灰岩岩溶裂隙含水层、太原组十$_下$灰岩溶裂隙含水层、奥陶系石灰岩岩溶裂隙含水层。

（1）新生界松散层孔隙含水层（组）。①第一含水层（组）。厚度4.75～40.73米，平均13.92米。其中含砂层的厚度2～24.54米，平均10.67米，由黄褐色粉砂、细砂、中砂及粘土质砂夹1～7层粉、细砂或粘土质砂组成。透水性好，富水性较强。上部近地表0.50米为褐黑色耕植土。②第二含水层（组）。厚度9.25～78.80米，平均42.35米。其中含砂层厚度9.25～59.60米，平均27.99米。由棕黄、褐黄、浅灰色中砂、粗砂、细砂、粘土质砂夹3～5层砂质粘土、粘土组成。本组砂层厚度大、粒度粗，富水性中等。③第三含水层（组）。厚度4.95～100.45米，平均厚度56.90米，其中含砂层厚度4.95～78.55米，平均厚度36.52米。由褐灰、棕黄、灰白色细砂、中砂、粗砂、粘土质砂夹多层厚薄不一的粘土、砂质粘土、局部钙质粘土组成。富水性中等—强含水层。

（2）基岩段含水层。①侏罗系砂岩裂隙含水层（段），揭露厚度63.75～132.05米。由紫红色细粒砂岩组成，泥质胶结，裂隙不太发育，富水性弱，距煤层较远，对煤层开采没有充水影响。②煤系风氧化带含水层。厚度17.2～37.6米，平均25米。砂岩、粉砂岩风化强烈，裂隙发育，泥岩则相对较差。局部第三隔水层厚度较小，第三含水层可能与煤系基岩风氧化带含水层存在一定的水力联系，生产时必须加以重视。③3煤顶底板砂岩裂隙含水层（段）。厚度21.81～57.7米，平均39.76米。由中粒、细粒砂岩组成，裂隙发育程度不均一。富水性一般较弱，局部有富水可能。④第三层石灰岩岩溶裂隙含水层。层位、厚度稳定，岩性致密、坚硬，岩溶裂隙较发育，厚度3.25～6.55米，平均4.56米，富水性弱。⑤太原组十$_下$灰岩溶裂隙含水层。厚度1.39～5.41米，平均4.28米，富水性弱。溶裂隙发育不均一。⑥奥陶系石灰岩岩溶裂隙含水层。钻孔揭露最大厚度109.41米。多为浅灰色质纯灰岩，岩溶裂隙较发育，富水性弱—强。

四、巨野煤田（彭庄、郭屯煤矿）

（一）地层

1. 彭庄煤矿

为华北型石炭—二叠系全隐蔽式井田。煤系地层以奥陶系为基底，沉积了石炭系本溪组、石炭—二叠系太原组、二叠系山西组及石盒子组，其上被新近系和第四系所覆盖。主要含煤地层为太原组和山西组。

（1）奥陶系马家沟群（$O_{2-3}m$）。最大揭露厚度51.25米。灰褐色中、厚层状灰岩为主，间夹多层白云质灰岩、白云岩及薄层灰绿色泥岩。岩溶较发育，为井田的主要含水层，含腕足、介形虫类化石。奥陶系与下伏寒武系整合接触。

（2）石炭—二叠系月门沟群（C_2P_2y）。①本溪组（C_2b）。位于十四灰以下，厚度2.9～21.2米，平均9.78米。以灰绿色泥岩、紫红色铁铝质泥岩为主。与奥陶统呈平行不整合接触。②太原组（C_2P_1t）厚度164～181米，平均175.54米，除个别剥蚀点外，整体厚度比较均匀。由灰—灰黑色泥岩、粉砂岩、灰白色中、细砂岩、薄层石灰岩及煤层组成。含灰岩十二层，含煤21层，其中6、16$_上$、17煤为主要的可采煤层。③二叠系山西组（$P_1\hat{s}$）厚度28.65～91.20米，平均厚度70.96米。上部以泥岩、粉砂岩为主，夹中砂岩及细砂岩薄层；中、下部以中、细粒砂岩为主，夹薄层泥岩、粉砂岩；底部颗粒变细，泥质增多，具波状、浑浊状层理，与下伏地层整合接触。含2、3$_上$、3$_下$煤层，受到不同程度的冲刷。

（3）石盒子群（$P_{1-2}\hat{s}$）。厚度79.9～607.8米。由杂色泥岩、粉砂岩，灰绿色中、细砂岩组成。上部有厚层状灰白色石英砂岩，作为区域对比标志。

（4）新近系（N）厚164.2～424.5米，平均285.39米，与下伏石盒子群角度不整合接触。上部以粉、细、中砂层为主，与棕黄色、棕褐色、黄褐色、灰绿色粘土互层，岩性松软，大部分未固结，局部微固结；下部以褐红、褐黄、灰绿、灰白色粘土层为主，偶夹粉、细砂互层，大部分微固结，局部半固结。粘土、砂质粘土中常见石膏，粘土具吸水性、可塑性。

（5）第四系（Q）厚度102.2～142.0米，平均125.09米，由粘土、砂质粘土、砂及砂砾层组成。上部粘土层含量比较高，中部砂层含量比较高，砂层松散且透水性较好，富含孔隙水，底部为1层厚层粘土、砂质粘土。属河湖相沉积。

2. 郭屯煤矿

井田地层区划属华北地层区鲁西地层分区济宁地层小区。地层自下而上分为奥陶系下、中统，石炭系本溪组、太原组，二叠系山西组、下石盒子组和上石盒子组，新近系，第四系。

（1）奥陶系下、中统（O_{1-2}）。揭露厚度2.97～54.98米，主要为灰—深灰色厚层状石灰岩，夹多层白云质灰岩、白云岩及薄层泥岩，岩溶裂隙发育，为煤系下伏地层的主要充水含水层，含腕足类、介形虫类化石。

（2）石炭系（C）。①本溪组（C_2b）。厚度5.2～16.22米，平均10.52米。由紫色、灰色泥岩、砂岩组成。底部常为1层紫红色铁铝质泥岩。与下伏的奥陶系地层呈假整合关系。

②太原组（C_2P_1t）。厚度158.31～185.66米，平均171.09米。由灰—灰黑色泥岩、粉砂岩、砂岩、灰岩及煤层组成，底部有杂色含鲕粒泥岩，局部地段有岩浆岩侵入。与本溪组连续沉积。

（3）二叠系（P）。①山西组（$P_1\hat{s}$）。厚度44.3～85.2米，平均66.66米。由浅灰—灰白色砂岩、深灰—灰黑色泥岩、粉砂岩及煤层组成，为主要含煤地层，局部有岩浆岩侵入。与太原组连续沉积。②下石盒子组（$P_{2-1}\hat{s}$）。厚度33～87米，平均53.08米。上部为紫色、灰绿色泥岩、粉砂岩夹砂岩，下部为灰色、灰白色砂岩夹灰绿色粉砂岩、泥岩，底部以不稳定的厚层状砂岩与山西组分界。属温暖湿热条件下的河湖相沉积。与下伏山西组连续沉积，界面不易划分。③上石盒子组（$P_{2-2}\hat{s}$）。最大残留厚度445.5米，由杂色泥岩、粉砂岩、灰绿色中、细砂岩组成。上部有厚层状灰白色石英砂岩（奎山砂岩）作为区域性对比的标志；底部含1～2层B层铝土岩（或相变为铝质泥岩），其下为含砾细、中砂岩，是上、下石盒子组的分界标志。与下伏地层呈整合接触。

（4）新近系（N）。厚度227.80～542.75米，平均443.74米。①下段（N_1）厚度85.8～229.5米，平均157.77米，为棕色、灰绿色厚层粘土、砂质、粉砂质粘土，局部夹粉砂、细砂薄层，大部半固结，局部未固结。粘土、砂质粘土常含较多块状、晶簇状石膏，具吸水性、可塑性。底部为含较多钙质结核或砾石的粘土及粘土质砂、砾层。与下伏地层呈不整合接触。②上段（N_2）厚度91.8～385.2米，平均285.97米。上部以棕黄、浅红色厚层粘土、砂质粘土为主，夹粉、细砂及粘土质砂，含较多钙质结核及少量铁锰质结核，岩性松软，大部分未固结，局部微固结；下部为灰绿、棕黄色细砂、粉砂、粘土质粉砂夹浅紫色粘土，为新近系主要含水段。粘土层中含块状、板状及晶簇状石膏，粘土、砂质粘土易吸水膨胀具可塑性，砂层松散具流动性。

（5）第四系（Q）。厚度100.7～156.4米，平均133.27米，分上、下2段。上段为黄褐、棕黄色粘土质砂、砂质粘土，夹粉、细砂及中砂薄层，松散且透水性好，是第四系的主要含水层。下段为灰绿、棕黄、浅紫红色砂质粘土、粘土，夹粘土质砂及透镜状粉砂，底部多为1层含铁锰质结核及姜结石的粘土层，隔水性良好，属冲积河湖相沉积，不整合于新近系之上。

（二）构造

1. 彭庄煤矿

矿区范围北起$F_{21支3}$断层，南至F_{15}断层及奥陶系露头，西起F_{21}断层，东至F_{14}断层。以$F_{21支2}$断层西段（南北走向部分）为界，其东西两侧构造特征有明显区别。其西侧断层发育，褶曲较紧闭，线性构造延展方向以北北东向为主；其东侧断层发育程度较差，褶曲较宽缓，构造延展方向以东西向为主。

查明和基本查明落差大于10米的断层52条。其中落差大于100米的10条、51～100米的8条、31～50米的13条、10～30米的21条。

矿区大部区域的含煤地层总体表现为南浅北深、西浅东深、大致向北东倾伏的单斜构造形态伴有次一级褶曲，部分地段（$F_{21支2}$断层以西的小屯西背斜西翼）地层产状总体倾向北西且倾角较大。含煤地层产状总体较平缓，倾角4～15度。在西部小屯西背斜轴—张官屯向斜之间，产状较陡，局部地段倾角28～30度。井田主要发育二组褶曲，轴向近南北向的张官屯向斜、黄垓背斜和轴向近东西向的后彭庄背斜、孙垓向斜。

各阶段勘查钻孔均未发现岩浆岩侵入现象，井下工作面揭露2条近直立的闪长玢岩岩墙，岩墙两侧1～1.5米的煤层发生变质作用。

2. 郭屯煤矿

井田东界为田桥断层，西界为煤系地层隐伏露头，构成总体向东倾斜的单斜构造。受区域构造影响，发育宽缓褶曲，伴生一定数量的断层，复杂程度中等。

井田内褶曲从东向西依次为丁官屯背斜、丁里长向斜、八里河背斜、郭屯向斜、文庄背斜、王营向斜、车楼背斜、郭庄向斜、辛庄背斜、辛庄向斜、付庄背斜、付庄向斜、李垓背斜、王老虎向斜、高庄背斜、吴庙向斜等。

井田内有断层180条。落差大于100米的断层4条、51～100米的断层3条、31～50米的断层6条、5～30米的断层45条、小于5米的断层122条。

岩浆岩分布于井田的南部及东北部，侵入层位在3煤层至十二灰之间，以沿3煤层顶、底板顺层侵入或穿插于3煤层之中为主，对3煤层影响较大，使井田的南部及东北部3煤层大面积变为天然焦或煤焦混合。

（三）煤层

1. 彭庄煤矿

彭庄井田为石炭—二叠纪海陆交互相含煤地层，含煤地层为山西组和太原组，地层平均总厚度251.52米，含煤28层，煤层平均总厚度8.12米，含煤系数3.66%，其中可采煤层4层，为3$_下$、6、16$_上$、17煤，平均总厚5.37米。3$_下$煤是本井田的主采煤层。

（1）3$_下$煤位于山西组中下部，顶板多为细粒砂岩、中粒砂岩，少数为砂质泥岩、泥岩或粉砂岩。底板主要为粉砂岩或砂质泥岩。煤层厚度0.65～6.4米，平均2.80米，可采范围内平均煤厚2.87米，煤厚变异系数55.5%。煤层结构简单，一般没有夹矸或发育1层夹矸，最大夹矸厚0.36米，一般0.15～0.25米，岩多为泥岩和粉砂岩。属大部可采较稳定中厚煤层。

（2）6煤赋存于太原组上部，主要分布在井田中部。其东部、北部以及西南部分地段沉积缺失，可采区面积11平方千米。顶板岩性多为粉砂岩、泥岩、砂质泥岩。底板为泥岩、粉砂岩、细砂岩及中砂岩。煤层厚度0.25～1.02米，平均0.75米，可采范围内厚度平均0.87米，煤厚变异系数26.1%。煤层结构简单，不含夹矸。属局部可采不稳定薄煤层。

（3）16$_上$煤赋存于太原组下部，十$_下$灰为其直接顶板，厚度3.5～10.82米，平均5.42米；底板为粉砂岩及泥岩。主要在井田南部可采，可采面积约47平方千米。煤层厚度0.45～2.93米，平均0.80米，可采范围内厚度平均1.13米，煤厚变异系数75.5%。局部含1层夹矸，为泥岩。属局部可采较稳定薄煤层。

（4）17煤赋存于太原组下部，距奥灰顶界22.3～46.66米，平均31.43米。煤层顶板岩性多为粉砂岩、泥岩和细砂岩、炭质泥岩等，底板为泥岩、粉砂岩及砂质泥岩。属大部可采较稳定中厚煤层。

2. 郭屯煤矿

井田内可采、局部可采煤层为3、3$_上$、3$_下$、15$_上$、16$_上$、17、18$_中$煤。

（1）3煤位于山西组中下部，上距上石盒子组B层铝土岩54.23～114.77米，平均96.45米；下距太原组三灰44.57～71.74米，平均59.21米。煤层厚度0～8.18米，平均4.91米；可采范围内煤层厚度5.51～8.18米，平均7.02米。煤层结构较简单，含0～2层夹石，多为泥岩、炭质泥岩，属大部可采的较稳定煤层。顶板多为泥岩和粉砂岩，个别点为细砂岩、中砂岩、粗砂岩，煤层底板多为泥岩和粉砂岩。为3$_上$、3$_下$煤层合并后的厚煤层。

（2）3$_上$煤位于山西组中上部，厚度0～3.85米，平均1.19米。可采范围内煤层厚度0.71～3.85米，平均1.59米。结构简单，含0～2层夹石，多为炭质泥岩和泥岩，属局部可采的不稳定煤层。顶板多为泥岩、粉砂岩和细砂岩，个别点为中、粗砂岩；底板多为泥岩、粉砂岩。为3煤层分叉后的上分层。

（3）3$_下$煤位于山西组下部，厚度0.73～5.31米，平均3.47米。结构较简单，含0～4层夹石，多为炭质泥岩、泥岩。属大部可采的较稳定煤层。顶板多为粉砂岩、细砂岩，个别点为中砂岩、粗砂岩；底板多为泥岩、粉砂岩。为3煤层分叉后的下分层。

（4）15$_上$煤位于太原组中部，厚度0.38～0.8米，平均0.62米。可采范围内煤层厚度0.71～0.8米，平均0.76米。结构简单，一般不含夹石，属局部可采的不稳定煤层。九灰为其直接顶板，局部有伪顶，底板多为粉砂岩、泥岩。

（5）16$_上$煤位于太原组下部，煤层厚度0～0.82米，平均0.58米。可采范围内煤层厚度0.72～0.82米，平均0.77米。结构简单，偶含1层炭质泥岩夹石，属局部可采的不稳定煤层。十$_下$灰为直接顶板，局部有伪顶；底板多为泥岩、粉砂岩。

（6）17煤位于太原组下部，厚度0.27～1.98米，平均1.27米。可采范围内煤层厚度1.06～1.98米，平均1.52米。结构简单，多含1层炭质泥岩夹石，属大部可采的较稳定煤层。顶板多为泥岩、粉砂岩，个别点为炭质泥岩；底板多为粉砂岩、泥岩，局部为细砂岩。

（7）18$_中$煤位于太原组底部，厚度0～0.92米，平均0.70米。可采范围内厚度0.72～0.92米，平均0.81米。结构简单，个别点含2层炭质泥岩夹石，属局部可采的不稳定煤层。顶板多为粉砂岩、细砂岩；底板多为粉砂岩、泥岩。

（四）水文

区内地表水系较发育，东部有洸府河、泗河、白马河自东向西流入南阳湖，西部有万福河、洙赵新河、洙水河、赵王河自西向东流入南阳湖，京杭运河自北向南流经本区。

1. 彭庄煤矿

井田内主要含水层段有7个，自上而下依次是第四系松散层孔隙含水层、新近系砂砾层孔隙含水层、石盒子群砂岩裂隙含水层、山西组3$_下$煤层顶、底板砂岩裂隙含水层、三灰岩溶裂隙含水层、十$_下$灰岩溶裂隙含水层、奥陶系灰岩岩溶裂隙含水层。其中3$_下$煤层顶、底板砂岩和太原组三灰是开采上组煤的直接充水含水层；十$_下$灰为开采下组煤的直接充水含水层。奥灰水对开采下组煤有较严重的底鼓突水威胁。

（1）山西组3$_下$煤层顶、底板砂岩裂隙含水层。3$_下$煤层顶、底板砂岩统称为3砂。顶板砂岩厚度16.5～58.9米，平均31.04米；底板砂岩厚度6.3～18.2米，平均11.66米。以中、细砂岩为主，局部为粗砂岩，裂隙局部发育，充填有方解石脉。4次抽水试验，富水性弱且不均一，为开采3$_下$煤层的直接充水含水层。

（2）太原组三灰岩溶裂隙含水层。厚度5.05～6.70米，平均5.95米，是开采上组煤底板进水的直接充水含水层。浅部裂隙较发育，岩溶裂隙常充填方解石和泥质。富水性弱—中等。

（3）新近系松散层孔隙含水层受古地形影响厚度变化较大，平均厚度285.39米。①上段（N_2）。厚度112～214.4米，平均147.5米。由中、细砂层与杂色粘土、砂质粘土相间沉积而成。含砂层6～16层，砂层厚27～110米，成犬牙交错状相连，砂层较松散，富水性较强，含松散孔隙承压水。②下段（N_1）。厚度39.6～212.01米，平均137.89米。以厚层粘土为主，多呈杂色，呈现半固结状，常见白色高岭土层或石膏团块。含砂2～12层，砂层厚度18～56米，受古地形影响砂层厚度变化大，连续性差，多呈透镜状，属水质较差富水性中等的松散孔隙承压含水层。

2. 郭屯煤矿

区内含水层自上至下依次是新生界砂砾层、二叠系石盒子组砂岩、3煤层顶底板砂岩、太原组三灰、十下灰及奥陶系灰岩。其中3煤层顶、底板砂岩和太原组三灰是开采上组煤的直接充水含水层；十下灰为开采下组煤的直接充水含水层，奥灰为开采下组煤的间接充水含水层。

（1）新近系砂层含水层。厚度227.8～542.75米，平均443.74米，由粘土、砂质粘土和砂砾层相间沉积组成，①上段（N_2）。厚度91.8～385.6米，平均285.97米。由中、细砂层与杂色粘土、砂质粘土相间沉积而成。含砂层7～15层，砂层厚度70.0～149.2米，占25.2～55.1%，砂层单层厚度较小，成犬牙交错状相连。砂层较松散，富水性较强，为松散孔隙承压水含水层。②下段（N_1）。厚度85.8～229.5米，平均157.77米。以厚层粘土为主，粘土呈杂色，呈半固结状，常见白色高岭土层或石膏团块。砂层以灰白、棕黄色的中、细砂为主，砂质不纯，多含泥质成分。含砂层3～9层，砂层厚度15.6～85.6米，占12.1%～50.6%，受古地形影响厚度变化大，连续性差，多呈透镜状。底部为厚层粘土、砂质粘土层，属富水性中等的松散孔隙承压含水层。

（2）二叠系上、下石盒子组砂岩含水层。为中、细砂岩，砂层单层厚度2～33.9米。漏水点深度417.11～759.48米，下距3（$3_上$、$3_下$）煤层间距大于100米。

（3）山西组3（$3_上$、$3_下$）煤层顶、底板砂岩含水层。砂岩厚度6.58～40.32米，平均28.28米。为3煤层顶板砂岩和3煤层底板砂岩，统称为3砂。老底为中细粒砂岩，厚2.10～21.92米，以细砂岩为主，局部为中砂岩和粉砂岩，裂隙局部发育，充填有方解石脉。属弱富水裂隙承压含水层。

（4）太原组石灰岩岩溶裂隙含水层。①三灰厚度3.5～6.8米，平均5.81米。富水性、水压不均一且具有块段性，不同块段水量、水压差别大，补给条件差，以静储量为主。②十下灰厚度1.14～6.65米，平均4.43米，浅部裂隙发育，局部有溶蚀现象，充填方解石与泥质，是16层煤的直接充水含水层。

（5）奥陶系灰岩岩溶裂隙含水层厚度2.97～53.98米，为浅灰—棕灰色，呈厚层状石灰岩，见有裂隙及小溶洞发育，有的被方解石充填或半充填。属中等富水含水层，但其上压盖隔水层薄，静水压力大，奥灰水对开采下组煤层有较大的充水威胁。

五、济宁煤田（王楼煤矿）

（一）地层

王楼井田为第四纪全覆盖区，地层由老到新为奥陶纪马家沟组（$O_{2-3}m$），石炭纪本溪组（C_2b）

及太原组（C_2P_1t），二叠纪下石盒子组（$P_{2-1}\hat{s}$）、上石盒子组（$P_{2-2}\hat{s}$）和山西组（P_1s），上侏罗纪淄博群蒙阴组（J_3m），第四纪松散层（Q）。

1. 奥陶纪马家沟组（$O_{2-3}m$）

区内最大揭露厚度100.76米（水3C–34）。为浅棕灰—褐灰色厚层状石灰岩、白云质灰岩、夹泥灰岩及少量的钙质泥岩，岩溶较发育，为煤系地层下伏的主要含水层。奥陶纪地层总厚达742米，分中统和下统。中统主要为灰及棕灰色厚层状石灰岩、豹皮灰岩、夹泥灰岩及钙质泥岩等；下统以白云质灰岩为主。

2. 石炭纪（C）

包括中统本溪组（C_2b）和上统太原组（C_2P_1t）。

（1）本溪组（C_2b）厚度18.16～62.05米，平均31.47米。为海陆交互相沉积地层，由灰、灰绿、深灰、紫色泥岩及石灰岩组成。含十三、十四石灰岩，底部常为1层灰紫杂色铁铝质泥岩，与下伏奥陶纪马家沟组地层为平行不整合接触。

（2）太原组（C_2P_1t）厚度115～192.95米，平均厚度169.05米。为井田内主要含煤地层，富含动、植物化石。由深灰、灰黑色泥岩、粉砂岩、灰色砂岩、石灰岩及煤组成。为典型的海陆交互相沉积，本组含石灰岩11层，含煤17层，均为薄煤层，其中16上煤层为稳定煤层，全区可采；12下煤层大部可采，10下、17煤层为局部可采煤层。

3. 二叠纪（P）

区内主要含煤地层之一，由老到新依次分为下统山西组（$P_1\hat{s}$）、下统下石盒子组（$P_{2-1}\hat{s}$）和上统上石盒子组（$P_{2-2}\hat{s}$）。

（1）山西组（$P_1\hat{s}$）厚度77.86～143.66米，平均厚度100.28米。为本区主要含煤地层，由浅灰、灰白及浅绿色中、细砂岩，深灰—灰黑色泥岩、粉砂岩及煤层组成，含煤3层（2、3上、3下）；其中3上煤层是本区的主要可采煤层，3下煤层在矿井中北部有2.8平方千米的可采区。底部砂岩泥质增多，波状及浑浊状层理发育，常含砂泥质及菱铁质包裹体、见底栖动物通道。对下伏太原组有冲刷作用，两者为整合接触。属于陆相为主的过渡相沉积，化石主要有羊齿类和蕨类。

（2）下石盒子组（$P_{2-1}\hat{s}$）最大厚度68.53米，平均厚度47.14米。主要为灰绿、紫红色杂色泥岩、粉砂岩，夹灰绿色砂岩，底部为一不稳定的中厚层砂岩与山西组分界，为连续沉积。与下伏地层呈整合接触。

（3）上石盒子组（$P_{2-2}\hat{s}$）。沉积后遭受风化剥蚀，局部被剥蚀殆尽，最大残存厚度115.61米（32-1号孔），平均58.62米。由黄绿、灰、灰紫、紫红等杂色泥岩、粉砂岩及灰绿色砂岩等组成，属干旱条件下的河湖相沉积；近底部有B层铝土岩，质不纯，常相变为铝土质泥岩或泥岩；其下为1层浅棕红色的石英长石砂岩，较稳定，与B层铝土岩组成独特的标志层与下石盒子组分界，呈整合接触。

4. 侏罗纪淄博群蒙阴组（Jzm）

根据测井曲线和岩性对比，区域内该组地层分5段，井田内存有1、2、3、4段，东南部缺失。矿区内最大残存厚度850.1米，平均450.7米，由东南向西北逐渐增厚，与下伏地层呈不整合接触。

5. 第四纪（Q）

全区厚度186.2～340.3米，平均267.9米。由粘土、砂质粘土、钙质粘土、砂及砂砾层等组成，总体东部较薄，往西南逐渐变厚。

（二）构造

王楼井田位于济宁凹陷的南部，为济宁向斜南翼，为一走向北东、倾向北西的单斜构造，地层倾角10～14度。井田内褶曲构造不发育，以断裂构造为主，西界为济宁支断层，东部有孙氏店断层。受嘉祥、济宁、孙氏店等区断裂构造的影响，矿区内以近南北向断层为主，南部和北部也发育近东西向断层。井田构造复杂程度属中等类型。

1. 褶曲

井田位于济宁煤田向斜构造南翼，总体呈一走向北东、倾向北西的单斜构造，局部发育有次一级的宽缓的小型褶曲.

2. 断层

井田内断裂构造发育，以正断层为主，发育347条，平均每平方千米3.7条。落差大于100米的断层11条、51～100米的10条、30～50米的29条、小于30米的有297条。按走向分为近南北向、北西向、北东向和近东西向4组，近南北向断层组主要分布在井田的边界及湖区内，特征是落差大、延展距离长；近北西向断层组主要分布在区内陆地北部，特征是落差小、延展距离短，仅井田西南部的南陈、D_9断层落差较大，延展距离相对较长；近北东向断层组主要分布在井田北部，断层落差小、延展距离小，湖区的F_{13}、F_{14}两条断层其落差稍大，延展距离也相对较长；近东西向断层发育仅2条。

（三）煤层

王楼煤矿井田可采及局部可采煤层6层，为$3_上$、$3_下$、$10_下$、$12_下$、$16_上$、17煤，平均总厚6.81米，含可采煤系数2.6%。除$16_上$煤全区可采，其余煤层大部或局部可采。$3_上$和$16_上$赋存条件较好、厚度稳定性程度较高，平均总厚度3.43米，占可采煤层总厚度的50.4%，为区内主采煤层。

（1）$3_上$煤位于山西组中上部，分布于矿区西北部，东南部该煤层均被风化剥蚀，下距太原组三灰78.38～104.45米，平均95.53米，主要可采中厚煤层。煤厚0.56～4.48米，平均2.28米。局部含有1层夹矸，为泥岩和炭质泥岩。顶、底板岩性多为泥岩、粉砂岩，局部相变为细砂岩、砂质泥岩。

（2）$3_下$煤位于山西组中下部，上距$3_上$煤底板32.53～60.37米，平均44.01米；下距太原组三灰44.45～56.79米，平均52.45米。煤层厚度0～1.44米，平均0.16米属零星可采的极不稳定薄煤层。顶板为细砂岩，局部为粉砂岩、泥岩，底板为泥岩。

（3）$10_下$煤位于太原组中上部，上距三灰底26.96～51.39米，平均36.06米；下距$12_下$煤8.86～18.19米，平均13.22米。煤层厚度0～0.97米，平均0.75米，结构简单，基本不含夹矸，属局部可采的不稳定薄煤层。顶底板岩性以泥岩、粉砂岩为主，局部底板为细砂岩。

（4）$12_下$煤位于太原组中部，下距$16_上$煤底板39.64～60.29米，平均51.02米。煤层厚度0.30～1.56米，平均0.91米，局部含有1～3层夹矸，有泥岩、炭质泥岩、粉砂岩，厚度最大可达0.31米。可采性指数82%，煤层变异系数30%，属大部可采的较稳定煤层。顶板岩性多为泥岩，个别点为粉砂岩、细砂岩和炭质泥岩；底板为八灰，多见0.30米左右的泥岩伪底，局部区域底板岩性为泥岩。

（5）$16_上$煤位于太原组下部，下距17煤3.63～8.88米，平均6.2米。煤层厚度0.77～1.55米，平均1.15米，煤层结构较简单，局部有一层夹矸，为泥岩和炭质粉砂岩，属于稳定的全区可采煤层。煤层顶板为十$_下$灰岩，厚度5米左右。底板为泥岩，个别点可见粉砂岩、中砂岩。

（6）17煤位于太原组下部，下距奥陶纪灰岩顶41.13～70.57米，平均53米；上距太原组底20米左右。煤层厚度0.46～1.44米，平均0.84米。局部含有薄层夹矸，厚度小于0.1米。为全区大部可采的较稳定煤层。顶板多以十一层灰岩为主，局部为泥岩、粉砂岩、细砂岩，底板为泥岩。

（四）水文

区内地势平坦，地表水系发育，有泗河、京杭运河、白马河、洸府河等，自北向南流入南阳湖。南部凫山有寒武纪裸露及奥陶纪石灰岩零星出露，北部滋阳山有奥陶纪灰岩零星出露，除此之外均被第四纪所覆盖。

王楼煤矿位于济宁煤田南部，地形由滨湖平原及湖区构成，湖区面积约占井田总面积的55%。区内水系发育，大部分为南阳湖覆盖，为附近地表水系的汇聚地。河流自南而北有新万福河、蔡河、洙赵新河等，以湖盆为中心汇入南阳湖，为引湖、排涝的人工河渠。

井田内$3_上$煤露头隐伏于上侏罗统之下，3砂通过露头接受上侏罗统下部砂砾岩水的补给。上侏罗统砂砾岩、三灰、十$_下$灰及奥灰露头均隐伏于第四纪之下，接受第四纪下组下段砂层水的补给。各基岩含水层的补给条件较差，迳流排泄缓慢，与地表水、大气降水及第四纪上组含水层无直接水力联系。

1. 第四纪孔隙含水层

厚度186.2~340.3米，平均267.9米，为冲、湖积沉积物。可分为上、中、下3组，下组又可分为上（$Q_下^2$）、下（$Q_下^1$）2段。其中上组及下组上段为含水段，中组及下组下段为相对隔水层。

（1）上组（$Q_上$）含水层厚度51.9~89.2米，平均70米。由棕黄色砂、粘土质砂及粘土、砂质粘土相间沉积而成砂层较松散，透水性较好，属潜水—弱承压水。含砂3~13层，砂层厚8.5~38.3米，属强富水孔隙含水层，以潜水—无压水为主，主要补给来源为大气降水，其次为河床的侧向补给。排泄方式主要为蒸发。分布稳定，富水性较好，居民以此水作为生活用水。

（2）下组上段（$Q_下^2$）含水层底板埋深148.05~237米，厚度22.85~118.6米。由灰绿、黄褐等色粘土、砂质粘土和淡绿色、灰白色的中、细、粗砂组成，含砂2~9层。砂层厚度2.95~57.30米，砂层较稳定，含水性较强。

2. 上组煤直接充水含水层

由浅红色、紫红色砂岩、粉砂岩间夹砾岩组成，厚度152.71~885.9米，平均450.7米。自下而上可分为第1、2、3、4段。在第3段的下部有岩浆侵入，岩浆岩厚度0~163.10米，平均104.46米，按其富水性自上而下划分为岩浆岩顶部及邻近Jzm砂岩段、岩浆岩底部及邻近Jzm砂岩段、Jzm下部砂砾岩段3个含水段。Jzm下部砂砾岩含水段由紫红色粉、细砂岩组成，底部砾岩不稳定，多为细、粉砂岩，厚度0~137.05米，平均45米。底部常为砾岩或砂砾岩，砾石成分主要为石英岩、石灰岩等，砾径最大达120毫米，分选较差，钙质胶结，厚度1.26~43.82米，平均9.94米，上部常为粉砂岩。富水性不均一，局部地段富水性中等—强。是开采浅部煤层时矿井的主要补给水源之一。

3. 山西组$3_上$煤层顶、底板砂岩裂隙含水层

顶板砂岩以中、细砂岩为主，局部为粗砂岩，厚度1.83~28.04米，平均10.24米；底板砂岩厚度2.04~31.60米，平均14.40米，为浅灰—灰白色中、细砂岩，大部分岩石坚硬、完整。$3_上$煤顶、底板砂岩统称3砂，3砂富水性弱，补给条件较差，主要以静储量为主，为开采$3_上$煤层的直接充水含水层。

4. 太原组石灰岩岩溶裂隙含水层

（1）三灰岩溶裂隙含水层厚度2.02~8.8米，平均6.38米。浅灰—褐灰色，含燧石，裂隙被方解石充填。上距$3_上$煤层92.85~105.81米，平均99.43米；下距12$_下$煤层41.41~71.33米，平均50.95米，正常情况下与煤层开采无关联。

（2）十$_下$灰岩溶裂隙含水层厚度3.22~6.59米，平均4.94米，局部裂隙发育，充填方解石脉。富水

性很不均一，浅部富水性中等、深部富水性较弱。为开采16$_上$煤层的直接充水含水层。

5. 奥陶纪石灰岩岩溶裂隙含水层

钻孔揭露厚度50~100.76米，裂隙、溶洞较发育，充填方解石。水位标高+30.78米。

六、黄河北煤田（邱集煤矿）

（一）地层

邱集煤矿井田区域地层总体呈明显的平缓单斜构造，地层走向50度，倾向320度，倾角一般5~8度。地层自下而上依次发育有奥陶纪马家沟群，石炭—二叠纪月门沟群本溪组、太原组、山西组，二叠纪石盒子群，新近系，第四系。

1. 奥陶纪马家沟群（$O_{2-3}m$）

煤系地层基底，为灰岩与白云岩互层。井田最大揭露厚度188.26米，推测厚度800米。以浅灰—灰褐色中厚层石灰岩为主，夹薄层灰绿色泥岩；上部见多层灰质白云岩，局部见硅质灰岩。多见溶洞，裂隙较发育，多数被方解石充填。为煤系主要充水含水层，是井田煤炭开采的主要水害。

2. 石炭—二叠纪月门沟群（C_2P_2y）

自下而上依次划分为本溪组、太原组、山西组。

（1）本溪组（C_2b）。顶为徐家庄灰岩的底界面，底为奥灰的顶界面。由紫红色铁质泥岩、灰色鲕状铝土泥岩、杂色粘土岩组成，厚度3.4~18米，平均9.8米。与下伏马家沟群呈平行不整合接触。

（2）太原组（C_2P_1t）为主要含煤地层。顶为一灰的顶界面，底为徐家庄灰岩的底界面，厚度140.67~148.13米，平均144.67米。海陆交互相沉积，以深灰—灰黑色粉砂岩、泥岩为主，夹薄煤层和薄层石灰岩。

（3）山西组（$P_{1-2}\hat{s}$）。为主要含煤地层。以深灰—灰黑色粉砂岩及泥岩为主，夹少量薄层细砂岩，厚度93.12~126.76米，平均104.6米。不含煤的上段厚40~60米，由灰—灰黑色粉砂岩、泥岩、粘土岩和灰白色砂岩组成；含煤的下段厚40~60米（局部达80米），含薄煤层4层（2、3、4、5煤层），3、4煤各含3个煤分层。

3. 二叠纪石盒子群（$P_{2-3}\hat{s}$）

残留厚度422~444.5米，平均433.3米。由紫红色、灰绿色、灰黄色、浅灰色粘土岩、粉砂岩、砂岩组成，局部夹灰色—深灰色粘土岩及粉砂岩，为内陆河床及湖泊相沉积。

4. 新近系（N）

厚度140.57~324.9米，平均217.76米。岩性以棕褐色、紫红色、灰绿色、灰白色粘土为主。上部主要为含砾和含砂的薄层粘土；中部含1~2层不稳定的粉砂层和1层不稳定的含石膏粘土；下部含多层钙质粘土。固结程度相对较高，局部已成岩。

5. 第四系（Q）

厚度71.7~135米，平均98.9米，以褐灰色、灰色、灰绿色及黄色粘土为主，局部含姜结石，夹有多层粉砂、细砂及中砂层；底部为一层不稳定的含砾砂层或含砾粘土，局部为砾石层。

（二）构造

邱集煤矿井田内整体构造形态为一单斜构造，地层走向近东西，倾角一般5~8度。井田内发育有两组断层，以北东—北北东向断层为主，近东西向断层次之。近东西向断层形成较早，主要有F_2、F_{11}

等13条，其中F₂为井田西南边界断层，F₁₁为井田北部边界断层。北东—北北东向主要断层多为东升西降的正断层，仅F₃、F₅为东倾的正断层，与西倾断层间构成地垒、地堑构造。

矿井东北部有燕山期岩浆岩活动，侵入的岩浆岩均为酸性、灰白色、斑状结构。斑晶以石英、斜长石为主，基质为浅灰—灰白色、隐晶质。以岩床形式侵入石炭二叠系，最高层位于石盒子群最下部，最低侵入层位在太原组下部。由西南向东北逐渐增厚，各层总厚度可达120米以上。岩浆岩侵入以嵌入式为主，并伴有一定程度的混杂同化作用。

（三）煤层

含煤地层主要为上石炭统太原组和下二叠统山西组，总厚度平均258.61米。可采煤层有7、10、11、13煤4层，局部可采煤层为4₋₁煤，总厚度平均9.19米。

（1）7煤位于太原组中上部。上距一灰12.38～26.19米，平均19.58米；下距二灰14～37.74米，平均28.25米；下距10煤31.68～54.5米，平均45.57米。煤厚0～1.84米，平均1.11米，为大部可采的较稳定薄煤层。局部含夹矸1层，偶见2层，为粉砂岩、炭质泥岩、泥岩、炭质粉砂岩，煤层结构简单。顶板多为泥岩、粉砂岩、砂质泥岩；底板多为泥岩、粉砂岩、粘土岩，偶见细砂岩、细粉砂岩互层。煤层赋存标高−240～−900米。东北部受到岩浆岩的侵蚀，7煤层蚀变为天然焦。

（2）10煤位于太原组中部。下距11煤39.63～58.5米，平均50.47米；下距三灰0～8.17米，平均1.31米。煤厚0～2.18米，平均0.95米，属大部可采的较稳定薄煤层。局部含1～2层夹矸，为泥岩、粉砂岩、粘土岩、炭质泥岩、炭质粉砂岩，煤层结构简单。顶板多为泥岩、粉砂岩、细砂岩，底板多为三灰、泥岩、粘土岩、粉砂岩、细砂岩。煤层赋存标高−240～−900米，受四灰、五灰岩溶承压水威胁严重。局部的受岩浆岩影响蚀变为天然焦，厚度0.37米。

（3）11煤位于太原组中下部，下距13煤4.67～9.38米，平均6.62米。煤厚1.21～3.31米，平均2.03米，为全区可采的稳定中厚煤层。局部夹矸石1层，为泥岩、炭质泥岩、粉砂岩、炭质砂岩、岩浆岩。直接顶为四、五灰，底板多为细砂岩或泥岩。煤层赋存标高−240～−900米，受徐灰、奥灰岩溶承压水威胁严重。11煤层为矿井的计划接续回采煤层，是矿井进一步回采的重点煤层。

（4）13煤位于太原组底部，下距徐灰18.02～28.13米，平均24.16米，间距稳定。煤层厚度1.53～4.49米，平均3.04米，为全区可采的较稳定—稳定中厚煤层。煤层结构复杂，含1～6层夹矸，为粘土岩、泥岩、粉砂岩、炭质泥岩、炭质粉砂岩。顶板多为泥岩、粉砂岩、砂质泥岩、泥灰岩，底板多为泥岩、砂质泥岩、粉砂岩、粘土岩。上层和下层2层夹矸为主要夹矸，部分地段二者厚度均大于0.70米，使13煤形成2～3个独立分层，为13上、13中和13下煤。13中多数含1～4层夹矸，局部夹矸层数可达5层，单层夹矸厚度多在0.4米以下。煤层厚度0.75～4.15米，平均2.6米。13中下煤，为13中与13下煤的合并区域。煤层厚度2.05～4.15米，平均3.18米，为本井田的主要可采煤层。受徐灰、奥灰岩溶承压水严重威胁，未经治理不能开采。

（四）水文

黄河北煤田浅部自西南向东北由旦镇、赵官镇、长清、袁庄、济西、齐东六个勘探区（井田）组成，处于奥灰水的径流区。煤田的南部为大面积的寒武系石灰岩和奥陶系石灰岩组成的裸露山区，出露面积约1080平方千米。在煤田与灰岩裸露山区之间为地势平坦的奥灰隐伏露头区，覆盖层由新近系和第四系组成。覆盖层的厚度0～300米，从山区至煤田，覆盖层的厚度逐渐增大。南部裸露山区的灰岩雨季接受大气降水补给，然后又顺着倾向补给黄河北煤田，是煤田内各含水层的补给区。

邱集煤矿井内对生产有影响的含水层自上而下有底砾岩、风氧化带、太原组一灰、二灰、三灰、

四、五灰、徐灰和奥灰。

1. 底砾岩含水层

平均厚度5.3米，砾石成分以石灰岩为主，形成钙质胶结或钙质粘土胶结的底砾岩层，坚硬而具小溶洞。水位高出地面2.96米，在矿井内分布极不稳定，主要在矿井北部和西部呈透镜状分布，砾岩成分为石灰岩，坚硬而具小溶洞，但小溶洞连通性差。本含水层对煤层开采基本无影响。

2. 风氧化带含水层

平均厚度约17米，岩性为泥岩、粉砂岩及中砂岩等。风化较严重，局部风化裂隙被方解石充填，富水性弱，为煤层开采的间接充水含水层。

3. 一灰

厚度0～3.42米，平均2米，浅灰—灰色。顶部含泥质；中下部质较纯，岩芯见小裂隙小溶洞。初始水位高出地面3.5米，富水性弱—中等。下距7煤层12.38～26.19米，平均19.58米。7煤层经大面积开采，一灰含水层均已揭露，-395米水平以上基本疏干，对7煤及11煤层首采区开采基本无影响。

4. 二灰

厚度0.5～3.26米，平均2.06米，灰—深灰色。上部含泥质，下部致密、坚硬、质较纯。初始水位高出地面3.72米，为裂隙承压含水层，富水性弱。上距7煤层14～37.74米，平均28.25米；下距10煤层11.3～23.59米，平均15.53米，含裂隙水。7煤层已大面积开采，二灰含水层均已揭露，-395米水平以上基本疏干，对7煤及11煤层首采区开采基本无影响。

5. 三灰

厚度0～3.57米，平均1.62米，深灰色，致密、坚硬，岩芯见小裂隙和小溶洞。初始水位高出地面0.48米，属裂隙承压含水层，富水性弱，为10煤层底板。开采10煤时边揭露边疏放为主。

6. 四·五灰

四灰厚度3.6～7.3米，平均5.78米，五灰厚度0.66～3.75米，平均2.1米，四、五灰平均间距1.37米，可视为1个含水层。岩性为灰—深灰色石灰岩，中间夹薄层泥灰岩和钙质粉砂岩，含岩溶裂隙水。四·五灰原始水位高出地面4.12米，富水性中等。井下钻孔揭露单孔最大涌水量300立方米/时。四·五灰上距10煤层最小间距28.9米，平均间距38.12米，因其隔水层较薄，有四、五灰底鼓突水的危险，开采10煤时必须对四·五灰进行疏降。四、五灰是11煤的直接顶板，采11煤层的直接充水层。

7. 徐灰

厚度6.53～13.69米，平均9.81米。褐灰—深灰色，含燧石结核，致密、坚硬，岩芯见裂隙和小溶洞。上距11煤间距30.62～40.97米，平均35.4米；上距13煤层间距18.02～28.13米，平均24.16米；与奥灰相距3.4～18米，平均8.19米，是开采11、13煤层的间接充水含水层。徐灰与四·五灰、奥灰存在一定的水力联系。徐灰初始水位高出地面4.2米。

8. 奥灰

区域厚度700米左右，主要由石灰岩、白云质岩、泥岩组成。上距徐灰平均8.19米。为岩溶裂隙承压水，富水性弱—强，极不均一，是开采11、13煤层的间接充水含水层。

七、鄂尔多斯上海庙井田（榆树井、新上海一号煤矿）

上海庙井田呈南北条带状展布，为全隐伏煤田，北起新上海庙勘查区北界，与福格房地产煤炭资源勘查区相邻；南侧为宁夏鸳鸯湖矿区；西侧边界南段为锁草台勘查区西界，北段为新上海一号勘查区的西界；东至F$_2$断层。地层倾角平缓，一般3～13度，平均7度。

（一）地层

1. 榆树井煤矿

井田内地层自下而上三叠系延长组（T$_3y$），侏罗系延安组（J$_2y$）、直罗组（J$_2z$），白垩系志丹群（K$_1zd$），古近系（E）及第四系（Q）。含煤地层为侏罗系延安组，盖层为白垩系、古近系及第四系，三叠系延长组为侏罗系含煤岩系基底。

（1）三叠系延长组（T$_3y$）。地层区域上连续分布，属大型内陆湖泊型碎屑岩沉积建造，地层埋深381.86～640.82米，以黄绿色、灰绿色中粗粒砂岩为主，夹灰、深灰色粉砂岩及泥岩，具交错层理、波状层理等，顶部为一古侵蚀面与上覆地层呈假整合接触。

（2）侏罗系（J$_2$）。总体为一套河流—湖泊—湖泊三角洲相碎屑岩沉积建造。①延安组（J$_2y$）。为区域性含煤地层，岩性组合为灰、灰白色砂岩，灰黑、黑色粉砂岩、泥岩夹煤层、炭质泥岩。植物化石丰富。井田内本组地层连续分布，厚度144.80～315.65米，平均257.64米。②直罗组（J$_2z$）。为含煤岩系的上覆地层，由一套河湖相沉积的砂岩、粉砂岩、砂质泥岩组成。下部砂岩发育，为灰白色厚层状、局部杂褐色、黄色的粗粒石英长石砂岩，含石英成分的小砾石，俗称"七里镇砂岩"。厚度0～292.68米，平均104.65米。上部为灰色、浅紫色、灰白色的泥质粉砂岩、细砂岩、粉砂岩夹泥岩薄层；中部为浅灰色、灰色、灰绿色的泥质粉砂岩夹泥岩薄层，波状、水平层理；下部为灰白色、灰色的中粗砂岩，岩石较为松软。

（3）白垩系（K$_1zd$）。上部为浅紫色、紫色、灰色、灰白色、灰绿色的泥质粉砂岩、泥岩，夹中粗砂岩、细砂岩、粉砂岩薄层，波状、交错层理；下部为灰白色的砂砾岩，砾石成分主要为石英岩、砂岩，少量为花岗岩、灰岩及中基性岩。砾石直径3～70毫米，次棱角状，泥质、钙质胶结，局部砾石周围黄铁矿富集，常见绿泥石化、高岭土化，有少量黑云母。厚度140.95～210.75米，平均166.8米，厚度较稳定，底板形态平缓，与下伏直罗组呈角度不整合接触。

（4）古近系（E）。岩性主要为砖红、紫红、紫色、浅紫色的泥岩，局部为灰色、灰紫色的泥岩，夹灰色、灰白色的细砂岩、粉砂岩、中粗砂岩及砂砾岩，半胶结。本层厚度5.8～39.55米，平均24.65米，与下伏地层呈不整合接触。

（5）第四系（Q）。井田内广泛分布，均为松散沉积物。岩性多为风积沙或冲积沙土，层厚2～20米，平均6.58米，覆盖于各时代地层之上。

2. 新上海一号煤矿

井田内钻孔揭露地层主要有三叠系延长组（T$_3y$），侏罗系延安组（J$_2y$）、侏罗系直罗组（J$_2z$），白垩系志丹群（K$_1zd$），古近系（E）及第四系（Q）。其中含煤地层为侏罗系延安组，盖层为白垩系、古近系及第四系；三叠系延长组为侏罗系含煤岩系的基底。

（1）三叠系延长组（T$_3y$）。本组地层区域上连续分布，属大型内陆湖泊型碎屑岩沉积建造。埋深215.86～780.95米，西浅东深；钻孔最大揭露厚度522.03米。岩性以黄绿色、灰绿色中粗粒砂岩为主，夹灰、深灰色粉砂岩及泥岩，具交错层理、波状层理等，顶部为一古侵蚀面上覆侏罗系，两者呈假整合接触关系。

（2）侏罗系（J$_2$）。为一套河流—湖泊—湖泊三角洲相碎屑岩沉积建造，自下而上划分为延安组、直罗组，其中延安组为煤系地层。①延安组（J$_2y$）。为区域侏罗纪含煤地层，岩性组合为灰、灰白色砂岩，灰黑、黑色粉砂岩、泥岩夹煤层、炭质泥岩。本组岩性上部为浅灰色、灰色泥质粉砂岩，富含植物化石，岩层为波状层理，产状平缓，近似水平，局部表现为水平层理和斜层理、交错层理，见可采煤层0~3层，夹多层煤线、炭质泥岩，岩石较坚硬；中部为灰色、灰黑色的细砂岩、粉砂岩、中粗砂岩为主，夹灰白色的泥质粉砂岩和薄层泥岩，岩石中多见菱铁矿结核，见可采煤层1~7层；下部为褐色、褐黄色等杂色薄层泥岩、泥质粉砂岩，底部为灰白色的细—中粗粒砂岩。见可采煤层2~3层，波状层理、水平层理、交错层理，属河流—湖泊三角洲沉积。底部有"宝塔山砂岩"作标志，岩性为灰白色及肉红色含砾粗砂岩，顶部以直罗组"七里镇砂岩"相区分，顶、底界线清晰易于识别。地层厚度181.50~345.94米，平均283.59米。②直罗组（J_2z）为含煤岩系的上覆地层，由一套河湖相沉积的砂岩、粉砂岩、砂质泥岩组成，下部的底部层位为灰白色厚层状，局部杂褐色、黄色的粗粒石英长石砂岩，含石英成分的小砾石，为延安组上含煤组及下含煤组上部煤层的直接顶板。厚度0~270.05米，平均119.07米。

（3）白垩系（K_1zd）。岩性上部为浅紫色、紫色、灰色、灰白色、灰绿色的泥质粉砂岩、泥岩，夹中粗砂岩、细砂岩、粉砂岩薄层，波状、交错层理；下部为灰白色的砂砾岩，砾石成分主要为石英岩、砂岩，少量为花岗岩、灰岩及中基性岩。砾石直径3~70毫米，次棱角状，泥质、钙质胶结，局部砾石周围黄铁矿富集，常见绿泥石化、高岭土化，有少量黑云母。厚度122.03~300.1米，平均182.37米。

（4）古近系（E）。岩性主要为砖红、紫红、紫色、浅紫色的泥岩，局部为灰色、灰紫色的泥岩，夹灰色、灰白色的细砂岩、粉砂岩、中粗砂岩及砂砾岩，半胶结。厚度9.2~75.1米，平均36.02米。

（5）第四系（Q）。井田内广泛分布，均为松散沉积物。岩性多为风积沙或冲积沙土，层厚1~29.4米，平均5.72米，覆盖于各时代地层之上。

（二）构造

1. 榆树井煤矿

井田属华北地台鄂尔多斯台坳西缘复背斜东翼，属中生代坳陷。首采区褶曲及断裂构造均不甚发育，侏罗系延安组发育的煤层形态简单，间距稳定。主采煤层主要赋存形态基本相似，即主要赋存于DF₁逆断层下盘，上盘煤层抬起剥蚀，构造形态总体上呈一走向近南北、向东倾斜的单斜构造，倾角在5~10度之间变化，西部和东北部略小于中东部，平均8度。地层沿走向上局部存在起伏。

井田内褶曲不发育，唯一较大的褶曲为清水营向斜，由宁夏境内北延至本区。向斜轴部位于井田南端02勘探线东侧，向斜轴长度1500米，煤层底板等高线图明显呈现向斜形态，波幅不大，北侧为DF₁断层切断。

对井田破坏的断层主要为近南北向的清水营逆断层F₁和锁草台逆断层DF₁。F₁断层由南侧外围宁夏境内北延至本区，断层倾向W，倾角60~70度，南北向贯穿全井田，落差250~440米，向北逐渐加大；DF₁断层由井田北部外围南延至本区，贯穿全井田，断层倾向E，倾角65~77度，落差大于500米，构成矿井实际的深部边界。两条断层之间，形成条带状无煤带，三叠系地层抬起，形成"逆地垒"，是鄂尔多斯地台西缘叠瓦式逆冲构造特有的"Y"形构造组合。井田内三维地震勘探发现断层61条，其中正断层52条、逆断层9条。

2. 新上海一号煤矿

井田主体构造形态为一向东倾伏的单斜构造，北部在此基础上发育有宽缓的次级褶曲，区内岩层较平缓，一般岩层倾角3~13度，仅1901钻孔附近岩层倾角大于20度，断裂构造不发育。

井田内褶曲不发育，只有中北部呈现的轴向近东西比较宽缓的褶曲存在。

井田内发现断层30条，DF_6是普查阶段二维地震发现，F_2'、F_{D19}为勘探阶段二维地震发现，其余27条断层均为三维地震成果。井田边界断层为DF_{20}、F_2，其中西边界DF_{20}断层落差大于150米，东边界F_2断层落差大于500米。井田内断层以南北向、北北东、北北西及北东向断层为主。

（三）煤层

1. 榆树井煤矿

井田范围内$2_上$、2、$2_下$、5、8、13、15、16、18、21煤为可采煤层，2、5、8、15、18煤为主要可采煤层。其中$2_上$煤层为最上部煤层，受剥蚀影响较严重，局部有风化变质现象，开采时受剥蚀面水害影响较大；煤层厚度薄，资源量少。13煤厚度薄，平均厚度0.88米，资源量仅占总资源量的2.06%。这2层煤开采价值不高。矿井仅开采2煤、5煤、8煤。

（1）2煤位于延安组顶部，属上含煤组上部煤层，距直罗组底部"七里镇砂岩"底部冲刷界面或$2_上$煤0～10.25米，平均8.18米。煤层厚度0.23～4.39米，平均2.45米，为较稳定煤层。煤层东倾，产状平缓稳定，倾角7～10度，为缓倾斜煤层。煤层结构简单，一般不含夹矸，局部见1层夹矸，厚度0.12～0.59米，岩性多为泥岩、细砂岩或粉砂岩，局部为炭质泥岩。

（2）$2_下$煤位于延安组顶部，属上含煤组上部煤层，上距2煤0.54～4.84米，平均2.79米。煤层厚度0～4.39米，平均1.88米，属较稳定煤层。煤层厚度可采区段1.50～1.90米，为缓倾斜的中厚煤层，属大部可采煤层。煤层结构简单，局部含1层夹矸，厚度0.1～0.36米，多为泥岩、细砂岩或粉砂岩，局部为炭质泥岩。

（3）5煤位于延安组上部，属上含煤组下部煤层，距上部$2_下$煤或2煤底板间距31.17～68.66米，平均39.85米。煤层厚度0.93～5.45米，平均2.76米。属稳定煤层。倾向东，倾角7～10度，缓倾斜中厚煤层，为主要可采煤层。顶板岩性以粉砂岩或细砂岩为主，局部为中粒砂岩或泥岩；底板岩性以粉砂岩为主，局部为粉砂质泥岩。煤层结构简单，局部含1层夹矸，厚0.08～0.45米，为炭质泥岩、泥岩。

（4）8煤位于延安组中部，属中含煤组上部煤层。距上部5煤底板间距43.08～92.95米，平均69.38米，间夹不可采煤层6、7煤。煤层厚度0.38～4.5米，平均2.51米，属稳定煤层。煤层倾向东，倾角7～10度。顶板岩性为粗砂岩，底板为粉砂岩、细砂岩，局部为泥岩或炭质泥岩。煤层结构简单，一般含2层夹矸，厚0.15～0.46米，岩性为泥岩。

（5）15煤位于延安组中部，属中含煤组下部煤层，距上部13煤底板间距16.18～46.53米，平均27.6米，间夹不可采煤层14煤。煤层厚度0.55～4.50米，平均2.69米，属稳定煤层。倾向东，倾角7～10度。顶、底板岩性主要为粉砂岩、细砂岩，局部顶板为粗粒砂岩、中粒砂岩。煤层结构较简单，一般含1层夹矸，局部含2层夹矸，夹矸厚度0.11～0.66米，岩性为粉砂岩或泥岩，局部为炭质泥岩。

（6）16煤位于延安组中部，属中含煤组下部煤层，距上部煤层15煤底板间距4.7～17.22米，平均9.66米。煤层厚度0.21～3.52米，平均1.4米，属较稳定煤层。煤层倾向东，倾角7～10度。顶、底板岩性主要为粉砂岩、细砂岩，局部顶板为粗粒砂岩。煤层结构较简单，局部见夹矸1层，个别钻孔含夹矸4层，厚度0.09～0.35米，岩性为炭质泥岩。

（7）18煤位于延安组下部，属下含煤组煤层，距上部16煤底板间距12.79～34.55米，平均26.92米，间夹不可采煤层17煤。煤层厚度1.23～5.59米，平均3.14米，属稳定煤层。倾向东，倾角7～10度。煤层顶、底板岩性为粉砂岩、细砂岩，局部顶板为粗粒砂岩或炭质泥岩。煤层结构较简单，局部含1层夹矸，厚度0.07～0.95米，岩性为炭质泥岩或泥岩。

（8）21煤位于延安组底部，属下含煤组煤层。上距18煤底板27.6～40.56米，平均33.63米。煤层厚度0～5.28米，平均1.28米，是井田最下部局部可采煤层，属不稳定煤层。煤层倾向东，倾角7～10度。煤层顶、底板岩性以粉砂岩为主，局部为细砂岩。煤层结构较复杂，常见1～3层夹矸，厚度0.13～0.79米，岩性为炭质泥岩或泥岩。

2. 新上海一号煤矿

井田内含煤地层延安组的厚度平均293.09米。煤层2～29层，总厚度1.45～38.40米，含可采煤层或大部可采煤层10层，可采煤层总厚度平均21.6米。井田范围内2、2下、5、8、15、16、18、19、20、21煤全区可采或大部分可采，9、10、17、18下为局部可采煤层，4、7、13、14、21上为不可采煤层。矿井仅开采8煤、15煤。

（1）2煤位于延安组顶部，属上含煤组上部煤层，距直罗组底部"七里镇砂岩"底部冲刷界面4.49～34.14米，平均20.7米。煤层厚度1.11～3.95米，平均2.28米。煤层结构简单，不含夹矸，为稳定煤层。煤层顶板岩性为砂质泥岩、粉砂岩、中粒砂岩或粗粒砂岩；底板岩性为砂质泥岩、粉砂岩或中粒砂岩。

（2）2下煤。位于延安组顶部，属上含煤组上部煤层，上部与2煤间距3.68～8.58米，平均5.58米。煤层厚度0.45～2.5米，平均1.51米。煤层在可采区域内厚度2～2.5米。煤层结构简单，不含夹矸，为较稳定煤层。

（3）5煤位于延安组上部，属上含煤组下部煤层，上部与2下煤间距27.8～42.3米，平均31.47米。煤层厚度2.95～6.25米，平均4.36米，见煤点全部可采。煤层发育稳定，结构简单，局部含1层夹矸，为稳定煤层。夹矸岩性为砂质泥岩，厚度0.6米。顶板岩性以泥岩或砂质泥岩为主，局部为中粒砂岩、细粒砂岩或粉砂岩；底板岩性以泥岩或砂质泥岩为主，局部为细粒砂岩或粉砂岩。

（4）8煤位于延安组中部，属中含煤组上部煤层，上部与5煤间距74.8～93.2米，平均78.45米。煤层厚度0.85～4.25米，平均2.6米，见煤点全部可采。煤层结构简单，一般不含夹矸，局部含夹矸0～2层，为稳定煤层。夹矸岩性为泥岩或泥质砂岩，厚度0.12～0.73米，平均0.36米。顶、底板岩性主要为泥岩、泥质砂岩或粉砂岩，个别点为细粒砂岩或中粒砂岩。

（5）15煤位于延安组中部，属中含煤组下部煤层，上部与8煤间距66.64～98.75米，平均76.56米。煤层厚度2.98～4.95米，平均3.87米，见煤点全部可采。煤层结构较简单，一般不含夹矸，局部含1层夹矸，为稳定煤层。夹矸岩性为粉砂岩或泥岩、局部为炭质泥岩，厚度0.14～0.38米，平均0.26米。煤层顶、底板岩性为粉砂岩、细砂岩，局部顶板为粗砂岩、中砂岩或泥岩。

（6）16煤位于延安组中部，属中含煤组下部煤层，上部与15煤间距1.56～25.35米，平均12.86米。煤层厚度0.30～3.70米，平均1.78米，大多数见煤点可采。煤层厚度均在2米左右。煤层结构较简单，局部见夹矸1～2层，为较稳定煤层。夹矸为泥岩或砂质泥岩，厚度0.1～0.54米，平均0.26米。顶底板岩性为泥岩、粉砂岩或细砂岩，局部顶板为粗粒砂岩或中粒砂岩。

（7）18煤位于延安组下部，属下含煤组上部煤层。上部与16煤间距10.09～45.6米，平均33.66米。煤层厚度0.50～5.29米，平均2.45米，大多数见煤点可采可采。煤层结构较简单，局部含2层夹矸，为稳定煤层。夹矸为砂质泥岩或泥岩，厚度0.18～0.82米，平均0.41米。顶、底板岩性为粉砂岩、细砂岩或粗砂岩，局部为泥岩或砂炭质泥岩。

（8）19煤位于延安组下部，属下含煤组煤层。上部与18煤间距10.8～37.75米，平均21.32米。煤层厚度0.45～4.35米，平均2.47米，大多数见煤点可采。煤层结构简单，夹矸0～3层，属较稳定煤层。

夹矸为砂质泥岩或泥岩，厚度0.15～0.5米，平均0.29米。顶、底板岩性以粉砂岩、砂质泥岩、泥岩为主，局部为粗粒砂岩或含砾粗砂岩。

(9)20煤位于延安组下部，属下含煤组煤层。上部与19煤间距11.40～33.42米，平均22.25米。煤层厚度0.29～5.07米，平均1.54米，多数见煤点可采。煤层结构比较简单，夹矸0～2层属较稳定煤层。夹矸为砂质泥岩或泥岩，厚度0.12～0.47米，平均0.25米。顶、底板岩性以炭质泥岩、砂质泥岩、泥岩为主，局部为粗粒砂岩、粉砂岩。

(10)21煤位于延安组底部，属下含煤组煤层。上部与20煤间距2.57～11.7米，平均6.79米。煤层厚度0.25～6.64米，平均2.02米，大多数见煤点可采。煤层结构简单，局部有夹矸1～4层，可采范围内属稳定煤层。夹矸岩性为砂质泥岩或泥岩，厚度0.20～0.45米，平均0.26米。顶、底板岩性以泥岩、砂质泥岩、炭质泥岩为主，局部为粗粒砂岩、细粒砂岩或粉砂岩。

（四）水文

1. 榆树井煤矿

榆树井煤矿位于鄂尔多斯盆地白垩系地下水系统西部，井田面积24.5561平方千米。井田南部和北部为人为边界，各含水层与周边自然连接；井田西部沙葱沟正断层形成阻水边界，沙葱沟断层断距大于1500米，地层西升东降，切断了与其西部的水力联系，阻止了西部含水层水向区内运移，构成阻水天然边界；井田东部发育清水营逆断层F₁和锁草台逆断层DF₁（F₂）"逆地垒"，二者之间形成无煤带，在矿区东部东升西降，为天然隔水边界。新生界含水层接受大气降水补给较少，主要靠沙漠凝结水及雨季大气降水补给，水量不大，但在区内属较富水地段，对煤层开采威胁主要表现为由上向下的渗漏。白垩系—三叠系含水层组含水类型为基岩孔隙裂隙水，局部富水，富水性不稳定，单位涌水量较小，含水层渗透性差，故含水层水量不大。作为矿井主要直接充水含水层，是矿井防治水工作的重点防治对象。榆树井煤矿8煤矿井水文地质类型属于中等型。

（1）新生界松散含水层。井田内广泛分布，含水层由第四系风积沙和古近系砂层及砾岩组成，含水类型为孔隙潜水或承压水。井田内新生界含水层厚度3.35～52.05米，平均27.99米；井田中部厚度较小，向东西两侧逐渐增大。区内无地表水流，干旱少雨，地下水主要靠沙漠凝结水及雨季大气降水补给，含水层水位稳定。

（2）白垩系砾岩含水层下伏于古近系含水层，层位较为稳定、连续，其底板埋深11.57～389.52米。为浅紫、紫红色、黄绿色细砂岩、中砂、粗砂岩、砾岩、砂砾岩，间夹有泥岩、砂质泥岩。由白垩系底部的砾岩构成，厚度17.3～202.9米，平均116.32米。水位标高+1128.96～+1147.91米，富水性弱，为基岩孔隙裂隙水。含水层分布广、厚度大，静储量丰富，矿井西部煤层隐伏露头处留设防隔水煤（岩）柱，防止白垩系含水层直接补给工作面，造成矿井涌水量增大。

（3）侏罗系含水层。①直罗组含水层。为下部延安组煤层顶板涌水的直（间）接充水含水层，由浅灰、灰绿、青灰色厚层粗砂岩、中砂岩、细砂岩构成，底部为一俗称"七里镇砂岩"的灰白色厚层状、局部杂褐色、黄色的粗粒石英长石砂岩，含石英成分的小砾石。与白垩系相比，固结程度较高，泥岩及砂质泥岩的含量明显增多，以原生裂隙为主，部分地段裂隙被充填。厚度0～271.01米，平均53.33米；东北部最大，向西南递减。水位标高+1169.621～+1274.77米，富水性弱。井田西部直罗组地层被白垩系剥蚀，接受白垩系底部含水层补给。2煤距直罗组的距离为0～43.79米（大部分钻孔在20米内），平均为10.82米。②2煤顶板含水层。2煤发育于延安组上部，顶板含水层主要由中细砂岩构成，厚度为0～60.54米，平均7.67米。井田中部存在古河床冲刷带，造成2煤缺失，该深度内发育厚层状粗粒砂岩。井田西部2煤遭剥蚀造成缺失。煤层距直罗组底较近，大部分地区直罗组底部砂岩为2煤的直接顶板，井田西部直罗组缺失地段白垩系为2煤的直接充水含水层。③5煤顶板含水层。5煤发育于延安组上部第四岩性段底部，距上部$2_{下}$或2煤底板间距为18.38～75.49米，平均44.26米。顶板含水层主要由中粗砂岩构成，厚度为1.75～72.27米，平均25.81米。砂岩含水层厚度不稳定，主要分布在近煤层顶板处及煤层顶板以上20～32米处，富水性不均一，条带状分布，富水性弱，个别区域水量较大。④8煤顶板含水层。为8煤的直接充水含水层，由中细砂岩构成，厚度为0～66.45米，平均26.7米。距煤层顶板0～35.28米，平均15.43米，富水性弱。井田西部5煤露头处遭直罗组和白垩系剥蚀缺失，接受直罗组和白垩系含水层补给。⑤15煤顶板含水层。为15煤顶板直接充水含水层，由中细砂岩构成，砂岩厚度为5.2～57.7米，平均厚度26.03米。含水层水位标高+1107.31～+1219.34米，富水性弱。⑥18煤顶板含水层。为18煤顶板直接充水含水层，由中细砂岩构成，砂岩厚度为1.65～30.55米，平均15.58米，水位标高+1218.06米，富水性弱。⑦宝塔山砂岩含水层。为煤系地层底部含水层，由灰白色及肉红色中粗细砂岩构成，以含砾粗砂岩为主。砂岩结构疏松，固结程度差，孔隙发育，含水层厚度为0～42.70米，平均厚度16.62米；西部厚度较大，向东依次减小。井田西部宝塔山砂岩主要由粗砂岩构成，而东部则由细砂岩构成，西部的砂岩含水性较东部好。含水层水位标高+1185.53米，富水性中等。

2. 新上海一号煤矿

新生界含水层接受大气降水补给较少，主要靠沙漠凝结水及雨季大气降水补给，属较富水地段，对煤层开采威胁主要表现为由上向下的渗漏。延安组侏罗系含水层组含水类型为基岩孔隙裂隙水，局部富水，但富水性不均一，单位涌水量较小，含水层渗透性差，含水层静储量大。作为矿井主要直接充水含水层，对煤层开采有一定威胁。矿井水文地质类型属于复杂型。

（1）新生界松散含水层。井田内广泛分布，由第四系风积沙和古近系砂层及砾岩组成，含水类型为孔隙潜水。厚度1.5～73.3米，平均厚度33.86米。井田中南部厚度较大，北部厚度小。区内无地表水流，干旱少雨，地下水主要靠沙漠凝结水及雨季大气降水补给。井田北部地下水埋深20～30米，富水性弱，中部及南部地下水埋深10～17米，富水性较好。

（2）白垩系砾岩含水层。下伏于古近系含水层下，层位较为稳定、连续，其底板埋深189.17～287.7米。地层岩性为浅紫、紫红色、黄绿色细砂岩、中砂岩、粗砂岩、砾岩、砂砾岩，间夹有泥岩、砂质泥岩，胶结物以钙质为主。白垩系底部发育巨厚状的砾岩，厚度1.7～135.5米，平均63.09米，南部最厚，向北部依次减小。含水层岩性以中、粗砂岩及砾岩为主，砾石成分主要为石英岩、砂岩，少量为花岗岩、灰岩及中基性岩，砾石直径3～70毫米，泥质、钙质胶结，局部砾石周围黄铁矿富集，岩芯较为破碎，裂隙较发育，多为砂泥质半填充或无填充。水位标高+1179.006～+1278.26米，富水性弱。

（3）侏罗系直罗组含水层。为下部延安组煤层的直接或间接充水含水层，主要由浅灰、灰绿、青灰色厚层粗砂岩、中砂岩、细砂岩构成。直罗组底部为"七里镇砂岩"，砂岩的岩性主要由灰白色厚层状、局部杂褐色、黄色的粗粒石英长石砂岩及含砾砂岩组成。与白垩系相比，固结程度较高，泥岩及砂质泥岩的含量明显增多，部分地段裂隙被充填。含水层厚度6.97～130.51米，平均43.49米。水位标高+1171.287～+1255.7米，富水性弱—中等。

（4）8煤顶板延安组含水层。为8煤的直接充水含水层，由中细砂岩构成，厚度0～89.47米，平均厚度24.86米。井田隐伏露头线西部的8煤遭剥蚀含水层在此处缺失。水位标高+1212.5～+1218.14米，富水性弱。

（5）8煤底至15煤顶板延安组含水层。为15煤顶板直接充水含水层，由中细砂岩构成，厚度0～60.4米，平均22.26米。水位标高+1061.45～+1235.34米，富水性弱。

（6）15煤底至21煤顶板延安组含水层。为21煤顶板直接充水含水层，由中细砂岩构成，厚度0.8～58.24米，平均厚度29.78米。水位标高+1271.35～+1271.93米，富水性弱。

（7）延安组宝塔山砂岩含水层。宝塔山砂岩为延安组底部重要标志层，含水层为8煤和15煤的底板充水含水层，位于21煤底板以下0～29.55米，平均距离5.83米；岩性由灰白色及肉红色中粗细砂岩构成，以含砾粗砂岩为主。砂岩结构疏松，固结程度差，孔隙发育，厚度18.55～69.88米，平均56.43米。在井田西部和北部多为砂岩和泥岩交互发育，而井田东部和南部多发育厚层状中粗砂岩。富水性弱—强。

（8）三叠系延长组砂岩含水层。延长组为煤系地层的基底地层，含水层岩性以红褐色、灰褐色中粗粒砂岩为主。含水层水位标高+1191.208米，富水性弱。

第三节　勘　探

一、临沂煤田（株柏煤矿）

临沂煤田位于山东省东南部，株柏井田处于该煤田的东南角、庆云山地垒东侧东高都—黑虎墩地堑的南段，行政区划属郯城县沙墩镇。

1981年8月—1986年6月，株柏井田由临沂矿务局煤田地质勘探队勘探，提出《株柏井田详查最终地质报告》。获得井田总地质储量1679万吨，其中工业储量1361万吨。含可采煤层3层（2、3、16），平均总厚5.33米。3煤为较稳定—不稳定煤层，为主要可采煤层；2煤和16煤为不稳定的局部可采煤层；褐煤仅少量见煤点达到可采厚度，未算储量。煤质变化较大，煤种包括气煤、肥煤和天然焦。

1986年7月，临沂矿务局地质队在井田范围内主井、风井位置施工检查钻孔2个。1999年4月，临沂矿务局地质队对F₃以西区域补充勘探钻孔2个，钻探总工作量421米，基本探明井田西部煤层赋存情况。

2011年12月—2012年2月，株柏煤矿施工井下探煤钻孔4个，钻探工作量364米。

1982—2012年，在株柏井田施工地面地质钻孔49个，累计钻探工程量23111.39米；井下钻孔17个，累计钻探工程量1295.18米。

1982—2012年株柏井田钻探工程量统计表

表2-1-3

勘探阶段	钻孔个数	工程量（m）	施工时间	施工单位
找煤	6	3122.03	1982.03—1983.02	
普查	16	9164.18	1983.04	临沂矿务局煤田地质勘探队
详查	25	10466.79	1985.03	

续表

勘探阶段	钻孔个数	工程量（m）	施工时间	施工单位
精查补充	2	358.39	1986.07	临沂矿务局地质队
	7	319.18	1987.08	
生产阶段	6	612	1999.04	
探找煤	4	364	2011.12—2012.02	株柏煤矿
合计	66	24406.57		—

二、兖州煤田（古城、田庄、里彦煤矿）

1934—1935年，山东省政府建设厅在曲阜、泗水等地踏勘找矿。1957年华东煤田地质勘探局123勘探队以兖州城为基地，采取二十万分之一野外综合地质测量和填绘图的方法，对鲁西南地区进行重点踏探找煤。1957年3月—1983年7月，9个勘探队、7个物探地震分队在区内进行野外工作，历经普、详、精三查勘探，施工各类有效钻孔1251个，钻进工程量538802米，地震勘探29348条件点，电法勘探20282条件点，获得符合建井要求的精查地质储量334208.9万吨，计算储量面积356.1平方千米。

（一）古城井田勘探

1957—1960年，华东区地质队在曲阜井田开展地质普查，在矿井范围及周边施工3个钻孔，工程量1568.98米。

1975—1977年，山东省煤田地质勘探二队进入曲阜井田施工，其中有10个钻孔位于矿井范围及周边，工程量7981.83米，10个钻孔均穿过含煤地层。

1978年11月—1983年5月，煤炭部119队在曲阜井田开展精查勘探，在矿井范围及周边施工钻孔77个，总工程量65729.85米，其中6个钻孔未穿过煤系，在山西组以上层位终孔，穿过全煤系的43个，穿过山西组的28个。1983年7月，提交《山东省兖州煤田曲阜井田精查地质报告》，获山东省煤炭工业总公司批准。

1996年3—5月，临沂矿务局地质公司施工井筒检查钻孔2个，主井井筒检查孔深577.26米，副井井筒检查孔深586.33米。

2006年，山东省煤田地质局第二勘探队开展古城煤矿扩大区勘探，有2个钻孔位于矿井范围，其中水文钻孔1个，工程量1300.18米，进行抽水试验2次（包括3砂水位观测）；另两个孔位于矿井边界附近。4个钻孔工程量5172.27米，提高矿井深部控制程度。11月，提交《古城煤矿扩大区勘探报告》，山东省矿产资源储量评审中心评审通过。

（二）田庄井田勘探

田庄井田早期没有独立的地质报告，普查、详查阶段包含于兖州煤田，精查阶段包含于鲍家店勘探区。

1965年2月，鲍家店勘探区精查开始；9月，华东煤炭工业基本建设公司第二勘探队完成并提交《兖州煤田鲍家店勘探区精查（最终）地质报告》。1966年，获华东煤炭工业公司审查批准。

1966年6月，对属里彦勘探区的新集井田，华东煤炭工业基本建设公司第二勘探队提出精查地质报告，获华东煤炭工业公司批准。

1973年9月，兖州矿区第二版总体设计中将鲍家店田庄勘探区西部浅部太原组煤层划为田庄井田，新集井田由里彦井田划出。

1973年，山东省煤炭地质勘探公司第二勘探队补充勘探田庄井田，施工钻孔18个，钻探进尺5108.45米。井田边界调整后，东翼采区范围有6个钻孔，钻探进尺1486.62米。1975年12月，提交《田庄井田补充勘探地质资料简要说明书》。兖州煤矿设计院对兖州煤田总体规划修改，皇甫断层以东仍为里彦井田，以西为新集井田。1976年2月，山东省煤田地质勘探公司第二勘探队对新集井田补充勘探，提交《山东省新集井田精查补充勘探地质报告》，获山东省煤田地质勘探公司批准。西翼采区面积21平方千米，界内施工钻孔63个，钻探工作量16988.37米，抽水2层。

1990年，田庄井田移交省劳改局开发建设。1992年，省劳改局委托兖州矿务局地质工程公司补打钻孔3个（补$_1$孔、主检孔、副检孔），钻探进尺791.19米。

1997年，枣庄矿务局第五工程处施工主检、副检2个孔，工程量476.3米。

2007年2月—2008年6月，田庄煤矿委托山东省鲁南地质工程勘察院进行水文地质补充勘探，施工水文地质钻孔6孔，工程量2129.17米；进行单孔抽（注）水试验16层次，多孔抽水3组，预算十$_下$灰涌水量及十三灰疏降水量，评价16$_上$、17煤层开采受地下水威胁程度。2009年3月，编制提交《山东省田庄煤矿西翼水文地质补充勘探报告》；2010年8月8日，获山东省煤炭工业局评审通过。

（三）里彦煤矿勘探

1993年5—12月，兖州矿务局地质工程公司钻探公司施工主检、副检2个井筒检查孔，完成工程量651.41米。其中主井检查孔终孔层位为十二灰，终孔深度323.18米；副井检查孔终孔层位十四灰，终孔深度328.23米。主、副检查孔进行十$_下$灰抽水试验，由于孔内水位深、水柱较小，空压机功率大，2个孔均抽2个降深。提交《里彦煤矿主井、副井检查孔施工总结》，为井筒设计、施工提供详实的地质资料。

1996年1—6月，147勘探队施工钻孔5个（主1、观1、观2、观3、观4），工程量1274.74米。其中，抽水试验孔3个、工程量648.26米，水文观测孔2个、工程量626.48米。抽水试验3层次，其中上侏罗统砂岩含水层抽水试验2层次，第四系下组含水层抽水1层次，地下水长期观测孔4个，采取水样2个。施工钻孔进行物理测井，实测1222.2米。

2002年9—12月，中国煤田地质总局119勘探队施工1号奥灰水文长观孔。施工过程中对奥灰含水层进行抽水试验，自17层煤底板开始至奥灰顶界取岩石力学试样，采奥灰水样。施工孔深615.55米，其中奥灰中钻进210.06米。奥灰抽水试验48小时，稳定时间33小时，静止水位22.33米，恢复水位21.72米，采用水位22.33米。

2002—2006年，徐州地质测绘技术开发公司在井下四采区施工第四系探测孔20个，工程量1700.43米，查明3煤顶界距第四系底界的岩柱高度，查明第四系下组含水层富水性。只有3个孔在第四系下组层位出水，单孔最大涌水量7.6立方米/时，伴有沙随水流出，后稳定在4.5立方米/时，探明第四系下组富水性较弱。

2003年8—12月，中国煤田地质总局施工十四灰水文长观孔。从所取的岩芯观察，揭露十四灰厚度7.71米，顶部接触有1米左右的泥灰岩；本层裂隙不发育，存在的裂隙均为闭合裂隙由方解石脉充填，岩芯完整，不具备含水条件。

2004年9月，徐州地质测绘技术开发公司在里彦煤矿三采下部车场施工2个十二灰探测孔，工程量82.45米。1号孔在钻进24~25.6米出水，涌水量10立方米/时；2号孔在钻进18.6米开始出水，涌水量11

立方米/时，水压均为1兆帕。

2006年7月—2007年1月，中国煤炭地质总局水文地质工程地质环境地质勘察院施工地质钻孔8个，钻探工程量3484.33米。其中地质孔5个，工程量2392.73米；水文地质孔3个，工程量1091.6米。数字测井3450.8米，利用以往钻孔18个，工程量7242.4米。按照勘查设计要求及《煤田勘探钻孔工程质量标准》《煤炭资源地质勘探抽水试验规程》等有关规程、标准对施工钻孔进行综合评级验收，特级孔3个，甲级孔5个。

2010年5—6月，徐州地质测绘技术开发公司在里彦煤矿辅助西总回风道施工2个十二、十四灰探测孔，累计进尺119.1米，确定了十二灰、十四灰的地层厚度，分段测定了十二灰、十四灰出水点的涌水量和水压，初步揭示自十$_{下}$灰至十四灰底界2米往上地层整体的充水特征。

2010年7—12月，山东省煤田地质局第三勘探队施工L1、L2两个地质水文勘探孔，用以控制十四灰的位置及富水情况，验证井田北部皇甫断层三维地震勘探的成果；中国煤炭地质总局水文地质工程地质环境地质勘查院施工L3、L4两个地质勘探孔，用以控制皇甫断层及皇甫支1断层的位置及性质。4孔累计钻深2054米，L1、L2孔基本掌握含水层水文地质特征；L2孔在孔深457.9米处发现一正断层，落差8米，受该断层影响16$_{下}$、17煤层缺失；L3孔未见皇甫逆断层；L4孔见两条逆断层，第一条断层的深度在387.51～388.89米，断层的上、下盘为八灰，断层的落差是8.5米；第二条断层的深度在450.47～453.05米，断层的上盘为煤16、下盘为煤15$_{下}$，断层的落差是22.7米，判断为皇甫断层。经系统分析，认为原皇甫支1断层应为皇甫断层的一部分，中间为F$_{45}$正断层所切割，皇甫断层的位置及性质得到控制。

2014年7—8月，邹城宏泽工程有限公司在九采区水仓上出口和17704下槽开门口各施工1个十四灰长观孔S1、S2，S1孔深51.5米，S2孔深46米。

2017年10月—12月，山东省煤田地质局第一勘探队在九采区水仓施工井下水文孔1个，一采区施工井下水文孔2个，进尺354.79米。查明含水层的水文地质参数，并留作奥灰水文长观孔。

三、宁阳汶上煤田（新驿、鲁西煤矿）

宁阳—汶上煤田的地质勘探工作始于1957年的1∶20万区域地质测量。1958—1975年，山东省煤炭局地质勘探局123地质队、122地质队、华东煤炭基建第二勘探队、山东省煤田地质勘探公司第二勘探队和山东煤田地质局第三勘探队等在本区进行地质勘探找煤工作，先后提交《山东省宁阳、汶上地区概查地质报告》《宁阳煤田普查（最终）地质报告》《宁阳煤田（东区）详查地震报告》《宁阳煤田东区详查（最终）地质报告》，勘探区探明资源储量22515万吨。

1996年，山东煤田地质局物测队在新驿井田施工概查地震测线6条，测线长度39.42千米，物理点1248个。1999年，施工普查地震测线23条，测线长度80.78千米，物理点4296个。2001年，山东煤炭地质工程勘察研究院在首采区首采面进行二维地震勘探和三维地震勘探，二维地震测线长214.15千米，物理点11749个，三维地震勘探面积2.7平方千米，物理点3091个。

1998年，山东煤田地质局第三勘探队施工汶108、汶109、汶215号3个钻孔，工程量2321.37米。1998年，施工地震测线4条，测线长18.53千米，物理点926个，山东煤炭地质工程勘察研究院提交《山东省宁汶西区普查地质报告》。

2002年7月，江苏省煤炭地质物测队进行全面地震普查，9月10日提交地震普查报告。二维地震普查施工完成地震测线24条，线长169.02千米，总物理点为8004个。

2003年，山东省第一地质矿产勘查院完成《山东省宁汶煤田东述北区杨家集井田二维地震普查报告》。2004—2007年施工地质钻孔4个，工程量4100.33米。

2005年，山东省第一地质矿产勘查院完成工作量二维地震测线2010米，物理点763个，编制完成《山东省宁阳县金马地区煤田地震报告》。2006年，施工钻孔1个，工程量1034米。

（一）新驿煤矿井田

2001年3月，施工主、副井检查钻孔2个，工程量1400米。

2006年，中国煤炭地质总局水文地质工程地质环境地质勘查院完成瞬变电磁5516个物理点和8个电测深物理点；施工10个孔，完成钻探工程量5305.91米；验收煤层31层，其中优质煤层24层，合格煤层7层。11月，提交《临沂矿业集团有限责任公司新驿煤矿下组煤先期采区水文地质补充勘探报告》。12月，对新驿煤矿三采区补充勘探，施工3个钻孔、1687.11米。2007年3月，提交《山东东山矿业有限责任公司新驿煤矿三采区补充勘探施工总结》。

2007年10月，山东泰山地质勘查公司在北部扩大区补充勘探，施工3个钻孔、2186.19米。3$_{上2}$、16、17共3层煤参与资源量估算，获得资源量1088万吨。其中3$_{上2}$煤层资源量445万吨，16煤层资源量320万吨，17煤层资源量323万吨。2008年1月，编制《山东省宁阳汶上煤田新驿井田扩大区补充勘探地质报告》。

2007年11月，中国煤炭地质总局水文地质工程地质环境地质勘查院根据北区四—五采区的开拓生产需要，补充施工5个勘探孔、3729.27米。其中地质孔2个，水文兼地质孔3个，保留长观孔1个（奥灰）。2008年5月，提交《临沂矿业集团有限责任公司新驿煤矿四—五采区补充勘查报告》。2009年2—3月，提交新驿煤矿七采区0971号孔和0972号孔施工总结，两孔工程量1154.1米，终孔层位均为奥灰。2010年8月，完成瞬变电磁762个物理点，钻探工作量10孔、5526.23米，实测井10孔、5497.93米，提交《新驿煤矿三期（六采区）水文地质补充勘查施工总结报告》。

2013年10月，中国煤炭地质总局第一勘探局地质勘查院对八采区16煤补充勘探，提交《山东东山新驿煤矿有限公司八采区补充勘探地质报告》，完成采区地质钻探6孔、1879.88米，水文地质钻探4孔、1374.61米，抽水试验4孔、7层次，测井9孔、3254.49米，煤芯煤样4组，瓦斯样4组，水质全分析7组，留设长观孔2个（804、810孔）。采区外地质钻探2孔、816.9米，测井2孔、816.9米。

2016年11月，山东泰山地质勘查公司提交《山东省宁阳汶上煤田新驿煤矿十采区补充勘探地质报告》，施工地质孔5个、2422米，水文孔2个、1083米。

2018年12月，山东煤田地质局第三勘探队提交《山东省宁阳汶上煤田新驿煤矿十采区地质及水文地质勘探报告》，完成钻孔13个、4923.2米。其中地质孔8个、3089.53米，水文孔5个、1833.67米，地面瞬变电磁探测10平方千米。

（二）鲁西煤矿井田

1999年，在1996年提交的《山东济宁唐阳勘探区（南区）详查报告》基础上，安徽煤田地质局第三勘探队、江苏省煤田地质物探测量队进行勘探。施工钻孔21个、9025.21米。其中地质孔17个、7703.3米，水文孔4个、1321.91米，抽水试验4次。二维地震测线10条、长度36.93千米，时间剖面长度34.76千米，物理点1689个。提交《山东省宁阳—汶上煤田鲁西井田勘探（精查）地质报告》，获山东省矿产储量委员会批准。查明资源储量19012万吨。其中A级1328万吨，B级1269万吨，C级6672万吨，D级9743万吨。与采矿证核定平面范围、开采煤层与勘探报告资源储量估算平面范围、煤层相一致；

采矿证批准开采标高+41～-850米，勘探报告资源储量估算标高范围为风氧化带下限-1000米。同年，安徽煤田地质局第三勘探队施工完成井口检查钻孔1个、395.06米，测井390米。编制《鲁西煤矿井筒检查钻孔文字说明书》。

2003年8月—2007年4月，鲁西煤矿为查明3煤层赋存情况，施工井下钻孔42个、905.17米。

2004年，山东省煤田地质局第二勘探队施工B4-1、B7-1水文地质钻孔，工程量972.09米、测井955米，完成抽水试验十$_下$灰2次、奥灰1次。编制《鲁西煤矿南区下组煤水文地质条件报告》。十$_下$灰、奥灰为弱富水性含水层。

2005年10月，山东省第一地质矿产勘查院完成测线9条、36.94千米，物理点1828个，编制《山东里能鲁西矿业有限公司井田北区二维地震勘探报告》。山东省煤田地质局第二勘探队施工地质钻孔2个、1455米，测井1437米；施工Q$_下$-1水文地质孔247.31米。2006年1月，编制《山东里能鲁西矿业有限公司Q$_下$-1号水文地质孔施工总结》。第四系第三含水层厚度78.96米，富水性中等。2007年3—6月，中国煤炭地质总局第三水文地质队对一采区进行水文地质补充勘探，施工大口径抽水钻孔1个、小口径抽水钻孔3个，钻探工程量991.83米，测井980米，群孔抽水试验1次，单孔抽水试验3次，对3煤层顶板基岩采取岩石力学样11组。7月，编制《山东里能鲁西矿业有限公司一、二采区水文地质补充勘探报告》。

2006年3月，山东省第一地质矿产勘查院对井田北区的西南部进行第一期三维地震勘探，施工面积约8.22平方千米。完成三维线束17束，物理点3053个。5月，编制《山东里能鲁西矿业有限公司井田北部三维地震勘探报告》。2006年12月—2007年2月，山东省第一地质矿产勘查院进行第二期三维地震勘探，施工面积约16.5平方千米，完成三维线束25束，物理点5045个。2007年5月，编制《山东里能鲁西矿业有限公司井田北区三维地震勘探报告》。

2008年，中国煤炭地质总局第三水文地质队施工8-补钻孔249米，测井245米。对第四系三含底部砂层抽水试验1次。编制《山东里能鲁西矿业有限公司（一、二采区）水文地质补充勘探工程8-补孔施工总结》。中国煤炭地质总局华盛水文地质勘察工程公司进行下组煤水文地质勘探，施工水文钻孔2个、1107.23米，测井1092.10米。抽水试验3层次，连通试验2次，岩样测试10组。编制《山东里能鲁西矿业有限公司一、二采区下组煤水文地质补充勘探施工总结》。

2010年，中国煤炭地质总局第三水文地质队进行一、二采区十$_下$灰水文地质补充勘探。施工地面观测孔1个、497.12米。编制《山东里能集团鲁西矿业有限公司一、二采区十$_下$灰井下水文地质补充勘探总结》。

2011年11月—2012年12月，山东省煤田地质局第三勘探队与山东省煤田地质局第一勘探队对下组煤西一、二采区进行水文地质补充勘探。完成水文地质钻孔12个、3951.53米；进行13次单孔抽（放）水试验、2次群孔放水试验。编制《山东里能鲁西矿业有限公司下组煤西一、二采区水文地质补充勘探报告》。

2018年3—4月，江苏煤炭地质物测队在北区东部进行三维地震勘探。施工面积10.20平方千米，完成三维线束18束，物理点2396个。编制《山东里能鲁西矿业有限公司北部采区三维地震勘探报告》。

2018年9月—2019年8月，山东省煤田地质局第一勘探队在北区施工钻孔16个、11633.47米，测井11545.25米。其中水文孔11个，抽水试验11层次，孔组抽水试验3次，采取水质全分析水样11件，取煤芯煤样14件、瓦斯样7件。编制《山东里能鲁西矿业有限公司矿井北区补充勘探报告（2019年）》。

四、巨野煤田（彭庄、郭屯煤矿）

1957—1987年，采用综合勘探方法在巨野煤田开始找煤，提交《山东省巨野煤田找煤地质报告》。

1987—1990年，山东省煤田地质勘探公司第一、二勘探队和物测队继续普查，1990年6月，提交《山东省巨野煤田普查地质报告》。在井田施工地震测线133.66千米、物理点4170个，施工钻孔10个、9481.63米。

1990—1993年，山东省煤田地质勘探公司第一、二勘探队和物测队进行详查，井田内施工地震测线443.28千米、物理点14012个，施工钻孔39个、36052.65米，抽水试验1次。

1998年1月—1999年8月，山东煤田地质局第二、三勘探队和江苏煤田地质局第二勘探队对井田进行精查，施工钻孔22个、18254.19米，施工地震测线243千米、物理点11224个。

（一）彭庄煤矿

1996年3月—1997年9月，山东煤田地质局第二勘探队普查彭庄区，施工钻孔8个、6849.89米。山东煤炭工程勘察研究院提交《山东省巨野煤田彭庄区普查地质报告》。同期，山东煤田地质局物测队对彭庄区进行二维地震勘探，施工测线104.49千米、有效物理点5055个。

2001年5月—2002年2月，山东煤田地质局物测队施工二维地震30条测线、112.69千米、8620个物理点，三维地震19条线束、4916个物理点，覆盖面积7.45平方千米。

2001年5月，山东鲁能菏泽矿业开发有限公司委托山东煤田地质局对彭庄井田精查勘探，2002年2月，完成野外钻探和物探。施工钻孔15个、12068.73米，数字测井钻孔15个、11795.5米，抽水试验4孔、6次。2002年3月，山东煤炭工程勘察研究院编制《山东省巨野煤田彭庄井田勘探（精查）地质报告》。

（二）郭屯煤矿

1998年1月—1999年8月，山东煤田地质局第二、三勘探队和江苏煤田地质局第二勘探队在本井田施工钻孔22个、18254.19米。1999年10月，山东煤炭地质工程勘察研究院提交《山东省巨野煤田郭屯井田勘探（精查）地质报告》。

2001年12月，安徽煤田地质局第三勘探队施工主、副、风井3个井筒检查孔、2661.14米。

2010年12月—2011年9月，山东省煤田地质局第二勘探队对一采区补充勘探。2011年10月，编制《山东省巨野煤田郭屯煤矿一采区补充勘探报告》。施工钻孔22孔、18664.67米，其中水文孔2个、注水试验2层次。

2012年10—2013年2月，山东省煤田地质局第二勘探队对四、五采区补充勘探，2013年3月，编制《山东省巨野煤田郭屯煤矿四、五采区补充勘探报告》。施工钻孔9个、9586.6米，其中水文孔2个、1919.03米，注水试验2次。

2010年12月—2012年2月，山东省煤田地质局第三勘探队对七、九采区补充勘探，施工钻孔9个、9579.53米。其中水文孔4个、4571.28米，注水试验4次。

2015年5—10月，山东省地质矿产勘查开发局第五地质大队对煤层露头附近煤层的变化及水文地质情况补充勘探。11月，编制《山东省巨野煤田郭屯煤矿补充勘探报告》。施工钻孔4个、3311.8米，其中水文孔1个、816.09米，注水试验1层次。

2016年6—9月，山东省煤田地质局第二勘探队对靠近煤层露头附近新近系水文地质补充勘探。编制《临矿集团菏泽煤电有限公司郭屯煤矿SX1水文钻孔施工总结》《临矿集团菏泽煤电有限公司郭屯煤矿SX2水文钻孔施工总结》，施工水文钻孔2个、1459.52米，注水试验1层次、抽水试验3层次。

五、济宁煤田（王楼煤矿）

1957年，发现济宁煤田。

1966—1999年，王楼井田历次勘查完成钻孔40个、32101.81米，地球物理测井39孔、31739.2米。其中模拟测井22孔、15030.2米，数字测井17孔、16709米，采取煤心样143件、瓦斯样14件、煤岩样55件、简选样4件、燃点样45件、煤尘爆炸样44件样品，采取岩石力学样88组、329个，水样4个，第四纪全取芯孔9个，揭露奥灰孔8个。

2002年9—12月，淄博翔宇勘探工程公司施工主井筒检查孔和副井筒检查孔各1个，终孔深度分别为795米和779.04米，完成工程量1574.04米；抽水4次，其中抽风化基岩段水1次，抽侏罗系基岩水1次，抽基岩混合水2次。

2002年12月—2003年2月，河北省煤田地质局物测地质队在首采区进行三维地震勘探。施工面积12.11平方千米，一次覆盖面积10.15平方千米，控制面积6.4平方千米。

2005年2—4月，江苏煤炭地质物测队对井田南翼三维地震勘探，施工面积约11.95平方千米、物理点8633个。11月，江苏煤炭地质物测队对南翼采区南部三维地震勘探，施工面积约2.54平方千米。

2007年6月—2008年7月，由江苏长江地质勘查院补充地质勘探，施工面积约15平方千米，钻孔14个、11929.62米，地球物理数字测井11890.41米。其中水文孔3个、2352.76米，抽水试验2次，流量测井1次。采集各类样品81个（组）。

2008年10月—2009年7月，常州市基础工程公司进行水文地质补充勘探。布置钻孔4个，位于井田西部二、三采区$3_{上}$煤层-950米等高线附近，近南北向布置，与以往钻孔形成500～750米的网距。工程量4208.84米，抽水试验3次，流量测井4次，地球物理数字测井4177.7米，采集各类样品23个（组）。

2010年1月—2012年8月，分别对二、三采区深部及-650米水平浅部块段补充勘探。第一阶段由江苏煤炭地质物测队对二、三采区深部三维地震勘探，第二阶段由江苏长江地质勘查院对二、三采区深部及-650米块段钻探。完成三维地震勘探面积14.2平方千米，二维地震测线7.34千米，物理点8192个，钻孔18个、20449.87米。其中水文孔12个、12984.14米，流量测井1次，抽水试验11次，地球物理测井20244.63米，采集各种样品105个。

2013年5月，江苏长江地质勘查院编制《临沂矿业集团王楼煤矿湖下一区补充勘探工程施工组织设计》，完成钻孔12个、7205.03米。其中，地质孔8个、5117.23米，水文孔2个、1116米，长观孔2个、971.8米，抽水试验4次，地球物理测井7154.80米，采集各种样品39个。

2018年6月，山东省煤田地质局第三勘探队对三采区地面可控源音频大地电磁测深勘查，施工布设8条线、498个点。

六、黄河北煤田（邱集煤矿）

1957—1962年，普查提出《鲁西北煤田旦镇长清概查区地质勘探概查报告书》。施工钻孔33个、13498.56米，资料可靠程度差。截至1969年末，先后施工钻孔72个、31622.54米，工程质量不高。

1970—1984年，山东省煤炭局地质勘探队采用钻探、测井、地震等手段在井田初期采区精查补充勘探。施工精补钻孔11个、检查孔2个，工程质量较高。

1983年9月—1984年1月，淄博矿务局勘探队对井田F_6断层以东、F_{10}以南精查补充勘探。施工钻孔

11个、5494.24米，1984年6月提交《黄河北煤田邱集煤矿首采区精查补充勘探资料》。山东省煤田地质勘探公司第三勘探队施工井筒检查孔，工程量997.62米，抽水3次，质量良好。

1984年9月—1991年6月，山东煤田地质局第三地质队精查补充勘探，施工钻孔73个，合格率76.5%。

2004年12月—2005年5月，邱集煤矿地面水文观测孔工程施工钻孔5个、2104.13米，抽水8次进行测井、采样测试。

2005年1月，中国煤炭地质总局物测队对邱集煤矿西一、西五、东二采区进行三维地震勘探。

2006年9—12月，山东省煤田地质局三队进行水文补勘。施工水文孔及地质孔7个、2614米，恢复钻孔2个、838.33米。

2009年10月—2010年3月，对东八深部区进行地质和地震勘探，面积4.4平方千米。2009年12月，江苏煤炭地质局物测队对西一采区进行高密度三维地震勘探，解释断层34条。圈定勘探区内物探异常区24个，对新生界厚度变化进行解释，查明10、13煤层分布范围、底板构造形态及断层。

2010年11月—2011年6月，完成7500采区深部地质和地震勘探，面积3.2平方千米。

2011年11月—2012年3月，山东省煤田地质局第三勘探队在东十采区深部施工7个地面地质钻孔，完成水文地质补充勘探总结报告编制工作。

2011年12月—2013年9月，中国煤炭地质总局华盛水文地质勘察工程公司对西一采区水文地质补充勘探、注浆堵水，完成西一采区的三维电法勘探，圈定四·五灰、徐灰异常区域和奥灰的富水性异常区域；施工水文观测孔13个，成功封堵突水点；7个钻孔安装水文自动观测仪器，建立地下水长期观测系统。

2012年5月—2013年4月，中国煤炭地质局第四水文地质队对西一采区的综合水文地质条件进行探查，以西一采区为主的放水区进行井下四·五灰含水层大流量、大降深、长时段群孔放水实验。同时布置全面的四·五灰、徐灰、奥灰含水层观测系统，进行井上、下联合观测，查明并控制井田主要含水层水文地质条件和地下水流场。

2013年9—11月，为探明矿区中北部东十采区深部煤层赋存情况，由山东省煤田地质局第三勘探队施工地面地质钻孔2个、1231.02米，进行全孔数字测井1216.35米。

2013年11月，邱集煤矿委托山东龙兴地质公司，利用地面钻孔，对徐灰注浆改造封堵突水点。

2016年6月，为解放11煤，邱集煤矿确定由中煤科工集团西安研究院有限公司在西一采区采用地面顺层钻进区域注浆改造薄层灰岩技术，改造徐灰岩层；7月，施工D8实验孔疏放四·五灰水。

2020年末，施工四·五灰钻孔28组、徐灰钻孔17组，竣工钻孔36个，正在施工钻孔9个。钻探进尺16.2万米，注浆量91.2万吨，治理面积2.1平方千米，解放资源储量1780万吨。

七、鄂尔多斯上海庙井田（榆树井、新上海一号煤矿）

（一）榆树井煤矿

1. 勘探

1953年开始，井田范围内外先后有石油系统、煤炭系统进行不同程度的地质勘探工作。

2004年，宁夏回族自治区核工业地质勘查院在一年的时间跨越预查、普查阶段，完成详查工作。2005年3月，提交《内蒙古自治区鄂托克前旗榆树井煤炭资源区详查地质报告》。施工钻孔18个，工程量10215.48米。其中水文孔1个,工程量580.95米;测井10042.88米;二维地震测线3条,总长22.96千米。5—9月,施工钻孔3个,完成工作量1744.86米。其中水文钻孔1个,623.56米;测井1723米。三维地震勘探由江苏煤炭地质物测队进行,面积7.64平方千米。地形测量及二维地震勘探由河北省煤田地质局物测地质队进行,完成1:5000地形测量24.28平方千米,地震勘探3627物理点;测线20条,总长度54.84千米。二维地震勘探范围为三维测区以外的全部面积。

2. 补充勘探

2006年5—6月,中国煤炭地质总局第一勘探局地质勘查院施工斜井井检孔3个,工程量592.52米。6—7月,施工补1钻孔1个,工程量495.6米。

2007年7—8月,淄博翔宇勘探工程公司施工主副井井检孔,工程量780米。

2009年3—7月,矿井进行水文地质补充勘探。施工钻孔10个,钻探工作量4346.22米(含S1孔,不含G2孔),物探测井4256米,抽水试验10层次(其中单孔抽水试验9层次、群孔抽水试验1组),水样10件;进行群孔抽水试验。施工G2孔,孔深223.16米。2010年,煤炭科学研究总院西安研究院编制提交《榆树井煤矿水文地质补充勘探成果报告》。

2016年10月—2017年6月15日,矿井施工水文及地质补勘钻孔20个(B-15—B-34,B-29号孔18煤以下至终孔取芯),钻探工程量9457.31米;测井9397.3米,盐化扩散3次,单孔抽水试验10层次,全分析水样9组;安装水文孔自动观测仪9套。2017年6月,中国煤炭地质总局华盛水文地质勘察工程公司提交《内蒙古上海庙矿业有限责任公司榆树井煤矿地质水文地质补充勘探报告》。

2016年11月—2017年1月,由江苏煤炭地质物测队对矿井首采区深部块段进行三维地震勘探,施工完成线束25束,测线150条,长401千米,完成工程量4739个物理点。2017年6月,编制《内蒙古上海庙矿业有限责任公司榆树井煤矿首采区深部块段三维地震勘探报告》。

2018年10月—2019年8月,中国煤炭地质总局华盛水文地质勘察工程公司对榆树井煤矿进行水文地质钻探及报废水文孔封闭工程,施工水文地质补勘钻孔5个,钻探进尺2691.31米,水文地质测井2655.37米,单孔抽水试验5层次,全分析水样5组,岩石力学样55组;安装自动观测仪5套。2019年9月,编制《内蒙古上海庙矿业有限责任公司榆树井煤矿水文地质补充勘探报告》。

2019年6—7月,江苏煤炭地质物测队对矿井西边界进行三维地震勘探,施工完成三维线束12束,物理点896个,勘探面积1.45平方千米。2019年11月,编制《内蒙古上海庙矿业有限责任公司榆树井煤矿西边界三维地震勘探报告》。

(二)新上海一号煤矿

1. 地质勘察

1953年开始,石油系统开展普查工作,进行1:10万地质填图、1:5万重磁、地震勘探及地质勘查。对该区地质构造情况、含煤情况作概略的描述。

1966—2004年,多家单位在井田外围进行煤田地质勘查,从预查、普查到勘探阶段的工作程度均有,为同处鄂尔多斯聚煤盆地的新上海一号矿井的地层层序、岩性、构造特征及煤层、煤质情况提供借鉴。

2004年,宁夏回族自治区核工业地质勘查院在锁草台勘查区进行钻探、多参数综合测井和地质调查,施工地质钻孔2个、1200.28米。2005年3月,提交《内蒙古自治区鄂托克前旗锁草台地区煤炭资源预查地质报告》。

2005年5月,中国煤炭地质总局第一勘探局地质勘查院在锁草台区普查,施工钻孔6个、3987.18

米，数字测井6孔、3928米，采取各类煤样、岩样、水样64组（件）。新上海庙区施工钻孔8个、6404.07米，数字测井8孔、6348米，采取各类煤样、岩样、水样54组。12月，提交《内蒙古自治区鄂托克前旗锁草台勘查区煤炭普查报告》《内蒙古自治区鄂托克前旗新上海庙勘查区煤炭普查报告》，由内蒙古自治区国土资源厅评审备案。申报煤炭资源量总量分别为42149.9万吨、116057.4万吨，提交的资源量全为新增资源量。

2006年7月，新上海一号矿井精查开工，中国煤炭地质总局第一勘探局地质勘查院承担地形测量、钻探、测井、采样化验，完成1∶5000地形图测绘39.74平方千米。2007年5月，地质岩芯钻探工作结束。完成钻孔46个、25468.79米，采取煤芯煤样329件、岩石物理力学样35组、瓦斯样71件。

2007年8—10月，淄博翔宇勘探工程公司施工新上海一号矿井筒检查钻孔3个、1639.9米，抽水试验9层，采取岩样37组、水样10件。提交《临沂矿业集团有限责任公司新上海一号煤矿井筒检查孔地质报告》。

2. 物探勘探

2004年，宁夏回族自治区核工业地质勘查院在锁草台勘查区进行以二维地震剖面测量为主，辅以钻探、多参数综合测井和地质、水文地质、环境地质、工程地质调查，完成二维地震测线35.13千米、物理点1613个。

2005年，河北省煤田地质局物测地质队对新上海一号矿井进行普查阶段的地形测量及二维地震勘探。完成1∶10000地形测量95.2平方千米，地震勘探9352个物理点；测线24条，主测线线距1000米，联络测线线距2000米。形成1000米×2000米的正交测网。

2006年7月，江苏煤炭物测队承担新上海一号矿井精查地震勘探，对三维地震区以北的地段进行二维地震勘探。施工测线7条、27.10千米，完成生产物理点1020个、试验物理点34个。施工面积19.64平方千米，完成物理点15117个。

3. 水文地质勘察

2006年7月，中国煤炭地质总局第一勘探局地质勘查院承担新上海一号矿井煤炭勘探。2007年5月，调查民井33口、采集水样8件，简易抽水1次，施工水文地质钻孔5个，抽水试验9层次、采取水样9件。

2012年4月，新上海一号矿井水文地质补充勘探。完成水文地质钻探孔16个、8573.24米，抽水试验18层次。2013年1月，提交《内蒙古上海庙矿业有限责任公司新上海一号煤矿矿井水文地质补充勘探报告》。

2016年10月，进行新上海一号煤矿地质及水文地质联合补充勘探。2017年3月，完成水文地质补勘钻孔18个、地质孔1个，总进尺10072.83米，水文地质测井9910.95米，全分析水样18组，岩石力学样30组，完成工程测量16孔。6月，中国煤炭地质总局华盛水文地质勘察工程公司提交《内蒙古上海庙矿业有限责任公司新上海一号煤矿地质水文地质补充勘探报告》。

2018年10月—2019年9月，进行新上海一号煤矿地质及水文地质联合补充勘探，完成水文地质补勘钻孔4个，井下放水试验地面观测孔2个、3851.53米，水文地质测井3822.6米，完成工程测量6孔。2019年9月，中国煤炭地质总局华盛水文地质勘察工程公司提交《内蒙古上海庙矿业有限责任公司新上海一号煤矿地质及水文地质补充勘探报告》。

2020年10月，进行新上海一号煤矿水文钻探，完成地质补勘钻孔4个、1802.25米，水文地质测井1794.65米，工程测量4孔。

第二章　煤矿建设

第一节　机构队伍

一、机构设置

1990年，临沂矿务局基本建设工作由基本建设处负责。

1992年9月，矿务局组建曲阜矿井筹建处，设主任1人，工作人员8人，至年底，有工作人员26人。

1993年10月，曲阜矿井筹建处更名为古城矿井筹建处，设主任1人、副主任2人，总共10人，职能科室6个。2001年4月，矿务局撤销古城矿井筹建处。

1996年2月，局计划处与基本建设处合并为规划建设处。

2001年11月，矿务局成立新区建设指挥部，李义文为总指挥，潘元庭为副总指挥，设总工程师1名。下设新驿、王楼矿井筹建处，负责矿务局在济宁地区新建矿井的建设、施工，设办公室、财劳室、计划预算室等机构。

2004年12月19日，矿务局局长办公会决定收购上海庙矿区榆树井、锁草台勘查区探矿权，将内蒙古矿区纳入新区建设指挥部管理。23日，矿务局与宁夏鑫恒工贸公司签订探矿权转让合同，取得榆树井24.28平方千米和锁草台勘探区31平方千米的探矿权。

2005年1月、10月，与鄂托克前旗人民政府签订探矿权合同，取得新上海庙东南矿区64.18平方千米、新上海一号6.57平方千米和新上海二号井田11.71平方千米的探矿权。矿务局在上海庙矿区拥有煤炭资源矿权面积137.74平方千米，储量30亿吨。

2005年4月11日，临沂矿务局与山东东山矿业公司在鄂托克前旗注册成立内蒙古鲁蒙能源开发有限公司（简称鲁蒙公司），注册资本1000万元。5月11日，成立鲁蒙公司筹建处，负责内蒙古上海庙矿区开发建设。

2006年2月20日，成立临沂矿务局榆树井矿井筹建处。7月8日，成立内蒙古矿区建设指挥部，李义文任总指挥，孙廷华、吴洪军任副总指挥，负责榆树井矿井、新上海一号矿井和新上海二号矿井的筹备和建设工作，撤销新区建设指挥部建制。

2007年10月14日，成立会宝岭铁矿筹建处。11月26日，山东省人民政府国有资产监督管理委员会批复同意临矿集团出资3亿元与中国烟草投资管理公司共同成立内蒙古上海庙矿业有限责任公司。12月28日，上海庙矿业公司举行挂牌成立仪式。

2008年5月29日，上海庙矿业公司在鄂托克前旗注册成立，注册资本6亿元；2020年末，注册资本471791.66万元。

二、施工组织

株柏矿井。矿建工程由矿务局建井处施工，土建工程由矿务局建筑队施工。

古城矿井。矿建工程由矿务局恒河公司和新汶矿务局工程公司施工，土建工程由矿务局恒河公司和兖州建安公司施工。

新驿矿井。中煤建五公司二处施工主井，三处施工副井。中煤建五公司二处、中煤建三公司二十九处、华建公司、温州二处施工水平大巷和硐室。临沂华建公司、兖州市第一与第二建筑公司、新驿镇建筑公司、济宁富通公司、鲁南公司及曲阜远大顶幕公司承建土建工程。

王楼矿井。中煤三建三十一处承建矿建工程；土建工程主要由临沂华建公司、山东圣大建设集团、济宁中煤建设公司、济宁利民建筑公司等单位承建。

军城矿井。中煤五建公司二处矿施工主、副井井筒；二期、三期工程由中煤五建公司二处、临沂华建公司和龙矿集团工程公司共同承建；土建工程主要由鱼台县清河建筑安装公司、鱼台县王鲁建筑公司、临沂华建公司、兖州鑫泰钢结构公司、江苏鑫鹏钢结构公司、山东飞跃路桥公司等承建。

榆树井煤矿。由中煤七十一处、中煤三建、淄博翔宇公司、枣矿集团第四工程处、华建公司等单位施工；新上海一号煤矿，由华建公司、中煤五建二处、中煤一建四十九处、宁夏凯珠机械公司、兖矿集团新陆公司等单位施工。施工队伍由施工单位自行管理，矿务局给予配合协调。

第二节　矿山设计

一、机构

（一）沿革

1983年10月，局机关机构调整，单独设立设计室，不列入机关编制。

1987年1月，并入局基本建设处，对外仍保持原名称。

1998年，更名为设计院，列入局机关管理。

2002年12月，成立临沂兴宇工程设计有限责任公司，对内仍称设计院。

2006年8月，临沂兴宇工程设计有限责任公司作为临矿集团机关处室，名称为临矿集团设计院。

（二）内设机构

1983年10月，设计室下设矿建科、土建科、机电科、预算科。

1998年，成立矿建室、土建室、机电室、预算室。

2002年12月，保留矿建室、土建室、机电室、预算室，作为矿务局机关科室管理。

2014年7月，临矿集团成立物探队，负责煤矿井下水探测，业务归生产技术处指导，行政管理归属设计院。

2020年，下设矿山工程所、土木建筑所、机电设备所、物探工程所、综合办公室。

二、资质及注册

1972年，设计组取得部属设计资质。2002年12月，矿务局出资45万元、设计院职工个人出资6万元，注册成立临沂兴宇工程设计有限责任公司，取得煤炭行业（矿井）专业乙级（151822-sy）和建筑行业（建筑工程）丙级（151822-sb）资质，李义文为法定代表人兼执行董事。2008年8月，职工股权全部转让给临矿集团，成为国有独资法人企业。

2009年8月，注册资本增加到100万元，曹庆伦为法人代表兼企业执行董事。2010年2月，增加冶金行业（冶金矿山工程）专业乙级设计资质，证书编号A237015962。

2016年3月，邢连军为法定代表人兼执行董事。资质证书有效期延至2020年2月4日。

2020年2月，任智德为法定代表人兼执行董事。资质证书有效期延至2025年2月4日。12月，增加钢结构乙级资质。

三、经营范围

2002年12月，经营矿山工程设计，工业与民用建筑工程设计，技术咨询，晒图文印，从事资质证书许可范围内相应的建设工程总承包业务以及项目管理和相关的技术与管理服务。

2020年12月，经营范围变更为一般项目有地质勘查技术服务，工程管理服务，办公服务，图文设计制作，打字复印，专业设计服务为平面设计（除依法须经批准的项目外，凭营业执照依法自主开展经营活动）；许可项目为建设工程设计（依法须经批准的项目，经相关部门批准后方可开展经营活动，具体经营项目以审批结果为准）。

兴宇工程设计公司职能定位于临矿集团技术服务部门，设计专业人数仅能满足内部建设工程设计需求，物探工作只服务临矿集团所属矿井。1996年，开始设计收费，实行自收自支。

四、绘图工艺

1991—1997年2月，设计图纸均为手工绘图。

1997年3月，设计采用电脑绘图，提高了设计工作效率和设计文件的绘图质量。

五、科技成果

2001年7月，古城矿井上仓胶带机头硐室设计QC成果获得煤炭行业省部级三等奖。

2007年8月，新驿煤矿北翼初步设计获煤炭行业地市级三等奖。

2008年8月，古城煤矿三水平延深初步设计获煤炭行业地市级三等奖。

六、专业大赛

2017年4月，组织临矿集团工程设计大赛，选拔一批优秀工程设计人才，纳入临矿集团人才库。

2019年7月，组织临矿集团工程设计大赛，选拔一批优秀工程设计人才，纳入临矿集团人才库。

七、主要项目

（一）采矿工程、地面建筑工程

1960年3月，山东省政府批准成立临沂矿务局，建设矿井的设计由外委转入自行设计。

2002年，取得煤炭行业（矿井）专业乙级资质，临沂兴宇工程设计有限责任公司（临矿集团设计院）设计完成资质范围内所属矿井建设项目。

1962—2020年临矿集团设计院采矿工程设计一览表

表2-2-1

序号	工程名称	主要技术特征	设计时间	备注
1	汤庄煤矿二号井延深初步简易设计	–	1962.12	
2	汤庄煤矿一号井调整补套简易初步设计	–	1963.01	
3	大芦湖煤矿轻便铁路及道岔、地面调车线标准岔道	–	1965.06	
4	桥头矿井改造初步设计	–	1972.02	
5	塘崖煤矿初步设计	–	1978.07	
6	草埠煤矿 –100m 水平中央变电所设备安装工程、井底车场设计、中央泵房机械设备安装	–	1979.10	
7	塘崖煤矿井底车场、南翼采区回风暗斜井设计	–	1982.09	
8	塘崖煤矿 –250m 中央泵房、水仓、变电所设计，褚墩煤矿南一采区布置及设备配备方案设计	–	1983.03	
	褚墩煤矿南一采区变电所、斜风井防爆门设计	–	1983.11	
	塘崖煤矿首采区溜煤上山及下部车场、甩车场平剖面图、–164m 中部车场	–	1983.12	
9	褚墩煤矿南一采区无极绳绞车硐室及溜煤上山砌碹支护、南二采区中部车场翻车机硐室及溜煤眼	–	1984.02	
	褚墩煤矿南一采区中部车场翻车机硐室及溜煤眼、南二采区厚煤层开采巷道布置、塘崖煤矿首采区 –130m 回风巷	–	1984.05	
	褚墩煤矿井下隔爆水棚、塘崖煤矿首采区中部车场	–	1984.07	
	塘崖煤矿首采区变电所、黑虎墩矿井初步设计	–	1984.11	
10	塘崖煤矿井下消防洒水、压风管路安装，井底车场动力电网平面系统图，采区变电所安装，首采区运输平巷 –80m 水平回风平巷	–	1985.04	
	塘崖煤矿首采区人车车场、车库及交岔点	–	1985.05	
	塘崖煤矿矿井初步设计	–		修改
	塘崖煤矿首采区下部车场、通风系统及设施，铝土矿副井井筒	–	1985.06	
	塘崖煤矿立井井锁口盘安装、首爆设施	–	1985.10	
11	草埠煤矿辅助斜井施工组织设计	–	1986.01	
	塘崖煤矿首采区轨道上绞车房、车场、轨道上山，风井井筒装备施工组织设计，株柏煤矿初步设计	–	1986.11	
12	株柏煤矿工业广场至工人村 6KV 输电路、风井井筒	–	1988.12	
13	株柏煤矿工人村围墙工程、公路过路桥、水沟工程	–	1989.03	

序号	工程名称	主要技术特征	设计时间	备注
14	株柏煤矿 –30m 回风平巷、回风上山、风井马头门等工程，一采区上部车场工程、轨道上山、电器硐室、回风道	–	1991.06	
	株柏煤矿井底中央泵房管道工程、主井北翼 –200m 大巷井底调度室、工具室、井窝清理仓及硐室，辅上山及上、下平巷，一采区溜煤上山、煤仓工程，井底中央变电所及通道、井底车场候车室	–	1991.10	
15	株柏煤矿工业场地动力线路敷设、工广至沙墩通信线路架设、株柏煤矿至五寺庄煤矿通信线路架设，株柏煤矿 –200m 南大巷、井底中央泵房、井下火药发放硐室、主井马头门、一采区变电所、采区下车场、工人村低压供电架设线路工程、井底电机车修理车间、井底车场绕道	–	1992.06	
	株柏煤矿井底中央泵房及水仓、35KV 输电线路、–130m 中部车场、–50m 回风平巷、–100m 翻车机房、–130m 翻车机房、–160m 水平车场、采区沉淀池、3101 运输巷、2102 运输巷及石门、3102 运输巷	–	1992.09	
16	古城煤矿 –850m 水平延深初步设计	设计生产能力 90 万吨 / 年	2000.12	
17	田庄煤矿西翼初步设计		2003.05	
18	新驿煤矿北翼初步设计	45 万吨 / 年	2004.05	
19	新驿煤矿八采区设计	60 万吨 / 年	2005.12	
20	王楼煤矿三采区设计	–	2006.06	
21	莱芜市南下冶煤矿矿产资源开发利用方案	15 万吨 / 年	2007.02	
	临沂市凤凰矿业矿井技术改造初步设计、安全专篇	12 万吨 / 年	2007.03	
	南下冶煤矿矿井技术改造初步设计、安全专篇，郯城安泰能源矿井技术改造安全专篇	15 万吨 / 年	2007.08	
	古城煤矿三水平初步设计安全专篇	220 万吨 / 年	2007.09	
22	古城煤矿及扩大区矿产资源开发利用方案	–	2008.01	
23	王楼煤矿深部孤立块段开采	30 万吨 / 年	2010.11	
24	军城煤矿二采区设计	45 万吨 / 年	2011.01	
	榆树井煤矿 11 采区设计	300 万吨 / 年	2011.09	
	王楼煤矿七采区设计	60 万吨 / 年	2012.04	
	榆树井煤矿 13 采区设计	150 万吨 / 年	2012.07	
25	古城、新驿、王楼、军城、田庄、邱集、马坊、株柏煤矿井下安全避险"六大系统"初步设计	–	2012.08	
	石家坡煤矿井底中央泵房、变电所设计	–	2012.09	
	古城煤矿 32 采区设计	110 万吨 / 年	2012.10	
	新驿煤矿六采区设计	–		
26	田庄煤矿七采区设计	–	2013.03	
	石家坡煤业公司井下紧急避险系统初步设计	–	2013.04	
	军城煤矿五采区设计	20 万吨 / 年	2013.06	
	王楼煤矿六采区设计、株柏煤矿扩大区开发利用方案	30 万吨 / 年	2013.09	
	古城煤矿 31 采区设计	110 万吨 / 年	2013.11	

序号	工程名称	主要技术特征	设计时间	备注
27	马坊煤矿七采区设计	–	2014.02	
	石家坡煤业安里矿越界巷道 1#、2#、3# 水闸墙	–	2014.04	
28	新疆兴陶大北矿业有限公司二水平初步设计	90 万吨 / 年	2015.09	
	会宝岭铁矿 –340m 水平初步设计	400 万吨 / 年	2015.10	
	株柏煤矿扩界区开采初步设计	30 万吨 / 年	2015.12	
29	株柏煤矿扩界区开采安全设施		2016.01	
	郭屯煤矿 –670m 制冷降温工程初步设计	–	2016.02	
	株柏煤矿混合井提升系统技术改造安全设施	30 万吨 / 年	2016.03	
	郭屯煤矿四采区设计	120 万吨 / 年		
	彭庄煤矿东二采区设计	50 万吨 / 年	2016.09	
	新驿煤矿七采区设计	–	2016.12	
	郭屯煤矿三采区设计、四采区设计、一采区修改设计	120 万吨 / 年		
	鲁西煤矿东翼采区设计	45 万吨 / 年		
	新上海一号煤矿轨道暗斜井防水闸墙设计	–	2017.11	
31	郭屯煤矿采区重新划分、鲁西煤矿井底三、四号煤仓	–	2018.01	
	郭屯煤矿二采区设计	120 万吨 / 年	2018.04	
	王楼煤矿三采区降温工程	–	2018.06	
	新驿煤矿南翼集中运输巷运输系统、井下煤仓			
	郭屯煤矿八采区设计	120 万吨 / 年		
	鲁西煤矿北区初步设计、安全设施	90 万吨 / 年	2018.12	
32	鲁西煤矿三采区设计、田庄煤矿一采扩大区初设、安全设施设计，永明煤矿回采工作面移动瓦斯抽采系统	–	2019.07	
	古城电厂烟气在线监测室、株柏煤矿扩界区初设变更、新驿煤矿南翼集中胶带巷防水闸门设计	–	2019.11	
33	古城煤矿 31 采区设计、榆树井煤矿 12 采区设计、鲁西煤矿北区辅助采区设计、邱集煤矿 11 煤采区划分调整及二采区设计、永明煤矿 5 号煤开采优化设计	–	2020.05	
	济宁何岗煤矿二采区优化设计，榆树井煤矿 13 采区变更设计、六采区设计说明书图纸、矿井主通风机更换设计，山东宏河集团嘉祥红旗煤矿应急电源配备设计、32 采区深部 3213 工作面设计，邱集煤矿 11 煤采区划分调整	–	2020.12	

1965—2020年临矿集团设计院地面建筑工程设计一览表

表2-2-2

序号	工程名称	主要技术特征	设计时间	备注
1	大芦湖煤矿矿井钢结构井架	–	1965.04	
	大芦湖煤矿一号井 0.75T 矿车木罐道普通罐笼	单层单车	1965.06	
	大芦湖煤矿工业广场、草埠煤矿炸药库、井口车场布置	–	1965.11	
2	大芦湖煤矿三号井 14 米高钢筋混凝土井架	–	1966.02	
3	五寺庄煤矿区域变电所	–	1973.11	

序号	工程名称	主要技术特征	设计时间	备注
4	五寺庄煤矿35/6.3KV区域变电所设备安装	–	1974.05	
5	褚墩煤矿主井井口房	–	1976.05	
	草埠煤矿矿区总平面布置图	–	1976.12	
6	塘崖煤矿空气压缩机房、褚墩煤矿空压机房设备安装	–	1977.08	
7	褚墩煤矿地面6KV变电所、联合福利室、材料棚、汽车库	–	1978.08	
8	褚墩煤矿工业场地、地面建筑布置图、双层罐笼托罐架	–	1979.07	
	塘崖煤矿锅炉房	–	1979.10	
	褚墩煤矿副井井架、凿井钢管井架	–	1979.12	
9	褚墩煤矿煤仓		1980.03	变更
	褚墩煤矿副井绞车房		1980.04	
10	褚墩煤矿翻车机房、锅炉房、矸石山绞车房	–	1981.11	
11	塘崖煤矿单身宿舍楼及供电、供水、采暖、职工食堂，矿务局医院门诊楼	–	1982.06	
12	褚墩煤矿粉煤栈桥、上仓胶带走廊		1983.03	
	矿务局医院放射科建筑	–	1983.05	
	褚墩煤矿斜风井井口布置、局医院家属宿舍楼、塘崖煤矿电厂水泵实验室	–	1983.09	
	矿务局职工子弟学校家属宿舍	–	1983.10	
	褚墩煤矿矿井井棚采暖、次煤卸煤栈桥，塘崖煤矿风井工业广场及工人村总平面图	–	1983.12	
13	矿务局医院内科病房、机关1#、4#住宅楼、职工子弟学校住宅楼，褚墩煤矿给水排水系统、塘崖煤矿办公楼、爬车机房、五寺庄蜂窝煤球厂初步设计	–	1984.05	
	褚墩煤矿工人村供热、矿务局铁路运转货场初步设计	–	1984.07	
	矿务局机关2#住宅楼、劳动服务公司（沂州府）及招待所，塘崖煤矿充填系统、煤样室、联合福利室、矿车修理车间、消防材料库、电机修理库	–	1984.10	
14	塘崖煤矿地面生产系统次煤栈桥、上仓胶带走廊、风井扇风机房、冷却水塔、原煤用爬车机房、汽车库、油脂库及照明，1#宿舍楼施工图及照明、门诊所施工图及照明	–	1985.01	
	塘崖煤矿地面生产系统粉煤、胶带走廊、筛分楼	–	1985.05	
	铝土矿工业场地	–	1985.06	
	塘崖煤矿地面生产系统、翻车机房、过磅值班室、立井井口棚、空气预热室、会议室，临沂矿务局医院制剂室、机关集中供热锅炉房，褚墩煤矿灌浆站	–	1985.12	
15	矿务局机关3#住宅楼、供应公司办公楼	–	1986.08	
16	矿务局供水、株柏煤矿地面变电所、机修车间、压风机房、材料库、油质库、矿车修理车间、主井绞车房	–	1989.10	
17	株柏煤矿泵房、矸石山绞车机房基础	–	1990.09	

序号	工程名称	主要技术特征	设计时间	备注
18	矿务局机关煤质化验楼、株柏煤矿无烟煤栈桥、煤样室、原煤胶带走廊、水源泵房、矿风井变电所、风井上沙栈桥、爬车机房、主井井口暖风机房、翻车机房工程	-	1992.10	
19	矿务局28#、29#、30#住宅楼（原97Ⅰ、Ⅱ、Ⅲ号楼）	砖混五层	1997.03	
20	矿务局中心医院病房楼	框架七层带电梯	1999.05	
21	矿务局中学住宅楼	砖混五层	2000.12	
22	矿务局医院后勤综合楼	砖混二层	2001.03	
	矿务局技校女生公寓	砖混四层	2001.04	
	矿务局住宅区东沿街楼、西沿街楼、老人乐园门东沿街楼	砖混二层	2001.07	
	煤苑宾馆桑拿洗浴中心	框架二层	2001.08	
	中国建设银行东沿街楼	砖混二层	2001.10	
	鲁星搪瓷烧喷砂车间	排架单层		
23	新驿煤矿单身宿舍楼，古城煤矿4单身宿舍楼，煤苑小区35#、37#住宅楼、41#住宅楼	砖混六层	2002.08	
	古城煤矿供应楼	砖混二层	2002.10	
	煤苑小区38#住宅楼	砖混六层	2002.12	
24	塘崖煤矿兴塘瓷厂二期厂房	框架二层	2003.01	
	煤苑小区34#、36#住宅楼	砖混六层	2003.02	
	矿务局煤苑小区沿街楼	砖混二层	2003.05	
	新驿煤矿单身宿舍楼	砖混六层	2003.08	
25	邱集煤矿7#单身宿舍楼	砖混三层	2004.03	
	矿务局机关幼儿园	砖混二层		
	邱集煤矿地面末煤仓	容积3000吨	2004.05	
	矿务局医院中央空调主机房	框架单层	2004.06	
26	田庄煤矿7#、9#、10#住宅楼，局机关家属院44#住宅楼	砖混六层	2005.08	
	矿务局物流中心综合楼	框架四层	2005.11	
27	邱集煤矿探亲楼	砖混四层	2006.02	
	古城煤矿5#单身楼	砖混六层	2006.03	
	恒昌煤业有限公司综合楼	框架二层	2006.06	
	矿务局机关20#、24#、21#、25#、22#、26#住宅楼	砖混五层		
	罗庄第三中学综合楼	框架三层		
	矿务局机关16#住宅楼加单元	砖混六层		
	丁庄联合小学教学楼	框架三层	2006.07	
28	王楼二号（军城）井2#单身楼、1#单身楼	砖混五层、六层	2007.02	

续表

序号	工程名称	主要技术特征	设计时间	备注
29	集团总部中央空调、换热站机房	框架三层	2008.03	
	古城煤矿生产工区维修楼	砖混二层	2008.06	
	古城煤矿安培中心教室	框架二层	2008.09	
	古城煤矿选煤厂学习中心	砖混二层	2008.11	
30	田庄煤矿家属院8#、9#、10#住宅楼，会宝岭铁矿倒班宿舍	砖混五层	2009.08	
31	新驿煤矿1#、2#单身宿舍楼	砖混六层	2010.05	
	邱集煤矿11#、12#、3#、14#职工探亲楼			
	军城矿5#、6#宿舍楼	砖混		
	王楼煤矿5#单身楼	砖混六层	2010.12	
	亿金储运中心办公室	砖混		
32	运销公司食堂加层、新驿煤矿通防楼扩建		2011.03	
	古城煤矿招待所西接、亿金公司泰安物流中心业务综合楼、临沂物流园南仓库及北仓库、临沂储运站车库综合楼、新驿煤矿矿井水处理站加层，邱集煤矿职工活动中心，救护大队东部办公楼	–	2011.07	
	新驿煤矿搅拌楼、新建材料库，田庄煤矿调度指挥中心，古城煤矿运煤场场地地磅房	–	2011.12	
33	甘肃兴隆矿业公司办公楼、职工联合福利楼、宿舍楼，王楼煤矿售煤办公楼改扩建，新驿煤矿井口房维修楼、宿舍楼，澄城县石家坡煤矿选矸楼，救护大队东部食堂	–	2012.06	
34	新驿煤矿新建机修车间、矸石储装运系统，石家坡煤业公司联合福利楼，会宝岭铁矿浴室和矿灯房，古城煤矿机修车间（西接）	–	2013.06	
	临沂亿金公司新建南仓库、永明煤矿联合福利楼	–	2013.10	
35	会宝岭铁矿公司职工宿舍、应急救援中心综合楼，石家坡煤业公司联合福利楼	–	2014.05	
	新上海一号煤矿单身楼一期	–	2014.09	机械排烟
	株柏煤矿联合福利楼、提升机房与变电所联合建筑	–		
36	山东煤炭技师学院学生宿舍扩建，株柏煤矿末煤精粉车间、副井井口房、压风机房、新能源泵房及混凝土搅拌站联合建筑	–	2015.10	
37	株柏煤矿职工食堂、职工宿舍，郭屯煤矿净水车间扩建、洗衣机房，彭庄煤矿净水车间、宿舍楼、锚杆生产车间	–	2016.01	
	临沂矿业集团煤苑小区节能改造			24栋楼
	罗庄中心医院家属楼节能改造	–	2016.05	7栋楼
	株柏煤矿生产系统（通风、改造）技术改造	–		
38	彭庄煤矿单身宿舍楼、职工福利楼、净水车间施工图设计修改、通风机房配电室加层、副井提升机房改造、门卫室，王楼煤矿调度指挥中心	–	2017.03	
	彭庄煤矿职工福利楼、压风机房、配煤走廊、主井提升机房改造、防冲队办公楼，郭屯煤矿4#5#宿舍楼、洗衣机房、女职工浴室改造、栈桥、余热利用泵房	–	2017.05	

序号	工程名称	主要技术特征	设计时间	备注
39	新驿煤矿新建机修车间，郭屯煤矿三灰水池、工区综合楼及机修车间、砼搅拌站，选矿厂办公楼扩建，彭庄煤矿食堂扩建、救护楼改造，鲁北公司地磅房、门卫室及煤场喷淋系统	-	2017.10	
40	新驿煤矿机修车间，郭屯煤矿危废库、副井来煤系统、储煤堆场封闭，彭庄煤矿副井来煤系统、汽运公司家属院供暖改造，古城煤矿 1# 露天煤场封闭、煤泥露天堆场封闭工程，王楼煤矿煤泥棚	-	2018.07	
40	株柏煤矿食堂加层、武所屯生建煤矿井口及风道封闭工程	-	2018.11	
40	会宝岭铁矿地磅房控制室、新驿煤矿精煤堆场封闭工程	-	2018.12	竣工图
41	彭庄煤矿风机降噪工程，新驿煤矿工业管网改造工程、末煤上仓带式输送机栈桥改造工程，古城煤矿排矸路改造工程、二食堂改造工程、风机降噪工程，株柏煤矿煤场封闭工程，王楼煤泥棚围护改造工程，鲁西煤矿设备库工程，里彦煤矿栈桥	-	2019.05	
41	田庄煤矿工业广场改造规划项目，古城煤矿备件仓库，里彦煤矿选矸棚，会宝岭铁矿坑口楼改造、新建矿车维修车间	-	2019.11	
42	郭屯煤矿煤场封闭工程方案，鲁西煤矿新建翻矸机房，集团总部科技楼屋面改造，物商集团办公用房方案，郭屯煤矿维修房，鲁西煤矿破碎机棚，会宝岭铁矿矿铁精粉库改造工程、车维修车间	-	2020.05	
42	王楼煤矿冷却塔基础设计，郭屯煤矿场外输电线路塔杆加固工程、新建地上二层车库工程，古城煤矿地面栈桥加固工程，里彦煤矿筛分楼改造（东扩降噪）工程	-	2020.12	

（二）井下物探工程

2014年7月，临矿集团所属矿井的井下水探测由物探队负责。

2014—2020年井下物探测工程量统计表

表2-2-3

序号	年度	瞬变电磁工程量		坑透探测工程量（m）	地质探测仪		探水雷达（m²）
		迎头探测（次）	工作面探测（m）		迎头（次）	工作面（m）	
1	2014	35	14680	3920	-	-	597800
2	2015	60	16910	6700	-	-	-
3	2016	32	11580	5650	9	255	-
4	2017	37	11140	11030	-	-	-
5	2018	57	12780	8480	5	-	-
6	2019	49	11950	5030	1	-	-
7	2020	33	17430	10880	-	-	-
合计		303	96470	51690	15	255	597800

第三节 建设与技改

一、自有矿井

1990—2006年，矿务局自筹资金，先后建设株柏、古城、新驿、王楼煤矿4对矿井。

2006年12月，军城矿井开工建设；2009年7月，建成移交生产。

2007年8月，榆树井煤矿开工建设；2010年7月，建成移交生产。

2008年5月，新上海一号煤矿开工建设；2012年10月，试生产。

2015年10月，株柏煤矿进行矿井深部开采技术改造。

（一）株柏煤矿

1986年7月20日，矿务局设计室提出《株柏煤矿初步设计》；省煤炭工业局以〔86〕917号文批准。1987年11月28日，矿井工程开工，局建井工程处承建。1988年10月5日，主井破土动工，采用砼壁井筒自重沉井法和地面预注浆施工法。1992年12月5日，建成投产。完成井巷工程6263米，土建工程16157平方米，投资总额3849.4万元。矿井设计生产能力21万吨/年，分两个水平开采。第一水平在-200米，可采储量423.5万吨，服务期13.4年。第二水平在-450米，可采储量283万吨，服务期9年。开拓方式采用单立井混合提升和一对暗斜井开拓。投产时形成1个采区2个回采工作面。

2015年，随着矿井资源逐步枯竭，国家对30万吨以下的矿井实施关闭政策，临矿集团确定对株柏煤矿实行技术改造。技改工程概算1.07亿元，2014年9月23日，开工建设。2015年，核定年生产能力30万吨。2016年9月，矿井提升、运输、通风、供电、压风等生产系统形成投入运行。

（二）古城煤矿

1991年，面对资源枯竭和临沂地区严重缺煤的局面，矿务局获得国家能源部批准，着手开发曲阜井田。

1992年9月，组建临沂矿务局曲阜矿井筹建处，进行建矿前期准备，当年完成基本建设投资700万元。

1993年4月15日，推行项目责任制，安排局工程公司总包曲阜矿井工程建设，包括矿井、选煤厂等单项工程。

1995年，古城矿井开工建设，投资51594万元，2000年12月建成投产。矿井核定年生产能力90万吨。2004年，通过技术改造产能达到220万吨。

1999年，铁路专用线开始建设，当年完成投资439万元；2001年竣工，全长5.5千米，累计投资4386万元。

2000年，选煤厂开工建设，2001年竣工，投资3037万元。

（三）新驿煤矿

1. 新驿煤矿（矿井）

2000年，新驿矿井开始勘探，费用为1043万元，开采兖州煤田煤炭资源。

矿井建设项目总资金为23729.71万元，采用企业自有资金与国家银行贷款相结合的形式。矿务局自筹资金8400万元，其余所需资金向中国农业银行兖州支行申请贷款，2001年6月26日签订贷款意向书。

矿井年设计生产能力为45万吨，建设计划工期32个月（准备工期8个月、基建工期24个月）。2001年12月开工建设，2004年6月1日建成投产，累计投资36206万元。实现22个月建成矿井的目标，创出全省同类矿井建设较好水平。截至2004年末，矿井实际产煤45.7万吨，实现当年投产、当年达产。

2005年9月，矿井核定年生产能力110万吨，获山东省煤炭工业管理局认证通过。2011—2012年，矿井发展规模达到建矿后最好水平，原煤年产量达到240万吨。

2002年6月12日，新驿煤矿主井井架起吊

2010年10月，投资1.5亿元的选煤厂开工建设，设计年入选能力150万吨。2011年末，按照年入选200万吨装备完成设备安装调试，实现单机试运转。

2016年9月，根据省政府决策部署及山东能源集团安排，临矿集团接管山东里能鲁西矿业有限公司，临矿集团指派新驿煤矿全面接管、按照一矿两井管理模式开展安全生产经营工作。

2. 鲁西煤矿（矿井）

2001年7月，山东里能鲁西矿业有限公司（简称鲁西煤矿）成立，为省属监狱煤矿，隶属山东里能集团有限公司。矿井位于济宁市任城区二十里铺街道办事处辖区内，地处任城区、兖州区、汶上县3县区交界处，与新驿煤矿直线距离10千米。矿井年设计生产能力45万吨，核定年生产能力87万吨，设计服务年限58.4年。开采水平-300米、-405米，分南区和北区，主采3煤、16煤。

1999年1月，鲁西煤矿筹建处成立，启动鲁西煤矿筹建工作。2002年9月9日矿井正式投产。2004年10月28日，山东省监狱管理局经过对2003年矿井设计能力45万吨/年进行核定，核定矿井生产能力为90万吨/年。

2015年末，得到监狱退出危险行业的信息后，临矿集团安排新驿煤矿第一时间与任城监狱接触，取得了鲁西煤矿的接管权。9月6日，山东能源集团、临矿集团与齐鲁新航集团、里能集团在山东能源大厦举行省属监狱煤矿移交接管划转协议签字仪式。临矿集团董事长、党委书记刘孝孔与省监狱局副局长、里能集团董事长李文军代表双方签署《山东里能鲁西煤矿移交接管划转协议》，临矿集团正式接管鲁西煤矿。

（四）王楼煤矿

1996年5月28日，矿务局向山东煤炭工业管理局提出将济宁四区王楼井田划为矿务局接续矿井的申请。7月7日，省煤炭工业管理局批准将济宁煤田王楼井田划归矿务局开发。

1999年10月，山东省煤炭地质工程勘察研究院提交《山东省济宁煤田王楼区勘探（精查）地质报告》。2000年5月，国土资源部对其给予批复。1999年，煤炭工业济南设计研究院提交《山东省临沂矿务局王楼矿井初步设计》，确定井口位于后王楼村以北D27$_4$钻孔附近。

2003年，王楼矿井设计根据三维物探资料进行优化，由单翼改为双翼开拓，北翼轨道及胶带石门减少工程量600米，井底水平标高由-700米改为-680米。实现双翼开拓开采，为矿井高产高效提供了技术保障。

2004年9月，王楼矿井开工建设，2007年7月1日移交生产。设计生产能力90万吨/年，服务年限

42.4年。2013年5月，核定生产能力130万吨/年。2015年11月，随国家去产能，对冲击地压矿井生产能力重新核定为120万吨/年。

（五）军城煤矿（王楼二号井）

2007年1月，军城煤矿开工建设，2009年7月，进行系统试运转。设计年生产能力45万吨，总投资5.8亿元，建设工期30个月。矿井位于山东省济宁市鱼台县张黄镇境内、王楼井田的南部，属于济宁煤田。北邻兖矿集团的济宁三号煤矿，南与济宁市鹿洼煤矿相邻，行政区划隶属于山东省济宁市鱼台县管辖。井田东西长3.32～8.45千米，南北宽3～6.82千米，面积27.02平方千米，可采储量为2598.7万吨。矿井年设计生产能力45万吨，采用立井开拓方式，井底水平为−425米。

2015年12月，经临矿集团研究，撤销军城煤矿建制，与王楼煤矿实行一矿二井管理模式。2016年10月，王楼二号（军城）井顺利关井闭坑。

（六）榆树井矿井

榆树井煤矿隶属于上海庙矿业有限责任公司，是中国烟草投资管理公司和临矿集团共同投资建设的第一对矿井，年设计生产能力300万吨，矿井服务年限57.3年，基建投资总额（含选煤厂、铁路专用线）22.53亿元。

矿井地处内蒙古西南边陲、明长城以北的毛乌素沙漠边缘地带，西临新汶矿业集团长城煤矿，北与上海庙矿业有限责任公司新上海一号煤矿相接。矿区距宁夏首府银川市42千米，行政区划属于内蒙古鄂尔多斯市鄂托克前旗上海庙开发区管辖。井田南北长7.4千米，东西宽3.6千米，面积24.3平方千米；煤层总厚度27.66米，地质储量38967万吨；可采煤层10层，可采煤层总厚度19.83米，可采储量24743万吨。

2005年4月11日，内蒙古鲁蒙能源开发有限公司成立。5月11日，成立鲁蒙公司筹建处，负责开发建设榆树井矿井等煤炭资源。2006年2月23日，鲁蒙公司筹建处6人进驻鄂托克前旗，进行矿井筹备工作。4月16日，矿务局取消鲁蒙公司筹建处编制，成立榆树井矿井筹建处，负责榆树井矿井的筹备和建设工作。同年6月，筹建处成立矿建、土建、机电及后勤供应等5个项目组；7月，矿井开工建设。2010年7月，实现联合试运转并正式投产，榆树井煤矿成立。

（七）新上海一号矿井

新上海一号煤矿及选煤厂地处内蒙古西南边陲、明长城以北的毛乌素沙漠边缘地带、鄂托克前旗境内，隶属内蒙古上海庙矿业有限责任公司，是中国双维投资公司和临矿集团在上海庙能源化工基地共同出资建设的第二对现代化大型煤矿，设计年生产能力400万吨，服务年限62.5年。

井田南北长约12.5千米，东西宽2.0～3.5千米，面积26.6平方千米。工业储量4.89亿吨，设计可采储量3.37亿吨。矿井采用立井开拓方式，工业广场内设主、副、风3个井筒，2个水平开采。提升采用主、副井双井塔，主井装备1对30吨的箕斗提煤，副井装备宽−窄双层双车罐笼。采用中央并列式通风，主、副井进风，风井抽出式回风。地面生产系统、运输系统、综合办公楼等，按煤矿配套设置。安全监控、环保、消防等设施按照规范和标准同步设计、同步开工、同步使用。

2006年7月8日，矿务局成立内蒙古矿区建设指挥部，同时成立新上海一号矿井筹建处，负责新上海一号矿井的筹备和建设。2008年5月，矿井开工建设。2012年9月，实现联合试运转，累计完成投资49.69亿元。2017年12月完成转资，2018年起正式按生产矿井核算。

二、接管与控股矿井

2004年2月，省煤炭工业局将邱集、田庄、马坊地方煤矿划归矿务局管理。其中，马坊煤矿因煤炭资源枯竭于2015年2月关井。

2012年5月，马坊煤矿接管永明煤矿。2013年3月6日，移交给邱集煤矿，按一矿两井模式运行。

2012年，临矿集团控股成立石家坡煤业有限责任公司。2013年9月，石家坡煤矿进行年生产能力60万吨的矿井技术改造，2016年10月，石家坡煤矿按照国家去产能政策关井。

2015年10月，临矿集团正式控股菏泽煤电公司郭屯、彭庄煤矿。

2016年9月，临矿集团接管鲁西、里彦、武所屯监狱煤矿，其中武所屯煤矿在2018年底按照国家去产能政策关井。

（一）邱集煤矿

1. 邱集煤矿（矿井）

矿井位于德州市齐河县马集镇境内，是山东省黄河北第一对投产的矿井，年生产能力核定90万吨。采用立井单水平开拓，水平标高-395米，井田边界与旦镇勘探区边界相同，位于旦镇井田中东部，面积39平方千米，地质储量2.8亿吨，可采储量0.39亿吨。主要煤种为气肥煤，挥发分在40%左右，成焦率在70%以上，是良好的工业动力用煤和炼焦配煤。

1977年，省煤炭工业局上报邱集矿井计划任务书。1978年3月，省计划委员会以〔78〕鲁计基字第102号文作出《关于黄河北煤田邱集矿井计划任务书的批复》，将矿井建设列入1978年基本建设计划；7月，省基本建设委员会对邱集矿井初步设计进行审查后，以〔78〕鲁建设字第36号文下达《关于德州地区邱集矿井初步设计的批复》，矿井开始筹建。1979年8月，由于国家压缩基本建设项目，邱集煤矿缓建。

1982年，省政府、省计委、省煤炭工业局研究决定邱集矿井恢复建设，不再行文，承认原有设计有效。1983年3月，邱集煤矿重新恢复建设，成立德州地区邱集煤矿筹建处，隶属德州地区领导。1987年6月6日，由于国家压缩基建投资，邱集煤矿再次缓建。

1988年6月6日，省计委同意恢复建设邱集煤矿，年设计生产能力45万吨。恢复建设的邱集煤矿为省煤炭工业局直属、全民所有制企业。8月26日，省计委批准邱集煤矿改变隶属关系，由德州地区邱集煤矿筹建处改为山东省邱集煤矿筹建处，煤矿财产由德州地区向省煤炭工业局移交，开始矿井的第三次筹备建设。

1990年11月23日，矿井开工建设。1997年7月，在换发采矿许可证时，将矿区一分为二，一部分办理新的采矿许可证，一部分办理探矿权保留手续。

1999年5月，试采出煤。2002年1月，矿井生产系统实现联合试运转，各系统运转良好。2003年12月31日，矿井竣工投产。

2004年2月16日，省煤炭工业局将邱集煤矿划归矿务局管理，更名为临沂矿务局邱集煤矿。随后，邱集煤矿向矿务局提交《关于矿井技术改造工程设计的请示》，提交矿井提升系统、运输系统、供电系统、通风系统技术改造设计，技改完成后矿井具备年生产能力90万吨。矿务局下达给邱集煤矿2004年度技改资金5190.1万元。2005年6月，技改项目完成，主要涉及影响矿井生产的提升、通风、供电、排水、采煤工艺等系统。

2005年11月16日，邱集煤矿选煤厂开工建设，2005年12月26日竣工。工程造价235万元，年洗煤能力为60万吨，品种有精煤、中块、小块等。

2. 永明煤矿（矿井）

矿井位于陕西省延安市子长县余家坪乡石家畔村，东北距子长县城12千米。属低瓦斯、低二氧化碳矿井，水文地质条件简单。主采3号煤层和5号煤层，煤层倾角1～3度，5号煤平均厚度0.85米，3号煤平均厚度0.7米，均为气煤45号。井田处于陕西省三叠纪煤田子长县栾家坪——余家坪煤炭资源普查区的西南部，由原来的子长县永明煤矿和吉祥煤矿整合扩大而成，北与石家沟煤矿整合区相接，东与禾草沟二矿整合区相接，西与禾草沟煤矿整合区相接，面积9.11平方千米。资源储量为1597万吨，可采储量1181万吨。2014年1月，矿井投产，设计生产能力45万吨/年，服务年限20.2年。2015年底，矿井剩余资源储量为1288万吨，可采储量为864万吨，剩余服务年限为14.7年。建有选煤厂1座，年洗选能力120万吨，采用重介洗选方式洗煤。

2012年5月31日，永明煤矿由临矿集团与子长县罗卫红将原子长县永明煤矿通过重组成立陕西永明煤矿有限公司（临矿集团控股51%，罗卫红控股49%）。2012年5月31日—2013年3月5日，由马坊煤矿接管。2013年3月6日，由邱集煤矿接管，按一矿两井模式运行。2013年11月，矿井进入联合试运转。2014年9月15日，取得"三证一照"，土地手续、环保验收以及矿井综合验收进入办理程序。

2016年1月，股东罗卫红以购矿权价款、矿井亏损等问题为借口，强行阻止生产经营，致使矿井停产放假。2018年8月1日，开始恢复生产；9日，脱离邱集煤矿托管，成立临矿集团永明煤矿有限公司。

（二）田庄煤矿

1. 田庄煤矿（矿井）

矿井位于济宁市高新区王因镇境内，设计年生产能力30万吨，开采兖州煤田的煤炭资源。1996年7月30日，开始筹建。1997年8月18日，破土动工。1998年12月8日，首采面试采；1999年5月26日，试生产。2002年11月18日，通过省煤炭工业局验收，核定年生产能力60万吨。

2003年10月，通过竞标获得新集井田采矿权，改扩建后储量3600万吨，服务年限60年。2004年2月18日，划归矿务局管理。2005年3月，经省煤炭工业局核实，核定年生产能力为90万吨。

2008年9月，临矿集团批准实施通风系统技术改造工程，解决矿井通风、辅助提升能力的不足；2009年2月15日，经临矿集团企管处发字〔2001〕17号文批准建设。由江苏中科华誉能源技术发展有限公司负责设计，徐州兴达建设监理咨询有限公司负责建设项目监理，主要施工单位有临沂华建公司、中煤五公司五处。2009年7月，技术改造工程开工建设，2010年12月竣工，完成投资4947万元。

2016年7月，经临矿集团授权，田庄煤矿接管山东省邹城监狱及滕州监狱所辖的里彦和武所屯煤矿，形成一矿三井的发展格局。2020年6月30日，终止井下采掘活动；8月18日，完成井下设备回撤；8月底，完成立井井架拆除；9月上旬，完成地面设备设施拆除回撤；9月23日，完成立井井筒充填和井口封闭；12月25日，通过山东省联合验收组化解过剩产能验收。

2. 武所屯煤矿（矿井）

省武所屯生建煤矿位于省滕州市姜屯镇境内，处于滕州市的正西方，距市区约11千米。井田位于滕北煤田的东南角，东部以庄里断层为界；南部以张坡断层为界；西部以武所屯断层与赵坡煤矿为界；北以济枣公路垂直下切线与徐庄煤矿为界。井田南北长2.96千米，东西长3.55千米，面积8.556平方千米。

1976年，武所屯煤矿为济宁地区筹建的嘉祥县煤矿，隶属济宁市嘉祥县，属县办企业。1977年，矿井破土兴建。1982年10月，试生产；1984年2月，正式投入生产。设计年生产能力为15万吨，2006年，核定年生产能力为39万吨。2017年，根据国家去产能有关规定，按276工作日重新核定年生产能力为33万吨。矿井开拓方式为立井单水平开拓，开采方法采用走向（倾斜）长壁后退式采煤法，全部垮落法管理顶板。

1984年2月，武所屯煤矿移交给省劳改局建设开发，更名为山东省武所屯生建煤矿。

2012年1月，由于国家政策性调整，滕州监狱与临矿集团签订委托管理协议，将武所屯煤矿等整体托管给田庄煤矿。5月17日，交接完毕。

2016年6月10日，新主井投入使用，兼作进风和提升煤炭使用；同时将原主井更名为副井，兼作提升人员和下料使用；原副井更名为风井，专作回风井使用。6月30日，临矿集团与新航集团就武所屯煤矿接管事宜进行全面沟通协调。9月30日，签署全面移交划转协议。

2018年4月，临矿集团下达《关于山东省武所屯生建煤矿化解过剩产能工作的实施意见》。11月10日，终止井下采掘活动，开始全面关井回撤工作。截至12月底，完成井下与地面设备设施拆除回撤，同时注销安全生产许可证。

3. 里彦煤矿（矿井）

1993年7月，矿井开始筹建。1998年10月1日，投入试生产；2001年9月6日，正式投产。设计年生产能力60万吨，2013年，核定年生产能力80万吨。采用立井开拓，单一水平布置。中央并列式通风方式，副井进风，主井回风。近距离煤层（16$_上$煤、17煤）采用采区上（下）山联合布置开采方式。截至2018年末，矿井所开采兖州煤田的煤炭资源，保有资源储量8810.6万吨，为气煤，其中基础储量为1784万吨，资源量7026.6万吨，可采储量1514.5万吨。

里彦煤矿隶属省监狱管理局山东齐鲁新航集团，实行局、监狱、矿、科室管理。2015年10月5日，田庄煤矿进驻里彦煤矿开始托管工作。2016年7月，监狱退危资产无偿划转。里彦煤矿隶田庄煤矿，一矿三井的商业管理模式形成。

（三）菏泽煤电公司

2001年12月，山东的重点煤电产业山东鲁能菏泽煤电开发有限公司成立，注册资本8.5亿元。其中，鲁能集团旗下的都城伟业持股83.59%，华电国际持股12.27%，菏泽投资开发公司持股3.33%，菏泽光源持股0.81%。

2015年10月9日，鲁能集团与山东能源集团、临矿集团签署合作框架协议和托管协议；10日，临矿集团组织中介专业机构，进入菏泽煤电公司开展调查。12月4日，菏泽煤电开发有限公司在上海联合产权交易所摘牌；9日，临矿集团与鲁能集团签署股权转让协议，以12.12亿元成功收购都城伟业集团持有的83.59%股权，开始对菏泽煤电公司控股经营、全面接管。2016年1月12日，对公司所属郭屯、彭庄煤矿进行单位名称、负责人工商变更登记，领取营业执照；28日，公司完成单位名称、法定代表人工商变更登记，正式更名为临沂矿业集团菏泽煤电有限公司。2月18日，公司及所属2矿分别获取由山东煤矿安全监察局颁发的安全生产许可证。

菏泽煤电公司所属郭屯和彭庄煤矿2对生产矿井，保有储量6亿吨，可采储量1.82亿吨，属瓦斯矿井；主采煤层为3$_下$煤，煤层2～8米，采用一次采全高和综采（放顶煤）工艺；主要煤种为1/3焦煤。

1. 郭屯煤矿

郭屯煤矿位于菏泽地区郓城县城南约10千米，行政区划归郓城县管辖。西南距菏泽市区约48千米，东距济宁市约61千米。极值地理坐标东经115度53分1秒～116度0分14秒，北纬35度27分19秒～35

度34分46秒。

矿区西北8～10千米处有京九铁路和220国道，矿区南约3千米有日东高速公路通过。矿区向南约20千米为兖（州）—新（乡）铁路的垱圽集车站，南20千米处有济（南）—菏（泽）高速公路，西约40千米处为德（州）—商（丘）高速公路，形成了高速公路、铁路、国道和省道四通八达的交通网络。矿区建设13.6千米的运煤铁路专线与京九线相连。

1998年12月、1999年2月，山东鲁能菏泽矿业开发有限公司以688万元的探矿权转让价款由菏泽地区华茂矿产资源开发有限公司获得巨野煤田郭屯井田探矿权与郭屯井田勘探成果。井田由山东煤田地质局承担精查地质勘探施工，省矿产资源委员会以鲁资准〔2000〕01号文件批准该精查地质报告。东起田桥断层及田桥支断层，西至煤系地层底界露头，南起3925000纬线，北至25勘探线，南北长约14千米，东西宽约11千米，勘查面积222.08平方千米。2004年12月16日，山东鲁能菏泽煤电开发有限公司郭屯煤矿作为采矿权人获得国土资源部登记颁发的《采矿许可证》，2011年7月25日更换。井田面积69.33平方千米，生产规模每年240万吨，有限期限30年。

郭屯矿井由中煤国际工程集团南京设计研究院设计，工厂占地面积426亩。矿建工程分别由中煤一公司31处、中煤三公司29处、中煤五公司三处项目部承建。土建工程主要由中煤68处、中煤71处、枣矿集团第四工程处、山东方大公司、唐山开滦建设集团、山东鲁泰建工集团等单位承担。机电安装工程主要由中煤五公司五处、枣矿集团中兴建安公司、唐山开滦建设集团、中煤一公司31处、山东立业装备公司等单位承建。

2004年3月，开始地面预注浆施工；10月，主、副、风井完成地面预注浆，作为巨野矿区唯一采取地面预注浆措施的矿井，注浆量21964立方米。2005年4月，完成冻结造孔工程，创造冻结造孔工程量253214米的国内纪录；5月10日，正式开机冻结；10月16日，井筒开挖掘砌。2006年4月28日，风井井筒通过576.8米表土层；5月8日，主井井筒通过585米表土层；6月11日，副井井筒通过587.5米表土层，一举刷新世界冻结法凿井通过特厚表土层深度纪录。2008年2月26日，主井、副井、风井到底，井深866米、879米、783米。

2009年10月19日，省煤炭工业局批准矿井联合试运转。

郭屯煤矿设计年生产能力240万吨，设计服务年限52.4年。开拓方式为立井开拓，一个水平上、下山开采，水平标高-808米。2008年，核定年生产能力240万吨。截至2020年末，采矿许可证范围内保有煤炭资源储量45780.5万吨，可采储量15129.9万吨。

2. 彭庄煤矿

彭庄煤矿位于郓城县城东偏南约11.5千米处，行政区划隶属菏泽市郓城县。西距京九铁路郓城站约13千米；东距济菏高速嘉祥出口约10千米，省道S338自井田北部东西向穿过，交通便利。极值地理坐标为东经116度0分13秒～116度7分49秒，北纬35度32分33秒～35度36分58秒。

2001年4月30日，山东鲁能菏泽矿业开发有限公司以391.70万元探矿权出让价款由省国土资源厅获得彭庄煤矿探矿权。井田由山东煤田地质局承担精查地质勘探施工，国土资源部以国土资认储字〔2002〕214号文件批准该精查地质报告，勘查面积103平方千米。

2003年10月，彭庄矿井主、副井井筒冻结孔开钻，彭庄矿井建设前期工程全面开工。2004年4月18日，主井开挖，矿井建设正式开工。2005年10月30日，1301掘进工作面完成井巷工程850米，生产工程煤1.4万吨。2006年8月28日，彭庄煤矿成功实现联合试运转。

2004年3月，省发展计划委员会以鲁计重点〔2004〕180号文批准由煤炭工业济南设计研究院编制的初步设计。7月，山东鲁能菏泽煤电开发有限公司彭庄煤矿作为采矿权人获得国土资源部登记颁发的《采矿许可证》，2011年7月25日更换。井田面积67.19平方千米，年生产规模45万吨，有限期限30年。彭庄矿井初步设计井巷工程量10146.5米，建设工期28个月。矿井采用立井下山开拓，井底车场水平标高−420米，辅助水平标高−750米，井口设计标高+42.5米。在工业场地内布置主、副两个井筒，主井兼作回风井。井筒表土层段采用冻结法施工，冻结深度为378米，井筒基岩段采用地面预注浆封堵涌水、加固井壁，注浆后采用普通钻爆法施工。冻结段井壁采用双层钢砼结构，砼为C30—C60，深厚粘土层段铺设25～50毫米厚泡沫板。基岩段采用单层井壁，砼为C30。

2007年1月，省煤炭工业局批准煤炭工业济南设计研究院编制的《彭庄煤矿初步设计（调整）》，将矿井年设计生产能力由45万吨调整为60万吨；同月，山东省煤炭工业局以鲁煤规发字〔2007〕4号文对初步设计（调整）予以批复，调整设计年生产能力为60万吨。矿井采用立井开拓方式，采用一个水平和矿井东西翼分设辅助水平方案开拓，井底车场水平为−420米。主井直径5米，装备1对8吨多绳箕斗，兼做回风井；副井净直径6米，装备1对1吨矿车双层4车罐笼，兼做进风井。2009年、2011年，矿井核定年生产能力110万吨。截至2020年末，矿井保有资源储量12620.4万吨。

第四节　质量监督

一、机构

1990年，矿务局基本建设工作由局长统一领导，1名副局长分工负责。基本建设投资项目由局领导班子研究决策。

2006年8月，矿务局改制为临沂矿业集团有限责任公司，基本建设重大投资计划由临矿集团董事会决策，总经理组织实施，1名副总经理分管基本建设工作，机关职能处室按照分工具体负责。

（一）工程监督管理处

1990年，矿务局基本建设工作由基本建设处负责。1996年2月，计划处与基本建设处合并为规划建设处。2001年11月，规划建设处、科技信息计算中心与法律事务处合并，成立企业管理处，与临沂矿区质量监督站分别负责矿井基本建设的立项审批、设计、工程管理、工程质量监督检查等工作。2013年10月，企业管理处工程管理职能分离，并入临沂矿区质量监督站，合并成立工程监督管理处。临沂矿区质量监督站与工程监督管理处独立行使职能，合署办公。

2020年末，工程监督管理处设处长1人，副处长2人、综合管理1人、矿建管理1人、机电安装管理1人、土建管理1人、招标管理1人、造价管理2人、处级调研员1人、科级协理员3人，主要负责基建项目管理、工程招投标、工程造价等管理。

（二）临沂矿区质量监督站

1987年5月，经煤炭工业部山东煤炭工业管理局批准，成立煤炭工业临沂矿区建设工程质量监督站，列为矿务局机关编制的处级单位，业务归属煤炭系统工程质量监督站垂直指导。9月，煤炭工业部山东煤炭工业管理局下发通知，将该矿区站更名为山东煤炭工业管理局临沂矿区建设工程质量监督站。1991年，能源部成立；11月2日，矿区站更名为能源部统配煤矿临沂矿区建设工程质量监督站。1993年3月2日，成立能源部统配煤矿曲阜矿区建设工程质量监督站；7月，省煤炭工业管理局将2个矿区站分别更名为煤炭工业部临沂矿区建设工程质量监督站和煤炭工业部曲阜矿区建设工程质量监督站。1999年7月，煤炭工业建设工程质量监督总站下发《关于煤炭工业各级工程质量监督站更名的通知》，将矿区站分别更名为煤炭工业临沂矿区建设工程质量监督站（简称矿区质监站）和煤炭工业曲阜矿区建设工程质量监督站，2站为一支队伍两种职能，同时负责2处矿区的工程质量监督工作。2015年8月，煤炭工业曲阜矿区建设工程质量监督站注销。

2020年末，矿区质监站有工作人员6人，矿建、土建、安装、综合管理专业人员配置齐全。其中站长1人、主任工程师1人、专业管理人员4人。

矿区质监站主要负责对临矿集团（包括省质监站安排的地方煤矿）各类资金渠道的煤炭、非煤、技术改造、生活设施建设项目及其配套、辅助工程建设质量实施监督；审查参与工程建设的勘察、设计、施工、监理、检测单位和工程用品生产单位的资质；监督工程建设各方责任主体质量行为；核查参与工程建设的建设、勘察、设计、施工、监理单位工程质量保证体系；日常巡查和重点抽查工程建设质量，检查各方责任主体质量责任制的落实；监督建设单位组织的工程竣工验收并核在建设、勘察、设计、施工、监理，检测单位提供的工程技术资料；认证单位工程质量等级，参与和协助上级站认证单项工程质量等级，参与单项工程竣工验收；仲裁单位工程质量纠纷，参与质量事故的调查处理：参与临矿集团范围内工程建设新技术、新工艺、新材料、新结构试验项目的质量鉴定。

（三）企业管理处

负责临矿集团煤炭主业的新项目、重大技改项目的立项、审批工作并对重点煤炭建设项目、重大技改项目实施情况进行全过程跟踪管理；根据董事会提出的投资原则，拟订具体专项资金（维简费、安全费用）投资政策，组织实施与管理；编制临矿集团年度煤炭基本建设计划、重大技术改造计划，做好专项资金（维简、安全费用）的管理和使用。

二、制度建设

1990年，根据煤炭工业国家级企业管理标准，矿务局制定基建统计管理制度；土建矿建安装设计、施工、质量监督管理等制度。2001年11月，整合历年全局基建工程方面的管理制度，修订部分内容。

2013年，总结西部矿区和省外矿区建设经验，修订临矿集团基本建设制度，制定《临沂矿业集团有限责任公司工程建设管理办法》《临沂矿业集团有限责任公司工程、物资招标管理办法》，形成较完善的基建工程管理制度体系。

2018年，修订《临沂矿区站建设工程质量监督管理办法》。

2019年1月、2020年2月、11月，对《临沂矿业集团有限责任公司工程建设管理办法》进行修订。

2020年2月，制定《临沂矿业集团工程类项目非招标采购管理办法》；11月，进行修订。

三、审查与认证

矿区质监站受政府质量监督管理部门委托，履行临沂矿区内所有建设工程质量的监督管理职能，有工程质量监督的责任、权利和义务。进入临沂矿区工程建设的勘察、设计、施工、监理、检测、大型构配件生产单位必须到矿区质监站进行备案。

临矿集团新建、改建、扩建、技术改造煤矿矿井项目和非煤项目及其配套、辅助工程、附属工程必须实施质量监督、认证。

工程质量认证分为单位工程质量认证和单项工程质量认证，认证结果分为优良和合格2个等级。单位工程质量认证由矿区质监站负责，单项工程质量认证由煤炭工业山东建设工程质量监督中心站负责。

（一）单位工程质量认证

单位工程竣工后，建设单位组织单位工程竣工验收，并向矿区质监站申请对竣工验收进行监督，质量达到合格等级以上后，建设单位向矿区质监站申请质量认证，将认证所需资料报送矿区质监站审查。矿区质监站对所报资料审查符合要求后，组织不少于3名监督人员的认证组，依照授权，代表政府和行业管理部门按照公开、公正的原则，根据有关标准、规定和工程建设过程对参加各方责任主体的质量行为和实体质量监督掌握的情况，进行单位工程质量认证。出具单位工程质量等级认证书，认证书作为工程移交使用及结算的工程质量依据。

1994—2006年临沂矿务局单位工程质量认证情况一览表

表2-2-4

年度	合计		矿建		土建		机电安装	
	总数	优良	总数	优良	总数	优良	总数	优良
1994	6	1	–	–	6	1	–	–
1995	20	6	–	–	20	6	–	–
1996	9	4	–	–	9	4	–	–
1997	23	2	2	2	20	0	1	0
1998	52	28	17	8	30	16	5	4
1999	57	29	31	14	17	9	9	6
2000	69	44	5	2	32	15	32	27
2001	78	29	18	6	41	13	19	10
2002	23	6	0	0	22	6	1	0
2003	102	49	9	9	52	15	41	25
2004	77	62	27	20	25	18	25	24
2005	55	24	1	1	34	12	20	11
2006	47	33	10	8	25	20	12	5

（二）单项工程质量认证

单项工程联合试运行符合规定后，建设单位向煤炭工业山东建设工程质量监督中心站提交单项工程质量认证申请报告，煤炭工业山东建设工程质量监督中心站确认具备认证条件后，组织成立单项工程质量认证专家组，对工程建设项目的基本建设程序、参建各方责任主体的质量行为、质量保证资料和技术资料、工程实体质量等进行全面的核查、质询。根据国家或有关行业现行的专业工程质量检验评定标准，进行单项工程质量认证，出具单项工程质量等级认证书，工程质量认证书作为矿井验收工程移交生产的工程质量依据。

（三）优质工程评选

经煤炭工业山东建设工程质量监督中心站、矿区质监站认证评优的工程，符合国家、行业、省优良工程条件的，煤炭工业山东建设工程质量监督中心站、矿区质监站负责向上级推荐评选相应级别的优质工程。

1994—2020年临矿集团主要单项工程监督情况一览表

表2-2-5

序号	工程名称	时间
1	汤庄煤矿植物质型煤厂	1994.12
2	矿务局发电厂扩建工程	1995.05
3	汤庄煤矿创元瓷厂	1995.10
4	古城矿井	1996.05
5	古城矿井选煤厂	2000.10
6	煤苑小区	2002.06
7	新驿矿井	2002.08
8	古城煤矿热电厂	2002.09
9	创元焦化厂扩建工程	2003.05
10	临沂金兴焦电有限责任公司	2004.01
11	马坊煤矿改扩建工程	2004.07
12	古城煤矿热电厂扩建工程	2004.08
13	王楼矿井	2004.09
14	邱集煤矿选煤厂	2005.01
15	古城煤矿选煤厂扩建工程	2005.07
16	新驿矿井选煤厂	2005.07
17	榆树井矿井	2006.10
18	军城矿井	2006.12
19	新上海一号煤矿	2008.05
20	会宝岭铁矿	2008.07
21	田庄煤矿通风系统技术改造	2009.07
22	株柏煤矿混合井提升系统技术改造	2014.09
23	彭庄煤矿选煤厂	2016.09
24	鲁西煤矿选煤厂	2017.02
25	邱集煤矿二水平延深工程	2018.05
26	鲁北煤炭配送基地快速装线系统项目	2019.03
27	日照罗克兰智慧物流产业园	2020.10

1994—2020年临矿集团单项工程质量认证情况一览表

表2-2-6

序号	名称	能力（万吨/年）	建设工期	认证时间	得分	等级	认证单位
1	汤庄煤矿植物质型煤厂	2.1	1994.12—1995.10.	1995.10	72.12	良好工程	煤炭工业部临沂矿区建设工程质量监督站
2	古城矿井	90	1996.05—2000.01	2000.11	82.34	优良工程	
3	古城煤矿选煤厂	90	2000.10—2001.08.	2001.11	88.21		
4	古城煤矿热电厂	2×6兆瓦	2002.09—2003.07	2003.10	83.47		
5	新驿矿井	45	2002.08—2004.06	2004.09.	92.14		
6	王楼煤矿	120	2004.09—2007.07	2007.09	–	–	
7	军城煤矿	45	2007.01—2009.06	2009.11	–	–	煤炭工业山东建设工程质量监督中心站
8	榆树井煤矿	300	2008.02—2010.12	2011.04	–	–	
9	田庄煤矿通风系统技术改造	90	2009.07—2010.02	2011.05	–	优良工程	
10	会宝岭铁矿	300	2008.02—2013.12	2014.04	–		
11	新上海一号煤矿	300	2008.05—2015.01	2015.03	–		
12	株柏煤矿混合井提升系统技术改造	30	2014.09—2016.03	2017.12	78.6	合格工程	
13	彭庄煤矿选煤厂	洗选150	2016.09—2017.03	2018.04	78		
14	鲁西煤矿选煤厂	洗选150	2017.02—2017.08	2018.10	76		

1991—2006年临沂矿务局获得全省煤炭工业优质工程称号统计表

表2-2-7

年度	工程名称
1991	株柏矿井35千伏变电所安装
1992	招待所4号楼、物资储运站仓库
1993	塘崖煤矿北风井井筒、机关31号住宅楼

续表

年度	工程名称
1994	机关 27 号家属住宅楼
1996	古城矿井灯房浴室楼
1997	古城矿井主井井筒
1998	古城矿井副井井筒设备安装、–505 米水平运输大巷、井下中央变电所设备安装、井下中央泵房设备安装
1999	古城矿井井下爆破材料库、上仓胶带机斜巷、11 采区绞车房、块煤装车仓矿务局机关 16 号住宅楼、古城煤矿采区上部变电所设备安装
2000	古城煤矿主井井底煤仓、主井提升机设备安装、主井筒装备安装
2001	古城煤矿选煤厂主厂房、装车仓、设备安装、压滤设备安装
2002	古城煤矿工区办公楼
2003	新驿矿井主井井筒、新驿矿井副井井筒、古城煤矿热电厂主厂房
2004	东山矿业公司综合办公楼、古城煤矿热电厂 1 号冷却塔、中心医院门诊楼新驿矿井、主井提升系统、原煤仓
2005	王楼矿井场外公路、古城煤矿热电厂 2 号冷却塔、邱集煤矿东翼北轨道大巷
2006	王楼矿井行政区队办公楼、食堂、井底车场及大巷辅轨古城煤矿选煤厂新建原煤仓、王楼 2 号矿井 35 千伏变电所

1998—2015年临矿集团获得全国煤炭行业优质工程称号统计表

表2-2-8

年度	工程名称	备注
1998	古城煤矿主井井筒	
2001	古城煤矿 –505 米水平运输大巷	
2004	古城煤矿热电厂主厂房	
2005	东山矿业公司综合办公楼	煤炭行业"太阳杯"
2005	新驿矿井工程	
2005	新驿矿井轨道大巷工程	
2005	罗庄中心医院门诊楼	
2009	军城煤矿	煤炭行业"太阳杯"
2011	会宝岭铁矿矿建一期工程	
2011	田庄煤矿通风系统技术改造	省建筑工程质量"泰山杯"
2012	会宝岭铁矿斜坡道及主井溜破系统工程	
2012	榆树井煤矿选煤厂产品仓	煤炭行业"太阳杯"
2013	会宝岭铁矿行政办公楼及主井提升设备安装工程	
2014	会宝岭铁矿选矿厂	

四、矿建质量监督

1998—2020年，矿建工程质量监督项目有：株柏、古城、王楼、新驿、军城、邱集、田庄煤矿、会宝岭铁矿、榆树井煤矿、新上海一号矿井、田庄煤矿通风系统技术改造、株柏煤矿技改、邱集煤矿二水平延伸、鲁西煤矿下组煤水平延伸14个单项工程，463个单位工程。

矿建工程质量监督主要是以国家现行标准、规范及上级主管部门发布的有关规范、规程、规定及设计图纸文件为依据，对矿区内受监的矿建单位工程进行监督；受理矿建工程质量监督申请，建立监督台账，审核参建各方主体的资质、质量保证体系及人员资格；对受监工程的主要单位工程进行重点监督，对重点部位重点检查，确保主要工程质量。

对工程进行不定期抽检，在监督检查中，核查工程资料、对实体进行实测、实量及观感检查，以数据反映问题，认真填写监督日志、表格以备存档。参与月终验收，并着重监督验收程序、各方到位情况，核查验收资料及工程实体质量。

参加矿建单位工程质量等级核查认证，按照《井巷工程质量检验评定标准》的要求对矿建单位工程的技术资料进行核查，并填写资料核查表，作为工程质量认证的重要依据之一。

五、土建质量监督

1998—2020年，土建工程质量监督项目有：株柏、古城、王楼、新驿、军城、邱集、田庄、榆树井、新上海一号煤矿，会宝岭铁矿，古城、田庄、邱集煤矿，军城、新驿、株柏、鲁西、彭庄、郭屯煤矿选煤厂，株柏煤矿技改20个单项工程，531个单位工程。

土建工程质量监督主要是受理土建工程质量监督申请，建立监督台账，审核参建各方主体的资质、质量保证体系及人员资格；负责建设工程的地基与基础、主体结构、建筑装饰装修、建筑屋面的工程质量监督，并编制工程质量监督计划。

工程建设过程中重点进行以下监督检查：检查执行国标、行业标准，特别是执行《工程建设标准强制性条文》情况；抽检结构质量、环境质量、重要使用功能是否符合设计、标准要求；抽查涉及结构安全和使用功能的主要材料、构配件和设备的出厂合格证、试验报告、见证取样送检资料及结构实体检测报告。

对地基基础工程的验收进行监督，并重点抽查桩基、地基处理的施工质量及检测报告、验收记录、验槽记录；检验批、分项、分部工程质量检测、评定资料及隐蔽工程记录的质量验收情况；抽查防水工程的材料和施工质量；抽查结构混凝土及承重砌体施工过程的质量控制情况。

对主体结构工程的验收进行监督，并重点抽查钢结构、混凝土及砌体等工程关键部位及有特殊要求部位的质量；对混凝土、钢筋及砌体等工程关键部位，必要时进行现场监督检测；检查混凝土构件、钢构件的制作和安装质量；检查主体结构分部的检验批、分项、分部工程质量检测、评定资料的质量验收情况。

对装饰工程、安装工程重点抽查幕墙工程、外墙粘（挂）饰面工程、大型灯具涉及安全和使用功能的重点部位施工质量；检查安装工程使用功能的检测及试运行记录，核查分部（子分部）工程的施工质量验收资料。

对使用功能和室内环境质量现场检查的主要内容，主要是有环保要求材料的检测资料情况；室内环境质量检测报告；各种承压管道系统水压试验的检测资料情况；绝缘电阻、防雷接地及工作接地电阻及检测资料情况；屋面、墙面和厕所、浴室等有防水要求的房屋及卫生器具防渗漏试验及试验记录情况。

六、安装质量监督

1998—2020年，安装工程质量监督项目有：株柏煤矿、古城、王楼、新驿、军城、邱集、田庄、榆树井、新上海一号煤矿，会宝岭铁矿，古城、田庄、邱集、军城、新驿、株柏、鲁西、彭庄、郭屯煤矿选煤厂，株柏煤矿技改20个单项工程，528个单位工程。

安装工程质量监督主要是受理工程质量监督申请、建立监督台账，审核参建各方主体的资质、质量保证体系及人员资格；负责机电设备安装工程的质量监督工作，并编制工程质量监督计划。

在工程建设中，重点监督参建各方责任主体的质量行为，对工程资料和实体质量进行抽检、核验；对建设单位组织的设备联合试运转及竣工验收的程序、参加单位、人员资格及执行的标准等进行监督；检查执行国标、行业标准，特别是执行《工程建设标准强制性条文》的情况。

对实体主要核查：影响设备安全运行、使用功能的重点部位的安装质量；检查地脚螺栓、垫铁、设备找正调平及接地系统质量。

对资料主要核查：涉及安全和使用功能的主要材料、设备的出厂合格证、试验、检测报告，绝缘电阻、防雷接地及工作接地电阻的检测资料，设备调试、试运转记录，各种承压管道系统水压、压力容器压力、密封试验报告，分项、分部工程检验、评定资料及隐蔽工程记录。

参加机电安装单位工程质量等级核查认证，对认证完毕的单位工程资料按规定及时归档。

第三章 生产管理

第一节 煤炭产能

一、生产能力

1991年，矿务局有塘崖、褚墩、草埠、五寺庄、汤庄、桥头、岐山、莒县等8对原煤生产矿井，其中五寺庄、莒县、岐山、桥头等矿井可采储量稀少，几近无能力矿井。全局设计生产能力142万吨/年。

1992年12月，株柏煤矿投产，矿井设计生产能力21万吨/年。

2000年，汤庄、五寺庄、莒县和岐山煤矿相继关井，古城矿井投产，全局设计生产能力192万吨/年。

2004年，省属田庄、邱集、马坊煤矿划归临沂矿务局。6月，新驿煤矿投产。全局设计生产能力312万吨/年。

2006年，塘崖、褚墩煤矿改制分离，矿务局设计生产能力261万吨/年。

2007年，草埠煤矿关井。7月，王楼煤矿试生产，临矿集团设计生产能力336万吨/年。

2007—2018年，建成收编军城、郭屯、彭庄、鲁西、里彦、武所屯、榆树井、新上海一号、永明煤矿等。

2020年末，临矿集团有株柏、古城、新驿、王楼、邱集、田庄、郭屯、彭庄、鲁西、里彦、榆树井、新上海一号、永明等13个煤矿，原煤生产总核定能力1752万吨/年。

二、产能核定

（一）古城煤矿

2000年，古城煤矿投产，开始对采煤工艺、提运、供电、通防等生产系统逐步技术改造。2006年，矿井核定生产能力220万吨/年；2015年，根据国家去产能政策，对冲击地压矿井生产能力重新核定为180万吨/年；2020年，核减为120万吨/年。

（二）王楼煤矿

2007年，矿井投产后，对各生产系统逐步技术改造。2013年5月，核定生产能力130万吨/年；2015年11月，根据国家去产能政策，对冲击地压矿井生产能力重新核定为120万吨/年；2020年，核减为100万吨/年。

（三）田庄、邱集、马坊煤矿

2004年，田庄、邱集、马坊煤矿划归矿务局后，矿务局投入技改资金1亿多元，分别对其采掘、提运、供电、通防、防排水等系统进行大规模技术改造，使年生产能力分别达到90、75、21万吨。

（四）新驿煤矿

新驿煤矿设计生产能力45万吨/年。矿井基本建设时期，各生产系统按照90万吨/年产能进行装备，矿井由初步设计的单翼生产改为两翼生产，使矿井自投产之日始，产能即达到90万吨/年。2006年，对生产系统逐步改造，矿井核定产能105万吨/年。

（五）株柏煤矿

2007—2015年，原煤产量一直保持在15万吨左右。2015年12月，矿井完成生产能力30万吨/年技术改造并通过核定。

三、高产高效矿井建设

2003年开始，古城煤矿申报高产高效矿井，连续3年被中国煤炭工业协会评为煤炭工业高产高效行业一级矿井。

2006年，古城、田庄煤矿被评为安全高效行业一级矿井。

2007年，古城、新驿、田庄煤矿被评为安全高效行业一级矿井。

2008—2009年，古城、新驿、田庄煤矿被评为安全高效行业一级矿井，王楼煤矿被评为行业二级矿井。

2010年，古城煤矿被评为安全高效行业特级矿井，王楼、新驿、田庄、邱集煤矿被评为行业一级矿井。

2011年，古城煤矿被评为安全高效行业特级矿井，王楼、军城、新驿、田庄、邱集煤矿被评为行业一级矿井。

2012—2013年，古城、王楼煤矿被评为安全高效行业特级矿井，军城、新驿、田庄、邱集煤矿被评为行业一级矿井。

2014—2015年，古城、王楼煤矿被评为安全高效行业特级矿井，新驿煤矿被评为行业一级矿井。

2016—2017年，古城、王楼、郭屯、彭庄、田庄、里彦煤矿被评为安全高效行业特级矿井，新驿、鲁西、邱集煤矿被评为行业一级矿井。

2018—2019年，古城、王楼、郭屯、鲁西、田庄、里彦煤矿被评为安全高效行业特级矿井，彭庄、新驿、邱集煤矿被评为行业一级矿井，株柏煤矿被评为行业二级矿井。

四、生产发展

1991年，全局8对矿井产能142万吨；2020年，临矿集团13对矿井产能1752万吨。

（一）生产装备

随着古城、新驿、王楼、郭屯、鲁西煤矿等现代化矿井的建成投产，矿井的生产装备发生巨大变化。回采工作面采煤由放炮采煤转变为采煤机（刨煤机）采煤，工作面顶板支护由木支护转变为液压支架（或单体支柱+墩柱+铰接顶梁或无顶梁支架）支护，超前支护装备由木支护转变为单体支柱+铰接顶梁（或工字钢棚、π型梁）支护，冲击地压矿井超前支护实现超前单元支架支护。掘进工作面由炮掘转变为综掘，使用综掘机（或凿岩机）+铲装机+胶带输送机（或梭车）等快速掘进装备。原煤提升由罐笼提升变成箕斗提升，井下运输由人力推车变成胶带输送机、电瓶车等机械运输，工作面供电电压由低压（380伏以下）变成高压（660伏以上）。

（二）开采技术

回采工作面采煤方法由穿硐倒垛残采变成正规的壁式回采；采煤工艺由木支护、炮采变成厚煤层一次采全高、综采综放等；掘进由打眼放炮、架棚支护和人工装运煤矸，变为光爆、锚喷、锚网支护、综掘机、掘锚一体机和胶带追迎头装运煤矸等。

（三）掘进工程

2009—2011年，开展掘进精品工程竞赛活动，7对矿井14个掘进工作面达到精品工程质量要求。

（四）快速掘进与高效采煤

1991—2015年，各矿生产装备水平处在2.0阶段，采掘生产机械化程度低，薄煤层矿井只有炮采、炮掘工艺，开拓巷道和重点接续巷道进度难以保证。2016年开始，各矿井推广快速掘进、高效采煤成套技术研究与应用，解决快速掘进的机械化、自动化、连续化问题，提高掘进效率，缓解矿井接续紧张难题；研究应用不同煤层赋存条件下一次采全高、放顶煤、薄煤层等高效采煤工艺，优化生产工序，甄选三机设备，形成成套高效采煤技术，实现矿井高效集约化生产。

第二节　生产调度

一、机构设置

1983年10月，矿务局成立调度室，建立局、矿、井三级调度网络，实行调度24小时值班。局调度室设主任1人、科长1人、调度员4人、统计员1人；矿调度室设主任1人，采掘、辅助等专业副主任及调度人员3～6人。

1994年12月，局调度室与生产处、地测处合并为生产调度处。

1996年9月，生产调度处与机电处合并为生产技术部。

2001年11月，生产技术部与通防处合并为生产技术处。

2005年3月，机电处、通防处从生产技术处分离单设。生产技术处下设采掘室、地测室和调度室。调度室设主任1人、调度员5人。所属各矿与玻纤公司均设立生产调度室，设主任1人、副主任1～3人，调度员3～4人，监测监控员和调度维护人员根据需求配置；部分矿井设立煤质管理员、材料管理员、统计员等岗位。

2020年，采用集团、矿（公司）、基层现场3层调度管理模式，各级调度部门横向对同级业务部门行使调度权，各项管理制度和机构健全。调度区域范围省内11个单位，省外3个单位，有古城、新驿、株柏、鲁西、里彦、邱集、王楼、彭庄、郭屯、榆树井、新上海一号、永明12个煤矿单位，山东玻纤集团公司、会宝岭铁矿2个非煤单位。

二、集团调度

在生产副总经理的领导下，对日常生产进行安排和调度，严格执行上级及临矿集团领指示、指令，落实24小时值班、安全零汇报制度。认真做好上情下达、下情上报工作，对上级部门有关生产和安全方面的调度传真、通知、通报、指令等及时落实贯彻执行，对各单位反映的问题及时汇报，及时解决；负责制定和完善调度工作管理制度，健全完善调度体系和调度信息网络，应用大数据思维、先进的调度管理经验和信息化管理技术，推进调度标准化建设。负责日常应急处置工作，及时报告本单位重大事故、突发事件，遇到紧急情况时，调度室按照汇报程序以及应急预案要求，启动应急响应，根据领导指示，调动一切力量，协调、指挥安全事故的抢救、抢险和生产恢复等工作。

定期组织安全生产调度会议；对调度会安排的安全生产的各类问题，及时协调、解决、反馈。依托安全生产管理共享平台，对全集团生产情况进行大数据分析，跟踪调度生产单位的工作面安撤、巷道贯通、防治水等重点项目的落实情况。建立完善调度原始记录，按时填写图表、台账，对调度数据进行统计汇编，调度资料定期归档保存。做好专题调度工作，对雨季"三防"、冬季"四防"、矿井月度停产检修、节假日期间放假检修等进行跟踪调度。平时加强各项信息上报工作，对基层单位调度业务及调度标准化建设情况的督导、检查，监督检查基层调度室信息化系统的运行情况。做好调度设备维护、记录，确保监测监控、人员位置监测、电话录音、数据上报平台等调度信息系统正常运作。完成领导安排的临时性任务。

三、矿（公司）调度

上海庙矿业公司生产调度中心（2012年）

2020年，临矿集团所属单位设置15个公司（矿井）调度指挥中心，调度及信息管理相关从业人员240余人，按照上级相关部门要求各矿井均设置独立的调度指挥中心，各非煤单位也设置相应职能部门，配备双岗值班人员。职能业务涵盖了生产调度协调、应急值守、煤质管理、调度信息汇总、生产数据统计、调度质量标准化、领导值班考核等方面，实现矿井生产全过程督导、质量标准化动态管理。

矿井（公司）调度指挥中心调度职能是在生产副矿长的领导下，根据生产计划，对日常生产进行安排和调度，按照煤矿安全规程、作业规程和操作规程指挥生产。做好应急值守工作，协调、指挥生产安全事故的抢修、抢救、抢险和生产恢复工作。出现险情或生产安全事故时，按照授权及时下达撤人指令。严格按照《生产安全事故报告和调查处理条例》及《生产安全事故信息报告和处置办法》的规定及时报告。协调沟通各部门，组织好生产环节，按时完成生产作业计划。负责组织召开调度会、生产协调会等，及时督促检查和解决生产中存在的问题。深入生产现场，熟悉生产情况，了解生产变化趋势，掌握重大安全隐患，及时向领导提出意见和建议，解决生产中的关键问题。及时掌握生产动态，分析生产趋势，编制生产日报、旬报、月报、重点工程图表，进行生产情况汇总。认真贯彻执行上级调度指令、通知、通报，跟踪调度落实各项工作；及时向集团公司调度室报告基层生产活动情况和出现的重大问题。加强调度业务建设、安全生产标准化建设和信息化建设，全面提升调度工作管理水平。

四、管理制度

2013年5月，修订《临矿集团调度专业质量标准及考核评级办法实施细则》。

2014年10月，制定《临矿集团调度管理制度》

2017年12月，制定《安全生产调度管理办法实施细则》。

2018年5月，制定《临沂矿业集团有限公司关于加强极端天气应急处置工作的通知》，要求各矿严格执行。

2019年12月，制定《安全生产共享平台运行管理制度（试行版）》，建立安全生产共享平台运行月度考核机制。

2020年6月，下发《关于进一步完善应急管理的通知》，全面完善应急管理工作。7月，制定《安全生产调度值班管理制度》，加强和规范安全生产调度值班管理工作。

五、集团信息管理

临矿集团调度指挥中心与矿通过10M专线传送集团公司数据中心，利用思科EX90的视频会议系统和宝利通电话进行对各矿进行视频调度。调度台装备显示器8台，利用24台液晶显示器和12块67英寸DLP大屏幕，通过漫游和缩放在大屏幕显示业务系统数据。2018年，升级改造。视频图像数据传输由模拟信号升级为数字信号，调度台实现桌面信号、控制电脑信号、视频会议系统及各种音视频输入实现数字化接入，通过数字化处理系统随时切换实现文档、图纸、监控图像、视频会议等各种信号，在电视墙上根据功能区，显示不同的内容，达到漫游与显示，实现科学精准调度。

临矿集团调度指挥中心在用的调度信息管理平台4个。

（一）集团调度统计系统

2005年开始，推广使用临矿集团信息中心独立开发的数据统计软件，采用网络数据库架构。经过多次版本升级，系统主要子模块有各矿计划、产、销、存数据上报，当日、月度数据汇总等。2010年，系统嵌入临矿集团办公协同办公系统。2017年，升级为BS架构的临沂调度信息系统，新增生产经营周报、月报、调度值班日报、领导值班日报和安全生产事故管理模块。

（二）山能调度综合系统

为山东能源集团调度指挥中心主导的数据上报平台，2012年投入使用。临矿集团调度指挥中心作为二级单位，主要应用该系统的基础数据上报、数据日上报、生产计划上报、重大节假日上报等模块。

（三）省煤矿安全生产监管平台

2013年投入使用，由省煤炭工业局与山东精诚软件联合开发，采用省煤炭局、临矿集团、各矿井三级网络联动模式。临矿集团调度指挥中心作为二级单位，日常主要担负各矿上报数据、质量标准化自检、节假日领导值班、隐患排查等基础信息的审核、汇总上报等业务。

（四）安全生产共享平台

2018年3月，与北京龙软公司共同研发安全生产共享平台，两家共有知识产权，至2020年底完成省内外11个单位平台建设及应用。

安全生产平台的生产经营调度综合管理系统，建成以信息化、自动化、智能化为核心的数字化经营调度指挥中心。生产调度指挥管理包括上传下达、工作情况和采掘计划动态跟踪、生产报表及影响因素统计、入井人员管理、灾害预警及应急指挥管理。在突发事件状态下，通过应用已建立的煤矿三维透明化矿山平台直观显示巷道布置情况、三维动态模拟展示通风和避灾路线，建立应急救援预案数据库、救护装备数据库和消防材料数据库、救灾专家、基地和事故案例数据库，为调度决策提供丰富的信息支撑，实现基于"一张图"的煤矿事故智能预警和应急处置流程的一键启动。

六、矿井调度信息化建设

临矿集团所属各单位调度指挥中心装备大屏幕显示系统采用DLP投影单元和DID液晶拼接单元，调度大屏显示系统主要型号采用中达电通股份公司、海康橙科有限公司等，图像控制系统一般采用分布式控制，实现信号一键上屏。调度指挥中心均接入办公网络、调度通信、行政通信、人员位置监测、语音广播、图像视频监测、安全监测监控、水文监测、雨量在线监测、压力及微震监测、井上下胶带控制、井下泵房控制、矿用电力监控、安全生产共享平台等系统，实现远程控制和监测，对生产系统工作状态进行远程实时监测、监控、诊断。

各单位建有信息机房，达到国家C类机房建设标准。机房根据矿井业务需求设置综合自动化数据库服务器，精确定位系统、无线通信系统管控服务器，人员定位系统服务器，工业视频平台、流媒体、存储、转码服务器，双防平台系统服务器，办公网络有OA系统、云桌面、网络操作平台等业务系统。办公网络由电信运营商以光纤接入，工业环网与内网互联，各单位通过电信运营商专线实现与集团网络的互通互联。

2018年11月，王楼煤矿建设矿井调度指挥中心，安装现代化操作台7套，VCVS-WLED70调度显示系统1套，显示大屏采用40块16：9激光背投70英寸DLP显示屏，屏幕支持4K高清播放，采用4×10屏组而成。

2020年8月，永明煤矿安装海康橙科公司的DS-VW46/L35调度大屏显示系统，1组3×5大屏显示矩阵，采用55寸LCD显示单元拼接而成。

七、安全监控系统

2018年底，古城、新驿、株柏、里彦、邱集、永明煤矿安装江苏三恒科技股份公司的KJ70X煤矿安全监控系统，鲁西、王楼、榆树井与新上海一号煤矿安装中国煤炭科工集团重庆研究院的KJ90X型煤矿安全监控系统。2020年5—9月，各单位通过山东鼎安检测技术公司升级改造验收。

各单位安全监控系统设置主机2台，实现双机热备份，控制和显示终端均设置在矿调度室，系统主要由数据库服务器、管控服务器、网络交换机、安全监控分站和各类型传感器组成，各类传感器分布在井上下各机房硐室、变电所，井上下各煤仓，胶带走廊，采掘工作面、采区回风巷、一翼回风巷、总回风巷等地点，系统实现井下甲烷、一氧化碳、二氧化碳、粉尘、温度、风速、负压、风筒状态、风机开停、风门开关状态等参数24小时在线实时监测，具备气体超限报警断电、远程遥控断电、故障断电等功能，使用过程中定期对各类传感器进行标校。安全监控系统主干网采用独立千兆工业以太环网，分站到交换机、分站之间全部采用光纤传输，井下各分站采集数据通过工业以太网交换机上传至地面，在平台上融合环境监测、人员定位、应急广播等系统，发生紧急突发事件需立即撤人的情况下，能自动与应急广播、人员位置监测等系统应急联动。安全监控系统实现矿与集团公司及省煤监局等上级部门联网。

八、矿井通信系统

2017年，里彦煤矿装备杭州北辰通信公司的KT173型调度通信系统。

2018—2020年，古城、新驿、鲁西、王楼、株柏煤矿相继升级为深圳震有科技股份公司的应急指挥调度系统。

2019年，永明煤矿安装上海申瓯科技股份公司的SOD8000XO9有线调度通信系统，榆树井、新上海一号煤矿采用深圳市迪派实业公司的DM-1数字电话交换系统。

矿井通信系统核心均实现双机热备，并分两至三路MHYA32型主通信电缆入井，在井口设置防雷装置。升级后的调度通信系统采用分散控制，关键主控部件具备热备份。调度功能齐全：呼叫、强插、强拆、监听、选呼、群呼、全呼、紧急呼叫、呼叫锁定、选择应答、手动录音、自动录音等。在主副井绞车房、井底车场、变电所、上下山绞车房、水泵房、爆炸品材料库等主要机电设备硐室、井下主运输胶带转载点、移动变电站、巷道分支处、溜煤眼处和采掘工作面以及采区、水平最高点，均安设本质安全型防爆电话，保证了矿井上、下通信畅通。矿井地面主要岗点和井下各地点电话均已开通摘机5秒后直通矿调度室，实现矿井电话直通功能。

九、无线通信系统

2006年开始，临矿集团所属煤矿设有无线通信系统。主要型号为杭州北辰天地通信设备公司的KT23型矿用无线通信系统和武汉七环电气公司生产的KDLT-1井巷漏泄通信系统。

2019年，古城煤矿安装上海山源科技股份公司的KT154无线通信系统，系统以万兆工业环网为骨干，以无线WiFi网络为延伸，在井下设立128台基站，信号覆盖矿井各主要运输大巷、采掘工作面等地点，通信终端采用手持机和相结合，智能语音矿灯以标准的SIP音视频通信协议为基础，实现与调度、本安智能手机等设备的语音通话、视频对讲等功能。安全生产管理人员、安监员、班组长、瓦检员、机电修以及特殊作业巡检人员配备手持机558部、配备采掘、辅助作业人员智能定位通信矿灯1245盏。

2020年3月，鲁西煤矿安装天地（常州）自动化股份公司的KT130矿用无线通信融合系统，4月底正式上线运行，系统采用融合基站通信，基站融合了UWB及WIFI无线信号。实现采掘工作面、巷道及主要大巷、变电所、硐室、泵房及副井上井口等地点的信号全覆盖，办公网WIFI与井下WIFI两网实现互通互联。4月，株柏、里彦煤矿安装武汉七环电气股份公司KT315R无线通信系统，井下安装KT315R-F（A）型融合基站。主要分布在井底车场、主要巷道、机电硐室、炸药库、避难硐室、各采区进风、回风巷、采掘进工作面等场所。配备无线通信工具——KT257-S矿用本安型手机，实现井下无线通信，与调度电话互通。无线通信基站同时具有精确定位功能和无线通信功能，可以语音通话、视频通话、信息交流。5月，新驿、邱集、王楼煤矿安装南京北路自动化系统有限责任公司的KT162矿用无线通信系统，系统主要由BLKT323-WA型核心语音交换机、KT162-F4矿用本安型无线融合基站、WiFi天线和KT162-S1型矿用本安型手机组成无线通信系统。无线通信系统和精确定位系统共用KT162-F4矿用本安型无线融合基站，系统覆盖了井下行人大巷、运输巷道、机电硐室和采掘工作面等地点，实现井下现场全覆盖。系统可以实现多种业务的接入，并通过数字中继与矿调度交换机相连，实现无线通信系统与有线调度通信系统组网。

十、语音广播系统

2020年，各单位升级井下语音广播系统，主要系统有中国煤炭科工集团重庆研究院生产的KT175型广播系统、江苏三恒自动化系统有限责任公司的KT425型应急语音广播系统、华洋通信科技股份公司KT155矿用广播通信系统和南京北路智控科技股份公司的KTK113数字语音广播系统等。广播终端系统主要由地面语音网关、广播服务器、音响、麦克风和井下矿用本质安全型广播分站、矿用隔爆兼本安型直流稳压电源组成。地面设备安装于调度室，井下矿用本质安全型广播分站主要安装于各主要大巷、采掘工作面及主要机电硐室等地点，井下采掘地点和胶带运输巷通过接口装置，实现天津华宁语音系统音频对接，语音广播进行全覆盖。在调度指挥中心可通过广播系统向井下作业地点人员下达安全指令，系统可实现地面和井下广播分站双向对讲，根据业务需求已与安全监测监控系统、调度通信系统、人员位置监测等系统实现联动，满足矿井在应急状态下，3分钟通知到全井下人员的要求。

十一、人员监测系统

2006年开始，临矿集团所属矿井推广使用人员位置监测系统。主要型号有重庆煤科院KJ251人员管理系统、北方联创公司KJ-296井下人员定位系统、南京北路科技生产的KJ222人员定位考勤系统。

2019年12月开始，王楼、新驿、彭庄、郭屯、邱集煤矿安装南京北路自动化系统公司的KJ602（B）煤矿人员管理系统。2020年3月，里彦、株柏煤矿安装武汉七环电气股份公司的KJ150A型人员精确定位系统，鲁西煤矿安装天地（常州）自动化股份公司的KJ69J型矿用人员精确定位管理系统。4月，省内各煤矿均采用UWB技术的人员精确定位系统和WiFi制式的无线通信系统，并选用"精确定位+无线通信"融合基站进行安装部署；会宝岭铁矿井下部署4G无线通信系统，建设了人员精确定位系统。古城煤矿安装上海山源科技股份公司的KJ681型人员精确定位系统。升级后的系统由地面中心站、系统软件、传输平台、矿用本安型读卡器、基站、定位标识卡、矿用本安型手机及电源、传输光缆、电缆等组成，传输平台采用环网传输，系统采用UWB精准定位、TDOA无线测距技术信号覆盖范围达300多米，可实时了解井下人员的流动情况、井下人员的准确数量及分布情况，定位精度可达0.3米。人员定位软件实现人员信息采集、识别、显示、存储、查询和报表打印，具备数据管理子系统、考勤管理子系统、定位跟踪子系统、安全报警子系统、通信子系统、WEB浏览等功能。矿井出现紧急情况时，根据井下人员精确定位系统所提供的数据，迅速了解有关人员的位置情况。基站主要分布在井底车场、主要巷道、机电硐室、炸药库、避难硐室、各采区进回风巷，采掘进工作面等场所，冲击地压矿井的采掘工作面限员站配备限员管理显示报警装置，实现超员报警功能。

十二、矿井综合自动化系统

2009年，古城、鲁西、田庄、王楼、新驿、郭屯、彭庄煤矿安装使用矿井综合自动化系统，到

2020年末各单位建设矿井综合自动化控制系统。

2018年，株柏、王楼、彭庄、郭屯煤矿安装华洋通信科技股份公司的矿井综合自动化系统，系统采用iFIX HMI/SCADA自动化监控组态软件，平台由管控服务器、数据库服务器和iFIX组态软件平台组成，整个系统建立在开放型结构的网络环境上，采用多任务工业标准技术，分布处理技术，通过工业以太环网将数据从PLC上直接读取，保障了数据的实时性和稳定性。

2019年7月，古城煤矿完成山东海进电气科技公司综合自动化系统平台升级，平台采用iCONICS组态软件，新平台采用集成SCADA（组态）、historian（企业级实时库）、GIS（地理信息系统）、3D（三维），移动访问于一体的第四代自动化和信息化组态平台，建立统一的数据集成平台。选用基于专业实时数据库对矿子系统系统数据采集、实时数据进行管理和集成，应用关系型数据库对业务和报表数据的进行管理，并实现实时数据和关系数据之间的有效整合。

2020年10月，榆树井煤矿安装常州天地自动化公司的自动化控制系统，在井上、下各设置独立的环网，主链路采用千兆光纤，地面和井下环网采用单环单节点冗余方式组网，平台软件由SCADA组态平台软件和Web发布平台组成，平台采用B/S与C/S模式，具有实时数据、曲线、报表和图形浏览等功能，系统集成采用组态软件开发，对矿井综采工作面、掘进工作面、主运输系统、通风、压风、井下供电等各个自动化控制和安全监测监控系统集成起来，统一操作界面，实时信息查询。

各矿井综合自动化系统根据矿井需求，均集成了井下主运输胶带集控、井下水泵集控、主扇风机监测、压风机集控、地面原煤运输、地面供水泵房集控、乳化泵配比监测、架空乘人装载集控、主井提升运输、副井提升运输、电力监测、工业视频等系统接入，可实现实时数据、生产信息和过程管理信息的高度融合，形成矿井整个生产流程的综合自动化平台。

古城、王楼、郭屯、彭庄4对冲击地压矿井建立压力监测、微震监测、CT反演监测等系统，古城、新驿、鲁西、里彦、邱集、王楼、彭庄、郭屯、新上海一号、榆树井等矿井建立水文监测系统。

第三节　开拓掘进

一、开拓方式

1990年后，新建矿井均采用1对立井开拓，水平延深采用暗斜井。

1992年12月，株柏煤矿建成投产，采用立井多水平上山开拓方式，水平延深采用暗斜井。2015年，技术改造工作完成后，新设东立井井口标高+ 51.4米，垂深为730米，井底车场为立式环形车场，使用原有-650米水仓、泵房及变电所，-650米水平大巷全长2982米。

2001年1月，古城煤矿建成投产，采用立井多水平上、下山开拓方式，水平延伸采用暗斜井，-505米为一水平、-850米为二水平、-1030米为三水平。

2004年，省属邱集、田庄、马坊煤矿划归矿务局管理。邱集煤矿采用立井单水平上、下山开拓方式，主采-395米水平，东六、西五采区为开拓重点；田庄煤矿采用立井多水平开拓方式，第一水平-167米采用上、下山开采，通过暗斜井延深至矿井西部的新集井田（第二水平-252米）；马坊煤矿采用斜井、立井综合开拓。

2005年1月，新驿煤矿投产，采用立井单水平上、下山开拓方式，开采水平为-430米。

2007年4月，王楼煤矿-680米一水平形成。2009年6月，二采区胶带下山竣工；8月，二采区轨道下山竣工，矿井-900米接力水平形成。2011年3月，三采区轨道下山贯通，矿井-960米接力水平形成。2014年4月，七采区机尾联络巷施工完成，矿井-1150米水平形成。

2007年8月，榆树井煤矿开工建设，2010年7月建成试生产。矿井采用立井单水平开拓方式，水平标高+980米。

2008年5月，新上海一号煤矿开工建设，2012年10月试生产。矿井按两个水平设计，分别为+880米、+733米水平。

二、开拓布局

1991—2000年，矿务局煤炭生产集中在临沂矿区，受地质条件复杂、采掘设备落后等影响，采掘计划完成困难较大，生产矿井以找煤为主，开拓布局不规范，开拓工程量大，万吨掘进率高，各矿不同程度存在接续紧张问题。2001年，矿务局煤炭生产重点向济宁地区和外省转移，新投产矿井的设计标准、人员素质有明显提高，各矿井开拓布局趋于合理。

（一）矿井开拓

草埠、马坊、永明煤矿采用斜井运输进风、立井回风的综合开拓，其余矿井采用立井单水平（或多水平）开拓。

（二）水平大巷的布置

各矿井的主要巷道集中布置在岩石中，古城、王楼、新驿、郭屯等煤矿延深水平（或辅助水平）大巷多布置在煤层中。

（三）准备巷道的布置

古城煤矿采用带区式准备，在大巷两侧布置工作面；株柏、新驿、郭屯、彭庄煤矿采用带区、采区混合式布置工作面，其余矿井采用采区式布置工作面。

株柏、田庄、里彦、新驿、鲁西、邱集、榆树井、新上海一号、永明、草埠、马坊煤矿等多煤层矿井采用分层布置采区或多煤层联合布置准备方式。

（四）回采巷道（工作面）的布置

薄及中厚煤层回采巷道沿煤层顶板布置，采用矩形断面或沿煤层顶板的不规则形断面；厚煤层回采巷道沿煤层底板布置，多采用拱形断面。

三、掘进施工

（一）掘进工艺

1991—2000年，矿务局所属各矿在巷道掘进施工工艺改进方面没有明显的进展和突破。多数矿井巷道掘进工艺采用钻爆法+耙装机（或人工）装岩+矿车（或刮板输送机）运输+木（或水泥、工字钢）棚及锚网喷支护。传统的掘进工艺存在人员效率低、安全生产系数低、作业环境差等问题。

2001年，各矿在落矸（煤）方面开始进行工艺变换，对条件满足的巷道施工由炮掘改为综掘工艺，支护方面推广使用锚网喷支护，装、运矸（煤）采用机械化。掘进工作面采用钻爆破岩、机械割岩掘进方法，所采用的掘进方法由巷道穿过的煤岩石性质及巷道用途等因素决定。施工穿过岩石坚硬的开拓巷道时，采用钻爆破岩配合机械化装运矸石的施工工艺掘进作业，施工全煤及半煤岩的准备、回采巷道时，采用钻爆破岩、机械割岩配合机械化装运矸石的施工工艺。

2015年开始，随着矿井生产需要及机械化水平的提高，临矿集团进行掘进技术改革，引进综掘机、移动式梭车、凿岩台车等大功率机械设备，形成机械破坚硬岩石的快速掘进生产作业工艺，提高了生产作业效率。推广快速掘进（月千米进尺）、岩巷成套快速掘进作业线，部分矿井形成凿岩机+铲装机+胶带（或梭车）岩巷快掘作业线及综掘作业线。

2020年末，初步形成王楼、鲁西煤矿各2条凿岩机+铲装机+胶带输送机（或梭车）岩巷快速掘进作业线，郭屯、彭庄、新驿、新上海一号煤矿各1条综掘岩巷快速掘进作业线，大幅提高工作效率，降低现场工人的劳动强度，保证了工程质量。

（二）掘进装备

1990—2004年，打眼机具除个别型号有所改进外，各矿依旧是岩巷采用风钻、煤及半煤岩巷采用煤电钻；2005—2006年，全局推广掘进精品工程竞赛后，使用一批新型的打眼机具，包括EZ1–21/2型气动钻机、YT–28型气腿式风钻、ZMQ17型手持气腿两用风动煤钻等。

2006年，先后引进新型打眼机具、大型耙装机、侧卸装岩机〔型号ZCY60R（A）〕、综掘机〔型号EBZ260、EBZ150A、EBZ–160S、EBZ–160、EBZ–160C、EBZ–318（H）等〕、凿岩台车（型号CMJ2–35型履带式双臂凿岩台车）、掘锚一体机（型号ZJM4200B）等设备。

ZCD型侧卸式装岩机

（三）巷道支护

1990—2000年，各矿的巷道支护以木支护、金属/水泥棚和金属锚杆（配水泥药卷）支护为主。2000年开始，各矿推广使用高强树脂锚杆、预应力锚索等新型支护材料。2006年，古城煤矿为保证–1000米深部巷道支护质量，与支护材料厂家共同研制并投入使用高强让压树脂锚杆，其余矿井支护材料顶板多为高强树脂锚杆（索）+钢梯、钢带、大托盘等，两帮支护多为全螺纹锚杆、高强锚杆（索）+托盘、钢梯、钢带等。

锚网（索）支护巷道（2016年）

2006年，针对不同类型巷道采取不同的支护方式。开拓水平大巷，各矿采用锚网喷支护，局部采用锚索（梁）及钢梯加强支护。开拓准备巷道，多数矿井采用锚网（索）喷支护方式，个别采用锚索（梁）加强支护；田庄、马坊、里彦煤矿煤层顶板为石灰岩顶，顶板完好，采用顶板无支护、两帮煤体锚网、岩体部分素喷的支护方式。株柏煤矿准备、回采巷道，多采用木棚、金属棚支护，其他各矿井主要为锚网（索、钢梯等）支护。内蒙古矿区榆树井、新上海一号煤矿受地质软岩影响，开拓及准备巷道采用锚网喷混凝土浇灌+反底拱，或双层锚网喷+反底拱支护方式；回采巷道采用锚网索+反底拱支护方式。

第四节 采 煤

一、生产装备

1990年，矿务局煤炭生产机械化程度极低，仅采煤工作面及溜子道实现机械运输，工作面落煤、装煤、支护及顺槽运煤装备落后，工人劳动强度大，工作面安全程度低。1991—1999年，矿务局大力推进支护改革，推广毫秒延期爆破技术和机械运输，工作面采用单体支柱支护顶板，顺槽运输用电瓶车或刮板输送机。2000年开始，采煤机械化得到发展，除田庄、里彦、株柏煤矿薄煤层及地质条件复杂矿井采用炮采外，其余矿井回采工作面均为综采。

2020年末，所属煤矿回采工作面为综采，回采生产装备达到国内先进水平。

（一）支护装备

1990年初，回采工作面采用木柱、木棚支护。随着支护技术的发展，草埠煤矿从1990年7月推广使用单体液压支柱或金属摩擦支（柱）架进行支护，逐渐取消木支护，至1994年草埠煤矿回采工作面全部采用单体液压支（柱）架支护。1990年10月开始，汤庄、褚墩煤矿小槽煤布置正规回采面，使用摩擦金属支架支护。2002年7月，褚墩煤矿推广应用单体液压支（柱）架支护小槽煤工作面。2010年，株柏煤矿推广使用柔性掩护支架替代原来的木支护。

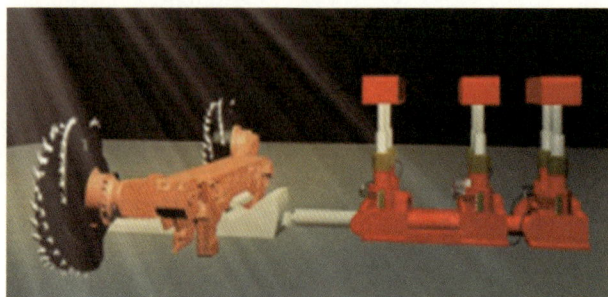

无顶梁液压支架与采煤机配套图

马坊煤矿采煤工作面一直沿用木棚（柱）和金属摩擦支架（柱）支护；2003年8月，推广应用单体液压支架（柱）；2007年5月，在7606工作面试验应用综合机械化采煤，使用综采支架。1999年，邱集煤矿投产，采煤工作面使用单体液压支架支护；2005年8月，在7303工作面试验薄煤层综采，之后7煤、10煤部分工作面采用综采支架支护。2004年2月，田庄煤矿采煤工作面支护为单体液压支柱；2007年

4月，在N2601工作面试用炮采面液压自移支架。2000年12月，古城煤矿采煤工作面使用KC-Ⅱ型悬移支架放顶煤；2001年2月，试用ZF2400/16/24型轻放支架；2002年6月，推广应用ZGF4600/16.5/26.5型和ZGF6200/16.5/26.5型综放支架。2004年，新驿煤矿投产，王楼、郭屯煤矿等中厚及厚煤层矿井，工作面支护全部为综采支架。田庄、里彦、武所屯煤矿工作面采用单体液压支柱（墩柱）支护；2016年，试验研究无顶梁支架支护，田庄、里彦煤矿多为综采支架和无顶梁支架支护。

榆树井、新上海一号、永明煤矿等矿井回采工作面均采用液压支架支护。

（二）落煤装备

1. 东部矿井

各矿回采工作面均为人工打眼、装药、放炮、爆破落煤。1961—1979年，草埠、朱陈煤矿等矿曾试用薄煤层截煤机组采煤，推广未能成功。随着资源枯竭，部分矿井关闭和改制分离，2006年后，只

保留株柏煤矿。2016年，株柏煤矿开始研究急倾斜机械化采煤工艺；2018年，急倾斜工作面采煤机试验成功。

2. 西部矿井

2005年，田庄煤矿在21603工作面试验机采，因16煤所含硫铁矿结核硬度大、大结核又较多，采煤机割不动，机采试验不成功；2010—2013年，在17煤成功应用薄煤层综采；2015—2018年，在15煤成功应用刨煤机落煤。2005年8月，邱集煤矿开始装备综采，部分采煤面采用采煤机落煤，采煤机型号为MG100/240-BW与MG132/315-WD。2007年5月开始，马坊煤矿装备综采，采煤机型号为MG132/320-W。古城煤矿2000年12月开始，采用采煤机落煤，配备悬移支架放顶煤，采煤机型号为MG-200与MG-375；2002年6月，为采煤

综合机械化采煤（2007年）

机落煤和配套的综放支架放顶煤，采煤机型号为MG-591-QWD。2004年，新驿煤矿投产，王楼、郭屯煤矿等中厚及厚煤层矿井，工作面全部采用综合机械化采煤。田庄、里彦、武所屯等矿井薄煤层大部分工作面实现机采、综采落煤。

（三）工作面及顺槽运输装备

1. 东部矿井

各矿回采工作面为人工装煤，搪瓷溜槽、塑料溜槽自溜煤或小型刮板运输机运煤。顺槽运煤均为电瓶车牵引矿车组运输，辅助运输为小绞车配合人力运输。

2. 西部矿井

2004年，田庄煤矿使用SGB620-40T、SGB630-2×55-150C型刮板运输机运煤，工作面人工装煤，顺槽采用吊挂胶带运煤；2010—2013年，在16煤工作面研究机器装煤试验成功。邱集煤矿炮采面装备了SGB620-55、SGB420-55型刮板输送机，人工装煤；2005年，试用综采工作面使用配套的综采支架、刮板输送机，自行装运煤，顺槽采用胶带运输。田庄、邱集煤矿辅助运输采用多部中、小绞车接力。马坊煤矿炮采面铺设SGB620-40T刮板运输机，人工装煤，综采工作面为刮板溜子自装煤，顺槽安装SGB620-40T刮板运输机，辅助运输采用小绞车配合人力运输。2000年，古城煤矿为悬移支架配SGB630-2×55-150C刮板输送机，割、放煤后自装煤加人工装煤；2002年开始，工作面装备综放支架后，工作面装、运煤全部为机械化。2004年开始，随着新驿、王楼煤矿相继投产，西部矿井工作面，全部采用配套刮板输送机自行装运煤，工作面顺槽铺设转载机（刮板输送机）、胶带运煤。工作面或采区设置煤仓，胶带将煤运至煤仓。古城、新驿、王楼煤矿等西部矿井辅助运输前期采用中、小绞车及卡轨车运输；2009年开始，古城煤矿应用单轨吊运输，随后其他矿井也相继推广应用。

3. 省外矿井

工作面全部采用综采配套设备，工作面顺槽铺设转载机、胶带运煤，工作面（采区）设置煤仓，胶带将煤运至煤仓。辅助运输采用无轨胶轮车、单轨吊、胶带等设备运输。

二、采煤方法

临沂集团矿井分布范围广，各井田煤层赋存差异较大，既有缓倾斜煤层又有倾斜和急倾斜煤层，既有薄煤层又有中厚及厚煤层，地质条件差别极大，在开采方法应用上也是多种多样。1990年开始，部分矿井仍沿用以往的采煤方法，主要有走向穿硐倒垛式、倒台阶式、走向短壁后退式等方法，而更多的矿井则探讨推广新的先进采煤方法，有走向长壁后退式，倾斜（或伪斜）长壁后退式等方法。在采煤工艺上也是形式多样，落煤方式有爆破落煤、采煤机割煤及机采放顶煤等；顶板支护有木柱（棚）、金属摩擦支柱（架）、单体支柱（架）、综采支架等；装、运煤有人力与机械等类型；采空区处理多采用冒落法，另有水沙充填法、矸石充填法、超高水充填法、膏体充填法及三下条带采煤留设条带煤柱法。

（一）采煤方式

1. 走向穿硐倒垛式采煤法

在探明煤层赋存情况后，自边界切眼开始沿走向间隔10~12米打3条煤层上山透上回风道，再在上山内沿倾斜方向每隔8~10米开小平巷透边界切眼，将煤体切成煤垛，按自上而下、由里而外的顺序对煤垛进行回采。为便于通风和运输，在小平巷上侧留2米煤柱护巷，保留下个小条段回风道和出口，回采下个小条段时，一同回出。随里侧上山报废，及时在外侧补掘上山，依次向外退采，从回采程序上形成正台阶回退。塘崖和株柏煤矿用此法，汤庄、五寺庄、岐山、莒县、褚墩煤矿大槽煤或部分小槽煤亦用此法开采。

2. 倒台阶式采煤法

只有莒县煤矿的急倾斜小槽煤中使用。其14、15、17煤为薄煤层，倾角65~75度，赋存稳定，顶底板完整。回采时，首先由运巷至边界退后30~50米，掘一对上山透回风巷。然后沿上山从上到下每隔8米左右沿煤掘一小平巷至边界，在倾向上将煤体分成若干小区段。小平巷掘至边界后，开切眼透回风巷。再由小平巷开始，以1.7米左右的台阶采用人工手镐落煤，下部台阶超前上部台阶2米左右，平行推进，区段内形成3个倒台阶，最上部的台阶留0.5~0.8米的煤柱（皮），用来护顶挡矸。工作面支护采用木柱垂直支撑在顶底板间，为增加其稳定性还要在底板沿倾向铺设长1.6米、宽0.15米的薄木板，一板三柱。随着小平巷的后退回撤，后方每隔20米左右补掘一溜煤上山用于溜煤。上部区段回采15~20米后，下区段可以跟进回采，区段之间形成一个正台阶。

3. 后退式走向短壁采煤法

利用下运道、上风道和切眼的贯穿，使煤层形成小型的采煤工作面，工作面走向长和倾斜长均为30~50米，采煤时由里到外一次采全长，并实行正规循环作业。当工作面较长时，在工作面中间沿走向增加一条中间顺槽，将工作面分成上、下两面，形成对拉工作面。此方法在岐山、五寺庄、汤庄、褚墩煤矿采小槽煤时使用，塘崖、株柏煤矿浅部水砂充填开采时也使用过。

4. 后退式走向长壁采煤法

在采区位置从水平大巷推石门或车场布置采区上山（或下山），分层或集中布置，一般布置一对上山（或下山），形成通风系统，然后再分区段沿走向掘进风巷和回风巷，用切眼贯通，形成工作面。工作面从边界切眼沿走向，向上山（或下山）方向推进回采。草埠、邱集、马坊、王楼、军城煤矿等矿井采用此方法。

5. 后退式倾斜（伪倾斜）长壁采煤法

在煤层倾角小的西部矿井，工作面布置比较灵活。水平大巷送出后，可做上（下）山布置采区，也可沿大巷布置成带区开采。在采区或带区内，根据采场条件合理布置工作面，工作面布置或按走向、或按伪斜等。从工作面开切眼始，沿倾斜向上或向下后退回采（仰采或俯采）。此种采煤方法在古城、新驿、田庄、永明煤矿和上海庙矿区等采用。2013年前为提高工作面产量，田庄煤矿一般布置对拉面，有时还布置三拉面。

6. 条带采煤法

古城煤矿属村庄、建筑物下压煤开采，当初由北京天地科技公司设计，采用条带开采，留设条带煤柱，尽量减轻对地表建物的影响。布置方法：−700米水平以上采宽50米条带，留宽80米煤柱；−700～−850米水平，采宽60米条带，留宽90米煤柱；−850米水平以下，采宽80～110米条带，留宽110米煤柱。王楼煤矿一采区于湖口闸体下采煤，−770米水平以浅开采采用采宽120米条带、留宽110米煤柱。田庄、邱集煤矿等矿井局部建筑物下采煤也采用此方法。

（二）采煤工艺

1. 落煤

2020年末，各生产矿井均取消炮采工艺，改为综采工艺。特别是株柏煤矿克服地质构造复杂、煤层赋存条件差等不利因素，经过多方调研、论证后，在急倾斜煤层中首次应用采煤机机械化采煤；田庄煤矿在15煤中应用刨煤机采煤，里彦、永明煤矿等薄煤层工作面相继推广使用采煤机采煤。古城、郭屯煤矿厚煤层采用采煤机落煤和综放支架放顶煤开采。新驿、王楼煤矿等矿井均采用综合机械化采煤。2018年10月，郭屯煤矿开始装备厚煤层一次采全高工作面（型号为ZY13000/28/63D支架、ZYG13000/28/63D过渡架、ZYT13000/28/63D端头架、SGZ1000/2000型刮板输送机、MG900/2245−GWD型采煤机）。

2. 装、运煤

（1）东部矿井。草埠、莒县、岐山、汤庄、五寺庄、褚墩、塘崖、株柏煤矿等工作面运煤采用搪瓷溜槽、塑料溜槽或小型刮板输送机运煤；溜子道铺设小型刮板输送机运煤，顺槽内电瓶车牵引矿车装煤外运。

（2）西部矿井和省外矿井。古城、王楼、新驿、鲁西、田庄、里彦、邱集、郭屯、彭庄、榆树井、新上海一号、永明煤矿等综采面采用配套刮板运输机，自动装运煤，顺槽内用转载机、胶带运煤。

3. 支护

（1）东部矿井。草埠、莒县、岐山、汤庄、五寺庄、褚墩、塘崖、株柏煤矿等早期工作面支护全部为木支护，1987年后，草埠煤矿采煤工作面试验摩擦支柱+铰接顶梁支护，1990年，试验推广单体支柱+铰接顶梁支护。2010年，株柏煤矿布置伪倾斜采煤工作面，推广使用柔性掩护支架替代了原来的木支护。

（2）西部矿井。截至2020年底，里彦煤矿部分采煤工作面仍采用单体液压支柱+墩柱支护，大部分采煤工作面支护为综采液压支架。其余矿井采煤工作面支护均为综采液压支架支护。

（3）省外矿井。采煤工作面支护为综采液压支架支护。

（4）超前支护段。除冲击地压矿井使用超前单元支架外，其余矿井均采用单体支柱+金属铰接顶梁（工字钢或π型梁）支护顶板。

4. 采空区处理

各矿井主要采用全部垮落法管理顶板处理采空区。一次采全高的长壁及短壁工作面，采用金属摩擦支架、单体液压支架支护顶板，采用密集柱挡矸、切顶，让顶板自然冒落充填采空区。当悬顶面积大，不冒落时，还要采取强制放顶措施。古城、郭屯煤矿综放工作面，在工作面开始退采时，先不回收顶煤，让采空区浮煤缓冲顶板冒落的冲击力。顶板初次冒落后，开始放顶煤回采，让顶板自然冒落，放顶煤时放出矸石停止放煤，然后再进行下一工序。

为充分回收煤炭资源，部分矿井局部区域采用充填法管理采空区。草埠、株柏煤矿早期采用充沙充填采空区开采浅部煤层。2010年，田庄煤矿试验超高水充填采空区。2014—2015年，新驿、军城煤矿采用巷道充填方式置换煤炭；2018年，古城、王楼煤矿已开展实施矸石充填采空区。同时，古城煤矿开始建设膏体充填系统计划进行置换开采；王楼煤矿论证在13307工作面采用覆岩隔离注浆充填技术开采，减轻地表下沉（下沉量小于10%），实现不搬迁村庄开采。

第五节　机　电

一、管理机构

1991年，矿务局设机电处，负责全局机电管理。设处长1人、副处长1人、主任工程师1人、管理人员8人。下设提升运输科、电力调度室。各生产矿井设立机电科，配备机电设备、供电、提升、运输专业管理人员，机电车间配备电气、电缆、小型电器、防爆检查等专业化小组。

1996年9月，生产调度处与机电处合并成立生产技术部。设部长1人，副部长1人、管理人员6人。

2001年11月，生产技术部与通风防尘处合并为生产技术处。下设采掘室、机运室、通防室、调度室4个室。机运室设主任1人，机电管理人员3人。

2005年3月，机运室从生产技术处分离，成立机电运输处。设处长1人，机电管理人员4人。

2020年末，机电运输处下设供电技术科、提升运输科、设备管理科、电气试验室。设处长1人、副处长1人、副处长兼主任工程师1人、科长3人、工程师2人、管理人员2人、电气试验室4人。

二、装备升级换代

1991年，矿务局整体生产规模较小，下属单位均为临沂地区老矿井，生产辅助系统和机械装备相对简单。随着外域资源的开发和古城、新驿等新一批矿井的建设投产，单绳缠绕式提升机、户外敞开式高压供电装置等一大批技术落后的装备被淘汰，使用多绳摩擦式提升机、提升系统恒减速制动、排水自动化、供电自动化、单轨吊、变频器、永磁电机等大批新装备新技术；到2020年，各矿井生产辅助系统和机械装备的先进性获得较大的进步。

1991年，矿务局新购入设备资产原值为656.5万元；2000年，新购入设备资产原值4107.83万元；2010年，新购入设备资产原值为4.842亿元；2018年新购入设备资产原值为7.062亿元。由机电装备的资金投入力度上侧面反映出临矿集团技术装备进步。

1999—2020年临矿集团机电装备投入资金统计表

表2-3-1   单位：万元

年度	1999	2000	2001	2002	2003	2004	2005	2006	2007	2008	2009
投入	1889	4017	2562	2581	10126	15579	15557	16223	25412	28313	38009

年度	2010	2011	2012	2013	2014	2015	2016	2017	2018	2019	2020
投入	42842	56346	49861	38688	48143	47192	52384	94859	68752	63883	177143

2006年，矿务局改制为临矿集团，外域生产矿井有所增加，生产规模逐步加大。临矿集团注重通过装备更新提升来提高设备先进性以及安全性，全力贯彻"机械化换人、自动化减人"，持续推进产业结构的转型升级。

2017年，临矿集团开始强力推进新旧动能转换10大类26大项135小项的工业3.0+装备升级项目，主要针对矿井主提升、通风、供电、压风、运输等机电大系统以及采掘、洗选、非煤等系统进行全面升级改造。至2020年12月，所有改造项目已完成60%，机电各大系统在技术和安全方面得到很大提升，机电各类事故明显减少。项目全部完成后，整体装备水平将会有大幅提升，从根本上提高其技术先进性和工作效率、降低事故率。与此同时，积极开展"4D归零"行动，以"自动化智能化减人不减工资总额、减一人奖励一人工资额度"为保障，力推采掘生产系统少人化、机电大系统无人化，努力打造本质安全生产系统。

三、提升运输

1. 立井提升

临矿集团权属14个煤矿中，除永明煤矿采用斜井提升外，其余矿井均为立井提升方式。装备27部提升绞车，其中摩擦式提升机16部，缠绕式提升机11部。摩擦式提升机的电动机多采用悬臂直连方式。

（1）提升机采用国产设备，主要为中信重工产品。

（2）国产电控系统主要采用洛阳源创公司生产的电控系统，控制核心为西门子PLC和西门子直流调速装置，进口电控系统主要为ABB成套产品。

（3）提升容器主要选用泰安煤机厂生产的罐笼或箕斗。

（4）钢丝绳主要选用宁夏恒力产品、武钢维尔卡产品和英国布顿产品。副井提升系统大部分使用武钢或布顿的钢丝绳。

（5）各矿井装备14套进口闸控系统，其中ABB闸控10套、西马格闸控4套。其余均装备中信重工生产的国产液压站。

在用的各提升系统中，主井全部具备全自动运行的条件，副井具备半自动运行的条件。闸控全部实现恒减速或恒力矩制动方式。经过历年来不断地技术改造，各矿井提升系统始终保持着先进性，可靠性和自动化程度不断提高。临矿集团自2017年开始在新旧动能转换行动中推行提升系统的升级改造，副井逐步更换进口钢丝绳和闸控系统，主井最低配置为国内最先进的装备设施。

2. 斜井（巷）运输

各煤矿井下斜巷运输主要采用绞车运输物料，无斜井人车。斜巷提升绞车主要用于部分采区上、下山提升，绞车的主要型号有JTY1.2/1B、JKB-2.0×1.5P、JTPB-1.6×1.2等，厂家主要选用锦州矿山机器有限责任公司、中信重型机械公司、贵阳高原矿山机械公司。配套电控由厂家成套提供，各项保护齐全有效，斜井（巷）各类提升安全设施齐全有效。

3. 胶带输送系统

各矿井上下装备的胶带输送机，主要用于煤炭、矸石的运输，有DTL100/60/4×250、DTL120/100/55、DTL80/40/15、DSJ100/60/2×90S、DSJ100/100/2×185等各类型号的胶带输送机，生产厂家主要有兖矿集团大陆机械公司、临沂亚龙机械有限责任公司等。胶带接头选用机械接头和硫化接头的方式；胶带机各项保护齐全、有效，配套保护系统多为天津华宁电子公司、天地科技股份公司等公司生产的综合保护产品。井下主要运输胶带已实现远程操控、有人巡视的运行方式，机头、张紧等部位正与厂家联合开发巡检机器人代替人工巡视。

截至2020年末，已大范围地对在用的液力耦合器系统进行改造，取消耦合器和减速机，推广使用了永磁电机+变频控制的驱动方式。永磁电机+变频控制与液力耦合器+变速箱系统相比较，具有系统简单、效率高、故障率低的优点。

4. 辅助运输

各生产矿井主要的辅助运输设备有架线式电机车、蓄电池机车、无极绳绞车、小绞车、架空乘人装置、柴油单轨吊、绳牵引单轨吊、无轨胶轮车等类型的运输设备。

蓄电池机车。2020年，临矿集团所有煤矿取消架线式电机车，平巷轨道运输全部采用蓄电池机车运输，用于平巷物料、人员的运输。主要选用唐山市现代电器厂、湘潭市电机厂公司、山东永冠矿山设备制造公司等生产的蓄电池机车，主要型号有CTY-5/6、CTL8/6GP（140V、CTL8/6P等。机车全部采用变频调速方式，部分煤矿井下根据规程要求安装机车"信集闭"系统。

无极绳绞车。应用于采区运输巷、采掘顺槽，用于物料的辅助运输。生产厂家为常州科试中心公司、邹城市广信科技、泰安科创矿山设备公司，型号有JWB-3.0/0.85、JWB75BJ、JWB110BJ等。配套的电控及信号多采用湖北沙鸥通信股份公司生产的配套产品，系统配有越位、超速、打滑、急停、张力下降等各类保护。

架空乘人装置。各矿井除在主要平巷使用人车外，暗斜井、上山、下山及平巷采用架空乘人装置运送人员。主要型号有RJY45-21.5/800、RJY75-18/3000、RJY37-35/1000、RJKY45-15/1500、RJY45-35/1400等类型架空乘人装置，生产厂家有湘潭恒欣实业公司、枣庄新远大装备制造公司，架空乘人装置有厂家配套提供电控和各类保护，满足安全规程的要求。

柴油单轨吊。DLZ110F-II-180-7、DLZ130F-16/002与DLZ110F-6为主要型号，配套设备全部为泰安芬瑞特机械公司提供，主要用于综采工作面装备的安装、回撤以及采掘迎头的辅助运输，各单位都成立专门的管理部门，实行矿统一管理、维护、使用，柴油单轨吊的各类保护和指标满足规程规定。

绳牵引单轨吊。2018年年初，开始引进、使用钢丝绳牵引单轨吊，到年底安装2部。生产厂家为常州科研试制中心公司，经试用满足薄煤层的辅助运输需要。

无轨胶轮车。榆树井煤矿采用2部无轨胶轮车进行物料辅助运输。具有灵活性高、运输距离远、可从地面或井下材料库直达采掘迎头实现一站式运输的优势。由于受矿井地质条件的限制，省内各煤矿暂未推广应用。

小绞车。应用在各单位受条件限制的采区运输巷、顺槽等巷道中，型号为JD-1。采区内小绞车数量多、覆盖面广、安全管理难度大。临矿集团研究了各种替换方式，主要采用气动单轨吊、绳牵引单轨吊、无极绳绞车等替代小绞车，限制其使用范围，最大限度地减少小绞车使用数量。

5. 空压机

各矿井井下无空压机，地面安装的空压机主要有SA220W-8-6K、SA250W-6K、SA250A-10K-T、SA350W-6K、GS250-8等型号，为螺杆式压风机。生产厂家主要有北京复盛机械公司、中国上海英格索兰压缩机公司、柳州富达机械公司等。与空压机配套安全阀、压力表、释压阀等齐全有效，在用的空压机均实现远程控制、监测。

邱集煤矿井下中央泵房（2007年）

6. 主排水

各矿井中央泵房安装的各类主排水泵主要型号有MD420-96A×11、PJ200AB×10、MD450-60×10、PJ200A×9、MD600-195×4、MD500-57×5等，为卧式离心式排水泵，生产厂家有上海第一水泵厂、淄博鸿亚实业公司、扬州长江水泵公司等；配有高压防爆电机，生产厂家为南阳防爆集团股份公司、佳木斯防爆电机厂。水泵配有软启动装置，各类保护齐全，主排水泵房实现远程控制。

7. 供电

省内矿井供电系统进线电压均为35千伏及以上，其中会宝岭铁矿、郭屯煤矿进线电压为110千伏，其他单位为35千伏。井下高压电压等级郭屯、会宝岭为10千伏，其他单位均为6千伏。各单位供电系统均满足煤矿安全规程要求，王楼煤矿采用3回路供电方式，矿井主变电所安装3台20000千伏安容量变压器。其他单位均为2回路电源，来自不同的变电站或来自不同电源进线的同一变电站的两段母线。井下供电全部采用中央变电所向各水平采区辐射供电的方式，采用的电压等级有10千伏、6千伏、3.3千伏、1.14千伏、0.66千伏、127伏。

2007年11月，榆树井矿井35千伏变电所投入运行，2台主变压器容量是16000千伏安。35千伏进线2条，10千伏进出线20条，为临矿集团自动化程度最高的一座变电所。2009年11月，井下永久变电所投入运行，安装10千伏高压配电柜17组，0.69千伏低压配电柜9组，315千伏安变压器2台，高压软启动柜2台和后台控制1台。2010年3月，11采区变电所开始送电，设有高防开关5台，低防开关18台，移动变电站3台。由井下中央变电所输入10千伏电压，为工作面和轨道石门内的综掘机、胶带机、喷浆机、水泵以及照明等用电设备输送专用电压，满足矿井安全生产需求。

2009年5月，新上海一号矿井35千伏变电所投入运行。35千伏双回线路源于上海庙110千伏变电站，线路全长6.215千米，LGJ-240/30型导线，其中二回路C相为OPPC光复合相线光缆。变电所主变压器为3台容量为16000千伏安的风冷有载调压变压器，2台运行1台备用。35千伏为双母线接线，其中电源进线2回，主变出线3回，母联开关1台。10千伏接线为单母线分3段，其中主变进线3回，配电变压器出线9回，10千伏负荷出线23回，电容器馈线8回，分段开关2台。2011年11月，井下中央变电所投入运行。变电所硐室长度36米，安装KYGC-Z型矿用高压开关柜24台，KYDZ-1型矿用低压开关柜11台、直流屏1套、KBSG-630型矿用隔爆型干式变压器2台。

临矿集团建有发电厂2座。2002年7月，草埠实业公司在沂水县投资兴建沂水热电厂一座，4台发电机组，总装机容量57兆瓦，经营火力发电、热力的生产与供应，为山东玻纤公司供电，余量上网。2002年9月，古城煤矿投资建设综合利用电厂1座，机组规模为3炉3机，总装机容量24兆瓦，为古城煤矿供电，余量上网。3台机组充分消耗古城煤矿洗煤厂产生的煤泥、矸石，年燃用煤泥9万吨、煤矸石13.5万吨。锅炉产生的灰渣，全部销往水泥厂作为混合原料利用。实施向兖州市区集中供热工程，年供热量达10万吨，实现资源综合利用、热电联产和多元化发展。

2017年开始，在全集团范围内开展供电系统智能化、无人值守改造。古城煤矿供电智能化系统已覆盖井上所有变电所以及井下10个变电所，实现远程操作、监视、故障自诊断等功能。会宝岭、株柏、郭屯、王楼、邱集等单位供电智能化系统也取得了阶段性建设成果。

第六节 通 风

一、机构与队伍

（一）机构

1991年，矿务局设有通防处，负责全局通防技术管理工作。通防处设处长1人、管理人员5人。1992年底，成立安全仪器计量站，归通防处管理。同期，局属各矿普遍设立通防科，配备专职管理人员，主要负责通防专业技术和业务管理；设有通防工区（队），配备区（队）长及有关技术人员，具体负责矿井生产现场的通防业务工作。

1996—2004年，各矿取消通防科，在生产技术科或安监处设有专职通风管理人员，保留通防工区。

1997年，通防处归并到生产技术部，设1名专职副部长主持通防工作，并配备1名管理人员。安全计量站以经济实体的形式实行承包，设站长1人。

2001年，生产技术部设通防室，配备室主任1人、管理人员1人。

2005年，通防处独立设置，设处长1人、管理人员2人。临矿集团所属各生产矿井由矿（公司）总工程师分管通风防尘工作，1名副总工程师协助总工程师负责通风防尘工作；设置通风防尘科（队），配备科（队）长、支部书记、副科（队）长、技术员等管理人员。

2010年，通防处设处长1人（由临矿集团分管通防的副总工程师兼任）、管理人员2人。

2012年，通防处设处长1人（由临矿集团分管通防的副总工程师兼任）、高级工程师1人、管理人员2人。

2020年末，通防处设处长1人（由临矿集团分管通防的副总工程师兼任）、副处长1人、主管工程师1人、科长1人、工程师1人。

（二）队伍

2006年，各矿井通防人员445人；2020年末，通防人员增加到768人，其中管理人员100人，工人668人。临矿集团要求各矿井健全完善通防管理机构，配齐满足需求的通防管理技术人员。通防科（队）配备有测风员、测尘员、瓦斯检查员、安全监测人员、爆破员、仪器仪表维修员、仪器仪表发放人员、密闭工、风筒工、防尘工、维修工、木工、通风调度员等专业工种人员。

2020年末临矿集团各矿井通防人员统计表

表2-3-2

矿井名称	通防副总	管理人员	技术员	瓦斯检查员	测风员	测尘员	通风工	放炮员	安全监测工	总人数
古城	1	6	1	11	1	1	8	4	4	37
郭屯	1	10	2	21	3	2	24	23	13	99
彭庄	1	7	1	15	2	1	12	32	13	84
王楼	1	7	4	16	2	1	19	13	8	71
新驿	1	4	1	18	2	2	13	28	10	79
鲁西	1	5	1	35	3	3	7	6	6	67
里彦	1	2	2	47	2	2	5	31	6	98
邱集	1	4	1	8	2	2	5	27	2	52
株柏	1	5	1	15	2	2	9	20	3	58
榆树井	1	4	1	12	2	2	8	10	4	44
新上海一号	1	10	1	6	1	2	5	0	10	36
永明	1	4	1	8	2	2	5	0	7	30
会宝岭	1	1	1	0	2	2	3	0	4	13
合计	13	69	18	212	26	23	123	194	90	768

（三）制度落实

1996年开始，各矿严格按规定开展主通风机性能测定、矿井通风阻力测定、矿井通风能力核定。测定工作主要通过中介机构进行，经过测定分析，对各矿通风系统改造及合理调配通风资源提供了技术保障。

1999年5月，矿务局制定《矿井通防标准及检查评比办法》，在各矿开展通风系统优化活动，要求各矿井必须建立完善独立的通风系统，使矿井通风质量达到部特级标准。

2001年6月，矿务局制定《通风专业考核实施细则》，对合理优化通风系统作了指标性要求，重点考核各矿总工程师、通风区长、矿务局分管通防的副总工程师及通风处人员的工作职责落实情况和通风样板矿达标成果。实行风险抵押和百分制考核，每季度检查1次，每半年考核奖惩1次。考核结果80分以上（含80分）者为合格。

2003年4月，矿务局转发《全省煤矿"一通三防"监察工作实施意见》，对重点监察的8种矿井及10个方面的监察内容，由总工程师组织有关人员对矿井"一通三防"进行1次全面检查，彻底查处消除隐患；对重大"一通三防"事故隐患，制定抢险救灾应急预案。同时，加强对以《煤矿技术安全操作规程》为主要内容的通防职工全员培训，提高整体技术操作能力，做到持证上岗。5月，矿务局制定《强化煤矿"一通三防"管理十项规定》；10月，制定《矿井通风质量标准及检查考核办法》，从通风系统、局部通风、瓦斯管理、安全监控、防治自然发火、通风设施、防治煤尘、管理制度8个方面加强通风管理，坚持矿每月、局每季检查1次，根据检查结果评价矿井等级水平。规定8个大项均达到90分（不含90分）的为甲级通风矿井，达85分以上（不含85分）至90分的为乙级通风矿井，达80分以上（不含80分）至85分的为丙级通风矿井。

2004年7月，转发《山东煤矿通防安全示范矿井标准及检查考核办法》，在全局各矿开展通防示范矿井建设活动。活动中，通过对照标准，加大投入，整改提高，提升矿井"一通三防"技术装备和管理水平。同年，古城煤矿被省局评为通防科技示范矿。

2005年，邱集、田庄煤矿及兴元煤业公司被省局评为通防科技示范矿。

2006年3月，按照省安监局《关于确认2006年上半年重大安全隐患的通知》精神，组织专门人员对通防隐患进行彻底排查，并建档管理、落实责任、限期整改。全局排查出隐患50条，进行集中整改。同年，新驿、马坊煤矿被省局评为通防科技示范矿井。

2012年5月，制定《临矿集团金属矿山矿井风量计算实施细则（试行）》。6月，印发《关于进一步健全煤矿瓦斯综合治理工作体系的通知》。12月，制定《临矿集团瓦斯矿井瓦斯涌出异常区管理办法》。

2013年6月，制定《开展"无尘化"矿井创建活动的实施意见》《临矿集团"无尘化"矿井建设验收标准》，按照"清洁生产、清洁利用"的原则，组织开展无尘化矿井建设活动。12月，山东省内8对生产矿井全部获得省级通防安全示范化矿井。其中王楼、新驿煤矿获得国家级通防安全示范化矿井。临矿集团被评为山东省煤矿瓦斯综合治理工作体系建设达标公司。

2014年3月，临矿集团对申报"无尘化"的矿井进行检查验收，命名王楼、军城煤矿为临矿集团"无尘化"矿井建设达标矿井。7月，为严格规范管理、保障井下作业矿工的生命安全，印发《临沂矿业集团自救器管理规定》。

2015年3月，制定《临矿集团"一通三防"技术管理企业标准（暂行）》。

2016年7月，为有效降低粉尘危害，杜绝煤尘灾害事故发生，制定《进一步加强防尘管理的特别规定》。

2017年5月，编制《临矿集团"一通三防"管理制度汇编》，修订完善《临矿集团"一通三防"技术管理企业标准》。标准规定矿井通防系统有关的装备标准和设施安装、管理标准，具体包括生产矿井风量计算细则，安全监测系统装备管理标准，通风、防尘、监测系统图绘制标准；综合防尘的装备标准，局部通风机安设管理标准，隔爆设施安装管理标准，采掘工作面火药硐室标准，制氮车间管理标准，通风、防火设施标准等。完善了生产矿井企业标准体系，促进矿井质量标准化工作的全面健康发展，使矿井建设逐步向本质安全型目标迈进。

2018年4月，制定《临矿集团矿井煤层自然发火防治技术管理规定》。7月，为提高矿井综合防尘水平，预防煤尘灾害事故，加强煤层注水工作，着力消除一次尘源，树立健康安全的综合防尘理念，结合临矿集团权属矿井煤层及围岩赋存情况，制定《临矿集团关于实施煤层注水的管理规定》。

2019年9月，印发《临矿集团关于进一步加强"一通三防"管理工作的通知》，结合临矿集团"一通三防"工作实际，提出树立筑牢瓦斯防治科学理念、建立健全瓦斯综合治理体系、全面深化瓦斯"零超限"目标管理、着力夯实瓦斯防治基础、强化瓦斯防治科技支撑、确保高质量完成安全监控系统升级改造等10项具体要求。同年，新驿、古城煤矿被评定为全国煤矿安全监控系统升级改造示范矿井称号，王楼、郭屯、鲁西、里彦煤矿被评定为国家安全生产风险智能监测系统试点矿，获中央专项支持金额880万。

2020年2月，印发《2020年"一通三防"工作指导意见》。6月，临矿集团省内矿井完成安全监控系统升级改造验收工作；11月，省外权属矿井完成验收。临矿集团安全监控系统测点总数为4556个，各矿安全监控系统升级后具备数据分析与应用功能，可对传感器间的关联性进行分析，对伪数据进行标注，对异常数据进行分析，系统可根据井下瓦斯、风速、一氧化碳、温度等数据实现瓦斯和火灾的预测预警。在瓦斯超限、火灾、断电等需立即撤人的紧急情况下，可自动与人员位置监测、调度通信、应急广播等系统应急联动。9月，印发《临沂矿业集团有限责任公司关于深刻吸取梁宝寺能源公司"8·20"煤尘爆燃事故教训、切实做好山东能源集团战略重组期间通防安全工作的通知》，要求各矿充分认清安全生产形势，强化风险分级管控和隐患排查治理。同月，印发《临沂矿业集团有限责任公司关于开展矿井"一通三防"系统优化工作的通知》，要求各矿井系统梳理通防各系统存在问题，"一矿一策"编制矿井优化方案，科学制定优化措施，发挥系统最大效能，保障矿井安全生产。

1996—2020年，临矿集团连续实现通风安全年。

二、通风方式

（一）主通风机

各矿井主通风机型号有FBCDZNo.30/2×710、FCZNo.26.5/1600（Ⅱ）、FBCDZNo.36/2×800、BDK618II-8-No.28等，生产厂家有南阳防爆集团股份公司、湘潭平安电气集团；通风机满足矿井井下通风的要求，每台风机都安装在线监测系统。采用双回路供电，防爆门、反风设施齐全，欠压和过流保护、监视用仪器仪表齐全有效，部分主通风机采用变频控制。

1. 株柏煤矿

1992年，矿井投产时，装有2台型号为4-72-12No.20B型主要通风机，承担着全矿井下的总回风任务，电动机型号为Y355M2-8，功率160千瓦，风机转速为每分钟740转，1台运转，1台备用。矿井通风方式为中央分列抽出式通风。

2015年5月，矿井技术改造后通风方式为中央边界抽出式通风。2台主通风机更换为FBCDZNo.22型轴流式通风机，电机型号YBF355M-8，电机功率为2×110千瓦，风机转速每分钟740转，叶片安装角负3度，1台工作，1台备用。2020年，矿井总进风量4232立方米/分钟，总回风量4304立方米/分钟，总排风量4380立方米/分钟，有效风量3967立方米/分钟，负压1340帕，等积孔2.26平方米，属通风容易矿井。

2. 邱集煤矿

1994年，安装2台型号为G4-73No.22D、电机功率185千瓦的离心式抽风机。矿井通风方式为中央并列抽出式，副井进风，主井回风。矿井总进风量1750立方米/分钟，总回风量1765立方米/分钟，矿井负压1000帕。2004年4月，矿井改扩建，配备BDK-10-No.24型对旋式通风机2台，1台运转，1台备用。电机型号YBF450S2-10，功率2×185千瓦；风机转速589转/分钟。矿井总进风量为4606立方米/分钟，总排风量为4893立方米/分钟，有效风量率87.1%，矿井负压1380帕，矿井等积孔2.6平方米。2006年2月，对风硐进行改造，把单风道通风改造为双风道并联通风，风硐断面由4.37平方米增到7.67平方米，风速由每秒18.31米降为每秒10.53米，风硐阻力由165.1帕降为9.5帕，通风机风量由每秒74.9立方米增到每秒80.8立方米，通风机静压由1910帕降到1670帕，矿井等积孔增到2.37平方米，矿井有效风量率增加到89.5%。2008年6月，2台主通风机更换为FBCDZ-8-No.24型对旋式通风机，1台运转，1台备用。功率为2×280千瓦；矿井总进风量为每分钟5250立方米，总排风量为每分钟5636立方米，有效风量率91%，矿井负压2100帕，矿井等积孔2.27平方米。2016年3月，主通风机更换为2台FBCDZ-8-No.27型对旋式通风机，1台运转，1台备用。功率为2×450千瓦；矿井总进风量为每分钟5394立方米，总排风量为每分钟5538立方米，有效风量率91%，矿井负压2100帕，矿井等积孔2.38平方米。电机型号YBF630S1－8，功率2×450千瓦；风机风量为4200～11400立方米/分钟，转速每分钟740转，风压250～5450帕。2020年，矿井总进风量5121立方米/分钟，有效风量率94.49%，负压1630帕，等积孔为2.72平方米，属通风容易矿井。

3. 田庄煤矿

1999年4月，地面主通风机房安装2台BDK60-6-No.18对旋轴流式风机，电机功率为2×45千瓦，其中1台工作，1台备用。叶片安装角一级38度、二级35度，排风量4012立方米/分钟，负压980帕。2004年3月，先后将主通风机2台电机改造为功率2×75千瓦，叶片安装角度一级44度、二级42度，排风量5032立方米/分钟，负压1320帕。2010年11月，进行风井改造，安装FBCDZNo.27/2×355千瓦对旋轴流式风机2台，电机额定功率为2×355千瓦，其中1台工作，1台备用。叶片安装角一级负5度，二级负5度，排风量4458立方米/分钟，负压1600帕。2017年8月，将2台主通风机电机改造为功率2×185千瓦，叶片安装角度一级负5度，二级负5度，排风量4614立方米/分钟，负压1280帕。2020年9月底，矿井去产能关闭退出。

4. 古城煤矿

1999年11月，筹建处安设2台BDK65A-8－No.22型对旋防爆轴流式主通风机，配用电机功率为2×110千瓦，1台运转1台备用，古城矿井正式形成中央并列式通风，通风方法为抽出式。其中副井进风，主井提升兼回风。矿井采用电机反转实现反风。矿井总进风量为每分钟4900立方米，总排风量为每分钟5350立方米，有效风量每分钟4617立方米，有效风量率为86.3%，等积孔2.1平方米。2005年3月和2014年6月，古城煤矿2次更换主通风机。更换后的主通风机型号分别为BDK－8－No.24、FBCDZ-8-No.30/2×710千瓦，矿井总进风量分别增至每分钟5953立方米、7500立方米。2017年7月，临矿集团下发《临沂矿业集团有限公司关于古城煤矿通风系统技术改造可行性研究报告的批复》，同意古城煤矿所提出的通风系统技术改造方案。2018年2月，完成主井底风硐与地面风硐改造工程。10月，主进风巷全面贯通，矿井风量每分钟增加1020立方米，负压降低了440帕。2020年，矿井总进风量4964立方米/分钟，总排风量5291立方米/分钟，负压1490帕，属通风容易矿井。

5. 新驿煤矿

2004年5月，装备2台BDK-12-No.25型对旋式主要通风机，1台工作，1台备用。矿井通风方式为中央并列式，通风方法为抽出式。矿井有主、副2个井筒，副井进风，主井回风兼箕斗提升。通风机叶片安装角一级35度，二级30度；运行主要参数为电流235安、电压380伏、转速每分钟494转、电机功率2×185千瓦。主要通风机正常运转后，矿井形成副井进风与主井回风的完整、合理、稳定的通风系统，满足生产的需要。2016年12月，矿井主要通风机更换为BDK618Ⅱ-8-No.28型对旋式通风机，通风机叶片安装角Ⅰ级负3度，Ⅱ级负3度。电机功率为2×450千瓦，工频运转，实测矿井总进风量7644立方米/分钟，总回风量7745立方米/分钟。通风机工作电流57.6安，工作电压6000伏，工作风量为8320立方米/分钟。2020年，矿井总进风量9013立方米/分钟，有效风量率87%，矿井负压2330帕，等积孔为3.7平方米，属通风容易矿井。

6. 彭庄煤矿

2006年3月，主通风机房设备安装完毕，正式投入运行。主通风机为BD－Ⅱ-8No.24型防爆对旋轴流式，每台通风机配2台防爆变频交流电机，型号为YB355L2-8，功率2×220千瓦，转速每分钟745转，额定电压380伏。矿井通风方式为中央并列式，通风方法为抽出式。副井进风，主井回风。2015

年3月，将主通风机由BD-Ⅱ-8No.24型对旋轴流式更换为FBCDZNo.28/2×500型隔爆双级对旋轴流式；配套防爆电机YBF630M2-8/2×500千瓦、电压10千伏，风机转速每分钟740转，双回路供电，1台工作、1台备用。2020年，矿井总进风量9378立方米/分钟，有效风量率89.28%，负压2180帕，等积孔为4.11平方米，属通风容易矿井。

7. 王楼煤矿

2007年2月，安装2台型号为BDK618Ⅱ-8-No.28主要通风机，1台工作，1台备用，配用电机型号YBF630-8；矿井通风方式为中央并列式，通风方法为抽出式，副井进风，主井回风。2016年5月16日，对原主要通风机进行拆除，更换为豪顿华工程公司生产的型号FCZNo.26.5/1600（Ⅱ）通风机；11月19日，2台主要通风机全部更换完成并试运行。2020年，矿井总进风量9769立方米/分钟，总回风量9991立方米/分钟，总排风量为10759立方米/分钟，负压2790帕，有效风量率93.30%，等积孔4.04平方米，属通风容易矿井。

2009年3月，郭屯煤矿主通风机房设备安装完毕，正式投入运行。矿井主要通风机为型号FBCDZNo.28轴流式风机，电机功率为2×450千瓦。主通风机采用双回路供电，备用风机能在10分钟内开动，风井安装有防爆盖，通过风机反转实现反风。矿井通风方式为中央并列式，通风方法为抽出式。主、副立井进风，中央回风立井回风。2020年，矿井总进风量19422立方米/分钟，总回风量19610立方米/分钟，有效风量率92.1%，负压为2900帕，等积孔为7.34平方米，属通风容易矿井。

8. 榆树井煤矿

2010年5月28日，主通风机投入运转。矿井通风方式为中央并列式，通风方法为机械抽出式。副井进风、主井辅助进风，风井回风。主通风机选用2台南阳防爆集团生产的FBCDZ-No.28/2×200型防爆对旋轴流式风机，电机型号YBF630-10、功率200千瓦、电压10千伏，风机转速每分钟590转，最大风量每分钟11280立方米，最大风压2700帕。2020年，矿井总进风量为7443立方米/分钟，总回风量为7503立方米/分钟，风压为810帕，等积孔5.29平方米，属通风容易矿井。

9. 新上海一号煤矿

2012年3月，安装2台型号为FBCDZ-No.30/2×160型防爆对旋轴流式通风机，1台工作，1台备用。配用电机型号YBF630-12、功率320千瓦、电压10千伏。风机转速每分钟490转，最大风量12720立方米/分钟，最大风压2260帕。通风方式为中央并列式通风，采用抽出式通风方法。主井、副井进风，回风立井回风。2020年，矿井总进风量6910立方米/分钟，总排风量7188立方米/分钟，等积孔5.80平方米，属通风容易矿井。

10. 永明煤矿

矿井通风方式为中央并列抽出式通风，副井进风兼做下料、升降人员，主井辅助进风兼做提煤，回风立井回风。2010年10月，矿井安装2台同型号的轴流式主要通风机，1台运转，1台备用，风机型号为FBCDZ-6-No.19，电机型号为YDF315L-26、功率为132千瓦，采用电机反转进行反风。2020年，矿井总进风量3888立方米/分钟，有效风量率89.65%，负压940帕，等积孔2.48平方米。

11. 会宝岭铁矿

2013年3月，在+44米水平安装1台30千瓦辅扇，-601米水平安装1台7.5千瓦辅扇，-535米水平安装1台5.5千瓦辅扇，-480米水平安装1台7.5千瓦辅扇，-430米水平安装1台15千瓦辅扇，溜破系统的通风网络形成。根据风井风量和负压，并考虑主扇装置漏风和阻力损失后，分别在东、西风井安装各2台DK-10-No.28型轴流式矿用节能通风机，电机功率2×200千瓦，并联布置。通过主风机反转反风，反风率大于60%。2020年，矿井总进风量21000立方米/分钟，总回风量21700立方米/分钟，满足生产需要。

12. 里彦煤矿

2015年10月，田庄煤矿接管里彦煤矿。矿井通风方式为中央并列抽出式通风，副井进风兼做下料、升降人员，主井回风兼做提煤。矿井安装2台型号为G4-73-11No.25D的离心式主通风机，1台运转，1台备用，利用反风道进行反风。电机型号为T680-8/1180，功率为680千瓦，配备变频调速装置，运转频率46赫兹。2020年8月，矿井淘汰离心式主要通风机，主要通风机更换为FBCDZNo.25型轴流式通风机，电机功率为2×355千瓦，1台工作，1台备用，矿井总进风量6414立方米/分钟，有效风量率87.14%，负压2150帕，等积孔2.96平方米，属通风容易矿井。

13. 武所屯煤矿

2016年7月，田庄煤矿接管武所屯煤矿。矿井通风方式为中央并列抽出式通风，主井进风提煤，副井进风兼做下料、升降人员，风井回风。矿井安装2台型号为FCDZNo.22的轴流式对旋主通风机，1台运转，1台备用。电机型号为YBF355L-8、功率为2×220千瓦，运转频率27.5赫兹，利用主要通风机电机反转进行反风。矿井总进风量3114立方米/分钟，总回风量3278立方米/分钟，负压1050帕，有效风量率95%，等积孔2.05平方米。2018年10月，矿井去产能关闭退出。

14. 鲁西煤矿

2016年9月，新驿煤矿接管鲁西煤矿。矿井采用中央并列式通风方式，抽出式通风，副井进风，主井回风。地面配备2台BD-Ⅱ-8No.23/2×250千瓦型隔爆对旋轴流式主通风机，1台工作，1台备用。采用电机反转进行反风，防爆电动机额定功率为250千瓦。2020年，矿井总进风量6844立方米/分钟，负压1350帕，有效风量率91.83%，矿井等积孔3.91平方米。

2020年临矿集团矿井通风设备技术状况表

表2-3-3

矿名	通风方式	风井名称	风井特征		主要通风机型号	电机型号	额定功率（kW）	安装日期
			井深（m）	断面（m²）				
古城	中央并列式	回风主井	505	19.6	FBCDZ-No.30	YBF710S1-8	2×710	2014.05
郭屯		回风主井	728	23.7	FBCDZNo.36	YBF800S2-10W	2×800	2015.06
彭庄		回风主井	505.5	19.6	FBCDZ No.28	YBF630M2-8	2×500	2015.03
王楼		回风主井	680	19.6	FCZNo.26.5/1600（Ⅱ）	YPKK500-6	1400	2016.07
新驿		回风主井	506	19.6	BDK618Ⅱ-8-No.28	YBF630-8	2×450	2016.12
鲁西		回风主井	300	15.9	BD-Ⅱ-8-No.23	YBF450S3-8	2×250	2008.03
里彦		回风主井	276	19.6	FBCDZNo.25	YBF560M1-8	2×355	2020.09
邱集		回风主井	425	19.6	FBCDZ-8-No.27	YBF630S1-8	2×450	2016.03
株柏		西风井	81	9.6	FBCDZ-No.22	YBF355M-8	2×110	2015.05
榆树井		回风主井	320	19.6	FBCDZ-No.28	YBF630-10	2×200	2010.05
新上海一号		回风主井	518	28.3	FBCDZNo.30	YBF630-12	2×160	2011.10
永明		回风主井	72	8.2	FBCDZ-6-No.19	YDF315L-26	2×132	2010.12
会宝岭	两翼对角式	东回风井	430	15.9	DK-10-No.28	YBF560S2-10	2×200	2013.07
		西回风井	430	23.76			2×200	2011.09

（二）局部通风

1991—1996年，局属各矿多采用JBT系列局部通风机。1997—2001年，随着机械静音技术的改进，普遍采用TFS系列低噪音局部通风机。2001年底，矿务局开始推广使用FSFA或FBD系列局部通风机，其中古城、新驿、田庄煤矿使用的是低噪音、对旋局扇。2005年3月，株柏、兴元煤业公司煤矿瓦斯异常区的局部通风，实现双风机、双电源、专用变压器、专用电缆和专用开关，实现风电、瓦斯电闭锁，局部通风机做到自动切换。

2001年8月，古城煤矿推广使用阻燃风筒。2003年12月，古城煤矿推广使用局部通风开停装置，能够有效防止风筒中途漏风和迎头无风或微风作业。2004年10月，新驿煤矿装备风筒开停传感器、风筒风量传感器，实现局部通风数据在线实时监测，该装备能够自动开停、井上在线监测风速等。2006年3月，新驿煤矿装备北京仙岛公司KJ66监控系统，实现局部通风机、风筒、风速全矿井实时在线监测。

三、通风系统改造

1991年，开始进行优化改造。1992年3月，五寺庄煤矿暂停3采区主要扇风机，保留4采区主要扇风机运行，3采区的回风经5号风井排出，3采区主要扇风机作为5号井风井的备用扇风机。1992年8月，汤庄煤矿报废桥头井北风井，改用人行斜井回风。1993年7月，桥头井停止东风井主扇风机运转，改变了3层煤通风系统。同年12月，岐山煤矿报废南风井，改由斜井进风、提升与行人，主井回风。1994年，汤庄煤矿东风井投入使用。1995年8月，草埠煤矿南风井主扇风机停止运转。

1996年3月，矿务局所属7个矿井分别成立矿井通风系统审查工作组，由矿总工程师担任组长，对矿井通风系统全面进行审查，对不合理的通风系统进行整改。6月，汤庄煤矿主要扇风机停止运转。1999年1月，塘崖煤矿-450米水平与3采区贯通后，实现该区域的全风压通风。2004年3月，新驿煤矿调整矿井通风系统，在井下安装辅助通风机，采取压入式通风；4月，按照矿务局对部分矿井通风系统的技改计划，田庄煤矿改造完善矿井通风机，邱集煤矿更换备用主要通风机，马坊煤矿更换矿井主要通风机电机，提高矿井通风能力。2005年11月，古城煤矿13采区通风系统形成。2006年5月，恒昌公司完善北翼通风系统；8月，株柏煤矿10采区通风系统形成。2006年10月，兴元煤业公司完善4采区通风系统。

2013年，古城煤矿转入深部-1030米水平生产，矿井通风流程增大（超过15千米），加之受地压影响部分巷道回缩变形严重，通风断面局部不足8平方米，导致通风阻力急剧升高到2900～3200帕，矿井通风能力严重不足。为此，古城煤矿进行通风系统优化改造，补掘三水平至二水平专用回风巷，实现矿井自三水平以上全部为二进二回的通风系统来进行降阻；更换地面主通风机、主井塔密封装置加固堵漏以及对-850米水平以上高风压区风门进行加固改造等实施方案。改造后矿井总进风量由每分钟5700立方米增到每分钟8200立方米，每分钟增加2500立方米，从根本上解决了矿井风量不足的问题。此次改造申请为国家煤矿安全改造国债项目，获得中央预算内、省财政投资864万元。

2013—2016年，王楼煤矿对通风系统进行3次改造，改造工程申请国家煤矿安全改造国债项目，获得中央预算内、省财政投资2000余万元。施工-680米进风人行道，-680米、-900米专用回风巷、七采区专用回风巷及主要通风机技术升级改造等工程。有效解决了井下高温湿热问题，改善了生产作业环境，提高了矿井通风系统的抗灾能力。

2016年3月，株柏煤矿对通风系统进行优化改造，缩短通风路线，降低通风阻力，提高了矿井通风能力。调整后，九采区、十采区、十一采区实现分区通风，通风设施大量减少，内部漏风量减小，通风量增加，有效降低了作业地点的瓦斯浓度；消除了原有的角联网络，通风系统更加稳定、合理、可靠。10月，新驿煤矿完成矿井主要通风机的更换和井下通风系统的调整，总进风量由每分钟6236立方米增加到每分钟8990立方米。随着南翼集中运输巷的贯通，矿井通风系统由"一进一回"变为"一进二回"，矿井阻力减少700帕、降低18%，解决了因矿井开采水平不断延伸、通风距离不断延长导致通风阻力不断增大和风量紧张的问题。

2017年6月，古城煤矿完成主井底风硐改造，设计工程量66米。7月，古城煤矿提出《古城煤矿关于呈报通风系统技术改造可行性研究报告的请示》得到临矿集团批复。2018年2月，完成地面风硐改造工程。在已有风硐东侧加设1道长度为22米矩形钢制通风管道，断面为2.8米×2.8米。

2018年10月，古城煤矿主进风巷全面贯通，长度3000米。主进风巷贯穿-505米水平至-1030米水平，贯通后风量增加1020立方米/分钟，负压降低440帕，各巷道风速满足安全规程要求。

2018年4月、8月，郭屯煤矿辅助进风石门与南翼集中进风巷、-670米辅助上山进风与-670米回风上相继贯通，矿井风量增加500立方米/分钟，负压降低220帕。

2020年9月，里彦煤矿淘汰离心式主要通风机，更换为FBCDZNo.25型轴流式通风机，电机功率2×355千瓦，1台工作，1台备用，提升了矿井通风系统安全保障能力。至12月，省内外12对矿井扩修通风巷道843米，封闭闲置通风巷道21787米，降低无效供风4857立方米/分钟，集团通风阻力总体降低3.82%。

四、风量管理

临矿集团坚持"以风定产、以风定掘"制度，确保井下各用风地点风量、风速符合《煤矿安全规程》规定。各矿井下作业地点供风量充足，杜绝了微风、高温作业现象，井下气候条件适宜，满足安全生产需要。

（一）风量计算方法

1990年5月，制定《临沂矿务局矿井风量计算实施细则》。根据《煤矿安全规程》规定，按照《煤矿井工开采通风技术条件》（AQ1028-2006）和《矿井通风能力核定标准》（AQ1056-2008）要求，1995年6月、2002年5月、2011年4月、2016年11月分别进行修订，逐步完善企业自身的矿井需要风量计算办法，使井下供风量更趋科学合理。

（二）井下降温

王楼煤矿恒温点的深度为55米、温度为17.5摄氏度，平均地温梯度每百米2.42摄氏度。地温梯度呈西高东低、南低北高的趋势，从东南向西北依次为正常地温区、一级高温区、二级高温区。湿热灾害主要来源于巷道围岩放热、矿井涌水放热、机电设备运转时放热等。2007年7月—2008年7月，矿井涌水量每小时小于500立方米。2008年8月，矿井涌水量超过每小时730立方米。2009年，正常涌水量达到每时850立方米，之后矿井涌水量总体上稳中有降；2012年，矿井涌水量稳定在每时780立方米左右。-680米水平水温35～45摄氏度，同水平水温比岩温高4～5.3摄氏度，涌水放热是主要的热源。矿井采掘工作面的相对湿度在95%以上。

2009年3月11日，王楼煤矿掘一工区负责在二采区第二联络巷安装制冷设备，5月13日工程竣工。

安装的水源热泵系统为井下防爆型，制冷机组型号为FLSLGF1100IV，单台机组制冷量大于1000千瓦，系统覆盖范围内空气温度能够降低3～5摄氏度。6月4日，开始对系统进行试运行；6月19日，投入正常使用，对12302两顺槽进行除湿降温制冷。7月25日，经临矿集团批准增加2台空冷器，对-900米水平二采轨道下山及胶带下山进行降温除湿制冷，水源热泵系统达到满负荷运行。2010年3月，实施井下降温二期、三期工程，在三采区第一联络巷安设FLSLGF1100IV型制冷机组，主要对三采区2条主下山进行除湿降温；在12301轨胶联络巷安设W-FJLSGF-1900IV型制冷机组，主要对12303采煤工作面进行降温。2011年9月，王楼煤矿井下湿热灾害治理技术开发与应用获临矿集团科技进步二等奖。

2012年2月，王楼煤矿分别在二采区制冷机房、三采区制冷机房安装2套水源热泵制冷降温系统，对二采区1个综采工作面、3个掘进工作面和三采区1个综采工作面、2个掘进工作面进行制冷降温。4月，与山东鼎诺矿产品发展公司合作研发隔热风筒，利用该风筒将凉风送至高温地点。11月，下发《关于成立矿井综合制冷降温攻关小组的通知》，成立攻关小组负责矿井综合制冷降温方案的调研、设计及组织实施。2013年8月，山东煤矿安全监察局对王楼煤矿《大采深高温湿热工作面制冷降温技术开发》项目进行科技鉴定。2015年10月，王楼煤矿综合制冷降温系统由安徽淮南新集安装队开始安装；2016年6月，开始试运行，对七采区各采掘工作面进行制冷降温。各采掘工作面温度分别降低5～7摄氏度，有效地改善了井下现场作业环境。2018年2月，增加三采区下部集中制冷项目，通过临矿集团一体化论证；截止12月，1号制冷孔采用620毫米直径进行扩孔到410米深度，2号制冷孔采用311毫米直径钻进到1056米。2018年8月，与山东科技大学合作开发《矿井高温热害综合治理研究》项目；2019年5月完成。

郭屯煤矿制冷系统主要由井下制冷机组、井上散热塔、井下空冷器、制冷管路等设备组成。2012年4月，-808米制冷硐室竣工，配置3台德国飞马（WAT）KM3000的制冷机组，单机制冷量3300千瓦；选用YB630MZ-2型9000千瓦电机3台，井下配置葫芦岛渤海泵业生产的MD216-25×8型循环泵3台，循环泵电机使用沈阳黎明电机制造公司生产的YBK2-315L2-4型、功率为185千瓦电机。2017年8月，对-670米制冷系统进行扩容，安装2台KM3000德国飞马冷水机组及配套附属设施，服务于二、三采区，工作面温度平均降低3～4摄氏度，工人劳动环境得以显著改善，劳动工效提高18%。整体工程分为地面制冷机房土建与设备安装、制冷直排立眼、-808米水平辅助进风巷段制冷管路安装、总回风巷制冷管路安装以及制冷硐室主辅机设备安装等部分。2020年6月，完成-670米制冷系统扩容方案，利用地面水源热泵机组对主、副井进风降温，利用-808米制冷系统余量对矿井总进风制冷，实现矿井三级制冷，提高降温降湿效果。

古城、彭庄煤矿对于深部长距离且机电设备使用较为集中的掘进工作面安装局部制冷设备，降低掘进工作面环境温度。

表2-3-4

2020年临矿集团矿井通风情况一览表

矿井名称	风井名称	需要风量（m³/min）	矿井实际风量（m³/min）			矿井负压（Pa）	矿井瓦斯			通风巷道			矿井开采深度（m）	矿井湿热害	
			合计	其中			浓度（%）	绝对量（m³/min）		失修率（%）	巷道长度（km）	失修长度（km）		采面最高温度（℃）	迎头最高温度（℃）
				矿井风量	外部漏风			风排	总量						
古城	回风立井	3258	5189	4946	243	1490	0.02	2.67	2.67	0	40.3	0	1030	26	26
郭屯	回风立井	17007	18224	17861	363	2880	0.02	3.69	3.69	0.96	53.9	0.52	865	28	26
彭庄	回风立井	7916	9097	8656	441	2180	0.01	1.79	1.79	0.023	32.4	0.76	950	25	24
王楼	回风立井	9359	9488	8803	685	2790	0	0	0	8.89	30.6	2.72	1150	25	25
新驿	回风立井	7457	8995	8396	599	2330	0.02	1.799	1.799	0	32.17	0.38	680	24	23
鲁西	回风立井	6746.9	7345	6942	403	1350	0.02	0.74	0.74	0	28.5	0	405	25	24
田庄	回风立井	6113	6779	6497	282	2150	0	0	0	0	37.6	0	450	20	23
里彦	回风立井	4484	5074	4807	267	1630	0.02	0.65	0.65	0	6.12	0	447	23	22
邱集	回风立井	3660	3998	3928	70	1340	0.08	0.83	0.83	0	19.9	0	850	25	23
株柏	西风井	8163	8656	8527	129	810	0.02	1.57	1.57	1.36	22.03	0.3	445	22	21
榆树柏	回风立井	6875	7083	6975	108	560	0.04	2.17	2.17	0	14.3	0	470	25	24
新上海一号	回风立井	3216	3949	3848	101	940	0.04	2.99	2.99	0	13	0	120	18	18
永明	回风立井	20700	23206	8610	664	1260	-	-	-	0	156	0	601	22	21
会宝岭	东回风井	17007	18224	17861	363	2880	0.02	3.69	3.69	0.96	53.9	0.52	865	28	26

第四章　洗选运销

第一节　选煤厂

2020年，临矿集团生产运行的选煤厂有12座。其中山东省内9座，分别是古城、郭屯、彭庄、王楼、新驿、鲁西、里彦、邱集和株柏煤矿选煤厂；山东省外3座，分别是新上海一号、榆树井和永明煤矿选煤厂。临矿集团选煤厂年入选能力达到2170万吨，原煤入洗率85%以上，精煤产出率42%以上。各选煤厂均达到行业级质量标准化标准，郭屯、彭庄、王楼、新驿和里彦选煤厂被中国煤炭加工利用协会评为行业级质量标准化选煤厂；古城、田庄选煤厂被中国煤炭加工利用协会评为全国优质高效选煤厂；榆树井选煤厂干选工艺系统被评为中国煤炭行业褐煤干选示范工程。

一、古城煤矿选煤厂

2001年10月，选煤厂开工建设，2002年4月投入生产，总投资2000万元。采用跳汰洗选工艺，年入洗能力为90万吨。2005年2月，为满足煤炭市场的变化和矿井产品结构优化的需求，古城煤矿投资2000万元对选煤厂贮、装、运及煤泥水系统进行技术改造。由生产动力煤改为冶炼精煤，年入选能力为90万吨，冶炼精煤指标灰分不大于9%、水分不大于10%。2007年初，

古城煤矿选煤厂（2012年）

古城煤矿投资4000万元，对选煤厂进行二期技术改造，扩建跳汰选煤生产线和动筛排矸系统，升级改造煤泥水处理工艺，选煤厂年入选能力提高到180万吨。

二、田庄煤矿选煤厂

2007年2月，选煤厂开工建设，2008年5月投产运行，总投资5000万元。采用原煤预先排矸+主洗跳汰分选+尾煤泥压滤工艺，年入选能力90万吨。入洗煤种为高硫气肥煤，主要洗选精煤，指标灰分不大于9%、水分不大于9%。2020年6月，根据国家去产能政策，田庄煤矿去产能关井，其选煤厂停用。

三、王楼煤矿选煤厂

2008年2月，选煤厂开工建设，2009年2月投产运行，总投资6700万元。采用原煤预先排矸+主洗无压三产品重介旋流器分选+粗煤泥TCS分选+细煤泥浮选+尾煤泥压滤工艺，年入选能力为90万吨。入洗煤种为优质气煤，主要洗选炼焦精煤，指标灰分不大于9%、水分不大于9%。

四、郭屯煤矿选煤厂

2008年12月，选煤厂开工建设，2010年2月投产运行，总投资1.23亿元。采用原煤预先动筛跳汰排矸+主洗无压三产品重介旋流器分选+粗煤泥TCS分选+细煤泥浮选+尾煤泥压滤工艺，年入选能力300万吨。入洗煤种为1/3焦煤，主要洗选炼焦精煤，包括1号精煤（灰分不大于8%、水分不大于9%）、2号精煤（灰分不大于9%、水分不大于9%）。

郭屯煤矿选煤厂（2016年）

五、榆树井煤矿选煤厂

2008年，选煤厂开工建设，2010年10月投产运行，投资2.5亿元。采用块煤重介浅槽、末煤二产品重介旋流器分选、粗煤泥螺旋分选机分选、细煤泥浓缩压滤联合工艺，年入选能力300万吨。入洗原煤煤种为褐煤，主要洗选动力用煤。2018年3月，榆树井煤矿建成复合干法选煤生产系统代替重介水洗系统，年处理能力400万吨。

榆树井煤矿选煤厂（2018年）

六、新上海一号煤矿选煤厂

2010年4月，选煤厂开工建设，2012年8月投产运行，投资约3.2亿元。采用块煤重介浅槽、末煤二产品重介旋流器分选、粗煤泥螺旋分选机分选、细煤泥浓缩压滤联合工艺，年入选能力400万吨。入洗煤种为褐煤，主要洗选动力用煤。

七、新驿煤矿选煤厂

2011年2月，选煤厂开工建设，2013年7月投产运行，总投资9500万元。采用原煤预先排矸+主洗无压三产品重介旋流器分选+粗煤泥重介旋流器分选+尾煤泥压滤工艺，年入选能力150万吨。入洗煤种为气煤，主要洗选炼焦精煤，指标灰分不大于9%、水分不大于9%。

八、军城煤矿选煤厂

2010年8月，选煤厂开工建设，2011年7月投产运行，投资5180万元。采用原煤预先排矸+主洗无压三产品重介旋流器分选+粗煤泥TBS分选+尾煤泥压滤工艺，年入选能力为90万吨。入洗煤种为高硫气肥煤，主要洗选炼焦精煤，指标灰分不大于9%、水分不大于9%。2016年9月，根据国家去产能政策，军城煤矿停产关井，选煤厂随之关停。

九、邱集煤矿选煤厂

2011年8月，选煤厂开工建设，2013年8月投产运行，总投资6800万元。采用原煤预先排矸+主洗跳汰洗选+粗煤泥TBS分选回收+尾煤泥压滤工艺，年入选能力120万吨。2018年，选煤厂入洗煤种由气煤逐步转变为高硫气肥煤，精煤产品指标为灰分不大于9%、水分不大于9%。

十、永明煤矿选煤厂

2012年，选煤厂开工建设，2013年11月投产运行，投资6000万元。采用原煤预先排矸+主洗无压三产品重介旋流器分选+粗煤泥重介旋流器分选+尾煤泥压滤工艺，年入选能力120万吨。入洗煤种为气煤，主要洗选炼焦精煤，指标灰分不大于9%、水分不大于9%。

永明煤矿选煤厂（2016年）

十一、里彦煤矿选煤厂

2013年3月，选煤厂开工建设，2014年10月投产运行，总投资9500万元。采用原煤预先排矸+主洗跳汰分选+尾煤泥压滤工艺，年入选能力90万吨。入洗煤种为高硫气肥煤，主要洗选精煤，指标灰分不大于9%、水分不大于9%。

十二、株柏煤矿选煤厂

2016年6月，选煤厂开工建设，2016年7月投产运行，总投资500万元。采用原煤预先排矸+主洗跳汰分选+粗煤泥三锥角旋流器分选+细煤泥浮选+尾煤泥压滤工艺，年入选能力30万吨。入洗煤种为1/3焦煤，主要洗选炼焦精煤，指标灰分不大于9%、水分不大于9%。

彭庄煤矿选煤厂（2018年）

鲁西煤矿选煤厂（2019年）

十三、彭庄煤矿选煤厂

2016年9月，彭庄煤矿选煤厂开工建设，2017年3月投产运行，投资5000万元。采用原煤预先动筛跳汰排矸+主洗无压三产品重介旋流器分选+粗煤泥重介分选+细煤泥浮选+尾煤泥压滤工艺，年入选能力为150万吨。入洗煤种为气煤，主要洗选炼焦精煤，指标灰分不大于9%、水分不大于9%。

十四、鲁西煤矿选煤厂

2017年2月，选煤厂开工建设，2017年8月投产运行，总投资4896万元。采用原煤预先排矸+主洗无压三产品重介旋流器分选+粗煤泥重介旋流器分选+细煤泥浮选+尾煤泥压滤工艺，年入选能力150万吨。入洗煤种为气煤，主要洗选炼焦精煤，指标灰分不大于9%、水分不大于9%。

第二节　运行管理

一、标准化建设

2012年9月，临矿集团开始对选煤厂进行标准化建设和考核，下发《山东能源临矿集团标准化选煤厂验收评分标准》，完善技术指标、经济指标、机电设备、生产管理、安全管理、精神文明建设等方面考核标准。

2013年，在选煤厂组织开展质量标准化建设，坚持优化生产工艺，完善安全管理制度和保障措施，健全精细化管理体系，建设安全型、高效型、节约型现代化选煤厂。每年2次对选煤厂进行标准化检查验收，使选煤质量标准化工作走上制度化、规范化的管理轨道。各选煤厂在强化基础管理工作的基础上，开展节能降耗活动，严格控制材料成本和电力成本，实现逐年降本提效。至2018年，各选煤厂平均全员效率达到每工81吨，吨煤电耗降至每吨4.08度，重介厂平均矸石带煤率为1.1%，跳汰厂平均矸石带煤率为3.0%，均优于国家优质高效选煤厂标准；重介厂平均介耗每吨0.65千克，达到国内领先水平。

2020年，参与《干法选煤技术规范》（T/CCT011-2020）团体标准的编制，临矿集团作为参编单位参加了11月9日召开的标准发布会。

2020年5月临矿集团选煤厂基本情况表

表2-4-1

单位	投产时间	投资（亿元）	洗选工艺	生产能力（万吨/年）	主要洗选产品
古城煤矿	2002.04	1.04	跳汰	180	气精煤
田庄煤矿	2008.05	0.50	跳汰	90	气肥精煤
王楼煤矿	2009.02	0.67	重介	90	1/3 焦精煤
郭屯煤矿	2010.02	1.23	重介	300	1/3 焦精煤
榆树井煤矿	2010.10	2.50	干选	300	动力煤
新上海一号煤矿	2012.08	3.20	重介浅槽 + 干选	400	动力煤
新驿煤矿	2013.07	0.95	重介	150	气精煤
邱集煤矿	2013.08	0.68	跳汰	120	气肥精煤
永明煤矿	2013.11	0.60	重介	120	气精煤
里彦煤矿	2014.10	0.95	跳汰	90	气肥精煤
株柏煤矿	2016.07	0.05	跳汰	30	1/3 焦精煤
彭庄煤矿	2017.03	0.50	重介	150	气精煤
鲁西煤矿	2017.08	0.49	重介	150	气精煤

二、技术会诊

2012年8月，山东能源集团专家组对古城、新驿、田庄、军城、王楼选煤厂进行技术会诊，诊断出22条问题。

2013年，临矿集团建立选煤厂技术会诊制度，组织内、外部选煤专家对选煤厂进行技术会诊，对原煤准备、工艺技术、设备运行、自动化控制、经营管理等方面存在的问题进行诊断剖析，提出合理化建议和整改措施。

2016年10月，临矿集团组织12名选煤技术人员对省内7座选煤厂进行全方位、大深度的技术会诊，查出原煤准备、工艺技术、设备运行、自动化控制、经营管理、煤场建设等方面存在56项问题，提出具体的整改建议和措施。至2017年底，问题整改完毕。

2018年5月，临矿集团组织选煤专家对13座选煤厂开展安全经济技术评价，查出原煤准备、工艺技术、设备运行、自动化控制、经营管理等方面33条问题，提出相应的整改建议和措施。至年底，问题整改完毕。

2020年8—10月，山东能源集团组织选煤专家对郭屯、彭庄、王楼、新驿、鲁西、里彦、新上海一号井、榆树井选煤厂现场技术会诊，梳理制定技改清单17项。至年底，各清单任务全面落实。

三、专业化管理

2017年3月，临矿集团成立鲁南洗配煤中心，煤质管理处对其进行业务指导，推动选煤集约化、专业化、产业化、集团化管理进程。4月，对里彦选煤厂托管运营。通过持续推进质量标准化建设，提升选煤厂管理水平，与托管前相比人均工效由每工59.23吨提高至每工140.53吨，单位洗选成本由每吨15.65元降至每吨7.91元，矸石带煤率由2.30%降至1.77%，单位电耗由每吨4.10度降至每吨3.45度，材料成本降低约30%。选煤厂被中国煤炭加工利用协会评为行业级质量标准化选煤厂。

四、智能化选煤

2017年，各选煤厂结合自身工艺技术及装备水平，构建设备集中控制、分选密度自动调节、液位自动监控与调节、煤泥水浓度自动检测与调节、胶带自动保护等基础功能。2018年，王楼、田庄煤矿选煤厂升级完善集中控制和视频监控系统，减少岗位人员19人；鲁西选煤厂智能化一期工程建设完成三维可视化巡检、煤质在线检测、数字信息和报警以及智能卫生冲洗、辅助检修等系统，自主研发煤泥压滤机自动卸料装置。鲁西煤矿创新引进CXR智能排矸系统，淘汰落后的人工拣选，使得原煤排矸分选精度高、不需人工作业、全程智能操控，与传统人工拣选相比，减少作业人员18人，走在了行业前列。

五、专业培训

2015年2月，建立《选煤例会制度》，搭建各矿选煤管理技术人员交流学习平台。坚持每月召集各矿选煤厂、煤管科负责人进行业务交流，分析选煤工艺设备的不足，研究完善技改方案，提升选煤厂创新能力。5月，举办洗选加工专业技术培训班，对33名选煤技术骨干进行培训。

2016年10月，举办煤质管理和洗选加工专业技术培训班，对各矿煤质管理、选煤技术骨干133人进行培训。年底，组织煤质管理和洗选加工专业技术考试，依据考试成绩对煤质处、各矿选煤厂专业技术人员进行选拔和调整。

2017年3月，组织专业技术骨干参加中国煤炭加工利用协会举办的第二届全国选煤新技术研讨会、高幅概率组合筛干法筛分技术研讨会、煤炭创新与新技术论坛等国内大型选煤技术会。组织专业人员到贵州、山西、唐山、天津等地考察超级旋流器、高效浓缩机、TDS智能干选机、ZM矿物高效分离机、选煤厂智能升级等新设备、新技术。6月，举办煤质管理和洗选加工专业技术培训班，对各矿100多名煤质管理、选煤专业技术人员进行业务培训。7月，组织洗选加工专业输送机司机、机电维修等工种进行技术比武，对参赛成绩优异的人员表彰奖励并纳入人才数据库。

2018年3月，组织选煤专业技术骨干参加临矿工业智能化生产、大数据分析、煤炭洗选加工行业安全技术管理、采制化新技术等专题培训班以及中国煤炭清洁高效利用大会、匹兹堡国际煤炭大会等选煤技术交流会议，组织外出考察TDS智能干选、选煤厂智能升级、末煤干选机、新型压滤机等新设备、新技术，不断开阔专业人员视野境界。6月，举办洗选加工专业洗选设备维修工技能竞赛，对参赛成绩优异的人员进行奖励，打通了选煤专业技能人才通道。

2019年11月，举办煤质、洗选专业培训班，邀请矿大、山科大专家教授以及公司内部资深专家作专题讲座，就煤炭产品质量管理、科技创新管理等相关内容进行讲解，87人参加学习培训。

2020年5月，组织专业人员参加中国矿业大学组织的智能化选煤厂建设与高效选煤新技术、新工艺、新装备培训班。9月，举办煤质、洗选专业培训班，各矿煤质管理、采制化人员以及选煤厂班组长以上专业管理人员62人参加学习。10月，举办临矿集团第六届职业技能竞赛洗选加工专业技能竞赛，对参赛成绩前10名人员进行奖励。

第三节　工艺和设备

一、煤泥减量化工艺

（一）浮选工艺

2011年，古城煤矿选煤厂建成运行煤泥浮选系统，采用一次入浮工艺，选用1台直径4.5米旋流微泡浮选柱，浮选精矿经过箱式隔膜快开压滤机脱水回收。2012年，古城煤矿选煤厂对煤泥浮选系统进行二期改扩建，增加1台直径4.5米旋流微泡浮选柱，满足细煤泥全入浮需求。

2013年，王楼煤矿选煤厂建成煤泥浮选系统，采用一次入浮工艺。选用1台直径5.5米旋流微泡浮选柱，浮选精矿经过1台沉降离心机脱水回收后掺配在精煤内。

2017年，郭屯煤矿选煤厂建成煤泥浮选系统，采用粗选+精选2级浮选工艺，选用煤泥浮选机，浮选精矿经过箱式隔膜快开压滤机脱水回收，浮选精煤滤饼采用"圆盘给料机+破碎机+搅拌机"三级破碎掺配工艺，保证了浮选精煤掺配效果。

2018年，王楼矿选煤厂煤泥浮选系统升级改造，将一次浮选工艺升级改造为粗选+精选2级浮选工艺，精选段选用浮选机。改造后，浮选精煤灰分降至8.5%，解决了浮精灰分高、重选系统背灰问题。

（二）粗煤泥分选工艺

2015年，古城煤矿选煤厂对粗煤泥分选系统进行改造，采用TBS分选机，稳定精煤灰分指标，提高精煤产率。

2016年，王楼煤矿选煤厂引进CSS分选机替代传统的煤泥分级旋流器生产工艺，将溢流精煤灰分稳定控制在9%以内，解决粗煤泥灰分偏高"背灰"问题。

2017年，田庄煤矿选煤厂引进粗煤泥组合筛脱泥脱水回收工艺，解决粗煤泥旋流器溢流跑粗问题，将尾煤泥热值由每千克2700大卡降低到2100大卡。

2018年，郭屯煤矿选煤厂采用CSS粗煤泥分选机和EPS螺旋脱水筛对粗煤泥分选回收系统进行改造，提高粗煤泥分选和脱灰效果，提高粗精煤泥回收率。

（三）尾煤泥回收工艺

2015年，田庄煤矿选煤厂结合入选煤质特点和产品结构，自主创新二级旋流浓缩截粗工艺回收粗煤泥，掺入精煤进行销售。新驿煤矿自主研发粗煤泥螺旋干燥机，对选煤厂一段浓缩截粗煤泥进行干燥脱水掺入中煤进行销售。

2018年，王楼煤矿选煤厂将煤泥水一段浓缩升级为两段浓缩工艺，采用沉降式离心机回收部分粗颗粒煤泥均匀掺入洗混煤中。

二、原煤洗选工艺

（一）井下排矸工艺

2013年8月，军城煤矿自主创新工艺，投资500万元建成井下跳汰洗矸回填系统，实现井下排矸置换开采，提升经济效益，提高升井原煤发热量300大卡，提高2%的选煤厂精煤产出率。

（二）褐煤干选工艺

2018年3月，榆树井煤矿针对褐煤煤化程度低、发热量低、内水高、易风化、易泥化等煤质特点，引进复合干选工艺对选煤厂洗选加工系统优化改造，入洗原煤热值每千克2800～3000大卡，选后块煤热值提升每千克1000大卡以上，末煤热值提升每千克500～600大卡，矸石热值控制在每千克800大卡以下，实现无煤泥化分选，商品煤产率达78%。

三、主要设备

2020年，临矿集团有13家煤矿选煤厂，因入选原煤成分不同、选煤产品不同、选煤工艺不同，主要选煤设备也有较大差异。

2020年5月临矿集团矿井主要选煤设备明细表

表2-4-2

厂名	设备名称	规格型号	工艺用途
古城煤矿选煤厂	跳汰机	DMST — 14Z	原煤洗选加工
	动筛跳汰机	TDY1.5/3	原块煤洗选
	旋流微泡浮选柱	FCMC–4500mm	细煤泥浮选
	流化床分选机	FBS2400	粗煤泥分选
	高效节能快速压滤机	KZG340/1500×2000–U	尾煤泥处理用
郭屯煤矿选煤厂	原煤分级筛	ZFS–2–24/10度	原煤分级
	滚盘筛	JXGS5020	原煤分级
	动筛跳汰机	TDY2.0/4.0	原煤洗选排矸
	重介质旋流器	S–3GHMC 440/200	煤炭分选
	振动脱介筛	SLG3661	脱水脱介
	离心脱水机	WL1400	脱水
	粗煤泥分选机	CSS–3.6	粗煤泥分选
	高效快开压滤机	KZG400/2000–U	尾煤压滤
	高效快开压滤机	HMZG700/2000–U	精煤泥压滤
	机械搅拌式浮选机	XJM–S36（3+2）	煤泥浮选
彭庄煤矿选煤厂	重介质旋流器	S–3GHMC 440/200	煤炭分选
	煤泥重介旋流器	FHMC450	粗煤泥分选
	粗选浮选机	GTFMC36–3	煤泥浮选
	精选浮选机	GTFMC36–2	煤泥浮选
	快开压滤机	KXGZ600/2000–U	尾煤泥压滤
	卧式沉降过滤离心脱水机	GT1420SBC	粗精煤脱水
	高效浓缩机	ST14（A）	洗水沉降
	精煤脱介香蕉筛	SLO3661	精煤脱介
	中煤矸石脱介香蕉筛	SLO3048	中煤脱介

厂名	设备名称	规格型号	工艺用途
王楼煤矿选煤厂	无压三产品重介旋流器	WTMC1200/880	原煤洗选
	粗精煤泥分选机	CSS-2.4	粗精煤泥分选
	旋流器微泡浮选柱	FCMC-5500	尾煤泥浮选精煤
	浮选机	GTFMC28	优化浮精灰分
	高效节能快速压滤机	HMZG570/2000-U	尾煤泥压滤
	沉降过滤式离心机	LWZ1400×2000AII	浮精脱水
	高频筛	GPS1837	粗中煤泥脱水
	精煤脱介筛	AHS 3661	精煤脱介
	中煤脱介筛	AHS2445	中煤脱介
	煤泥离心机	H-900	粗精煤泥脱水
	精煤离心机	WL1400	精煤脱水
新驿煤矿选煤厂	原煤分级破碎机	2PGS-500×1500	破碎分级
	无压三产品重介质旋流器	3GDMC1200/920AI	原煤分选
	煤泥重介质旋流器	SDMC400-I	粗煤泥分选
	精煤脱介筛	SLG3648	精煤脱水脱介
	精煤磁选机	HMDS-914×2972	磁选
	中煤磁选机	HMDC-924	磁选
	精煤卧式离心脱水机	WL1200	精煤脱水
	精煤泥立式离心脱水机	WLF1200	精煤泥脱水
	尾煤泥筛网沉降离心机	LWZ1200×1800AⅠ	尾煤泥脱水
	尾煤快开压滤机	KXGZ500/2000-U 型	压滤脱水
鲁西煤矿选煤厂	原煤重介质旋流器	S-3GHMC440/200	原煤洗选
	煤泥重介旋流器	FHMC450	粗煤泥分选
	尾煤泥压滤机	KXGZ700/2000-U	尾煤泥脱水
	精煤泥压滤机	HMZG350-1600-U	精煤泥脱水
	精煤脱介脱水分级筛	SL03648 香蕉筛	脱介、脱水
	粗选浮选机	GTFMC28-4	浮选精煤
	精选浮选机	GTFMC28-3	浮选精煤
	高效浓缩机	ST15（A）	尾煤泥浓缩
田庄煤矿选煤厂	跳汰机	DMST-S	原煤洗选
	脱水筛	USLD1856	精煤脱水
	组合筛	ZHS1848-DZ1035	细精煤脱水
	压滤机	XMZG340/2000-U	尾煤泥压滤
	离心机	TLL-1000A	精煤脱水
里彦煤矿选煤厂	跳汰机	SKT-14	原煤洗选

厂名	设备名称	规格型号	工艺用途
里彦煤矿选煤厂	压滤机	HMZG450–2000–U	煤泥压滤
	精煤脱水筛	USLg3060	精煤脱水
	精煤离心机	WL1100	精煤脱水
	煤泥离心机	WLH1000	精煤泥脱水
	深锥浓缩机	GSZN–10	煤泥水处理
	煤泥浓缩机	NJG–24T	煤泥水处理
邱集煤矿选煤厂	跳汰机	YT–16	原煤洗选
	直线振动筛	SLG2461	精煤脱水
	精煤离心机	WL1000	精煤脱水
	中煤离心机	WL1000	中煤脱水
	快开隔膜式压滤机	XMZGH500/2000–U	压滤煤泥
	煤泥离心机	WLH1000	精煤泥脱水
株柏煤矿选煤厂	数控筛下空气室洗煤机	6m^2	精煤洗选
	斗式提升机	DT3050	洗混排料
	离心机	TLL1000A	精煤脱水
	浮选机	8立方3段	沫煤分选
	压滤机	XMZ1250–250M2	尾煤泥脱水
	罗茨鼓风机	MFSR–200	洗煤机供风
	压滤机	XMZGK300/1500–C	沫精煤脱水
榆树井煤矿选煤厂	ZM矿物高效分离机	处理能力400万吨/年	原煤干选
	脱泥筛	SLD3.6×6.1W	脱泥
	块煤重介浅槽	DANIELS T18054	块原煤分选
	块精煤脱介脱水筛	SLD3.6×6.1W	脱介、脱水
	块精煤破碎机	2PGL–500×1200mm	精煤破碎
	分级旋流器	MINCO450mm	煤泥分级
	螺旋分选机	24头8LD7	粗煤泥回收
	浓缩机	φ26m	沉降煤泥
新上海一号煤矿选煤厂	原煤分级筛	SLO2448	原煤筛分
	脱泥筛	SLG3.6×4.8	块煤、末煤脱泥
	重介分选槽	DANIELS T18054	原煤洗选
	脱介脱水筛	SLD3.6×6.1	块精煤脱介脱水
	末煤重介旋流器	Φ1300mm	末煤分选
	分级旋流器	MINCO450mm6台一组	末煤分选
	螺旋分选机	24头8柱LD7型	末煤分选
	煤泥离心机	H1000 75kW	煤泥脱水
	螺旋分选机矸石旋流器	MINCO450mm1台一组	矸石分选

厂名	设备名称	规格型号	工艺用途
新上海一号煤矿选煤厂	浓缩机	schenck 直径 30M	精矿、尾矿脱水
	压滤机	KZG500/2000-u	煤泥处理
永明煤矿选煤厂	重介质旋流器	JQ7100/850	原煤洗选
	煤泥重介质旋流器	Φ400mm	粗煤泥分选
	压滤机	XMGZ250×1600U	煤泥处理
	沉降过滤式离心脱水机	LWZ1200×1800	粗煤泥脱水
	卧式振动卸料离心机	HVC1000	精煤脱水
	直线振动筛	DIIS3636C	精煤脱介

三、选煤工艺流程

2020年，临矿集团各煤矿选煤厂选煤工艺有跳汰洗选、重介洗选和干选等。

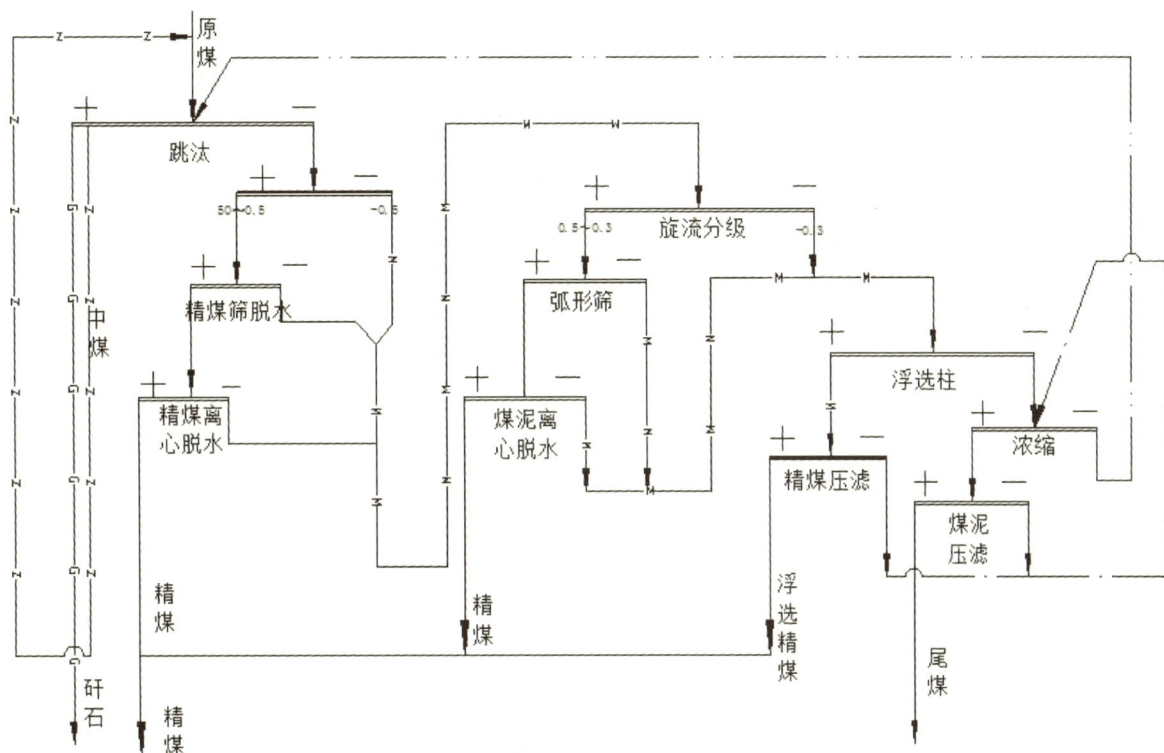

图2-4-1　　　　　跳汰工艺流程图

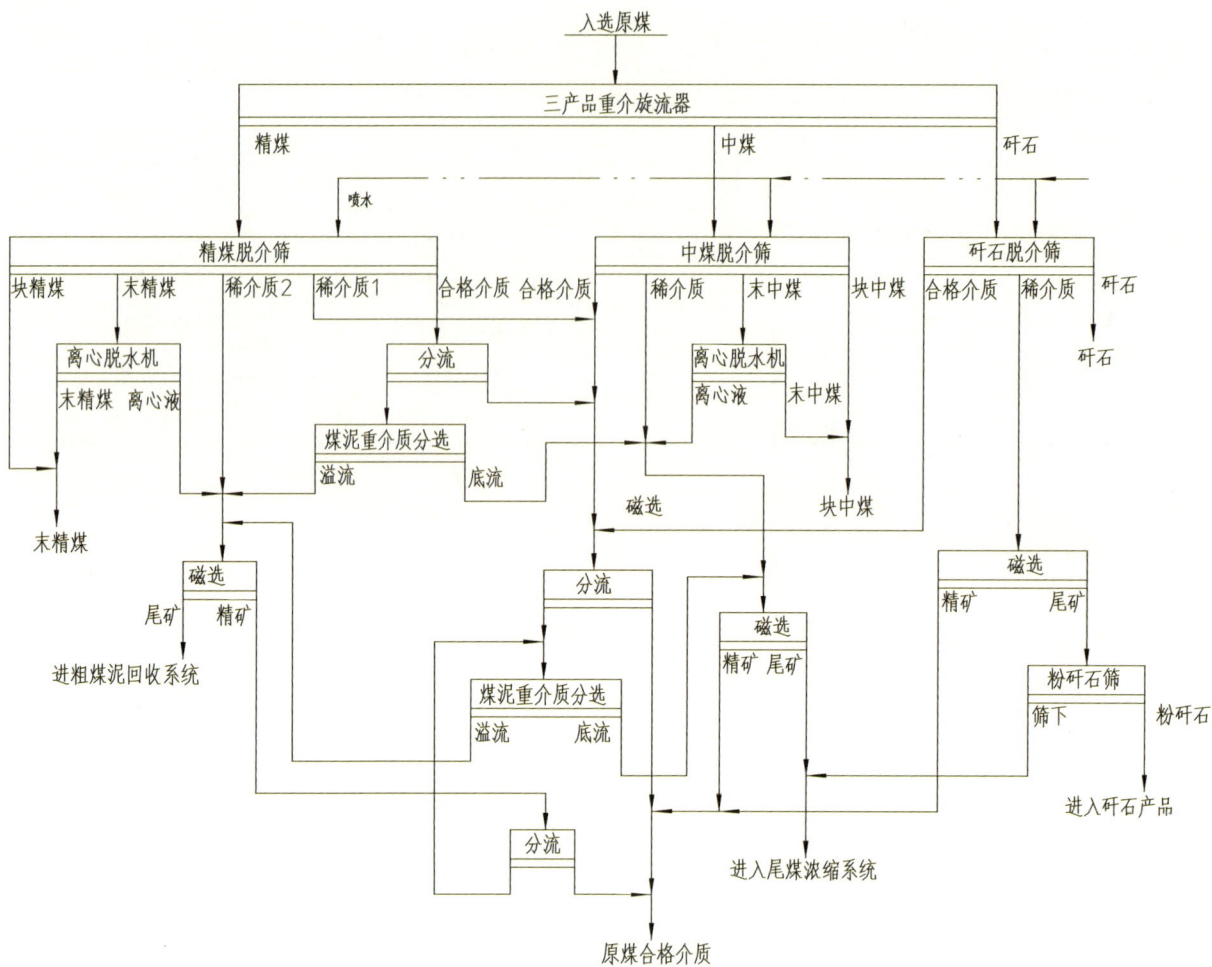

入选原煤

三产品重介旋流器

精煤　　　　　　　　中煤　　　　　矸石

喷水

精煤脱介筛　　　　　　　　中煤脱介筛　　　　矸石脱介筛

块精煤　末精煤　稀介质2　稀介质1　合格介质　合格介质　稀介质　末中煤　块中煤　合格介质　稀介质　矸石

离心脱水机　　　　　　分流　　　　　　　　　　离心脱水机　　　　　　　　　　　　　　　　　矸石

末精煤　离心液　　　　　　　　　　　　　　　　离心液　末中煤

煤泥重介质分选　　　　　　　　　　　　　　　　　块中煤

溢流　　　底流　　　　　　　磁选　　　　　　　块中煤

末精煤

磁选　　　　　　　　　　分流　　　　　　　　　　　　磁选　　　　　　　精矿　尾矿

尾矿　精矿　　　　　　　　　　　　　　　　　精矿　尾矿

进粗煤泥回收系统　　　　　　　　　　　　　　　　　　　　　　　　　粉矸石筛

煤泥重介质分选　　　　　　　　　　　　　　　　　筛下　粉矸石

溢流　　　底流

进入矸石产品

分流

原煤合格介质　　　　　进入尾煤浓缩系统

图2-4-2　　　　　　　　　　　　　　　　　　重介工艺流程图

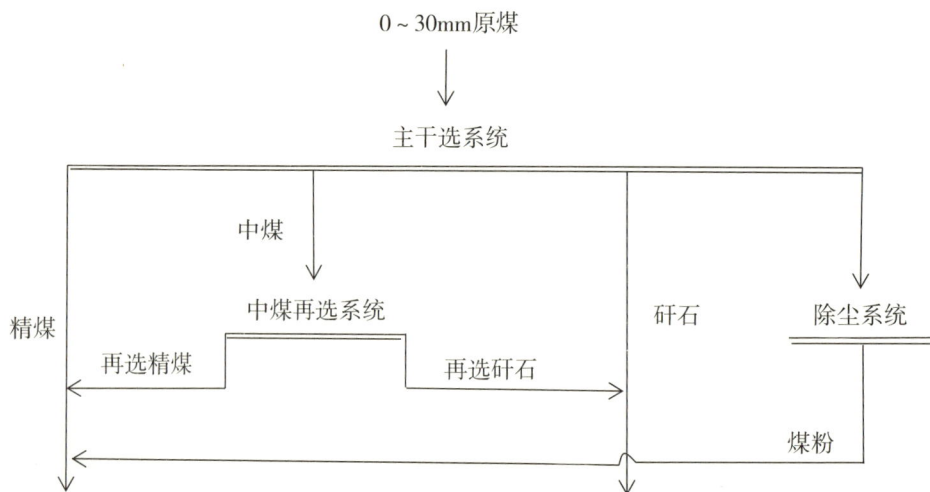

0～30mm原煤

主干选系统

中煤

精煤　　　　　中煤再选系统　　　　　矸石　　　除尘系统

再选精煤　　　　　　　再选矸石

煤粉

图2-4-3　　　　　　　　　　　　　　　　　干选工艺流程图

第四节　煤质管理

一、机构沿革

1991年，矿务局设煤炭加工销售处，下设质监站、化验室、销售科、财务科，有管理人员13人。

1993年4月，撤销煤炭加工销售处，成立煤炭运销公司，全面负责煤炭销售、运输、质量管理等工作。公司实行自主经营、独立核算、自负盈亏。

1995年9月，煤炭运销公司开始对外经营创收。

1997年9月，煤炭运销公司派出部分人员进驻古城煤矿，负责销售古城煤矿工程煤。

2004年12月，矿务局改革煤炭运销体制，实行全局煤炭产品统一管理、统一销售。煤炭运销公司迁往济宁市，办公地点设在兖州区龙桥南路496号。

2005年1月，煤炭运销公司成立中心化验室，负责商品煤采制化检测工作。

2006年7月，煤炭运销公司成立煤质管理科，下辖中心化验室。

2011年12月，成立煤质管理处，办公地点在兖州市大安镇西安东路中段南侧。设正、副处长各1人。煤炭运销公司相关的煤质、采制化及洗选加工等管理职能划归煤质管理处。煤质处下设煤质管理科（含中心化验室）、洗选加工科、综合管理科、驻矿工作站（业务隶属煤质管理科），管理人员43人。

2012年2月，煤质管理处下设煤质管理科、洗选加工科、综合管理科，代管煤炭运销公司中心化验室和各驻矿工作站煤炭采制化人员，承担对各生产矿井煤质管理、采制化管理、洗选加工及煤炭营销管理等职能。

2015年，临矿集团进行机构改革，煤质管理处设置煤质管理科、洗选加工科、综合管理科和中心化验室4个科室，煤炭运销公司中心化验室划归煤质处管理。设处长1人、副科长1人、一般管理人员2人、采制化人员5人。

2018年，煤质管理处下设煤质管理科、洗选加工科、综合管理科和中心化验室，员工15人。其中处长、副处长各1人、科长1人、副科长5人。

2019年，煤质管理处下设煤质管理科、洗选加工科、综合管理科和中心化验室，员工15人。其中处长1人、副处长2人、科长4人、副科长3人、采制化人员5人。

2020年末，煤质管理处下设煤质管理科、洗选加工科、综合管理科和中心化验室，员工15人。

二、管理职能

1991—2004年，省煤炭局每年与矿务局签订《煤炭质量保证书》，要求年度内煤炭产品质量（商品煤灰分、含矸率、发热量、洗煤厂精煤灰分及水分等）要确保完成所规定的煤质计划目标和奋斗目标。矿务局按照省煤炭局下达的煤质计划任务，结合各矿井实际，将目标任务分解落实，制定考核奖惩办法，严格考核奖惩。

2005年1月，矿务局对古城、田庄、新驿3对矿井实行统销管理模式（局对实行内部收购制的矿井按照优质优价原则制定依质计价办法，对各收购制矿井进行内部结算），由煤炭运销公司统一采样、制样、煤质化验和销售。恒昌煤业公司、兴元煤业公司及邱集、五寺庄、株柏、马坊煤矿生产的煤炭自行管理和销售。年末，矿务局煤炭运销体制改革后，煤炭运销公司依据GB/T18666-2002《商品煤质量抽查和验收办法》，按照《临沂矿务局煤炭产品目录及质量标准》，对各矿商品煤质量进行抽查，其质量评价以全水分、发热量、含矸率、限下率为主要依据。对电煤质量的管理执行与各电厂签订的煤炭购销合同；对铁运煤、航运煤按矿别、品种、分用户进行质量抽查；收购制范围内的煤炭产品质量认定，由矿务局煤炭运销公司和各煤矿共同采样、制样、留取备查煤样，分别化验，以矿务局煤炭运销公司中心化验室报出结果为评定依据。除用户的特殊需求外，原则上发热量低于产品质量标准的煤炭，不能作为商品煤直接出售给用户，须经加工后方可销售。矿务局的煤炭生产和运销部门为煤炭质量管理的牵头组织部门，负责实施生产和经营过程中煤质计划的制定、管理、组织、协调和考核工作。具体负责参与对井下毛煤、原煤及商品煤的质量管理，负责制定煤质管理制度、监督检查执行情况，负责商品煤品种及质量标准的制定、监督检查提高煤质措施的执行情况，协同有关职能部门研究解决煤质问题。同时，对工作中存在的问题，组织各部门对煤质管理工作进行考核、兑现，定期通报煤质考核情况。生产过程中的煤质管理包括工作面煤质管理、运输提升和仓储过程管理、辅助生产过程（掘进、巷修、清扫等）和分选管理等。

2006年，煤质管理工作由矿务局煤质管理领导小组负责。其职能是加强对煤炭的全面质量管理，定期召开煤质会议，制定煤质管理策略、处理煤质纠纷、工作规划和质量目标，领导全局煤质管理工作。

2011年12月，起草制定煤质管理制度，增加矿井工作面煤样、原煤煤样及销售商品煤质量检验，对集团权属单位煤质进行抽检，对煤炭市场用户进行质量跟踪，与山东能源临沂驻地营销处共同开展售后服务、各矿煤炭洗选技术指导、改造等工作。

2012年，煤质管理处立煤质管理科、洗选加工科、综合管理科，增加煤质管理和选煤厂标准化半年检查验收工作，配合驻地营销处处理煤炭交易过程中的质量纠纷事故，协同做好煤炭产品质量服务工作。

2016年6月，制定标准化煤场管理制度，增加煤场标准建设管理职能，推进矿井标准化煤场建设工作，构建地面储装运销全流程煤质管理体系。

2017年，制定实施矿井毛煤除杂管理制度，新增矿井毛煤除杂管理与抽查考核职能，通过控制各矿毛煤杂物含量，大力推进煤炭产品"清洁化"生产。

2018年，制定下发《临矿集团产销协同创效考核意见（试行）》，新增对各矿产销协同工作指导协调考核职能，配合驻地营销处、各生产矿井做好煤炭产品产销协同工作。

2019年，制定《临矿集团煤炭库存盘点制度》，从井下原煤开采、运输、仓储到地面洗选加工、储装运销全过程抓煤质管理，构建"产品提质、价值提升、品牌升级"全方位煤质管控体系。

三、制度建设

1991—2004年，矿务局煤质管理实行局、矿两级管理制度，由矿务局监督，各矿依据《临沂矿务局煤质管理标准》结合自身实际自行管理煤炭质量。

2005年1月，矿务局成立煤质管理领导小组，制定《临沂矿务局煤炭产品目录及质量标准》，加强对煤质全面管理。2006—2011年，每年根据各矿商品煤质量变化和市场需求情况对《标准》进行1次修订。

2012年，建立完善《临矿集团煤质管理暂行办法》《煤质管理检查考核标准》《标准化选煤厂验收考核标准》《商品煤采制化管理制度》《商品煤质量纠纷处理规定》等一系列规章制度。

2015年，建立月度煤质选煤例会制度，搭建起煤质管理信息交流平台。

2016年2月，下发《临矿集团煤质管理办法》《煤质管理检查考核标准》《标准化选煤厂验收考核标准》。6月，试行《标准化煤场管理制度》。

2017年，修订完善《煤炭质量管理考核办法》《煤质管理检查考核标准》《标准化选煤厂验收考核标准》《标准化煤场管理考核办法》《产品质量考核标准》等管理制度，毛煤含杂率管理和抽查机制纳入煤质管理，全力减少矸石杂物提升，毛煤含杂率控制在万吨80公斤以内。

2018年，制定《临矿集团产销协同创效考核意见（试行）》。

2019年，修订煤炭产品质量管理考核办法，增加煤炭库存盘点制度，确保煤质管理目标责任层层分解落实。

2020年，制定《"地上煤矿"目标考核意见》，倡导建设以"鲁北为中心、多矿多点配煤，鲁北集采分销"的"地上煤矿"工作新模式。

到2020年末，建立各级领导、职能部门及煤质管理岗位责任制和煤质活动分析、煤炭质量验收、煤质管理考核、产销协同考核、商品煤抽查、采制样人员考核、采制化岗位责任等管理制度，定期组织召开选煤技术骨干专业会议、产销协同会议，分析解决煤质管理工作存在的各类问题。

四、煤质检验

1991年，矿务局设有煤炭加工销售处，下设化验室负责煤炭质量检验工作。

1997年开始，随西部矿井逐步开发，各矿井陆续成立化验室，对生产加工过程中的原煤和商品煤质量开始进行质量检验。

2004年12月，矿务局改革煤炭运销体制，煤炭检验实行全局煤炭产品统一检测、统一管理。其中，对古城、田庄、新驿煤矿实行内部收购统销管理模式，由煤炭运销公司统一采样、制样、煤质化验和销售。

2006年，煤炭检验由煤炭运销公司与各矿共同采样、制样、留取备查煤样，分别化验，以煤炭运销公司中心化验室化验结果作为内外部结算依据。

2012年，煤质管理处细化煤炭采制化标准，严格对照《商品质量抽查和验收方法》《临矿集团关于加强煤炭质量采制化管理的规定》，对商品煤（混煤、精煤、洗混煤、煤泥）做到批批采样化验，检测率100%。

2013年，煤质管理处对各矿采制化工作采取日调度、月抽查和季考核，发现问题及时解决；抓好采制化人员业务培训，业务技能和煤质监督检测水平得到全面提升。

2015年，临矿集团确定生产矿井作为煤质管理的责任主体。煤质管理处完善商品煤采制化工作的改革，每周组织对各矿煤场和储装运等环节进行检查，对商品煤化验结果进行抽样检查，对商品煤采制化程序不符合国标要求和弄虚作假现象进行严厉处罚，促进各矿商品煤采制化工作上台阶。

2016年，落实采制化工作标准，强化商品煤出矿抽查检验力度，确保产品质级相符。建立售后服务快速反应机制，加强与客户沟通交流，及时了解用户煤质需求，提供"定制化"和"个性化"服务，发挥各品种产品创效能力。

2018年，对各矿生产、销售过程及场地库存煤进行采样抽查。商品煤取样抽查结果与出矿结果符合允许误差的，以矿井检验结果为准；超出误差范围的，以中心化验室抽查结果为准，并对相关矿井进行处罚。

2020年，注重源头提质管控，督促各矿井落实专项技术提质措施，实施煤矸分离、分储分运，提高毛煤预排矸能力。对各矿生产、销售过程及场地库存煤及原煤含矸，毛煤含杂进行采样抽查，毛煤含杂控制在70千克/万吨以下。

五、煤炭质量

2020年，临矿集团权属生产矿井13对，设计年生产能力1824万吨，生产煤种主要有1/3焦煤、气煤、气肥煤、褐煤等，加工销售煤炭产品有混煤、冶炼精煤、动力精煤、洗混煤、煤泥、块煤等。山东省境内的古城、彭庄、新驿、鲁西及陕西永明煤矿为气煤，具有低灰、低硫、低磷、中等粘结、高发热量等指标优势，主要作为炼焦配煤、钢铁冶炼用煤及优质动力煤；田庄、里彦、邱集煤矿为气肥煤，具有高挥发、高粘结、高

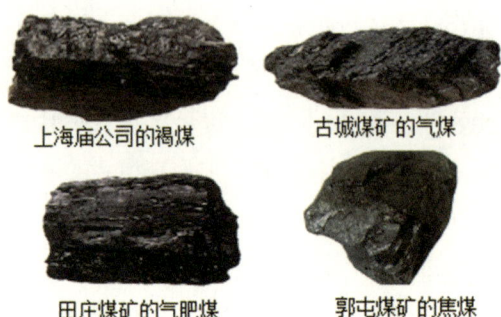

集团公司所属煤矿主要煤种（2018年）

硫、低灰熔点等特点，主要作为煤化工原料和动力煤配煤；郭屯、王楼、株柏煤矿为偏1/3焦煤，具有低灰、低硫、高粘结等煤质特性，为良好的配煤炼焦基础煤，可供冶金、焦化、钢铁等行业使用；榆树井、新上海一号煤矿为褐煤煤种，具有低磷、低发热量、中灰、中硫、高水、高挥发分等指标特性，主要作为电厂动力用煤和化工用煤。

2020年临矿集团煤炭产品质量标准一览表

表2-4-3

矿名	煤种	品种	质量指标						
			粒度	全水 Mt（%）	灰分 Ad（%）	全硫 St, d（%）	基准热值 Qnet, ar（kcal/kg）	粘结指数 $G_{R.I}$	胶质层厚度 Y（mm）
古城	气煤	原煤	–	≤ 8.0	–	≤ 0.6	≥ 5000	–	–
		商品混煤	< 50	≤ 8.0	–	≤ 0.6	≥ 4000	–	–
		精煤	< 50	≤ 9.0	8.0-9.0	≤ 0.5	–	≥ 60	≥ 10
		洗混煤	< 50	≤ 9.0	–	≤ 0.7	≤ 4000	–	–
郭屯	1/3 焦煤	原煤	–	≤ 8.0	–	≤ 1.0	≥ 4800	–	–
		1# 精煤	< 50	≤ 9.0	7.0-8.0	≤ 0.8	–	≥ 92	≥ 17
		2# 精煤	< 50	≤ 9.0	8.0-9.0	≤ 0.8	–	≥ 90	≥ 16
		洗混煤	< 50	≤ 9.0	–	≤ 1.5	≤ 4500	–	–

矿名	煤种	品种	质量指标						
			粒度	全水 Mt（%）	灰分 Ad（%）	全硫 St,d（%）	基准热值 Qnet,ar（kcal/kg）	粘结指数 G_{R.I}	胶质层厚度 Y（mm）
彭庄	气煤	原煤	–	≤ 8.0	–	≤ 0.6	≥ 4800	–	–
		商品混煤	＜ 50	≤ 8.0	–	≤ 0.6	≥ 4000	–	–
		精煤	＜ 50	≤ 9.0	8.0–9.0	≤ 0.6	–	≥ 80	≥ 16
		洗混煤	＜ 50	≤ 9.0	–	≤ 1.0	≤ 4500	–	–
王楼	1/3 焦煤	原煤		≤ 8.0	–	≤ 0.9	≥ 4600	–	–
		商品混煤	＜ 50	≤ 8.0	–	≤ 0.9	≥ 4000	–	–
		精煤	＜ 50	≤ 9.0	8.0–9.0	≤ 0.8	–	≥ 80	≥ 14
		洗混煤	＜ 50	≤ 9.0	–	≤ 1.20	≤ 4500	–	–
新驿	气煤	原煤	–	≤ 8.0	–	≤ 0.8	≥ 3800	–	–
		商品混煤	＜ 50	≤ 8.0	–	≤ 0.8	≥ 4000	–	–
		精煤	＜ 50	≤ 9.0	8.0–9.0	≤ 0.80	–	≥ 75	≥ 12
		洗混煤	＜ 50	≤ 9.0	–	≤ 0.9	≤ 4500	–	–
鲁西	气煤	原煤	–	≤ 8.0	–	≤ 0.9	≥ 4200	–	–
		商品混煤	＜ 50	≤ 8.0	–	≤ 0.9	≥ 4000	–	–
		精煤	＜ 50	≤ 9.0	8.0–9.0	≤ 0.8	–	≥ 80	≥ 14
		洗混煤	＜ 50	≤ 9.0	–	≤ 1.5	≤ 5500	–	–
田庄	气肥煤	原煤	–	≤ 8.0	–	≤ 3.5	≥ 3900	–	–
		精煤	＜ 50	≤ 9.5	6.5–8.0	≤ 2.9	–	≥ 95	≥ 25
里彦	气肥煤	原煤	–	≤ 8.0	–	≤ 3.5	≥ 3800	–	–
		精煤	＜ 50	≤ 9.5	6.5–8.0	≤ 2.9	–	≥ 95	≥ 25
邱集	气肥煤	原煤	–	≤ 9.0	–	≤ 3.6	≥ 4200	–	–
		精煤	＜ 50	≤ 9.5	6.5–8.0	≤ 3.0	–	≥ 95	≥ 25
		洗混煤	＜ 50	≤ 9.0	–	≤ 3.0	≤ 4000	–	–
株柏	1/3 焦煤	原煤	–	≤ 8.0	–	≤ 0.7	≥ 5600	–	–
		精煤	＜ 50	≤ 9.0	8.0–9.0	≤ 0.6	–	≥ 80	≥ 19
		洗混煤	＜ 50	≤ 9.0	–	≤ 1.1	≤ 1500	–	–
新上海一号	褐煤	原煤	–	≤ 28.0	–	≤ 2.3	≥ 3200	–	–
		混块	–	≤ 31.0	–	≤ 1.2	≥ 4000	–	–
		2# 混煤	＜ 50	≤ 28.0	–	≤ 1.8	≥ 3700	–	–
榆树井	褐煤	原煤	–	≤ 28.0	–	≤ 2.6	≥ 3300	–	–
		混块	–	≤ 28.0	–	≤ 1.5	≥ 4000	–	–
		2# 混煤	＜ 50	≤ 28.0	–	≤ 1.9	≥ 3700	–	–
永明	气煤	原煤	–	≤ 9.0	–	≤ 0.6	≥ 3400	–	–
		精煤	＜ 50	≤ 9.0	8.0–9.0	≤ 0.50	–	≥ 85	≥ 15
		洗混煤	＜ 50	≤ 9.5	–	≤ 0.5	≤ 3500	–	–

临矿集团煤炭产品质量标准根据市场需要和各单位实际情况，每年修改后，统一下达考核目标。

六、煤质化验

（一）机构

1991—2004年，生产矿井没有专门的化验室，煤质化验均由矿务局中心化验室负责。

2005年，中心化验室开始健全管理机构，配齐化验人员，明确职责分工。矿务局各矿井陆续建立化验室，配备必要的化验设备和技术人员。

2011年，西部矿区的相继投产，中心化验室向各矿派驻采制化驻矿人员，采制化人员增至43人。2015年，临矿集团进行机构改革，中心化验室只保留5名采制化人员，其余人员分流到各矿不同工作岗位；中心化验室负责监管指导各矿煤质化验工作，不再承担各矿煤质检测工作。

2017年12月，鉴于煤质化验工作量增加和中心化验室部分人员工作岗位变动，通过临矿集团技能、技术、管理"三通道"考试，增添3名采制化人员，中心化验室采制化人员增至6人。

（二）职责

1. 临矿集团中心化验室

临矿集团中心化验室主要负责各矿商品煤质检工作的监督检查与业务指导；督促和检查矿井采制化人员对国家标准和规程的执行情况；配合山能驻地营销处内外部结算时的化验结果审核工作；对存在重大争议的客户进行现场跟踪采样，处理好煤炭交易纠纷；协助矿井做好新开采煤层和外购煤煤种、煤质化验认定工作，做好相关数据的汇总建档；有计划地组织采制化业务培训。

2. 矿井化验室

矿井化验室主要负责本单位各种煤炭产品煤样的日常采样、制备和化验检测工作，按时向临矿集团中心化验室报送商品煤日报表、月度综合煤样、煤层煤样报告及筛分、浮沉实验报表等资料。

（三）化验分析

1. 仪器设备

按照国家标准规定，临矿集团中心化验室配备锤式破碎机、快速压紧式粉碎机、电子精密天平、电热鼓风干燥箱、智能马弗炉、全自动热量仪、全自动定硫仪、全自动胶质层测定仪、粘结指数测定仪、标准筛振筛机、全自动智能煤灰熔融测试仪等专用设备。

2020年临矿集团中心化验室主要仪器设备表

表2-4-4

序号	仪器设备名称	规格型号	数量	制造厂商
1	电子精密天平	CP124S	1台	赛多利斯集团
	赛多利斯天平	CP4201、BT124S、CPA124S、CP4201	4台	
2	电热鼓风干燥箱	101A-2E、DHG9076A	2台	上海双五金设备、精宏设备公司
		YX-DHG9070	1台	长沙友欣仪器制造公司
	电热恒温鼓风干燥箱	101A-2EP	1台	镇江科瑞设备公司

序号	仪器设备名称	规格型号	数量	制造厂商
3	全自动量热仪	C2000-IKA		德国艾卡仪器制造公司
		YX-ZR/Q9703	3台	长沙友欣仪器制造公司
		5E-C5500、5E-AC8018	4台	长沙开元仪器股份公司
4	全自动定硫仪	YX-DL/A8500、5E-S3100A、YX-DL/A	3台	
5	智能马弗炉	5E-MF6000、5E-MF6100K	4台	
		YX-MFL7300A	1台	长沙友欣仪器制造公司
6	粘结指数测定仪	NJ-3	2台	常州方嘉设备公司
7	智能灰熔融测试仪	YX-HRD3000	1台	长沙友欣仪器制造公司
		5E-AF、5E-AF4105	2台	长沙开元仪器股份公司
8	智能全自动胶质层测定仪	JY-A6	1台	常州方嘉设备公司
		5E-PL300B	1台	长沙开元仪器股份公司
	全自动磨杯机	5E-PL360	1台	
9	便携式快灰仪	HCY-7500	1台	长沙东星仪器公司
10	红外碳氢仪	YX-TQ5000	1台	长沙友欣仪器制造公司
11	哈氏可磨性指数测定仪	KER-60	1台	镇江科瑞设备公司
12	密封式锤式破碎机	KERP-250×360、KERP-180×150B	3台	
	密封式锤式破碎缩分机	KER-PSK250×360、KER-PSK180×150	2台	
	双辊破碎机	KER-200×75B	1台	
	快速压紧制样粉碎机	KER-FK100A	2台	
	密封式制样粉碎机	KER-1/100A	2台	
	标准筛振筛机	5E-SSB200	1台	长沙开元仪器股份公司
13	离心机	TDZ5-WS	1台	长沙湘锐离心机公司
14	循环水式多用真空泵	SHZ-D（Ⅲ）	1台	郑州科创仪器公司
15	煤样筛	（50-0.2）mm	1台	镇江科瑞设备公司
17	电子台秤	TCS-150	1台	华鹰衡器公司
	磅秤	TGT-200	1台	山东泰山衡器公司

2. 分析项目

临矿集团中心化验室开展的试验项目有煤的全水分、空气干燥基水分、灰分、挥发分、固定碳、焦渣特征、全硫、发热量、粘结指数、胶质层最大厚度、煤灰熔融性测定、煤泥小筛分、小浮沉试验等。

矿井煤质化验室主要对煤的全水分、空气干燥基水分、灰分、挥发分、全硫、发热量、粘结指数测定等项目，重点对煤层煤样、毛煤煤样、生产煤样、商品煤样等进行化验。

（四）标准化化验室

临矿集团以信息安全、操作规范、辅助决策为重点推进中心化验室和矿井化验室标准化建设进程，按照国家标准化化验室管理标准规范化验室检测业务过程、环境、人员、仪器设备、标物标液、化学试剂、标准方法、文件管理、员工技能培训等要素，提升实验室的专业检测能力和规范管理水平，提高整体工作和管理效率，促进内部矿井标准化化验室建设工作。截至2020年末，建成中心化验室、菏泽煤电公司及古城、王楼、新驿煤矿等单位的标准化煤质化验室，提高了煤质检测精度和化验工作效率。

（五）数字化化验室

2020年末，建成中心化验室的数字化验室，通过引进数字化验室软件CLIMS系统，更新升级采制化设备，应用化验仪器"物联网"技术，实现煤炭样品自动化验、数据自动读取、质量指标自动汇总分析，形成煤质数据库，对异常指标提示预警，并及时推送指定用户端，提高化验室检测精度和工作效率。网络环境以化验室管理机为服务器，将所有煤化验仪器计算机都连接到1个局域网中，所有网络接点都以星形拓扑连接到化验室管理机的交换机或集线器上，包括量热仪、库仑测硫仪、工业分析仪、灰熔融测试仪、红外碳氢仪、红外测硫仪、水分仪等各种煤质分析仪器。管理机负责将煤质分析数据上传至企业信息管理系统。

七、外购煤配洗、配销

2006年，古城煤矿建设入洗配煤和混煤配煤2套生产系统，实现矿井煤种和外购煤的灵活配煤作业，配合山能驻地营销处开展外购高热值煤种掺配不同档次热值的动力煤业务。

2013年7—10月，王楼煤矿开展配洗外购煤业务，配洗外购煤6万吨；2014年，全年省内矿井配洗配销外购煤15.24万吨，吨煤创效33.36元；2015年，王楼、田庄、邱集、军城等矿井配洗配销外购煤65.91万吨；2016年，王楼、古城、田庄等矿井配洗配销外购煤43.5万吨。

2017年，实施外购煤配洗配销多元化创效，启动"地上煤矿"建设。上海庙矿业公司及王楼、田庄、古城、邱集、株柏等矿井外出开发外购煤客户，配洗配销外购煤80.09万吨，吨煤创效29.97元。

2018年，上海庙矿业公司及古城、王楼、邱集等矿井配洗配销外购煤27.87万吨，吨煤创效61.33元。其中古城、王楼煤矿跨矿配销鲁西高热值洗混煤4.11万吨，促进鲁西煤矿产品销售、发挥高热值价值，增值910万元。

2019年，完成外购煤量632万吨；2020年，完成外购煤量881万吨。

八、标准化、智能化煤场

（一）标准化煤场

2016年5月，开始实施标准化煤场建设工作。从煤场制度建设、机构设置、人员配备、基础设施完善、产品质量管理、运输车辆管理、发运流程管理、监控监管系统、产品储装运系统等环节完善标准化煤场设施，逐步创建古城、王楼、新驿、郭屯、彭庄等矿井标准化煤场。2017年年底，临矿集团所属矿井全部建成标准化煤场。

2018年6月，古城、郭屯、彭庄、鲁西、里彦、新上海庙一号等矿井升级完善了煤场基础设施，对场区进行地面硬化、运输道路修整、安设自动冲刷设施和回收系统，实现车辆自动冲洗、煤场自动冲刷、下水道自动清淤和煤泥水回收功能，保证矿井煤炭产品清洁发运供应。12月，古城、王楼、新驿、田庄、里彦等矿井新建储煤仓和封闭式储煤棚，各矿储煤设施建设完工投入使用，具备商品煤运输、储存、装车的功能，满足矿井一周生产产量的储存要求，可应对煤炭市场变化，保证了矿井生产经营正常运行。

（二）智能化煤场

2017年6月，王楼煤矿煤炭运销远程管理系统上线运行，实现整个发运环节的系统化、流程化和标准化操作，实现煤场产品发运"无人值守"，成为临矿集团第一个煤炭发运自动化生产矿井。8月，新上海一号煤矿推广应用建设煤炭产品远程运销系统，12月调试运行。

2018年12月，榆树井、彭庄、郭屯煤矿建成煤场智能化发运系统，具备发运任务计划下达、自动定量装车、精准自动计量等"无人化""智能化"功能，发运效率提高30%，现场人员减幅28%，实现智能化煤场减员提效目标。

2020年，里彦煤矿实现客户发运代表通过手机端可自助查询当日发运计划并根据计划编制派车单，决定派车数量，避免计划不足导致车辆放空情况发生。无人值守过磅，驾乘人员自助完成称重，基本达到即停即走，有效提升发运效率。上海庙矿业公司系统设计理念为"无人过磅，智能装车"，建设过程中考虑到双向过磅的需求，在地磅两端各安装有RFID天线，方便读取车辆信息，为方便采样人员区分客户，安装了有语音包软件，播报车辆所属客户信息、煤种信息。

九、考核与奖惩

1991年，矿务局煤炭加工销售处根据局管理办法和化验室检测数据，指导矿井毛煤质量活动和商品煤质量管理。之后每年都依据销售合同完成兑现及合格情况，对生产矿井进行兑现奖惩。

2005年，矿务局制定《煤炭质量管理办法》，按优质优价原则制定依质计价办法对各收购制矿井进行内部结算，按月度对各收购制矿井商品煤综合质量以发热量、灰分、水分指标分别进行考核。混煤完成产品目录考核发热量指标的，比照考核指标每千克升高100千卡，吨煤加奖0.3元（每千克升300千卡封顶）；完不成发热量质量指标的，每千克降低100千卡，吨煤罚款0.3元；对水分完不成目录质量指标的，每超出1%，吨煤罚款0.5元；如果发热量没有完成考核指标，水分超标不作重复罚款。精煤完成产品目录灰分考核指标并且批合格率达到99%的，吨煤加奖0.5元；完不成灰分质量指标的批次，吨煤罚款1元；对水分完不成目录质量指标的，每超出1%，吨煤罚款0.5元。

矿务局按季度对各非收购制矿井商品煤质量以发热量指标进行考核。根据运销公司的抽查结果，当一个季度加权平均热值高于产品目录质量标准时，吨煤奖励1元，低于产品目录质量标准时，吨煤罚款1元。

2006年，块煤产率成为煤质管理工作考核重点，生产矿井块煤产率每超过2005年一个百分点，奖励3万元。

2007年，商品煤合格率成为煤质管理工作重点，生产矿井年度内（按产品目录考核）达到90%以上的，每提高一个百分点奖励3万元。

2008年，煤质管理办法规定因质量不合格造成质量事故、给企业造成重大经济损失的，临矿集团视其情节没收当批煤销售收入的30%～50%；对采制化弄虚作假或煤炭质量严重低劣、掺杂使假者没收当批煤全部收入。

2009年开始，每年1次对矿井化验室进行考评，获得采制化先进单位的奖励4000元颁发证书；个人第一名奖励1000元、第二名奖励800元、第三名奖励600元，并颁发证书。发现采制化人员违反国标进行操作，1次给予单位1000元、个人300元罚款，累计违反3次以上者调离其工作岗位。

2012年，在煤质管理办法中规定，按各单位在煤质管理工作中实际奖罚额的20%，对矿领导班子进行奖惩；各矿参照办法制定产品质量与工资挂钩考核办法，煤质奖励考核额原则上不低于工资总额的15%。

2013年，制定《山东能源临矿集团煤炭产品及质量标准》，按月度对各生产矿井商品煤综合质量指标进行考核，按年度兑现奖惩。其中，月度混煤加权发热量每千克升高100千卡，吨煤奖励0.3元（每千克上升300千卡封顶）；低于考核指标的，每千克降低100千卡，吨煤罚款0.5元；降低幅度每千克不小于300千卡的，扣罚该品种销售收入的5%。月度精煤加权灰分每上升或下降0.1%，吨煤罚款0.5元；升降幅度不小于0.5%时，扣罚该品种销售收入的5%。全水分每上升1%时，吨煤罚款1元。完成临矿集团下达的精煤生产任务、精煤生产超计划的生产矿井，超产部分按5元每吨奖励。同时制定《山东能源临矿集团煤质管理考核评分标准》《山东能源临矿集团标准化选煤厂验收评分标准》，每半年组织1次检查验收并落实考核兑现。

2016—2020年，根据年度原煤和商品煤质量指标标准，加大对产品质量的管理考核力度，严格考核与奖惩兑现。依据煤质管理制度及检查结果对各单位原煤及商品煤质量、外购煤配洗配销及煤质纠纷处理等工作完成情况进行考核通报，累计考核奖励688.31万元、罚款375.20万元。

第五节　煤炭运销

一、管理体制

1991—1997年，为分销式销售模式。其间由矿务局实行政策性管理指导，各矿自行组织销售。

1998—2004年，为局、矿两级销售模式。由矿务局实行政策性管理指导，煤炭运销公司组织销售一部分，各矿自行组织销售一部分。

2004年末，撤销矿务局煤质处成立煤炭运销公司，承担各生产矿井煤炭销售、煤质管理、洗选加工管理、煤炭贸易等职能。

2005年，开始全面统一销售模式。矿务局将各矿生产的煤炭产品全部进行收购，实行集中管理统一销售。统销分为3种类型。①对古城、田庄、新驿煤矿的煤炭产品实行全面收购（包括混煤、块煤、精煤、洗煤副产品及次煤），矿务局煤炭运销公司与矿井之间通过买卖关系实现煤炭产品的转移，实现产、销分离。②对株柏、邱集、马坊煤矿的煤炭销售实行价格统一制定、煤款统一收缴的管理模式。③对草埠、褚墩、塘崖煤矿和恒昌、兴元煤业公司的煤炭销售实行矿务局指导性管理。

2009年，成立山东省鲁北煤炭配送基地有限公司，负责鲁北煤炭配送基地项目基础建设和开展物流贸易业务，与煤炭运销公司实行"一套班子、两块业务"。

2012年，根据山东能源集团统一营销的部署，在临矿集团煤炭运销公司的基础上，将运销职能与煤质管理职能分离，以承担煤炭运销、物流贸易职能部分为基础，组建山东能源煤炭营销中心临沂营销处。

2014年2月，鲁北公司与运销公司分离。11月，开展人员清、职责清、核算清活动，进行全员竞聘上岗，临沂营销处与运销公司分离，煤炭营销业务由山东能源集团煤炭营销中心统一管理。营销处下设综合管理、财务结算、市场营销、驻矿营销科室。

二、煤炭运输

1991—1999年，外销煤炭的运输工具主要是矿用自备货车、个体农用车、拖拉机、用户自备货车，少量用户委托他人运煤。

2000年，煤炭运销公司成立运输车队，有斯太尔卡车2台；2004年卡车增至10台，用于煤炭专营运输，自购自销，自负盈亏。营运业务来自山东境内的一些用煤单位，如沂水热电公司、济宁运河港口等。

2004年末，古城、新驿、田庄煤矿煤炭由煤炭运销公司统一销售。其中古城煤矿的煤炭由铁路专线运输，新驿、田庄煤矿的煤炭采用汽车运输，部分由客户自己运输，部分由煤炭运销公司运输车队负责运输。

2006—2020年，各矿销售煤炭的运输方式为地销汽运、铁路专线运输、港口船运。其中古城、郭屯煤矿及上海庙矿业公司以地销汽运和铁路为主，郭屯煤矿还存在着汽运转森达美港、日照港等水陆联运方式；王楼煤矿利用京杭大运河优势，以地销汽运和港口船运为主；其他矿井以地销汽运为主。

王楼煤矿港运装船（2016年）

榆树井煤矿铁路运输装车系统（2018年）

三、煤炭销售

（一）销售方式

1993—2002年，所属单位计划内的煤炭销售由矿务局统一安排，计划外煤炭原则上由所属单位按议价煤自销。

2003年，国家取消煤炭销售计划，矿务局开始采用重点合同和非重点合同2种方式销售。根据各个时期的煤炭行情，与用户签订煤炭合同后予以供货。

2005年，全局实现内部煤炭统一销售，各矿生产的煤炭销售由煤炭运销公司负责。煤炭运销公司统一下达计划和负责调运，在各矿设立分公司负责装车发运。

2012年，山东能源集团煤炭营销中心成立以后，所有矿井煤炭由煤炭营销中心临沂营销处负责销售，临沂营销处统一下达计划和负责调运，在各矿设立分公司负责装车（船）发运。

2015年，山东能源集团推行煤炭销售分级管理，战略客户、长协客户由煤炭营销中心组建办事处统一管理维护，非长期协议客户由临沂营销处自行管理维护，煤泥等副产品客户由各矿维护。

2017年，利用中国能源矿产交易中心平台，采用竞价交易模式，先后将全部煤泥副产品、部分动力煤和少量精煤纳入线上竞价交易范畴。

（二）管理模式

1990年，矿务局采用托收承付的银行结算方式结算煤款。

1993年，矿务局开始将所属矿井单位的销售权和煤款结算权全部收回，由矿务局统一管理。

2005年开始，矿务局实现全局统一销售管理模式。

（三）销售价格

1991年，局煤炭运销公司根据矿呈报的定、调价意见，确定调价初步方案，分报局有关领导及局价格管理委员会，获通过后以"调价通知单"的形式通知各矿执行。2004年，煤炭价格根据市场定位，自购自销、自负盈亏，无统一计划。2004年底，运销体制改制后，由市场信息部门收集整理汇总市场行情，矿务局运销工作领导小组确定价格后，下达到销售管理部门及结算部门执行。

1. 收购价格

煤炭内部收购价格水平依据市场行情制定，实行以质计价；结算价格根据商品煤收到基低位发热量确定；内部收购计价每季度调整1次，在市场发生重大变化时，经矿务局同意及时进行调整。

2. 销售价格

在充分调研市场的基础上，以企业的整体营销目标为基础，以实现企业效益最大化为目标，灵活确定煤炭价格。

3. 基本程序

煤炭运销公司市场信息部门依据对市场的掌握以及各矿运销部门报告的价格调整申请，组织对市场需求情况及价格情况变化趋势进行调研，写出调研报告，提出价格调整建议，报煤炭运销公司工作领导小组审议研究，确定价格调整方案，以文件形式通知各单位执行。2012年开始，临沂营销处根据区域市场变化情况、周边煤炭企业价格执行情况以及信息会议达成的共识，按照同质同价原则，写出市场调研报告、提出价格调整建议，同时上报临矿集团煤炭运销领导小组和能源集团煤炭营销中心，获批准后备案、执行。

2-4-5

2012—2020年临矿集团煤炭产品销售情况统计表

单位：万元、万吨

煤种	2012 收入	2012 数量	2012 单价	2013 收入	2013 数量	2013 单价	2014 收入	2014 数量	2014 单价	2015 收入	2015 数量	2015 单价	2016 收入	2016 数量	2016 单价	2017 收入	2017 数量	2017 单价	2018 收入	2018 数量	2018 单价	2019 收入	2019 数量	2019 单价	2020 收入	2020 数量	2020 单价
洗精煤	325547	321	1013	302189	356	848	241484	369	655	160206	323	496	297040	440	675	569289	569	1001	697610	656	1064	582680	534	1091	447644	504	889
混煤	216768	438	495	135608	334	406	88063	232	380	64954	189	344	134687	348	387	172440	347	496	114255	218	523	56633	104	545	21985	47	472
洗混煤	21193	46	462	34739	78	443	37858	101	373	56268	208	270	85447	259	330	114563	235	488	107141	219	489	57161	128	446	63640	157	406
块煤	12687	15	842	12368	17	740	4692	7	670	1204	2	549	234	0.4	534	214	0.3	823	152	0.2	1044	43	0.03	1409	30	0.02	1330
煤泥	18792	77	244	14399	89	161	15343	121	126	11921	107	111	32962	158	209	52752	200	264	59011	227	260	40068	172	233	36869	183	202
次煤	1324	24	55	602	28	21	-	-	-	-	-	-	-	-	-	-	-	-	-	-	-	-	-	-	-	-	-
合计	596311	922	647	499904	903	554	387440	831	466	294553	829	355	550371	1206	456	909258	1351	673	978169	1320	741	736585	938	786	570168	890	641

注：表内收入与单价为含税值。

第三篇　煤矿安全

安全生产作为企业稳定、长远发展的永恒主题，当成天字号大事来抓，引导干部职工牢固树立"生命至上，安全为天"的思想，确保矿山安全生产。临矿集团及各生产单位坚持"安全第一、预防为主、综合治理"的安全生产方针和"管理、装备、培训"并重的原则，坚持"一岗双责、党政同责"，党政工团齐抓共管，明确各级组织的安全职能定位。"抓基层、强基础"是临矿集团长期秉承的优良传统，坚持"管理、装备、素质、系统"并重，坚持查大系统、控大风险、治大灾害、除大隐患、防大事故，着力强化煤矿安全依法治理能力，着力推进科技进步，着力提升重大灾害治理水平，着力夯实煤矿安全基础，着力推动实现煤矿高质量发展，煤矿安全保障能力得到相应提高。通过推进系统优化、管理创新、素质提升、科技进步，推动实现"人、机、环、管"的协调发展。健全完善煤炭生产、设备运行、生产调度、安全监测监控、人员定位等信息化网络体系，建设可视化矿山系统，逐步建成井下工业以太环网及矿井综合自动化平台，实现对井下各系统的三维实时监控。通过从源头治理，从提高责任意识、落实责任主体、强化监督职能等方面，为员工撑起职业安全健康"保护伞"，有力地推动了企业安全、和谐、健康发展。截至2020年末，临矿集团实现连续安全生产1442天。

第一章　安全管理

第一节　机构设置

一、安全生产委员会

1991—2016年，为全面做好矿山安全生产工作，临矿集团成立安全工作领导小组，由企业主要负责人担任组长，分管负责人与班子成员任副组长，各部门负责人为成员，负责安全生产的整体组织、协调、领导。

2017年2月，临矿集团按照"党政同责、一岗双责、齐抓共管""谁主管谁负责、谁分管谁负责""管业务必须管安全"的原则，成立安全生产委员会，全面负责组织、协调、领导安全生产工作。安全生产委员会由党委书记、董事长任主任，总经理任副主任，分管副总经理任委员，安全、生产、机电、通防、工程监督、非煤产业、劳资社保、财务、企管、政工、纪委、监察、工会等处室负责人为委员会成员，同时推选一名工会代表和从业人员代表。安全生产委员会负责组织、指导、协调本单位的安全生产工作任务的贯彻落实，研究和审查本单位有关安全生产重大事项，协调本单位各相关机构安全生产工作有关事宜，并按照分工负责分管范围内的安全工作。安全生产委员会下设办公室，设在安全监察局，安全监察局常务副局长兼任办

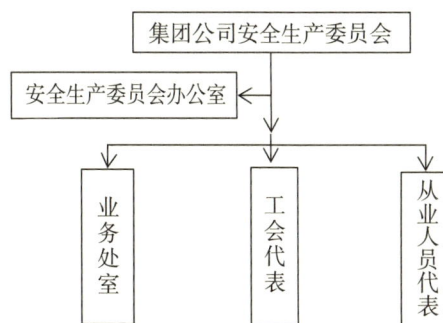

图3-1-1　临矿集团安全生产委员会组织机构图

公室主任，具体负责安全生产委员会的日常工作。

2017年末，临矿集团2个二级公司、15个生产经营单位均设立安全生产委员会，主要负责人任主任，分管负责人为副主任，专业负责人为委员，各科（区）负责人为成员。各单位根据领导班子及人员调整情况及时进行调整。

2018年4月，临矿集团根据人事变动情况和工作需要，对安全生产委员会组成人员进行调整。调整后设安全生产委员会主任1人、副主任1人、委员7人、成员24人、工会代表1人、从业人员代表1人。

2019年12月，临矿集团为强化济宁市辖区煤矿安全管理，成立驻济宁市辖区安全生产委员会，办公室设在古城安全培训中心。总经理任主要负责人，4名副总工程师任分管负责人，配备安全管理、采煤、掘进、机电、运输、通风、地测防治水、调度应急、防冲18名副科级及以上专业管理人员。

2020年11月，临矿集团成立安全环保委员会，总经理任主任，分管安全生产、环保的副总经理为副主任，安全监察局、非煤产业管理中心等部门及权属单位主要负责人为成员。

二、安全监察机构

1980年12月，矿务局成立安全监察局，在各矿设驻矿安全监察站。

1987年11月，驻矿安全监察站改称安全监察处。

1994年12月，矿务局调整充实安全监察管理人员，安全监察局设局长1名，由矿务局生产副局长兼任。设副局长2名、总工程师1名、主任工程师1名、安全监察员6名。

1996年9月，矿务局机关机构改革，安全监察局定编设岗8人，其中管理岗7人、工人岗1人。包括地震办公室管理岗1人和工人岗1人。

2005年3月，安全监察局设立采掘监察室、机运监察室、通防监察室、综合室，配备4名副处级室主任，增添5名安全监察员，安全监察局人员达到12人。职业危害防治监察、职工安全教育培训管理职能划归安全监察局。

2006年8月，临沂矿务局改制为临矿集团，安全监察局及古城、田庄、新驿、邱集、株柏、马坊等煤矿安全监察处继续保留。对实施改制的恒昌、兴元公司，临矿集团由于股权关系仍负有相应安全监管职责。2006年末，临矿集团有安全监察员347名，其中专兼职安全监察员89名，现场盯班安全监察员258人。有网格式群众安监员892人。

2008年4月，上海庙矿业公司设立安全监察部，设部长1人、副部长1人、管理岗3人。负责所属2对煤矿（筹建处）安全生产管理、监督和考核，接受临矿集团安全监察局业务指导和考核。

2011年3月，山东能源集团成立，临矿集团作为二级单位保留安全监管主体责任。

2015年12月，临矿集团控股菏泽煤电公司，保留其安全监察部，设主任1人、管理岗4人。

2017年6月，临矿集团根据《山东省安全生产条例》要求，在临矿集团及权属单位设立安全总监，其中临矿集团安全总监由分管安全生产的副总经理兼任，权属煤矿安全总监由安监处长兼任，其他单位安全总监由分管安全生产副职兼任。7月，临矿集团根据煤矿事故隐患排查与安全风险分级管控双重预防工作体系要求及《煤矿安全生产标准化基本要求及评分方法（试行）》规定，在安全监察局成立"双防"工作办公室，由安全监察局综合室管理人员兼任管理人员，负责"双防"体系建设的业务组织指导。权属各矿井在安全监察处设立"双防"工作办公室，设置主任1名。

2018年5月，在安全监察局设立非煤监察室，负责非煤产业安全监管，设1名副处级主任，由安全监察局机运监察室协助开展工作。同年，临矿集团所属地面生产经营单位全部建立完善安全监管机构并明确安全监管负责人。6月，山东省人民政府对企业安全监管责任进行调整，临矿集团及所属煤矿行业监管主体由山东煤炭工业局调整归到临沂、济宁、菏泽、德州、枣庄市人民政府行业监管部门。

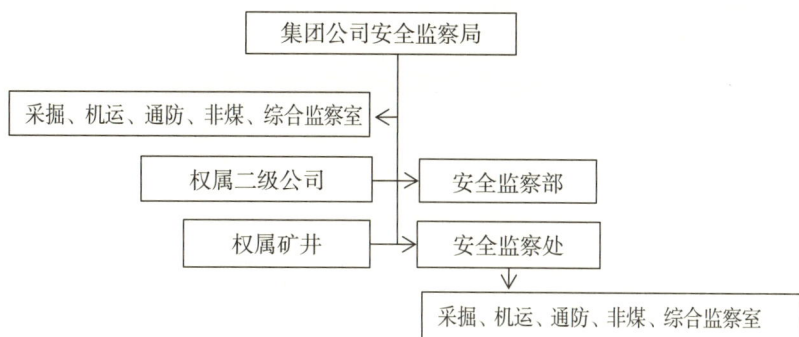

图3-1-2　　　　临矿集团安全监察组织机构图

2020年9月，临矿集团为强化重大灾害治理，在古城煤矿设立西部矿区安全生产指挥中心，配备安全监察、采掘调度、三减三提等7个专业室35名专业人员，构建形成深入现场一线、靠前治理灾害安全生产管理体系。

第二节　管理制度

一、安全生产责任制

1990—2001年，矿务局建立全员岗位安全生产责任制，严格落实业务保安责任。

2002年2月，矿务局明确机关各处室安全生产责任制，包括安全监察局、生产技术处、行政办公室、劳资社保处、纪委、监察审计处、组织人事处、政工处、教育卫生处、工会、团委、质监站、企业管理处、多种经营处、武装保卫部等部门。

2006年12月，根据山东煤矿安全监察局《煤矿安全生产责任制》，重新对临矿集团安全生产责任制进行修编，依法界定失职追责的依据和标准，厘清对安全生产责任含糊不清的界定、责任主体不明确的定位，减少执行上的偏差，提高责任制的可操作性。将岗位责任落实情况与单位经济利益、个人收入直接挂钩，确保安全生产责任制得到有效实施。

2011年12月，根据《煤矿安全规程》有关要求，由安全监察局牵头，抽调各专业处室，重新编制《临矿集团安全生产岗位责任制》。责任制涵盖生产、经营、政工、后勤各处室与分管领导成员。

2016年7月，根据《山东煤矿安全监察局关于印发山东煤矿安全生产责任监察办法的通知》和《煤矿安全规程》，结合《山东煤矿安全生产责任清单》，制定各级安全生产责任清单，增加各级职业病危害防治责任。

2017年8月，根据《煤矿安全生产标准化基本要求及评分方法（试行）》对安全生产责任制进行修订，增加各级安全风险分级管控与事故隐患排查治理责任。

二、安全生产管理制度

1991年1月，矿务局转发中国统配煤矿总公司《关于进一步治理整顿强化基础工作、巩固推进安全生产持续稳定健康发展的决定》。2月，下发《安监系统创优争先竞赛评比奖惩办法》。截至2009年，连续19年开展安监创优争先竞赛活动。

1995年5月，按照煤炭工业部《关于全国煤矿开展安全生产月活动的通知》要求，印发《关于开展"安全生产月"活动的通知》，提出5条活动措施。截至2020年，已连续26年结合上级文件要求，制定印发安全生产月活动文件或方案，按要求组织开展安全生产月活动。

1996年4月，下发《关于进一步严格制止"三违"现象的通知》，对50种常见"三违"、严重"三违"现象及处罚标准进行界定，将制止"三违"纳入安全制度化管理。其中常见"三违"现象40种，每发现1次，罚款10～50元；严重"三违"10种，每发现1次，罚款100元。

1997年1月，下发《实行安全责任承包考核的通知》，对局机关业务保安人员实行安全责任承包制度化考核，分顶板、机电运输、通防、火工品4个专业小组。各专业小组人员按规定标准交纳安全风险金，顶板组处级每人300元，其他每人200元；机电运输组、通防组处级每人240元，其他每人180元；火工品组处级每人180元，其他每人150元。实行季度考核，完成个人考核目标，按安全风险金全额奖励；发生死亡事故，扣罚风险金数额的1/3。

1998年10月，提出"三化""三到位""四个落实"安全管理目标和举措。"三化"即职工安全教育经常化、领导干部深入现场制度化、职工按章作业做到自觉化。"三到位"即区队干部跟班8小时要到位、科室部门不间断检查要到位、安监人员安全区域包干责任要到位。"四个落实"即落实领导责任、落实技术管理、落实监督检查、落实正规操作。

1999年2月，下发《安监系统检查评定实施细则》。同年，开展二季度安全季活动、三季度战高温、斗雨季保安全活动、四季度安全决战季活动。截至2020年，已连续26年制定二季度安全季、三季度高温、雨季及四季度安全决战季活动通知及方案。

2000年4月，制定《临沂矿务局事故隐患排查治理实施办法》，首次将事故隐患排查治理工作纳入制度化管理。

2001年5月，制定《临沂矿务局煤矿安全生产整顿标准》，各矿把安全生产整顿作为工作中心来抓，严格按照整顿方案和标准整改完成。

2002年9月，制定《关于认真开展煤矿安全生产基层和基础建设的实施意见》，首次建立煤矿安全生产基层和基础建设（简称"双基"）工作制度。2003年4月，矿务局下发《煤矿安全生产"双基"建设考核验收办法（试行）》，将"双基"建设纳入季度安全考核奖惩。同年8月，矿务局开始执行山东省煤炭局制定的《煤矿安全生产"双基"建设工作标准及考核评级暂行办法》。

2003年6月，制定《关于加强煤矿外包工程安全生产管理的规定》，提出煤矿外包工程安全生产管理的7条制度规定，规范全局煤矿外包工程管理。

2004年5月，矿务局根据财政部、国家发展改革委、国家煤矿安全监察局联合下发《煤炭生产安全费用提取和使用管理办法》《关于规范煤矿维简费管理问题的若干规定》，制定下发《关于下达煤炭生产安全费用提取标准的通知》。明确所属各煤矿安全费用提取标准，其中株柏煤矿、田庄煤矿、马坊煤矿、草埠实业公司、恒昌煤业公司、兴元煤业公司按吨煤10元提取；古城煤矿、邱集煤矿、新驿煤矿按吨煤8元提取。矿务局生产安全费用提取开始实行制度化、规范化管理。8月，国务院颁发的《安全生产许可证条例》开始施行，矿务局下发《关于认真做好申办煤矿安全生产许可证准备工作的通知》，在全局开展煤矿安全生产许可证申办工作。10月底，兴元煤业公司、古城煤矿、新驿煤矿、邱集煤矿、田庄煤矿、马坊煤矿、株柏煤矿、恒昌煤业公司、草埠实业公司完成申办材料的报批，取得安全生产许可证。12月，矿务局、山东东山矿业公司取得安全生产许可证。

2005年2月，制定《关于进一步加强安全生产管理的若干规定》，企业安全责任落实、安全管理机构设置、事故责任追究、职工教育培训、依靠科技进步、提高安全装备水平等方面有了制度保证，在事故责任追究方面提出明确的硬性规定。10月，矿务局贯彻落实《山东省重特大生产安全事故隐患排查治理办法》，印发《临沂矿务局生产安全事故隐患治理办法》。11月18日，制定领导干部下井带班的规定，要求矿务局领导要经常下井了解安全生产情况，研究解决井下存在的问题；局机关安全生产业务处室负责人每月下井不少于8个，其他人员不少于10个；对各单位矿长及其他人员下井带班及交接班等都作出了具体规定。矿务局加强各单位领导干部下井带班情况的监督检查，对不按规定下井带班，每少1次对当事人罚款1000元，对单位罚款10000元；对弄虚作假的，每发现1次对当事人罚款500元，对所在单位罚款5000元；情节严重的，在给予经济处罚的同时对有关责任人给予行政处分。

2006年1月，制定《临沂矿务局2006年安全考核奖惩办法》，考核范围为生产、基建矿井及沂水电厂、光力士公司，济南、泰安、莱芜煤机厂、亿金公司等地面生产经营单位领导班子成员，局机关全体人员。考核内容包括安全、双基建设、质量标准化及个人考核等。安全奖励基金及个人风险抵押金交纳分为单位安全奖励基金和个人安全风险抵押金2个标准。考核办法按照安全考核目标及个人考核细则、各专业检查验收标准，由安监局组织对考核单位实行季度和年终考核后，季末和年终分别兑现奖惩。4月，推行职工安全诚信档案管理。建立职工安全诚信档案管理制度，把职工不良安全行为连同工作时间、岗位工种变动、安全培训情况等建档立案，对职工违章实行累计积分考核，违章累计达到一定的分值时，收回上岗证，进行安全培训，直至解除劳动合同。至年末，全局有51名职工因违章累计积分超过规定参加强化培训，有6名职工被解除劳动合同。5月，制定《关于大力推进矿井技术进步和装备的实施意见》，提出技术装备的装备现代化、采掘机械化、系统自动化、监测数字化、管理信息化、制度理念化和队伍专业化目标，随着实施意见的逐步落实，全局安全技术装备水平有了明显提高。9月，临矿集团首次印发非煤单位安全生产管理办法和考核办法，管理办法有6章24条，考核办法分6大项36小项，个人安全考核采用百分制，达不到80分的，取消本季度安全奖励。

2009年12月，制定《临矿集团2010年安全质量考评奖惩办法》，管理考评范围为各生产矿井。

2010年12月，制定《临矿集团2011年安全风险抵押考核管理办法》，明确安全风险抵押金交纳范围为生产（基建）矿井（包括上海庙矿业公司）及地面生产经营单位领导班子成员，临矿集团及上海庙矿业公司机关全体人员。2011—2014年，依据办法落实安全风险抵押考核与奖惩。

2012年1月，制定《临矿集团安全管理处罚办法》，包括总则、采掘防治水、机电运输、一通三防、其他等5章86条处罚条款。此后逐年修订和完善。2016年1月，对办法进行全面修订，增加职业病防治1章，处罚条款增加至111条。2018年1月，将办法细化为《安全生产管理处罚实施细则（试行）》，该细则涵盖11方面989条处罚条款。

2013—2020年，在总结、规范安全确认"手指口述""一岗双述"、班组职工自主安全评估等安全管理办法的基础上，全面推行以规范员工行为为基础的"岗位自我防控、逐级监督制约"管理模式，修订、完善岗位工种操作规程、作业标准以及现场安全监督检查管理规定、作业流程，制作岗位操作程序、岗位描述和作业流程卡片，编制安全学习手册，强化岗位工种"知""行"综合性训练，推进职工安全操作技能、岗位安全环境和现场安全管理"三达标"。

2015年1月，制定《临沂矿业集团2015年安全质量薪酬考核办法》，安全风险抵押考核管理办法停止执行。考核范围为生产（基建）矿井及地面生产经营单位领导班子成员，临矿集团机关处室全体人员。2018年2月，制定《临沂矿业集团2018年安全考核和责任追究办法》，明确在开展安全生产标准化达标、互检互查和"双基"建设达标创建的基础上，采取动态化检查验收方式，遵循"不允许现场有隐患，有隐患就要买卖"的原则，把查出的隐患，作为一种"商品"进行交易，把隐患当作一种价值体现出来。4月，根据《煤矿作业场所职业病危害防治规定》，修订职业病危害防治责任制度、职业病危害警示与告知制度、职业病危害项目申报制度、职业病防护设施管理制度、职业病个体防护用品管理制度、劳动者职业健康监护及其档案管理制度、职业病危害防治经费保障及使用管理制度、职业卫生档案管理制度等14项制度。

2016年10月，根据《煤矿安全规程》，修订安全生产与职业病危害防治目标管理、投入、奖惩、技术措施审批、培训、办公会议制度，安全检查制度，事故隐患排查、治理、报告制度，事故报告与责任追究制度等9项安全管理制度。

2017年12月，印发《关于进一步规范煤矿主要负责人、安全生产管理人员考试考核工作的通知》，对煤矿副总工程师以上安全管理人员及科区级管理人员分级实施教考分离改革、面试考核，以加强安全生产管理人员素质能力建设，持续提高安全培训水平。

2018年1月，为夯实安全管理基础、提升现场管理，推进岗位工的正规操作的流程化、标准化，临矿集团结合《煤矿安全生产标准化基本要求及评分方法（试行）》与现场实际，修订《安全互检、双向考核实施办法》。10月，临矿集团依据《煤矿安全规程》《煤矿防治水细则》要求，对《防治水管理领导小组及岗位责任制》《矿井水害防治技术管理制度》等6项制度进行修订。

2019年5月，制定《安全生产"四不两直"暗查突查工作制度》，检查前不告知具体事宜、不通知相关处室（部）陪同，采取以突击检查、夜查、随机抽查、回头看复查等方式进行安全检查。7月，修订《安全生产调度值班管理制度》，完善应急值守和处置工作。

第三节　检查考核

1991—2006年，矿务局采取专项检查、综合检查的方式对各单位开展安全检查与考核。1991年6月，开展安全生产周活动，活动期间组织开展安全综合检查，查处问题567条。同年，矿务局各单位组织安全大检查595次，查处隐患和违章19670条。

1993年，对权属各单位开展安全大检查4轮，组织局小分队重点抽查各单位5轮，查出问题1118条，均得到整改。

1994年12月，在全年安全综合检查、小分队重点抽查的基础上，开展矿井回风系统管理专项检查。要求各矿对矿井回风系统开展定期检查，对采区回风道每旬必须检查1次，矿井总回风道或一翼、一水平的总回风道必须每月检查1次，对查出的问题按要求填卡登记备查，按期组织整改。

1996年，对权属各单位开展安全大检查4轮，组织局小分队对各单位重点抽查5轮，查出的1236条问题均得到整改。

1998年3月，开展全局范围内的春季煤矿安全大检查，检查采掘迎头47个、上下山巷道49条、机电硐室27处、电器设备434台（套）、提升运输设施148处、通风设施170余处。查处隐患问题285条，其中顶板类59条、机电类88条、运输类74条、通风类50条、其他类14条。

2000年8月，组织采掘、机运、通防等专业人员到草埠、古城矿井筹建处、株柏、塘崖、褚墩煤矿进行突击检查，查处各类隐患130条，落实责任、措施，限期进行整改。11月，根据上级监管部门通知要求，分3个阶段开展冬季安全大检查。活动期间，查处各类隐患1457条。

2004年12月，组织各矿对安全质量标准化进行自查。自查结束后，山东省煤炭工业局安全质量标准化检查团对株柏、塘崖、田庄、古城、新驿、马坊、邱集煤矿的安全质量标准化和"双基"建设达标情况进行检查验收，评定株柏、塘崖、田庄、古城、新驿、马坊、邱集煤矿安全质量标准化达到国家一级标准，塘崖煤矿"双基"建设达到省级标准。

2005年，组织各类安全检查271次，查处问题和隐患4463条。其中，停产整改头面12个，对事故隐患单位罚款61.7万元；排查确定B级以上安全隐患137条，整改134条。

2006年3月，组织各类安全大检查287次，查处问题6807条，整改6807条。其中停产整改头面14个，整改率100%，对问题单位和责任人罚款2.34万元。排查确定各类安全隐患229条，整改224条，整改率97.82%。

2007—2017年，根据《安全质量考评奖惩办法》《"双基"建设考核办法》《安全互检、双向考核实施办法》等考核办法，建立形成完善的安全质量验收及安全互检、双向考核的安全检查考核体系。2007年，对权属生产、基建矿井及沂水电厂、光力士公司、济南煤机厂、泰安煤机厂、莱芜煤机厂、亿金公司等生产经营单位班子成员及机关全体人员实行全员安全质量、"双基"考核，安全为否决指标。机关业务处室人员考核安全、下井及抓"三违"指标，每季度下井不少于24次，抓"三违"不少于6人次。

2009年12月，根据《安全质量及"双基"建设考评奖惩办法》开展安全检查与考核。安全质量标准化检查包括采煤、掘进、机电、运输、通风、地测防治水、安全管理和调度、火工品、安监创优、职业卫生防治、救护11个专业，按《山东省煤矿安全质量标准化标准及考核评级办法》执行；"双基"建设检查考核按《山东省煤矿安全生产"双基"建设标准及考核评级办法》执行。安全质量及"双基"建设每季度由安全监察局组织抽调相关处室人员检查考核1次，1年组织开展4轮检查。考核采取安全质量日常动态考核和季度集中考核相结合，日常考核和季度集中考核分别占比40%和60%。

2010年，强化安全质量工作绩效考评奖惩，推进安全质量标准化和"双基"建设上档升级，当年权属各单位均实现安全质量标准化和"双基"建设动态达标。

2011年，实行全员安全风险抵押考核。权属生产（基建）矿井及地面生产经营单位领导班子成员、临矿集团及上海庙矿业公司机关全体人员交纳安全风险抵押金，标准为生产（基建）矿井安全生产主要负责人2万元，分管安全、生产的副职1.6万元，其他副职（包括多种经营分管人员）1.4万元，地面生产经营单位安全生产第一责任者1万元，分管安全、生产的副职0.8万元，其他副职0.7万元。临矿集团领导班子成员执行上级规定实行安全风险抵押制度缴纳相应的安全风险抵押金，其他人员均按本规定执行，其中副总师1.2万元；安全生产业务处室处级1万元、副处级0.8万元、科级0.5万元、副科级0.4万元、其他0.3万元；其他处室处级0.8万元、副处级0.6万元、科级0.4万元、副科级0.3万元、其他0.2万元；调研员按非生产处室同等级别的50%交纳。2011—2014年，临矿集团均按此文件落实安全风险抵押考核。

2013年，临矿集团在省内8对煤矿试行"安全互检、双向考核"方式，开展煤矿安全检查与考核。安全互检指各煤矿之间进行安全检查，由临矿集团安全监察局负责提前一次性抽签决定被检查矿井、检查矿井、复查矿井，每次每单位确定3人参加，检查人员必须是科室（工区）安全生产管理人员（区长或技术员）且每次不得重复，采取不定时间、不提前通知，打破区域性、常规性检查方法。检查范围为1个掘进工作面，1个采煤工作面，1个机电硐室或运输巷道，具体地点随机抽签确定。参加互检的2个单位人员，1个在前进行"主检"，1个在后进行问题"漏检"，临矿集团安全监察局分管人员以"裁判"身份进行监督裁决。每互检1次均考核3个矿井的安全环境得分、检查能力得分、复查能力得分以及裁决、机运、通防岗位工的安全提示卡操作和岗位操作过程中注意事项，双向考核得分以安全环境、岗位工操作、作业规程或措施平均得分为基础，以检查能力和复查能力得分为修正系数，按季度考核得分综合排名进行奖惩。经过探索推行，此后"安全互检、双向考核"作为固定、成熟的考核模式推广应用。

2013—2015年，临矿集团"安全互检、双向考核"每季度至少开展2次。菏泽煤电公司郭屯、彭庄煤矿划转临矿集团后，2016年开始纳入"安全互检、双向考核"范围。鲁西、里彦、武所屯3对监狱煤矿划转临矿集团后，2017年开始纳入"安全互检、双向考核"范围；由于权属矿井数量的增加，"安全互检、双向考核"调整为每季度开展1次。会宝岭铁矿及省外煤矿由于行业、地域原因未纳入"安全互检、双向考核"。临矿集团通过实行"安全互检、双向考核"模式，实现省内各煤矿之间的互检、互查、剖析、整改，消除各类安全隐患。

2015年1月开始，执行安全质量薪酬考核，生产矿井领导班子成员按个人年薪的30%参与安全质量薪酬考核，山东玻纤领导班子成员按个人年薪的20%参与安全质量薪酬考核，其他地面非煤单位领导班子成员按个人年薪的10%参与安全质量薪酬考核；机关所有人员、上海庙矿业公司机关按个人年薪的25%参与安全质量薪酬考核。2016年1月，考核标准调整为古城、王楼（含军城）、新驿、田庄、株柏煤矿、菏泽煤电公司以及会宝岭铁矿（含凤凰山铁矿筹建处）领导班子成员按个人年薪的25%参与安全薪酬考核，上海庙矿业公司、邱集（含永明煤矿）、石家坡（含马坊煤矿）以及山东玻纤领导班子成员按个人年薪的20%参与安全薪酬考核，其他地面非煤单位领导班子成员按个人年薪的10%参与安全薪酬考核，机关所有人员按个人年薪的20%参与安全薪酬考核。

2017年，临矿集团提高对安全质量标准化的考核力度，安全质量标准化、"双基"建设采取动态化检查验收方式。安全质量标准化结合"安全互检、双向考核"办法，对安全风险分级管控、事故隐患排查治理、通风、地质灾害防治与测量、采煤、掘进、机电、运输、职业卫生、安全培训和应急管理、调度和地面设施11个专业，每季度考核验收1次。"双基"建设结合半年内安全质量准化考核以及薄物人物排查、大系统分析、重大隐患排查、上级文件贯彻落实、"三违"分析系统等日常安全管理基础工作，对"双基"建设专业每半年考核验收1次。安全质量标准化考核得分，按名次高低每季度兑现1次，季度加权平均第一名奖12万元、第二名奖11万元、第三名10万、倒数第三名8万、倒数第二名奖7万元、最后一名奖励6万元、其他矿井奖励9元。会宝岭铁矿安全生产标准化季度达到一级奖励9万元，季度达到二级标准奖励8万元。各矿井"双基"建设奖惩以半年"双基"建设考核得分为基础，以半年内两个季度安全质量标准化考核平均得分和半年内（4次）"五项"安全基础管理工作（薄弱人物排查、大系统分析、重大隐患排查、上级文件贯彻落实、"三违"分析系统）平均得分为修正系数计算半年"双基"建设考核得分，按名次高低半年兑现1次，矿井达到省级先进标准，奖励8万元。

2018年2月，在安全生产标准化达标、互检互查和"双基"建设达标创建基础上，采用动态化检查考核方式，遵循"不允许现场有隐患，有隐患就要买卖"的原则。安全生产标准化考评奖励与隐患市场化挂钩考核，各矿井季度内安全生产标准化奖惩以安全互检得分为基础，以11个专业安全生产标准化得分为修正系数，计算综合安全检查考核得分，最终按名次高低排序后所得奖励减去季度隐患市场化金额后予以兑现。

2019年6月开始，临矿集团执行《安全生产"四不两直"暗查突查工作制度》，安全检查以突击检查、夜查、随机抽查、回头看复查等方式进行，事前不告知具体事宜、不通知相关处室（部）陪同，提高了安全检查的时效性和针对性。

第四节 安全教培

一、安全教育

1991—2020年，为引导干部职工牢固树立"生命至上，安全为天"的思想，确保安全生产，临矿集团重视职工的安全教育，通过采取班前及班后会、"三违"教育、反事故斗争学习教育、事故案例警示教育、岗位应知应会培训等多种形式对职工进行安全教育，形成惯例一直沿用。

1991—2020年临矿集团矿井安全教育类别与内容一览表

表3-1-1

安全教育类别	具体内容
安全活动	每周选定时间，对职工进行安全教育，围绕国家相关安全法律法规、现场作业规程、安全办公会议纪要进行学习。
"三违"人员安全教育	各单位安全监察部门每月将"三违"情况统计分析，定期组织"三违"班组学习，由安全管理人员与"三违"人员共同剖析违章发生的原因、造成的安全隐患极有可能带来的后果。
班前、班后会	每班职工下井前由各区队召开班前会，对职工进行入井、上岗前的安全教育警示，宣贯安全文件、安全知识及作业规程、操作规程，要求现场按章操作，提高大家的安全意识，升井后参加班后会进行工作总结并接受安全再教育。
反事故斗争学习教育	出现轻伤、重伤或侥幸事故时，组织进行反事故斗争、现身说法，使职工紧绷安全弦，做到安全警钟长鸣。
事故案例警示教育	将各类伤亡事故做成图片、漫画，配以文字说明，挂在展览室，不定时组织职工参观，通过口头讲解进行事故案例警示教育；利用安全活动日组织职工观看，警示事故带来的伤害与危害，时刻不忘血的教训，引以为戒、警钟长鸣。
岗位应知应会培训	2013年，临矿集团推行"一表一卡一手册"管理模式，对各工种现场操作规范进行考核，分工种定人员现场进行操作培训。

二、安全培训

临矿集团坚持以安全培训强基础、强安全，完善临矿集团、权属单位、培训机构安全培训责任，强化措施，科学管理，创新机制，以主要负责人、安全管理人员与班组长、特种作业人员3项岗位人员为培训重点，提高管理和从业人员的安全技术业务素质。

1991—2020年临矿集团矿山安全培训类别与内容一览表

表3-1-2

培训对象	具体内容	相关要求
企业主要负责人	安全生产法律法规；煤矿心理学；煤矿安全管理；煤矿避灾自救；煤矿典型事故案例分析；煤矿安全管理经验交流。	按国家和自治区有关规定进行培训，经考核合格并取得相应的合格证书后方可任职。安全生产知识和管理能力考核合格证书有效期为3年，有效期满后必须重新接受安全生产知识和管理能力考核。
安全生产管理人员	安全生产法律法规；矿井建设与生产技术；矿井通风与灾害防治；安全管理与培训；抢险救灾与灾害处理；自救、互救与创伤急救。	在从事煤矿安全生产管理工作前，必须按国家和自治区有关规定进行培训，经考核合格并取得相应的合格证书后方可任职。安全生产知识和管理能力考核合格证书有效期为3年，有效期满后必须重新接受安全生产知识和管理能力考核。
特殊工种	法律法规、生产技术、自救互救、相关的专业知识。	必须接受与本工种相适应的、专门的安全培训，经安全理论考核和实际操作技能考核合格，取得特种作业操作证后，方可上岗作业。特种作业操作资格证书的有效期为6年。有效期满后必须重新接受培训考核。
从业人员	《煤矿安全规程》《安全技术操作规程》有关规定及岗位卡表操作、学习手册、职业病防治、双防、防冲培训。	新入矿人员岗前安全培训，由各单位培训中心负责，按规定组织脱产培训，培训72学时。转岗人员培训，由各单位培训中心牵头组织脱产培训。

1992年1月，下发《年度职工教育工作安排意见》，各单位对特殊工种的培训分工种进行，正规化培训时间不少于10天；对新工人和转换工种实行"先培训、后上岗"制度，保证培训时间不少于1个月。此后每年年初，各单位均组织制定全员安全轮训计划、报批实施，矿务局对全员培训工作进行全面管理、统一培训、统一教材、统一考核、统一建档。凡未参加安全脱产轮训或考试不合格的一律不准上岗，重复培训考核仍然不合格者与其解除劳动合同。

1995年2月，组织4期安全监察员培训班，33人参加。

1998年，培训特殊工种1970人，其中安全监察员107名；开展安全法律法规教育98次。下属各单位举办安全培训班128期，培训人员5171人。

2002年，培训特殊工种2982人，培训专职安全监察员3期85人，培训区队长3期103人。

2004年，古城煤矿等单位根据矿务局要求组织开展一周一题、一月一考、一季一评的"三个一"安全教育学习活动。12月，矿务局古城安全技术培训中心经山东煤矿安全监察局批准挂牌成立，下设办公室、教务科、学员管理科、总务科，设主任1名、副主任2名。

2005年3月，实行全员分批分层次安全脱产轮训制度，对井下生产工人、特殊工种、区队长以上安全管理人员每年脱产安全培训1次，每次培训7天；地面生产工人每2年轮训1次，每次脱产培训3天，脱产培训期间，培训人员享受正常工资待遇。特殊工种、区队长以上安全管理人员到三级以上培训站轮训，其他职工在四级培训站轮训。各矿开办的第一期全员培训班由矿长主讲第一课。全年开办全员安全教育培训班91期，培训人员9759人，其中有24人因轮训补考不合格被辞退；开办特殊工种培训班34期，培训爆破工、信号把钩工、瓦检员等特殊作业人员3667人；开办基层区队长以上管理干部安全教育培训班2期，培训了基层安全管理骨干187人。组织采煤、掘进、机电、通风、救护等岗位工种技术大比武，2932人参加。

2006年，开办全员安全教育培训班97期，培训人员12065人，外送培训安全管理人员以及爆破工、信号把钩工、瓦检员等特殊作业人员3427人。组织技术比武19次，有3039人参加采煤、掘进、机电、通风、救护等岗位工种技术大比武。12月，临矿集团有三级安全教育培训站2处、四级培训站9处，有专职教师41人、兼职教师69人。

2013年，临矿集团具备资质的安全培训机构达到8个，其中二级培训机构1个（临矿集团安全培训技术中心），三级培训机构1个（古城安全培训中心），王楼、新驿、邱集、田庄、军城、株柏煤矿安全培训中心为四级培训中心。

表3-1-3

2008—2013年临矿集团安全培训情况一览表

项目 年度	安全培训			技能培训			培训师资		
	管理 人员	班组长	特种作业 人员	初级技师	中级技师	高级 技师	专职教师	兼职教师	培训中心 （个）
2008	451	497	3821	321	168	35	31	48	4
2009	493	586	3830	389	185	48	35	50	4
2010	503	621	4056	405	193	52	41	50	6
2011	527	648	4314	424	220	65	38	55	7
2012	522	694	4253	435	235	70	40	56	8
2013	508	710	4766	485	248	79	47	60	8

2014年，临矿集团权属各煤矿三项岗位人员及从业人员实现脱产培训，煤矿企业从业人员初次安全培训时间达到72学时，每年再培训时间不少于20学时。临矿集团安全培训开始实现档案管理，建立学员档案与教学档案，安全生产管理人员、班组长和特种作业人员学员实现一期一档，档案包括学员档案表、身份证复印件、学历复印件、健康体检表、考勤表、成绩表、学员综合考评报告等。新入矿工人和全员培训开始采用一人一档，档案包括学员登记表、档案表、身份证复印件、学历复印件、考试试卷等。教学档案实现一期一档，档案包括各工种教学计划、课程表、实习实训安排表、培训效果调查表、教师教学评估表、教学日志、培训班总结等。

2015年，投资50万元配置古城培训中心考试点电脑，安装全国统一机考系统，接入10兆光纤网络，配设云台摄像机和固定摄像机与国家安全培训考试监控平台联网。投入专项资金70万元建设山东煤炭技师学院临沂考试点基础设施。

2016年，临矿集团组织矿井主要负责人和安全生产管理人员进行新法律法规、新标准、新规程、新技术、新工艺、新设备和新材料等方面的安全培训，经安全培训考核合格后，发放安全知识和管理能力考核合格证。组织各级安全生产管理人员参加山东煤矿安全培训中心、山东煤炭工业局培训中心组织的新版《煤矿安全规程》《煤矿安全规程执行说明》《煤矿安全生产标准化基本要求及评分方法》专家解读专题培训980人次。

2017年，古城安培中心对煤矿三项岗位人员培训考试系统进行升级改造，对实验设施设备进行补充完善，理论、实操考试考点符合二级培训中心的要求。

2018年，临矿集团对主要负责人、安全生产管理人员、特种作业人员提高任职资格条件，其中要求煤矿矿长、副矿长、总工程师、副总工程师应当具备煤矿相关专业大专及以上学历，煤矿安全生产管理机构负责人应当具备煤矿相关专业中专及以上学历，新上岗的煤矿特种作业人员应当具备高中及以上文化程度。

2014—2020年临矿集团安全培训情况一览表

表3-1-4

项目\年度	安全培训			技能培训			培训师资		
	管理人员	班组长	特种作业人员	初级技师	中级技师	高级技师	专职安全培训教师	兼职安全培训教师	培训机构（个）
2014	951	747	1791	521	245	75	47	78	8
2015	919	756	1888	589	298	78	55	76	8
2016	938	969	1955	605	313	72	61	80	9
2017	1042	973	1957	624	305	85	68	85	11
2018	1085	988	2093	635	332	107	70	97	11
2019	1159	1102	2046	678	352	115	72	95	11
2020	1191	1213	2107	710	361	136	72	92	10

第五节 安全标准化建设

一、煤矿安全标准化

1986年，矿务局在安全标准化建设初期，按照煤炭部《生产矿井质量标准化》要求开展"质量标准化、安全创水平"活动，权属矿井安全生产面貌大为改善，生产管理和技术管理工作得到加强。

1994年，矿务局落实全国煤矿生产矿井质量标准化暨高产高效矿井工作会议精神，根据煤炭部《关于颁发国有重点煤矿生产矿井"质量标准化安全创水平标准及考核评定办法"的通知》要求，全面展开安全标准化创建工作。至2003年，矿务局先后建成褚墩、草埠、株柏、古城4对安全质量标准化矿井。

2003年，矿务局根据国家煤矿安全监察局和中国煤炭工业协会下发的《关于在全国煤矿深入开展安全质量标准化活动的指导意见》，制定安全质量标准化达标规划。

2004年，矿务局细化安全质量标准化达标规划和工作目标，增加地测防治水、安监创优、辅助救护队、爆破器材管理4个专业标准及考核评级实施细则，形成安全质量标准化考核体系。权属矿井安全质量标准化分3个等级。①一级。安全质量标准化平均得分为90分及以上，且通风专业达到一级，采煤、掘进、机电、运输、地测防治水5个专业中，达到一级的专业不低于3个，其他专业不低于二级。②二级。安全质量标准化平均得分为80分及以上，且通风专业达到二级，采煤、掘进、机电、运输、地测防治水5个专业中，达到二级的专业不低于3个，其他专业不低于三级。③三级。安全质量标准化平均得分为70分及以上，且通风、采煤、掘进、机电、运输、地测防治水6个专业中，没有不达标的专业。

表3-1-5

2005—2009年临矿集团权属生产矿井安全标准化等级表

单位＼年度 等级	2005 一	二	三	2006 一	二	三	2007 一	二	三	2008 一	二	三	2009 一	二	三
古城煤矿	√	-	-	√	-	-	√	-	-	√	-	-	√	-	-
新驿煤矿	√	-	-	√	-	-	√	-	-	√	-	-	√	-	-
王楼煤矿	—	-	-	√	-	-	√	-	-	√	-	-	√	-	-
田庄煤矿	√	-	-	√	-	-	√	-	-	√	-	-	√	-	-
邱集煤矿	√	-	-	√	-	-	√	-	-	√	-	-	√	-	-
株柏煤矿	√	-	-	√	-	-	√	-	-	√	-	-	√	-	-
马坊煤矿	√	-	-	√	-	-	√	-	-	√	-	-	√	-	-

　　2009年，临矿集团按照国家安监总局、国家煤矿安监局联合颁布《煤矿安全质量标准化标准及考核评级办法（试行）》，将安全质量标准化矿井考核标准调整为9个专业，满分为1000分，其中安全管理150分、采煤100分、掘进100分、机电管理100分、运输管理100分、矿井通风管理200分、地测防治水管理100分、矿区环境和生活设施50分、煤矿职业健康100分。不再对安监创优、辅助救护队、爆破器材管理3个专业进行考核，重新调整考核标准。①一级。矿井总分在900分以上，且通风专业达到一级，采煤、掘进、机电、运输、地测防治水5个专业中，达到一级的专业不低于3个，其他专业不低于二级。②二级。矿井总分在800分及以上，且通风专业达到二级，采煤、掘进、机电、运输、地测防治水5个专业中，达到二级的专业不低于3个，其他专业不低于三级。③三级。矿井总分在700分及以上，且采煤、掘进、机电、运输、通风、地测防治水6个专业中，没有不达标的专业。

　　安全质量标准化矿井必须同时具备5个条件：①实现安全生产目标，其中，一级标准化矿井百万吨死亡率为零，二级标准化矿井百万吨死亡率在1.3（含1.3）以下，三级标准化矿井百万吨死亡率在1.5（含1.5）以下。凡年度内发生安全事故一次死亡3人及以上的矿井，取消当年评比资格。②采掘关系正常，"三量"符合规定。③回采率达到规定要求。④矿井通风能力满足生产需要，按《煤矿安全规程》规定，建立安全监测监控、瓦斯抽采、防灭火及防尘等系统。⑤制定并执行安全质量标准化检查评比办法及奖惩制度。

表3-1-6

2010—2013年临矿集团权属生产矿井安全标准化等级表

单位＼年度 等级	2010 一	二	三	2011 一	二	三	2012 一	二	三	2013 一	二	三
古城煤矿	√	-	-	√	-	-	√	-	-	√	-	-
新驿煤矿	√	-	-	√	-	-	√	-	-	√	-	-
王楼煤矿	√	-	-	√	-	-	√	-	-	√	-	-
田庄煤矿	√	-	-	√	-	-	-	√	-	√	-	-
邱集煤矿	√	-	-	√	-	-	√	-	-	√	-	-
军城煤矿	√	-	-	√	-	-	-	√	-	√	-	-

续表

年度	2010			2011			2012			2013		
单位＼等级	一	二	三	一	二	三	一	二	三	一	二	三
株柏煤矿	√	-	-	√	-	-	√	-	-	√	-	-
马坊煤矿	√	-	-	√	-	-	√	-	-	√	-	-
榆树井煤矿	-	√			√			√		-	√	

注：新上海一号煤矿在此期间为基建矿井，不予考核标准化等级。

2013年，临矿集团按照《煤矿安全质量标准化考核评级办法（试行）》修订形成考核体系。新标准分为通风、地测防治水、采煤、掘进、机电、运输、安全管理、职业卫生、应急救援、调度、地面设施等11个专业。①一级。煤矿安全质量标准化考核评分90分及以上，且年度内无死亡事故。井工煤矿通风、地测防治水、采煤、掘进、机电、运输的单项考核评分均不低于90分，其他专业均不低于80分。②二级。煤矿安全质量标准化考核评分80分及以上，且百万吨死亡率低于全国及所在省（直辖市、自治区）上年度平均水平，露天煤矿年度内无死亡事故。井工煤矿通风、地测防治水、采煤、掘进、机电、运输的单项考核评分均不低于80分，其他专业均不低于70分。③三级。煤矿安全质量标准化考核评分70分及以上，且百万吨死亡率低于所在省（直辖市、自治区）上年度平均水平。井工煤矿通风、地测防治水、采煤、掘进、机电、运输的单项考核评分均不低于70分，其他专业均不低于60分。

2014—2019年临矿集团权属生产矿井安全标准化等级表

表3-1-7

年度	2014			2015			2016			2017			2018			2019		
单位＼等级	一	二	三	一	二	三	一	二	三	一	二	三	一	二	三	一	二	三
古城煤矿	√	-	-	√	-	-	√	-	-	√	-	-	√	-	-	√	-	-
新驿煤矿	√	-	-	-	√	-												
王楼煤矿	√	-	-															
田庄煤矿	√	-	-															
邱集煤矿	√	-	-															
军城煤矿	√	-	-															
株柏煤矿	√				√		√			√				√			√	
郭屯煤矿	-																	
彭庄煤矿																		√
马坊煤矿	-	√																
榆树井煤矿	-	√								√								
永明煤矿																		

注：新上海一号煤矿在此期间为基建矿井，不予考核标准化等级，郭屯、彭庄、鲁西、里彦、武所屯5对矿井划转前未进行考核定级。

2017年，根据《煤矿安全生产标准化考核定级办法（试行）》《煤矿安全生产标准化基本要求和评分方法》，按照构建"风险分级管控、隐患排查治理双重预防性工作机制"的要求，将安全风险分级管控、事故隐患排查治理和原煤矿安全质量标准化相结合，构建"双控"和标准化相结合的"三位一体"工作体系，实现"双控"量化考核。煤矿安全生产标准化等级分为一级、二级、三级3个等次。①一级。煤矿安全生产标准化考核评分90分以上（含90分，以下同），井工煤矿安全风险分级管控、事故隐患排查治理、通风、地质灾害防治与测量、采煤、掘进、机电、运输部分的单项考核评分均不低于90分，其他部分的考核评分均不低于80分，正常工作时单班入井人数不超过1000人、年生产能力在30万吨以下的矿井单班入井人数不超过100人。②二级。煤矿安全生产标准化考核评分80分以上，井工煤矿安全风险分级管控、事故隐患排查治理、通风、地质灾害防治与测量、采煤、掘进、机电、运输部分的单项考核评分均不低于80分，其他部分的考核评分均不低于70分。③三级。煤矿安全生产标准化考核评分70分以上，井工煤矿事故隐患排查治理、通风、地质灾害防治与测量、采煤、掘进、机电、运输部分的单项考核评分均不低于70分，其他部分的考核评分均不低于60分。

2017年临矿集团安全生产标准化评分权重表

表3-1-8

序号	名称	标准分值	权重
1	安全风险分级管控	100	0.10
2	事故隐患排查治理	100	0.10
3	通风	100	0.16
4	地质灾害防治与测量	100	0.11
5	采煤	100	0.09
6	掘进	100	0.09
7	机电	100	0.09
8	运输	100	0.08
9	职业卫生	100	0.06
10	安全培训和应急管理	100	0.06
11	调度和地面设施	100	0.06

2017年，经过企业自评申报，古城、郭屯、王楼、彭庄、新驿、里彦、田庄、邱集煤矿通过山东省煤炭工业局一级标准化矿井初审，鲁西、株柏、武所屯煤矿被山东省煤炭工业局评定为二级标准化矿井。

2018年，经过国家煤监局组织考核，古城、郭屯、王楼、彭庄、里彦、田庄、邱集煤矿被定级为一级标准化矿井。新驿、鲁西煤矿通过山东省煤炭工业局一级标准化矿井初审。

2020年7月1日，执行国家煤矿安全监察局《煤矿安全生产标准化管理体系基本要求及评分方法（试行）》，开展煤矿安全生产标准化管理体系建设，树立安全生产理念和目标，实施安全承诺，建立健全组织机构，配备安全管理人员，建立并落实安全生产责任制和安全管理制度，开展风险分级管控、隐患排查治理、质量控制，持续改进、规范安全生产管理。三季度组织各煤矿开展自行试套，四季度对省内外10对矿井组织验收，郭屯、王楼、彭庄、榆树井矿井安全生产标准化管理体系达到一级，新驿、鲁西、邱集、里彦、株柏、永明矿井达到二级。

二、非煤安全标准化

随着铁矿、玻纤、物流、职教等非煤产业的壮大发展，非煤产业安全生产标准化建设也不断加快，2016年，开始试套煤矿安全生产标准化体系，非煤产业逐步建立行业安全生产标准化体系。

2016—2020年临矿集团非煤单位安全标准化等级表

表3-1-9

年度	2016			2017			2018			2019			2020		
单位　　等级	一	二	三	一	二	三	一	二	三	一	二	三	一	二	三
会宝岭铁矿	√	-	-	√	-	-	√	-	-	√	-	-	√	-	-
山东玻纤集团	√	-	-	√	-	-	√	-	-	√	-	-	√	-	-
山东物商集团	-	-	-	-	-	-	-	√	-	-	√	-	-	√	-
山东技师学院	-	-	-	-	-	-	-	-	√	-	-	√	-	-	√

会宝岭铁矿安全生产标准化体系由地下矿山、尾矿库、选矿厂三大项考核标准构成，山东玻纤集团和山东物商集团执行工贸企业安全生产标准化体系，山东煤炭技师学院参照校园管理标准建立职业院校安全生产标准化体系。

2020年末，会宝岭铁矿、山东玻纤集团被评为一级安全生产标准化单位。

第六节 安全技术应用

一、伪倾斜柔性掩护支架采煤法

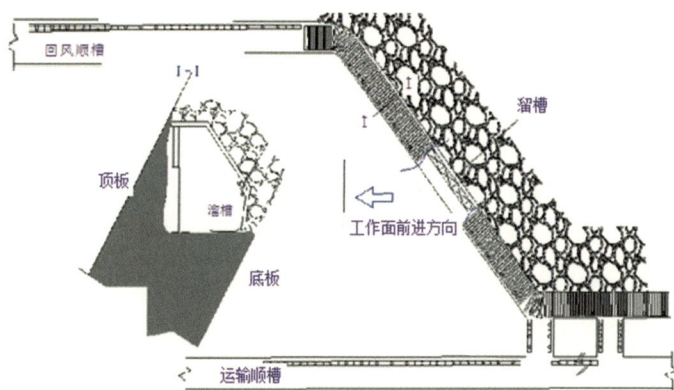

图3-1-3 伪倾斜柔性掩护支架采煤法示意图

2007年，株柏煤矿试用柔性掩护支架布置采煤工作面。2008年，试验获得成功。因该矿煤层倾角大于40度，为急倾斜煤层。地质条件复杂，煤层赋存不稳定且断层发育，致使工作面走向长度较短、安装回撤频繁。伪倾斜柔性掩护支架采煤工作面沿伪倾斜布置，改变原有工作面切眼布置方式，将正倾斜2条切眼更改为1条伪倾斜（倾角25～30度）工作面，采用工字钢梁与钢丝绳组成柔性掩护支架将采空区和工作面空间隔开，将掩护支架自回风顺槽安装改为自下顺槽直接安装至上顺槽，节省架尾下沉时间，沿走向推进，加快工作面布置与支架安装速度。

2017年11月，山东能源重装集团恒图科技公司与株柏煤矿签订出口越南的1540架柔性掩护支架加工合同，合同总额180万元。在支架制作完成后，株柏煤矿派出有经验的采煤班组进驻越南东北总公司进行实地指导，直至越南东北总公司完全掌握该技术。

二、"一卡、一表、一手册"安全管理模式

2013年，根据岗位工种操作规程、作业标准以及现场安全监督检查作业流程等，制作临矿集团岗位操作程序、岗位描述和作业流程卡片，编制安全学习手册，形成一卡、一表、一手册。一卡即安全提示卡。按照岗位工种操作前对环境、环节的检查、操作后检查确认的步骤，把各岗位工种的操作前检查、操作后确认，做成让岗位工易懂、易记、易接受、可操作的安全提示卡，岗位工随身携带，上岗作业时，根据提示卡要求逐条检查、确认。一表即单元安全检查表。是在用设备的检查提示，其内容主要用于检查设备、设施的状况，岗位工、管理人员现场对照单元检查表进行全面检查。《职工安全学习手册》是针对不同岗位工种编制的学习手册，内容包括一般安全注意事项、薄弱人物排查、安全提示卡和单元检查表的扩展、操作过程注意事项、本岗位工种事故案例、常见"三违"等。

2013—2018年，临矿集团制定包含所有岗位工种的20大类，108小类安全确认卡、单元检查表及操作中注意事项和学习手册。

三、"安全互检、双向考核"安全管理模式

2013年，为真实考核反映各单位的安全生产能力、现场作业环境安全现状、管理人员安全检查能力、职工规范操作，提高安全水平，减少事故发生，临矿集团开创性地提出"安全互检、双向考核"安全管理模式。

"安全互检"检查方式是指每季度组织1次矿际之间的互检互查。每次互检依次考核检查矿井、复查矿井和被检查矿井，由临矿集团负责提前一次性抽签决定检查矿井、复查矿井、被检查矿井，每次每个单位确定3人参加，参加检查人员必须是科室（工区）安全生产管理人员（区长或技术员），每次不得重复，不定时间、不提前通知，打破区域性、常规性检查方法。安全互检的检查范围为1个掘进工作面、1个采煤工作面、1个机电硐室或运输巷道，具体地点随机抽签确定。参加互检的2个单位人员，1个在前进行主检，1个在后进行问题复检，临矿集团业务处室人员为裁判，确保安全互检公正性和检查结果的真实性。

对所属矿井安全互检得分以现场管理得分为基础，以检查能力得分、岗位工抽考得分为修正系数，综合排名通报。

四、排查管控体系

2015年，临矿集团安全监察局建立薄弱人物排查管控体系。①薄弱人物排查管控体系实施分类管控，对重点薄弱人物、薄弱人物、一般薄弱人物3个类别，确定各自的标准，实施分类管控，增强薄弱人物管控的针对性和实效性。②薄弱人物排查管控体系实施协同管控，通过个人每班自查、班组每班排查及区队每班、

图3-1-4 薄弱人物排查管控体系图

每日、每月排查、矿级重点排查，上下联动，协同管控，做到细、深、透，排查覆盖率100%。③薄弱人物排查管控体系实施闭合管控，通过分类对排查出的薄弱人物分类建档，按照"排查—建档—帮教—解除—考核"5个环节闭合管理。实现动态排查、分类建档、管控帮教、帮教解除、审查考核等5项管理。④薄弱人物排查管控体系实施智能化管控，将信息网络技术引入到安全隐患排查工作中，建立安全生产综合管理平台。通过网络信息技术平台全程监控，让矿井安全隐患智能化监控成为现实。⑤薄弱人物排查管控体系使薄弱人物排查流程化、规范化、简单化，把薄弱人物帮教工作落到实处，达到薄弱人物存在1个就排查1个、转化1个的目的，帮教无空隙、管理无漏洞，使薄弱人物始终处于受控、在控和能控状态，有效地盯住不安全的人，卡住不安全的事，从源头上堵住安全漏洞，切实消除安全管理的盲区，有力提升了企业高效、便捷的安全管理水平。

五、区域注浆改造顶、底板岩溶水害治理技术

邱集煤矿下组煤承压水具有高水压、高地压的特点，且顶板的四灰、五灰与底板的徐灰、奥灰水力联系丰富成为一个相互联系的整体，同时煤层浅部靠近隐伏露头，可能受到新近系底部砾岩含水的影响，防治水难度较大。

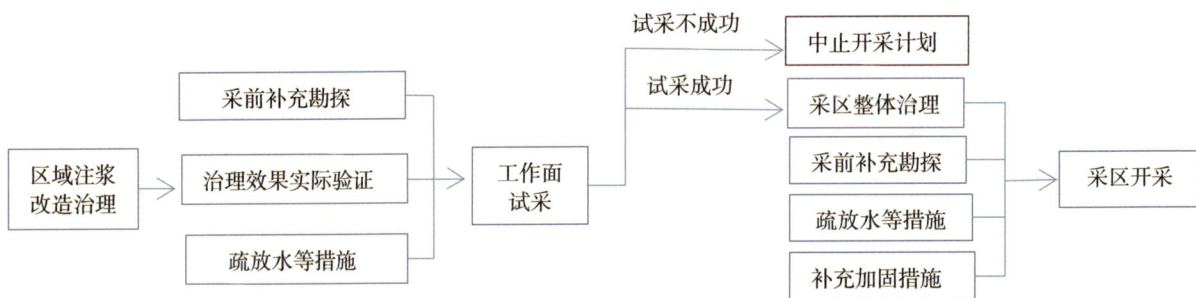

图3-1-5　　　　　　　　　　　　　区域注浆改造顶底板岩溶水技术流程图

2016年10月，借鉴从高承压岩溶水防治"超前区域治水"和"水源—通道一体化治理"理念，采用注浆治理技术为主的综合治理手段，通过地面顺层钻孔对底板徐灰进行整个采区及外扩区域的大面积注浆改造，改变其含水特征，将其由含水层改造为下组煤至奥灰隔水层的一部分。同时封堵、胶结凝固采区内断层等导水通道，阻断奥灰向上部各含水层的补给通道，形成四灰、五灰的边界帷幕，阻断周边四灰、五灰对开采区内的补给，使开采区成为独立于矿井的小型水文单元。然后在小型水文单元内进行疏放、排水、补充勘探等常规防治水措施，开展多手段、多角度、立体展开、一体化治理。

依据中国矿业大学对邱集煤矿下组煤注浆堵水效果安全评估，注浆后成功切断下组煤四、五灰和徐灰与奥灰之间的垂向水力联系，阻断了充水通道，并在下组煤下徐灰处形成临矿集团"水平阻断墙"，阻断奥灰补给水。达到下组煤注浆堵水的预期目标，使下组煤具备安全开采的条件。

六、双重预防机制

2017年，会宝岭铁矿公司在总结金属矿山"双防"体系建设工作成功经验的基础上，成立山东中威安全技术服务公司向外部单位推广"双防"体系建设技术服务，走出一条卖技术、卖标准、卖服务的新型产业发展之路。截至2017年末，完成山东省安监局委托的全省80家地下矿山"双重预防体系"建设评估工作。自主完成《山东省地下铁矿隐患排查治理体系实施指南》《山东省地下铁矿隐患排查治理体系实施指南》的标准编制工作。2018年3月29日，经山东省质量技术监督局正式颁布实施。配合山东省安监局，完成全省双重预防体系执法标准的制定工作，以铁矿双重预防体系现场运行流程完善全省安监系统执法流程，完成40万字双重预防体系培训教材丛书编写，作为全省双重预防体系培训教材。

七、共享平台"一张图"

2018年，临矿集团以数据流为主线，将平台化建设应用嵌入矿山安全生产的业务管理，建成安全生产大数据共享平台，集成各矿井安全监测监控、人员定位、工业视频、综合自动化等系统，形成安全生产大数据共享"一张图"，用于煤矿安全生产动态信息的采集和存储。对生产过程中的海量数据进行分析，实现基于大数据架构的煤矿"采、掘、机、运、通"和"水、火、瓦斯、顶板"分布式协同图形处理与分析技术，实现基于大数据的安全生产智能诊断技术应用，直观地反映矿井的整体安全生产状况。各冲击地压矿井在监测装备上配备微震监测系统和应力在线监测系统，通过实时分析，利用手机、计算机、大屏等终端进行分矿分级预警。

八、智能管理系统

2020年，临矿集团自主研发智能双防预控管理平台，同步开发智能安监手机客户端App。智能双防预控管理平台有自动推送、整改提醒和分析功能3项功能，能够根据危险源等级实行分级推送，根据知会信息实现层级管理，逾期未完成整改者系统会自动反馈、重点督办，系统可根据不同条件筛选实现可视化分析，为科学决策和科学管理提供重要依据。智能安监管理系统包括隐患管理、三违管理、薄弱人物管理、不安全行为管理、职责评价、安全区域、人员评价、智能排班。通过手机客户端App操作管理人员可实现安全风险清单一键查询、跟踪管控，现场隐患问题拍照上传、闭环管理，具备风险管控计划管理、对照清单实时管控、手持终端实时推送、管控记录快捷查询、隐患治理精准到位等功能，提高安全风险辨识管控和隐患排查治理的及时性、准确性。

第七节　双基建设

1991—2002年，矿务局按照"管理、装备、培训"并重原则，推进矿井"质量标准化、安全创水平"，开展"五好班组""十佳班组长"建设活动，抓安全质量标准化、安全培训、班组安全建设。
2003年，将"质量标准化"拓展为"煤矿安全质量标准化"。

2004年，局属各煤矿根据有关要求，制定安全生产基层和基础建设的实施意见和考核验收细则。成立领导小组，把"双基"建设纳入安全管理考核；基层科室、工区根据"双基"建设的内容要求，编制年度安全生产"双基"建设规划和月度具体工作计划，建立起"双基"管理制度，确保责任落实到人。

2006—2010年，开展"双基"建设和季度达标工作。每年组织开展"双基"建设和季度达标检查验收工作，在采、掘、机、运、通等岗位工种开展岗位技术比武及评选岗位技术能手活动。在班组管理上，推广"白国周班组管理法""人人都是班组长"等典型经验，推动企业把安全生产责任、各项安全管理措施、安全防范技能、企业安全文化建设、党和政府对煤矿工人的安全关怀落实到班组。强化班组队伍建设，聘任169名班组长，将其纳入干部管理范畴，享受一般管理人员待遇。坚持开展"安全星级单位"和"三无"班组创建活动，每月一评选，每季一表彰，对月度实现"三无"的班组，披红戴花上光荣榜，班组成员每人嘉奖800元，集体吃一个月的"荣誉餐"，集体组织优秀班组长外出荣誉疗养。通过选树典型，增强职工的安全生产意识，掀起人人反"三违"、人人争优秀的安全竞赛热潮。

2008年，强化培训机制建设。秉持"大教育、大培训"理念，本着"干什么、学什么，缺什么、补什么"的原则，建立以集团、权属单位为构架的多层次、全方位、立体化的安全教育培训格局。在岗干部职工每年进行1次脱产轮训，新上岗职工一律进行岗前脱产培训。基层区队每月组织1次岗位练兵，各单位每年开展1次技术比武，临矿集团每2年组织1次劳动之星技能竞赛。2008—2018年，举办五届"劳动之星"竞赛活动。临矿集团每年组织开展青工创新、学习研讨活动，培训推广新技术、新工艺、新设备和新方法。

2010年，各单位开展全员拓展素质训练，通过感恩教育、团队训练、安全心理教育、创新思维培训、法制教育等素质训练，职工沟通和团队协作能力得到加强，提高对生命价值观的认识。培训成果延伸到日常生活、工作中，对安全生产管理起到较大促进作用。推行跟班区长带队入井、升井管理制度，每班入井前由跟班区长带队在井口进行安全确认和安全宣誓，宣誓完毕依次排队乘罐入井；当班工作结束后，由跟班区长带队一起排队升井。

2012年，推广应用"手指口述"、单元检查表管理法。要求岗位操作必须严格执行手指口述安全确认，各岗位实行单元检查表工作法，岗位人员和管理人员严格按照单元检查表内容进行检查和确认。推行职工不安全行为纠偏管理，2012—2020年，临矿集团共界定100种不安全行为、24条不规范行为。

2013年，各基层单位开展全员安全诚信档案管理制度考核，完善考核和运作程序，加大考核力度，职工安全意识得到明显提高。加强女工、家属协管工作。至2018年，临矿集团有56名女工取得大专以上学历，17名女工取得临矿集团中级以上职称，6名女工被提拔到管理岗位上；调整充实4个基层协管分会，配齐16个协管小组21名协管员，拓展安全协管覆盖面。通过发挥家属协管员独特优势，组织开展"冬送温暖，夏送清凉"井口慰问、"父子、母子亲情交流座谈会"、节假日井口慰问、"三违"人员亲情帮教、安全文艺演出下区队等系列活动，筑牢安全生产第二道防线，推进和谐矿区建设。

2016年，按照全国煤矿推进安全基础建设现场会要求，着力推进系统优化、管理创新、素质提升、科技进步，推动实现"人、机、环、管"的协调发展。

2017年，在煤矿安全质量标准化的实践基础上，融合安全风险分级管控、隐患排查治理双重预防机制内容，制定临矿集团风险分级管控、隐患排查治理和安全质量达标"三位一体"煤矿安全生产标准化体系。

　　2020年，贯彻煤矿安全基础建设"管理、装备、素质、系统"四并重的新理念，着力打造新阶段煤矿安全基础建设"升级版"，推动煤炭行业由粗放型管理转向精细化管理、由劳动密集型转向技术创新型、由规模扩张转向结构优化升级、由高危行业转向安全行业、由高速度转向高质量发展。

新驿煤矿女工井下慰问一线职工（2017年）

第二章　安全保障

第一节　保障体系

一、六大系统

彭庄煤矿井下避险硐室（2016年）

2012年，国家安全监管总局、国家煤矿安监局决定在全国建立完善矿井紧急避险、监测监控、人员定位、压风自救、供水施救和通信联络系统等安全避险"六大系统"。

（一）紧急避险系统

临矿集团各煤矿通过建立紧急避险系统实现井下作业人员的多级紧急避险防护。随身携带自救器提供0.5～1小时的个体防护，为灾变后人员快速脱离灾害影响范围、达到安全避险地点提供技术支持，构成煤矿井下第一级紧急避险系统；在采掘工作面附近和局部区域建设临时避难硐室，配备一定数量的食物、饮水和呼吸系统装置，使逃生人员能够就近进入安全环境紧急避险，构成煤矿井下二级区域避险；在采区上下或井底车场建设固定式避难所，利用井下压风、供水、通信等系统为避难所内持续输送氧气、水，为整个采区或矿井提供应急避难空间，构成煤矿井下第三级避险。

2020年临矿集团权属煤矿紧急避险系统一览表

表3-2-1

单位	临时避险硐室		固定式避险硐室	
	设计容量（人）	建设数量（处）	最大设计容量（人）	建设数量（处）
古城煤矿	30	5	100	2
郭屯煤矿	–	–	100	2
彭庄煤矿	30	2	100	2
王楼煤矿	20	4	100	2
新驿煤矿	–	–	100	3
鲁西煤矿	–	–	100	3
里彦煤矿	–	–	100	3
邱集煤矿	40	3	100	2
株柏煤矿	40	1	80	2
永明煤矿	–	–	80	2

续表

单位	临时避险硐室		固定式避险硐室	
	设计容量（人）	建设数量（处）	最大设计容量（人）	建设数量（处）
榆树井煤矿	–	–	100	1
新上海一号煤矿	–	–	100	1

（二）安全监控系统

各生产矿井通过建立装备齐全、数据准确、断电可靠的煤矿安全监控系统，实现对井下瓦斯、一氧化碳浓度、温度、风速的动态监控，为煤矿安全管理提供决策和调度、指挥的科学依据。通过加快监控系统区域联网，加强远程监控，发挥监测、控制和避险预警作用。

（三）人员定位系统

各生产矿井建立完善井下人员管理（定位）系统，加强入井人员管理，随时准确掌握井下各作业区域人员的动态分布及变化情况。

（四）压风自救系统

各生产矿井均安装地面压风系统，井下设置压风管路，采掘工作面及其他地点设置压风自救装置，确保所有采掘作业地点在灾变期间提供压风供气。

（五）供水施救系统

各生产矿井建立完善防尘供水系统，保障能够实现在灾变期间提供应急供水。

（六）通信联络系统

各生产矿井在井下主要机电设备硐室和采掘工作面安设电话，井下主要泵房、井下中央变电所、地面变电所和地面通风机房的电话能与矿调度室直接联系，推广使用井下无线通信系统，提高井下通信系统的可靠性和抗灾应变能力。

二、安全系统保障

（一）一通三防

2006—2017年，各生产矿井强化通风系统和设备改造，持续完善通风、防瓦斯、防火、防尘各类设施，优化通风网络，进一步提高通风能力。田庄、永明、株柏、武所屯4对矿井施工新井筒，田庄、邱集、株柏、古城、王楼、新驿、郭屯7对矿井更换14台主要通风机，古城、王楼、郭屯3对矿井在井下施工近10000米的进、回风主要通风巷道。临矿集团有15对矿井完成瓦斯、防灭火监测系统设备的升级改造，保障瓦斯综合治理、高温热害治理、综合防尘以及防灭火综合技术措施的落实。

（二）深部支护

2019年，榆树井、新上海一号、古城、王楼、郭屯、彭庄6对矿井联合开展矿井软岩支护技术研究与矿井深部巷道支护技术研究。根据巷道的用途、服务年限及矿压显现规律，采用锚网喷混凝土浇灌+反底拱等多种方式联合支护，确保巷道支护参数与围岩变形特性相匹配，推广应用新技术、新工艺、新材料提升支护水平，保证巷道支护质量。

（三）应急救援

2013年，所属矿井加大应急救援科技创新研发投入，重点针对复杂条件下的矿山火灾、水灾、瓦斯煤尘爆炸事故、大型顶板事故（冲击地压、坍塌）和危险化学品、压力容器的泄漏、爆炸等灾害救援技术的研究，对应急救援装备、模拟演练和视频指挥系统进行技术革新，提高应急救援技术手段。2013年末，临矿集团救护大队完成救援资质认定升级，达到国家一级救护大队资质。古城、新驿、王楼、邱集、田庄、军城、株柏7对矿井，初步建立矿井应急避险系统。古城煤矿构建应急预警指挥系统。

（四）非煤安全

在非煤领域，会宝岭铁矿公司针对水害、通风、运输、有毒有害气体、大型采空区、尾矿库等进行重点监控，落实治理措施，开展矿井硬岩爆破技术研究、安全信息平台建设，建立尾矿库监测监控系统。山东玻纤集团、山东物商集团等非煤单位完善现场安全检查和隐患排查治理体系，着力抓好易燃易爆、危险化学品、供电、压力容器、压力管道、起重机械等安全监督管理。

第二节　技术装备

临矿集团对标国内外同行业先进管理经验，打造"生产工艺现代化、采掘装备机械化、辅助运输连续化、监测监控数字化"的新型安全高效矿井，构建装备保安长效机制。

一、采煤装备

薄煤层综采工作面（2017年）

临矿集团全面推广薄煤层综采工艺，提高煤炭资源回收率和人工效率，降低工人劳动强度。采煤工作面推广使用端头支架，提高超前支护能力，增加两巷支护强度，减少两巷和端头维护工作量。采煤工作面采用液压支架电液阀自动化控制技术，减少操作工人数量。完善矸石充填支架、充填材料动力设备、充填材料粉碎搅拌设备等，提高充填开采能力。2017年，榆树井煤矿应用一面双机综采工艺，单面日产超过万吨。2018年，田庄煤矿装备1个自动化薄煤层综采面，永明煤矿装备2个薄煤层综采面；王楼、田庄、古城煤矿开展矸石及膏体充填开采工艺，实现"绿色开采"。

二、掘进装备

临矿集团推广应用大功率全岩综掘机、岩石掘进作业线、半煤岩综掘机和掘锚一体机等先进的综掘装备，实现掘进设备逐渐向重型化、综掘化和先进性、适用性转变。2015年，邱集、王楼煤矿装备耙斗式装岩机及配套装运设备，郭屯、王楼煤矿各装备1台大功率全岩综掘机，榆树井煤矿装备1台掘锚一体机，古城、田庄、里彦、永明等煤矿先后引进多台综掘机。

三、机运装备

临矿集团按照国家有关规定要求，按时淘汰国家列入《禁止井工煤矿使用的设备及工艺目录》《高耗能落后机电设备（产品）淘汰目录》内的设备，加大提升运输系统和大型设备维护管理和技术升级，提升矿井提升运输自动化和集中控制水平。2012—2020年，临矿集团淘汰、更新落后机电设备430台（件）。2016年，古城煤矿完成主提升系统设备升级改造，安装胶带集中控制装置1套，安装架空乘人设备液压制动装置3套；内蒙古榆树井升级主变电所设备；王楼煤矿升级井下变电所设备，安设单轨吊1部、架空乘人装置1套；邱集煤矿添置平巷人车8部、架空乘人装置2套、斜巷防跑车智能保护装置和胶带集控装置各1套；永明煤矿安装架空乘人装置1套；田庄、军城煤矿各安设单轨吊1部。

四、数字化矿山建设

临矿集团健全完善煤炭生产、设备运行、生产调度、安全监测监控、人员定位等信息化网络体系，建设可视化矿山系统，逐步建成井下工业以太环网及矿井综合自动化平台，实现对井下各系统的三维实时监控。2017年，西部新区生产矿井中央变电所、中央泵房、扇风机房、压风机房、矿井水处理站等重要场所以及长距离主要运输胶带等全部实现智能化远程监控。2020年，生产矿井完成安全监测监控系统升级改造，实现所属煤矿（包括省外）的全部联网。按

彭庄煤矿井下中央变电所（2018年）

照要求，实现人员定位系统、安全监测监控系统、视频系统与山东能源集团调度平台对接，实现信息互联互通。山东玻纤集团构建完善企业信息化系统。

五、应急装备

救护大队加大应急救援的装备投入，推广应用先进适用的救援技术装备，淘汰不适应现代救援需要、技术性能落后的技术装备。2012年，添置指挥车、正压呼吸器、生命探测仪等装备179台（件）。

第三节　灾害防治

一、防治水

（一）水患灾害

1. 地面水患

1993年8月4—5日，地处临沂市南部的局属矿、厂、公司14个单位遭受几十年来罕见的特大暴雨袭击。4日21时—5日11时，总降雨量达350毫米，其中5日6—11时集中降雨量260毫米，并伴有7级以上大风。整个矿区地面积水0.7～1.5米，矿区内部及临沂市的交通中断2个昼夜，大部分平房及一楼房间进水，倒塌房屋636间，冲倒围墙2424米，1815户职工家庭遭受严重损失，受灾人数达6699人。暴风雨刮倒大树2116棵，砸坏矿区供电线路10多处，南部矿区全部停电，塘崖、五寺庄煤矿最长停电时间达5小时。后经全力抢修，先后恢复各矿井供电。汤庄煤矿桥头井、三号井被淹，因无力组织抢修恢复生产而永久关井。这次暴风雨灾害没有造成人员伤亡，仍给全局造成直接经济损失2646万元。

2. 井下水患

2002年8月28日，株柏煤矿3406工作面发生溃水事故，造成4人死亡。

2006年11月19日18时，邱集煤矿11煤轨道石门掘进疏水降压巷造成底板奥灰岩溶承压水突水事故，经济损失约420万元。

2008年7月27日，王楼煤矿11305工作面回采过程中发生工作面顶板突水事故，最大突水量450立方米/时，造成工作面被淹，抢险过程中死亡1人。

2010年8月17日，田庄煤矿八采区8602工作面发生底板奥灰突水事故，最大突水量900立方米/时，造成直接经济损失152万元。

2013年1月，王楼煤矿13301回采工作面推过断层组后，断层组活化滞后出水，最大突水量900立方米/时，造成工作面停产数月。

2014年7月27日，新上海一号煤矿筹建处111084工作面回采过程中发生顶板突水溃砂事故，造成工作面被淹。

2015年11月25日，新上海一号煤矿筹建处一分区胶带暗斜井发生底板突水事故，造成矿井被淹，经济损失巨大。

2020年7月12日，古城煤矿3315工作面在高水压、高矿压的共同作用下，奥灰水通过隐伏构造从底板突出，导致矿井三水平被淹，矿井停产；9月12日，通过实施地面注浆堵水，井下水位得到有效控制；11月26日，开始恢复三水平工作。

（二）防治措施

临沂矿务局所属矿井主要受地面水、老空水、地层水和断层水的威胁，按照惯例每年编制"雨季三防"工程计划，并于雨季前对防治水工程进行全面检查验收。在日常采掘工作中，严格贯彻落实有关防治水规定和措施。

2000年9月，草埠煤矿编制完成防止断层突水、预防奥灰水措施和防治徐灰水方案，矿务局组织审查后提出6条意见：①对落差大于10米的断层，应严格按《矿井地质规程》规定留设煤柱。②对新开拓区探察徐灰，通过布置适量徐灰孔和徐灰放水试验，查明动力条件，重点根据水量、水压变化及边界条件分析判断徐灰与奥灰的水力联系，若无明显水力联系，可对徐灰疏水降压实现安全生产；若有水力联系，则要查清具体部位，研究专门措施。③预防奥灰水要采取综合预防措施，适当增加排水能力；加强水的动态观测，搞好水情预报；采取分区隔离措施。④凡受水威胁煤层的采区地质说明书必须附防治水工程设计报矿务局审批。⑤凡受水威胁采掘工作面坚持月度水情分析制度，根据新情况制定相应措施。⑥在开采过程中教育职工熟悉避灾路线，注意观测煤层及顶板变化情况，一有出水征兆，必须停止作业；若情况危急，必须立即发出警报，撤出所有受水威胁人员。

2002年8月，矿务局要求对受水威胁的矿井加强水文地质工作，查清威胁水源和老空水等方面的情况，搞好分析预测，制定针对性措施，加强防范；坚持"有疑必探、先探后掘"的原则，及时分析迎头前方及采空区上方的水文情况，健全水文地质资料档案，及时填绘工程图纸，提供准确水情预报。

2003年5月15日，矿务局转发省煤炭局《强化煤矿防治水管理十项规定》。9月24日，转发《山东煤矿停产整顿验收标准》，对防治水工作提出要求：①矿井必须按规定留足相邻矿井隔离煤柱和各类防水煤柱，严禁擅自开采破坏。②矿井必须设置防治水机构并配备防治水专职技术人员，定期排查水情水患，建立地面积水体巡查制度。③煤矿必须及时提供地质说明书、水害预报、透老空预报。受水威胁矿井必须编制防治水设计和措施，按规定批准后实施。对老窑、古空、充水巷道、导水断层、含水断层、钻孔及地面塌陷积水坑、塘坝、水库、河流等，必须做好水情水害分析，并在相关图纸上表明警戒线、积水线、探水线。坚持"有疑必探、先探后掘"的原则，严格按照批准的探放水设计和措施施工。矿井配备不少于2套完好的探放水设备，并保持正常使用。

2006年，临矿集团所属矿井水害类型多样，有顶板水、底板承压水、老空水，有岩溶裂隙水、断层、陷落柱突水威胁，防治水难度大。水文地质条件复杂的矿井集中在省内，深部区域勘探程度低、隐伏构造难以查清、水头压力大、突水概率增加。为预防矿井水害事故的发生，印发《临矿集团矿井防治水补充规定》《陷落柱防治管理规定》《临沂矿业集团有限公司关于加强陷落柱超前探测和预防的规定》《临沂矿业集团关于加强技改矿井超前探查的管理规定》《临矿集团防治水实施细则》等多项规章制度，要求各矿在防治水过程中认真贯彻执行。

2012年，邱集、田庄、王楼、榆树井、新上海一号等防治水重点矿井，完善水害治理预测预报系统及装备，深度采集水文地质资料，重点加大突水机理、构造导水隔水层厚度等参数的观测分析与研究，实施帷幕注浆、底板加固，解放受水威胁的煤炭储量。水文地质类型复杂的邱集、王楼2对矿井，引进物探、钻探等先进适用技术装备查明矿区水文地质情况。邱集煤矿开展黄河北煤田突水机理研究及治理，加大四·五灰水的治理力度，开展注浆堵水工作，为解放11层煤奠定基础。新驿煤矿开展陷落柱透水性研究，健全完善水文观测系统，进行水文地质补勘。王楼煤矿开展断层注浆堵水，减少工作面出水量并建成矿井涌水自动观测系统。

2013年，临矿集团成立防治水工程技术研究室。办公室最初设在王楼煤矿，后因水害治理工作重心转移调整至邱集煤矿，专攻矿井水害防治工作。

2016年6月1日，邱集煤矿通过多方调研确定由中煤科工集团西安研究院公司在西一采区采用地面顺层钻进区域注浆改造薄层灰岩技术改造徐灰岩层，疏放四·五灰水解放11煤；10日，开始施工D8实验孔。10月28日，临矿集团组织有关人员对D8孔项目阶段成果进行审核认定，认为采用地面顺层孔注浆改造邱集煤矿徐灰含水层，技术上可行，可以在邱集煤矿11煤底板徐灰、顶板四·五灰承压含水层改造工程中推广应用。2017年9月，邱集煤矿首次安全揭露11煤层，为黄河北煤田第一次揭露下组煤。2018年12月，在地面区域治理和井下多次探查后，1102试采工作面顶底板岩溶水害超前治理效果评价通过以武强院士为组长的专家论证。2019年4月，邱集煤矿11煤第一个采煤工作面1102试采工作面开始安全试采；5月，第一个智能化工作面1101工作面正常开采；至2020年底，安全开采4个工作面，采出煤量75万余吨。

邱集煤矿地面注浆站（2017年）

二、防尘

（一）措施及装备

1991年5月，矿务局安装放炮喷雾29套，实现炮采工作面、掘进迎头放炮后自动喷雾。

1995年9月，各煤矿开展矿井防尘系统拉网式自检活动，矿务局验收合格。

1999年5月，全局在综合防尘方面吸取柴里煤矿"3·17"煤尘爆炸事故教训，坚持推广使用长钻孔煤层高压注水、采煤机负压二次降尘、产尘点喷雾洒水、冲刷巷帮、净化风流、湿式打眼、放炮使用水泡泥等综合防尘措施。

2001年8月，矿务局推广使用电煤钻湿式打眼，坚持正常的粉尘测定制度。古城煤矿加强煤层注水工作，对煤尘爆炸指数重新进行鉴定，确定适合矿井实际的防尘措施；褚墩、塘崖、株柏煤矿对新揭露煤层的煤尘爆炸指数进行鉴定。

2002年11月，矿务局转发山东省《关于全省受瓦斯、煤尘等灾害威胁严重的矿井实行重点监控的通知》，对被列为省重点监控的古城煤矿，立项对矿井通风系统、主要通风机能力、网络匹配情况进行论证，确立矿井合理产量。

2005年6月，矿务局在权属各煤矿推广应用洒尘车、风筒喷淋线、自动喷雾、除尘器等防尘设施，加强综放工作面、炮采工作面煤层注水工作，研究探索煤孔隙率低、洒水后围岩易变形等条件下的采煤工作面与掘进工作面减少产尘量的措施。主要进回风巷、转载点、装载点、放顶煤、割煤、移架、放炮等喷雾，实现生产环节喷雾洒水自动化、联动（闭锁）化。

2010年2月，强化对炮掘工作面的防尘管理，规定井下炮掘工作面必须安装放炮自动喷雾装置，并保持正常使用，打眼爆破必须使用水炮泥，严格按规定用炮泥封满封实，采掘工作面爆破前后必须对爆破地点20米范围内进行洒水除尘。

2012年1月，加强综采工作面喷雾降尘，要求采煤机、综掘机必须装备内外喷雾装置，保证喷雾装置雾化良好、使用正常，无水或者喷雾装置不能正常使用时必须停机。

2013年3月，革新喷雾降尘手段，各煤矿综采工作面安装使用随机自动喷雾系统，使移降架喷雾、架间喷雾、采煤机外喷雾实现自动化且雾化效果好。采掘工作面回风巷安装推拉式防尘网及自动净化水幕，降低风流中的浮尘浓度。

2016年6月，革新粉尘个体防护手段，新驿、王楼、古城、郭屯、彭庄煤矿为一线职工配备日本重松DR28U2W型可替换式高效防尘口罩，保障职工身体健康。

2018年，各生产矿井围绕满足快速掘进防尘要求目标，以加大喷雾水压水量、优化迎头通风方式、建立全断面净化水幕等为重点开展技术攻关，实现防尘技术和效果的显著提升。加强专业管理，保障长壁注水方式的现场应用，提升注水灭尘、软化煤体效果。

2018年临矿集团所属煤矿主采煤层煤尘爆炸性鉴定情况一览表

表3-2-2

煤尘爆炸指数 \ 煤层 \ 矿井	郭屯	彭庄	古城	王楼	新驿	鲁西	田庄	里彦	邱集	株柏	武所屯	新上海一号	榆树井
2煤	–	–	–	–	–	–	–	–	–	39.81	–	–	–
3煤	37.85	37.51	37.98	39.39	40.5	37.76	–	–	35.69	34.78			
5煤	–	–	–	–	–	–	–	–	–	–		41.04	–
8煤	–	–	–	–	–	–	–	–	–	–		42.64	41.8
15煤							45.7	41.51				62.56	
16煤	–	–	–	–	41.79	41	48.7	–	–			–	–
17煤							44.37	41.75				–	

（二）防尘管理

2001年6月，矿务局制定《通风专业考核实施细则》。

2003年5月，矿务局制定《强化煤矿"一通三防"管理十项规定》，对综合防尘提出具体要求：①煤巷、半煤岩巷炮掘工作面必须设置高压远程喷雾装置，水喷雾射程必须达到迎头，放炮时对迎头实施高压水喷雾；②炮采工作面应在工作面前排支柱设置高压喷雾，放炮时对放炮地点实施高压水喷雾；③薄煤层（1.3米以下）、煤尘无爆炸危险性及"三软"煤层采煤工作面的移动高压喷雾装置的设置，由矿总工程师（或技术负责人）确定；④严格井下放炮管理制度，井下各放炮工作地点，设置灌装水炮泥装置；⑤放炮时，炮眼无封泥、封泥不足或不实的不得放炮，未使用水炮泥的不得放炮，水喷雾未开启的不得放炮，未执行"一炮三检"制度的不得放炮；⑥严禁放明炮、糊炮和一次装药分次放炮。8月，制定"一通三防"技术管理整顿意见，要求必须保证矿井防尘设施完善、合理、可靠；矿总工程师每月组织人员制定防尘安全技术措施计划，明确分工，严格落实。10月，制定矿井通风质量标准及检查考核办法，对全局矿井综合防尘作出指标性规定。

2010—2013年，在权属各煤矿开展"无尘化"矿井创建活动，加强煤层注水与湿式喷浆新工艺、大风量除尘风机新设备的推广应用，井下作业现场防尘工作得到较大提高。

2014年，开展防尘工作整治年活动，推广应用风筒喷淋线、自动喷雾、除尘器等防尘设施和掘进工作面快速短钻孔注水技术，加强综放工作面、炮采工作面的煤层注水工作。主要进回风巷、转载点、装载点、放顶煤、割煤、移架、放炮等产尘点安装自动化、联动（闭锁）化、手自一体化喷雾装置。

2015年5月，印发《临矿集团一通三防技术管理企业标准》，规定矿井通防系统有关的装备标准和设施安装、管理标准。

（三）技术应用及推广

1996年，矿务局在各矿推广使用工作面防尘自动化技术。

2003年6月，古城煤矿2105工作面安装光电自动喷雾系统。2004年10月，新驿煤矿安装主要大巷隔爆水袋自动加水装置。2005年3月，株柏煤矿推广应用短臂式煤层快速注水技术。8月，新驿煤矿在岩巷掘进中安装使用风筒喷淋系统。

2006年3月，田庄煤矿推广使用智能放炮管理系统，有效防止煤尘事故的发生，并通过自主创新，将喷雾全部换成效果较好的扇形喷雾帘。11月，新驿煤矿和高校科研部门开发使用粉尘在线监测系统，并联系北京仙岛公司将粉尘、防尘在线监测数据与KJ66监控系统联网，通过省煤炭局专家组验收。

2010年，建立健全职业危害防治管理制度和操作规程，加大投入，采取一系列综合防护措施。各矿在井下可能产生煤尘的地点、场所全部设置防尘、除尘装置，在各采掘工作面采取湿式作业、净化风流，在各运输转载点安装自动喷雾装置，在回风巷道设置捕尘帘。加强对噪声、有毒有害气体治理，对井下通风机、压风机全部使用低噪声设备，使噪声控制在85分贝以下。装备瓦斯断电仪等多种有毒有害气体检测仪器。

2011年，在各矿井主要产尘点安装使用粉尘浓度传感器，通过网络与井上电脑相连，实现对井下粉尘浓度24小时监测，确保数据准确。

2014年，研制隔爆水棚自动加水装置和"手动停止，定时自动开启"喷雾，推广防尘"十大亮点"，其中邱集、古城、新驿、田庄等煤矿使用防尘洒水车、风筒喷淋线等，实现防尘喷雾自动化。

三、防瓦斯

（一）瓦斯管理及装备

1991—1994年，各煤矿瓦斯检测普遍采用光学瓦斯检测仪器。1995年，各煤矿推广使用便携瓦检仪、瓦斯矿灯、瓦斯传感器。1996年，各煤矿采掘迎头瓦斯监测探头使用率超过在籍数的60%。

2003年8月，古城煤矿建立瓦斯监控系统。2006年，各矿均建立瓦斯监控系统。

2012年，12对矿井经瓦斯等级鉴定均为瓦斯矿井。

2014年，推动构建瓦斯综合治理工作体系，开展瓦斯地质调查，摸清瓦斯赋存参数。通过国家能源局瓦斯防治能力评估，具备申请建设或兼并重组各类瓦斯等级矿井的资格。

2015年，要求各煤矿必须建立瓦斯零超限目标管理制度，瓦斯超限必须停电撤人、分析原因、停产整改、追究责任；必须完善瓦斯防治责任制，煤矿主要负责人负总责，确保瓦斯防治机构、人员、计划、措施、资金五落实；必须严格矿井瓦斯等级鉴定，煤矿对鉴定资料的真实性负责，鉴定单位对鉴定结果负责；必须制定瓦斯防治中长期规划和年度计划，实行"一矿一策""一面一策"，通风系统调整、突出煤层揭煤、火区密闭和启封时，矿领导必须现场指挥；必须建立通风瓦斯分析制度，发现风流和瓦斯异常变化，必须排查隐患、采取措施；必须确保安全监控系统运行可靠，其显示和控制终端必须设在矿调度室，并与上级公司或负责煤矿安全监管的部门联网，安全监控系统不能正常运行的必须停产整改；必须通风可靠、风量充足，通风或抽采能力不能满足要求的，必须降低产量、核减生产能力；必须严格执行爆破管理、电气设备管理和防灭火管理制度，防范爆破、电气失爆和煤层自燃等引发瓦斯煤尘爆炸。

2017年，11个矿井进行安全监控系统升级改造，新驿煤矿和古城煤矿被列为示范试点。彭庄、田庄、里彦煤矿执行一体化论证、招标流程；王楼、鲁西、邱集、株柏、郭屯煤矿采用设备自行采购、厂家对软件免费升级流程。武所屯煤矿因生产战略规划调整，安全监控系统升级改造暂缓实施。

（二）瓦斯防治及规定

1991年8月，矿务局制定《关于加强回采工作面瓦斯管理的暂行规定》。

1996年7月，全局开展学习推广阳泉防治瓦斯经验活动；1998年3月，开展学习阳泉防治瓦斯经验、建设通风样板矿井建设活动，为确保活动有效开展，从组织机构、考核内容、评比办法、奖励办法等方面作出详细规定。

2001年8月，对部分矿井瓦斯涌出量相对偏高的区域按瓦斯重点区管理，此类区域为株柏煤矿3201回采面，褚墩煤矿3607、3705、3701回采面及煤、半煤岩掘进面，塘崖煤矿40317、5031回采面及煤、半煤岩掘进面。要求严格瓦斯管理、瓦斯检查交接班、瓦斯排放、巷道贯通度、放炮管理等制度；煤巷、半煤岩巷掘进及回采面上隅角要悬挂便携式瓦斯报警仪，串联通风地点要安装瓦斯报警断电装置或设专职瓦斯检查员。

2002年11月，制定《低瓦斯矿井瓦斯异常区的划分标准及管理办法（试行）》。

2003年5月，制定《强化煤矿"一通三防"管理十项规定》，要求各矿必须加强采空区和隅角瓦斯的监测监控，并采取综合治理措施；停工停风的掘进工作面和废弃盲巷，必须在24小时内进行封闭；恢复停工停风的掘进工作面或启封盲巷，必须制定安全措施，由矿山救护队负责实施。8月，矿务局在"一通三防"技术管理整顿意见中，要求各矿必须成立以总工程师为首的瓦斯防治工作领导小组，加强瓦斯预测、瓦斯治理、消除引爆火源（燃）等技术工作；发生瓦斯超限必须由矿总工程师组织通风、机电、安监等部门人员，按事故进行分析，作出处理意见；启封旧巷、排放瓦斯必须由矿山救护队按照规程规定进行。9月，矿务局转发《山东煤矿关于停产整顿验收标准的通知》，要求各低瓦斯矿井的采煤工作面及煤巷、半煤岩巷和有瓦斯涌出的岩巷掘进工作面，必须设置甲烷传感器，掘进工作面安装风电闭锁装置；瓦斯异常区装备专用变压器、专用电缆、专用开关，实现风电、瓦斯电闭锁，装备做到双风机自动切换。

2005年1月，制定《强化煤矿安全监控系统管理规定十项规定》，要求采掘工作面必须形成完整的通风系统，且做到布局合理，瓦斯异常区矿井一个采区内同时作业的采煤工作面数量不得超过2个，掘进工作面数量不得超过3个；其他矿井的一个采区内同时作业的采煤工作面数量不得超过2个，掘进工作面数量不得超过4个，并严格执行串联通风的有关规定；异常区、综采放顶煤开采的采煤工作面，加强采空区和隅角瓦斯的监测监控，并采取综合治理措施；停工停风的掘进工作面和废弃盲巷，必须在24小时内进行封闭，恢复停工停风的掘进工作面或启封盲巷，制定安全措施，由矿山救护队员负责实施；煤巷、半煤岩巷炮掘工作面必须设置高压远程喷雾装置，水喷雾射程必须到达迎头，放炮时必须对迎头实施高压喷雾，炮采工作面在工作面前排设置高压喷雾装置，放炮时对放炮地点实施高压喷雾；开采容易自燃和自燃煤层的矿井，制定完善的综合防尘措施，对于瓦斯异常区的采煤工作面，对采空区实施注浆或注氮措施，并加强采空区有害气体的预测预报工作；各矿配齐安全监测仪器和监测监控设备，并安排专人加强管理和维护，做到统一管理、统一维修、通一标校、统一发放，严禁不合格的安全检测仪器和监测监控设备投入使用。3月，制定《低瓦斯矿井瓦斯异常区的划分标准和管理办法》，规定瓦斯异常区的条件为采区总回风巷风流中瓦斯浓度超过0.2%（含），且绝对瓦斯涌出量每分钟大于0.75立方米的；采掘工作面风流中瓦斯浓度超过0.3%（含）立方米，且绝对瓦斯涌出量每分钟大于0.6立方米的；采区相对瓦斯涌出量每吨小于10米但每吨大于6立方米的；回采工作面相对瓦斯涌出量每吨小于10立方米但每吨大于6立方米的；采掘工作面炮眼中瓦斯浓度大于10%的；采掘工作面瓦斯绝对涌出量每分钟大于1立方米，但持续时间小于8小时的；采掘工作面水沟中因瓦斯涌出产生气泡的；掘进工作面中，因瓦斯涌出而产生"丝丝"声的；正常条件下采区或采掘工作面有瓦斯积聚；没有上述情况，但被省煤炭局定为瓦斯异常区的；其他瓦斯涌出较大及变化异常的采区或采掘工作面。4月，制定《煤矿瓦斯治理经验50条》。6月，组织株柏、塘崖煤矿专业技术管理人员到临沂市黄山煤矿调研，学习瓦斯治理经验。

2006年3月，开展以瓦斯治理为重点的专项治理活动，对株柏、塘崖、古城煤矿重点跟踪监控、综合治理。

2008—2012年，各煤矿严格按照《煤矿安全监控系统及检测仪器使用管理规范》等标准，安设甲烷、温度、风速、一氧化碳、风门开停、设备开停、粉尘检测等传感器，达到"装备齐全、数据准确、断电可靠、处置迅速"的要求，确保监测监控系统信息畅通、实时上传。

2012年，印发《临矿集团瓦斯矿井瓦斯涌出异常区管理办法》，制定株柏煤矿瓦斯异常区采掘工作面瓦斯防治专项措施及区域性瓦斯防治措施，确保瓦斯异常区安全生产。

2015年，重点对王楼、古城煤矿深部瓦斯参数变化情况进行分析，从采场布置、采掘工作面瓦斯管理措施及瓦斯处置应急预案方面提前部署，确保矿井的安全生产。

2008—2017年，对照鲁煤安管《山东省煤矿瓦斯治理示范矿井、示范县标准及验收考核办法》，株柏、古城、新驿、王楼煤矿被评为山东省煤矿瓦斯治理示范矿井。

（三）技术应用及推广

束管色谱分析检测系统（2010年）

2010年，古城、王楼煤矿投入束管色谱分析检测系统用于井下瓦斯等气体精确检测。

2013年，株柏煤矿在生产布置和开采过程中首先开采上部2层煤作为解放层，在开采下部煤层时利用解放层的采空区释放被解放层的瓦斯。煤巷、半煤巷掘进时利用探煤钻机深孔打钻，超前布置释放眼。同时采用短壁高压注水预裂煤层，严格执行"逢采必注、不注不采"措施，有效的预湿煤体、增加煤体裂隙扩大煤体瓦斯涌出裂隙、提前均匀释放煤层瓦斯。在工作面注水作业完工后，在两注水孔之间加打瓦斯释放孔，进一步释放煤层瓦斯。在掘进采煤面溜煤眼时，利用大功率风煤钻机，从巷道开门点直接与工作面打透，提前释放煤层内的瓦斯，解决上山施工坍塌问题。

2014年，临矿集团加强构建瓦斯防治综合治理体系，建设达标公司及矿井，被省局首批授予达标公司。古城、王楼、新驿、田庄、邱集、军城、株柏、马坊8对矿井被省局授予达标矿井，其中古城、王楼煤矿被授予国家级瓦斯治理示范化矿井。

2013—2015年，临矿集团开展瓦斯地质调查，完成济宁矿区、黄河北煤田的瓦斯地质图和说明书编写，摸清了瓦斯赋存、涌出、运移规律参数。完成各矿井瓦斯监控系统的升级改造，配齐各种瓦斯检测仪器仪表配备，实现对瓦斯防治可知、可防、可控。

2017年，临矿集团围绕打造安全智能化矿山建设，提高监控装备智慧化、数字化、信息化，提升安全系数和监控水平。通过不断寻求新突破，按照"试点探索、总结积累、全面推开"的工作思路，对照《山东煤矿安全监控系统升级改造技术方案实施标准》，完成监控系统升级改造任务。

四、防火

（一）煤层自然发火

1999年3月，古城煤矿11021采面发生煤炭自燃。该面为悬移支架分层开采，4月封闭注氮。

2000年2月，古城煤矿11051采面发生煤炭自燃。该面为悬移支架分层开采，3月封闭注氮。

2001年8月，古城煤矿11071采面发生煤炭自燃。该面为悬移支架分层开采，封闭注氮。同月，11021采面发生煤炭自燃。

2003年4月，古城煤矿1203工作面停采密闭期间发生煤炭自燃，重新进行封闭。

2006年11月，古城煤矿2103胶带巷沿空送巷，2105采空区采取均压防灭火技术，密闭内注氮、沿巷注防灭火材料等方式，有效地预防了煤炭自燃现象的发生。

2007—2017年，古城、株柏、马坊煤矿均出现自然发火。

2014年，田庄煤矿为Ⅲ类自燃矿井，榆树井和新上海一号2对矿井为Ⅰ类容易自燃矿井，郭屯、彭庄、古城、王楼、新驿、鲁西、

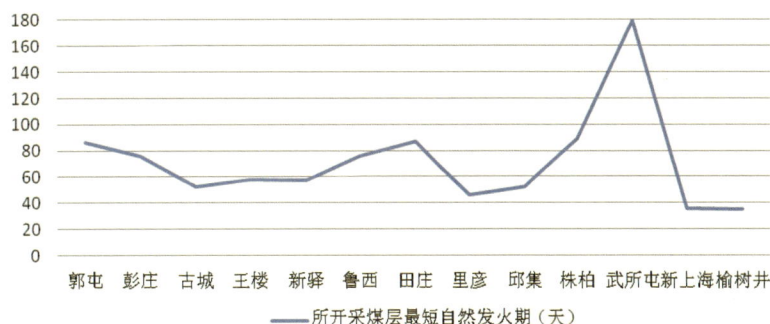

图3-2-1 矿井最短自然发火期统计图

里彦、邱集、株柏、武所屯10对矿井为Ⅱ类自燃矿井，其中，古城、株柏煤矿有煤层自然发火史，经鉴定自然发火期一般在3～6个月之间，古城煤矿实际最短发火期为48天。

2017年末，临矿集团权属13对煤矿所开采煤层进行鉴定，最短自然发火期最长的为武所屯煤矿180天，最短的为新上海一号煤矿与榆树井煤矿38天。

（二）管理与装备

1991—1998年，各矿井煤层自燃后，多采取封闭、注凝胶、灌水等措施。

1999年10月，古城煤矿以170万元购进JXJD-400型移动注氮机1套。

2000年5月，古城煤矿购进KSS-200束管色谱监测监控装置，对采空区实行束管监测，对密闭、高冒区气体采样进行色谱分析；8月，古城煤矿建立以灌浆防灭火为主，注氮、注胶、喷洒阻化剂、煤层注水、束管监测为辅的综合防灭火系统。

2001年4月，古城煤矿采用条带式、二次采全高采煤方法，取代分层开采，有效降低了火灾的发生。11月，矿务局加强矿井自燃火灾的预测、预报及治理工作。除草埠煤矿外，古城、株柏、褚墩、塘崖煤矿均有自然发火史，为此都建立了完善的预测、预报及治理手段。古城煤矿建立永久注浆系统，预测、预报工作有序开展，早期摸清了"三带"划分情况，为防灭火工作提供可靠的技术条件。褚墩、塘崖、株柏煤矿建立手工预测、预报制度，设点定期检测一氧化碳浓度、气温、水温、氧气浓

度等参数。

2002年10月，制定《防火墙的质量标准及管理办法（试行）》，规范全局防火墙建造技术要求。

2003年5月，制定《强化煤矿"一通三防"管理十项规定》，要求开采自燃煤层的矿井，必须建立完善的综合防灭火措施。8月，矿务局制定"一通三防"技术管理整顿意见，要求各矿要有完善的防灭火灌浆系统；启封火区必须符合规程相关规定，严禁不符合条件的启封，严禁违反规程规定在煤层倾角大于35度的火区下部区段进行采掘活动；凡是发生自然发火的矿井，矿务局将按事故进行处理，追究矿总工程师的责任。10月，矿务局制定《矿井通风质量标准及检查考核办法》，对防治自然发火进行指标性规定。

2005年底，除邱集煤矿外，各矿都建立了束管监测监控系统。

2014年，权属矿井配备束管监测预测预报系统12套，配备注氮机5台，其中古城煤矿2台、株柏煤矿1台、新上海一号煤矿1台、榆树井煤矿1台。多个矿井配备移动式防灭火注浆装置，有6套注氮系统、注氮能力3000立方米/时，古城煤矿2套（型号分别为DT-700和TXZD-400注氮系统）、株柏煤矿1套（型号为JXZD-200注氮系统）、新上海一号煤矿2套（型号为DTJY-600/8注氮系统）、榆树井煤矿1套（型号为DT-500/8注氮系统）。

（三）综合防灭火措施

1. 合理布局采场，选择正确回采方式，提高回采率和回采速度；加强掘进工程质量管理，防止高冒；优化通风系统，防止老塘串风。

2. 加强通风设施管理，风门、密闭等设施使用、管理、监控到位。

3. 有专门防灭火专业队伍，日常做好气体监测、设施维护、重点区域监控等工作。

4. 防灭火材料设备齐全、资金到位，建立以灌浆防灭火为主，以注氮、注胶、喷洒阻化剂、煤层注水等为副，以束管监测手段为辅的综合防灭火系统。

5. 安装束管检测系统对井下采空区及采面隅角进行抽气检测，对采空异常区增加人工取样分析。安装煤矿安全监控系统，在采煤工作面回风巷、掘进工作面回风巷、采区回风巷等地点安装一氧化碳、温度等传感器，在采煤工作面回风隅角安设一氧化碳传感器，实现在线监测。

6. 在采煤工作面两顺槽构筑防火门墙，配备高分子防火板，实行编号管理。配置移动注浆设备及阻化泵，对采空区上下端口、断层、顶底板预留煤地段以及其他温度升高区域等地点喷洒阻化剂或注浆进行防灭火，消除自然发火隐患。

（四）技术应用与创新

2010年，株柏煤矿将区段垂高由35米改为25米，并加快工作面推进速度。通过补打中间巷，将溜煤小眼间距由8米改为15米，减少对保护煤柱的破坏。在采煤面下顺槽预埋注氮管路，每隔2个密闭留设1个注氮三通，采用间歇式注氮方式随采随注抑制采空区自然发火。改进密闭施工工艺，砌筑双层密闭并在中间灌浆降低密闭漏风率。2018年11月，对3煤层采空区自然发火"三带"进行观测，获取分布规律，确定合理的工作面推进速度，为矿井防灭火提供技术支撑。

2012—2017年，古城、王楼、郭屯等煤矿推广使用MAB防火剂、赛德、SPA-4等防灭火新材料、新技术。

2017年3月，古城煤矿连续25天向3202工作面采空区压注液态二氧化碳168.78吨，在临矿集团首次采用液态二氧化碳防灭火技术，液态二氧化碳灌注入火区可瞬间汽化、体积膨胀、抑火防爆效果好，灌注后稀释火区氧气、覆盖燃烧煤体降低氧化速度、抑制燃烧，有利于防止瓦斯、煤尘爆炸。经过吸热汽化，可扩散充满任何形状的燃烧空间，适合对采空区深部、高冒区等地点的防灭火。不会损坏设备和井巷设施，灭火后恢复工作量少。

四、防冒顶

（一）顶板事故

1991—2006年，矿务局发生死亡事故41起，死亡56人，其中2003年9月5日，草埠煤矿回采工作面发生冒顶事故，死亡9人，是矿务局有史以来最严重的1次冒顶事故。顶板事故起数和死亡人数分别占56.1%、58.18%。顶板管理成为矿务局安全生产的薄弱环节。

（二）顶板管理

1996年9月，制定《关于贯彻落实部十条掘进安全技术措施的实施意见》，其中涉及顶板支护管理的有5条：①掘进迎头（不设支护的巷道除外）必须使用安全可靠的前探支护或其他形式的临时支护，前探梁的长度不少于4米，固定索不少于3根，严禁空顶作业；②锚杆支护应加强锚固力的检查，锚固力不得小于设计值的要求，临时支护应做到主动有效承载，具有初撑力；③架棚巷道支架间应设置牢固的撑棍或拉杆，炮掘架棚巷道迎头10米的支架，必须使用防倒装置。支架顶帮要接顶、背实。倾斜巷道每帮必须使用2道拉杆，拱形支架，顶部不得少于1道拉杆；④巷道开门和贯通必须编制施工技术安全措施，经矿总工程师审批后实施。巷道掘进应根据设计要求，按照《局长3号指令》支好双抬棚，预留好开门位置。开门处应选在地质条件较好的地段。开门施工必须有区队干部跟班，现场指挥；⑤挖掘柱窝前必须敲帮问顶，处理矸石，检查临时支护和帮的安全情况，确认安全后，方可进行安全作业。挖掘柱窝时应有专人进行监护。

2003年9月，为接受事故教训，在《关于在全局开展安全生产全面整顿的实施意见》中针对各矿顶板管理提出要求：①草埠煤矿对回采工作面初次放顶、老顶来压、过断层、过破碎带及煤柱回收必须提前制定周密的安全技术措施，加强新采煤层顶板矿压观测，摸清矿压显现规律，研究制定切合实际的回采方法。②褚墩煤矿要加强对二、四采区等复采区工作面老空、老巷的超前探放水及顶板管理工作，坚决杜绝采用放大瓮的方法回采，要及时维护巷道，保证出口高度，严格支护材料规格。③塘崖煤矿要加强采掘作业地点支护质量，严禁空顶作业，加强后退路维护，对三岔门、四岔口必须按要求加强支护。④株柏煤矿要切实搞好八采区回采工艺的研究，研究制定试采报告，对大倾角煤层，要加强支护和上下行人、运料的管理，三采区在收尾过程中，要加强顶板管理，及时搞好充填。⑤古城煤矿要重点搞好1110工作面过断层及支架管理，加强深部开采的矿压监测。

2004年2月，制定《关于进一步加强安全生产工作的决定》，对顶板管理提出要求：重点加强工作面初次放顶、老面回撤、新面安装、采煤面上下端头、顶板破碎处以及三岔口、四岔门的顶板支护管理，特别是遇构造时的顶板支护，要根据现场实际，制定针对性的措施并及时补充完善。凡是新面安装、老面回撤以及工作面遇构造，必须实行矿、区队两级管理人员现场盯班，坚决控制顶板事故发生。

2007年，各矿井生产技术条件发生明显变化。①回采工作面由放炮采煤转变为采煤机（刨煤机）采煤，工作面顶板支护由木支护转变为液压支架（或单体支柱+墩柱+铰接顶梁或无顶梁支架）支护，超前支护装备由木支护转变为单体支柱+铰接顶梁（或工字钢棚、π型梁）支护、冲击地压矿井超前支护实现超前单元支架支护；厚煤层采煤工艺由以往的木支护、炮采变成厚煤层一次采全高、综采综放等。②掘进工作面由炮掘转变为综掘机（或凿岩机）+铲装机+胶带输送机（或梭车）等机械掘进，掘进工艺由以往的打眼放炮、架棚支护和人工装运煤矸，衍变为光爆锚喷、锚网支护、综掘机、掘锚一体机和胶带追迎头装运煤矸等。③采煤工作面回采前，地测部门编制相应的回采工作面地质说明书，详细说明工作面开采范围内地质条件，回采作业规程对通过老巷道和特殊地质构造区域制定相应的技术措施。巷道工程施工前先有详细的地质预测预报，利用地质勘探、已有巷道工程揭露有关地质资料，预测工程施工过程中可能遇到的地质破碎带、大断层、陷落柱、背向斜挤压等构造，松软厚煤层的位置、影响范围，以及小窑破坏区的位置、破坏范围；掘进作业规程对照预报制定针对性的安全技术措施，便于巷道工程施工过程中遇特殊的地质技术环境时果断预测、及时加以防范，采取措施防止冒顶现象发生。随着对顶板管理的力度不断加大，顶板事故得到有效控制。

2009—2011年，临矿集团在所属矿井开展掘进精品工程竞赛活动。随着活动的有效开展，管理人员和施工队伍的工程质量、安全意识全面提高，工程施工质量及巷道文明卫生出现明显改观。

2016年，各矿井推广快速掘进、高效采煤成套技术。对不同生产环境下快速掘进作业线系统研究，实现快速掘进机械化、自动化、连续化，提高掘进工作效率，减少顶板管理中的薄弱环节；研究不同煤层赋存条件下的一次采全高、放顶煤、薄煤层等高效采煤工艺，优化生产工序，甄选三机设备，形成成套高效采煤技术，实现矿井高效集约化生产，降低回采工作面冒顶的概率和强度。

六、防冲击地压

2004年11月24日，古城煤矿2106综放工作面发生冲击地压事故，工作面胶带顺槽超前支护内11棵单体支柱折断，多数支柱发生位移。这是临矿集团所属矿井第一次发生冲击地压。由于冲击地压的发生突然、剧烈、冲击波力量巨大，能瞬间摧毁巷道、工作面、设备并伤及现场人员，是国内外采矿界的难题之一。针对日益凸显的冲击地压灾害，通过聘请专家教授指导、有计划地到外部矿山学习、不断实践探索，临矿集团逐步形成一套完整的防治冲击地压措施。

（一）组织机构

有冲击地压灾害的矿井要成立冲击地压防治办公室，按规定配齐防冲专业管理及相关的技术人员，配备相应的专业化施工队伍。

（二）管理制度

建立防冲责任体系，健全防冲工作安全责任制，明确各部门、各级管理人员职责；健全冲击地压灾害防治各项管理制度，确保制度全面落实到位。

（三）采掘布局

根据防治冲击地压的有关规定，合理排定生产布局、采场接续，立足源头治理、坚持区域治理相结合的原则，制定冲击地压灾害治理方案。从源头上避免形成采场应力集中，为防冲工作提供有利环境。

（四）监测监控

冲击地压矿井根据自身实际情况，编制相应的矿井、煤层、水平、采区、工作面防冲评价及设计，制定专项防冲措施。充分利用SOS微震监测系统、冲击地压实时监测系统、钻屑法检查等方式相互补充，对冲击地压矿井及工作面的动力灾害进行监测预警，判断危险区域，预测发生冲击地压的可能性。推广应用动态与静态多参数冲击地压预警技术确保冲击地压实时监测预警。

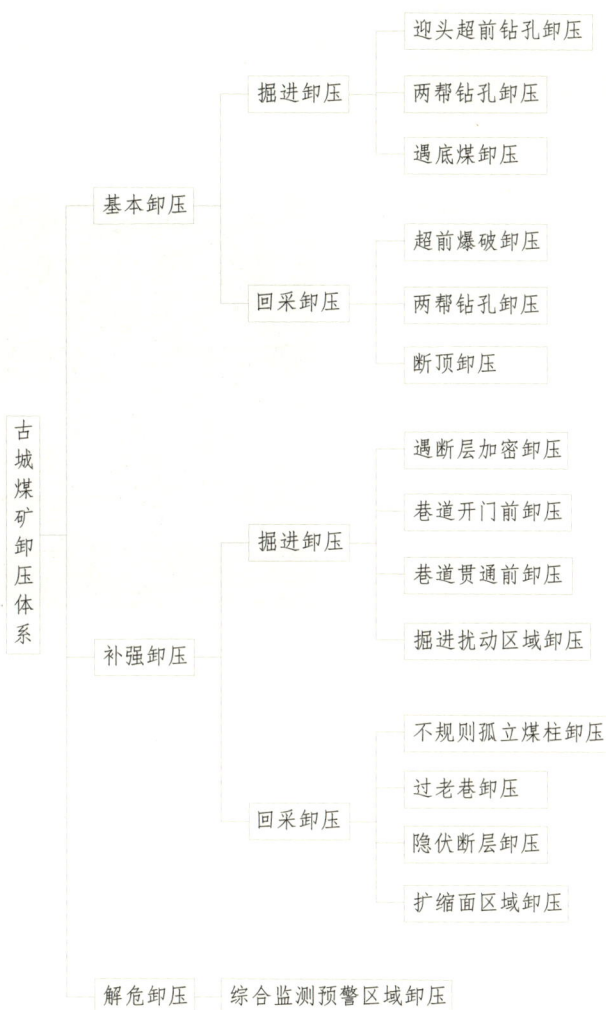

迎头超前钻孔卸压

两帮钻孔卸压

遇底煤卸压

掘进卸压

基本卸压

超前爆破卸压

两帮钻孔卸压

回采卸压

断顶卸压

遇断层加密卸压

巷道开门前卸压

掘进卸压

巷道贯通前卸压

掘进扰动区域卸压

古城煤矿卸压体系

补强卸压

不规则孤立煤柱卸压

过老巷卸压

回采卸压

隐伏断层卸压

扩缩面区域卸压

解危卸压 —— 综合监测预警区域卸压

图3-2-2　　　　　　　古城煤矿卸压体系图

（五）煤层卸压

冲击地压矿井采掘工作面采用以钻孔卸压为主、兼顾爆破卸压、煤层注水等方式进行卸压。对全煤掘进巷道实施"先卸压、后掘进"，对迎头进行充分卸压松动，两帮、底煤紧跟迎头覆盖式钻孔卸压，保障巷道安全掘进。对回采巷道进行超前覆盖式大钻孔卸压，使应力集中区向巷道深部转移，在巷道周边形成有效的保护带。根据监测情况对危险区域有针对性二次或多次卸压，钻孔卸压不塌孔的实施爆破卸压或煤层注水措施等，最大限度降低动力灾害的发生。穿煤、沿煤段及留底煤段巷道采用打钻检测卸压，安装应力在线监测。发现应力集中时采用爆破卸压或钻孔卸压、底板注水等方式降低底板冲击倾向，消除冲击隐患。巷道卸压孔必须挂牌管理，明确卸压孔施工时间、人员以及卸压孔参数等，防冲人员要定期对卸压孔进行检查，保证卸压孔施工质量、达到卸压效果。开展深部高应力强冲击煤层钻孔卸压与支护动态响应机制研究，提高支护强度，降低减小超前应力波及范围，确定合理卸压时机及卸压钻孔最优参数组合，增强巷道抗冲击能力。

（六）科研装备

开展冲击地压防治相关技术研究与攻关，推广应用先进的冲击地压监测预警系统，提升冲击地压防治装备水平，提高矿井安全保障能力。

（七）防冲培训

有计划地组织并参加各种防冲培训，提高防冲人员防治冲击地压的业务水平和能力，建立专业化防冲队伍，提高冲击地压防治水平。

（八）限员管理

加强冲击地压矿井回采、掘进工作面限员管理，严格控制进入工作面人数，进入冲击危险区域的人员必须采取穿戴防冲服等个体防护措施加强个体防护。

2018年，古城、王楼、彭庄、郭屯煤矿在冲击地压防治方面落实相关规定，持续开展技术装备升级改造，强化有效防治。引进大功率、大孔径卸压钻机和微震监测、应力在线监测系统，利用微震台网、应力实时监测传感器、电磁辐射仪、钻孔应力计等进行监控预测，安装冲击地压在线监测系统1套，提高预测预报能力，确保实现有震无灾。

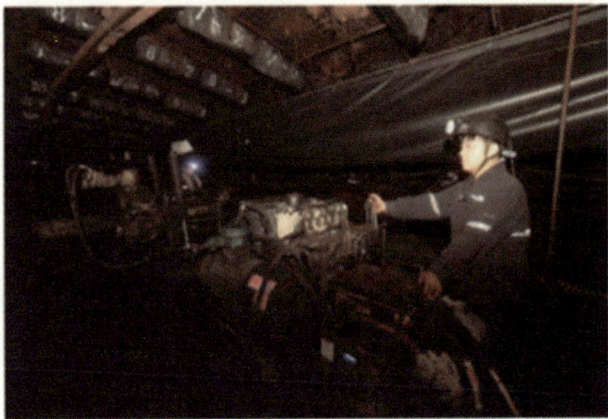

防冲卸压作业（2019年）

七、防地震

（一）机构设置

1969年4月，矿务局成立地震办公室，开展地震预测预报工作。主要监测手段有水氡化验、半导体水温计、倾斜报警、电磁波报警仪等。

1991年开始，地震办公室隶属矿务局安全监察局管理，设工作人员2名。

2001年末，矿务局机关机构改革，地震办公室撤销。

（二）应急预案

1991年，制定《大震对策应急预案》。主要内容有煤矿震灾种类、危害性及救护的特殊性、震前、震后的对策等内容。

（三）预测预报

地震办公室工作人员坚持值班制度，注意观测、收集资料，进行综合分析，多次成功预测预报到发生的地震。1991年9月1日8时7分，黄海（北纬35度34分、东经122度35分）发生3.7级地震；9月2日4时17分，渤海（北纬38度45分、东经125度5分）发生4.2级地震；9月12日20时33分，东海发生4级地震；9月13日0时1分，江苏赣榆发生2.8级地震；9月13日4时52分，山东临沂地区苍山县车辋镇附近发生3.2级地震。上述5次地震，矿务局地震办公室震前在不同频道接收到不同类型的异常电磁波，最长的提前8天，最短的提前5小时53分。苍山车辋镇地震前5天观测到水氡出现峰值，根据不同频道先后出现的异常波型综合分析，矿务局地震办公室在8月23日、8月27日、9月7日、9月12日先后4次向临沂地区地震办提出预报意见，预报跟发震情况基本一致。

1995年9月20日11时40分，临沂市苍山县发生5.2级地震，震前矿务局地震办公室向临沂市提出预报意见，跟发震情况基本一致。

第三章 矿山救护

第一节 机构与队伍

1972年8月，矿务局成立矿山救护中队，担负全局矿山救护任务，同时为临沂市乃至全省的矿山安全服务。

1991年，全局有1个救护中队、8个救护小队。救护中队辖3个救护小队，队员33人；草埠、岐山、莒县、褚墩、塘崖煤矿各1个辅助救护小队，队员49人。

1994年末，救护中队被评为煤炭工业部一级标准化矿山救护中队。

1996年末，岐山煤矿关井，该矿辅助救护队撤销。1997年末，株柏煤矿辅助救护队建立。1999年末，莒县煤矿关井，该矿辅助救护队撤销。

2001年，救护中队定编32人，救护小队由3个改编为4个。3个小队在基地维持正常战备值班，派出1个小队驻古城煤矿轮流值班。全队初中及小学学历约占80%。

2002年3月，救护中队与临沂市黄山、凤凰岭、南头、五四、东高都、西高都、朱张桥、小庄子、程庄、金秋、郑旺、蒙阴县北庄煤矿及淄博市沂源县鲁村煤矿等13对地方生产矿井签订救护技术服务协议。

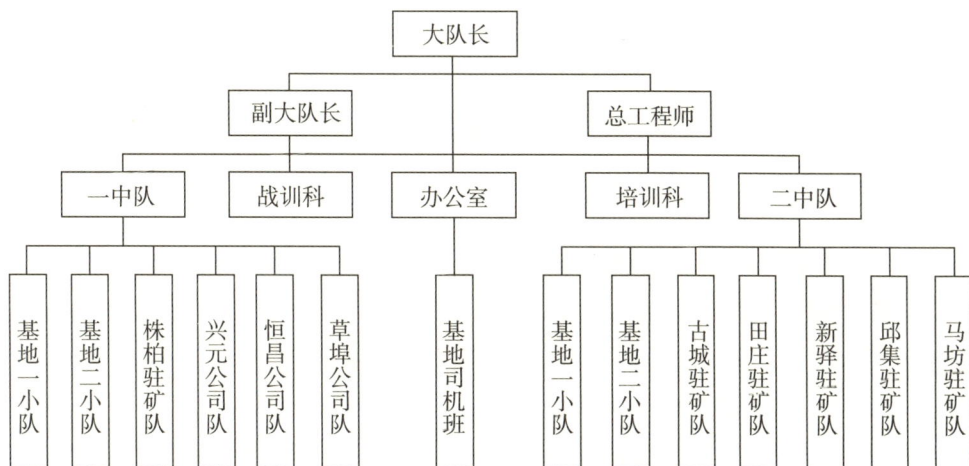

图3-3-1　　　　　　　　　　2005年临沂矿务局矿山救护大队组织机构图

2005年3月，组建矿务局救护大队，设大队长1人由矿务局安全监察局副局长兼任，副大队长1人、总工程师1人。下设2个中队、13个小队。一中队辖6个小队，二中队辖7个小队。两中队设正、副中队长各1人。每个小队在编队员9人，设正、副小队长各1人。大队设战训科、培训科、办公室，在册人数126人。大队、一中队队部及2个直属救护小队驻矿务局所在地罗庄，下辖株柏煤矿队、兴元煤业公司队、恒昌煤业公司队和草埠实业公司队4个驻矿小队；二中队队部及2个直属救护小队驻古城煤矿，下辖古城煤矿队、田庄煤矿队、新驿煤矿队、邱集煤矿队和马坊煤矿队5个驻矿小队。各中队直属救护小队作为基地小队执行战备值班任务。9对局属生产矿井配置的驻矿小队，由通风工区区长兼任小队长，工区技术员兼任小队技术员，日常业务管理由所在矿通防副总工程师负责，直接服务于所在矿井的安全生产。

2006年8月，临沂矿务局矿山救护大队更名为临矿集团矿山救护大队。提出申报，被认定为国家二级资质矿山救护队。

2009年，因企业改制需身份置换，基地小队有6名队员退役，从各生产矿井招收10名新队员和4名救护车司机入队服役。

2010年3月，在临矿集团总部驻地留守的一中队搬迁到株柏煤矿。6月，出资400万元，在兖州市大安镇属亿金公司院内为救护大队兴建综合办公楼、体能训练场、室内训练室、篮球场、充氧室、地下演习巷道等基础设施。救护大队由临沂市罗庄区搬到该基地，二中队亦从古城煤矿迁回大队。大队队部及二中队贴近西部主力生产矿井服务。

2012年8月，基地小队12名老队员退役；10月，从西部生产矿井招收12名新队员入队服役。

2013年8月，会宝岭铁矿公司以退役老队员为骨干成立非煤矿山救护队；10月，恒昌公司驻矿小队撤销；12月，救护大队共13个救护小队，在册人数125人。

2014年10月，救护大队取得国家一级矿山救护队资质。

2016年5月，救护大队撤回驻株柏煤矿的一中队，7名超龄队员退役。对菏泽煤电公司矿山救护独立中队兼并整合，吸纳19名指战员。整合后重组的2个直属中队，1个驻兖州大队基地，1个驻郭屯煤矿。会宝岭铁矿非煤矿山救护队经过扩编成为驻矿中队。7月，将下辖的各驻矿小队退出大队编制，由所在生产矿井纳入兼职小队管理；12月，补充调整科室、中队管理人员，每个中队配备中队长1人、副中队长2人。

2017年10月，招录10名新队员。

2015—2017年，救护大队担负临矿集团省内11对原煤生产矿井、1对铁矿石生产矿井及临沂市安泰能源公司1对原煤矿矿井、宁阳县华宁矿业集团公司2对原煤生产矿井灾害预防处理和抢险救灾任务。

2018年，救护大队担负省内11对原煤生产矿井和1对铁矿石生产矿井的安全检查、技术服务和抢险救灾任务。其间，株柏、里彦、鲁西煤矿各拥有1个兼职救护小队，邱集、新驿、古城、王楼、田庄煤矿各拥有2个兼职救护小队，服务于本生产矿井的日常应急安全管理。

2018年5月，救护大队配备副总工程师，2个直属中队配备专职技术员。

2018年12月，救护大队下设2个直属中队，1个驻矿中队，共9个小队。各中队设中队长1人、副中队长2人、技术员1人。每个小队在编队员9人，设正、副小队长各1人。大队下设战训科、培训科、综合办公室，在册人员105人。有大学本科学历9人、大专8人、中专20人、中技31人；有高级工程师2人、工程师2人、助理工程师6人、技术员4人，高级技师2人、技师6人、高级技工4人。

2019年7月，救护大队成立三中队，招录49名新队员入队。新队员在兖州基地接受3个月的业务培训，编入直属中队实习。3个直属中队10个小队，一中队下设5个小队，驻守兖州基地，1个小队轮流驻守邱集煤矿；二中队下设3个小队，驻守郭屯煤矿；三中队下设2个小队，驻守株柏煤矿西部矿区。

2019年10月，会宝岭铁矿救援队伍归属矿井管理，大队编制只包含直属中队。

1991—2020年临矿集团救护队人员统计表

表3-3-1

队别	建队时间	人员配备									备注
		1991—2000	2001—2004	2005—2007	2008—2012	2013—2015	2016	2017—2018	2019	2020	
合计		83/8	69/8	126/13	135/14	179/19	215/23	222/22	268/26	250/24	专、兼职队
直属中队	1957.03	35/3	32/4	45/4	45/4	44/4	58/6	68/6	114/10	114/10	基地小队
岐山队	1973.05	10/1	–	–	–	–	–	–	–	–	
莒县队	1973.05	10/1	–	–	–	–	–	–	–	–	
草埠队	1973.05	10/1	10/1	9/1	–	–	–	–	–	–	辅助小队 驻矿小队
恒昌队	1985.04	9/1	9/1	9/1	9/1	–	–	–	–	–	
兴元队	1991.05	9/1	9/1	9/1	9/1	9/1	–	–	–	–	
军城队	2009.10	–	–	–	9/1	9/1	–	–	–	–	
武所屯队	2013.08	–	–	–	–	（9/1）	（9/1）	–	–	–	（兼职小队）
里彦队	2014.07	–	–	–	–	–	（9/1）	（9/1）	（9/1）	（9/1）	
鲁西队	2016.07	–	–	–	–	–	（9/1）	（9/1）	（9/1）	（9/1）	
株柏队	1997.12	–	9/1	9/1	9/1	9/1	（9/1）	（9/1）	（9/1）	（9/1）	
邱集队	2005.03	–	–	9/1	9/1	9/1（9/1）	（18/2）	（18/2）	（18/2）	（18/2）	辅助小队 驻矿小队 （兼职小队）
古城队	2005.03	–	–	9/1	9/1	9/1（9/1）	（18/2）	（18/2）	（18/2）	（18/2）	
马坊队	2005.03	–	–	9/1	9/1	9/1	（18/2）	–	–	–	
田庄队	2005.03	–	–	9/1	9/1	9/1	（18/2）	（18/2）	（18/2）	–	
新驿队	2005.03	–	–	9/1	9/1	9/1（9/1）	（18/2）	（18/2）	（18/2）	（18/2）	
王楼队	2007.10	–	–	–	9/1	9/1（9/1）	（18/2）	（18/2）	（18/2）	（18/2）	
会宝岭队	2013.08	–	–	–	–	9/1	31/3	37/3	37/3	37/3	驻矿小队 基地小队
大队在册	2005.03	–	–	126/13	135/14	125/13	89/9	105/9	114	112	

注：历年人员配备栏中数字分子为人数，分母为在编小队个数。2005—2015年，所有驻矿小队均纳入临矿集团救护大队编制；2016年开始，救护大队编制包含直属中队和会宝岭中队。2019年开始，仅包含直属中队。

第二节 训 练

一、训练计划

1991—1995年，救护中队参照1987年版《煤矿救护规程》和1992年《华东地区矿山救护队检查验收标准及评定办法实施细则》，编排学习训练计划。1995年修订的《煤矿救护规程》颁布实施，救护队训练和救护纳入制度化管理。

2005年10月，救护大队制定《救护队达标标准及考核评级实施细则》。2007年10月，《矿山救护规程》《矿山救护队质量标准化规范》颁布，大队对考核细则做相应调整。将年度训练计划和季度业务技术训练工作计划下达到各中队，各中队制定基地小队和驻矿小队月度和周训练计划，上报大队战训科备查。各救护中队每月进行一次综合性考核，大队每季度组织一次达标考核验收，中队不定期开展综合耐力训练和激烈行动，每2天抽查一次闻警出动。

2006年12月，开展争先创优优胜中队暨红旗小队竞赛，坚持一季度一考核一评比。将驻矿小队质量标准化得分纳入所在矿井质量标准化考核结果，提高各生产矿井对本矿救护队伍建设的关注度。

2016年，各驻矿救护小队全部纳入所在矿井兼职救护队，救护大队定期检查指导其技术业务。

2017年8月，救护大队实行学习训练计划提前制定，每期学习和体能训练计划单独制定，使训练项目更加科学、合理、细化。年末，救护大队实行目标考核，参考上季度考核成绩制定下季度考核目标，考核结果与个人薪酬直接挂钩。

二、训练活动

按照军事化管理要求，队伍实行24小时战备值班制度，执行国家安全生产监督管理总局批准的5项安全生产执行标准。

（一）理论培训

1991—2005年，矿务局各救护小队培训和复训均由救护中队组织完成。初训2个月，复训2周，每年开展1次。救护大队成立后，每年对在册救护队员轮流进行1次为期半个月的复训，复训科目按照规程规定应培训的专业技术业务编排，研讨演练新增加技术装备的操作使用和国际模拟救灾竞赛规则。

2013年，队员全员理论培训由山东煤矿安全监察局安培中心统一组织，救护大队负责本队队员实训工作。大、中队指挥员则按照省救援指挥中心下达的培训计划分批参加国家救援培训中心和省救援指挥中心培训班学习。各救护小队每天组织2小时的业务技术学习，以《全国救援技术比武理论题库》《煤矿安全规程》《矿山救护规程》《国际矿山救援技术竞赛规则》及各类仪器装备应知部分为学习内容，中队每周组织一次理论考核。

2015年，按照省救援指挥中心统一组织，每年下半年与省内的1个救护大队互派1个小队进行为期1周的交流实训。

2019年，大队引导队员注册"学习强国"平台，将政治理论题编入救护2000题进行随机考试，纳入月度绩效考核。

2020年，每个值班周期进行3次业务理论学习，学习《矿山救护队质量标准化考核规范》《矿山救护2000题》及各种装备仪器应知应会。将基础知识、拓展知识和仪器操作应知应会录入考试系统，管理人员共同参与学习考核，实现大队各项考核全覆盖。编制《氧气充填泵》《一般技术性操作用电》《排放瓦斯》安全行为操作手册，提升指战员对规范操作的掌控水平，养成规范操作行为习惯。

（二）体能训练

中队每天组织体能训练，包括爬绳、引体向上、举重、跳高、跳远、哑铃、负重蹲起、跑步等项目。2018年，将拔河比赛作为体能训练项目纳入训练计划，举行篮球、乒乓球体育活动，组织指战员佩用氧气呼吸器进行万米耐力训练和登山越野训练。2020年，根据参加山东省第一届矿山救援技术竞赛体能训练方式，总结提炼出"临矿救护体能"训练法，在全队进行固化推广应用。每天下午交替组织5000米及万米跑步。

（三）一般技术操作和设备操作训练

根据救援工作需要，小队合理安排设备操作训练，包括正压氧气呼吸器席位竞赛、苏生器操作前的准备，伤员评估、止血、抗休克等医疗急救操作，灾区电话的连接使用，瓦斯检定器、一氧化碳检定器、氧气检定器、氧气呼吸器校验仪、远红外线测温仪等检测仪器的操作使用，液压起重器、2小时呼吸器、压缩氧自救器的应用，安装局部扇风机、带风接风筒，挂风障，砌砖密闭等技术性操作，学习大型灭火装备应知理论并掌握操作技术。熟悉矿井各类有毒有害气体安全值规定，分析讨论事故案例。

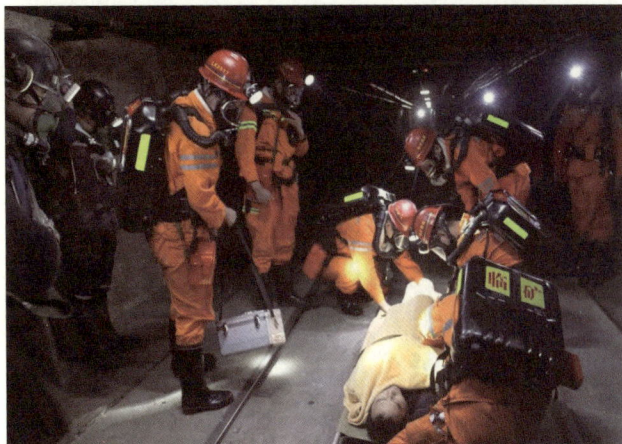

井下急救包扎训练（2016年）

2015年，大队每年组织参与1次全省事故救援案例分析巡讲报告会。2017年，大队对学习计划中的案例分析课进行改进，实行每名队员轮流讲解分析，以增强对救援行动正确与否的辨识力。2018年，试行案例分析评比，引导队员对典型事故深入剖析并提出见解，拓宽队员处置复杂问题的思维应变能力。

（四）演习训练

按照《国际矿山救援技术竞赛规则》，小队每月组织1次模拟救灾演习。2016年，将对服务矿井的预防性安全检查由1季度1次调整为每月1次，变事后处理为事前控制。结合质量达标验收考核，每季度进行1次在高温（50摄氏度）浓烟巷道中的救灾演习。救护小队轮流与矿兼职救护小队参加各生产矿井一年一度的矿井反风演习和救灾演练。

2006年、2016年"119"消防宣传日，救护大队组队参加临沂市危险化学品事故应急救援联合实战演习，临场处置随机突发事件。

2020年5月20日，出动3个小队参与山东能源集团与济宁市应急管理局在王楼煤矿联合举办的冲击地压事故救援演练，完成指挥部分配的救援任务。

（五）军事化训练与技术比武

每批新招收队员入队时必须接受为期1周的军事化训练，包括队容、风纪、礼节，着重培养其服从命令、听从指挥的自觉性和步调一致的军事素养。中队按计划每周组织2次军事化队列训练，在救护队员技术比武、达标验收、大型集会活动时举行军事化队列操演。2017年，大队依据《中国人民解放军内务条令》《煤矿安全规程》《矿山救护规程》，实施《临矿集团救护大队军事化管理规范》《临矿集团救护大队军事化管理监察条例》。

1998年9月，举办首届救护技术比武。年末，救护中队自查，报请支队、总队批准，升级为部特级标准化矿山救护队，成为山东省唯一达到部特级矿山救护队标准的独立中队。1999—2020年，连续被评为部特级标准化矿山救护队。

2003年10月，救护中队选拔优秀队员集训，参加在兖矿集团举办的全省救护技术比武，获得集体军训第二名和个人正压呼吸器席位第三名。

2005年9月，举办首届救援技术比武。11月，刚组建的救护大队选拔一批身体素质好、技术过硬

组队参加全省第一届矿山救援技术竞赛（2019年）

的队员参加在龙矿集团举办的全省救护技术比武。

2007年9月、2009年5月，组队分别参加在淄矿集团和枣矿集团举办的全省救护技术竞赛，获得个人正压氧气呼吸器席位操作第三名。

2012年4月，组队参加在新矿集团举办的省救援技术竞赛，获得个人体能竞赛第三名。

2014年9月，组队参加在兖矿集团举办的全省救援技术竞赛，获得理论竞赛一等奖、体能竞赛二等奖及席位操作三等奖。

2017年4月，通过全国矿山救护大队质量标准化互检检查组验收；5月，组队参加在枣矿集团举办的全省救援技术竞赛，医疗急救项目获得第二名，2名选手获得"山东省2017年矿山救援专业技术能手"称号。

2018年12月，大队选派5名队员代表郓城县企业消防队参加菏泽市消防支队举办的企业消防技能比武，获得团体第一名。

2019年11月，组队参加第一届山东省矿山救援技术竞赛，个人项目获得指挥员战术运用一等奖、个人业务理论二等奖，集体项目获得挂风障二等奖、安装局部通风机接风筒二等奖、创伤急救三等奖，团体综合排名第三名。

2014年9月、2016年9月、2018年9月、2020年10月，救护大队承办临沂市第九、第十、第十一届、第十二届"劳动之星"暨临矿集团职业技能救护专业竞赛。通过竞赛，选拔本年度专、兼职救护队专业技术能手，纳入临矿集团技术专业人才库。

第三节 装 备

1991年，矿务局有1个救护中队、8个救护小队，有8辆矿山救护车、975件救护器材。

1994年，购进华西牌中型救护抢险车1辆。

1995年，救护中队使用AHY-6型负压氧气呼吸器取代AHG-4型负压氧气呼吸器，新进液压起重器、圆盘电锯及液压剪刀等一批先进的救护装备。各矿辅助救护队使用的氧气呼吸器逐步由AHG-4型更新为AHY-6型负压氧气呼吸器。

2000年，新增1辆依维柯牌矿山救护车。

2002年，救护中队与13对地方煤矿签订救护协议书并履职。购进硫化氢检测报警仪4台、氧气检测报警仪4台、红外线测温仪1台、一氧化碳检测报警仪3台、灾区电话4套和多功能体能训练器材1套。以国家补助资金购置正压氧气呼吸器10台和依维柯牌矿山救护车1辆。

2005年3月，投资450万元，更新2辆依维柯牌矿山救护车，购进106台HYZ4或ZYHS240型正压氧气呼吸器，装备基地小队和西部新区5个矿的驻矿小队。

2006年，投资192万元，配备依维柯牌救护装备车1辆、惰气灭火装置1套、高倍数泡沫灭火装置2

台、多功能气体测定仪1台、多功能灾区移动电话1套、红外线测温仪4台、便携式爆炸三角仪1台、氧气充填泵2台，为培训教室配备1套多媒体教学设备。

2009年，购进10台德国产德尔格BG4、2台美国产BIOPOK-240正压氧气4小时呼吸器及2台BG4氧气呼吸器校验仪，购置大众志骏牌指挥车1辆。

2011年，添置气囊式快速密闭5套、矿用防爆液压金刚石链条锯1套、高扬程灭火泵1台、高压脉冲灭火装置6套、起重气垫2套、液压剪刀2台、空气充气泵1台，更新10台BG4氧气呼吸器等技术装备，补充2辆南京依维柯牌矿山救援车。

2014年，投入资金100万元，配备蛇眼生命探测仪1套、防爆数码摄像机1台、降温背心6套、灾区电话3套、BG4呼吸器12台、BG4呼吸器校验仪1台、高扬程潜水泵1台、氧气充填泵2台、2小时正压氧气呼吸器12台、2小时备用氧气瓶12个、自动苏生器2台。直属中队个人技术装备正压氧气呼吸器全部由国产HYZ4更新为德国产BG4。

2015年末，添置奔腾X80牌指挥车1辆。

2016年5月，与菏泽煤电公司救护独立中队合并重组，所配置的救援技术装备与2辆福特牌矿山救援车纳入救护大队调配使用。

2017年，投资96万元，购置南京依维柯牌矿山救援车2辆、视频指挥系统1套、便携式气体分析仪1台。

2018年，购进心肺复苏模拟人3套，依维柯矿山救护车、装备车各1辆。

2019年，投资480万元，购置BG4正压氧气呼吸器49台、RZ-7000呼吸器校验仪5台、氧气充填泵2台、气体检测仪器1套；购进气体化验车1辆、救援车2辆。

2020年5月，购进RZ7000呼吸器校验仪、DKL生命探测仪、氧气充填泵、气体检测仪器、氢氧化钙检测仪各1台、别克GL8指挥车1辆、救援车1辆。

2020年临矿集团救护大队主要救护装备明细表

表3-3-2

序号	装备名称	规格型号	单位	数量	生产厂家
1	救护车	依维柯、福特	辆	10	江苏南京、江西
2	指挥车	桑塔纳、奔腾X80、GL8	辆	3	一汽
3	装备车	依维柯	辆	1	江苏南京
4	气体分析化验车	依维柯	辆	1	江苏南京
5	惰气灭火装置	500m³/min	套	1	黑龙江哈尔滨
6	高倍数泡沫灭火机	BGP400型、BGP200型	台	5	黑龙江哈尔滨
7	高扬程潜水泵	380V/660V	台	6	江苏泰州
8	正压氧气呼吸器	BG4	台	143	德国
9	便携式氧气自动复苏机	P-6	台	1	日本
10	BG4呼吸器校正仪	Testit-6100	台	12	德国
11	BG4呼吸器校正仪	RZ7000	台	7	德国
12	蛇眼生命探测仪	5m	台	1	山东济南
13	氧气充填泵	AE102	台	8	辽宁抚顺

续表

序号	装备名称	规格型号	单位	数量	生产厂家
14	便携式爆炸三角测定仪	BMK-Ⅱ	台	3	辽宁沈阳
15	起重气垫	（QQDA-7\13\21）3件	套	3	北京凌天
16	汽油切割机	FIJ12-20	台	1	江苏泰州
17	矿用防爆液压金刚石链条锯	JYL6/5000	套	1	北京凌天
18	气囊式快速密闭	QKB10-14	套	5	江苏泰州
19	剪扩器	GYJK-20/270	套	10	韩国、江苏泰州
20	矿用气相色谱仪	SP-7890	套	1	山东瑞虹
21	热成像仪	YRH250型	台	2	广东飒特
22	矿井多参数气体测定仪	D_4、D_6	台	12	陕西西安华丰

第四节　抢险救灾

　　救护大队直属中队各救护小队在待机值班期间，开展学习训练，有计划地到所属服务矿井开展预防性安全检查，从事安全隐患排查、瓦斯排放、启封火区、震动爆破、反风演习等安全技术服务。战备值班期间，学习业务、锻炼体质，开展队列训练、仪器操作、模拟救灾演练。一旦接到事故召请电话，立即集合奔赴事故现场，全力投入抢险救灾。

　　1991—2020年，救护大队参与省内煤矿和非煤矿矿山各类灾害事故救援132起，抢救遇险遇难人员258人，99人获救生还，挽回直接经济损失1.3亿元。抢险救灾中杜绝了自身伤害、伤亡事故，实现安全救护。

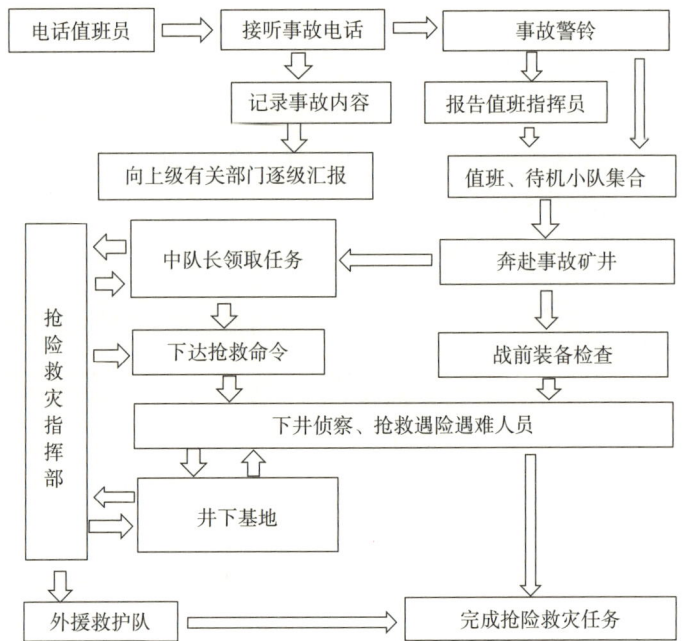

图3-3-2　　　　事故应急救援流程图

一、塌陷事故

（一）沂源县石门煤矿"4·16"立井塌陷事故

　　1993年4月16日10时30分，沂源县石门煤矿发生立井塌陷事故，14名矿工被困井下，矿务局救护队奉命派2个小队前往救援。

　　立井采用木盘支护，上部周边利用矸石充填，回采过程中又将井筒两边的保护煤柱采净。当地农民灌溉麦田时积水下渗冲刷井帮造成井筒塌陷50多米。该矿井下仅此1个井筒通往地面（独眼井），对遇险人员生命安全构成重大威胁。该矿井下有3处和草埠煤矿西风井老空区掘透，回风和排水通过该空区泄漏得以解决，为后期抢救赢得时间。

经分析，指挥部决定由草埠煤矿西风井采空区沿空送巷（400余米）解救被困人员。考虑到施工所用时间较长，确定同时由地面施工钻孔透其井底车场，通过钻孔输送食品、衣物、照明和通信器材。

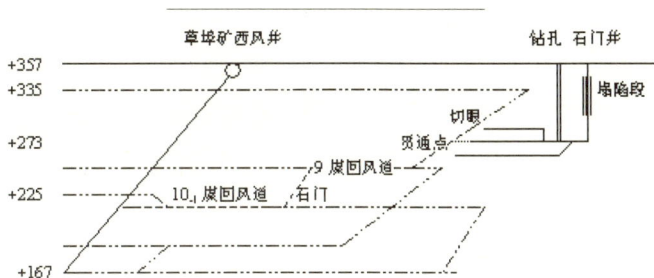

图3-3-3　石门煤矿立井塌陷事故救援示意图

由于草埠煤矿西风井通往事故矿井的通道布置在老空内，顶板压力大（部分已破碎冒落），局部顶底板高度仅0.6米，扒渣和运送支护材料十分困难。在施工过程中，救护队担负侦察探险和突击抢修任务。现场采用柱子、板棚、木垛等对顶板加强维护，以保证后路的安全畅通。沿空送巷由10煤头炭回风巷开始，经9煤石门进入9煤回风巷，沿切眼向上进入9煤采空区，再根据遇险人员在泄水流中掺入广告色来判定方位与该矿井下巷道贯通。正是这贯通的16米通道，长期的顶板缓慢下沉造成顶底距离局部不足0.4米，救援人员用锤打钎子破底，凿出0.8米高、1.1米宽的行人空间，为被困人员打开生命之门。按照抢险指挥部的决策，临沂、淄博2个救护队4个小队和社会各界200多人密切配合，克服重重困难，历时15天，于4月30日12时，营救出14名被困遇险人员。

（二）草埠煤矿"9·5"冒顶事故

2003年9月5日2时30分，草埠煤矿6101回采工作面发生冒顶事故，9名矿工遇险被困。

接到矿务局调度室指令后，3时40分、11时40分，救护队先后派2个小队前往救援。根据指挥部的安排，一处从回风巷出口向下维修，另一处则利用探断层切眼上掘5米后掘横贯透冒顶区偏下部，与下部向上扒矸架棚的作业点平行作业。因上、下两处维修地点顶板冒落较高，支护相当困难，后路难以维护，施工进度迟缓。18时，停止上、下两个地点的维修，集中进行掘横贯透老空作业。6日6时5分，进入老空区2米后见到工作面第三排支柱，发现1名被困人员，现场抢救无效死亡。同日，淄博矿务局救护队2个小队前来支援，派出1个小队与临沂矿务局救护队并肩奋战。19时30分，又向前推进1米多，相继找到第2、3名被困人员，均遇难。在对维护形成的巷道上侧2米的第4个被困人员进行抢救过程中，顶板又一次出现坍塌。为预防顶板冒落，再一次对后路上帮进行增补支柱，并在巷道前方及下侧岩石上方架设5个木垛。维护工作完成后，开始沿倾斜向上扒渣支护，随着扒渣不断的前进，第5、6、7、8名遇难者相继找到。8日2时25分，找出最后1名遇难者。至此，9名被困人员全部找到，均遇难。

（三）平邑石膏矿"12·25"坍塌事故

2015年12月25日7时56分，临沂市平邑县玉荣商贸公司石膏矿顶板发生坍塌，29人被困。

8时56分，救护大队接临矿集团灾情调度电话后，总工程师带领一中队二小队由株柏煤矿驻地赶往事故矿井，成为第一支前来救援的矿山救援专业化队伍。领取任务后，到西部4号井营救井底车场被困的14人。在矿方技术人员带领下乘北罐笼入井搜救井底待救人员时，由于底部上升中的南罐笼卡在了严重倾斜的井壁上，导致上部北罐笼下放近50米时出现骤停，只得返回地面帮助黄金公司自罐笼内下放遥测探头探测井筒与马头门的破坏程度，为救援方案的制定提供依据。21时30分，二中队一、三小队在中队长带领下由兖州基地赶到4号井，与一中队二小队会合。大队总工程师在救援指挥部汇报情况时获悉在十一路西区域有一名矿工被埋压待救，主动请缨出战获指挥部批准。23时30分，由中队长带领二中队一小队与株柏煤矿采掘小队一同由1号井下井到达碎膏埋人地点，与矿方施救人员一起全力抢救，将被埋压矿工安全救出，26日0时15分升井。井下现场组确定1号、2号救援通道路线。临矿集团、兖矿集团、新矿集团派施工队分班盯头，全力推进，救护队为其进行安全监护。12月28日，4号井地面开始大直径钻孔救人平行作业。

2016年1月3日下午，终止1号井井下的救援通道施工，全力维持井下向地面和采空区排水。救护队员顶着上覆大面积采空区积水溃泄的威胁，严格有序的监视维持井下排水，竭力阻滞下部积水上浸，维持井下被困矿工生存空间和通风条件，全力为大直径钻孔地面施救赢得时间。29日21时21分，在所有参与救援人员的共同努力下，第一名被困矿工顺利升井；至22点49分，井下幸存的4名被困矿工全部升井。

二、水灾事故

（一）龙山煤矿"8·5"特大透水事故

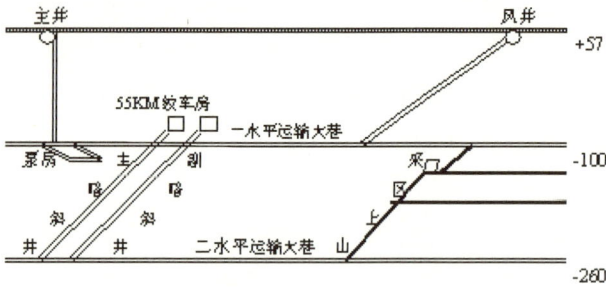

图3-3-4 龙山煤矿开拓系统示意图

1993年8月5日，临沂地区遭受特大暴风雨袭击，罗庄镇朱陈公司龙山煤矿矿区内隐蔽古井塌陷，发生特别重大透水事故。9时30分，矿井被淹，59名矿工被困井下。

接到报警电话后，矿务局救护队出动1个小队于9时50分赶到事故矿井。在听取情况介绍后，从王庄煤矿小井深入井下对灾区进行侦察。经过近2个小时的探险发现，积水通过突然塌陷的隐蔽古井以100多米的落差泻入3层煤老空区，穿过老空区、老巷道汇集到东大巷涌入井底，瞬间淹没矿井，被困人员情况不明。特大暴风雨袭击造成停电，失去提升部分人员升井的机会。

事故发生后，中共临沂地委、临沂地区行署及时成立抢险指挥部，行署副专员任总指挥。经过170天的昼夜奋战，新钻排水井6眼、深度1075.9米，清挖疏理排水沟6750米，安装排水管道3100米，围堵古井20个，新架高压线路2500米，安装变压器6台，总排水量190万立方米，清理淤积泥矸6183立方米，修复巷道1750米。其间，矿务局救护中队出动抢险队员55队次468人次，担负侦察探险、寻找运送遇难矿工、监测近水地点有害气体、清理巷道淤积泥矸、恢复已暴露巷道通风、安装挪移潜水泵及撒药消毒防疫等工作。1994年1月22日，遇难的59名矿工遗体全部被找到。

（二）北仲三村煤矿"8·25"透水事故

1998年8月25日13时30分，临沂市平邑县仲村镇北仲三村煤矿西井发生重大突水事故，11名矿工遇险。

事故发生后，北仲三村立即报告上级有关部门。8月25日17时，矿务局救护队接到召请后出

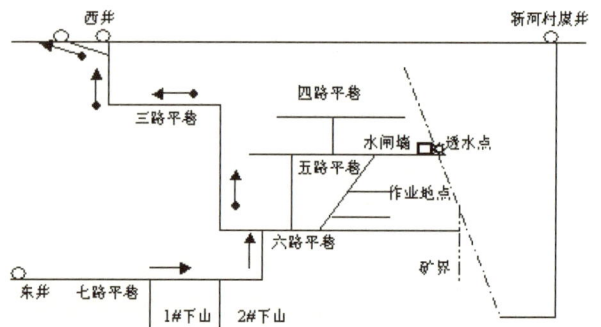

图3-3-5 北仲三村煤矿透水事故示意图

动1个小队，19时15分赶到事故矿井。了解实际情况后，从东井下井对灾区进行侦察。途经六路时，将抢救中负责运送风筒缺氧被困的4名矿工及时救出，避免了事故的进一步扩大。经对该处气体进行检测，甲烷1.2%、二氧化碳13.8%、氧气12.5%。又与随后赶来的新汶矿务局救护队一起进行全面侦察。根据侦察情况，指挥部研究制定抢救措施。临沂矿务局、新汶矿务局、兖州矿务局3支救护队相互配合、共同努力，经过83小时的奋力抢险，排出积水约2.5万立方米，救出7名遇险者，4名矿工遇难。

（三）株柏煤矿"8·28"水灾事故

2002年8月28日22时35分，矿务局救护队接到局调度室电话：株柏煤矿3406工作面发生透水事故，有4名矿工被困。值班小队于23时5分到达株柏煤矿，听取事故情况通报后，赶往事故地点。此时，矿正组织矿工清理3406运输巷中的堵塞物，寻找被堵人员。救护队到达事故地点后，发现各种有害气体含量不超规定、通风系统良好，随即展开抢救。29日0时28分，待机小队到达现场，随即投入抢险救灾。29日7时30分，经过紧张的清淤、排水、修复巷道、用倒链将淤积物积压的矿车拉出，4名遇难人员全部被找到。

三、煤与瓦斯事故

（一）罗庄镇朱张桥煤矿"10·9"瓦斯煤尘爆炸事故

1993年10月9日6时6分，临沂地区罗庄镇朱张桥煤矿-90米水平下回采面发生瓦斯煤尘爆炸事故，轻伤2人，死亡13人。

接到报警电话后，矿务局救护队派出2个小队迅速赶赴，共同制定安全抢救措施。按照既定方案，一个小队在-90米水平待机并监护矿工恢复通信、切断电源、安装局扇。另一个小队负责连接风筒恢复通风，当赶到甩车场躲避硐时，发现有2人晕倒，头部有轻微破皮伤，经供氧苏醒后及时送往井上。待机小队立即投入抢救，边恢复通风边清理修复巷道，在回采上山找到7名遇难人员。扒通上山下部的积煤后，在另一侧平巷内又找到2名遇难人员。2个小队运出遇难人员后，在上山（回采作业地点）找到另4名遇难人员，依据煤焦粘块发现引爆源—失爆的煤电钻。由于措施得当，指挥得力，全力施救，历时5小时49分安全完成抢救任务。

（二）凤凰矿业"9·10"煤与瓦斯突出事故

2006年9月10日14时20分，临矿集团救护大队接到临沂市凤凰矿业报警电话：井下一掘进工作面发生煤与瓦斯突出，

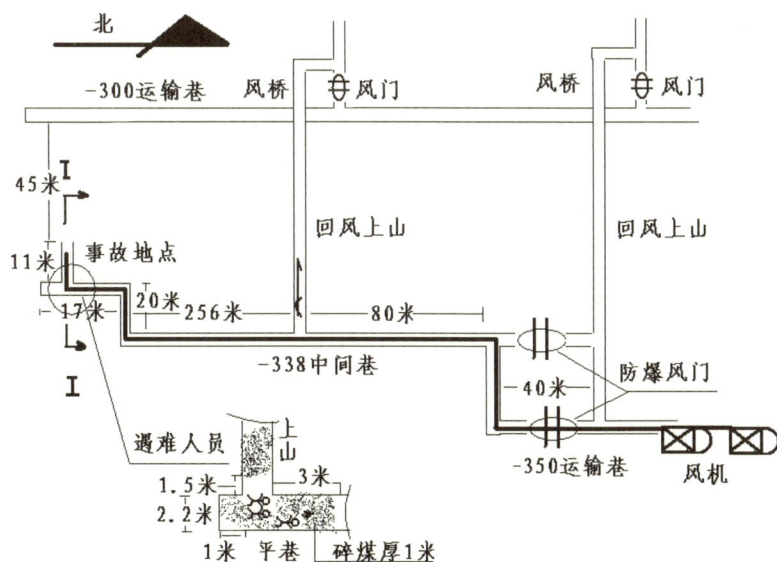

图3-3-6　　突出事故发生地点与遇难人员位置图

有5人遇险。基地值班的2个小队闻警出动，14时39分到达该矿。15时10分，到达出事地点后方回风上山外侧。此时，该矿有5名抢险人员佩带隔离式自救器，正在上山下口平巷内擂煤找人。救护队立即进入该地点，对突出上山下口抢险地点的空气成分进行测定，氧气浓度18%、甲烷浓度9%。抢救现场处在受瓦斯爆炸威胁的环境中，矿上抢险人员采用铁锨擂煤找人极易产生火花引爆瓦斯；发生突出的上山因护身柱挡护仅在下部不足2米有空隙，其上部被粉碎的煤体充满，随时都有坍塌和高浓度瓦斯逸出的可能。为防止事故扩大，决定将该矿的抢险人员撤退到回风上山以外的新鲜风流中待命，同时将在上山下口平巷下帮浮煤下扒出的1名遇难人员运出。安排人在回风上山外侧站岗，禁止非救护队员入内。派1个小队在现场整理风筒排放瓦斯，用搪木将上山上部积存的碎煤封堵控制，用防爆工具在平巷上帮清理积煤寻找遇难人员。15时50分，发现另2名遇难人员；16时35分，将其全部扒出。

四、冲击地压事故

龙郓煤业公司"10·20"冲击地压事故

2018年10月20日23时，龙矿集团龙郓煤业公司井下一掘进工作面发生冲击地压，造成22名矿工被困。

21日3时10分，临矿集团救护大队接到电话后，当即安排驻郭屯矿的二中队队长率三小队出动救援，成为第一支到达事故现场的"外援队"。4时20分，小队到达井下展开侦察，发现事故迎头后方单轨吊终端以里的巷道破坏严重，托网与顶煤（约1.6米）垮落后顶部失去支护，风筒与运输胶带被埋压，变坡点低洼处水深没膝人员通行受阻。经检查，氧气浓度18%，甲烷浓度0.2%，二氧化碳浓

2018年10月21日14时40分，1名被困矿工获救升井。

度0.1%，一氧化碳浓度0.0028%，空气温度50摄氏度，随即展开救援行动。6时20分，在基地值班的副大队长率战训科2人从兖州赶到矿上，与井下队员会合。9时45分，汇合后的指战员再次进入灾区勘察，剪开堵在冒落空间前方左下角的锚网准备进入网下救人（正是此举为脱险矿工打开了生命通道）。在剪开锚网清理冒落物时发现2名遇险人员，经初步鉴定已遇难。因受现场条件所限，救援工作难以进一步施展。12时20分，受地面救援组指派，大队总工程师率2人携带蛇眼寻人仪和热成像仪到达井下，搜寻有生命迹象的遇险矿工；14时40分，与龙矿救护大队一起将1名幸存脱险的被困矿工营救升井。经过持续不懈的努力，至29日11时将遇险的22名矿工全部救出。其中1人生还，21人遇难。救援期间，临矿救护大队参与井下救援14个班次，162人次，抢救出被困人员6人，其中生还1人、5人遇难。

第四章 矿井事故

第一节 事故统计

1991—2006年，矿务局发生死亡事故41起，死亡56人。其中，顶板事故22起、死亡33人，运输事故9起、死亡9人，瓦斯事故4起、死亡5人，水灾事故1起、死亡4人，机电事故1起、死亡1人，放炮事故1起、死亡1人，其他事故3起、死亡3人。2006年，矿务局实现安全生产，创建局后历史最好安全成绩。

2007—2020年，临矿集团发生死亡事故5起、死亡6人。其中一次死亡1人的4起、一次死亡2人的1起，顶板事故1起、死亡2人，冲击地压事故1起、死亡1人，机电运输事故3起、死亡3人。另外发生一起重大非人身伤亡事故。截至2020年末，临矿集团实现连续安全生产1442天。

1991—2020年临矿集团百万吨死亡率统计表

表3-4-1

年度	百万吨死亡率	年度	百万吨死亡率
1991	4.64	2006	0
1992	4	2007	0
1993	3.84	2008	0.13
1994	3.38	2009	0.11
1995	2.25	2010	0
1996	9.78	2011	0
1997	3.11	2012	0.2
1998	1.53	2013	0
1999	1.61	2014	0
2000	1.07	2015	0.15
2001	3.13	2016	0
2002	2.66	2017	0
2003	3.43	2018	0
2004	0.59	2019	0
2005	0.35	2020	0

第二节 事故案例

1991—2006年，临沂矿务局发生死亡3人以上重大事故2起、死亡13人。其中，冒顶事故1起、死亡9人，透（溃）水事故1起、死亡4人。

2007—2020年，临矿集团发生死亡2人以上一般事故1起、死亡2人，为顶板事故。

一、株柏煤矿溃水事故

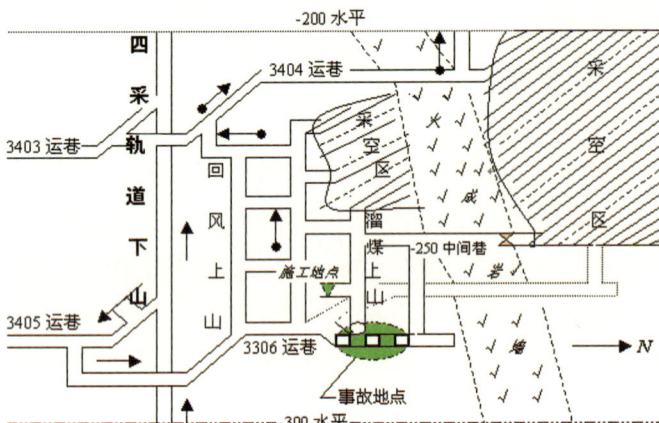

图3-4-1　　　　株柏煤矿8·28溃水事故示意图

2002年8月28日21时45分，株柏煤矿3406工作面发生溃水事故，死亡4人，直接经济损失25.2万元。

3406工作面为该矿四采区残采工作面，工作面下部为-260米水平运输巷，上部为3404运巷，回采工作地点在3406工作面外侧，以里为3406采空区。2002年8月28日中班，3406工作面施工横贯时，采空区积水冲开-250米中间巷板闭，发生溃水。空区积水沿-250米中间巷和外侧溜煤上山突出，流经该工作面-260米运输巷进入-400米水平，溃水量约200～500立方米。事故发生时现场有6人受到溃水威胁，其中，2人在溜煤上山新开掘横贯开门处架棚，4人在3406溜煤上山下方装车。21时45分左右，放炮员在-250中间巷外出口清点雷管时，听到"唰唰"响声，随之突然发现来水，马上呼喊正在开门处架棚的工友。由于水流湍急，未及施救，放炮员自己沿溜煤上山逃出。架棚的工友听到喊声，还来不及反应就瞬间被水淹没，水头触底反弹后又将其托起，随后他屏住呼吸沿溜煤上山潜水向上爬行近10米，经上部残采面爬出脱险。正在溜煤上山下方装车的4名工人逃避不及，被煤水埋住遇难。

事故后，有7名责任人受到处分。其中3名责任人受到行政撤职和降级处分，其他责任人分别受到行政和党纪处分。

二、草埠煤矿重大顶板事故

2003年9月5日2时30分，草埠煤矿六采区6106采煤工作面发生推跨型冒顶事故，死亡9人，直接经济损失107.1万元。

6101采煤工作面为6层煤第二个回采工作面，倾斜长42米，走向长285米，煤层平均厚度0.7米，直接顶为深灰色砂质泥岩，老顶为浅灰色砂岩，底板为灰色粘土岩，煤层倾角32度。2003年7月27日，工作面投入生产，采用走向后退式采煤方法，支护方式为单体液压支柱配合金属铰接顶梁，

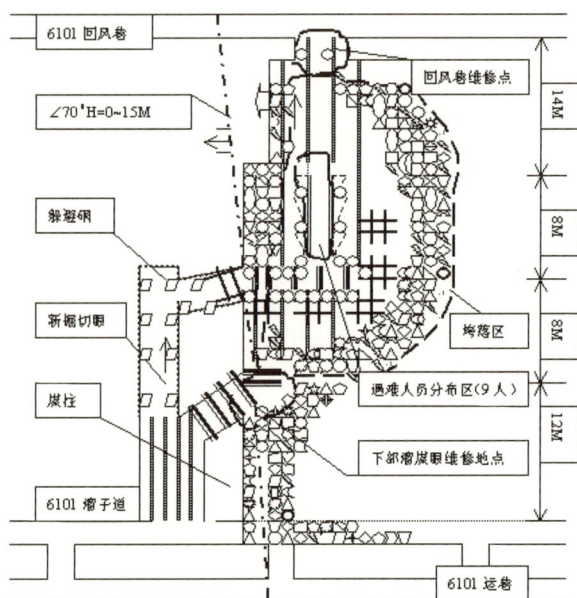

图3-4-2　　　6101回采面冒顶事故抢救示意图

采用"见五回一"全部跨落法管理顶板，支柱排距0.9米，柱距为1米，至事故发生时工作面已推进70米。

2003年9月4日中班，工区区长安排，把早班6101工作面下部剩下的4根单体柱子撤完后，在采空区上部边缘打2木跺加强支护，斜切眼上部30米的工作面继续向前推进，平推过断层。工作面放第二茬炮时，在回风道以下14米处沿煤壁发生冒顶，造成工作面无法推进。当班工区值班人要求根据现场实际情况，加强支护后能推过就推过面前断层，不能推过就停止推进，另打绕道甩开冒顶区。22时左右，夜班工人下井，跟班副区长、矿总工程师在现场观看顶板情况后，认为炮道处的顶板漏顶较严重，工作面不能再向前推进，临时决定回撤冒顶区及以下工作面支柱。现场安排14人在原炮道冒顶处的4排支柱中间补打木支柱，在斜切眼贯通处打木跺截矸并安排交代回撤工作面的有关注意事项，然后撤面。9月5日2时30分左右，当撤出15~16棵单体支柱时，在煤壁冒顶处顶板开始掉矸，紧接着发生第二次冒落，工作面上安全出口7米以下顶板全部跨落，现场除5人脱险外，其余9人被埋遇难。

事故发生后，矿务局立即成立由局长任总指挥的抢险指挥部，矿务局救护队、淄博矿业集团救护大队先后赶赴现场施救。事故引起各级领导高度重视，至9月8日，9名遇难人员遗体全部找到，抢救工作结束。

事故后，19名事故责任人受到处分，其中矿长、生产副矿长、总工程师分别受到降职、撤职和党纪处分，矿务局分管安全生产的副局长、总工程师、安全监察局副局长、生产技术处处长、生产技术处采掘室主任分别受到行政警告、记过处分。

三、株柏煤矿顶板事故

2015年1月30日11时37分，株柏煤矿九采区2914柔性掩护支架回采工作面在收尾开掘撤架溜煤眼处理贯通点时出现窜矸，造成2人死亡。

事故地点位于回采工作面溜煤眼上口。工作面因到达停采线位置，停止回采，开掘溜煤眼进行撤面。溜煤眼沿煤层掘进，倾角50度，采用木盘支护，断面规格1.4米×1.6米，盘距0.7米，盘间采用木撑棍连锁加固。1月30日，早班接班后首先对溜煤眼口进行加固。在施工完2架加固抬棚后，由2名职工在溜煤眼上部锁口盘下方进行腰帮背顶、封堵封口柱间隙。当其在溜煤眼内背帮时上方发生冒顶，被窜出的煤矸困溜煤眼中。11时37分，矿调度室接到事故地点电话汇报，随即通知矿领导及带班领导到现场组织救援。

临矿集团接到矿事故报告后，立即启动应急救援预案，主要领导、分管领导和业务处室负责人到达现场指挥救援，在株柏煤矿调度室成立地面应急救援指挥部和现场救援指挥部，研究制定救援方案，同时成立技术专家组、抢险救灾组、医疗救护组、警戒保卫组、后勤保障组、信息发布组和善后处理组，并分别明确各组负责人及具体职责。事故发生后，鲁南分局、能源集团、省煤炭局等上级领导先后到株柏煤矿指导救援工作。

因溜煤眼被木料及大块矸石卡住，在溜煤眼下部未看见另1名被困人员，经分析应在溜煤眼上部。指挥部决定启动第二套救援方案，组织力量由行人上山开始维护溜煤眼上部贯通点处，从贯通点沿溜煤眼自上而下清理煤矸找人。在向下加固清理1.5米后，仍未发现该被困人员。在确保救援人员安全的前提下，继续采取自下而上的方法进行搜救。2月1日零时36分将第2名被困人员救出，随即送往郯城县人民医院进行救治，经抢救无效死亡。

1991—2006年临矿集团矿井死亡事故统计表

表3-4-2

年度＼矿名	岐山	莒县	恒昌公司	兴元公司	草埠	五寺庄	汤庄	株柏	古城	新驿	邱集	马坊	田庄
1991	-	-	1	-	-	3	-	-	-	-	-	-	-
1992	-	-	-	1	1	-	1	-	-	-	-	-	-
1993	-	-	1	-	1	1	-	-	-	-	-	-	-
1994	-	-	-	-	-	2	-	-	1	-	-	-	-
1995	-	-	-	-	-	-	3	-	-	-	-	-	-
1996	-	2	-	-	2	1	3	-	-	-	-	-	-
1997	-	1	-	-	-	-	-	-	2	-	-	-	-
1998	-	-	-	-	-	-	1	-	-	-	-	-	-
1999	-	-	1	-	-	-	-	-	-	-	-	-	-
2000	-	-	-	-	-	-	-	-	1	-	-	-	-
2001	-	-	-	-	2	-	2	-	1	-	-	-	-
2002	-	-	-	-	-	-	1	4	1	-	-	-	-
2003	-	-	-	-	9	-	-	-	-	1	-	-	-
2004	-	-	-	-	-	-	1	-	1	-	-	1	-
2005	-	-	-	-	-	-	-	-	1	1	-	-	-
2006	-	-	-	-	-	-	-	-	-	-	-	-	-

2007—2020年临矿集团矿井死亡事故统计表

表3-4-3

年度＼矿名	2007	2008	2009	2010	2011	2012	2013	2014	2015	2016	2017	2018	2019	2020
株柏	-	-	-	-	-	-	-	-	2	-	-	-	-	-
古城	-	1	1	-	-	-	-	-	-	-	-	-	-	-
田庄	-	-	-	-	-	1	-	-	-	-	-	-	-	-
军城	-	-	-	-	-	1	-	-	-	-	-	-	-	-

1991—2020年临矿集团各类事故统计表

表3-4-4

类别＼年度	顶板			瓦斯			机电			运输			放炮			其他			轻伤
	死亡事故（次）	死亡（人）	重伤（人）	死亡事故（次）	死亡（人）	重伤（人）	死亡事故（次）	死亡（人）	重伤（人）	死亡事故（次）	死亡（人）	重伤（人）	死亡事故（次）	死亡（人）	重伤（人）	死亡事故（次）	死亡（人）	重伤（人）	总人数
1991	-	-	4	1	2	-	-	-	-	2	2	2	-	-	-	-	-	2	131
1992	3	3	5	-	-	-	-	-	-	-	-	1	-	1	-	-	-	3	133
1993	2	2	2	-	-	-	-	-	-	1	1	-	-	-	-	-	-	-	146

类别\年度	顶板			瓦斯			机电			运输			放炮			其他			轻伤
	死亡事故(次)	死亡(人)	重伤(人)	死亡事故(次)	死亡(人)	重伤(人)	死亡事故(次)	死亡(人)	重伤(人)	死亡事故(次)	死亡(人)	重伤(人)	死亡事故(次)	死亡(人)	重伤(人)	死亡事故(次)	死亡(人)	重伤(人)	总人数
1994	3	3	3	–	–	–	–	–	–	–	–	3	–	–	–	–	–	–	30
1995	–	–	–	2	2	–	–	–	–	–	–	–	–	–	–	1	1	–	22
1996	5	6	4	1	1	–	–	–	–	–	–	1	1	1	–	–	–	–	107
1997	2	3	1	–	–	–	–	–	–	–	–	2	–	–	–	–	–	–	26
1998	–	–	1	–	–	–	1	1	–	–	–	–	–	–	–	–	–	1	19
1999	–	–	1	–	–	–	1	1	–	–	–	–	–	–	–	–	–	1	19
2000	–	–	1	–	–	–	1	1	–	–	–	–	–	–	–	–	–	1	19
2001	–	–	1	–	–	–	1	1	–	–	–	–	–	–	–	–	–	1	19
2002	–	–	1	–	–	–	1	1	–	–	–	–	–	–	–	–	–	1	19
2003	–	–	1	–	–	–	1	1	–	–	–	–	–	–	–	–	–	1	19
2004	–	–	1	–	–	–	1	1	–	–	–	–	–	–	–	–	–	1	19
2005	–	–	1	–	–	–	1	1	–	–	–	–	–	–	–	–	–	1	19
2006	–	–	1	–	–	–	1	1	–	–	–	–	–	–	–	–	–	1	19
2007	–	–	1	–	–	–	–	–	–	–	–	1	–	–	–	–	–	1	22
2008	–	–	1	–	–	–	1	1	–	–	–	–	–	–	–	–	–	–	20
2009	1	1	1	–	–	–	–	–	–	–	–	1	–	–	–	–	–	–	21
2010	–	–	–	–	–	–	–	–	–	–	–	1	–	–	–	–	–	1	18
2011	–	–	1	–	–	–	–	–	–	–	–	–	–	–	–	–	–	–	18
2012	–	–	–	–	–	–	1	1	–	1	1	–	–	–	–	–	–	–	18
2013	–	–	–	–	–	–	–	–	–	–	–	–	–	–	–	–	–	–	16
2014	–	–	1	–	–	–	–	–	–	–	–	1	–	–	–	–	–	–	18
2015	1	2	–	–	–	–	–	–	–	–	–	–	–	–	–	–	–	–	15
2016	–	–	–	–	–	–	–	–	–	–	–	1	–	–	–	–	–	–	16
2017	–	–	–	–	–	–	–	–	–	–	–	1	–	–	–	–	–	–	15
2018	–	–	–	–	–	–	–	–	–	–	–	–	–	–	–	–	–	–	14
2019	–	–	–	–	–	–	–	–	–	–	–	–	–	–	–	–	–	–	16
2020	–	–	–	–	–	–	–	–	–	–	–	–	–	–	–	–	–	–	15

第四篇　玻纤产业

　　1992年，矿务局权属单位草埠煤矿成立玻璃纤维风筒布加工厂，用"坩埚球法"工艺进行玻纤生产，迈出了进入玻纤行业的第一步。2007年，玻纤产业被确定为临矿集团三大支柱产业之一。2008年1月，临矿集团整合山东光力士集团股份有限公司、沂水县热电有限公司、淄博草埠实业公司，成立山东玻纤复合材料有限公司，投资13.8亿元，分三期建设了4条"池窑法"玻璃纤维生产线，设计产能12万吨，形成以玻璃纤维及其制品为主导、供暖发电与原料制造为辅助的一体化发展体系。2013年12月，作为省国资委培育的改制企业，在山东能源集团和临矿集团的大力支持下，玻纤公司完成了整体改制，更名为山东玻纤集团股份有限公司。公司专注于玻璃纤维及其制品的研发、生产与销售，依托持续的研发创新和不断改进的生产技术形成了中碱纤维、ECR高性能纤维、ECER改性纤维、玻璃纤维装饰壁布、连续毡、单丝涂塑平织窗纱等7大类300多个品种的产品体系。2020年9月3日，山东玻纤作为山东省国资委确定的首批拟改制上市企业，在上海证券交易所完成A股上市。

第一章　玻纤建设

第一节　项目设计

　　主要设计单位有4家。南京玻璃纤维研究设计院有限公司承担年产3万吨中碱生产线项目、年产5.4万吨池窑拉丝项目设计，临沂市建筑设计研究院有限责任公司承担年产6万吨ECR池窑拉丝项目设计，中国新型建材设计研究院有限公司承担湿法联合车间项目、年产6万吨ECER项目设计，山东省建筑设计研究院承担年产13万吨叶蜡石生产线项目设计。

第二节　建设项目

　　2008年2月，10万吨池窑拉丝项目第一条3万吨中碱生产线开始筹建。池窑拉丝工房由山东沂蒙建安公司施工，制品成品工段由山东天元建设集团、山东鲁阳节能材料公司施工；监理单位为山东省建设监理咨询公司。12月，中碱池窑举行点火仪式。2009年3月，池窑拉丝生产线正式生产。

　　2010年4月，第二条中碱纤维生产线开工建设；11月，生产线通过安全设施审查。池窑拉丝工房由湖北森泰建设集团公司施工，制品成品工段由山东恒洲建设、山东冠鲁集团公司施工；监理单位为山东省建设监理咨询公司。2011年4月，二期工程3万吨池窑拉丝生产线投产。玻纤公司中碱纤维年生产能力达到6万吨，同类产品生产规模跃居全国第一。

　　2011年11月，10万吨池窑拉丝项目6万吨ECR高性能纤维第一条生产线点火；生产线采用从美国引进的世界先进工艺技术，处于国内同行业前列。池窑拉丝工房施工单位为山东志华建设集团公司，制品成品工段施工单位为山东恒洲建设集团公司、山东鲁阳节能材料公司；监理单位为山东省建设监理咨询公司。2012年5月，公司池窑三期工程二线投产。

2013年6月，开始引进德国先进工艺技术建设2亿平方米电子级湿法薄毡项目；2014年4月，建成投产。由中国新型建材设计研究院公司设计，山东恒洲建设集团公司、山东鲁阳节能公司施工，青岛明天监理公司监理。2014年6月，省煤炭工业局质检站对项目建设进行验收。

2014年3月，自主研发ECR升级ECER系列产品和浸润剂配方，投资5.7亿元建设6万吨ECER生产线。6月，项目开工建设；10月，一期工程投入正常生产；2015年5月，二期工程建成投产。池窑拉丝车间由山东永和建筑工程公司、山东鲁阳节能材料公司负责施工，制品及拉丝由沂源县盛源建筑工程公司负责施工，成品库、原料库由沂水县兴达建筑工程公司、山东鲁阳节能材料公司负责施工；青岛明天监理公司负责监理。

2014年，年产13万吨叶蜡石项目破土动工，破碎车间、碎石储存库、叶蜡石堆棚由沂源县盛源建筑工程公司负责施工，微粉制备、均化储存由山东恒洲建设集团公司负责施工，厂区辅助建筑物、变电站等工程由山东金大陆建筑工程公司负责施工；青岛明天监理公司负责监理。

2015年5月，玻纤集团一线窑炉改造项目点火。

2016年3月，年产54000吨ECER玻璃纤维项目改造开工；8月竣工。2016年11月，废气处理改造项目开工；2017年2月竣工，施工单位为山东黄山建筑工程公司。

2018年4月，沂水县热电公司15万吨叶蜡石粉项目破土动工，总投资4900万元。项目工程由临沂富鑫规划勘测设计公司勘察，江苏东方建筑设计公司设计，山东天昊工程项目管理公司监理，车间土建工程由山东黄山建筑工程公司施工，车间轻钢工程由山东恒洲建设集团公司施工，安装工程由河南省安装集团公司施工。7月，废丝加工项目开始施工，12月投入试生产；土建工程由山东金大陆建筑工程公司施工，轻钢工程由临沂正固建筑工程公司施工。8月，纯水扩建项目开始施工，11月投入生产；土建工程由山东恒洲建设集团公司施工，轻钢工程由临沂迈顺建筑工程公司施工。

第二章 玻纤生产

第一节 生产建设

一、生产规模

2008年开始，山东玻纤投资15亿元，建设4条池窑生产线，收购1条生产线，总产能达到16万吨、位居全国第四位。产品有玻纤纱、玻纤织物2大类100多个品种，主要有ECR高性能玻璃纤维以及玻璃纤维的深加工产品（玻纤装饰壁布、玻纤防虫网、工业用布等）。2016年，重点实施ECR高性能纤维扩建工程、4亿平米电子级与风电级薄毡项目、12万吨A级防火岩棉项目，山东玻纤生产达到年产24万吨，规模实力进入全国玻纤行业前3位。2018年末，年产8万吨无硼无氟玻璃纤维生产线建成投产。

二、玻纤生产线

（一）第一生产线

1. 池窑拉丝

2008年2月，公司10万吨池窑拉丝项目第一条3万吨中碱马蹄焰池窑生产线开始筹建；12月，点火投产。2009年3月，开始生产中碱纤维纱，主要品种有中碱纺织用纱等。

2015年2月，对窑炉进行改造；5月，改造完成并点火。改造后有漏板96台，主要生产无碱纤维纱等。

2. 制品生产

2008年，建成一线制品，由退捻工序、络纱工序、烘干系统组成。主要生产奶瓶纱、合股纱。

2018年，公司因扩大生产规模，增加产量，退捻工序有捻线机24台，络纱工序有生产线26条、烘干炉1座。

（二）第二生产线

1. 池窑拉丝

2010年4月，第二条中碱纤维3万吨马蹄焰池窑拉丝生产线开工，11月通过安全设施审查，12月点火。2011年4月，正式生产中碱纤维纱，有中碱纺织用纱、短切毡用纱等品种。

2015年5月，对二线窑炉进行改造，2016年6月点火。有80台漏板，生产无碱纤维纱，有直接纱、在线短切纱等品种。

2016年3月，引进美国OCV先进技术，对年产3万吨中碱马蹄焰玻璃纤维升级为年产5.4万吨ECER玻璃纤维冷修开工；6月，冷修完成投入运行。2017年3月，淘汰退捻工序，增设短切1条通路。9—10月，增设2条通路。2018年9月，拉丝车间有7条短切生产线，实现短切134吨/天、常规纱53吨/天。

2. 制品生产

2010年，建成二线制品，由络纱工序、退捻工序、短切工序、烘干系统组成。生产合股纱、短切纱。

2016年，对生产线进行重组建设，淘汰退捻工序，增设短切工序，生产线设计、生产工艺来自美国OC公司。

2020年，二线制品有络纱生产线17条、短切生产线7条、烘干炉1座。

（三）第三生产线

2011年11月，从美国引进的世界先进工艺技术，10万吨池窑拉丝项目6万吨ECR高性能纤维第一条生产线建成点火。2012年5月，池窑三期工程二线点火。三线有漏板96台，生产无碱纤维纱，有直接纱等品种。

2016年，完善烘干系统，生产直接纱。2020年，三线制品有生产线30条、烘干炉8条。

（四）第五生产线

2014年3月，自主研发ECR升级产品ECER产品系列和浸润剂配方；6月，投资5.7亿元的6万吨ECER生产线在临沂天炬节能材料科技公司开工；8月，一期工程建成点火；10月，投入生产。2015年3月，天炬公司ECER池窑拉丝生产线二期窑炉点火。五线有漏板120台，生产无碱纤维纱，有直接纱等品种。

（五）第七生产线

1. 池窑拉丝

2009年12月，山东格赛博玻纤科技公司格赛博中碱线投产，购进泰安明昂自动换筒丝饼拉丝机50台，南京中材科技自动换筒丝饼纱拉丝机25台。有漏板100块，漏板孔数800H、1200H。

2013年4月，淄博卓意公司收购格赛博中碱玻纤生产线。5月，对年产3万吨池窑进行改造；8月完成改造，产能3.6万吨/年。产品为中碱纺织用纱等。

2020年3月，对池窑进行第三次改造；7月，点火运行。有104台漏板，生产中碱纤维纱，有奶瓶纱等品种。引进美国OCV先进技术，冷修年产6万吨中碱玻璃纤维马蹄焰窑炉，升级为年产6万吨数字化生产线。

2. 制品生产

2013年4月，收购格赛博玻纤科年产3万吨池窑拉丝中碱玻纤生产线形成产能，由络纱工序、退捻工序、烘干系统组成。

2020年，添加全自动物流系统，由络纱工序、退捻工序、烘干系统组成。新添卓朗捻线机12台、并捻机1台、后捻线机45台。有烘干炉5台、直接纱自动化物流包装线2条、络纱生产线8条。

（六）第八生产线

1. 池窑拉丝

2018年3月，年产8万吨无硼无氟玻璃纤维生产线开工；11月，池窑拉丝生产线通过安全设施审查；12月点火运行。有无碱纺织用纱、水切丝等品种。

2. 制品生产

2018年，建成八线制品，由络纱工序、短切工序、烘干系统、直接纱包装组成。生产直接纱、短切纱。

（七）毡线生产线

2013年6月，引进德国先进工艺技术，建设2亿平方米电子级湿法薄毡项目；2014年建成投产。天炬毡线车间有湿法薄毡和连续毡2条生产线。

（八）叶蜡石生产线

2015年2月，13万吨叶蜡石生产线开工；5月，开始矿石破碎；6月，实现立磨的粉料研磨，投入运行。生产线包含破碎、研磨、均化工序。

第二节　生产系统

2020年，山东玻纤有6条池窑拉丝生产线、1条毡线生产线、1条叶蜡石粉生产线。池窑拉丝生产线包括窑炉、拉丝、制品生产车间，毡线生产线包括连续毡、湿法毡生产车间，叶蜡石粉生产线包括粉碎、立磨研磨车间。

（一）生产车间

1. 窑炉车间

生产系统含上料、配料、熔制、废气、废丝处理、污水处理系统。

辅助系统包含循环水、空气压缩、冷却风等系统。

2. 拉丝车间

生产系统含漏板、冷却、涂油、集束、卷绕等。

辅助系统有输送链、冷却水、喷雾、压缩空气、空调等系统。

3. 制品车间

生产系统包含自动化物流、烘干、退解捻线、络纱缠绕、小纱回络、在线短切系统。

辅助系统包含空气压缩、蒸汽供热系统、余热供热、天然气供气、络纱工序加湿器等系统。

4. 毡线车间

分为连续毡和湿法毡生产系统。

5. 叶蜡石粉生产车间

叶蜡石粉生产线系统包含破碎、研磨、均化系统。

（二）机电车间辅助系统

主要分为循环水系统、供电系统、自来水系统、纯净水系统、燃气系统、蒸汽系统、消防水系统、空调系统、制氧系统、冷却系统。

第三节　产能与产品

（一）产能

2008年，建设4条及收购1条池窑拉丝生产线，设计年产能24.6万吨，位居全国第四位。2020年，第一生产线产能3.6万吨/年，第二生产线产能5.4万吨/年，第三生产线产能6万吨/年，第五生产线产能6万吨/年，第七生产线产能3.6万吨/年。

一线拉丝车间组合用纱产能90吨/日，为板材纱、短切毡纱、绝缘纱，奶瓶用纱产能40吨/日。制品退捻工序奶瓶纱产能1.5万吨/年，络纱工序产能3万吨/年。

二线拉丝车间直接纱产能10吨/日，组合纱产能35吨/日；短切纱产能125吨/日。制品络纱工序产能1.5万吨/年，短切工序产能4.6万吨/年。

三线拉丝车间直接纱生产炉位93台，组合纱生产炉位，3台产能184吨/日。制品直接纱各类产品和络纱工序的产能6.4万吨/年。

五线拉丝车间有2条生产线，五线一工段、二工段。一工段产能119吨/日，二工段产能102吨/日。

七线拉丝车间生产中碱纺织用纱、中碱直接纱、中碱奶瓶纱，日产能98吨/日。制品生产合股纱、奶瓶纱。

叶蜡石粉生产线设计产能13万吨/年，实际15万吨/年。连续毡生产线设计产能4000吨/年，最高效率700千克/小时，生产线运行速度4~50米/分钟。

主厂区拉丝车间（2018年）

湿法毡生产线产能9000万平方米/年。

2009—2020年山东玻纤集团各生产线产能情况统计表

表4-2-1

生产线	类别	投产时间	停产改造时间	设计产能	单位
一线	中碱纱	2009.03	2015.02	30000	吨
	无碱纱	2015.05	–	36000	
二线	中碱纱	2011.04	2015.05	30000	
	无碱纱	2016.06	–	54000	
三线（1）	无碱纱	2011.11	–	30000	
三线（2）	无碱纱	2012.05	–	30000	
五线（1）	无碱纱	2014.08	–	30000	
五线（2）	无碱纱	2015.03	–	30000	
七线	中碱纱	2013.08	–	36000	
叶蜡石生产线	粉剂	2015.06	–	130000	
毡线生产线	连续毡	2014.12	–	4000	
	湿法毡	2014.09	–	90000000	平方米

（二）产品种类

玻璃纤维及其制品。有玻璃纤维纱和玻璃纤维织物2大类100多个品种，主要有中碱玻璃纤维、ECR高性能玻璃纤维、ECER改性玻璃纤维以及玻璃纤维深加工产品等。①中碱玻璃纤维纱。主要有喷射用无捻粗纱、膨化用无捻粗纱、纺织细纱、纺织用无捻粗纱。②ECR高性能玻璃纤维纱。主要有高压管道用直接无捻粗纱、直接纱、拉挤纱、缠绕纱、直接纱、短

ECER高性能玻璃纤维

切毡用无捻粗纱、汽车顶棚用粗纱、LFT用直接无捻粗纱、SMC用纱、喷射纱。③ECER改性玻璃纤维纱。主要有直接纱、纺织细纱、透明板材用合股无捻粗纱、片状模塑料用无捻纱等。④深加工产品。主要有壁布、窗纱、短切毡、方格布。

叶蜡石粉生产线。 主要生产叶蜡石粉剂。

毡线生产线。 主要生产连续毡和湿法毡。

山东玻纤集团各系列产品主要用途说明表

表4-2-2

序号	分类	名称	主要用途
1	中碱纱类	喷射用无捻粗纱	主要使用于增强不饱和聚酯树脂、乙烯基树脂和聚氨酯树脂。具有良好的分散性和低静电,树脂浸透性好。主要用于浴缸、水箱、贮罐及游艇等。
		膨化用无捻粗纱	主要用于膨化工艺,采用硅烷型浸润剂生产的膨体纱主要用于过滤、汽车消音器、密封、保温等领域。
		纺织细纱	主要用于织造各种耐腐蚀、隔热等用途的纺织品,包括防火布、墙体网布、砂轮网布等。
		纺织用无捻粗纱	适用于增强不饱和聚酯树脂、乙烯基树脂、环氧树脂等,具有优良的织造性能,可用于生产各种玻璃纤维制品,如多轴向布、网格布、土工布、低克重特种织物及无捻粗纱布等。
2	ECR纱类	高压管道用直接无捻粗纱	专为增强环氧树脂而设计,采用ECR玻璃配方,经涂覆专用硅烷基浸润剂,主要用于制造耐高压的管道、储罐和压力容器,具有机械强度高抗疲劳性能好的优点。
		直接纱	适用于不饱和聚酯、乙烯基、酚醛等树脂制作风电、缠绕、土工格栅、膨化、汽车消音器、预浸材料、纺织、工程塑料、PA、PPT、PP。
		拉挤纱	适用于环氧树脂、不饱和聚酯树脂、乙烯基树脂制作绝缘棒材、型材、电缆加强筋
		缠绕纱	适用于环氧树脂、不饱和聚酯树脂、乙烯基树脂生产高压输油气管道、中低压输水管道。
		直接纱	适用于环氧树脂、乙烯基树脂制作风电、膨化、预浸材料、纺织、电器等。
		短切毡用无捻粗纱	适用于不饱和聚酯树脂、乙烯基树脂,主要用于短切工艺。其制品主要用于汽车配件、电子电器、机械、建筑等领域。
		汽车顶棚用粗纱	专门为汽车车顶棚生产而设计的一种增强型玻纤。适用于不饱和聚酯树脂、乙烯基树脂和聚氨酯树脂等。
		LFT用直接无捻粗纱	产品表面涂覆硅烷基偶联剂,与PP、PA、TPU等树脂具有良好的相容性,适用于LFT-G、LFT-D工艺,广泛应用于汽车部件、电子电器、运动器材、通信、建筑等行业。
		SMC用纱	适用于增强不饱和聚酯、乙烯基树脂等,主要生产片状模塑料和团状模塑料。用于电器、汽车配件等。
		喷射纱	适用于增强不饱和聚酯、乙烯基树脂等,用于喷射工艺,主要用于罐体和船舶等。
3	ECER纱类	直接纱	风电、缠绕、土工格栅、膨化、汽车消音器、预浸材料、纺织等。
		纺织细纱	主要用于织造各种耐绝缘、隔热等工业用布,包括防火布、电子布等。
		透明板材用合股无捻粗纱	主要用于生产透明板材及透明板用毡,经涂覆专用硅烷基浸润剂,与不饱和聚酯树脂具有良好的相容性,制作的板材具有质轻、强度高、抗冲击性能好、无白丝、透光率高等特点。
		片状模塑料用无捻纱	用于增强不饱和聚酯、乙烯基树脂等,产品的切割性能好、分散性好、毛羽少、浸透快、静电小。可用于制造保险杠、后盖箱、门、汽车顶棚等各种汽车部件;制造SMC门、椅子、卫生洁具、水箱、天花板等;制造各种电器部件;制造各种运动器具。

续表

序号	分类	名称	主要用途
4	深加工产品	壁布	装饰材料，属 A 级不燃烧材料，认证为绿色建材。
		窗纱	采用玻璃纤维单丝涂以聚乙烯塑料，然后经平纹织造、高温定型而成。用于门窗、蔬菜大棚、游泳池防蚊虫等设施。
		短切毡	横向均匀平铺，用粉剂或乳剂粘结在一起而制成的片状毡片。用来增强不饱和聚酯、乙烯基树脂、环氧树脂和酚醛树脂等。主要用于各种板材、船艇、浴室成套设备、汽车部件和冷却塔等。
		方格布	由无捻直接粗纱按平纹组织编制而成，适用于不饱和聚酯树脂、乙烯基树脂、环氧树脂和酚醛树脂等。主要用于手糊成型的船艇、容器、汽车部件、建筑构件等 FRP 产品。

第四节　生产工艺

一、窑炉熔化

（一）中碱窑炉熔化工艺

山东玻纤中碱窑炉一线运行时间为2008年12月—2015年5月，二线为2010年12月—2016年5月。

1. 熔化

煤气或液化天然气与空气经蓄热室加热后在熔池熔化区燃烧及电助熔辅助加热的方式对配合料进行熔融、澄清，熔融玻璃液经流液洞进入作业通道，以备成型需要。

2. 配合料制备

系统由上料、配料、收尘系统组成。

3. 玻璃熔制

（1）煤气发生站采用煤气发生炉向窑炉提供热煤气。

（2）中碱窑窑型为燃煤蓄热室马蹄焰窑，窑底设置鼓泡装置，通路采用液化气燃气加热方式。

（3）马蹄焰室熔化能力100.5吨玻璃液/日，熔制好的玻璃液经过流液洞进入主通路，再进入"H"形成型通路。

（4）成型通路有4条；每条安装25块漏板。通路加热采用大系统空、燃气预混燃烧装置，以液化天然气为燃料。

（二）无碱窑炉熔化

无碱窑炉一线2015年5月点火，二线2016年5月点火，三线2011年11月点火，五线2014年8月点火。

1. 熔化

配合料在燃料热辐射及电助熔电极内加热的方式在熔池内熔融、澄清，通过流液洞进入天然气燃烧保温的玻璃液通道，以备成型需要。

2. 配合料制备

ECER玻璃原料采用密闭的气力输送和气力混合方式。整个配合料生产线由气力输送上料系统、电子称量系统和气力混合（输送）系统3部分组成。

3. 窑炉和通路系统

无碱窑炉采用全新窑型设计。熔化池浅而短，与之配套的是纯氧顶烧加电助熔，熔化率高；各部位耐火材料选材与玻璃配方、使用温度相吻合，保障窑炉整体使用寿命大于10年。

通路设计采用双"H"型布置，根据玻璃流量变化设计主通路、分配通路内尺寸，控制玻璃温度下降趋势满足生产要求。

二、拉丝

（一）生产设备

1. 第一生产线

2009年2月，中碱一线投产，共计100块漏板，漏板孔数600孔和1200孔。同年，购进中材科技、泰安明昂、泰安佳成的丝饼拉丝机。2011和2021年，分批引进泰安佳成高速和普通自动换筒丝饼拉丝机。

2015年5月，中碱一线窑炉升级改造为ECR生产线，沿用中碱一线使用的拉丝机，有1600孔、1800孔、2400孔漏板96块。其中平行漏板16块、垂直漏板80块。

2. 第二生产线

2011年2月，中碱二线投产，共计100块漏板，漏板孔数有800孔、1200孔、1600孔。同年，购进南京中材、泰安翰群、杭州萧山、泰安佳成4家公司不同类型的自动换筒拉丝机。2012年，购进泰安佳成、杭州萧山天成2家公司不同类型的自动换筒拉丝机。

2016年5月，二线由中碱生产线改建为ECER生产线，部分拉丝机沿用中碱时期使用的拉丝机，同时购进泰安佳成、杭州萧山天成2家拉丝机。二线主要使用平行漏板96块，孔数为2400孔、4000孔、5200孔。

3. 第三生产线

2011年12月，三线一工段投产，2012年5月，三线二工段投产。2011—2012年，购进杭州萧山自动换筒拉丝机、泰安佳成直接合股两用自动换筒拉丝机。2015年，购进杭州萧山自动换筒拉丝机。2016年，购进杭州萧山自动换筒拉丝机，泰安佳成自动换筒拉丝机。

2012年，使用2000孔、2400孔、4000孔漏板。2018年，使用2400孔、4000孔平行漏板96块。

4. 第五生产线

2014年9月，五线一工段投产，2015年3月，五线二工段投产。2014—2015年，购进杭州萧山自动换筒拉丝机、直接纱拉丝机，购进中材科技高速拉丝机、普通拉丝机，购进泰安佳成高速拉丝机、普通自动换筒拉丝机。2015年5月，购进岛津企业管理（中国）公司拉丝机。

五线生产车间有漏板120块，其中平行漏板96块，垂直漏板24块，漏板孔数有2400孔、4000孔、5000孔、5200孔。

5. 第七生产线

2013年4月28日，卓意公司收购山东格赛博玻纤科技公司年产3万吨中碱池窑拉丝生产线1条；5月，停产改造。8月，改造完成后沿用泰安明昂拉丝机50台、南京中材科技拉丝机25台，购进杭州萧山天成拉丝机25台置换南京中材拉丝机。

七线生产车间有100块漏板，漏板孔数有600孔、1200孔、1600孔。

（二）工艺流程

熔融玻璃液由铂铑合金制成的漏嘴中流出，成型后的单丝经涂油器涂覆浸润剂后集束为原丝束，再通过拉丝机排线装置有序地卷绕在拉丝机机头绕丝筒上，形成原丝饼或直接无捻粗纱纱筒。

（三）工艺运行及要求

1. 漏板是玻璃纤维生产中主要装置。漏板材料采用铂铑合金，可使漏板结构保持稳定、不易变形，能耐受高温玻璃液的侵蚀。

2. 喷雾的作用是对玻璃纤维进行冷却，在引丝上车时冷却丝束，洗刷尘埃，消除静电，控制含水率。喷嘴型号、个数根据漏板孔数、原丝成型质量确定。

3. 涂油系统主要设备是涂油器，多采用辊式，使用要求保证稳定、足够的回油量，严格控制涂油线速度。

4. 浸润剂主要起润滑保护作用，使玻璃纤维获得与基材良好的相容和化学吸附性能。山东玻纤使用的浸润剂主要为增强型浸润剂。

5. 集束系统。集束器将玻璃纤维汇集成一束，形成一根原丝，原丝经过集束器后被拉丝机卷绕在丝筒上。

6. 排线器功能。将玻璃纤维原丝布置在机头上，在原丝干燥或调理之后会退解下来而不造成单丝断裂，使玻璃纤维在机头筒管上最大可能的区域内均匀分布。

7. 排线梭子主要应用于直接纱，根据原丝号数确定使用开槽宽度，主要有0.6、0.8、1.2、2.0、3.0毫米规格。

三、制品

（一）生产设备

玻璃纤维制品加工包括烘干、调理、退捻、络纱、包装工序等。

1. 烘干设备

2008年末，一线购进烟台北方微波隧道式烘干炉及控制系统3套。2012年9月，购进烟台北方微波装置1套。2015年8月，购进烟台北方微波隧道式烘干炉及控制系统2套、热定型炉1台。

2010年，二线购进烟台北方微波隧道式烘干炉2套。2016年，购进烟台北方微波隧道式烘干炉4套、微波装置2套。

2011年6月，三线烘干炉开始筹建；11月，完成1～4号炉安装并试运行。2012年5—8月，购进安装4套烘干炉。

2014—2015年，五线购进烟台北方微波隧道式烘干炉（带微波）7套、热定型炉1套。

2. 捻线机

2008年，购进杭州萧山天成TKV165型捻线机。

2015—2017年，购进8台重庆宜昌CGKV549E捻线机。

3. 络纱机

2009—2012年，二线制品购进杭州萧山天成XL901型无捻粗纱机。2016年，购进杭州萧山天成TWL09型络纱机、XL901型无捻粗纱机。

2012年，三线制品购进杭州萧山天成XL901型无捻粗纱机；2016年，购进TWL09型络纱机。

2014—2015年，五线制品购进杭州萧山天成XL901型无捻粗纱机；2015—2017年，购进TWL09型络纱机。

2016年，一线制品购进杭州萧山天成TWL09型络纱机。

4. 在线短切机

2016年8月—2018年7月，河南省安装集团在二线安装7条短切生产线。设备由切机、输送胶带、造粒机、除尘器、燃烧器、流化床、振动筛、包装机组成。

5. 离线短切机

2014年12月，引进富强华威设计的4000吨/年离线短切生产线。离线短切生产线设备由短切机、涂水器、导纱器、振动平筛、齿形筛、烘干箱、成品筛、收尘器、输料槽等组成。

6. 水切丝机

2015年7月，引进水切丝工艺，主要设备为PTDH20型水切丝机。剪切设备由纱架、分束器、剪切设备、接纱设备组成。

（二）制品工艺

1. 直接纱：装车→运输→过磅→烘干→出炉→调理→去皮→包装。

2. 合股纱：原丝饼→过磅→烘干→出炉→入调理室→找头→纱架→穿单丝束导纱眼→导纱轮→络纱→定型→包装。

3. 奶瓶纱（退捻）：原丝转移→找头→调理→退捻→产品包装。

4. 在线短切：切机→输送胶带→造粒机→除尘器→流化床→振动筛→包装。

5. 离线短切：原丝接收→调理→上纱架→找头→穿纱→短切机→振动筛→主烘箱→成品筛→成品包装→入库

6. 水切丝：原丝接收→调理→上纱架→找头→穿纱→短切机→成品包装→入库。

四、毡线

2017年7月，投产毡线生产线，主要有湿法薄毡和连续毡两条生产线。同时有从德国LIPEX公司引进的薄毡生产技术。

（一）湿法薄毡

生产工艺流程：制浆→成型→真空箱除水→施胶→真空抽吸→烘干固化→切割→卷取→复卷切割→包装。

1. 制浆。浆液主要由玻璃纤维短切丝、分散剂、粘结剂、增稠剂、消泡剂、水等配制而成。

2. 成型。将来自网前箱的均匀浆料在倾斜网带上均匀脱水，短切丝均匀分布到成型网带上形成湿毡，通过脱水箱除去大部分水分后送至浸渍机。

3. 施胶。通过浸渍系统给湿毡施加粘结剂，提高毡强度，使毡坯定型。

4. 烘干固化。通过固化炉将水分除去。

5. 卷取。将烘干好的毡经张力调节系统控制卷取张力，切除湿法毡两侧毛边，由卷取机卷成筒状。卷取机有两个卷取轴可自动换卷，自动计量长度。

6. 包装。将湿法薄毡端部用透明胶带固定，保持断面平齐。

（二）连续毡

生产工艺流程：成型→施胶→烘干固化→平整→切边→卷取→包装。

1. 成型。连续毡使用的为无碱玻璃纤维，单纤维直径为6～14微米。

2. 施胶。连续毡使用的粘结剂分为粉剂和乳剂，粘结剂和毡坯按照一定比例施胶。

3. 烘干固化。传送带将撒过的粘结剂的毡坯送至烘干炉中固化。

4. 平整。固化后的毡坯由一对金属冷却辊对其施压、平整。

5. 切边收割。毡被特有的切刀切边；切刀把毡切割成不同宽度的毡卷，用卷取机卷轴卷起。

6. 包装。毡卷侧面与正面对齐，瓦楞纸对齐缠紧，拉伸膜两侧包紧毡卷。

五、纺织

（一）玻纤壁布

壁布生产主要有膨化、整经、织布、配浆、后处理涂覆烘干、检验包装等工序。

1. 膨化。原丝找头后挂纱引丝、穿纱线入膨化器上部瓷眼，由膨化器膨化后经张力轮缠绕至纸筒。

2. 整经。捻线纱团放置在纱架上，从纱架张力器上引出，经导纱部件引至整经机的车头，形成排列均匀、幅宽合适的经纱，再经导纱辊卷绕在整经轴上。

3. 织布。根据生产工艺，挡车工将检查合格后的纬纱经储纬器、夹纱张力器、断纬检测器、导纱瓷眼引至箭头，开机织布。

4. 壁布涂覆：将织好的布拉到指定位置进行根据涂覆标准进行涂覆。

5. 检验包装：检验合格后按包装标准进行包装。

（二）涂塑窗纱

涂塑窗纱生产主要有涂塑、整经、织布、定型、检验包装等工序。

1. 涂塑。将玻纤奶瓶纱经纱架进入涂塑器，模具上部有浆料喷管实时流出浆料浸渍纱线，对纱线进行涂覆送入烘箱。烘箱为天然气热风循环加热，烘箱配置温控和热风循环自动控制系统，以保持烘箱内各点温度均匀、稳定。

2. 整经。将涂塑纱团从纱架张力器引出，通过伸缩筘形成排列均匀、幅宽适度的经纱，再经导纱辊卷绕在整经轴上。

3. 织布。将整经完成的盘头用经轴车运到织机上机传筘，接经完成后用检验合格的涂塑纱作纬纱进行织造作业。

4. 定型。将织造完成的坯布用经轴车运至定型工序进行定型作业，经高温塑化定型后，通过微机操作界面选择对布面进行自动定长、定宽分切。

5. 检验包装。根据客户需求，由质监部按照质量标准对窗纱质量进行检验，检验合格后由包装人员按照工艺标准要求进行包装、入库。

六、玻纤带增强聚乙烯复合管材（GFT–RTP）

（一）产品特点

GFT–RTP管道产品特点。生产过程中可以做到无限长，可回收重复利用，属于环保节能产品。

生产两类产品，高压可盘卷小口径GFT–RTP和中低压大口径GFT–RTP。高压可盘卷小口径GFT–RTP生产规模为3条生产线，中低压大口径GFT–RTP生产规模为2条生产线。产品主要用于油气行业、矿山行业、沿海腐蚀环境输送、市政工程和水利工程，替代钢管、塑料管、水泥管等。

（二）生产工艺

玻纤带增强聚乙烯复合管材（GFT–RTP）是以高密度聚乙烯（HDPE）为内管，高强度的玻璃纤维复合带为增强层，外层包覆高密度聚乙烯层复合制成的管材。各层之间完全熔融在一起，形成全熔接型的复合管，性能稳定。玻纤带增强聚乙烯复合管连续化生产方法的工艺过程包括内管挤出成型、复合带连续缠绕、外管挤出包覆、切割入库4个步骤。

第三章 知识产权

第一节 专利申请

2011—2020年，山东玻纤公司申请专利108件，其中发明专利89件，实用新型专利19件。授权发明专利12件，授权实用新型专利19件。

2011—2020年山东玻纤集团专利申请一览表

表4-3-1

序号	申请年度	专利名称	专利号	申请时间	授权时间
1		单丝涂塑用纱专用浸润剂及配制方法	201110080249.4	2011.03.31	2012.09.05
2		一种用于玻璃纤维窑炉的纯氧燃烧器新型排布结构	201120192813.7	2011.06.09	2012.01.04
3		一种玻纤网格布	201120432231.1	2011.11.04	2012.03.26
4	2011	一种新型玻纤粗纱	201120432184.0	2011.11.04	2012.03.30
5		一种耐碱玻纤网格布	201120432158.8	2011.11.04	2012.03.30
6		一种新型玻纤布	201120432220.3	2011.11.04	2012.03.30
7		一种新型玻纤细纱	201120431388.2	2011.11.04	2012.03.30
8		一种新型玻纤壁布	201120431342.0	2011.11.04	2012.04.26
9		一种浸润剂回收装置	201220094364.7	2012.03.14	2012.08.08
10		一种生产高TEX玻璃纤维直接无捻粗纱作业线系统	201220094365.1	2012.03.14	2012.08.13
11	2012	一种用于玻璃纤维生产的漏板	201220250443.2	2012.05.31	2012.10.10
12		一种中碱玻璃纤维直接纱浸润剂及其制备方法	201210499563.0	2012.11.29	2016.03.20
13		一种玻璃纤维膨化纱专用浸润剂及其制备方法	201210501007.2	2012.11.29	2016.08.19
14		一种涂油器支架	201320307948.2	2013.05.31	2013.12.04
15	2013	一种玻璃纤维涂油器	201320308542.6	2013.05.31	2013.12.04
16		一种低能耗的玻璃纤维	201310355147.8	2013.08.15	—
17		一种用于生产玻璃纤维湿法毡的白水及其制备方法	201410072714.3	2014.02.28	—
18	2014	一种玻璃纤维连续毡的制备方法	201410395592.1	2014.08.13	2017.05.17
19		一种玻璃纤维	201410706256.4	2014.12.02	2017.06.13
20		一种增强型玻璃纤维组合物	201610308889.9	2016.05.12	2018.04.06
21		一种高压管道用玻纤浸润剂及其制备方法	201610741969.3	2016.08.29	—
22	2016	玻璃纤维线密度检测装置	201610737214.7	2016.08.29	2017.10.13
23		一种SMC用增强型玻璃纤维浸润剂及其制备方法	201610740504.6	2016.08.29	—
24		一种短切毡用玻璃纤维浸润剂及其制备方法	201610741415.3	2016.08.29	2017.09.29

序号	申请年度	专利名称	专利号	申请时间	授权时间
25		一种方格布用玻璃纤维浸润剂及其制备方法	201610741414.9	2016.08.29	–
26		玻璃纤维线密度智能检测方法	201610737138.9	2016.08.29	2017.11.21
27	2016	一种增强工程塑料纱用玻璃纤维浸润剂及制备方法	201610742369.9	2016.08.29	–
28		一种喷射纱用玻璃纤维浸润剂及其制备方法	201610747820.6	2016.08.30	–
29		一种团状模塑料用玻璃纤维浸润剂及其制备方法	201610750020.X	2016.08.30	–
30		用于玻璃纤维的立式磨机	201610748372.1	2016.08.30	–
31		一种玻璃纤维拉丝漏板陶瓷喷涂工艺	201710650510.7	2017.08.02	
32		一种耐溶剂型玻璃纤维连续毡用粘接剂	201710650424.6	2017.08.02	
33		一种增强酚醛树脂用玻璃纤维浸润剂	201710647030.5	2017.08.01	
34		一种增强热塑性短切玻璃纤维浸润剂	201710650489.0	2017.08.02	
35		一种增强乙烯基树脂用玻璃纤维浸润剂	201710647585.X	2017.08.01	
36		一种应用于增强聚丙烯玻璃纤维浸润剂	201710647419.x	2017.08.01	
37		一种绝缘拉挤用无碱玻璃纤维纱浸润剂	201710790146.4	2017.09.05	
38		一种增强聚氨酯拉挤用无碱玻璃纤维直接纱浸润剂	201710790175.0	2017.09.05	
39		一种增强聚丙烯针刺毡用无碱玻璃纤维合股纱浸润剂	201710916753.0	2017.09.30	
40		一种缝边毡用无碱玻璃纤维无捻粗纱浸润剂	201710913864.6	2017.09.30	
41		玻璃纤维生产车间用安全帽	201711234525.1	2017.11.30	
42			201711234653.6	2017.11.30	
43		一种玻璃纤维生产车间用安全帽	201711234944.5	2017.11.30	
44	2017		201711235282.3	2017.11.30	
45			201711235419.5	2017.11.30	
46		一种玻璃纤维生产废水处理设备及处理方法	201711247429.0	2017.12.01	2020.12.11
47		一种换热器废气处理装置	201711247177.1	2017.12.01	–
48		废气吸收装置	201711247035.5	2017.12.01	–
49		遥控除水器	201711245411.7	2017.12.01	–
50		天花板除水器	201711245707.9	2017.12.01	–
51		立磨机转子拆装器及其使用方法	201711253274.1	2017.12.01	2020.08.18
52		一种玻纤污水处理装置	201711254501.2	2017.12.04	–
53		一种叶蜡石杂质处理装置	201711256896.X	2017.12.04	–
54		一种涂油辊自加工改造装置	201711257181.6	2017.12.04	2020.12.08
55		一种玻璃纤维抗静电剂涂覆装置	201711257815.8	2017.12.04	–
56		一种喷雾抑尘装置	201711263557.4	2017.12.05	–
57		一种自动搅拌装置	201711263663.2	2017.12.05	–
58		一种风电叶片用直接无捻粗纱玻璃纤维浸润剂	201711263718.X	2017.12.05	–
59		一种管道短切用无碱玻璃纤维浸润剂	201711263724.5	2017.12.05	–
60		一种玻璃纤维拉丝装置	201711263836.0	2017.12.06	–

续表

序号	申请年度	专利名称	专利号	申请时间	授权时间
61		一种碳酸盐矿物成分检测方法	201810275712.2	2018.03.30	–
62		一种玻璃液流道设计方法	201810275614.9	2018.03.30	–
63		一种玻璃纤维连续原丝毡浸润剂	201810294187.9	2018.04.04	–
64		一种电子织物用纱的淀粉型浸润剂	201810295423.9	2018.04.04	–
65		一种自动上料的立体式原料库	201810371755.0	2018.04.24	–
66		一种适用于生产玻璃纤维纺织纱的玻璃配方	201810294953.1	2018.04.04	–
67		一种增强纺织型玻璃纤维浸润剂	201810295814.0	2018.04.04	–
68	2018	一种增强尼龙用无碱玻璃纤维直接纱的浸润剂	201810295708.2	2018.04.04	–
69		一种电子织物用玻璃纤维浸润剂	201810531408.x	2018.05.29	–
70		一种增强聚乙烯用无碱玻璃纤维直接纱的浸润剂	201810532887.7	2018.05.30	–
71		一种增强管道毡用玻璃纤维浸润剂	201810534175.9	2018.05.30	–
72		一种增强聚丙烯塑料玻璃纤维短切纱浸润剂	201810533874.1	2018.05.30	–
73		一种增强连续粘用玻璃纤维浸润剂	201810536137.7	2018.05.30	–
74		一种玻璃纤维表面改性剂及其制备方法	201811258700.5	2018.10.26	–
75		一种增强纺织玻璃纤维纱浸润剂	201811262118.6	2018.10.27	–
76		一种增强型玻璃纤维浸润剂	201811264999.5	2018.11.08	–
77		一种阻燃玻璃纤维壁布	201921283006.9	2019.08.09	2020.06.30
78		一种保温隔热玻璃纤维壁布	201921210968.1	2019.07.30	2020.06.19
79		一种玻璃纤维壁布	201921352871.4	2019.08.20	2020.06.09
80		一种能释放负离子的玻璃纤维壁布	201921244584.1	2019.08.02	2020.06.19
81		一种能吸附甲醛的玻璃纤维壁布	201921254728.1	2019.08.05	2020.06.19
82	2019	一种玻璃纤维壁布	2019107691268	2019.08.20	–
83		一种 A 级阻燃玻璃纤维壁布	2019107322668	2019.08.09	–
84		一种能吸附甲醛的玻璃纤维壁布	201910717980X	2019.08.05	–
85		一种能释放负离子的玻璃纤维壁布	2019107128954	2019.08.02	–
86		一种保温隔热玻璃纤维壁布	2019106935231	2019.07.30	–
87		一种复合塑料管生产系统及其使用方法	202010823008.3	2020.08.17	–
88		一种复合塑料管生产用编管机及其使用方法	202010823017.2	2020.08.17	–
89		一种连续生产复合塑料管的编管机及其使用方法	202010823131.5	2020.08.17	–
90		一种快速换带装置及编管机	202010823207.4	2020.08.17	–
91		一种能够快速换带的编管机及其使用方法	202010823218.2	2020.08.17	–
92	2020	一种不间断复合塑料管生产系统及其使用方法	202010823310.9	2020.08.17	–
93		一种能够快速换带的编管机及其使用方法	202010823350.3	2020.08.17	–
94		一种双复合层复合塑料管生产系统及其使用方法	202010823592.2	2020.08.17	–
95		一种编管机及其使用方法	202010823638.0	2020.08.17	–
96		一种复合塑料管生产系统及其使用方法	202010823966.0	2020.08.17	–

序号	申请年度	专利名称	专利号	申请时间	授权时间
97	2020	一种快速换带连续生产的编管机及其使用方法	202010823715.2	2020.08.17	–
98		一种玻璃纤维纱线自动涂层装置	202010828562.0	2020.08.18	–
99		一种玻璃纤维纱线自动涂层装置及其使用方法	202010828650.0	2020.08.18	–
100		一种复合玻璃纤维纱线自动涂层装置	202010828854.4	2020.08.18	–
101		一种高效玻璃纤维布纺织加湿装置	202010834416.9	2020.08.18	–
102		一种高效复合玻璃纤维布纺织加湿装置及使用方法	202010834500.0	2020.08.18	–
103		一种工业场地用智能低耗清洁车及其控制方法	202010828803.1	2020.08.18	–
104		一种玻璃纤维纱染色装置	202010829052.5	2020.08.18	–
105		一种玻璃纤维树脂复合材料的制备方法	202010828923.1	2020.08.18	–
108		一种复合玻璃纤维及其制备方法	202010829253.5	2020.08.18	–
107		低气泡低介电玻璃纤维组合物	202020762363.X	2020.08.18	–
108		一种废旧玻璃纤维回收粉碎装置	202020755553.9	2020.08.18	–

2017—2020年，山东玻纤全资子公司卓意公司申请专利14件，其中发明专利5件，实用新型专利9件。授权发明专利3件，授权实用新型专利9件。

2011—2020年淄博卓意玻纤材料公司发明专利统计表

表4-3-2

序号	专利名称	编号	性质	申请日	授权公告日	备注
1	高速验布机	ZL2017 2 0259448.4	实用新型	2017.03.16	2017.11.24	已授权
2	单丝涂塑防虫网生产用静电除尘系统	ZL2017 2 0259447.X		2017.03.16	2017.11.24	
3	EVS布面现场侦测成像采集系统	ZL2017 2 0259449.9		2017.03.16	2018.01.26	
4	过滤型涂塑槽	ZL2017 2 0259446.5		2017.03.16	2017.11.24	
5	温控型涂塑槽	ZL2017 2 0259358.5		2017.03.16	2017.10.27	
6	单丝涂塑防虫网生产用燃气热风循环烘箱	ZL2017 2 0259405.6		2017.03.16	2018.01.26	
7	单丝涂塑防虫网生产用燃气智能拉幅定型装置	ZL2017 2 0259456.9		2017.03.16	2017.11.24	
8	新型玻璃纤维用翼面滑梭	ZL201920960752.0		2019.06.24	2020.06.23	
9	一种环保阻燃多层复合植绒玻纤壁布	ZL201921691624.7		2019.10.09	2020.07.23	
10	大流量涂塑槽	ZL2017 1 0157128.2	发明专利	2017.03.16	2020.06.26	
11	单丝涂塑防虫网生产工艺方法及其设备系统	ZL2017 1 0157441.6		2017.03.16	2019.01.25	
12	单丝涂塑防虫网生产用静电除尘工艺方法及其设备系统	ZL2017 1 0157437.X	发明专利	2017.03.16	–	已受理
13	EVS布面侦测系统	ZL2017 1 0157438.4		2017.03.16	–	
14	一种除去生产车间玻璃纤维粉尘的除尘装置	ZL2016 1 0818587.6		2016.09.13	2018.09.04	已授权

第二节　保密管理

2017年2月，山东玻纤制定《知识产权保密规定》，对秘密事项进行保密等级划分。

一、各等级秘密事项

（一）A级秘密事项（含载体）。由事项形成部门指定专人负责做好标识，妥善保管，建好记录、台账。发放、传阅均需经总经理批准，限制在一定时间内返还。事项经对外披露即可视为降低保密管理等级或解密（部分内容、局部范围披露除外）。允许知悉的范围是公司核心领导层、事项形成部门的主管及公司领导认为需要让其知悉的对象。

（二）B级秘密事项（含载体）。由事项形成部门指定专人负责做好标识，妥善保管，建好记录、台账。事项的发放、传阅一般由该秘密事项形成部门的经理级主管（第一负责人）批准，必要时须报请总经理同意，发放要编号、签收，传阅必须有传阅签名记录，并返还保管。事项保密管理等级的变更或解密由公司保密管理部门在每年第二季度共同商定。事项允许知悉范围是公司各部门经理级主管（第一负责人）以上的干部、秘密事项形成部门的相关人员及公司领导和秘密事项形成部门主管认为需要让其知悉的对象。

（三）C级秘密事项（含载体）。由事项形成部门指定专人负责做好标识，妥善保管，并建好记录、台账。发放要编号、签收，传阅要有传阅签名记录，并返还保管。事项保密管理等级的变更或解密由公司保密管理部门在每年第二季度共同商定。允许知悉的范围是公司各部门经理、事项形成部门的相关人员及该部门主管认为需要让其知悉的对象。

二、涉密岗位及员工

（一）公司所有涉密员工在与公司建立劳动关系的同时，由公司人力资源部门代表公司与其签署《商业秘密保证及竞业限制协议》，互相监督，共同保障公司商业秘密的安全和利益。

（二）涉密员工要严格按照相关保密要求做好公司秘密的保守和保护工作，接受相关保密管理部门的工作指导和监督、检查。

（三）公司各保密管理部门应定期对与本部门管理职能相关的涉密人员的岗位工作进行保密检查，原则上每年不少于2次，检查中发现的问题及时改正并落实整改措施，不断总结和推广涉密员工在保密管理中好的做法和经验。检查结果应向涉密员工所在部门的主管反馈，纳入该员工月度、年度岗位绩效考核中。

（四）对新安排至涉密岗位的员工，人力资源部门进行常规入职教育的同时会同该部门主管进行入职保密教育。涉密员工因工作需要进行岗位变更时，部门主管监督其对保密工作的移交，人力资源科对其进行离岗保密教育。

三、公司秘密事项分类

秘密事项分为管理类（玻纤技术研究院、人事、财务、审计、企管）、技术类（生产设备、研发、工艺）、业务类（销售）、生产类（生产、采购、仓储）4类。

2018年山东玻纤集团管理类秘密事项分类及项目内容、等级一览表

表4-3-3

类别	涉密项目	保密等级	备注
核心资料	公司战略、方针及重大决策	A	
重要资料	公司年度、月度的计划与总结	B	
	公司办公会议纪要	B	
	信息中心服务器存储资料	A	
	公司重大诉讼、仲裁事项	A	
	公司上市准备资料	A	
	股东大会、董事会、监事会的文件、决议	A	未披露前，均属公司绝密信息
	公司对外重大投资项目资料	A	
	公司薪资体系文件	A	
	年度、半年度绩效考核资料	B	
	员工档案	B	
	资金筹措前的准备情况	A	
	资金筹措结果	A	
	产品销售价格	A 或 B	
	产品成本资料	A 或 B	
	原材料价格	A 或 B	
	材料采购价格、产地、型号	B	
	债权债务情况	A	
	材料消耗工艺定额	B	
	产品各项物理指标及过程指标控制	B	
	工程决算	B	
	月度、年度审计资料及报告	B	
重要发文	公司对内重要发文	B	
	公司对外重要发文	A 或 B	
重要信息	总经理个人日常信息	B	
重要制度	公司人事制度	C	
各类报表	每月工资报表	B	
	未定财务报表（预测表）	A	
	未审财务报表	A	
	已审财务报表	B	
	财务账册、凭证	B	
	各产品销售价格明细	B	
	职工工资等级及金额	B	

表4-3-4

2018年山东玻纤集团技术类秘密事项分类及项目内容、等级一览表

类别	涉密项目	保密等级	备注
重要文件	新品设计开发文件、记录	A	未经生产鉴定的新品
	产品设计文件、记录	B	
	产品工艺文件、记录	B	
	公司下发技术文件	B	
	技术部门管理文件	C	
重要资料	新产品项目技术资料	A	未完全成熟型产品
	技术改进项目技术资料	B	基本成熟产品
	生产线图纸	B	
	实验室的建设和配置	B	反映公司技术开发的实力和方向
	研发人员的结构、层次、规模等	C	

表4-3-5

2018年山东玻纤集团业务类秘密事项分类及项目内容、等级一览表

类别	涉密项目	保密等级	备注
重要资料	标书、底价、区域费用、佣金结算	A	
	销售合同、订单	B	
	业务部人员述职报告	C	
	业务员工作日报告	C	
	用户目录	A 或 B	
	各类产品缺陷信息	B	
重要文件	营销策略、报价原则、市场动态分析等	A 或 B	
重要报表	各类统计报表（合同量、回款、业务费用等）	B 或 C	
	产品营销成本分析表	A 或 B	
	业务报表	B	

表4-3-6

2018年山东玻纤集团生产类秘密事项分类及项目内容、等级一览表

类别	涉密项目	保密等级	备注
重要资料	新品开发及试制资料	A	
	供应商资料	A 或 B	
	发货地点、业务客户资料	B	
	生产计划任务单、出库领料单	C	
	产品配料单	C	
	工艺指标、工艺过程记录	B 或 C	
	工单达成率、采购达成率统计	C	
重要信息	不合格品的相关信息	B	
重要	采购策略、采购渠道、采购价格、采购合同	A 或 B	

第四章　质检与营销

第一节　管理机构

一、机构设置

2008年10月，成立山东玻纤检测中心，下设化验、物理检测和现场质检（原丝和中间库质检）3个岗位。11月，检测中心成立化验室和物理检测室，主要由高温室、化学分析室、天平室和原子吸收室4部分组成。

2010年1月，成立质检部，设物理检测和化验及现场质检岗位。

2014年12月，成立质量管理部，设原料物资质量检查管理科、产品质量检查管理科。2016年10月，质量管理部成立体系管理科。

2017年8月，质量管理部隶属玻纤事业部，撤销体系管理科和原料物资质量检查管理科。

2018年10月，质量管理部筹建热塑实验室，主要用于热塑类产品制样及检测模拟下游客户产品性能。12月，质量管理部恢复原设置，热塑实验室大型设备注塑机组、挤出机组等开始安装调试。2019年1月，热塑实验室制定检测计划，正式运行并投入使用。

2020年1月，公司调整公司机构设置及职能。质量管理部负责各类体系建设及运行管理，生产物资、半成品与产成品质量日常监督检查、检测检验；生产物资与产品质量标准的制定与修订，质量管理制度的制定与监督执行，产品质量的评价与考核，质量统计与分析，产品计量管理，品牌建设管理，产品质量改进与提升管理，客户质量投诉分析鉴定，各类质量管理标准及体系运行培训等。

二、管理制度

2011年5月，制定《质检部作业文件汇编》。

2012年10月，制定《条码管理系统规定》。

2013年3月，制定《质检部现场标准化管理规定》。11月，制定《质检部内部管理处罚规定》。

2014年1月，制定《质检部精细化管理办法》。

2015年3月，制定《客户投诉管理规定》。

2016年1月，制定《质量/环境/职业健康安全/能源管理手册》（2017年1月修订、2018年1月修订）。同月，制定《质量/环境/职业健康安全/能源程序文件汇编》（2017年1月修订、2018年1月修订）。7月，制定《实验室废液处理规定》。同月，制定《成品、半成品检验操作规程》（2017年10月修订）。9月，制定《玻璃原料取样、制备、留样管理规程》。11月，制定《质量信息反馈流程》。同月，制定《计量设备管理规定》（2017年1月修订、2018年5月修订）。

2017年7月，制定《质管部风险管控指导手册》。10月，制定《质管部自动化、智能化改善项目和实施措施》。11月，制定《产品质量过程控制追溯管理制度》。同月，制定《质量提升工程技术保障实施细则》。

2018年8月，制定《产品检验制度和内部质检员考核规定》，包括成品、半成品、产品标识、信息联系单使用管理、异常问题反馈处理、质管部内部管理、交接班规定、先进班组考核、粉料质量控制合格率、化工质量控制合格率、包装材料漏检、取样标准执行率、异常问题反馈和跟踪及时率、检验设备校准率、检测数据准确率、检测报告准确率、标签张贴准确率、包装材料使用漏检、地磅计量准确率、ERP录入准确率、成品外观检验漏检的检验和考核。

2019年12月，制定《质量专项考核管理规定》《临时文件管理规定》。

2020年1月，制定《关于奶瓶纱号数检测规定》。2月，制定《关于直接纱号数管控的规范》《关于内外层号数校正的要求》。3月，制定《化工原料评审制度》《生产发现的质量异物包装物资处置方案》《关于退货纱的判级规定》。4月，制定《大合格和小合格区分》。

第二节 控制与检测

一、成品

（一）控制

2009年6月，制定《化验员操作规范》《原丝质检操作规范》。10月，制定《质量抽检员操作规范》。12月，修订《质量管理控制措施》。包括9项内容，分别是：原料控制措施、玻璃成分控制措施、浸润剂控制措施、原丝号数控制措施、原丝现场检验步骤及措施、中间库检验操作步骤和措施、纱线品质控制措施、产品标识细则、不合格品控制措施。

2015年5月，编制修订《ECR产品标识说明书》，主要由中间产品（半成品）标识、出厂产品（成品）标识两部分组成；修订《产品标识说明书》，规范ECR/ECER产品的标识统一性。

2016年2月21日，实行半成品检测，主要管控半成品含水、含油及号数。4月，原丝质检工作进行调整，原丝号数不再由原丝质检员抽测，原丝质检员的工作职责发生改变，更加侧重于外观质量督查。

2019年8月，完善《半成品名称命名标准》。

（二）检测

物检室及现场标准文件有《玻璃纤维产品内控标准》《半成品名称命名标准》《产品标识说明》《产品目录》《质管部设备操作规程》《产品检测方法》《产品等级判定标准》《DUCS产品质量标准》《DUCS检测方法》《原丝及半成品检测方法》《T30产品质量标准》《合股纱产品质量标准》《计量设备管理规定》《浸润剂检测项目操作规程》《各岗位操作规程》《湿法毡产品命名标准》《湿法毡检验标准》。

2020年11月，完善《质管部设备操作规程及校验》。

二、原料

2009—2018年，化验室对原料控制与检测执行《无碱玻璃原料管理规定》《无碱玻璃原料工艺标准》《实验室废液处理规定》《叶蜡石粉生产质量标准》《化验室设备操作规程》《玻璃化学成分检验规程》《配合料工艺标准》《玻璃原辅料与玻璃分析项目及频次规定》《玻璃原料批次命名规定》《玻璃原料取样、制备、留样管理规程》《配合料取样及留样规定》《化工原料外观检验管理考核规定》《化工原料入厂检验过程及方法》《化工原料技术标准》《毡线化工原料标准》《燃气取样分析操作规程》。

2020年4—5月，制定《毡线化工原料技术标准》《毡线包装物资检验标准》。4—12月，完善《包装物资检验操作规程》《化验室设备校验操作规程》《异常矿石使用规定》《玻璃粉工艺标准》《无碱玻璃原料及矿石工艺标准》。12月，制定《化验室设备校验操作规程》。

2020年山东玻纤集团化验室设备明细表

表4-4-1

设备名称	型号	数量	厂家	购买时间	用途
X射线荧光仪	EDX-7000	1	日本	2015.03	成分检测
凝胶色谱仪	GPC-270	1	德国	2014.11	分子量
红外光谱仪	IS5	1	美国	2014.11	官能团
磨样机	–	1	北京	2016.12	磨样
熔样机	CLAISSE	1	加拿大	2016.12	熔解样品
X荧光光谱仪	AXIOSMAX	1	荷兰	2016.12	成分检测
碳硫分析仪	CS-206	1	上海宝英	2015.05	碳硫含量
艾科浦超纯水系统	AWL-2002-M	1	重庆颐洋企业发展公司	2016.07	制造纯水
水分测定仪	HB43-S	1	–	2016.08	含水
电子天平	XSE204	1	瑞士	2016.08	称重
标准COD消解器	HCA-102	2	泰州市华晨仪器公司	2016.07	COD
高温粘度计	RSV-1600	1	美国	2016.10	玻璃粘度
激光粒度分析仪	LS-POP（9）	1	珠海欧美克	2016.12	原料粒径
分析天平	XS104	1	瑞士	2008.10	称重
电子天平	HZK-FA110	1	福州华志科学仪器公司	–	称重
	PL602-L	1	梅特勒－托利多仪器（上海）公司	–	
程控箱式电炉	SXL1208	2	上海精宏试验设备公司	–	熔样
	XL-1016T	2		–	
电热恒温干燥箱	DHG-9241A	2		–	
电导率仪	DDS-307	1	上海精密科学仪器公司	2009	配合料均匀度
马尔文激光粒度仪	S90	1	英国	2014.11	化工原料粒径
博勒飞旋转粘度仪	LVDV-2T	1	美国	–	化工原料粘度
可见分光光度计	722S	1	上海仪电分析仪器公司	2015.06	比色硅铁太
便捷红外天然气值分析	Gasboard-3110p	1	武汉四方光电科技公司	2015.08	热值分析
微波炉	G70D20CN1L-M1（S0）	1	佛山格兰仕	–	–
容声冰箱	BCD-190G1S	1	–	–	制冷
电子万用炉	–	7	龙口文太电炉制造公司	–	加热熔样

设备名称	型号	数量	厂家	购买时间	用途
调压器	–	8	–	–	调节电压
水分测定仪	HX204	1	–	–	检测水分
保险柜	–	1	河北武邑龙牌柜业公司	–	器皿保管
原子吸收分光光度计	WFX-110A	1	北京瑞丽分析仪器公司	2016.10	钾钠含量
高温马弗炉	–	1	捷克	2017.07	熔解样品
混样机	–	1	陕西咸阳	2017.03	混样
氧化还原态	–	1	捷克	2017.03	氧化还原值

第三节　市场开发

一、国内销售市场

2009—2010年产品主要有：中碱膨化用纱、毡用纱、缠绕纱、拉挤纱、低号数纺织用纱（300～500tex）、单丝涂塑纱等。市场分布：江苏常熟、丹阳、南京、吴江，浙江余姚，河北任丘、满城、武强等地区。

2011—2012年产品主要有：中碱池窑纱产品类、坩埚纱产品类、织物类。市场分布：华东地区（山东、江苏、浙江、上海）、华南地区（广州）、华中地区（河南、安徽、山西）、华北地区（河北、吉林、辽宁、黑龙江）。

2013—2015年产品主要有：中碱池窑纱产品类、ECR纱产品类、坩埚纱产品类、织物类。市场分布：华东地区（山东、江苏、浙江、上海）、华南地区（广州）、华中地区（河南、安徽、山西）、华北地区（河北、辽宁、吉林、黑龙江）。

2016—2018年产品主要有：中碱池窑纱产品类，ECR、ECER纱产品类，毡类，织物类。市场分布：华东地区（山东、江苏、浙江、上海）、华南地区（广州）、华中地区（河南、安徽、山西）、华北地区（河北、辽宁、吉林、黑龙江）。

2019—2020年产品主要有：热塑纱、板材纱、电子纱、膨化用纱、毡用纱、缠绕纱、拉挤纱、低号数纺织用纱（300tex-500tex）等。市场分布：华东地区（山东、江苏、浙江、上海）、华南地区（广州、福建）、华中地区（河南、安徽、山西）、华北地区（河北、辽宁、吉林、黑龙江）。

二、国外市场

1999年开始，积极开辟玻璃纤维国外市场，至2018年底，公司拥有玻璃纤维及其制品国外客户60家，产品远销欧、美、亚、非、大洋洲的20多个国家，在世界范围内已形成品牌效应。纱线类产品年销售量3万吨，织物类产品年销售量1200万平方米。

主要客户：韩国JS、HR、CPC公司，俄罗斯LZO、MT、NORTEX、BAUTEX公司，罗马尼亚ICS、TEMAD、ALL、BQ公司，伊朗SS、PAYA、SYNA、RAH公司，波兰PM、HALL公司，意大利FRP、

TEMA公司，匈牙利MK公司，德国HOMA公司，阿联酋FPI公司，印尼PT公司，美国LMSS公司，南非TEX公司，日本丰田通商公司。

　　主要出口产品：网布类产品，玻璃纤维壁布，中、无碱奶瓶纱，中、无碱直接纱，中、无碱合络纱，中、无碱复络纱，热塑直接纱，热固直接纱，水切丝，短切纱，连续毡，湿法薄毡。

第五篇　铁矿产业

2006年5月，矿务局涉足铁矿产业，是继煤炭、玻纤产业之后的又一支柱产业，拥有生产矿井1座——会宝岭铁矿、筹建矿井1座——凤凰山铁矿，矿产资源总储量4亿吨，总设计产能年采选矿石700万吨，年产铁精粉175万吨。铁矿公司高度重视安全生产标准化建设，将双重预防体系建设作为防范重大风险、遏制事故的主要手段，实施全环节、全流程、全过程安全管控。铁矿公司遵循临矿集团"领先性发展"的战略方向，坚持"稳中求进、稳中提质、稳中取胜"的工作主基调，秉承"安全、绿色、环保、高效"的发展理念，积极抢抓机遇、聚力应对挑战，全力打造高质、高速、高效优质矿山，率先在全省完成国家级绿色矿山建设，2019年通过绿色矿山评估验收，成为山东省40家入选国家级绿色矿山的唯一一家铁矿企业。多次被山东省人民政府表彰为全省安全生产基层基础工作先进企业。

第一章 资源与勘探

第一节 矿区地理

一、位置与交通

（一）会宝岭铁矿

会宝岭矿区东距兰陵县城20千米，行政区划隶属临沂市兰陵县尚岩镇。区内公路交通较发达，西距京福高速公路滕南出入口约50千米、京沪高铁枣庄站约55千米，南距临枣高速公路峨山出入口7千米，东距临枣高速公路向城出入口约15千米、兖石铁路临沂站约85千米。

（二）凤凰山铁矿

凤凰山矿区位于兰陵县城西约20千米处，西距枣庄约25千米，行政区划隶属兰陵县尚岩镇、新兴镇。区内公路交通较发达，西距京福高速公路滕南出入口约55千米、京沪高铁枣庄站约60千米，东距京沪高速公路兰陵出入口约45千米、兖石铁路临沂站约80千米。

二、自然环境

铁矿矿区位于鲁南丘陵区，最高山为二青山，海拔+218.1米，最低标高+41.5米，相对高差176.6米。季节性河流、小溪较发育。本区属北温带季风气候，年平均气温13.2摄氏度。降水多集中在6—8月，降水量占全年的70%；年平均蒸发量1385.9毫米；年平均降水量787.7毫米，11月至次年2月为降雪期。11月至次年4月为冰冻期，冻土最大深度31厘米。冬季西北风干冷，夏季东南风湿热，对农作物生长有利。本区地震烈度7度。

当地人口稠密，劳动力充足。会宝岭水库是距离矿床较近的地表水体，为矿山用水的巨大天然蓄水池，矿区内寒武纪地层含水丰富，完全能够满足矿山生产、生活用水。区内电力充足，有双回路220千伏变电所1座。

第二节 资 源

会宝岭铁矿公司在兰陵县境内拥有矿井2对，会宝岭铁矿已进入生产阶段，凤凰山铁矿尚在筹建中。

一、会宝岭矿区

会宝岭铁矿设计生产能力300万吨/年，矿权面积2.1平方千米，铁矿资源储量17356.3万吨，矿体平均厚度41.16米，矿床品位磁性铁18.81%。

二、凤凰山矿区

矿区南北2条矿带4个矿体，全部为隐伏盲矿体。其中N①、N②矿体为沟西矿段主矿体，查明铁矿石资源量占本矿段总资源量的74.8%。

凤凰山铁矿设计生产能力400万吨/年，划定矿区范围面积2.85平方千米，铁矿资源储量1.64亿吨，矿体平均厚度29.69米，矿床品位磁性铁18.96%。

2005年9月5日，凤凰山铁矿矿权设立，探矿权人和勘查单位为山东省鲁南地质工程勘察院。探矿权由"山东省苍山县沟西地区铁矿普查""山东省苍山县西官庄地区铁矿普查"探矿权整合而成。历经4次延续，矿产资源勘查许可证有效期限2011年1月17日—2012年12月31日。

2011年6月28日，省国土资源厅下发《关于苍山县矿产资源总体规划的批复》，凤凰山铁矿纳入开发规划名录。7月27日，铁矿公司与山东省鲁南地质工程勘察院签订《山东省苍山县沟西—西官庄地区铁矿普查探矿权转让合同》，探矿权转让预算价款为71862万元，最终结算以详查报告认定的资源量为准；8月3日，探矿权人变更为临沂会宝岭铁矿公司，勘查单位为省鲁南地质工程勘察院。勘查许可证有效期限2012年8月3日—2012年12月31日。10月13日，省国土资源厅矿业权储备交易中心以《山东省矿业权交易鉴证书》进行矿权交易鉴证；10月24日，省国土资源厅以鲁矿交鉴字〔2011〕18号文鉴证交易；12月19日，省国土资源厅以《探矿权转让登记书》同意矿权转让。

2013年1月29日，临矿集团组织专家在北京对中国恩菲工程技术公司编制的《凤凰山铁矿沟西—西官庄铁矿区采选工程可行性研究报告》进行评审并通过。3月16日，临矿集团第二届董事会第十二次会议审议通过《关于投资建设凤凰山铁矿年产400万吨采选工程项目的议案》，同意投资271719万元开工建设凤凰山铁矿年产400万吨采选工程项目。4月21日，山东能源集团同意由会宝岭铁矿公司投资建设凤凰山铁矿项目。5月6日，临矿集团下发《关于转发〈山东能源集团有限公司关于临矿集团投资建设凤凰山铁矿采选工程的批复〉的通知》，在项目手续办理、项目初步设计、建设项目管理等方面提出进一步要求。6月20日，取得苍山县规划局批复的《建设项目选址意见书》。12月26日，临矿集团在北京组织召开安全预评价报告评审会议，通过中国安全生产科学研究院评价中心编制的《凤凰山铁矿（沟西—西官庄）采选工程安全预评价报告》；2014年6月11日，取得国家安全监管总局《非煤矿山建设项目安全预评价报告备案申请表》。

2014年2月17日，取得国家安全监管总局《建设项目职业病危害预评价报告审核意见书》。3月4日，取得省环保厅《关于凤凰山铁矿400万吨采选工程环境影响评价执行标准的复函》；28日，临矿集团组织专家在兰陵县对中国恩菲工程技术公司编制的《凤凰山铁矿沟西—西官庄铁矿区采选工程初步设计》进行评审并通过。4月9日，临矿集团下发《关于凤凰山铁矿采选工程初步设计评审意见批复》；30日，省国土资源厅下发《关于地下采矿项目审批情况的函》，凤凰山铁矿列入省政府批准建设的83个地下采矿项目名单。

2015年6月7日，取得省环保厅《关于〈临沂矿业集团铁矿资源开发利用规划环境影响报告书〉的审查意见》；25日，取得省水利厅《关于凤凰山铁矿采选工程水土保持方案报告书的批复》。7月8日，取得省国土资源厅《关于山东省兰陵县沟西—西官庄地区铁矿勘探探矿权分立的批复》，将探矿权分立为"山东省兰陵县沟西地区铁矿勘探""山东省兰陵县西官庄地区铁矿勘探"2个探矿权；20日，取得山东省水利厅《关于凤凰山铁矿采选工程取水申请的批复》。

2016年2月2日，取得临沂市环保局《关于凤凰山铁矿110千伏变电所及供电线路项目环境影响报告表的批复》。4月18日，取得国土资源部《划定矿区范围批复》。5月12日，临矿集团批复同意凤凰山铁矿主、副井停止施工。6月19日，中国恩菲工程技术公司编制的《凤凰山铁矿采选工程矿产资源开发利用方案报告书》在北京通过国土资源部委托中国冶金矿山企业协会组织的专家评审；9月5日，中国冶金矿山企业协会出具《凤凰山铁矿采选工程矿产资源开发利用方案审查意见的报告》。7月29日，山东省环保厅批复《凤凰山铁矿400万吨采选工程环境影响报告书技术评估报告》。9月9—11日，《凤凰山铁矿400万吨采选工程矿山地质环境保护与恢复治理方案》在北京通过国土资源部组织的专家评审；12月13日，取得国土资源部批复。10月18日，《凤凰山铁矿400万吨采选工程土地复垦方案》在北京通过国土资源部组织的专家评审；12月20日，取得国土资源部批复。28日，凤凰山铁矿探矿权第二次保留取得省国土资源厅批复，有效期2017年1月1日—2018年12月31日。

2018年2月22日，凤凰山铁矿采选工程新立采矿权申请通过兰陵县国土资源局、兰陵县政府初审；8月2日，兰陵县国土资源局补充了初审意见。3月20日，兰陵县政府向临沂市政府提出《关于临沂会宝岭铁矿公司凤凰山铁矿新设采矿权的请示》，提交市政府联席会议研究。9月13日，临沂市政府联席会同意凤凰山铁矿采选工程新设采矿权申请；26日，通过临沂市国土资源局初审转报省自然资源厅。11月2日，凤凰山铁矿采选工程新立采矿权申请由省自然资源厅厅长办公会议研究通过，转报自然资源部。12月3日，《凤凰山铁矿储量核实报告》在北京通过自然资源部储量评审中心组织的专家评审；26日，《凤凰山铁矿划定矿区范围预留期的函》获得自然资源部批复，预留期限保留至采矿登记申请批准并领取采矿许可证之日。

2019年1月30日，取得自然资源部矿产资源储量评审中心对《凤凰山铁矿储量核实报告》审查意见。3月5日，《凤凰山铁矿储量核实报告》通过自然资源部批复备案。4月3日，《占用储量登记》纳入自然资源部储量评审中心备案；6月4日，通过省自然资源厅储量评审中心审查备案。5月29日，《凤凰山铁矿储量核实报告》地质资料通过省自然资源厅档案馆审查备案，完成地质资料汇交；同日，凤凰山铁矿探矿权第三次保留申请通过省自然资源厅批复，有效期至2020年12月31日。7月24日，省自然资源厅委托河北兰德评估公司进行矿业权评估，公示无异议；8月21日，与省自然资源厅签订《采矿权出让合同》。9月3日，凤凰山铁矿采矿权新立申请材料通过省自然资源厅初审并转报自然资源部；9月11日—12月25日，完成2次补正后，通过自然资源部审查；2020年5月9日，核发采矿许可证。

2020年5月，针对凤凰山铁矿项目停工时间长、经济技术条件发生较大变化的实际情况，会宝岭铁矿公司组织专业人员进行设计优化；8月，委托中国恩菲工程技术公司完成《初步设计》修编工作；9月4日，通过专家评审。

第三节　地　质

一、地层

（一）会宝岭矿区

1. 新太古代泰山岩群山草峪组（Ar$_3\hat{s}$）

为区内（鞍山式）铁矿的赋存层位，岩性主要为黑云变粒岩，局部夹磁铁石英岩、磁铁角闪石英岩、黑云角闪片岩等。

2. 新元古代土门群（Qb-zt）

区内土门群发育青白口纪黑山官组、南华纪二青山组和佟家庄组，自下而上岩性依次为含粉砂粘土质页岩、含海绿石石英砂岩、灰岩、页岩、泥质粉砂岩和泥灰岩。地层总体走向近南北至北西，倾向东至南东，倾角10～15度。直接覆盖于含矿岩系山草峪组之上，呈角度不整合接触。

3. 古生代寒武纪长清群（$\in_{2-3}\mathcal{C}.$）

区内长清群发育李官组、朱砂洞组、馒头组，自下而上岩性依次为中粗粒状石英砂岩、薄层泥灰岩、灰岩、页岩、灰岩和泥灰岩夹砖红色页岩，地层总体走向北北东，倾向东，倾角8～12度。

4. 第四系（Q）

岩性为褐黄色含砾砂质粘土，分布于山前平地或沿冲沟及其两侧分布，为残积物、坡积物及淤积物，一般厚0～7.67米，最厚31.06米。

（二）凤凰山矿区

矿区地层分布与会宝岭矿区基本一致。

二、构造

（一）会宝岭矿区

区内构造与区域构造相似，依据构造特征和构造形式可分为基底构造和盖层构造，两者对铁矿床均有不同程度的影响。

基底构造。在矿区内主要发育太白向斜，为一向东倾伏的不对称紧密褶皱，走向285～295度。轴面倾向北、倾角80度，两翼倾角北陡南缓，北翼倾角65～88度，南翼倾角33～75度。长度大于12千米，核部由黑云变粒岩组成，东部为盖层所覆盖。向斜枢纽自东向西平缓倾伏，倾伏角约3～6度。向斜东段两翼赋存着矿床的南北2个主矿带。

区内盖层。总体为一单斜构造，断裂构造主要为F$_1$及其次级派生构造F$_2$、F$_3$高角度正断层，截穿矿体后对矿体造成不同程度的破坏。

（二）凤凰山矿区

依据构造特征和形式可分为基底构造和盖层构造，两者对铁矿床有不同程度的影响。

三、岩浆岩

（一）会宝岭矿区

区内岩浆岩不发育，仅在矿区北部边缘、白水牛石断层（F$_1$）东侧分布有晚太古代片麻状石英闪长岩，呈岩株状产出，侵入泰山岩群山草峪组地层中，被土门群二青山组覆盖，出露面积0.2平方千米。岩石呈灰黑色，粒状变晶结构，片麻状构造。主要矿物成分为石英、长石、角闪石、黑云母等，副矿物为磷灰石、锆石、磁铁矿等。另外少量钻孔中见有角闪闪长玢岩，侵入泰山群山草峪组或土门群二青山组地层中，工程揭露厚度小，均在10米之内，呈岩床状产出，对矿体基本无影响。

（二）凤凰山矿区

区内岩浆岩不发育，仅个别钻孔中见有角闪闪长玢岩侵入泰山岩群山草峪组中，工程揭露厚度小，在1米之内，呈岩床状产出，对矿体基本无影响。

四、矿床特征

（一）会宝岭矿区

为隐伏矿床，总体走向280～290度，发育2条主矿带5个矿体，北翼（N）矿带发育3个矿体，南翼（S）矿带发育2个矿体，2条主矿带平行展布，相向而倾，表现为不对称向斜构造特征。矿带赋存于泰山岩群山草峪组中，矿体呈层状、似层状产出，产状与地层产状一致。矿体赋存标高60～−970米，矿体顶部埋深34.82～298.37米。矿体编号自北往南依次为N③、N②、N①、S①、S②，其中N①、N②、S②矿体为矿床主矿体。

会宝岭铁矿矿床矿体特征一览表

表5-1-1

| 矿带 | 矿体编号 | 形态 | 规模 | | 平均真厚度（m） | 厚度变化系数（%） | 平均品位（%） | | 变化系数（%） | | 见矿工程个数 |
			延长（m）	延深（m）			TFe	mFe	TFe	mFe	
N	N①	层状	2200	455	11.68	57.21	31.5	19.28	17.48	37.49	36
	N②	层状	2200	530	8.08	61.73	31.8	17.33	15.66	32.12	41
	N③	层状	2100	550	4.08	70.85	33.16	23.05	14.53	31.06	35
S	S①	层状	2200	605	8.08	72.22	29.26	17.71	18.84	36.61	41
	S②	似层状	2100	730	9.24	37.89	31.68	18.63	15.57	34.01	42

（二）凤凰山矿区

凤凰山铁矿床为隐伏矿床，总体走向285～315度，发育南北2条矿带4个矿体，倾角49～89度，平行展布，相向而倾，表现为不对称向斜构造特征。矿体赋存标高−448～−1496米，顶部埋深505～806米，平均总厚度29.84米。矿带顶底板围岩为黑云角闪片岩或黑云变粒岩。上覆盖层为青白口系至早寒武系沉积地层。

五、水文地质

矿体处于丘陵区，地形有利于自然排水，地下水补给条件差，水文地质边界简单，是以裂隙充水含水层为主的矿床，水文地质条件复杂程度为中等。矿体赋存于泰山群山草峪组变质岩地层中，为向斜侧隐伏形矿床，矿体多位于当地最低侵蚀基准面（标高48米）之下。除寒武系下统石英砂岩含水丰富外，其余均为微弱含水地层。

六、开采技术条件

工程地质。黑云变粒岩岩组为矿体直接或间接顶底板，岩石坚硬、致密，暗绿色，粒状变晶结构，片麻状构造。岩体较完整，裂隙不发育，岩石物理力学性质较好，矿体顶板单轴饱和抗压强度93.7～260.3兆帕，工程地质条件为简单型。

环境地质。矿山开采产生采空塌陷的可能性小，仅在局部产生地表变形，对地质环境破坏不大；矿坑排水水质较好，对附近地表水与地下水环境造成的污染可能性小；矿石和废石及尾矿砂化学成分基本稳定，属于第Ⅰ类一般工业固体废物，无其他环境地质隐患。地温梯度总体较小。综合确定矿区地质环境质量中等。

第四节 勘 探

1986—1991年，山东省第二地质矿产勘查院开展包括王埝沟铁矿区在内的1∶5万区域地质调查工作，为本区铁矿床的前期勘查提供了基础性资料。

一、会宝岭矿区

2007年4—8月，山东省鲁南地质工程勘察院对苍山县王埝沟铁矿进行勘探评价。8月，提交《山东省苍山县王埝沟矿区铁矿勘探报告》；11月，通过国土资源部评审并备案。备案铁矿石资源储量17356.3万吨，平均品位全铁31.34%，磁性铁18.81%。

二、凤凰山矿区

1931年，凤凰山矿区地质调查工作就有文字记载。至1959年陆续开展了不同程度的地质勘查工作并投入相应的探矿工程。

2006年3月—2011年11月，山东省鲁南地质工程勘察院对苍山县沟西—西官庄铁矿进行详查评价，施工探矿钻孔57675.7米，水文孔1663.5米。2011年12月，提交《山东省苍山县沟西—西官庄矿区铁矿详查报告》；同月，由山东省国土资源资料档案馆资源储量评审办公室评审通过，经山东省国土资源厅备案。批准并备案的资源储量16574.9万吨，矿床平均品位全铁30.63%，磁性铁18.85%。

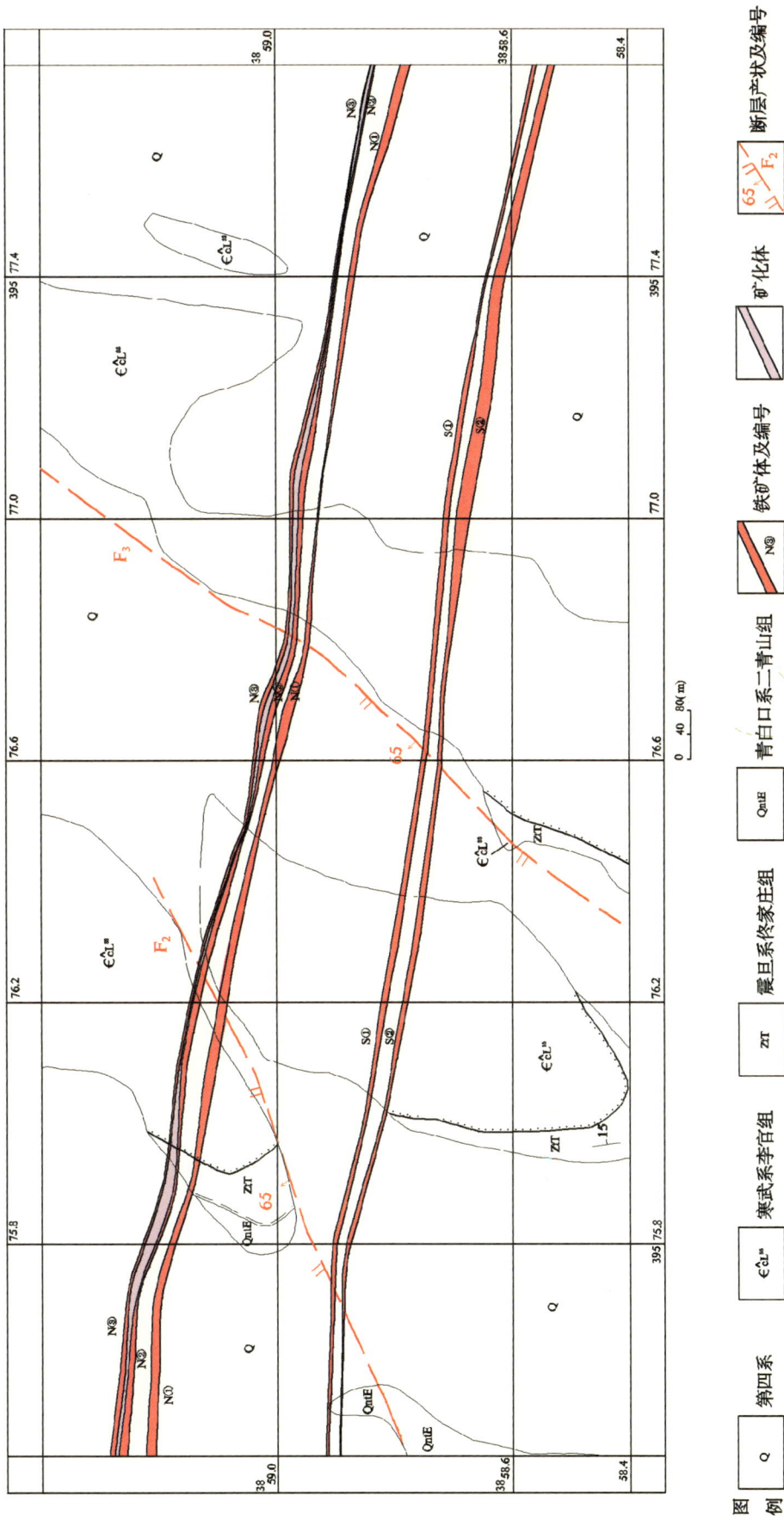

会宝岭铁矿矿床矿体分布图

图5-1-1

图例

Q	第四系	$\in \hat{a} \dot{L}^{1a}$	寒武系李官组	Zzr	震旦系佟家庄组
QmE	青白口系二青山组				

铁矿体及编号 N③

矿化体

矿体及编号

65 F₂ 断层产状及编号

2011年7月27日，铁矿公司取得探矿权后，继续开展矿区勘探工作。2012年5月11日—12月15日，铁矿公司委托省鲁南地质工程勘察院完成补充勘探工作，编制并提交《山东省苍山县沟西—西官庄矿区沟西矿段铁矿勘探报告》。

2012年11月20日—2013年2月27日，委托省鲁南地质工程勘察院施工凤凰山铁矿主井检查孔，提交《凤凰山铁矿主井井筒检查孔水文地质工程地质勘察报告》，终孔深度1184.3米。施工副井检查孔，提交《凤凰山铁矿副井井筒检查孔水文地质工程地质勘察报告》，终孔深度1440.5米。施工矿进风井检查孔，提交《凤凰山铁矿进风井井筒检查孔水文地质工程地质勘察报告》，终孔深度995米。施工西回风井检查孔，提交《凤凰山铁矿西风井井筒检查孔水文地质工程地质勘察报告》，终孔深度900.11米。施工东回风井检查孔，提交《凤凰山铁矿东风井井筒检查孔水文地质工程地质勘察报告》，终孔深度891.6米。

2013年2月22日—2013年3月8日，对东回风井重新选址后，委托省鲁南地质工程勘察院施工东回风井检查孔，提交《凤凰山铁矿东风井（2）井筒检查孔水文地质工程地质勘察报告》，终孔深度260.5米。2月26日，省国土资源厅以《关于对〈山东省苍山县沟西—西官庄矿区沟西矿段铁矿勘探报告〉矿产资源储量评审备案的函》，对凤凰山铁矿资源储量备案。

第二章 矿井建设

第一节 建设队伍

2007年末，会宝岭铁矿开始建设。参与施工的单位有6家，中煤第五建设公司第三工程处、第四工程处与临沂华建工程公司、金诚信矿业建设公司、湖南涟邵建设工程（集团）公司、中铁十四局集团第四工程公司。

中煤第五建设公司第三工程处隶属中煤能源集团公司，为国资委管理序列的中央企业，主要承建会宝岭铁矿主井工程。

中煤第五建设公司第四工程处隶属中煤能源集团公司，是中央管理的国家特级大型企业，主要承建会宝岭铁矿副井工程。

临沂华建工程公司成立于1972年，是一家由土建公司、设备安装公司、矿建项目部等20多家分公司组成的集团公司，主要承建会宝岭铁矿西出风井工程。

金诚信矿业建设公司是集有色金属矿山、黑色金属矿山和化工矿山工程建设等业务为一体的专业性管理服务企业，主要承建会宝岭铁矿进风井工程。

湖南涟邵建设工程（集团）公司具有矿山工程施工总承包一级资质，主要承建会宝岭铁矿溜破系统工程。

中铁十四局集团第四工程公司拥有公路、市政公用、矿山工程3个施工总承包一级与地基基础工程专业承包三级等资质，主要承建会宝岭铁矿斜坡道工程。

第二节 矿建工程

一、会宝岭矿区

2007年末，会宝岭铁矿开始施工；2012年6月，完成矿井基本建设并投入试生产。矿井建设工程量4.3万米、54万立方米。

2007年12月，进风井工程开工。由金诚信项目部承建，采用凿爆法施工，历时491天竣工。井筒净直径5.2米，净断面21.24平方米，井口标高+89.0米，井底标高-450米，井筒全深539米（井底水窝20米），为专用进风井。

2008年1月，西出风井工程开工。由华建工程公司承建，采用凿爆法施工，历时297天竣工。井筒净直径5.5米，净断面23.76平方米，井口标高+98.3米，井底标高-344米，井筒全深452米（含井底水窝10米），主要用于矿井西翼矿房的回风。7月，会宝岭铁矿主井工程开工，中煤三处项目部承建，采用凿爆法施工，历时516天竣工。井筒全深702米，净直径5.3米，净断面22.06平方米。主要担负矿石和废石提升，地表和井下分别设有矿石仓和废石仓。同月，副井工程开工，中煤四处项目部承建，采用凿爆法施工，历时452天竣工。井筒全深765米，净直径5.5米，净断面23.758平方米。主要担负人员及材料的提升。12月，斜坡道工程开工，中铁十四局、华建工程公司承建，采用凿爆法施工，历时854天竣工。硐口标高+80米，坡度3%～15%，降坡至-410米深度，总长4483米。主要用于大型无轨设备上下和材料运输。

2010年3月，主井溜破系统工程开工，湖南涟邵建设公司承建，工程包括卸载站、废石溜井以及废石仓、原矿仓、破碎站、成品矿仓、人行天井、胶带道、粉矿回收系统等，总长850米，2012年6月竣工。主要负责将井下原矿石进行初步破碎。12月，东出风井工程开工，华建工程公司承建，采用凿爆法施工，历时808天竣工。井筒全深398米，井筒净直径5.5米，净断面23.76平方米。主要用于矿井东翼矿房的回风。

2011年4月，-430米水平中央泵房、变电所、水仓工程开工，湖南涟邵建设公司承建，总长662米，11月竣工。主要负责井下的供电和排水。

二、凤凰山矿区

矿建工程包括开拓工程、采切工程和基建探矿工程，主要基建工程有主井、副井、东回风井、西回风井、采准斜坡道、-830米水平、-900米水平、-933米水平等中段平面工程以及溜井、硐室工程、采切工程，总工程量77万立方米。可获得开拓矿量1246万吨，采准矿量368万吨，备采矿量206万吨。

2013年4月，主井井筒地面预注浆工程开工，山东龙兴地质工程公司施工，北京康迪建设监理咨询公司监理；8月竣工，施工注浆孔6个、水文检查孔1个，深度255米，工程量1294.57米。4月，副井井筒地面预注浆工程开工。由山东龙兴地质工程公司施工，北京康迪建设监理咨询公司监理，8月竣工。施工注浆孔6个、水文检测孔1个，深度285米，工程量1468.06米。6月，进风井井筒地面预注浆工程开工。由山东龙兴地质工程公司施工，北京康迪建设监理咨询公司监理，10月竣工。施工注浆孔6个、水文检测孔1个，深度235米，工程量1610米。7月，东回风井冻结工程开工。由兖矿集团新陆建设发展公司施工，北京康迪建设监理咨询公司监理，2014年7月竣工。施工冻结孔25个、水文孔1个、测温孔3个，工程量7525米。

8月，西回风井井筒及马头门等相关硐室掘砌工程开工。由金诚信矿业公司承建，北京康迪建设监理咨询公司监理，2016年3月竣工。井口标高+60米，直径6米，井深852.5米，完成成井852.5米、单侧马头门6个及休息硐室1个。4月26日，通过验收质量等级优良。

10月，副井井筒及马头门等相关硐室掘砌工程开工。由中煤第五建设公司第三工程处承建，北京康迪建设监理咨询公司监理，2016年7月竣工。井口标高+52米，直径7.5米，井深1208米，完成成井1140米、单侧马头门8个、平双侧马头门1个及管子道2个。11月，通过验收质量等级优良。

12月，主井井筒及马头门等相关硐室掘砌工程开工。由中国华冶科工集团邯郸第一分公司承建，北京康迪建设监理咨询公司监理，2016年10月竣工。井口标高+54米，直径5.8米，井深1174米，完成成井1096米及-930米水平、-980米水平单侧马头门2个；2017年3月，通过竣工验收质量等级优良。

12月10日，进风井井筒及马头门等相关硐室掘砌工程开工。由中国华冶科工集团邯郸第一分公司承建，北京康迪建设监理咨询公司监理，2016年6月竣工。井口标高+55米，设计直径6.5米，井深987.6米，完成成井987.6米、6个单侧马头门、1个双侧马头门。2017年2月，通过验收质量等级优良。

2014年3月，东回风井井筒及马头门等相关硐室掘砌工程开工。由中煤第五建设公司第三工程处承建，北京康迪建设监理咨询公司监理，2015年9月竣工。井口标高+50米，设计直径5.5米，井深885米。采用冻结法施工表土及含水层，冻结深度+50～−220米，段高270米。实际完成成井885米，施工完成4个单侧马头门及1个休息硐室。2015年9月，通过竣工验收，工程质量等级优良。

第三节　土建工程

一、会宝岭矿区

（一）提升系统

主井井塔及废石仓。2009年12月，主井井塔及废石仓工程开工，中国恩菲工程技术公司设计，中煤五公司第五工程处承建。工程±0米相当于绝对标高96米，建筑面积3919平方米。主井井塔11层，建筑面积3328平方米，占地面积296平方米，建筑高度91.8米；矿废石仓建筑4层，建筑面积591平方米，建筑高度35米。为钢筋混凝土框架剪力墙结构，总造价2046万元，2012年4月竣工。

副井提升机房及井架斜基础。2009年7月，副井提升机房工程开工，建筑面积497平方米，框架排架结构，由华建工程公司承建；10月竣工。2010年8月，副井井架斜基础开工，2个长7米、宽6米，基础总高度3.5米，钢筋混凝土结构，由华建工程公司承建；8月竣工。

（二）选矿工程

会宝岭铁矿选矿工程由中国十五冶金建设公司、华建建设公司等承建。9个单位工程，结算价6744万元，工程量设计建筑面积25855平方米。

地面粗碎站。2010年10月开工建设，建筑面积540平方米，钢筋混凝土框架结构，屋面为钢屋架结构，地下廊道为混凝土箱型结构；2011年11月竣工。

胶带廊及转运站。2010年10月开工。1～6号及10号胶带廊总长562米，为钢筋混凝土框架结构及钢结构；转运站1个，建筑面积374平方米，钢筋混凝土框架结构；2011年11月竣工。

筛分及预选厂房。2010年10月开工，建筑面积5090平方米，钢筋混凝土排架框架结构；2011年11月竣工。

废石仓。2010年10月，废石仓工程开工。建筑面积466平方米，框架结构；2011年11月竣工。2013年7月，北废石仓工程开工。建筑面积459平方米，主体为钢筋混凝土框架方仓结构，仓顶硐室采用钢结构；10月竣工。

粉矿仓。2010年10月开工，建筑面积1224平方米，建筑体积13171立方米，筒仓为钢筋混凝土结构、直径21米，附跨为框架结构、长12米，仓顶室为钢结构；2011年11月竣工。

磨矿、选别及精矿脱水厂房。2010年10月开工，建筑面积9435平方米，钢筋混凝土排架结构；2011年11月竣工。

选矿实验室及化验室。2010年10月，选矿实验室及化验室工程开工。建筑长40米、宽7.8米，2层，建筑面积1170平方米，砖混结构；2011年10月竣工。

中细碎厂房。2010年12月开工，建筑面积3734平方米，主体为钢筋混凝土排架结构，矿仓采用框架剪力墙，地下通廊为混凝土箱型结构；2011年11月竣工。

选矿办公楼。2012年9月开工，建筑面积689平方米，建筑高度7.5米、2层，框架结构；2013年2月竣工。

采选工程环节改造工程转运站及胶带廊。2014年6月开工，新增6号、7号转运站建筑面积96平方米、135平方米，框架结构；18号、19号、20号胶带廊总长79米，钢结构；11月竣工。

湿式预选改造工程胶带廊及转运站。2017年4月开工，新增转运站建筑面积217平方米，框架及钢结构；新增21号、22号、23号胶带廊长度均为54米，钢结构；7月竣工。

（三）尾矿库工程

会宝岭铁矿尾矿库工程包括初期坝、副坝、截渗坝、排洪系统、尾矿堆积坝等。占地面积44.47公顷，库容807万立方米。由中铁十四局公司、东华建设公司、湖南涟邵建设公司、山东永固钢结构集团公司承建。

初期坝。2011年11月开工，轴线长394米，堆石坝结构；2012年12月竣工。

副坝。2011年12月开工，轴线长237米，堆石坝结构；2012年12月竣工。

截渗坝。2011年12月开工，轴线长93米，浆砌块石坝结构；2012年12月竣工。

排洪系统。2011年12月开工，1号斜槽382米、2号斜槽78米，钢筋混凝土矩形结构，排洪涵管474米；2012年12月竣工。

尾矿堆积坝。2014年5月开工，包括二期工程和135～140米坝体加高工程，为尾砂堆积块石护坡坝。四级子坝、每级高2.5米，8月竣工；二级子坝，9月竣工。

管道通廊。2020年3月开工，通廊主体结构为钢结构，全长124米，宽5米，大道两侧各布置支架1对。铺设4趟直径426毫米、长度6米/根的铸石管道，每趟长度124米；6月竣工。

（四）地面生产系统

包括副井井口房、空压机房、地磅房等。

2009年10月，空压机房工程开工，建筑面积514平方米，砖混结构。华建工程公司承建，12月竣工。

2010年10月，副井井口房（预热机房）工程开工。建筑面积640平方米，钢架结构，局部墙体砖砌，华建工程公司承建，12月竣工。

2012年8月，100吨地磅房开工，建筑面积33平方米，砖混结构；9月竣工。同时开工的150吨地磅房建筑面积172平方米、砖混结构，汽车衡基础长22米、宽3.6米、钢筋混凝土结构；11月竣工。华建建设公司承建。

2018年4月，新建地磅房工程开工，建筑基底面积662平方米，地磅房为钢筋混凝土框架结构、屋面网架结构，操作室建筑面积172平方米、砖混结构；室内电子汽车衡基础2个，为无基坑钢筋混凝土浇制。宁大建设公司承建，8月竣工。

（五）供电通风系统

2008年7月，110千伏总降压变电所工程开工。建筑面积1152平方米，框架结构，华建工程公司承建，11月竣工。

2011年9月，西风井通风机站工程开工。建筑面积283平方米，配电室为砖混结构，通风机房为钢筋混凝土结构。华建工程公司承建，2012年3月竣工。

2013年6月，东风井通风机站工程开工。配电室建筑面积140平方米、砖混结构，通风机房建筑面积176平方米、钢筋混凝土框架结构；华建建设公司承建，9月竣工。8月，进风井暖风机房工程开工，建筑面积584平方米，钢架结构、局部墙体砖砌；兖矿东华建设公司承建，11月竣工。

（六）室外给排水及供热系统

华建工程公司、冠华工程公司、宏昌建筑公司等承建。

供水管路。2010年5月，水源泵站工程开工。建筑面积147平方米，框架及砌体结构，11月竣工。12月，供水管路工程开工，工程量4055米，采用钢骨架复合管理地敷设，2011年3月竣工。2014年10月，采选工程环节改造生产水池及泵房工程开工。水池容积16000立方米，污泥池建筑容积600立方米，钢筋混凝土结构；泵房建筑面积246平方米，框架结构。2015年1月竣工。

锅炉房及附属工程。2010年5月开工，建筑面积1198.82平方米，框架排架结构；12月竣工。

净化站。2010年10月开工。包括生活调节水池、回水调节水池、回水吸水池，生产、生活水吸水池与生产消防调节水池、机械加速澄清池、加压泵站，钢筋混凝土结构，其中机械加速澄清池为框架结构；2011年3月竣工。

厂区管网。2010年12月开工。其中给排水管网总长8270米，采用镀锌钢管、焊管、双壁波纹管理地敷设；热力管网总长10453米，采用聚氨酯保温管埋地敷设。2011年12月竣工。

（七）辅助厂房及车库

包括器材库、采矿设备材料库、选矿仓库、精矿粉仓库、民用爆炸物品专用库区等。由十五冶金建设公司、华建建设公司、宏昌建筑公司、中铁十四局公司等承建。

2010年12月开工，器材库建筑面积1636平方米、钢结构，采矿设备材料库建筑面积381平方米、排架结构；2011年11月竣工。

2012年8月开工，选矿仓库建筑面积565平方米、排架结构，11月竣工；精矿粉仓库建筑面积5300平方米、钢结构，9月竣工。11月，民用爆炸物品专用库区工程开工，1号炸药库、2号炸药库、雷管库建筑面积均为180平方米、钢筋混凝土框架结构，消防水池蓄水量300立方米、钢筋混凝土结构，砖砌围墙长519.8米；2013年8月竣工。

二、凤凰山矿区

土建工程包括主井井塔、副井井架、选矿厂房、副井口服务楼（生产楼）、充填站、风机房等45个单位工程，建筑面积8.1万平方米、体积55万立方米；机电安装包括主副井井筒装备、选矿厂、运输及井上下排水、压风、供电等系统设备，工程量668台套。

第四节　安装工程

包括副井提升、主井溜破提升、压风装置，井下排水及排泥装置，选矿厂生产系统，进风井及出风井井筒设备，供水系统、充填系统及附属设施安装，分为8个主要项目、56个安装子项。由中国恩菲工程技术公司设计，中煤第五建设公司第五工程处、湖南涟邵建设工程公司、淮南新集矿山建筑安装公司、临沂华建工程公司、中国十五冶金建设公司、兖矿东华建设公司、临沂市通泰工业设备安装公司、江苏三恒科技公司等负责安装。

一、副井提升装置

井口标高+88.2米，井深764米，净直径5.5米。与主井相距110米，最终服务标高-601米水平。采用JKMD-3.25×4（Ⅲ）型落地式多绳摩擦提升机，4200毫米×2250毫米双层单罐笼带平衡锤提升，功率700千瓦低速直联直流电机驱动，刚性罐道。提升系统主要用于人员、材料和设备运输，设备包括电机车、矿车、破碎机等。罐笼停靠点有地表+88米井口与-60米、-130米、-200米、-270米、-340米、-410米、-430米、-480米、-535米、-601米水平，最大提升高度689米。2009年11月，副井提升机安装工程开工。2010年1月，副井井筒装备、金属井架、提升设施安装工程先后开工；11月，提升设备试运行。

二、主井溜破提升装置

井口标高+96米，井深697米，井径5.3米，采用JKM4.5×4（Ⅲ）E型多绳摩擦式提升机，为钢丝绳罐道、重锤拉紧方式。内配1套双箕斗提升系统，负责矿石和废石提升。-480米水平破碎硐室，设2台颚式破碎机。2010年12月，主井提升机设备安装工程开工。2011年11月开始，主井井筒装备、-535米水平胶带输送机设备、-480米水平破碎机设备、主井提升设备安装工程先后开工。2012年2月，主井装载硐室设备安装工程开工；当月实现提升设备试运行。

三、压风装置

空气压缩机站在副井南侧，安装4台LU330W-8型螺杆空压机，电机功率360千瓦，电压1万伏，控制电源380伏，选用4个C-10储气罐。压风管路经过副井和-340米水平中段平巷进入管缆井，经-410米水平中段平巷供掘进和采矿凿岩使用。2009年12月，设备安装工程开工；2012年8月，管路安装工程开工。2013年9月，压风机试运行。2018年9月，新增节能型空压机（QSJN315W-10KV）1台。

四、井下排水及排泥装置

坑内水泵房设在-430米水平副井车场，采用一段排水，将涌水直接排到地表。-430米水平水泵房设置排泥泵房，排泥管路经副井到达地表。2010年6月，主排水管路、排泥系统安装工程开工；2011年9月，-430米水平中央水泵房设备安装工程开工；10月，实现排水和排泥系统试运行。

五、选矿生产系统

选矿厂位于采选工业场地南侧，包括地面粗碎站、中细碎车间、筛分车间、磨矿预选及脱水车间。

（一）破碎、筛分系统
配置瑞典山特维克CH660系列破碎机中碎2台、细碎4台，湿式预磁选采用直线筛3台。

（二）磨矿、预选及脱水系统

采用阶段磨矿、阶段选别的磨矿选别流程，一段采用MQY5.5×8.5米溢流型球磨机1台，再磨设备选用MQY3.6×6.0米溢流型球磨机1台，筛下产品自流至2台CTB-1230双筒弱磁选机进行二次磁精选，铁精矿采用陶瓷过滤机4台过滤形成成品。2011年6月，主厂房、粉矿仓、粗碎站、筛分预选厂房、主厂房变电所、中细碎厂房设备开始安装；12月，厂房附属胶带走廊设备安装完成。2012年5月，尾矿输送泵站设备安装完成。

（三）选矿环节改造

中细碎车间增加CH660EC中碎圆锥破碎机和CH660F细碎圆锥破碎机各1台；筛分车间增加CTB-1245磁选机和ZKR3060H直线振动筛各1台，增加干选胶带4条形成6～12毫米粒级抛尾系统；主厂房增加MQY3245溢流型再磨球磨机1台；精选设备增加淘洗机4台、尾矿回收机2台、陶瓷过滤机2台。2014年8月，环节改造工程开工；2015年4月竣工。

六、进风井及出风井井筒设备

矿井采用副井、进风井进风与东、西回风井回风的对角通风方式。进风井井口标高+86米，井深516米，井径5.2米，井筒内不设任何装备。西风井井口标高+97米，井深447米，井径5.5米；作为安全出口内设梯子间。东风井井口标高+61.3米，井深398米，井径5.5米；作为安全出口内设梯子间。

2011年8月、11月，西风井井筒装备、通风机站设备安装工程先后开工；2013年5月、10月，东风井井筒装备、通风机站设备与进风井暖风机房设备安装先后开工；11月，实现通风系统设备联合试运行。

七、充填系统

包括充填搅拌站6座、回水泵房1座、变电所1座。2013年3月，充填搅拌站变电所、充填搅拌站、尾砂泵站、回水泵房、井下充填管路设备安装工程先后开工，11月实现充填设施联合试运行。

八、供水系统

铁矿公司生产和生活用水取自会宝岭水库，管路长4100米，管径350毫米，采用钢骨架聚乙烯复合管。16米×6米单层加压泵站设在水库岸边，内置3台6CSZK-6IIA型取水加压水泵。生产水不需处理可直接用于生产，生活水经过滤器过滤及二氧化氯消毒器消毒后供生活使用。矿井水采用絮凝沉淀净化工艺。

2010年10、12月，净化站、水源泵站设备安装工程先后开工；2012年8月，井下供水管路安装工程开工；2013年9月，实现供水设施联合试运行。

九、附属设施

2010年9月，锅炉房设备安装工程开工，12月竣工。

2013年3月开始，避灾硐室、安全生产监测系统、人员定位系统、通信联络系统设备安装工程先后开工，11月竣工。

2015年，对人员定位系统升级改造，增加井下应急救援广播系统和"漏泄"通信系统。

第三章　生产管理

第一节　生产计划

　　根据实际情况，每年年底参照设计要求编制下一年度生产作业计划和3年规划。根据计划，制定相应的专项保障措施，确保计划指标完成。依据年度作业计划分摊每月工程，编制月度生产作业计划。生产计划工程量分配到各项目部，生产技术部门采取定量考核方式对项目部进行考核管理。

　　铁矿设计原矿石年产量300万吨，根据年度铁矿石生产进度排定掘进进尺计划，确保"三量"达到平衡，实现平稳接续。2011—2013年，增加掘进进尺以确保采场正常接替。2015年，应对市场低迷，矿井减少掘进进尺以降低生产成本。

表5-3-1　　　　　　　　　　2008—2019年会宝岭铁矿掘进总进尺完成情况表　　　　　　　　　　单位：米

年度	计划	实际
2008	1585	1646.2
2009	2880	3401.2
2010	7700	9227.3
2011	9900	19278.4
2012	16540	23848
2013	13142	37939
2014	19000	23892.2
2015	20000	10665
2016	6548	6892.3
2017	12000	14668.3
2018	15339	13249.5
2019	13500	15993.9
2020	15000	16270

第二节　生产调度

一、调度制度

（一）调度会议

　　铁矿公司坚持周一至周五7：30召开生产调度会，16：00召开生产研究会。参会人员为公司领导与各单位、部门、亿金公司及各施工单位负责人。单位（部门）负责人因事不能参加者，必须指派1

名副职参加，将请假条报调度指挥中心备案，严禁迟到、早退、无故不参加调度会；会议期间，手机必须置于关闭或静音状态。

（二）调度指挥

调度指挥中心作为公司安全生产管理的枢纽，要求各有关单位必须按规定时间汇报当天的生产、经营、销售量、用电量、排水量等情况。调度指挥过程中，值班人员行使调度职权，各单位不得以任何形式干扰正常调度工作，对调度指挥中心安排的工作不执行或不服从的、落实不及时的，按规定进行处罚；因拒不执行调度值班人员安排造成严重后果或影响生产的，对责任单位及相关责任人进行连带责任处罚。

（三）汇报管理

严格执行公司领导值班汇报制度，每日20：00前按时向临矿集团调度室汇报当日安全、生产、充填及销售情况。值班副总工程师要在第二天调度会上详细汇报当日安全、生产、充填及销售情况。公司采矿队及各施工单位区队跟班管理人员每班不少于2次向调度指挥中心汇报安全生产情况，班中遇有特殊情况则要及时汇报。公司管理人员日常下井检查、小分队人员井下带班检查、公司领导井下带班检查过程中，遇到特殊情况要随时向调度指挥中心汇报。

（四）业务学习

调度员采用自学和集中学习相结合的方式，熟悉各种规章制度、提高业务水平，更好地为安全生产服务。学习内容包括调度协调、生产组织、应急管理、各系统使用、安全基础知识、安全生产管理制度、地测防治水细则、采矿方法、非煤矿山安全规程等。

（五）事故、突发事件信息处理及报告

调度指挥中心为事故信息调度机构，实行24小时值班。接到事故信息后，应立即启动应急预案规定的应急响应，向值班领导、董事长及其他班子成员汇报，及时组织展开应急救援工作，按照程序向上级主管部门汇报并通知安监处，由调度指挥中心和安监处共同做好事故信息的核查、跟踪、处置、督导等工作，保证事故信息报告及时、准确，任何单位和个人不得迟报、漏报、谎报或瞒报事故。

（六）调度员下井要求

调度人员每月下井数量严格按照公司下发的考核文件执行。下井前要了解生产动态，着重掌握井下重大工程情况等重要事项。下井要深入工作场所，了解安全生产动态及"三大规程"执行情况，坚决制止"三违"现象发生。现场认真细致排查各类安全隐患，发现问题及时向值班人员汇报。认真遵守安全制度，检查领导安排工作落实情况。要有目标有任务入井，实地解决调度专业性问题，升井后严格填写调度员下井记录。

（七）检修管理

各单位严格按照规定时间检修（机运主井8：30—11：30；选矿厂供矿车间、筛分车间、中细碎车间8：30—11：30），保证检修质量；影响其他单位的检修项目及超出日常检修时间的检修项目，必须提前一天在生产研究会上通知相关单位以便协调生产，未获批准的不得私自检修。计划外检修，及时汇报分管领导和调度室，经分管领导同意后方可进行。固定检修项目不得超过规定时间，特殊情况可报调度指挥中心申请延长检修时间，调度员根据生产情况给出准予。

（八）值班管理

1.值班排定

每月月末，根据安监处排定的领导下井带班值班表，排定下月调度值班表。值班人员为值班领导、值班副总工程师、值班管理人员及专职调度员。值班领导全权负责组织指挥当日的安全生产工作。

2. 矿领导值班规定

（1）矿领导干部24小时调度值班时，是矿井安全生产现场管理和事故处置的第一责任人，要认真做好当班安全生产的领导和指挥工作，全面深入了解矿井安全生产状况，协调组织好各班的安全生产。

（2）必须掌握下井人数及当班安全生产情况，认真执行值班汇报制度，及时向上级调度部门详细汇报安全生产情况。

（3）严格遵守临矿集团禁酒令，24小时坚守岗位，不得擅离职守，保证手机24小时置于开机状态。

（4）调度值班期间，必须做到"下井不值班，值班不下井"。

（5）如果遇到出差、上级检查等突发情况与调度值班相冲突时，值班人员可提前申请自行换班，换班后及时向调度指挥中心报备。

3. 管理人员值班规定

（1）生产管理人员和机电管理人员上、下午分别到调度指挥中心协助调度员值班。

（2）值班人员必须全面了解当天矿井生产情况，随时掌握安全生产动态，对影响生产的关键环节及时组织处理、跟踪落实处理进度，及时向公司有关领导请示、汇报。

（九）调度员交接班

1. 严格遵守劳动纪律，坚守工作岗位，严格交接班制度，不迟到、早退。

2. 调度值班人员每天调度会后向下一班值班人员进行交接。严格做到"五交清"：①交清当班任务完成情况，说明产量超欠原因。②交清安全情况及各类事故、重点工程和关键部位变化情况。③交清领导指示、上级传真、调度通知通报的贯彻执行情况。④交清还在处理和待处理的工作内容。⑤交清下一班生产任务预计和可能出现的问题。

3. 交班人员认真分析总结当班安全生产情况，填写交接班记录。

4. 接班人员了解当班重点工作、任务和注意事项。

5. 接班人员仔细阅读交接班记录，根据交接班内容和事项逐一询问、落实，保证生产指挥的连续性。

二、职责

调度指挥中心是矿井安全生产的指挥中心，负责全公司的安全生产调度、应急救援指挥工作。

（一）安全生产职责

在公司分管领导的领导下，负责日常的安全施工指挥，围绕工程进度计划组织安全施工，在保证安全的前提下加强施工工程管理。

（二）调度指挥中心主任职责

调度指挥中心主任是调度指挥中心安全生产第一责任者，根据安全生产方针、政策和生产任务、生产作业计划，对日常工作进行协调安排和调度，对全公司的安全生产调度工作负责。必须熟练掌握公司安全管理专业知识、灾害预防及处理计划、重大事故应急救援预案等必备知识，依法经过培训，取得安全资格证。

（三）调度员岗位职责

调度员是本部门调度、组织、指挥、协调安全生产第一责任者，负责业务范围内的安全生产、生产统计工作，建立生产统计台账，按时准确编报各种统计核算报表。必须熟练掌握公司安全专业知识并依法经过培训，取得安全资格证。

（四）值班调度10项应急处置权

值班调度员值班期间，接到安全监测监控系统报警或井下带班领导、基层区队、安全员和汛期地面巡视员报告时，凡涉及下列险情之一的，不需请示，有权下达某个生产区域或整个矿井立即停止生产、撤离作业人员的指令，然后再按规定向值班领导和董事长及上级部门汇报。①汛期本地区气象预报为降雨橙色预警天气或24小时以内连续观测降雨量达到50毫米以上，或受上游水库、河流等泄洪威胁时，或发现地面向井下溃水的。②井下发生突水，或井下涌水量出现突增、有异常情况，危及职工生命及矿井安全的。③井下发生火灾的。④供电系统发生故障，不能保证矿井安全供电的。⑤主要通风机发生故障，或通风系统遭到破坏，不能保证矿井正常通风危及职工安全的。⑥采空区有冒顶征兆的。⑦采掘工作面受冲击地压威胁，采取防冲措施后，仍未解除冲击地压危险的。⑧工作面有害气体指标超限的。⑨安全监测监控系统出现报警，情况不明的。⑩有其他危及井下人员安全险情的。

三、调度台账和图纸

调度指挥中心对铁矿公司的安全生产情况、重点工程建设情况、经济运行动态等及时调度，对企业的生产经营数据全面分析。根据临矿集团规定和矿井实际需求，建立各种记录、台账和报表，规范登记、上报流程。

（一）调度记录及台账

1. 生产经营日报表。每日7：00，由调度员汇总值班当日信息数据，包含当日领导、生产、机电、调度值班人员，生产经营数据、掘进统计数据、主副井提升钩数、井下充填数据，以及井上、下对生产主要影响因素和存在的问题等。

2. 出矿统计日报表。对每班出矿量、副井提升钩数、主井提升钩数和吨数进行统计记录。

3. 掘进调度日志。各项目部掘进迎头进尺情况，井下探矿施工情况，正在开采中矿房统计情况。

4. 调度综合记录。记录当天各单位、人员汇报内容，以及对发生的事件处理情况。

5. 井下爆破作业方案及安全措施审批单。矿房爆破作业具体地点、时间，爆破作业人员配置、作业方案情况。

6. 通知、传真电文。对传真机下发的纸质传真电文或网络下发的电子传真电文，登记后，按相关程序处理，做好上传下达，进行闭合。

7. 调度员交接班记录。值班调度员填写当日值班计划任务完成情况，以及当班发生的较大事故，下一班注意事项。

（二）图纸

调度指挥中心必须备存采掘工程平面图、井上下对照图、通风系统图、井下运输系统图、排水系统图、供电系统图、压风系统图、井下通信系统图、井下避灾路线图、人员定位系统图、监测监控系统图、防尘系统图等图纸，根据实际变化情况由相关部门及时更新。

四、应急预案演练

根据上级有关要求，铁矿公司每年组织进行灾害天气应急预案演练，提高应对事故的组织指挥、协同作战、快速响应及处置能力，检验公司生产安全事故应急预案的针对性、操作性和实用性，强化职工自救互救和抢险技能。

（一）演练目的

检验、评价应急预案，发现、改进存在的不足，使应急预案更具科学性、实用性和可操作性。磨炼应急救援队伍应变能力，磨合各应急小组间的衔接处置，提高职工对救援预案的熟练操作及妥善处置事故的综合能力。通过演练，检查应急所需应急队伍、物资、装备、技术方面准备情况，弥补欠缺。普及应急管理知识，提高参演和观摩人员风险防范意识和自救互救能力。

（二）模拟情况

调度指挥中心接到地测室雨量观测员连续降雨达到50毫米的报告，立即电话汇报值班领导，公司在家领导接通知后，第一时间赶到调度指挥中心，成立救援指挥部，启动应急救援预案，实施矿井停产撤人。

（三）参演单位及职责

成立应急演练领导小组，董事长任组长，总经理任副组长，班子其他成员及公司各部门、单位和项目部负责人为成员。负责演练活动筹备和实施过程中的组织领导工作，负责审定演练方案、演练经费、演练评估、总结及其他需要决定的重要事项。下设现场指挥、技术专家、抢险突击、应急救援、医疗救护、后勤保障、保卫警戒、信息发布8个专业工作组。

（四）演练步骤

1. 报警。地测办公室雨量观测员根据降雨量观测仪测得数据，24小时内连续降雨量已达到50毫米且降雨仍在持续，马上向调度指挥中心报告。

2. 接警。值班调度员接到报告，立即向值班领导汇报，通知公司董事长及其他领导班子成员到调度指挥中心集合。

3. 启动应急救援预案。董事长下达启动应急救援预案命令，调度员通知公司各部门、区（队）厂和各项目部负责人按照程序响应。

4. 撤人。各施工单位带班经理、区长带领本单位人员，到各值班室集合，升井后分别带队到生产办公楼前指定地点集合，清点人数（确认本单位井下人员是否全部升井）。

5. 结束。由总指挥宣布本次灾害天气应急撤人演练结束。

（五）保障条件

1. 人员保障。按照演练方案和有关要求，各参演单位确保演练策划、执行、保障、评估、观摩等人员参加演练，必要时考虑替补人员。

2. 经费保障。由财务科从安全费用中安排专项演练经费。

3. 物资和器材保障。由供应公司检查演练物资和器材配备情况，确保数量充足、完好有效。

4. 场地保障。演练场地设在生产办公楼前广场。

5. 安全保障。采取必要安全防护措施，确保参演、观摩等人员及生产系统安全。

6. 通信保障。由通防工区对矿井通信系统进行检查，保证通畅，人员定位系统显示人数必须与实际清点人数相符。

（六）演练总结

评估小组对此次演习成功及需改进之处进行讲评，安监处根据评估结果进行分析、撰写总结报告、形成改进措施并落实。

第三节 生产进度

一、掘进进尺

2020年，会宝岭铁矿回采水平有-410米、-340米、-130米、-60米4个，开拓水平有-270米和-200米；掘进进尺计划15000米，实际完成16270米。截至2020年末，矿井完成掘进进尺196971.3米。

二、铁矿石产量

2020年，会宝岭铁矿矿石产量计划300万吨，实际完成268.6万吨；回采42个矿房，其中-130米水平及以上水平回采7个矿房、-340米水平回采29个矿房、-410米水平回采6个矿房。截至2020年末，完成出矿量2432.82万吨。

第四节 生产接续

2011年，会宝岭铁矿将-130米水平作为首采水平。2012年开始，通过合理规划生产接续，逐步将-410米水平作为主要回采水平，-130米水平作为辅助生产水平。矿井引进多台中深孔台车、深孔台车、铲运机、装载机、运输卡车等设备，在开拓布局、采掘关系上进行调整，对生产系统、排矸系统进行改造。2012年末，形成两个水平同时回采的生产格局，原矿产量稳步提高。2013年，对矿石回采工艺进行优化创新采矿方法，在-410米水平南翼采区采用FCM法回采铁矿石，减少了采准工程施工量，缩短矿房准备周期，提高原矿产量，实现达产。

一、矿体回采规划

根据矿体赋存条件及开采要求，将矿体按70米段高自上而下分成多个回采中段。2011年10月，将-130米、-60米水平作为首采中段开始回采；2012年10月，将-410米、-340米水平作为投产后主要回采中段进行回采。回采中段自下而上逐个回采，下部中段回采接近尾声时上部中段开始回采。

二、接续情况

会宝岭铁矿初步设计产能300万吨/年。2011年10月，首采矿房出矿；2013年实现达产，原矿产量逐步提升；2014—2019年，均完成年初下达的产量任务；2020年，完成全年生产任务。生产接续平稳，矿房回采布局合理。

2011—2020年会宝岭铁矿开采接续情况表

表5-3-2

年度	水平	采区	回采矿房
2011	-130m	一	$13111N_1$
2012	-130m	一	$13111N_1$、$13107N_1$、$13105N_1$、$13113N_1$、$13103N_1$、$13109N_1$
	-410m	三	$41303N_2$
2013	-130m	一	$13115N_1$、$13117N_1$、$13119N_1$、$13121N_1$、$13123N_1$、$13125N_1$
	-410m	一	$41103N_1$
		四	$41412S_1$
		三	$41305N_2$、$41307N_1$、$41309N_1$
2014	-130m	一	$13103N_2$、$13105N_2$、$13107N_2$、$13109N_2$、$13111N_2$、$13123N_2$、$13125N_2$
2014	-130m	二	$13204S_1$、$13206S_1$、$13208S_1$、$13210S_1$、$13212S_1$、$13214S_1$
	-410m	一	$41103N_1$、$41105N_1$、$41107N_1$、$41111N_1$
		三	$41311N_1$、$41313N_1$、$41307N_2$
		四	$41408S_1$、$41406S_1$、$41414S_1$
2015	-130m	一	$13113N_2$、$13117N_2$
		二	$13216S_1$
	-410m	一	$41113N_1$、$41115N_1$、$41123N_1$、$41103N_2$
		二	$41214S_1$、$41222S_1$
		三	$41315N_1$、$41311N_2$、$41303N_1$、$41305N_1$
		四	$41404S_1$、$41416S_1$、$41418S_1$、$41420S_1$、$41422S_1$、$41424S_1$、$41440S_2$
2016	-130m	一	$13115N_2$、$13121N_2$
		二	$13218S_1$、$13222S_1$、$13208S_2$、$13210S_2$
	-410m	一	$41107N_2$、$41115N_2$、$41117N_1$
		二	$41204S_1$、$41210S_1$、$41212S_1$
		三	$41309N_2$、$41321N_1$、$41325N_1$
		四	$41408S_2$、$41410S_2$、$41418S_2$
2017	-130m	一	$13119N_2$
		二	$13204S_2$、$13206S_2$、$13216S_2$
2017	-410m	一	$41105N_2$、$41111N_2$、$41121N_1$、$41123N_2$、$41113N_2$
		二	$41206S_1$、$41218S_1$、$41226S_1$、$41214S_2$、$41210S_2$
		三	$41313N_2$、$41315N_2$、$41323N_1$、$41327N_1$、$41323N_2$
		四	$41404S_2$、$41414S_2$、$41432S_1$、$41436S_1$

年度	水平	采区	回采矿房
2018	-60m	一	$60113N_1$、$60113N_2$、$60117N_1$
	-130m	一	$13127N_1$、$13127N_2$
		二	$13222S_2$、$13212S_2$
	-410m	一	$41109N_2$、$41117N_2$、$41119N_2$、$41121N_2$
		二	$41208S_1$、$41222S_2$、$41212S_2$、$41216S_2$、$41218S_2$、$41222S_2$、$41208S_2$
		三	$41317N_1$、$41317N_2$、$41323N_2$、$41325N_2$、$41327N_2$、$41331N_1$、$41335N_1$、$41339N_1$
		四	$41424S_2$、$41426S_1$、$41428S_2$、$41430S_2$、$41442S_2$、$41438S_2$
2019	-60m	一	$60111N_1$、$60111N_2$、$60117N_2$、$60121N_1$、$60121N_2$、$60125N_1$
	-340m	一	$34111N_1$、$34115N_1$、$34105N_1$
	-340m	二	$34218S_1$、$34222S_1$
		三	$34307N_1$、$34303N_1$、$34311N_1$
		四	$34410S_1$、$34404S_1$
	-410m	一	$41101N_1$、$41101N_2$、$41125N_1$
		二	$41208S2$、$41220S2$、$41226S2$
		三	$41301N_1$、$41301N_2$、$41329N_1$、$41329N_2$、$41333N_1$、$41337N_1$、$41319N_2$
		四	$41436S_2$、$41432S_2$、$41416S_2$、$41428S_1$、$41420S_2$、$41434S_2$、$41426S_2$
2020	-60m	一	$60119N_1$、$60119N_2$、$60123N_1$、$60123N_2$、$60125N_2$
	-340m	一	$34119N_1$、$34123N_1$、$34111N_2$、$34113N_1$、$34103N_2$、$34115N_2$、$34109N_1$
		二	$34210S_1$、$34212S_1$、$34214S_1$、$34216S_1$、$34218S_1$、$34222S_1$、$34226S_1$
		三	$34305N_1$、$34325N_1$、$34315N_1$、$34311N_2$、$34331N_1$、$34335N_1$、$34321N_1$
		四	$34444S_1$、$34444S_2$、$34440S_2$、$34436S_1$、$34432S_1$、$34428S_1$、$34442S_2$、$34424S_1$
	-410m	一	$41125N_1$、$41125N_2$、$41127N_2$
		二	$41202S_1$、$41204S_2$
		三	$41337N_1$

第五节　生产流程

一、采矿

（一）采矿队伍

会宝岭铁矿有金诚信矿业管理公司会宝岭铁矿项目部、湖南涟邵建设工程公司兰陵分公司和温州东大矿建工程公司驻会宝岭铁矿项目部3家采矿队伍。

1. 金诚信项目部

2011年9月，金诚信项目部成立，设立-130米水平采矿工区，有46人，其中管理、技术人员18人。10月1日，-130米水平试生产。

2012年5月，设立–410米水平采矿工区。项目部人员达到220人；其中管理、技术人员39人。10月1日，–410米水平首个回采矿房出矿。

2015年4月，–130米水平采矿工区取消。

2017年3月，成立–340米水平采矿工区，设区长1人、值班长3人。

2019年9月，撤销–410米水平采矿工区。

2020年末，项目部设采矿工区1个；人员316人，其中管理人员53人。

2. 湖南涟邵项目部

2010年2月，湖南涟邵项目部成立，负责–480米水平溜破系统施工。

2013年6月，成立兰陵分公司，经理层5人，设技术、安全、设备管理部室各1个、人员23人。下设–410米水平采矿工区，设区长1人、值班长3人。10月，–410米水平南翼采区首采矿房出矿。

2015年5月，成立–130米水平采矿工区，设生产、技术、安全经理各1人及管理3人。当月开始出矿。

2018年12月，–340米水平南翼采区开始出矿，隶属–410米水平采矿工区。

2020年末，项目部设–130米水平和–410米水平2个采矿工区，人员315人，其中管理、技术人员32人、值班长8人。

3. 温州东大项目部

2013年10月，温州东大项目部成立，负责–410米、–430米水平路面水沟施工。

2014年3月，设立–130米水平南翼采矿工区，经理层5人，技术人员1人；

2015年8月，–130米水平南翼采矿工区撤销，采矿工程由湖南涟邵项目部承接。

2016年5月，成立–270米水平施工队伍，承担–270米水平北翼开拓工程。

2018年11月，成立–200米水平施工队伍，承担–200米水平开拓工程；12月，–270米水平北翼开拓、采准工程竣工。

2020年4月，温州东大项目部退出。

（二）采矿工艺

根据矿体倾角陡、矿体厚度薄到中等、矿岩稳固性好和矿石品位低的特点，设计选用分段空场嗣后充填采矿法和浅孔留矿嗣后充填采矿法。

2013年10月，–410米水平南翼矿房开始回采出矿，采用FCM法回采矿石。

2015年，在–130米水平南翼矿体采用浅孔留矿嗣后充填采矿法回采矿石过程中，发现存在问题较多、安全隐患大、不适合现场条件，不再使用该采矿方法。

1. 分段空场嗣后充填采矿法

采场布置。沿走向布置，长60米，宽为矿体厚度。中段高度70米，分3个分段，分段高度23.3米。采场分为矿房、矿柱，矿房长54米、宽为矿体厚度；矿柱宽6米、长为矿体厚度，原则上不回采，不留顶柱和底柱。采场底部结构为堑沟式。采用脉外采准方式，在矿体的下盘布置分段巷道和矿石、废石溜井。

采准切割。工程有分段巷道、分段凿岩巷道、出矿进路、切割天井、切割槽、采场回风井等。

回采、出矿。用中深孔凿岩台车在分段凿岩巷道内凿上向扇形炮孔。采用装药器装药，多分段同时侧向崩矿，爆破后形成梯段工作面。爆下的矿石用柴油铲运机集中在采场底部出矿。采场残留矿石采用遥控铲运机回收。

充填。待矿房矿石全部出完，集中一次充填。

矿块通风。新鲜风流由中段运输巷道进入出矿巷道、分段巷道及凿岩巷道冲洗工作面，或经过采准斜坡道进入分段凿岩工作面，污风由采场回风井或采场空区经上中段回风道送到东、西风井排出地表。

矿块支护。一般情况下不予支护，对不稳固地段可采用锚杆支护或喷锚网支护，必要时可采用长锚索支护。

回采作业循环。包括凿岩、装药、爆破、通风、撬毛、出矿和支护等工序。

充填循环作业。包括采场充填管与挡墙架设、充填、滤水等工序。

2. 浅孔留矿嗣后充填采矿法

采场布置。沿走向布置，长60米、高70米、宽为矿体厚度。采场留间柱，间柱宽6米，矿房长54米，不留底柱和顶柱。间柱视具体情况可采或不采，采场底部结构为堑沟式。如因高度大开采困难，可将70米高的采场分为2个35米高的采场开采。脉外采准工程为出矿巷道，布置方式与分段空场嗣后充填采矿法一致。

采准切割。工程有出矿巷道、人行通风天井及联络道、拉底道、矿石溜井等。

回采出矿。工艺包括凿岩、爆破、通风、局部放矿、撬毛、平场、支护和大量放矿。

充填。矿房矿石全部出完后，集中一次充填。

矿块通风。新鲜风流由无轨中段巷道进入，污风由另一侧人行通风天井排到上中段，经回风井排至地表。

矿块支护。一般情况下不支护，对不稳固地段可采用锚杆支护或喷锚网支护。

回采循环作业。主要包括凿岩、装药、爆破、通风、撬毛、出矿和支护等工序。

充填循环作业。包括采场进路充填管与挡墙架设、充填、滤水等工序。

3. 全阶段（向上和向下）组合凿爆（FCM）采矿法

采场布置。沿走向布置，长60米、高70米、宽为矿体厚度。爆破打眼分上向中深孔（高度23米）和下向深孔（高度47米）。采场分矿房、矿柱，矿房长54米，矿柱宽6米。矿柱原则上不回采，不留顶柱和底柱。采场底部结构为堑沟式。

采准切割。有凿岩巷道、凿岩硐室、出矿巷道、出矿进路、切割天井、切割槽等。

回采、出矿。用中深孔凿岩台车在下水平凿岩巷道内凿上向扇形炮孔。中深孔采用装药器装药，炸药为粒状铵油炸药。爆落的矿石用柴油铲运机集中在采场底部出矿，采场残留矿石采用遥控铲运机回收。

充填。待矿房矿石全部出完后集中一次充填。

矿块通风。新鲜风流由中段运输巷道进入出矿巷道及凿岩巷道冲洗作业面，污风由采场切割天井或采场空区经上中段回风道流至东、西风井排出地表。

矿块支护。一般情况下不需支护，对不稳固地段可采用锚杆支护或喷锚网支护，必要时采用长锚索支护。

回采循环作业。包括凿岩、装药、爆破、通风、撬毛、出矿和支护等工序。

充填循环作业。包括采场进路充填管与挡墙架设、充填、滤水等工序。

4. 一次成井技术

会宝岭铁矿井下回采采用FCM法，矿房段高70米，整排爆破前需先施工切割天井。天井高度70

米，约占矿房采切工程的20%，高度大、矿石硬度强，掘进天井一直是开拓和采切工程中最困难的一个环节。普通法、吊罐法凿井，需要作业人员在井内经过多道烦琐而辛苦的工序。为此，会宝岭铁矿研究与应用切割天井一次成井的技术。中间钻取1个直径300毫米的钻孔（不装药）作为爆破补偿空间，周边布置8个直径165毫米的深孔，炮孔布置成3米×3米的平面形状。炮孔依次逐个起爆，成螺旋掏槽方式。

（三）采掘设备

1. 掘进设备

巷道掘进为炮掘，采用光面爆破法破碎岩石，成巷为裸体，岩石破碎区域采用锚网（喷）支护巷道。掘进机械化程度100%，打眼采用Boomer281型电动液压凿岩台车和YT-28凿岩机。

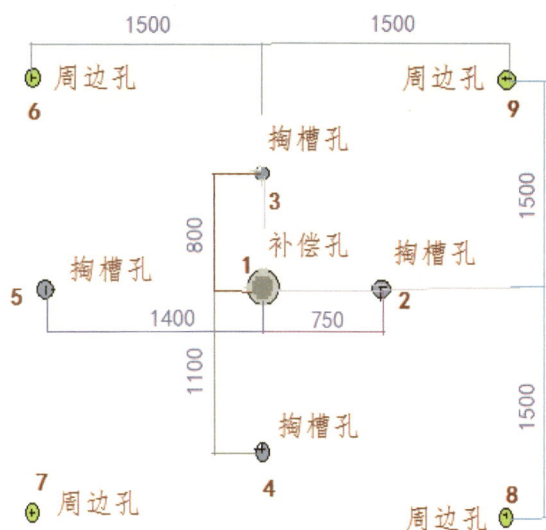

图5-3-1　会宝岭铁矿一次成井炮孔布置图

装岩采用LH307、LH4140柴油铲运机或ST2D柴油铲运机。利用卡车经斜坡道运输到地面、溜井，或运输到采空区充填。

2. 采矿设备

矿石回采为炮采，采用中深孔、深孔台车施工炮孔，中深孔采用BQF-100型装药器装药，下向深孔利用自重装药，爆落矿石采用LH410和ST1030铲运机转运。分段空场嗣后充填采矿法和FCM采矿法回采设备主要为Simba H1254型中深孔凿岩台车、CK-150D潜孔钻机、LH410和ST1030柴油铲运机。

2020年，铁矿配备LH410和ST1030柴油铲运机13台（普通型11台、遥控型2台），LH307柴油铲运机2台，Simba H1254中深孔凿岩台车5台，Boomer 281凿岩台车2台，CK-150D型潜孔钻机12台。

二、选矿

2010年11月，选矿厂由中国十五冶金建设公司开工建设，包括粗碎车间、中细碎车间、筛分车间、磨选车间、化验室等；2012年1月，工程竣工并联动试车成功；6月，设备调试完成达到试运行条件，实现300万吨采选工程联合试运转；7月，选矿自动化系统调试完成并投入使用；12月，完成工艺调试，达到设计要求。

（一）选矿工艺

1. 设计工艺

（1）破碎、筛分及预选

2012年6月，系统采用三段一闭路破碎筛分工艺流程。粗碎分设在地面和井下，地面粗碎矿石由带式输送机运至中碎矿仓。井下粗碎矿石由箕斗提升到地面后通过给矿设施卸料至中碎矿仓。中碎采用1台圆锥破碎机，细碎采用3台圆锥破碎机，破碎产品通过带式输送机运至筛分预选厂房的缓冲矿仓进行筛分预选。

（2）磨矿、选别及脱水

系统采用阶段磨矿、阶段选别的流程。采用1台MQY5585溢流型球磨机进行1段磨矿，球磨机排矿通过1台渣浆泵输送至1台水力旋流器组进行分级，旋流器溢流自流至4台弱磁选机进行磁粗选，磁粗选精矿进行再磨再选。再磨设备为1台MQY3660溢流型球磨机，再磨系统分级设备为1台水力旋流器组，旋流器溢流自流至2台双筒弱磁选机进行二次磁精选后得铁精矿。

2. 工艺改造

（1）破碎、筛分及预选

2015年5月，选矿厂采用三段一闭路破碎筛分、大块干抛和湿式预选相结合的碎矿工艺流程。破碎筛分系统沿用三段一闭路流程，增加中碎前大块干抛和湿式预选流程。粗碎分设在地面和井下，地面粗碎矿石由带式输送机运至中碎矿仓。井下粗碎矿石由箕斗提升到地面经给矿设施卸料至选矿厂中碎前中间矿仓。中碎采用2台圆锥破碎机，细碎采用4台圆锥破碎机，破碎产品由带式输送机运至筛分预选厂房的缓冲矿仓进行筛分预选。

（2）磨矿选别

沿用阶段磨矿、阶段选别的流程。1段磨矿利用已有的1台MQY5585溢流型球磨机与旋流器组组成的闭路磨矿。旋流器溢流经粗磁选后进入再磨系统，再磨机在1台MQY3660球磨机基础上增加1台MQY3245球磨机，MQY3660球磨机再磨分级采用旋流器组与3台2SG48-60W-5STK高频细筛配套分级，旋流器溢流经渣浆泵输送至高频细筛，细筛筛上产品经CTB1230浓缩磁选机浓缩后和旋流器沉沙一起返回球磨机再磨；MQY3245球磨机分级采用2台2SG48-60W-5STK高频细筛，细筛筛上产品经CTB1230浓缩磁选机浓缩后返回球磨机再磨，所有细筛筛下产品则通过2段精磁选。

（二）流程改造

1. 12～80毫米抛废

初步设计选矿流程无抛废环节。2013年3月，确定由中国恩菲工程技术公司对设计流程进行改造优化，投资1200万元建设12～80毫米干抛系统，对返回细碎的矿石进行干式抛废。7月开始施工，10月竣工投入使用。

2. 环节改造

会宝岭铁矿选矿厂初步设计规模300万吨/年，年产品位65%的铁精粉75万吨，2013年处理原矿量300万吨，达到设计能力。2015年5月，完成改造后原矿处理能力500万吨/年，铁精粉100万吨/年。每年抛出废石约115万吨，选矿成本降低2300万元/年。

破碎环节。新增1台CH660EC中碎圆锥破碎机及1台CH660F细碎圆锥破碎机，形成2中4细的设备配置，满足环节改造后500万吨/年的供矿能力。

筛分环节。新增1台CTB-1245磁选机及1台ZKR3060H直线振动筛，新增的6～12毫米粒级干选系统与原12～80毫米抛废系统配套，实现矿石全粒级抛废。

磨矿环节。新增1台MQY3660溢流型再磨球磨机、5台2SG48-60W-5STK高频细筛、3台CTB1230浓缩磁选机、2台CH-CXJ30000淘洗机及2台CH-CXJ32000淘洗机，以达到增加一段磨机的给矿量，降低磨矿闭路循环负荷，稳定精矿品位，提高精矿产量的目的。

脱水及尾矿环节。新增2台TT-80陶瓷过滤机及2台直径2000×12永磁盘式磁选机，以满足脱水机尾矿环节工艺要求。

新增2个**转运站**。建筑面积231平方米；新增3条胶带廊，总长79.03米；新增**厂房**建筑面积1419平方米。

选矿环节改造前后铁精粉材料消耗指标对比表

表5-3-3

指标	改造前	改造后	单位
材料费	39.89	32.40	元/吨
电费	70.50	51.64	元/吨
耗水量	2.32	1.21	立方米/吨

3. 磨前湿式预选改造

2017年3月，铁矿公司独立提出方案、山东金建工程设计公司负责设计，投资930万元用于磨前预选系统的设计与改造；7月，工程竣工并投入运行。新增1座转运站，建筑面积217平方米；新增3条胶带廊，长度均为54.73米；预选系统分为3个系列、2用1备，主要设备为胶带机、磁选机、直线筛等。系统运行后矿石入磨品位从17.5%提高到24%；铁精粉日产量3000吨提高到3400吨；每天抛出废石量2400吨，产生的尾砂全部用于井下采空区充填，尾砂实现零排放，减轻了尾矿库的排尾压力。

4. 12～80毫米干抛系统流程优化

2018年5月，铁矿公司投资300万元，对12～80毫米干抛系统进行优化改造。作为公司创客团队的独自创新成果，由山东金建工程设计公司设计。在每台圆振筛下方增加1条干抛胶带，对筛上返回物料进行抛废，干抛后的精矿经3号胶带返回细碎进行二次破碎，尾矿由新增1条转载胶带输送至6号胶带送入南部废石仓。新干抛系统运行后，每年废石销售收入可增加95万元，节约选矿成本130万元；每天处理能力由17500吨提高到19000吨。

5. 选矿厂自动化升级改造

2018年4月，铁矿公司投资240万元，进行选矿自动化升级改造；2019年3月竣工。项目改造包括视频监控系统安装调试、球磨机智能加球、智能化胶带秤、胶带启动现场预警、矿仓小车自动分料及重要设备红外测温等。改造后提高了选矿自动化控制系统数据采集量和精确度，现场实现无人操作。

（三）选矿设备

1. 粗碎设备

粗碎设备包括颚式破碎机和重型板式给矿机各1台，对从斜坡道-130米水平运到地面的原矿进行粗破碎，给中碎提供合格粒度的产品。重型板式给料机给矿粒度要求不大于700毫米，矿石经重型板式给矿机输送给颚式破碎机，破碎粒度不大于300毫米。

会宝岭铁矿粗碎设备技术特征表

表5-3-4

作业名称	设备名称	台数	设备允许给矿粒度（mm）	设计给矿粒度（mm）	排矿口（mm）	最大排矿粒度（mm）	设备处理能力（t/h）	设计给矿量（t/h）
粗碎给料	板式给料机	1	≤700	≤700	–	–	–	–
粗碎作业	颚式破碎机	1	≤700	≤700	300	300	500	–

2. 破碎设备中、细碎设备包括2台中碎圆锥破碎机、4台细碎破碎机和6台GLD移动带式给矿机，对粗碎产品进行二次破碎，为筛分预选提供合格粒度的产品。

会宝岭铁矿破碎设备技术特征表

表5-3-5

作业名称	设备名称及规格	台数	设备允许的给矿粒度（mm）	设计的给矿粒度（mm）	排矿口（mm）	最大排矿粒度（mm）	设备的处理能力（t/h）	设计的给矿量（t/h）	负荷率（%）
中碎	CH660EC 圆锥破碎机	2	≤ 300	≤ 300	38	65	750	606.06	80.9
细碎	CH660F 圆锥破碎机	4	≤ 75	≤ 65	13	26	900	787.88	87.5

3. 筛分设备 筛分设备包括圆振动筛和移动带式给料机各6台。圆振动筛为双层筛，筛分产品3部分，下层筛筛下产品粒度不大于6毫米，中间产品6～12毫米，上层筛筛上产品粒度不小于12毫米。

4. 磨矿设备

会宝岭铁矿筛分设备技术特征表表

表5-3-6

作业名称	设备名称及规格	台数	筛孔（毫米）	筛子名义面积（m²/台）	处理能力（t/h/台）	流程计算量（t/h）	负荷率（%）	筛分效率（%）
筛分作业	2YAH3060 圆振动筛	6	14×28 7×7	18	430	1393.94	81	90

破碎物料由球磨机进行粉碎。1号球磨机选用中信重工机械公司生产的溢流型球磨机，型号MQY5585，筒体直径5.5米，电机功率4500千瓦，处理能力330吨/（时·台）。2号球磨机选用济南重工公司生产的溢流型球磨机，型号MQY3245，筒体直径3.2米，电机功率630千瓦，处理能力95吨/（时·台）。3号球磨机选用中信重工机械公司生产的溢流型球磨机，型号MQY3.6×6米，筒体直径3.6米，电机功率1250千瓦，处理能力120吨/（时·台）。与球磨机配套的辅助设备有液压站、气动离合器、甘油喷射装置等。

会宝岭铁矿球磨机技术特征表

表5-3-7

作业名称	设备规格	台数	给矿粒度（〈0.074mm）	产品粒度（〈0.074mm）	设计矿量（t/h）	需要有效容积（m³）	设备有效容积（m³）	负荷率（%）
粗磨	MQY5.5×8.5m²	1	12～0mm	55%～60%	330	124.22	137.0	91.0
再磨	MQY3.6×6m²	1	55%	80%	120	43.60	54.0	80.8
再磨	MQY3.2×4.5m²	1	55%	80%	95	32.80	32.8	80.8

5. 分级设备

旋流器选用威海市海王旋流器公司生产的旋流器，一、二段型号分别为FX660-GT×7、FX350-GX×12，单位容积处理能力大、分级粒度细达10微米，分级效率高达80%，矿浆滞留的量和时间少、停机容易处理。高频筛选用美国德瑞克公司生产的高效高频振动筛，型号2SG48-60W-5STK，处理能力50吨/（时·台），筛分效率不小于75%。

会宝岭铁矿分级设备技术特征表表

表5-3-8

作业名称	规格型号	台数	设计矿量	给矿浓度	入口计示压力（MPa）	备用（台）
一段分级	φ660旋流器	7	1200m³/h	55%～65%	0.06～0.10	3
二段分级	φ350旋流器	12	450m³/h	30%～35%	0.08～0.12	4
二.段分级	2SG48-60W-5STK高频细筛	5	50t/h	45%～50%	–	–

6. 磁选设备

选用山东华特磁电科技公司生产的永磁滚筒式磁选机。粗粒预磁选设备型号CTS-1545，滚筒直径1500毫米，筒体长度4500毫米，处理能力170～370吨/时；粗磁选设备型号CTB-1245，滚筒直径1200毫米，筒体长度4500毫米，磁感应强度2000高斯，处理能力120～320吨/时；精磁选设备型号2CTB-1230，滚筒直径1200毫米，筒体长度3000毫米，磁感应强度1500高斯，处理能力80～150吨/时。淘洗机为型号CH-CXJ30000全自动淘洗磁选机和CH-CXJ32000全自动淘洗磁选机。

会宝岭铁矿磁选设备技术特征表

表5-3-9

作业名称	设计给矿量（t/h）	给矿浓度（%）	选用设备名称及规格型号	选用设备生产能力（t/h）	台数
粗粒预磁选	170～370	35	CTS-1545弱磁选机	160	3
磁粗选	120～320	33	CTB-1245弱磁选机	120	5
磁精选	80～150	30	CTB-1230双筒弱磁选机	100	4
淘洗	–	35	CH-CXJ30000全自动淘洗磁选机	45	2
	–	35	CH-CXJ32000全自动淘洗磁选机	50	2

7. 过滤设备

选用安徽铜冠机械公司生产的高效节能型陶瓷过滤机，型号TT-60和TT-80，过滤后的滤饼水分不大于10%。

会宝岭铁矿过滤设备技术特征表

表5-3-10

作业名称	规格型号（m²）	数量（台）	设计流程量（t/h）	给矿浓度（%）	滤饼水分（%）	设计生产能力（t/m²/h）	实际生产能力（t/m²/h）	负荷率（%）
过滤	60	4	124.91	60	< 10	0.65	0.52	80
	80	2	–	60	< 9	0.70	0.57	80

8. 装运设备

会宝岭铁矿装运设备选用江西起重机械总厂生产的电动双梁桥式起重机，型号QZ20吨-16.5米-15米，抓起物重量8.4吨。

（四）产品检测

1. 取样

爆堆取样。井下矿房深孔爆落矿石后，在每个出矿进路掌子面矿堆上取样，爆堆取样采用网格捡块法。

矿车取样。大型运矿汽车采用3点捡块法采取试样，选取运矿汽车的堆锥中心按上、中、下3个点为取样点。铁运自卸矿车，对-430米水平有轨运输的每列矿车随机选取1～2辆车采用5点捡块法取样。1列车组合为1个试样，每组试样重量7.5～10千克。

贮矿堆取样。采用网格捡块法取样。采样线布置沿坡面角与贮矿堆底线直交的方向，线距5～10米，取样线视现场情况确定。试样组合结合现场条件确定。

2. 制样

根据试样不同粒度，选择进行破碎并依次混匀、缩分、干燥、研磨，加工成具有代表性的分析样品。

破碎。试样粒度不大于60毫米时，经过粗碎使其粒度不大于25毫米；试样粒度不大于45毫米时，经过中碎使其粒度不大于6毫米；试样粒度不大于10毫米时，经过细碎使其粒度不大于2毫米。

烘干。将粒度在2毫米以下的试样充分混匀后，缩分成适量，放入干燥箱内，在温度控制在105±2摄氏度恒温状态下（低于品质变化的温度），干燥1小时。

研磨。从干燥箱中取出试样，在直径175毫米圆盘粉碎机中或研磨机中粉碎至规定的试样最终粒度。

3. 化验

化验按照《铁矿石全铁含量的测定三氯化钛还原法（GB/T6730.5-2007）》《分析实验室用水规格和试验方法（GB/T6682）》《数值修约规则（GB/T8170）》标准执行。试样用酸分解或碱熔融分解，用氯化亚锡将三价铁还原为二价铁，加入沉淀剂以除去过量的氯化亚锡，以二苯胺磺酸钠为指示剂，用重铬酸钾标准溶液滴定至紫色，与试样分析同时进行空白试验。

三、充填

（一）充填站

距矿区约300米，位于生产区西侧，任务是将选矿厂产生的尾砂充填到井下采空区。2013年2月，由中国恩菲工程技术公司设计的充填搅拌站一期工程开工，11月竣工。2015年3月，由金建工程设计公司设计的二期工程开工，8月竣工。采用全尾砂非胶结充填工艺，是国内首个应用此法充填的矿山，充填能力和工艺处于全国领先水平。

地面配置6套料浆制备系统，1座渣浆泵房，1个回水泵房，1个浓密池。每套料浆制备系统由砂仓+搅拌槽+膏体输送泵组成。充填料浆通过充填钻孔输送井下，然后通过管道输送到采空区。铁矿公司成立充填技术攻关团队进行攻关，充填能力达到设计的209%，日充填由3250立方米提高至6800立方米，为国内第一。2017年1月开始，尾砂全部充填井下，矿井实现尾砂零排放。

（二）矸石充填

2008年，铁矿公司自主设计矸式充填，将掘进废石用于采空区回填，解决建设期间矸石升井难题。至2013年年底，累计向采空区充填矸石73万立方米，实现井下矸石的内部循环。

1. 充填准备

施工卸渣点。矸石充填前，在矿房上部采空区东西侧进行挑顶、抹底形成卸渣点，用于卡车卸矸，挑顶后对卸渣点的底板进行刷扩处理，确保卸渣点底板下部不临空。

安装车挡。在卸渣点沿采空区边缘处安装车挡，防止溜车。

设置安全链。在充填卸渣点穿脉内距离车挡8米处，安装锚钩，每个锚钩上各安装1条安全链，用于保护车辆，防止坠落事故。

安设照明灯。在充填矿房的穿脉安装照明线，安设5个50瓦灯泡，为车辆提供照明。

2. 充填作业

充填运输。井下掘进废石及回采矿房内剔除的矸石经铲运机装至15吨自卸卡车上，卡车经过斜坡道运输至矸石卸渣点，倒入矿房采空区。

充填接顶。卡车将矸石倾倒采空区堆成自然安息角无法做进一步充填，待矿房填满后改由推土机作业，逐步推进、压实、形成完整充填体。废石充填完毕再用尾砂灌缝充填，增加空区充填密实度。

（三）尾砂充填工艺

1. 充填方法

2014年开始，北翼矿房采用分段空场嗣后充填法，南翼矿房采用FCM采矿法。根据不同的采矿方法对应的充填方法为全尾砂分段胶结充填法、全尾砂全段高胶结充填法。

全尾砂分段胶结充填。在分段挡墙位置进行胶结充填，其他地方全尾砂非胶结充填，适用于采用分段空场采矿的矿房。

全尾砂全段高胶结充填。采用全段高进行充填，底部挡墙胶结充填，中间只进行少量胶结充填，以保证正常滤水，适用于采用FCM采矿方法的矿房。

2. 地面充填

根据采矿要求，采场充填主要采用非胶结充填，只有采场顶部0.6米厚的胶面层采用胶结充填。选矿厂产生的全尾砂全部用渣浆泵扬送到充填站尾砂池，再利用渣浆泵分别输送到不同的尾砂浓缩贮存装置内脱水。脱水后，从该装置底部放出浓度70%的尾砂浆体，送入高浓度搅拌槽搅拌。根据充填阻力大小采用自流输送或泵送进入采场充填。

3. 井下充填

井下充填工艺流程主要包括采空区密封、充填管路敷设、滤水管加工及下放、观察口密封、尾砂充填、矿房接顶等工序。

（四）地面设施

尾砂浓缩贮存装置。按照一次最大充填量要求选择尾砂浓缩贮存装置容积。井下生产能力9100吨/日，一次最大充填量需要尾砂7500立方米，全尾砂浆密度2.005吨/立方米。设置6个1200立方米尾砂浓缩贮存装置，有效容积约6000立方米。

水泥仓。根据采矿要求，日均需用水泥7吨（灰砂比1∶6），充填最大量时需要水泥245吨，建设4个170立方米的水泥仓，总容积680立方米，可满足一次最大充填量的要求。

搅拌站设备。包括高浓度搅拌槽、水泥给料设备和输送充填料的浓料输送泵。

天桥。充填站与工业区有1个山谷相隔，其间设有1座东西方向天桥，长220米，高16米，采用桁架钢结构支撑，北侧为人行道，南侧架设尾砂充填管道。

四、提升运输

（一）提升系统

1. 主井提升系统

采用JKM-4.5×4（Ⅲ）E型多绳摩擦式提升机，钢丝绳罐道。配有1套双箕斗提升系统，用来提升矿石。井口设矿石仓，有效容积800立方米，可储存1700吨矿石。钢丝绳罐道上部固定在井塔9楼底板锁绳器上，下部用重量12～15吨的重锤拉紧。提升系统具有全自动、手动和检修3种运行模式。

主井设计提升300万吨/年，通过系统改造，年提升能力达到560万吨。

2. 副井提升系统

为多水平提升，采用单罐笼配平衡锤提升方式，主要用于人员和材料下放。设计水平12个，投运10个。采用JKMD-3.25×4（Ⅲ）型落地式多绳摩擦提升机，双层单罐笼提升，每层限乘40人。提升系统具有全自动、手动和检修3种运行模式。

3. 系统改造

2018年8月，完成副井多水平无人值守提升系统开发与应用，提升效率得到显著提高，除井口、车房各保留1名巡检工外，减少提升机司机4人和井下信号工8人，跟罐信号工通过无线手持机发出运行准备信号。提升机的保护装置也被连接到触摸屏上，方便实时监控。

（二）运输系统

1. 轨道运输

矿石采用集中有轨运输，-430米为有轨运输水平。布置南北沿脉和12条穿脉平巷，配置溜井25个，设置采用曲轨底部卸矿的卸载站3个、可储存缓冲矿石5000吨。-430米水平布置环形有轨运输架空线、轨道线路。-410米水平以上中段的矿石通过溜井下放至-430水平，通过振动放矿机给矿车装矿，由电机车牵引矿车将矿石运输至卸载站卸矿，日运矿石能力20000吨以上。

会宝岭铁矿电机车参数表

表5-3-11

名称	型号	公称粘重（t）	牵引力（kN）	速度（km/h）	轨距（mm）	最小曲率半径（m）	电动机功率（kW）	额定电压（V）	保有台数
架线式工矿电机车	CJY14796P	14	27.16	11.2	900	18	2×55	550	16
	CJY20/9P	20	40.50	10.5	900	12	2×75	550	9

会宝岭铁矿底卸式矿车参数表

表5-3-12

型号	容积（m³）	载重（kg）	轨距（mm）	固定轴距（mm）	转向轴距（mm）	外形尺寸（mm³）	保有辆数
YDCC6-G	6	15000	900	1800	800	4288×1770×1660	120

2. 系统改造

2016年5月，在有轨运输-430米水平四岔口，用三菱PLC控制程序实现信号灯的自动控制，用7组红外线传感器对射开关检测电机车运行轨迹并设置语音预警功能。通过利用交通信号灯原理，判断电机车运行并控制信号语音报警，架空线自动断电等措施。同年，采用单电机车环形运输模式取代双电机车前拉后推牵引模式，减少电机车司机配置16人。

2017年，在-430米水平南沿脉西4号穿脉口至卸载站外环开拓1条新巷道，形成整个运输系统的环形运输。通过调研，选用重型20吨电机车取代14吨电机车，使用后牵引矿车由9节增至14节，效率提高66%。

（三）井下溜破系统

在-480米水平设破碎硐室，担负原矿石粗碎任务。原矿石通过电机车运输至卸载站卸矿、-480米破碎、-535米装载，由主井提至井上。颚破腔下料口尺寸160毫米，每台破碎机最大日破碎原矿石能力1.2万吨。

2018年8月，将放矿机和颚破之间的滑料槽用钢格筛代替，使粒度合格的矿石直接通过格筛进入成品仓，颚破衬板使用寿命延长30%以上，1台颚破机1年可节约材料成本20万元。

2019年3月，将废石卸载站改造成矿石卸载站，形成3套溜破系统。改造完成的3号溜破系统与1号、2号溜破系统不在一个硐室中，岗位工操作需频繁上下楼梯，现场工作极不便利。6月，对溜破系统实施集中控制及监控改造，实现颚破机的远程集中控制，减少了颚破机司机上岗人数，每年节省人工成本40万元。

（四）-535米水平装载系统

在-535米水平设置装载系统，安装3台振动放矿机和1部胶带机，承担矿石的装载任务。胶带电控采用ABB（中国）公司生产的AC800M可编程控制器，电机驱动采用ABB变频器变频运行，采用全自动装载。

（五）粉矿回收

粉矿回收设在-601米水平。主井井底粉矿装车后，由副井提升至地面卸矿平台卸载，通过卡车转运至地面粗碎站，每2天回收1次，可回收8～10吨矿粉。

第六节　顶板管理

一、顶板赋存

会宝岭铁矿工程地质条件简单，围岩及矿体均属坚硬岩类，没有软弱结构面，片理较发育，岩体中等完整、稳定性较好。

矿体顶板围岩为黑云变粒岩，岩石坚硬完整，含水性差，地下水对矿床开采不造成影响。矿床内断裂带本身延伸规模较小、含水弱，未沟通地表水体，围岩含水性也弱，对矿、岩巷道顶板稳定不直接造成威胁和影响。

二、支护方式

会宝岭铁矿整个矿带岩石为较完整—完整，属Ⅰ～Ⅲ级岩体，矿石饱和抗压强度68.1～229兆帕、抗剪强度6.16～37.3兆帕，为坚硬岩类，坑道掘进一般不需要支护。

巷道和采场局部岩石破碎或断层带位置主要支护方式为锚杆支护、喷浆支护、锚网喷支护。

（一）锚杆支护

工艺流程：定眼位→打眼→吹眼→装药卷→搅拌→凝固→安装托盘并紧固。

（二）喷浆支护

全断面喷浆，厚度50毫米。水泥与砂石重量比例1.0∶3.5～1.0∶4.0；水灰比例0.42～0.50，砂占砂石的比率50%～60%。

（三）锚网喷支护

先对破碎带由外向里对顶板危岩浮石用2.5米长撬棍进行检撬，处理后采用锚网喷支护。支护材料采用金属网片、锚杆、喷浆，喷浆方式为全断面喷浆。

（四）锚索支护

会宝岭铁矿岩石坚硬、稳定性较好，下水平矿石回采破坏造成上水平矿体底部形成大跨度硐室使岩石冒落风险增加，普通锚杆的支护强度已达不到要求。2019年10月，开始使用并推广锚索支护。工艺流程：定眼位→打眼→吹眼→装药卷→搅拌→凝固→锚索张拉、封锚。

三、采空区处理

设计采用充填法采矿方案，回采结束后的采空区采用选矿剩余尾砂充填。

第七节　通风系统

一、通风方式

会宝岭铁矿矿井采用副井、斜坡道和进风井进风，东、西回风井及主井辅助回风的三进三回两翼对角抽出式通风方式。新鲜风流由进风井和副井进入，由各水平进风井和主斜坡道进入水平及分段，乏风经东、西风井排至地表。在溜破系统安装辅助扇风机进行通风，新鲜风流从副井进入，由主井排出。

2012年6月、2013年10月，西风井、东风井主扇风机先后由华建第三安装公司安装完成，由山东信力工程安全监测公司验收合格。

（一）通风设备

2013年3月，会宝岭铁矿在+44米水平安装1台75千瓦辅助扇风机，在-601米水平安装1台30千瓦辅助扇风机，在-535米水平安装1台15千瓦辅助扇风机，在-480米水平安装1台7.5千瓦辅助扇风机，在-430米水平安装1台15千瓦辅助扇风机，形成溜破系统通风网络。

根据风井风量和负压，考虑主扇风机装置漏风和阻力损失，分别在东、西风井安装各2台DK-10-No.28型轴流式矿用节能通风机，电机功率2×200千瓦，并联布置。

通过主扇风机反转反风，反风率大于60%。且每个型号风机各设1台备用电机，共2台，矿井采用一用一备，满足安全规程要求。

在贯穿风流不能到达的工作面、通风难以控制及风阻较大处均采用局扇或辅助扇风机进行局部通风，在卸载站（-430米水平）、破碎硐室（-480米水平）、胶带道（-535米水平）、粉矿回收道（-601

米水平）等地点，安装辅助扇风机进行辅助通风，尽快将矿尘或烟雾沿主井排出。掘进工作面（开拓、采准、切割）、采场内的独头巷道等地点均采用局部通风机通风。

（二）矿井风量

2013年3月，矿井通风系统形成，矿井总进风量21000立方米/分钟，总回风量21700立方米/分钟，满足生产需要。

会宝岭铁矿主通风机站风量、负压一览表

表5-3-13

风机编号	装机地点	并联台数	工作方式	风量（m³/s）	通风阻力（Pa）
1	西风井井口	2	抽出	154.50	1075.89
2	东风井井口	2	抽出	149.40	1182.14

会宝岭铁矿井筒、巷道及辅扇风机站风量一览表

表5-3-14

序号	测风地点	巷道断面（m²）	风量（m³/s）	风速（m/s）	通风阻力（Pa）	备注
1	西风井	23.76	154.50	6.50	39.51	
2	东风井	15.90	149.40	9.40	9.40	
3	主井	22.06	39.47	1.79	49.86	
4	副井	23.76	90.15	3.79	197.76	
5	进风井	21.24	253.12	11.92	136.93	
6	−410m 水平进风井石门	18.09	204.06	11.28	74.25	
7	−340m 水平西风井石门	15.07	154.50	10.25	45.59	
8	−340m 水平东风井石门	15.07	149.40	9.91	120.50	
9	1 号机站	–	154.50	–	1075.89	西风井
10	2 号机站	–	149.4	–	1182.14	东风井
11	3 号机站	–	14.86	–	281.39	−430m 水平卸矿站
12	4 号机站	–	14.85	–	285.95	−480m 水平破碎硐室
13	5 号机站	–	7.35	–	284.72	−535m 水平胶带道
14	6 号机站	–	2.36	–	284.22	−601m 水平粉矿回收道

（三）通风构筑物

−340米水平进风井石门和−340米水平副井石门中部设风门，−410米水平回风天井石门和−430米水平回风天井石门中部设调节风门等。井下各生产水平进、回风侧及主要通风巷道构筑通风设施进行风量调节。通风构筑物随着生产的进展及时调整、增加，采用风速气象仪对通风风速及质量进行定期检测，保证通风效果。对废弃的巷道应及时封闭，减少矿井漏风。2019年末，构筑安装矿用无压风门11组（22道），红外感应风门3组（6道）。

2020年封闭和设置通风构筑物巷道通风参数表

表5-3-15

序号	巷道名称	巷道断面（m²）	风量（m³/s）	风速（m/s）	调节风压（Pa）	调节风阻（Ns⁴/m⁸）
1	−340m 进风井石门	18.09	0.00	0.00	220.13	∞
2	−340m 副井石门	14.29	0.00	0.00	155.71	∞
3	−410m 西回风天井石门	7.52	24.06	3.20	603.00	1.0412
4	−410m 东回风天井石门	7.52	20.01	2.66	17.10	0.0426
5	−430m 西回风天井石门	7.52	11.64	1.55	762.30	5.628
6	−430m 东回风天井石门	7.52	11.32	1.51	144.50	1.127

（四）矿井反风

1. 反风方式

利用东、西风井的主要通风机电机反转实现反风。

2. 反风演习

2014年12月，组织进行矿井第一次反风演习，此后每年组织进行1次。

2014—2020年会宝岭铁矿反风演习反风量统计表

表5-3-16

反风时间	矿井正常总回风量（m³/min）	矿井状态反风总回风量（m³/min）	反风率（%）
2014.12.15	18719	14275	76.20
2015.12.02	18708	13360	71.40
2016.12.01	18433	13651	73.60
2017.08.10	18502	14586	78.80
2018.11.23	21579	16826	77.90
2019.11.29	20825	15965	76.67
2020.12.11	22696	17045	75.10

（五）通风系统检测

会宝岭铁矿分别委托国家安全生产武汉劳动防护用品检测检验中心、山东万晟监测评估公司、山东公信安全科技公司、山东鼎安检测技术公司进行井下矿山通风系统检测，出具《矿井通风系统鉴定报告》。

2014—2020年会宝岭铁矿通风系统风量检测情况表

表5-3-17

时间	矿井总进风量（m³/s）	矿井总回风量（m³/s）	有效风量率（%）	委托单位
2014.04	328.75	372.59	81.90	国家安全生产武汉劳动防护用品检测检验中心
2015.02	329.10	387.80	84.90	山东万晟检测评估技术公司

时间	矿井总进风量 （m³/s）	矿井总回风量 （m³/s）	有效风量率 （%）	委托单位
2016.04	323.50	379.90	85.10	山东公信安全科技公司
2017.05	257.92	323.75	79.60	
2018.05	317.40	360.60	88.00	山东鼎安检测技术公司
2019.04	312.00	357.00	87.40	
2020.04	316.00	357.00	88.50	

（六）局部通风

井下掘进工作面采用压入式局部通风机供风，远距离掘进工作面采用大功率局部通风机接力式供风，把新鲜风流送入掘进工作面。

二、压风供水

（一）压风与自救

在地表空压机房内，安装4台LU360W-8型螺杆空压机和4个C-10储气罐，供井下生产使用。主管路采用外径89毫米壁厚5毫米无缝钢管，由副井和-340米水平中段平巷进入管缆井，至-410米水平中段平巷掘进作业和采矿凿岩使用。供风系统设置减压、油水分离器和控制阀，保证压风出口压力0.1～0.3兆帕。

每个采区设置2组压风自救装置，悬挂管理牌板，由通防工区专人管理。在有毒有害气体超标的紧急情况下，经过培训的现场工作人员可以最快速度打开装置的箱门、再打开气动阀、戴上面罩呼吸以待救援。

（二）供水与施救

利用矿井供水系统向下输送水源，至各个供水施救装置。在坑内生产用水量3000立方米/天，坑内供水系统从副井将水输送到各生产中段和作业地点。设计主供水管路选用外径168毫米、壁厚8毫米无缝钢管，各分段支供水管路采用外径89毫米、壁厚5毫米无缝钢管。副井-340米水平中段马头门设减压阀减压后供生产使用。供水系统设置减压、净水过滤器、水型压力表、排水器等装置，保证用水处压力0.1～0.3兆帕，水质满足生活饮用水水质要求。在需饮水自救的紧急情况下，井下人员可打开箱门、再打开相应出水口阀门，即可直接喝上干净水以待救援。

在每个采区设置2组供水施救装置，悬挂管理牌板，由通防工区专人管理。

2017年10月，会宝岭铁矿井下使用最新的压风供水自救装置，将压风自救、供水施救功能合二为一，安装轻便、简单，功能齐全。

三、自救器

在用自救器分为ZY-30型隔离式压缩氧与ZH30型隔离式化学氧2种类型。正常佩戴期间使用年限3年，库存年限5年。实际应用中防护时间为30分钟。

2013年7月，矿下发《会宝岭铁矿自救器使用管理规定》。自救器由通防部门统一编号，使用人在使用过程中要保持自救器整洁完好、轻拿轻放，严禁摔打碰撞，以防自救器漏气失效；发现密封条损坏、自救器漏气等情况及时处理。自救器配用人员须经专门技术培训熟练掌握现场操作和正确佩戴，保证在发生灾变事故时能以最快的速度佩戴脱险。自救器的日常检查和维护由通防工区负责，隔离式压缩氧自救器1季度进行1次称重和气密检查。使用ZJQM-Ⅲ型气密检查仪器进行负压气密检查时，要求在5000帕压力以上保持15秒、压力下降值不大于300帕为合格。

四、防尘

井上粉尘主要由中细碎车间破碎、研磨矿石后产生；井下铁矿粉尘主要由掘进爆破、矿房落矿爆破、装卸运输，溜井出矿及溜破系统卸载、破碎时产生，容易发生粉尘的地点为矿井主要进风巷道、车辆通过的沿脉巷道、掘进爆破、出矿矿房、主要回风巷道、转载点或卸载点、处于回风流中的机电设备及硐室等。

（一）粉尘治理

井上防尘引进先进的微孔膜布袋除尘器，滤料为新型的聚四氟高分子材料加工所得，过滤粉尘时不受粉尘湿度等条件影响，使用寿命3年以上，除尘效率99%以上，排放浓度低于20毫克/立方米。

主斜坡道作为矿井辅助进风通道，分别在-60米水平、-130米水平、-200米水平、-364米水平分段及-387米水平，分段安装5道降尘水幕，用于净化空气。

根据井下矿房开采结构现状，2016年试验并成功使用降尘喷枪，在回采矿房生产期间，能够有效降低粉尘分散度。2018年，针对充填体强度控水管理要求，创新制作干雾抑尘降尘装置，安装在出矿矿房上部抑制矿尘的产生和飞扬，降尘效率85%以上。掘进作业实行湿式凿岩，严禁干打眼；爆破落矿、废石装车作业前必须洒水降尘。主要进风大巷由专人洒水降尘，个别地点安设降尘水幕，保证进风流的清洁。各水平的出矿溜井上口安装降尘水幕，出矿时开启、停止出矿则关闭。在-430米水平矿石卸载站上部安装智能喷淋降尘装置，当机车倒矿时能自动开启水幕洒水降尘，机车通过后，水幕关闭，降尘效果达85%以上。部分扬尘由主井辅扇风机通过专用风道排入主井，有效抑制卸载站粉尘的污染。在-480米水平破碎硐室安装1台4-72-8C型专用除尘风机，功率37千瓦，可将破碎机工作时产生的粉尘进行收集湿式降尘净化。

（二）定期测尘

井下作业地点总粉尘量每月测定1次，分为早、中、晚班3次取样，当月统计分析、上报和公布。呼吸性粉尘量每季度测定2次，每个采样工分2个班次连续采样，1个班次内需采集不少于2个有效样品，先后采集的有效样品不少于4个；定点呼吸性粉尘每月测定1次。游离二氧化硅含量每年测定1次，每次测定的有效样品数不少于3个。矿配备必要的通风防尘检测仪器和设备，随生产进展及时调整测尘工作频率，增加通风防尘设施，保障通风风流清新洁净。

第六篇　重点项目

1991年，临沂矿务局在全省7家重点煤炭企业中规模最小、负担最重，是全国36家特困企业之一。为扭亏增盈、走出困境，矿务局加大多种经营投资，探索发展壮大的新途径。初期，矿务局多种经营多为起点低、规模小的项目，没有清晰的发展战略。1994年，矿务局根据煤炭工业部、省煤管局关于发展多种经营的部署要求和政策规定，制定多种经营上台阶创效益评比活动方案、内部销售方案、贴息贷款使用方案、新上项目调研和开发建设方案，矿务局多种经营向产业化方向发展，逐渐在煤焦化、发电、机械制造与加工、建材生产、房地产开发等多个领域获得突破。到2005年，已构建玻纤制品、煤电、卫生陶瓷、建筑建材、仓储物流五大产业群。2010年，形成煤电产业链、煤机产业链、玻纤建材产业链三大业务板块。2012年，着力打造非煤矿山新亮点。1991—2020年，临矿集团非煤产业共实现产值经营额335.46亿元。

第一章 管理机构

第一节 机构沿革

1989年4月，矿务局成立多种经营总公司，总经理由分管副局长兼任，设副总经理4人；下设生产部、技术开发部、经营部；设生产部经理1人、技术开发部经理2人、经营部经理1人。

1993年4月，撤销多种经营总公司，成立多种经营处，设处长、副处长各1人、工作人员3人。

2001年4月，成立多种经营总公司，总经理由分管副局长兼任，设副总经理2人、统计人员1人、文秘1人。11月，成立多种经营处，设处长、副处长、总工程师各1人，工作人员6人。

2006年7月，撤销多种经营处，成立临沂会宝岭铁矿筹建处。

2007年5月，成立综合开发处，设处长、副处长各1人、工作人员3～6人。

2014年3月，成立非煤产业管理处，承接综合开发处非煤业务，设处长1人、副处长2人、工作人员3～5人。

2020年5月，非煤产业管理处更名为非煤产业管理中心，业务不变。

第二节 职责范围

负责临矿集团非煤产业政策的制定、实施及考核，非煤项目的开发、调研及市场预测，指导非煤产业的生产经营活动，负责非煤产业中、长期计划的编制、实施、落实，负责对基层各单位中长期规划的审查和指导。

第二章　扶持与效益

第一节　扶持政策

一、内部政策

1993年，矿务局执行煤炭工业部《关于加快煤炭工业多种经营发展的若干规定》和省煤炭管理局《关于加快多种经营第三产业发展的实施意见》。

1994年4月，制定《关于1994年对煤矿加快多种经营第三产业奖励规定》，根据各单位多种经营年产值、总额和利润情况，确定相应的奖励数额。制定多种经营上台阶创效益评比活动方案，多种经营产品内部销售方案，贴息贷款使用方案，新上项目调研和开发建设方案。12月，编制《临沂矿务局发展非煤产业进行二次创业规划（1995—2000年）》。

1995—1998年，每年开展多种经营上台阶创效益竞赛活动。塘崖、草埠、株柏、汤庄煤矿及工程公司、恒河实业总公司等单位受奖。

1996年10月，制定《临沂矿务局多种经营产品内部销售市场暂行管理办法》。凡是所属单位产品纳入内部市场范围的，内部单位之间产品订货合同一经签订，必须遵守并承担责任；纳入内部市场范围的产品，均受内部市场保护，矿务局每年组织有关部门对内部市场进行检查和考核，对好的单位进行奖励；各单位自制产品有优先占领内部市场的权利，同时也有优先购买的义务，没有正当理由，不得外购和外委；对列入内部市场的产品和业务项目必须具备质量要求，价格合理，交货及时；供需双方必须按照双方签订的正式合同结算；未经批准擅自外购或外委的单位，按外购或外委金额的50%予以处罚，并对各单位分管领导和业务部门负责人，分别处予100～1000元罚款。局成立内部市场管理领导小组，下设机电、建安建材、产品订货、多种经营4个专业小组，各专业组负责内部市场统一订货，每年组织1～2次订货会。11月，下发《临沂矿务局多种经营内部市场厂家及自制（修）产品内部市场目录》，确定内部市场厂家50个，包括机械厂、煤田地质勘探工程公司机械厂、煤田地质勘探工程公司彩印厂、草埠煤矿电器厂、汤庄煤矿铸造厂、褚墩煤矿沂昌公司、塘崖煤矿瓷厂、莒县煤矿石英材料厂、劳动服务公司风筒厂、劳动服务公司印刷厂、工程公司印刷厂、发电厂锅炉安装处、技工学校电镀厂、水泥厂、总厂焦化厂、总厂石膏粉厂、中心医院制剂厂等。

1997年1月，召开首届多种经营产品内部市场订货会，18个局属单位之间签约金额100多万元。11月，对18个单位内部市场运作情况组织检查，对违反管理办法的株柏煤矿、工程公司、塘崖煤矿、恒河实业总公司搪瓷厂、汤庄煤矿、热电厂分别罚款。

2000年3月，下发《关于对调研非煤项目需局支付费用有关问题的通知》，要求非煤项目调研，必须是矿务局项目调研小组研究确定的项目，按照有关要求进行调研，并依照考核内容，按程序汇报和审批；调研费用按矿务局有关规定进行报销。

2001年4月，下发《关于加强多种经营新上项目调研和开发建设的有关规定》，要求新上项目必须报经多种经营总公司审查，凡技改、新上项目，投资在30万元以下的，由项目单位自主决策，3年内必须保证收回全部投资。30万元以上的建设项目，经局多种经营总公司审查、论证批复后，方可实施建设。所有批准实施的新上、技改、新产品开发研制等项目，一律实行项目业主制，保证策划、筹资、建设、生产经营、偿还债务和资产保值增值全过程负责。对300万元以下的项目，由项目单位自主选择投资主体。投资在300万元以上的，由矿务局筹资领导小组指导并帮助筹资；实行招标投标制，择优选择施工队伍。大宗设备材料的采购，实行比质比价，通过招标确定监理单位，按投资项目的管理权限组织竣工验收。对投资500万元以上的项目，在投入运营1年后达到设计能力时，组织相关人员进行综合评价。

矿务局非煤产业"十五"规划重点结构调整及投资表

表6-2-1　　　　　　　　　　　　　　　　　　　　　　　　　　　　　　　　　　　单位：万元

项目名称	建设起止时间	设计能力	资金来源		预算总投资	"十五"投资					
			银行贷款	资本金		合计	2001	2002	2003	2004	2005
"十五"开工项目	－	－	19500	2500	42000	42000	14000	16000	5000	5000	2000
褚墩煤矿农用硫酸镁厂	2003—2004	10万吨/年	5400	600	6000	6000			3000	3000	
地质工程公司综合服务楼	2001—2002	－	3500	500	4000	4000	2000	2000	－	－	
玻璃纤维池窑拉丝	2001—2002	－	－	－	20000	20000	10000	10000			
草埠煤矿玻璃纤维Ⅲ期工程	2004—2005	－	3600	400	4000	4000	－	－	－	2000	2000
搪瓷饰面装饰材料厂	2001—2003	50万平方米/年	7000	1000	8000	8000	2000	4000	2000	－	－

二、贴息贷款

1993—1996年，矿务局使用煤炭工业部三产贴息贷款10520万元，建设8个项目，贷款至2004年末全部还清。1993年6月，恒河实业总公司耐火材料厂开工建设，年底建成，使用三产贴息贷款330万元，1994年末关停。1993年，煤田地质勘探工程公司塑料彩印厂立项，1994年5月开工建设，7月建成投产，使用贴息贷款70万元，2004年分离出去。1994年，汤庄煤矿卫生洁具生产线立项，1995年开工建设，1997年建成投产，使用贴息贷款3000万元，2004年4月转让全部股权。1994年，五寺庄煤矿工业搪瓷厂立项并开工，6月建成，使用贴息贷款800万元，2003年分离出去。1994年，热电厂扩建6兆瓦机组立项，1995年开工，1996年10月建成并网发电，使用贴息贷款1500万元，2004年分离出去，2005年与兴元煤业公司重组，成为兴元煤业公司的二级单位。1995年，莒县煤矿声光鞋厂立项，1996年开工建设，当年建成投产，使用贴息贷款620万元，1998年停产，2001年随莒县煤矿破产。1996年，莒县煤矿化肥厂开工建设，中途停建，使用贴息贷款700万元，2001年破产。1997年，草埠煤矿玻璃纤维厂开工建设，1998年10月建成投产，使用贴息贷款3500万元，后归并光力士集团公司。

第二节　综合效益

1991—2020年，临矿集团非煤产业实现产值经营额335.46亿元、销售收入301.81亿元、利润22.92亿元，上缴税金23.98亿元，每年平均安置人员5320人。

2003—2005年矿务局五大产业群主要经济指标完成情况表

表6-2-2

单位：万元

序号	年度 集群名 产值	2003			2004			2005		
		产值	收入	利润	产值	收入	利润	产值	收入	利润
1	玻纤及制品	11000	10000	700	12000	11300	1000	13000	12000	1200
2	煤电	5900	5900	560	15000	14000	1000	17000	16500	1000
3	卫生陶瓷	4600	4000	150	5000	4500	300	7000	6400	600
4	建筑建材	4200	3800	200	7000	6000	400	8000	7500	700
5	仓储物流	5000	5000	200	6000	6000	300	8000	8000	500
6	合计	30700	28700	1800	45000	41800	3000	53000	50400	4000

2011—2015年临矿集团非煤产业主要经济指标汇总表

表6-2-3

项目 年度	2011	2012	2013	2014	2015
主营业务收入（万元）	781291	1161836	1642098	996112	1153500
利润总额（万元）	16217	21199	17031	15467	18903
税费（万元）	13019	23601	38404	30169	30570
资产总额（万元）	633765	784767	895671	949191	1010426
从业人员	6467	6819	7321	6882	6941

1991—2020年临矿集团非煤产业各项经济指标完成情况表

表6-2-4

年度 指标	产值经营额（万元）	销售收入（万元）	利润（万元）	上缴税金（万元）	从业人员
1991	7035	6199	286	219	3850
1992	7323	6633	112	245	4292
1993	13747	12344	530	418	5596
1994	25335	18151	1035	388	5885
1995	27579	20846	345	818	4847
1996	26403	19832	−456	652	5231
1997	33775	24627	909	559	5162

年度 \ 指标	产值经营额（万元）	销售收入（万元）	利润（万元）	上缴税金（万元）	从业人员
1998	34474	26722	1088	770	4633
1999	36975	30505	1277	886	5631
2000	37334	33399	1037	1159	5225
2001	34309	31809	1655	1314	4789
2002	40426	33280	2125	1530	5113
2003	46076	42458	2003	1973	4520
2004	83977	81301	2614	3099	4512
2005	156576	154874	4818	4957	7683
2006	80340	74822	1636	7083	6122
2007	116912	105870	4909	12771	5993
2008	100426	88279	1370	6724	4704
2009	141455	122983	6595	10053	7737
2010	229106	203822	9592	18940	5772
2011	237992	206182	4732	22012	6080
2012	267878	236660	2261	18141	6308
2013	270269	251037	−1088	18772	6678
2014	271158	257393	14719	25844	6227
2015	266682	259347	27875	20656	5801
2016	253876	208819	20968	10598	5205
2017	200152	181882	20076	13624	3187
2018	221994	190988	23620	18900	3150
2019	377435	334683	38581	20726	3830
2020	399221	370122	54950	22076	3808
合计	3434896	3092888	230794	246921	–

第三章　生态农业

第一节　项目开发

2015年，王楼煤矿按照"统筹规划、分期实施、因地制宜、综合开发"原则，采取地企共建模式，以塌陷地治理和土地流转方式，抵消土地税费，同步推进压煤村庄搬迁工作。利用流转的土地，开发建设农业产业园区，培育新兴产业，助推转型升级，走规模化、产业化道路。2月16日，注册成立山东东山王楼煤矿公司喻兴生态农业分公司，经营范围包括花卉、苗木、蔬菜、水果等农作物种植与销售，水产养殖，生态农业观光。2019年11月注销。

2016年，临矿集团实施"培植六大产业"发展战略，煤电、铁矿、玻纤为三大支柱产业，物流贸易、技术服务、现代农业为三大支撑产业。济宁市在喻屯镇规划"两万亩创意农业生态园"（北起洙水河，南到洙赵新河，东起滨湖大道，西到济鱼路）。4月1日，成立山东京杭绿色生态工程有限公司，经营范围包括土地整理服务，水土保持工程、生态修复工程施工，园林绿化工程施工和养护，市政工程、土石方工程施工，压煤村庄搬迁设计、规划、施工，花卉、苗木、蔬菜、水果、农作物种植与销售，农产品加工、销售，对光伏发电项目的开发、投资、建设、管理，农业生态观光旅游，清洁服务，物业服务，餐饮服务等。

2017年8月，获得"山东省生态休闲农业示范园区"称号；2018年7月，"稻田+"高效生态观光农业项目入选济宁市2018年煤炭行业新旧动能转换年度重点项目库；8月，喻兴生态农业园工程获得山东省采煤塌陷地综合治理创新工程。

2018年5月，喻兴园稻虾生态种养基地被列为任城区首批品牌农产品种植基地。12月，喻兴地热农业公园经旅游部门评定验收，批准为国家2A级旅游景区。

2019年12月，经中国绿色食品发展中心审核，公司种植生产的甜瓜、西红柿被认定为绿色食品A级产品。

第二节　项目建设

喻兴农业生态园建设分3期进行，一期多功能实验区、二期高效生产示范区、三期农业产业化先导区。项目以构建现代农业产业化体系、实现乡村共享经济为目标，以扩展产业链、提升价值链、完善利益链为宗旨，以打造淡水鱼工厂化养殖基地、有机水稻种植基地、有机果蔬种植基地、多功能休闲观光园为切入点，发展实施智慧型、生态型休闲观光农业和产业化农业，辐射带动周边乡村，实现农业企业和农民创效增收。

一、一期项目

喻兴园一期综合实验区项目对流转的喻屯镇安兴集村393.03亩采煤塌陷地进行综合整治，开发生态观光农业、智慧农业、休闲农业，项目位于洙赵新河北岸、喻屯镇安兴集村东。

2015年4月，清挖人工湖，清挖面积1万平方米、15亩，养殖鲢鱼、青厚、鲤鱼等鱼类。

2016年3月，清挖紫莲池，清挖面积8500平方米、12.5亩。2018年10月，进行改造，建设景观亭、观景廊桥，利用防腐木材分区块设置湿生植物展示区、儿童摸鱼池，为集休闲观光、游玩娱乐、科普教育于一体的水上功能区。12月，土建施工及附属设施基本完工。

2016年10月，1号玻璃温室开工，潍坊兴业温室园艺工程公司设计、承建。单栋温室建筑面积6720平方米，东西长120米，南北宽56米，檐高6米，脊高6.8米，外遮阳高度7.5米。地上一层，采用独立基础，温室主体为轻钢排架结构，建筑性质为农业建筑。项目建设内容包括温室基础、温室主体结构、覆盖材料、内遮阴系统、外遮阳系统、风机湿帘降温系统、顶开窗系统、配电系统。2017年3月，开始内部设施施工安装及花草栽种，种植热带、亚热带植物、沙漠植物等160余种，用于科普展示和休闲观光。

2017年2月，办公楼（游客服务中心）加层、仿古顶工程开工，山东嘉华工程建设公司承建，进行办公楼（游客服务中心）二层加层、装修、仿古楼顶安装。5月，2、3号玻璃温室开工建设，济宁聚朋建筑工程公司承建。单栋温室建筑面积6720平方米，地上一层，采用独立基础，温室主体为轻钢排架结构，建筑性质为农业建筑。11月，2号温室内部建设帆布鱼池40个，用于鱼类养殖；3号温室内部建设帆布鱼池、水泥鱼池、孵化池，主要用于鱼苗繁育。

温室内的热带雨林（2018）

2018年6月，与江苏中洋集团签订合作协议，进行长江鲥鱼养殖；7月，3号温室内放养长江鲥鱼鱼苗3.5万尾。11月，集装箱休闲小镇和婚礼广场项目开工，利用现有草坪空地和水面，建设具有标志性的景观"百年好合"。

集装箱小镇项目由上海互集建筑科技公司设计、施工，11月开工，搭建集装箱14个，进行内部装饰和外部喷绘，12月完成搭建工程。

2019年5月，集控中心工程开工，济宁聚鹏建筑工程公司承建，在3号玻璃温室内建设远程智能控制中心1座，7月完工。

2019年7月，与江苏中洋集团合作的鲥鱼养殖项目投入第二批鲥鱼鱼苗3.5万尾。

2019年12月，流水槽养殖项目开工，2020年1月完工，通过对原有池塘的改造，安装玻璃钢水槽5条，进行集约化水产养殖。

2020年7月，与常州丰尚渔业科技公司合作，投入鲥鱼鱼苗3万尾。

二、二期项目

喻兴园二期生产基地项目，对流转的城后村300.4亩采煤塌陷地进行综合治理。2018年2月开工建设，"稻田+虾"生态种养项目3月底建成；在藕池的基础上通过挖寄养沟、土地平整进行升级改造，占地120亩，在稻田内套养小龙虾。

2018年4月，完成有机果蔬种植基地项目招标；8月，建成日光温室大棚17个。

2018年9月，大棚内开始种植，其中黄瓜11.6亩、辣椒8.4亩、西红柿5亩、草莓4亩、茄子3.6亩。截至12月31日，收获黄瓜59496斤、辣椒27657斤、西红柿26901斤、草莓1464斤、茄子10396斤。11月26日，以喻兴农业分公司为主体与济宁市明珠专业种植合作社、济宁市任城区喻屯镇人民政府三方签订协议，租赁喻兴园东南角钢结构温室大棚1座、5558平方米，用于发展智慧农业项目。

三、三期项目（军城农业园）

截至2018年12月，流转张黄镇军城村采煤塌陷地325亩。规划建设41个新型双膜拱棚、60249平方米，规划新建1个薄膜联栋温室、2938平方米，用于水肥一体化的椰糠无土栽培技术应用与展示，实现规模化种植。

2019年5月，对流转的张黄镇阚家村、袁洼村采煤塌陷地进行产业治理，形成良田450亩。6月，开始进行农业生产，主要种植水稻、玉米、小麦等粮食作物。

第三节　项目合作

2016年10月，以山东京杭绿色生态工程公司为主体与中国水产科学研究院池塘生态工程技术研究中心、济宁市任城区水产局签订三方合作协议，就水产技术、人才、示范项目进行合作。

2017年8月，在喻兴园挂牌成立中国水产科学研究院南四湖生态渔业产学研示范基地、中国水产科学研究院池塘生态工程技术研究中心济宁工作站。12月，以喻兴农业公司为主体申报参加任城区科技发展计划项目，申报的工厂化循环水养殖模式构建与研究项目获得15万元专项研发资金。

2018年6月14日，与江苏中洋集团签订合作协议，进行长江鲥鱼养殖；7月，与中国科学院大连化学物理研究所签订农业技术开发（合作）合同《绿色种植技术体系建立与示范项目》，有效期限至2020年7月。12月，由济宁市渔业局牵头，与中国水产科学研究院珠江水产研究所就经济鱼类、观赏鱼类养殖项目合作进行探讨。

第四节　资金补助

2016年9月，以京杭公司为主体申报参与山东省现代渔业发展平台建设项目，项目投资概算1918.05万元，申请省海洋与渔业厅扶持资金520万元。10月，以喻兴农业公司为主体申报参加济宁市现代农业示范园区的创建，获得2016年度市级现代农业示范园区称号，获任城区农业局专项奖金20

万元。

2017年4月，以京杭公司为主体申请任城区渔业油价补贴，获得任城区水产局6.8万元渔业物资；以喻兴农业公司为主体申报参加任城区义务植树基地创建活动，获得任城区林业局专项资金2万元。10月，以喻兴农业公司为主体申报任城区"稻田+"生态种养项目，对城后村东121亩采煤塌陷地治理后申请专项补贴26.6万元。12月，以喻兴农业公司为主体申报参加农业产业化市级重点龙头企业创建活动，创建成功并获奖金10万元；以京杭公司为主体申创山东省水产健康养殖示范场，创建成功并获得奖金5万元；申报创建临矿集团劳模创新工作室，创建成功并获得资金6万元。

2018年3月，申报创建任城区农科驿站，创建成功并获得建设资金5万元。5月，农业园城后园区建设日光温室大棚，根据任城区关于现代农业的扶持政策，以喻兴农业公司为主体申请专项扶持资金60万元。9月，以喻兴农业公司为主体申报参加山东省生态循环农业示范项目，创建成功并获得省级扶持资金100万元。11月，以京杭公司为主体申创农业农村部水产健康养殖示范场，创建成功获得奖金10万元。12月，以喻兴农业公司为主体申创省级农科驿站，创建成功并获得建设资金15万元；以喻兴农业公司为主体参加山东省农业"新六产"示范企业创建活动，创建成功并获得专项奖金30万元。

2019年2月，以京杭公司为主体参加任城区科技发展计划项目，申报的鲫鱼高效养殖技术项目获得15万元专项研发资金。

第四章　物流与贸易

第一节　物　流

2018年5月，临矿集团亿金公司、运销公司、鲁北公司3家企业整合重组成立物商集团。设有煤炭、钢铁、有色、天然气4个事业部及上海、日照、山西、香港、临沂新能源等子公司。其中日照公司以港口服务为贸易优势，上海公司整合华东资源，香港公司由单一规模功能向融资及转口贸易功能转型，山西公司侧重西部煤炭资源整合，临沂新能源公司主营化工天然气。

2018—2019年，物商集团以物流实体节点为标志的网络化布局基本成型，重点围绕煤炭、钢材、有色、天然气4个主营品种，完善铁路、电商、配送、监管4个服务平台，布局临沂、泰安、潍坊、青岛、日照、齐河、济宁10家仓库，仓储面积近2000亩，拓展省内外10家子公司。以鲁北公司为平台，与日照港合作签约，强化沿海港口与内陆无水港的衔接布局。钢材贸易通过"引水入园"发挥各物流园区蓄水池功能。天然气业务探索与运输、生产企业等终端客户群体的合作模式，降低成本、增加销量。以临沂公司城市配送业务为转型方向，对杭州、青岛、济南、重庆等城市配送业务进行调研，加强与物流企业对接，推动临沂公司的业务拓展。日照以港口服务为核心落脚点，拉动日照公司国内、国外贸易，配套金融、运输等增值服务，具备货运代理、船舶代理业务资质。以香港公司作为投融资平台，提升资本运作能力。物商集团整体聘用江苏舜天贸易团队，办事机构设在南京。

2020年，鲁北煤炭配送基地围绕"地上煤矿""内陆港"双战略模式，以两库两中心（交割库、保税库，区域煤炭交易中心、区域大宗商品配送中心）为建设思路，推动中国（太原）煤炭交易中心鲁北交收库平台，青岛港、日照港陆海公转铁中转平台的发展，巩固和拓展山西、陕西、内蒙古等上游煤炭资源及港口内陆通道的优势。与延长石油西湾煤矿、陕煤杭来湾煤矿等建立长协关系，与黄台电厂就齐河县潘店镇建设2×66万千瓦热电联产项目达成战略合作意向，与中铁外服签订战略协议。11月，首列集装箱运煤班列到达。

2018年，实现销售收入148.42亿元；2019年，实现销售收入192.44亿元；2020年，实现销售收入243.51亿元。

第二节　贸　易

外部贸易主要以供应链金融、供应链业务、自营销售、仓储监管、加工服务为主，以煤炭、钢铁、有色、天然气为主营业务品种，配备铁路、电商、配送、监管四大服务平台，布局10家仓库。

钢材事业部　合作伙伴有日照钢铁、山东钢铁、内蒙古包钢、石横特钢、中国核电、临沂龙正、泰安金龙等大型钢厂及钢贸企业。经营热轧卷板、冷轧卷板、镀锌钢卷、酸洗钢卷、热轧H型钢、线材、中板、圆钢、多种矿用钢等百余种钢材品种。依托物商集团各地物流园区，以钢材交易为中心，面向钢铁行业上下游客户，向上拓展省内外钢厂资源，向下深挖各区域钢材贸易商和终端用户，拓展钢材供应链金融服务，形成以钢厂代理采购、现货融资、工程投标为主，自营销售为辅的业务模式。

煤炭事业部 主营烟煤、原煤、中煤、混煤、无烟煤、气肥煤等。以鲁北煤炭物流园区为中心，开展园区内货压保底金融服务、电厂供应链金融服务。推进从货到电厂供应链金融服务，向货到站台供应链金融服务转移运营模式，开发西部地区站台业。

监管事业部 作为资产安全监管部门，在多个地市设立监管库，对内部贸易物资、外部仓储客户物资提供监管服务。根据仓储经营需求，配备硬件和软件设备、监管人员，采用信息化手段，制定仓储作业规范和工作流程，开展业务和技术创新，为存货人提供满足货物活动的一整套仓储物流服务，确保仓储服务安全、准确、按时、高效、环保，提高资源利用率，降低综合成本。

电商事业部 负责善物个人购及善物企业购的运行维护，根据公司需求开发各类系统，以及办公OA、综合管理平台等系统的更新维护。采用代销代付形式，作为客户与供应商之间的纽带。

天然气事业部 主营新能源技术服务及技术咨询，汽车加气站运营，销售液化天然气、压缩天然气。通过新建、买断、控股等多重手段，布局天然气终端站点。把握天然气市场需求趋势，有侧重点整合天然气渠道，利用市场的季节性供求变化，实现利润最大化。

有色事业部 围绕临沂公司货场内有色金属交割库、临沂周边市场、省内各监管库，开展铝锭、铝棒、氧化铝、铝土矿、铝合金锭5种产品的市场调研。将千余吨有色行业产品引入临沂亿金公司库区。与大型铝锭、铝合金锭生产企业山东华宇铝电公司达成战略合作协议，在临沂公司库区合作建立现货交割平台。与信发集团公司、厦门象屿集团公司、东方希望集团公司、杭州锦江集团公司就氧化铝贸易业务达成合作意向。与国内大型电解铜生产企业太原中条山有色金属公司签订山东地区年度区域代理销售协议。

鲁北公司 主营煤炭批发、仓储服务，煤炭化验技术服务；焦炭、炉料、钢材、建材、机械设备，五金交电及电子产品，金属材料、铁矿石、橡胶产品、化工产品、有色金属、沥青、燃料油、大豆销售；普通货物进出口；废旧金属回收及销售，预包装食品批发及零售，文具用品、体育用品及器械，纸及用品、木材、水煤浆、初级农产品、化肥销售，货物仓储、配送、装卸、铁路专用线货物运输；设备及场地租赁，商务信息咨询服务，新能源技术推广与服务，第三方物流服务、铁路专用线货物运输、铁路货运代理服务；汽车加气站。2010年3月，与山西、内蒙古、秦皇岛、山东等地大型矿业集团及燃煤企业建立业务关系，实现货源地（内蒙古、山西、陕西）的常态化发运和集散地（日照、秦皇岛、济宁）的常态化经营，开展点对点电煤、托盘经营、进口煤及外部煤炭入矿配煤销售等业务。

临沂公司 业务范围集铁路物流、货场储运、仓储管理于一体，涵盖钢材、木材、集装箱、铝锭、化肥、化工、胶合板等品类，建有上海期货交易所指定铝期货交割库、中石油化工产品仓储库等。

香港公司 主营化工原料、铁矿石、原油、有色金属、煤炭、贵金属（白银）等。贸易产品有化工原料、铁矿石、原油、有色金属、煤炭、贵金属（白银）等大宗产品。经营模式为三方贸易，由香港公司向供应商采购商品销售给下游客户，以香港为窗口连接海外与中国内地。

上海公司 主营机电产品、建筑五金、劳防用品、钢材、润滑油、化工原料及产品，橡塑制品、有色金属及制品，建筑材料、装饰材料、电子产品、玻璃制品、仪器仪表、办公用品、计算机及耗材，机械设备及配件销售，安装维修，从事货物及技术进出口业务，仓储，煤炭经营等，开展钢厂代订货、托盘垫资、仓库监管加工服务、应收账款保理业务。

日照公司　合作伙伴有日照钢铁、山东钢铁、江苏苏讯、江苏友富、内蒙古蒙川物华、中煤科工、德国飞马、日本TOYO等大型钢厂。主营热轧卷板、冷轧卷板、镀锌钢卷、酸洗钢卷、热轧H型钢、线材、中板、圆钢、多种矿用钢等百余种钢材品种，以及煤炭、焦炭、五金、大型矿用机械设备及配件等品类。依托日照港口、岚桥港口、连云港港口、青岛港口等港口布局，以大宗商品交易为中心，面向各类大宗商品上下游客户。

运销公司　主营物流贸易业务，包括泰安钢材市场运输业务、青岛物流业务、曲阜东宏物流业务等。

新能源公司　经营新能源技术服务及技术咨询，充电设备的销售及技术服务，销售钢材、建材、机械设备、五金交电及电子产品、金属材料、橡胶产品化工产品、有色金属、液化天然气、压缩天然气，普通货物进出口。与中国燃气山东舜安公司、中海油山东公司进行天然气贸易。在济宁、临沂等地区形成以天然气业务为主、一般化工品为辅的经营模式。

第三节　风险管理

2018年5月，下发《关于规范外部贸易业务风控、合同审批流程的规定》《山东物商集团有限公司法律纠纷案件管理办法（暂行）》，强化对法律纠纷案件的指导、协调和管理工作，及时有效处理公司案件。7月，下发《关于外围合作监管库认证管理办法（试行）》，规范外围监管合作仓库认证手续。8月，下发《山东物商集团有限公司授权委托管理办法》，规范各部门、子公司、分公司及相关人员申请、使用授权委托书的行为；印发《贸易业务风险应急处置预案》《关于外部业务客户定期评估制度的管理办法》，提高贸易业务风险处置能力，全面掌握外部业务客户的信息，判定客户对于公司业务的价值，确保公司同客户长期、稳定的合作，保证财、物的安全及高效运作；印发《山东物商集团有限公司合同管理办法》，规范合同管理工作，防范法律风险；下发《关于进一步规范风险管理的通知》，规避贸易风险、理顺业务流程、规范业务行为，严格信誉客户筛选、内部追责机制。9月，下发《关于进一步强化风险管控的通知》，有效防范和控制经营风险。

2019年4月，下发《关于规范法律事务档案管理的通知》，规范物商集团法律事务档案管理，建立法律事务档案体系，保证法律事务档案资料齐全、完整、准确和及时归档。设立合同管理部门，指定合同管理人员，进行定期培训、合同检查。与山东唐景律师事务所签订《常年法律顾问合同》，由律师事务所选派法律专业人员为企业外聘法律顾问，为生产、经营、管理和其他经济活动提供法律服务。

第五章　产业项目

第一节　煤焦化

　　创元焦化公司。主要生产焦炭、焦油、粗苯、煤气。生产设备为70型焦化炉，年设计能力4万吨。2003年4月，投资4960万元，分2期进行扩建，扩建规模20万吨/年；2004年8月，焦炉建成投产。

　　兴元煤业金兴焦电公司。主要产品为焦炭，并利用余热进行发电。一期工程20万吨/年，2003年1月，开工建设；2005年2月，建成投产，投资9600万元。

1991—2006年矿务局焦化产业各项经济指标完成统计表

表6-5-1

指标 年度	产值经营额 （万元）	销售收入 （万元）	利润 （万元）	上缴税金 （万元）	从业人员	焦炭 （万吨）
合计	117887	116862	6436	6205	–	141
1991	1486	1323	126	70	604	3
1992	1335	1198	−121	65	593	3
1993	1087	1925	31	109	515	4
1994	2710	2168	189	190	480	4
1995	2673	2286	180	208	431	5
1996	2397	2159	221	151	335	4
1997	2125	1208	23	63	399	3
1998	1418	771	284	71	375	2
1999	1157	894	204	92	302	2
2000	1263	1301	48	118	308	3
2001	1784	1792	−541	94	392	3
2002	2497	2378	183	161	365	5
2003	5499	5319	1041	526	376	8
2004	19899	19583	2095	1449	146	20
2005	33882	32154	1051	−103	365	33
2006	36675	40403	1422	2941	462	39

第二节　发　电

　　矿务局有腾源热电公司、古城煤矿热电厂和沂水热电公司3家发电企业。

腾源热电公司。1953年10月，国家投资兴建矿务局发电厂，装机容量1×3000千瓦。1995年5月，使用煤炭工业部三产贴息贷款，建设1×6000千瓦发电机组。1996年10月建成投产，项目总投资3119万元，其中使用贴息贷款1500万元。2002年，发电厂进行股份制改造，成立腾源热电公司；2004年4月，实行主辅分离与矿务局脱钩。2005年4月，热电公司与已分离的兴元煤业公司实行资产重组，开工建设金兴焦电电厂项目；12月，并网发电，总投资2600万元，装机容量1×6兆瓦。

古城煤矿综合利用电厂位于山东省济宁市，是经山东省经贸委审批的煤泥矸石资源综合利用项目。2002年9月、2004年8月，古城煤矿兴建3台发电机组（2×6兆瓦、1×15兆瓦），装机总容量27兆瓦，设计规模3炉3机，分别于2003年7月（2台6000千瓦机组）、2005年9月建成并网发电，各投资5449万元和4200万元。2004年9月，投资860万元建设向京沪铁路兖州段以东及兖州城区东南部集中供热主蒸汽管道，供热量10万吨/年，实现热电联产。2009年10月，注销山东东山有限责任公司古城煤矿综合利用电厂。2010年1月28日，成立山东东山古城煤矿公司综合利用电厂；2月1日，山东东山古城煤矿公司设立山东东山古城煤矿有限公司综合利用电厂分公司，经营火力发电、供热等。2015年，古城煤矿电厂对尾部烟气处理装置进行超低排放改造，主要大气污染物烟尘、二氧化硫、氮氧化物排放浓度在基准氧含量6%时，零摄氏度1个标准大气压下分别不高于5、35、50毫克/立方米。2019年，新建1台75吨/时锅炉取代2台35吨/时锅炉；2020年9月1日点火试运行。

沂水热电公司。2002年9月建设1×12兆瓦背压机组、1×15兆瓦抽凝机组，向沂水中心街和长安街两边单位供热；2003年8月，并网发电，投资1.8亿元，供热200万吨/年。2007年1月，沂水县热电有限责任公司产权划归光力士集团公司，沂水热电公司二期扩建项目开工建设。2012年应沂水县委县府的要求建设三期工程，扩建1×15兆瓦抽凝机组，配1台75吨次高温次高压循环流化床锅炉。2016年10月，3炉3机改扩建项目开工建设，2016年12月、2018年10月、2020年4月分别建成1炉1机投产运行。2020年9月3日，沂水电厂随山东玻纤在上海证券交易所主板上市。

1991—2020年临矿集团电力生产各项经济指标完成统计表

表6-5-2

年度 \ 指标	产值经营额（万元）	销售收入（万元）	利润（万元）	上缴税金（万元）	从业人员
1991	549	549	27	8	215
1992	550	550	13	5	207
1993	739	710	0	0	191
1994	975	936	10	3	195
1995	1091	995	−101	25	206
1996	1189	1087	55	38	207
1997	2324	1888	161	159	212
1998	2012	1786	224	216	200
1999	2137	2048	116	19	222
2000	2038	1869	114	297	221
2001	2516	2090	−282	264	218
2002	2301	1871	53	159	205

年度 ＼ 指标	产值经营额（万元）	销售收入（万元）	利润（万元）	上缴税金（万元）	从业人员
2003	3841	3688	780	454	407
2004	10078	9870	2339	320	486
2005	13794	13295	-3	1434	367
2006	16115	15789	692	487	372
2007	21170	20125	1125	2787	338
2008	18870	16692	-938	865	312
2009	23615	22038	1665	1375	323
2010	23971	23945	-2091	314	331
2011	36179	31372	-1223	585	372
2012	35474	35542	3866	882	387
2013	48206	37164	5173	2202	375
2014	34749	34853	9143	4373	364
2015	37487	37535	11848	5174	360
2016	36682	36691	7626	4367	371
2017	44257	44257	5262	2592	392
2018	50050	50298	3776	2029	370
2019	61171	58948	10959	2121	386
2020	61522	63818	7737	2472	370
合计	595652	572299	68126	36027	-

第三节　机械制造

矿务局机械制造与加工企业主要有亚龙机械公司、泰安煤机厂、济南煤机厂和莱芜煤机厂。

亚龙机械公司。1959年1月，临沂煤矿机械修配厂成立。1979年10月23日，与矿务局发电厂合并为矿务局机电厂。1986年8月26日，与发电厂分离，更名为临沂矿务局机械制修厂。2001年4月18日，改制为临沂亚龙机械有限责任公司。主要生产经营矿山机械设备制造、机械修理、钢结构井架、井筒非标装备、GWS系列、K系列给煤机。主导产品有B650-B1200带式输送机，2004年建成胶带输送机托辊生产线。

泰安、济南、莱芜煤机厂为山东省煤炭局直属企业。2004年8月，泰安、济南煤机厂划归矿务局管理；2005年7月，莱芜煤机厂划归矿务局管理。

泰安煤机厂始建于1958年，主要产品经营范围有矿山专用设备、配件制造修理、大型钢结构工程制造、煤炭洗选设备制造等。

济南煤机厂主要产品经营范围有制造直销矿山设备及配件、机械加工等。

莱芜煤机厂主要产品经营范围有机械设备设计制造、安装维修、机械产品配件、钢材批零等。2006年5月，开工建设压滤机滤板和破碎机专业化生产线技术改造项目，2006年末建成投产，项目总投资4264万元。2007年1月1日，破产改制重组成立山东莱芜煤矿机械有限公司，隶属山东煤机装备集团公司。2014年12月12日，划归山东能源重型装备制造集团公司。

2006年10月，临矿集团下发《关于组建山东煤机装备集团有限公司组建方案的批复》（临矿发〔2006〕43号），组建山东煤机装备集团有限公司，设立独资的山东泰安煤矿机械有限公司、山东莱芜煤矿机械有限公司、山东兖州煤矿机械有限公司、山东煤机设计有限公司和山东煤机装备集团有限公司销售分公司。11月10日，山东兖州煤矿机械有限公司注册成立，注册资本500万元，为山东煤机装备集团有限公司子公司。2007年5月19日开工建设，2008年5月25日竣工试生产。2009年1月投产，10月将注册资本增加为1500万元。2014年12月12日，划归山东能源重型装备制造集团公司。12月，山东煤矿泰安机械厂被国家列为政策性关闭破产单位。2007年1月，成立山东泰安煤矿机械有限公司。

山东省煤炭工业发展总公司成立于1994年4月27日。2004年2月16日，省煤炭局以鲁煤企改〔2004〕20号文将该公司划归矿务局管理，2007年，经临矿集团研究，山东省煤炭工业发展总公司撤销。

2007年1月，山东煤机装备集团有限公司成立，注册资本3.49亿元。总部坐落于泰安市高新技术产业开发区，下辖山东泰安煤矿机械公司（泰安煤机公司）、山东莱芜煤矿机械公司（莱芜煤机公司）、山东兖州煤矿机械公司（兖州煤机公司）3家全资子公司；1个中捷合资公司——泰安芬瑞特机械公司（2011年3月，投资1000万元与捷克芬瑞特公司合资成立），3个直属事业部——压滤机事业部、固体废弃物综合利用部、物资经营部及1个分公司——山东煤机集团莱芜分公司（与综合利用部合署办公）。2015年3月，更名为山东能源重装集团鲁中装备有限公司，管理权划归为山东能源重型装备制造集团公司，有职工2461人，各类专业技术人员572人。

1991—2016年临矿集团机械制造各项经济指标完成统计表

表6-5-3

年度　　指标	产值经营额（万元）	销售收入（万元）	利润（万元）	税金（万元）	从业人员
1991	244	182	−30	10	280
1992	374	372	−28	29	268
1993	1152	1350	55	62	276
1994	1251	870	30	37	262
1995	887	745	−7	41	265
1996	550	703	−300	22	234
1997	1317	720	46	23	232
1998	840	676	−29	7	218
1999	868	673	72	40	209
2000	929	704	41	53	242
2001	1673	1422	45	46	238
2002	1610	1416	62	118	238
2003	2033	1778	13	67	175
2004	2785	2388	20	122	150
2005	45409	45610	−4854	2608	3168
2006	46530	42260	−596	5246	3238

指标 年度	产值经营额 （万元）	销售收入 （万元）	利润 （万元）	税金 （万元）	从业人员
2007	77768	68245	1613	7308	3232
2008	43384	40582	−1607	1189	1975
2009	48806	46668	200	2413	2489
2010	63093	57597	492	3438	2530
2011	69595	70625	657	4921	2592
2012	88035	91233	1117	7181	2685
2013	87100	100038	−2125	7514	2686
2014	51526	62377	−1130	4465	2477
2015	48703	58107	43	1983	2230
2016	85779	65679	470	1224	2021
合计	776241	766618	−5772	50517	–

第四节　建材生产

建材生产企业主要有临沂鲁星搪瓷有限责任公司、山东临沂奥洁卫生瓷厂、矿务局水泥厂、莒县煤矿砖厂、汤庄煤矿矸石砖厂、岐山煤矿矸石砖厂、矿务局总厂建材分厂、工程公司石膏矿、五寺庄煤矿石膏矿、汤庄煤矿石膏矿、田庄煤矿砖厂、沂水热电公司粉煤灰砖厂、山东绿源特种材料公司。

临沂鲁星搪瓷公司属五寺庄煤矿非煤项目，主要生产搪瓷浴盆，设计能力40万只/年，总投资1718万元，其中，贴息贷款800万元。"U"法铸造生产线设计能力2万只/年。2003年，随五寺庄煤矿破产分离出去。

山东临沂奥洁卫生瓷厂属汤庄煤矿非煤项目，1995年开工建设，1997年7月建成投产，主要生产卫生洁具，设计能力40万件/年，总投资4396万元，其中，使用国家贴息贷款3000万元，1999年末停产。2001年7月随汤庄煤矿破产，2002年2月重组，成立临沂奥洁瓷业有限责任公司。2004年4月，股权转让给上海佳欣陶瓷工业公司。

矿务局水泥厂年产水泥8万吨，1996年4月归并塘崖煤矿，成为塘崖煤矿的二级单位。当年，对年设计能力5万吨的南线改造为年产8.8万吨。1998年10月，对外租赁给个人经营。2002年4月，对该厂设备及用电权进行处理，设备变卖收入120万元，用电权转让40万元。2002年5月，场地租赁给个人使用，租赁期8年，租金80万元，2010年4月30日合同到期。

莒县煤矿砖厂、汤庄煤矿矸石砖厂、岐山煤矿矸石砖厂年设计能力分别为680、600、200万块。2001年7月，莒县煤矿、汤庄煤矿破产，莒县煤矿砖厂、汤庄煤矿矸石砖厂也随之破产。2002年10月，莒县煤矿砖厂重组，成立莒县新城建材有限责任公司。岐山煤矿砖厂1997年随该矿关井而关闭。

矿务局总厂建材分厂。1983年建厂，主要产品为大瓦和矸石砖。1992年10月停产，生产厂区移交矿务局技工学校使用。

工程公司石膏矿位于平邑县卞桥镇梁家崖村，工程公司与卞桥镇梁家崖村合作开发，总投资240

万元，设计能力20万吨/年。1994年5月，开工建设；1996年10月，建成投产。建成后市场不景气，1997—1998年，停产；1999年，租赁经营；2002年末，转让给平邑县房产开发公司。

1991—2006年矿务局建材产业各项经济指标完成统计表

表6-5-4

指标\年度	产值经营额（万元）	销售收入（万元）	利润（万元）	上缴税金（万元）	从业人员	产量			
						水泥（万吨）	砖（万块）	浴盆（万只）	卫生洁具（万件）
1991	1165	1036	39	63	640	5	1461	–	–
1992	1410	1426	146	69	721	7	1747	–	–
1993	1280	1216	143	64	661	7	1746	–	–
1994	6107	5866	551	26	968	8	1146	22	–
1995	4068	3850	−196	140	807	8	1318	17	–
1996	2670	2244	−511	89	796	4	938	12	–
1997	3142	2154	−211	12	855	6	1686	14	–
1998	3415	3275	−154	63	592	–	1330	23	15
1999	3342	3126	−375	125	614	–	1030	22	26
2000	1858	1656	−99	25	281	–	185	13	–
2001	1718	2035	56	118	274	–	–	9	–
2002	1782	1687	36	97	315	–	–	8	–
2003	1899	1759	132	73	51	–	–	8	–
2004	1773	1880	197	51	48	–	–	8	–
2005	3332	3228	−305	21	175	–	3222	12	–
2006	5795	6048	−427	113	197	–	3090	24	–
合计	44756	42486	−978	1149	–	45	18899	192	41

五寺庄煤矿银星石膏一矿位于平邑县柏林镇南林村，1994年1月，开工建设。在施工过程中，发现地质资料不实，与实际情况相差太大，1994年10月，停建，设计能力30万吨/年，投资150万元。1995年，又投入80万元，在平邑县柏林镇柏林村购买当地已经建成的年产10万吨的银星石膏二矿，当年开始生产，生产2年后，由于产品市场不景气，1997年3月停产，1997年7月，转让给当地一个体户。

汤庄煤矿石膏矿，投资80万元，设计能力20万吨/年。1994年4月，开工建设，斜井掘到80米处出水导致淹井；1994年末，被迫停建。

田庄煤矿砖厂，2002年3月，开工建设，2002年11月，建成投产，总投资1700万元，年设计能力6000万块标准砖。2007年1月，租赁给济宁宇鑫煤业公司。

沂水热电公司粉煤灰砖厂，2005年，开工建设，9月，建成投产，设计能力2000万块/年，投入资金280万元。

2011年，田庄煤矿成立山东绿源特种材料有限责任公司，注册资本500万元。设计生产能力20万吨/年，总资产6771.01万元，占地102亩。与国内知名院校合作，研制生产的超高水材料、高水材料、防灭火材料、注浆材料等获得国家多项发明专利。因矿山东侧建设一条新泰至台儿庄高速公路，平邑县国土局通知，可视范围内不允许进行采矿活动，不再延续绿源公司采矿许可证；临沂市安监局因矿山安全距离不足300米，不予发放安全生产许可证。2018年12月31日，绿源公司停产；2019年12月11日—2020年1月8日，山东绿源特种材料有限责任公司100%国有产权及6386.9388万元债权在山东产权交易中心以6386.9389万元的底价挂牌转让，其间未征集到意向单位。2020年4月23日，根据《山东能源集团有限公司关于山东绿源特种材料有限责任公司股权处置有关问题的批复》（山东能源字〔2019〕213号）要求，委托山东产权交易中心对山东绿源特种材料公司市场价值进行询价，将询价结果报山东能源集团批复后，以1000.0001万元为底价再次挂牌。5月21日挂牌期满，征得受让方，成功交易。

第五节　建筑安装

1993年2月28日，矿务局建井工程处、建筑安装工程公司合并，成立临沂矿务局基本建设工程公司。2002年1月16日，改制为临沂华建工程有限责任公司；3月10日，挂牌成立。2004年，矿务局实施主辅分离，该公司分离后成为地方民营企业。主要从事矿、土、安三类工程施工及装饰、装潢、水暖、管道、预制、设备租赁等业务。

1991—2006年临沂华建工程公司各项经济指标完成统计表

表6-5-5

年度＼指标	产值经营额（万元）	销售收入（万元）	利润（万元）	上缴税金（万元）	从业人员
1991	624	624	33	18	721
1992	810	810	39	17	712
1993	2203	1584	45	42	1398
1994	2682	1133	51	24	1059
1995	2299	1912	51	65	475
1996	3325	1778	85	75	572
1997	5038	2526	139	85	562
1998	4841	3412	335	113	477
1999	4613	3285	314	111	468
2000	4003	3825	212	126	486
2001	4189	3338	164	98	544
2002	4894	3710	103	98	529
2003	6891	4575	30	135	449
2004	8757	7136	16	233	265
2005	7896	6072	988	212	263
2006	10986	10158	518	215	607
合计	74051	55878	3123	1667	—

第六节　房地产开发

2000年7月21日，矿务局下属二级单位临沂华建房地产开发有限责任公司在临沂市工商行政管理局注册登记，注册资本500万元，其中，矿务局投资450万元，华建公司投资50万元；资质等级4级，主要开发经营房地产、建材生产与销售、钢木与铝合金门窗制作及销售、设备与周转材料租赁等。

2004年7月6日，东山矿业公司成立房地产开发公司，使用临沂华建房地产开发有限责任公司营业执照、资质证书、税务登记证、公章等进行开发建设。同月，开发兖州市区的古城小区，占地面积8.33万平方米。公司办公地点设在古城小区内，对古城小区第一期住宅楼工程开发建设。11月，东山矿业公司出资950万元，变更注册资本和法人代表，公司注册资本1000万元。

2005年，临沂市大规模开发建设南坊新区。房地产开发公司在南坊新区购置土地，开发商品房。年末，公司办公地点迁至矿务局综合办公楼内，成立古城和南坊2个项目部，对2个工程项目同步开发建设。

2006年2月，临矿集团对机关家属区进行旧房改造，房地产开发公司成立机关家属区项目部。8月，杏坛中心城项目开工建设。11月，在兖州成立兖州东山房地产开发公司，注册资本1000万元。

2007年9月，杏坛中心城二期工程开工建设。杏坛中心城位于临沂市南坊新区中心，占地面积210亩，建筑面积456778平方米，有住宅楼21栋，配备1所幼托、1个会所及4栋沿街商铺。

2008年8月，煤苑北区开工建设。煤苑新区位于罗庄区，占地44.1亩，规划建筑面积29394平方米。

2009年4月，古城小区小高层开工建设。古城小区位于兖州市育才路，占地125亩，建筑面积125415平方米，25栋多层建筑、3栋小高层、1座物业楼及2栋沿街商铺，为临矿集团济宁矿区职工住宅楼。

2010年3月，成立鄂托克前旗临矿房地产开发有限公司，注册资本2000万元。4月，沂蒙佳苑项目一期开工建设；6月，二期开工建设。沂蒙佳苑位于内蒙古鄂托克前旗上海庙镇内，占地309亩，建筑面积117710平方米，以多层建筑为主，为上海庙矿区职工住宅楼。8月27日，山东省建设厅批准临沂华建房地产开发有限责任公司开发资质升级为三级。12月13日，经临沂市工商行政管理局核准房地产开发公司更名为山东临矿置业有限责任公司，颁发营业执照。年底，办公地点迁至临矿集团南区办公楼一楼。2013年7月1日，开发资质升级为二级。

2011年5月，沂蒙佳苑项目三期开工建设；12月，英伦名嘉开工建设。英伦名嘉位于临沂市南坊新区，英伦建筑风格，占地118亩，建筑面积129903平方米，主体建筑为住宅，分高层、小高层和多层，727套。

2012年12月，公司被评为省管企业文明单位。

2015年12月，与罗庄区政府、中国物流公司就国际物流城项目签订3方框架合作协议；成立山东临矿物业服务有限责任公司，注册资本300万元。

至2015年末，公司开发面积70万平方米，遍及临沂、济宁、内蒙古鄂托克前旗等地。2015年12月，山东临矿置业有限责任公司划归山东能源置业公司。

2006—2015年临矿置业公司各项经济指标完成统计表

表6-5-6

年度 \ 指标	开发面积（平方米）	营业收入（万元）	利润（万元）	上缴税金（万元）	从业人员
2006	100080	1725.81	220.15	719.88	17
2007	187587	4795.93	1698.76	967.65	22
2008	45000	3669.16	−471.18	551.28	27
2009	62900	3688.10	1127.91	676.67	31
2010	91000	18781.72	4577.43	2745.73	55
2011	80177	21153.91	5818.23	3470.99	63
2012	30440	33999.63	4560.49	3703.76	52
2013	33820	21280.15	2429.73	3389.12	51
2014	28600	13522.62	725.60	1896.74	50
2015	10603	4910.93	240.33	2327.66	55
合计	670207	127527.96	20927.45	20449.48	−

第七篇　经营管理

20世纪90年代，临沂矿务局按照国务院颁布的《全民所有制工业企业转换经营机制条例》要求，推行集团承包经营和局（矿）长负责制；成立企业内部银行；推行岗位技能工资制；抓老区转产的同时，重点抓新区建设；对原煤生产、多种经营和后勤服务实行"三条线"核算与管理。通过一系列改革措施的实施，逐步形成内部市场化运作的管理格局，使企业管理步入制度化、标准化的运行轨道。进入21世纪，全面推行精细化控制管理、预算管理、内部市场化运营、物资超市管理；完善物资竞价招标采购程序；创新企业管理理念，建立大数据财务共享中心，进一步提升了战略管理、质量管理、营销管理和信用管理水平，管理方式由粗放型、经验型向精细化、集约化、科学化管理转变。

第一章　计划管理

第一节　机构设置

1990年，矿务局设有计划处，负责生产、基建、维简计划及统计管理。

1992年1月，成立矿务局计划统计处，设有处长、主任工程师（副处级），下设统计科、投资管理科。撤销计划处。

1994年11月，计划统计处和基本建设处合并为规划建设处，定编7人，设处长、副处长各1人，工作人员5人。

2001年11月，规划建设处、科技信息计算中心与法律事务处合并为企业管理处，同时挂有法律事务处的牌子。定编6人，设处长、副处长各1人、科级4人。

2013年10月，企业管理处职责调整为计划管理、统计工作、企业规划、项目申报、招标组织与管理。

2020年12月，企业管理处定编7人，设处长、副处长各1人、科级5人。

第二节　长远规划

临矿集团规划管理主要是按照国家及省规划工作部署、上级主管部门规划安排，按照五年发展规划的时间跨度进行编制，结合企业自身实际，进行规划中期调整。

1991—2006年7月，矿务局局长办公会负责审定战略规划。

2006年7月，临矿集团董事会负责审定战略规划。战略与投资委员会负责研究公司发展战略、中长期规划和企业改革、并购重组、转让股权等重大的投融资决策，向董事会提交建议草案。

临矿集团规划管理由企业管理处内设的计划管理部门归口管理；临矿集团其他职能部门和二级公司是战略规划实施的责任主体，负责收集与业务领域相关的战略信息，组织编制相应分、子战略和规划，承担战略规划目标任务分解和执行责任。

一、"八五"规划（1991—1995年）

（一）编制过程

1991年6月，根据山东煤管局要求，矿务局开始组织编制1991—1995年规划。为加强领导，矿务局成立领导小组及办公室，办公室下设6个专业组，分别为生产专业组，基建专业组，安全生产规划组，多种经营、第三产业及人员安置规划组，财务状况分析预测组，综合组；负责编制各项专业发展规划和综合发展规划。

（二）执行情况

1993、1994年全局的亏损补贴分别为3777万元和2922万元；1995年，亏损补贴减少为1854万元（加上其他补贴50万元，实际为1904万元），实际亏损为2350万元，在吃掉往年工资包干结余446万元的条件下，完成任务。1995年，被国家经贸委等六部委定为国家大型企业。

1. 原煤生产：1995年生产原煤89万吨，全员效率为0.635吨/工，万吨掘进率441米，亏损1208万元。

2. 1991年起，筹措投入1.3亿元资金（其中煤炭贴息贷款5640万元、各种有息借贷2158万元、企业工资包干节余和其他自由资金5962万元），大力发展多种经营，建成了以搪瓷、日用瓷、民用鞋、玻璃纤维制品、焦炭、水泥、石膏、发电为主要产品的22个多种经营项目，9个骨干厂点。自1991年以来连续5年实现了多种经营产值超过原煤，1995年，达到产值2.76亿元，利润424.06万元，安置职工3359人。

3. 后勤服务人员达1830人，由于经济困难，全局工资、福利、公共设施水平都很低，特别是生活福利欠账大，为维持职工基本生活和就医上学，全局1995年开支991万元用于后勤服务补贴。

二、"九五"规划（1996—2000年）

（一）编制过程

1994年8月，临沂地区行政公署下达《关于印发编制临沂地区九五计划及2010年规划的意见的通知》，对"九五"规划编制工作进行部署。12月，按照煤炭部和省煤炭局部署，矿务局向省煤炭局上报《关于呈报"临沂矿务局发展多种经营第三产业进行二次创业规划（1995—2000）"的报告》。

1996年7月，按照煤炭部和省煤炭局部署，矿务局向省煤炭局上报《关于呈报临沂矿务局解困规划的报告》（临局发〔96〕第203号）。

（二）规划内容

1. 矿务局发展多种经营第三产业进行二次创业规划（1995—2000）

规划目标"发展多种经营第三产业，进行二次创业规划"分前后两期实施，前期为1995—1997年，后期为1998—2000年。

在规划前期，计划投入资金2.55亿元，其中局矿利用自有资金及招商引资、职工集资、贷款等形式筹资投入0.8亿元，向煤炭部申请国家三产启动资金贷款1.75亿元，转岗分流3575人，安置待业青年1210人。人均年创产值53286元，人均年创利润达到6280元，人均收入达到5421元，多种经营总产值在1994年2.031亿元的基础上，每年按30%以上的增长率递增。煤炭生产完成产量233.52万吨，产值收入31728.6万元，形成5大支柱产业，6个亿元单位，5个千万元单位，20个系列拳头产品。

2. 矿务局解困规划

（1）指导思想

紧紧围绕两个根本性转变，以经济效益为中心，以扭亏增盈为目标，深化改革，立足自我、强化内部管理，大力推行以产定人和"三线管理""四位一体"的经营管理体制，拼搏2年，实现扭亏为盈；以发展多种经营，实现矿区转产为重点，同时加快新井开发建设，奋斗5年，走向振兴发展的小康之路，使矿务局成为适应市场经济的融煤、电、建材、化工、轻工为一体的新型企业集团。

（2）奋斗目标

效益目标：下达今后3年的亏损补贴为每年1658万元，在消化大量增支因素的前提下，1996年，亏损减少到1090万元，节亏568万元；1997年，实现盈利69万元；1998年，盈利108万元。

原煤生产和基本建设目标：1996、1997年各产煤80万吨，1998年，62万吨，古城矿井1999年建成投产后，2000年，全局达到150万吨原煤生产水平。

多种经营目标：1996年，产值3.5亿元，利润956万元（未负担劳保支出）；1997年，实现产值4.3亿元，利润1623万元（未负担劳保支出）；通过新建项目，1998年，产值5亿元，利润2300万元（未负担劳保支出），实现4个报废矿井的顺利转产；2000年，实现多种经营产值7亿元，利润5000万元（未负担劳保支出）。

人员安置：在大量富余人员需要安置的情况下，通过多种经营新项目和发动职工走自救解困的路子，到1998年使大部分富余人员得到安置，到1999年得到全部安置。

职工收入：在企业效益增长的前提下，职工人均年收入力争达到全国平均水平。

（三）执行情况

1998年，煤炭部撤销，矿务局又回到省属管理，是全国1000家最大工业企业之一，1999年，全国煤炭企业景气调查中列第54位。

到2000年，矿务局所属单位主要分布在临沂、淄博、日照、济宁4个地市6个县（区）境内。全局有17个生产经营单位，5个后勤服务单位，已形成煤炭生产、多种经营、后勤服务三条线相对独立核算的管理体制格局。

矿区分临沂、沂源、莒县、平邑4块煤田及兖州曲阜井田，含煤面积196.7平方千米，在莒县、平邑2块煤田已停止开采，报废关闭汤庄、五寺庄、莒县、岐山4对矿井。老区只剩下临沂、沂源2块煤田，共有5对生产矿井，设计能力177万吨，核定能力150万吨。矿井地质构造复杂，煤层为鸡窝状分布，受岩浆侵入触变焦化，开采难度大。经煤炭工业部煤规字〔1996〕第502号文批准，将济宁四区（王楼井田）划归矿务局开发。2000年7月，省发展计划委员会以鲁计交能字662号文批准，将新嘉驿煤田中的新驿井田划归矿务局开发建设。矿区累计探明地质储量4.22亿吨，到2000年底保有煤炭地质储量1.73亿吨，工业储量1.31亿吨，可采储量5824.8万吨，其中老区756.7万吨、新区5068.1万吨，煤种老区主要有肥煤和部分天然焦，新区主要是气煤。

矿区非煤产业形成机械制修、建筑建材、工业搪瓷、日用搪瓷、玻璃纤维、商饮服务、电力、养殖等近十个行业，一百多种产品。玻璃纤维生产线年生产能力8300吨，是全国较大的细纱产品生产厂，在国内市场占有率为前十位。搪瓷浴盆系列产品年生产能力40万只，销往全国，市场占有率在全国排前三位。日用搪瓷年生产能力2000万件，发电厂装机容量9000千瓦，核辐照加工能力6万吨/年。全局12个地面厂（公司）非煤生产网店共101个，另有小焦炉年产4万吨焦炭，型煤加工能力4万吨等煤炭加工项目。还有矿务局中学、煤炭工业学校（技工学校）、矿务局中心医院、后勤服务中心和服务公司5个服务性事业单位及矿山救护大队1个。到2000年，多种经营总产值达到9.614亿元，实现利润1.2亿元，上缴税金9410万元，人均产值90086元，人均收入7100元，从业人员10672人。

2000年末，企业全部资产总额7.91亿元，负债总额4.85亿元，所有者权益3.05亿元，资产负债率为61.3%。全部资产中国有资产2.96亿元，集体与其他资产4.95亿元，基本形成了多种经济成分并存的格局。

三、"十五"规划（2001—2005年）

（一）编制过程

2001年7月，根据省煤炭工业局鲁煤规发〔2001〕155号转发的省经贸委鲁经贸产字〔2001〕363号《关于组织做好重点企业十五发展规划论证工作的通知》，编制完成《临沂矿务局"十五"发展规划（修改稿）》，7月28日，行文送审。

2002年10月，为加强产品结构调整和优化，确保发展规划的顺利实施，矿务局下达《关于编制审查三年发展规划的通知》，要求编制2003—2005年发展规划。

2003年3月，经局十届一次职代会审议通过，矿务局下达《关于认真组织实施〈临沂矿务局"十五"后三年发展规划〉的意见》。

（二）发展思路和总体目标

1."十五"规划（2001年版）

（1）指导思想

高举邓小平理论伟大旗帜，以党的十五届四中、五中全会精神为指针，按照有进有退，有所为和有所不为的原则，选择产业结构调整重点，以改革改制为动力，以加快发展为主题，实施西部新区加快矿井建设和东部老区加快转产步伐并举的战略方针，依靠科技进步，立足管理创新，苦战三年实现扭亏为盈，再拼搏两年，使企业全面走向振兴。

（2）发展思路

把握国有企业改革和发展方向，以建立现代企业制度为目标，以市场为导向，以提高经济效益为中心，依靠科技进步，加快矿区发展，把改革、改制、改造和强化管理有机结合起来，逐步把矿务局建成一个跨地区、跨行业、跨所有制，以煤为本，煤与非煤同步发展，经得起市场考验的现代企业集团。

（3）主营业务定位

"十五"期间，通过产业结构调整，形成以煤为主，多种经营综合发展的经济格局，煤炭采选加工、建材为两大主导产业，以轻工、电力、建筑业、核辐照加工业、商饮仓储业、机械制造业为六大支柱产业。

（4）主要目标

改革改制：把所有生产经营单位逐步改制成投资主体多元化的各类股份制公司。在此基础上，矿务局组建以资产为纽带的有限责任集团公司。

经济效益：2001年，全局补贴前亏损2500万元，不超亏；2002年，全局补贴前亏损1310万元，补贴后盈利1200万元；2003年，全局补贴前不亏损，补贴后盈利2510万元；2005年，实现补贴前利润1000万元，使企业基本走出困境。到2010年，全局利润9000万元以上，企业步入良性循环发展轨道。

煤炭产量：2001年，产煤150万吨；2002年，产煤180万吨；力争到2005年煤炭产量突破300万吨。

多种经营：2001年，实现产值3.5亿元，经营利润800万元；2002年，完成产值4亿元，经营利润1500万元；2003年，完成产值5亿元，经营利润3000万元；2005年，老区三产项目形成支柱产业，实现利润3200万元。

基本建设：2001年，古城矿井选煤厂与铁路专用线建成，新驿矿井完成"四通一平"；2002年，新驿矿井主副井贯通；2003年，新驿矿井移交生产。同步进行王楼矿井开发建设，确保2004年移交生产。2010年，再建成1对大型矿井或2对中型矿井。

职工收入：2001年，人均7000元以上；2002年，人均8000元以上；2003年，人均9000元以上；2005年，人均突破1万元。

2."十五"后三年规划（2003年版）

（1）发展思路

坚持以"三个代表"重要思想和党的十六大精神为指导，以全面提高企业整体实力、发展后劲、职工生活水平为目标，抓好关闭破产、主辅分离辅业改制、组建集团公司三项重点，抓住管理创新、技术创新、机制创新三个关键，着力培育新区建设、老区转产、高新技术三个经济增长点，力争全局经济规模、经济效益和人均煤炭占有量达到全省同行业先进水平，经济实力跃上新的台阶，两个文明建设全面发展，真正把企业建成主业突出、多业并举、综合实力雄厚和核心竞争力强的大型现代企业集团。

（2）规划目标

企业经济规模：工业总产值在2000年的基础上实现翻两番，2005年，达到11亿元；原煤产量在2000年基础上翻一番半，2005年，产量突破300万吨；人均产值在2000年基础上翻两番，达到人均15万元；经济效益在2002年实现扭亏为盈的基础上，2005年，实现利润突破1亿元；投资规模在2002年的基础上，3年总投资翻两番，达到10亿元以上；资产总额在2002年的基础上翻一番，达到25亿元。

企业改革改制：完成3个实施（实施10个单位与煤炭主业的分离，实施2个项目5个单位的破产终结，实施以东山公司为核心组建集团公司）；完成2个置换（职工身份置换和产权置换）；争取1个上市（山东东山矿业有限责任公司规范上市）。

（三）执行情况

1.主要指标完成情况

2001年，新的领导班子上任，通过深化改革，加强管理，紧紧围绕经济效益这一中心，加快了企业的扩张发展，各项经济指标增幅较大，原煤产量、收入及利润等各项主要技术经济指标均创历史新高。煤炭产量由2000年的不足百万吨，跃升到2005年的541万吨；资产总额由2000年的7.9亿元，上升到2005年36.3亿元；销售收入由2000年的3.6亿元上升到2005年27.6亿元；2001—2005年，企业利润年年都有新提高，自有资金有了更大的积累，为发展提供了资金支持；产业范围涉及13个行业，经营分布横跨全省10个地市以上，实现了跨省开发经营，多元发展步伐加快。

表7-1-1　　　　　　　　　　　2002—2005年矿务局"十五"规划完成情况表　　　　　　　　　　　　单位：万元

年度 名称	2002	2003	2004	2005
主营业务收入	60019	81310	249758	275774
利润总额	3221	3727.4	9023	38504
净利润	658	−842	−11383	10750
成本总额	77127	95184.3	103123.8	238583
人工成本	10396	11160	17079	23758
资产总额	126932	149726	300158	363413
总资产报酬率（％）	6.14	5.02	5.28	12.92
净资产	4874	12899	17636	73157
净资产收益率（％）	66	28.9	51.16	52.63
资产负债率（％）	96.16	91.38	94.12	79.87
所有者权益总额	4874	12899	17636	73157
国有资产总量	−3422	2656	3886	28172
职工人数（万人）	0.96	1.01	1.40	1.37
全员劳动生产率（元／人）	24021	45231	61823	77667

四、"十一五"规划（2006—2010年）

（一）编制过程

2005年4月，按照省煤炭局《关于编制全局煤炭生产"十一五"规划及2020年远景规划的通知》要求，依据"大型煤炭基地规划"及煤矿安全生产"十一五"规划，结合企业现状及新的煤炭资源开发建设条件，在认真调查、统筹规划、合理布局、科学论证的基础上，编制《临沂矿务局煤炭生产"十一五"规划及2020年远景发展规划》。

根据省国资委《关于开展省管企业发展战略与规划编制工作的通知》要求，经局长办公会讨论与修改，形成《临沂矿务局"十一五"发展战略与规划》，2006年3月6日，经十届职工代表大会第四次会议讨论通过。3月底，将《临沂矿务局"十一五"发展战略与规划》上报省国资委。

2006年8月，临矿集团成立后，随着现代企业制度的逐步完善和公司法人治理结构的变化，2006年3月，制定的"十一五"发展规划已不适应企业改革发展的需要，为适应集团公司面临的新形势和新任务，对"十一五"发展战略与规划进行修订，形成《临沂矿业集团有限责任公司"十一五"发展与规划纲要》（2007年修订稿）。

（二）发展思路和总体目标

1."十一五"规划（2006年版）

（1）指导思想：以三个代表重要思想为指导，以科学发展观统揽全局，紧紧围绕全面建设小康社会的宏伟目标，以加快发展为主题，加强"体制、机制、管理"三大创新，突出"煤炭生产、资源开发、结构调整"三大重点，健全完善"决策管理、发展战略管理、资本运营管理、人力资源管理"四大体系，努力打造"决策科学化、管理现代化、效益最大化"的企业，全面构建新的发展模式，积极创建和谐矿区，实现全面、协调、可持续发展，为把临沂矿业集团建成强富美的特大型企业集团而努力奋斗。

（2）总体思路："十一五"期间，通过加快内部产权结构的调整和内部战略性改组，完善法人治理结构和约束机制，搞好企业内部管理，优化资源配置和规模经营，实现企业快速发展的目标，形成矿业、煤机业、玻纤业三大支柱产业。①加快矿业开发步伐。加快煤炭开采业的发展，搞好其他矿业的开发。②壮大煤机产业。将煤矿机械制造集团发展成为国内规模最大、综合实力最强的煤机集团。③发展玻纤产业。把光力士集团公司打造成全国同行业第一，世界第三的以织物为主的玻璃纤维深加工企业。

（3）奋斗目标：到2010年，使企业各项主要经济指标按同口径比2005年整体实现翻一番；产值收入在2005年的基础上实现翻一番，2010年，达到60亿元；原煤产量在2005年的基础上翻一番，2010年，煤炭产量突破1000万吨；经济效益在2005年的基础上翻一番，2010年，实现利润突破6亿元；5年总投资达到50亿元以上；资产总额在2005年的基础上翻一番，2010年，力争达到80亿元；人均工资递增率达到年均15%，2010年，达到人均5万元。

2."十一五"调整规划（2007年版）

（1）指导思想：以科学发展观统揽全局，以加快发展为主题，加强"体制、机制、管理"三大创新，突出"煤炭生产、资源开发、结构调整"三大重点，健全完善"战略决策、经营管理、资本运营、人力资源"四大体系，努力打造"决策科学化、管理现代化、产业规模化、效益最大化、矿区和谐化"的五化企业，全面构建发展新模式，努力实现改革新突破，把临沂矿业集团建成优增大、强富美的特大型企业集团。

（2）奋斗目标：2010年，产值收入达到60亿元；2010年，矿业产量突破1200万吨；2010年，实现利润突破10亿元；投资规模到2010年总投资达到50亿元以上；资产总额2010年力争达到100亿元；人均工资递增率达到年均10%，2010年，达到人均收入4万元以上。

（三）执行情况

1. 主要指标完成情况

"十一五"期间各项指标创历史最好水平，资产总额由2006年42.5亿元增长到2010年的117.5亿元，利润总额由2006年的4.54亿元增长到2010年的17.62亿元，实现资产、利润的大幅攀升。

2006—2010年临矿集团"十一五"规划完成情况表

表7-1-2   单位：万元

名称 \ 年度	2006	2007	2008	2009	2010
主营业务收入（万元）	296704	370384	499539	408161	834933
利润总额（万元）	45354	67893	123476	112782	176224
净利润（万元）	6539	15405	25450	78179	125305
资产总额（万元）	424796	538316	727415	928544	1174999
国有资产总量（万元）	96172	121375	164986	232844	365932
负债总额（万元）	273533	354884	444250	660418	639463
净资产（万元）	151263	183432	283165	268126	535536

续表

名称 ＼ 年度	2006	2007	2008	2009	2010
所有者权益（万元）	151263	183432	283165	268126	535536
成本费用总额（万元）	260859	305231	386215	323468	688369
人工成本（万元）	121370	152657.3	186155.9	110011.6	172214
在岗职工（人）	13358	14461	15416	18415	19222
净资产收益率（％）	1.48%	9.21%	10.91%	28.36%	31.70%
总资产报酬率（％）	11.48%	14.10%	19.51%	13.62%	14.20%
国有资产保值增值率（％）	334.24%	112.11%	113.17%	122.80%	157.80%
年度科技支出总额（万元）	5671	7135	9930	8329	18040
技术投入比率（％）	1.91%	1.93%	1.99%	2.04%	2.16%

五、"十二五"规划（2011—2015年）

（一）编制过程

2010年5月，按照省国资委《关于做好省管企业"十二五"发展规划编制工作的通知》要求，集团公司下达《关于做好集团公司"十二五"发展规划编制工作的通知》，成立集团公司"十二五"规划编制领导小组。

2011年1月，集团公司"十二五"规划初稿形成，上报能源集团和省国资委。3月，根据能源集团修改和补充部分内容的要求，形成了集团公司"十二五"发展规划。

2013年6月，根据省国资委《关于开展省管企业"十二五"规划中期评估及调整有关工作的通知》及《山东能源集团有限公司关于开展"十二五"规划中期评估及调整有关工作的通知》，集团公司下发《关于做好"十二五"规划中期评估及调整工作的通知》，组织专人进行"十二五"规划中期评估及调整编制工作。7月，根据能源集团规划调整审查小组提出的审查意见对规划进行修改、补充、完善。8月，经集团公司三届一次董事会审议通过后上报能源集团。

（二）发展思路和总体目标

1."十二五"规划（2011年版）

（1）指导思想

以科学发展观统揽全局，以加快发展为主题，加强"体制、机制、管理"三大创新，突出"煤炭生产、资源开发、结构调整"三大重点，努力打造"决策科学化、管理现代化、产业规模化、效益最大化、矿区和谐化"的五化企业，按照"二次创业，打造临矿百年基业"的总体部署，深入开展好"六大突破"活动，按照激活力、惠员工、重责任的原则，努力实现安全有保障、项目有突破、收入有提高、企业有活力的奋斗目标，全面构建发展新模式，为实现二次创业目标打下更加坚实的基础，把临沂矿业集团建成优增大、强富美的特大型企业集团。

（2）总体思路

加快构建以省内现有矿区基地、内蒙古上海庙矿区基地、临沂苍峄铁矿区基地、省外积极寻求其他煤炭开发基地4个板块为重点业务发展平台，以煤机装备制造、玻璃纤维、物流贸易、电力化工4

个板块为新兴业务培育和持续业务管理平台，形成"4+4"业务板块整合格局。积极拓展上下游产业链，择机培育和发展新能源、新材料等新兴战略产业，实现主导产业优势突出、支柱产业增长强劲、新兴产业快速成长、产业链完整闭合的多元互补产业结构体系，为全面增强企业核心竞争力和实现长远发展，奠定科学合理的战略平台。

（3）发展目标

为加快推进集团公司新一轮发展，打造创新型低碳化百年临矿，集团公司的战略发展规划目标是"科学发展、跨越突破、再造临矿、五年实现经济总量大增长"。具体发展分"三步走"：第一步，到2011年，实现"双一"目标，即矿业产量突破千万吨，产值、收入突破百亿元；第二步，到2013年，实现"增倍"，在2011年的基础上，矿业产量，产值、收入实现增长一倍；第三步，到2015年，实现"增两倍"目标，在2011年的基础上，矿业产量，产值、收入实现增长两倍。到2015年，企业各项发展目标，实现大提升、大发展、大跨越。①产值、收入：在2011年的基础上实现增两倍，2015年，达到300亿元。②矿业产量：在2011年的基础上增两倍，2015年，矿业产量突破3000万吨。其中煤炭2000万吨、铁矿1000万吨。③2015年，利税突破50亿元。④5年总投资达到150亿元以上；⑤资产总额：2015年，超过300亿元。⑥人均工资递增率达到年均10%，2015年，达到人均8万元以上。

2."十二五"调整规划（2013年版）

（1）指导思想

以邓小平理论和三个代表重要思想为指导，以党的十八大精神为指针，以加快转变经济发展方式为主题，深入贯彻落实科学发展观，适应国内外形势新变化，充分体现规划的战略性、前瞻性、客观性和实践性。突出"矿业生产、资源开发、结构调整、管理提升"四大重点，实施"增收增效、转型升级"两大突破，努力增强"危机生存、市场竞争、资本运营和可持续发展"四个能力，加快实施"产业经营和资本运营"双轮驱动战略，坚持"二次创业，打造临矿百年基业"的信念不动摇，依靠科技进步，抢抓机遇，求真务实，全面构建发展新模式。

（2）遵循原则

①转变发展模式，强化创新驱动。紧紧围绕国民经济重大需求和社会发展趋势，加强规划政策引导和体制机制创新，加大原始创新、集成创新和引进消化吸收再创新力度，切实转变企业发展壮大所依赖的模式。②突出发展重点，加强协调推进。构建强有力的产业支撑体系，积极占领资源，协调推进重点项目建设，促进煤炭、铁矿、玻纤、机械制造、物流五大产业均衡发展。③注重发展质量，提升创效能力。立足长远，既要做大，又要做强，既要有规模，又要有效益。本着激活力、惠员工、重责任的理念，坚持走集约化、创新型、可持续发展道路。

（3）发展目标

《临矿集团"十二五"发展战略与规划》（2011年版）确定到2015年，企业各项发展目标，实现大提升、大发展、大跨越。矿业产量突破3000万吨，资产总额超过300亿元，产值、收入达到300亿元，利税突破50亿元，人均收入达到8万元以上。在对当前宏观经济新形势、企业发展实际情况以及企业发展战略与指导思想进行认真分析、研究的基础上，经对"十二五"规划发展目标进行重新测算，发展目标调整为：①矿业产量：2015年，突破3000万吨。其中，煤炭2100万吨、铁矿900万吨。②利税总额突破20亿元。③投资规模：后三年总投资额不超过100亿元，五年总投资调整为173亿元。④资产总额、产值、收入及人均收入指标不变。

（三）执行情况

1. 主要指标完成情况

"十二五"期间企业实现了资产和产量的大幅攀升。企业资产规模相应迅速扩张，由"十一五"末的117.5亿元增长到2014年底的252亿元。但自2012年下半年开始，煤炭市场急转直下，企业经营指标呈现前升后降的态势。

从各产业主要经济指标占比分析，煤炭产业约占全集团资产总额的60%，收入也占较大份额，利润贡献一度达到90%以上，后期虽然下降，但仍是临矿的主导产业。铁矿产业资产总额占比15%，收入占4%，利润占比虽较小，但属于临矿的重点产业。玻纤产业资产总额占比不到10%，收入占比逐年上升，利润贡献率因煤炭产业亏损增速显现，属于临矿的未来发展产业。物流贸易收入占比达50%，是企业做大规模的重要支撑，属临矿的核心产业。电力板块、房地产板块资产规模及收入占比都较小，不属于临矿的主业。

2011—2015年临矿集团"十二五"规划完成情况表

表7-1-3 　　　　　　　　　　　　　　　　　　　　　　　　　　　　　　　　　　　　　单位：万元

名称 ＼ 年度	2011	2012	2013	2014	2015
营业收入	1415813	1724406	2141056	1325759	1300000
主营业务收入	1362700	1667223	2110301	1287167	1300000
利润总额	192921	112995	37242	4954	−35000
净利润	135755	72111	5707	−16397	−49623
归属于母公司所有者的净利润	139212	82523	24201	−4582	−13209
经济增加值	106777	23116	−45976	−70913	−92764
资产总额	1539018	1944018	2214791	2519328	2542547
所有者权益	670148	737053	787943	762729	747903
归属于母公司所有者的权益总额	503829	569209	577517	550077	550078
成本费用总额	1227169	1633565	2116750	1308331	1335000
人工成本	216115	276103	277595	252765	251625
在岗职工人数（人）	20865	21704	21928	21271	21161
技术投入比率（%）	0.16	0.16	0.20	0.52	0.54
资产负债率（%）	56.46	62.09	64.42	69.72	68.94
总资产报酬率（%）	15.45	8.42	3.87	2.35	1.08
净资产收益率（%）	20.2	9.78	0.72	−2.15	−6.63
国有资本保值增值率（%）	138.84	116.94	103.17	95.66	94.32
经济增加值（EVA）	106777	37558	−37854	−70913	−92764

六、"十三五"规划（2016—2020年）

（一）编制过程

2014年10月，根据山东能源集团关于"十三五"规划编制要求，11月，集团公司下达《关于印发

〈临矿集团编制"十三五"发展规划工作方案〉的通知》，对规划组成、工作组织、时间安排等作了具体要求，成立"十三五"发展规划编制工作领导小组，下设编制工作组，启动了"十三五"规划编制工作。

2015年5月，编制完成"十三五"规划初稿。6月，山东能源集团组织对规划进行审查。7月，根据审查意见、建议修改补充后，上报能源集团。2016年4月，集团公司五届董事会第一次会议审议通过。

2017年4月，根据《山东能源集团有限公司关于落实"十三五"发展规划的意见》，集团公司下达《关于落实"十三五"发展规划的意见》，成立落实"十三五"发展规划领导小组，负责全面组织领导和工作落实。

2018年5月，为进一步加强规划的前瞻性和指导性，以规划引领企业持续健康发展，能源集团下达《关于开展"十三五"规划调整有关工作的通知》，集团公司下达《关于开展"十三五"规划调整工作的通知》，规划基准日期调整为2017年底。7月，《"十三五"规划中期评估与调整》报告编制完成后，报经集团公司党委会、董事会研究通过。

（二）规划内容

1."十三五"规划（2015年版）

（1）指导思想

以科学发展观为指导，深入贯彻落实党的十八大、十八届三中、四中全会精神，按照《能源发展战略行动计划（2014－2020年）》的总体部署，积极适应经济发展新常态，以加快转变发展方式为主线，以深化体制机制改革为动力，以科技进步技术创新为支撑，坚定不移地持续推进"六大攻坚战"，保持企业发展的稳健、改变企业发展的模式、提高企业发展的质量，努力实现企业的稳步、协调、健康、可持续发展。

（2）发展思路

以改革突围转型为主线，坚持深挖内潜、盘活存量、瘦身减负、提升管理，以项目增量带动外延拓展，以高端转化带动产业升级，以改革上市带动资本运营，实现转型发展、稳健发展、持续发展。按照市场形势变化和产业板块主要特性，聚焦重点，精准发力。对省内煤矿板块强化"绿色开采"和经济支撑，实现由"黑色开采"到"绿色开采"的重大转变，增强市场竞争力；对铁矿产业板块强化内涵提升，构建山东冶金第一矿山的先进指标体系，建设国内较大的介质粉生产基地；对玻纤产业板块强化培植核心技术、高端转化，突出体制改革、增量发展、上市融资和市场开拓"四大重点"，构建"产品差异化、技术高端化、运营国际化、资本多元化"的发展格局；对省外煤矿板块强化煤电转型、减亏增盈、精细化管理和"再走出去"，着力培育战略资产，盘活沉淀资源；对海外板块强化资源资本"双轮驱动"、资源增值、融资盘活，按照能源集团的安排部署，积极寻求并购目标上市公司，适时推进开发效益区段，盘活资源；对物流服务业板块强化战略提升、创新商业模式、实施提效改革，加快培植壮大。

（3）发展目标

到2020年，煤炭产量达到2000万吨，精煤产量突破1000万吨。铁矿石产量达到1000万吨，铁精粉产量达到200万吨。玻纤产量达28万吨。资产规模达到300亿元，实现收入200亿元，利润5亿元，应缴税费15亿元以上，资产负债率不突破70%。具体分2步走，前3年稳健经营、稳步发展，实现扭亏为盈，后2年规模、效益快速提升。

2.“十三五”调整规划（2018年版）

（1）发展思路

坚持“稳中求进、稳中提质、稳中取胜”工作总基调，改造升级煤炭、铁矿、玻纤三大支柱产业，特色发展现代物流贸易、服务业及现代农业三大支撑产业，培育发展有一定基础的新兴产业，打造出独具临矿特色的“3+3+N”产业体系，构建结构清晰、动能强劲、支撑有力和更高质量、更高效益的现代产业新体系。

（2）发展目标

2015—2017年。从“十三五”前两年实际情况与原规划对比、与2015年情况对比来看，2017年临矿集团关键指标创建企以来最好水平，资产总量、营业收入及利润均提前达到并超过了2020年规划目标，主要任务依原规划基本全部提前完成。

2018—2020年。到“十三五”末，煤炭产量达到4000万吨，精煤产量突破2000万吨；铁矿石产量达到500万吨，铁精粉产量达到120万吨，玻纤产量达40万吨；资产规模突破350亿元；实现收入300亿元；利润20亿元；应缴税费30亿元以上；资产负债率不突破70%。

（3）区域经济发展规划调整

建设省外煤炭基地。稳健发展山东基地，坚持“稳”字当头，盘活存量、挖掘增量，出清低效资产，优化系统布局，推进绿色矿山建设。重点突破内蒙古基地，按照“煤电水配”一体化布局产业结构，抓好煤炭资源开发、煤电一体化项目建设。并购做大新疆基地，积极融入国家“一带一路”建设，加强与建设兵团、大唐集团等政府、央企合作，将新疆基地建成集煤炭、煤化、煤电一体化的产业集群。加快培育澳洲基地，2019年，开工建设MDL324项目，加快EPC890、EPC930项目等60多亿吨焦煤资源的勘探开发工作，引进山西焦煤等战略合作伙伴，投资当地港口、铁路等基础设施，形成以焦煤开发、物流贸易等一体化的产业集群。

打造两个先行示范区。立足装备升级系统化、系统升级高端化、高端装备集成化，将上海庙矿业公司、菏泽煤电公司打造成为新旧动能转换的试验区、先行区、主攻区，争创行业一流速度和效率。

加快两大煤电一体化项目进程。确保内蒙古上海庙、郓城两座2×100万千瓦电厂分别于2021年上半年实现发电运营，打造两大动能转换支撑基地。在国内煤炭基地优先发展高参数、大容量百万机组，通过煤电联营、并购重组等方式扩大煤电产业规模。加快推进煤炭产业链条向下游延伸，择机发展煤化工、煤制油、煤制气、煤电铝等产业，促进产业高端化、产品终端化。

（三）主要指标完成情况

从“十三五”主要指标分析来看，前两年由于煤炭市场企稳回升，2015年底，成功收购菏泽煤电，2016年，接管3对监狱煤矿，退出了省内军城、马坊、陕西石家坡、甘肃兴隆4对煤矿，临矿集团资产规模指标、原煤、精煤产量指标及营业收入、利润等指标全面向好，2017年，实现了“再造一个新临矿”的目标任务。与原规划对比，“十三五”前两年由于凤凰山铁矿暂缓建设、上海庙矿区鹰骏三号煤矿、煤炭物流配送中心未开工建设、内蒙古盛鲁和国电两大电厂未实施参股、澳大利亚项目未开工建设、玻纤增强柔性管道项目未实施，与原规划相比，投资额度差距较大。“十三五”后三年由于依法合规生产、冲击地压矿井核减产能、武所屯煤矿及田庄煤矿产能退出、资源开发未落实落地，原煤产量、精煤产量指标未达预期，差距较大。营业收入指标延续市场惯性，基本符合预期，但由于产量低、成本高，利润指标差距较大。

2016—2020年临矿集团"十三五"规划完成情况表

表7-1-4

单位：万元

名称 ＼ 年度	2016	2017	2018	2019	2020	年均增长率（%）
营业总收入	1694881	2389031	2600066	2846575	3350096	2.81
主营业务收入	1520375	2188394	2404086	2846575	3296118	3.34
利润总额	23826	86701	142732	64294	101242	1.70
净利润	12135	39352	86269	24718	68679	1.64
归属于母公司净利润	12204	34430	70066	16104	53061	0.52
资产总额	3049561	3314256	3530803	3737928	3582005	1.65
国有资产总额	2999438	3263693	3476936	3652304	3243708	1.60
负债总额（万元）	2207261	2143615	2260503	2382640	2256799	1.10
所有者权益（万元）	842300	1170642	1270301	1355288	1325206	2.64
归属于母公司所有者权益	565299	864228	965457	1052620	986910	3.30
成本费用总额	1711192	2293527	2471923	2761360	3271776	2.66
人工成本	246440	262994	339139	349781	323516	1.66
从业人员（人）	23128	20315	20337	20603	19995	−0.82
净资产收益率（%）	1.45	3.91	7.02	1.88	5.16	2.70
总资产报酬率（%）	2.62	4.93	6.4	4.55	5.19	2.30
国有资产保值增值率（%）	102.16	152.97	109.33	101.23	88.81	0.31
年度科技支出总额	9204	22933	34065	42902	30589	4.10
技术投入比率（%）	1.34	2.42	3.53	4.65	3.14	3.28
资产负债率（%）	72.38	64.68	64.02	63.74	63	−0.72
经济增加值（EVA）	−95148	−32603	−1742	−24764	109828	−19.50

第三节　计　划

一、计划类别

（一）煤炭生产计划

按照矿井核定生产能力，结合矿井实际生产接续情况，联合生产、财务等部门共同编制下达年度煤炭生产计划，同时做好月度产量统计上报工作。其中有些年度为了更好地指导各产业生产经营，同时制订下达矿井进尺计划、产品产量计划等生产经营计划。

（二）专项资金计划

包括安全费（含煤矿安全改造项目等）、维简费、折旧费（含部分技改项目）等3类资金计划。

（三）项目投资计划

包括纳入集团公司项目投资管理的新建、扩建、重大技术改造等固定资产投资，内部独资设立及外部合资设立等长期股权投资，矿业权、土地使用权、专利使用权等无形资产投资（不包括固定资投资项目所含无形资产），金融投资等四类投资计划。

二、计划管理

（一）煤炭生产计划

1996年12月，《中华人民共和国煤炭法》实施以前，煤炭生产计划主要是按照山东煤管局安排的年度原煤产量任务组织生产，由矿务局承包，其中按售价不同又将承包计划指标分解为指令性、指导性和定向分配3种计划指标。矿务局承包集团研究平衡后，分配安排给各矿执行。

1997年开始，煤炭生产计划严格按照矿井核定生产能力，结合矿井实际生产接续情况，联合生产、财务等部门共同编制下达年度煤炭生产计划。同时根据国家产业政策及时对矿井生产能力和煤炭生产计划进行调整。

2002年，根据国家经贸委要求，省煤炭局下达原煤生产总量调控目标。严格按照矿井的设计能力或核定的生产能力，根据市场需求，科学合理地组织生产，不得超能力开采或盲目生产。

2003年10月，省煤炭局为准确掌握各类煤矿生产矿井、选煤厂的实际生产能力，提高依法组织生产的科学性，按照《关于开展全省煤矿生产矿井、选煤厂生产能力核定工作的意见》，对各矿初步核定的矿井生产能力进行审查核定。经省煤炭局局长办公会研究，并向省政府汇报，下达《关于公布省属煤矿和市县属煤矿生产矿井核定能力的通知》。各煤炭企业必须严格按核定的矿井综合生产能力，科学、合理、依法组织生产，不得超能力生产。省煤炭局还将核定的矿井综合生产能力纳入生产许可证管理。

2015年12月25日，省煤炭局下发《关于公布鲍店等34处煤矿核定生产能力的通知》，对古城、王楼煤矿2对冲击地压矿井进行生产能力重新核定，古城煤矿由200万吨/年核减到180万吨/年，王楼煤矿由130万吨/年核减到120万吨/年。

2016年4月18日，按照《关于进一步改善和规范煤炭生产经营秩序的通知》和国家煤监局关于煤矿生产能力重新确定工作部署会议及省煤炭局工作安排，按照矿井新确定的生产能力和276个工作日重新编制生产计划方案。2017年7月，取消276个工作日，按照核定能力组织生产。

2017年，企管处联合生产处、财务部等部门严格按照矿井核定生产能力，结合矿井生产实际，制订下达年度生产计划，并在2018年的生产计划中同时下达安全费用提取计划和各矿的重点井巷工程计划。

2018年12月，根据国家对千米以深冲击地压矿井的新要求，结合矿井实际，对古城、王楼、彭庄等3对矿井生产计划进行压减，制订下发生产计划。

2020年9月，根据山东省发改委《关于公布2020年全省化解煤炭过剩产能调整方案的通知》、山东省能源局《关于调整部分煤矿核定生产能力的通知》等文件要求，对古城、王楼、彭庄等3对冲击地压矿井生产能力予以核减。对3对矿井年度生产计划进行调整。

（二）投资计划

1. 基本建设投资

1990年开始，基本建设投资计划由国家能源投资公司下达煤炭经营性项目基本建设投资额，山东煤管局予以转发；各单位编制的基本建设明细计划，经矿务局审查后，报山东煤管局，同时报送各市地计委、建委、税务局和建行经办行。山东煤管局对建设明细计划予以批复后，矿务局再下发项目单位执行。2004年6月，省国资委成立后，矿务局基本建设投资计划改由省国资委审批；2011年3月，山东能源集团成立，临矿集团的项目投资计划经由省国资委审批，过渡到由能源集团审批。具体项目投资计划的前期管理工作与专项资金管理一样，需由上级部门下达计划。

2. 安全改造项目投资

2003年开始，根据山东省发改委通知，每年上报煤矿安全改造项目，利用中央和省补助资金及企业自有资金进行煤矿安全投入，改善煤矿安全生产条件。

3. 专项资金及项目投资

1992年2月，矿务局专项资金主要包括维持简单再生产资金（简称维简费）和大修理基金。其中维简费中包含保证安全生产用途的项目，并且安全技措工程计划需经矿务局初审、省煤炭局审查后方可下达。为管好用好维简、大修两项资金，杜绝计划外工程和购置设备的发生，印发《临沂矿务局关于加强专用资金计划管理的若干规定》，对专用资金的计划管理和相应的处罚制度作了规定。

1993年3月，为适应市场经济发展需要，搞好内部单位的承包经营，保持企业维持简单再生产能够正常持续进行，矿务局印发《关于维简资金使用管理暂行规定》，明确了维简资金的资金来源、使用范围、使用原则及管理办法，废止《临沂矿务局关于加强专用资金计划管理的若干规定》。11月，为转换企业经营机制，深化企业内部改革，下放权力，搞活企业，适应社会主义市场经济的要求，根据新的企业财务会计制度，印发《关于企业有关建设资金使用管理办法的暂行规定》，对维简费及井巷工程费等有关费用的提取和使用权限、使用管理规定等再次进行了明确，同时废止《关于维简资金使用管理暂行规定》。

1994年2月，为统一各矿维简及井巷费，下发《关于明确维简及井巷费计提和上交办法》，明确维简费提取使用标准，以及提取后上交程序，并进一步优化完善维简及井巷费使用的管理制度。

1996年3月，为加快全局转产步伐和尽快实现脱贫解困，增强宏观调控能力，下发《关于集中1996年度各项资金的通知》，继续集中部分资金，统筹安排使用。

1997年，为确保完成解困规划，各单位的维简及折旧金使用计划由矿务局统一审批，行文下达后方能执行。维简及井巷费和折旧金的提留仍按《关于集中1996年度各项资金的通知》规定执行，使用范围仍执行《关于企业有关建设资金使用管理办法的暂行规定》。

2004年，安全生产费用单独提取管理后，矿务局专项资金主要包括维简费和安全费。5月，矿务局根据财政部、发改委和煤监局联合下发的《煤炭生产安全费用提取和使用管理办法》《关于规范煤矿维简费管理问题的若干规定》，制定《关于下达煤炭生产安全费用提取标准的通知》，规定各生产矿井严格按照规定用途提取和使用煤炭安全生产费用。

2005年3月，为加强资金管理，规范煤矿维简费和安全费用提取和使用程序，完善煤矿维持简单再生产投入机制，保证安全生产投入资金正常运作，下发《临沂矿务局煤矿维简费提取和使用管理办法》《临沂矿务局煤炭生产安全费用提取和使用管理办法》，对2项费用的提取标准、使用范围、使用管理进行明确。

2009年1月，印发《临沂矿业集团有限责任公司计划管理办法》，从计划管理体系与职责、计划编报与审核程序、资金来源与使用、计划管理与控制、计划统计评价与考核等作了详细规定。

2018年4月9日，修改完善《临沂矿业集团有限责任公司计划管理办法》，主要对专项资金计划、项目投资计划、科技计划及成本内重大支出计划等作了明确规定。

专项资金计划的调整按照《临沂矿业集团有限责任公司计划管理办法》规定，采用月度调整和年度调整的方式。月度调整由各单位于每月5日前将拟调整的计划提报业务部室审查，业务部室15日前汇总整理后根据业务类型报分管领导、主要领导审查同意，由企管处汇总备案并组织综合审查，报请分管领导后批复下达；年度计划调整和审查方式与编制下一年度计划相同。

临矿集团每年结合年度经营业绩审计考核对专项资金计划执行情况进行专项检查，对资金总额超支部分相应核减利润。同时对检查中存在的问题，依据计划管理办法的相关规定，给予通报批评、经济处罚或追究相关领导责任。

第四节　统　计

一、机构与职责

1990年，矿务局统计工作由计划处负责。

1992年1月，成立矿务局计划统计处，设统计科。

1994年11月，计划统计处和基本建设处合并为规划建设处。

2001年11月，规划建设处、科技信息计算中心与法律事务处合并为企业管理处，设综合统计1人。

各权属单位设统计人员1～2人。建立以企业管理处为中心、机关专业部门和各单位专兼职人员为统计员的全局统计网络系统。

企管处为临矿集团综合统计部门，主要负责组织贯彻落实政府或上级部门颁发的统计法规、制度、计算办法、统计报表和统计指标解释；负责制订集团公司统计工作规章制度和统计工作标准；负责集团公司统计工作的组织、实施、检查、监督和考核；汇总、统计权属企业及专业统计部门提供的统计数据，完成政府有关部门、行业主管部门、行业协会及能源集团统计主管部门布置的有关调查任务及上级临时安排的统计任务；搜集、整理、提供企业内外部信息资料，进行统计分析，监督、监测企业经济运行质量，定期编制年度、月度《统计资料手册》，汇编历史统计资料；推进统计信息化建设，创新完善统计信息报表系统，保障权属企业统计报表系统稳健运行；负责组织统计人员业务培训及继续教育，严格执行统计人员持证上岗制度。

财务部、人力资源处、非煤产业处、生产技术处、机电运输处、工程监督管理处、安全监察局等为专业统计部门。各专业统计部门根据上级主管部门及集团公司要求，组织协调本专业的统计工作，完成本专业统计资料的搜集、统计和管理，对本专业有关情况进行统计分析和监督。

权属企业统计管理主要职责：依据统计法律法规、集团公司要求各单位根据实际情况，建立健全统计管理制度和相应的统计机构，做好统计管理相关工作；抓好统计基础工作建设，保障统计基层工作"有制度、有机构、有人员、有资格、有台账"；严格执行上级有关部门及集团公司统计报表制度，准确、及时、完整地填报统计报表、提供统计资料；对集团公司临时性的统计调查任务，按照报送时间和相关要求完成填报，经分管领导签字盖章后上报集团公司，不得拒报、迟报、漏报。

二、统计制度

1993年3月，印发《关于加强统计管理工作的决定》，规定统计工作要保证数据的真实性和可靠性，实事求是的反映各单位生产经营状况，为领导决策提供可靠的依据。

2012年，严格执行能源集团《山东能源集团有限公司统计管理暂行办法》。

2017年5月，印发《临沂矿业集团有限公司统计管理暂行办法》，进一步加强和推进了统计管理工作。

三、报表与手册

（一）报表

1991年，使用手工填报，向临沂市统计局直报。

2004年，采用电邮报送方式，各单位发电子邮件报送报表。

2005年10月，实行"在地统计"后，相关产值、产量等经济指标直报罗庄区统计局，再由其汇总上报。

2010年，采用网络系统直报方式。联合北京久其软件股份有限公司，开发了临矿集团统计报表网报系统。7月，能源集团成立后，数据通过山东能源统计计划系统向能源集团报送。

2018年，数据向山东能源集团、统计局、山东省煤炭局、中煤协会报送。

（二）手册

统计手册由集团公司企管处编制印刷，分送范围为集团公司领导。

统计手册为机密资料，执行借阅管理制度，凡借阅查看的，需经统计管理部门主管领导批准后，登记借阅。

四、煤炭产量

1991—1999年，煤炭生产主要以草埠、汤庄、株柏煤矿等为主，受资源条件限制，矿井产能相对比较低，且开采方式多为炮采、普采及高档普采，效率相对较低。

2000年，随着古城、新驿、王楼煤矿等现代化矿井的建成投产，尤其2011年内蒙古上海庙矿区榆树井投产、2016年，并购菏泽煤电公司，集团公司煤炭产量快速增加，2017年，煤炭产量达1251万吨；2018年，受郓城龙郓煤业冲击地压事故影响，政府对冲击地压矿井强化监管，古城、王楼、郭屯、彭庄煤矿4对冲击地压矿井受停产、限产影响，产量有所降低。随着上海庙矿区榆树井煤矿成功复产、一号井产能释放，2020年，煤炭产量再创新高，达1628万吨。

1991—2020年，30年间共计生产煤炭1.66亿吨。

第二章　财务管理

第一节　机构与职责

一、机构

1991年1月，矿务局财务处下设成本管理科、综合管理科、基本建设科、资金管理科、机关财务科，工作人员13人。主要负责全局的生产经营、基本建设财务和会计管理工作。

1996年9月，撤销财务处，成立财务部，定编10人，下设成本管理科、综合管理科、基本建设科、资金管理科、机关财务科。

1997年5月，成立内部结算中心，隶属财务部，下设汤庄、褚墩、塘崖、株柏、草埠、莒县、岐山煤矿、恒河实业总公司、煤田地质勘探工程公司、古城矿井筹建处10个办事处，工作人员23人。各办事处行政、业务关系隶属矿务局内部结算中心，具体负责所在单位的货币资金结算和管理工作；其他未设办事处的单位，其货币资金结算和管理工作由内部结算中心统一管理。

2001年6月，撤销内部结算中心驻各单位办事处。11月，撤销财务部，成立财务处，下设成本管理科、综合管理科、基本建设科、机关财务科、内部结算中心，定编17人，业务职能不变。

2002年10月，成立东山矿业公司财务科，隶属财务处，定编3人，负责核算东山矿业公司的费用和股金，汇总东山矿业公司所属5个单位的报表，并履行管理职能。

2004年7月，矿务局成立新区内部结算中心，系矿务局财务处派驻新区机构，主要负责济宁区域内各生产、在建矿井及新区指挥部的资金运营、计划、结算、核算、信贷的监管，定编7人。

2006年，临矿集团财务处财会人员26人，下设成本管理科、综合管理科、基本建设科、机关财务科、内部结算中心、新区内部结算中心、东山矿业公司财务科。

2009年9月，财务处撤销驻新区内部结算中心、基建财务科。

2016年8月，撤销财务处，设立财务部，下设大数据共享中心、资金管理中心、政策研究中心、会计服务中心。大数据共享中心下设综合管理科、会计科、成本科。资金管理中心下设融资创新科、资金管理科。政策研究中心下设政策研究科、预算科；撤销预算处。会计服务中心下设机关财务科、工会财务科，将工会经费、接待处统一纳入会计服务中心核算。

2017年4月，设立财务共享中心，隶属财务部管理。

2018年4月，成立大数据分析室，隶属财务部管理。

2020年末，集团公司财务人员256名，其中，财务部52名。财务部下设大数据分析室、资金管理中心、政策研究中心、财务共享中心。

二、职责

依法进行会计核算和财务管理工作，全面掌握企业经营动态，如实反映经营成果；负责会计法等法律、法规和各项财务制度的贯彻落实；修订增产节约措施和有关制度，严格执行费用开支范围和标准；组织会计业务的核算，检查和分析成本、费用计划的执行情况；如实反映经济业务的内容，对权属单位的一切财务收支进行监督；组织和实施资金集中管理工作，拟订融资方案；负责纳税管理工作，制订税收筹划工作方案，指导权属企业的税收筹划工作。

2016年8月，财务部增加预算职能，负责编制年度全面预算和月度预算，并监督预算执行。资金管理中心负责资金管理与融资创新，构建集团资金管理框架；制订中长期资金筹集、调度和使用计划；根据年度资金预算安排，统一调度、调剂和使用资金；负责集团公司资金日常管理和资金使用，具体办理集团公司资金收支；对资金的筹集和使用情况进行分析，开展筹资融资工作。政策研究中心负责研究国家宏观经济政策的变化，结合集团公司实际，将有关新的政策运用到生产经营过程当中，为企业增收节支、创新发展提供政策支持；掌握国家扶持产业发展政策，为集团公司的长远规划发展做好政策服务；充分利用财税政策，做好税收筹划工作，争取财政资金；关注财税政策的更新变化，将政策落实到实际工作之中，降低企业的税收负担。

2017年4月，利用财务共享中心，获取企业所需信息，参与集团公司规划、决策、控制、评价活动，服务于集团公司战略运营、决策筹划、管理提升，洞察企业发展趋势，构建"互联网+财务"新格局，将管理会计与信息化有机融合，实现预测、决策、计划和控制。利用大数据信息平台，挖掘分析内外部经济数据，拓展分析维度，对整个企业的生产经营情况进行全面评价对标，对集团公司的前景、发展趋势、存在风险进行预测评估和分析预警；建立集团公司财务规章制度和财务基础工作规范，组织开展会计核算和经济活动分析；健全财务风险防控体系、财务评价体系和激励机制；建立资产及产权管理制度，组织开展集团公司资产价值管理，实现国有资产保值增值。

2018年4月，运用大数据，围绕集团安全生产、财务管理、煤质运销、机电管理、投资管控、人力资源等方面提出针对性的意见建议，强化专业协作、部门配合、上下联动，从数据采集、数据甄别、发现问题、分析挖掘、建议纠偏、反馈整改等全过程形成闭环管理机制，不断提高企业整体数字化精益管理水平，促进经验决策向数据决策转变。

第二节　核算管理

一、核算体制

1961年7月，矿务局开始实行内部矿（厂）完全经济核算制。

2006年8月，临矿集团成立后，临矿集团财务会计核算按照统一领导、分级管理的原则，开始实行分级管理和二级会计核算管理体制，即临矿集团、矿（厂、公司）、区队（车间）、班组4级管理，临矿集团、矿（厂、公司）二级会计核算体制，临矿集团为一级核算，矿（厂、公司）为二级核算。财务处全面负责临矿集团的会计核算、资金管理、税费管理、财务预算、成本管理等工作；制订公司的会计核算制度，指导各经营单位财务核算、预算管理、资金筹集等工作。二级核算单位负责本单位会计核算和财务预算管理，并指导区队（车间）管理工作。

2017年4月，成立财务共享中心，实现临矿集团本部及权属单位的统一核算，对所有子公司采用相同的标准作业流程，集会计核算、资金管理、税费管理、报表管理全财务业务共享于一体的财务体系，形成了业财资税一体化全价值链财务管理模式。

二、核算单位

1991年，矿务局有汤庄、草埠、莒县、岐山、褚墩、塘崖煤矿、恒河实业总公司（含五寺庄煤矿、搪瓷厂）、煤田地质勘探工程公司、工程公司、汽车运输公司、物资供应公司、煤炭运销公司、劳动服务公司、总厂、机械厂、热电厂、水泥厂、株柏矿井筹建处、中心医院、技工学校、矿务局中学、招待所、后勤服务中心23个核算单位。

2000年7月，成立临沂华建房地产开发公司。

2004年2月，邱集、马坊煤矿、省煤炭工业发展总公司及田庄煤矿划归矿务局管理；7月，山东煤矿泰安机械厂、山东煤矿济南机械厂划归矿务局管理。

2005年7月，山东煤矿莱芜机械厂划归矿务局管理。

2006年7月，成立临沂会宝岭铁矿有限公司。

2008年5月，成立内蒙古上海庙矿业有限公司。

2009年10月，成立山东省鲁北煤炭配送基地有限公司。

2012年5月，收购陕西永明煤矿有限公司；8月，成立山东能源澳大利亚有限公司；9月，收购陕西澄城县石家坡煤矿；11月，收购甘肃兴隆煤业有限公司。

2015年12月，收购山东鲁能菏泽煤电开发有限公司83.59%的股权，实现对山东鲁能菏泽煤电开发有限公司的控股经营；同年，能源集团进行业务板块重组，煤机集团、济南煤机厂、临矿置业公司整合划出，变更为临矿集团的参股公司，临矿集团对其报表不再纳入合并。

2016年6月，接管省监狱局划转的鲁西、里彦、武所屯煤矿；12月，马坊、军城煤矿、石家坡煤业公司、兴隆煤业公司实施化解产能退出。

2020年，临矿集团有49个核算单位，临矿集团本部为一级单位，东山公司、田庄、邱集煤矿、煤炭运销公司、玻纤集团、煤炭技师学院、兴宇公司、鲁蒙能源公司、上海庙矿业、澳大利亚公司、会宝岭铁矿、永明煤矿、菏泽煤电、物商集团、武所屯、鲁西、里彦煤矿、盟鲁采矿公司18户为二级单位，株柏、古城、王楼、新驿煤矿、沂水热电、淄博卓意、天炬节能材料公司、榆树井煤矿、新上海一号井、中威安全技术公司、临沂亿金公司、济宁亿金公司、鄂尔多斯亿金公司、日照美联公司、上海泓舜公司、鲁北公司等25户为三级单位，古城综合利用电厂、千祥置业公司等5户为四级单位。

2020年，实现营业收入3350096万元，利润总额101242万元，净利润68679万元。

三、会计核算

1992年1月1日，执行能源部《煤炭工业企业会计核算办法》《煤炭工业企业会计成本管理办法》，统一实行"借、贷"记账法，开展会计核算电算化和会计达标升级工作。

1993年7月1日，执行财政部《企业财务通则》《企业会计准则》，标志着40多年的传统会计管理体制和会计核算模式的重大变革。

1996年7月6日，矿务局下发《关于印发"四位一体"经营管理实施办法的通知》；16日，根据财政部《企业财务通则》《企业会计准则》《工业企业财务制度》《工业企业会计制度》，制订《临沂矿务局财务会计制度实施办法》，所属独立核算具有法人资格的非工业单位报表汇入矿务局总报表内，矿、厂、公司等所属经营的厂、网点纳入该单位的财务管理和会计核算。8月16日，矿务局为加强财务会计基础工作，下发《关于修订临沂矿务局内部会计管理制度的通知》。

1997年2月28日，根据煤炭工业部《关于煤炭企业构建三个一格局实行三条线管理的若干意见》《煤炭企业三条线管理与核算办法》《煤炭企业三条线财务处理的若干规定》，矿务局制订《关于三条线管理与核算的补充规定》。5月12日，下发《关于印发临沂矿务局内部结算中心管理暂行办法的通知》《关于印发临沂矿务局内部结算中心贷款管理办法（试行）的通知》《关于印发临沂矿务局内部结算中心收支预算管理制度（试行）的通知》。7月25日，下发《关于印发临沂矿务局内部结算中心管理制度的通知》。

1999年2月28日，下发《关于印发临沂矿务局资金管理办法的通知》。10月18日，下发《关于修订临沂矿务局内部会计管理制度的通知》，修订完善内部会计管理体系、会计专业岗位责任制、会计电算化管理制度等12项制度。

2001年7月10日，根据《会计法》《企业会计准则》精神，下发《关于进一步加强会计基础工作的有关规定》。

2003年12月1日，执行财政部《企业会计制度》。12月26日，下发《关于印发临沂矿务局执行〈企业会计制度〉有关问题的处理规定的通知》，并根据《企业会计制度》，制订《临沂矿务局财务会计制度实施办法》。

2006年5月2日，矿务局下发《关于全面加强经营管理的若干规定》，加强财务、工资、物资供应、工程管理、企业管理、招投标、预算审计等方面的工作，提升管理效能。

2007年，推行全面预算管理，一切与资金收支有关的经济活动全部纳入预算管理范围，下发《加强财务预算管理的通知》，将预算管理纳入各单位经营业绩考核，并制订奖罚措施。

2008年12月，制订《临沂矿业集团会计核算实施办法》，于2009年1月1日起执行。

2009年4月，制订《关于推行网上银行结算，实行收支两条线管理的通知》，控制资金支出，实现资金的高度集中管理，提高货币资金运营效率。

2012年1月，对各单位的可控成本费用制订控制指标，纳入领导班子经营业绩考核，对完成指标并且降幅较大的单位，按照临矿集团经营绩效考核办法的规定予以适当奖励，对完不成指标的单位，在按照经营绩效考核办法计算并确定专项考核指标的基础上扣发经营者年薪收入的15%。

2013年9月，执行《山东能源集团会计核算办法》，《临沂矿业集团会计核算实施办法》不再执行。

2014年1月1日，执行《山东能源集团有限公司关于调整山东能源集团会计核算办法相关内容的通知》，对部分固定资产折旧年限和2年以内应收款项坏账计提标准的调整采用未来适用法，原标准同时废止。

2017年7月，执行山东能源《关于对部分会计政策调整的通知》，固定资产价值确认标准由以前的3000元调整为5000元。折旧年限调整为房屋、建筑物20年；机器、机械和其他生产设备10年；与生产经营活动有关的器具、工具、家具等5年；运输工具4年；电子设备3年。固定资产调整方式采用未来适用法，新的年折旧额＝（原固定资产原值－累计折旧－该固定资产减值准备－预计残值）/（新确定的使用寿命—已使用的年限）。

2020年12月，制订《临沂矿业集团财务共享运营管理办法》，将集团各成员单位重复性高、工作量大、易于标准化和规范化的财务业务进行流程再造与标准化，由财务共享中心集中统一处理，提高管理效率、降低运营成本、增强管控力度，形成透明监管的财务管理新模式。

四、运行机制

（一）"四位一体"经营机制

1990年7月，根据中国统配煤矿总公司《关于认真贯彻执行〈关于强化四位一体经营机制的若干规定〉和〈加强成本管理十项措施〉等两文件的通知》，矿务局推行"四位一体"的经营机制。承包经营是前提，内部经济核算是基础，内部银行是手段，经营调度是关键。

矿务局的经营调度设在生产调度室，是生产经营的指挥中心，基层单位把最基本的生产经营信息定期从信息发源地经过生产班组、区队逐级汇总、整理，最后报矿务局生产调度室和基层单位领导。矿务局生产调度室经过认真分析，与财务数据比对，及时发现生产经营中出现的问题。

（二）三条线管理与核算

1997年2月，矿务局根据煤炭工业部《关于煤炭企业构建三个一格局实行三条线管理的若干意见》《煤炭企业三条线管理与核算办法》《煤炭企业三条线财务处理的若干规定》等要求，实行原煤生产、多种经营和后勤服务"三条线"核算和管理，即直接从事原煤生产、洗选加工和为其生产直接提供工业性劳务的单位和部门为原煤生产线；从事非煤产品和纳入多种经营管理的单位及具有多种经营性质的厂、队、车间、网点为多种经营线；直接为职工生活和社会服务的单位为后勤服务线。构建分线管理、分别统计、分别核算，分别反应经营成果的运作机制，核算点之间的物资购销及提供劳务等经济活动实行内部市场化运作，并下发《关于三条线管理与核算的补充规定》。因种种原因，三条线管理与核算，最终未能在矿务局全面实行。

1999年10月18日，矿务局下发《关于修订临沂矿务局内部会计管理制度的通知》，由于此前上级部门对三条线的管理与核算未做具体要求，矿务局要求所属矿、厂、公司可根据管理的实际需要，以提高经济效益为中心，合理确定内部会计核算主体。

（三）承包经营责任制

1988—1990年，山东煤管局对矿务局实行集团承包经营，局长负责制，承包内容为"两包、五定"，即包产量，每年产量78万吨；包亏损，三年总亏损5865万元，减亏自留，超亏自负；定安全、定质量、定效率、定基本建设任务和开拓进尺及三个煤量合理可采期、定固定资产完好，完成巷道失修率，设备完好率。

矿务局先后与汤庄、草埠、莒县、五寺庄、褚墩、塘崖煤矿，电厂、机厂、水泥厂、总厂、地质队、建安公司、运输公司、供应公司、铝矾土矿、工程处16个生产经营单位签订了为期3年的承包合同。实行矿（厂）长、经理负责，领导班子集团承包制，建立了承包企业风险基金制度和奖罚措施，矿（厂）长、经理及领导班子成员缴纳风险抵押金，每年进行1次考核。煤矿生产单位实行"两包五定"。机械制造企业实行"两包三定"，即包产值、包利润；定产量、定品种、定质量。施工企业实行"三包六定"，即包上缴利润、包完成工程量、包工期；定质量、定安全、定效率、定成本降低和三材消耗率、定设备完好率、定固定资产增值率。供应单位实行"一包三定"，即包盈亏额；定物资销售额、定流动资金周转天数、定商品流通费。医院、教培部实行经费包干。

总承包以后，各矿原煤产量保持稳定，并略有超产。1988—1990年，全局产煤282.3万吨，比承包计划超产48.3万吨，节亏7.2万元，职工收入有了增加；1990年，全局人均收入达到3099元，比1987年增加1657元，安全工作创历史最好水平。

1991—1992年，中国统配煤矿总公司下发《关于对所属企业延续两年总承包的实施办法》，全国统配煤矿实行的3年总承包延续到1992年，山东煤管局与矿务局签订延续承包经营合同。承包内容为"四包、四定"，即包原煤产量（不含外购煤量）、开拓进尺、盈亏、基本建设任务；定安全、质量、效率、固定资产完好和保值增值。

1993—1995年，为"八五"后3年承包。中国统配煤矿总公司将盈亏承包指标直接下达矿务局，山东煤管局不再作平衡；维简基金由总公司留1元做总经理基金，主要用于救灾，其余全部交给矿务局；总公司对矿务局的考核指标有盈亏指标、安全指标，其余指标不再考虑，只上报报表，作为评价指标。

2001年1月，矿务局分别与所属单位签订为期一年的内部承包合同书（2001年1月1日—2001年12月31日），承包内容为"一包、八保"，即包利润（亏损），一切增支因素自行消化；保安全、产量、掘进进尺和三个煤量指标、各种应收款清收目标、存货压缩目标、归还局资金指标、各种应缴款指标、当年职工收入比上年增长，工资不拖欠，以前年度拖欠工资按计划补发。承包经营者上交风险抵押金3万元。承包期完成"一包"指标，按所交风险抵押金年4%进行奖励；承包期未能完成"一包"指标，罚没经营者的效益风险金，并取消基本年薪按最低工资标准每月发290元。对经营者实行年薪制，由基本年薪和奖励年薪两部分构成，完成"一包"指标，经营者发放基本年薪3.5万元；完不成"一包"指标，按最低工资标准每月发290元。超额完成利润指标，按超利额发放奖励年薪，超利100万元以内，按超利额的1%奖励经营者；超过100万元部分，按超利额的1.5%奖励经营者。完不成"八保"中的任何一项指标，扣罚经营者年总收入的10%。是年，矿务局生产原煤129.14万吨，比2000年增产36.66万吨；营业收入实现59951.9万元，比2000年增收23919.1万元；利润-10739.8万元。

2002年，矿务局对承包合同进行修改，增加单位完全成本控制指标，承包单位必须完成矿务局下达的各项指标，完不成指标的，严格按承包合同执行。是年生产原煤213.3万吨，营业收入实现80348万元，实现利润3221万元，结束了矿务局连续28年亏损的历史。

2012年，山东能源集团开始对集团公司实施业绩考核，分考核目标和奋斗目标，考核目标又分为经营绩效目标和主要工作，其中，经营绩效目标考核经济增加值、利润总额、净资产收益率、总资产增长率等基本指标和吨煤利润较标杆企业中国神华和兖州煤业平均吨煤利润的差距值、应收账款周转率、存货周转率等分类指标；主要工作根据能源集团《关于落实省国资委主要工作考核目标的通知》中制订的2012年、2013年及任期主要工作考核项目分解表进行考核。奋斗目标考核营业收入、利润总额、年末应收款和存货占营业收入的比率与2011年同期相比下降、原煤产量。另外，能源集团印发的《关于下达2012年重点考核工作的通知》中明确的必须完成的投产项目等重点工作进行考核。先后与古城、田庄、新驿、王楼、军城、邱集、株柏、马坊煤矿，煤机集团、玻纤公司、运销公司、亿金公司、置业公司、煤炭技师学院、会宝岭铁矿、上海庙矿业公司16家生产经营单位签订《2012年度经营业绩责任书》，考核指标为利润总额、原煤单位完全成本、销售收入、原煤产量、洗精煤产量、三个煤量、掘进总进尺与开拓进尺、煤炭质量、维简与安全费用计划、工资指导线与各类人员收入比例、全员业绩考核、全面预算管理、反腐倡廉建设、信访稳定。每一项指标对应相应的分值，总分100分，单位负责人绩效基本年薪与业绩考核得分挂钩，完成利润总额、原煤单位完全成本、销售收入、原煤产量、洗精煤产量、三个煤量、掘进总进尺与开拓进尺、煤炭质量指标的，每增加或降低，增加或扣减相应的分值，其他指标完成得基本分，完不成不得分。是年，生产原煤1239.31万吨，营业收入1724406.44万元，实现利润112995.22万元。

2013年10月，根据山东能源集团制订的《关于决战四季度实施两锁定两挂钩考核的通知》，增加对各单位四季度利润目标和"双降双提双保"（降本降耗、提质提能、保利润、保现金流）单项指标完成情况的考核，并与各单位领导班子绩效薪酬和单位工资总额挂钩。

2014年，山东能源集团对临矿集团考核增加对亏损企业治理、财务公司资金集中度及商品煤产量指标的考核；7月，能源集团制订《关于加大下半年经营业绩考核奖惩确保全年目标完成的意见》，突出对权属单位利润目标的考核，在全面完成年初《业绩考核责任书》的基础上，进一步突出对利润目标的考核，强化激励约束引领，对安全目标、信访稳定、环境保护实行"一票否决"制；加大绩效奖励、降本提效力度，强力推进亏损企业的治理。

2015年5月，执行山东能源集团《关于组织开展经营管理"十个严控十个一律"活动的决定》，并纳入权属企业负责人年度业绩考核。严控生产成本、非生产性支出、投资费用、采购成本、劳动用工、财务费用、"两金"占用、亏损扩增、低价销售、资金支出，并同比一律有所降低，确保全年目标利润的完成。

2018年，山东能源集团对集团公司的经营业绩考核分共性指标：利润总额，考核目标13亿元，奋斗目标15亿元，力争完成16亿元、归属于母公司净利润不低于上年、经济增加值1.1亿元；个性指标：亏损企业治理，亏损额不超过1.29亿元，亏损户数不超过4户，其中大额亏损企业不超过1户、人均利润不低于5.7万元/人，完成控员400人；保障性指标：战略目标实施完成2018年投资计划通知中下达的年度投资和重点项目建设、实现安全生产、党建思想政治工作完成全年目标任务、信访稳定完成全年的目标任务；限制性指标：经营现金净流量不低于14.5亿元、"两金"（应收账款、存贷）占用同比下降10%、年末资产负债率不高于65%、全口径资金集中度月度平均不低于40%、物流贸易收入利润率不低于上年、大额逾期应收，预付账款清收完成年度目标任务。设置特别贡献奖，完成利润奋斗目标时，对企业主要负责人最高奖励10万元，完成力争目标最高嘉奖5万元。临矿集团分别与所属单位签订《2018年度业绩考核责任书》，考核指标分主要经营指标：利润、经营性现金净流量、营业收入、商品煤单位完全成本；对标指标：人均工效、人均利润；重点工作目标：完成安全工作目标、党的建设，党风廉政及信访稳定各项工作目标、环保工作目标、产销协同创效工作目标、"四金"压减目标和内部单位欠款余额控制目标；根据各单位的实际情况，制订个性化目标；新增加新动能指标（科技创新贡献奖、管理创新贡献奖、人力资源贡献奖、资本贡献率）和突破性指标，当利润超过确保目标时，每增加1亿元，奖励20万元。是年，临矿集团生产原煤1267.81万吨，营业收入2600066.24万元，实现利润总额142731.66万元。

2020年，山东能源集团对集团公司的经营业绩考核分基本指标：利润总额，考核目标8.5亿元，奋斗目标9亿元，力争完成10亿元、归属于母公司净利润2.5亿元年、经济增加值不低于预算目标；发展保障指标：实现安全生产、人均利润不低于4万元/人、完成控员200人、经营现金净流量12.5亿元、完成能源集团下达的年度投资和重点项目建设投资、完成能源集团下达的年度综合所有改革目标任务。限制性指标：净利润不低于3.6亿元、"两金"占用同比下降10%、年末资产负债率不高于控制目标、全口径资金集中度不低于45%、物流贸易收入利润率不低于上年、不良资产比率同比下降5%、

"出僵治亏"工作完成能源集团下达的节点目标任务。临矿集团根据各权属单位的不同情况，分别签订不同的《2020年度经营业绩目标责任书》，菏泽煤电公司考核内容分费用包干，按超支额5%的比例扣减年薪；重大逾期应收预付账款清收，完不成扣减绩效年薪5%；加快车楼、梅庄搬迁新村征地及建设工作，完成采矿影响区域院落过渡搬迁，不影响矿井生产接续，完不成扣减绩效年薪5%；托管业务当年回款率达到100%，完不成扣减绩效年薪5%；实行风险抵押金制度，负责人、业务分管领导分别交纳风险抵押金10万元、8万元；考核期内郭屯和彭庄煤矿利润完成奋斗目标，奖励公司负责人10万元，郭屯和彭庄煤矿利润均完成奋斗目标，奖励公司负责人12万元。古城煤矿考核指标分主要指标：利润、商品煤单位完全成本；人均指标：人均工效、人均利润；安全目标：全年实现安全生产，消灭死亡事故。辅助指标：环保工作目标、集团公司下达的科技攻关项目、产销协同、煤质及洗配煤创效、两金占用（四金控制）、内部单位欠款余额控制目标、资产负债率、大数据和信息化建设目标、重大逾期应收预付账款清收、亏损企业治理、重点投资和项目建设、经营性现金净流量、归还集团公司借款、各种上缴款项、营业收入、经营风险防控、重点开拓工程、三个煤量等。重点工作：2月份1号充填工作面具备生产，5月份1123充填工作面的系统改造完成并安装投入生产，实现两面交替生产；2020年底，置换煤炭产量15.2万吨。新动能指标：科技创新贡献率、人力资源贡献率、资本贡献率、成本收入率。实行风险抵押金制度，负责人、业务分管领导分别交纳风险抵押金10万元、8万元。考核期内超额完成利润奋斗目标，给予单位负责人特殊奖励10万元。是年，临矿集团生产原煤1626.08万吨，营业收入3350096万元，实现利润总额101242万元。

第三节　资产管理

一、资产

1991年，矿务局资产总额22291万元，负债总额10654万元，净资产11637万元，资产负债率47.80%。

2004年，山东煤炭泰安机械厂、邱集、田庄、马坊煤矿、济南煤机厂划入，资产增加96906.37万元。

2006年8月，临沂矿务局改制为临沂矿业集团有限责任公司，根据山东省国资委考评〔2006〕17号文要求，经山东新联谊会计师事务所审计，取得标准无保留意见的审计报告，资产总额为424796万元，净资产总额为151263万元，负债总额为273533万元。总资产报酬率为12.59%，比全年考核指标7.74%超额完成4.85%。净资产收益率为10.47%，比全年考核指标-32.27%超额完成42.74%。

2015年，临矿集团收购山东鲁能菏泽煤电开发有限公司83.59%的股权，实现对山东鲁能菏泽煤电开发有限公司的控股经营，增加资产366252.41万元。

2016年6月，接管鲁西、里彦、武所屯煤矿（2018年关井退出）3对矿井，无偿划入资产263635.26万元。

2016年，山东能源集团进行业务板块重组，煤机集团、济南煤机厂、临矿置业公司整体划出，变更为临矿集团的参股公司，划出资产227026.33万元。

截至2020年，临矿集团资产总额3582005万元，负债总额2256799万元，净资产1325206万元，资产负债率63%。

1991—2020年临矿集团资产状况一览表

表7-2-1   单位：万元

年度	资产总额	负债总额	资产负债率	净资产总额	年度	资产总额	负债总额	资产负债率	净资产总额
1991	22291	10654	47.80%	11637	2006	424796	273533	64.39%	151263
1992	21303	10181	47.79%	11122	2007	538316	354884	65.92%	183432
1993	29549	18235	61.71%	11314	2008	727415	444250	61.07%	283165
1994	39178	27396	69.93%	11782	2009	928544	660418	71.12%	268126
1995	49916	32516	65.14%	17400	2010	1174999	639463	54.42%	535536
1996	58302	39677	68.05%	18625	2011	1176766	639463	54.34%	537303
1997	62361	39233	62.91%	23128	2012	1944018	1206965	62.09%	737053
1998	64622	42214	65.32%	22408	2013	2214791	1426848	64.42%	787943
1999	78559	46461	59.14%	32098	2014	2519328	1756599	69.72%	762729
2000	79080	48549	61.39%	30532	2015	3124411	2294436	73.44%	829975
2001	107654	98143	91.17%	9511	2016	3049561	2207261	72.38%	842300
2002	126932	122058	96.16%	4874	2017	3314256	2143614	64.68%	1170642
2003	149726	136827	91.38%	12899	2018	3530803	2260502	64.02%	1270301
2004	300158	282523	94.12%	17636	2019	3737928	2382640	63.74%	1355288
2005	363413	290256	79.87%	73157	2020	3582005	2256799	63%	1325206

二、固定资产

（一）管理体制

矿务局（临矿集团）为固定资产的主管单位，负责全局固定资产投资的确定、投资计划的编制、预算的编审、大型设备和主要工程完工后的验收交接及管理；负责检查监督所属单位固定资产管理，掌握全部固定资产增减变动情况，办理所属单位之间固定资产调拨的审批和闲置固定资产调剂平衡工作；按照规定的审批权限，办理所属单位的固定资产盈亏、报废和对外租借等审批或审查上报事宜；统一编制下达固定资产更新改造资金，组织定期或不定期的财产清查工作。

矿（公司）为基层固定资产管理单位，负责所在单位固定资产的使用、维修和保养；掌握所在单位内部固定资产的调剂平衡和增减变动情况，保证账、卡、物相符；对所属车间（工区、队）的固定资产维修、保管和使用情况进行监督检查；负责固定资产盘盈、盘亏、报废的检查、鉴定和上报事宜；提出固定资产更新改造和大修理资金的需用计划；组织单位内部的财产清查和有关固定资产业务的上报下达等事项。

车间（工区、队）为固定资产保管使用单位，负责建立健全和严格执行"谁用谁管"的岗位责任制，做好维护检修工作，保证固定资产安全、经济、合理的使用，对本车间（工区、队）内部固定资产调剂平衡，及时登记固定资产变动情况，保证账、卡、物相符。

（二）管理办法

矿（厂、公司）为固定资产的基层管理单位，采取对固定资产按类别进行归口管理的方法，即生产技术部门负责矿井建筑物、测绘仪器的管理；机电运输部门负责采掘机械、动力设备、传导设备、运输设备、仪器仪表等的管理；洗选部门负责洗选设备的管理；行政、总务部门负责房屋建筑物、车辆、办公用具的管理等。各级单位和部门建立健全管理责任制和岗位责任制，建立账、卡、牌板制度，记录增减变动、维护保养、使用情况，以提高固定资产利用率。财务部门负责综合管理，建立固定资产卡片、明细账、总账进行会计核算，对固定资产的购置、调拨、清理报废、封存、租借等变动事宜，及时办理手续并参与固定资产的验收、检查工作。

（三）固定资产概况

1991年，矿务局固定资产21039万元，累计折旧4810万元，固定资产净值16229万元。

2004年，山东煤炭泰安机械厂、邱集、田庄、马坊煤矿、济南煤机厂划入，固定资产增加至177578万元，累计折旧42376万元，固定资产净值135202万元。

2015年，临矿集团收购山东鲁能菏泽煤电开发有限公司83.59%的股权，固定资产增加至1704583万元，累计折旧532908万元，固定资产净值1171675万元。

2016年6月，接管无偿划转的鲁西、里彦、武所屯煤矿，年末固定资产增加至1827303万元，累计折旧661811万元，固定资产净值1165492万元。

截至2020年，临矿集团固定资产原值2833887万元，累计折旧1128299万元，固定资产净值1705588万元。

（四）固定资产划分标准

1.固定资产标准、范围

1992年3月31日，根据财政部下发的《关于提高国营企业固定资产单位价值标准的通知》精神。矿务局规定：自1992年7月1日起，凡新购入机器、设备，同时具备固定资产的2个条件（生产用设备单位价值2000元以上，使用年限1年以上，非生产用设备单位价值在2000元以上，使用年限2年以上），均作为固定资产管理和核算（煤矿专用工具除外）；新购入机器、设备单位价值低于2000元的，除目录上特殊规定外，不论使用年限长短，一律不作为固定资产管理和核算；其他在用固定资产只要单位价值低于2000元的，全部转入低值易耗品管理。

1993年7月1日，执行财政部《企业财务通则》《企业会计准则》，执行新的会计科目，增加"在建工程"科目，列固定资产类。同时，增加"无形资产"和"递延资产"科目。

1996年7月，下发《临沂矿务局财务会计制度实施办法》，规定：①固定资产应同时具备2个条件：生产经营用固定资产使用年限在1年以上的房屋、建筑物、机器设备、运输工具以及与生产经营有关的设备器具等。其中：机器设备、运输工具、管理用具单位价值必须在2000元及以上。非生产经营用固定资产单位价值必须在2000元及以上，且使用年限超过2年。②未列入固定资产目录的劳动资料，符合固定资产标准的，应作为固定资产管理与核算。③根据煤矿特点，以下5类不论使用年限长短、价值大小，均不列为固定资产：煤矿生产专用的12种小型设备包括风镐、电风钻、矿灯、7.5千瓦及以下的电动机和水泵、10千伏安及以下的变压器、200安及以下的低压防爆开关、局扇、矿车（包括平板车、坑木台车）、自救器、综合保护器、瓦斯检定器等；房屋中的板皮房、荆条泥草房、油毡房及临时性无基础的简易房和敞棚等；由内部资金形成的井巷建筑；主体设备更换的配件，虽然达到固定资产标准，仍作为配件，与主体设备共同作为固定资产管理；因价格变化，原不列作固定资产的非生产经营主要设备达到固定资产标准，应报上级审批后列作固定资产管理，批准前不作为固定资产。

2003年12月，根据《企业会计制度》，重新修订《临沂矿务局财务会计制度实施办法》，进一步确认了固定资产的单位价值在2000元及以上，且同时满足两个条件才能加以确认：与该固定资产包含的经济利益很可能流入企业，该固定资产的成本能够可靠地计量。

2009年1月，修订《临沂矿业集团会计核算实施办法》，将固定资产价值确认标准调整至5000元及以上。

2013年1月，执行《山东能源集团会计核算办法》，固定资产价值确认标准调整至3000元及以上。

2017年7月，执行山东能源《关于对部分会计政策调整的通知》，固定资产价值确认的标准由3000元调整为5000元。

2. 固定资产分类

1991年3月12日，能源部发布《煤炭工业企业会计核算办法》和《煤炭工业企业会计成本管理办法》，对固定资产分为工业生产用固定资产、非工业生产用固定资产、租出固定资产、未使用固定资产、不需用固定资产、土地、融资租入固定资产7大类。

1993年7月1日，执行财政部《企业财务通则》和《企业会计准则》，执行新会计科目，对固定资产分为生产经营用固定资产、非生产经营用固定资产、租出固定资产、未使用固定资产、不需用固定资产、融资租入固定资产、土地7大类。

2009年1月，《临沂矿业集团会计核算实施办法》将固定资产分为生产经营用固定资产、非生产经营用固定资产、租出固定资产、未使用固定资产、不需用固定资产、融资租入固定资产6大类。

2013年1月，执行《山东能源会计核算办法》将固定资产分为房屋、构筑物、通用设备、专用设备、交通运输设备、电气设备、电子产品及通信设备、仪器仪表及计量器具，文体、家具、医疗及其他类、土地10大类。

3. 固定资产折旧

1991年3月12日，能源部发布的《煤炭工业企业会计核算办法》《煤炭工业企业会计成本管理办法》中规定，固定资产的折旧年限按照煤炭工业部发布的《煤炭工业企业固定资产分类及折旧年限表》（煤财字〔1985〕673号）和国务院发布的《国营企业固定资产折旧试行条例》（1985年4月26日发布）规定的折旧年限执行，计提折旧以平均年限法（即直线法）计算，采用分类折旧率。矿务局一直按此规定执行。

其间，矿务局执行提高年折旧率法和缩短年限法。

1992年，财政部发布《工业企业财务制度》，矿务局制订《临沂矿务局固定资产分类及折旧年限表》，规定以直线法计提固定资产折旧。1995年4月27日，下发《关于下达临沂矿务局固定资产分类目录及折旧年限的通知》。

1996年，煤炭工业部发布《煤炭工业企业财务制度》，矿务局对《临沂矿务局固定资产分类及折旧年限表》进行修订和补充，修改部分固定资产的分类标准和折旧年限。

2003年12月，矿务局开始执行财政部新发布的《企业会计制度》，并制订《临沂矿务局财务会计制度实施办法》，对所有固定资产均计提折旧（矿井建筑物按产量计提井巷折旧），并规定了固定资产折旧年限和计算办法。

2008年1月，下发《关于停止提取改革发展专项资金及调整固定资产折旧年限》通知，调整固定资产折旧年限。其中房屋、建筑物为20年；飞机、火车、轮船、机器、机械和其他生产设备为10年；

与生产经营活动有关的器具、工具、家具等为4年；电子设备为3年。

2009年，下发《临沂矿业集团公司固定资产分类及折旧年限表》，其中：固定资产折旧年限在设计区间的，在选定年限之后，报集团公司备案。

2013年，执行《山东能源集团会计核算办法》中的固定资产折旧年限。

2014年9月，执行《山东能源集团会计核算办法》，对部分固定资产折旧年限计提标准进行了调整。

2014年临矿集团固定资产折旧年限调整目录统计表

表7-2-2

固定资产编号	一级分类	二级分类	三级分类	四级分类	五级分类	折旧年限	
						修订前	修订后
11010100	房屋	生产用房	一般生产用房	钢结构	–	30	40
11010200				钢筋混凝土结构	–	30	40
11010300				钢筋砼砖结构	–	30	40
11010400				砖木结构	–	20	30
11010500				简易结构	–	20	30
11010600				简易钢混结构	–	20	30
11010700				框架结构	–	20	30
12010000		非生产用房	钢结构		–	30	40
12020000			港及混凝土结构		–	30	40
12030000			钢筋砼砖结构		–	30	40
12040000			砖木结构		–	20	30
12050000			简易结构		–	20	30
12060000			简易钢筋结构		–	20	30
12070000			框架结构		–	20	30
2Z990000	构筑物	其他构筑物	其他			20	30
34010000	通用设备	输送设备	带式输送机械	–	–	7	9
34050000		输送设备	刮板输送机		–	5	8
37000000		泵	–		–	7	8
41010000	专用设备	煤炭生产专用设备	钻探机、穿孔机和凿岩机		–	7	9
41030000			矿用掘进和装载设备		–	7	9
41040100			采煤及支护机械	采煤机	–	5	8
41040200				截煤机	–	5	9
41040300				刨煤机	–	5	8
41040400				煤矿支护机械	–	7	9
41040500				煤矿安全设备	–	7	10
41040600				硫化机	–	7	9
41049900				其他采煤及支护机械	–	7	9

续表

固定资产编号	一级分类	二级分类	三级分类	四级分类	五级分类	折旧年限	
						修订前	修订后
42000000	专用设备	洗选专用设备	–	–	–	8	10
74010401	电子产品及通信设备	电子计算机及其外围设备	电子计算机	终端硬件设备	台式机	3	5
74010402		–			便携式计算机	3	5
74040100		–	电子计算机输入输出设备	打印设备	–	3–5	5
91000000	文体、家具、医疗及其他类	–	–	–	–	3	5
92000000		–	–	–	–	3	5

2017年1月，执行山东能源集团《关于对部分会计政策调整的通知》，统一按税法规定的最低年限调整。其中房屋、建筑物20年；机器、机械和其他生产设备10年；与生产经营活动有关的器具、工具、家具等5年；运输工具4年；电子设备3年。调整方式采用未来适用法。新的年折旧额＝（原固定资产原值－累计折旧－该固定资产减值准备－预计残值）/（新确定的使用寿命－已使用的年限）。

1991—2020年临矿集团固定资产状况一览表

表7-2-3

单位：万元

年度	固定资产原值	累计折旧	固定资产净值	年度	固定资产原值	累计折旧	固定资产净值
1991	21039	4810	16229	2006	230354	68261	162093
1992	22165	4970	17195	2007	314540	88904	225636
1993	26230	6043	20187	2008	359193	106672	252521
1994	28782	6789	21993	2009	456629	138620	318009
1995	38754	10788	27966	2010	531700	180048	351652
1996	45526	12776	32750	2011	782397	229266	553131
1997	46887	14776	32111	2012	1080923	301353	779570
1998	50558	16046	34512	2013	1289293	395659	893634
1999	59261	19656	39605	2014	1362466	467230	895236
2000	60478	20900	39578	2015	1704583	532908	1171675
2001	92166	19866	72300	2016	1827303	661811	1165492
2002	86996	24929	62067	2017	2326483	742284	1584199
2003	96080	21313	74767	2018	2455353	881104	1574249
2004	177578	42376	135202	2019	2716419	1046723	1669696
2005	203590	49238	154352	2020	2833887	1128299	1705588

4. 固定资产处置

1990—2001年，矿务局对需要报废的固定资产的处置程序是，需报废固定资产的使用单位向矿务局提出报废建议，矿务局组织有关部门对需报废的固定资产进行鉴定并提出报废建议，报矿务局领导审批后处置。

2002年后，根据每年底对固定资产的清查结果，对清查出固定资产符合设备老化、技术状态落后、高耗能、效率低或超过规定使用年限的老旧设备，且符合报废条件的固定资产，由使用单位履行内部审批程序后，报矿务局（临矿集团）机电处、财务处，由机电处组织人员对需报废的固定资产进行鉴定，提出鉴定建议，报局长（总经理）办公会审批后，由财务处汇总形成材料，报上级主管部门审批后处置。

2015年10月，执行山东能源《关于进一步加强实物资产和无形资产处置的通知》，明确了能源集团及集团公司对各类资产的审批处置权限。临矿集团审批事项包括顶账、租赁、政府收回（政策性搬迁）、厂商回购的实物资产和无形资产；集团公司内部单位之间无偿划转及协议转让的实物资产和无形资产；各二级单位内部国有全资企业、国有绝对控股企业之间协议转让的实物资产和无形资产；单项资产账面价值100万元（不含）以下、一次性资产账面价值500万元（不含）以下实物资产和无形资产的处置；因涉及抢险救灾等安全生产紧急事件，发生的资产转移事项（事后应履行内部决策程序，并报能源集团备案）。

（五）在建工程

1991年3月12日，能源部发布的《煤炭工业企业会计核算办法》和《煤炭工业企业会计成本管理办法》中规定，一切工程支出，包括不需安装的购入设备，出包工程通过"专项工程支出"科目核算。"专项工程支出"完工后符合转资条件的转为固定资产。

1996年7月16日，制定《临沂矿务局财务会计制度实施办法》，取消"专项工程支出"科目，增加"在建工程"科目，核算工程支出和设备购置，符合转资条件的转为固定资产。

2003年12月，修订《临沂矿务局财务会计制度实施办法》，对在建工程的核算作出具体规定，对在建工程定期或者至少于每年终进行全面检查，发现在建工程已经发生减值，应当计提减值准备。

2020年末，临矿集团在建工程187300万元。主要是上海庙矿业公司在建工程余额81700万元，其中一号井准备巷道32859.89万元，榆树井准备巷道39597.87万元，榆树井精煤煤泥烘干项目4965.51万元；本部安全生产指挥调度中心办公楼4314.03万元；会宝岭铁矿74100万元，主要是凤凰山项目投资款。

三、无形资产

2003年12月，《临沂矿务局财务会计制度实施办法》对无形资产的核算作出具体规定，企业应定期或至少在每年终，检查各项无形资产预计给企业带来的未来经济利益的能力，对预计可收回金额低于其账面价值的，应计提减值准备。

2009年1月，依据《企业会计准则》相关规定，新设"累计摊销"科目核算无形资产的摊销金额。要求各单位在衔接时，应分析各项无形资产余额的组成，属原始价值部分调整至无形资产科目，属按照原制度已摊销的金额，调整至"累计摊销"科目。

截至2020年，临矿集团无形资产余额为102346万元。其中，土地使用权19715万元，采矿权72461万元，其他10170万元。

1991—2020年临矿集团无形资产明细表

表7-2-4　　　　　　　　　　　　　　　　　　　　　　　　　　　　　　　　　　　　　单位：万元

年度	土地使用权	采矿权	其他	合计	年度	土地使用权	采矿权	其他	合计
1991	–	–	–	–	2006	7660.77	25018.82	1937.9	34617.49
1992	–	–	–	–	2007	9453.6	46041.97	1819.38	57314.95
1993	–	–	9.00	9.00	2008	10868.02	50658.99	1427.49	62954.5
1994	–	–	–	–	2009	13245	73524.9	2300.8	89070.7
1995	–	–	–	–	2010	17949.98	96756.93	2434.31	117141.22
1996	–	–	–	–	2011	20171.79	118012.78	3128.64	141313.21
1997	–	–	11	11	2012	21857.58	145684.59	4066.98	171609.15
1998	–	–	118.7	118.7	2013	33128.04	267896.01	3255.19	304279.24
1999	–	–	517.9	517.9	2014	36504.85	447001.71	2646.66	486153.22
2000	–	–	570.7	570.7	2015	54002.43	530215	2569.74	586787.17
2001	372.6	–	7.9	380.5	2016	55949.33	511981.2	3785.69	571716.22
2002	1991.1	–	2919.5	4910.6	2017	71044.13	515810.49	3493.76	590348.38
2003	2172	–	2709.7	4881.7	2018	70327.89	550829.5	4646.67	625804.06
2004	5721.2	–	11244.9	16966.1	2019	74576.74	605498	6705.26	686780
2005	7546.8	–	24163.9	31710.7	2020	19715	72461	10170	102346

四、长期股权投资

1991年，矿务局长期股权投资为350万元。

2004年12月，对临沂商业银行股份有限公司投资8000万元。

2007年7月，对内蒙古三新铁路公司投资8730万元。

2013年11月，对泰山财产保险股份有限公司投资3000万元。

2015年12月，山东能源集团进行业务板块重组，煤机集团、济南煤机厂整合划出，转为对山东能源重型装备制造集团有限责任公司的投资34147.94万元，占12.66%；临矿置业公司整合划出，转为对山东能源置业有限公司投资26140.03万元，占17.43%。

2017年12月，对大唐郓城发电有限公司投资300万元，2018年11月30日，增资12269.1万元。

2019年12月，对新成立的商业保理公司出资4000万元，占注册资本的40%，投资能源创元投资公司6000万元，占注册资本的60%。

2020年12月，根据山东能源集团意见，临矿集团持有山能置业17.43%股权，无偿划转至山东国欣颐养健康产业发展集团有限公司。

2020年末，临矿集团对外长期股权投资为28955.73万元，主要是对山东能源重装集团、山东能源置业公司、大唐郓城发电有限公司等投资。

1991—2020年临矿集团长期股权投资统计表

表7-2-5
单位：万元

年度	长期股权投资	年度	长期股权投资	年度	长期股权投资	年度	长期股权投资
1991	350	1999	521.4	2007	10554.3	2015	1830.53
1992	150	2000	256	2008	14760	2016	35417.52
1993	209	2001	123	2009	2092.5	2017	60587.97
1994	336	2002	458.5	2010	20387.5	2018	75857.07
1995	420	2003	410.2	2011	24987.37	2019	19569.1
1996	108	2004	8843	2012	22084.05	2020	28955.73
1997	139	2005	9621.4	2013	62655.86	–	–
1998	870.7	2006	12911.9	2014	1785.29	–	–

2020年临矿集团长期股权投资（对外）统计表

表7-2-6
单位：万元

投资主体	被投资企业名称	被投资企业性质	被投资企业所属行业	投资金额	注册资本	投资比例（%）
山东省武所屯生建煤矿	山东省滕东生建煤矿	国有独资	烟煤和无烟煤开采洗选	1000	1000	100
山东省武所屯生建煤矿	山东省济西生建煤矿	国有独资	烟煤和无烟煤开采洗选	2000	2000	100
临沂矿业集团公司	大唐郓城发电公司	国有控股	火力发电	12569.1	41897	30
临沂矿业集团公司	内蒙古三新铁路公司	国有控股	铁路货物运输	12030	58200	15
临沂矿业集团公司	山东联创技术中心	国有控股	其他未列明制造业	10	139	7.2
临沂矿业集团公司	鲁煤实业联合公司	国有控股	煤炭及制品批发	15	1376	1.09
临沂矿业集团公司	山东省煤炭运销公司	国有控股	煤炭及制品批发	10	1300	0.77
临沂矿业集团公司	临商银行股份公司	国有控股	商业银行服务	8484	363379	3.65
临沂矿业集团公司	莒县新城建材公司	私营	纤维板制造	13	60.00	21.67
临沂矿业集团公司	鲁煤大厦	国有控股	其他一般旅馆	60	2881	2.08
临沂矿业集团公司	创元恒盈商业保理（天津）公司	国有控股	金融	4000	10000	40
临沂矿业集团公司	山东能源集团财务公司	国有控股	财务公司服务	10000	300000	3.33
内蒙古上海庙矿业公司	鄂托克前旗上源水务公司	其他	自来水生产和供应	400	8176	5
合计				50483.1		

五、清产核资

1991—2020年，矿务局除进行正常的年度资产盘点外，先后进行3次较大规模的清产核资工作。

1994年，矿务局根据煤炭工业部和山东煤管局的统一安排，对企业全部资产进行全面清查。1995年11月，山东煤管局对矿务局清产核资结果进行批复，资产损失383万元。其中，流动资产净损失267万元，固定资产损失116万元。经核实后的实收资本1.39亿元，资本公积66万元，盈余公积977万元，未分配利润12万元，所有者权益1.49亿元。

2004年，矿务局根据省国资委《山东省省属国有企业清产核资工作方案》《山东省国有企业清产核资实施办法》的规定，在全局开展清产核资工作，范围包括局本部及25个二级子企业，基准日为2004年6月30日。经省国资委对矿务局清产核资结果审查批复，资产损失总额为5797.12万元，潜盈17.7万元。其中，流动资产净损失4249.7万元，固定资产净损失1449.72万元，其他资产损失80万元。损溢认定后资产总额26亿元，负债总额24.4亿元，所有者权益2087.39万元，少数股东权益1.39亿元。

2014年3月，集团公司根据《山东省国有企业清产核资实施办法》，以2014年3月31日为基准日，对所属各单位债权债务清理、资产清查、资产分类、资金核实、分类处置、完善制度等内容开展清产核资工作。通过清查，临矿集团资产总额231.92亿元，其中，正常资产226.05亿元，占97.48%；无效、低效资产5.87亿元，占2.53%。无效低效资产主要有：闲置资产4.89亿元，待报废资产0.18亿元，坏账0.05亿元，其他不良资产0.75亿元。

第四节　预算管理

一、机构职责

2008年3月，成立预算审计处，负责指导、督促、检查、考核所属单位全面预算管理工作。下设预算科、审计科。全面预算管理实施目标管理和过程管理相结合，通过建立科学完整的管理控制体系和考核激励机制，采取计划、分析、控制、协调、监督、评价、激励等手段，统一调配集团内人、财、物等各项资源，对各预算责任中心的经营活动过程进行层级控制，使各预算责任中心目标与集团公司目标保持一致。根据年度考核指标，加强成本费用和资金预算两大重点工作，突出抓好预算编制审批、执行控制管理，进一步扩大预算覆盖面，强化预算执行控制和分析预警力度，提高预算准确率、分析力和监督力，较好地完成年度预算目标。实行预算管理委员会、财务部预算科、各单位财务科或预算科、基层区队（车间、科室）、个人的五级预算管理体系。

2010年7月，撤销预算审计处，成立预算处，负责全面预算管理工作，下设预算管理科、预算编审科。

2016年，撤销预算处，并入财务处，成立政策研究中心预算管理科。

二、管理机制

2008年，预算审计处成立后负责临矿集团全面预算管理、基本建设项目预算管理以及集团本部机关预算管理工作。重新修订《全面预算管理办法》，制定预算编制制度、执行控制制度、分析报告制度、追加调整制度、预算考核办法和预算管理流程、预算编制办法和预算管理机构职责等系列规章制度。组织设计全面预算管理组织架构与预算报表，各基层单位分别设置相应预算管理部门及专职人员，统一使用浪潮GS5.2全面预算操作系统，实行以月度预算控制年度预算制度。

2010年，修订和完善《预算管理考核评价办法》，进一步规范和完善预算考核评价工作。

2012年1月，山东能源集团正式承接6家矿业集团全面预算管理职能。同时使用久其年度预算报表系统与浪潮全面预算系统。11月，完善浪潮全面预算报表系统报表及预算参数、指标。

2013年，推行红绿灯预警机制。对月度指标完成情况与预算目标差异较大的单位，分析原因进行预警，对进入预警单位的预警指标进行全面管制和监控，将其纳入考核范围，根据其进入的不同预警级别给以相应的处罚。

2017年，将资金预算纳入财务共享预算管理模块，覆盖全部资金支付业务，实现资金预算的线上编制、线上调整、线上审批、移动端审批。

2019年1月，制定《临沂矿业集团全面预算管理办法》，对预算的编制要求、编制方法、编制程序、预算执行、预算控制、预算分析、预算考核以及预算调整等作具体规定。同时，制订《临沂矿业集团全面预算管理考核评价办法》，明确考核评价标准、考核办法、考核奖罚等制度。

三、编制内容

全面预算编制包括业务预算、资本预算、资金预算、财务预算4个方面。

业务预算主要包括生产量预算、主营业务产销存预算、主营业务收支预算、其他业务收支预算、成本费用预算、原煤成本预算、洗煤成本预算、商品煤成本预算、非煤主营产品成本预算、采购预算、期间费用预算、营业外收支预算、应交税费预算、人工成本预算、对外捐赠预算等。

资本预算主要包括专用资金投资预算、无形资产投资预算、金融投资预算、长期股权投资预算、基建投资预算、固定资产投资预算。

资金预算主要包括与业务预算和资本预算相关联的资金收支预算和筹资预算。

财务预算主要包括资产负债预算、利润预算、现金流量预算。

四、编制程序

预算编制按照"分级编制，逐级汇总，对口审核，统一协调"的程序进行编制，主要采用"两上两下，上下结合"的模式。

（一）编制年度预算草案

1. 每年11月上旬，山东能源集团下达编制年度预算草案的通知，临矿集团董事会根据企业发展战略和对经济形势的预测提出下一年度预算总体目标，下达给预算管理委员会，预算管理委员会将预算目标分解到集团公司各单位。

2. 编制上报。集团公司财务部组织各职能部门编制总部年度预算草案；各单位按照责任中心，分级编制本单位年度预算草案；财务部审查、平衡、逐级汇总后报预算管理委员会。

（二）预算审查

集团公司预算管理委员会对年度预算草案进行审议，对有关问题提出调整意见。各单位根据预算管理委员会的意见对本单位预算草案进行修正，在沟通、平衡、协调的基础上作相应的调整。财务部将汇总调整后的各单位预算草案，报山东能源集团审核。

（三）预算下达

财务部根据山东能源集团下达的预算指标，分解后下达所属各单位。

五、年度方案

临矿集团财务部组织各职能部门编制总部年度预算；各单位根据下达的预算指标，形成正式年度预算方案并按照季度、月度进行分解。

各权属单位将正式年度预算方案上报集团公司，集团公司各职能部门按照分工进行审核。

财务部汇总编制集团公司正式年度预算方案，经预算管理委员会审核后上报能源集团审批。能源集团审批通过后形成议案报临矿集团董事会审议，董事会审议通过后上报能源集团备案。

六、批准执行

集团公司建立以月度预算保障年度预算的制度。月度预算是对年度预算的分解，各单位根据年度预算按月编制上报月度预算，报集团公司审查批准后执行。

生产经营单位月度预算的编制内容主要由经济指标预算、资金收支预算、人工成本预算、商品煤成本预算等；基本建设单位的编制内容主要由投资完成及应付款预算、建设管理费预算、基建资金收支预算。

七、执行与控制

各单位预算一经批准下达，必须认真组织实施。在预算控制中，应建立严格的授权审批制度和跟踪反馈制度，严格执行预算进度；建立成本费用分级控制体系，将成本费用项目分为刚性控制和弹性控制两类。刚性控制项目严格执行预算定额和费率标准，禁止超出预算；弹性控制项目履行内部决策程序后可以调整当期预算。

临矿集团层面侧重于资金管理，以资金预算控制为核心，严格执行各项资金管理制度，严格审批权限和审批程序，确保各项经营管理活动始终处于受控状态，强化货币资金集中管理和收支监控，防范财务风险，从资金源头上加强预算控制。

各单位根据本单位的生产经营特点，有效地选择控制重点：生产预算控制、成本费用预算控制、现金流预算控制、销售预算控制等。制订分级控制、归口控制责任制，建立健全定额管理、计量管理、标准化管理等基础管理制度，加强对采购、生产制造、销售服务等环节的管理与控制，把经营管理方法、策略贯穿于执行预算的全过程，确保预算目标的完成。

基本建设单位依据工程合同、工程进度完成情况加强项目预算控制管理，严格控制各项投资支出，降低投资成本。

各单位明确资本预算归口管理部门，根据集团公司批准的投资计划合理安排工程项目和投资规模，及时跟进工程进度，保证资本性支出与生产经营需求相适应；建立严格的资本性投资项目考核制度，项目责任人和资本预算归口管理部门的业绩与资本预算考核结果紧密挂钩。

各单位严格执行企业会计准则，对资本性支出项目和成本性支出项目、专项资金与其他资金要严格界定，不得混合调整使用。

各单位在执行过程中加强监控跟踪，不得以未超预算控制总额为由人为调节成本，有预算结余时不得违反经济活动的常规性用尽预算，对执行过程中发现的偏差和将面临的重大风险要进行分析并及时向上级反映，并采取切实有效的措施予以改进或规避，以确保预算目标的实现。

八、分析和反馈

集团公司建立全面预算分析及报告制度，要求各单位进行月度、季度和年度分析并报告全面预算的执行情况，及时分析预算执行中产生差异的原因，查找责任并及时提出改进措施，同时为预算考核提供参考。

财务部督促各预算执行单位及时分析，跟踪预算执行情况，形成预算差异分析报告，负责将预算分析报告报预算管理委员会审核，根据审核意见及时采取应对措施。

九、指标调整

为维护预算的严肃性和权威性，强化预算的约束力，年度预算指标一经批准下达，一般不予调整。如发生重大变化首先应通过内部挖潜或采取其他措施弥补，只有在无法弥补的情况下，才能提出预算调整申请。确需调整的，可于每年七月底向集团公司提交申请，经批准后可以调整，一般每年只调整一次。

十、全面考核

集团公司建立预算考核评价制度，由预算管理委员会对预算执行单位进行年度考核。将各单位预算管理工作及预算目标执行情况纳入考核范围，实行奖优罚劣。各单位参照集团公司考核体系制订切实可行的考核评价办法。

预算考评时，各单位首先对预算完成情况进行自我考评并编制自评报告，分析造成预算差异的主要原因；预算管理委员会在此基础上对各单位进行考评，编制考评报告，并公布考评结果。

第五节 资金管理

一、流动资金

1991年，矿务局主要依靠国家亏损补贴维持正常生产，流动资金存量为4193.4万元。按照能源部有关规定，对流动资金实行集中统一管理和归口分级管理相结合的管理体制。对内部所拥有的流动资金实行集中统一分配、调度，对内部核算的各矿、厂、公司给予核定一定数量的流动资金，供其使用，同时按业务范围和系统分层次管理。

1993年7月1日，矿务局执行财政部《企业会计准则》，所有者投入企业的资金不再划分为固定资金、流动资金和专项资金，设置"实收资本"科目集中反映企业所有者投入企业的资金。矿务局在实行局、矿（厂、公司）二级管理，矿（厂、公司）为核算单位体制的基础上，采取流动资金按类别归口管理的方法。

1997年5月12日，矿务局成立内部结算中心并在各矿设立办事处，对全局资金统一集中管理。撤销除基本户外所属单位在当地银行的所有账户，统一在局内部结算中心开户。

1998年，实行货币资金"收支两条线"管理。指定中国建设银行作为矿务局合作银行，分别开设收入、支出账户，加强资金管理。

2001年2月，矿务局下发《关于进一步加强经营管理的若干规定》和《资金管理办法》，加大对经营管理特别是资金管理的力度。

2002年4月2日，下发《关于加强应收款项清收和存货压缩工作的通知》和《2002年末应收款项和存货控制指标的通知》，成立专门的领导机构和清欠队伍，落实清欠责任，防止呆坏账生。

2006年10月，下发《临沂矿业集团有限责任公司资金管理办法》，强化财务预算管理，加强资金集中管控和专项资金管理，严禁资金体外循环，集中内部资金，形成整体合力。年末，临矿公司陈年老账全部清理完毕，"两金"控制创出历史最好水平。流动资金存量达到16.07亿元，比1991年增加15.65亿元。

2008年，临矿集团推行货币资金预算管理，建立大额付款审批制度，保证资金的合理利用。

2009年8月，下发《关于印发临矿集团推行网上银行结算及实行收支两条线管理的通知》，利用网上银行结算技术，直接实行资金收支两条线，实现资金高度集中管理。

2010年，下发《关于进一步加强银行承兑汇票管理的通知》，对承兑汇票的收取、支付、考核进行管理。

2011年，制定《关于进一步加强资金管理的通知》《关于强化银行承兑汇票的通知》，压缩四金、提高现汇收取比例、控制现汇支出。设收入、支出专户，收入均通过山东能源集团统一设立的内部收入专用账户进行收款，所有支出根据规定程序审批后通过支出专户付款。各单位只有1个收入专用账户，只收不支，账户内资金由资金系统不落地上划到山东能源集团财务公司，实行零余额管理。

2013年，下发《关于加强财政资金管理的通知》，对财政资金的申请、拨付、使用、后续验收、账务处理进行统一规定。为确保资金供求平衡，保证企业正常生产经营、重点项目建设以及归还到期贷款的资金需求，制定《关于印发资金短缺风险管控暂行办法的通知》。

2016年，开展四金专项清理活动，加强对存货、应收账款、其他应收款、预付账款的清收，降低四金占用规模、提高资金周转率，增强资金保障能力。

2017年4月，成立财务共享中心，重新制定《临矿集团资金限额管理办法》，对各单位货币资金（包括库存现金、银行存款）和银行承兑汇票实行日均限额管理，各单位资金超出核定的限额部分及时划转到财务部资金管理中心指定账户。10月，制定《临矿集团关于进一步加强资金管理的补充规定》，进一步强调严格执行"收支两条线"资金集中管理模式。对资金的集中方式、资金的审批权限、审批流程、资金的监管做了规定。

2019年4月，制定《临沂矿业集团有限责任公司资金集中结算业务管理办法（暂行）》，将财务共享上线单位资金结算职能全部纳入财务共享中心，进行统一管理、集中结算，对所有资金实时可视可控、全面监管。

2020年11月，制定《临沂矿业集团有限责任公司资金管理办法》，明确资金账户管理、货币资金管理、资金预算管理、债务融资管理、内部借款管理、担保业务管理、资金风险防控管理、资金管理监督检查及违规处罚等。12月，修订完善《临沂矿业集团资金集中结算业务管理办法》，财务共享中心资金管理有章可依，风险可控。

2020年末，集团公司流动资金存量为68.95亿元。

二、专项资金

集团公司提取和使用的煤矿专用资金主要包括：维简资金、安全费用资金、大修理资金、职工福利基金、造育林基金。

（一）维简资金

维简基金的使用坚持集中管理、先提后用，量入为出、专款专用、确保重点、专项核算的原则。用于矿井开拓延伸工程，矿井技术改造，煤矿固定资产更新、改造和固定资产零星购置，矿区生产补充勘探，综合利用和"三废"治理支出，大型煤矿一次拆迁民房50户以上的费用和中小煤矿采动范围的搬迁赔偿，矿井新技术的推广，小型矿井的改造联合工程。

1991年，矿务局按吨煤6元的标准提取维简基金，按吨煤2.5元提取井巷基金。

1993年，制定《关于企业有关建设资金使用管理办法的暂行规定》，明确煤矿维简费和井巷基金全额上缴矿务局集中管理使用。

2004年5月，根据财政部、国家发改委、国家煤矿安全监察局《关于规范煤矿维简费管理问题的若干规定》，矿务局按吨煤8.5元提取煤矿维简费。维简费的使用由矿务局各权属单位提报维简费使用计划，经审查小组会审后，报矿务局批准后下发各单位执行。

（二）安全费用资金

安全费用资金坚持专款专用、专户储存的原则。用于矿井主要通风设备更新改造支出、完善和改造矿井瓦斯监测系统与抽放系统支出、完善和改造矿井综合防治煤与瓦斯突出支出、完善和改造矿井防灭火支出、完善和改造矿井防治水支出、完善和改造矿井机电设备的安全防护设备设施支出、完善和改造矿井供配电系统的安全防护设备设施支出、完善和改造矿井运输（提升）系统的安全防护设备设施支出、完善和改造矿井综合防尘系统支出、其他与煤矿安全生产直接相关的支出。

2004年5月，矿务局制定《关于下达煤矿生产安全费用提取标准的通知》。规定所属矿井按原煤实际产量8元/吨提取安全费用。

2008年，集团公司下发《关于提高煤炭生产安全费用提取标准的通知》，自1月1日起，各煤矿生产单位按吨煤30元提取安全费用。

2013年，根据财政部《企业安全生产费用提取和使用管理办法》规定，按吨煤15元提取安全费用。

2017年，按照《山东能源集团安全费用管理办法》规定，按吨煤15元提取安全费用。

安全费用的使用由临矿集团各权属单位提报使用计划，经审查小组会审后，报集团公司批准后下发执行。

（三）大修理基金

1991年，按主管部门规定，大修理基金从成本中按固定资产原值的大修理折旧率（综采综掘设备和铁路专用线大修理折旧率为5%，其他为2.5%）提取，矿务局执行3%。用于机器设备进行全部拆卸和部分更换主要部件、配件，房屋建筑物进行翻修和改善地面等大修理工程支出。矿务局对大修理基金采用统一核算和分级管理的形式。

1993年，执行《企业会计准则》，矿务局停止提取大修理折旧基金，按实际发生额直接计入成本。

（四）职工福利基金

1991年，职工福利基金按职工工资总额的11%从成本中提取部分。主要用于职工及其供养的直系亲属的医药费，医务人员工资及医务经费，职工生活困难补助，生活浴室（不包括井口及生产浴池）、理发室、托儿所、幼儿园人员的工资和各项支出同各项收入相抵后的差额，食堂炊事用具的购置、修理费用和集体福利设施支出等。

1993年，执行《企业会计准则》，按职工工资总额的14%从成本中提取。

2007年起，发生的职工福利性支出直接在成本中据实列支，不再单独提取。

（五）造育林基金

1991年，根据煤炭工业部、财政部《煤炭企业造林费用和育林基金管理办法》，按吨煤0.1元提取造育林基金，按规定比例上缴山东煤管局，剩余部分由矿务局统一管理使用。

2013年后，不再提取造育林基金。

1991—2020年临矿集团维简及安全费用提取使用统计表

表7-2-7　　　　　　　　　　　　　　　　　　　　　　　　　　　　　　　　　　单位：万元

年度	维简费		安全费用	
	提取	使用	提取	使用
1991	197.2	197.2	–	–
1992	268.6	268.6	–	–
1993	161.00	161.00	–	–
1994	183.00	183.00	–	–
1995	182.00	182.00	–	–
1996	258.00	473.00	–	–
1997	304.00	368.00	–	–
1998	329.70	386.80	–	–
1999	341.40	369.20	–	–
2000	448.20	517.40	–	–
2001	774.80	937.10	–	–
2002	1279.80	1346.20	–	–
2003	1748.40	1751.50	–	–
2004	6063.80	6119.10	3195.70	3758.40
2005	6633.30	6687.00	4393.90	7951.20
2006	4365.02	4384.74	4372.68	4395.88
2007	4575.25	4587.86	4635.87	4650.71
2008	4850.63	4857.05	17119.88	17142.52
2009	5081.55	5109.77	17934.89	18034.47

年度	维简费		安全费用	
	提取	使用	提取	使用
2010	7154.12	7214.45	20415.54	21451.84
2011	9740.55	8734.40	29619.59	24867.48
2012	13165.99	11766.35	35070.66	26507.43
2013	15788.73	12682.08	22013.22	27140.10
2014	13845.50	17233.22	17911.14	31684.14
2015	9183.31	9792.11	14784.80	22996.96
2016	7180.56	7755.29	15300.42	18523.04
2017	7728.21	9679.77	17648.85	17062.98
2018	11273.30	10553.29	22293.94	24491.56
2019	13362.65	146953.94	30828.78	32562.12
2020	14553.97	15437.81	34278.14	34053.22

三、融资

2010年，集团公司第一届董事会第十九次会议审议通过《关于集团公司发行中期票据的议案》，二十次会议审议通过《关于集团公司中期票据发行议案的方案》，同意发行注册金额为10亿元的中期票据。于2011年3月29日和10月11日分别发行金额为5亿元的5年期票据，系集团公司第一次开展中期票据融资。

2012年12月27日，上海庙矿业公司与光大金融租赁股份有限公司签订融资租赁合同。合同约定上海庙矿业公司将价值3.3亿元的设备卖给光大金融租赁股份有限公司并租回，回租期为36个月。系集团公司第一次开展租赁融资。

2014年，集团公司向山东能源集团呈报《关于山东能源澳大利亚公司"内保外贷"融资担保的请示》，山东能源澳大利亚公司继续对收购矿区进行前期勘探开发建设，预计资金支出2.38亿美元。为保证按时归还贷款及矿区勘探开发顺利进行，根据澳大利亚公司资金需求情况，拟定融资方案。境外贷款以开户行悉尼建行、布里斯班中行为主，境内以中、农、工、建、交行五大银行为主，日照银行、民生银行等其他股份制银行补充的工作思路开展业务。2017年7月19日，成功发行RegS、美元计价、高级无抵押债券，所筹资金用于偿还现有债务及一般公司用途，发行人是山东能源澳大利亚有限公司，发行金额3亿美元，期限3年，系集团公司第一次开展海外债券融资。经过多方努力和艰苦谈判，取得了发行全部成本控制在5%以内的目标。发行最终获得10倍超额认购，簿记总规模超过32亿美元，票面利率为4.55%，信用利差较初始指引收窄了35个BP（基点的缩写，一个基点等于0.01个百分点），创当时BB国际信用评级的企业发行价历史新低，与前期内保外贷相比，3年共节约财务费用2亿元。

2016年11月14日，山东能源集团与建设银行签署关于市场化债转股项目框架协议，按照《增资扩股协议》，建设银行旗下全资公司建信（北京）投资基金管理有限责任公司于2017年对临矿集团增资200625万元、股权占比28.71%，其中，增加实收资本87856.6728万元、增加资本公积112768.3272万元。系集团公司第一次开展债转股融资。

2018年3月，临矿集团第一只资产证券化产品"沂水热电供热收费收益权"（ABS）项目成功发行，发行金额6.33亿元；并发行5亿元中期票据。8月，集团公司成功发行5亿元私募债和5亿元的中期票据，系第一次开展私募债融资。

2019年11月，临矿集团成功发行5年期10亿元中期票据，票面利率4.94%，较同期3年期10亿元私募债利率降低36BP，节约资金成本1800万元，为集团公司发展提供了资金保障。

2020年3月，临矿集团发行20亿元公司债券，票面利率4%，创当期同业同主体评级发行利率最低纪录，较银行同期贷款基准利率低90BP，再次刷新同期限债券发行历史最低利率，节约资金成本9000万元，为集团公司高质量发展提供了资金保障。7月9日，临矿集团通过全资境外子公司Shandong Energy Australia Pty Ltd成功发行1亿美元高级无抵押固息债券，期限3年，票面利率4.2%，创年内中国煤炭行业最低收益率美元债，系年内山东省属企业最低收益率无评级美元债；22日，临矿集团通过全资境外子公司Shandong Energy Australia Pty Ltd成功提款3亿美元国际银团贷款，期限3年，贷款利率3.45%，利用发债资金提前归还外部借款，节约外部利息支出763万元；与银行谈判下调部分贷款利率，节约外部利息支出328万元。是年内首笔澳大利亚中资控股企业新发银团，年内山东省属能源类国有企业首笔无抵押境外银团。

第六节 成本管理

一、成本构成

1991—1993年，成本核算项目包括材料、职工工资、职工福利基金、电力、维简井巷费、折旧费、大修理基金、其他支出等。

1994年，增加土地塌陷赔偿费核算内容。

2004年7月，增加煤炭生产安全费和改革发展专项资金核算内容。

2008年，停止提取改革发展专项资金。

2020年末，成本核算项目包括材料、职工薪酬、电力、折旧、维简费、煤炭生产安全费、修理费、土地塌陷赔偿费、其他支出等。

二、成本核算

1990年，矿务局实行局、矿（厂）、区队（车间）、班组四级管理和局、矿（厂）、区队（车间）三级会计核算管理体系，核算内容为全部成本。矿务局为独立核算单位，负责全局成本费用的核算、监督、考核及奖惩。矿（厂）是矿务局内部独立核算单位，是成本管理和核算的中心环节，以完成利润指标为重点进行成本核算。区队（车间）是基层生产组织，直接成本核算单位，所有材料、电力、工资、及其他费用全部列入成本核算范围，实行包产量进尺、包质量、包成本、保安全、与职工工资奖金挂钩的形式进行核算。

1991年3月12日，能源部发布的《煤炭工业企业会计核算办法》和《煤炭工业企业会计成本管理办法》规定，生产费用由基本生产、辅助生产、非工业性事业经营三部分组成。设置基本生产、辅助生产、车间经费、企业管理费4个会计科目和4种明细账进行核算。基本生产、辅助生产、非工业性事业经营的成本费用核算采用完全成本法，销售成本采用累计成本留成法。

1993年7月1日，执行财政部《企业财务通则》《企业会计准则》《工业企业财务制度》及《工业企业会计制度》规定，对产品成本的核算统一采用制造成本法。

1996年，制定《临沂矿务局财务会计制度实施办法》，矿务局及二级核算单位对产品成本的核算统一采用制造成本法，销售成本采用加权平均法。

1997年2月28日，矿务局按照原煤生产线不亏损、多种经营线实现利润、后勤服务走向市场的原则，实行"三条线"完全成本核算。

2006年，矿务局整体改制为临矿集团后，实行完全成本核算，所属单位由成本重点要素控制向全要素控制转变，进行全过程成本控制。至2020年，集团公司仍实行完全成本核算。

三、成本控制

1991年，按照能源部《煤炭工业企业会计核算办法》《煤炭工业企业会计成本管理办法》要求，矿务局每季终了后的20日内召开全局经济活动分析会，矿、厂、公司每月终了后的10日内召开经济活动分析会，找出影响成本的因素，加强成本管理。

2001年，矿务局每年对各矿、厂、公司下达目标成本、费用指标，作为年度主要考核内容，与各单位领导班子成员年薪收入挂钩；各单位将成本、费用层层分解、落实到基层科室、区队、班组或个人。

2002年，矿务局机关管理费用实行包干责任制，节奖超罚。

2008年，临矿集团将材料、电费、工资等所有能量化考核的成本支出全部纳入全面预算管理控制范围，实行分级控制和归口管理。

2012年，临矿集团制定《关于下达2012年度可控成本费用指标的通知》，把降低成本费用指标纳入领导班子经营绩效考核工作的内容。

2013年2月，执行《山东能源集团成本管理办法》，实行垂直分级和横向归口管理，划分责任主体，明确成本职责，构建起横向到边、纵向到底、权责明晰的成本组织体系。10月，落实能源集团关于决战四季度实施两锁定两挂钩考核的通知，开展"双降双提双保"工作。当年，吨煤成本328.3元，同比降低19.99元。

2015年5月，执行山东能源集团《关于组织开展经营管理"十个严控十个一律"活动的决定》，纳入单位负责人年度经营业绩考核。当年，吨煤成本285.21元，同比降低32元。

2017年1月，临矿集团建立权属单位吨煤成本、4项可控吨煤成本通报制度。

2018年，财务共享中心全面上线，所有权属单位财务全部纳入共享中心统一核算管理，实现对各单位成本构成项目全过程管理控制。所属单位落实分级控制和归口控制责任制，完善各种定额，定期召开成本分析会，形成自上而下、纵横交错、人人负责的成本控制体系。是年，吨煤成本419.52元，同比降低48.25元。

2020年，强化全生命周期成本管控，推行成本费用精益化管理。是年，吨煤成本348.78元，同比降低23.18元。

1991—2020年临矿集团原煤单位成本统计表

表7-2-8　　　　　　　　　　　　　　　　　　　　　　　　　　　　　　　单位：万吨、元、元/吨

年度	原煤产量	原煤单位成本						
		材料费	职工薪酬	电费	折旧费	修理费	其他	合计
1991	86.45	19.94	36.61	9.47	5.21	3.20	15.78	90.21
1992	75.00	21.37	42.37	12.69	6.52	4.65	20.08	107.68
1993	54.03	24.18	52.70	17.23	7.81	4.17	25.97	132.06
1994	68.80	23.06	58.14	19.37	13.32	4.11	27.39	145.39
1995	68.79	27.15	54.23	13.72	14.24	1.05	52.62	163.01
1996	59.84	23.75	61.45	22.56	11.01	2.43	56.09	177.29
1997	55.69	23.40	64.62	25.76	11.76	1.97	62.66	190.17
1998	54.52	23.43	56.91	25.64	10.49	2.94	34.56	153.97
1999	51.46	22.28	54.56	36.35	11.80	3.42	27.66	156.07
2000	92.48	34.92	47.07	19.86	7.91	3.39	31.60	144.75
2001	129.14	25.18	36.04	12.92	18.79	2.40	89.55	184.88
2002	213.30	38.57	61.61	12.09	11.17	1.80	61.95	187.19
2003	291.57	23.56	63.30	8.65	10.84	2.46	56.19	165
2004	507.02	35.73	55.59	7.02	15.20	5.17	151.08	269.79
2005	519.23	31.32	108.39	7.94	17.15	4.66	88.20	257.66
2006	579.79	26.66	88.90	19.08	19.08	2.90	116.83	273.45
2007	626.59	39.32	133.26	11.20	23.55	0.39	97.59	305.31
2008	692.92	47.89	157.65	13.57	27.78	5.81	140.22	392.92
2009	823.43	47.78	181.10	13.57	27.61	5.72	28.48	304.26
2010	662.30	57.40	154.52	10.21	24.54	4.80	149.00	400.47
2011	1127.61	55.06	154.41	10.25	28.41	4.10	97.80	350.03
2012	1239.31	44.54	157.63	12.55	27.31	4.80	101.46	348.29
2013	1250.51	38.43	144.23	13.98	38.34	4.21	89.11	328.3
2014	951.66	32.72	162.01	16.33	33.59	6.34	66.22	317.21
2015	720.65	32.75	149.91	13.20	30.87	7.00	51.48	285.21
2016	813.71	47.61	163.23	20.12	44.84	10.49	99.91	386.2
2017	879.25	49.78	173.41	17.71	55.21	14.80	156.86	467.77
2018	1267.81	38.92	161.29	12.47	57.39	9.76	139.69	419.52
2019	1489.62	30.04	152.81	19.16	58.41	5.72	105.81	371.96
2020	1626.08	35.88	135.46	19.41	54.43	5.96	97.65	348.78

第七节　利润税金

一、利润

1991年，矿务局煤炭资源枯竭、生产条件差、企业亏损大，企业和职工靠国家补贴生存。

2000年，被国家列为36家整体破产的煤炭企业之一。

2002年，营业收入80348万元，实现利润3221万元，整体扭亏为盈，结束了连续28年的亏损历史。

2006年8月5日，矿务局整体改制为临矿集团，利润呈现快速增长。

2011年，营业收入1415813.33万元，实现利润192920.76万元，创临矿集团历史最好水平。

2014—2015年，煤炭价格持续下滑，整体盈利能力减弱，2年仅实现利润12122.03万元，为临矿集团低谷期。

2016年，营业收入1694880.83，实现利润23825.76万元。

2020年，营业收入3350096万元，实现利润101242万元。

1991—2020年临矿集团收入与利润情况统计表

表7-2-9　　　　　　　　　　　　　　　　　　　　　　　　　　　　　　　　单位：万元

年度	营业收入	利润总额	年度	营业收入	利润总额
1991	9988.5	−4051.2	2006	309247	45354
1992	13104.1	−4023.7	2007	383020.37	67893
1993	13590	−2919	2008	515427.25	123476
1994	27795	−2798	2009	440342	112782
1995	31771	−1904	2010	869058.51	176224
1996	29596	−998	2011	1415813.33	192920.76
1997	31695	8	2012	1724406.44	112995.22
1998	32922.3	−2486.7	2013	2141056.17	37242.42
1999	33878.5	−319.2	2014	1325758.89	4953.72
2000	36032.8	−148.8	2015	1030233.93	7168.31
2001	59951.9	−10739.8	2016	1694880.83	23825.76
2002	80348	3221	2017	2389031.05	86700.68
2003	108911.7	3727.4	2018	2600066.24	142731.66
2004	274712	9022.9	2019	2846575	64294
2005	284952.6	38503.8	2020	3350096	101242

二、税金

临矿集团上缴的税种主要有：企业所得税、增值税、营业税、城建税、资源税、房产税、土地使用税等。1991—2020年，共上缴各项税金2114118.2万元。

（一）企业所得税

1991—2007年，矿务局执行《企业所得税暂行条例》，税率为33%。

2008年1月，根据修订后的《企业所得税法》，所得税率由33%降为25%。

1991—2020年，共上缴企业所得税620317.63万元。

（二）增值税

1. 税率调整

1994年，国家进行税制改革，取消产品税，实行增值税，基本税率为17%和13%，其中，煤炭产品税率为13%。

2009年1月1日，根据《财政部国家税务总局关于金属矿、非金属矿采选产品税率的通知》，煤炭适用税率从13%上调为17%。

2018年5月1日，执行财政部、国家税务总局《关于调整增值税税率的通知》，煤炭适用税率从17%调为16%。

2019年4月1日起，煤炭企业增值税税率为13%。

2. 减免税

2016年5月1日，财政部国家税务总局《关于全面推开营业税改征增值税试点的通知》，执行统借统还规定政策，免征增值税。

2017年6月23日，临矿集团在国税局对统借统还业务取得的利息收入免征增值税优惠完成备案登记工作，自2017年1月1日起临矿集团对符合统借统还政策的内部借款利息收入免缴增值税。

（三）城建税

根据《城市维护建设税暂行条例》规定，纳税人所在市区的，税率为7%；纳税人所在地在县城、镇的，税率为5%；纳税人所在地不在市区、县城或镇的，税率为1%。集团公司执行7%税率。

（四）房产税

2010年，财政部、国家税务总局规定将地价计入房产原值征收房产税。房产税依照房产原值一次减除10%至30%后余值的1.2%计算缴纳。从价计征10～30%的具体减除幅度由省、自治区、直辖市人民政府确定。山东省规定具体减除幅度为30%。

从租计征的，以房产租金收入为计税依据。以房产租金收入的12%为计税依据。

（五）土地使用税

根据《中华人民共和国城镇土地使用税暂行条例》（2006年修订），集团公司执行11.20元/平方米/年，土地为183151.84平方米，计税面积为183151.84平方米。

（六）资源税

1994年1月1日，根据《资源税暂行条例》，资源税为吨煤0.3～5元。矿务局执行吨煤1.8元。

2005年，执行财政部、国家税务总局《关于调整山东省煤炭资源税税额标准的通知》，煤炭资源税为吨煤3.6元。

2014年，执行财政部、国家税务总局《关于实施煤炭资源税改革的通知》（财税〔2004〕72号），煤炭资源税实行从价定率计征，以应税煤炭销售额为计税依据。

（七）个人所得税

1991—2005年，按1980年《个人所得税税法》，个税起征点为800元。

2006年1月1日，个税起征点从800元调整为1600元。

2008年3月1日，由1600元提高到2000元。

2011年9月1日，个税起征点提高到3500元，并实行七级超额累进税率，不再实行九级超额累进税率。

2018年10月1日，个税起征点提高到5000元。

2019年1月1日，居民个人的综合所得，以每一纳税年度收入额减除费用6万元以及专项扣除、专项附加扣除和依法确定的其他扣除后的余额，为应纳税所得额。

1991—2020年临矿集团税费缴纳统计表

表7-2-10

单位：万元

年度	企业所得税	增值税	营业税	城建税	资源税	房产税	土地使用税	车船使用税	土地增值税	个人所得税	实缴合计
1991	–	42.4	23.9	19.1	34.1	19.70	5.1	1.2	–	–	145.50
1992	–	80	32.7	23.6	40.9	14.3	7.1	1.1	–	–	199.7
1993		78	43	28	51	9	9	1	–	–	219
1994	–	1090	46	51	52	6	6	1	–	–	1252
1995	–	1377	34	108	58	12	12	2	–	–	1603
1996	344	1233	47	98	61	17	14	2	–	–	1816
1997	344	1247	131	91	57	14	12	1	–	–	1897
1998	–	983.2	206.3	72.6	47.7	7.5	7	1.3	–	–	1325.6
1999	543.5	1245.6	140.2	88	47	22.3	60.4	1	–	–	2148
2000	–	1351.3	233.90	106.2	59.10	29.8	57.8	1.3	–	–	1839.4
2001	–	2884.7	106.9	223.7	105.7	29.2	65.5	1.3	–	–	3417
2002	1394	5453.4	152.4	376.8	180.2	35.7	92.6	2.2	–	–	7687.3
2003	4724.4	9301.2	283.5	365.2	339	100	328	3.1	–	–	15444.4
2004	17886.6	21642.1	353.5	1391.2	920.6	155.2	348.9	3	–	–	42701.1
2005	20878.5	23032.3	204.4	1498.8	1558.6	215.1	448	4.4	–	–	47840.1
2006	35111.5	26645.6	1001.4	1825	2049.4	298.3	653.10	4.4	54.6	–	67643.3
2007	43819.6	31417.8	937.4	2065.5	2215.3	367.6	1006.9	8.3	139.1	–	81977.5
2008	47617.1	43455.6	573.3	3158.7	2147.4	380.8	1625	7.6	2.70	–	98968.2
2009	38851.6	50162	1696.7	3324.8	2634.6	406.8	1987.2	8.5	123.4	5745.5	104941.1
2010	45921.7	66657.4	2490.4	4142.6	2613.3	686.7	1987	10.1	588.5	13544.8	138642.5
2011	60809.4	83488.6	3166.3	5835.8	3788.2	887.8	1711.2	7.7	646.6	12267.9	172609.5
2012	62596.2	83123.8	3556.5	5745.6	4889.2	1389	1980.4	23	434.1	7120.5	170858.6
2013	32751.7	67600.3	3684.5	4910.4	6766.9	1616	2994.6	28.1	560.3	5968	126880.8
2014	22729	56162.1	3329.9	3519.3	5957.2	1810.1	2806.6	30.8	308.2	4295	100948.2
2015	12997.3	41999	1814.4	2980.2	12245.3	2037.4	3490.2	20	446.1	2953.8	80983.7
2016	11040	56866.7	395.4	3393.8	15727	2666.8	3425.1	27.9	666.2	4172.1	98381
2017	39349.7	102623.5	0.8	6095.6	27997.7	2699.6	3128.6	19.5	–	6821.8	188736.8
2018	40642.2	102740.9	–	6445.6	36778.9	3031.9	3160.3	30.2	2.8	9417.6	202250.4

续表

年度	企业所得税	增值税	营业税	城建税	资源税	房产税	土地使用税	车船使用税	土地增值税	个人所得税	实缴合计
2019	55077.82	96277.41	–	5154.36	35304.23	2842.56	2716.68	23.32	–	3103.33	200499.71
2020	24887.81	73980.39	–	4049.78	37687.39	3127.53	2599.43	23.18	–	3906.25	150261.76
合计	620317.63	1054242.3	24685.7	67188.24	202414.22	24935.69	36745.71	299.5	3972.6	79316.58	2114118.2

第三章 资本运营

2005年10月，省国资委印发《关于临沂矿务局改制为临沂矿业集团有限责任公司的批复》，2006年7月，临矿集团成立。临矿集团实施多元化资本运作战略，采取盘活存量、兼并、收购、强强联合、吸引资本、资产证券化等手段，实现了资本总量的规模扩张，推进了企业结构重组、资产经营与资本运作的同步发展。控股规模较大企业，联合开发省内、省外、国外煤炭资源，壮大企业经济实力；建立完善防控机制，规避投资风险，稳步推进以资本增值为目的的资本运营管理工作，实现了由生产经营型向资本运营型的转变。

2020年，临矿集团发展为拥有13个全资公司、5个控股公司、10个参股公司的跨地域、跨行业的大型现代化企业集团。

第一节 机构与制度

一、机构设置

（一）资本运营

2001年11月，成立企业管理处，行使资本运营管理职能。

2013年10月6日，成立资本运营处，负责集团公司的资本运营、投资管理，配合财务处负责产权管理。

2016年12月26日，成立法务资本部，资本运营处隶属法务资本部。

（二）资源开发

2004年7月，为进一步加强对新区矿井的开发、建设和经营管理工作，矿务局成立资源开发建设处，具体负责新区资源开发管理工作。

2007年5月，临矿集团成立综合开发处，负责矿产资源的开发及其他资源的综合利用。

2012年9月，制定《临沂矿业集团关于加快推进"走出去"战略实施意见》，提高临矿集团资源占有规模。

2016年4月，执行《山东能源集团有限公司关于矿产资源开发的指导意见》，规范矿产资源开发管理工作，控制投资风险，提高投资效益。

2017年6月，为抓住新旧动能转换的历史机遇，加快推进工业3.0+改造升级、五大平台建设和资源开发等工作，成立以董事长刘孝孔为组长的新旧动能转换领导小组，下设工业3.0+改造升级领导、五大平台建设、资源开发等3个专业组，资源开发专业组联络办公室设在法务资本部。

2018年11月，对资源开发领导小组进行调整。12月，成立新疆资源开发工作小组。

二、制度

1997年9月，矿务局执行山东煤管局《煤炭企业对外投资管理暂行办法》，投资单位可以以现金、实物和无形资产对外投资；用实物和无形资产投资的，须经资产评估机构进行资产评估，并按财务隶属关系逐级上报国家资产管理部门对评估结果进行确认。

2005年5月，执行山东省国资委《山东省省管企业投资管理暂行办法》。

2006年12月，临矿集团制定《临沂矿业集团有限责任公司投资项目决策办法（试行）》，对投资的内容、原则、投资主体的职责、项目投资的审批部门及职责、项目的审批程序等作了规定。

2009年11月，执行山东省国资委《山东省省管企业投资管理暂行办法》，鲁国资规划〔2005〕4号文件同时废止。

2010年，临矿集团制定《临沂矿业集团公司投资项目决策程序》，对投资项目的研究论证、审批决策、检查监督、后评价及责任追究等作了明确规定。同时围绕项目建设流程控制，建立健全投资管理配套制度，制订出台计划管理办法、招投标管理办法、物资招标采购办法、工程管理办法以及预算管理、资金管理、风险管理等一系列规章制度，逐步完善了投资管理制度体系。

2012年3月，执行能源集团《山东能源集团有限公司投资管理暂行办法》。主业投资额5000万元及以上项目、非主业投资项目，省外、境外投资项目，股权类投资项目等需报能源集团审批，其他项目需报能源集团备案。

2016年6月30日，为进一步规范项目投资管理程序，有效控制投资风险，降低投资成本，制定《关于加强和规范项目投资管理程序的规定》。印发《关于加强和规范项目投资管理程序的规定》。7月21日，印发《临沂矿业集团有限公司关于非上市公司实施中长期激励试点管理办法》，建立起长效激励约束机制。

2017年3月10日，印发《关于集团公司合资企业年度股东会、董事会、监事会规范管理的指导意见》，对"三会"管理原则、职责和分工、三会管理程序、流程等进行规定。

2020年10月27日，印发《临沂矿业集团有限责任公司关于进一步加强投资管理的通知》，进一步强化投资收益理念，优化产业布局，规范投资流程，防范投资风险。

三、管理

（一）项目投资管理程序

1. 项目决策

投资项目决策程序是指从项目提出到下达项目投资计划之前的工作程序，包括前期工作、内部决策、能源集团审批或备案、政府核准或备案、建设项目初步设计五个流程。投资项目必须履行决策程序，实行集体决策。项目决策需严格按规定流程执行，不得跨流程开展工作。上一流程未完成或未获通过的，应根据论证或决策意见继续开展相关工作或终止项目。

临矿集团设立投资项目评审委员会，负责项目的初步审查论证，评审委员会为非常设机构，由临矿集团主要领导、相关业务分管领导、企业管理处、资本运营处、办公室、生产技术处、非煤产业处、财务处、审计处、工程监督管理处及相关处室等部门负责人组成，日常工作机构设在企业管理处。

2. 下达计划

经批准的固定资产建设项目初步设计是投资管控的依据，根据批复的初步设计和项目建设进度，企业管理处编制项目投资计划批复文件，由公司主要领导签批后下达。除固定资产建设项目外，履行完相应决策程序的其余项目，由业务处室下达批复文件，列入年度计划，组织实施。

3. 项目实施与审计

建设项目实施坚持事中控制，实施过程中，如发生设计重大变更或投资额超出投资概算10%以上等重大调整事项，应当及时向临矿集团书面请示、报告。经临矿集团审核论证后进行相应变更、调整。

建设项目全面完成，组织竣工验收后，及时出具建设项目竣工决算审计报告。建设项目竣工决算审计报告由项目单位或临矿集团委托中介机构出具，作为建设项目考核和后评价的基础。

4. 项目后评价

大型以上投资项目均需进行项目后评价，重大项目应重点评价。建设周期3年以内的固定资产投资项目，应在项目竣工验收或投入使用后1~1.5年内完成项目后评价，形成后评价分析报告；建设周期3年以上的固定资产投资项目和股权投资项目、金融投资项目等，在项目投产或完成后的3年以内完成项目后评价。

临矿集团审计部门按照上级主管部门的要求和项目进展，每年提报投资项目后评价计划。项目后评价工作可由审计部门自行负责，也可以委托中介机构评价。项目后评价分析报告形成后及时报上级主管部门。

（二）投资决策

资源投资决策执行山东能源集团规定。主要工作及程序包括：投资机会研究、初步可行性研究、项目立项、尽职调查研究、审计评估、可行性研究、专家论证、投资决策等步骤。

经投资机会研究、初步可行性研究，确定基本符合投资条件后，组织编制项目初步可行性研究报告和投资配套条件等文件，履行内部决策程序，报能源集团总经理办公会研究同意后进行立项。海外投资项目，山东能源集团同意立项后，上报省国资委、省商务厅、省发改委及国家发改委备案。

经山东能源集团同意立项的投资项目，进行尽职调查、审计评估、可行性研究，由临矿集团董事会研究，报能源集团决策。订投资合同或协议前，不得支付投资款或办理投资资产的移交。海外投资项目除履行内部决策程序，还需进行境内外政府审批（备案）。

第二节　投资项目

一、资本状况

1991年，临沂老区多数矿井资源枯竭、后劲乏力、资本薄弱。

2001年开始，加快省内外矿井开发建设和多种经营项目建设，先后投资建设古城、新驿、王楼、军城煤矿，上海庙矿业公司、榆树井煤矿、新上海一号矿井、会宝岭铁矿、玻纤公司等项目，划转或并购泰安、莱芜、济南煤机厂，邱集、马坊、田庄、石家坡煤矿，兴隆煤业、澳大利亚公司、永明煤矿、菏泽煤电公司等企业，实现跨所有制形式的资本运作和资本总量的规模扩张。原煤产量由1991年的86万吨，增加到2020年的1626万吨；资产总额由1991年的2亿元，增加到2020年的358亿元。

2020年临矿集团全资、控股股权投资状况统计表

表7-3-1 单位：万元

序号	企业名称	属性	注册资本	实收资本	持股比例（%）	资产总额	所有者权益
1	山东东山矿业有限责任公司	全资	11200	113758	100	479214	229657
2	山东里能鲁西矿业有限公司	全资	7500	8221	100	91146	36082
3	临沂矿业集团煤炭运销公司	全资	3000	3000	100	4918	3640
4	山东省田庄煤矿有限公司	全资	2000	0	100	0	0
5	山东省邱集煤矿有限公司	全资	1410	9936	100	119016	23237
6	山东能源澳大利亚有限公司	全资	30000	30000	100	306689	48356
7	山东物商集团有限公司	全资	50000	67000	100	278390	82345
8	临沂兴宇工程设计有限公司	全资	100	100	100	276	164
9	山东省武所屯生建煤矿	全资	11008.4	0	100	0	0
10	山东盟鲁采矿工程有限公司	全资	5000	20015	100	20331	20018
11	山东里能里彦矿业有限公司	全资	10000	10686	100	73006	40184
12	山东煤炭技师学院	全资	600	1721	100	9424.16	3413
13	内蒙古鲁蒙能源开发有限公司	控股	1000	1000	90	9337	1000
14	山东玻纤集团股份有限公司	控股	40000	50000	52.74	453492	178146
15	陕西永明煤矿有限公司	控股	1000	1000	51	113299	89850
16	内蒙古上海庙矿业有限责任公司	控股	471791.66	471791.66	50	763007	313010
17	临沂矿业集团菏泽煤电有限公司	控股	85000	85000	83.59	429328	152258
18	临沂会宝岭铁矿有限公司	控股	70000	70000	97.43	402053	84012

二、项目

1991—2020年，累计完成投资243亿元。其中煤矿矿井建设、并购、改造投资145.5亿元，煤矿选煤厂项目建设4.6亿元，铁矿项目建设43亿元，玻纤项目建设43.3亿元，煤机项目建设2.1亿元，物流及其他项目建设4.6亿元。

（一）煤矿建设、并购及改造项目

1991—2020年，省内投资建设古城、新驿、王楼、军城煤矿，并购菏泽煤电公司。省外收购陕西石家坡、永明煤矿（51%股权）并技术改造；收购甘肃兴隆煤业并技术改造；投资设立内蒙古上海庙矿业公司、建设新上海一号煤矿、榆树井煤矿，开展内蒙古矿区鹰骏三号煤矿前期准备。境外收购澳大利亚罗克兰里奇菲尔德有限公司（RCI）100%股权及澳大利亚资源开发项目。

1. 山东东山古城煤矿有限公司

1996年，矿务局启动古城煤矿建设。利用银行贷款，投资6.5亿元，历时5年建成年生产能力90万吨的矿井，建设与生产能力相配套的铁路专用线、180万吨/年的选煤厂、装机容量为24兆瓦的综合利用电厂。2005年，通过技术改造，古城煤矿成为核定生产能力为220万吨的现代化大型矿井。

2. 山东东山新驿煤矿有限公司

2001年9月，成立新驿煤矿筹建处，2002年8月，动工建设，2004年6月，建成投产，投资6.87亿元，核定生产能力45万吨/年。技改后矿井生产能力105万吨/年，建设与生产能力相配套的选煤厂。

3. 山东东山王楼煤矿有限公司

2004年9月，王楼煤矿开工建设；2007年7月，建成投产；投资6.562亿元，设计生产能力90万吨/年。2013年，通过技改生产能力为130万吨/年。建设与生产能力相配套的码头和选煤厂。

4. 临沂会宝岭铁矿有限公司

2006年7月，会宝岭铁矿开工建设；2012年6月，采选工程联合试运转；2014年，达产，投资22.45亿元。设计能力为采选铁矿石300万吨/年，铁精粉75万吨/年。2012年3月，凤凰山铁矿开工建设，计划投资27.17亿元，设计生产铁矿石400万吨/年，铁精粉100万吨/年，该项目正在筹建。

5. 山东东山军城能源开发有限公司

2007年1月，军城煤矿开工建设；2009年7月1日，试生产；2010年，达产，计划投资5.8亿元，实际投资5.73亿元，设计能力45万吨/年。2010年8月31日，洗选能力90万吨/年的选煤厂开工建设，2011年3月31日，实现联合试运转，总投资5180万元。2015年12月22日，被王楼煤矿吸收合并，实行一矿两井管理模式，2016年10月，根据国家去产能政策关井闭坑。

6. 陕西省澄城县石家坡煤矿

石家坡煤矿位于陕西省澄城县。2011年10月，集团公司第二届董事会第三次会议审议通过投资购买石家坡煤矿的议案；12月，临矿集团根据山东省国资委批复，投资3.3亿元收购石家坡煤矿100%的股权。

7. 甘肃兴隆煤业有限公司

兴隆煤业位于甘肃省兰州市榆中县。2011年10月，临矿集团第二届董事会第三次会议审议通过投资购买兴隆煤业85%股权的议案；12月，临矿集团根据山东省国资委批复，投资6970万元收购兴隆煤业85%的股权，实现对兴隆煤业的控股经营。

8. 陕西省永明煤矿有限公司

永明煤矿位于陕西省子长县余家坪镇石家畔村。2012年4月，临矿集团党政联席办公会审议通过收购永明煤矿部分股权事宜；5月，临矿集团第二届董事会第八次会议审议通过投资受让永明煤矿部分股权的议案；9月，临矿集团根据能源集团批复，投资4.59亿元收购永明煤矿51%的股权，矿井设计年生产能力45万吨。

9. 罗克兰里奇菲尔德有限公司

罗克兰公司（Rocklands Richfield Limited）位于澳大利亚珀斯市，2006年3月，在澳大利亚证券交易所上市，上市代码RCI，罗克兰公司在澳大利亚的昆士兰博文盆地拥有MDL324采矿权项目、EPC890探矿权项目和EPC930探矿权项目，矿权面积近917.89平方千米。

2012年5月，响应国家和山东能源集团"走出去"获取资源的发展战略要求，临矿集团第二届董事会第八次会议审议通过收购罗克兰公司部分股权的议案；8月，先后取得省发改委、省商务厅、省国资委同意临矿集团收购澳大利亚罗克兰里奇菲尔德有限公司股权的批复，省国资委、山东能源集团同意临矿集团设立山东能源澳大利亚有限公司的批复。8月，临矿集团在澳大利亚注册成立山东能源澳大利亚有限公司，注册资本500万澳元，注册地为昆士兰州布里斯班市。9月，山东能源澳大利亚有限公司投资2.06亿澳元收购罗克兰公司100%的股权。收购完成后，拥有100%MDL324采矿权、80%EPC890及60%EPC930勘探权项目，矿权面积621.88平方千米，煤种以焦煤、软焦煤和喷吹煤为主。其中MDL324采矿权项目于2017年8月31日获得环境许可证。

2016年，分别对所属3个矿区进行补充勘探，探明符合JORC标准的资源量合计68.73亿吨。

10. 山东鲁能菏泽煤电开发有限公司

2001年12月31日，菏泽煤电公司成立，注册资本85000万元，由都城伟业集团有限公司（股比83.59%）、华电国际电力股份有限公司（股比12.27%）、菏泽市投资开发公司（股比3.33%）、菏泽光源电力有限公司（股比0.81%）4家股东组成，下设彭庄、郭屯煤矿。截至2014年底，公司资产总额35.93亿元，净资产8.84亿元。

2007年3月，彭庄煤矿投产，设计生产能力60万吨/年，核定生产能力110万吨/年。

2010年3月，郭屯煤矿投产，设计生产能力240万吨/年。建成洗选能力300万吨/年配套洗煤厂，铁路专用线正线长13.566公里，设计运营能力240万吨/年。

2015年11月，临矿集团第四届董事会第五次会议审议通过并购菏泽煤电项目的议案；同月，取得山东能源集团《关于临矿集团收购山东鲁能菏泽煤电开发有限公司83.59%股权的批复》，投资12.12亿元并购都城伟业集团所持有菏泽煤电83.59%的股权，实现对菏泽煤电公司的控股经营。

2016年，全年完成利润3.11亿元。

（二）选煤厂建设项目

2005年开始，相继投资建设古城、田庄、王楼、军城、新驿、邱集、彭庄、鲁西煤矿8座现代化选煤厂。

2005—2017年临矿集团各单位选煤厂建设项目统计表

表7-3-2　　　　　　　　　　　　　　　　　　　　　　　　　　　　　　　　　　　　　单位：万元

投资项目	建设时间	投资金额	备注
古城煤矿选煤厂	2005—2008	6258.00	
田庄煤矿选煤厂	2007—2009	3806.90	
王楼煤矿选煤厂	2008—2008	6795.00	
军城煤矿选煤厂	2010—2011	5470.00	
新驿煤矿选煤厂	2011—2011	6793.00	
邱集煤矿选煤厂	2011—2012	6800.00	
彭庄煤矿选煤厂	2016—2017	4985.00	
鲁西煤矿选煤厂	2017—2017	5000.00	
投资合计	45907.90	–	

（三）非煤产业投资

2007年，投资煤机集团总部及基地建设，投资金额14643.27万元；

2008年，投资会宝岭铁矿202550.94万元，投资凤凰山铁矿226996.02万元。

2011年，投资煤机集团二期工程项目，包括压滤机产业化项目，投资金额6332万元。

2008—2020年，先后投资建设玻纤产业项目及电厂建设项目，投资金额432995.87万元；物流及其他建设项目，投资金额45671.63万元。2020年9月，在上海证券交易所成功上市交易，成为临矿集团第一家自主培育的上市公司

2008—2020年玻纤产业项目及电厂建设项目统计表

表7-3-3　　　　　　　　　　　　　　　　　　　　　　　　　　　　　　　　　　　　　单位：万元

投资项目	建设时间	投资金额	备注
玻纤池窑拉丝一期工程	2008—2008	37188	
玻纤池窑拉丝二期工程	2010—2010	31696	
玻纤集团6万吨ECR项目一期工程	2011—2011	32274	
玻纤集团6万吨ECR项目二期工程	2011—2012	26756	
收购格赛博项目	2013—2013	23334	
玻纤集团PCB薄毡项目	2013—2014	11533	
玻纤集团6万吨ECR项目	2014—2015	52485	
5.4万吨ECER生产线技改扩能项目	2016—2016	30540	
沂水电厂改扩建工程一期	2016—2018	37309.9	
8万吨玻纤生产线项目	2018—2018	87310	
沂水电厂改扩建工程二期	2019—2019	14833.87	
卓意公司8万吨C-CR特种纤维技术改造项目	2020—2020	47736.1	
投资合计	–	432995.87	

2011—2019年物流及其他建设项目统计表

表7-3-4　　　　　　　　　　　　　　　　　　　　　　　　　　　　　　　　　　　单位：万元

投资项目	开工时间	投资金额	备注
日照钢铁物流园	2011	1000.00	购置岚山国际第16层办公楼
绿源特种材料公司（超高水充填材料项目）	2011	4683.38	2012年竣工
鲁北配煤基地建设	2012	30496.04	2015年竣工
日照罗克兰智慧物联产业园项目	2019	9492.21	未完成
投资合计		45671.63	

三、资源开发

2004年，临矿集团通过调研论证，在综合考虑资源赋存、投资环境、区位优势等因素后，在内蒙古鄂托克前旗上海庙矿区先后出资购买榆树井、新上海一号、新上海二号（内蒙古鲁蒙能源开发公司勘察区）3个井田，矿权资源面积137.74平方千米，煤炭资源储量30亿吨。

2011年开始，临矿集团在陕西先后并购兴隆、石家坡、永明3对矿井。其中兴隆、石家坡煤矿因资源储量较少，产能较低，2016年根据国家化解产能政策实施关闭退出。

2012年，临矿集团收购澳大利亚罗克兰公司，获得3个煤炭项目，MDL324采矿权项目、EPC890及EPC930勘探权项目，矿权面积621.88平方千米，煤种以焦煤、软焦煤和喷吹煤为主。通过补充勘探，煤炭资源储量由收购时7.6亿吨增加到68.73亿吨，煤质全部为稀缺性的优质冶金煤。

2018年，临矿集团以"经略新疆，布局兵团"为资源开发战略主线，同时在内蒙古、山西、陕西等资源省份寻找优质资源，成立新疆资源开发小组常驻新疆，通过与当地政府沟通，与新疆能源集团等大型资源型企业合作，完成对腾达煤矿的托管及有关煤矿的尽职调查工作。

四、合作项目

（一）内蒙古矿区

2004年，矿务局在山东矿区资源严重枯竭的情况下，先后赴贵州、山西、新疆、内蒙古等省区调研异地资源开发。通过调研论证，决定在内蒙古鄂托克前旗开发建设上海庙矿区，先后出资购买榆树井、新上海一号、新上海二号（内蒙古鲁蒙能源开发公司勘察区）3个井田，矿权资源面积117.7平方公里，煤炭资源储量24亿吨。11月，正式进驻上海庙矿区进行开发建设。

2007年8月22日，临矿集团与中国烟草投资管理公司签订《合作意向书》，就共同出资建设榆树井煤矿和新上海一号煤矿事宜达成合作意向。11月26日，山东省国资委批复同意，临沂矿业集团有限公司出资3亿元与中国烟草投资管理公司共同设立内蒙古上海庙矿业有限责任公司。

2008年4月18日，临矿集团与中国烟草投资管理公司，就双方出资设立内蒙古上海庙矿业有限责任公司的相关事宜达成协议，签订《出资人协议书》。5月29日，临矿集团与中国烟草公司各出资50%成立内蒙古上海庙矿业有限责任公司，共同开发建设榆树井煤矿和新上海一号煤矿。

榆树井煤矿于2008年1月开工建设，2010年7月，进行联合试运转，2011年，完成全部建设任务，投资17.24亿元，设计生产能力300万吨/年，投资建设与生产能力相配套的选煤厂和铁路专用线。新上海一号煤矿于2008年5月开工建设，2011年，进行联合试运转，投资24.47亿元，设计生产能力400万吨/年，建设与生产能力相配套的选煤厂和铁路专用线。

2020年底，内蒙古上海庙矿业有限责任公司注册资本471791.66万元，临矿集团与中国烟草投资管理公司各占50%。

（二）郓城电厂

2017年10月，经山东能源集团《关于临矿集团与大唐山东发电公司合资设立大唐郓城发电有限公司的批复》，临矿集团出资300万元（占股30%）与大唐发电有限公司组建大唐郓城发电有限公司，共同建设大唐郓城630摄氏度超超临界二次再热国家电力示范项目。

项目规划建设2台超超临界二次再热百万机组，首台机组已取得山东省发改委核准，总投资57.9亿元。

截至2020年末，大唐郓城发电有限公司注册资本41897万元，临矿集团出资12569.1万元，占股30%，大唐山东发电有限公司出资29327.9万元，占股70%。

第四章　人力资源管理

第一节　机构设置

1978年1月，矿务局撤销劳动工资科，成立劳动工资处，负责全局的劳动力招收调配、劳动工资管理、劳动合同管理、劳动工资统计等工作。

1994年9月，成立劳动保险事业管理处，隶属劳动工资处，编制单列，负责全局的劳动保险事业工作。

1996年5月，组建矿务局职业技能鉴定站，隶属劳动工资处，负责全局的职工技能培训、技能考核与技能鉴定工作。9月，成立劳动工资部，撤销劳动工资处，业务职能不变。

1997年12月，成立独立的社会保险事业处，撤销隶属劳动工资部的劳动保险事业管理处，负责全局的社会保险工作。

1999年2月，临沂矿务局职业技能鉴定站更名为临沂矿务局职业技能鉴定所，业务职能不变。

2002年2月，劳动工资处与社会保险事业处合并为劳资社保处，原2个部门的职能合并。

2015年12月，劳资社保处更名为人力资源处。

第二节　劳动管理

一、工时制度

1990年，矿务局实行8小时工作制，每星期工作6天，休息1天。

1994年4月，矿务局根据国务院《关于实施新工时制的通知》要求，实行8小时工作制，平均每周工作44小时。新工时制实行后，工作日由原来月均25.5天变更为23.33天。

1997年1月1日，实施每周40小时工作制，每周工作五天，每天8小时，星期六星期天休息。新工时制实行后，工作日由原来月均23.33天变更为21天和20.92天。

2008年，根据《全国年节及纪念日放假办法》规定，全体公民节日假期由10天增设为11天，每月工作日变为20.83天。

二、法定节假日

1991年，根据国务院发布关于统一全国年节和纪念日放假办法通令，实行每年7天的法定假日，元旦放假1日、春节放假3日、劳动节放假1日、国庆纪念日放假2日。

1999年，《国务院关于修改〈全国年节及纪念日放假办法〉的决定》，实行全年10天的法定假日，即元旦1天、春节3天、劳动节3天、国庆节3天。

2008年，《国务院关于修改〈全国年节及纪念日放假办法〉的决定》，实行全年11天法定假日制度，即元旦1天、春节3天（农历除夕、正月初一、初二）、清明节1天、劳动节1天、端午节1天、中秋节1天、国庆节3天。

2013年，《国务院关于修改〈全国年节及纪念日放假办法〉的决定》，实行全年11天法定假日制度，即元旦1天、春节3天（正月初一、初二、初三）、清明节1天、劳动节1天、端午节1天、中秋节1天、国庆节3天。

三、职工队伍

1991年，为充实、稳定采掘一线工人队伍，招收200名新工人，将1274名亦工亦农轮换工转招为合同制工人。年底职工15093人

1995年，开展减人提效、扭亏增盈工作，矿务局成立内部劳务市场，精简分流职工1000人。

1996年，为规范用工，促进多种经营工作发展，清退计划外用工246人，安置富余人员238名，招用城镇临时工280名，招用农村临时工320名，满足了三产项目需要。年末，全局职工计12356人。

1997年，为减人提效，精减人员250人，煤炭生产工人转岗分流230人。为规范三产项目的用工行为，招收临时工600名。

1998年，矿务局控股光力士集团，接收职工940人。

1999年，3221名下岗职工进入再就业服务中心。年末，全局有职工11559人。

2001年，矿务局停止局内部职工调动，实行局内劳务输出输入制度，当年办理劳务输出输入1014人。汤庄煤矿、莒县煤矿实施政策性破产，分离职工1846人。年末，全局职工计11116人。

2003年，矿务局对塘崖、褚墩、五寺庄煤矿、搪瓷厂、总厂5个单位实施政策性破产，分离职工4579人。对工程公司、煤田地质勘探工程公司等9个单位实施主辅分离辅业改制，分离职工1839人。全局职工较2001年减少6060人，年末全局职工计6283人。

2004年，矿务局接收省煤炭局下属的煤炭供销总公司等13个经营单位369人；接收田庄、邱集、马坊3家煤矿1738人；接收泰安煤机厂、济南煤机厂2家煤机厂1352人；聊城矿柱林场21人。职工人数比2003年增加5935人，年末，全局职工计10991人。

2005年，矿务局对草埠煤矿实施政策性破产，分离职工1927人。同年，接收莱芜煤机厂1746人。年末，全局职工计13751人。

2006年，矿务局全面清理整顿规范企业非在册用工，转招井下临时工2077人，安置技工学校毕业生1860人，职工人数进一步增加。年末，集团公司职工计13358人。

2007年，安置大中专、技校毕业生639人，接收复转军人47人。年底职工人数增加至14461人。

2008年，安置大学、大专学生264人，安置中专、技校生1831人，接收复转军人94人。年底职工人数增加至15416人。

2009年，招收大中专、技校生1983人，接收复转军人40人。年底职工人数增加至18415人。

2010年，安置大中专、技校生1339人，接收复转军人53人。沂州府实业公司主辅分离，分离职工48人。年底职工计19222人。

2011年，招收高校毕业生268人，安置技校毕业生1470人，接收复转军人34人。年底职工人数增

加至21360人。

2012年，招收高校毕业生281人，安置技校毕业生1330人，接收复转军人32人，按照山东能源集团人资统计要求，非在册人员纳入统计范围，导致从业人数大幅量增加，全年非在册用工净增5610人，年底全部人员合计27965人。

2013年，招收高校毕业生193人，安置技校毕业生476人，接收复转军人36人。年底全部员工计27382人。

2014年，招收高校毕业生73人，安置技校毕业生66人，接收复转军人19人，亿金公司划归山东能源集团管理，分离员工269人。年底全部员工计25089人。

2015年，招收高校毕业生26人，接收复转军人5人，开展优化劳动组织、控员提效等工作。年底全部员工计22438人（包含原煤机集团2238人）。

2016年，招收高校毕业生26人，接收复转军人14人，并购菏泽煤电公司4471人，山东能源重型装备制造集团有限责任公司重组划出2238人。年底全部员工计23042人。

2017年，招收高校毕业生34人，接收复转军人3人；临矿置业公司划归山东能源集团管理，分离员工50人；接收鲁西、里彦、武所屯监狱煤矿人员176人。年底全部员工计22641人。

2018年，招收高校毕业生160人，接收复转军人3人。临沂亿金公司划入临矿集团管理，增加职工201人。继续开展控员提效工作，员工人数减少。年底全部员工计22229人。

2019年，招收高校毕业生170人，接收复转军人3人，持续开展提效工作，员工人数减少。年底全部员工计21566人。

2020年，招收高校毕业生208人，开展控员提效，员工人数减少。年底全部员工计21210人。

四、招工与调配

（一）招工

1991年，为妥善解决唐山地震后煤矿招用的亦工亦农轮换工问题，根据〔91〕鲁劳管字第174号、331号文件和省劳动局、山东煤管局6月26日肥城全省亦工亦农轮换工转招合同制工人会议精神，1274名亦工亦农轮换工转招为合同制工人，其中城镇合同制工人1231人、农民合同制工人43人。为充实采掘一线工人队伍，根据山东省〔91〕鲁劳业字第476号和山东煤管局〔91〕鲁煤管字1258号文件规定，招收工人200名，其中城镇合同制工人100名、农民合同制工人50名、农民轮换工工人50名。

1997年，为规范三产项目用工行为，根据鲁煤管劳便〔97〕1号文规定，招收600名临时工，其中城镇临时工280名、农村临时工320名。

1991—2001年，为解决煤矿技术工人的接续，矿务局委托技校培养技校生2098人。

2002—2006年，新矿区缺乏技术工人，矿务局委托技校培养技校生4709人。

2006年，为清理整顿规范企业的非在册用工，2077名从事井下采掘、辅助工作的临时工转招为合同制工人。

2007年，分配中专、技校毕业生337人，其中中专生198人、技校生139人。分配单位为古城煤矿50人、新驿煤矿50人、田庄煤矿48人、王楼煤矿50人、光力士公司139人。为贯彻劳动合同法，同意光力士公司招聘121名非在册用工并签订劳动合同。

2008年，安置分配中专、技校毕业生1508人，其中2005级中专生98人、技校生394人；2006级中专生98人、技校生581人；2007级技校生337人。分配单位为古城煤矿409人、新驿煤矿225人、田庄煤矿250人、王楼煤矿400人、邱集煤矿146人、马坊煤矿53人、光力士公司25人。

2012年，安置分配技校毕业生817人，其中古城煤矿112人、王楼煤矿117人、新驿煤矿136人、田庄煤矿105人、军城煤矿101人、邱集煤矿114人、株柏煤矿29人、会宝岭铁矿83人、煤机集团20人。

2013年，安置分配技校毕业生552人，其中古城煤矿50人、王楼煤矿53人、新驿煤矿60人、田庄煤矿1人、军城煤矿58人、邱集煤矿185人、株柏煤矿15人、马坊煤矿40人、会宝岭铁矿50人、煤机集团40人。鉴于内蒙古矿区生产布局收缩调整，将原上海庙矿区定向培养的96人安置到永明煤矿。

2014年，集团公司安置委培毕业生115人，其中高中起点2年制70人，煤机集团定向委培45人。

2017年，同意菏泽煤电公司按照协议妥善接收安置13名定向委培毕业生；接收技师学院原为龙口矿业集团郓城煤矿培养的24名采掘专业委培毕业生，补充到采掘工作岗位。

2019年，集团公司安置定向培养学生168人。

2020年，集团公司安置定向培养学生405人。根据山东能源集团统一安排，开展"变招工为招生"工作，招收15名机电专业学生。

（二）劳动调配

1. 外部调配

1998年，控股山东光力士公司，职工940人。

2004年，接收省煤炭局下属的煤炭供销总公司等13个经营单位；田庄、邱集、马坊煤矿；泰安、济南煤机厂；聊城矿柱林场，增加职工3480人。2005年，省煤炭局划转莱芜煤机厂，职工1746人。

2016年，并购菏泽煤电公司，增加从业人员4471人，按岗位类别统计：管理人员594人，工人3877人；按用工形式统计：合同制2766人，劳务派遣1705人；按机构设置情况：公司机关255人，彭庄煤矿1410人，郭屯煤矿2793人，铁路筹建处13人。

2017年，山东能源集团整合置业公司，临矿置业公司移交调出人员46人；接收鲁西、里彦、武所屯监狱煤矿人员176人。

2. 内部调剂

2001年起，停止局内调动，一律实行局内劳务输出输入，当年办理劳务输出输入1014人。

2006-2016年，内部劳务输出输入1657人，内部人员调动、劳务输出2455人，内部人员调动、借用2342人，2017年，内部人员调动、借用270人，全年调剂1624人次。同年，省内权属单位之间1428名借用人员劳动关系全部调入所在单位。

2020年5月，田庄煤矿去产能关闭退出，累计分流安置职工1142人，其中解除劳动合同64人、退回劳务公司21人、主动辞职9人、办理退休36人、办理内退167人、内部单位分流845人。7月，古城煤矿发生"7.12"突水事件，对富余人员进行临时性分流安置，共分流1086人，其中解除劳动合同93人、办理自主创业112人、内部单位分流安置881人。

五、劳动定额

1990年，矿务局统一各单位劳动定员定额标准的制定、修改及劳动力结构的调整配备，各单位根据生产规模、经济总量、岗位和设备等情况，设置工作岗位，测定岗位工作量，合理确定劳动定额标准，在执行定额中，发现定额水平明显偏低或偏高和定额标准不合理的，单位提出补充和修改意见，报局批准后执行。

2009年，临矿集团统一制定新的原煤生产劳动定额定员标准。新编劳动定员标准按采掘、井下辅助和地面划分为12个专业，69个工种，152个劳动定员标准；新编定额标准6个专业，61个标准。

2014年，修订《山东能源临沂矿业集团有限责任公司统一劳动定额标准》，制定《临沂矿业集团有限公司劳动定额管理办法》《临沂矿业集团有限公司劳动定员管理办法》。按采煤、掘进、反井及打钻、设备安装与维修、其他井巷辅助作业以及洗煤六大类分别编制标准，共2440项。新拟定额水平比2009年定额水平提高5%，其中采煤提高4.18%、掘进提高5.8%。

2015年，制定《关于加强劳动定额管理工作的指导意见》，从劳动定额标准修订、执行、计件分配、工效统计、定额员队伍管理等各个方面对劳动定额管理工作提出总体要求。

2019年6月，组织开展新版劳动定额标准修订工作；12月，形成《临沂矿业集团有限公司劳动定额管理办法》。新编劳动定额标准由分项定额和综合定额两部分组成，分项定额包括采煤、掘进、采掘设备安撤、机运设备安撤、通防、防冲及防治水、巷修、维修加工、附录共9章161节，6474项标准；综合定额包括采煤、掘进、工作面安撤、附录共4章29节，7152项标准。

2020年1月，印发《临矿集团统一劳动定额标准（2020）版套算试用工作的通知》，向各权属单位全面推行2020版劳动定额标准，进一步完善《劳动定额管理办法》《计件工资管理办法》等配套措施。

六、劳动纪律

1991—2002年，矿务局执行1982年4月10日国务院发布的《企业职工奖惩条例》，对违反劳动纪律的职工，根据情节轻重，分别给予警告、记过、记大过、降级、撤职、开除留用察看、开除7种行政处分。在给予处分的同时，可给予一次性罚款。

2003年，矿务局制定《劳动合同和劳动用工管理规定》，要求各单位自2003年要积极提供就业岗位或组织劳务输出，不准再有下岗职工。矿务局内部不再办理自谋职业、"两不找"（劳动者不再向用人单位提供劳动，用人单位也不再给劳动者发放工资福利）。加大对违纪职工的处理力度，凡职工连续旷工15天，1年之内累计旷工30天，经批评教育不改的，按照《中华人民共和国劳动法》《企业职工奖惩条例》的有关规定与必备程序予以解除劳动关系。矿务局对离岗人员管理纳入单位经营者年薪考核范围，达不到上述管理要求的，扣减经营者收入。

2008年1月15日起，执行《国务院关于废止部分行政法规的决定》。集团公司根据《中华人民共和国劳动法》《中华人民共和国劳动合同法》，制定《临沂矿业集团公司职工奖惩管理暂行办法》。1月22日，《临沂矿业集团有限公司员工奖惩管理办法（试行）》修订稿经集团公司二届六次职代会审议通过。

七、劳动合同管理

1994年10月，根据煤炭工业部、山东煤管局关于深化改革的有关要求，矿务局制定《临沂矿务局全员岗位劳动合同化管理暂行办法》，明确劳动合同的签订、解除、考核等内容。下发《临沂矿务局妥善安置富余人员管理暂行办法》《临沂矿务局工人岗位考核暂行办法》《临沂矿务局职工专业技术培训实施办法》，为全局实行劳动合同化管理奠定了基础。

1995年10月，经矿务局党政联席会议和矿务局七届职代会第四次代表团长联席会议审议通过，下发《临沂矿务局全面实行劳动合同制实施办法》，对劳动合同的订立，劳动合同的终止、续定、变更和解除，劳动报酬及保险福利待遇、劳动争议仲裁等作明确规定。

1999年4月，根据《中华人民共和国劳动法》《中华人民共和国工会法》《集体合同规定》及有关法律法规，矿区工会代表职工与矿务局签订1999—2000年集体合同。合同内容包括职工的劳动报酬、劳动用工、工作时间和休息、休假、劳动安全卫生、保险福利、职业培训等内容。

2000年12月，经矿务局第九届职代会第八次代表团（组）长会议审议通过，下发《临沂矿务局劳动合同管理暂行办法》。

2003年2月，制定《临沂矿务局劳动合同和用工管理规定》，企业内部实行"员工制"，打破企业内部固定职工、合同制职工之间不同身份界限，统称为企业员工，变员工身份管理为岗位管理。

2006年9月，全面落实《山东省全面推进劳动合同制实施三年行动计划》。

2008年1月1日，执行《中华人民共和国劳动合同法》。

2009年2月20日，根据《中华人民共和国劳动法》《中华人民共和国劳动合同法》及其实施条例等有关劳动法律、法规规定，制定《临沂矿业集团公司劳动合同管理暂行办法》。

2019年8月14日，制定《临沂矿业集团有限责任公司劳动合同管理办法》，全面加强劳动合同管理，规范劳动管理行为，使劳动合同的订立、履行、变更、解除和终止规范化、制度化、法制化，并指导、监督用人单位与职工依法订立和履行劳动合同。

八、劳动保护

1991年，矿务局按照山东省劳动局、财政厅、山东省控制社会集团购买力办公室联合下发的《山东省职工个人劳动防护用品发放、使用、管理办法》要求，为职工按时、保质保量发放劳动防护用品。

1995年，按照山东省《关于进一步加强特殊劳动防护用品管理工作的通知》规定，购买和发放特种劳动防护用品严格履行《特种劳动防护用品购买审批证》制度。

2000年，矿务局组织2497名从事粉尘作业职工进行职业病普查，将查出患有Ⅰ期矽肺的在职职工调离粉尘作业岗位。

2002年，矿务局对全局所有接触粉尘作业2年以上的职工进行普查，建立职工职业性健康档案。

2004年，矿务局下发《女职工劳动保护实施细则》，禁止女职工从事井下、国家规定的第四级体力劳动强度的劳动和其他禁忌从事的劳动，不得安排女职工在经期、孕期、产期、哺乳期从事国家规定的第三级体力劳动强度的劳动和其他禁忌从事的劳动。对怀孕7个月以上和哺乳未满1周岁婴儿的女职工不得安排其延长工作时间和夜班劳动。怀孕女员工在劳动期间进行产前检查应算作工作时间。

2009年1月1日，执行国家安全生产监督管理总局发布的《煤矿职业安全卫生个体防护用品配备标准》。

2011年，非煤单位按照《山东省劳动防护用品配备标准》DB37/1922-2011配备劳动防护用品，原煤单位仍执行《煤矿职业安全卫生个体防护用品配备标准》。

2012年4月18日，执行《女职工劳动保护特别规定》（国务院令第619号）。

2019年3月1日，执行《山东省女职工劳动保护办法》（山东省人民政府令第322号）。

九、职工培训

1993年6月，矿务局成立工人考核委员会，办公室设在工资处，负责全局工人考核的组织管理工作。9月，根据提高劳动效率和经济效益，增强企业竞争力和应变力以及扩大再生产的需要，制定《工人考核条例》实施细则。对全局在职固定工人、劳动合同制工人、农民合同制工人（含农民轮换工）和拟用的技工学校、职工中专、职业高中、就业培训中心的毕业（结业）生及其他新工人纳入业务技术培训和考核。考核内容包括工人思想政治表现、职业道德、生产工作成绩、技术业务水平四个方面。考核采用百分制，60分为合格。"应知""应会"二者可视工种不同，其分数权重按3：7或4：6配置。对工人录用、转正定级、上岗转岗、等级、升级、工人技师、高级技师的考核作出明确规定。

1999年9月，矿务局下发《关于在全局工人中开展技师评聘工作的通知》《临沂矿务局工人技师、高级技师评聘管理办法》，由局职业技能鉴定所鉴定或局工人考核委员会考核。

2000年2月，矿务局制定《工人技师设岗方案》，在全局14个单位50个岗位4935人中设工人技师岗327个。

2005—2017年，对从事采煤、掘进、机电运输、通风安全等煤炭特有工种技能人员分高级工、中级工、初级工、技师、高级技师进行技能鉴定。

2020年9月，通过省人力资源和社会保障厅审核，报人力资源和社会保障部备案，临矿集团具备20个职业40个工种的企业技能人才自主评价资质。

2005—2017年临矿集团技能人员鉴定统计表

表7-4-1

年度	初级工	中级工	高级工	技师	高级技师
2005	29	13	267	5	10
2006	1774	45	–	–	63
2007	10	160	650	–	–
2008	190	233	379	146	35
2009	369	260	398	101	8
2010	30	87	342	210	51
2011	527	327	480	162	55
2012	641	327	756	121	32
2013	124	99	459	46	26
2014	30	152	199	51	33
2015	14	44	148	35	15
2016	16	19	280	61	11
2017	92	74	653	81	18

第三节　薪酬管理

一、工资调整

1990年初，矿务局以实行工人等级、干部职务工资为主。

1991年4月，矿务局下发《关于改进和完善煤炭企业职工升级的若干规定》。5月，根据省煤炭局《关于贯彻国务院国发〔1989〕83号文剩余指标升级的通知》，执行山东省煤炭企业工资标准。

1992年5月，矿务局根据全局工资分配和劳动组织现状，制定《关于1992年整顿劳动组织提高劳动效率搞好工资分配制度改革理顺企业内部工资分配关系的实施意见》，确定地面工人、井下辅助工人和采掘工人工资收入比例关系为1∶1.36∶1.83。

二、岗位技能工资制

1992年9月，矿务局根据山东煤管局劳动工资工作要求，下发《关于岗位测评的实施意见》，按照岗位测评标准和人员分工，定量与定性同步进行，对煤炭企业岗位劳动评价，煤炭企业划为井下四岗、地面五岗，其中，井下岗与地面岗中间交叉一岗。

1994年4月，新工时制度执行后，矿务局规定日标准工资等于月标准工资除以月平均工作日数，日标准工资元以下保留一位小数（到角），角以下逢一就进，零及以下舍去。并相应提高全局工作物等级标准，综合定额部分，采煤工、掘进工、立井掘砌工、平巷砌碹工，由原十级提高到十一级，月标准工资178元，日标准工资7.63元；单项定额部分，采掘支架工、巷道修理工、由原十级提高到十一级，月标准工资178元，日标准工资7.63元；回料工、装撸、移溜子、扒装、大巷运班、人力运料等单项定额工种，都在原来的基础上提高1级。9月，深化"三项制度"改革，矿务局下达《关于深化企业工资制度改革推行岗位技能工资制的实施意见》，开始推行岗位技能工资制，建立工种岗位序列，编制《工种岗位规范》。岗位技能工资设置4个单元，即基本工资单元、效益补贴工资单元、特殊行业工资单元、辅助工资单元。岗位工资工人岗位设置6个岗次，行政管理岗设置7个岗次，专业技术人员设置5个岗次。技术工人的技能工资分为初级技术工人、中级技术工人、高级技术工人三大类标准，设置23个档次。其中，初级技术工人1~8个档次，中级技术工人9~16个档次，高级技术工人17~23个档次。非技术工人技能设置16个档次。行政管理（专业技术）人员的技能工资分为初级管理、中级管理、高级管理人员3大类标准，设置30个档次。其中：行政管理人员：初级管理人员，办事员，科员1~17个档次，中级管理人员正副科（区）级，正副矿级管理人员1~30个档次。专业技术人员：初级专业技术人员1~17个档次，中级专业技术人员1~23个档次，高级专业技术人员1~30个档次。在效益补贴工资方面，每个职工执行相同的标准，根据企业效益情况和资金负担能力支付。特殊行业工资包括井下津贴和生产工人岗位补贴。辅助工资按职工参加工作年限确定，工龄每增加1年，工龄工资增加1元；各种奖金、津贴、补贴等，按当时的标准执行。1995年7月，经矿务局第七届职工代表大会第一次会议通过，下发《临沂矿务局实行岗位技能工资制实施意见》《临沂矿务局岗位技能工资管理暂行办法》《关于套改岗位技能工资几个有关问题的处理意见》。岗位技能工资从1994年1月1日起计入职工档案工资。

1994年矿务局工人岗位技能工资标准表

表7-4-2 　　　　　　　　　　　　　　　　　　　　　　　　　　　　　　　　　　　　　单位：元

岗次 岗位工资		技术	技能工资（工作年限）							
			5年以下	5~9年	10~14年	15~19年	20~24年	25~29年	30~34年	35年及以上
		非技术	10年以下	10~14年	15~19年	20~24年	25~29年	30~34年	35年及以上	
八岗	194	采掘	10年及以上	–	–	12	13	14	15	16	17
			10年以下	9	10	11	12	13	14	15	16
七岗	161	–	–	8	9	10	11	12	13	14	15
六岗	139	–	–	8	9	10	11	12	13	14	15
五岗	118	–	–	7	8	9	10	11	12	13	14
四岗	98	–	–	7	8	9	10	11	12	13	14
三岗	88	–	–	6	7	8	9	10	11	12	13
一、二岗	78	–	–	6	7	8	9	10	11	12	13

表7-4-3

1994年矿务局岗位技能工资标准对应表

单位：元

工人技能工资（工作年限）

岗位	岗次	岗位工资	技能档次	非技术：10年以上／10年以下　技术	非技术10年以下/技术5年以下	非技术10~14年/技术5~9年	非技术15~19年/技术10~14年	非技术20~24年/技术15~19年	非技术25~29年/技术20~24年	非技术30~34年/技术25~29年	非技术35年以上/技术30~34年	技术35年以上
八岗	15	475		10年以上	—	—	12	13	14	15	16	17
八岗	15	475		10年以下	9	10	11	12	13	14	15	16
七岗	12	400			8	9	10	11	12	13	14	15
六岗	10	350			8	9	10	11	12	13	14	15
五岗	8	300			7	8	9	10	11	12	13	14
四岗	6	250			7	8	9	10	11	12	13	14
三岗	5	225			6	7	8	9	10	11	12	13
二岗	4	200			6	7	8	9	10	11	12	13

行政管理技能工资（工作年限）

职务	岗次	岗位工资	任职年限	5年以下	5~9年	10~14年	15~19年	20~24年	25~29年	30~34年	30~39年	40年以上
正局	20	600	11年及以上	—	—	—	—	—	24	25	26	27
正局	20	600	6~10年	—	—	—	—	21	23	24	25	26
正局	20	600	5年及以下	—	—	—	—	21	22	23	24	25
副局	19	575	11年及以上	—	—	—	—	21	22	23	24	25
副局	19	575	6~10年	—	—	—	—	20	21	22	23	24
副局	19	575	5年及以下	—	—	18	19	20	21	22	23	—

技能工资

档次	标准
30	785
29	760
28	736
27	711
26	686
25	662
24	638
23	614
22	590
21	566
20	543
19	521
18	498
17	475
16	452
15	430
14	408

续表

岗位	岗次	岗位工资	非技术／技术	\[工人技能工资（工作年限）\] 10年以下／5年以下	10~14年／5~9年	15~19年／10~14年	20~24年／15~19年	25~29年／20~24年	30~34年／25~29年	35年以上／30~34年	—／35年以上	—／—	\[技能工资\] 档次	标准
正矿处（正高）	16	500（475）	—	—	—	—	—	—	—	—	—	—	30	785
			非技术 11年及以上	—	—	—	18	19	20	21	22	23	13	386
			6~10年	—	—	—	17	18	19	20	21	22	12	364
			技术 5年及以下	—	—	15	16	17	18	19	20	21	11	342
副矿处	13	425	11年及以上	—	—	—	16	17	18	19	20	21	10	321
			6~10年	—	—	—	15	16	17	18	19	20	9	300
			5年及以下	—	12	13	14	15	16	17	18	19	8	279
正科	10	350	11年及以上	—	—	13	14	15	16	17	18	19	7	258
			6~10年	—	11	12	13	14	15	16	17	18	6	237
			5年及以下	9	10	11	12	13	14	15	16	17	5	216
副科	8	300	6年及以上	—	—	11	12	13	14	15	16	17	4	197
			5年及以下	8	9	10	11	12	13	14	15	16	3	178
科员	6	250		7	8	9	10	11	12	13	14	15	2	158
—	—	—	—	—	—	—	—	—	—	—	—	—	—	1410

1994年矿务局专业技术人员岗位技能工资标准表

表7-4-4　　　单位：元

岗次	岗位工资	任职年限	技能工资（工作年限）								
			5年以下	5~9年	10~14年	15~19年	20~24年	25~29年	30~34年	35~39年	40年及以上
正高级	194	11年以上	–	–	–	18	19	20	21	22	23
		6~10年	–	–	–	17	18	19	20	21	22
		5年及以下				16	17	18	19	20	21
高级	172	11年以上	–	–	–	16	17	18	19	20	21
		6~10年	–	–	–	15	16	17	18	19	20
		5年及以下				14	15	16	17	18	19
中级	139	11年以上			13	14	15	16	17	18	19
		6~10年	–	–	12	13	14	15	16	17	18
		5年及以下		10	11	12	13	14	15	16	17
助理级	118	6年及以上	–		11	12	13	14	15	16	17
		5年及以下	8	9	10	11	12	13	14	15	16
员级	98		7	8	9	10	11	12	13	14	15

矿务局工人岗位（工种）统计表（498个工种）

表7-4-5

一	售票员、粮油管理员、图书管理员、收发员、养花工、*门诊挂号员、*售粮员、俱乐部管理员、仓库记账员、*勤杂工、土产材料收发员、电影放映员、食堂保管员、录像放映员、*看管员、木材量尺员、晒图员、*工具保管员、售煤票员、*门卫、缝纫工、计量检定员、广播员、售货员、*清洁员、*护场员、售煤统计员、坑木管理员、*分诊工、卫生检疫、*导医工、X片管理工，共33个工种。
二	服务员、安全信息员、*经济民警、井口安全接待员、打字员、自行车修理工、油库工、市话员、*洗衣工、司磅员、工程质量验收员、*茶炉工、油质化验员、仓库管理员、化学化验员、吃水泵工、物理实验员、水质化验员、*公务员、食堂采购员、保育员、考勤员、外转供电、电梯工、*查水电表工、*工作服管理工、*文具发放工、录像员、摄像员、*提货员、电力室看管工、消毒工、污水处理工、轨道衡工、*单身楼管理工、房产管理员、陶瓷贴花工、肉类速冻工、药品采购、地震预测员、塑料缝包工、制鞋配料工、*氧气看管、电子镇流器制作工、食堂会计、砖机操作工、制鞋硫化工、炸药库管理员、制鞋起毛工、制鞋平立磨工、制鞋冲截工、病房护工、储运业务员、蔬菜保鲜化验员、胶合板晾晒工、陶瓷印花工，共56个工种。
三	中药炮制工、浴池工、供销员、设备管理员、仪表修理工、制冷工、自救器管理工、矿灯管理工、油漆工、煤质化验员、风筒制作员、施工员、钢炉化验员、车间质检员、划线工、矿灯修理工、机印工、装订工、铸字工、理发员、计量仪器维修工、市机维修工、医院制剂工、美术工、检字排版工、家用电器维修工、*毛煤验收工、配件管理工、木厂电锯维修工、微波维修工、风筒修补工、冷库管理员、风幕帘制作工、润滑工、型砂试验工、组合夹具组装工、冰糕制作工、供应消毒刷洗工、纸箱瓦楞机工、医疗设备维修工、纸箱表胶工、纸箱分纸机工、纸箱切角工、动物饲养员、爬车机司机、*焚烧工、制鞋贴压工、储运值班员、X线摄片工、养路工、纸袋加工管理、*印号员、火工品库管员、制鞋刷胶工、彩印整料工、激光制版工、除氧器、微机印刷操作工、牲畜屠宰工、彩印设计员、彩印修片员、砖机操作工、养鱼工、预算员、描图员、资料员、变配电工、包纱工、洗球工、送纱工、帘扣挂机、制球工，共73个工种。

四	金属下料工、叉车司机、铲车司机、翻斗车司机、汽车司机、原煤仓工、测量工、充电工、采制样工、*汽车装卸工、模板工、房屋修缮工、推土机司机、镀锌工、木工、行车工、拖拉机司机、电机修理工、汽车修理工、钢筋工、磨工、钳工、铣工、管道安装工、*煤炭装运工、电工、锅炉维修工、矿车修理工、木模工、喷漆工、钻工、刨播工、机大修理工、镗工、备料工、冲压工、修包工、炊事员、电钳工、锯床工、管道修理工、水泥质量控制、选粉机司机、熟料输送工、提升机司机、防尘器工、热处理工、机电设备安装、修链工、筛子工、电气焊工、车工、*清手工、洗选运转、跳汰工、小型电器维修、外线电工、电缆维修工、主扇风机司机、压风机司机、洗选煤泵工、气割工、司锤工、烘砂工、砂型烘干、剪板机工、*人力搬运工、建筑油漆工、电测工、吊车司机、通信外线工、*病房卫生、条笆编制工、橡胶产品制作工、粮油加工工、室内装修工、不锈钢拔丝工、龙门吊司机、生料水泥倒仓工、水泥发放员、换向工、金刚石具制作工、胶印。
五	*焦煤转精煤工、*转沙煤工、*收料工、热修工、炉前仓工、槽罐清理工、彩印分切工、破碎口司磅员、测温工、油膏铺成工、推拦焦工、制鞋炼胶工、石英机加工、搪瓷铁坯分拣工、二破司机、陶瓷分机工、陶瓷卸车工、陶瓷施釉、陶瓷滤泥工、陶瓷拣选工、*煤球搬运工、陶瓷匣钵工、冷藏保鲜工、蔬菜保鲜工、陶瓷装套工、烧窑工、陶瓷模型工、塑料切割工、陶瓷链条工、塑料拉丝工、塑料圆织工、宝石磨抛工、搅拌成型工、砖坯切坯工、胶合板旋切工、陶瓷修坯工、胶合板压合工、陶瓷维修工、原煤粉碎工、食堂司务长、*装车转运工、胶合板切割工、彩印吹塑工、沙帘制作工、翻笼工、花岗石锯操作工、彩印织袋工、镶焊工、花岗石锯维修工、彩印热复工、油膏制作工、彩印制版工、*拉渣工、蒸氨蒸苯工、炉体清理工、电器试验工、机维修工、汽修电工、设备维修电工、工艺技术员、煤气锅炉工、质量值班长、立窑卸料工、烘干机工、一破司机、惯振机工、喂料工、水泥送料工、卸料链板工、生料送料工、石灰石倒仓工、*熄放焦工、*炉顶加煤工、水泥物理试验、区队（车间）办事员、矸石山绞车司机、织布挡车工、煤气发生炉操作工、经挡车工、伟纱挡车工、上塑工、退解捻线工、配料配油工、研磨工、加球工，共169个工种。
六	锅炉工、单体支柱维修工、液压支架维修工、瓦工、矸石山翻车工、造型工、锻工、浇铸工、冲天炉工、电弧炉熔炼工、铆工、混凝土工、锻坯加热炉司炉工、混砂工、清砂工、主副井信号工、球磨机司机、土建架子工、塔吊司机、井塔安装工、注浆工、轧钢工、预制件工、井上搬运工、*煤炭拣选工、胶带运输机司机、*井下消尘工、井下配电工、井下火药专职运送工、井下火药库工、*井下工具房工、井下考勤员、井下采煤样工、矿井电话维修工、井下煤质检查员、*井下看管工、井下矿车调度员、井下机电设备检查员、井下废料回收工、烘干烧火工、擦钻工、搪瓷球磨工、捡膏工、搪瓷一次剪板、耐材粉碎工、彩印复合工、石英切管工、采膏装车工、石膏炒膏工、打煤粉工、搪瓷抬搪工、地质工、水文工、搪瓷卷边工、铁粉破碎工、萤石破碎工、搪瓷包装工、彩印刷工、搪瓷烧搪、搪瓷350A付机、搪瓷磨边工、司索工、搪瓷1030主机、搪瓷转运工、唐词二次剪板、装窑工、陶瓷练泥工、出窑工、陶瓷司炉工、石膏粉膏工、花岗石磨光工、汽机司机、耐材成型工、耐材烧成工、石膏蒸膏工、工频电炉熔炼工、搪瓷酸洗工、搪瓷筛搪工、石英粉碎工、石英生产工、搪瓷打砂工、搪瓷喷搪工、*井下查车工、熟料输送工、电器运行工、*晒料工、搪瓷球磨工、微机配料工、成球工、拉丝工、人力挖煤工，共99个工种。
七	*井下送水送饭工、井下地质工、井下测量工、井下支护管理工、井下防爆检查工、井下风门安装工、井下轨道工、井下测风工、井下运搬绞车司机、井下把钩信号工、井下翻罐工、井下蓄电池电瓶车司机、井下管路安装工、井下架线电车司机、井下运搬工、井下运料工、井下电机车维修工、井下拥罐工、井下钻工、井下通风按全员、井下风筒吊挂工、井下水泵工、液压泵站、井下瓦斯检察员、井下人行车工、井下工程质量检查员、井下测尘工、人行车信号工、主提升司机、矿井维修钳工、井下电安装工、井下机安装工、采掘机械维修工、采区电钳工、井下运输机司机、井下运膏工、看火工、水泥装包工、破碎工、人力配料工、地面钻探工、沸腾司炉工、预湿搅拌工、井下卫生工、井下压风机司机、井下擦钻工、井下密闭工、井下安全检查员、井下跟班定额员、水泥装包输送工，共50个工种。
八	采煤准备工、水泥充填工、花岗石材开采工、救护队员，共4个工种。
九	液压支架、采煤打眼工、采煤放炮工、砌碹工、巷道掘切工、巷道架棚工、锚喷工、掘进放炮员、采煤工、扒装机司机、采膏、采膏掘进工、巷道修护工、井筒维修工，共14个工种。

注：前加*者为非技术工种。

1995年7月，矿务局下发《临沂矿务局岗位技能工资管理暂行办法》，对参加工作的职工、国家统一分配的大中专毕业生、退役军人、军队转业干部工资待遇等作出明确规定。地面工人、井下辅助工人和采掘工人工资收入比例关系提高为1∶1.29∶1.83。

1995年新职工工资标准表

表7-4-6　　　　　　　　　　　　　　　　　　　　　　　　　　　　　　　　　　　　单位：元

类别		临时工资标准		定岗后技能工资标准	
		现行标准	调整后标准	现行标准	调整后标准
学徒工1年		120	150	115	195
学徒工2年		130	160	115	195
学徒工3年		140	170	115	195
熟练期一年	一般工种	130	160	115	195
	艰苦工种	140	170	115	195
熟练期半年	井下辅助	150	180	141	231
	井下采掘	170	200	155	249
中专生		150	180	115	195
大专生		170	200	127	213
本科生		180	210	141	231
双学士本科生和研究生		200	230	155	249
硕士研究生		220	250	169	267
博士研究生		240	270	183	286
技校生	见习1年	140	170	115	195
	优秀生	150	180	115	195

1999年12月，根据山东煤管局鲁煤管劳〔1999〕252号文件精神，矿务局制定《关于调整职工岗位技能工资标准的实施意见》，对1999年6月30日执行岗位、技能工资标准的11335名合同制职工，按其岗次、档次分别对应调整到山东省企业职工岗位、技能工资参考标准，月增资额191.2万元，人均月增资169元，并从1999年10月起执行。

1999年矿务局管理人员岗位技能工资标准表

表7-4-7　　　　　　　　　　　　　　　　　　　　　　　　　　　　　　　　　　　　单位：元

岗次	岗位工资	任职年限	技能工资（工作年限）								
			5年以下	5～9年	10～14年	15～19年	20～24年	25～29年	30～34年	35～39年	40年及以上
局级	252	11年及以上	-	-	-	-	-	24	25	26	27
		6～10年	-	-	-	-	-	23	24	25	26
		5年及以下	-	-	-	-	-	22	23	24	25

岗次	岗位工资	任职年限	技能工资（工作年限）								
			5年以下	5~9年	10~14年	15~19年	20~24年	25~29年	30~34年	35~39年	40年及以上
副局级	240	11年及以上	-	-	-	-	21	22	23	24	25
		6~10年	-	-	-	-	20	21	22	23	24
		5年及以下	-	-	-	-	19	20	21	22	23
矿处级	205	11年及以上	-	-	-	18	19	20	21	22	23
		6~10年	-	-	-	17	18	19	20	21	22
		5年及以下	-	-	15	16	17	18	19	20	21
副矿处级	172	11年及以上	-	-	-	16	17	18	19	20	21
		6~10年	-	-	-	15	16	17	18	19	20
		5年及以下	-	12	13	14	15	16	17	18	19
科级	139	11年及以上	-	-	13	14	15	16	17	18	19
		6~10年	-	-	12	13	14	15	16	17	18
		5年及以下	-	10	11	12	13	14	15	16	17
副科级	118	6年及以上	-	-	11	12	13	14	15	16	17
		5年及以下	-	9	10	11	12	13	14	15	16
科员	98		7	8	9	10	11	12	13	14	15
办事员	78		6	7	8	9	10	11	12	13	14

1999年矿务局工人岗位技能工资标准表

表7-4-8　　　　　　　　　　　　　　　　　　　　　　　　　　　　　　　　单位：元

岗次	岗位工资	技术		技能工资（工作年限）							
				5年以下	5~9年	10~14年	15~19年	20~24年	25~29年	30~34年	35年及以上
		非技术		10年以下	10~14年	15~19年	20~24年	25~29年	30~34年	35年及以上	
八岗	194	采掘	10年及以上	-	-	12	13	14	15	16	17
			10年及以下	9	10	11	12	13	14	15	16
七岗	161	-	-	8	9	10	11	12	13	14	15
六岗	139	-	-	8	9	10	11	12	13	14	15
五岗	118	-	-	7	8	9	10	11	12	13	14
四岗	98	-	-	7	8	9	10	11	12	13	14

岗次	岗位工资	技能工资（工作年限）									
		技术	5年以下	5～9年	10～14年	15～19年	20～24年	25～29年	30～34年	35年及以上
三岗	88	–	–	6	7	8	9	10	11	12	13
一二岗	78	–	–	6	7	8	9	10	11	12	13

1999年矿务局职工技能工资过渡对应表

表7-4-9　　　　　　　　　　　　　　　　　　　　　　　　　　　　　　　　单位：元

现行煤企标准		山东省煤企标准		增量	现行煤企标准		山东省煤企标准		增量
档次	标准	等级	档次		档次	标准	等级	档次	
1	70	1	125	55	19	335	19	462	127
2	81	2	142	61	20	353	20	483	130
3	92	3	159	67	21	373	21	504	131
4	103	4	177	74	22	393	22	525	132
5	115	5	195	80	23	413	23	546	133
6	127	6	213	86	24	433	24	567	134
7	141	7	231	90	25	455	25	589	134
8	155	8	240	94	26	477	26	611	134
9	169	9	267	98	27	499	27	633	134
10	183	10	286	103	28	523	28	655	132
11	199	11	305	106	29	547	29	677	130
12	215	12	324	109	30	571	30	699	128
13	231	13	343	112	31	595	31	722	127
14	247	14	362	115	32	619	32	745	126
15	263	15	382	119	33	643	33	768	125
16	281	16	402	121	34	667	34	791	124
17	299	17	422	123	35	691	35	815	124
18	317	18	442	125	–	–	–	–	–

1999年矿务局职工岗位工资过渡对应表

表7-4-10　　　　　　　　　　　　　　　　　　　　　　　　　　　　　　　　单位：元

管理人员					工人					专业技术人员				
企业标准		省企标准		增量	煤企标准		省企标准		增量	煤企标准		省企标准		增量
职务	标准	岗次	标准		岗次	标准	岗次	标准		职务	标准	岗次	标准	
局级	252	20	384	132	八岗	194	15	110	110	正高级	194	15	304	110
副局级	240	19	368	128										
矿处级	205	16	320	115	七岗	161	12	95	95	高级	172	13	272	100
副矿处级	172	13	272	100										

续表

管理人员					工人					专业技术人员				
企业标准		省企标准		增量	煤企标准		省企标准		增量	煤企标准		省企标准		增量
职务	标准	岗次	标准		岗次	标准	岗次	标准		职务	标准	岗次	标准	
科级	139	10	224	85	六岗	139	10	85	85	中级	139	10	224	85
副科级	118	8	192	74	五岗	118	8	74	74	助理级	118	8	192	74
科员	98	6	160	62	四岗	98	6	62	62	员级	98	6	160	62
办事员	78	4	128	50										
—	—	—	—	—						—	—	—	—	—
—	—	—	—	—	三岗	88	5	56	56					
—	—	—	—	—										
—	—	—	—	—	一、二岗	78	4	50	50					

2002年4月，矿务局制定《局机关在岗人员工资分配办法》，管理岗取消按工作年限划分的正副档，实行同岗同酬。一档（处级）1300元，二档（副处级）1150元，三档（科级）950元，四档（副科级）850元，五档（一般管理人员）750元。工人岗按岗位技能工资标准执行，月度奖100元，局筹建处工人月度综合奖150元。同年，实行最低工资标准，泰安地区310元/月，临沂地区340元/月，济宁地区380元/月，济南地区410元/月。自此，每年按照属地标准执行最低工资规定。

2004年3月，矿务局对2004年3月31日在册劳动合同制职工进行岗位技能工资调整。依据时任岗位工种（或职务）、工作年限和任职年限对应套入山东省企业岗位、技能工资参考标准，即岗位10序列、技能5序列标准。

2004年矿务局职工岗位技能工资标准表

表7-4-11
单位：元

岗位工资		技能工资	
岗次	标准	岗次	标准
26	750	38	994
25	725	37	967
24	700	36	940
23	675	35	913
22	650	34	887
21	625	33	862
20	600	32	836
19	575	31	810
18	550	30	785

岗位工资		技能工资	
岗次	标准	岗次	标准
17	525	29	760
16	500	28	736
15	475	27	711
14	450	26	686
13	425	25	662
12	400	24	638
11	375	23	614
10	350	22	590
9	325	21	566
8	300	20	543
7	275	19	521
6	250	18	498
5	225	17	475
4	200	16	452
3	175	15	430
2	150	14	408
1	125	13	386
–	–	12	364
–	–	11	342
–	–	10	321
–	–	9	300
–	–	8	279
–	–	7	258
–	–	6	237
–	–	5	216
–	–	4	197
–	–	3	178
–	–	2	158
–	–	1	140

2004年矿务局职工岗位工资标准

表7-4-12　　　　　　　　　　　　　　　　　　　　　　　　　　　　　　　　　　　　　　单位：元

管理人员			工人			专业技术人员		
职务	岗次	标准	岗位	岗次	标准	职务	岗次	标准
正局	20	600	–	–	–	–	–	–
副局	19	575	八岗	15	475	–	–	–
正矿级	16	500	七岗	12	400	正高	15	475
副矿级	13	425	六岗	10	350	高级	13	425
正科	10	350	五岗	8	300	中级	10	350
副科	8	300	四岗	6	250	助理	8	300
科员	6	250	三岗	5	225	员级	6	250
–	–	–	一、二岗	4	200	–	–	–

2004年矿务局管理人员岗位技能工资标准表

表7-4-13　　　　　　　　　　　　　　　　　　　　　　　　　　　　　　　　　　　　　　单位：元

岗次	岗位工资	任职年限	技能工资（工作年限）								
			5年以下	5~9年	10~14年	15~19年	20~24年	25~29年	30~34年	35~39年	40年及以上
局级	252	11年及以上	–	–	–	–	–	24	25	26	27
		6~10年	–	–	–	–	–	23	24	25	26
		5年及以下	–	–	–	–	–	22	23	24	25
副局级	240	11年及以上	–	–	–	–	21	22	23	24	25
		6~10年	–	–	–	–	20	21	22	23	24
		5年及以下	–	–	–	–	19	20	21	22	23
矿处级	205	11年及以上	–	–	–	18	19	20	21	22	23
		6~10年	–	–	–	17	18	19	20	21	22
		5年及以下	–	–	15	16	17	18	19	20	21
副矿处级	172	11年及以上	–	–	–	16	17	18	19	20	21
		6~10年	–	–	–	15	16	17	18	19	20
		5年及以下	–	12	13	14	15	16	17	18	19
科级	139	11年及以上	–	–	13	14	15	16	17	18	19
		6~10年	–	–	12	13	14	15	16	17	18
		5年及以下	–	10	11	12	13	14	15	16	17
副科级	118	6年及以上	–	–	11	12	13	14	15	16	17
		5年及以下	–	9	10	11	12	13	14	15	16
科员	98		7	8	9	10	11	12	13	14	15
办事员	78		6	7	8	9	10	11	12	13	14

2004年矿务局专业技术人员岗位技能工资标准表

表7-4-14   单位：元

岗次	岗位工资	任职年限	技能工资（工作年限）								
			5年以下	5～9年	10～14年	15～19年	20～24年	25～29年	30～34年	35～39年	40年及以上
正高级	194	11年以上	–	–	–	18	19	20	21	22	23
		6～10年	–	–	–	17	18	19	20	21	22
		5年及以下	–	–	–	16	17	18	19	20	21
高级	172	11年以上	–	–	–	16	17	18	19	20	21
		6～10年	–	–	–	15	16	17	18	19	20
		5年及以下	–	–	–	14	15	16	17	18	19
中级	139	11年以上	–	–	13	14	15	16	17	18	19
		6～10年	–	–	12	13	14	15	16	17	18
		5年及以下	–	10	11	12	13	14	15	16	17
助理级	118	6年及以上	–	–	11	12	13	14	15	16	17
		5年及以下	8	9	10	11	12	13	14	15	16
员级	98		7	8	9	10	11	12	13	14	15

2005年，矿务局制定《临沂矿务局劳动工资管理办法》，贯彻按劳分配、效益优先、兼顾公平的工资分配原则。工资发放坚持公开透明，实行公示制度，积极探索各类分配形式，对不同的工作岗位分别实行岗位工资、年薪工资、计件工资、包工工资等。对经营者收入分为基薪和绩效年薪2部分，并规定基薪按考核年度所在单位全部职工平均工资的2倍确定，绩效年薪与考核结果挂钩。单位负责人分配系数为1，班子其他成员按人均0.8的系数核定薪酬，各单位按0.6～0.9确定分配系数。同时，对各种假期、因工负伤、患病或非因工负伤、培训学习、加班工资等作出明确规定。

2007年5月，下发《临矿集团工资管理暂行办法》，各单位严格按照集团公司规定提取工资基金，按工资指导线安排工资增长。

2009年2月，下发《临矿集团工资管理暂行办法》，对各单位工资分配管理、经营者及班子成员收入、加班工资、有资假期等进行规范。

2012年7月，下发《临矿集团薪酬管理办法》，规定职工岗位（工种）和职级，有年薪制、岗位绩效工资制、计件工资制和其他4种工资分配形式。

2017年10月，根据《中华人民共和国职业分类大典》（2015年）和《煤炭行业岗位（工种）名录》（2016年），在2009年集团公司《工人岗位规范》划岗归类标准基础上，修订工人岗位（工种）划岗归类标准。修订后的岗位（工种）共279个。岗位（工种）包含采掘、机电、运输、通防、地质测量、选煤、玻纤、后勤服务和其他等9个部分。12月，修定《临沂矿业集团有限公司薪酬管理办法（试行）》，对工资分配形式、工资构成等作出统一规定，调整提高年功工资标准、大中专毕业生见习期工资标准，增加职称补贴、技能补贴等内容。

表7-4-15

2004年矿务局职工岗位技能工资标准对应表

单位：元

工人技能工资（工作年限）

岗位	岗次	岗位工资	类别	5年以下	5~9年	10~14年	15~19年	20~24年	25~29年	30~34年	35年以上
八岗	15	475	非技术（10年以上）	—	—	12	13	14	15	16	17
			技术（10年以下）	9	10	11	12	13	14	15	16
七岗	12	400	非技术	—	10	11	12	13	14	15	16
			技术	8	9	10	11	12	13	14	15
六岗	10	350	非技术	—	9	10	11	12	13	14	15
			技术	8	9	10	11	12	13	14	15
五岗	8	300	非技术	—	8	9	10	11	12	13	14
			技术	7	8	9	10	11	12	13	14
四岗	6	250	非技术	—	8	9	10	11	12	13	14
			技术	7	8	9	10	11	12	13	14
三岗	5	225	非技术	—	7	8	9	10	11	12	13
			技术	6	7	8	9	10	11	12	13
二岗	4	200	非技术	—	7	8	9	10	11	12	13
			技术	6	7	8	9	10	11	12	13

（技能档次）

行政管理技能工资（工作年限）

职务	岗次	岗位工资	任职年限	5年以下	5~9年	10~14年	15~19年	20~24年	25~29年	30~34年	35~39年	40年以上
正局	20	600	11年及以上	—	—	—	—	—	24	25	26	27
			6~10年	—	—	—	—	21	23	24	25	26
			5年及以下	—	—	—	21	21	22	23	24	25
副局	19	575	11年及以上	—	—	—	21	21	22	23	24	25
			6~10年	—	—	—	—	20	21	22	23	24
			5年及以下	—	—	18	19	20	21	22	23	—

技能工资

档次	标准
30	785
29	760
28	736
27	711
26	686
25	662
24	638
23	614
22	590
21	566
20	543
19	521
18	498
17	475
16	452
15	430
14	408

续表

岗位	岗次	岗位工资	工人技能工资（工作年限）										技能工资	
			非技术 技术	10年以下 5年以下	10~14年 5~9年	15~19年 10~14年	20~24年 15~19年	25~29年 20~24年	30~34年 25~29年	35年以上 30~34年	35年以上		档次	标准
正矿处 （正高）	16	500 （475）	11年及 以上	-	-	-	18	19	20	21	22	23	30	785
			6~10年	-	-	-	17	18	19	20	21	22	13	386
			5年及以下	-	-	15	16	17	18	19	20	21	12	364
副矿处	13	425	11年及 以上	-	-	-	16	17	18	19	20	21	11	342
			6~10年	-	-	-	15	16	17	18	19	20	10	321
			5年及以下	-	12	13	14	15	16	17	18	19	9	300
正科	10	350	11年及 以上	-	-	13	14	15	16	17	18	19	8	279
			6~10年	-	11	12	13	14	15	16	17	18	7	258
			5年及以下	9	10	11	12	13	14	15	16	17	6	237
副科	8	300	6年及以上	-	-	11	12	13	14	15	16	17	5	216
			5年及以下	8	9	10	11	12	13	14	15	16	4	197
科员	6	250	250	7	8	9	10	11	12	13	14	15	3	178
-	-	-	-	-	-	-	-	-	-	-	-	-	2	158
													1	140

　　2018年1月，修定下发《临沂矿业集团有限公司机关薪酬管理办法（试行）》《临沂矿业集团有限公司机关处级人员薪酬管理办法（试行）》，对机关工资发放形式和标准进行调整，副处级及以上管理人员开始实行年薪制，采取上挂下联的考核办法确定其年薪总额；副处级以下人员将过去在部分法定节日所在月份加发工资直接到个人改为按季度根据处室在册人员的月度岗位绩效工资标准核定处室的嘉奖工资总额，由处室负责人根据处室内部量化考核结果自主分配，适当拉开收入差距。

　　2020年11月，重新修订印发《临沂矿业集团有限责任公司薪酬管理暂行办法》，重点建立以岗位绩效工资为主的基本工资制度，集团公司建立岗位工资+绩效工资（包括效益工资、安全工资、个性化考核工资等）+各项津贴补贴+即时奖励（包括科技创新奖、特别贡献奖、风险抵押奖励等）的分配模式。集团公司同类单位中同岗位、同职级人员原则上执行统一的岗位工资标准，各权属单位根据工资预算总额结合效益、安全、劳动生产率等指标完成情况合理确定绩效工资。

2017年临矿集团工人岗位（工种）划岗归类标准表（试行）

表7-4-16

岗位	岗位（工种）名称（279个）
三岗及以下	车间质检员、找头工、去皮工、测纱员、割管工、刷筒工、勤杂工、保洁员、服务员、洗衣工、浴池工、工作服管理工、后勤管理员、摄像员、预算员、制图员、资料员、公务员、档案管理员、仓储管理员、食堂会计、采购员、营销员、收费员、巡线工、油库工、LNG值班员、储运业务员、储运值班员、安全信息员、变配电工、地面泵工、水处理运行工、水质化验员、化学化验员、工业废气治理工、地面制冷降温工、矿灯和自救器管理工、司磅员、售煤统计员、设备管理员，共41个工种。
四岗	烘纱工、玻璃纤维化验员、玻璃纤维质检员、漏板工、拉丝维修工、浸润剂配制工、工艺技术员、挡车工、上塑工、退解捻线工、络纱工、包纱工、送纱工、水切丝工、短切颗粒工、整备工、切机维护工、微粉制备工、巡检工、壁布后处理工、窗纱配浆工、复卷工、拖拉机司机、毡线纱架室操作工、毡线转运工、毡线包装工、加气站操作工、机动车驾驶教练员、小型汽车司机、门式吊车司机、起重工、推土机司机、锅炉设备检修工、电气值班员、木工、刨插工、铣工、磨工、镗床操作工、钻床工、下料工、冲压工、金属热处理工、镀层工、涂装工、采制样工、煤（矿）质化验工、煤场管理员、毛煤验收工、火车调度工、火车轨道衡工、煤炭装运工、道口（岔）工、火车摘钩工、火车扶钩工、检车工、平车工、定检员、抑尘工、原煤仓工、洗选运转工、选煤（矿）厂泵工、选煤调度员、主扇风机操作工、地面压缩机操作工、管道安装维修工、井上风筒修补工、井上火工品管理工、炮泥制作工、井上生产调度网络维修工、井上采矿系统监控操作员、网络系统维护安全员、井上矿山测量工、井上蓄电池充电工、井上矿山电机车司机、矿车修理工、清车工、主副井信号工、井上绞车操作工、提升机司机、翻车机司机、物资理货调拨员、物资谈判稽核员、物资采购主管员、物资调配结算员、采购比价员、保卫管理员、炊事员、食堂管理员、安培中心教工、井口物资管理员、井口值班检查员、装卸搬运工、区队（科室）办事员、园艺工、饲养员、水生动物苗种繁育工，共97个工种。
五岗	原料破碎工、均化发送工、立磨主操作工、毡线上料工、毡线配胶工、毡线控制室操作工、毡线成型工、毡线卷曲主操作工、看毡工、拉丝操作工、窑炉熔化工、窑炉维护工、玻璃拉丝配料工、玻璃拉丝上料工、引丝工、脱硫脱硝运行工、混凝土工、土建架子工、砌筑工、钢筋工、塔吊司机、桥式吊车司机、燃机运行工、汽轮机运行工、锅炉运行工、机械加工材料切割工、焊工、车工、铆工、铸造工、锻造工、地面注浆工、井上采掘机械维修工、地面机修钳工、地面煤矿试验电工、地面电气设备安装工、地面电工、地面高压电缆修理工、井上煤矿搬运工、地面破碎机操作工、地面胶带输送机操作工、手选工、选煤工、风选工、跳汰选煤工、离心机脱水工、压滤工、脱水/脱介筛操作工、选煤设备机修工、斗提机操作工、浮选工、磁选工、矿石破碎筛分工、磨矿分级工、主提升机操作工、井上把钩信号工、井上翻罐工、地面给煤机操作工、叉车司机、铲车司机、载重汽车司机、井上安全检查工（员）、尾矿库工艺监督工，共63个工种。

岗位	岗位（工种）名称（279个）
六岗	选矿厂设备维修工、井下火工品管理工、井下机电设备检查员、井下生产调度网络维修工、井下材料看守工、井下设备管理员、井下配电工、井下安全信息员、井下煤质稽查工、井下采煤（矿）样工、井下机车调度员、井下坑木代用品管理工、井下工程检查验收工、井下矿井泵工、井下矿山测量工、井下矿井地质工、井下矿井维修钳工、井下矿井维修电工、井下安装电钳工、井下巷道清理工、井下煤矿搬运工、井下放仓工、井下定额员、井下矿井电气防爆检查工、井下瓦斯检查工、井下矿压观测工、井下管路安装工、井下矿井测风工、井下矿井测尘工、井下矿井防尘工、井下矿井防灭工、井下液压泵站工、井下矿井制冷降温工、井下压缩机操作工、井下通防操作工、井下风筒修补工、井下通风调度工、井下采矿系统监控操作员、井下电机车司机、井下蓄电池充电工、井下电机车修配工、井下矿井轨道工、井下胶轮车司机、井下绞车操作工、井下把钩信号工、井下翻罐工、井下带式输送机操作工、井下刮板输送机司机、井下给煤机操作工、井下单轨吊司机、井下架空乘人设备司机、井下人行车工、井下人行车信号工、井下压滤工、井下破碎机操作工，共55个工种。
七岗	井下充填回收工、井筒维修工、井下探放水钻工、井下矿井物探工、井下矿山救护工、井下安全检查工（员）、井下注浆工、井下采掘机械维修钳工、井下采掘电钳工，共9个工种。
八岗	井下采煤工、井下采煤机司机、井下爆破工、井下采煤支护工、井下液压支架工、井下巷道掘砌工、井下综掘机司机、井下装岩机司机、井下掘进台车司机、井下支护锚喷工、井下转载机操作工、井下冲击地压防冲工、井下巷修工、井下采煤设备安撤工，共14个工种。

1991—2020年临矿集团在职职工工资一览表

表7-4-17

年度	在册人数	工资总额（万元）	年平均工资（元）	人均增长（%）
1991	15093	4767	3213	9.6
1992	14421	5210	3572	11.2
1993	13374	5650	4102	14.8
1994	12778	7270	5621	37
1995	12356	8141	6503	15.7
1996	11632	7792	6673	2.6
1997	11380	7783	6839	2.5
1998	11230	7621	6850	0.2
1999	11559	7525	6658	−2.8
2000	11576	7735	6772	1.7
2001	11116	8851	7691	13.6
2002	9613	10368	10759	39.9
2003	5056	10420	12241	13.8
2004	10991	21500	19825	62
2005	10963	28149	24071	21.4
2006	13358	33815	27525	14.3
2007	14461	48400	32046	16.4
2008	15416	59880	36532	14
2009	18415	70476	39952	9.4
2010	19222	113424	60467	51.3

续表

年度	在册人数	工资总额（万元）	年平均工资（元）	人均增长（%）
2011	21360	146171	70056	15.9
2012	22187	157462	72383	3.3
2013	22320	152772	69670	−3.7
2014	20909	141123	67141	−3.6
2015	19096	123447	63777	−5
2016	18650	140641	73087	14.6
2017	18249	154943	83433	14.2
2018	17837	169531	93395	11.9
2019	17526	171537	97876	4.8
2020	16904	176304	104297	6.6

注：本表数据只含在册职工。

三、经营者年薪制

1996年6月，经矿务局第七届职代会第六次代表团（组）长联席会议审议通过，矿务局下发《临沂矿务局内部单位经营者年薪制试行办法》。从1996年1月起对褚墩、汤庄、塘崖、草埠、株柏煤矿，恒河总公司、莒县、岐山煤矿，工程公司、地质公司、机械厂、电厂、供应公司、运销公司、劳动服务公司15个单位的经营者实行年薪制。将矿与基建单位划为一类单位，经营者全年基薪标准按照矿务局和本单位上年度职工加权平均收入的2.5倍确定，不得超过矿务局和本单位职工加权平均工资收入的3.5倍；厂、公司划为二类单位，经营者全年基薪标准按照矿务局和本单位上年度职工加权平均收入的2.4倍确定，不得超过本单位和矿务局职工加权平均工资收入的3.2倍。不包括下井费、班中餐和上级规定不应列入企业工资总额统计范围的各种收入。实行年薪制后，建立了经营者风险基金制度，将经营者基薪的20%～40%转入风险基金，分为超盈减亏收入和安全收入2部分，用于部分抵补由于经营者决策失误或管理不善给企业造成的损失。规定每增盈减亏1万元加发120元至180元。

2018年起，机关本部处级管理人员，包括集团公司副总师、正处级、副处级薪酬开始实行年薪制，按照"上挂下联"的原则确定其年薪总额。集团公司总经理助理薪酬按照集团公司领导班子正职的70%单独执行。处级管理人员年薪总额由基本年薪和绩效年薪2部分构成。月度发放基本年薪（约占年薪总额的55%左右），基本年薪包括岗位工资和绩效工资，其中岗位工资为固定薪酬部分，占月度薪酬标准的60%；绩效工资为浮动薪酬部分，与处室个性化考核指标挂钩，占月度薪酬标准的40%。年度根据核定的年薪总额减去已发基薪计算出绩效年薪，再乘以年度绩效考核分数/100分，一次性兑现绩效年薪。年度绩效考核结果与集团公司安全、利润、处室个性化考核、履职评价、党风廉政建设等指标挂钩。处级管理人员年薪确定办法：按照"上挂下联"的原则，确定集团公司机关处室负责人（正处级）的年薪标准。其中上挂集团公司领导班子副职上年度的平均年薪；下联集团公司权属单位主要负责人上年度的平均年薪（不包括特别贡献奖）。计算公式为：处室负责人（正处级）年薪标准＝集团公司领导班子副职上年度平均年薪的80%×0.5（权重）+权属单位主要负责人上年度平均年薪的80%×0.5（权重）。其中处室负责人（正处级）薪酬基数为1，集团公司副总师按照1.05倍执行，不担任处室负责人的正处级按照0.95倍执行，副处级按照0.8倍执行。处级管理人员执行年薪制后，其加班工资、年功工资、井下津贴、夜班津贴、职称补贴等全部纳入月度基本薪酬，不再另外执行；除集团公司及上级明文规定可单独领取的奖励外，其他所有奖项一律列入年薪总额范围之内，不再另外执行。

四、工效挂钩

1992年5月，根据山东煤管局要求，矿务局对包干工资单价与形式进行完善与补充，采取5种包干形式：生产煤矿实行原煤产量和销售收入指标与工资总额双挂钩包干，即吨煤工资包干和百元销售收入工资含量包干，单价在14.61～25.29元之间，挂钩比例为5：5，超承包基数部分实行加价；基建单位按施工百元产值工资含量包干，单价在9.66～42.31元之间；地面公司按超计划利润百元工资含量包干，单价在15～50元之间；地面厂实行销售收入百元工资含量包干，单价在13.79～26.18元之间；非生产单位实行工资总额包干。

1993年，修订工资总额同经济效益挂钩办法。矿、厂、公司实行工资总额与实现盈亏挂钩；其他事业单位实行工资总额与经费包干指标挂钩。企业当年的工资总额等于当年核定的工资总额基数和当年新增效益工资之和，新增效益工资按矿务局下达的每增盈减亏一万元提取的工资额计提工资。工效挂钩单位完不成当年计划亏损（利润）额，按效益下降额和核定的含量扣减当年核定的工资总额基数，企业当年工资总额等于核定的工资总额减去应扣的工资额。净产值劳动生产率指标比上年下降5%以下的，每降低1%扣减新增效益工资的0.5%；下降5%及以上的，每降低1%，扣减新增效益工资的1%。安全完不成考核指标，按矿务局安全部门有关规定执行。完不成盈亏指标和经费包干指标的，不得提取效益工资。企业在经济效益好，新增效益工资较多的情况下，必须从当年新增效益工资中提取不少于10%的数额作为储备金，主要用于以丰补歉，工资储备金累计达到一年工资总额时，可不再提取；当年未进入成本的新增效益工资指标不得结转以后年度补提。

1994年，在工资总额与经济效益挂钩办法的基础上调整效益工资提取：企业当年提取的效益工资等于当年核定工资总额基数和当年新增效益工资之和。实行工资总额与盈亏挂钩浮动比例，按1：0.4～0.5核定。具体比例按上年实现利（亏损额）和应提工资总额基数计算出的百元工资实现利润（百元工资含亏损额）分档次确定。即百元工资创利（百元工资含亏损额）31元及以上的，挂钩浮动比例为0.5；百元工资创利30～11元，挂钩浮动比例为0.45；百元工资创利10元及以下的，挂钩浮动比例为0.4。

2001年，工资总额推行由基础工资和效益工资两部分组成，工资总额＝基础工资±效益工资。基础工资：医院、矿中、技工学校以2000年末单位在岗职工人均收入乘以核定人数；电厂、运销公司、供应公司、招待所、后勤中心以2000年末单位在岗职工人均收入提高5%乘以核定人数；古城煤矿按在岗职工年人均收入12000元核定；其他单位以2000年末单位在岗职工人均收入提高10%乘以核定人数。效益工资按照盈亏考核情况提取。

2002年，基础工资核定调整为：矿中、医院、技工学校以2001年末单位在岗人均收入提高5%核定；古城煤矿按在岗职工人均工资13000元核定；其他单位以2001年末单位在岗职工人均提高10%核定。基础工资按照单位当月（累计）完成盈亏考核指标提取，当月或累计完不成盈亏考核指标，以单位基础工资计划为基础，按超亏减利额的1：0.5比例扣减基础工资计划，扣减工资仍不足以抵减考核指标差额的，全部职工按最低工资标准发放。

2003年，基础工资核定调整为：古城煤矿按职工平均工资15000元、株柏煤矿14000元核定；其他单位按2002年职工平均工资提高8%乘以核定人数。

2004年，基础工资核定调整为：在册职工按2003年职工平均工资提高10%乘以核定人数，非在册职工以上年实际发生额为基数；新驿煤矿暂按定员人数乘以16000元的50%核定基数。当月（累计）完成盈亏指标，按计划提取或使用工资总额。

2005年，调整效益工资挂钩考核办法。古城煤矿、新驿煤矿、田庄煤矿与产量、单位完全成本挂钩，当月（累计）超额完成单位完全成本和产量指标，每超盈或降低1%，按工资基数1%提取效益工资；当月（累计）未完成指标，每超本或降低产量1%，扣减当月工资基数的1%，直至按当地最低工资标准核定工资。株柏、邱集、马坊煤矿与利润、单位完全成本挂钩，当月（累计）超额完成单位完全成本和利润指标，按超盈利的50%提取工资；当月（累计）未完成指标，每超本或降产1%，扣减当月工资基数的1%，直至按当地最低工资标准核定工资。运销公司与销售收入挂钩，当月（累计）超额完成销售收入指标，每超1%，按工资基数的1%提取效益工资；当月（累计）未完成指标，每减少1%，扣减当月工资基数的1%，直至按当地最低工资标准核定工资。其他单位与盈亏指标挂钩，年度利润1000万元以下的单位，当月（累计）超额完成盈亏指标，按超盈减亏额的60%提取效益工资；盈利1000万元以上的，按超盈减亏额的50%提取效益工资；当月（累计）未完成盈亏指标，每减盈或超亏1%，相应扣减1%的工资基数，直至按当地最低工资标准核定工资计划。

2006年，在核定工资基数的基础上，效益工资调整为只与利润挂钩，当月（累计）超额完成盈亏指标，盈利1000万以上的，按超盈减亏额的40%提取；盈利1000万元以下的，按超盈减亏额的50%提取；当月（累计）未完成盈亏指标，按利润未完成程度相应扣减工资计划基数，直至按当地最低工资标准核定工资使用计划。

2007年，未实行工效挂钩办法，工资总额由工资指导线和下达的工资基金计划确定，按扣除班子后的实际职工人数逐月核定工资计划。职工工资水平在2006年的基础上，安排平均增长17%左右。当月（累计）完成盈亏指标，按计划提取和使用工资；当月未完成盈亏考核指标，每欠1%，扣减工资基金计划1%，累计完成盈亏考核指标，可以补提扣减部分。如效益较差，可低于下达计划，直至按当地最低工资标准核定工资使用计划。

2008—2009年，继续实行工资总额与经济效益挂钩的工资总额分配机制。

2010年，根据集团公司各生产经营单位实际情况，采取不同的工资总额预算挂钩指标核定办法。生产矿井：实行盈亏与工资总额预算挂钩考核，单位利润考核指标数额大于工资基金预算计划金额的，增盈减亏部分，每增盈减亏1%，增加工资基金计划0.5%，单位利润考核指标数额小于工资计划金额的，每增盈减亏1%，增加工资基金计划1%，完不成利润考核指标的，每欠1%，按同比例扣减工资基金计划。增盈提取的效益工资最高不超过工资指导线规定和工资总额预算指标；基本建设单位：按照与集团公司签订的经营业绩（工程建设）责任书确定的考核指标挂钩，掘进进尺每超1%，增加工资基金计划1%，完不成进尺指标的，每欠1%，扣减工资基金计划1%，但增盈提取的效益工资最高不超过工资指导线规定和工资总额预算指标；地面单位：按照下达的盈亏指标核定效益工资，每增盈1%，增加效益工资1%，每欠盈1%，扣减工资基金预算计划的1%，但增盈提取的效益工资最高不超过工资指导线规定和工资总额预算指标；集团公司机关：按照集团公司盈亏增减比例，确定工资总额预算和工资增长幅度，增盈提取的效益工资最高不超过工资指导线规定和工资总额预算指标。

2011年，生产矿井、煤机集团、玻纤集团、技工学校、亿金公司、运销公司、房地产公司、集团公司机关继续实行以效益为考核指标的工资预算机制。基本建设单位按照与集团公司签订的经营业绩（工程建设）责任书确定的主要考核指标挂钩。

2012年，除新上海一号矿井、会宝岭铁矿筹建处筹建阶段按照进尺作为工资总额考核指标外，其他单位均按照盈亏情况与工资总额预算挂钩。

2013年，工资总额由基础工资、效益工资2部分组成。生产矿井：按照吨煤单价和实际产量考核提取基础工资，按照利润、百元工资创利、全员效率考核提取效益工资；地面生产经营单位：按照百元工资含量和月度实际销售收入考核提取基础工资，按照利润、百元工资创利、人均销售收入考核提取效益工资；在建矿井：在投产前按形象进度核定计划发放工资，投产后按工效挂钩考核指标提取发放工资。生产矿井、地面生产经营单位月度超利润计划增盈的部分，按增盈额的50%提取增盈工资；累计提取的增盈工资最多不得超过1个月的基础工资总额。

2014年，工资预算总额分为基础工资、均量工资、绩效工资和特别奖励4个部分。基础工资：按照从业人员工资总额的90%作为基础工资，按盈亏完成情况提取；均量工资：以核定从业人员工资总额的10%为均量工资，按照效率、效益等均量指标考核提取工资；绩效工资：用于完成盈亏奋斗目标奖励，总额为5%；特别奖励：用于各单位减员增效的奖励。

2015年，调整工资总额构成，将工资总额分为基础工资、均量工资、安全工资和绩效工资4部分。基础工资由2014年从业人员工资总额预算基数的90%调整为85%；均量工资占核定从业人员工资总额的10%；安全工资占工资总额预算基数的5%，按安全生产完成情况提取。

2016年，调整基础工资和均量工资占比。基础工资由工资总额预算基数的85%调整为80%；均量工资由工资总额预算基数的10%调整为15%；安全工资，占工资总额预算基数的5%。

2018年，对工资总额预算与经济效益挂钩考核联动办法进行修订，将工资总额由4个部分划分为5个部分构成，增加了特别奖励，该项奖励主要是权属单位领导班子的年薪兑现、控员提效奖励和集团公司规定的大额即时奖励，不占年初下达的工资预算总额；将工资总额中的基础工资部分占比由80%调整为70%，为突出人均创效能力将均量工资占比由15%调整到20%，安全工资由5%调整到10%；对基础工资的考核进行调整，增加全年完成盈亏考核指标，年底补提因月度未完成盈亏考核指标扣除的基础工资；均量工资考核方面，对生产矿井（含会宝岭铁矿）增加全员实物劳动生产率的考核。10月，根据《国务院关于改革国有企业工资决定机制的意见》要求，对《临沂矿业集团有限公司2018年工资总额预算与经济效益挂钩考核联动办法》中相关内容进行修改补充。调整均量工资的提取，在月度考核的基础上，进行年度统算，全年累计完成均量考核指标的单位，年底补提因月度未完成考核指标而扣除的均量工资；调整控员提效奖励，将各单位通过"机械化换人、自动化减人"相比年初减少4D岗位人员的，每减少1人奖励本单位上年度1人的平均工资作为额外追加的工资总额；按照提高低收入单位收入增长幅度，适当调节高收入单位收入增长幅度的原则对工资增长水平进行了调整，因效益增长及特别奖励（不含月度工资预算追加的即时奖励和单位负责人年薪兑现）导致的人均收入增长，上年度人均收入低于集团公司平均收入的单位人均收入增幅原则上不能超过10%，上年度人均收入高于集团公司平均收入的单位人均收入增幅原则上不能超过6%。

2019年，调整中层正职收入倍数及安全工资占工资总额预算的比例。将矿井辅助工区、地面单位辅助车间正职分配比例，由本单位职工平均收入的1.9倍调整为2倍，机关正科级分配比例，由本单位职工平均收入的1.7倍调整为1.8倍。加大工资总额预算与安全挂钩考核力度，将安全工资占工资预算总额的比例由10%调整为20%。

2020年，加强工资总额同人均利润、人均效率、人均营业收入、人事费用率、百元工资创利等均量指标的挂钩考核力度，均量工资占工资总额预算的比例由20%调整为30%。

五、津贴、补贴

1991年8月，在职职工标准口粮为30市斤的，每人每月按6元粮油补贴加入标准工资内；标准口粮超出30市斤部分按每市斤0.1元的标准发给补偿。

1992年1月，调整煤炭企业职工洗理费标准，男职工由每人每月1.6元调整为7元；女职工由每人每月2.4元调整为8元。6月，煤炭企业正式职工的矿龄津贴标准由原来的每年0.5元调整为1元。8月，调整保健食品补贴，从事有毒有害作业的职工，每人每日0.8元，全月24元；从事高温作业的职工，每人每日0.6元，全月18元。

1993年4月，矿务局调整井下工作津贴标准，井下采掘工为每工3元。从事井下工作的巷修工、安全检查员、瓦斯检查员、大筒工、井下钻工、注浆工、充沙工为2.2元/工；其他辅助工和地面人员下井工作以及救护队员为每工1.5元。7月，矿务局执行局机关在职职工误餐补贴办法，规定每人每月15元，小车班和救护队每人每月8元。

1994年3月，调整职工图书补助费、洗理费和交通补贴3项补贴标准，图书费由每人每月4.5元调整为15元；洗理费由每人每月男职工7元、女职工8元调整为每人每月男职工15元、女职工17元；交通补贴由每人每月5元调整为10元。5月，班中餐标准由每班1元增加到2元。8月，对固定职工、合同制职工和1971年底以前的计划内临时工每月人均增加工资补贴29元。

1996年1月，矿务局下发《关于实行劳动合同制执行工资性补贴的通知》，规定凡是与企业签订劳动合同的职工，月补贴标准以本人上年度月平均工资总额的9%计算，职工个人月平均工资总额低于山东煤管局系统同期月平均工资60%的，以系统平均工资总额的60%为基数计算；高于2倍的，以2倍计算。工资性补贴标准从1996年1月1日起计发。在工资基金项下列支，计入成本。

1999年9月，矿务局实行技师技术职务津贴，井下工种每月60元，井上工种每月50元。高级技师津贴标准为井下工种每月120元，井上工种每月100元。

2002年7月，调整9%工资性补贴，最低工资标准为69.4元/月，最高工资标准为346.8元/月，介于两者之间的，按实际数计算补贴标准。

2004年1月，矿务局调整在职职工住房补贴，计算基数为岗位技能工资标准和矿龄津贴之和，全局按临沂市规定的25%的比例执行，同时冲减1993年1月《临沂矿务局职工住房制度改革试行方案》规定的5%住房补贴、13元的建房互助金。

2005年6月，矿务局调整在册的劳动合同制职工住房补贴，以岗位、技能工资及工龄津贴3项之和为计算职工住房补贴的基数，计算比例由25%调至35%。

2006年8月，提高在岗职工夏季防暑降温费标准，从事室外作业和高温作业的人员为每人每月120元；从事非高温作业的人员为每人每月80元。全年按6~9月4个月计发。

2007年1月，下发《关于调整煤矿井下艰苦岗位津贴有关工作的通知》，煤矿井下作业职工按井下采掘工人、辅助工人、井下跟班安检人员，及下井工作且编制在井下采掘、辅助队的基层干部、技术人员和管理人员发放艰苦岗位津贴。分井下津贴、班中餐补贴和夜班津贴。井下津贴按井下采掘工30元/工；井下辅助工20元/工；井下跟班安检人员按井下辅助工标准执行；基层干部、技术人员及管理人员的井下津贴标准，跟班下井满8小时的，按同工种标准执行，下井检查工作的，按15元/工标准执行；机关工作人员下井检查工作满4小时的，按10元/工标准执行。班中餐补贴执行采掘工10元/工、井下辅助工6元/工，班中餐补贴由企业集中用于井下作业职工的伙食，不得挪作他用。夜班津贴按实行"三八制"井下工作的职工，执行1个班次（即22—6点）夜班津贴，采掘工12元/工，井下辅助工10元/工。

2008年7月，印发《关于实行高级技术工人技能津贴的通知》，在岗技术工人取得本工种高级工证书并聘任的，每人每月发放津贴50元，取得本工种技师证书并聘任的，每人每月发放津贴100元，取得高级技师证书并聘任的，每人每月发放津贴150元。

2015年7月，执行山东省《关于调整企业职工防暑降温费标准的通知》规定，提高企业职工防暑降温费标准。从事室外作业和高温作业人员每人每月200元，非高温作业人员每人每月140元，全年按6—9月4个月计发，列入企业成本。

2017年12月，下发《临沂矿业集团有限公司关于调整在职职工取暖补贴标准的通知》，将在职职工取暖补贴统一调整为每人每年1700元，2017年起执行。

六、绩效考核

2011年11月，根据省国资委《关于加强省管企业全员业绩考核工作指导意见》，制定《关于全面实施全员绩效考核工作的指导意见》，实施"工作有目标、管理全覆盖、考核无盲区、奖惩有依据、横向到边、纵向到底"的全员业绩考核，建立全员绩效考核体系。全员业绩考核纳入权属单位负责人考核体系，与年薪收入挂钩考核，兑现奖惩。按不同的考核对象分为集团公司领导班子成员的业绩考核、对二级单位领导班子及其成员的业绩考核、集团公司及所属单位机关管理与专业技术人员业绩考核、对二级单位所属区队（车间）业绩考核、对工人岗的业绩考核。

2012年1月，引入"均量"考核理念，将人均产量、人均效率、人均效益、人均成本、百元工资创利等指标纳入对经营单位的考核，把人均指标以大权重纳入全员业绩考核体系，考核方式由"重总量"向"重均量"转变，开始探索经济增加值考核，以真实反映企业负责人的经营水平。

2013年，印发《关于做好2013年度全员业绩考核工作的通知》，绩效考核与员工收入分配、职务任免和职业发展挂钩，严格兑现奖惩。制定《临矿集团全员业绩考核监督检查管理办法》，指导并监督总部机关与二级单位的全员业绩考核监督检查工作。业绩考核小组对二级单位开展监督检查工作，检查内容包括考核办法和制度公开情况、考核结果公开反馈情况、是否接受群众监督等。各单位按照通知要求，认真开展全员业绩考核工作，建立业绩考核检查档案。根据2013年业绩考核结果，有89名员工直接解除劳动合同，54名员工岗位调整，7名管理人员受到诫勉谈话，3名矿处级班子成员受到降薪处理。

全员绩效考核工作一直延续至2020年。

（一）集团公司班子成员

2011—2020年，根据集团公司与山东能源集团、国资委签订的《目标责任书》确定的各类指标和省国资委印发的《省管企业高级管理人员业绩考核与薪酬管理指导意见》要求，落实《企业负责人业绩考核与薪酬管理制度》，按照年度经营目标，董事长与总经理签订年度目标责任书，总经理与各分管副总经理签订目标责任书，党委书记与纪委书记、工会主席签订思想政治工作党风廉政建设目标责任书，并制定量化考核标准，实现高管层业务分工与工作目标紧密结合，业绩考核结果与高管层个人收入挂钩。

（二）权属单位班子成员

2011—2020年，集团公司下发《年度经营管理者业绩考核办法》，按照集团公司与山东能源集团、省国资委签订的《目标责任书》的内容，对各项经济指标进行分解，与二级单位签订《年度目标责任书》，对经营者业绩考核实行定量和定性相结合，年度考核与任期经济审计相结合、业绩考核与过程评价相统一、考核结果与奖惩相挂钩的考核制度。根据行业特点，确定考核指标，包括年度主要指标、辅助指标、否决指标等，每项指标又细化为利润指标、原煤产量、吨煤完全成本、工程进度、工程质量等多项指标。建立考核兑现制度，由业绩考核办公室组织对二级单位进行全面业绩考核，按照考核结果兑现薪酬。

（三）总部机关管理人员

2011—2020年，按照《总部机关岗位绩效工资管理试行办法》进行年度考核。

1. 总部机关岗位绩效工资管理试行办法，变岗位技能工资制为岗位绩效工资制，岗位绩效工资由岗位工资、绩效工资和辅助工资构成。岗位工资根据各岗位责任、工作环境、技术含量、劳动强度、风险程度等因素设定。绩效工资是对职工工作业绩与素质综合考核评价后的薪酬，根据考核结果实行固定系数，变动基数，随企业经济效益和个人工作业绩状况上下浮动。辅助工资是特定条件下支付的劳动报酬。总部机关岗位绩效工资统一设置为管理、专业技术、工人岗位3个序列7个层级38个档次组成。

2. 总部机关全员绩效考核办法分为对机关部门考核和个人考核。对机关部门考核与集团公司利润指标、处室工作目标、处室工作满意度挂钩考核；对个人考核主要考核工作职责、工作业绩、工作能力、工作态度，实行100分制量化考核。处级管理人员由考核领导小组、分管领导、主要领导进行考核；副处级管理人员考核总分50%与本部门考核得分挂钩，30%由处室负责人考核，20%由处室工作人员考核；科级及以下管理人员、工人岗的考核，处室负责人考核占50%，处室分管领导考核占30%，工作人员考核占20%。为客观评价机关工作人员工作业绩优劣，实行刚性分级方法，体现两人有高低、三人好中差，考核拉开差距，按照优秀、称职、基本称职、不称职划分不同的百分比，考核结果与绩效工资挂钩。

（四）权属单位管理人员

各二级单位按照集团公司业绩考核指导意见和年度经营目标任务，制定按照层级考核的实施意见，对所属区队（车间）、科室制订量化考核标准，签订目标责任书，将生产任务、安全管理、成本指标、材料消耗、精神文明建设、节能环保等考核指标纳入目标责任书，并对奖惩标准进行细化考核，按照考核得分与工资收入挂钩。

（五）工人岗位业绩考核

工人岗位实行计件工资业绩考核，决定员工薪酬。二级单位凡有量可计的工人岗位全部实行计件工资制，按照原班计量、分班计奖，以量计分、按分分配，每天进行当班业绩考核，根据考核结果，确定薪酬；对辅助工种，按照与服务范围挂钩考核的办法，依据为生产一线提供服务的数量、质量进行考核，使生产一线和辅助工种形成利益共同体。无量可计和计量难度大的工种岗业绩考核，以岗位绩效工资为主要内容，实行定岗、包岗及岗位工资制等灵活多样的分配方式。

对销售人员实行工资与销售收入、货款回收挂钩的考核办法。各单位根据经营管理目标确定销售人员的目标任务和相应的管理办法，参照目标任务难易程度及销售网点所在地职工工资水平或相同职位人员的市场价位，确定销售人员工资收入。对销售、承揽项目以及市场开发等做出突出贡献的人员制定专门的奖励办法。

第四节　社会保障

一、养老保险

（一）职工养老保险

1986年，国家进行用工制度改革，实行劳动合同制，养老保险费用实行社会统筹。按照国家政策，矿务局按单位工资总额的18%，个人按月标准工资的2%提取养老基金，设立专户暂由企业代管。

1991年，矿务局执行属地的养老保险政策。临沂地区社会劳动保险事业处为矿务局合同制职工建立养老保险档案并核发职工养老保险手册。2月，矿务局劳动工资处（甲方）与临沂地区社会劳动保险事业处（乙方）签订委托代办养老基金收缴协议，由乙方负责甲方劳动合同制工人养老基金的收缴和养老保险档案的建立和管理。

1993年10月，养老保险实行行业统筹。按照山东煤管局的要求，矿务局职工养老保险基金改为煤炭行业自行统筹，由山东煤管局统一管理。1994年，成立矿务局劳动保险基金委员会，全面管理矿务局的养老保险工作。在基金征缴上按工资额的一定比例提取养老保险基金并按月上缴山东煤管局。1995年1月，国家对养老保险制度进行深化改革，引入社会统筹与个人账户相结合的新机制。矿务局按照国家规定，为全局在职职工建立养老保险个人账户。个人账户用于记录参加基本养老保险社会统筹的职工缴纳的基本养老保险费和从企业缴费中划转记入的基本养老保险费，以及上述两部分的利息金额。个人账户是职工在符合国家规定的退休条件办理退休手续后，领取基本养老金的主要依据。养老保险统筹基金的收缴方式，实行"以支定收、全额核算、差额拨付、分步到位"。

1998年9月，养老保险实行地方（省级）统筹。按照国家规定，1998年8月31日以前实行基本养老保险行业统筹企业的基本养老保险工作，全部移交地方管理。9月1日起，由各级地方社会保险经办机构负责收缴行业统筹企业基本养老保险费和发放离退休人员基本养老金。1998年9月1日—2000年7月31日，矿务局养老保险移交工作处于过渡时期，日常各项业务通过山东煤管局与省养老保险经办机构协调。2000年8月1日，煤炭行业养老保险彻底移交完成，矿务局职工的基本养老保险费的收缴、离退休人员基本养老金发放、职工退休审批等不再由山东煤管局负责，由省中央省属企业养老保险统筹办公室负责办理。并改变基金收缴模式，由差额收缴改为全额收缴。养老保险统筹基金按年度计划上缴省社会保险事业局，社保局每年年底对企业统筹基金进行稽核，不足部分予以补缴。职工的养老保险个人账户从2001年1月1日起由省社保局统一管理，每年为职工打印1次个人账户对账单。

2001—2006年，矿务局分4批将关井破产的单位以及学校、公安部门人员养老保险关系移交地方统筹。第一批汤庄煤矿移交705人、莒县煤矿移交234人；第二批塘崖煤矿移交1005人、褚墩煤矿移交1014人、五寺庄煤矿移交948人；第三批移交学校人员126人、移交公安人员18人；第四批草埠煤矿移交1069人。2006年，临矿集团保留在省级统筹的职工有8559人，地方统筹的有4799人。

2007年5月，制定《临矿集团职工基本养老保险管理暂行办法》，明确职工养老保险统筹区域之间的管理，按照"老人老办法、新人新办法"的原则，界定了不同区域间职工养老保险身份以及职工在调动和劳务过程中养老保险的流动形式。临矿集团在册职工养老保险统筹分省级统筹和属地管理2种模式。

2020年2月，对2—6月养老保险单位缴纳部分实行减半征收。

（二）离退休人员养老金调整

1991年，矿务局执行《关于企业离退休职工增加生活补贴的通知》（鲁劳险字〔1991〕第003号），从1989年10月1日起，对1989年9月30日前离退休的职工适当增加待遇。

1992年，根据国务院国发〔1992〕29号及《关于企业离退休人员增加离退休金的通知》（鲁劳发〔1992〕第578号）文件，对1992年底前的离退休人员，增加离退休金，矿务局为符合条件的4687名离退休人员增加离退休金，月增加离退休金135558元。其中，离休干部290人，月增加20261元；退休人员4394人，月增加114542元；退职人员3人，月增加755元。

1994年，按照国发〔1994〕9号及《关于调整企业离退休人员离退休金的通知》（鲁政发〔1994〕86号）、《关于建立企业离退休人员基本养老金正常调整机制的试行意见》（鲁劳发〔1994〕367号）等文件要求，对离退休人员增加养老金，矿务局为符合条件的5468名离退休人员增加基本养老金，月增加离退休金441567元。其中，离休干部和老工人426人，月增加42437元；退休人员5031人，月增加398545元；退职人员11人，月增加585元。

1995年，按照《关于解决鲁劳发〔1992〕578号文件遗留问题的通知》精神，矿务局为符合条件的6名退休人员调整待遇，月增加退休金1211元。同年，矿务局执行《关于1995年正常调整企业离退休人员基本养老金的通知》（鲁劳发〔1995〕271号），为离退休退职人员增加待遇，符合条件的5182名离退休人员增加基本养老金，月增加离退休金1371932元。其中，离休干部189人，月增加77082元；建国前老工人212人，月增加78223元；退休人员4772人，月增加1215027元；退职人员9人，月增加1600元。

1996年，执行《关于1996年增加企业离退休人员基本养老金的通知》（鲁劳发〔1996〕220号）、临劳发〔1996〕131号文件，对1995年12月31日以前离退休、退职的人员，从7月1日起，以本人月基本养老金为基数增加离退休金和退职生活费，矿务局为符合条件的6434名离退休人员增加基本养老金，月增加养老金351791元。其中，离休干部187人，月增加27458元；建国前老工人246人，月增加33122元；退休人员5992人，月增加290877元；退职人员9人，月增加334元。

1997年，根据《转发劳动部财政部〈关于1997年调整企业离退休人员基本养老金的通知〉的通知》（鲁劳发〔1998〕31号），临劳发〔1998〕124号文件，为1996年12月31日前企业离退休、退职的人员增加退休金和退职生活费，以本人月基本养老金为基数，按省或市地1996年职工平均工资增长率的40%至60%的总体水平，确定增长比例，矿务局对符合条件的6448名离退休人员增加基本养老金，月增加养老金205625元。其中，离休干部185人，月增加12025元；建国前老工人240人，月增加15600元；退休人员6023人，月增加178000元。

1999年，按照《关于提高企业离退休人员养老金水平的通知》（鲁劳发〔1999〕82号），从1999年7月1日起，对1999年6月底前企业离退休、退职的人员按养老金正常调整机制适当增加离退休人员养老金，符合条件的人员7202人，月增加养老金578450元。其中：离休人员172人，月增加25736元；

建国前老工人207人，月增加29035元；退休人员6815人，月增加523277元；退职人员8人，月增加402元。

2001年，执行《关于提高离休干部护理费标准及扩大发放护理费范围的通知》（鲁劳干〔2001〕2号）精神，为166名离休干部调整、增加护理费标准，月增加护理费15970元。同年，根据省委组织部、省委老干局通知要求，自9月起，对符合条件的103名离休人员增加部分护理费，月增加10300元。同年，根据《关于提高企业离休人员基本养老金水平的通知》（鲁劳社〔2001〕52号）精神，自2001年1月1日起对2000年12月31日前已办理离退休手续的企业离休干部和按劳人险〔1983〕3号文件规定退休的建国前老工人，提高基本养老金水平，本次符合条件的离休干部166人，月增加养老金25621元；符合条件的建国前老工人194人，月增加养老金23664元。同年，按照《关于从2001年10月1日起增加企业离休人员基本养老金的通知》（鲁劳社〔2002〕12号）、《关于2001年调整企业退休人员基本养老金的通知》（鲁劳社〔2002〕13号）精神，矿务局为符合条件的7041名离退休人员提高基本养老金水平，月增加养老金382501元。其中，离休干部162人，月增加24535元；建国前老工人190人，月增加21100元；退休人员6689人，月增加336866元。

2002年，根据《关于2002年调整企业退休人员基本养老金水平的通知》（鲁劳社〔2002〕50号）精神，为符合条件的退休人员6992人增加退休待遇，月增加退休金263475元；退职人员5人，月增加120元。同年，按照省社会保险事业局通知要求，自2002年7月1日提高企业军转干部的退休待遇。每人每月暂按50元的标准增加养老金。符合条件的企业退休军转干部33人，月增加养老金1650元。同年，按照《关于适当增加省直企业离休干部有关待遇的通知》（鲁劳社〔2002〕45号）精神，从2002年1月起，增加省直企业离休干部的有关待遇，符合条件的离休干部160人，月增加离休金112103元。

2004年，按照《关于调整企业离休人员基本养老金水平的通知》（鲁劳社〔2004〕6号）精神，从2003年7月1日起提高企业离休人员基本养老金水平，符合条件的离休干部有150人，月增加离休金12365元；符合条件的建国前老工人171人，月增加9540元。同年，按照《关于调整企业退休人员基本养老金水平的通知》（鲁劳社〔2004〕51号）精神，自2004年7月1日，提高企业退休人员基本养老金水平，增加养老金的退休人员8133人，月增加养老金535302元。同年，按照《关于提高离休干部护理费标准的通知》（鲁老干〔2004〕12号）精神，自2004年1月1日始，适当调整离休干部的护理费标准，涉及离休干部142人，月增加护理费14200元。同年，按照《关于省直企业离休干部按照鲁劳社〔2002〕45号文件规定增加有关待遇问题的通知》（鲁劳社函〔2004〕119号）精神，自2003年10月1日始，参照机关事业单位离休干部每2年正常晋升一档职务工资的规定，增加省直企业离休干部有关待遇，符合条件的离休干部131人，月增加离休金5310元。

2005年，按照《关于驻济企业离休干部增发生活补贴和解决省直企业离休干部有关同城待遇的规定》，为离休干部增加生活补贴，符合条件的离休干部135人，月增加生活补贴77940元。同年，给驻济省直企业离休干部统一发放节日补贴，离休人员135人，年增加节日补贴675000元。

2006年，按照《关于2005年、2006年调整企业退休人员基本养老金水平的通知》精神，自2005、2006年当年的7月1日始，调整企业退休人员基本养老金。2005年涉及8115人，月增加养老金516065元；2006年涉及8725人，月增加养老金1183033元。同年，按照《关于省直企业离休干部按照鲁劳社〔2002〕45号文件规定增加有关待遇问题的通知》（鲁劳社函〔2006〕126号）精神，矿务局自2005年10月1日起，参照机关事业单位离休干部每2年正常晋升一档职务工资的规定，增加省直企业离休干部的有关待遇。符合条件的离休干部131人，月增加金额5310元。同年，按照《关于省直企业离休干部发放住宅采暖补贴问题的通知》精神，矿务局自2006年始，每年给离休干部发放一次性采暖补贴。符合条件的离休干部131人，年发放金额111350元。

2007年，按照《关于调整企业离休人员基本养老金水平的通知》（鲁劳社〔2007〕11号）精神，从2006年7月1日起提高离休人员基本养老金水平。本次涉及人员255人，月增加养老金104830元。其中，离休人员124人，月增加养老金59940元；建国前老工人131人，月增加养老金44890元。同年，按照《关于调整企业退休人员基本养老金的通知》精神，对2006年12月31日前办理退休、退职手续的企业退休、退职人员增加养老金待遇。本次涉及退休人员8904人，月增加养老金1150000元。同年，根据鲁劳社〔2007〕49号文，对2006年12月31日前办理退休手续的建国前老工人增加待遇。红军时期参加革命工作的，每人每月增加380元；抗日战争时期参加革命工作的，每人每月增加280元；解放战争时期参加革命工作的；每人每月增加180元。本次增加待遇的建国前老工人130人，月增加养老金23900元。同年，按照《关于给企业退休军转干部增发生活补助的通知》（鲁人发〔2007〕26号）精神，从2007年5月1日起，给企业退休军转干增发生活补助。标准师职每月360元，团职每月260元，营职每月200元，连排职每月160元。本次共增资38人，其中团职级3人，营职级9人，连排级26人，月增发生活补助6740元。

2008年，根据《关于2008年调整企业退休人员基本养老金的通知》（鲁劳社〔2008〕3号文）精神，调整企业退休职工养老金；同年，根据《关于适当增加企业建国前老工人退休待遇的通知》（鲁劳社〔2008〕4号文），调整企业建国前老工人基本养老金；同年，根据《关于省直管企业退休军转干部适当调整基本养老金有关问题的通知》（鲁社保函〔2008〕40号）调整企业退休军转干部待遇。

2009年，根据《关于2009年调整企业退休人员基本养老金的通知》（鲁劳社〔2009〕5号）调整企业退休人员基本养老金。同年，根据《关于适当增加企业建国前老工人退休待遇的通知》（鲁劳社〔2009〕6号），调整企业建国前老工人基本养老金待遇。同年，根据《关于省直管企业2009年退休军转干部适当调整基本养老金有关问题的通知》（鲁社保函〔2009〕62号）调整企业退休军转干部待遇。

2010年，根据《关于调整企业退休人员取暖补贴标准的通知》（鲁人社发〔2010〕38号）文件规定，自2010年调整企业退休职工取暖费，由1100元/年调整至1700元/年。同年，根据《关于2010年调整企业退休人员基本养老金的通知》（鲁人社发〔2010〕5号）文规定，自2010年1月1日起调整企业退休人员基本养老金。同年，根据《关于适当增加企业建国老工人退休待遇的通知》（鲁人社发〔2010〕6号）规定，调整企业建国前老工人基本养老金待遇。同年，根据《关于2010年调整企业退休人员基本养老金向基本养老金偏低的企业退休军转干部倾斜问题的通知》（鲁人社发〔2010〕7号）规定，调整企业退休军转干部基本养老金。

2011年，根据《关于2011年调整企业退休人员基本养老金的通知》（鲁人社发〔2011〕4号）精神，调整企业退休人员基本养老金。同年，根据《关于适当增加企业建国前老工人退休待遇的通知》（鲁人社发〔2011〕5号）文，调整企业建国前老工人退休待遇。同年，根据《关于2011年调整企业退休人员基本养老金向基本养+老金偏低的企业退休军转干部倾斜问题的通知》（鲁人社发〔2011〕6号），调整企业退休军转干待遇。

2012年，根据《关于2012年调整企业退休人员基本养老金的通知》（鲁人社发〔2012〕15号）精神，自2012年1月1日起，对2011年12月31日前已办理退休、退职手续并按月领取基本养老金的退休、退职人员，增加养老金待遇。同年，根据《关于2012年调整企业退休人员基本养老金向基本养老金偏低的企业退休军转干部倾斜问题的通知》（鲁人社发〔2012〕16号），对2011年12月31日前已按规定办理退休手续的企业退休军转干部，按每人每月50元提高基本养老金，自2012年1月1日起执行。同年，根据《关于适当增加企业建国前老工人退休待遇的通知》（鲁人社发〔2012〕17号）精神，自2012年1月1日起，对2011年12月31日前办理退休手续的建国前老工人增加待遇。红军时期参加革命工作的，每人每月增加900元；抗日战争时期参加革命工作的，每人每月增加800元；解放战争时期参加革命工作的，每人每月增加700元。同年，根据《关于调整离休干部护理费标准的通知》（鲁老干〔2012〕12号）精神，提高离休人员的护理费标准。

2013年，根据《关于2013年调整企业退休人员基本养老金的通知》（鲁人社〔2013〕14号文件）精神，自2013年1月1日起，对2012年12月31日前已按规定办理退休、退职手续并按月领取基本养老金的企业退休、退职人员增加退休待遇。同年，根据《关于2013年调整企业退休人员基本养老金向基本养老金偏低的企业退休军转干部倾斜问题的通知》（鲁人社〔2013〕15号文件），对2012年12月31日前已按规定办理退休手续的企业退休军转干部，按每人每月50元提高基本养老金，自2013年1月1日起执行。同年，按照《关于适当增加企业建国前老工人退休待遇的通知》（鲁人社〔2013〕16号文件），自2013年1月1日起，对2012年12月31日前办理退休手续的建国前老工人增加待遇。红军时期参加革命工作的，每人每月增加900元；抗日战争时期参加革命工作的，每人每月增加800元；解放战争时期参加革命工作的，每人每月增加700元。

2014年，根据《关于2014年调整企业退休人员基本养老金的通知》（鲁人社发〔2014〕27号）精神，自2014年1月1日起，对2013年12月31日前已按规定办理退休、退职手续并按月领取基本养老金的企业退休、退职人员增加待遇。同年，按照《关于适当增加企业建国前老工人退休待遇的通知》（鲁人社发〔2014〕28号），对2013年12月31日前已办理退休手续的建国前老工人增加待遇。红军时期参加革命工作的，每人每月增加500元；抗日战争时期参加革命工作的，每人每月增加400元；解放战争时期参加革命工作的，每人每月增加300元。同年，根据《关于2014年调整企业退休人员基本养老金向基本养老金偏低的企业退休军转干部倾斜问题的通知》（鲁人社发〔2014〕29号），对2013年12月31日前已办理退休手续的企业退休军转干部，按每人每月50元提高养老金，自2014年1月1日起执行。

2015年，根据《关于2015年调整企业退休人员基本养老金的通知》（鲁人社发〔2015〕25号）精神，自2015年1月1日起，对2014年12月31日前已按规定办理退休、退职手续并按月领取基本养老金的企业退休、退职人员增加待遇。同年，按照《关于适当增加企业建国前老工人退休待遇的通知》（鲁人社发〔2015〕26号），对2014年12月31日前已按原劳动人事部劳人险〔1983〕3号文件规定办理退休手续的建国前老工人增加待遇。红军时期参加革命工作的，每人每月增加555元；抗日战争时期参加革命工作的，每人每月增加475元；解放战争时期参加革命工作的，每人每月增加395元。同年，根据《关于2015年调整企业退休人员基本养老金向基本养老金偏低的企业退休军转干部倾斜问题的通知》（鲁人社发〔2015〕27号），对2014年12月31日前已按规定办理退休手续的企业退休军转干部，按每人每月50元提高养老金，自2015年1月1日起执行。同年，根据《山东省人民政府办公室关于进一步改善劳动模范待遇的通知》（鲁政办字〔2014〕103号），自2014年8月1日起，提高离退休劳模津贴标准，即：全国劳动模范每人每月200元、省部级劳模每人每月180元；1979年以及前（含1979年）获得上述荣誉称号的，在此基数上每月再增加40元。对已经退休的企业全国劳模、省部级劳模，其荣誉津贴每月再分别提高200元和160元。

2016年，根据《关于2016年调整企业退休人员基本养老金的通知》（鲁人社发〔2016〕33号），自2017年1月1日起，对2016年12月31日前已按规定办理退休、退职手续并按月领取基本养老金的企业退休、退职人员增加退休待遇。同年，按照《关于调整企业离休人员基本离休费水平的通知》（鲁人社发〔2016〕48号），自2016年7月1日起，对2016年6月30日前已办理离休手续的企业离休人员增加离休金。厅局级正职900元/月，厅局级副职750元/月，县处级正职（含1942年底前参加工作的无职务人员）600元/月，县处级副职（含1943年1月1日至1945年9月2日参加工作的无职务人员）500元/月，乡科级及以下（含1945年9月3日至1949年9月30日参加工作的无职务人员）400元/月。同年，根据《关于调整企业和机关事业单位建国前老工人退休待遇的通知》（鲁人社发〔2016〕49号），自2016年1月1日起，对2015年12月31日前已按原劳动人事部劳人险〔1983〕3号文件规定办理退休手续的建国前老工人增加待遇。抗日战争时期及以前参加革命工作的，每人每月增加430元；解放战争时期参加革命工作的，每人每月增加360元。

2017年，贯彻执行《关于2017年调整企业退休人员基本养老金的通知》（鲁人社发〔2017〕26号），自2017年1月1日起，对2016年12月31日前已按规定办理退休、退职手续并按月领取基本养老金的企业退休、退职人员增加退休金待遇。同年，按照《关于2017年调整企业退休人员基本养老金向基本养老金偏低的企业退休军转干部倾斜问题的通知》（鲁人社发〔2017〕29号），对2016年12月31日前已按规定办理退休手续的企业退休军转干部，按每人每月30元提高养老金，自2017年1月1日起执行。同年，根据《关于适当增加企业建国前老工人退休待遇的通知》（鲁人社发〔2017〕30号），对2016年12月31日前已按原劳动人事部劳人险〔1983〕3号文件规定办理退休手续的建国前老工人增加待遇。抗日战争时期及以前参加革命工作的，每人每月增加210元；解放战争时期参加革命工作的，每人每月增加180元。同年，执行《关于调整离休干部护理费标准的通知》（鲁老干〔2017〕30号），自2017年7月1日起，提高离休干部的护理费标准。红军时期参加革命工作的离休干部护理费标准执行原标准，每人每月3000元；抗日战争、解放战争时期参加革命工作的离休干部护理费标准提高到每人每月2500元。

2018年，执行《关于2018年调整退休人员基本养老金的通知》（鲁人社发〔2018〕28号）精神，自2018年1月1日起，对2017年12月31日前已按规定办理退休、退职手续并按月领取基本养老金的企业退休、退职人员增加退休金待遇。同年，按照《关于适当增加企业和机关事业单位建国前老工人退休待遇的通知》（鲁人社发〔2019〕3号），自2018年1月1日起，对2017年12月31日前已按原劳动人事部劳人险〔1983〕3号文件规定办理退休手续的建国前老工人增加待遇。抗日战争时期及以前参加革命工作的，每人每月增加260元；解放战争时期参加革命工作的，每人每月增加210元。同年，根据《关于调整企业离休人员基本养老金的通知》，自2018年7月1日起，对2018年6月30日前已办理离休手续的企业离休人员增加离休金待遇。省部级及以上1700元/月，省部级副职1150元/月，厅局级正职900元/月，厅局级副职750元/月，县处级正职（含1942年底前参加工作的无职务人员）600元/月，县处级副职（含1943年1月1日至1945年9月2日参加工作的无职务人员）500元/月，乡科级及以下（含1945年9月3日至1949年9月30日参加工作的无职务人员）400元/月。

2019年，执行《关于2019年调整退休人员基本养老金的通知》（鲁人社发〔2019〕21号），自2019年1月1日起，对2018年12月31日前已按规定办理退休、退职手续并按月领取基本养老金的企业退休、退职人员，每人每月增加50元。同年，按照《关于适当增加企业和机关事业单位建国前老工人退休待遇的通知》（鲁人社发〔2019〕25号），自2019年1月1日起，对2018年12月31日前已按原劳动人事部劳人险〔1983〕3号文件规定办理退休手续的建国前老工人增加退休待遇，抗日战争时期及以前参加革命工作的，每人每月增加230元；解放战争时期参加革命工作的，每人每月增加200元。同年，执行《关于调整离休干部护理费标准的通知》（鲁老干〔2019〕16号），自2019年1月1日起，对2018年6

月30日前已办理离休手续的企业离休人员增加护理费标准，红军时期参加革命工作的离休干部护理费标准，调整为5000元/人/月；抗日战争、解放战争时期参加革命工作的离休干部护理费标准，调整为3400元/人/月。

2020年，执行《关于2020年调整退休人员基本养老金的通知》（鲁人社发〔2020〕9号），自2020年1月1日起，对2019年12月31日前已按规定办理退休、退职手续并按月领取基本养老金的退休、退职人员每人每月增加52元。

（三）工病亡遗属人员相关待遇

矿务局在职和离退休职工因病死亡后，丧葬补助费在1991年1月—1999年5月按400元/人标准发放；1999年6月—2003年8月，按500元/人标准发放；2003年9月起，按1000元/人标准发放。

1993年10月1日始，矿务局职工因病或非因工死亡的（含离退休职工），发给其遗属10个月全省上年度月平均工资的一次性救济费。同时，为适当解决企业因病或非因工死亡职工遗属生活困难的问题，对职工遗属救济费进行调整。调整标准为：红军时期、抗日战争时期、解放战争时期参加革命工作的，其供养直系亲属系非农业户口的，每人每月分别为75元、73元、70元；系农业户口的，每人每月分别为60元、58元、55元。建国后参加革命工作的，其供养直系亲属系非农业户口的，每人每月65元；系农业户口的，每人每月50元。供养直系亲属孤独一人者，在该标准的基础上每月增发10元。

1997年10月，矿务局对因病或非因工死亡职工遗属救济费进行调整。调整标准为：其供养直系亲属住居在社区的省辖区市区的，每人每月补助90元；住居在县市城镇的，每人每月补助80元；住居在乡镇农村的，每人每月补助70元。其中，土地革命战争时期、抗日战争时期、解放战争时期参加革命工作死者供养的配偶和无其他子女的父母，可在当地补助标准的基础上，再分别增加30元、20元和10元；供养直系亲属孤独一人者，在该标准的基础上每月增发10元。

2003年7月1日，矿务局对因病或非因工死亡职工遗属救济费进行调整。补助标准按企业所在地调整为5类，每人每月分别为180元、170元、150元、140元、130元。建国前参加工作职工遗属或遗属为孤寡1人者，可在该标准的基础上增长20%～30%的比例。

2007年1月1日，对因病或非因工死亡职工遗属救济费进行调整。补助标准按企业所在地调整为5类：280元、250元、220元、200元、180元。建国前参加工作职工遗属或遗属为孤寡一人者可在上述标准的基础上提高20%～30%的比例。2532名退休病亡遗属纳入省级统筹。

2009年12月1日，对因病或非因工死亡的企业职工（含离退休人员），符合领取遗属生活困难补助条件的供养直系亲属，每人每月补助标准按企业所在地调整为3类：360元、320元、280元。建国前参加革命工作职工遗属的补助标准，在以上补助标准的基础上提高20%；职工遗属为孤寡一人的，在以上补助标准基础上提高10%；既是建国前参加革命工作职工的遗属、又是孤寡一人的，可提高30%。

2010年，根据省《关于企业离休人员死亡一次性抚恤金发放有关问题的通知》的要求，离休人员死亡被批准为烈士的，发给本人生前80个月基本离休费的抚恤金；因公牺牲的，发给本人生前40个月基本离休费的抚恤金；病故的，发给本人生前20个月基本离休费的抚恤金，从2004年10月1日起执行。

2012年7月1日，因病或非因工死亡企业职工（含离退休人员），符合领取遗属生活困难补助条件的供养直系亲属，每人每月补助标准按企业所在地调整为3类：460元、410元、360元。建国前参加革命工作职工遗属的补助标准，在以上补助标准的基础上提高20%；职工遗属为孤寡一人的，在以上补助标准基础上提高10%；既是建国前参加革命工作职工的遗属、又是孤寡一人的，可提高30%。

2018年10月1日，因病或非因工死亡企业职工（含离退休人员），符合领取遗属生活困难补助条件的供养直系亲属，每人每月补助标准按企业所在地调整为3类：530元、480元、430元。建国前参加革命工作职工遗属的补助标准，在以上补助标准的基础上提高20%；职工遗属为孤寡一人的，在以上补助标准基础上提高10%；既是建国前参加革命工作职工的遗属、又是孤寡一人的，可提高30%。

（四）精简老职工生活困难补助

为适当解决企业精简老职工生活困难，矿务局根据有关政策规定，先后对其生活困难补助费标准进行调整。

1994—2018年，根据政策规定，对精简下放的老职工生活困难补助标准进行调整。

1994—2018年临矿集团精简老职工生活补助调整表

表7-4-18　　　　　　　　　　　　　　　　　　　　　　　　　　　　　　　　　　　　　　单位：元

时间	新中国成立前每人每月补贴	新中国成立后每人每月补贴
1994.07	50	40
1997.07	100	90
2007.01	200	180
2010.01	320	280
2013.07	420	380
2018.10	130	130

（五）亦工亦农轮换工、农民轮换工劳动保险待遇

2000年7月1日前，矿务局按照省革命委员会《关于在部分煤矿试行亦工亦农轮换工制度的通知》《关于下达〈山东煤矿实行农民轮换工制度实施细则〉的通知》及签订的劳动合同执行劳动保险待遇。执行山东煤管局《关于调整煤矿亦工亦农轮换工、农民轮换工因工伤残回乡安置人员定期待遇的意见》，对矿务局亦工亦农轮换工、农民轮换工原已解除劳动合同、现仍享受定期待遇的人员，在计发劳动保险待遇时，规定凡本人工资低于企业所在市（地）职工平均工资的75%的，按企业所在市（地）职工平均工资的75%为基数计发，其领取待遇的比例和其他劳动保险待遇仍按原文件规定和劳动合同执行。此后，随着企业所在市（地）职工平均工资的增长，每年7月1日对农民轮换工待遇进行调整。

二、医疗保险

1991年，全局职工医疗待遇执行1951年国家发布的《中华人民共和国劳动保险条例》规定，实行全员公费医疗制度。矿务局职工（含在职、退休、离休及工伤人员）就医费用，扣除自费药品后，全额报销。职工家属享受半费待遇。

1995年5月1日，根据鲁煤劳卫字〔90〕555号文件规定，制定《临沂矿务局劳保医疗管理暂行办法》，对医疗费管理实行与个人经济利益适当挂钩的办法，按照年龄段划分不同的医疗费自付比例（退休人员予以照顾，离休干部特殊检查自付10%），医疗费自付部分全年核算，以180元为限，超出部分符合医疗费管理规定的由单位全额报销。因工负伤及职业病，治疗本伤（病）所花费用全额报销，与本伤（病）无关的医疗费享受普通职工的劳保医疗待遇。职工供养的直系亲属患病时，只有在本局范围内的医疗机构就医时，其医疗费、手术费及输血费可享受半费待遇。各单位职工及家属医疗

费用凭单据和处方副联或检验报告单到所在单位的劳保医疗管理部门（即单位医院或卫生所）审查报销；局机关职工及其家属医药费直接在卫生处审核报销。

1998年1月1日，根据煤炭工业部《关于推进煤炭企业医疗保险制度改革的通知》要求，矿务局制定《临沂矿务局职工医疗保险制度改革试行方案》《临沂矿务局职工医疗保险制度改革试行方案实施细则》，将医疗保险工作由卫生处移交社会保险事业处管理，社会保险事业处设立医疗工伤保险科，在中心医院设立结算点。医保基金由单位按在职职工工资总额6%提取，个人1%提取；离退休人员个人不缴费，单位按离退休金9%提取，设立统筹基金和医疗个人账户。医保基金由单位负责管理，同时将提取总额的15%上缴局作为统筹调剂金。根据"基本医疗"的原则，执行《山东省公费医疗药品报销目录》，特殊检查有一定的自付比例。医疗费支付实行"三段支付"制，即先用个人账户，再自负本人年工资的3%，之后使用统筹金。医疗费在5000元以内个人负担15%，5001～10000元个人负担10%，10000元以上个人负担6%，退休人员个人负担医疗费的比例是在职职工的一半。年内累计个人负担的医疗费用超过本人上年度工资（退休金）总额的20%时，个人负担的医疗费用由单位统筹金支付。社会保险事业处驻局中心医院结算点，负责局机关及局直单位职工就诊、费用审核及报销结算工作，个人只交付其自付部分，需个人账户及统筹金支付的费用，由结算点与局中心医院财务科统一结算。

2000年1月1日，矿务局制定《临沂市城镇职工基本医疗保险暂行规定的实施办法》，对全局医疗保险制度进行了进一步改革。基金提取由单位按在职职工上年度工资总额8%提取，个人按上年度本人缴费工资总额的2%缴纳，离（退）休人员单位及个人均不提缴。医疗费支付实行"双规"制，即个人账户支付普通门诊费用，统筹基金支付住院和特殊门诊费用，2块费用分别计算，互不挤占，统筹基金由社会保险事业处统一管理。个人账户金由参保人员自己管理使用，住院费用由各单位社保科汇总后，送交社会保险事业处统一审核，报销后费用再由各单位社保科负责发放，统筹基金支付设有起付标准和年度最高支付限额，按其医院级别一、二、三级，第一次住院起付标准分别为500元、600元、700元。第二次住院的起付标准分别是300元、400元、500元，同年度内第三次住院（第一次、第二次住院的起付标准付完后）不再设起付标准。统筹基金支付年度的最高限额为3万元，超过3万元以上的医疗费用，通过大额救助金报销。大额救助金在职职工和退休人员每人每月5元的标准缴纳。实行定点医疗制度，在非定点医院发生的费用个人先负担20%。患有恶性肿瘤、尿毒症、器官移植、糖尿病、冠心病、肺心病、脑出血（脑梗死）、高血压病、类风湿病，慢性病毒性肝炎的10种（类）疾病门诊治疗费用较高者，每年度自负1200元后，在职人员报销70%，退休人员报销80%。离休干部及建国前参加工作的老工人，二等乙级以上革命伤残军人，符合基本医疗保险规定的医疗费用，全额报销。职工因工（公）伤，生育发生的医疗费用，职工供养直系亲属，未纳入基本医疗保险管理范围。

2007年1月1日，临矿集团职工医疗保险参加临沂市级统筹。

2009年1月16日，7363位退休人员及15000名在册在职职工，纳入临沂市直统筹管理。在职人员报销按其医院级别一、二、三级医院分别为90%、85%、80%，退休人员按照在职人员个人自付比例的一半，相应报销。住院起付标准按其医院级别一、二、三级，第一次住院起付标准分别为300元、400元、600元。第二次住院的起付标准分别是150元、200元、300元，最高报销限额50万元。离休及建国前老工人225人，由集团公司自行管理。

2012年6月，集团公司实行社保卡"一卡通"。2014年，更换为第三代社保卡。2017年，逐步实现全国各地联网医院即时报销。

2020年2月，医疗保险单位缴纳部分实行减免政策，其中2月、7—12月单位缴纳比例为6%；3—6月单位缴纳比例为5%。8月，在罗庄医保局的支持下，临矿医保服务站挂牌成立，具体办理城镇居民公共业务、医疗待遇、统计查询等业务，实行大厅现场办理业务及上门服务和电话服务等多元化服务方式。

三、工伤保险

1987年，矿务局执行卫生部、劳动人事部等发布《职业病范围和职业病患者处理办法的规定》，将职业病划分为9大类99种。

1996年，执行劳动部发布的《企业职工工伤保险试行办法》，确立工伤保险社会统筹制度，于同年10月1日执行，同年，发布《职工工伤与职业病致残程度鉴定》。

1997年，制定《临沂矿务局职工工伤暂行办法》，指导全局职工工伤保险工作。

1998年，矿务局下发《关于加强职工工伤与职业病致残程度鉴定工作的通知》，进一步加强伤病残职工管理。

1999年，组织全局从事粉尘作业职工2497人进行职业病普查，对以往矽肺病职工285人进行复查，经临沂市职业病防治所进行诊断鉴定，全局查出矽肺病职工271人，其中一期矽肺153人、二期矽肺100人、三期矽肺16人。

2002年3月1日，制定并下发《临沂矿务局职工工伤保险实施办法》。5月，执行卫生部、劳动保障部印发的《职业病目录》，将职业病分为十类115种。

2004年1月，执行国务院颁布的《工伤保险条例》（国务院令第375号）；12月，矿务局在职职工全部纳入当地政府的工伤保险统筹。

2005年，制定《临沂矿务局职业病暂行管理办法》，规范对全局职业病人员的管理。

2008年7月28日，制定《关于工伤职工辅助器具配置有关问题的通知》。

2010年8月11日，集团公司和临沂市人力资源与社会保障局签字确认将"老工伤"人员纳入政府统筹管理。集团公司和"老工伤"人障局共同测算，集团公司一次性缴纳工伤补偿金后，"老工伤"人员正式移交政府管理，纳入临沂市工伤保险社会统筹。移交"老工伤"人员共1398人。

2011年1月1日，执行人社部重新修订的《工伤认定办法》。7月1日，执行省政府《工伤保险条例》。

2013年4月25日，执行人社部下发的《关于执行工伤保险条例若干问题的意见》，4月27日，执行山东省《关于2013年调整一至四级工伤职工伤残津贴、生活护理费和供养亲属抚恤金标准的通知》。

2016年1月18日，执行省人社厅下发的《山东省工伤康复管理办法》，执行期限2016年3月1日—2021年2月28日。

2018年5月1日，根据山东省、临沂市《关于继续阶段性降低工伤保险费率的通知》，工伤保险基金累计结余可支付月数在18（含）至23个月的，以现行费率为基础下调20%；累计结余可支付月数在24个月（含）以上的，以现行费率为基础下调50%。降低费率的期限执行至2019年4月30日。

2019年7月10日，集团公司将2010年没移交出去的职业病退休的"老工伤"人员纳入政府统筹管理，共移交18人。

2020年2月，对2—6月工伤保险单位缴纳部分实行减半征收。

四、失业保险

1993年4月，国务院发布《国有企业职工待业保险规定》（国务院令第110号），对依法参保、失去工作的国有企业职工依法享受待业保险。

1999年1月，国务院下发《失业保险条例》，进一步保障了失业人员失业期间的基本生活，促进其再就业。

2001年，汤庄煤矿实施政策性破产，有864名职工享受失业保险待遇。

2003年，塘崖煤矿实施政策性破产，有1356名职工享受失业保险待遇；10月1日，执行山东省政府《山东省失业保险规定》。

2004年，工程公司等9家单位实施主辅分离、辅业改制单位，有112名职工享受失业保险待遇。

2005年，草埠煤矿实施政策性破产，有210名职工享受失业保险待遇。

2006年，矿务局下发关于失业保险基金征缴计划的通知，以2005年末在册职工工资总额为准，征缴比例单位2%，个人1%。当年缴纳失业保险金302.4万元，其中单位缴纳201.6万元，个人缴纳100.8万元。

2007年，下发《临矿集团社会保险费征缴暂行办法》，对社会保险费实行"五险合一，一票征缴"管理。社会保险费征缴包括基本养老保险金、基本医疗保险费、失业保险费、工伤保险费、生育保险费。缴费单位未按规定缴纳和代扣代缴社会保险费的，除限期缴纳外，从欠交之日起，按日加收2‰的滞纳金。

2015年7月1日，根据临沂市《关于调整失业保险金标准的通知》，将失业保险金标准调整为每人每月900元。根据临沂市《关于进一步做好新形势下失业保险支持企业稳定岗位工作的通知》，临矿集团积极争取政策补贴，2015—2018年共申请稳岗补贴1889.5万元。

2017年1月1日，执行临沂市《关于阶段性降低失业保险费率有关问题的通知》，阶段性失业保险费率由1.5%降至1%，其中单位费率由1%降至0.7%，个人费率由0.5%降至0.3%，降低费率期限执行至2018年4月30日。

2019年，执行临沂市《关于进一步做好失业保险支持企业稳定就业岗位的通知》，指导各单位积极申请稳岗补贴，2019年1月1日—2020年12月31日，申请稳岗补贴663.1万元。

2020年2月，对2—6月失业保险单位缴纳部分实行减半征收。5月，根据临沂人社局《关于进一步落实失业保险稳岗返还政策的通知》，继续实施深度贫困地区稳岗返还政策，一般企业稳岗返还标准按照企业及其职工上年度实际缴纳失业保险费总额的60%执行，执行期至2020年12月31日。根据《人力资源社会保障部财政部关于实施企业稳岗扩岗专项支持计划的通知》要求，充分利用国家关于疫情期间增加返还力度的补贴政策，指导各单位积极申请稳岗补贴，2020年集团公司及各单位共申请稳岗补贴1812.12万元，其中集团公司本部申请稳岗补贴40.18万元。

五、生育保险

1991—2009年，生育保险，由企业自行统筹管理。

2004年，制定《临沂矿务局女职工劳动保护实施细则》，女职工产假90天，其中产前休假15天，难产的增加15天，多胞胎生育的每多生育一个婴儿，增加产假15天，晚婚晚育的，按照山东省计划生育条例第二十八条规定，增加产假两个月，生育费用全额报销。

2005年，印发《临沂矿务局职工基本医疗保险统筹暂行办法》，女职工计划生育发生符合规定的住院医疗费用，按照《临沂市城镇职工基本医疗保险暂行规定的补充规定》执行，个人负担本人年工资总额3%后，剩余部分按照本办法规定的住院费用报销比例报销，其报销的费用不从统筹基金中列支，由所在单位负担。

2007年，按照山东省人民政府令第193号文《山东省企业职工生育保险规定》执行。

2009年1月，医疗保险纳入临沂市属地管理。公司机关、古城、新驿、王楼、株柏煤矿及会宝岭铁矿、房地产公司、亿金公司、运销公司、玻纤公司、矿务局技校等参加临沂市生育保险。田庄煤矿参加济宁市生育保险，邱集煤矿参加聊城市和德州市生育保险、马坊煤矿参加聊城市生育保险、内蒙古上海庙矿区参加内蒙古自治区生育保险。生育保险基金按照"以支定收、收支平衡"的原则筹集。用人单位按照职工工资总额1%的比例按月缴纳生育保险费。职工个人不缴纳生育保险费。生育保险基金由生育保险费、生育保险基金的利息收入、生育保险费滞纳金、依法纳入生育保险基金的其他资金构成。

六、住房公积金

1995年7月，开始实行职工住房公积金制度。

1996年12月，成立住房资金管理中心，隶属后勤服务中心，配备专职工作人员，制定《临沂矿务局住房公积金暂行管理办法》。住房公积金执行标准为每人每月50元，职工个人缴存25元，单位补助25元。

2000年7月，住房资金管理中心与后勤服务中心分离，为机关职能部室。10月，印发《临沂矿务局职工住房公积金贷款管理暂行办法》。

2001年12月，机关体制改革，住房资金管理中心隶属总务处。

2005年12月，矿务局及所属单位公积金移交至罗庄区公积金管理中心管理。

2006年7月，职工住房公积金缴存标准为职工月平均工资的10%，个人相应缴10%，每月缴存1次，月缴存额最高不得高于615元，最低不得低于123元；邱集煤矿执行单位缴存5%，个人缴5%。

2017年1月，执行临沂市住房公积金缴存比例，由原来的单位、个人各缴10%调整为单位、个人各缴12%。住房公积金最高缴存基数为15009元，最低缴存基数1640元。

2018年，职工住房公积金月缴存基数调整为按照职工本人2017年度月平均工资总额核定。最高月缴存基数为15860元，最低月缴存基数为1730元。缴存基数上下限执行时间为2018年7月1日—2019年6月30日。

2019年，职工住房公积金月缴存基数按照职工本人2018年度月平均工资总额核定。最高月缴存基数为16920元，最低月缴存基数为1730元。缴存基数上下限执行时间为2019年7月1日—2020年6月30日。

2020年，职工住房公积金月缴存基数按照职工本人2019年度月平均工资总额核定。最高月缴存基数为19070元，最低月缴存基数为1730元。缴存基数上下限执行时间为2020年7月1日—2021年6月30日。

第五章　物资管理

第一节　机构设置

1960年3月，临沂矿务局成立，物资供应由局、矿两级管理。

2001年4月，成立矿务局物资采购领导小组，系全局物资供应的专设管理机构。

2003年2月，构建由物资供应管理检查监督仲裁领导小组、物资供应管理办公室、局物资采购中心、物资采购二级单位组成的"委托采购、分权管理"的物资采购体系。

2006年，临矿集团成立，成立集团公司总经理任组长，分管副总经理任副组长，企管处、财务处、机电处、纪委、监察审计处、亿金公司等有关部门负责人为成员组成物资集中管理工作领导小组，建立健全职责分明、规范有序、相互监督制约的物资供应运行机制。

2011年8月，山东能源集团成立山东能源大宗物资集中采购领导小组，负责大宗物资集中采购领导工作。山能供应中心是大宗物资集中采购的主管部门，负责大宗物资集中采购的日常组织管理。

第二节　管理制度

1991年，矿务局对所有物资实行统一计划、统一订货、统一分配、统一管理、统一调度。

1994—2000年，矿务局逐步改革物资供应管理办法，生产物资由矿务局统一采购管理，非生产性物资由所属单位自行采购。

2001年4月，制定《临沂矿务局物资采购管理办法》，系矿务局第一个规范性、全局性的供应物流管理文件，对供应物流的管理权限进行了界定。

2003年2月，对物资供应的组织管理、计划管理、物资采购等内容进行重新修订，制订新的《临沂矿务局物资供应管理规定》。

2006年，制定《临沂矿业集团公司物资集中管理办法（试行）》，加强集团公司物资的集中采购管理。

2011年8月，执行《山东能源集团有限公司2011年大宗物资集中采购实施办法（暂行）》，大宗物资集中采购实行"集中管理、统一计划、统一采购、统一结算"的管理体制。

2018年11月，集团公司下发《山东物商集团物资招标管理办法实施细则》，对招标范围、招标管理机构及职责、招标准备、招标、开标与评标、中标、合同、罚则等方面建立详细制度与明确要求。

2018年12月，物商集团为进一步规范招标监督管理工作，印发《招标监督管理暂行办法》，对监督的重点环节和内容、责任追究等方面作详细、具体的要求。

2019年1月，山东物商集团印发《关于进一步规范招投标管理的通知》。

2019年3月，执行山东能源集团《关于加强物资供应管理工作的实施意见》，推动物资供应管理工作标准化、规范化、制度化发展。

2020年7月，山东物商集团印发《物资采购业务流程标准化实施细则》。

2020年11月，山东物商集团印发《关于进一步加强物资采购管理的通知》，进一步加强集团公司内部供应物资采购管理，规范物资采购程序，降低采购成本，有效防控采购风险。

第三节　物资采购

1960年，物资订货与采购由局、矿两级进行管理。

1996年，矿务局物资采购实行财务集中为主、分散结合、统分结合、分品种、分类管理。物资订货与采购由局、矿两级进行管理。

1997年，重新制定《临沂矿务局统采物资品种目录》共103种局管物资，对目录中物资由各单位编制需用计划报局供应公司统一采购，确需单位自行采购的，由单位填写物资采购批准书报物资供应公司批准后采购。

1997年7月，推行物资连锁营销办法，对物资采购及物资连锁营销方式，由矿务局物资供应公司直接与厂家洽谈，发挥集中订货优势，以最优惠的价格，统一进货。

2001年，成立物资采购领导小组，局物资供应公司为物资采购主管部门，物资采购按物资的种类，实行统分结合的管理原则。物资需要计划实行物资供应例会集中审批，无计划的采购不予审批。大宗物资和大型设备进行比价采购，小型物资实行定点采购。

2002年，完成公司制改革，成立临沂亿金物资有限责任公司，负责矿务局物资采购、管理工作。

2003年2月，重新修订《临沂矿务局物资供应管理规定》，物资采购采取招标采购、比质比价采购和定点采购三种形式。

2004年，明确矿务局企业管理处为全局物资招标和比质比价采购的主管部门，亿金公司成立物资采购中心。对经批准需要招标或比质比价采购的物资，由企管处负责组织实施，采购单位与采购中心共同考察供应厂商，局领导小组根据考察情况确定投标单位，物资采购资金一律通过局结算中心转账结算。

2005年，矿务局改革物资供应管理体制，建立高度统一的物资供应管理体制，对古城、新驿、王楼、田庄等煤矿实行高度集中的物资供应管理体制，所有物资由局招标办公室组织招标或比质比价，局采购中心统一采购。对马坊煤矿、邱集煤矿、株柏煤矿、泰安煤机厂、济南煤机厂以及其他独资、控股、参股单位实行大宗集中、零散审批的采购管理。零散物资经采购中心按各单位提报的采购计划审批后自行采购。

2006年，物资供应建立采购和供应分离、采购和结算分离的供应管理模式。各单位按时编制年度、季度和月度计划，矿务局统一到厂家或定点供应生产厂家采购订货。

2008年4月，注销临沂亿金兖州分公司，成立兖州亿金物资有限责任公司，承担集团公司省内矿井所需物资采购工作。

2011年8月，山东能源集团对大宗物资实行集中采购管理。

2014年，兖州亿金物资有限责任公司更名为济宁亿金物资有限责任公司。

2015年10月，大宗物资集中采购暂停，济宁亿金公司恢复对集团公司权属单位物资计划进行统一采购，按照集团公司采购管理办法执行，符合招标条件的由招标办公室招标，亿金公司采购；其他设备、材料由亿金公司组织采购。亿金公司自行采购物资采取比质比价采购和定点采购等方式。

2017年4月，山东能源集团重启大宗物资集中采购工作。济宁亿金公司严格按照能源集团集中采购目录，将集采的物资报山能国贸集中采购；非集采物资按照集团公司物资采购管理办法，由物资招标办组织招标，亿金公司采购；其他设备、材料由亿金公司组织采购。

2018年5月，山东物商集团成立，济宁亿金公司成为其权属子公司，全面启用电商平台提报物资需求计划。

2018年11月，临矿集团将物资招标采购职责划归山东物商集团负责，由济宁亿金公司统一采购临矿集团权属单位非集采及非自采物资计划。

第四节 仓储配送

1991—2005年8月，物资供应公司（亿金公司）在罗庄设有1处总仓库。该阶段沿用传统的仓库手工记账方式，每月由财务科稽核人员与库管员进行库存对账盘点工作；库内所有物资均为自有资金采购后储存；基本采用人工装卸；2台自有运输车辆负责将各矿井所需物资配送到位。

2005年9月，亿金公司采购部门搬至济宁市兖州区办公，在兖州建成总使用面积12000平方米的西部物资超市，罗庄区仍保留原仓库，为东部物资超市。西部物资超市推行物资编码模式，初步实行仓储微机化管理。

2007年1月，亿金公司在各矿成立驻矿供应站，形成兖州配送中心（中心库）+各驻矿供应站的仓储布局，配送中心与各供应站隶属于济宁亿金平行管理。

2015年3月，亿金公司按照供应站标准化建设管理思路，推行供应站标准化建设管理。

2018年5月，物商集团成立，对各仓储配送部门机构设置进行重新优化，由过去的配送中心与各供应站隶属于济宁亿金公司平行管理模式调整为在济宁公司领导下，各供应站人员、业务统一归属配送中心管理；鄂尔多斯配送中心受济宁公司配送中心业务管理，各驻矿供应站更名为驻矿配送站。10月，成立郭屯、彭庄、鲁西、里彦四个驻矿配送站。

2020年8月，山东能源物资供应中心济宁共享仓库园区落成并投入运行，提升了集团物资供应综合保障能力。

第五节 信息系统

1991—2005年8月，沿用传统的仓库手工记账方式，每月由财务科稽核人员与库管员进行库存对账盘点工作。

2005年9月，西部物资超市投入使用木林森软件系统。

2007年6月，改用U8物资管理系统，实现对物资计划、采购、入库、仓储、出库等全部业务的流程化管理。

2011年，应用红外条码系统，通过手持终端对物资条码进行数据采集，采集数据通过有线传输方式传递给U8物资管理系统。

2012年12月，采用山东能源集团开发应用SAP系统，形成数据化的资源管理系统。

2013年，应用WIN CE平台无线条码系统，实现完全独立于计算机之外的业务操作。

2014年，开发应用合同管理系统，实现合同全生命周期管理，规范整个合同运作管理体系，提升公司风险防控能力。

2015年1月，开发应用问题追踪系统和安卓平台无线条码系统，实现平台数据的充分共享。9月，开发应用集物资计划管理、业务处理、合同管理、供应商管理、预算管理、公文管理等功能于一体的亿金综合管理平台，提高内部物资供应效率。

2018年4月，全面启用电商平台提报物资需求计划。

2019年9月，全面启用山东能源集团物资供应电商平台。

第六章 内部管控

第一节 招标管理

一、机构设置

1996年3月，矿务局下发《关于成立古城矿井工程招标小组的通知》，成立古城矿井工程招标小组，对古城矿井实行"工前定价，一次包定"工程造价限额管理办法，矿建、土建、安装三类工程一律在开工前进行招标或议标，确定工期、造价和质量、选择施工队伍，签订工程承发包合同。

1997年10月，下发《关于成立临沂矿务局工程造价暨招投标管理领导小组的通知》，成立矿务局工程造价暨招投标管理领导小组，办公室设在规划建设处。

2005年5月，矿务局成立工程管理、招标（含物资）领导小组，办公室设在企业管理处。

2013年10月，临矿集团成立工程监督管理处，负责建设工程招标工作的组织、实施。企业管理处负责物资招标工作的组织、实施。

2014年1月，制定《临沂矿业集团有限责任公司工程、物资招标管理办法》，成立临矿集团招标领导小组，下设工程招标、物资招标办公室。

2018年11月，制定《临沂矿业集团有限责任公司物资招标管理办法（试行）》，成立物资招标领导小组，办公室设在企业管理处。成立临矿集团物资招标办公室，设在物商集团，由济宁亿金公司管理科负责物资招标组织工作。

2019年1月，制定《临沂矿业集团有限责任公司工程招标管理办法》，成立工程招标管理委员会，是临矿集团工程招标管理的决策机构。招标管理委员会设立工程招标领导小组，下设工程招标办公室，设在工程监督管理处，具体负责工程招标管理工作。

2020年1月，修订《临沂矿业集团工程类项目招标管理办法》，分别设立工程招标管理委员会、工程招标领导小组和工程招标办公室。工程招标办公室设在工程监督管理处，具体负责工程招标管理工作。

二、管理制度

1994年3月，山东煤管局下发《转发关于宣传贯彻〈山东省建设工程招投标管理条例〉的通知》，要求对省内投资的建设工程应当实行招投标，范围包括建设工程项目总承包、勘察设计、施工、设备供应、建设监理等。矿务局转发并严格执行。

2004年4月，矿务局下发《关于进一步加强物资管理的补充规定》。明确企业管理处为全局物资招标及比质比价采购的业务主管部门，委托亿金公司成立物资采购中心负责全局招标及比质比价工作的具体组织实施，经批准需要招标或比质比价的物资，由企业管理处负责组织实施，招标文件由采购单位与采购中心共同制定。

2005年5月，矿务局制定《物资招标比价采购管理办法（试行）》《建设工程招标管理办法（试行）》。《物资招标比价采购管理办法（试行）》明确工程管理、招标（含物资）领导小组办公室为全局物资招标比价采购工作的主管部门，具体负责物资招标比价采购的组织、实施和管理；局采购中心负责招标比价物资的合同签订、催货、结算、售后服务等业务。《建设工程招标管理办法（试行）》明确工程管理、招标（含物资）领导小组办公室具体负责建设工程招标的组织和实施，规定了建设工程招标的范围。

2006年，除大型设备和相关配套辅助材料外，矿务局招标办公室统一对生产常用物资、设备组织招标采购。

2007年4月，下发《临沂矿业集团公司物资集中管理办法（试行）》，规定集团公司采取招标、比价等方式进行物资采购。

2009年2月，集团公司下发《关于进一步加强工程和招标管理的通知》，加强对投标单位的考察和资格预审，规范评标、定标、议价工程审批程序，明确招标界限范围的划分。

2011年9月5日，集团公司执行《山东能源集团物流供应采购三项制度》《山东能源集团有限公司供应物流贸易工作意见》《山东能源集团有限公司2011年大宗物资集中采购实施办法（暂行）》《山东能源集团有限公司供应物流贸易工作制度（暂行）》。

2012年12月，集团公司执行《山东能源集团招标管理暂行办法》。

2013年1月，集团公司执行《山东能源集团大宗物资供应管理实施办法》。

2014年1月，下发《临沂矿业集团有限责任公司工程、物资招标管理办法》，明确必须招标的规模。同时，下发《评标专家和评标专家库管理办法》，规范临矿集团评标专家的抽取、考核及评标专家库的组建、使用、管理工作。9月，执行《山东能源集团招标管理暂行办法》。

2015年10月，执行《山东能源集团二级市场内需型非煤产品定价办法》《山东能源集团招投标监督管理暂行办法》《山东能源集团招投标监督管理暂行办法》，明确能源集团及权属企业分别成立招投标监督委员会。

2017年4月，执行《山东能源集团有限公司关于做好能源集团2017年第一批大宗物资集中采购的通知》。

2018年1月，制定《临沂矿业集团有限责任公司外委井巷工程管理专项规定》，明确权属单位列入生产成本的外委井巷工程必须执行临矿集团《工程、物资招标管理办法》相关规定。5月，落实《山东能源集团有限公司关于加强招标业务管理的通知》，执行《山东能源集团招标管理办法》《山东能源集团2018关于下达第二批大宗物资集中采购清单的通知》，招标项目（货物、工程和服务）原则上全部由能源集团招标公司统一组织招投标。11月23日，制定《临沂矿业集团有限责任公司物资招标管理办法（试行）》，明确物资招标办公室设在物商集团，具体负责物资招标组织工作。同时，集团公司成立监管小组，对招标活动按季度定期进行监督监察。

2019年1月，下发《临沂矿业集团有限责任公司工程招标管理办法》，规定招标方式分为公开招标和邀请招标，必须招标的项目应当严格公开招标。

2020年3月，制定《临沂矿业集团工程类项目非招标采购管理办法》，明确工程及与工程建设有关的服务非招标采购方式主要包括比选、议价和询价等，各建设单位可以根据实际情况自行选择采购方式。7月，转发执行《山东能源集团有限公司关于进一步加强招标业务管理的通知》，推行电子招投标，构建公开、透明、经济、高效的招标管理体系。同时，执行《山东能源招标有限公司评标专家和专家库管理办法》。11月，修订《临沂矿业集团工程类项目招标管理办法》《临沂矿业集团工程类项目非招标采购管理办法》《工程类项目招标管理办法》，对集团公司组织招标的工程及服务项目、非招标采购工程及服务项目的控制价（预算价）管理作出了详细规定，并依据能源集团相关管理办法细化了招标管理程序。《工程类项目非招标采购管理办法》，明确了工程及与工程建设有关的服务，非招标采购方式主要包括比选、商务洽谈等。

三、招标程序

2005年，招标程序：①建设单位提前7天向局招标办公室递交招标申请书，招标办公室审查，并编制招标方案。②组建招标领导小组和评标委员会。③50万元以上的工程由招标办公室编制招标文件、工程量清单；采用邀请招标方式的，由建设单位、局有关部门推荐不少于3家投标单位，招标办公室对资格预审符合条件的投标单位发出招标邀请书；必须招标的工程，招标办公室组织召开发标会，发出招标文件、图纸和相关资料。50万元以下的工程或因其他原因不宜招标的工程，由招标办公室组织，局有关部门参加，会同建设单位以议标形式或其他形式确定合同条款进行发包。10万元以下零散、零星的修缮、修理项目，由建设单位组织工前定价，向局招标办公室办理备案手续。④招标办公室负责召集开标会议，评标采取综合评议法和合理低价法进行评审；评标委员会评审后按照评定结果排名，向招标领导小组提出书面推荐意见，由局招标领导小组确定中标单位。⑤招标办公室及时向中标单位发出中标通知书；中标单位按招标文件要求的时间和程序与建设单位签订承包合同。比价招标：①矿务局采购中心及用户单位向矿务局招标办公室提交采购申请（包括市场调研情况）。②矿务局招标办公室确定招标比价的标准和方式；编制招标文件；发出邀请招标比价信息；资质审查，发出标书；收取标书；组建本次招标的领导小组和评标委员会。③举行开标会议，评标并推选中标单位。④呈报局分管领导。⑤发出中标通知书。⑥草拟合同文本、技术协议，送矿务局招标办公室审核。⑦签订合同。

2014年，招标程序：①建设单位向临矿集团提交招标申请，经临矿集团分管领导批准后由工程招标办公室编制招标文件；邀请招标方式招标的工程及服务，由建设单位、临矿集团有关部门推荐不少于3家符合条件的投标单位。②工程招标办公室负责发送招标文件及相关资料，协助建设单位进行答疑，并在纪委监察审计处的监督下从集团公司评标专家库中抽取评委。③工程招标办公室主持开标会议，评标委员会客观公正评标并出具评标报告，推荐排名第一的为中标候选人。④工程招标办公室将预中标情况报招标领导小组审批，经批准后向建设单位和中标单位发送中标通知书。⑤中标单位在收到中标通知书30日内与建设单位签订合同。未达到招标规模的工程及服务项目采购由建设单位自行组织办理。

2019年，招标程序：①招标人通过OA系统向临矿集团提交招标申请，按照国家相关规定编制招标工程量清单及招标控制价。②工程招标办公室编制招标文件，由建设单位、专业技术部门、法律合同部门、招标管理部门等会审；按规定发布招标公告；评标委员会由招标人代表以及从专家库中随机抽取的专家组成。③工程招标办公室主持开标会议，评标委员会成员按照评标标准和方法实名出具评标意见；评标委员会向招标人提出书面评标报告，推荐合格的中标候选人，并标明排列顺序；排名第一的中标候选人为中标人。④工程招标办公室向建设单位和中标单位发送中标通知书。⑤招标人和中标人自中标通知书发出之日起30日内订立书面合同。工程类施工单项合同估算价在100万元以下的、服务类单项合同估算价在30万元以下的，其采购活动由建设单位自行组织办理。

2020年，招标程序：①招标人通过OA系统向临矿集团提交招标申请，负责工程量清单及招标控制价的编制工作。②工程招标办公室会同招标代理机构（山东能源招标有限公司）共同编制招标文件，由建设单位、专业技术部门、法律合同部门、招标管理部门等进行会审，工程量清单及招标控制价由工程监督管理处复审。③招标代理机构和工程招标办公室在法定网站上发布招标公告。④招标代理机构负责组建评标委员会，开标会议由招标代理机构主持，建设单位派代表参加；评标委员会成员按照招标文件规定的评标标准和方法实名出具评标意见；评标委员会向招标人提出书面评标报告，推荐合格的中标候选人，并标明排列顺序；排名第一的中标候选人为中标人。⑤工程招标办公室向建设单位和中标单位发送中标通知书。⑥招标人和中标人自中标通知书发出之日起30日内订立书面合同。同时，工程类施工单项合同估算价在100万元以下的、服务类单项合同估算价在30万元以下的，由建设单位根据《临沂矿业集团工程类项目非招标采购管理办法》自行办理。

四、招标项目

（一）物资招标

2005年，招标物资109项，完成新驿煤矿综采装备、古城煤矿电厂第二期辅助设备材料、王楼矿井筹建处主通风机、主排水泵高压软起动、给料机等招标采购，招标采购金额7462万元，较计划资金节省1322万元。

2006年，招标物资179项，完成王楼一号矿井首采2个工作面装备、掘进机和地面生产系统集控及配电，田庄煤矿N2601面装备及通风机监测，王楼二号井主副井提升机及电控，山东煤机装备基地项目立式车床、龙门铣，莱芜煤机公司新生产线装备等设备的招标采购，招标金额24547万元，较计划资金节省2730万元。

2007年，招标物资301项，完成榆树井副斜井提升机、电控及锅炉，沂水电厂二期三大机组及辅机，古城、新驿、邱集、田庄等煤矿综采设备，山东煤机装备公司泰安和兖州基地项目尾工设备等设备的招标采购，招标金额40140万元，较计划资金节约4240万元。

2008年，招标物资284项，完成榆树井与新上海一号煤矿主副井提升机及电控、主通风机，会宝岭铁矿110KV变电所成套装备，军城煤矿西翼皮带机、选煤厂动筛、汽车衡、给煤机，山东玻纤集团10万吨中碱池窑拉丝生产线项目煤气发生炉、空压机、拉丝机、落纱机、风机、DCS、空调，王楼煤矿井下降温工程设备等货物招标采购，招标金额43168万元，较计划资金节约4870万元。

2009年，招标物资216项，重点保证上海庙矿业公司榆树井和新上海一号矿井、会宝岭铁矿、军城煤矿等4个基本建设矿井的物资采购需求，招标金额71921万元，较计划资金节约6719万元。

2010年，招标物资247项，重点保证榆树井和新上海一号矿井、会宝岭铁矿、军城煤矿、山东玻纤集团玻纤二期等5个项目及各生产经营单位3项费用计划的物资招标采购，招标金额46835万元，较计划资金节约4577万元。

2011年，招标物资203项，重点保证新驿煤矿150万吨/年和邱集煤矿120万吨/年新建选煤厂项目及山东玻纤复合材料有限公司三期6万吨ECR池窑拉丝1号生产线、田庄煤矿充填材料生产线改扩建、榆树井和军城煤矿尾工及新上海一号煤矿、会宝岭铁矿基建投资项目物资招标采购，招标金额55463万元，较计划资金节约5143万元。

2012年，招标物资150项，完成新上海一号矿井综采、综掘装备、运输设备，会宝岭铁矿尾砂浓缩储存装置、凿岩台车、山东玻纤集团三期池窑拉丝2号生产线三分拉丝机、隧道式烘干炉，石家坡煤矿ZY4200支架、采煤机、单轨吊，四咀煤矿带式输送机、变电所改造设备等，招标采购金额60979万元，较计划资金节约5088万元。

2013年，招标物资148项，完成新建项目凤凰山铁矿六氟化硫组合电器、变压器等110千伏变电所设备，会宝岭铁矿柴油铲运机、中深孔凿岩台车，山东玻纤集团PCB薄毡线国内配套装备、电厂锅炉烟气脱硫系统改造，新上海一号煤矿ZY9000支架、采煤机，石家坡煤矿单轨吊机车、掘进机，四咀煤矿单轨吊机车、主通风机，兴隆煤业跳汰式洗煤成套装置，永明煤矿ZY3400支架、采煤机综采装备等货物招标采购，招标金额47401万元，较计划资金节约5736万元。

2014年，招标物资104项，完成山东玻纤集团年产6万吨ECR玻璃纤维生产线项目一线和二线耐火砖材、脱硫系统改造、制氧设备，ECER项目13万吨叶蜡石生产线立式磨、均化库系统，会宝岭铁矿500万吨选矿厂扩能改造项目圆锥破、球磨机，鲁北配煤基地公司火车翻车机系统、水项目加气站、气化站LNG储罐、汽化器，王楼煤矿矿井降温工程制冷主机、空冷器等货物招标采购，招标金额21949万元，较计划资金节约2877万元。

2015年，招标物资59项，完成山东玻纤集团3万吨中碱池窑生产一线耐火砖材、配合料系统，沂水热电公司1～6号75吨/小时锅炉烟气脱硫除尘超低排放装备，王楼煤矿生活污水系统扩容改造装备，新驿、株柏煤矿新能源综合利用装备，株柏煤矿技改项目新立井井筒装备、变电所高低压柜等货物招标采购，招标金额12960万元，较计划资金节约707万元。

2016年，招标物资154项，完成郭屯煤矿4301面综采装备（ZY9000）、井下集中制冷系统、单轨吊和彭庄2矿微震监测系统、彭庄主井提升系统改造，山东玻纤集团原中碱2号线技改5.4万吨ECER项目致密耐火材料、电助熔系统，复合材料公司窑炉脱硫脱硝装备，沂水热电公司热电联产扩建项目三大主机、脱硫系统，古城煤矿补充ZF12000支架、刮板机，王楼和新驿煤矿新能源（余热）综合利用装备等货物招标采购，招标金额54253万元，较计划资金节约5061万元。

2017年，招标物资224项，完成菏泽煤电公司一次采全高和放顶煤两个综采工作面装备、掘进机，新驿煤矿薄煤层工作面装备，古城煤矿综采工作面装备，山东玻纤集团沂水热电公司热电联产改扩建项目一期尾工设备等货物招标采购，招标金额76921万元，较计划资金节约4515万元。

2018年，招标物资239项，完成山东玻纤集团淄博卓意公司8万吨池窑拉丝项目，沂水热电公司15万吨叶蜡石生产线项目，6个煤矿单位矿井水及生活水处理成套设备，王楼煤矿集中制冷系统设备、TDS智能干选系统，田庄煤矿托辊智能生产线项目、刨煤机工作面设备等货物招标采购，招标金额73118万元，较计划资金节约4898万元。

2019年，招标物资214项，完成沂水热电公司热电联产改扩建二期工程、鲁北公司快装系统工程、古城矿膏体充填和电厂锅炉更新等建设项目的物资招标采购，招标金额44446万元，较计划资金节约5032万元。

2020年，招标物资230项，完成山东玻纤集团淄博卓意公司C-CR特种纤维技术改造项目和山东物商集团日照罗克兰项目的物资招标采购工作，招标金额54242万元，较计划资金节约6989万元。

至2020年底，临矿集团共组织招标采购各类物资3105项，招标采购金额累计73.58亿元，比计划资金累计节约7.05亿元，中标物资种类涵盖煤矿、铁矿常用设备和山东玻纤集团专用设备及大宗材料等。

<h2 style="text-align:center">2005—2020年临矿集团招标采购物资一览表</h2>

表7-6-1

单位：万元

年度	招标项数	中标金额	节约资金
2005	109	7462	1322
2006	179	24547	2730
2007	301	40140	4240
2008	284	43168	4870
2009	216	71921	6719
2010	247	46835	4577
2011	203	55463	5143
2012	150	60979	5088
2013	148	47401	5736
2014	104	21949	2877
2015	59	12960	707
2016	154	54253	5061
2017	224	76921	4515
2018	239	73118	4898
2019	258	44446	5032
2020	230	54242	6989
合计	3105	735805	70504

（二）工程招标

2005年，工程及工程服务招标15项，主要完成腾源电厂主厂房等土建工程，古城煤矿选煤厂及二期工程，邱集煤矿选煤厂主厂房钢结构，田庄煤矿职工宿舍、机修车间工程等招标工作，中标金额2558万元，较计划资金节约417万元。

2006年，工程及工程服务招标61项，主要完成莱芜煤机厂焊装车间，邱集煤矿东六、东八采区三维地震勘探，榆树井矿井主、副井筒及相关硐室掘砌，田庄煤矿原煤仓，会宝岭铁矿采、选设计等招标工作，中标金额14439万元，较计划资金节约1256万元。

2007年，工程及工程服务招标19项，主要完成王楼一号矿井专用煤码头，王楼二号矿井1、2号宿舍楼，山东兖州煤矿机械有限公司新建车间及办公楼，新驿煤矿综合楼、职工宿舍、餐厅等招标工作，中标金额3233万元，较计划资金节约500万元。

2008年，工程及工程服务招标11项，主要完成山东玻纤集团煤棚、循环水站、水塔、原料库、分配电站、空压站等工程、榆树井矿井维修间及综采河北周转库工程等招标工作，中标金额1415万元，较计划资金节约252万元。

2009年，工程及工程服务招标53项，主要完成新上海一号煤矿产品仓、原煤仓、副立井井塔等工程，田庄煤矿新建副井井筒，榆树井煤矿井底车场巷道、硐室及铺轨工程，会宝岭铁矿东进风井-130米、-430米水平中段等招标工作，中标金额39501万元，较计划资金节约6891万元。

2010年，工程及工程服务招标59项，主要完成会宝岭铁矿选矿厂、行政办公楼等工程，玻纤公司联合车间土建、轻钢工程，邱集煤矿生活污水处理工程，王楼煤矿二、三采区三维地震勘探工程等招标工作，中标金额32323万元，较计划资金节约2525万元。

2011年，工程及工程服务招标69项，主要完成会宝岭铁矿尾矿库项目，新驿选煤厂主厂房工程，古城煤矿运煤通道穿越铁路立交桥工程，邱集煤矿西一煤层三维电法、地面水文钻孔及注浆堵水项目等招标工作，中标金额28997万元，较计划资金节约3196万元。

2012年，工程及工程服务招标68项，主要完成会宝岭铁矿−410米采准、−410米水平采矿工程，沟西铁矿区补充勘探，沟西—西官庄铁矿区（凤凰山铁矿）设计，马坊煤矿七采区掘进工程等招标工作，中标金额33310万元，较计划资金节约4557万元。

2013年，工程及工程服务招标86项，主要完成四咀煤矿矿建二、三期工程，凤凰山铁矿主井井筒及马头门掘砌工程，邱集煤矿西一采区11煤层徐灰注浆改造工程，王楼煤矿湖下一区补充勘探工程等招标工作，中标金额65624万元，较计划资金超支13622万元。

2014年，工程及工程服务招标75项，主要完成会宝岭铁矿采选工程环节改造项目，株柏煤矿生产系统（通风、提升）技术改造新立井井筒工程，天炬公司ECER项目，卓意公司搬迁项目土建、轻钢工程，王楼煤矿排水钻孔施工及排水管安装工程等招标工作，中标金额29691万元，较计划资金节约1657万元。

2015年，工程及工程服务招标51项，主要完成山东玻纤集团中碱一线改造工程，会宝岭铁矿−130米水平采矿、−410米水平采矿工程，王楼煤矿13301工作面注浆堵水工程，株柏煤矿新立井井筒装备安装工程，鲁北煤炭配送基地场地硬化工程等招标工作，中标金额28696万元，较计划资金节约1202万元。

2016年，工程及工程服务招标53项，主要完成会宝岭铁矿−270米中段采准穿脉工程，郭屯煤矿选煤厂煤泥浮选车间EPC工程，彭庄煤矿选煤厂EPC工程，山东玻纤集团2号线技改项目安装工程，新驿煤矿场外运煤公路改造等招标工作，中标金额34761万元，较计划资金节约3897万元。

2017年，工程及工程服务招标80项，主要完成沂水电厂热电联产改扩建项目安装工程，邱集煤矿四五灰、徐灰隐蔽灾害区域勘查与治理项目，会宝岭铁矿−270米水平掘进、−340～−270米中段北翼采矿工程，鲁西煤矿16104工作面回采工程，郭屯煤矿新建4、5号宿舍楼联合体等工程招标工作，中标金额63258万元，较计划资金节约3231万元。

2018年，工程及工程服务招标102项，主要完成卓意玻纤公司8万吨玻纤生产线项目土建、轻钢工程，会宝岭铁矿−130米水平采矿、−410米水平南北翼采矿、−200米水平开拓工程，新上海一号煤矿井巷工程（二期），郭屯煤矿井巷工程，鲁西煤矿主井底3、4号煤仓及附属等工程招标工作，中标金额98963万元，较计划资金节约5602万元。

2019年，工程及工程服务招标62项，主要完成邱集煤矿四五灰、徐灰岩层隐蔽灾害区域勘查与治理项目，顶底板双重薄层灰岩威胁煤层水害治理项目，鲁北公司火车快速装车相关系统工程，鹰骏三号矿井及选煤厂设计项目，会宝岭铁矿−200米水平开拓工程，古城煤矿膏体充填系统地面充填站等工程招标工作，中标金额56773万元，较计划资金节约4900万元。

2020年，工程及工程服务招标52项，主要完成日照罗克兰智慧物联产业园设施楼、钢结构车间、景观道路管网及配套设施项目，邱集煤矿11煤顶底板灰岩层隐蔽灾害区域探查与治理项目，会宝岭铁矿进风井、东风井延伸及−340米中段采矿等工程招标工作，中标金额75277万元，较计划资金节约

1623万元。

至2020年底，临矿集团共组织工程及工程服务招标916项，中标金额608819万元，较计划节约资金28084万元。

2005—2020年临矿集团工程及工程服务招标统计表

表7-6-2
单位：万元

年度	招标项数	中标金额	节约资金
2005	15	2558	417
2006	61	14439	1256
2007	19	3233	500
2008	11	1415	252
2009	53	39501	6891
2010	59	32323	2525
2011	69	28997	3196
2012	68	33310	4557
2013	86	65624	-13622
2014	75	29691	1657
2015	51	28696	1202
2016	53	34761	3897
2017	80	63258	3231
2018	102	98963	5602
2019	62	56773	4900
2020	52	75277	1623
合计	916	608819	28084

第二节　审计与考核

一、机构与职责

（一）机构

1985年7月，成立审计处。

2001年，审计处与监察处合并为监察审计处，与局纪委合署办公，有工作人员10人。

2008年，成立预算审计处，有工作人员6人。全集团审计人员20人，其中专职审计人员8人，兼职审计员12人。

2010年7月，撤销预算审计处，成立审计处，与纪委监察合署办公，审计处共有4人。权属企业中新驿、军城煤矿、煤机集团、山东玻纤集团、亿金公司、上海庙矿业公司设立预算审计科，其他单位设专（兼）职审计员。12月，全集团有专兼职审计员33人。

2015年12月，审计处独立办公，有工作人员3人。权属15个单位中，山东玻纤集团单独设立审计部门，其他单位设专（兼）职审计员。全集团审计人员29人，其中专职审计员8人，兼职审计员21人。

2017年10月，撤销审计处，成立审计考核部，工作人员7人。权属11个单位中，单独设立审计部门的有山东玻纤集团及古城、王楼、株柏煤矿，其他单位设专兼职审计员。12月，集团有审计人员27人，其中专职审计员15人、兼职审计员12人。

2020年末，临矿集团审计人员共28人，其中专职审计员20人、兼职审计员8人。

（二）职责

制定临矿集团内部审计章程、内部审计工作制度及年度审计工作计划；对权属单位内部审计部门进行业务指导和监督评价，并协同开展内部审计活动；对公司及权属单位的财务收支、经营绩效、资产质量及其他有关的经济活动进行审计监督；组织对公司权属单位负责人进行任期或定期经济责任审计；组织对发生重大财务异常情况的权属单位，进行专项审计；组织实施内部控制自我评估工作，对公司及权属单位内部控制系统的适当性、合法性和有效性进行评审，对公司有关业务的经营风险进行评估；对公司及所属单位的基建工程和重大技术改造、维简工程的立项、概（预）算、决算和竣工交付使用进行审计监督；对公司及所属单位的物资（劳务）采购、产品销售、工程招标、对外投资及风险控制等经济活动进行审计监督等。

二、管理制度

（一）审计制度

1993年，执行煤炭工业部《全面所有制工业企业转换经营机制审计监督规定》。

1994年，执行煤炭工业部《加强煤炭行业审计工作若干规定》，落实《中华人民共和国审计法》。

1996年，执行《审计署关于内部审计工作规定》、煤炭工业部《煤炭行业内部审计工作暂行规定》《建设项目审计处理暂行规定》；制定矿务局《审计查出违纪、违规事项处罚暂行办法》。

1998年，执行煤炭工业部《煤炭企事业单位负责人任期经济责任审计规定》《煤炭内部审计机构专项审计调查实施办法》《煤炭内部审计机构计算机辅助审计办法》《煤炭企业资产保值增值审计实施办法》《煤炭企业财务审计实施办法》《煤炭企业经济效益审计实施办法》《煤炭社会保障基金审计实施办法》《煤炭企业内部控制审计实施办法》《煤炭企事业单位资产投资项目审计实施办法》《煤炭经济合同审计实施办法》《煤炭事业单位财务审计实施办法》《煤炭内部审计人员职业道德准备》《煤炭内部审计机构审计事项评价的规定》及相关业务办理标准，对审计工作进行规范化管理。

2000年，矿务局印发《关于进一步加强审计工作的意见》，发挥审计在加强企业管理和提高经济效益中的作用。

2003年，执行《审计署关于内部审计工作的规定》。

2007年，执行省国资委《关于加强省管企业内部审计工作的指导意见》。

2008年，制定《临沂矿业集团公司内部审计工作暂行规定》，对审计工作实行规范化管理。

2013年，执行《山东能源集团经济责任审计实施办法（试行）》《山东能源集团财务收支审计及物资采购审计实施办法》，对相关审计工作开展进行规范、系统化管理。

2014年，制定《内部审计章程》，明确内部审计部门的职责与权限，确保内部审计人员独立、客观、公正地开展审计工作。

2018年，制定《临沂矿业集团有限责任公司内部审计规定》《临沂矿业集团有限责任公司财务收支审计管理办法》《临沂矿业集团有限责任公司经济责任审计管理办法》《临沂矿业集团有限责任公司经济效益审计管理办法》《临沂矿业集团有限责任公司内部控制审计管理办法》《临沂矿业集团有限责任公司建设工程项目审计管理办法》《临沂矿业集团有限责任公司专项审计管理办法》《临沂矿业集团有限责任公司审计查出问题落实整改暂行办法》《临沂矿业集团有限责任公司审计质量控制办法》《临沂矿业集团有限责任公司审计档案管理办法》10项审计管理制度。

2020年，修订《临沂矿业集团有限责任公司经济责任审计管理办法》，制定《临沂矿业集团有限责任公司审计问题整改跟踪制度》《临沂矿业集团有限责任公司关于进一步加强审计整改工作的补充规定》《关于加强审计结果运用的实施意见》，进一步强化审计整改调度长效机制。

（二）考核制度

1991—2005年，矿务局与局内单位签订年度内部承包合同，考核各单位各项工作开展情况。

2006—2020年，每年制定下发《临矿集团权属单位负责人业绩考核办法》，对权属单位绩效进行考核。为保证年度经营目标实现，先后落实《临矿集团2016年度"四个走在前列"工作目标特别奖惩办法》《权属单位洗选项目建设工作目标考核奖惩办法》《关于开展"四创"奖励的通知》《关于成立关键性工作攻坚项目组及落实考核责任的通知》等规定。

2015—2020年，每年制定实施机关处室人员年度绩效考核办法，强化机关人员绩效考核。

三、运作机制

（一）审计范围

1991—2006年，矿务局要对所属矿（厂、公司）和直属单位进行审计。所属单位内部审计机构负责对本单位及下属的内部核算单位进行审计考核。

2006—2020年，企业整体改制，审计范围主要是集团总部机关及权属企业。

（二）审计程序

根据上级安排及本单位年度工作部署，编制年度审计考核工作计划，报董事会审议、单位主要负责人批准后组织实施。

基本程序：①准备阶段，包括组织审计考核组、编制审计考核实施方案、下达审计考核通知书等；②实施阶段，包括取证、编制工作底稿等；③终结阶段，包括提出审计考核意见、出具审计考核报告以及督促检查审计考核意见落实情况等。对已办理的审计考核事项，按照国家档案管理规定要求归类、装订、立卷，建立档案，并按规定保存备查，未经批准不得擅自销毁。

四、审计工作

1991—2020年，共完成审计项目327个，查出问题980项，提出审计建议629条，直接挽回、节约资金5751.29万元。

（一）经济责任审计

按照企业法定代表人离任审计有关规定，遵循"有离必审"原则，对权属单位主要领导任职期间的工作进行审计。

1993年，对总厂、汽运公司、电厂、机械厂、供应公司供销分理处、铝矾土矿、运销公司、矿务局子弟学校、供应公司储运站、汤庄煤矿主要负责人开展任期经济责任审计，查出问题36项，提出整改建议29条。

1994年，对水泥厂、煤炭运销公司物资经营部、地质公司塑料复合彩印厂、中心医院主要负责人开展任期经济责任审计，查出问题26项，提出整改建议15条。

1995年，对机械厂及机械厂劳动服务公司主要负责人进行任期经济责任审计，查出问题8项，提出整改建议9条。

1996年，对运销公司、株柏煤矿、莒县煤矿、技工学校、矿中、地质公司主要负责人进行任期经济责任审计，查出问题28项，提出整改建议20条。

1997年，对煤炭运销公司、技工学校、恒河实业总公司鲁星公司、褚墩煤矿、莒县煤矿、技工学校、矿中、地质公司主要负责人进行任期经济责任审计，查出问题28项，提出整改建议20条。

1998年，对中心医院、矿区工会主要负责人进行任期经济责任审计，查出问题5项，提出整改建议5条。

1999年，对恒河总公司、莒县煤矿主要负责人进行任期经济责任审计，查出问题11项，提出整改建议7条。

2000年，对后勤服务中心主要负责人开展任期经济责任审计，查出问题5项，提出整改建议4条。

2003年，对社会保障事业处主要负责人开展任期经济责任审计，查出问题8项，提出整改建议1条。

2006年，对房地产公司、后勤服务中心、莱芜煤机厂、泰安煤机厂、亿金公司、局机关总务处主要负责人开展任期经济责任审计，查出问题33项，提出整改建议13条。

2007年，对沂水热电厂、新驿煤矿、山东煤炭工业发展总公司、运销公司、济南煤机厂、王楼煤矿主要负责人开展任期经济责任审计，查出问题25项，提出整改建议20条。

2008年，对古城煤矿、泰安煤机厂、邱集、田庄、新驿、株柏煤矿主要负责人开展任期经济责任审计，查出问题17项，提出整改建议21条。

2009年，对王楼、军城煤矿主要负责人开展任期经济责任审计，查出问题6项，提出整改建议6条。

2010年，对华建房地产公司主要负责人开展任期经济责任审计，查出问题4项，提出整改建议4条。

2011年，对古城、新驿、邱集煤矿负责人开展任期经济责任审计，查出问题8项，提出整改建议8条。

2012年，对田庄煤矿、运销公司、亿金公司、泰安煤机公司、莱芜煤机公司、兖州煤机公司主要负责人开展任期经济责任审计，查出问题22项，提出整改建议23条。

2013年，对古城、新驿煤矿，技师学院、上海庙矿业公司负责人开展任期经济责任审计，针对管理薄弱环节查出问题17项，提出整改建议17条。

2014年，对鲁北公司、泰安煤机公司、会宝岭铁矿、凤凰山筹建处、运销公司负责人开展任期经济责任审计，查出问题23项，提出改进建议23条。

2015年，对新上海一号筹建处和株柏煤矿负责人开展任期经济责任审计，查出问题6项，提出建议6条。

2016年，对置业公司、会宝岭铁矿、邱集、古城、新驿、田庄煤矿和王楼二号军城井负责人开展任期经济责任审，发现问题41条，提出整改建议31条。

2017年，对王楼煤矿、田庄煤矿，上海庙矿业公司、会宝岭铁矿和亿金公司负责人开展任期经济责任审计，发现问题20个，提出审计建议21条。

2018年，对株柏和古城煤矿负责人开展任期经济责任审计。发现问题29个，提出审计建议9条。

2019年，对新驿和邱集煤矿负责人开展任期经济责任审计。发现问题24个，提出审计建议12条。

2020年，对会宝岭铁矿、王楼煤矿和技师学院负责人开展任期经济责任审计。发现问题40个，提出审计建议15条。

（二）财务收支审计

1991年，对矿务局子弟学校经费收支进行审计，查出问题4项，提出改进建议4条。

1994年，对供应公司汽车运输组承包经营、生活福利处及所属单位财务收支进行审计，查出问题8项，提出改进建议6条。

1995年，对机厂劳动服务公司财务收支进行审计，查出问题1项，提出改进建议1条。

1996年，对矿区工会1995年度财务情况进行审计，查出问题3项，提出改进建议2条。

1998年，对古城矿井建设经济情况进行审计，查出问题5项，提出改进建议5条。

2000年，对生活服务中心财务收支进行审计，查出问题6项，提出改进建议2条。

2006年，对临沂华建房地产公司进行财务检查，对公司的基本情况、机构及人员情况、项目开发建设情况、经营情况、管理费用、税金及附加、资金管理、费用核算等情况进行全面审计。

2007年，对新驿煤矿等13个单位开展资金管理和财务收支审计，审计发现问题25个，提出改进建议4条。针对查出的问题下发《关于集团公司资金管理和财务收支专项审计问题的通报》，落实整改意见。

2011年，对运销公司等10个单位开展货币资金管理审计，查出问题20项，提出改进建议7条。

2012年，聘请天元同泰会计师事务所对权属单位及有经济往来的相关处室共29个单位（部门）开展财务收支审计，查出问题71条，提出改进建议51条，监督落实整改情况。

2013年，对草埠煤矿开展财务收支审计，查出问题4项，提出改进建议2条。

2014年，对澳大利亚公司开展财务收支审计，查出问题7项，提出改进建议6条。

2015年，对澳大利亚公司开展财务收支审计，查出问题4项，提出改进建议4条。

2018年，对13家权属单位2017年度经营情况开展审计。重点对货币资金管理、债权清理清收、投资项目管理、会计基础、对标管理和政策创效、国家财经法规及政策执行、财务共享运行、科技创新创效进行审计，查出问题100条，提出22条整改建议。

（三）经济效益审计

1992年，对水泥厂开展经济效益审计，查出问题9项，提出改进建议6条。

1995年，对招待所1994年度经营情况进行审计，查出问题5项，提出改进建议5条。

1996年，分别对恒河实业总公司1993—1995年度经济情况及矿务局招待所1995年度经营情况进行审计，查出问题7项，提出改进建议2条。

1999年，对塘崖煤矿龙山瓷厂开展经营效益审计，查出问题5项，提出改进建议2条。

2007年，对华建房地产公司开展经济效益审计，对开发项目进行综合审查和评价，发现问题8条，提出改进建议8条。

2001—2020年，对权属单位开展年度经济效益审计，以各单位财务决算报告为依据，重点对各项经济指标完成情况的真实性进行审计，通过审计督促企业完成预期经营成果，确认已经实现的经营业绩的真实性，为集团公司考核权属单位经营业绩提供公平、公正、真实可靠的资料。

（四）工程项目审计

2010年末，根据工程建设项目逐渐增多，投资规模越来越大的实际情况，临矿集团规范投资管理，对工程建设项目进行"三级"审核，控制资金支出，节约建设工程项目投资。

2011年，委托中介机构对会宝岭铁矿完工的11项工程进行结算审计，工程造价总额8574.26万元，审减额49.71万元。

2012年，采用内部集中会审和聘请中介机构审计相结合的办法，对集团内部单位的完工工程进行审计。上半年对权属8个单位296项工程进行审计，工程总造价46941.54万元，审减额164.27万元；下半年组织人员对权属3个单位的完工工程集中会审243项，工程总造价16051.64万元，审减额37.56万元。

2013年，完成权属15个单位的工程审计200项，造价总额21828.74万元，审减额467.21万元。

2014年，委托中介机构对12个权属单位的310项工程进行审计，工程造价总额46164.43万元，审减额594.85万元，提出改进意见和建议6条。

2015年，委托中介机构对会宝岭铁矿等6个权属单位的工程结算审计214项，工程造价总额62065.35万元，审减额483.8万元，提出改进意见和建议7条。

2016年，委托中介机构对古城煤矿等12个权属单位建设项目工程结算审核194项，工程造价总额30463万元，审减额114万元。

2017年，委托中介机构完成山东玻纤集团等8个权属单位建设工程结算审计104项，工程造价总额30115万元，审减额126万元。

2018年，委托中介机构完成山东玻纤集团等9个权属单位建设工程结算审计545项，工程造价总额88305万元，审减额148万元。

2019年，委托中介机构完成山东玻纤集团等13个权属单位建设工程结算审计626项，工程造价总额113911万元，审减额2736万元。

2020年，委托中介机构完成山东玻纤集团等13个权属单位建设工程结算审计563项，工程造价总额43676万元，审减额254万元。

（五）专项审计

1993年，对建井工程处财产、物资开展专项审计，查出问题4项，提出改进建议4条。

1996年，对矿务局劳保基金使用、管理情况开展专项审计，查出问题4项，提出改进建议3条。

2003年，对沂水电厂，古城、新驿煤矿、亿金公司等单位在建设工程、物资设备采购招投标及合同管理方面开展专项审计，查出问题9项，提出改进建议3条。

2006年，对莱芜煤机厂在建工程（加工中心设备）开展专项审计，对采购前调研、合同及评审情况、设备付款及账务处理情况等进行了详细审计。

2007年，对临矿集团住房公积金管理情况开展专项审计，审计查出问题5项，提出改进建议2条。

2011年，对古城煤矿等9个权属单位全面预算执行情况进行审计，审计查出问题9项，提出改进建议8条。

2013年，上半年对煤炭运销公司开展的进口煤炭业务开展专项审计，查出问题3项，提出改进建议3条；下半年对山东玻纤集团等7个权属单位开展招投标管理专项审计，查出问题19项，提出改进建议10条。

2014年，对权属企业资金管理、投资管理、工程建设、劳动用工、薪酬发放、财税法规执行等重点领域开展专项审计，查出问题18项，提出改进建议16条。

2015年，对鲁北公司和亿金公司大宗物流贸易业务开展专项审计，查出问题4项，提出改进建议3条。

2016年，对菏泽煤电公司开展划线审计，对其资产全面盘点，对债权债务逐户分析，对职工队伍情况和工资管理工作进行摸底和掌握情况，对托管以来的经营工作进行分析、研究，摸清家底、分清责任。上半年对古城煤矿等11个权属单位2015年以来的奖金发放、可控费用控制、干部管理和领导人员职务消费等情况进行专项审计，发现问题6项，提出改进建议5条。

2017年，对古城煤矿等13个权属单位2013年以来华建公司施工的工程情况开展专项审计，查找工程管理问题23项，提出改进意见4条。

2019年，对临矿集团扶贫资金项目开展专项审计，通过对各驻村"第一书记"及扶贫项目的专项检查，发现问题8项，提出改进建议6条。

2020年，对会宝岭铁矿，株柏、王楼煤矿等11个权属单位开展奖金分配专项审计。

（六）项目后评价工作

2016年，对山东玻纤集团6万吨ECER投资项目进行全面评价，发现问题3个，提出改进建议5条。

2017年，对鲁北公司加气站投资项目进行全面评价，发现问题3个，提出改进建议2条。

2018年，对并购菏泽煤电项目和彭庄煤矿选煤厂投资项目进行全面评价，发现投资、运营过程中存在的9个问题和4条教训，提出9条建议。

2019年，对沂水热电公司三炉三机项目开展项目后评价，沂水热电公司三炉三机项目已完成两炉两机，项目评价为基本成功。

（七）其他审计工作

2019年，对10家权属单位2018年至2019年上半年日常经营管理情况进行审计，有针对性地提出整改建议。

2020年，对权属单位2019年经营管理审计问题整改开展跟踪审计，核实、跟进被审计单位问题整改落实情况。

1991—2020年临矿集团审计项目统计表

表7-6-3

年度	审计项目（个）							查出问题（项）	提出建议（条）	挽回、节约金额（万元）
	离任审计	财务收支审计	经营审计	专项审计	工程审计	其他审计	合计			
1991	–	1	–	–	–	–	1	4	4	–
1992	1	–	1	–	–	–	2	13	10	–
1993	10	–	–	1	–	–	11	40	33	–
1994	4	2	–	–	–	2	8	41	31	–
1995	2	1	1	–	–	2	6	23	21	–
1996	6	1	2	1	–	–	10	46	30	–
1997	5	–	–	–	–	1	6	22	19	–

| 年度 | 审计项目（个） | | | | | | | 查出问题（项） | 提出建议（条） | 挽回、节约金额（万元） |
	离任审计	财务收支审计	经营审计	专项审计	工程审计	其他审计	合计			
1998	2	1	–	–	–	2	5	21	22	–
1999	2	–	1	–	–	–	3	16	9	–
2000	2	1	–	–	–	–	3	19	7	–
2001	–	–	1	–	–	–	1	–	–	–
2002	–	–	1	–	–	1	2	5	3	63.40
2003	–	–	1	1	–	1	3	11	5	–
2004	–	–	1	1	–	1	3	8	5	–
2005	–	–	1	–	–	–	1	–	–	–
2006	6	1	1	1	–	–	9	33	13	–
2007	6	13	2	1	–	–	22	63	34	208.50
2008	5	–	1	–	–	–	6	17	21	–
2009	2	–	1	–	–	–	3	6	6	–
2010	1	–	1	–	–	–	2	4	4	–
2011	3	10	1	1	1	–	16	37	23	49.70
2012	6	29	1	–	11	–	47	93	74	201.83
2013	4	1	1	2	15	–	23	40	29	771.21
2014	5	1	1	1	12	–	20	48	45	594.85
2015	2	1	1	1	6	–	11	14	13	483.80
2016	7	–	1	2	12	1	23	50	41	114.00
2017	5	–	1	1	8	1	16	46	27	126.00
2018	2	13	1	–	9	1	26	138	40	148.00
2019	2	–	1	1	13	2	19	68	36	2736.00
2020	3	–	1	1	13	1	19	54	24	254.00
合计	93	76	26	16	100	16	327	980	629	5751.29

五、考核工作

（一）年度业绩考核

1991—2005年，依据与局内单位签订的年度内部承包合同，开展年度业绩考核工作，根据考核结果兑现单位班子薪酬。

2006—2020年，依据年度业绩考核办法及和与各权属单位签订的业绩目标责任书考核内容，结合中介机构年度财务决算报告，采取现场查看、资料分析、领导座谈等方式，客观、公正的考核评价权属单位年度经营业绩目标完成情况，覆盖率100%。

2015—2020年，依据机关处室年度绩效考核办法，开展机关人员年度绩效考核工作。

（二）月度业绩考核

2015年开始，临矿集团对权属单位和基础处室进行月度绩效考核工作，根据年初制订的权属单位和机关处室绩效考核办法，于每月10日前完成权属单位和机关处室月度绩效考核。根据考核结果，确定权属单位、机关处室负责人月度绩效工资，发挥绩效考核的时效性、激励约束作用。

第三节 风险管理

一、组织体系

2008年9月，临矿集团被省国资委列为开展全面风险管理试点单位，由企管处牵头组织在集团公司开展全面风险管理工作。

2008年12月，临矿集团下发《关于开展全面风险管理工作的通知》，成立全面风险管理工作领导小组，负责全面风险管理建设的日常管理和协调工作。董事会下设审计风险委员会，为集团公司风险管理决策机构；法律事务处落实风险管理职能机构设置；各子公司设立风险管理办公室。

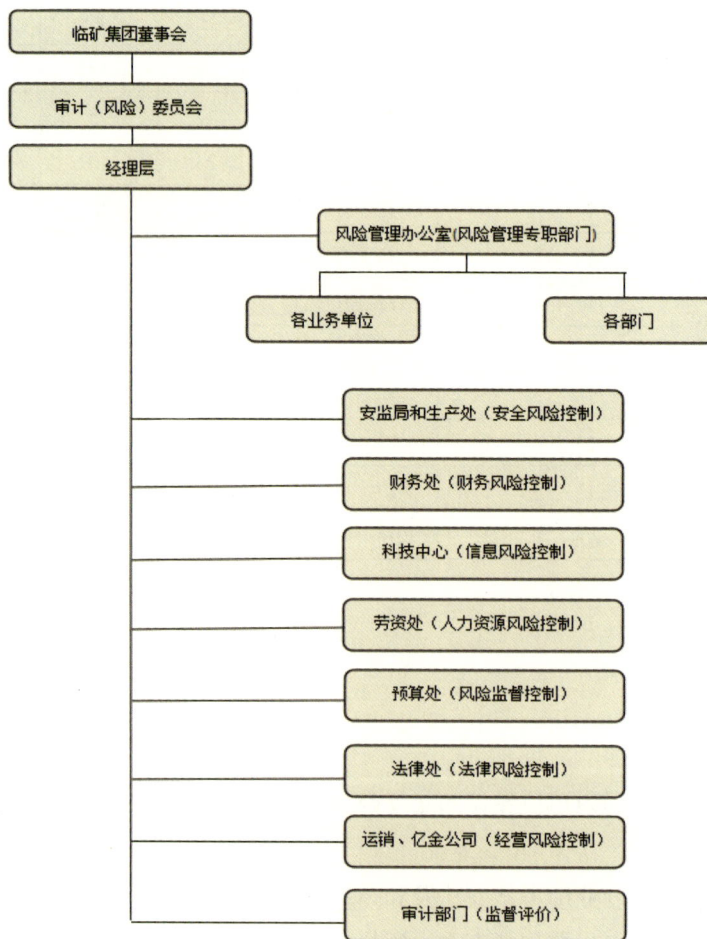

图7-6-1　　　　2008年临矿集团风险管理组织结构图

二、管理制度

2008年7月，制定《临矿集团全面风险管理实施方案》，提出临矿集团全面风险管理总体思路、目标、原则、工作内容、工作措施和工作要求。

2009年9月，印发《临矿集团全面风险管理第二阶段实施方案及时间进度安排的通知》，明确风险管理第二阶段工作内容、取得的成果、达到的目标、具体完成时间和工作要求。

2012年8月，落实《山东能源集团有限公司全面风险管理与内部控制指引》，10月，印发《经营风险管控暂行办法》，从业务洽谈、合同签订、付款管理、发货管理、结算管理等方面规范业务操作流程。12月，执行《山东能源集团有限公司并购投资项目风险管理指引》，明确并购投资项目的风险管理职责体系，以及项目决策阶段、项目实施阶段、项目后评价阶段风险管理的具体措施与方法。

2013年5月，制定《临沂矿业集团有限责任公司全面风险管理与内部控制手册》，统一临矿集团和权属企业风险内控理念、框架体系、理论架构、管理行为、开展内控工作的基本流程。10月，印发《关于加强风险内控和法律事务工作的通知》，强化风险内控和法律事务工作。

2014年11月，执行《山东能源集团物流贸易风险管理指引》，对贸易模式、业务流程、人力资源、尽职调查、信用、合同、财务、市场、应收预付账款、存货、担保、国际贸易、诉讼纠纷等物流贸易经营环节的风险预控措施提出指导意见。

2018年10月，印发《关于组织召开集团公司安全风险管控和隐患排查治理会议暨月度安全办公会议有关事项的通知》，建立安全风险月度排查例会制度。

三、风险预控

（一）风险评估

2008年9月，启动总部机关和各权属单位风险识别与评估活动，建立风险信息库，确定投资风险、宏观经济风险、应收账款风险、资产管理风险、运输风险、价格波动风险、安全生产风险、权属关系风险、人力资源风险、合规性风险和会计核算风险11项重大风险。

2010年，通过问卷与访谈，结合PEST分析SWOT分析和研讨会，确定集团公司2010年度存在投资、成本控制、应收账款管理、资金管理、宏观政策变动、内部控制、人力资源和合同管理8项重大风险。

2011年，经过评估确定人力资源、应收和预付货款、价格、经营、成本费用、竞争、宏观经济、政策、行业和健康安全环保10项重大风险，3315条风险信息，更新了风险信息库。

2012年，经过评估确定投资、"走出去"、集团管控、资源保障、市场需求、行业、成本费用、资本运作险、合同管理和法律纠纷10项重大风险，更新了风险信息库。

2013年，经分析评估确定10项重大风险，包括投资决策风险、境外投资风险、政策风险、廉政建设风险、价格风险、资产管理风险、安全生产风险、资金管理风险、法律纠纷风险和合同管理风险，更新了风险信息库。

2014年，根据山东能源集团风险分类框架，经分析、评估确定临矿集团面临的运营风险、法律风险、市场风险、财务风险和战略风险5大类为一级风险；安全生产风险、灾害风险、环保责任风险、审计风险、信访维稳风险、合同管理风险、诉讼纠纷风险、需求波动风险、价格波动风险、利汇率风险、应收账款风险、成本控制风险、税务风险、融资风险、产业政策风险、投资决策风险、资源选择与获取风险、并购重组风险、政企关系风险、资源开采风险、产业结构风险21项为二级风险。其中，安全生产风险、需求波动风险、价格波动风险、应收账款风险、产业政策风险、资源开采风险6个风险被评为重大风险。

2015年，面对中国经济进入新常态环境，经分析、评估确定集团公司面临的运营风险、法律风险、市场风险、财务风险和战略风险5大类为一级风险；投资风险、政策风险、国际化经营风险、产业结构风险、改制重组风险、并购风险、公共关系风险、价格风险、汇利率风险、市场供求风险、现金流风险、成本费用风险、资本运作风险、合同管理风险、法律纠纷风险、健康安全环保风险、存货风险、销售风险、生产管理风险、物流管理风险、贸易风险、工程项目管理风险22项为二级风险；投资决策风险、投资实施风险、投资中止退出风险、海外投资风险、估值与定价风险、尽职调查风险、政府关系风险、市场供应风险、市场需求风险、融资风险、资金短缺风险、债务风险、应收/预付账款风险、安全生产风险、环境保护风险、工程质量风险16项为三级风险。其中，投资风险、政策风险、产业结构风险、改制重组风险、价格风险、市场供求风险、法律纠纷风险、健康安全环保风险等8个风险被评为重大风险。

2016年，经分析、评估确定集团公司面临的战略风险、市场风险、财务风险、法律风险、运营风险5大类为一级风险；投资风险、政策风险、国际化经营风险、产业结构风险、改制重组风险、并购风险、公共关系风险、价格风险、汇利率风险、市场供求风险、现金流风险、成本费用风险、资本运作风险、合同管理风险、法律纠纷风险、健康安全环保风险、人力资源风险、研发与开发风险、存货风险、生产管理风险、销售风险、贸易风险、工程项目管理风险23项为二级风险；投资决策风险、投资实施风险、投资中止退出风险、海外投资风险、估值与定价风险、尽职调查风险、政府关系风险、市场供应风险、市场需求风险、融资风险、资金短缺风险、债务风险、应收/预付账款风险、安全生产风险、环境保护风险、关键人才流失风险、劳动关系管理风险、技术研发风险、工程招投标风险等19项为三级风险。其中，产业结构风险、价格风险、现金流风险、法律纠纷风险、健康安全环保风险、人力资源风险、研发与开发风险、生产管理风险、贸易风险等9个风险被评为重大风险。

2017年，经分析、评估确定临矿集团面临的战略风险、市场风险、财务风险、法律风险、运营风险5大类为一级风险；投资风险、政策风险、国际化经营风险、产业结构风险、改制重组风险、并购风险、公共关系风险、价格风险、汇利率风险、市场供求风险、现金流风险、成本费用风险、关联交易风险、资本运作风险、合同管理风险、法律纠纷风险、健康安全环保风险、人力资源风险、研发与开发风险、存货风险、生产管理风险、销售风险、贸易风险、工程项目管理风险24项为二级风险；投资决策风险、投资实施风险、投资中止退出风险、境外投资风险、估值与定价风险、尽职调查风险、政府关系风险、市场供应风险、市场需求风险、融资风险、资金短缺风险、债务风险、应收/预付账款风险、安全生产风险、环境保护风险、关键人才流失风险、劳动关系管理风险、技术研发风险、工程招投标风险等19项为三级风险。其中，投资风险、价格风险、现金流风险、法律纠纷风险、健康安全环保风险、贸易风险等6个风险被评为重大风险。

2019年，通过"法治体检"活动，发现273项法律风险，提出174条防控措施，形成2项专题调研报告，举办1次现场培训。

2020年，经分析、评估确定临矿集团面临的战略风险、市场风险、财务风险、法律风险、运营风险5大类为一级风险；投资风险、政策风险、国际化经营风险、产业结构风险、改制重组风险、并购风险、公共关系风险、价格风险、汇利率风险、市场供求风险、现金流风险、成本费用风险、关联交易风险、资本运作风险、合同管理风险、法律纠纷风险、健康安全环保风险、人力资源风险、研发与开发风险、存货风险、生产管理风险、销售风险、贸易风险、工程项目管理风险24项为二级风险；投资决策风险、投资实施风险、投资中止退出风险、境外投资风险、估值与定价风险、尽职调查风险、政府关系风险、市场供应风险、市场需求风险、融资风险、资金短缺风险、债务风险、应收/预付账款风险、安全生产风险、环境保护风险、关键人才流失风险、劳动关系管理风险、技术研发风险、工程招投标风险19项为三级风险。其中，健康安全环保风险、现金流风险、法律纠纷风险被评为重大风险。

（二）风险应对

1. 风险管理策略

风险管理部门牵头针对评估出的重大风险，制定风险管理策略工作计划。重大风险的管理策略包括风险偏好和风险承受度、风险管理有效性标准、风险管理工具选择、资源配置原则的确定等。风险管理部门确认哪些风险需要新制订风险管理策略，哪些风险需要修订风险管理策略。风险管理部门组织各职能部门，提供制定风险管理策略的思路，共同研讨，初步确定监控指标。在选定监控指标的基础上，风险管理部门与各单位展开研讨，根据对集团风险偏好的理解，初步确定此重大风险的风险承受度、风险管理有效性标准、风险管理工具、资源配置。风险管理部门负责编写风险管理策略汇报文件，连同风险评估结果，提交经理层审核。经理层最终批复确定重大风险管理策略。专项风险管理策略由专项业务风险管理的牵头部门组织主管领导确认。

2. 风险应对方案

风险管理部门根据重大风险的牵头分工，组织相关职能部门制订重大风险应对方案。职能部门在确定的风险管理策略前提下，制定相应可操作的风险应对方案，并落实相关人员、应对成本和应对时间。风险应对方案包括但不限于风险管控的具体目标、所涉及的管理活动或业务流程、预警指标、风险事件发生前、中、后所采取的应对措施、应急预案及风险损失融资方式，明确责任部门或责任人、执行标准、执行时间。

在制定方案时，应权衡风险管理实施成本与预期收益，合理配置资源。风险管理部门收集各单位的风险应对方案，形成风险应对方案列表。经理层审批确定重大风险应对方案。各职能部门和下属单位根据重大风险解决方案的具体安排实施解决方案。专项业务风险的具体应对措施，由专项业务风险牵头管理部门组织制定，并由主管领导审批。

3. 具体应对

2008年，对投资管理等有关制度进行修订完善，将"领导审批"转变为"流程审批"，对重大投资项目实施事前充分评估，事中实时监控，事后及时总结的全程风险管理，有效规避投资风险；重新拟定劳动合同和人力资源管理制度；推行全面预算管理，制定全面预算管理制度，加强内控管理；完善资金管理制度，对各单位资金使用实行限额管理，对超集团公司规定的限额随时上交集团公司内部结算中心，由结算中心根据公司经营情况统筹调度使用资金，提高资金的安全性和使用效率。

2009年，将投资、安全和融资等方面的重大风险管理作为突破口，对与其相关的管理制度和流程进行梳理、分析，进一步明确管理上的薄弱环节和不足之处，提出相应的管理策略和应对措施。在投资风险管理方面，结合"内蒙古投资项目""会宝岭铁矿""10万吨池窑拉丝项目"等投资项目作为管理突破口，提出集团投资风险的风险承受度、管理策略及控制措施；在安全生产风险管理方面，对其关键生产环节设计多项风险监控指标，制定多项风险预警标准，建立相应的风险监控报告和预警机制；在市场风险管理方面，通过对价格管理流程的分析，从市场研究、价格制订与决策、执行、控制、评价4个方面提出相应的管理目标和控制措施。

2010年，制定《临沂矿业集团有限公司2010年度重大风险分析及责任落实情况》，对8个风险点进行分析和责任落实，提出应对措施和建议。

2011年，针对评估出的重大风险，通过系统分析提出应对措施和建议，并进行责任落实，将风险防范责任分解落实到集团公司有关领导和单位、处室负责人。以重大风险、事件、决策管理和业务流程为重点，建立风险管理工作流程，使各项业务活动在有效控制的制度下规范操作实施。

2018年6月，印发《关于进行雨季"三防"、供电、提升、排水、设备管理等专项检查的通知》，对各单位各系统进行全面自查自纠，防控有关风险。7月，转发《山东能源集团有限公司关于开展重大逾期应收（预付）账款管理专项监督检查的通知》，强化本单位应收（预付）账款特别是重大逾期应收（预付）账款的管理工作，防控逾期账款风险。11月，印发《关于〈生产安全事故应急预案〉编制评审公布和备案的通知》，要求各单位对2018年《生产安全事故应急预案》进行编制或修订，并由集团公司组织统一评审，防控安全事故风险。12月，印发《关于重申严格执行"三重一大"决策制度严禁领导干部插手重大工程、重大采购等问题的通知》，防控重大决策风险。

2019年2月，印发《关于召开传达省委做好防范化解重大风险工作会议精神的通知》，传达省委关于做好防范化解重大风险工作会议精神。3月，转发省政府办公厅《关于印发山东省省属企业投资监督管理办法的通知》，防控投资风险。6月，印发《关于机电运输隐患排查及专项检查的通知》，要求各单位认真吸取枣庄金庄生建3308综采工作面回撤综采支架运输事故教训，进行机电运输隐患排查及专项检查，防控机电运输风险。8月，印发《关于召开集团公司节能环保半年工作会暨绿色矿山建设存在问题整改会议的通知》，总结节能环保和绿色矿山建设经验，防控节能环保风险。

2020年3月，印发《关于网络安全专项检查的通知》，对网络运行安全、网络安全应急预案、安全管理制度的建立及落实情况进行专项检查，防控网络安全风险。4月，印发《"三重一大"决策制度实施办法》，防控重大决策风险。5月，物商集团针对高库存可能带来的风险，制定"控总量、保重点"和"一事一议"原则，化解大宗商品贸易风险。6月，印发《关于进一步完善应急管理的通知》，加强应急管理工作，提高应对突发事件的应急处置能力和水平，最大限度地减少和消除突发事件造成的危害和影响。7月，印发《关于组织开展采掘头面安全生产风险辨识及隐患排查活动的通知》，防控安全生产风险。10月，印发《关于开展重点领域廉洁风险防控专项治理的实施方案》，进一步深化重点领域廉洁风险防控工作。12月，印发《关于开展应收、应付款项清查工作的通知》，加强应收、应付款项管理，防控资金安全风险。

（三）内部控制评价

风险管理部门于每年年底结合财务年报审计，联合中介机构对集团公司机关和各权属单位内部控制进行检查评价，根据评价发现的内部控制缺陷，采取相应的整改措施。

（四）风险管理报告

2008年开始，临矿集团按照要求每年向山东能源集团省国资委报送年度风险管理报告。

临矿集团风险管理报告分为对外报告和对内报告。对外报告山东能源集团省国资委，对内报告呈报董事会。报告由风险管理部门负责组织编制，经公司经理层审批后上报。

对外报告内容，根据上级要求每年有不同变化，主要内容包括上年度企业风险管理工作计划完成情况、说明企业上年度在风险管理方面取得的主要成效、企业建立重大风险库的相关情况；本年面临的重大风险、重大风险流程执行基本情况、本年风险管理计划；企业全面风险管理体系及全面风险管理文化建设现状，风险管理组织体系、内部控制体系、风险管理信息系统、风险管理文化、风险管理绩效考核；有关意见和建议。

对内报告分定期风险管理报告和专项业务风险管理报告。定期报告以年报为主要形式向经理层、审计风险委员会及董事会汇报。主要内容包括企业当前的重大风险及其影响分析，风险管理监督评价中发现的主要问题及其管理或改进状况，上一年度全面风险管理主要工作任务的完成情况，下一年度全面风险管理主要的工作计划。专项业务风险管理报告的主要内容为专项风险的具体表现。

四、财务风险管控

（一）管控重点

1. 预算管控重点

加强集团全面预算管理，强化预算过程控制，建立预算预警机制，规范预算调整行为，提高预算执行力，健全完善具有临矿特点的预算管理体系。

2. 财务管控重点

加强现金流量和资金链的管理，严格控制资金流向；加强投资管理，完善决策程序，建立严格的授权审批、责任追究制度和预警与防范机制；强化内部审计控制，对权属公司融资、担保、招投标、物资采购、产品销售等实施重点监控；统一集团财务控制制度，实施对财务人员、财务信息的管理与控制，确保财务数据真实、完整、及时。

3. 财务共享平台管理重点

通过财务共享平台强化权属单位业务处理的标准化、流程化、精益化管理，提升公司的风险管控能力，使各上线单位银行账户全部纳入平台统一管理，实行资金集中结算，资金24小时可视可控，实现资金安全高效运行，规避财务风险。

（二）规章制度

2012年，执行山东能源集团《全面风险管理与内部控制指引》通知，将财务风险管控纳入生产经营全过程。

1. 资金管理制度。为强化资金管理，制定《临沂矿业集团有限责任公司资金管理办法》等规定，对资金筹集、使用、集中管理、大额支出等进行规范，确保资金安全。

2. 应收、预付款项和商业票据管理制度。将四金压缩作为权属单位年度经营业绩考核重要指标，大力压缩四金占用，降低企业经营风险。

3. 工程项目管理制度。制定立项、招标、造价、建设、验收全过程监管制度，起到防范和监督的作用。

4. 对外投资、担保等高风险业务管理制度。制定临矿集团相关投资、担保等管理办法，严格对外投资程序规范，禁止私自对外担保。

5. 资产管理制度。依照能源集团及集团公司相关资产管理制度，对企业资产采购、资产出售、置换、报废、债务重组、捐赠进行严格管控，防范国有资产流失。

6. 预算管理制度。加强预算执行和预警力度，实现"全面覆盖、全过程实施控制"的管理目标。

7. 物资采购管理制度。根据采购金额大小，分级进行统一招标采购，加强物资采购管理，降低采购过程中的风险。

8. 产权管理制度。执行能源集团及临矿相关产权管理办法和省国资委产权管理制度，确保产权登记及时、产权转让规范，做到产权清晰、安全、规范。

（三）平台建设

1. 会计核算软件

1991年7月，全局统一使用煤炭工业企业通用会计核算软件。

2004年，委托浪潮软件公司开发资金管理软件；2005年10月，使用浪潮公司的浪潮财务软件；2006年，浪潮软件公司开发资金管理软件上线运行；2008年，全面预算管理在浪潮系统中开始运行。

2012年，临矿集团资金管理平台切换成山东能源集团开发的浪潮管理平台，统一划归能源财务公司管理，资金归集能源财务公司。

2013年1月1日，临矿集团正式使用能源集团ERP-SAP管理系统，同时停止运行浪潮财务核算软件。

会计核算软件的统一，以及集团公司的物资采购平台、法务平台、多平台专业化管理，为统一标准、防范各领域风险提供了重要的技术支持。

2. 财务共享平台

2016年12月26日，临矿集团与浪潮集团开展大数据战略合作，开始启动财务共享平台建设。

2016年12月26日，临矿集团与浪潮集团举行大数据战略合作签字仪式。

2017年4月25日，临矿集团财务共享中心项目建设正式启动；8月1日，在集团本部、古城、王楼煤矿先行试点上线费用报销模块；10月1日，费用报销模块在省内各矿业公司推广上线，对公业务、预算业务在集团机关、古城、王楼煤矿试点上线，成功运行。10月13日，制定《临沂矿业集团有限公司关于进一步加强资金集中管理的补充规定》，权属企业一律取消"现金"科目核算，单位及个人凡涉及现金科目的收、付款业务，全部上线操作（银行转账）。10月—11月13日，预算模块、对公业务模块，实现省内各矿业单位成功推广上线。12月20日，往来应收、资金管理模块全部推广上线；25日，下发《关于统一规范内部订单和会计科目辅助核算的通知》，规范核算内容和会计科目的使用，统一设置内部订单，规范会计科目辅助核算；31日，财务共享平台实现与SAP核算软件、法务合同系统、主数据管理平台、银企直连接口成功运行，初步达成全业务上线条件。

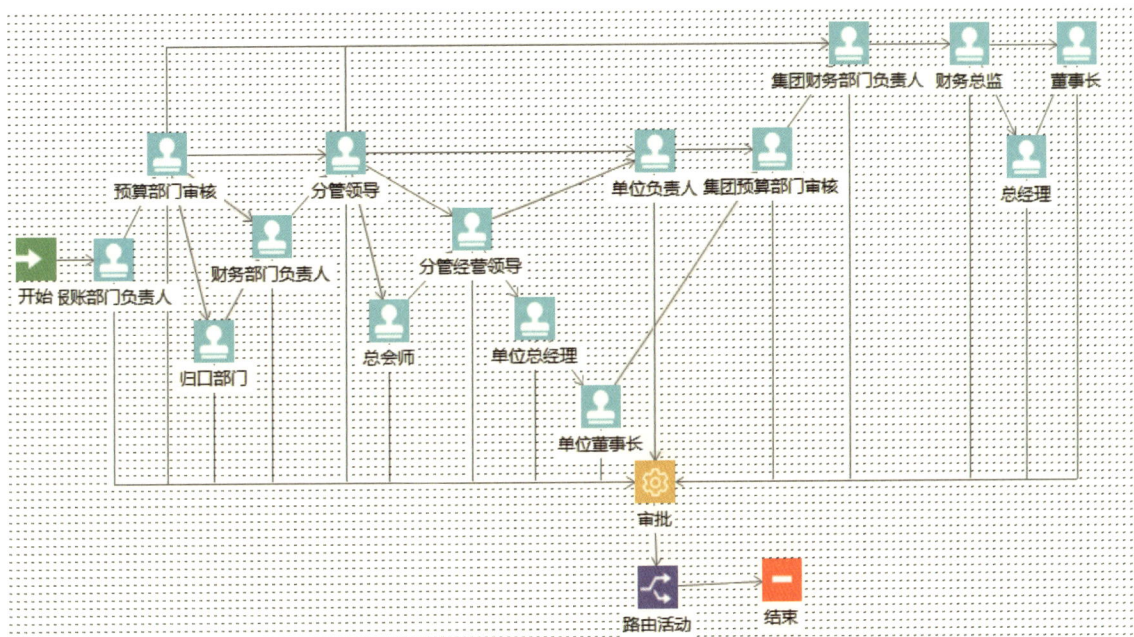

图7-6-2　　　　　　　　　　　　2017年，临矿集团差旅费用报销审批流程图

2018年1月，往来应收类、资金核算类、总账核算类推广上线，在集团总部试点上线携程商旅；2月，集团总部和省内矿业单位共21个会计核算主体全面核算业务上线，实现线上核算无死角，完成共享中心全面推广上线的里程碑节点；3月23日，财务共享中心正式启用，标志着临矿集团财务管理进入了一个新时代，有力推动了临矿集团财务管理实现数字化转型，5月9日，启动财务共享二期非煤单位建设；7月，物商集团、技师学院等14个核算主体正式上线，同步开展里彦、鲁西煤矿上线SAP核算系统工作，为上线财务共享平台做好前期准备；11月，除玻纤公司、上海庙矿业公司外，集团全部单位共40个会计核算主体全部业务均线上运行；12月，财务共享中心构建完成集会计核算、资金管理、税务管理、报表管理全财务业务共享于一体的财务体系，形成了业财资税一体化全价值链财务管理模式，以"财务共享中心"为平台，实现从业务端采集数据到财务端加工、分析的全面在线、实时互联，实现集团基础工作、风控能力、服务价值、工作效率的提升。获全国CFO最佳财务共享服务中心案例奖。

2020年11月，山东省会计学会会计教育专业委员会2020年年会暨第21届山东省高校会计教师联谊会会计学术联盟第二届"齐鲁会计论坛"在临矿集团举行；12月，下发《临沂矿业集团财务共享运营管理办法》，规范共享运营，保障财务共享整体稳健运行，实现对权属单位业务处理的标准化、流程化，精益化管理，强化公司的风险管控能力，临矿集团各上线单位银行账户全部纳入共享中心统一管理，实行资金集中结算，资金24小时可视可控，实现资金的安全高效运行，规避了财务风险。

第四节 法律事务

一、组织机构

1991年，企业管理处负责矿务局法律事务工作。

1996年6月，设立法律事务处，负责全局的合同管理，诉讼代理。

1997年，临沂明华阳律师事务所在矿务局法律事务处设立第四业务部，有2名具有律师资格的人员兼职从业，负责矿区的各类诉讼的代理。

2001年2月，规划建设处、科技处、法律事务处合并，成立企业管理处，负责对企业重大决策提出法律意见、合同管理、企业登记管理、代理企业参与民事、行政、刑事诉讼，负责行政收费审核、企业改制关闭破产、主辅分离等工作。

2006年5月31日，省国资委确定临矿集团为首批推行总法律顾问制度的企业。10月31日，于德亮为临矿集团总法律顾问、刘中军为副总法律顾问兼法律事务处处长。权属各单位均设有专职或兼职的法律事务机构，配备专兼职法律事务工作人员。

2007年12月15日，设立法律事务处。

2010年12月30日，刘中军任临矿集团总法律顾问。

2013年10月6日，成立资本运营处，资本运营处与法律事务处合署办公，负责资本运营、投资管理、法律事务、改革改制、风险管理，配合财务处负责产权管理。

2016年12月26日，成立法务资本部，下设资本运营处、法律事务处，负责集团公司法律事务管理工作。

二、职责与制度

（一）工作职责

负责合同管理、法律事务管理、权属企业法人结构治理；参与企业重大经营决策，保证决策的合法性，对相关法律风险提出防范意见；对权属各单位法律事务机构和法律事务工作人员进行归口指导和业务管理；对权属企业重大法律纠纷案件进行督导、检查；负责对规章制度的合法性提出审核意见；负责普法宣传和法律培训；对权属企业的合同管理、法律管理工作提出考核建议；组织选聘律师事务所等中介机构，并对其工作情况进行监督和评价。

（二）工作制度

1996年，制定《临沂矿务局关于加强企业登记管理的暂行办法》《临沂矿务局法律事务工作暂行办法》《临沂矿务局经济合同管理办法》《临沂矿务局关于对内对外签订承包、租赁、联营等合同的有关规定》《临沂矿务局关于出售、租赁厂网点产权的暂行规定》。

2006年8月，临矿集团成立后，制定《临沂矿业集团有限责任公司法律事务管理办法》《临沂矿业集团有限责任公司合同管理办法》《临沂矿业集团有限责任公司知识产权保护管理办法》等。

2007年8月，印发《临沂矿业集团有限责任公司法律事务工作管理办法》，规定法律事务工作机构、职责、法律事务工作制度、企业法律顾问的权利、义务、诉讼与非诉讼案件管理、法律事务咨询与法律知识培训、法律事务责任追究与奖惩等。

2008年3月，印发《临矿集团总法律顾问制度实施办法》，规定总法律顾问设置及职责、法律事务管理机构、法律事务管理原则和制度、监督和检查、奖励和处罚等内容。4月30日，印发《临沂矿业集团有限责任公司知识产权保护暂行办法》，规定知识产权的范围、知识产权保护机构和职责、知识产权保护措施、奖惩等。9月26日，印发《关于开展全面风险管理工作的通知》，进一步加强风险管控；27日，印发《全面风险管理实施工作方案》。11月1日，制定《临沂矿业集团有限公司企业法制建设工作三年（2008—2010年）计划》。

2009年2月12日，印发《临矿集团合同授权委托管理办法》，明确对外签订合同授权委托手续的办理程序。7月12日，印发《临沂矿业集团有限公司法律审核工作管理暂行办法》，规定法律审核的工作体系及职责，法律审核的内容、程序，法律意见书的管理、监督及奖惩等。

2013年3月6日，印发《临沂矿业集团有限公司2012—2014年法制建设实施方案》，提出3年法制建设的目标。17日，集团公司转发山东能源集团《合同管理办法（试行）》《法律事务管理试行办法》《法律纠纷案件管理暂行办法》，并制定《临沂矿业集团有限责任公司贯彻落实三项法律事务管理办法的实施细则》。

2014年12月，临矿集团法律顾问专职率、专业率和到岗率分别达到90%、90%、100%，法律顾问持证上岗率100%；集团公司与各权属单位的规章制度、经济合同和重要决策的法律审核率全面实现100%；集团公司企业法律风险防范机制、法律顾问制度和法律管理工作体系基本建立。

2015年11月，转发能源集团《关于持续推进法律诉讼风险问题整改的通知》，推动法律风险防范工作。

2016年3月，印发《临沂矿业集团有限公司2016年—2020年法治建设实施方案》，深化企业法律风险防范机制和法律工作体系建设，提升合规管理能力和依法治企能力。

2017年3月，印发《关于集团公司合资企业年度股东会、董事会、监事会规范管理的指导意见》，对"三会"管理原则、职责和分工、"三会"管理程序、流程等进行规定。5月，印发《临矿集团合同管理办法》《临沂矿业集团有限公司法律纠纷案件管理作业指引》。

2018年11月，印发《关于转发中共山东能源集团有限公司委员会企业主要负责人履行推进法治建设第一责任人职责实施办法》，要求各级领导干部全面推进依法治企。

2019年2月，印发《临沂矿业集团有限公司关于开展企业"法治体检"专项活动的实施方案》，推进"法治临矿"建设；9月，印发《临沂矿业集团有限责任公司法律业务立卷归档办法》，推进案件卷宗整理标准化建设。

2020年3月，印发《加强企业经营中法律风险防范的指导意见》，为建成"敏简轻快"的"云上临矿"提供法律保障。11月，印发《临沂矿业集团有限责任公司合规管理办法》，进一步推进合规管理工作，提升企业依法合规管理水平。

三、诉讼案例

矿务局（集团公司）常规性法律纠纷案件由内部法律人员代理，重大、复杂的法律纠纷案件，由外聘律师与内部法律人员共同代理。

2004—2020年，临矿集团先后办理山东省煤炭物资总公司欠款纠纷案；临沂市水利局征收案；山推工程机械股份有限公司、山推道路机械有限公司诉山东省田庄煤矿财产损害赔偿纠纷案；鲁北公司与吕梁公司货款纠纷案，为临矿集团挽回了经济损失。

第七章　行政事务

第一节　公文处理

1991年，收发文均为手工处理。收文程序包括签收、登记、初审、批办、承办、传阅、催办、答复等。发文程序包括公文起草、审核、签发、复核、登记、印制等程序。办公室设收发员。

1997年3月20日，矿务局颁布《关于规范局机关公文管理意见》，对行文程序和公文处理作出规定。各部室以矿务局名义行文，由部室代拟文稿，部室负责人审稿核签，核签稿送办公室审核后，由局主要领导审批签发。部室便函由部室负责人签发，部室编号，办公室统一审核。公文办完后，及时将公文原稿、正式文件两份一并移交档案科。在公文处理上，执行《国家行政机关公文处理办法》，部室收到的上、下行文必须送办公室统一登记，呈送主要领导批示后归口办理。

2002年3月22日，下发《关于公文报送和请示汇报工作有关问题的通知》，机关各处室凡属正常工作中的各类书面报告、请示拟好后，按照分工要求，直接报送分管领导，协商研究拿出成熟意见后，报局长批阅研究决定；局属各单位向矿务局报送需要审批的公文，除局领导直接交办的外，一律报送局办公室，根据公文内容，由局办公室呈送分管副局长，协商拿出意见后，再报局长批阅研究；坚持逐级请示、汇报工作制度。

2005年3月，建设OA办公自动化系统，7月完成。2009年5月，实行公文网上传输。

2011年12月，对办公OA系统进行升级改造。2012年1月，正式启用，实现无纸化办公。

2017年8月9日，制定《临沂矿业集团有限公司公文处理办法》，规范公文拟制、办理、管理等工作。公文种类主要有决议、决定、意见、通知、通报、报告、请示、批复、函、纪要。相关处室需发文时，由相关处室拟写文稿；涉及2个及以上处室时，由牵头处室共同起草；综合性公文，由主要责任处室拟稿。公文主办处室确定公文种类，完成公文初稿。处室负责人对公文内容、公文字体、字号等进行初审，确保符合公文基本规范，否则办公室予以驳回。相关处室按要求修改后再提交办理。需要有关处室会办的，由主办处室负责人把关、拟稿人通过OA系统中转或协调有关处室会办。除用于上报和存档外，一般不再印制纸质公文。集团公司公文由集团公司领导审批签发；重要公文和上行文由主要领导或者主要领导委托的其他领导签发；涉及某一方面工作的公文，由分管领导签发。党委和行政或行政和工会联合发文时，由协办方会签，主办方领导签发。特殊情况，确需对上或对外行文，而主要领导又外出时，以OA系统或传真、电子邮件等方式报送主要领导阅处，领导同意后方可办理。事后补办签发手续。

第二节　接待工作

一、接待管理

1991年，矿务局对上级机关、地方政府及兄弟单位检查指导或联系工作，食宿安排等事宜由行政办公室负责。对内对外接待按标准安排。重要客人由主要领导陪同，在招待所住宿、就餐。一般客人由分管领导或业务处室负责人陪同，在机关食堂就餐，在招待所住宿。

2001年4月，机关食堂由后勤服务中心转交行政办公室管理。

2004年10月，矿务局成立接待中心，在新建综合办公楼中设有就餐、住宿房间。

2006年12月，局属各单位有招待所29个，其中3个单位具有会务接待服务能力。

2007年，临矿集团对上级机关、地方政府及兄弟单位检查指导或联系工作，食宿安排等事宜，由办公室负责。对内对外接待按标准安排。重要客人由主要领导陪同，一般客人由分管领导或业务处室负责人陪同，在接待中心住宿就餐。

2010年4月，成立接待处，隶属办公室管理，下设管理科、餐饮部。

2012年6月，下发《集团公司机关接待管理规定》，各处室来人需由部门填写《接待审批单》《住宿审批单》，经分管领导审批后，由办公室予以安排

2013年3月，制定《关于进一步改进工作作风密切联系群众的规定》。规定：集团公司领导参加各类活动，一律不搞多人陪同，不列队欢迎，不铺设迎宾地毯；内部各类庆典、会议不摆放鲜花、水果和香烟；集团公司内部检查指导工作一律在职工食堂用工作餐，在内部招待所住宿，中午一律不喝酒；严禁收受基层单位的纪念品、土特产等物品。

2014年8月，集团公司下发《关于进一步加强公务接待管理若干规定》，对内外接待，严格落实中央八项规定精神，坚持"对口招待、注重节俭、杜绝浪费，严禁随意招待、扩大范围招待和超标准招待"，业务招待严格按程序审批，遵循请示在前、招待在后的原则，先有承办部门填写招待审批单，由分管领导签字后，交由办公室审核并安排就餐。

2015年12月，撤销接待处，办公室增设接待科。

2017年4月，制定《临沂矿业集团有限公司公务招待管理办法》，规范机关公务招待，控制招待范围、招待标准和陪餐人数，严格审批程序，树立节俭文明的良好风气。

2018年，取消宴会厅，设置自助餐厅。年底，临矿集团各单位共有招待所20个。

2020年12月，修订《临沂矿业集团有限责任公司公务活动及费用管理手册》，对公务接待范围界定和标准进行重新规定。集团公司内部一律严格执行工作餐制度，严禁超标准招待。权属单位相应制订具体的管理规定。

二、车辆管理

1991年，临沂矿务局机关设有车管科，隶属办公室，设科长1人、司机15人，负责局机关的车辆管理和用车服务，办公地点设在机关南院球场西侧的2层楼1楼，有车库13间、小轿车8辆、面包车7辆。

1994年12月，矿务局撤销车管科，成立机关小车队，隶属局长办公室管理，设队长1名、副队长2名，主要负责局领导和机关各处室的公务用车。

1997年1月—2000年12月，实行车队内部承包制度，将司机行驶里程与工资挂钩，矿务局承担车辆折旧费、养路费、保险费、车辆大修费用。小车队承担人员工资、差旅费、过路过桥费、油料费、车辆零修费。建立车队内部承包制度和用车管理制度，出车实行派车单，修理实行车辆维修申请单，由队长和监督员核定修理项目后，报行政办公室审批，过路费、油料实行单车核算。

2001年12月，矿务局机关机构改革，机关小车队隶属行政办公室，聘任队长1人、副队长1人，接待用车、车辆修理由行政办公室统一安排。

2002年1月，机关各处室车辆收归行政办公室统一管理，对年龄偏大的驾驶员与下属单位的年轻驾驶员交换，保证了局机关小车队队伍的年轻化。

2003年11月，机关小车队实施新一轮承包，承包形式与1997年的承包基本相同，把修理费从车队承包费用中抽出来由矿务局承担。处室用车时出具由分管领导签字的出车单，到行政办公室盖章，交小车队统一安排车辆。

2004年12月，局领导实行专人专车制度，剩余车辆的使用由行政办公室和机关小车队统一安排。

2005年2月，机关小车队由南院迁至机关综合办公楼1楼，拥有地下车库12个车位。

2006年末，机关小车队有车辆20辆，驾驶员15人。其中，轿车16辆，商务车2辆，大客车1辆，警车1辆，总固定资产900万元。

2012年6月，下发《集团公司机关用车管理规定》，各处室公务用车，由处室填写《用车审批单》，经分管领导审批后，交机关车队统一安排。处室到省外出差原则上不允许带车，特殊情况需要用车，必须经董事长或总经理审批后方可安排；到基层单位公务用车，原则上不准超过2天，确因工作需要，由所到单位用车接送。

2013年，按照省国资委和山东能源集团文件要求，对公务用车进行规范。企业主要负责人配备排气量2.0升（含）以下、购车价格（不含车辆购置税）28万元以内的轿车，其他负责人配备排气量1.8升（含）以下、购车价格（不含车辆购置税）18万元以内的轿车。公务用车使用年限按不低于8年或行驶里程不低于30万公里。建立公务用车定点保养和维修制度，对日常使用所发生的燃油费、保养和维修费、停车费、过路过桥费等运行费用，实行单车核算，采用年度预算范围内据实报销的方式进行管理。

2014年，按照依纪依法、规范运作、避免国有资产流失的原则，对超标车进行集中处置。

2015年，按照公务用车配备标准重新配备公务用车。

2018年末，机关车队共有车辆31辆。其中，轿车型15辆、商务型3辆、越野车型4辆、小巴车型4辆、中巴车型3辆、货车2辆，有司机18人。

2019年2月，集团公司印发《关于加强公务用车集中统一管理的规定》，集团公司领导班子副职取消配备公务用车，发放公务交通补贴，补贴标准为1560元/月，其中财务总监公务交通补贴根据能源集团的统一规定，由能源集团统一发放。

2020年末，机关车队共有车辆32辆，其中轿车型10辆、商务型12辆、越野车型3辆、小巴车型3辆、中巴车型2辆、货车2辆，有司机14人。

权属各单位车辆自行管理。

第三节 保密工作

一、机构

1991年，矿务局建有保密委员会，行政办公室负责具体管理，设机要收发员1人。保密委员会主任由副局长担任，党委办公室主任、行政办公室主任任副主任，有关处室负责人为委员会成员。保密委员会办公室设在行政办公室，行政办公室主任兼任保密委员会办公室主任。局属各单位均建立相应机构。

2002年，矿务局调整保密委员会，由局党委副书记任主任，总工程师任副主任，行政办公室、党委办公室、组织干部处、纪委监察审计处、企业管理处、财务处、劳动工资处、生产技术处、计算机信息中心主要负责人为成员，行政办公室机要文书负责具体工作。局属各单位的保密委员相应进行调整。

2015年3月，集团公司党委根据《中华人民共和国保守秘密法》《山东国资委保密工作暂行规定》《山东能源集团有限公司保密工作管理办法》，制定《临沂矿业集团有限公司保密工作管理办法》，明确规定党政主要领导是单位保密工作的第一责任人，对保密工作负总责。

2018年，保密委员会作出调整，集团公司党委书记任保密委员会主任，党委副书记、总经理担任副主任，其他领导班子成员及办公室主任、党委办公室主任、大数据中心主任为成员。保密委员会下设办公室，设在党委办公室，党委办公室、办公室负责人兼任保密委员会办公室主任，办公室配备兼职保密干部1名。

2020年5月，调整保密委员会，集团公司党委书记任保密委员会主任，党委副书记、总经理担任副主任，其他领导班子成员及办公室主任、党委办公室主任、大数据中心主任为成员。保密委员会下设办公室，设在党委办公室，党委办公室、办公室负责人兼任保密委员会办公室主任，配备兼职保密干部1名。

二、管理

（一）制度

1998年7月，制定《临沂矿务局计算机安全管理责任制度》《临沂矿务局计算机安全保护制度》《临沂矿务局计算机安全操作制度》《临沂矿务局计算机安全检查制度》，加强保密工作。

2002年3月，根据《中共中央关于加强新形势下保密工作的决定》《中华人民共和国保守国家秘密法》及国家保密局《设计国家秘密的通信、办公自动化和计算机信息系统审批暂行办法》《计算机信息系统保密管理暂行规定》《计算机信息系统国家联网保密管理规定》的要求，制定矿务局《计算机信息系统保密暂行规定》。

2011年11月，执行《山东能源集团有限公司保密工作暂行管理办法》，落实保密工作领导责任制和责任追究制。

2015年3月，根据《中华人民共和国保守秘密法》《山东国资委保密工作暂行规定》《山东能源集团有限公司保密工作管理办法》，制定《临沂矿业集团有限公司保密工作管理办法》。

2017年1月，转发《山东能源集团互联网信息发布保密审查暂行规定》，把好互联网信息发布关，做到"涉密信息不上网，上网信息不涉密"，严防企业秘密泄露。

2018年4月，根据《中华人民共和国保守国家秘密法》《山东省国资委保密工作暂行规定》《临沂矿业集团有限公司保密工作管理办法》等法律法规和政策性文件，结合财务工作内部管理实际，制订《临沂矿业集团有限公司财务保密制度》。

（二）文件保密

1. 文件的收发和分办。负责国家及企业的秘密载体（密件、密品）的管理，认真登记造册，分类存放。

2. 文件的传阅和管理。上级下发和本级产生的"三密"文件，资料做到来龙去脉清楚，分发、呈阅、借阅、及时清退，秘密级、机密级每季度清核1次，绝密级不出保密室。

3. 文书的归档。

4. 文件的清退和销毁。每年年终对上级下达的密件经请示不需退回的以及矿务局产生的密件做好归档（一般在次年4月前）和销毁工作。

（三）保密活动

1999年1月，组织领导干部及相关人员学习国家保密局《关于对外提供社会调查资料保密审查有关问题的通知》，汲取中央办公厅、国务院办公厅《关于台资顶新国际集团极力获取我有关社会调查资料问题的通知》的相关教训。

1999年8月，学习落实国家经贸委《关于加强经济情报保密工作的通知》的相关要求，加强经济情报保密工作，确保企业利益不受侵害。

2002年4月，按照临沂市委保密委员会办公室、市保密局《关于对全市计算机信息系统进行保密技术检查的通知》要求，对全局计算机进行全面检查。

2006年5月，矿务局与中共临沂市委保密委员会签订临沂市保密工作责任书。

2008年6月，临矿集团组织权属单位开展废旧家电及电子产品集中回收处理工作，并对其进行资源化、无害化处理，防止资源浪费以及泄密事件发生。

2010年5月，贯彻落实《关于印发〈临沂市保守秘密工作规定〉的通知》，组织开展保密隐患排查工作，对排查出的问题，落实责任人和责任单位，限时整改，有效防范泄密事件发生。

2017年10月，迎接山东能源集团对网络信息安全和信息保密的检查，确保党的十九大期间信息网络安全。11月，参加临沂市关于收听收看全国党政机关事业单位和国有企业互联网电子邮件系统安全专项整治工作电视电话会议，提高对互联网保密要求的认识。12月，集团公司举办商业秘密法律风险防范讲座，强化商业秘密和企业知识产权保护意识。

2018年1月，建立完善保密工作责任制，从保密委主任开始，对集团领导、部门负责人和保密干事共34人签订在岗保密承诺书，填写68份涉密人员审批表，并把各级领导、涉密人员履行保密工作责任情况纳入年度任期目标和绩效考核范围推进保密工作规范化。5月，开展保密和网络安全自查自评工作，临矿集团内部处室及各权属单位共计36个机构、806台电脑、5个互联网门户网站、10个微信公众号、2个互联网办公自动化系统、19个政务办公邮箱，均无任何违规违纪行为。同时，邀请山东省保密局专家，开展《新形势下国有企业如何开展保密工作》专题讲座，提升保密意识和政治觉悟。11月，根据山东能源集团要求，组织对古城、新驿、株柏煤矿等9家权属单位开展保密督查工作。

2019年6月，集团公司下发《关于开展保密自查自评工作的通知》对24个处室、12个权属单位全面开展查评整改工作，形成《临矿集团保密和网络安全自查自评报告》，上报山东能源集团。12月，与因离岗变动、新调任等10余名涉密、脱密人员签订责任书，实行脱密期管理。

2020年7月，党委办公室组织基层单位保密人员进行《保密法》培训。12月，根据临沂市委保密办关于开展保密自查工作的要求，集团公司开展自查自评，形成《关于保密工作情况的报告》，上报临沂市委保密办。并订阅保密刊物、技术保密刊物等，供保密委员会成员学习使用。同月，对因离岗变动、新调任等10余名涉密、脱密人员签订责任书，实行脱密期管理。

第四节　档案管理

一、机构设置

1990年1月，矿务局设有档案处，隶属行政办公室，由行政办公室主任兼任处长、设副处长1人、档案管理人员4人，负责对矿务局档案工作的管理和对各单位档案管理工作的指导。

1994年12月，撤销档案处，成立档案科，设副科长1人、配备管理人员3人。

1996年10月，档案科进行调整，设科长1人、副科长1人、管理人员2人。

2001年12月，矿务局机关机构改革，实行竞聘上岗，档案科设科长1人、档案管理人员3人。

2007—2020年，设科长1人、副科长1人、档案员3人。

二、档案管理

（一）制度

1991年，先后制定《档案管理分管责任人岗位责任制》《综合档案室岗位职责》《档案工作人员岗位职责》《兼职档案人员岗位责任制》《关于加强文件材料前期控制工作的几项规定》《企业档案资料验收管理工作的规定》《设备档案的维护与保养》等20多项管理制度。

1993年4月，根据《中华人民共和国档案法实施办法》，参照国家物价局、财政部《关于发布中央管理的档案系统行政事业性收费项目及标准的通知》文件精神，制定矿务局档案借阅收费办法。

1994年10月，转发煤炭工业部《关于印发〈煤炭工业企业档案分类规则〉（试行）的通知》，制定企业档案分类规则，规范全局档案的立卷、归档及分类整理工作。1998年，编写《临沂矿务局全宗指南》。

2018年1月，根据《山东能源集团有限公司办公室关于进一步规范完善文件材料归档范围及档案保管期限的通知》要求，制定《临矿矿业集团有限公司关于进一步规范完善文件材料归档范围及档案保管期限的通知》，明确各类文件归档范围与档案保管期限。

2020年临矿集团文件材料归档范围与档案保管期限统计表

表7-7-1

序号	基本范围	保管期限
1	办公室	–
1.1	本企业董事会、监事会构成及变更等方面的文件材料	永久

序号	基本范围	保管期限
1.1.1	董事会、监事会等会议形成的文件材料	永久
1.1.2	会议通知、议程、报告、决定、决议、声明、记录、领导人讲话、总结、纪要、讨论通过的文件材料、参加人员名单等	永久
1.2	上级机关颁发的本企业应执行的有关文件	30 年
1.3	经理办公会、行政办公会会议记录、纪要、决定等	永久
1.4	本企业制发的行政决定、通报和签订的行政协议、合同	永久
1.5	本企业的关、停、并、转及更名、启用与废止印模等方面的文件	永久
1.6	企业文秘、机要、保密、综合治理等方面的文件	永久
1.7	工作简报、情况反映、工作信息等	30 年
1.8	档案和信息工作	–
1.8.1	上级机关颁发的本企业应执行的档案有关文件、本企业档案管理工作有关文件	30 年
1.8.2	本企业档案管理工作有关文件	永久
1.8.3	档案工作计划和总结	10 年
1.8.4	档案工作的规划、规定等	30 年
1.8.5	档案移交清单、销毁清册、档案利用、开发成果材料	30 年
1.8.6	档案工作开展业务指导、参加设备开箱、项目检查、验收等工作记录	30 年
1.8.7	档案收集、整理、移交、保管、鉴定、统计、安全、利用、库房管理、档案安全管理应急预急等具体管理制度和业务规范的归档	永久
1.9	外事工作	–
1.9.1	发表的公告、签订的协定、备忘录，重要的会谈记录、纪要等	永久
1.9.2	出访考察、参加国际会议、接待来访等外事活动、出访审批文件	30 年
1.9.3	中外合资经营的协议、合同、章程、变更、审批文件	永久
1.9.4	涉外活动工作计划、总结、统计报表	永久
1.9.5	外事公务礼品	–
1.9.5.1	贵重的	永久
1.9.5.2	一般的	10 年
2	组织人事部	–
2.1	本企业组织机构设置、岗位职责设计、人员编制等文件材料	永久
2.2	干部职工的任免与招聘、考核、职称评聘等方面的文件	永久
2.3	人事调动介绍信及存根、人员调动通知书、大学生报到证、商调函、管理人员劳务输入（输出）介绍信、干部档案转递通知单存根	永久
2.4	高管层、中层、管理人员登记表、专业技术人员情况表、定向招生就业单独招生协议书	永久
2.5	教育培训工作	–
2.5.1	上级机关颁发的本企业应贯彻执行的有关文件	10 年
2.5.2	企业教育培训工作计划、总结	30 年

续表

序号	基本范围	保管期限
2.5.3	企业制定教育培训工作规章制度、请示与批复、决定等	30年
2.5.4	企业干部职工培训名单、合同等	30年
2.6	组织工作	—
2.6.1	党委（总支、支部）组织工作的规章制度	30年
2.6.2	党群机构设置、调整、人员编制等方面的决定及通知	永久
2.6.3	党费收支文件材料	30年
2.6.4	党员学习教育等活动形成的文件材料	30年
2.6.5	出国审批手续，执行日程安排，考察报告等一般性文件	30年
2.6.6	党员统计年报	永久
3	审计考核部	—
3.1	上级机关颁发的本企业应贯彻执行的有关审计工作文件	30年
3.2	审计意见、审计报告及批复等	永久
3.3	专项审计通知、报告、请示与批复	永久
3.4	本企业审计工作管理制度、规定等内容材料	永久
3.5	考核办法、目标责任书	30年
4	后勤保障部	—
4.1	总务处工作	—
4.1.1	职工生活福利、食堂管理办法等有关文件	30年
4.1.2	重要物资和生产资料的采购审批手续、保管及招投标、协议、来往函件、总结	永久
4.1.3	大型办公设备及用品的招投标、购置、开箱验收文件	30年
4.1.4	职工住房分配、出售的规定、方案、细则、职工住房情况统计调查表、职工住房申请等有关文件	30年
4.1.5	职工承租、购置单位住房的合同、协议和有关手续	永久
4.1.6	仓库管理规章制度、台账、统计报表	30年
4.2	武装保卫工作	—
4.2.1	上级机关颁发的本企业应贯彻执行的有关文件	10年
4.2.2	企业安全保卫、民兵工作计划、总结、报告、报表等	30年
4.2.3	对本企业及职工在安全工作方面的奖惩材料及统计报表	30年
4.2.4	武装保卫等方面的有关文件	30年
4.3	集团公司本部单位工程竣工验收资料	30年
4.4	老干部、离退休人员管理有关方面的文件	30年
5	财务部	—
5.1	财务管理制度、规定、办法、通知	30年
5.2	财务管理计划、总结	10年
5.3	固定资产的新增、报废、调拨材料	30年

序号	基本范围	保管期限
5.4	生产财务和成本核算	永久
5.5	税务方面的材料	永久
5.6	资金管理、价格管理、会计管理方面的材料	永久
5.7	国有资产管理、登记、统计、核查清算、交接等文件	永久
5.8	财务管理方面的有关文件	永久
5.9	会计凭证类：原始凭证、记账凭证、汇总凭证	15年
5.10	会计账簿类：总账、明细账、日记账、固定资产卡片、辅助账簿、银行账簿	15年
5.11	财务报告类：	—
5.11.1	月、季度财务报告	3年
5.11.2	年度财务报告	永久
5.12	银行余额调节表、银行对账单	5年
5.13	预算管理调整方案、报表	30年
5.14	预算管理有关文件	永久
6	企业管理处	—
6.1	企业发展规划、经营战略决策、企业改革等文件	永久
6.2	转换经营机制、各项配套制度改革实施方案、请示与批复、总结、报告等	永久
6.3	投资规划、决策等方面的材料	永久
6.4	物资、设备招投标管理	—
6.4.1	投标书、资质材料、委托授权书、投标澄清文件、修正书	永久
6.4.2	合同谈判纪要、合同审批文件、合同书、合同变更文件	永久
6.4.3	结算书	永久
6.5	经营机构的工作计划、汇报、总结	30年
6.6	对下级单位关于生产经营管理方面的批复文件	永久
6.7	上级单位对本企业经营管理方面的批复文件	永久
7	党办宣传部	—
7.1	党务工作	—
7.1.1	党员代表大会、党委（党支部）会议及其他有关会议通知、报告、换届选举结果、决议、通报、纪要等	永久
7.1.2	发言、简报、小组会议纪要	10年
7.1.3	涉及企业重大事项决策、重要干部任免、重要项目安排、大额资金的使用等文件材料	永久
7.2	党务综合性工作	—
7.2.1	工作计划、总结、重要专项活动工作报告、重要的调研材料、党务工作大事记	永久
7.2.2	情况反映、工作简报及一般材料	10年

续表

序号	基本范围	保管期限
7.3	上级机关关于党务工作的文件	－
7.3.1	针对本企业重大问题的指示、批示文件	永久
7.3.2	对企业一般性、普发性的文件	10 年
7.4	对下属单位关于党务工作的批复	30 年
7.5	各项规章制度、管理办法与条例等	30 年
7.6	宣传工作有关文件材料	30 年
7.7	信访工作文件材料	永久
8	机关党委办公室	－
8.1	共青团工作规划、总结	30 年
8.2	团代会、团委（常委、扩大）会会议文件	－
8.2.1	会议通知、报告、换届选举结果、决议、通报、纪要等	永久
8.2.2	发言、简报、小组会议记录等	10 年
8.3	团员及团组织管理方面的决定、通知、批复	30 年
8.4	团费收据与团组织关系介绍信及存根	30 年
8.5	共青团工作统计报表	永久
8.6	机关党务综合性工作	－
8.6.1	工作计划、总结、重要专项活动工作报告，重要的调研材料	永久
8.6.2	情况反映、工作简报及一般材料	10 年
9	纪委监察部	－
9.1	纪检与监察工作的规定、决定、通报、通知会议记录、纪要、计划、总结、请示报告及上级批复	永久
9.2	违纪案件调查处理材料	－
9.2.1	重大案件的立案报告、调查依据、审查结论、处理意见等材料	永久
9.2.2	一般案件的调查处理材料	30 年
9.3	纪检与监察工作统计报表	30 年
10	工 会	－
10.1	工会工作规划、总结、规章制度、决定、通知、会议记录	永久
10.2	职工代表大会及有关会议文件	永久
10.3	会议通知、报告、换届选举结果、决议、通报、纪要等	永久
10.3.1	发言、简报、小组会议记录等	10 年
10.3.2	工会会员名册	永久
10.4	劳动竞赛、表彰先进、劳保福利、职工维权方面的文件	永久
10.5	女工工作、文体活动等方面的文件	30 年
10.6	计划生育工作有关文件	30 年
11	生产技术处	－
11.1	生产调度工作计划、总结、报告	30 年

序号	基本范围	保管期限
11.2	生产作业计划编制、执行及调度工作情况	10年
11.3	生产调度会议记录	30年
11.4	生产调度的职责、制度、规程	永久
11.5	生产活动、综合分析	10年
11.6	煤炭生产规章制度、技术规程、方案设计、标准经验汇编	永久
11.7	生产措施、一般性文件	30年
12	机电运输处	–
12.1	机电管理、设备管理、矿井标准化	永久
12.2	机电方面一般性文件	30年
13	通风防尘处	–
13.1	矿井通风、瓦斯治理及鉴定、能力核定	永久
13.2	矿井通风演习、一般性文件	30年
14	安全监察局	–
14.1	安全生产、技术管理规定、通报、总结、会议纪要	30年
14.2	事故报告、调查分析及处理材料	永久
14.3	安全教育活动材料	10年
14.4	安全统计报表、一般性文件	30年
15	非煤产业管理处	–
15.1	能源管理的规定、计划、总结、请示、批复	30年
15.2	能源消耗定额管理材料	30年
15.3	节能工作方案、措施、总结	30年
15.4	统计报表、一般性文件	30年
15.5	环境保护规划、计划、总结	30年
15.6	环境保护制度、管理办法	30年
15.7	环保调查、检测、分析材料	永久
15.8	环境影响评价书、环境污染防治措施、总结、报告、一般性文件	30年
15.9	年度以上的统计报表	永久
15.10	半年、季度、月度的统计报表	10年
16	人力资源处	–
16.1	上级机关颁发的本企业应贯彻执行的有关文件	30年
16.2	职工离退休、停薪留职、抚恤、剩余人员与复转退军人安置等有关材料	30年
16.3	劳动保护、劳动定额、定员、劳动调配、劳动工资、	永久
16.4	技能培训及鉴定、技校招生分配计划	30年
16.5	职工名册、劳动工作计划、总结、报表及调资方案	永久
16.6	职工奖励、处分工作形成的文件，劳动合同管理、劳动工资和社会保险文件、医疗、工伤保险	永久

续表

序号	基本范围	保管期限
16.7	劳资纠纷、仲裁方面的文件	永久
17	技术中心	—
17.1	科技成功申报表、鉴定、登记表及附件	永久
17.2	科技成果奖励申报及评审材料	永久
17.3	奖励证书及批件	永久
17.4	编制科技规划、计划、总结、科技工作规定、一般性文件	30 年
17.5	专利申请、受理证书及材料	永久
17.6	著作申请、受理证书及材料	永久
18	压煤搬迁办公室	—
18.1	压煤搬迁计划、煤矿塌陷赔偿	永久
18.2	上级文件、总结、报表、一般性文件	30 年
19	工程监督管理处	—
19.1	质量监督管理	—
19.1.1	工程竣工验收资料	永久
19.1.2	竣工图纸	永久
19.2	工程管理	—
19.2.1	工程建设管理办法	永久
19.2.2	上级机关颁发的本企业应贯彻执行的有关文件	永久
19.2.3	有关工程管理的文件	永久
19.3	工程建设招投标	—
19.3.1	投标书、资质材料、委托授权书、投标澄清文件、修正书	永久
19.3.2	合同谈判纪要、合同审批文件、合同书、合同变更文件	永久
20	法务资本部	—
20.1	国有资产管理、登记、统计、核查清算、交接等文件	永久
20.2	企业的产权变动	—
20.2.1	产权变动的请示、批复方面的材料	永久
20.2.2	产权变动的协议、合同等	永久
20.2.3	资产处置方案、归属方面的材料	永久
20.2.4	企业产权变动时档案处置方案及有关内容	永久
20.3	内部承包合同章程、合同、协议	30 年
20.4	法律事务管理与协调工作	—
20.4.1	法院判决书、调解书等诉讼和仲裁等文件	永久
20.4.2	一般法律事务工作文件	30 年
20.4.3	案件、纠纷及公证事务中结论性材料	永久
21	大数据中心	—
21.1	信息化规划、总结、统计报表	永久

序号	基本范围	保管期限
21.2	信息化管理工作的通知、规定等	30年
21.3	信息化建设项目材料。大数据有关资料	永久
22	设计院（临沂兴宇工程设计有限责任公司）	–
22.1	临矿集团设计院资质变更情况等方面材料	永久
22.2	上级有关工程项目设计方面的文件	30
22.3	重大工程项目设计文件	永久
22.4	重大工程项目设计变更资料	永久
23	煤质管理处	–
23.1	煤质管理计划、措施、总结	30
23.2	煤质管理制度、办法、规定、标准	永久
23.3	煤质管理及标准化煤场、选煤厂检查验收考核通报、产销协同完成情况考核及考核奖罚兑现明细等材料	30
23.4	临矿集团征求客户意见反馈、客户函件	10
23.5	商品煤质量异议调处、煤质事故分析及处理材料	30
23.6	化验室设备采购合同、年检报告等材料	30
23.7	产销协同、煤质营销会议记录	30
23.8	煤质化验结果台账、化验数据修改、煤质指标调整记录	10
23.9	各矿重大煤质变化及考核指标调整申请等材料	30
23.10	煤质抽查、违规处罚罚单	30

2020年2月，执行山东能源集团《关于做好新冠肺炎疫情防控档案工作的通知》，做好疫情防控文件材料的日常收集管理工作，疫情防控工作结束后，依据有关标准，进一步规范整理归档工作。

2020年12月，转发山东能源集团《关退煤矿档案处置办法（暂行）的通知》，对关退煤矿的全部档案进行鉴定，经鉴定确无保存价值的档案，编制销毁清册，经企业法定代表人和关退煤矿档案处置小组负责人批准后，按照档案销毁程序予以销毁，销毁清册随关退煤矿形成的其他文件材料一起归档，永久保存。经鉴定需留存的档案按有关原则处置。

（二）管理

1. 文书档案。文书档案主要供本公司利用，一般不外借。如情况特殊，外部人员在经过公司领导批准情况下，查阅非保密档案。各部门工作人员可直接查阅属本部门业务工作范围的档案资料。如需查阅非本部门的重要文件和保密档案，须经公司领导或原形成档案的部门负责人批准，方可借阅。档案的借阅者应负责档案的完整和完全，不得私自影印、复制、翻印，不得擅自拆散、抽取、污损、加标注证，不得转借，如有违纪，酌情处罚。档案一般不得借出档案室。如有特殊情况，可以作短期外借，最多10天，但必须经有关领导批准并办理借阅手续。如延长借阅时间，须办理续借手续。逾期不还者，档案管理人员及时催还。借阅档案须妥善保管，若有遗失，将根据档案的价值和数量报公司领导批准后，责令其赔偿一切损失。

2. 会计档案。建立会计档案的立卷、归档、保管、查阅和销毁管理制度。每年形成的会计档案，由会计机构按照归档要求，负责整理立卷，装订成册，编制会计档案保管清册。当年形成的会计档案，在会计年度终了后，可暂由会计机构保管一年，期满之后，由会计机构编制移交清册，移交本单位内部指定专人保管。出纳人员不得兼管会计档案。移交本单位档案机构保管的会计档案，原则上应当保持原卷册的封装。个别需要拆封重新整理的，档案室会同会计机构和经办人员共同拆封管理。单位保存的会计档案不得借出；如有特殊需要，经本单位负责人批准，可以提供查阅或者复制，并办理登记手续。查阅或者复制会计档案的人员，严禁在会计档案上涂画、拆封和抽换。

3. 科技档案。各处室的图纸资料由兼职档案员统一管理，图纸资料按产品或类别装订成册，更改时及时将新图纸装入，将作废旧图纸抽出，按照科学技术档案案卷构成的一般要求整理交由档案室统一保管。借阅科技档案，应履行借阅登记手续，填写档案利用卡，阅后及时归还。借阅者不得在文件图纸上勾画、涂改；未经允许，不得抄录、复印。职工可借阅所从事专业的科技档案，借阅不属于本专业的、或不属于本职范围内的档案，须经总工程师批准。

（三）档案信息化

2016年，临矿集团启动档案信息化系统建设。2017年9月，与北京量子伟业信息技术股份有限公司签订合同，开始系统建设。2018年1月，完成档案信息化系统部署。2019年10月，二级单位上线试运行。

2020年12月，对二级单位进行档案信息化验收，王楼、新驿、邱集、田庄、鲁西、里彦、永明、株柏煤矿，菏泽煤电公司、上海庙矿业公司、会宝岭铁矿等12家单位全部通过验收。

截至2020年12月，完成历史档案数字化20万页，共126.6Gb，其中，2002—2019年文书档案具备电子查阅功能。

（四）成果

1997年7月，根据山东煤管局《关于组织编写利用效果典型事例汇编的通知》要求，编制《临沂矿务局档案事例汇编》。

2003年，矿务局组织12个单位参加省煤炭局档案考核。其中1个单位被省煤炭局评为优秀单位，其他单位被评为合格单位。同年，矿务局申报山东省开发利用档案信息资源成果奖，古城煤矿获三等奖。

2004年11月，矿务局组织13个单位参加全省档案管理年度考核活动，3个单位被评为优秀单位，10个单位被评为合格单位。同年，古城煤矿申报山东省开发利用档案信息资源成果奖，获二等奖。

2006年10月，省煤炭局档案考核小组对连续3年保持省一级单位档案室的单位进行抽查，古城煤矿档案室保持省一级水平，新驿煤矿档案室晋升为省一级标准。

2007年，临矿集团机关及古城、株柏、新驿煤矿档案室被评为省一级档案馆（室）。王楼煤矿、莱芜煤机厂档案室被评为省二级档案馆（室）。邱集、马坊煤矿、济南、泰安煤机厂档案室被评为2007年度合格档案馆（室）。同年，临矿集团申报省开发利用档案信息资源成果奖，古城煤矿获得二等奖，株柏、新驿煤矿获得三等奖。

2009年，临矿集团机关及古城、株柏、新驿、田庄煤矿档案室被评为省一级档案馆（室）。王楼煤矿档案室被评为省二级档案馆（室）；邱集、马坊煤矿，泰安煤机公司档案室被评为合格档案馆（室）。同年，临矿集团申报省开发利用档案信息资源成果奖，新驿煤矿获得一等奖，田庄煤矿获得二等奖，株柏、邱集煤矿获得三等奖。

2011年，临矿集团机关及古城、株柏、新驿、田庄煤矿档案室保持省一级档案馆（室）；军城、王楼煤矿档案室保持省二级档案馆（室）；邱集、马坊煤矿，泰安煤机公司档案室保持合格档案（馆）室。

2015年，集团公司档案科被评为2014—2015年度煤炭行业档案管理先进单位。2017年，集团公司档案科在2017年省档案工作科学化管理工作中评为先进单位。2018年，古城煤矿档案科在2018年省档案工作科学化管理工作中被评为先进单位。

三、档案设施、设备

1991年，矿务局档案处建筑面积112平方米，档案库房建筑面积90平方米，有档案橱40组、缝纫机1台、空调机1台、装订机1台、去湿机3台。各基层单位档案室建筑面积878平方米，其中，库房建筑面积702平方米，有档案橱247组，去湿机2台。

2004年12月，矿务局档案室搬入综合办公大楼1楼，档案室建筑面积258平方米，其中，库房建筑面积238平方米，密集架248组、微机4台、防磁柜2个、灭菌机2台、温度计2个、配备中央空调。基层单位的档案室建筑面积738平方米，其中，库房建筑面积515平方米，档案橱295组、微机6台、复印机5台、去湿机1台。

2017年，购置1台hp m277dw彩色打印机、1台精益A380平板扫描仪、1台富士通fi7140快速扫描仪、1台清华紫光Escan 180Plus高拍仪、1台档案消毒柜、2台自动缝纫机、1台自动打孔机。

1991—2020年临矿集团档案机构及档案人员、库房、设施设备统计表

表7-7-2

年度	档案机构		专职档案员（人）	兼职档案员（人）	库房面积(m²)	设施设备（单位：台、个）							
	科	室				空调	微机	去湿机	档案厨具密集架	灭菌	防磁	复印	吸尘
1991	7	5	30	205	990	–	–	5	287	–	–	–	2
1992	3	10	25	221	1040	–	–	5	291	–	–	–	2
1993	1	11	17	205	1055	–	–	5	291	–	–	–	2
1994	1	12	19	196	1000	1	1	5	291	–	–	–	2
1995	1	12	19	165	972	1	1	5	291	–	–	1	2
1996	1	10	17	153	894	1	1	6	291	–	–	1	2
1997	1	9	16	153	873	1	1	6	299	–	–	1	2
1998	1	11	16	145	915	1	1	5	299	–	–	1	2
1999	1	14	22	169	1088	1	1	5	299	–	–	1	2
2000	1	14	20	131	1342	1	1	4	299	–	–	1	2
2001	1	15	19	102	1260	1	1	4	299	–	–	1	2
2002	1	14	20	110	1133	1	1	4	299	–	–	1	2
2003	1	13	20	128	996	1	1	2	248	–	–	1	2
2004	1	13	20	128	996	1	1	2	248	4	6	1	2
2005	1	14	23	156	1211	3	12	3	248	5	6	8	4

续表

年度	档案机构		专职档案员（人）	兼职档案员（人）	库房面积(m²)	设施设备（单位：台、个）							
	科	室				空调	微机	去湿机	档案厨具密集架	灭菌	防磁	复印	吸尘
2006	1	8	14	97	962.24	6	11	3	288	5	6	6	4
2007	1	8	15	83	1003.7	9	10	2	288	5	6	5	4
2008	1	6	14	83	786	18	11	5	288	5	6	5	4
2009	1	8	14	80	786	18	11	5	288	5	6	5	4
2010	1	8	14	80	866	22	12	5	288	6	6	6	4
2011	1	8	13	102	866	22	12	5	288	6	6	6	4
2012	1	8	13	102	866	22	12	5	288	6	6	6	4
2013	1	8	14	102	1036	22	15	6	288	9	6	6	4
2014	1	8	15	120	1036	22	12	6	288	9	6	6	4
2015	1	8	15	120	1036	28	12	6	288	9	6	6	4
2016	1	8	15	120	1036	28	12	6	288	9	6	6	4
2017	1	8	14	146	1296	28	16	11	288	12	6	10	5
2018	1	8	14	190	1019	28	16	11	288	12	6	10	5
2019	1	8	14	192	998.82	28	16	11	288	12	6	10	5
2020	1	8	14	185	1055.82	28	16	11	288	12	6	10	5

四、档案利用

1991年，档案处按照《中华人民共和国档案法》的规定，做好档案查阅利用工作，在矿务局及基层单位经营决策、编史修志、安全生产、技术改造、煤炭运销、计划生育、工资调整、住房分配、清产核资、产权界定、解决纠纷等方面，提供了大量翔实的档案资料，节约了大量资金，维护了企业和职工的合法权益，直接或间接地为企业带来了经济效益。

1991—2020年，临矿集团机关及下属单位累计借阅档案5.23万人次、13.31万卷次，利用档案资料7942人次、7492册次。

利用档案资料解决信访事件

2010年，政工处、社保处和信访办公室组成的调查组通过查找档案资料，完结胡某某的关于将其工龄连续计算，改按建国前老工人办理退休并享受其待遇的信访事项。

2011年，信访办公室以档案资料为基础，办结上级交办的关于泰安煤机公司宋某某等人反映的退休人员住房补贴的信访事项。

2012年，信访办公室以档案资料为基础，办结李某某因调出被停止工作、停发工资，要求恢复职工身份、恢复工作，补发工资、补缴各种社会保险、恢复福利待遇的信访事项。

2013年，信访办公室通过翻阅大量的历史资料，完结郑某某从1979年上访关于其不是正常下放，而是因地主成分被矿除名；并说自己是党员，在回家时没有给转组织关系，要求给予落实、恢复党籍、恢复工作，办理退休的信访事项。

2014年，信访办公室通过多次查阅资料，完结关于郯城县管理负责发放待遇的工病亡遗属、工残人员、60年代精简下放人员，定期待遇被停发的信访事项。

2018年，信访办公室通过多次查阅资料完结王某某等人关于1983年被迫下岗，工作期间单位未缴纳养老保险，要求按照国家规定给予补交相关费用、办理养老退休的信访事项。

2019年，信访办公室联合人力资源处、法律事务处、田庄煤矿等部门，通过资料查找等方式完结高某某是否享受分离政策，是否属于临矿受理范围的信访事项。

1991—2020年临矿集团档案立卷及利用统计表

表7-7-3

年度	案卷数	借阅							利用资料人次	利用资料册次
		人次	卷次	其中						
				编史修志	工作查考	学术研究	经济建设			
1991	28469	2064	5059	1500	2003	56	1500		460	876
1992	31792	2713	4301	464	1622	113	2102		135	176
1993	35063	3214	4640	217	2264	135	2024		185	276
1994	38297	3326	5450	149	3337	99	1865		108	118
1995	40754	2748	4362	168	2736	124	1334		218	285
1996	42463	2553	3930	181	1771	105	1873		136	321
1997	44353	1974	3626	84	1515	641	1386		85	173
1998	49185	2366	4625	303	1557	785	1980		152	191
1999	55715	2943	6892	108	1633	690	4461		889	1248
2000	59265	2308	5359	42	1872	569	2876		1061	1396
2001	58573	3057	5445	28	3507	1015	895		32	52
2002	57905	2365	3249	381	2074	334	460		15	25
2003	55195	1421	2765	98	1606	398	663		70	269
2004	71207	1521	3005	202	1856	423	524		87	312
2005	76395	2046	7225	1091	3526	565	2043		235	140
2006	60902	1540	5477	800	3485	25	1167		521	124
2007	67453	2217	33431	24225	5376	1898	1932		529	171
2008	35277	955	2247	926	1185	78	58		120	110
2009	37676	1087	1566	242	1027	115	182		525	84
2010	39975	935	1423	245	797	156	225		376	56
2011	42099	803	1175	102	926	115	32		135	77
2012	44357	981	1033	249	699	29	56		320	160
2013	47016	738	1125	205	771	21	128		315	120

年度	案卷数	借阅							利用资料人次	利用资料册次
		人次	卷次	其中						
				编史修志	工作查考	学术研究	经济建设			
2014	49485	972	1053	132	796	83	42		252	338
2015	51251	874	1473	116	577	101	679		218	38
2016	52000	776	1325	120	785	240	300		312	75
2017	52865	564	1248	367	699	28	154		86	56
2018	55678	973	3137	1400	1280	158	299		115	80
2019	56663	1128	3449	1533	1716	120	80		130	105
2020	61016	1193	4042	350	3601	50	41		120	40

第五节　企地关系

一、机构沿革

1991年1月，矿务局工农关系由生活福利处负责，行政办公室协助。

1996年5月，撤销生活福利处，由后勤服务中心负责工农关系协调。

2006年12月，工农关系协调归并到总务处。

2008年3月，成立压煤搬迁办公室，负责管理权属各矿压煤村庄搬迁、民房斑裂补偿的管理和协调，塌陷地赔偿、征用的管理和协调，塌陷地复垦和综合治理的管理和协调，地企关系的指导和协调；以及根据集团公司安排，协调各矿缴纳环境治理保证金等工作。

二、土地征用租赁

（一）征用

1991—2006年，矿务局有关部门和单位加强与上级和地方协调，搞好土地征用和有关赔偿工作。全局征用土地8122768.6平方米，对外土地塌陷赔偿5338万元。

1991—2006年临矿集团土地征用统计表

表7-7-4　　　　　　　　　　　　　　　　　　　　　　　　　　　　　　　　　　单位：平方米

单位	征用土地面积
古城煤矿	476605.7
新驿煤矿	177095
田庄煤矿	117403
邱集煤矿	390525

单位	征用土地面积
马坊煤矿	4904081
株柏煤矿	161838
王楼煤矿	236650
煤机集团	242240
莱芜煤机公司	261234.9
泰安煤机公司	243033.21
亿金物资公司	196589.71
光力士集团	335915
沂州府公司	12930.3
兴大工程公司	40243.16
华建工程公司	218106
技工学校	108412.37
合　计	8122768.6

（二）租赁

1997年3月，矿务局将日照岚山办事处23.41亩土地划归株柏煤矿管理；2009年，按照矿务局要求交由亿金公司管理。

1999—2002年，田庄煤矿先后租赁土地3.366亩，用于建设卫生所；租赁土地0.28亩，用于建设磅房；租赁土地25.87亩，用于建设配煤场；租赁土地44.55亩，用于建设煤矸石砖厂；租赁土地28.6亩，用于建设工区办公楼；租赁土地17亩，用于建设探亲房（后更名为公寓楼）和招待所；租赁土地72.26亩，用于存放煤矸石。

三、压煤村庄搬迁

2004年3月，马坊煤矿井田内石横镇马坊村的搬迁。省政府以鲁政搬〔2004〕9号文批准对马坊居河沟以北住户进行搬迁采煤，马坊煤矿与石横镇马坊居委会签订村庄搬迁协议，对马坊村心河沟以北民房、公共设施及附属物实施搬迁。2005年7月，马坊煤矿与石横镇马坊居民委员会签署补充协议，对河沟南住户（住宅）进行搬迁，搬迁期限为1年。项目共搬迁居民367户、1035人，支付搬迁资金3276.2万元，解放煤炭资源90.1万吨。

2006年，榆树井煤田、新上海一号矿井井田村庄搬迁。对征地内的附着物等采用一次性包干的方式进行补偿。至2020年末，榆树井煤矿井田范围内农牧民13户搬迁完成，支付搬迁费及工补农费用554万元；新上海一号矿井井田范围内搬迁农牧民20户、沙章图村搬迁农牧民7户，支付工补农费用135.96万元、搬迁费用2050万元。

2006年末，马坊煤矿井田内石横镇南高余、马坊村部分农户搬迁。受采煤影响先后搬迁南高余村9户，马坊村12户；村庄压煤搬迁马坊村466户。

2006年马坊煤矿压煤搬迁村庄明细表

表7-7-5

搬迁村庄	补偿原因	协议时间	补偿依据	补偿金额	备注
南高余村	采煤影响	1995.03.21	876 平方米	539748.64 元	–
马坊村	采煤影响	1995.07.20	784 平方米	527984.09 元	–
	压煤搬迁	2004.03.08 2005.07.29	86622 平方米	25850859.27 元	双方协议搬迁

2007年1月25日，郓城县郭屯镇文庄搬迁。省政府以鲁政搬〔2007〕7、8号文批准，将郭屯镇文庄村、邵集村列入搬迁计划。3月，完成2村房屋建筑物进行清点丈量，常住人口2077户、6997人。2010年5—6月，省政府批准文庄、邵集2村搬迁新村址征地，2村合建1处新村。2013年11月1日，新村开工建设。9月30日，完成通水、通电和路面硬化。2018年9月10日，文庄村完成旧村拆除并复垦，复垦土地322亩，当年11月完成搬迁，搬迁费用14466.8万元，解放可采储量约534万吨。

2007—2017年郭屯镇文庄村搬迁工作时间节点统计表

表7-7-6

时间	工作节点	主管机构	备注
2007.01.25	村压煤搬迁列入计划	山东省人民政府 压煤村庄搬迁办	鲁政搬〔2007〕7号文
2007.03.23	旧村房屋建筑物清点丈量登记	郭屯镇人民政府	–
2010.11.03	签订文庄村压煤搬迁补偿协议	鲁能菏泽煤电公司 与郭屯镇人民政府	–
2009.11.02	搬迁建设用地增减挂钩批准 项目区规划	山东省人民政府	鲁国土字〔2009〕1210号文
2010.05.06	搬迁新村建设用地批准征用		鲁国土字〔2010〕634号文
2013.11.01	搬迁新村正式开工建设	郭屯镇人民政府	–
2015.04.08	签订压煤搬迁补偿补充协议	鲁能菏泽煤电公司 与郭屯镇人民政府	
2017.11	搬迁入住新村、旧村拆除	郭屯镇人民政府	

2007年1月25日，郓城县郭屯镇邵集村压煤搬迁。省政府以鲁政搬〔2007〕8号文批准，将郭屯镇邵集村列入搬迁计划。邵集村搬迁人口1653户、5683人，与文庄村合建一处新村址。截至2018年12月，邵集村完成搬迁1534户。2019年，支付搬迁费用37462.43万元，解放可采储量844万吨。

2007—2018年郭屯镇邵集村压煤搬迁工作时间节点统计表

表7-7-7

时间	工作节点	主管机构	备注
2007.01.25	村压煤搬迁列入计划	山东省人民政府 压煤村庄搬迁办	鲁政搬〔2007〕8号文
2007.03.23	旧村房屋建筑物清点丈量登记	郭屯镇人民政府	–

时间	工作节点	主管机构	备注
2009.11.02	搬迁建设用地增减挂钩批准项目区规划	山东省人民政府	鲁国土字〔2009〕1210号文
2010.06.21	东村搬迁建设用地批准征用		鲁国土字〔2010〕857号文
2010.06.30	西村搬迁建设用地批准征用		鲁国土字〔2010〕926号文
2010.11.03	签订压煤村庄搬迁补偿协议	鲁能菏泽煤电公司与张营镇人民政府	—
2013.11.01	搬迁新村正式开工建设	郭屯镇人民政府	—
2015.04.08	签订压煤搬迁补偿补充协议	鲁能菏泽煤电公司与郭屯镇人民政府	—
2018.05	邵南、邵北小学入住新村	郭屯镇人民政府	—
2018.12	1534户搬迁入住新村		—

2010年6月30日，兖州市新驿镇文兴坡村搬迁。省政府压煤村庄搬迁办公室将文兴坡村列入山东省2010年压煤村庄搬迁计划；2013年7月23日，与新驿镇政府签订文兴坡村搬迁框架协议；12月，委托省鲁南地质工程勘察院对文兴坡村房屋建筑物位置、结构、面积及权属等情况进行丈量摸底，涉及居民392户、1407人；2014年11月，确定新址；2016年10月16日，搬迁工作完成；2017年6月，新村开工建设；2019年6月，新村竣工；12月，完成对旧村址进行拆除。截至2020年末，支付搬迁费用13558万元，解放可采储量352万吨。

2010年，郓城县丁里长镇单垓老村、魏庙村、刘汉庄、刘南庄压煤搬迁。搬迁丁里长镇单垓老村、魏庙村、刘汉庄、刘南庄4村1991户、6968人，合建一处新村。2019年9月，新村开工建设；至2020年底主体框架全部完成，搬迁工作尚在实施中。预计2021年12月31日完成搬迁，搬迁费用61024.15万元，解放可采储量1906.7万吨。

2010—2019年丁里长镇单垓老村、魏庙村、刘汉庄、刘南庄压煤搬迁工作时间节点统计表

表7-7-8

时间	工作节点	主管机构	备注
2010.09.30	单垓老村压煤搬迁列入计划	山东省人民政府压煤村庄搬迁办	鲁政搬〔2010〕23号文
2010.09.30	魏庙村压煤搬迁列入计划		鲁政搬〔2010〕24号文
2010.09.30	刘汉庄村压煤搬迁列入计划		鲁政搬〔2010〕26号文
2010.09.30	刘南庄村压煤搬迁列入计划		鲁政搬〔2010〕25号文
2011.02.21	旧村房屋建筑物清点丈量登记	郭屯镇人民政府	—
2015.12.09	搬迁4村建设用地增减挂钩试点项目批准征用	山东省人民政府	鲁政土字〔2015〕1091号文
2018.06.11	签订郭屯煤矿压煤搬迁协议	临矿菏泽煤电公司与丁里长镇人民政府	—
2019.09	搬迁4村新村开工建设	丁里长街道办事处	—

2012年7月，马坊煤矿井田肥城市石横镇南高余村搬迁。马坊煤矿与石横镇南高余村居委会签署资金扶持协议，以南高余村旧村改造资金扶持形式一次性支付1620万元用于旧村建筑物、附属物拆除

补偿和土地损坏整修、复垦治理及新村建设，解放煤炭资源40万吨。

2015年10月，任城区喻屯镇安兴集村搬迁。省政府压煤村庄办公室同意将安兴集村、城后和苏庄、湾子村进行压煤搬迁；2016年8月，省住建厅、省发改委、省财政厅、省国土厅联合下发《关于公布2017年第二批棚户区改造任务分解落实项目的通知》，将喻屯镇安兴集村列入2017年第二批棚户区改造项目；2017年，王楼煤矿与喻屯镇政府制订《喻屯镇安兴集村棚户区改造房屋征收补偿实施方案》，报经济宁市任城区政府同意；2017年5月启动搬迁，至2020年底剩余25户未搬迁。

2015年，郓城县郭屯镇车楼、梅庄压煤搬迁。郓城县郭屯镇车楼村、梅庄村压煤搬迁，共搬迁1391户、4730人。8月29日，完成旧村房屋建筑物清点丈量。至2020年末，已完成新村选址、规划设计、桩基建设招标，准备入场施工。

2015—2020年郭屯镇车楼村、梅庄村压煤搬迁工作时间节点统计表

表7-7-9

时间	工作节点	主管机构	备注
2015.11.18	车楼村压煤搬迁列入计划	山东省人民政府压煤村庄搬迁办	鲁政搬〔2015〕20号文
	梅庄村压煤搬迁列入计划		鲁政搬〔2015〕21号文
2015.08.29	旧村房屋建筑物清点丈量登记	郭屯镇人民政府	—
2017.09.27	签订压煤村庄搬迁补充协议	临矿菏泽煤电公司与郭屯镇人民政府	—
2018.12.31	搬迁新村址基本确定	郭屯镇人民政府	—
2020.04.11	城乡建设用地增减挂钩项目拆旧安置实施方案批复		菏政复〔2020〕221号文
2020.09	评估公司对旧村房屋建筑物清点丈量登记	郭屯镇人民政府	—

2015年，郓城县双桥镇秦庄村、房集村、前劳豆营村、孟陆村压煤搬迁。郓城县双桥镇秦庄、房集、前劳豆营、孟陆4个村庄实施搬迁，搬迁1069户、3775人。8月23日，完成旧村房屋建筑物清点丈量。至2020年末，已完成新村规划设计、新村址确定、新村址清障、新村土方换填。

2015年双桥镇秦庄村、房集村、前劳豆营、孟陆庄村压煤搬迁工作时间节点统计表

表7-7-10

时间	工作节点	主管机构	备注
2015.08.23	房屋建筑物清点丈量登记	双桥镇人民政府	—
2015.11.18	秦庄村压煤搬迁列入计划	山东省人民政府压煤村庄搬迁办	鲁政搬〔2015〕16号文
2015.11.18	房集村压煤搬迁列入计划		鲁政搬〔2015〕17号文
2015.11.18	前劳豆营村搬迁列入计划		鲁政搬〔2015〕18号文
2015.11.18	孟陆村压煤搬迁列入计划		鲁政搬〔2015〕19号文

2018年12月，陕西永明煤矿有限公司石家畔村庄搬迁。与子长县余家坪镇石家畔自然村签订货币补偿整村搬迁合同，涉及矿权范围内村民及永久性合法建筑物114户、339人。2019年2月，完成搬迁，支付搬迁费用2129.55万元，解放可采储量33.1万吨。

2019年1月，任城区喻屯镇城后和苏庄村搬迁。王楼煤矿实施城后和苏庄村的搬迁，制定《喻屯镇城后村压煤搬迁安置补偿实施办法》，成立城后村压煤搬迁工作组；8月20日，搬迁工作组入村办公，年底完成旧村房屋拆除；2020年3月，取得《济宁市人民政府关于任城区喻屯镇城后村城乡建设用地增减挂钩试点项目拆旧安置实施方案的批复》；截至2020年底，新村建设前期工作正在积极办理之中。

2019年，微山县鲁桥镇湾子村搬迁。王楼煤矿实施湾子村的搬迁；10月，成立湾子村搬迁工作组进村开展工作；12月，完成过渡搬迁及结算工作；2020年1月，完成旧村房屋拆除。

四、采煤塌陷补偿

按照《山东省人民政府关于调整〈搬迁压煤建筑物暂行规定〉的通知》《关于调整土地年产值和地面附着物补偿标准的批复》《关于济南等三市调整征地地面附着物和青苗补偿标准的批复》、菏价费发〔2007〕16号文、鲁价费发〔2008〕178号文、《关于莱芜市菏泽市征地地面附着物和青苗补偿标准的批复》《关于菏泽市征地地上附着物和青苗补偿标准的批复》《关于济宁市征地地上附着物和青苗补偿标准的批复》等文件规定，对因采煤造成地面塌陷导致的民房斑裂、基础设备损坏及青苗、其他地面附着物进行补偿。

（一）古城煤矿

2003—2020年，兖州市陈家村、古城村等村庄进行搬迁，根据《关于济宁市征地地上附着物和青苗补偿标准的批复》等文件规定，对附着物、公共设施、青苗等进行补偿，补偿费用4197.65万元。

2003—2020年古城煤矿村庄搬迁补偿明细表

表7-7-11　　　　　　　　　　　　　　　　　　　　　　　　　　　　　　　　　单位：万元

年度	补偿村庄	补偿内容	补偿金额
2003	兖州市新兖镇陈家村	斑裂房屋、附着物和公共设施	95
2004	兖州市新兖镇古城村	斑裂房屋、附着物和公共设施	64
2008	兖州市酒仙桥街道办事处、陈家村、古城村	斑裂房屋、附着物和公共设施	524
2009	兖州市酒仙桥街道办事处、河头村	公共设施、农作物受损、抗旱帮扶	13
2012	兖州市酒仙桥街道办事处河头村、古城村，曲阜市公路局、马家村、伊家村、新田村	327国道曲阜市西段路面、村庄农田浇灌系统、青苗补偿	106
2013	兖州区酒仙桥街道办事处、河头村、田家村、古城村、曲阜市马家村、伊家村、新田村	村庄农田浇灌系统、青苗补偿、地面公共设施	79
2014	曲阜市公路局、马家村、伊家村、新田村、黄家村、古柳树村、大柳村、孟家林村、小孔家村、兖州酒仙桥街道办事处、河头村、田家村、古城村、陈家村、付家楼村	327国道曲阜市西段路面、村庄农田浇灌系统、青苗补偿、地面公共设施	182
2015	曲阜市公路局、时庄街道办事处、马家村、伊家村、新田村、黄家村、古柳树村、大柳村、孟家林村、小孔家村、兖州区酒仙桥街道办事处、河头村、田家村、古城村、陈家村、付家楼村	327国道曲阜市西段路面、村庄农田浇灌系统、青苗补偿、地面公共设施	311
2016	曲阜市时庄街道办事处、马家村、伊家村、新田村、黄家村、古柳树村、大柳村、孟家林村、小孔家村、兖州酒仙桥街道办事处河头村、田家村、古城村、陈家村、付家楼村	村庄农田浇灌系统、青苗补偿、地面公共设施	271

续表

年度	补偿村庄	补偿内容	补偿金额
2017	曲阜市公路局、时庄街道办事处、马家村、伊家村、新田村、黄家村、古柳树村、大柳村、孟家林村、小孔家村、兖州区酒仙桥街道办事处河头村、田家村、古城村、陈家村、付家楼村	327国道曲阜市西段路面、村庄农田浇灌系统、青苗补偿、地面公共设施	391
2018	曲阜市时庄街道办事处、马家村、伊家村、新田村、黄家村、古柳树村、大柳村	村庄农田浇灌系统、青苗补偿、地面公共设施、支付危房外租租金	448
2019	曲阜市时庄街道办事处、马家村、伊家村、新田村、黄家村、古柳树村、大柳村、孟家林村、小孔家村、八里铺村、兖州酒仙桥街道办事处、河头村、田家村	农田浇灌系统、地面公共设施、安全度汛资金、外租房租金	762
2020	曲阜市时庄街道办事处、马家村、伊家村、新田村、黄家村、古柳树村、大柳村、孟家林村、小孔家村、八里铺村、单家村、兖州酒仙桥街道办事处、河头村、田家村、陈家村、付家楼村	农田浇灌系统、青苗补偿、地面公共设施、安全度汛资金、支付危房外租租金	951.65
合计	-	-	4197.65

（二）新驿煤矿

因采煤地面塌陷造成魏楼村、秦家村等村庄房屋及兖梁公路沿线兖州区联诚机械零部件公司、兖州区双利矿山机械公司、金鑫玻璃瓶制造厂、王楼村卫生室、王楼村新现代汽修厂、王楼村铝合金制作加工厂等建（构）筑物出现斑裂。

2012年7月，委托淄博文德房屋鉴定公司对魏楼村、秦家村426户进行房屋斑裂鉴定；2013年5月，对2村斑裂房屋进行补偿，补偿金额187万元。

2015年7月，委托省城乡建设勘察设计研究院对兖州区联诚机械零部件公司、兖州区双利矿山机械公司斑裂建（构）筑物进行鉴定；2016年12月，对兖州区联诚机械零部件公司机加工车间、仓库进行斑裂补偿，补偿金额为100万元。2017年8月，对兖州区双利矿山机械公司机加工车间、铆焊车间、库房进行斑裂补偿，补偿金额为50万元；10月，对王楼村铝合金制作加工厂厂房进行斑裂补偿，补偿金额为7万元。2020年12月，对颜店镇赵郗村养鸭大棚进行斑裂补偿，补偿金额9.62万元。

2005—2020年新驿煤矿采煤塌陷土地及补偿统计表

表7-7-12

年度	塌陷土地补偿（亩）		塌陷面积合计（亩）	补偿费用合计（万元）
	减产地	绝产地		
2005	630.15	106.62	736.77	48.47
2006	1231.22	424.85	1656.07	116.36
2007	1211.02	247.13	1458.15	97.37
2008	2101.56	268.86	2370.42	156.61
2009	2786.27	434.64	3220.91	310.62
2010	4237.89	433.11	4574.10	365.88
2011	5592.78	510.58	6103.36	479.20
2012	7195.35	268.23	7463.58	565.45
2013	8263.66	307.04	8570.70	676.08

年度	塌陷土地补偿（亩）		塌陷面积合计（亩）	补偿费用合计（万元）
	减产地	绝产地		
2014	8634.39	290.36	8924.75	690.53
2015	8771.11	284.37	9055.48	719.95
2016	8893.09	296.85	9189.94	734.05
2017	9419.86	296.22	9716.08	814.03
2018	10280.00	295.27	10575.27	863.84
2019	9908.01	246.41	10154.42	733.68
2020	11612.59	273.45	11886.04	－
合计补偿费用（万元）			7372.12	

（三）田庄煤矿

1. 2006年因采煤塌陷、雨水较大，造成地面绝产补偿122.1万元。

2. 采煤塌陷造成地面土地塌陷减产补偿。2000年，塌陷962.8亩、补偿158.85万元；2001年，塌陷706.6亩、补偿116.59万元；2002年，塌陷1397.2亩、补偿530.94万元；2004年，塌陷2193.4亩，补偿833.49万元；2006年，塌陷2092.4亩、补偿1171.74万元；2008年，塌陷1310.10亩、补偿200.46万元；2013年，塌陷1534.5亩、补偿1420.25万元；2014年，塌陷170.6亩，补偿35.83万元；2017年，塌陷1740亩，补偿835.2万元。

3. 采煤塌陷造成地面土地塌陷单位损失补偿。2007年，与王因街道沙河村委会签订房屋斑裂受损补偿协议；2007年8月，补偿1.3万元；2008年7月，补偿3.03万元。2016年9月7日，与王因街道娘娘庙村委会签订房屋斑裂受损补偿协议，补偿村民79户、金额37.09万元。2017年1月16日，与王因街道沙河村委会签订房屋斑裂受损补偿协议，补偿村民329户、金额615.34万元。

（四）王楼煤矿

塌陷地青苗绝产按照每亩每年1600元补偿，减产按照农业部门具体测产情况进行补偿。2015年，补偿113万元；2016年，补偿145万元；2017年，补偿503万元；2018年，补偿698万元；2019年，补偿591万元；2020年，补偿528万元。

（五）鲁西煤矿

塌陷地补偿分为任城区廿里铺镇和汶上县康驿镇2块。任城区廿里铺镇绝产地按每亩每年1600元补偿，减产地按每亩每年860元补偿；汶上县康驿镇绝产地按每亩每年1200元补偿，减产地按每亩每年840元补偿。地面附着物的补偿按省政府文件规定标准执行。机井一次性补偿8000元/眼；苗圃一次性补偿每亩4000元；果园视果期情况，按每亩5000～9000元进行补偿。

2005年起，随着煤炭产量提高，塌陷面积逐年扩大，补偿数额逐年递增。

2004—2019年鲁西煤矿采煤塌陷地（任城区廿里铺镇）补偿统计表

表7-7-13

年度	绝产面积（亩）	补偿资金（万元）	减产面积（亩）	补偿资金（万元）	附着物补偿（万元）	塌陷面积（亩）	补偿资金（万元）	备注
2004	－	－	－	－	57	1989.83	200.17	

续表

年度	绝产面积（亩）	补偿资金（万元）	减产面积（亩）	补偿资金（万元）	附着物补偿（万元）	塌陷面积（亩）	补偿资金（万元）	备注
2005—2012	－	－	－	－	－	－	－	档案缺失
2013	1671.6	267.46	2256.2	252.70	125.69	3927.8	645.84	
2014	2205.5	352.88	1760.2	197.15	44.49	3965.7	594.51	
2015	2341.8	374.69	1655.1	185.37	34.68	3996.9	594.74	
2016	2341.8	374.69	1400.1	120.41	54.53	3741.9	549.63	
2017	2341.8	374.69	1400.1	120.41	54.53	3741.9	549.63	
2018	2341.8	562.03	2080.6	249.67	36.00	4422.4	847.70	
2019	2341.8	562.03	2185.9	262.31	115.87	4527.7	940.21	

2005—2019年鲁西煤矿采煤塌陷地（汶上县康驿镇）补偿统计表

表7-7-14

年度	绝产面积（亩）	补偿资金（万元）	减产面积（亩）	补偿资金（万元）	附着物补偿（万元）	塌陷面积（亩）	补偿资金（万元）	备注
2005	－	0.0	89.8	287.24	20.00	89.8	307.24	
2006	－	0.0	20.9	66.98	－	20.9	66.98	
2007	－	－	－	－	－	－	－	档案缺失
2008	－	0.0	110.1	9.25	7.20	110.1	16.45	
2009	101.23	12.15	360.4	30.27	53.20	461.6	95.62	
2010	113.33	13.60	348.3	29.26	10.00	461.6	52.86	
2011	151.9	18.23	478.8	40.22	31.20	630.7	89.65	
2012	212.2	25.47	742.7	62.38	64.60	954.9	152.45	
2013	354.1	42.49	659.2	55.37	33.89	1013.3	131.75	
2014	359.1	43.09	673.6	56.58	30.29	1032.7	129.96	
2015	385.1	46.21	692.5	58.17	23.00	1077.7	127.39	
2016	385.1	46.21	494.9	41.57	36.60	880	124.39	
2017	385.1	46.21	494.9	41.57	40.00	880	127.78	
2018	385.1	46.21	586.0	49.22	6.45	971.1	101.89	
2019	385.1	46.21	591.0	49.64	0.60	976.1	97.46	

（六）菏泽煤电公司2矿塌陷地农作物（青苗）历年补偿

2011年前，执行山东省《关于调整征地年产值和补偿标准等有关问题的通知》。2012年、2013年、2017年省政府菏泽市分别对补偿标准进行调整。

2009—2020年菏泽煤电公司采煤塌陷地农作物补偿统计表

表7-7-15

年度	矿井	塌陷地合计		分类	
		面积（亩）	补偿费用（万元）	绝产地（亩）	减产地（亩）
2009	彭庄	1161.6	34.08	301.9	859.7
2010	彭庄	1418.5	120.92	832	586.5
2011	彭庄	2122.9	174.84	950.7	640.0
	郭屯	287.4	10.44	－	287.4
2012	彭庄	2419	259.66	1432	987
	郭屯	1122.2	130.16	1056.2	66
2013	彭庄	2591	283.54	1760	831
	郭屯	1987	208.0	1440	547
2014	彭庄	2974	336.76	1974	1000
	郭屯	2361	307.0	1905	456
2015	彭庄	1805	220.76	805	1000
	郭屯	1705	188.25	605	1100
2016	彭庄	2997	569.37	2305.2	691.8
	郭屯	4141	1105.69	2557.3	1583.7
2017	彭庄	4239	625.03	2430.3	1808.7
	郭屯	6206	1513	4701.1	1504.9
2018	彭庄	4298.2	528.3	2460.1	1838.2
	郭屯	6613	2049	5598.9	1014.1
2019	彭庄	4356.69	489.08	2485.3	1871.4
	郭屯	7226.39	1534.05	6545	681.4
2020	彭庄	6735.7	470.4	5595.1	1140.7
	郭屯	7631.1	1890.63	7231.5	399.6

（七）邱集煤矿

2000年开始，邱集煤矿因采煤造成附近相关村庄地面不同程度下沉，部分农作物减产或绝产。矿井每年组织人员对塌陷地进行实地测量，与相关村庄进行充分协商按照受损失程度不同进行农事赔偿。小麦、玉米、棉花按减产程度不同，分减产、绝产、水面3种不同情况。对于能够耕种的土地与各村协商并签订协议，规定塌陷较轻，具备种植条件的地块，必须进行耕种管理，如村庄不予耕种时矿方拒赔或少赔。对绝产与处于水面状态的土地进行复垦利用。

2000—2019年邱集煤矿采煤塌陷地补偿费统计表

单位：万元

表7-7-16

年度	补偿费	年度	补偿费
2000	1.98	2010	386.28
2001	4.80	2011	414.29
2002	10.28	2012	494.50

续表

年度	补偿费	年度	补偿费
2003	56.49	2013	692.71
2004	69.42	2014	669.81
2005	139.91	2015	537.95
2006	242.91	2016	552.14
2007	250.24	2017	525.98
2008	306.80	2018	588.00
2009	320.19	2019	602.68
合计		6867.37	

五、支援地方

（一）扶贫

1986年5月，矿务局选派刘新才、朱清波、王财章、宋振清去临沂地区苍山县上冶乡后白水牛厂村扶贫。

1989年12月—1991年12月，按照临沂市扶贫办的部署要求，矿务局选派侯玉林、李瑞吉、王金增、闫士广到苍山县仲村镇车庄村驻点扶贫。帮助该村开办小煤窑、建设地毯厂、整修车庄村水渠等。

1992年4月—1995年1月，矿务局选派姜志武、曹玉汉、唐凤义继续在苍山县仲村镇车庄村驻点扶贫，主要帮助解决其小煤窑机械设备技术问题和村民吃水问题。

1995年4月—1996年12月，矿务局选派贾忠平、刘学俭、董瑞利到费县上冶镇东埠子村驻点扶贫。帮扶5万元，帮助建设扬水站等。1997年1月，扶贫点移至费县许家崖乡西安田村，有刘学俭、刘平、赵毅。主要帮助其解决打水井、修路问题等。1999年5月，完成扶贫任务，扶贫人员撤回。

2006年4月，矿务局选派张文宝赴临沂市兰山区李官镇大元沂村扶贫，先后资助50万元，帮助该村建设2万平方米蔬菜大棚和6眼灌溉水井等。

2010年4月14日，矿务局选派张兴平到河东区九曲街道褚庄社区扶贫，帮扶5万元，2012年3月结束。

（二）"第一书记"工作组

2012年，省委、临沂市委选派"第一书记"工作开展至2020年，临矿集团共投入帮扶资金1410.47万元，争取社会帮扶资金14348.7万元。

1. 省选派第一书记

2011年4月，根据省委关于在省直机关部门选派第一轮"第一书记"的要求，山东能源集团担负到临沂市苍山县长城镇东官庄等10个村的帮扶任务，临矿集团选派韩广勤任职，2012年4月结束。

2012年4月，山东能源集团党委委托临矿集团选派"第一书记"驻村帮扶。临矿集团选派庄树武、韩广勤任职。其间，庄树武内退，寻明传接替，任期3年。2014年，省委副书记王军民专门批示，将临矿集团"村企互惠帮扶"经验在全省学习推广。

2015年2月，根据省委组织部部署，临矿集团选派杨传信、安宝川、潘永才担任省直单位第二轮"第一书记"，到临沂市沂水县院东头镇桃棵子村、田家峪村、四门洞村任职，任期2年。

2017年2月，临矿集团选派主宝皆、安宝川、尹占山担任省直单位第三轮"第一书记"，到沂水县夏蔚镇王庄村等3个村任职，2019年2月结束。2018年5月，中直机关第一书记组团到临矿集团帮扶村现场观摩，新华社等多家媒体连续跟踪报道，临矿集团作为国企履行社会责任的良好形象持续提升。

2019年3月，临矿集团选派主宝皆、安宝川、李晓刚担任省直单位第四轮"第一书记"，到沂水县崔家峪镇五口村等3个村任职，任期2年。根据省委组织部要求，继续延长至2021年6月结束。

王庄村"金水湾"改造前后（2017、2018年）

五口村原垃圾点"变身"休闲广场（2018、2019年）

2. 临沂市选派第一书记

2012—2018年，按照临沂市委组织部《关于做好选派市直机关干部到工作薄弱基层党组织任职"第一书记"的通知》的精神，集团公司党委先后向临沂市委组织部推荐5批"第一书记"工作组到工作薄弱基层党组织任职。

2012年3月，临沂市委在全市范围内选拔第一批"第一书记"到贫困村帮助工作，临矿集团党委选派苏学明，与临沂市残疾人联合会选派机关干部一起组成工作组到苍山县庄坞镇山后村任职"第一书记"，集团公司帮扶40万元，争取社会帮扶资金180万元，任期2年。

2014年3月，临沂市委在全市范围内选拔第二批"第一书记"，苏学明主动请缨，再次到兰陵县鲁城镇石门村任职"第一书记"，集团公司帮扶40万元，争取社会帮扶资金240万元，任期2年。

2016年3月，临矿集团选派刘建光、郭圣刚组成工作组，到兰陵县鲁城镇刘家郭村担任市派第三批第一书记。集团公司帮扶40万元，争取社会帮扶资金310.2万元，任期2年。

　　2018年4月，刘建光、郭圣刚再次担任临沂市选派第四批第一书记，到沂水县四十里堡镇洪沟村扶贫。任期本为2年，2020年4月，根据临沂市委《关于延长全市第四批第一书记任期的通知》要求，刘建光、郭圣刚任期顺延1年，集团公司帮扶90万元，争取社会帮扶资金210万元。7月7日，刘建光因连续工作劳累过度，突发疾病抢救无效，在工作岗位上以身殉职，年仅49岁。2021年2月25日，在全国脱贫攻坚总结表彰大会上，被追授为全国脱贫攻坚先进个人。

2018年4月，扶贫第一书记刘建光（左一）在扶贫村访贫问计

洪沟村社区服务中心建设前后（2018、2019年）

2012—2020年临矿集团选派第一书记与投入资金及获奖情况统计表

表7-7-17　　　　　　　　　　　　　　　　　　　　　　　　　　　　　　　　　　　　　　单位：万元

序号	省直/市属	批次	帮扶地点	姓名	帮扶资金	争取政策性金	获奖情况
1	省直	第一轮2012—2015	兰陵县长城镇 范滩村　东官庄村 长屯村　白庄村 后墩村　城南村 南官庄村　乔庄村 前土头村　李宅村	韩广勤 庄树武 寻明传	608.02	2700	每年考核，均为省级优秀，3名第一书记连续被兰陵县授予"三等功"；2014年，韩广勤被山东省委组织部授予"优秀第一书记"荣誉称号，被临矿集团党委授予"优秀共产党员"荣誉称号

序号	省直/市属	批次	帮扶地点	姓名	帮扶资金	争取政策性金	获奖情况
2	省直	第二轮 2015—2017	沂水县院东头镇 桃棵子村 田家峪村 四门洞村	杨传信 安宝川 潘永才	189.8	4777	2016年7月，杨传信被临矿集团党委授予优秀共产党员称号
							2017年1月，杨传信、安宝川、潘永才分别被院东头镇党委政府授予贡献经济发展奖
							2017年3月，杨传信、安宝川、潘永才分别被沂水县委县政府记个人三等功
					64		2017年3月，省委组织部"第一书记"考核组对其杨传信、安宝川、潘永才任职期满进行考核，考核结果均为"优秀"
							2017年7月，潘永才、安宝川分别被临矿集团党委授予优秀党支部书记和优秀党务工作者称号
3	省直	第三轮 2017—2019	沂水县夏蔚镇 甄家疃村 晏婴店子村 王庄村	主宝皆 安宝川 李晓刚 尹占山	398.65	5931.5	2018年，省委组织部"第一书记"考核组对杨传信、安宝川、潘永才任职期满进行考核，考核结果均为"优秀"
					197.42		2019年3月，省委组织部"第一书记"考核组对杨传信、安宝川、潘永才任职期满进行考核，考核结果均为"优秀"
	省属投入及争取资金合计		–	–	1260.47	13408.5	–
1	市属	2012—2014	兰陵县庄坞镇 山后村	苏学明	40	180	考核2年市级优秀，获1次县级三等功
2	市属	2014—2016	兰陵县鲁城镇 石门村	苏学明	40	240	考核2年市级优秀，获市级、县级三等功
3	市属	2016—2018	兰陵县鲁城镇 刘家郭村	刘建光 郭圣刚	40	310.2	考核2年单位市级优秀，获县级三等功
4	市属	2018—2020	沂水县四十里堡镇 洪沟村	刘建光 郭圣刚	30	210	–
	市属投入及争取资金合计				150	940.2	
	合计				1410.47	14348.7	–

2020年11月，临矿集团在总结选派第一书记帮扶工作经验的基础上，编辑出版《反哺—山东能源临矿集团第一书记扶贫记》一书。12月2日，在集团公司总部机关举办新书出版座谈会暨新书发行仪式。

临沂矿业集团公司志

（1991—2020）

（下卷）

《临沂矿业集团公司志》编纂委员会　编

新　华　出　版　社

图书在版编目（CIP）数据

临沂矿业集团公司志.下，1991—2020 /《临沂矿业
集团公司志》编纂委员会编. —北京：新华出版社，
2021.6
ISBN 978-7-5166-5871-0

Ⅰ.①临… Ⅱ.①临… Ⅲ.①矿业—企业集团—概况
—临沂—1991-2020 Ⅳ.①F426.1

中国版本图书馆CIP数据核字（2021）第100594号

目　录

下　卷

第八篇　科技与环保

第八篇　科技与环保

　　临矿集团坚持走科技发展道路，生产建设过程中紧紧围绕"科学技术是第一生产力"这一要务，把科技创新工作摆在公司发展的重要位置，大力实施科技兴安、科技兴矿和人才强企战略，持续推进科技创新，不断增强自身科技实力。通过加大科技投入，推广应用新技术、新工艺、新材料、新设备，打造矿井生产机械化、设备运转自动化、管理信息化本质安全型矿井。长期与高等院校和科研单位合作，开展科研攻关和技术革新工作，开展小改小革等群众技术创新评选活动，不断挖潜科技创新创造力，促进科技工作持续健康发展，数字化、智慧化矿山建设得到长足发展。1991—2020年，取得科技成果1131项、专利329项、标准26项，为实现矿区又好又快发展提供可靠的科技支撑。

　　2007—2020年，临矿集团坚持以环境保护、提高能源利用率为核心，以淘汰落后生产工艺和设备、先进技术的推广应用、能源综合利用、资源回收利用为重点，开展"三废"治理和综合利用，促进资源节约型、环境友好型建设。所属煤矿煤泥综合利用率100%，煤矸石利用率94.34%，矿井水利用率100%，洗煤水全部实现闭路循环。

第一章　机构与队伍

第一节　机　构

　　1990年，矿务局设有科技处，负责技术管理工作。局属各单位成立科技科，形成比较完备的科技管理网络。

　　1996年9月，通信业务从生活服务中心分离，并入科技处，成立科技信息计算中心，定编管理岗5人、工人岗8人。节能办公室隶属科技处，编制和业务划归生产技术部。10月，科技信息计算中心设置科技科、通信科。

　　2001年12月，科技管理业务划归企业管理处。

　　2005年3月，成立科技信息中心，负责技术、通信、局域网络、矿务局网站管理及相关的维护修理工作。

　　2008年3月，成立技术中心，设主任1人、副主任2人、主任工程师1人。

　　2012年5月，成立技术研发中心，下设科技办公室、综合科、科技培训科；科技信息中心更名为信息中心，下设软件开发维护科、网络通信科、综合科。

　　2017年3月，成立安全经济技术环境一体化研究院。设院长、副院长各1人，研究员2人。

　　2017年6月，成立技术研究院，设院长1人、副院长3人；下设矿井水害防治技术、智能化自动化技术、大数据、冲击地压防治技术、深部支护技术、超高水充填材料、玻纤复合材料等7个研究所。

第二节　科技队伍

1990年末，全局有各类专业技术人员1411人。其中，工程技术人员439人、卫生技术人员319人、教学人员319人、财会人员135人、经济人员155人、其他44人。

2000年末，有各类技术人员1797人。其中，工程技术人员398人、经济人员（包括会计师、统计师）327人、教育卫生人员791人、政工人员235人、其他46人。

2001年开始，矿务局面对企业改革发展的新形势，制定"科技兴企"战略，实施"十、百、千"人才工程，通过对社会招聘、向院校招录、送出去培训、请进来办学等多种形式"招才育人"，进一步壮大了矿区人才队伍。

2006年末，临矿集团有各类专业技术人员1661人。其中，工程技术人员879人、经济人员（包括会计师、统计师）436人、教育卫生人员168人、政工人员178人。

2007—2018年，工程技术人员数量相对稳定，2007年，有685人，2018年，有628人。

2019年开始，临矿集团科技发展跃升，工程技术人员数量增加，2019年，有802人，2020年，有821人。

表8-1-1

2000年临沂矿务局各类专业技术人员一览表

单位	总计	工程技术 合计	高级工程师	工程师	助工员	医疗卫生 合计	副主任医师	主治医师	医(护)师	教育 合计	技校中专·高级讲师	技校中专·讲师	技校中专·助师员	中学·高级教师	中学·一级教师	中学·二、三级教师	小学/幼教·高级教师	小学/幼教·一、二、三级	经济 合计	高级经济师	经济师	助经员	会计、审计 合计	高级会、审计师	会、审计师	助会(审)员	统计 合计	高级统计师	统计师	助统员	政工 合计	高级政工师	政工师	助政员	其他 合计
全局	1797	398	41	94	263	431	13	81	337	360	13	42	36	21	67	40	40	101	89	5	20	64	209	2	50	157	29	0	11	18	235	7	102	126	46
褚墩煤矿	130	40	2	8	30	19	–	2	17	23	–	–	–	1	7	2	3	10	3	–	–	3	21	–	3	18	3	–	2	1	21	–	9	12	–
汤庄煤矿	117	19	3	3	13	31	–	2	29	46	–	–	–	1	8	12	6	19	4	–	–	4	6	–	2	4	1	–	1	–	10	–	4	6	–
恒河公司	33	6	–	1	5	11	–	–	11	–	–	–	–	–	–	–	–	–	2	–	1	1	4	–	–	4	1	–	–	1	9	–	5	4	–
塘崖煤矿	143	48	4	5	39	21	–	3	18	8	–	–	–	–	1	5	2	–	8	–	–	8	21	–	2	19	5	–	1	4	25	1	8	16	7
草埠煤矿	130	45	–	8	37	25	–	4	21	18	–	–	–	–	6	4	3	5	8	–	–	8	13	–	6	7	2	–	–	2	19	–	7	12	–
莒县煤矿	36	7	–	–	7	9	–	2	7	1	–	–	–	–	–	–	–	1	1	–	–	1	5	–	–	5	–	–	–	–	12	–	3	9	1
株柏煤矿	90	26	1	6	19	15	–	–	15	26	–	–	–	–	7	2	–	17	1	–	–	1	6	–	3	3	1	–	1	–	15	–	5	10	–
古城筹建处	65	30	8	6	16	4	–	1	3	2	–	–	–	–	–	–	1	1	7	–	2	5	13	–	2	11	3	–	–	3	6	–	4	2	–
工程公司	158	52	2	10	40	26	–	2	24	35	–	–	–	–	9	3	2	21	8	–	–	8	16	–	2	14	2	–	1	1	16	–	8	8	3
地质公司	43	18	2	4	12	5	–	–	5	–	–	–	–	–	–	–	–	–	2	–	–	2	7	–	–	7	–	–	–	–	11	1	2	8	–

续表

单位	总计	工程技术·合计	工程技术·高级工程师	工程技术·工程师	工程技术·助工员	医疗卫生·合计	医疗卫生·副主任医师	医疗卫生·主治医师	医疗卫生·医(护)师	教育·合计	教育·技校中专·助师员	教育·技校中专·讲师	教育·技校中专·高级讲师	教育·中学·高级教师	教育·中学·一级教师	教育·中学·二三级教师	教育·小学/幼教·高级教师	教育·小学/幼教·一二三级	经济·合计	经济·高级经济师	经济·经济师	经济·助经员	会计审计·合计	会计审计·高级会审计师	会计审计·会审计师	会计审计·助会审员	统计·合计	统计·高级统计师	统计·统计师	统计·助统员	政工·合计	政工·高级政工师	政工·政工师	政工·助政员	其他·合计
供应公司	27	2	-	1	1	-	-	-	-	-	-	-	-	-	-	-	-	-	12	-	2	10	8	-	3	5	2	-	1	1	3	-	1	2	-
服务公司	8	-	-	-	-	-	-	-	-	-	-	-	-	-	-	-	-	-	4	-	3	1	3	-	2	1	-	-	-	-	1	-	1	-	-
运销公司	10	5	-	2	3	-	-	-	-	-	-	-	-	-	-	-	-	-	1	-	-	1	3	-	1	2	1	-	1	-	-	-	-	-	-
机械厂	28	15	1	6	8	2	-	-	2	-	-	-	-	-	-	-	-	-	-	-	-	-	6	-	2	4	-	-	-	-	5	-	1	4	-
热电厂	23	12	3	-	9	-	-	-	-	-	-	-	-	-	-	-	-	-	1	-	-	-	5	-	1	4	-	-	-	-	5	-	2	3	-
总厂	24	5	-	3	2	3	-	-	3	-	-	-	-	-	-	-	-	-	2	-	-	2	3	-	-	3	-	-	-	-	10	-	3	7	-
搪瓷厂	14	6	-	1	5	-	-	-	-	-	-	-	-	-	-	-	-	-	1	-	1	-	3	-	1	2	-	-	-	-	4	-	-	4	-
技工学校	127	3	-	3	-	4	-	-	4	93	36	42	13	-	1	-	-	-	-	-	-	-	6	-	2	4	2	-	-	2	7	-	4	3	12
矿中	105	-	-	-	-	-	-	-	-	95	-	-	-	16	32	5	24	18	-	-	-	-	2	-	1	1	-	-	-	-	5	-	-	5	2
中心医院	291	-	-	-	-	252	12	62	178	-	-	-	-	-	-	-	-	-	2	-	-	2	7	-	-	7	1	-	-	1	11	-	7	4	18
后勤中心	17	5	-	-	5	-	-	-	-	9	-	-	-	-	-	-	2	7	1	-	-	1	1	-	-	1	-	-	-	-	1	-	1	-	-
招待所	2	-	-	-	-	-	-	-	-	-	-	-	-	-	-	-	-	-	1	-	1	-	1	-	-	1	-	-	-	-	-	-	-	-	-
局机关	176	54	15	27	12	4	1	3	-	4	-	-	-	2	1	1	-	-	20	5	9	6	49	2	17	30	3	-	3	-	39	5	27	7	3

2006年6月临沂矿务局各类专业技术人员一览表

表8-1-2

单位	专业技术职务				专业类别								合计
	高级	中级	初级	未聘	工程技术	医疗卫生	教育	经济	会计审计	统计	政工	图书档案文博人员	
古城煤矿	7	17	52	–	51	2	4	2	10		7	–	76
株柏煤矿	1	19	32	–	22	7	–	4	6	2	11	–	52
新驿煤矿	4	14	91	–	79	7	–	4	7	1	11	–	109
田庄煤矿	5	29	116	–	84	6	1	23	24	1	11	–	150
邱集煤矿	2	23	54	–	52	1	–	7	7	1	11	–	79
马坊煤矿	1	7	28	–	17	2	–	3	6	–	8	–	36
王楼矿井筹建处	7	13	28	13	44		1	7	5		4	–	61
莱芜煤机厂	20	107	254	13	261	26	8	29	28	15	27	–	394
泰安煤机厂	32	72	107	–	86	24	24	20	31	2	24	–	211
济南煤机厂	5	4	2	5	8			1	5		2	–	16
内蒙古矿区建设指挥部	3	5	17	–	14	–	–	4	5		2	–	25
煤炭运销公司	–	4	25	–	7	–	–	7	12	–	3	–	29
房地产开发公司	–	4	10	2	9	–	–	2	2	–	3	–	16
光力士集团	2	26	155		85	15	24	15	27	4	12	1	183
亿金物资公司	–	11	28	2	8	–	–	15	13	2	3	–	41
沂州府公司	–	7	7	–	1	–	–	4	8	–	1	–	14
发展总公司	–	2	2	–	1	–	–		2	–	–	–	4
技工学校	21	58	69	–	4	4	123		6	1	6	1	148
矿务局机关	46	75	62	–	69	1	10	22	38	3	41	2	183
全局	156	497	1139	35	902	95	195	170	242	32	187	4	1827

2020年临矿集团专业技术人员基本情况一览表

表8-1-3

单位	合计	职称结构				专业结构								
		正高	副高	中级	初级	工程	经济	会计	统计	审计	技校	卫生	政工	其他
合计	2976	26	281	1140	1529	2053	241	169	3	11	61	45	367	26
古城煤矿	304	1	15	125	163	248	12	8	0	0	0	8	27	1
菏泽煤电公司	553	2	44	161	346	467	25	6	0	0	0	1	53	1
王楼煤矿	233	1	16	100	116	170	14	6	0	0	1	9	32	1
新驿煤矿	169	1	18	76	74	124	12	4	0	0	0	4	25	0
鲁西煤矿	124	0	16	52	56	92	6	6	0	0	0	5	14	1

续表

单位	合计	职称结构				专业结构								
		正高	副高	中级	初级	工程	经济	会计	统计	审计	技校	卫生	政工	其他
里彦煤矿	173	0	16	71	86	111	19	9	0	0	0	5	28	1
邱集煤矿	121	1	12	57	51	89	6	5	0	0	0	3	18	0
株柏煤矿	92	1	11	35	45	56	9	8	0	1	0	1	17	0
上海庙矿业公司	266	2	11	98	155	199	12	21	1	0	1	4	28	0
永明煤矿	36	0	3	22	11	29	0	1	0	1	0	0	5	0
会宝岭铁矿	169	0	17	63	89	125	15	4	0	0	0	0	25	0
山东玻纤集团	263	0	5	52	206	185	20	35	1	3	0	2	14	3
山东物商集团	107	0	6	45	56	24	51	11	0	2	0	0	16	3
技师学院	80	2	13	47	18	9	3	2	0	0	55	3	7	1
公司机关	286	15	78	136	57	125	37	43	1	4	4	0	58	14

1991—2020年临矿集团专业技术人员一览表

表8-1-4

年度	1991	1992	1993	1994	1995	1996	1997	1998	1999	2000
人数	1502	1674	1783	1287	1335	1306	1861	1833	1649	1669

年度	2001	2002	2003	2004	2005	2006	2007	2008	2009	2010
人数	1588	1518	1259	1456	1619	1827	2009	2110	2293	2281

年度	2011	2012	2013	2014	2015	2016	2017	2018	2019	2020
人数	2484	2754	2791	2943	2147	2581	2718	2823	2907	2940

第二章 科技管理

第一节 管理制度

1991—2020年，临矿集团先后下发《科技管理工作试行办法》《企业管理现代化成果管理办法》《技术创新项目计划管理办法》《科技管理暂行办法》《科技创新工作管理办法（试行）》《安全经济技术环境一体化论证补充规定》等22项管理制度。

1991—2020年临矿集团科技管理制度统计表

表8-2-1

年度	制度名称	文号
1991	临沂矿务局科技管理工作试行办法	临煤科字〔91〕第33号
1994	临沂矿务局企业管理现代化成果管理办法	临煤企字〔94〕第231号
1994	关于科技经费来源及使用的通知	临煤发〔94〕第239号
1996	临沂矿务局关于加强科技人员管理的暂行规定	临局干字〔96〕第171号
2000	临沂矿务局专业技术拔尖人才选拔与管理工作暂行办法	临局人字〔2000〕91号
2003	临沂矿务局科学技术成果管理办法	临局企管字〔2003〕100号
2013	总工程师办公会制度	临矿技发〔2013〕131号
2014	技术创新项目计划管理办法	临矿技字〔2014〕76号
2014	科技管理暂行办法	临矿技发〔2014〕7号
2014	科技创新决策组织和研发平台管理暂行办法	临矿技发〔2014〕7号
2014	山东省科学技术奖申报和推荐工作管理办法	临矿技字〔2014〕54号
2015	工程设计类注册师的考取和聘用奖励补助办法	临矿技发〔2015〕61号
2016	山东省安全生产科技项目管理办法	临矿技字〔2016〕69号
2017	加强专利信息分析利用能力办法	临矿技字〔2017〕36号
2017	安全经济技术环境一体化项目论证制度（试行）	临矿技发〔2017〕128号
2017	研发费用管理和政策运用办法（试行）	临矿技发〔2017〕249号
2017	专利工作管理办法（试行）	临矿技发〔2017〕223号
2018	科技和管理创新成果奖励补充规定	临矿技发〔2018〕235号
2018	科技创新工作管理办法（试行）	临矿技字〔2019〕81号
2018	安全经济技术环境一体化论证补充规定	临矿研字〔2018〕73号
2019	研究与试验发展（R&D）投入统计规范（试行）	临矿技字〔2019〕190号
2019	创客联盟建设运行方案（试行）	临矿技发〔2019〕206号
2020	关于科技奖金分配的有关规定	临矿技字〔2020〕174号

第二节　科技计划

1991—2020年，临矿集团根据各单位生产和经济发展的实际需要，每年编制下达科技计划，在全局部署科研、创新和新技术推广任务，适时对各单位计划的完成情况进行检查、评比和奖励。立项科技项目1587项，年均53项。

2012—2019年，临矿集团获批上级立项501项。

1991—2020年临矿集团科技计划统计表

表8-2-2

年度	1991	1992	1993	1994	1995	1996	1997	1998	1999	2000
科技计划数（项）	41	32	35	34	50	55	74	54	42	34

年度	2001	2002	2003	2004	2005	2006	2007	2008	2009	2010
科技计划数（项）	60	71	48	38	47	38	22	50	59	28

年度	2011	2012	2013	2014	2015	2016	2017	2018	2019	2020
科技计划数（项）	62	29	65	58	45	36	123	83	88	86

2012—2019年临矿集团获批上级科技立项统计表

表8-2-3

年度	合计	省科技厅	中煤协会	安监总局	省安监局	省煤炭局	省国资委	省经信委	能源集团	地市
2012	14	–	8	–	–	–	–	1	5	–
2013	60	–	10	–	1	25	1	16	7	–
2014	70	–	10	–	12	11	–	21	15	1
2015	38	–	9	11	–	–	–	6	12	–
2016	63	–	18	3	8	–	–	20	14	–
2017	104	–	46	5	–	–	–	31	19	3
2018	99	1	29	23	–	–	–	27	16	3
2019	53	3	–	–	–	–	–	39	–	11
合计	501	4	130	42	21	36	1	161	88	18

第三节　科技大会

1991—2006年，矿务局召开科技大会6次，表彰奖励科技成果384项、专利24项、优秀科技工作者344名、先进个人24名。

2007—2019年，临矿集团召开科技大会5届，表彰奖励科技成果747项、专利305项、论文论著73篇（部）、标准26项，科技创新先进单位33项次、优秀科技工作者300名、先进个人12名。

1992—2019年临矿集团科技大会表彰奖励统计表

表8-2-4

企业名称	届次	年度	科技成果表彰					单位表彰	人员表彰		知识产权表彰		
			总数	特等奖	一等奖	二等奖	三等奖		优秀科技工作者	其他	专利	论文论著	标准
临沂矿务局	第四次	1992	82	–	11	18	53	–	60	–	24	–	–
	第五次	1994	57	–	8	20	29	–	57	–	–	–	–
	第六次	1996	80	–	8	18	54	–	62	9	–	–	–
	第七次	1998	66	–	8	21	37	–	59	–	–	–	–
	第八次	2000	74	–	10	24	40	–	56	15	–	–	–
	第九次	2002	25	1	8	9	7	–	50	–	–	–	–
临矿集团	第一届	2008	183	–	24	53	106	6	60	–	–	–	–
	第二届	2011	266	–	30	53	183	10	60	–	–	–	–
	第三届	2013	141	–	10	24	107	9	60	–	32	3	24
	第四届	2016	82	–	14	29	39	8	60	4	64	4	–
	第五届	2019	75	3	12	31	29	10	60	8	209	66	2

一、矿务局科技大会

（一）第四次科技大会

1992年6月25日，矿务局第四次科技大会召开，表彰奖励重要科技进步成果82项（一等奖11项、二等奖18项、三等奖53项）；优秀论文24篇、优秀科技工作者60名。

1. 科技进步成果（82项）

1992年矿务局第四次科技大会科技成果获奖统计表

表8-2-5

序号	项目名称	完成单位
一	一等奖（11项）	–
1	原煤翻车机房地坑动水转化为静水单液注浆堵水	褚墩煤矿
2	无喷头射流喷雾装置	
3	最佳追排水方案的制定与实施	汤庄煤矿
4	副井立井筒壁后双液注浆堵水	五寺庄煤矿
5	大倾角回采工作面单体液压支柱的应用	草埠煤矿
6	立井信号闭锁综合控制装置	莒县煤矿
7	依靠科技进步，降低坑木消耗，促进安全生产	矿务局支护专业组
8	液压清车机的研制	地质机械厂
9	推广煤炭企业会计核算（财务处理、报表管理）电算化	财务处
10	临沂矿务局肺结核病流行病学调查报告	卫生所

序号	项目名称	完成单位
11	严重多发创伤抢救成功经验	局职工医院
二	**二等奖（18项）**	—
1	一吨罐笼柔性导向卡的研制与应用	褚墩煤矿
2	近含水层下区段上行开采	
3	锚背网联合支护在煤巷中的应用	
4	副井暗斜井信号系统改造	五寺庄煤矿
5	CDU 大管径快速接头在立井中的应用	塘崖煤矿
6	水仓配水闸门的技术改造	草埠煤矿
7	锁板式人车（罐笼）脱钩试验器	莒县煤矿
8	控制爆破理论在实践中的应用	建井工程处
9	转化"差生"的几点做法	
10	XH–4 型锅炉预热水箱的开发	机械厂
11	铸造高锰钢新产品的开发	
12	火工品系统化管理	矿务局专业组
13	XLZ–120–1 型连铸机的研制	技工学校
14	推行全面质量管理，提高筑炉质量	建筑安装工程公司
15	大隐静脉移植治疗股动脉断裂	局职工医院
16	火郁汤临床发挥	
17	改革工资发放办法，推行"职工工资信用卡"制度	物资供应公司
18	推广先进技术，提高煤质分析能力	煤质处
三	**三等奖（53项）**	
1	推广高压接地微机监控装置	褚墩煤矿
2	推广应用蓄电池特效增强剂	
3	推广矿用低压选择性漏电保护装置	
4	推广应用矿用高压真空断路器	
5	推广蓄电池过放电指示器	
6	提升罐笼加装折叠式工作盘在堵水工程中的应用	五寺庄煤矿
7	锅炉消烟除尘器改造	
8	多台主扇联合反风的推广应用	
9	振动筛的技术改造	塘崖煤矿
10	声控喷雾装置的技术改造	
11	二采区西石门 –108 米水平贯通测量	
12	锚网喷砼砌墙联合支护在大断面硐室施工中的应用	汤庄煤矿
13	斜井提升二级制动的推广应用	
14	井口排矸系统改造	

序号	项目名称	完成单位
15	杠杆连动闭锁风门	草埠煤矿
16	加强科技管理，实现矿井安全生产	
17	主井绞车后备自动减速保护装置	莒县煤矿
18	斜井坡口闭锁式手动挡车器	
19	砖窑余热利用	
20	塑料制品生产工艺的改造	
21	沿薄煤层灰岩顶板掘进巷道支护方法	岐山煤矿
22	受地板水威胁煤层的开采方法	
23	LC-1型喷浆机喷嘴的推广应用	建井工程处
24	用新奥法穿过软弱围岩	
25	大断面机电硐室施工	
26	矿建综合工区计件工资管理办法	
27	大型铆焊件工艺改进与质量控制	机械厂
28	冲天炉、工频炉联合熔炼工艺的应用	
29	建立长度标准，加强计量检测，提高产品质量	
30	立窑液压卸料电控系统改造	水泥厂
31	立窑鼓风机供风系统改造	
32	生产525号水泥新工艺的应用	
33	沸腾炉点火和燃烧工艺的改进	发电厂
34	70炉推拉焦车技术改造	
35	捞煤机的研制	总厂
36	蒸笨工艺计量控制改造及强化质量监督	
37	焦化废水处理工程	
38	BJ-212型在用吉普车改造	汽车运输公司
39	调压板和集中排气法在供暖工程中的应用	建筑安装工程公司
40	多功能木材裁口机的研制	
41	低噪音风机的推广应用	通风防尘处
42	开发微机管理设备台账	机电处
43	推广WY-3型微机监控系统	
44	关于三角形面积的教学——谈深入浅出的教学法	教育培训部
45	存贷利息计算及对账打印程序	财务处
46	新型矿车轮对的试制与推广	技工学校
47	交流异步电动机定子模型	
48	液压系统综合试验机	
49	目标管理网络在节能工作中的应用	科技处

序号	项目名称	完成单位
50	优化产品结构，调整品种，提高经济效益	煤质处
51	机械衡改造成电子衡在商品煤销售中的应用	
52	关于劳保医疗制度改革	卫生处
53	临床生化质量控制的应用研究	局职工医院

2. 优秀论文（24篇）

1992年矿务局第四次科技大会优秀论文获奖统计表

表8-2-6

序号	项目名称	完成单位
1	206例急性心肌梗塞愈后分析	褚墩煤矿
2	回采巷道矿压观测报告	
3	第三层煤自然发火规律初探	
4	火成岩在第三层煤侵入规律初探	
5	火成岩侵入区残采工作面岩移规律初探	五寺庄煤矿
6	柴胡疏肝散加减治疗气滞型膜胀	
7	巷道遇断层的判断及应用	塘崖煤矿
8	云南白药治疗带状疱疹	草埠煤矿
9	株柏煤矿水砂充填技术论证	建井工程处
10	严重创伤病人的护理	局职工医院
11	初探大面积提高教学质量的可行性做法	矿务局中学
12	数学教学中应充分重视远期效果	
13	怎样提高数学解题能力	
14	高三语文综合复习阶段基本课型初探	
15	从思维品质和教材知识结构探索学生思维能力的培养	
16	英国煤田和水平采煤法（译文）	计划处
17	储量探采比及生产矿井剩余服务年限计算方法	地质处
18	利用地质编录求解岩层产状	
19	株柏矿井筒十字线的恢复	
20	三段叠加法测量钢丝长度在株柏煤矿导入标高的应用	
21	论斜井地面滑行车场及主副井、井上下、空重车自动摘钩的应用	总工办
22	临沂矿区通信改造方案论证	科技处
23	科技管理办法的编制与实施	
24	论蒸汽锅炉余热利用	多种经营总公司

3. 优秀科技工作者（60名）

丁学东　刁本温　文士高　王本明　王永亮　王存策　王言南　王彦美（女）

王明彩　王树楷　王景佩　王道臣　卢建智　石富山　刘东昌　王彦臻（女）

刘恩功　刘善忠　朱占岗　邢世春　齐东合　严维国　何西文　刘贤琪
吴国栋　张华芝　张学诗　张树宽　张继远　李　钊　李焕武　李继香（女）
苏学明　苏忠良　连玉彬　陈启法　陈祥和　周树运　林茂法　李跃梅（女）
苑惠祥　郑加玉　侯怀信　赵凤岐　赵贵平　赵喜庆　唐光平　夏宇君
席思军　徐维禄　秦德富　聂瑞明　高永健　盖允玉　黄砚明　彭建英（女）
蒋光润　翟兴利　穆新红　魏延福

（二）第五次科技大会

1994年12月18日，矿务局第五次科技大会召开，表彰奖励科技成果57项，其中，一等奖8项、二等奖20项、三等奖29项；管理现代化优秀成果15项，其中，一等奖4项、二等奖5项、三等奖6项；优秀科技工作者57名。

1. 科技进步成果（57项）

1994年矿务局第五次科技大会科技成果获奖统计表

表8-2-7

序号	项目名称	完成单位
一	一等奖（8项）	
1	柱式充填采煤法的研究与应用	株柏煤矿
2	倾斜挂铰接顶梁回采工作面前探支护技术研究	草埠煤矿
3	搪瓷厂建设和生产技术的研究及应用	恒河实业总公司鲁星搪瓷厂
4	焦化化工产品设备不停产检修新技术	恒河实业总公司繁星实业公司
5	碎石护壁自重沉井立井施工通过第四系表土流砂层	工程公司
6	双曲线冷却塔筒体无竖井架倒模施工新技术	
7	角度椎弓根螺钉系统治疗胸腰段不稳定骨折的临床研究	局职工医院
8	大面积热管采暖系统产品开发	机械厂
二	二等奖（20项）	
1	膨胀水泥在堵水闸墙中的应用试验	汤庄煤矿
2	塑料编织设备——挤出机、粉碎机的改造	
3	三〇采区充砂系统新技术的研究与应用	五寺庄煤矿
4	单泵双液循环注浆法的研究及在堵水墙工程中的应用	
5	菱镁砼制品在褚墩煤矿的研制与应用	褚墩煤矿
6	可控硅动力制动电源装置在褚墩煤矿的应用	
7	主井提升绞车制动系统改造及罐笼新型防坠器的应用	株柏煤矿
8	一吨U型矿车车轮拆卸器的研制和使用	
9	快硬膨胀水泥锚杆药卷的技术引进和制作应用	工程公司
10	株柏煤矿主（立）井以吊挂井壁作临时支护顺利通过松软地层和凝灰岩喀斯特溶洞地段	
11	主要通风机轴承超温声光报警信号装置的研制与应用	莒县煤矿
12	焦化煤泥水及化产废水改厂内闭路循环	恒河实业总公司繁星实业公司
13	机焦炉炭化室砌体材料和结构的研制与改进	
14	"启发式"教学法在语文讲读教学中的应用	教育培训部

序号	项目名称	完成单位
15	克雷伯氏菌肠炎临床与实验研究	局职工医院
16	跳汰机在洗劣质煤中的研究应用	草埠煤矿
17	扇风机交流变频调速装置的推广应用	
18	受底板水威胁煤层防治水的试验研究	
19	储运站铁路专线局部技术改造	物资供应公司
20	急性重型颅脑损伤抢救成功经验	局职工医院
三	**三等奖（29项）**	
1	安全质量班检评管理效应	五寺庄煤矿
2	利用原矿井总风阻采取增减风阻法改造通风系统	
3	补阳还五汤加减治疗中风的临床应用	
4	汤庄井田岩浆的侵蚀规律及在矿井生产中的应用	汤庄煤矿
5	径口有机磷中毒504例临床分析	
6	褚墩井田第三层煤岩浆侵入规律探讨及采用相应的开采方法	褚墩煤矿
7	电动机无功就地补偿技术的应用	
8	毫秒爆破工艺在十（二、三）煤层工作面中的应用	草埠煤矿
9	充电机保护器的应用	
10	REDMINI-2防爆光电测距仪在西风井贯通测量中的应用	塘崖煤矿
11	采用聚丙烯金属化电容器对异步电动机进行无功就地补偿	
12	硫化铅酸蓄电池的修复及铅酸蓄电池 添加剂"一加灵"的推广应用	
13	莒县煤矿煤与瓦斯突出的防治措施及应用	莒县煤矿
14	铸造不锈钢产品开发	机械厂
15	纤维复合保温冒口推广应用	
16	无功就地补偿技术在设备节能改造中的应用	总厂
17	φ2×8米机立窑摆辊密封的改进	水泥厂
18	电工多用综合实习系统	技工学校
19	新型电子自动水位控制装置的研制与应用	
20	光亮锌铁合金电镀工艺的改进与应用	
21	YQ一吨液压清车机在大跨度双轨运输道的应用与改制	煤田地质勘探工程公司
22	利用循环水养殖罗非鱼	发电厂
23	根据矿井需要风量合理调节主要通风机转数实现节能	岐山煤矿
24	人工肾治疗流行性出血热急性肾衰	局职工医院
25	经阴道全子宫切除术	
26	在小学数学教学中推行"愉快教学法"	教育培训部
27	运用发现法突破重点、难点，全面提高教学质量	
28	焦化煤气开发利用	恒河实业总公司繁星实业公司
29	自血光量子治疗缺血型脑血管疾病	局职工医院

2. 优秀管理成果（15项）

1994年矿务局第五次科技大会优秀现代化管理成果获奖统计表

表8-2-8

序号	项目名称	完成单位	类别
一	一等奖（4项）	-	-
1	用系数分配法促进水泥厂内部工资分配制度的改革	工资处	应用
2	改革内部用分配制度，建立新的利益驱动机制 —手一分配法的运用与实践	物资供应公司	创新
3	一级法人委托经营——统一核算管理法的运用与实践		
4	全面合同管理在临沂矿务局的初步应用	企业管理处	应用
二	二等奖（5项）	-	-
1	固定资产管理与核算软件开发及应用	财务处	
2	需求函数在煤矿产销过程中的应用	草埠煤矿	
3	改进工效挂钩办法，提高企业综合效益	工资处	应用
4	应用目标管理提高企业经济效益	机械厂	
5	运用QC方法提高水泥厂30万吨水泥生产线磨房工程质量	工程公司	
三	三等奖（6项）	-	-
1	推广应用全面合同管理，提高企业经济效益	褚墩煤矿	
2	微机储量管理系统在临沂矿务局储量管理中的运用与推广	地质处	
3	企业档案分类编号办法及应用	档案处	应用
4	加强标准化管理，提高备查煤样合格率	煤炭运销公司	
5	加强市场调查，服务用户，带动销售	莒县煤矿	
6	煤矿食品卫生管理工作中的质量标准化	卫生处	

3. 优秀科技工作者（57名）

门曰江　牛爱君　王均建　王景佩　付金廷　卢加棣　石富山　方华艳（女）

刘　星　刘东昌　刘厚福　刘恒田　刘春祥　刘洪桂　刘恩功　孙炳玉

安宝川　许景贤　邢世春　齐东合　张广炎　张正水　张立傲　张作利

张学诗　李佃新　李洪儒　李耀海　杨　哲　杨瑞岭　汪运波　苏忠良

陈　猛　陈建先　陈祥合　周成瑞　孟凡从　孟庆启　尚玉莹　姜　霞（女）

段宝兴　胡耀忠　唐光平　夏玉安　夏宇君　奚玉明　聂瑞明　贾金秋

高永健　高学民　崔连军　曹汉东　谢同卿　管清向　穆新红　魏延福

魏荣才

（三）第六次科技大会

1996年12月18日，矿务局第六次科技大会召开，表彰奖励科技进步成果80项，其中，一等奖8项、二等奖18项、三等奖54项；优秀科技工作者62名和专业技术拔尖人才9名。

1. 科技进步成果（80项）

1996年矿务局第六次科技大会科技成果获奖统计表

表8-2-9

序号	项目名称	完成单位
一	**一等奖（8项）**	-
1	古城矿井优化设计	矿务局
2	古城矿井松软破碎带粘土水泥浆注浆技术	古城矿井筹建处
3	古城矿井地下水高流速下强化冻结研究	
4	条带水砂充填开采工业广场流砂层下煤柱试验	五寺庄煤矿
5	搪瓷泡罩新技术在焦化厂脱苯塔内应用的研究	繁星实业公司
6	风动旋转折叠式安全门的应用	株柏煤矿
7	Tad型竖井提升容器安全承接装置的应用	
8	彩色金属瓦生产工艺研究	机械厂
二	**二等奖（18项）**	-
1	临沂矿务局水害类型分析及防治	生产技术部
2	地震勘探在古城矿井建设中的应用	古城矿井筹建处
3	塘崖矿井南翼水害分析及治理	塘崖煤矿
4	JCCZBHMZ开采可行性研究	褚墩煤矿
5	巨厚岩浆岩岩床体下煤层开采地表移动观测与分析	
6	褚墩煤矿第三层煤自然发火规律与防治	
7	草埠煤矿-300米水平破碎围岩巷道支护方式改革	草埠煤矿
8	玻璃纤维风筒布的研制与应用	
9	RZZ软岩钻杆在汤庄煤矿的应用	汤庄煤矿
10	应用次氯酸钠处理医疗污水	教育卫生部
11	强力蒸汽二次风技术在工业锅炉的应用	褚墩煤矿
12	橡胶添加剂的开发应用	技工学校
13	利用可编程控制器对电梯控制技术的应用	
14	电动耙式石灰石装载机的研制	机械厂
15	断指再植术	局中心医院
16	狄克氏钉内固定治疗胸腰椎不稳定骨折	
17	尿激酶静脉溶栓治疗心肌梗塞	
18	自体肋软骨及前额岛状皮瓣一期全鼻再造	
三	**三等奖（54项）**	-
1	便携式瓦斯检测报警仪的推广应用	生产技术部
2	瓦斯遥测仪在临沂矿务局的推广	
3	古城矿井井筒十字中线的建立与维护	
4	双抬棚在采区架棚巷道交叉点支护中的应用	

序号	项目名称	完成单位
5	联棚器在巷道掘进中的应用	塘崖煤矿
6	F_{10}断层位置及含水性研究，增加可采储量、延长采区服务年限	
7	日用瓷原料配方、青花瓷配方研究	
8	分级振动筛在塘崖煤矿的应用	
9	大倾角单一煤层采煤方法的改造	五寺庄煤矿
10	条筒泄水法在条带水砂充填中的应用	
11	岩浆岩侵入区找煤在232采区的实践	
12	绞车液压站降温设施的研制与应用	
13	运用"索引法"设计，提高设备基础定位的准确性	工程公司
14	大跨度轻型屋盖的设计与应用	
15	推广和应用"一模三用"先进技术	
16	缓及倾斜煤层采区上部车场巷道布置的改进与应用	褚墩煤矿
17	褚墩井田断裂构造研究及应用	
18	定向钻探技术在注浆孔钻进中的应用	煤田地质勘探工程公司
19	KWS型系列止浆塞在地面预注浆工程中的应用	
20	-450米水平下部三层煤的探找	莒县煤矿
21	变压器纵联差动保护误动作原因分析与调整	生产技术部
22	倍力抗磨节能剂大面积地推广应用	科技信息计算中心 汤庄煤矿 繁星实业公司 褚墩煤矿
23	电动机无功就地补偿新技术的推广应用	科技信息计算中心
24	DYWS系列多用液下杂污泵的推广应用	繁星实业公司
25	"七〇"型焦炉加煤车及熄煤车技术改造	
26	跳汰机精煤脱水分级筛运系统技术改造	
27	乳化液自动配比器及浓度仪的应用	草埠煤矿
28	增压式单体液压支柱测压仪的应用	
29	低噪音对旋轴流式局部通风机的推广与应用	
30	单体液压支柱液压回柱器的应用	
31	喷搪房排尘方式改造	鲁星搪瓷公司
32	割角工艺的改进	
33	古城矿井主井提升声光载波通信系统开发与应用	工程公司
34	古城矿井主井地面凿井稳车集中控制	
35	采用聚氨酯材料作溜绳滑块，延长钢丝绳的使用寿命	
36	铝基稀土耐磨合金的推广应用	机械厂
37	石材爆破劈裂器在地面绞车变速箱基础地槽控制爆破中的应用	莒县煤矿
38	消除极板硫化，延长蓄电池使用寿命	岐山煤矿
39	主井罐笼自动罐帘研制及应用	技工学校
40	矿井主要通风机微机监控系统的应用	

续表

序号	项目名称	完成单位
41	汤庄煤矿−128米西石门注浆堵水工艺	汤庄煤矿
42	腓肠肌肌瓣及肌皮瓣转移术修复小腿外伤性皮肤破损	
43	超声导向经皮肝脏穿刺引流治疗肝脓肿	
44	肉眼直视下不留支架输卵管吻合术成功3例报告	
45	静吸复合全麻术中唤醒实验临床应用	
46	前白蛋白测定在肝脏疾病中的应用研究	
47	保留脾极的脾部分切除术治疗脾破裂	
48	三联七日抗菌疗法对降低消化性溃疡复发的临床观察	
49	闭合穿针治疗胫骨骨折	
50	超声雾化吸入治疗小儿呼吸道疾病	
51	脑血栓形成的药物治疗——附34例临床分析	
52	黄连素与异博停并用治疗室性早搏	
53	重度颅脑外伤经鼻胃营养护理	局中心医院
54	改革实验教学方法，为提高化学教育质量服务	教育卫生部

2. 优秀科技工作者（62名）

于德亮　历　波　孔祥堂　王正连　王均建　王景佩　田衍圣　于海霞（女）
石富山　刘　雨　刘汉慈　刘守莲　刘建永　刘春祥　刘敬涛　朱孔东
齐东合　何西文　冷成宝　宋生柏　张　强　张守顺　张作利　张学诗
张营焕　李兰深　李宗臣　杨　哲　杨瑞岭　陈佰玉　陈晓阳　陆　彩（女）
陈祥合　周成瑞　周情来　孟凡平　孟庆启　尚玉莹　房　栋　林茂法
郑培永　段庆厚　段宝兴　赵喜庆　倪宗华　唐光平　夏玉安　姜　霞（女）
夏宇君　徐伟利　栾宗田　聂瑞明　贾金秋　高学民　崔连军　曹汉东
曹庆伦　黄佰玉　谢同卿　阚竹祥　魏延福　谢桂云（女）

3. 专业技术拔尖人才（9名）

于海霞（女）　于德亮　张　强　姜　霞（女）　夏玉安　栾宗田　贾金秋
曹庆伦　魏延福

（四）第七次科技大会

1998年11月18日，矿务局第七次科技大会召开，表彰奖励重要科技成果66项，其中，一等奖8项、二等奖21项、三等奖37项；优秀科技工作者59名。

1. 科技进步成果（66项）

1998年矿务局第七次科技大会科技成果获奖统计表

表8-2-10

序号	项目名称	完成单位
一	一等奖（8项）	—
1	古城矿井冻结段井壁结构形式研究与应用	古城矿井筹建处

序号	项目名称	完成单位
3	水泥机械立窑技术改造工艺研究	机械厂
4	矸石山运输系统的技术改造	草埠煤矿
5	草埠煤矿水文地质条件分析及对底板水的防治方法	
6	罐笼防过放缓冲器在褚墩煤矿的研制与应用	褚墩煤矿
7	植物质型煤配套技术的研究与应用	汤庄煤矿
8	人工髋关节置换的临床应用研究	局中心医院
二	二等奖（21项）	—
1	塘崖井田北翼三煤赋存规律研究	塘崖煤矿
2	闭合导线在主副暗斜井贯通测量中的应用	株柏煤矿
3	回风石门断层注浆堵水技术研究与应用	
4	高压真空开关维护与检修技术研究	
5	3000吨原煤仓滑模施工中筒壁与仓斗的分布浇筑法	古城矿井筹建处
6	电弧喷涂长效防腐技术在古城矿井井筒装备中的应用	
7	兴隆庄煤矿排矸系统地下通廊穿过富含水第四系流砂层的施工技术	工程公司
8	滑模技术在古城矿井原煤仓中的应用	
9	微机单片机在矿井提升机中应用	
10	立井井架吊挂砂箱溜绳拉紧系统的研制与应用	
11	个体呼吸性粉尘测定方法的应用	生产技术部
12	180×180毫米方钢罐道加工工艺研究	机械厂
13	上塑静电净化回收装置研制与应用	草埠煤矿
14	安全技措微机管理软件开发与应用	总工办
15	35吨/时锅炉二级除尘技术的应用	热电厂
16	堵水墙在封闭小槽煤区涌水中的应用	汤庄煤矿
17	奥洁瓷厂陶瓷料浆调控公式的推证及应用	
18	食道心房调搏检测窦房结功能	局中心医院
19	中心静脉压扰动脉压检测在麻醉中的应用	
20	急性脑梗塞病人红细胞压积变化临床研究	
21	熏蒸疗法的研究和应用	褚墩煤矿
三	三等奖（37项）	—
1	采区顺槽单巷掘进技术的研究与应用	草埠煤矿
2	掘进巷道十架棚连锁装置改造与应用	
3	锚杆支护在半煤巷中的应用	
4	ZK3-6/250型架线式电机车脚踏制动闸的研制与应用	
5	副斜井井巷照明技术改造	
6	倾斜井巷电动联合挡车门的应用	
7	消痔灵治疗内痔的临床应用与研究	

序号	项目名称	完成单位
8	倾斜煤层回采老空跟踪水的防治	莒县煤矿
9	3号立井安全门改造	
10	古城矿井锚网支护技术在大断面全煤巷道中的应用	古城矿井筹建处
11	网架结构在古城矿井工业食堂中的应用	
12	导硐法分层下台阶法在古城矿井主井箕斗装载硐室中的施工应用	
13	株柏煤矿3100采空区自然发火综合治理	生产技术部
14	奥洁瓷厂生产线供浆系统技术改造及应用	汤庄煤矿
15	奥洁瓷厂球磨机填充系数的研究与应用	
16	1.6米绞车滚筒裂纹变形的处理技术	
17	DX-1型通信声光信号器的应用	株柏煤矿
18	埋弧自动焊推广应用	机械厂
19	圆筒筛的研制与应用	塘崖煤矿
20	二十吨龙门吊制动系统技术改造	物资供应公司
21	计算机银行对账管理程序的开发和应用	
22	"三条线"辅助财务管理软件开发及应用	褚墩煤矿
23	褚墩煤矿工广供电系统技术经济分析与改造	
24	CLS-A型冲击水浴锅炉除尘器的推广应用	
25	聚氨酯直埋保温管在古城矿井蒸汽管网中的应用	古城矿井筹建处
26	微机在6000千瓦电机组电力系统的应用	热电厂
27	XWP型防污盘形悬式绝缘子的推广应用	生产技术部
28	SANOX牌多费率电能表的推广应用	
29	焦炉熄焦塔节能技术改造	恒河实业总公司
30	焦炉煤气冷却系统设备不停产技术改造	
31	焦炉洗精煤储运系统的研制与改进	
32	分切机长度控制装置的研制与应用	煤田地质勘探工程公司
33	慢阻肺病11型呼衰心电图与心肌酶谱变化病因及临床研究	局中心医院
34	单侧多功能外固定支架治疗复杂性胫腓骨折	
35	胸部良恶性病变X线早期诊断研究	
36	短节段经椎弓根复位固定器治疗胸腰椎骨折的研究	
37	微机核子秤在热电厂皮带机上的应用	热电厂

2. 优秀科技工作者（59名）

历　波　孔祥堂　尹建设　王乐义　王均建　王忠民　王绍田　方华艳（女）

包锡亮　白景志　石富山　刘　星　刘元国　刘凤江　刘守莲　刘敬涛

孙凤江　孙瑜春　庄树伟　朱孔东　邢世春　严维国　何西文　吴学功

张　强　张自忠　张作利　张育光　张俊宝　李大国　杨　哲　杨瑞岭

邵昌友　陈广印　陈百玉　陈祥合　周情来　孟令启　尚玉莹　范继强

郑培永 姜 涛 柳俊仓 段庆厚 段宝兴 赵久斌 奚玉明 姜 霞（女）

栾宗田 桓希传 秦德富 高建平 曹汉东 曹庆伦 梁宝成 崔俊英（女）

黄伯玉 董凤鸣 鲁守梅（女）

（五）第八次科技大会

2000年12月18日，矿务局第八次科技大会召开，表彰奖励科学技术进步成果74项，其中一等奖10项、二等奖24项、三等奖40项；专业技术拔尖人才15名、优秀科技工作者56名。

1. 科技进步成果（74项）

2000年矿务局第八次科技大会科技成果获奖统计表

表8-2-11

序号	项目名称	完成单位
一	一等奖（10项）	－
1	悬移支架放顶煤在古城矿井倾斜工作面回采中的应用	古城矿井筹建处
2	古城矿井箕斗采用定量胶带机动态控制装载的应用	
3	三维地震勘探技术在褚墩煤矿的应用	褚墩煤矿
4	沸腾锅炉技术改造	热电厂
5	三采区提高开采上限的研究与应用	株柏煤矿
6	矿用架线式电机车照明开关电源的研究与应用	
7	方箱式井架制造工艺研究	机械厂
8	带血管蒂肌皮瓣的临床应用	局中心医院
9	多功能康复腰围的研制与临床应用	临沂疗养院
10	技工学校管理系统开发与应用	技工学校
二	二等奖（24项）	－
1	提高薄煤层坚硬顶板炮采工作面块煤率的技术途径	草埠煤矿
2	斜井串车提升防错钩保护装置的研制	
3	液面控制加球装置改进与应用	
4	超导油炉在窗纱涂塑及无捻粗纱烘干中的应用	光力士集团
5	锚网带支护在古城矿井回采巷道中的应用	古城矿井筹建处
6	主井液压站恒控柜PLC-I/O模块改进	
7	古城矿井主井提升机电机安装工艺改进	
8	生产经营调度管理软件开发与应用	生产技术部
9	矿区主变压器故障处理技术应用	
10	电视台播音系统技术改造	局电视台
11	奥洁瓷厂泥浆新配方的研制	汤庄煤矿
12	窑炉余热综合利用	
13	裙边浴盆一模多用的改进	搪瓷厂
14	古城矿井底煤仓卸矸孔施工技术	工程公司
15	滑框倒模施工技术在古城矿井主井井塔中的推广应用	

续表

序号	项目名称	完成单位
16	放顶煤悬移支架制作工艺研究	机械厂
17	大倾角带式输送机安装工艺研究	
18	CT定位血肿穿刺抽吸并尿激酶溶凝治疗高血压脑出血的研究	局中心医院
19	脊麻−硬模外联合麻醉	
20	经基底节入路手术清除高血压性脑出血	
21	吗丁啉治疗小儿功能性厌食症的临床研究	
22	智能型多功能电脑牵引床治疗腰椎间盘突出症的临床应用	临沂疗养院
23	褚墩煤矿冲击地压的研究与危害防治	褚墩煤矿
24	煤炭工业部通用会计软件2000年问题及其他问题的研究及解决	财务部
三	**三等奖（40项）**	−
1	三采区大倍线水砂充填的研究与应用	株柏煤矿
2	株柏煤矿3400探煤上山煤层自然发火治理	
3	锅炉水处理溶盐系统技术改造的研究与应用	
4	肛瘘旷置术后花椒水坐浴治疗的临床应用与研究	草埠煤矿
5	回采工作面过断层、撤面及边角煤开采方法的研究与应用	
6	防丢喷雾装置的研制与推广	
7	斜井绞车松绳信号改造	
8	锅炉分层燃烧节能装置的改造与应用	
9	SGW−40T型刮板输送机改造	
10	钢丝绳预插滑头装置的研制与应用	
11	轻体夹心钢彩板在古城矿井主井塔密闭墙中的应用	古城矿井筹建处
12	PLC集中控制技术在古城矿井皮带运输系统的应用	
13	自动化供水系统的研制与应用	
14	WAO污水处理技术在古城矿井中的应用	
15	古城矿井首采区小构造发育规律初探及其应用	工程公司
16	热缩材料制作电缆终端技术在矿山井下的应用	
17	静力压桩法在古城矿井主井塔基桩工程中的推广应用	
18	涡流加热技术在扒轮中的研究与应用	褚墩煤矿
19	联合布置分层开采在3606回采工作面的应用	
20	褚墩煤矿突水采区采煤方法研究及水患治理	
21	褚墩煤矿自动喷雾装置的改造与应用	
22	改进采煤方法，提高煤炭质量	
23	空区边回采防治瓦斯积聚的研究	塘崖煤矿
24	搪瓷溜槽生产工艺改进	
25	封切机自动定长系统的改进	煤田地质勘探工程公司
26	承载灌注桩施工技术在煤田地质勘探工程公司6、7号住宅楼地基中的应用	

序号	项目名称	完成单位
27	现金流量表数据生成系统在物资供应公司财务核算中的应用	物资供应公司
28	通用工资软件开发与应用	财务部
29	基本建设账务系统软件的开发与应用	
30	漂珠材料在焦炉炉门衬中的应用	总厂
31	YT28-630/1030压力机四柱可调的研究改造	搪瓷厂
32	搪烧工艺的研究改进应用	
33	汽轮机蒸汽疏水管道消音器的研制与应用	热电厂
34	模式病房管理的临床应用研究	局中心医院
35	肺叶切除术治疗周围型肺癌研究	
36	反眉形小切口白内障摘除＋人工晶体植入术临床研究	
37	系统化整体护理在临床工作中的应用	
38	股浅静脉缩窄术治疗原发性下肢深静脉瓣膜功能不全性疾病	
39	微波治疗妇科炎症的临床研究	
40	颈椎间盘及椎管病变的B超诊断研究	临沂疗养院

2. 专业技术拔尖人才（15名）

于德亮　石富山　庄乾太　张　学　张　强　唐光平　夏玉安　夏宇君
聂瑞明　贾金秋　曹庆伦　魏延福　于海霞（女）　王　丽（女）　姜　霞（女）

3. 优秀科技工作者（56名）

历　波　牛爱君　王乐义　王玉华　王学科　王思国　包锡亮　刘守莲
刘洪波　刘敬涛　孙成彦　孙瑜春　安宝川　朱孔根　朱绍岗　庄玉荣（女）
邢世春　严庆昌　何　栋　何西文　冷成宝　吴同德　吴现枝　吴俊松
宋永彬　宋宜进　张乃国　张作利　张营焕　张善俊　李宜辉　李彩云（女）
李英新　杨　哲　杨瑞岭　邵昌友　陈广印　孟凡从　孟令启　邵美凤（女）
房　栋　武进玉　武善元　范继强　段宝兴　赵久斌　钟宇辉　奚玉明
徐敏星　桓希传　秦德富　郭圣刚　高建平　童培国　穆新红　徐淑红（女）

（六）第九次科技大会

2002年12月24日，矿务局第九次科技大会召开，表彰奖励优秀科技成果25项，其中特等奖1项、一等奖8项、二等奖9项、三等奖7项；优秀科技工作者50名。

1. 科技进步成果（25项）

2002年矿务局第九次科技大会科技成果获奖统计表

表8-2-12

序号	项目名称	完成单位
一	特等奖（1项）	-
1	大倾角、建筑物下、放顶煤实现矿井高产高效	古城煤矿

序号	项目名称	完成单位
二	一等奖（8项）	-
1	古城矿井主井提升系统改造	古城煤矿
2	应用综合防灭火技术防止煤层自然发火	
3	机焦炉加热排烟系统工艺改造	创元焦化公司
4	大体积混凝土冬季施工水化热处理技术	多种经营处
5	新驿矿井一孔多用少孔高压定向钻进地面预注浆技术	新驿矿井筹建处
6	永久井架凿井技术在新驿矿井的应用	
7	物业管理及住房公积金计算机软件的开发	局财务处
8	带血管蒂骰骨瓣移植治疗陈旧性距骨骨折	市南医院
三	二等奖（9项）	-
1	古城矿井深部巷道支护研究	古城煤矿
2	矿井生产与安全模拟演示与局部通风实验系统的研制与应用	技工学校
3	课薪制——技工学校教师工资制度改革探索	
4	轻型支架制造工艺研究	亚龙机械公司
5	布边整经机的研制与应用	光力士集团
6	进口缝编毡机卷取控制方法国产化改造	
7	用气压计法测定矿井通风阻力的实践与研究	生产技术处
8	内镜食管黏膜染色术诊断食管疾病的临床研究	市南医院
9	扩大翼点入路救治特重型颅脑损伤的临床研究	
四	三等奖（7项）	-
1	株柏煤矿南翼风井反向贯通测量方法与反井施工技术研究与应用	株柏煤矿 协作：华建工程公司
2	古城煤矿矿井水处理系统改造	古城煤矿
3	古城煤矿矿井压风机冷却水系统的改造	
4	综采工作面过断层技术	
5	拉伸压力机安全装置的研制与应用	鲁星搪瓷公司
6	异丙酚静脉注射用于人工流产的临床研究	市南医院
7	视黄醇结合蛋白在糖尿病、高血压致肾早期损害中的应用研究	

2. 优秀科技工作者（50名）

亓光明　孔祥堂　尹廷启　尹焕军　王兴存　王守富　乔立孝　任纪孝

刘守莲　刘成录　刘持兵　刘洪星　刘敬涛　庄玉荣　庄树伟　朱孔东

何西文　吴　涛　宋永彬　张乃国　张树宽　张振乾　张慎礼　严维娟（女）

李　冰　李允生　李金华　杜纪山　杜景彬　杨纪常　陈广印　房　栋

房北平　林　江　郑庆东　郑培永　姜振杰　段宝兴　类淑生　徐　霞（女）

赵东林　赵以乾　夏宇君　高佩宝　尉　光　童培国　解信德　韩奎英（女）

薛庆泉　魏本兵

二、临矿集团科技大会

（一）第一届科技大会

2008年7月9日，临矿集团第一届科技大会召开，对评出的81个科技创新成果、102个技术革新成果及6个科技创新先进单位和60名优秀科技工作者进行表彰奖励。

1. 科技成果获奖项目（81项）

2008年临矿集团第一届科技大会科技成果获奖统计表

表8-2-13

序号	成果名称	完成单位
一	一等奖（9项）	–
1	大采深煤层冲击地压原因分析及防治研究	古城煤矿
2	主井提升系统增容设计的研究与应用	
3	矿尘在线实时监测与监控系统的研究开发	新驿煤矿
4	全矿井综合自动化系统在煤矿生产中的研究应用	田庄煤矿
5	码头矿石快速定量装车系统的研制	泰安煤机
6	ZZ10000/32/62NF 型支撑掩护式液压支架的研制	泰煤公司
7	步进式烧结机系统设计研究	莱煤公司
8	玻璃纤维壁布生产技术与工艺的研究应用	光力士集团
9	地域分散型集团企业信息化建设新技术研究	信息中心
二	二等奖（19项）	–
1	JKM2.8×4–Ⅲ型提升机主轴轴承更换研究	古城煤矿
2	次煤筛选系统电控系统研究与应用	
3	分级回收工艺在煤泥水系统中的研究与应用	
4	基于围岩松动圈实测的宁汶煤田三类巷道支护技术与支护参数研究	新驿煤矿
5	薄煤层炮采工作面粉尘防治技术研究	田庄煤矿
6	SMU（Simulation Market Unit）在煤矿经营管理中的研究应用	
7	软底薄煤层综采工艺的研究	邱集煤矿
8	采煤工作面顺槽类板结构稳定性及其控制研究	
9	MG2×132/315–WD 型采煤机 PLC 主控器的研制及应用	
10	选煤厂系统改造	
11	煤矿建井水害综合防治技术研究	王楼煤矿
12	矿井冻结法施工过侏罗系红层含水层的研究与应用	军城公司
13	自动化选矸系统工艺设计与研究	泰煤公司
14	液压动筛跳汰机系列产品的研发	
15	立井 20～50 吨系列大型箕斗的研发	
16	Φ3000 轮胎传动圆筒混合机的研发	莱煤公司
17	PET 薄膜复合玻璃纤维网布的研发	光力士集团
18	预涂乳胶漆玻璃纤维布的研发	

续表

序号	成果名称	完成单位
19	煤炭行业集团运销系统的研发	信息中心
三	三等奖（53项）	—
1	综采放顶煤采空区自然发火防治研究	古城煤矿
2	仓储式煤仓的研究与应用	
3	新型声波场效应清灰器的开发应用	
4	多绳摩擦轮绞车换绳工艺研究与应用	
5	KJ251人员定位考勤系统的改造与应用	
6	"手指口述"工作法在煤矿安全管理中的研究与应用	新驿煤矿
7	预注浆技术在掘进巷道中的研究应用	
8	箕斗卸载监测监控程序的研究开发	
9	人机闭锁在斜巷提升中的设计与应用	
10	大巷道口感应门的设计与应用	
11	水位水温遥测系统在煤矿中的研究与应用	
12	皮带转载点的设计与应用	
13	矿井废水资源化研究	
14	煤矿安全隐患市场化管理体系研究与应用	田庄煤矿
15	开拓大巷快速施工技术研究与应用	
16	近距离煤层群回采巷道重叠布置技术研究与应用	
17	16煤、17煤矿压规律及支护参数研究	
18	安全管理运行系统软件的开发与应用	
19	成本十日报软件的开发	
20	矿井提升机低压交流变频调速系统的研究与应用	
21	钢丝绳在线检测在矿井提升系统中的研究与应用	
22	锅炉膜汽节能治污装置在4吨蒸汽锅炉中的研究应用	
23	煤矿职工安全诚信档案管理体系研究	
24	班组经济核算在煤矿经营管理中的研究应用	
25	基于共同利益的安全管理考核办法研究	
26	煤矿10煤层小漏斗区域疏水降压开采研究	邱集煤矿
27	DSJ系列吊挂皮带机应用于大起伏综采面机巷的研究应用	
28	小功率钻机施工大孔径钻孔反打技术的设计与应用	
29	主运输皮带变频调速装置的研究与应用	
30	交流异步电机无刷变阻启动技术研究应用	
31	转载机自移装置的研制及应用	
32	高压软启动在煤矿排水系统中的研究与应用	
33	采空区上覆近距离煤层开采技术研究与应用	马坊煤矿
34	煤层露头部位注浆堵水及注浆改造工程技术研究	

序号	成果名称	完成单位
35	现代化矿井建设技术研究	王楼煤矿
36	新型安全生产综合监控系统在煤矿中的开发与应用	
37	矿井主副井筒三灰、五灰水联合探测及防治	军城公司
38	急倾斜厚煤层自燃发火防治技术研究	株柏煤矿
39	土耳其TTK煤矿大型提升容器、操车成套设备机电一体化系统的研发	泰安煤机
40	76平方米鼓风带式冷却机的研发	莱煤公司
41	井下水仓清理系统的研发	
42	供应商分类管理法在物资供应中的研究运用	亿金公司
43	物资管理系统在煤矿中的研究应用	
44	精细化核算在供应站管理中的研究应用	
45	优化采购策略方法研究应用	
46	采煤机用电缆单丝限径技术研究应用	
47	搭配销售在营销过程中的研究应用	运销公司
48	ISO9000质量管理体系在学校教学中的创新和应用	技工学校
49	校园信息控制系统的设计与应用	
50	爬升式脚手架的施工技术研究应用	华建房地产
51	CFG桩复合地基设计及应用	
52	新建矿井首采工作面巷道布置优化研究	设计院
53	临矿集团生产经营调度管理系统的研发	信息中心

2. 技术革新获奖项目（102项）

2008年临矿集团第一届科技大会技术革新获奖统计表

表8-2-14

序号	项目名称	完成单位
一	一等奖（15项）	—
1	PNG-I型炮泥机的研制和应用	古城煤矿
2	棒条防堵回转筛的研制及应用	
3	半自动风门开启器及闭锁装置的设计及应用	
4	不停机酸洗凝汽器技术的研究及应用	
5	柔性充填材料在古城煤矿风门建设中的应用	
6	选煤厂煤泥水絮凝研究与应用	
7	风门快速建筑技术的研究与应用	新驿煤矿
8	掘进工作面地喷式自动化喷雾的开发研制与应用	
9	架空乘人索道无人值守自动停车装置	株柏煤矿
10	采煤机喷雾冷却系统改造应用	王楼煤矿
11	综掘机快速转弯技术的研究应用	

续表

序号	项目名称	完成单位
12	洗煤厂水洗系统改造	邱集煤矿
13	胜利油田用大型复杂空心曲轴的加工	莱煤公司
14	单体液压支柱大修专用设备	泰煤公司
15	万利织机传动系统改良	光力士集团
二	二等奖（34项）	—
1	高压射流清洗装置的研制及应用	古城煤矿
2	1120面放顶煤喷雾改造	
3	2101工作面后溜子的改造	
4	多功能折弯器的制作与应用	
5	副井口矿车出罐告警装置	
6	利用三维数据分析系统快速修改煤层底板等高线	
7	煤泥水系统工艺改造	
8	耙装机主副绳连接装置（倒楔）的研发与应用	
9	配煤系统的设计与安装	
10	气封加热器疏水回收利用的效益	
11	汽封加热器汽源的改造	
12	液压自移式可伸缩矸石抛射机的研制与应用	
13	综采支架液压起吊装置的制作与应用	
14	综掘机铲板底托链装置	
15	综掘机二运简易跑道制作与应用	
16	综掘机油箱改造	
17	风筒自动冲刷装置的研制与应用	新驿煤矿
18	安全培训电子课件的开发与应用	株柏煤矿
19	JK-2/20型绞车技术改造研究	
20	采区刮板输送机冷却系统改造应用	王楼煤矿
21	端头液压支架的应用与创新	
22	回"金"筛的应用与创新	田庄煤矿
23	测量后视对点器	
24	监控信号电缆的复用传输技术	邱集煤矿
25	C6031落地车床液压浮动支撑装置	莱煤公司
26	脱水装置工艺改进	
27	Φ125油缸复合镗滚头设备改进	泰煤公司
28	产品预算管理系统软件的开发	
29	装车站立柱焊接工艺	

序　号	项目名称	完成单位
30	淀粉奶瓶纱产品开发	
31	无碱 300 孔漏板工艺改进	光力士集团
32	窑炉工艺技术改造	
33	背压机排汽综合利用	
34	桑塔纳汽车驾驶练习器的设计制作与应用	技工学校
三	三等奖（53 项）	－
1	综掘机动力电缆不落地自动收放系统研究	
2	综采支架液压起吊装置的研制与应用	
3	1315 综放工作面安全快速下放串车	
4	2.5 米绞车传动失效保护电路制作应用	
5	2.5 米绞车转子柜真空接触器线圈防烧坏保护电路制作应用	
6	375 煤机摇臂电机改造	
7	MG250/591-QWD 采煤机截齿套固定改进	
8	点焊机的制作与应用	
9	多用调直机的制作与应用	
10	风动冲击钻技术改造	古城煤矿
11	风门的改进	
12	副井次煤筛选系统改造	
13	隔爆水槽自动加水装置	
14	锅炉返料系统改造	
15	耙装机腿液压升降装置	
16	乳化泵水箱自动供水装置的改造	
17	乳化液泵柱塞密封拆装器的研制与应用	
18	绳皮成型器的制作与应用	
19	综放工作面端头拉网器的研制与应用	
20	锚杆钻机支架	
21	前探梁拉紧装置	
22	用单片机控制 VGA 信号切换器	新驿煤矿
23	语音报警在通防管理中的应用	
24	电机车气动刹车装置设计与应用	
25	U 型预制水沟在煤矿回采巷道中的应用	株柏煤矿
26	电瓶车插头动触点旧料利用	
27	操纵机构的改进与应用	
28	煤机行走轮的快速拆装与应用	
29	水电联动自动喷雾在耙装降尘时的技术应用	王楼煤矿
30	提高耙装机效益的研究与应用	
31	主提升机软安全保护试验装置应用	

序 号	项目名称	完成单位
32	设备列车封车器的应用研究	田庄煤矿
33	矿井综合排矸系统的改造	
34	耙装机固定轮固定方式创新研究	
35	点动气控风门	
36	电机电动拆线机的技术改造	
37	气动弯钩冲压机	
38	挡煤板吊挂	邱集煤矿
39	挡煤板使用	
40	风门开启装置	
41	监控设备防电磁干扰技术	
42	旋转式挡煤帘在掘进巷道中的应用	
43	单齿辊耐磨耐高温堆焊工艺设计	莱煤公司
44	气体渗碳碳化物消除法	
45	单体液压支柱 DWQ 型油缸加工全包容卡爪	泰煤公司
46	提高薄盘类零件加工技术改造	
47	玻璃纤维壁布配方浆料改进	光力士集团
48	投料机的改造	
49	除氧器乏汽的回收再利用	
50	新型滚筒溜槽式给煤机在锅炉上的应用	
51	钟罩式风帽技术改造	
52	价格完全市场化在电煤运作中的应用	运销公司
53	多功能电工实训装置制作与应用	技工学校

3. 科技创新先进单位（6个）

古城煤矿　新驿煤矿　田庄煤矿　邱集煤矿　煤机集团　光力士公司

4. 优秀科技工作者（60名）

刘厚福　王统海　周生国　王沛智　王振伟　李　春　陈淑科　穆新红　王永宝

王传民　文士高　杨尊胜　奚玉明　孙瑜春　张作利　张树宽　刘治荣　齐东合

赵宝相　董勤凯　吕凤新　唐仲延　杨建新　俞建廷　刘　刚　李　强　李　鹏

陈家忠　桓希传　林英良　武善元　牛世夫　张家伟　朱玉清　曹善西　于富岭

王乐义　杨　震　韩延伟　岳润海　郭良法　罗启庭　郭万春　王俊奎　杨玉华

崔宝山　葛安华　张文忠　孟令乾　张　军　赵东林　夏宇君　杜东吉　徐盛华

沈友伟　栾宗田　温步飞　张卫东　戚洪来　邓晓刚

（二）第二届科技大会

2011年10月1日，临矿集团第二届科技大会召开，表彰奖励125项科技创新成果、141项技术革新成果、10个科技创新先进单位和60名优秀科技工作者。

1. 科技成果获奖项目（125项）

2011年临矿集团第二届科技大会科技成果获奖统计表

表8-2-15

序号	成果名称	完成单位	备注
一	一等奖（30项）		
1	复杂地质条件下工作面过断层技术开发	古城煤矿	
2	低真空循环水集中供热技术开发		
3	绩效考核在干部管理中的实践与应用		
4	薄煤层超高水充填开采技术开发	田庄煤矿	
5	基于VOIP、VSIP技术的可视直呼系统在矿井自动化中的应用		
6	断层防水煤柱开采关键技术开发	马坊煤矿	
7	软岩巷道综合治理技术的研究	新上海一号煤矿	
8	寒冷地区多绳摩擦轮绞车提升方式研究	榆树井煤矿	
9	主井井下溜破系统掘砌与地面井塔同时施工提高工程进度的研究	会宝岭铁矿	
10	20平方米水平橡胶带式真空过滤机的开发	煤机集团	
11	电厂粉煤灰湿法选碳回收及再利用技术开发		
12	内蒙古泰升煤矿2-90平方米步进烧结机配环式冷却机系统工程设计	莱芜煤机公司	
13	立井50立方米大型箕斗的开发	泰安煤机公司	
14	推行网上银行结算加强资金集中管理的研究	财务处	
15	临矿集团"实新文化"体系建设	政工处	
16	煤炭行业集团机电管理系统的开发	信息中心	
17	临矿集团改革发展模式研究	临矿集团	
18	富水软岩冻结凿井安全监测技术研究应用与井壁结构优化研究	新上海一号煤矿	
19	数字矿山技术开发与应用	王楼煤矿	
20	矿井排水系统技术开发与应用		
21	混合机型空压机自动监控系统	新驿煤矿	
22	矿井通风信息智能化管理系统研究与应用		
23	柔性掩护支架采煤工作面采空区防灭火技术开发与应用	株柏煤矿	获上级奖励
24	单体柔性掩护支架采煤法的研究与应用		
25	基于综合水文地质勘探工程的疏放水煤层开采技术开发	邱集煤矿	
26	BLZG50/1200×2620型立式全自动隔膜压滤机	煤机集团	
27	XMZG340/2000-U型厢式隔膜压滤机	莱煤公司	
28	2PGS-500×1500型筛分破碎机		
29	PGC1800×3240型单齿辊破碎机		
30	ZKD100快速定量装车站自动控制系统		

序号	成果名称	完成单位	备注
二	二等奖（53项）		
1	冲击地压在线监测系统的联合开发与应用	古城煤矿	
2	架空乘人保护装置综合改造		
3	IP 网络数字监控技术系统的开发与应用		
4	井下 6KV 系统远距离供电的设计改造		
5	跨步自移式高速抛矸机的研发与应用		
6	自动折叠式电缆串车的研制与应用		
7	井下湿热灾害治理技术开发与应用	王楼煤矿	
8	矿井自动化与数字化平台建设技术开发		
9	煤炭企业内部控制管理系统的开发		
10	王楼煤矿充水水源与充水通道综合研究		
11	矿井水分类排放优化技术开发与应用	田庄煤矿	
12	煤矿电网测控系统的开发及应用		
13	煤矿复杂通风系统优化技术开发与应用		
14	瞬变电磁水文物探在超前探水中的研究与应用		
15	井下撤人告警系统的开发与应用		
16	矿井机车运输监控系统的开发与应用		
17	田庄煤矿安全文化建设的理论与实践		
18	以责任会计为特征的双轨制煤炭企业全面预算管理		
19	极近距离煤层联合开采技术开发与应用	新驿煤矿	
20	白垩系含水层及断层水的防治技术开发与应用	株柏煤矿	
21	黄河北煤田开采沉陷规律及建筑物保护开采技术开发与应用	邱集煤矿	
22	厚表土层井筒注浆堵水工艺的开发应用		
23	矿井通风系统的优化设计与应用		
24	选煤厂洗煤工艺研究与改进		
25	承压水上煤层开采关键技术开发与应用	马坊煤矿	
26	基于 WIFI 技术的无线通信系统在煤矿生产调度中的应用	军城煤矿	
27	锚网喷支护开拓巷道快速掘进施工工艺的研究与应用		
28	瞬变电磁扇形探测技术开发及应用		
29	新上海一号煤矿富水软岩大断面硐室施工技术研究与应用	新上海一号煤矿	
30	RTK 在矿山地形测绘中的应用	会宝岭铁矿	
31	铁矿尾矿分级过滤、干堆排放技术开发	煤机集团	
32	GP-120A 圆盘式真空过滤机的开发	莱煤公司	
33	NUJ-6 深锥浓缩机的开发		

序号	成果名称	完成单位	备注
34	19立方米大型冶金箕斗的开发	泰煤公司	
35	快速定量装车站、液压动筛跳汰机液控系统的开发		
36	千米深立井稳罐装置和操车系统的开发		
37	液压动筛排矸系统开发及应用		
38	全面加强风险管理保障企业健康发展的研究	企业管理处	
39	基于IP网络的数字化新闻远程传输系统的开发	信息中心	
40	条带开采条件下三带观测与研究	古城煤矿	
41	大采深复杂围岩开拓巷道支护技术研究	王楼煤矿	
42	大采深下山全岩巷道快速掘进技术研究		
43	矿井主通风系统H-H变频技术研究	田庄煤矿	
44	薄煤层工作面机械化采煤工艺及设备开发		
45	构造复杂区域承压水上安全开采技术开发		
46	遥控罐帘门系统的研究与应用	新驿煤矿	
47	黄河北煤田高承压水突水原因及治理综合研究	邱集煤矿	
48	极近距离煤层上行开采技术研究与实践	马坊煤矿	
49	HC3516型圆筒混合机	莱煤公司	
50	QZKSB33/130-800汽车快速定量装车系统	泰煤公司	
51	高强力全行程悬浮外注式单体液压支柱		
52	液压动筛排矸系统研究及应用		
53	集团运销信息管理系统研究应用	信息中心	
三	**三等奖（42项）**		获上级奖
1	地面工业广场运输系统改造	古城煤矿	
2	古城煤矿水系统设计与综合利用		
3	厚煤原生矸石充填技术研究		
4	基于C/S、B/S混合模式煤矿安全管理息系统开发与应用研究		
5	煤泥道输送系统的开发应用		
6	千米深井软岩道支护技术开发与应用		
7	拓展训练在提升工素质中的实践与应用		
8	以"位置论"为心的古城文化体系建设		
9	语音应急广播系统在古煤矿安全生产中的应用		
10	流程再造理论在内部会计控系统中的应用	王楼煤矿	
11	煤炭业规范化管理流程研究		
12	水淹回采工作面快速复产技术开发		
13	-250米水平首采面矿压规律研究及采场支护技术开发	田庄煤矿	
14	薄煤层长壁煤层注水防尘技术开发		
15	薄煤层综掘工作面粉尘防治技术开发		

续表

序号	成果名称	完成单位	备注
16	法律风险防范下的"一专两全"企业合同管理机制研究	田庄煤矿	
17	基于CTI技术全数字调度交换机的开发与应用		
18	基于工业以太网的井下主排水集中控制系统的设计与应用		
19	基于工业以太网的煤矿安全监控系统设计与应用		
20	煤炭企业全面预算管理方法研究		
21	精煤泥破碎机的研制与应用		
22	矿井大断面巷道新材料注浆及破坏修复技术开发		
23	煤矿掘进后路运输系统的改造在煤矿井下应用的研究		
24	无线测温在变电所综合自动化改造中的应用		
25	自动调谐消弧线圈成套装置在矿井生产中的应用		
26	35KV变电所动力环境监控系统开发与应用	新驿煤矿	
27	假顶下沿空掘巷技术参数的研究与应用		
28	简易抛矸机制作与应用		
29	MG132/315-WD型采煤机主控器改型设计与应用	邱集煤矿	
30	矿井采区方案设计优化研究		
31	矿井采区回采巷道沿空送巷技术的应用		
32	大倾角大淋水工作面顺槽快速施工工艺的研究与应用	军城煤矿	
33	掘进巷道过陷落柱支护方式研究与应用		
34	锚喷巷道初喷浆工艺研究与应用		
35	综采面支架回撤工艺改进研究及应用		
36	铁矿硬岩掘进技术与工艺的开发应用	会宝岭铁矿	
37	岩体地基特殊处理方式的研究		
38	91平方米步进式烧结机的开发	莱煤公司	
39	CL12、CL12L链板式输送机的开发		
40	分段自动提耙浓缩机的开发	泰煤公司	
41	后置式闸门曲轨自动卸载27t箕斗的开发		
42	临矿集团物业管理系统开发	信息中心	

2. 技术革新获奖项目（141项）

2011年临矿集团第二届科技大会技术革新获奖统计表

表8-2-16

序号	成果名称	完成单位
1	2.5绞车房钢丝绳应力释放旋转装置	古城煤矿
2	2.5绞车钢丝绳排绳车的制作与应用	
3	2103工作面设备集控化改造	
4	2109轨道顺槽轨道与2109胶带联络巷胶带立交运输	

序号	成果名称	完成单位
5	北翼一部候车变频器制动单元改造	
6	便携式临时前探支护	
7	采煤机折叠式挡煤板应用	
8	粗煤泥回收系统改造与应用	
9	地面供电系统综合改造	
10	电翻笼推车机升级改造	
11	电瓶车综合改造	
12	防冲密闭	
13	防纵撕胶带的扒头工艺革新	
14	复杂地质条件下管子道快速施工技术	
15	副井绞车测速机信号双回路改造	
16	副井来煤 3# 胶带驱动装置改造	
17	副井来煤系统系统改造	
18	副井提升设备更新改造	
19	副井西侧爬车机机尾跑道及小推车改造	
20	高压联络开关柜改造	
21	古城煤矿井下搅拌站系统	
22	混煤胶带中煤斗提变频调速研究与应用	古城煤矿
23	机械排矸车间工艺改进	
24	胶带运输机转载点导料溜槽的改造与应用	
25	井下辅助运输系统改造	
26	井下核子称零点漂移问题解决方案	
27	矿井水处理与地面无尘化管理综合利用	
28	矿井水循环系统改造	
29	煤仓快速施工技术	
30	煤矿混凝土搅拌站	
31	煤泥刮板输送机防落链装置	
32	上车场防误操作闭锁的改造	
33	伸缩胶带机储带仓改造	
34	视频终端可移动支架改造	
35	跳汰机排风粉尘与噪音的治理	
36	推拉式过桥	
37	西污水站循环水下井自动转换电路的应用	
38	下山胶带启动回路改造	
39	液压支架回撤滑道的制作与应用	
40	原煤仓胶带保护改造	

续表

序号	成果名称	完成单位
41	澡堂配水自动化装置改造	
42	正激励法在区队管理中的应用	
43	主井电控设备更新改造	
44	主井主电机定子挪移装置研制与应用	
45	主胶带系统集控化改造	古城煤矿
46	自动搅拌料箱的制作	
47	综掘工作面移动式材料架	
48	钻探过程中钻孔开孔定向装置的发明	
49	35kV高压电缆头制作工艺的改进	
50	古城Ⅰ线、Ⅱ线负荷实时监控技术改造	
51	锅炉给煤机自清装置的研制与应用	古城煤矿电厂
52	锅炉减温水工艺流程的改进	
53	煤泥搅拌缓冲仓自清理装置的研制与应用	
54	安全薄弱人员排查与转换研究应用	
55	安全隐患闭环管理系统的研究与应用	
56	便携式光缆通断测试仪	
57	地面生产系统分煤板电动化改造	
58	地面生产系统振动筛分段分层筛选法	
59	负压通风在特殊条件下的应用	
60	井筒磁开关短路保护系统改造	
61	井下大功率设备机房硐室降温技术研究	王楼煤矿
62	煤矿"三违"综合治理研究与应用	
63	耙装机安全系统改造	
64	伺控道岔传动方式技术改造	
65	提升机串绳新工艺应用	
66	选煤厂煤泥水处理系统改造	
67	"32412"薄弱人物排查管理法	
68	LED电子屏综合管理显示系统改造	
69	地面遥测与井下监测的优化及应用	
70	电机定子电动拆线机的研究与应用	
71	风门挡车器连锁装置的设计与应用	
72	锅炉环网供水系统改造	田庄煤矿
73	锅炉脱硫降尘系统改造	
74	基于RSView软件的仓位数据显示的设计与应用	
75	绞车红灯信号改造优化	
76	掘进机二运胶带单轨吊梁的研究应用	

序号	成果名称	完成单位
77	可调式压力机的设计制作及工艺	田庄煤矿
78	矿井斜巷提升运输联动挡车器的技术改造与应用	
79	软岩条件下顶底板移近量观测方法的改进	
80	提高弯巷施工精度的测量方法	
81	无人值守变电所远控制系统双电源改造与应用	
82	新副井滑升大模板套外壁施工工艺的应用	
83	新副井开拓工程快速施工技术方案	
84	中煤回洗系统改造的研究与应用	
85	"三位一体"自主安全评估法开发应用	新驿煤矿
86	35KV变电所低压电容补偿双回路自动切换装置	
87	35KV变电所主变自动温控通风散热排气扇的应用	
88	抽屉式托辊架	
89	除锈器	
90	定量斗防卡堵保护装置	
91	锅炉脱硫、除尘器改造	
92	举管机	
93	犁式清扫器自动切换装置	
94	锚杆丝帽紧固器	
95	胶带抽、卷一体化装置	
96	胶带机尾跑滚筒保护装置	
97	胶带自动张紧装置	
98	小型液压千斤顶	株柏煤矿
99	主井绞车检修开车预警装置	
100	主井液压站低油位闭锁保护装置	
101	综掘机红外人机闭锁装置	
102	方便快捷煤场洒水降尘	
103	锅炉除尘器改造	
104	全断面射流旋转式喷雾装置	
105	"快乐工程"推进邱集煤矿健康和谐发展	邱集煤矿
106	SGB40T系列刮板输送机机头结构改造	
107	副井提升操车系统信号闭锁确认的研制	
108	管道泵在采掘顺槽排水中的应用	
109	管道离心泵在煤矿中的应用与研究	
110	人行车自动伸缩门的研制	
111	澡堂水温、水位自动控制装置的研究及应用	
112	智能放炮连锁管理系统	

续表

序号	项目名称	完成单位
113	极近距离煤层下位煤层锚梁支护研究与应用	马坊煤矿
114	矿井承压岩溶水综合开发利用技术研究	
115	液压回柱器在采煤工作面回柱过程中的应用	
116	EBZ135 型掘进机本体盖板及侧产板小盖板优化改造	军城煤矿
117	交直交高压变频器在矿井通风系统中的应用	
118	井筒出水治理新工艺的探索及应用	
119	井筒位置磁传感器改进及应用	
120	可拆卸分体式挡绳轮改造	
121	无极绳绞车预警延时启动方式的改进	
122	斜巷装车定位器的制作及应用	
123	压风系统远程自动监测技术研究及应用	
124	转载机头自动起升装置的研制	
125	煤气自动检测装置研究	会宝岭铁矿
126	斜坡道双水平运输信号装置应用	
127	国外破碎机齿板的国产化及耐磨材料的研究	莱煤公司
128	内蒙古榆树井、上海庙矿 U 型钢棚用卷弧设备	
129	SHL10t/400 淘汰高耗能锅炉设备技术改造	泰煤公司
130	散料装运管理系统	
131	新型摆动伸缩式装车溜槽	
132	JWB 型矿用无极绳调速机械绞车	兖州煤机公司
133	短切毡用纱浸润剂配方改良	山东玻纤集团
134	采用无填料解决水泵盘根漏水的研究	
135	除氧器余气回收研究	
136	低温循环水供暖系统远程控制补水的研究应用	
137	锅炉冷渣机下渣口扬尘问题的解决	沂水热电公司
138	锅炉热渣热量回收项目	
139	济锅 471 锅炉模式壁磨损问题的研究	
140	蒸汽供热管网疏水系统研究	
141	后处理系统节能改造	光力士集团

3. 科技创新先进单位（10个）

古城煤矿　王楼煤矿　田庄煤矿　新驿煤矿　邱集煤矿　马坊煤矿
上海庙矿业公司　会宝岭筹建处　煤机集团　山东玻纤集团

4. 优秀科技工作者（60名）

陈淑科　李连华　柳俊仓　石道勇　王桂利　王统海　魏茂生　董洪伟　郭洪运
南锦玉　石宏杰　邢少勇　步长存　方志明　孙瑜春　王永宝　杨尊胜　高敬东
吕凤新　马骏骋　任智德　钟宇辉　吕建华　赵德国　季现亮　李存禄　武善元

徐庆国　曹善西　于富岭　刘汉慈　王乐义　王玉强　吴俊松　高建平　王忠密
李宗珠　吴　涛　吴绍辉　曹广海　彭立正　杨全庆　刘怀成　李　伟　张延振
张佰海　张洪友　郭良法　齐山富　徐茂忠　张文忠　徐盛华　沈友伟　高爱萍（女）
杨建银　赵东林　温步飞　陆永生　张　永　主冠达

（三）第三届科技大会

2013年10月27日，临矿集团第三届科技大会召开，对评出的67项科技成果、74项技术革新成果、32项专利、24项标准、3部论著、科技创新先进单位9个、优秀科技工作者60名进行表彰奖励。

1. 科技成果获奖项目（67项）

2013年临矿集团第三届科技大会科技成果获奖统计表

表8-2-17

序号	项目名称	完成单位
一	一等奖（10项）	—
1	深部沿空综放工作面动力灾害防治技术研究	古城煤矿
2	绞车变频调速装置尖峰电压治理技术开发	王楼煤矿
3	深部矿井沿空掘巷留巷工程理论基础及修复技术研究与应用	邱集煤矿 王楼煤矿
4	近水平薄煤层超高水材料复合矸石堤坝式充填开采技术开发与应用	田庄煤矿
5	煤矿综合节能改造暨新能源综合利用研究	军城煤矿
6	富水软岩大断面硐室变形破坏修复及巷道支护关键技术研究	上海庙矿业公司 新上海一号煤矿 榆树井煤矿
7	回收再利用井下粉矿及矿泥中金的工艺系统技术	煤机集团
8	2PGCL-1100×2500轮齿式双齿辊破碎机	莱煤公司
9	立井42t特长大型提煤箕斗的研制	泰煤公司
10	EP高性能玻璃纤维生产技术研究与产业化	山东玻纤集团
二	二等奖（24项）	—
1	深井岩巷耦合让均压支护技术研究	古城煤矿
2	大直径浮选柱技术优化研究与应用	古城煤矿 王楼煤矿
3	井下安全信息采集与无线传输的研究与应用	新驿煤矿 古城煤矿
4	大采深缓倾斜煤层挖掘式装岩机配梭式矿车快速掘进技术研究	王楼煤矿
5	矿井水余热开发应用	
6	高泥化度煤炭提质增效洗选技术研究	
7	矿井水分类排放优化研究	田庄煤矿
8	井上下低压电网集中选漏保护装置研究及应用	
9	奥灰顶界面的精细三维地震勘探及其成果应用	邱集煤矿
10	开拓巷道快速掘进施工工艺研究与应用	
11	多粉尘半煤岩巷综掘工作面综合防尘技术研究及应用	军城煤矿

续表

序号	项目名称	完成单位
12	承压水上综采过断层关键技术研究与应用	马坊煤矿
13	复合型软岩回采工艺及水害防治的研究及顶底板控制技术	新上海一号煤矿
14	BLZG144/4000×1500 型立式全自动隔膜压滤机	煤机集团
15	立式塑料滤板的研制	
16	小型重防腐系列全自动立式隔膜压滤机	
17	PYNTK-120 盘式加压过滤机的研发与应用	莱煤公司
18	2PGCS-800×3000 筛分式双齿辊破碎机的开发和应用	
19	全自动智能型列车车厢物料整形系统	
20	大型步进式烧结机的开发	
21	4PGHN121212 混合式四辊破碎机	
22	4JDM-70 型调车绞车	
23	ZKD30/100-2000 小型高精度装车系统	泰煤公司
24	单丝涂塑纱浸润剂	山东玻纤集团
三	**三等奖（33 项）**	–
1	井下供电系统自动化控制技术的研究与应用	古城煤矿
2	主井闸控系统的改造及全自动运行研究	
3	矿井供电系统动态无功补偿及谐波治理技术	古城煤矿 王楼煤矿 田庄煤矿
4	Y 型通风在高温矿井采煤工作面的应用	王楼煤矿
5	大采深高温湿热工作面制冷降温技术开发	
6	地面轨道运输系统自动化技术开发与应用	新驿煤矿
7	大倾角巷道综合施工工艺及综采技术研究与应用	军城煤矿
8	煤矿井下陷落柱发育规律的研究与应用	
9	巷道新型喷浆材料及喷浆技术开发及应用	田庄煤矿
10	架空乘人装置抱索器及静态上下车的开发与应用	
11	煤矿窄轨双程弯道调车系统的开发与应用	
12	超高水材料充填开采全面全封闭挡浆技术的研发与应用	
13	掘进开拓巷道智能网络爆破技术研究	邱集煤矿
14	极近距离下煤大断面开切眼支护关键技术研究与应用	马坊煤矿
15	大角度厚煤层优化巷道布置的研究与应用	株柏煤矿
16	矸石充填系统的研究与应用	会宝岭铁矿
17	耐磨防腐管夹阀	煤机集团
18	安徽金钟 2000 吨/日尾矿资源综合利用制砖脱水系统工程设计	
19	30 万吨粉煤灰精制工程	莱煤公司
20	FQZ42 型重介浅槽分选机	
21	XZWXJ25 静态微泡旋流浮选柱	

序号	项目名称	完成单位
22	重介洗煤厂全智能综合自动化系统	莱煤公司
23	4JDM-20变轨调车绞车	
24	18吨斜井矸石箕斗的开发	泰煤公司
25	XSZ-5000张力自动平衡悬挂装置	
26	大型立井提升设备生产工艺及材料的改进	
27	15米自动提耙中心双液压马达转动高效浓缩机	
28	JSDB-30型双速多用绞车	兖煤公司
29	PVAc乳液的合成	山东玻纤集团
30	高强度中碱玻璃纤维的研究	
31	矿井污水处理自动控制系统	新驿煤矿
32	矿山教学实训装置研发与应用	技师学院
33	软岩矿井煤层群联合开采设计优化	设计院

2. 技术革新获奖项目（74项）

2013年临矿集团第三届科技大会技术革新项目获奖统计表

表8-2-18

序号	项目名称	完成单位
1	超前支护支柱防溜系统的研制	古城煤矿
2	-840米北翼皮带运输巷巷修施工方法改革	
3	高强让压圈在锚索支护中的应用	
4	井下压风机冷却水系统设计与应用	
5	自动调谐消弧线圈在6KV系统中的应用	
6	地面新翻矸系统的自动化改造	
7	分级筛的改造	
8	给煤机扇形门线性调节装置	
9	助力车与单轨吊梁的配合使用	
10	单轨吊胶带立交移动式过桥	
11	煤泥泵执行机构技术改造	
12	跳汰机中煤排料直流控制装置改为交流变频调速控制装置的研究与应用	
13	俯采工作面端头自移式电缆钩	
14	单轴螺旋混凝土搅拌上料机研制与应用	
15	氨法炉外脱硫技术的应用	
16	近距离煤层联合同采工艺	新驿煤矿
17	新型移动式乳化液支柱升柱器	
18	胶带过风门控风装置的设计与应用	
19	采煤工作面过老巷直接推过技术	

续表

序号	项目名称	完成单位
20	小绞车卡绳、排绳装置	
21	锅炉配煤自动化控制系统开发与应用	新驿煤矿
22	压风机断水保护的研究	
23	主提升机电机冷却系统改造	
24	491煤机行走轮销轴专用拆卸工具	
25	电机修理浸漆装置的研制	
26	插绳头绳库快速压入装置	
27	风钻阀体快速拆装工具	
28	多功能扳手	
29	激振器偏心轮拆卸专用装置	
30	一线自控上水水泵装置	
31	除铁器清理装置	
32	滚盘筛的研究应用与其清扫器设计安装	
33	移动式矸石卸载胶带设计与应用	
34	沉淀池跟随水仓设置法	
35	台阶式自溢流降温装置	
36	斜巷提升错钩信号技术改造	王楼煤矿
37	矿井钻孔压力实时监测	
38	转载机尾推移方式改造	
39	地面中央空调系统与水源热泵系统改造	
40	利用全站仪进行三角高程测量新技术	田庄煤矿
41	岩石电钻开孔稳杆器	
42	压滤机液压系统的改造	
43	1.6米绞车外过卷保护装置安装研究与应用	
44	中小型水泵下线工艺改造	
45	压滤机吹风管路的改造	
46	沿空留巷用充填包的研制与应用	邱集煤矿
47	反注浆套管在防治水钻探施工中的应用	
48	复轨装置	
49	压滤机泄压装置	
50	胶带输送机跑偏自动打点装置	
51	460采煤机摇臂电液控阀调高方式的应用	
52	伸缩式斜巷专用平板车设计	军城煤矿
53	单体柔性掩护支架采煤法在复杂地质条件下的应用	株柏煤矿
54	压风机余热利用	
55	富水软岩条件下综采工作面"切眼小导硐扩刷"液压支架安装工艺	上海庙矿业公司

序号	项目名称	完成单位
56	井下中央泵房机械设备安装用桁架式钢结构优化设计	新上海一号煤矿
57	电驱动机械自行行走组合滑动模板在砌碹巷道中的推广应用	
58	软岩地质条件下反井钻机技术改革	榆树井煤矿
59	榆树井煤矿精煤装车系统改造	
60	地面煤仓有害气体排放	
61	选矿厂供矿与磨矿工艺改造与优化	会宝岭铁矿
62	新型超高分子聚乙烯复合托辊	煤机集团
63	消失模铸造工艺在轮齿式破碎机中的应用	莱煤公司
64	砂轮机防护托架的结构改进	
65	盘式加压过滤机优化设计	
66	加压过滤机主轴端面钻孔工装	
67	MPC2810运动控制器用于数控火焰等离子切割机数控系统改造	
68	G250滚轮罐耳支架车床加工工装	泰煤公司
69	镗铣床液压系统改进	
70	输煤皮带自动取样机	山东玻纤集团
71	绝缘拉挤棒用ECR合股无捻玻璃纤维粗纱	
72	高强抗老化玻璃纤维涂塑窗纱的开发	
73	分支电缆的巧妙应用	机电处
74	南北换热站远程监控系统	总务处

3. 获奖专利项目（32项）

2013年临矿集团第三届科技大会专利项目获奖统计表

表8-2-19

序号	专利类型	专利名称	授权号	专利权人
1	发明	单丝涂塑用纱专用浸润剂及配制方法	ZL201110080249.4	山东玻纤集团
2	实用新型	一种生产高TEX玻璃纤维直接无捻粗纱的作业线系统	ZL201220094365.1	
3		一种用于玻璃纤维生产的漏板	ZL201220250443.2	
4		一种玻纤网格布	ZL201122432231.1	
5		一种浸润剂回收装置	ZL201220094364.7	
6		一种耐碱玻纤网格布	ZL201120432158.8	
7		一种新型玻纤壁布	ZL201120431342.0	
8		一种新型玻纤粗纱	ZL201120432184.2	
9		一种新型玻纤细纱	ZL201120431388.2	
10		一种用于玻璃纤维窑炉的纯氧燃烧器新型排布结构	ZL201120192813.7	

续表

序号	专利类型	专利名称	授权号	专利权人
11	实用新型	全自动智能平车降高系统	ZL201120208680.8	莱煤公司
12		一种厢式隔膜压滤机的多液压缸防反压保护回路	ZL201020118551.5	
13		一种大型圆筒混合机新型筒体	ZL201120325655.8	
14		一种排料闸板限位检测装置	ZL201120325652.4	
15		一种新型快速、重载调车绞车	ZL201120090991.9	
16		一种浮选柱入料装置	ZL201120207517.X	
17		一种粉煤灰综合处理工艺及设备组合	ZL201100207511.2	
18		一种稳流式深锥浓缩机	ZL201020222586.3	
19		一种新型异径接头制作装置	ZL201020233883.8	
20		一种热矿链板输送机用料斗	ZL201020220486.7	
21		一种步进式烧结机台车用止回装置	ZL201020220349.3	
22		一种油田抽油机用变速箱	ZL201020600151.8	
23		一种过滤元件分七次拉开的厢式隔膜压滤机	ZL201020003465.X	
24		一种过滤元件分五次拉开的厢式隔膜压滤机	ZL201120072495.0	
25		一种厢式隔膜压滤机的销齿开框机构	ZL201020003466.4	
26		用于液压动筛跳汰机的矸煤分离装置	ZL201120500736.7	泰煤公司
27		用于液压动筛跳汰机的双道提升轮的支撑装置	ZL201120500716.X	
28		一种双作用气缸夹管切断阀	ZL201120147100.9	煤机集团
29		一种全自动立式压滤机	ZL200920031317.6	
30		一种立式压滤机的滤布气动纠偏装置	ZL201020258530.3	
31		一种立式压滤机滤板锁紧装置	ZL201020258599.6	
32		自动冲水水箱	ZL2011 2 049463.9	总务处

4. 标准获奖项目（24类）

2013年临矿集团第三届科技大会标准项目获奖统计表

表8-2-20

序号	标准编号	标准名称	完成单位	标准类别
1	GB/T 23178-2008	旋流微泡浮选柱	莱芜煤机公司	国家标准
2	JB/T 11097-2011	立式全自动隔膜压滤机	莱芜煤机公司	行业标准
3	JB/T 942-2012	煤用跳汰机		
4	JB/T 11292-2012	圆筒混合机		
5	JB/T 11112-2010	矿用双齿辊破碎机		
6	MT233-2011	1.5吨矿车 立井多绳罐笼	泰安煤机公司	
7	MT235-2010	立井多绳罐笼 平衡锤		
8	MT236-2011	矩形钢罐道 滚轮罐耳		

序号	标准编号	标准名称	完成单位	标准类别
9	Q/1200MLJ 008-2010	4JDM 系列调车绞车		
10	Q/1200MLJ 030-2010	步进式烧结机		
11	Q/1200MLJ 031-2010	带式冷却机		
12	Q/1200MLJ 027-2011	单齿辊破碎机		
13	Q/1200MLJ 024-2011	水仓清理系统		
14	QJ/LM 12×××-2011	安装、交付、服务、验收标准类（25 个标准）		
15	QJ/LMG 05×××-2011	热加工工艺技术标准类（38 个标准）		
16	Q Z /LM 3××-2011	管理岗位工作标准类（40 个标准）		
17	QG/LM 16×××-2011	基础管理、信息、工艺、材料管理类（18 个标准）	莱煤公司	企业标准
18	QJ/LM 02×××-2011	基础技术及信息技术类标准（14 个标准）		
19	QJ/LM G 08×××-2011	检验、验收和试验方法技术类（47 个标准项）		
20	Q Z /LM 3××-2011	冷加工工作标准类（25 个标准）		
21	QJ/LM06×××-2011	冷加工类工艺技术标准类（78 个标准）		
22	Q Z /LM 3××-2011	热加工工作标准类（27 个标准）		
23	Q G /LM12×××-2011	设备管理类（20 个标准）		
24	QJ/LM G 02×××-2011	涂装技术规程类（17 个标准）		

5. 论著获奖名录（3部）

2013年临矿集团第三届科技大会论著获奖统计表

表8-2-21

序号	图书号	专著名称	完成单位	出版社	完成人
1	ISBN978-7-56461-516-1	《煤矿职工岗位危险源自我辨识与控制读本》	王楼煤矿	中国矿业大学出版社	丁学贤
2	ISBN978-7-5171-0078-1	《安全风险管理：员工安全风险意识教育读本》	技师学院	中国言实出版社	董立霞
3	ISBN978-7-5308-4697-1	《企业管理感悟》	集团技术中心	天津科学技术出版社	刘春峰

6. 科技创新先进单位（9个）

古城煤矿　新驿煤矿　田庄煤矿　邱集煤矿　新上海一号煤矿　会宝岭铁矿

莱煤公司　泰煤公司　山东玻纤集团

7. 优秀科技工作者（60名）

柳俊仓　王桂利　王振伟　陈淑科　秦晓强　穆新红　李常友　荆文礼　高守峰

陈　伟　吕玉广　郭东亮　李志胜　李　兵　程　华　谢国文　贾延坤　刘　刚

武善元　徐庆国　云　明　刘　营　樊　敬　张文义　董建廷　王　维　王庆玉

于同聚　张海亮　倪圣功　田福海　陈广印　王忠密　彭中卫　彭立正　王正英（女）

褚新胜　曹广海　杨玉华　陈　超　苏　凯　刘大锋　宋允国　于海洋　杨建美（女）

陈德勇　李正训　刘孝峰　崔宝山　吴同德　杜照孔　葛安华　刘　鹏　姜德芳（女）

温步飞　张　军　杨建银　陈国成　宋永彬　刘长富

（四）临矿集团第四届科技大会

2016年11月25日，临矿集团第四届科技大会召开，对评出的82项科技成果、64项专利和4部论著、6个科技创新先进单位、2个知识产权明星单位、60名优秀科技工作者、4名知识产权明星个人进行表彰奖励。

1. 科技成果获奖项目（82项）

2016年临矿集团第四届科技大会科技成果获奖项目统计表

表8-2-22

序号	项目名称	完成单位	备注
一	一等奖（14项）	—	—
1	千米深井坚硬顶板工作面强冲击地压综合治理技术研究	古城煤矿	
2	千米深井巨厚岩浆岩下冲击地压规律及防控技术研究	王楼煤矿	
3	主井提升绞车主电机及电控系统改造升级		
4	矿井深部软岩巷道支护技术研究	菏泽煤电公司彭庄煤矿	—
5	黄河沙充填治理采煤塌陷地绿色修复技术研究	邱集煤矿	
6	郯庐断裂带影响下的煤层赋存规律研究与应用	株柏煤矿	
7	副井罐笼自助式控制系统开发与应用	会宝岭铁矿	
8	富水弱胶结膨胀软岩巷道围岩控制及支护成套技术研究与应用	新上海一号煤矿	
9	高烈度地震区矿井井架三维结构有限元设计研究与实践	设计院	
10	"三违"管理综合分析系统	信息中心安监局	
11	复杂地质条件下深井巷道动水治理关键技术	菏泽煤电公司	获得上级奖励
12	煤矿污水处理自动控制系统	新驿煤矿	
13	FCM法（阶段矿房大矿段深孔落矿嗣后充填高效采矿技术）	会宝岭铁矿	
14	铁矿坚硬岩石井巷快速掘进关键技术研究与应用		
二	二等奖（29项）	—	—
1	千米深井地温梯度测定及规律研究	古城煤矿	
2	大采深高强液压支架轻型化设计与应用		
3	全面预算管理在企业中的应用研究	新驿煤矿	
4	复杂地质条件非常规采煤技术研究		
5	U型WAT集中制冷降温技术在高温矿井中的研究与应用		—
6	煤矿安全100智能化管理系统开发与应用		
7	千米深井复合顶板煤巷锚网索支护体系研究与应用	王楼煤矿	
8	新型复杂含水层FCB注浆材料的研制		
9	陷落柱综合防治研究		

序号	项目名称	完成单位	备注
10	大埋深高地压巷道差异化支护研究	菏泽煤电公司	
11	薄煤层综采工艺优化及综合防尘技术研究与应用	邱集煤矿	
12	急倾斜煤层组联合开采防灭火技术研究	株柏煤矿	
13	井下采空区分段胶结充填法研究与应用	会宝岭铁矿	
14	卸载站用推车机的开发与应用		
15	缠绕纱拉挤纱纺织纱用主成膜剂的开发	山东玻纤集团	-
16	粉料生产工艺改造		
17	基于物联网的供应链管理应用系统的开发与应用	山东玻纤集团信息中心	
18	富水软岩条件下准备巷道支护方式优化	新上海一号煤矿	
19	顶板突水危险性"双图"评价技术与应用		
20	煤矿生产系统技术改造方案优化研究	设计院	
21	预应力全长锚固锚杆锚索支护技术研究	古城煤矿	
22	煤矿纤维混凝土锚喷网壳支护研究与应用		
23	矿山四维灾害预警与应急指挥系统	临矿集团古城煤矿	
24	煤矿井下洗选及充填技术工艺的开发与应用	新驿煤矿	获得上级奖励
25	高承压大流量含水构造与通水通道治理技术	王楼煤矿	
26	薄煤层综采新型高水材料巷旁充填沿空留巷技术研究与应用	邱集煤矿	
27	近水平浅部开采超高水充填覆岩运动规律研究	田庄煤矿	
28	煤矿固定抱索器架空乘人装置静态上下车的开发与应用		
29	田庄煤矿现代化管理创新建设		
三	**三等奖（39项）**	-	-
1	基于电磁加热技术的粗煤泥脱水系统的开发与应用	新驿煤矿	
2	大采高大倾角沿空留巷成套技术体系研究		
3	移动式矸石卸载胶带的设计加工应用		
4	内部市场化及劳动定额创新管理研究与应用		
5	深井大断面岩石斜巷快速掘进及综合机械化掘进快速转弯技术研究应用	王楼煤矿	-
6	大采深厚煤层高温工作面生产系统的优化研究及应用		
7	双层挤压胶结复合拱技术在千米深井复杂巷道修复加固中的应用		
8	综采工作面液压系统优化研究与应用		
9	技能大师工作室发力高技能人才培养新形态研究		
10	半煤岩巷道托夹矸掘进支护技术研究及应用		
11	薄煤层高水材料巷旁充填无煤柱开采技术研究与应用		
12	郭屯煤矿通风系统优化技术研究	菏泽煤电公司	
13	综采工作面运输自动化控制节能系统开发与应用	邱集煤矿、机电处	

续表

序号	项目名称	完成单位	备注
14	架柱式钻机机载技术研究与应用	田庄煤矿	
15	巷修工作面撞楔法过陷落柱冒落区工程实践中支护工艺创新应用		
16	急倾斜煤层柔性掩护支架采煤工作面护巷煤柱研究与应用	株柏煤矿	
17	选矿厂全粒级及井下矿石产量扩能改造技术研究与应用	会宝岭铁矿	
18	全尾非胶结充填体固结特性及其稳定性研究		
19	三维扫描技术在矿房验收中的应用研究		
20	铁矿区水文地质灾害条件分析预测	凤凰山筹建处	
21	亚光型高强度平织纱窗的开发	玻纤集团	
22	多用途高压管道用玻璃纤维无捻粗纱的开发		—
23	富水软岩矿井全长锚固工艺研究与应用	新上海一号煤矿	
24	富水软岩地质条件下回采工作面防治水技术研究		
25	留窄小煤柱沿空留巷技术在综采工作面的应用研究	永明煤矿	
26	矿山自动控制系统模型研究及应用	技师学院	
27	特种钢结构工程在矿山中的设计及应用	设计院	
28	科技决策管控一体化信息系统的开发与应用	技术中心	
29	基于创新制度与方法为核心的技术管理增效研究		
30	临矿集团低值易耗品管理系统开发与应用	信息中心	
31	副井闸控全自动运行技术研究	古城煤矿	
32	煤泥远距离输送技术研究与应用	古城煤矿	
33	大直径静态旋流微泡浮选柱在煤泥浮选中优化改造及其应用	王楼煤矿	获得上级奖励
34	急倾斜复杂煤层安全高效开采技术开发应用	株柏煤矿	
35	突水通道三维电法勘探关键技术及应用	邱集煤矿	
36	高爆指数煤层煤尘的防治技术开发	田庄煤矿	
37	下组煤层底板灰岩突水脆弱性分析与防治技术		
38	煤矿井下多变坡多转弯多中心巷道条件下架空乘人装置技术开发与应用		
39	选矿厂自动化控制系统的开发与应用	会宝岭铁矿	

2. 科技创新先进单位（6个）

古城煤矿　新驿煤矿　王楼煤矿　郭屯煤矿　会宝岭铁矿　山东玻纤集团

3. 知识产权明星单位（2个）

王楼煤矿　山东玻纤集团

4. 优秀科技工作者（60名）

赵燕军　李俊瑞　张龙洋　王秀亮　张禄洲　李宗凯　夏宏根　步长存　魏兴强

孙瑜春　董　强　高守峰　董勤凯　刘　杰　马祥志　刘维信　王寅林　李明菊（女）

李志胜　孔凡军　王乐义　李　强　俞建廷　夏文营　李　鹏　刘　杨　魏茂生

徐庆国　王文星　潘秋祥　门会理　赵广轩　田本强　王振伟　王中山　宋兆国

翟元军　申世豹　马方宇　刘文华　王正英　史俊文　司书波　顾新宇　绪瑞华

刘兴月　齐元国　李传周　周明祥　安玉伟　张爱杰　张永强　耿东坤　陈雪影（女）

张　勇　王德民　杨建银　魏宗明　辛石磊　邵珠娟（女）

5. 知识产权明星个人（4名）

吕凤新　刘兴月　闫　珍（女）　李俊楠（女）

（五）临矿集团第五届科技大会

2019年1月11日，临矿集团第五届科技大会召开，对评出的75项科技创新成果、209件专利、2件标准、2部论著、54篇论文、12件软件著作权、8个科技创新先进单位、2个知识产权明星单位、60名优秀科技工作者、4名知识产权明星个人、4名荣誉科技工作者进行表彰奖励。

1. 科技成果获奖项目（75项）

2019年临矿集团第五届科技大会科技创新成果获奖项目统计表

表8-2-23

序号	成果名称	完成单位	奖励类别	等级
1	刨煤机智能化工作成套装备的研究与应用	田庄煤矿	科技进步（新动能创新）	特等奖（成果奖）
2	自动化智能矸石分选系统的研究与应用	鲁西煤矿		
3	智能煤矿安全生产共享大数据平台关键技术研究与应用	生产技术处 大数据中心 古城煤矿 鲁西煤矿 王楼煤矿		
4	冲击地压风险判识及综合监测预警平台建设	古城煤矿	科技进步	一等奖
5	矿井智能化开采技术研究与实践	王楼煤矿 机电运输处		
6	综采工作面快速安装与回撤工艺	古城煤矿		
7	智能化选煤厂的建设与实践	鲁西煤矿		
8	绿色矿山煤炭存储系统建设研究与应用	设计院		
9	富水软岩条件下安全高效生产实用保障技术	上海庙矿业公司		
10	重介选煤厂多维度综合提效技术研究与应用	菏泽煤电公司 煤质管理处		
11	基于大数据平台下的新型安全管理模式的探索与应用	安全监察局		
12	高深天井及大型硐室深孔分段控制爆破关键技术研究应用	会宝岭铁矿		
13	基于多源异构数据集成的临矿集团数据仓库建设	大数据中心 财务部		
14	基于企业核心竞争力提升的集团学习力培育与实践	办公室 人事部	管理创新	一等奖
15	基于科技政策研究利用的创新创效管理与实践	技术中心 财务部		
16	智能化设备管理共享平台建设	机电运输处 大数据中心 古城煤矿	科技进步	二等奖
17	矿井通风智能决策与远程控制系统	通风防尘处 王楼煤矿		

续表

序号	成果名称	完成单位	奖励类别	等级
18	全矿井自动化实习实训仿真模型与应用	技师学院		
19	煤矿采场覆岩空间结构演化机理研究及应用技术	王楼煤矿		
20	村庄压覆条件下采场优化及系统升级改造技术研究应用	郭屯煤矿		
21	板框式压滤机智能清理机器人系统的开发应用	新驿煤矿		
22	无线遥控履带式梭式矿车平行作业法的研究应用	新驿煤矿生产技术处		
23	自然风压影响下金属矿山复杂通风系统安全性分析及关键控制技术研究	会宝岭铁矿		
24	高含矸原煤洗选系统能力提升的研究与实践	鲁南洗配煤中心		
25	刮板机溜槽自动化制造成套装备的研制	田庄煤矿	科技进步	二等奖
26	选煤厂工艺及其设备的优化研究与应用	王楼煤矿		
27	大流量、高盐量矿井水资源化模块处理工艺的研究与应用	王楼煤矿		
28	重型冶金箕斗外动力直轨卸载方式研究与应用	会宝岭铁矿		
29	煤矿主煤流运输线协同控制系统的研究与应用	鲁西煤矿		
30	多水平矿井复杂生产系统优化工程	古城煤矿		
31	自动隔爆装置技术研究与应用	邱集煤矿		
32	煤矿运输设备选型计算系统软件的开发与应用	彭庄煤矿		
33	循环流化床锅炉系统超低排放技术研究及应用	古城煤矿		
34	基于虚拟化核心的无线网络分层技术的研究	大数据中心		
35	复合式干法选煤工艺在上海庙矿区的研究与应用	上海庙矿业公司		
36	集团创客联盟运行体系建设及应用平台开发	技术中心大数据中心		
37	煤炭企业涉税风险管控系统的构建与实践	新驿煤矿		
38	临矿集团审计预警分析系统	审计考核部大数据中心财务部	管理创新	二等奖
39	"选、育、用、留"四种模式打通技能人才成长通道	古城煤矿		
40	四维坐标企业法务管理体系研究与应用	王楼煤矿		
41	四新型劳动定额管理体系在煤矿企业经营管理中的应用	菏泽煤电		
42	数字化检测采区均压防灭火技术的研究与应用	王楼煤矿		
43	矿井多水平智能化高效排水系统改造	株柏煤矿机电运输处		
44	压风机房自动化监控系统	新驿煤矿		
45	干旱地区矿井采空区储水及水资源再利用技术研究与应用	永明煤矿	科技进步	三等奖
46	工作面液压系统水质油质纯净技术及远距离自动集中供配液系统的应用	古城煤矿彭庄煤矿新上海一号煤矿		
47	新型智能高效洗靴机	王楼煤矿		

序号	成果名称	完成单位	奖励类别	等级
48	大采深强冲击厚煤层主下山护巷煤柱合理留设技术研究	王楼煤矿	科技进步	三等奖
49	新型防腐剂在玻璃纤维湿法薄毡白水中的应用	玻纤天炬公司		
50	深井高应力软岩破碎巷道底鼓机理与协同控制技术研究	郭屯煤矿		
51	大型球磨机循环回水余热综合利用技术	会宝岭铁矿		
52	大采深高应力软岩巷道修复加固体系的研究及应用	王楼煤矿		
53	济宁井田西南部地质与出水机理研究	王楼煤矿		
54	在线短切生产工艺研究及应用	玻纤集团		
55	上海庙矿区褐煤易风化条件下提高块煤率工艺研究与应用	新上海一号煤矿		
56	基于多边坡大角度拐弯巷道一站式运输工艺的研究与应用	田庄煤矿		
57	副井液压站"测速断线保护"的设计和应用	新驿煤矿		
58	基于矿井水文观测系统的薄层灰岩精准注浆研究与应用	邱集煤矿		
59	复杂地质条件下近距离煤层上行开采研究与应用	新驿煤矿		
60	全尾砂充填体上大跨度凿岩硐室底部出矿巷道布置与稳定性分析	会宝岭铁矿		
61	凤凰山铁矿区水文地质灾害条件分析预测研究	凤凰山铁矿		
62	热电联产改扩建工程能效梯级利用	山东玻纤集团		
63	双臂锚杆钻机在全岩巷道的应用	古城煤矿		
64	高精度光纤光栅技术的井壁注浆应变实时监测新技术应用	郭屯煤矿		
65	堑沟式底部结构三角矿柱回收技术研究与应用	会宝岭铁矿		
66	远距离遥控电动单轨吊研究与应用	古城煤矿		
67	大采深高地温长距离矿井通风系统网络优化	郭屯煤矿		
68	临矿集团全面对标管理体系的构建与实践	企业管理处	管理创新	三等奖
69	基于大数据分析的智慧决策改善与治理能力重塑	财务部大数据分析室		
70	师法华为的玻纤集团深度管理变革研究	山东玻纤集团		
71	临矿集团高层次科研平台建设及认定	技术中心山东玻纤集团王楼煤矿	新动能创新	贡献奖
72	王楼煤矿基于现代高效农业的采煤塌陷地综合治理	王楼煤矿		
73	邱集煤矿采煤塌陷地综合治理	邱集煤矿		
74	攻难点解困境保障矿业持续发展	生产技术处王楼煤矿企业管理处		
75	临矿集团办公区三化改造	后勤保障部工程监督管理处设计院		

2. 获奖专利项目（209项）

2019年临矿集团第五届科技大会专利项目获奖统计表

表8-2-24

序号	名称	专利号	类别	权利人
1	一种带有自动支护测量顶板压力装置的相似模拟系统	201510759963.4	发明	
2	一种甲带式防堵卡给煤机	201720871155.1		
3	一种矿用电机车液压充电架	201720892564.X		
4	一种移动式风筒清洗机	201720907269.7		
5	一种矿井斜巷提升新型挡车装置	201720868795.7		
6	胶带自动下调偏装置和胶带机	201720940970.9		
7	一种矿车轮锁轮器	201720865300.5		
8	一种自动化车轮清洗装置	201720906996.1		
9	矿用绞车地轮防脱支架和矿用绞车地轮装置	201720892457.7	实用新型	
10	无极绳绞车调心双轮压绳轮	201720891781.7		
11	一种卸载口防卡堵除铁器	201721047303.4		
12	一种新型的井巷激光指向仪安装固定装置	201720865816.X		
13	调绳离合器液压锁防脱装置	201720941594.5		
14	换绳法更换摩擦轮提升机主提升钢丝绳的钢丝绳夹持装置	201721003390.3		
15	一种调度绞车出绳保护装置	201720865298.1		
16	一种折叠组装式行人过桥	201721059365.7		
17	一种洁净煤技术用型煤加工高效捣碎机	201610897509.X		鲁西煤矿
18	一种矿井人行车安全门	201510906392.2	发明	
19	一种选煤机用振动筛	201510987502.2		
20	一种高巷道电缆悬挂辅助装置	201721805612.3		
21	一种矿用激光指向仪配用装置	201721868118.1		
22	一种架空乘人装置	201721899640.6		
23	一种带有前探伸缩式顶梁的液压支架	201721897351.2		
24	接线盒电缆防抽装置	201721899598.8		
25	一种风动钉扣机镐头	201721897392.1		
26	一种适用于变形巷道采煤的采煤装置	201721901038.1		
27	胶带输送机用转轴式抗跑偏托辊	201721864916.7	实用新型	
28	胶带输送机飘带下压装置	201721903554.8		
29	一种基于带式运输的皮带支护装置	201721877623.2		
30	一种物料防滑扎带	201721904692.8		
31	气动油泵	201721515311.7		
32	一种猴车运行装置	201721902809.9		
33	一种架空乘人装置液压系统冷却水断水保护装置	201721805600.0		
34	一种绞车斜巷变坡防飘绳装置	201721516230.9		

序号	名称	专利号	类别	权利人
35	一种煤仓口快速装煤装置	201721924288.7		
36	一种胶带输送机张紧力下降保护装置	201721862360.8		
37	一种胶带纵撕保护装置的接触式开关	201721516164.5		
38	一种煤矿巷道放炮挡矸帘	201721804404.1		
39	一种矿井余热回收恒温供暖系统	201721867841.8		
40	快速画弧定位装置	201721367268.4		
41	一种集控七芯电缆插头保护装置	201721877628.5		
42	一种锚索崩断防护装置	201721901676.3		
43	一种拆卸式电滚筒皮带支架	201721902849.3		
44	一种采煤机端头作业预警装置	201721409863.		
45	一种乳化液自动配比装置	201721865236.7		
46	一种巷道坡度激光指向装置	201721409865.9		
47	一种矿井余热回收再利用系统	201721867934.0		
48	一种煤矿用临时支护装置	201720627694.0		
49	一种井下摄像头安装装置	201721427676.4		
50	一种电磁加热粗煤泥烘干系统	201720626753.2		
51	一种煤泥胶带卸料装置	201721901011.2		
52	一种刮板抗弯装置	201721899600.1	实用新型	鲁西煤矿
53	一种板框压滤机	201721864588.0		
54	一种变电所电容补偿切换控制装置	201721904663.1		
55	一种大块煤自动卸载装置	201721050765.1		
56	一种具有冗余控制的矿井下排水机构	201721658562.0		
57	一种矿井排水控制系统	201721651917.3		
58	一种太阳能路灯	201721900941.6		
59	一种太阳能照明系统	201721897347.6		
60	一种猴车乘人间距自动控制装置	201721564127.1		
61	钢丝绳整形器	201721863931.X		
62	煤矿胶带自动收卷装置	201721032842.0		
63	一种矿用车辆四超测量报警装置	201721904702.8		
64	一种刮板输送机紧链装置	201721862503.5		
65	一种给煤机防堵卡结构	201721149487.5		
66	一种矸石山翻矸降尘装置	201721903505.4		
67	一种简易抗胶带跑偏装置	201721899596.9		
68	一种可伸缩的敲帮问顶工具	201721896547.X		
69	一种手提锚杆牌架	201721860506.5		
70	一种煤矿井下的矸石运输系统	201721904693.2		

续表

序号	名称	专利号	类别	权利人
71	一种巷道顶部引水装置	201721896513.0	实用新型	鲁西煤矿
72	一种浓缩机加药用混合器	201521014830.6		
73	一种选煤厂胶带快速检修系统	201721864629.6		
74	一种矿用便携式洒水降尘工具	201721896514.5		
75	防尘阀门开启扳手	201721896567.7		
76	一种矸石自动充填系统	201721219380.3		
77	一种顶底角锚杆或锚索施工专用托架	201721032015.1		
78	一种太阳能智能供热系统	201720627696.X		
79	一种主井矸石装载提运系统	201721904665.0		
80	一种供水管路反冲洗装置	201721803350.7		
81	一种锚杆切断装置	201721876148.7		
82	简易带式防滑绳钉孔机	201721866280.X		
83	一种无机药自动配药系统	201721877627.0		
84	一种洗煤车间用电机变频器控制装置	201721897670.3		
85	一种压风机风包冷凝水自动排放装置	201721879299.8		
86	一种尾煤泥沉降离心机盘车专用工具	201721879296.4		
87	一种用于清理板框压滤机的刮板机构	201721860877.3		
88	一种粗煤泥破碎机	201721862358.0		
89	一种矿用隔爆水棚	201721901698.X		
90	一种胶带清扫装置	201721860498.4		
91	一种螺旋钻杆及其生产方法	201610777448.3	发明	古城煤矿
92	用于巷道钻机的底盘装置	201720968229.3	实用新型	
93	用于煤矿巷道的回转盘调平装置	201720968227.4		
94	自动化输送带冲裁生产设备模具	201720927007.7		
95	矿用锚杆锚索缓冲减压皮托盘	201720927006.2		
96	煤矿用钻机快速装卸机构	201720968226.X		
97	一种塑形防锈水泥浆液雾化喷枪	201721570053.2	实用新型	菏泽煤电公司
98	一种输送带支撑辊的在线更换装置	201721569664.5		
99	一种煤仓仓体下部的耐磨结构	201721569580.1		
100	一种用于煤场的喷淋装置	201721570087.1		
101	无极绳钢丝绳自动除锈涂油装置	201721570070.6		
102	一种对胶带分割的成条机	201721570066.X		
103	煤矿用风动水泥浆液喷涂设备	201721569774.1		
104	一种煤矿用摇摆式导油装置	201721569716.9		
105	一种煤矿煤场用水沟盖板	201721569539.4		
106	一种井下工作面巷道通风系统	201721569867.4		

序号	名称	专利号	类别	权利人
107	一种煤矿井下煤矸综合处理系统	201721569821.2	实用新型	菏泽煤电公司
108	一种分级式煤矿井下洗选系统	201721566864.5		
109	一种旋流器润湿管路变径管	201721570090.3		
110	一种胶带输送机托辊更换辅助装置	201721569771.8		
111	一种新型二氧化碳致裂器	201721569537.5		
112	一种双层多分支顺层钻孔注浆改造顶底板双重灰岩含水层方法	201710170051.2	发明	邱集煤矿
113	一种阀门开关用F型扳手	201721313556.1	实用新型	
114	一种井口操车与信号闭锁装置	201721349229.1		
115	一种矿用隔爆按钮防护装置	201721330038.0		
116	一种矿用窄轨车辆复轨装置	201721327798.6		
117	一种锚索自动切割卸料装置	201721327081.1		
118	一种智能化矿山运销系统	201710480055.0	发明	王楼煤矿
119	一种煤炭上专用的机械式粉碎装置	201610618744.9		
120	一种负压抽放气体排水渣装置	201410799838.1		
121	一种给煤机下料口辅助装置	201720341298.1	实用新型	
122	一种锚杆剪切料头推齐器	201720207052.5		
123	一种煤矿用便携式测水工具	201720800192.3		
124	一种煤矿水文观测孔用孔口盖	201720801237.9		
125	一种煤矿井下工作面自动化安全保护设备	201721024666.6		
126	一种矿山胶带机机尾刮煤装置	201720994086.3		
127	一种矿用防潮风速及静压检测装置	201820429901.6	实用新型	王楼煤矿临矿集团
128	一种煤矿井下回采工作面自动测控风装置	201820423781.9		
129	一种手环式井下信息报警系统	201820428215.7		
130	一种钻孔注入骨料添加装置	201720571598.9	实用新型	田庄煤矿
131	一种具有无线通信联络的罐笼以及罐笼通信系统	201721319871.5		
132	一种柔性罐耳可调节弹性缸	201721215576.5	实用新型	株柏煤矿
133	一种风煤钻机支撑装置	201721215473.9		
134	一种高效锚网搭接握边器	201721217564.6		
135	一种煤矿超声波自动监测排水系统	201721614001.0		
136	一种矿用设备开停传感器	201721519912.5		
137	一种煤炭地销集散装置	201510284735.6	发明	上海庙矿业公司
138	拆卸工具及拆卸系统	201721214426.2	实用新型	
139	矿产仿真挖掘装置与矿产仿真挖掘机	201720734883.8		
140	一种大块径矸石半自动分选机	201721006160.2		
141	一种干式钻眼用除尘器	201720280238.3		

序号	名称	专利号	类别	权利人
142	工作面采高测量装置	201721321441.7	实用新型	上海庙矿业公司
143	一种巷道收敛变形量的测量装置	201721478914.4		
144	一种锚网定位握边装置	201721905788.6		
145	一种锚网折弯装置	201721924021.8		
146	一种钢筋梯自动化生产线	201721917885.7		
147	一种胶带卷带装置	201721902526.4		
148	一种胶带切割机	201721923709.4		
149	一种风动混凝土输送泵	201721910058.5		
150	一种平巷集装箱料车自动卸料装置	201721905790.3		
151	一种垂直双边折弯平台装置	201721923710.7		
152	一种压缩空气管道远距离输送物料装置	201721905780.X		
153	一种升降式油桶架	201721902410.0		
154	一种用于地下出水区的疏水装置	201721924141.8		
155	一种弯钩机具	201721910139.5		
156	一种可调式胶带清扫器	201721902471.7		
157	一种手拉葫芦检测装置	201721917916.9		
158	一种液压坑道钻机可调节支撑杆	201721910094.1		
159	一种可缓减振幅的弹簧锤	201720859056.1		
160	一种液压支架操纵阀配件拆装工具	201720669737.1		
161	一种综采工作面卸载点手动快捷取样装置	201721507561.6		
162	钻井感应装置与钻杆	201720734882.3		
163	一种铁矿用胶带的清扫装置	201720750228.1	实用新型	会宝岭铁矿
164	一种具有防尘散热的变压器	201721128056.0		
165	一种空压系统的自动排水器	201720784606.8		
166	一种尾砂充填泄水过滤装置	201720898617.9		
167	一种新型全尾砂充填矿房脱水装置	201720677400.5		
168	一种增强型玻璃纤维组合物	201610308889.9	发明	山东玻纤集团
169	EVS 布面现场侦测成像采集系统	201720259449.9	实用新型	卓意公司
170	单丝涂塑防虫网生产用静电除尘系统	201720259447.X		
171	单丝涂塑防虫网生产用燃气热风循环烘箱	201720259405.6		
172	单丝涂塑防虫网生产用智能拉幅定型装置	201720259456.9		
173	高速验布机	201720259448.4		
174	过滤型涂塑槽	201720259446.5		
175	温控型涂塑槽	201720259358.5		

序号	名称	专利号	类别	权利人
176	一种煤矿用钢丝绳张紧装置	201820540557.8	实用新型	技师学院
177	煤层瓦斯抽采封孔装置	201820540523.9		
178	一种新型矿浆沉淀桶	201510709758.7	发明	临矿集团
179	接地电阻测试系统	201721024667.0	实用新型	
180	一种矿山用自动化分段供电系统	201721191724.4		
181	一种煤矿井下排水装置	201721172198.7		
182	一种煤矿井下水仓内主接地极板检查升降装置	201721016215.8		
183	一种矿用多级排水系统自动引水装置	201721366883.3		
184	煤矿供水施救减压装置	201721388121.3		
185	一种多水平自动化主排水系统	201721222252.4		
186	采煤机数据与故障信息记录装置	201820108608.X		
187	一种矿山涌水点排水装置	201721587772.5		
188	一种煤矿架空乘人装置的乘人间距控制装置	201721724776.3		
189	一种煤矿采煤机故障检测用维护装置	201820185671.3		
190	快速排查采煤机的时序故障器	201820108725.6		
191	一种用于齿轮注油的注油器	201820181944.7		
192	一种矿用无极绳绞车钢丝绳自动加油装置	201820359708.X		
193	对煤矿或岩体适当增透的瓦斯抽采设备	201721325080.3		
194	煤矿或岩体瓦斯抽采测试用设备	201721324851.7		
195	一种便携式防碰撞机械风表	201721351055.2		
196	一种防滑式机械风表	201721055791.3		
197	一种通风机风量风压监测系统	201721055781.X		
198	一种用于降低高风压高风速主井回风可拆卸辅助风硐	201721350602.5		
199	一种防冲撞公路护栏	201720954240.4		
200	一种矿用可移动水源热泵空调器	201721658930.1		
201	一种太阳能防冻和即时热水装置	201721056386.3		
202	一种太阳能和市政用电双重供电的太阳能路灯结构	201820333659.2		
203	一种新型矿靴	201721052381.3		
204	一种螺栓复新机	201721053092.5		
205	一种收卷胶带装置	201721050128.4		
206	一种汽车 GPS 跟踪车辆装置	201721053745.X		
207	一种便器疏通器	201820374227.6		
208	一种 2h 正压氧气呼吸器面罩新型接头	201720305346.1		临矿救护大队
209	一种自救器呼吸连接装置	201721052785.2		

3. 获奖标准（2件）

2019年临矿集团第五届科技大会标准项目获奖统计表

表8-2-25

序号	标准名称	标准编号	起草单位	标准类别	发布时间
1	地下矿山企业风险分级管控体系建设实施指南	DB 37/T 3145--2018	会宝岭铁矿	山东省地方标准	2018.02.24
2	地下矿山企业隐患排查治理体系建设实施指南	DB 37/T 3146--2018	会宝岭铁矿	山东省地方标准	2018.02.24

4. 获奖论著专利（2部）

2019年临矿集团第五届科技大会论著获奖统计表

表8-2-26

序号	著作名称	编著单位	出版社及图书号
1	地表移动参数分析	王楼煤矿 古城煤矿	地震出版社 ISBN 978-7-5028-4961-/TD（5664）
2	煤矿企业管理创新与实践	新驿煤矿	中国商务出版社 ISBN978-5103-2467-3

5. 获奖论文（54篇）

2019年临矿集团第五届科技大会论文项目获奖统计表

表8-2-27

序号	论文名称	单位	刊物名称
一	技术类论文（47篇）		
1	水文地质复杂矿井突水水源综合判别方法研究	上海庙矿业公司	煤炭科学技术
2	顶板突（涌）水危险性"双图"评价技术与应用——以鄂尔多斯盆地西缘新上海一号煤矿为例		煤田地质与勘探
3	矿井水化学数据管理与综合应用实例		
4	基于RFID的煤矿设备巡检系统设计	大数据中心	工矿自动化
5	会宝岭铁矿采区通风系统动态控制技术	会宝岭铁矿	矿业研究与开发
6	工作面采空区侧向煤体内支承压力分布规律研究	王楼煤矿	煤炭技术
7	王楼煤矿无尘化矿井建设实践		中国煤炭
8	千米深井软岩大断面巷道支护技术研究		煤矿机械
9	千米深井沿空巷道围岩破坏机理及支护技术研究		
10	具有限位功能的矿用测量工具设计		
11	带式输送机故障巡检机器人系统设计	鲁西煤矿	工矿自动化
12	JSG5自然发火束管监测系统在鲁西煤矿的应用		煤炭技术
13	鲁西煤矿煤层巷道断面形状及支护参数设计研究		
14	古城煤矿地面辅助风硐改造与应用	通风防尘处 古城煤矿	煤炭工程

序号	论文名称	单位	刊物名称
15	王楼煤矿通风智能决策与远程控制系统研究	王楼煤矿通风防尘处	煤炭技术
16	鲁西煤矿矿井涌水量预测及排水能力分析	鲁西煤矿	
17	输送带接头工艺在矿井运输系统中的应用	王楼煤矿	煤矿现代化
18	鲁西煤矿煤层对比可靠性分析研究	鲁西煤矿	
19	工作面顺槽可伸缩下运带式输送机设计		煤矿机械
20	煤矿主运输煤流线信息支撑系统设计		工矿自动化
21	锚索自动加工生产线的研制与应用	上海庙矿业公司	数字通信世界
22	中厚急倾斜坚硬矿体大段高矿房爆破系统优化	会宝岭铁矿	中国矿业
23	荷电水雾振弦栅除尘效率影响因素的试验研究		现代矿业
24	山东会宝岭铁矿矿床地质特征及资源储量估算		
25	山东会宝岭铁矿矿井水害分析与防治措施		
26	井下煤仓与矸石仓联合布置研究	郭屯煤矿	山东煤炭科技
27	浅谈矿井粉尘危害及防治	古城煤矿	
28	刀把式综放工作面合面施工经验		
29	彭庄煤矿主井提升系统优化设计方案	彭庄煤矿	中国科技纵横
30	自制隔爆型一线自控潜水泵在新驿煤矿选煤厂的研究和应用	新驿煤矿	城市建设理论研究
31	关于煤矿掘进工作面地喷式自动化喷雾的研制与应用		中国化工贸易
32	摩擦提升绳首绳更换方法探讨		消费导刊
33	大断面回采巷道非均匀变形破坏与控制对策		煤炭与化工
34	黄河泥沙间隔条带式充填采煤沉陷地复垦技术及实践	邱集煤矿	煤炭学报
35	宽煤柱瓦斯尾巷底鼓综合治理技术研究		华北科技学院学报
36	故障检测诊断技术在矿山机电设备中的应用	机电处	中国设备工程
37	矿井水井下净化及循环利用技术	王楼煤矿	低碳世界
38	高强高预紧力让压锚杆力学参数的研究	菏泽煤电公司	煤
39	锚注与锚索联合支护技术在推采断层中的应用	彭庄煤矿	
40	千米深井防灭火技术研究与应用	古城煤矿	山东煤炭科技
41	大倾角松软破碎顶板巷道支护研究		
42	浅谈矿井粉尘危害及防治措施		
43	大倾角俯采工作面布置实践	郭屯煤矿	
44	基于正交试验的多维主动支护系统优化设计		煤炭技术
45	倾斜煤层综放沿空留巷围岩稳定性模拟研究	菏泽煤电公司	煤矿安全
46	基于 COMSOL Multiphysics 的煤层透气性系数计算方法优化	通风防尘处	
47	沿空留巷技术研究现状与展望	新驿煤矿	现代矿业

序号	论文名称	单位	刊物名称
二	管理类论文（7篇）		
1	煤炭企业专业人才岗位技能提升的创新研究	技师学院设计院	煤炭经济研究
2	财税视角下煤炭企业去产能最优路径选择研究	王楼煤矿	
3	能源企业"三维坐标"法务管理模式探究及应用		现代商业
4	浅议煤炭企业成本管理现状及对策		中国市场
5	谈煤矿企业经济与技术结合型成本管理	新驿煤矿	财经界
6	试谈如何扎实推进企业全面预算管理	财务部	中国商论
7	基于内部市场化模式下煤炭企业成本控制的研究		中外企业家

6. 获奖软件著作权（12件）

2019年临矿集团第五届科技大会软件著作权获奖统计表

表8-2-28

序号	名称	登记号	权利单位
1	基于超高频的矿山输送机转载点处煤含水量检测系统	2018SR335016	新驿煤矿
2	机械 VR 交互展示系统	2018SR610776	鲁西煤矿
3	鲁西煤矿安全生产经营数据分析平台	2018SR865812	
4	鲁西煤矿安全信息分析系统	2018SR860523	
5	鲁西煤矿井下主运输控制系统	2018SR856042	
6	煤矿物资商城系统 V1.0	2017SR697575	田庄煤矿
7	上海庙矿业锚索智能生产软件控制系统	2018SR210386	上海庙矿业公司
8	基于调度绞车选型与钢丝绳校核计算软件	2018SR330117	
9	临矿集团矿井通风系统智能优化与决策系统	2018SR523373	临矿集团
10	煤矿安全生产综合管理系统 V1.0	2018SR702196	大数据中心
11	财务共享数据交换系统	2018SR909314	
12	ERP 数据采集系统	2018SR909225	

7. 科技创新先进单位（8个）

菏泽煤电公司　古城煤矿　王楼煤矿　新驿煤矿　鲁西煤矿　田庄煤矿
会宝岭铁矿　山东玻纤集团

8. 知识产权明星单位（2个）

玻纤集团　上海庙矿业公司

9. 优秀科技工作者（60名）

胡乃川　周海军　尹成鑫　朱学龙　张龙飞　张孝坡　刘　乾　李久峰　闫　珍（女）
赵　磊　陈国成　杜建华　赵艳鹏　孙新磊　王明辉　赵仁宝　王龙江　杨芳芳（女）
张现刚　赵加宾　侯郡召　张银学　徐德生　徐庆国　刘　营　潘秋祥　胡啸啸

刘 鹏　王 斌　白建鲁　李福存　倪峰平　刘青云　夏文营　贾士和　李 勇

李 兵　谢国文　刘子勤　王庆玉　张海亮　张永强　安玉伟　邓晓刚　邵辉辉

凌仁忠　韩 港　刘建荣　耿东坤　杜晓峰　王世常　徐新海　张德志　褚新胜

何 栋　曹广海　李治纬　王全勇　吴海涛　耿聪杰

10. 知识产权明星个人（4名）

刘兴月　刘 爽　刘国梁　闫家正

11. 荣誉科技工作者（4名）

文志杰　张广超　陈军涛　李杨杨

第四节　新旧动能转换

2016年，临矿集团启动新旧动能转换重大工程，分10大类26项工业3.0+装备升级项目和大数据"云上临矿"建设。

2018年5月，下发《深化新旧动能转换重大工程实施方案》，提出要坚持新发展理念，把握高质量发展的根本要求，以供给侧结构性改革为主线，借力省新旧动能综合示范区建设，瞄准"临矿独有、国内领先、世界一流"目标，用好用活各项支持政策，强力推进新思想、新技术、新管理三大革命，强力推进"云上临矿"建设，努力在产业创新、科技创新、模式创新、品牌创新等领域取得更大突破，提高全要素生产率，推动实现由"先天不足"到"后来者居上"的跨越和转变。各生产矿井围绕"高效采煤、快速掘进、精干辅助、煤质提效、党建大动力"等方面，进行一系列新旧动能转换的探索。

一、新旧动能转换成果奖励

2017年5月，临矿集团召开新旧动能转换成果奖励工作推进大会，对评选的《煤矿自动化高效综采技术研究与应用》等10项新旧动能转换阶段性重大创新即时奖励正式奖、《矿井防火监测预警系统研发与应用》等7项新旧动能转换阶段性重大创新即时奖励提名奖进行表彰奖励，发放奖金640万元，单项最高奖励50万元。

2018年1月，对新旧动能创新成果进行表彰奖励。《古城煤矿厚煤层强冲击地压防治实用技术体系》《上海庙矿区膨胀型富水软岩地层高产高效工作面与综合疏放水成套技术研究》获新旧动能转换阶段性重大创新即时奖励最高奖，田庄煤矿《薄煤层综采垛式组合支架的研发与应用》等8项成果获新旧动能转换阶段性重大创新即时奖励正式奖，财务部《首次发行境外美元债破解融资难题与财务政策运用创效的实践》等8项成果获新旧动能转换阶段性重大创新即时奖励提名奖。

2019年，经各单位各部室申报推荐、集团评议委员会评议，24项新动能创新成果、35件高附加价值专利和60项创客作品受到表彰奖励。

2017—2019年临矿集团新动能创新成果奖励统计表

表8-2-29

序号	成果名称	完成单位	年度
一	重大奖（4项）		
1	古城煤矿厚煤层强冲击地压防治实用技术体系	古城煤矿	2018
2	上海庙矿区膨胀型富水软岩地层高产高效工作面与综合疏放水成套技术研究	上海庙矿业公司	
3	巨厚表土层煤矿井筒偏斜机理与治理关键技术研究	郭屯煤矿	2019
4	黄河北煤田受顶底板双重灰岩水害威胁煤层治理关键技术研究与应用	邱集煤矿	
二	正式奖（18项）	—	—
1	煤矿自动化高效综采技术研究与应用	王楼煤矿	2017
2	多排微差挤压爆破关键技术开发与应用	会宝岭铁矿	
3	"骑溜式采煤机＋无顶梁自移支架＋选择性松动爆破"高档普采工艺应用研究	田庄煤矿	
4	综掘快速掘进施工创新管理法	郭屯煤矿	
5	奶瓶纱玻璃配方升级研究与应用	山东玻纤集团	
6	高效精细选煤技术的研究与应用	煤质管理处	
7	古城煤矿班清班结薪酬核算大数据辅助管理平台建设	古城煤矿	
8	大断面大坡度岩巷掘进工艺改革研究与应用	王楼煤矿	
9	全方位管控多维度降本措施研究及应用	彭庄煤矿	
10	煤炭企业中党建引领作用的探索与实践	菏泽煤电公司	
11	薄煤层综采垛式组合支架的研发与应用	田庄煤矿	2018
12	定向孔钻进和注浆工艺在复杂构造条件下的综合防治水技术研究与应用	王楼煤矿	
13	运销远程自动化控制系统的开发与应用	王楼煤矿	
14	煤矿双重预防管理信息系统研发与应用	安全监察局 大数据中心 王楼煤矿 新驿煤矿 田庄煤矿 彭庄煤矿 武所屯煤矿 鲁西煤矿 里彦煤矿 邱集煤矿 古城煤矿 郭屯煤矿 株柏煤矿	
15	安全风险分级管控与隐患排查治理双重预防体系的建设与实践	会宝岭铁矿	
16	褐煤全过程提质增效及其洗选工艺的研究应用	上海庙矿业公司	
17	极贫矿石磨前湿式预选技术开发与应用	会宝岭铁矿	
18	王楼煤矿智能化全方位综合防尘系统研究与应用	王楼煤矿	

序号	成果名称	完成单位	年度
三	提名奖（25 项）	-	-
1	矿井防火监测预警系统研发与应用	鲁西煤矿	2017
2	单体支柱新型维修工艺研究与应用	田庄煤矿	
3	小型掘装一体机在急倾斜巷道掘进中的研究与应用	株柏煤矿	
4	大采深强冲击矿井卸压用高强螺旋钻杆设计及应用	古城煤矿	
5	放顶煤工作面后部刮板输送机回煤装置设计与应用	古城煤矿	
6	全尾砂连续高效充填工艺研究与应用	会宝岭铁矿	
7	企业法律风险防控及诉讼工作管理创效研究	法务资本部	
8	首次发行境外美元债破解融资难题与财务政策运用创效的实践	财务部	
9	三考一聘创新选人用人机制与十二台阶探索人才成长路线图	组织人事部	2018
10	矿井一键反风系统	田庄煤矿	
11	企校双制、工学一体现代新型学徒制	技师学院 人力资源处	
12	让压钢管混凝土墩柱在中厚煤层无煤柱开采中的研究与应用	鲁西煤矿	
13	大采深、高应力、强冲击矿井高效巷修成套技术研究与应用	古城煤矿	
14	大埋深高地压锚网索平衡支护技术研究与应用	菏泽煤电公司	
15	新型煤泥水回收工艺研发与应用	田庄煤矿	
16	地质储量信息系统 1.0 开发	会宝岭铁矿	2019
17	智能化掘进机远程操控系统的研究与应用	古城煤矿	
18	矿井热害治理智能管控系统的研究与应用	王楼煤矿	
19	低孔隙率煤层脉动定向注水增渗－润湿技术及装备研究应用	郭屯煤矿	
20	PTFE 微孔膜滤料与干雾抑制高效除尘系统研究与应用	非煤处 会宝岭铁矿	
21	煤泥水处理及压滤技术及工艺优化研究与应用	永明煤矿	
22	主副井提升控制系统高精度保护及双闭环辅助反馈系统优化研究与应用	彭庄煤矿	
23	智能化工作面开采技术研究与应用	邱集煤矿	
24	矸石充填工艺系统研究与应用	古城煤矿	
25	临矿集团专业化队伍建设探索与实践	人力资源处 机电运输处 生产技术处	
四	特殊贡献奖（2 项）		
1	攻"难点"去"痛点"疏"堵点"破解集团煤炭产业发展瓶颈	鲁西煤矿 设计院	2019
2	供应链服务的金融属性拓展研究	物商集团 上海泓舜公司	

二、知识产权专项奖励

2018年1月，临矿集团专题对2016—2017年取得的11项发明专利、88项实用新型和外观设计专利、2项软件著作权等知识产权成果进行表彰奖励。

2019年，临矿集团首届高附加价值专利金奖5项、银奖10项、优秀奖20项。

2016—2017年临矿集团知识产权成果奖励统计表

表8-2-30

序号	知识产权名称	专利权人	专利类型
一	专利（99项）		
1	用于矿浆分离的预处理装置	临矿集团	发明
2	一种煤矿用配电柜的管理系统	临矿集团	实用新型
3	一种便于携带氧气瓶的自救器		
4	一种电气连接装置		
5	一种高耐磨水泵用叶轮		
6	一种工件运输排序装置	临矿集团安培中心	
7	一种架空乘人索道自动停车装置	临矿集团株柏煤矿	
8	一种煤矿负压风门卸压把手		
9	一种反井钻机施工方法	上海庙矿业公司	发明
10	煤矿巷道用带式输送机皮带延长系统及方法		
11	一种具有安全支撑装置的钻机车		
12	一种井下运输系统集中控制自动化装置		
13	一种综掘机二运架空运行装置		
14	干式钻眼用除尘器		外观设计
15	一种液压传动缠绳机		
16	一种矿用立井安全门摇台自动联动闭锁装置		
17	一种天窗煤矸分运装置		
18	一种螺旋叶片自动缠绕机	古城煤矿	实用新型
19	一种组合式单体液压支柱		
20	一种螺旋钻杆		
21	一种煤矿钻杆回收装置		
22	一种台式自动电机绕组切线装置		
23	一种平行对夹式皮带机清扫器		
24	一种滚筒圆弧式皮带机清扫器		
25	一种精准耐用石油勘探钻头	邱集煤矿	
26	一种玻璃纤维连续毡的制备方法	山东玻纤集团	发明
27	一种玻璃纤维		
28	玻璃纤维线密度检测装置		
29	一种短切毡用玻璃纤维浸润剂及其制备方法		
30	玻璃纤维线密度智能检测方法		

序号	知识产权名称	专利权人	专利类型
31	胶带防跑偏装置	王楼煤矿	实用新型
32	采煤工作面拉网装置		
33	锚杆盘固定装置		
34	可折叠式防水罩骨架		
35	脚踏式拨道器		
36	矿用可控升降摇台		
37	驱动滚筒外轴保护装置		
38	一种煤矿喷雾除尘系统		
39	一种矿井用风门		
40	组合电话T型固定架		
41	一种罐笼自动阻车器装置		
42	一种具有限位功能的矿用测量工具		
43	一种采煤机的破碎装置		
44	一种矿用行人过桥		
45	一种排水泵房水仓联络闸阀控制装置		
46	一种电缆接头的测温系统		
47	一种后螺旋控向钻头		
48	一种矿用钻机支架		
49	一种便携式空间立体测量尺		
50	一种矿用双向抗冲击波调节风窗	会宝岭铁矿	
51	一种陶瓷过滤板红外线保护装置		
52	一种矿用耐磨弯头		
53	摩擦式提升机尾绳隔离保护装置；		
54	一种胶带输送机组合式承料缓冲装置		
55	一种矿山采空区多间式充填串袋		
56	一种通芯型钻孔固定防漏浆装置		
57	一种快速安装、拆卸组合轨道		
58	一种铁矿用开采用电动铲运机散热装置		
59	一种矿用无磨损卸矿溜槽		
60	一种箕斗耐磨抗砸格子衬板		
61	一种矿山安装井下管道		
62	一种铁矿浆选矿用自动分离装置		
63	一种铁矿石输送用导料槽		
64	一种尾矿渣干选机		
65	一种方便移动的矿山风机		
66	一种空气压缩机储气罐自动净化装置		
67	一种用于铁矿采矿的除杂装置		

续表

序号	知识产权名称	专利权人	专利类型
68	一种采矿设备电缆接头防护支架	会宝岭铁矿	
69	一种井下电机车行驶信号触发装置		
70	一种新型全尾砂充填矿房脱水装置		
71	一种被压自动收缩门	新驿煤矿	
72	一种斜巷风动挡车装置		
73	一种运煤皮带自动取样装置		
74	一种掘进机	田庄煤矿	实用新型
75	一种矿车碰头拆装工具		
76	一种采煤工作面夹矸、结核探查装置		
77	一种刮板输送机的挡矸装置		
78	轨道固定式挡车装置		
79	一种列管式冷却器的清洗装置		
80	一种可调式架空乘人装置吊椅		
81	一种矿用皮带机缓冲床		
82	一种适用于管道的吊挂系统		
83	一种皮带机 H 架高度调节装置		
84	一种架空乘人装置钢丝绳自动涂油装置		
85	一种便清理采矿工作面导水槽		
86	一种防淤积采矿工作面导水槽		
87	一种具有通风装置的井工开采低瓦斯矿井水仓		
88	井工开采低瓦斯矿井水仓通风装置		
89	一种通风装置		
90	一种适用于管道的吊挂装置		
91	一种矿用液压起吊装置		
92	一种方便移动的配电箱		
93	一种煤矿井下用电缆桥架		
94	一种适用于煤矿井下用电缆桥架的固定板		
95	一种矿用托辊更换装置		
96	煤矿用管道"8"字形吊挂件		
97	一种煤矿采空区的排水装置		
98	一种矿用机械废水除尘装置		
99	全液压双层结构可避障自动打眼机器人		
二	**软件著作权（2 项）**		
1	大型企业集团科技管理信息系统	临矿集团	—
2	临矿集团调度信息系统		

2019年临矿集团首届高附加价值专利奖统计表

表8-2-31

序号	项目名称	完成单位	奖项名称	等级
	金奖（5项）			
1	一种双层多分支顺层钻孔注浆改造顶底板双重灰岩含水层方法	邱集煤矿	首届高附加价值专利奖	金奖
2	一种煤矿井下煤矸综合处理系统	菏泽煤电公司		
3	一种具有冗余控制的矿井下排水机构	新驿煤矿		
4	一种大采深强冲击厚煤层主下山护巷煤柱的宽度留设与保护方法	王楼煤矿		
5	单丝涂塑用纱专用浸润剂及其配制方法	玻纤集团		
	银奖（10项）			
1	全尾砂充填系统专利群组	会宝岭铁矿	首届高附加价值专利奖	银奖
2	一种皮带输送机托辊更换辅助装置	菏泽煤电公司		
3	一种旋流器润湿管路变径	菏泽煤电公司		
4	间接充水含水层突水危险性综合评价方法及系统	上海庙矿业公司		
5	一种用于清理板框式压滤机的刮板机构	新驿煤矿		
6	分体式钻车专利组合	古城煤矿		
7	一种玻璃纤维膨化纱专用浸润剂及其制备方法	玻纤集团		
8	一种干法分选装置	王楼煤矿		
9	煤矿用风动水泥浆液喷涂设备	菏泽煤电		
10	一种新型玻纤壁布	玻纤集团		
	优秀奖（20项）			
1	一种螺旋钻杆及其生产方法	古城煤矿	首届高附加价值专利奖	优秀奖
2	一种含硫化铁结核薄煤层的垛式组合支架综采装置	田庄煤矿		
3	用于煤泥的浮选装置（与浮选柱溢料溜槽合并）	王楼煤矿		
4	一种猴车运行装置	新驿煤矿		
5	单丝涂塑专利群	玻纤卓意公司		
6	八字支架	株柏煤矿		
7	一种锚网自动握边机	上海庙矿业公司		
8	一种矿井余热回收恒温供暖系统	新驿煤矿		
9	一种用于铁矿井下的分配小车系统	会宝岭铁矿		
10	无极绳钢丝绳自动除锈涂油装置	菏泽煤电公司		
11	一种煤矿用钢管除锈设备	菏泽煤电公司		
12	自动化输送带冲裁生产设备模具	古城煤矿		
13	一种罐笼自动阻车器装置	王楼煤矿		
14	一种全断面管缝锚杆拉力计连接装置及加工方法	田庄煤矿		
15	一种矿山综掘工作面负压悬浮除尘装置	田庄煤矿		
16	基于GSM网络的水文长观孔遥测系统	邱集煤矿		

续表

序号	项目名称	完成单位	奖项名称	等级
17	一种架空乘人索道自动停车装置	株柏煤矿	首届高附加价值专利奖	优秀奖
18	一种采煤机的破碎装置	王楼煤矿		
19	一种智能化矿山运销系统	王楼煤矿		
20	胶带清扫器专利组合	古城煤矿		

第五节　创新成果

1991—2020年，临矿集团取得重要科技创新成果64项。

1. 莱芜煤机公司《GWJ-12转鼓加压过滤机研制》

1998年，被山东省经贸委和山东省煤炭工业局认定为重点科研项目，莱芜煤机公司历时8年攻关研制开发的创新设备；2005年，通过山东省科技厅验收取得自主知识产权，该设备属国内首创，处于国内领先水平。2004年10月—2005年10月，通过在日照泰山洁晶生化有限公司使用，创造利税30余万元，节约支出80余万元。

2. 古城煤矿《条带放顶煤开采技术在建（构）筑物下的应用》

2002年，作为自行研究开发的项目，通过应用，有效保护地面建（构）筑物的破坏程度不超过I级，最大限度提高资源采出率，取得明显的社会经济效益；技术处于国内领先水平；有很好的推广应用价值。项目获得山东省煤炭行业科技进步二等奖。

3. 亚龙公司《轻型支架制造工艺研究》

2003年，通过自行选题、自行开发的项目，拓展产品应用范围，加大产品自主加工能力，制造工艺先进合理、可行，具有可操作性，有一定的推广利用价值。项目获得山东省煤炭行业科技进步三等奖。

4. 中心医院《内镜食管黏膜染色术诊断食管疾病的临床研究》

2003年，通过复方碘溶液的染色，能准确诊断出各种食管疾病，操作简单、成本低、准确率高，不增加病人痛苦与危险，值得大力推广应用。项目获得山东省煤炭行业科技进步三等奖。

5. 古城煤矿《应用综合防灭火技术防止煤层自然发火》

2003年，根据矿井安全需要自行研究开发，通过研究不同条件下的矿井综合防灭火技术，有效预防自然发火，确保安全生产，取得较好的社会经济效益，推广应用价值高。项目获得山东省煤炭行业科技进步三等奖。

6. 古城煤矿《大采深、条带式、综采放顶煤"支架—围岩"关系研究》

2004年，与山东科技大学联合开发的项目，成果归属古城煤矿。通过矿压观测与试验，掌握一定地质条件下大采深、条带式综放工作面的支架工作阻力与整个采场上覆岩层运动作用原理、覆岩运动规律及控制特征，提出"可控岩层""不可控岩层""程控岩层""必控岩层"的新理论概念，为合理进行矿压控制、安全高效生产服务。项目通过省科技厅鉴定验收，获得山东省科技进步三等奖。对存在深部开采的矿井有借鉴参考价值。

7. 莱芜煤机公司《FWX型系列旋流微泡浮选柱的研制》

2004年，引进中国矿业大学专利技术，共同开发完成FWX-30型旋流微泡浮选柱的新产品设计和3台样机试制，在陕西韩城煤业公司洗煤厂等3家单位投入工业性试验和应用。2006年，通过山东省科技厅组织的科技成果鉴定，性能指标达到国内领先水平。2008年，根据市场需要研制开发FWX—50型旋流微泡浮选柱，完善了该产品的系列化工作。

8. 古城煤矿《深部动压硐室群加固技术》

2005年，被山东省煤炭工业局列为重点科技发展项目；年底通过山东省科技厅验收，处于国内领先水平。项目是与山东科技大学联合攻关开发的创新技术，成果归属古城煤矿。通过现场数据的分析整理，确定巷道加固的支护参数和最佳支护方案，有效地控制巷道变形，解决深井支护技术难题，处于国内领先水平。通过在古城煤矿1年的使用，创造利税5823万元，节支7014万元，在煤炭行业具有重大推广应用价值。

9. 王楼矿井筹建处《矿井主副井筒红层水害防治技术研究》

2005年，与中国矿大联合实施的项目。通过试验室实验和矿井现场应用，形成一套比较科学完整的治理红层水害方案。根据矿井单位时间内涌水量大、静水压力大、孔隙和裂隙网络并存且颗粒型浆液无法注入等特点，利用以脲醛树脂为主液配以适量草酸，合理设计注浆方案、参数、工艺，解决红层水害影响井筒正常施工的难题，确保井筒施工工程质量。项目通过省科技厅鉴定验收，达到国内先进水平，在受水威胁井筒施工中具有重大安全意义；能够节省注浆成本，对侏罗系红层孔隙水分布地区防治水施工具有推广价值。

10. 马坊煤矿《孤岛煤柱开采安全技术研究》

2005年，独立完成的项目。在分析孤岛煤柱特点及开采现状的基础上，充分利用矿压显现规律，进行孤岛煤柱开采工艺、巷道布置和支护技术等方面关键技术研究，探索出一条孤岛煤柱开采最佳方式，对安全生产具有深远意义。项目通过省科技厅鉴定验收，达到国内先进水平，可为同类条件下孤岛煤柱开采提供经验借鉴。

11. 莱芜煤机公司《FWX30型旋流微泡浮选柱》

2005年，列入省煤炭局重点科技计划；2006年，通过省科技厅验收，处于国内领先水平。项目是在比较国外类似设备优劣势的基础上与高校联合开发成功的一项主导产品。设备主要用于煤炭、电厂、有色金属和硫、石墨等非有色金属的浮选。在金兴焦电有限公司使用一年零两个月，实现产值300余万元，增加利税150余万元，节约开支90余万元。莱芜煤机公司每年产生100万元的产品销售收入，在煤机制造业和煤炭行业产生重大影响。

12. 古城煤矿《大采深煤层冲击地压原因分析及防治研究》

2005年，古城煤矿与中国矿业大学合作进行冲击地压危险性综合预测及防治技术研究。针对煤矿大采深情况下冲击地压频发、严重影响安全和生产的问题，运用综合指数法和数值模拟等方法进行区域预测，采用电磁辐射法及钻屑量方法进行局部检测，对有冲击危险的区域地点采取卸压措施，消除或减弱冲击危险性。技术采用区域性预测和局部实时检测相结合的冲击地压监测预报方法，综合采用现场实测数据分析、实验室试验、计算机模拟、理论研究和现场实施相结合的研究方法，分析煤矿冲击地压发生的原因，圈定冲击地压危险区域，提出冲击地压监测预报方法和治理措施，建立煤矿冲击地压防治体系。经现场实施后，防冲效果明显，对古城煤矿和有冲击地压危险的矿井有广泛的效益和推广应用前景。

13. 邱集煤矿《基于露头区煤层开采覆岩运动规律变异的提高开采上限研究》

2006年，通过与山东科技大学共同研究，采用"双管双端封堵测漏"专利技术，对煤层开采后的覆岩破坏规律进行井下实测研究，根据矿井已有钻孔及在设计回采巷道中施工钻孔的资料，研究分析顶板岩性、富水性分区及基岩厚度分布规律，并最终对煤层开采的安全性作出评价。采用分步提高开采上限的方法，首次应用井下微地震研究露头煤开采覆岩运动规律；应用露头煤层开采覆岩变形破坏规律，进行煤层开采方法的研究。项目通过省科技厅鉴定验收，处于国际先进水平。经过邱集煤矿使用实施，采出煤炭66.6万吨，经济效益和安全效益巨大，对黄河北煤田及类似条件的煤田有重要的借鉴意义。

14. 新驿煤矿《"双软"含煤复合顶对拉综采面矿压显现及覆岩空间结构运移规律研究》

2006年，与山东科技大学历时一年联合攻关开发的创新技术，成果归属新驿煤矿。技术应用于综采对拉工作面，属矿山压力与控制范畴。通过对矿压显现规律和覆岩演化规律的研究，指导对拉综采工艺的成功实现。通过对工作面支架的适应性评价，研究深井采场覆岩结构及其演化对顶板管理与控制的影响机制和影响规律，首次提出两个近场覆岩"厚硬岩层效应"。项目作为临矿集团重点攻关计划，通过省科技厅鉴定验收，处于国际先进水平。经过新驿煤矿一年应用，创造经济效益6000余万元。

15. 田庄煤矿《井下无线通信及人员管理系统在煤矿井下应用的研究》

2006年，项目采用国内先进设备，自主设计与有关IT厂共同实施的。采用现场试验和理论相结合的研究方法，主要是在回采工作面及轨道顺槽中进行实地通信试验，在对通信数据分析研究的基础上，明确井下各个轨道顺槽和回采工作面中的金属支护、液压支柱、电磁波、顺槽上下山对基站信号的影响规律，分析井下的影响方式及影响范围，制定相应的措施以把影响降到最低。系统由无线中心控制器、基站、基站延伸器、PHS定位终端以及网管软件、定位服务器和定位客户端软件等单元组成，具有一个系统平台多个系统功能、实时精确定位、定位软件集成GIS地图功能等优点。项目通过省科技厅鉴定验收，处于国内领先水平。较传统系统节约投资60万元，每年节约开支5万元。系统能够实时显示井下人员井下位置和随时随地进行通信，有效地保证高效安全救护、抢险救灾等工作。

16. 莱芜煤机公司《HC35160型圆筒混合机的研制》

2006年，开始研制；2007年，完成样机的试制，在内蒙古泰升钢铁公司、山东广富集团有限公司等单位投入工业性试验和应用。项目研制填补了莱芜煤机公司大型圆筒混合机生产空白，为拓宽冶金设备市场创造条件。整机性能达到国内先进水平，形成批量生产能力。

17. 邱集煤矿《黄河北煤田高承压水突水原因及治理综合研究》

2007年，为解放黄河北煤田治水问题而研究的项目。通过建立井上下含水层水位水压监测系统，查清奥灰与四五灰水之间的联系，反演含水层水文地质参数，预测含水层的疏干水量，评价分析煤层底板隔水层的隔水能力和突水危险性，提出带压开采的防治水新方法。作为黄河北煤田的第一对试验矿井，对课题的研究为黄河北煤田其他矿井的水文地质勘探提供理论和经验支持，为黄河北煤田开发积累丰富、宝贵的水文地质材料。

18. 新驿煤矿《矿井通风信息智能化管理系统研究》

2007年，为煤矿通风管理提供一套功能齐全、高智能矿井通防信息智能化管理系统，可为国家矿井安全生产，特别是"一通三防"工作提供有力的技术保证与支持。

19. 王楼煤矿《大采深全岩巷道快速掘进支护技术研究》

2007年，通过对开拓巷道围岩岩性分析、围岩松动圈分析及计算机模拟技术的验算，使开拓巷道支护参数更加合理化，有效控制巷道围岩变形破坏；充分利用岩石掘进机快速掘运、锚杆钻机及风钻进行支护、喷浆机喷浆，达到快速掘进解决矿井接续问题。掘进过程中实现在大采深、大断面、复杂围岩条件下的开拓巷道支护技术，减少对围岩的破坏，改善作业环境和安全条件，实现安全快速高效掘进，技术处于国内领先水平。

20. 莱芜煤机公司《XMZG340/2000–U型厢式隔膜压滤机的研制》

2007年，山东省技术创新第二批计划项目，在提高塑料滤板使用性能、降低液压操作系统故障时间、提高可靠性等方面进行技术创新及工艺改进。2008年，完成新产品设计及样机试制，在田庄煤矿选煤厂等单位投入工业性试验和应用；通过山东省科技厅组织的科技成果鉴定，整机性能达到国内领先水平，并形成批量生产能力。

21. 莱芜煤机公司《PGC1800×3240型单齿辊破碎机的研制》

2008年，完成新产品设计及样机的试制，在山西河津市华鑫源钢铁公司等单位投入工业性试验和应用。项目重点对大型单齿辊破碎机星轮与保护帽堆焊工艺进行改进，大幅提高生产效率、降低生产成本。整机性能在同类产品的性能指标方面达到国内领先水平，形成批量生产能力。

22. 古城煤矿《深部沿空综放工作面动力灾害防治技术》

2008年，针对动力灾害（矿震和冲击地压）防治难题，采用覆岩空间结构理论，结合工程类比等方法对煤矿工作面冲击地压危险区进行准确的预测，制定针对性的解危、支护措施，研制并安装冲击地压实时监测预警系统，在工作面回采过程中对危险区进行实时监测预警，实现工作面安全开采。该研究成果对矿震、冲击地压多发矿井具有十分显著的示范作用和推广借鉴意义，在多家煤矿推广应用，成功实现"有震无灾"的防冲目标，最大限度降低动力灾害发生，社会效益明显。项目得到国家自然基金支持。发表论文4篇。

23. 煤机集团《全系列全自动立式隔膜压滤机的研制》

2008年开始研制，至2012年形成4大系列32种规格产品，在有色和黑色矿物加工、化工、制药、食品等行业得到广泛应用。技术达到国际先进水平，突破多项核心技术，拥有11项国家专利，其中2项发明专利，制定1项国家机械行业标准，获得山东省科学技术奖三等奖、山东机械工业和煤炭工业科技进步双一等奖、山东省企业技术创新优秀新产品证书。商品化生产后，在铁矿尾矿干排处理领域有13台设备得到应用；在黄金尾矿处理中有10台设备得到推广，替代国外同类进口设备。年销售收入1亿元，利税1500万元。

24. 上海庙矿业公司《富水软岩冻结凿井安全监测技术与井壁结构优化研究》

2009年，针对复杂岩层中进行冻结凿井，不论是冻结施工期间还是冻融期间的维护都存在井壁破裂的危害性，严重威胁着生产安全这个问题，该项目在井筒施工现场采用多层位、长期连续监测、信息反馈、数值模拟和理论分析相结合的方法进行研究，揭示"弱胶结、低强度、富含水、易水解"冻结凿井温度场全程变化规律，分5个阶段给出了全程温度场的分布特征；揭示此类岩层冻结凿井井壁载荷特征，提出计算公式。针对冻结凿井井筒受力特点提出导水卸压式井壁设计方案。项目研究成果优化井壁结构，使井壁结构适应抵御这类特殊地层环境下的压力，保持井壁的长期稳定；直接为软岩矿井井筒施工和设计提供创新性技术指导和安全保障；研究中产生的系列成果，直接为后续大量井巷工程围岩压力确定、支护结构设计提供科学的计算方法，做到支护结构经济合理、安全可靠。为矿井带来重大的经济效益和安全效益，为其他深厚、弱胶结、富含水、易水解软岩冻结凿井的设计和施工提供新的理论依据和技术指导。

25. 临矿集团《数字矿山建设示范》

2009年，为临矿集团信息化建设和"十二五"期间推广的重点项目，通过对煤矿生产、安全、经营现状进行深入、细致、全面的调研和分析，运用数字化的手段和现代化的管理方式对传统的安全生产管理模式进行改革和完善，打造具有智能特色的"数字矿山"。系统提供了一套包括基于四维地理信息系统的矿山生产技术管理系统、基于事故树模型的安全管理系统、基于关键活动的经营管理系统、基于项目管理的调度管理系统等核心内容的大型数字矿山软件系统。既能实现精细化的三维建模，又能实现采、掘、机、运、通和输配电、给排水系统的动态联动和生产、安全与经营的无缝集成，为打造本质安全型矿井和实现精细化管理提供信息保障。项目实施后，在王楼煤矿各职能部门内全面运行。实施效果显示系统具有功能完善、实用性强、通用性好、操作简单、稳定性好等特点，受到煤炭企业的广泛关注，取得良好的经济效益和社会效益。该项目被原省信息产业厅、发改委等6厅局列为省示范项目，经省科技厅组织以2名院士为核心的专家团队鉴定，在系统架构、模型建设、可视化及工程实践应用等方面均有重要创新。先后获得山东省科技进步三等奖、山东省煤炭行业科技进步一等奖、山东省技术创新成果一等奖等荣誉。

26. 田庄煤矿《近水平浅埋煤层超高水材料复合矸石堤坝式充填开采技术》

2010年，该技术针对近水平薄煤层建筑物下压煤采用的水沙、膏体等充填开采方法存在工艺复杂、施工效率低、成本高、充填材料来源受限制问题而研究。主要是在工作面回采一定距离后，以少量固体粉料为凝固剂，使其与水以5：95～3：97的体积比混合形成液态充填体，通过简单的管路浇注至采空区；同时采用设备向采空区运输矸石。液态充填体与矸石在采空区混合、凝固，形成高强度的、稳定的固态充填体，实现简单、连续、快速、有效的采空区充填。在河南省正龙煤业有限公司城郊煤矿、王楼煤矿和邱集煤矿等得以成功应用。在减小冲击地压、控制底板承压涌水、沿空留巷方面都取得了良好的效果，增收10482万元。本项目获专利1项，发表论文7篇。

27. 田庄煤矿《近水平浅部开采超高水充填覆岩运动规律研究》

2010年，针对超高水充填开采技术存在的各种疑问，田庄煤矿与山东科技大学联合攻关。基于以岩层运动为中心的矿山压力理论，采用理论分析、室内数值模拟、物理模拟试验及现场实测等方法，对超高水充填材料、充填工艺、覆岩控制基础理论及充填效果进行系统研究，为推广国内煤矿超高水充填材料解放"三下一上"压煤提供技术支撑。项目研究阐明超高水充填材料、覆岩控制机理并解决部分技术难题。田庄煤矿投资建设的山东绿源特种材料公司是国内超高水材料研究与推广的主要基地，对解放煤炭资源、延长矿井服务年限具有现实意义。

28. 莱芜煤机公司《2PGCL-1100×2500轮齿式双齿辊破碎机的开发》

为独立设计研发的科技项目，针对1500万吨/年选煤厂原煤破碎设计，用于破碎抗压强度不大于160兆帕的矿石、原煤等，适用于大型选煤厂、露天矿环境破碎作业。列入山东省技术创新项目计划。创造齿辊和润滑2项自主专利技术，研发强度高、耐磨性好的耐磨钢，提高破碎机齿破碎能力和抗冲击能力，适应含矸量大、矸石硬度高的原煤破碎；自主设计有利于剪切破坏的特殊齿形，配置不同轮齿齿形与侧齿相结合，达到不同产品粒度；设计侧壁筛分结构，使其具有筛分和破碎双重功能，具有过粉碎率低、高效节能的特点，能处理粘湿物料；采用电气和液力偶合器双重保护，安全可靠；自动化程度高，具有远程监控等功能。

2010年8月，开始投产试制；2011年1月，在鄂尔多斯市宏润洗煤公司投入使用，后在山西长治王庄煤业公司等单位应用。与同类设备相比具有破碎能力大，瞬时可达2300吨/时；破碎粒度大，能破碎1300毫米的原煤块，振动小，噪声低，维修量小破碎粒度均匀，安全可靠。

项目配套露天矿破碎站使用，可提高露天采煤系统运行的稳定性与安全性。能够很好与国内选煤厂现行工艺标准配套，减少中间破碎和拣矸环节，提高煤流系统稳定性，提高选煤厂工效。使国家选煤整体装备配套水平显著提高，促进综采放顶煤技术发展。应用该设备的耐磨齿板的使用寿命超过英国MMD公司的使用寿命，可以替代进口产品。获得2项专利技术，起草制定1项行业标准；公开发表3篇论文。

29. 会宝岭铁矿《极硬岩层掘进爆破关键技术研究》

2011年，针对硬度大的岩层掘进中钻眼速度慢、钻具损毁严重、爆破效果差、爆破后爆堆不利于装载、炸药消耗量大、施工速度慢、光面爆破成形质量差等问题，研究提出掏槽爆破作用分区和岩石中裂纹随机分布的损伤变量表达式；建立掏槽腔内爆产生气体和岩渣两相流动模型；提出各种力对掏槽效果的影响；建立动静载荷作用下的节理破坏准则和瞬态动力学分析求解的基本运动方程；分析研究极硬岩石掘进掏槽爆破岩石破坏机理等。其成果在会宝岭铁矿、金诚信矿业管理有限公司、湖南涟邵建设工程公司等单位中推广应用，炮眼利用率明显提高，破解了影响极硬岩石井巷掘进进度的难题，经济效益和社会效益显著。

30. 山东玻纤集团《EP玻璃纤维研究与产业化》

2011年，项目为引进消化美国技术建设生产无氟、无硼的EP玻璃纤维，具有高强、高模量、耐腐蚀等优点，广泛应用于风力发电和石油管道等领域，可替代进口产品。本项目具有工艺技术先进、劳动生产率高、产品质量好、节能环保等特点，符合中国的产业政策，并通过省科技厅组织的成果鉴定，技术达到国际先进水平。

31. 煤机集团《尾矿压滤干排综合利用技术》

2011年，利用开发的尾矿分级过滤干排技术及设备，在金属矿山取消尾矿坝，节约水资源。用经过该技术处理的干尾矿作为原料，按比例掺入添加剂，经过高压蒸汽养护制成尾矿砖。作为一种新型节能建筑材料，用于多层混合结构建筑承重墙体，可代替黏土烧结实心砖，把尾矿变废为宝，保护耕地、改善环境。解决矿山尾矿溃坝危险、占用大量土地和资源回收利用问题。

32. 会宝岭铁矿《斜坡道安全智能控制系统的开发与应用》

2011年开发，利用无线射频、微处理器、计算机管理技术及通信手段建立井下适应性的交通信号管制模型，提高车辆运行效率，预防运输安全隐患发生。建立适应井下交通道口特点的抗冲突机制和适应井下交通安全管理特点的主辅联动控制模型，保证无线信号成功收发，确保车辆正确检测不漏读、误读。克服因井下斜坡道存在着坡度大、巷道弯曲、岔路口多且巷道内电气环境复杂巷道壁岩石金属含量高等因素造成的无线信号在井下传输会产生绕射、吸收、反射冲撞、干扰、冲突等问题。系统投入使用后，有效解决斜坡道堵车、交通事故等问题，运输效率大幅提高，生产能力显著提升。成果实现斜坡道运输的全自动网络化控制，在矿山斜坡道具有很高的应用价值。

33. 株柏煤矿《急倾斜煤层组联合开采防灭火技术研究》

株柏井田属于全隐伏型井田，具有断裂构造及火成岩发育、煤层稳定性差等特点。2煤平均厚度1.3米，3煤平均厚度3.5米，平均倾角55度。采用柔性掩护支架采煤法采煤，2、3煤均采用全部垮落法管理煤层顶板。2、3煤联合开采，工作面进、回风巷均沿煤层顶板布置，通过石门联络，回采过程中二层煤超前三层煤推进。2、3煤层间距17米，回采过程中2、3煤采空区会相互窜风，给防灭火工作带来困难。2011年，通过对2、3煤联合开采防灭火的研究，确定联合开采的开采方法，优化通风方式，采取综合防灭火措施，保证2、3煤联合开采安全，较好地解决了多煤层联合开采防灭火难题。

34. 泰安煤机公司《GDGTC1大型柔体多功能四绳长材罐笼的开发》

2011年，开发的大型柔体多功能长材罐笼结构形式采用扁钢立柱本体结构，由首绳悬挂装置、尾绳悬挂装置、国外新型滚轮罐耳和罐笼本体等组成。罐笼本体主要由四个盘体和8根立柱组成，中间两个U型盘体上设有可旋转式的活动平台。在上盘体侧面设有过卷撞击罐耳，在中间2个盘体端部设有缓冲罐耳。罐笼通过气动葫芦控制活动平台的升降，能够方便地下放长度14米的型材，长材罐笼兼有可调平衡锤的特点，可配套罐笼整体下放大型设备时方便调整长材罐笼重量，同时兼备运输人员上下井。

35. 煤机集团《燃烧电厂粉煤灰精细化综合利用技术》

2012年，该技术为研发的粉煤灰精细化应用。从粉煤灰中生产开发出用于水泥和混凝土中Ⅰ、Ⅱ级粉煤灰（GB/T1596–2005），CWF再生固硫水碳浆，生产超细纤维替代纸浆、纸筋灰，免烧轻质陶粒保温材料，二氧化硅胶体（白炭黑）及聚合氯化铝铁絮凝剂，3A人造沸石，用于塑料行业填料的2000目超细活化粉煤灰，技术趋于成熟，居于国内领先水平。

36. 煤机集团《钢厂高炉烟尘渣综合利用》

2012年，针对钢厂高炉烟尘渣原料中氧化铁含量高、难回收的特点，采用球磨—浮选—磁选—重选联合工艺流程，更高效地回收高炉烟尘渣中的铁精粉和炭精粉。使用高效旋流微泡式浮选柱作为浮选炭精粉，提高精矿品位和回收率，降低能耗；使用重力—磁选联合工艺提取铁精粉，提高铁矿的回收率，降低尾矿中铁元素的损失。原料中铁品位30%～35%、碳品位30%、精碳品位70%，回收率60%；铁精粉品位52%，回收率50%。

37. 莱芜煤机公司《加压过滤机技术研究及系列化加压过滤机的研制》

1992年，莱芜煤机公司引进世界先进的固液分离技术——加压过滤技术生产各型号加压过滤机600余台，国内外市场占有率90%，创效15亿元，被评为国家级新产品，被山东省质量技术监督局评为省名牌产品。

2012年，研制应用于微细粒金属精矿的固液分离PYNTK系列盘式加压过滤机。其系列产品获国家发明专利1项，实用新型专利8项。PYNTK–120盘式加压过滤机通过山东省科技厅组织成果鉴定，获中煤协会二等奖。系列加压过滤机处理重碱、铁精矿、铝精矿、饲钙、金精矿、铁矿尾矿、碳酸氢钙、硫精矿、氨碱厂蒸馏废液等物料效果良好。

38. 泰安煤机公司《码头矿石快速定量装车系统的研制》

1987—2012年，泰安煤机公司独立设计、制造、安装、调试40余座快速定量装车站，与多家国外公司合作制造多台快速定量装车站。装车系统得到社会和用户好评，在神东公司孙家沟、乌兰木伦等矿被评为优良工程。

39. 煤机集团《氰化金尾矿贵金属回收技术》

2013年，技术围绕国家产业政策开展工业固体废弃物综合开发利用，最大限度实现节能减排、环境保护、资源最大化利用。通过开展对氰化金矿尾矿综合利用研究，实施分步开发利用，实现尾矿综合利用。在开展大量技术实验和专用设备研发的基础上，利用国内最先进的选矿技术和设备制造技术，在建2条尾矿再处理生产线，形成日处理3000吨能力，满足金矿日排矿全部再处理，可降低环境污染、消除安全隐患、资源循环利用。项目建设不影响金矿已有生产系统，不产生二次污染。

40. 邱集煤矿《薄煤层综采新型高水材料巷旁充填沿空留巷技术开发》

2013年，根据对现有无煤柱开采系统的分析，沿空留巷一般可使矿井回采率提高10%以上，巷道掘进率和巷道维修费可降低30%左右。应用沿空留巷技术具有大大减少矿井巷道掘进量、缓解采掘接替紧张、缩短工作面搬家时间、防止发火及延长矿井服务年限等优点，同时该技术为解决矿井的瓦斯治理提供了便利与可能，具有明显的技术和经济效益，是煤矿开采及回采巷道支护技术的一项重大改革。项目的实施，为保障邱集煤矿安全高效生产提供保证，对其他条件相似矿区具有十分显著的示范作用和推广价值。

41. 临矿集团、古城煤矿《矿山四维灾害预警与应急指挥系统》

2013年，项目列入省经信委技术创新项目计划并列入省安监局科技计划。借助先进的数字化手段和物联网技术，在煤矿建立基于四维地理信息系统的一整套井下信息发布平台，完整解决矿山地面和井下三维建模和可视化问题，实现地面地下所有时间空间对象的透明管理。项目建设实现安全监测、人员定位等子系统的接入，通过数据分析、分类，将各种信息发布至井下各个信息终端，提供地面与井下信息沟通的渠道，指导井下人员安全生产。项目的实施在古城煤矿得到很好的示范应用，得到煤炭企业的广泛关注，取得了良好的经济和社会效益。项目达到国际领先水平，对于矿山安全生产和重大事故防治具有重大意义，具有广阔的应用前景。

42. 山东玻纤集团《耐腐蚀高强度无碱玻璃纤维研究与开发》

2013年，项目通过采用无硼无氟玻璃成分提高玻璃纤维耐腐蚀性能，通过提高成型温度、控制漏板局部温差、调整合适的浸润剂配方提高纤维强度。研制的无碱直接纱抗拉强度每特0.53牛，浸胶纱拉伸强度大于2900兆帕，拉伸模量86000兆帕以上，10%硫酸溶液60摄氏度浸泡24小时质量损失率小于1%，10%氢氧化钠溶液60摄氏度浸泡24小时质量损失率小于6%。耐腐蚀高强无碱玻璃纤维应用于油田高压缠绕管道、烟气脱硫、海洋工程等领域，可以代替进口产品，经济和社会效益显著，市场前景广阔。

43. 新驿煤矿、株柏煤矿《矿井新能源综合利用及其智能化控制技术研究与应用》

2013年，提取太阳能、压风机余热及地下水中能量为企业的生产生活提供热能及制冷。可在多种能量载体中提取能量，采取智能化控制。以集控主机为控制载体并配置模拟控制软件作为监控界面，实现对系统的数据监控和流程控制。可关停非采暖季锅炉，缓解能源约束矛盾和环境压力。零运行成本，年减少锅炉运行费用164万元，达到节约能源、保护环境的目的。

44. 煤机集团《脱硫渣综合利用技术》

2013年，主要解决脱硫渣的污染问题，将脱硫渣中的有用资源回收，实现脱硫渣的无尾化综合利用，不再产生二次污染。此工艺技术具有极高推广应用性，带来良好经济效益。工艺技术申请国家专利6项、发明专利3项、使用新型专利3项。

45. 煤机集团《钛白粉行业污水过滤立式压滤机》

2013年，自主研发设计的新型固液分离脱水设备，列入山东省第三批科技创新项目计划，解决钛白行业的废酸污水处理的新型环保设备缺失问题。在废渣污水工艺处理的酸渣含水量25%左右，实现干堆干排，直接外卖，废弃了尾矿坝的处理方式，减少对周围环境污染，完全满足用户工艺要求。主机具有密封性能好、不喷料、整机自动化程度高、工人劳动强度小的特点。取得3项国家专利成果和1项环境保护产品认证。

46. 煤机集团《锂精矿过滤高压智能隔膜压滤机研发》

2013年，高压智能隔膜压滤机由智能电控系统、液压系统、快速自动压紧装置、机架部分、高强防腐隔膜压榨滤板组、滤布自动清洗振打装置等组成。可用于选锂行业提锂过滤，广泛应用于有色金属冶炼的精矿与尾矿处理，氧化锌、酵素、碱渣、4A沸石、淀粉等行业，替代同类进口产品，为国家节约外汇，给用户带来可观经济效益。

47. 会宝岭铁矿《铁矿磨前湿式预选系统》

2013年，改造前会宝岭铁矿井下原矿品位磁性铁在13%～15%之间，经大块干抛后入磨品位仅提高至17.42%，部分废石夹杂在矿石中不能及时抛出，大量废石进入球磨机增加磨矿成本，磨矿产生大量尾砂进入尾矿库，占据大量库容。磨前湿式预选的实施解决了尾矿堆存难题，破解制约会宝岭铁矿生产瓶颈。年可产生综合经济效益2667万元。

48. 王楼煤矿《千米深井巨厚岩浆岩下冲击地压规律及防控技术研究》

2014年，项目列入国家安监局计划，在王楼煤矿进行研究实施。王楼煤矿二采区北翼煤层采深889～916米，煤层覆岩中普遍存在125米巨厚岩浆岩，距3上煤层285米。12304、12306和12312工作面已采毕，留下一大孤岛工作面（分为12308、12310工作面）。根据地表岩移观测地表沉降不明显，判定巨厚岩浆岩尚未运动；预计大孤岛工作面开采过程矿压显现剧烈，很可能会发生冲击地压。开采前需要结合矿压理论和开采经验研究其开采设计问题，解决12308和12310工作面分采还是合采安全的技术性难题。历时2年研究区域孤岛宽度留设问题，研究孤岛工作面开采过程上覆巨厚岩浆岩活动规律、岩浆岩诱发冲击机理及巨厚岩浆岩下孤岛面冲击地压防治技术，对王楼煤矿七采区及其他连采工作面冲击地压防治具有巨大的指导意义，对于相似开采条件的矿井具有借鉴作用。

49. 王楼煤矿《高承压、大流量含水构造与通水通道治理技术研究》

2014年，项目以王楼煤矿发生的断层突水灾害、监测预警、涌水风险分析、防治方法和效果评价为研究背景，采用理论分析、数值模拟、室内试验与现场试验等方法，研究含断裂构造工作面在采动作用下的突水机理及配套关键技术，建立采动影响下断层滞后突水预测预警方法，形成成套断层突水防治技术。系统揭示矿井工作面断层滞后突水机理，指导王楼煤矿13303工作面开采设计，解放受水威胁煤炭储量，突水工作面治理应用效果明显，经济及社会效益显著。

50. 王楼煤矿《大直径静态旋流微泡浮选柱在煤泥浮选中的优化及其应用》

2014年，针对王楼煤矿煤质状况、选煤厂生产系统和煤泥浮选系统存在的问题，对影响煤泥浮选技术和煤泥浮选设备等情况调查分析，对原有5.5米大直径静态旋流微泡浮选柱进行优化改造。系统运行稳定、安全、可靠，费用低，达到设计要求。适合大型化选煤厂煤泥浮选的工艺和设备。

51. 泰安煤机公司《QZKSB33/130-800汽车快速定量装车系统》

2014年，开发各类车型的汽车定量装车系统，采用先计量、后装车定量装车模式，利用汽车调度的间隙，将物料提前称量，配以高精度的计量装备，使装车精度和装车效率大幅度提高。项目列入山东省技术创新项目计划。自2009年开始在防城港、汾西矿业等多家煤矿、港口和选煤厂推广应用，实际应用证明该项目能够实现一次或多次高精度称重，快速装载各型汽车，装车精度达到0.1%，装载一辆30吨的汽车不超过60秒，解决多次装卸、物料堆放时间长问题，减少了环境污染。推广应用15套，创造直接效益9780万元，达到国内领先水平。项目获得《摆动伸缩式装车溜槽》《新型自动化汽车快速定量装车系统》2项专利技术，发表《移动伸缩式装车溜槽导向滚轮的改进》论文1篇。

52. 山东玻纤集团《高压管道用环氧ECR玻璃纤维无捻粗纱》

2014年，项目列入省经信委第一批技术创新项目计划。关键技术为浸润剂配方研制，对各组分进行优化设计满足ECR高压环氧管道用纱使用工艺和制品加工性能要求。为国产玻璃纤维高性能产品市场注入活力，促进国内高端玻璃纤维行业的技术进步与产业升级，产品出口日本、美国等多个国家和地区，年生产能力2万吨，年增加销售收入160万元。

53. 山东玻纤集团《无碱玻璃纤维节能环保熔制技术研究》

2015年，项目在常规E玻璃成分基础上采用无硼无氟无锌玻璃配方，杜绝普通E玻璃窑炉挥发的氟化物、硼化物对环境的影响。借鉴水泥行业窑外预分解技术，采用生石灰引入氧化钙，使用氧化镁粉引入氧化镁，大幅降低二氧化碳排放量。低排放环保玻璃配合料采用纯氧燃烧熔化，相对于空气助燃的E玻璃窑炉节能25%，相比空气助燃节约天然气370万立方米，节约成本1050万元；由于废气无须处理即可达标排放，减少废气处理站建设费用及配套设备投资400万元，减少废气处理站运行费用（原料、电力、水及人工费）约180万元／年。该项目技术水平处于世界领先水平，可在采用纯氧燃烧无碱玻璃纤维窑炉推广使用。

54. 山东玻纤集团《LFT用ECR玻璃纤维无碱合股粗纱的开发》

2016年，长纤维增强热塑性塑料（LFT）具有可设计性、低密度、高比强度、高比模量和抗冲击性强等特点，成为制作汽车零部件的主流材料，机械特性与增强纤维的材性和所占比例有关。汽车用LFT增强纤维通常为玻璃纤维，实际应用中玻璃纤维所占的比例20%～40%（重量比）。LFT的机械特性还与增强纤维长度有密切关系。与相类似的短纤维（纤维长度约小于1毫米）增强注塑成型热塑性复合材料相比，LFT材料强度、抗冲击性能、能量的吸收率等显著提高。

55. 新驿煤矿《基于电磁加热技术的粗煤泥脱水系统的开发与应用》

2016年，列入省经信委技术创新项目计划。综合调研分析、开发基于电磁加热技术的粗煤泥脱水系统，把电磁加热技术首次应用于粗煤泥的烘干，热辐射量小有利于提高粗煤泥产品的品质，为解决细颗粒物料干燥的有效方法。系统安装所需空间小，投资费用低，产生的粗煤泥经过烘干，掺配到中煤中销售，提高经济效益；生产的粗煤泥无须落地存放，避免环境污染，节省装车费用，年增效226万元。

56. 临矿集团、古城煤矿《动态与静态多参数冲击地压预警技术研究》

2017年，列入中煤协会科技计划，针对古城煤矿冲击地压隐蔽性与突发性的特点，建立一套专用的冲击地压危险预警数据管理系统。系统实现对微震监测分析结果、应力在线观测结果、推进度、卸压措施、地质构造、钻屑量等数据的综合管理，建立基于震动波CT技术、冲击变形能指标和各其他要素的冲击预警信息。依据震动波CT技术和冲击变形能预警指标，实现应力场冲击载体空间位置识别和冲击危险变化的时序化监测，从空间和时间尺度上全方位实现采掘活动过程中的冲击危险预警。

在冲击危险的空间预警方面，准确率达80%以上，提高矿井冲击地压预警水平，避免冲击地压事故发生。

57. 王楼煤矿《复杂构造条件下定向孔钻进和注浆工艺技术研究与应用》

2017年，列入临矿集团"十三五"重点攻关科技计划，在王楼煤矿研究实施。以王楼煤矿13301工作面回采后出水为背景，以地面注浆堵水工程为基础性工程，以水平钻孔定向钻进和注浆工艺为技术支撑，进行出水水源、导水通道、注浆堵水等煤矿防治水技术研究。所采用先进的水平钻孔定向钻进及注浆技术优势突出，施工场地占地面积小，水平段钻孔延展距离长；与直孔相比能够更多地穿过垂直导水裂隙，一次可以探查多个通道并注浆；浆液扩散范围大，可大幅提高主孔的复用率及探查的全面性，堵水效果更加突出。年可节约2000万元排水、污水处理费用。项目申请专利5项，其中3项已获授权，发表论文5篇。

58. 临矿集团《无人值守运销自动化控制系统的开发与应用》

2017年，列入第二批山东省技术创新项目计划。基于互联网+技术，对煤矿运销的销售计划、客户、车辆（船舶）、煤种等要素实时关联，实现运销作业的远程操控现场无人值守、全流程监控和全流程防作弊，系统实际运行效果好；利用IC卡技术进行船运操作和现场操作授权，提高系统防误操作能力；通过对发运计划和生产统计数据的信息集成，实现生产过程的协同控制和网络数据发布，实现矿和集团ERP系统的无缝集成；系统实施提升煤炭运销现场管理水平，杜绝装车作弊现象，提高煤炭运销自动化水平。年创效200万元，申请发明专利1项。

59. 新驿煤矿《复杂地质条件下近距离煤层工作面上行开采研究与应用》

2017年，列入省经信委科技计划及中煤协会科技计划，研究揭示复杂地质条件下近距离煤层工作面上行开采的围岩裂隙分布规律，阐明近距离煤层上行开采机理；研究建立上行开采基本层间距、区间划分、合理时空参数，为上行开采的可行程度预测、开采程序优化、上行开采设计提供设计决策依据。

60. 临矿集团《矿山大数据分析平台开发与应用》

2017年，列入临矿集团科技计划。大数据分析平台，主要构建临矿企业大数据仓库，应用先进的生产技术、安全技术、管理技术、信息化技术、大数据分析技术等提高煤炭企业的现代化水平，提高企业的经济效益。支持多元回归、指数平滑等36种统计分析算法，形成面向煤炭、玻纤、铁矿等各板块的财务、物资、运销、设备、人力等关键应用，提供地图、推演、web仪表、多维分析等完整的可视化工具，支持大屏、PC端信息分享，辅助中高层智慧决策，数字化展现企业实力。通过移动应用可随时随地掌握企业经营动态。

61. 临矿集团《大型集团财务共享模式研究与应用》

2017年，列入山东省技术创新计划。为分布在不同地区的集团成员单位提供标准化、流程化、高效率、低成本的共享服务，为企业创造价值。解放出全能的财务人员转向管理会计工作，为决策和管理提供服务，推动财务工作从会计核算型向业务财务、战略财务转变。

62. 山东玻纤集团《ECER玻璃纤维研究与应用》

2017年，列入省技术创新计划。在原来ECR玻璃的基础上，对配方升级改善，研发新一代无碱玻璃纤维，命名为EceringTex、简称ECER。2016年2月，在国家工商行政管理总局成功注册商标。通过调整玻璃纤维的化学成分比例，使玻璃配方的成本达到最低化。ECER配方体系的玻璃相比ECR玻璃在窑炉熔制状态稳定、生产稳定、玻璃耐酸性和色度等方面都表现出一定优势。2018年在玻纤公司3条无碱玻璃纤维生产线推广使用。

63. 新驿煤矿《板框式压滤机智能清理机器人》

2018年，新驿煤矿自主研发煤泥清理智能机器人，在鲁西智能化洗煤厂投入使用，实现压滤机无人值守，在国内外尚属首次。机器人投入运行后年可节约人工费、材料费140余万元，新增销售收入1500万元。申请1项发明专利、3项实用新型专利，获得济宁市兖州区科技扶持资金20万元。将自动化、智能化技术首次引入煤泥清理工艺，可靠的技术和系统支撑保障压滤机长时间正常运行，达到自动化、智能化清理，填补国内外该领域的技术空白。

64. 株柏煤矿《急倾斜煤层条件下机械化采煤技术》

株柏煤矿煤层倾角55度，伪倾斜工作面与水平夹角25度。受地质条件限制，一直沿用炮采人工装煤工艺，无法实现机械化采煤。回采劳动强度大，工作效率低，安全隐患多。2018年，开发用于急倾斜煤层条件下的采煤机，实现安全高效开采。采煤机主电机功率45千瓦，行走速度0.05米/秒，最小转弯半径1.5米，接地比压0.1兆帕，截割深度500毫米、角度180度，额定工作压力26兆帕，体积2500毫米×850毫米×900毫米。

第三章　大数据建设

第一节　组织机构

2005年，临矿集团成立网络安全和信息化领导小组，董事长任组长，总经理任副组长，班子成员、各单位主要负责人和机关各处室主要负责人为成员。领导小组下设办公室，设在信息中心，负责网络安全信息化工作的具体事务。权属单位成立由本单位主要负责人任组长的相应组织和管理机构，明确网络安全和信息化管理人员。

2016年9月，对网络安全和信息化领导小组进行调整，进一步加强网络安全和信息化工作的统一管理，规范信息化建设，提高信息技术应用和网络安全水平，从组织上保障工作的顺利开展。

2017年6月，临矿集团成立大数据中心，下设软件开发维护科、网络维护科和综合科，配备人员14名。负责临矿集团网络通信、软件应用研发以及信息化、自动化、智能化、大数据等项目的规划、实施、管理。权属单位建有信息中心等大数据、信息化职能部门，配备专职管理技术人员，负责本单位大数据、信息化等相关工作。8月，成立5大共享平台、大数据项目建设领导小组。董事长任组长、总经理任副组长，班子成员、机关各处室主要负责人为成员。领导小组下设办公室，设在大数据中心，负责5大共享平台、大数据项目建设具体事务。

2019年，成立由集团、权属单位骨干业务和技术人员组成的平台攻坚团队，形成高效配合沟通机制，采取盯点、封闭、限时、承包等多种模式，提升问题解决效率和关键节点建设进度。

第二节　管理制度

2016年2月，临矿集团制定下发《临矿集团大数据建设方案》《临矿集团大数据应用发展规划纲要（讨论稿）》。根据各业务处室和基层单位反馈意见，制定《临矿集团大数据应用总体规划方案》，从项目规划、系统架构、建设内容、投资概算、年度计划、风险分析、保障措施等方面进行详细阐述。

2018年4月，编制《2018年至2020年临矿集团推进现代信息技术产业发展的实施方案》。7月，制定《临矿集团大数据、信息化规划》。12月，制定《临沂矿业集团有限责任公司大数据、信息化工作管理办法（试行）》《临沂矿业集团有限责任公司大数据、信息化工作考核办法（试行）》。

2019年4月，出台《临沂矿业集团有限责任公司智能矿山建设指导性意见—基础设施及自动化部分》，规范智能矿山建设技术标准，避免出现数据孤岛。5月，制定《临矿集团系统运维管理办法（试运行）》《临矿集团主数据管理办法（试运行）》，将项目进度、问题、沟通实施线上管理，实现问题在线反馈、溯源，形成闭环管理。下发《关于进一步夯实业务平台应用深化大数据分析的通知》，分解任务指标，以问题清单方式协调解决各类项目存在的问题。10月，制定《临矿集团工业IP地址规范》，明确智能矿山建设六层体系架构及智能控制、数据接口规范等六大类技术标准，科学指导临矿集团智能矿山建设。

第三节　平台建设

一、五大平台

（一）财务共享服务平台

1. 建设进程

2017年4月，启动财务共享平台建设。8月1日，网上费用报销模块在机关本部、古城煤矿和王楼煤矿试点上线，提高个人费用处理效率。11月，在省内煤矿推广上线并实现费用类付款控制、对公付款类业务，实现对资金支付的内控管理。年底，完成省内矿业板块费用报销、对公应付、移动应用、票据影像、费用预算编制及控制等业务模块建设。将临矿集团资金审批管理办法嵌入系统审批流程中，降低资金使用风险；将预算植入业务审批前端，对公业务审批业务从合同端发起，与合同实现无缝对接。

2018年，开展财务共享平台二期建设。①上半年在非煤及省外板块推广应用，完成临矿集团（不含上海庙矿业公司和山东玻纤集团）往来应收应付类、资金管理类、费用报销、总账类等业务推广上线。②完成银企直联与CA安全认证系统建设，实现与携程商旅系统对接，完成山东能源集团SAP系统直接调阅财务共享影像接口，打通影像流，形成凭证联查电子影像业务链，实现资金支付不落地，利用多层审批加强资金管控力度。③系统中上线单位40家，财务共享系统中报账单据为6大类51种单据，分别支撑个人报销、往来应付、往来应收、资金核算、资金管理、总账核算业务。④税务管理模块支撑临矿集团税基管理、进项发票管理、销项发票管理、纳税申报等日常税务管理业务。支持税务系统与影像系统、报账系统、金税接口对接，影像扫描识别进项发票自动进入税务发票库，并与报账单发票子表关联，报账单据生成凭证后关联进项发票自动更新为可认证状态，共享系统开具的发票可提交生成往来应收类单据。⑤开发统计报表模块IDI聚数工具，实现从SAP采集科目余额表和凭证数据，生成共享系统科目余额表和辅助余额表，以支持财务报表数据生成。开发BI组织维度取数公式7个，用来支持财务报表按照组织板块、组织地区等维度进行分维度提取科目余额表、辅助余额表数据。设置财务报表161张，设置报表公式27871个、块公式2790个，设置财务报表机器人40个，实现每月定时自动对财务报表取数计算。⑥资金管理模块按照需求完成资金结算、银行借款、内部贷款、票据管理、电子票据等功能开发与上线，实现资金管理类业务与共享平台无缝衔接。根据业务需要进行信贷放款、还息、还款报账接口；票据收票报账接口；资金结算凭证批量打印；资金企业账户日余额登记；法务合同联查付款记录接口；共享凭证生成节点自动发起影像扫描等接口的二次开发。⑦集成接口优化扩展，在业务上线过程中根据实际需求开发新集成接口。

2017—2019年临矿集团财务共享平台系统集成接口情况一览表

表8-3-1

接口名称	上线时间	功能描述	备注
法务付款控制接口	2017/12/1	实现法务合同系统推送共享中心应付预付账款付款单，共享中心应付预付账款付款单可以联查合同内容	一期合同控制接口，二期财务共享客户端、网页端、手机端联查合同接口
财企直联接口	2017/12/15	通过与财务公司资金管理系统数据交互，实现财务公司支付业务不落地处理	

续表

接口名称	上线时间	功能描述	备注
携程接口	2017/12/30	通过与携程网的接口对接，实现员工出差网上订票与共享中心报账业务的对接	
MDM 接口	2018/01/30	通过 MDM 同步客户、供应商等基础信息到财务共享中心系统	
SAP 影像调阅	2018/01/30	可在 SAP 系统中联查财务共享单据影像	
SAP 凭证 IDI 聚数接口	2018/10/01	将 SAP 科目余额表及 SAP 凭证进行加工生成财务共享平台科目余额表及辅助余额表，以支撑统计报表账务取数	
获取全票面接口	2018/12/01	通过进项发票四项基本信息获取税局端发票全票面信息，以实现影像扫描时自动将进行发票录入税务发票库	
进项发票电子底账库接口	2018/12/01	获取税局端本单位全部进项发票信息	
进项发票认证接口	2018/12/01	推送共享中心税务管理系统进项发票认证信息到税局端	
销项发票开具接口	2018/12/01	推送共享中心税务管理系统销项发票开票信息到税局端	
销项发票作废接口	2018/12/01	推送共享中心税务管理系统销项发票作废信息到税局端	
红字发票开具接口	2018/12/01	推送共享中心税务管理系统红字发票开具信息到税局端	
SAP 集成开票接口	2018/01/01	获取 SAP 集成开票信息生成共享中心税务管理蓝字发票	2019 年 6 月，增加对 SAP 推送的不正确信息自动修改、税额调整功能
销项发票生成报账单借款	2018/12/01	通过税务管理系统已开具蓝字发票生成共享中心报账单	
资金内部贷款进共享接口	2018/12/28	内部贷款的放还款还息进共享	
企业账户日余额调整	2018/12/28	企业账户日余额调整	
查看法务合同联查附件接口	2018/10/01	在领导使用云＋审批时，支持联查法务合同附件	
查看法务合同时示历史付款记录接口	2018/12/28	在领导使用云＋审批时，支持联查法务历史付款记录	
结算凭证报账查询打印开发	2018/12/28	支持结算凭证单独查询及批量打印	
结算确认后自动发起影像任务	2018/12/28	资金类单据，在结算确认后自动触发影像扫描任务发起	
企业账户日记账及查询	2018/12/28	支持非银企直联账户日记账登记	
票据进共享接口	2018/12/28	票据收票、背书业务进共享	
法务合同联查接口	2019/06/03	支持集成采购业务挂账单、通用应付业务挂账单联查合同信息	

2019年1月，规划上线资金管理、税务管理和财务报表等模块；5月，实现资金集中结算；7月，与各单位签订服务水平协议，实现内部市场化运营，开展外部市场开拓调研；9月，启动电子会计档案建设；12月，完成业务场景汇编成册，建成柔性共享、精细管控、业财一体的财务共享管控模式，财务大数据分析体系创新与应用案例入选山东省管理会计案例库。

2020年3月，召开电子会计档案试点上线培训会议，纸质会计档案与电子会计档案并行，持续进行平台功能改进。4月，首个数字员工"临矿煤亮子"在共享中心上岗，实现资金日报自动化。5月，完成中行、建行、农行银企直联银行回单自动获取，银行汇票背书付款明细、收款明细自动回传，报账单据完成状态时自动回传，减少影像扫描量；内部贷款利息自动计算功能上线。6月，绩效看板功能上线。7月，电子会计档案上线、协同智能分析报告上线、银行月末自动对账上线。8月，梳理总账智能化应用场景，整理共享制度汇编手册。12月，探索"临矿煤亮子"（智能财务机器人）应用场景实践，进行智能化票据池开发，提升票据管理功能，做到自动开票、收票、付票、背书、托收、兑付，实现票据全生命周期管理；智能化总账落地，以财务数据、业务数据、基础数据为数据源，实现总账项目数据的精准化提取，自动化结转。

2. 功能与应用

（1）推进临矿集团财务转型，为分布在不同地区的集团成员单位提供标准化、流程化、高效率、低成本的共享服务，推动财务工作从会计核算型向业务财务、战略财务转变，推动集团财务工作向财务监管型、决策支持型、价值创造型转型，快速提升财务服务能力和价值创造能力。

（2）通过相关信息化系统的建设及资源整合，实现集团财务资源共享，有效支撑运营财务决策分析；打破分、子公司日常业务管理范围局限，集中化任务派单取单、绩效考核，有效提升管理效率。实现核算自动化、报账结算集中化、数据标准化、管理集约化。实现临矿集团业务集中、人员集中的财务共享管控服务中心模式，释放核算工作精力。

（3）以财务职能转型、构建财务共享服务价值体系、打造领先的全面财务共享服务为目标，构建了覆盖全业务体、全业务域财务共享中心，将财务管理向前延伸，服务与管控相结合，通过深度的业财一体化，打造"柔性共享、精细管控、业财一体"模式，支撑企业精细化管理及内控落地，补齐管控短板，推动了财务管理由核算型向价值创造型、战略引领型转型。

（4）网上报账、移动审批、电子影像系统的应用。①实现流程再造。各单位财务核算全过程纳入财务共享中心透明化运行，监管可视化，将专用资金计划、法务合同、资金预算嵌入共享平台，构建了"无计划不合同、无合同不预算、无预算不支出"的控制体系，实现一体化、精细化、智能化管控。②取消现金业务核算，搭建资金管理平台。共享中心通过银企直联、财企直联资金不落地支付给员工和供应商，杜绝中转环节，与电子票据打通直付通道，实现全业务资金不落地支付，成为临矿集团资金支付工厂，降低现金管控风险，实现管控集约化、流程标准化和跨区域多元化的目标。

（5）通过建立完整的会计核算流程规范，形成标准化、流程化、系统化的作业过程，达到核算方法、流程、口径及业务操作统一，核算自动化并形成凭证—电子影像完整影像链条，推进电子档案和纸质档案完整、统一、规范，实现财务工作质量和工作效率全面提升，最大程度降低人为操作出现错误的概率。通过不断优化、规范流程，临矿集团财务共享平台的单据审批时效由6.93天缩短为1.8天，业务流转效率大幅提升。银企直联、财企直联、电子票据直付通道，资金不落地直接支付，实现资金实时结算。利用财务共享平台数据，从各上线单位业务的提报质量、提报效率、资金收支、费用报销项目等多维度分析，给各单位提出经营管理建议书，推动集团公司经营业务风险识别能力、业务管控能力、业务规范能力提升。在煤炭行业率先利用临矿私有云部署构建RPA机器人生产平台，创新建立以数据机器人应用为代表的数字员工，上岗数字员工"临矿煤亮子"，试点资金日报、银行对账、报表编制、财务分析、单据匹配、超时预警、自动计息等场景应用，实现人机协同，效率提升3倍以上；集团公司资金日报编制由10人、每人1小时压减到1个"数字员工"1小时，促进"大数据+人工智能"应用从"非常态"到"新常态"转变。

（6）集团总部财务形成财务共享中心、资金管理中心、政策研究中心、大数据分析室工作格局，借助财务共享形成临矿特色的管理会计体系，实现数据收集和数据挖掘的及时、准确，数据标准统一、口径一致，信息孤岛不复存在，破解"数据打架"现象，构建"大数据引领、大数据驱动型"的指挥决策和管理模型，为大数据分析提供大量标准、规范、统一的同源数据，以数据重构企业智慧，迈向数据大共享，财务管理迈入"新财务、大共享"时代。

（二）智能化设备管理共享平台

1. 建设进程

2017年2月，邀请技术人员同古城、王楼、新驿、田庄等矿井技术人员交流设备管理建设方案和综合自动化接入方案。6月，到广州正泰、南京朗坤和浪潮集团考察学习。其间组织多次交流讨论，结合各方意见制定系统建设技术方案。10月，调研古城、王楼煤矿智能化设备共享平台建设。10月，举行临矿集团智能化设备管理共享平台项目启动会，成立联合项目组，负责项目具体实施。12月，子业务系统陆续实现上线运行。

2018年5月，完成设备变动、报废处置、设备验收、设备调拨上线运行。6月，完成振动监测功能上线运行。7月，完成点巡检功能、电量采集模块上线运行。8月，完成设备在线监测功能上线运行。

2019年1—6月，完成设备台账、故障查询等移动端功能上线运行。7月，完成设备验收流程优化，感知功能系统部署调整。8月，完成检修润滑、备品备件功能上线运行，项目整体完成。9月，启动设备全生命周期管理扩展需求建设，完成设备到货验收优化上线。10月，完成重点项目检修，移动端设备台账和档案管理上线。11月，完成设备调拨、报废、处置财务共享及影像接口上线，王楼煤矿检修润滑功能上线。

2020年1月，淘汰设备模块上线。10月，完成固定资产台账、全生命周期集成、离线移动端上线应用以及系统消缺优化，11月全面上线。

2. 功能与应用

设备共享平台建设分为全生命周期管理与动态感知功能建设。设备全生命周期管理包括档案管理、卡片台账、使用调拨、知识管理、技术特征图纸、报表管理、备品备件、检修润滑、重要项目检修、检测检验、系统管理等模块功能。感知功能建设以古城和王楼煤矿为试点，完成设备系统电气在线监测、机械振动监测、点巡检、电量采集等功能建设。设备健康管理与故障诊断系统建设包括供电、通风、压风、主提升、排水、主运输等系统，包含组态监测、故障机理、大数据分析等功能。

通过设备计划、到货验收、卡片台账、使用调拨、报废处置等管理，建立设备全周期履历，打通与SAP等系统接口，实现设备调拨、报废、处置流程与财务共享系统接口，实现设备资产与财务资产统筹管理。通过档案管理，实现对规章制度、操作规程、检修措施、学习培训资料、设备资料、技术图纸等相关档案进行线上统一规范管理，并支持移动端查找、预览。

通过设备到货验收移动端制单上传设备信息及到货验收资料，实现省内单位设备到货验收流程的统一规范，从验收源头确保设备账卡物信息相符。

通过设备卡片管理，实现省内16家单位22大类、366小类、54000余台设备统一管理、查询及维护，便于设备全生命周期流程化管理，为临矿集团内部设备共享、以及大数据分析提供数据基础支撑；建立临矿集团机电专家人才库，将机电专家统一管理，按专业分类管理，在业务需要时快速定位选择合适专家支持。

通过设备调拨，缩短业务办理周期，统一调整为线上审批，简化工作流程，审批后的调拨单可通过影像接口直接推送财务共享，作为财务凭证依据。

通过重点项目检修，实现对省内外14家单位月度、节假日等大型重点检修项目进行平台线上汇总审批管理；通过检修润滑，由平台制定计划，移动端下达工单，拍照反馈，对矿井主提升、压风机、通风机、变电所、地面轨道等系统进行检修润滑管理，实现周期性工作按照标准规范提醒并执行；通过检测检验，实现各单位特种设备检测检验计划自动生成并通过移动端三级预警提醒，确保检测检验按期执行。

通过设备台账，支持设备台账、设备调拨等多种台账的自定义条件查询、格式调整设置以及台账导出功能。

通过在线监测和振动采集等方式，实现对设备系统的健康监测和故障智能诊断，通过大数据建模与设备机理分析相结合，逐步实现设备的预防性维修维护，减少故障影响时间，延长设备使用寿命，实现设备系统安全可靠，合理运行。实现古城矿供电、王楼矿排水与皮带主运输系统的监测分析，通过对古城主通风机、压风机、主副井提升机等设备安装振动、转速等传感器，实现系统关键设备部位的振动监测及报警功能；通过PDA与RFID结合的区域巡检模式实现古城主副井提升、压风、通风和35千伏变电所地面重要场所的覆盖。

构建"掌上机电通"移动App，通过云平台集成设备台账、故障体系、技术参数、调拨审批、点巡检以及机电人员信息查询等功能，方便机电专业人员的设备管理与应用。

（三）安全生产共享平台

1. 建设进程

2017年3月，安全生产共享平台建设方案通过临矿集团一体化方案论证。5月，组织人员到山东省煤监局、山西阳泉煤业调研。8月，技术方案通过临矿集团安全生产共享平台建设综合审查组审查。10月，安全生产共享平台试点煤矿（鲁西、王楼煤矿）项目建设启动，由北京龙软科技股份有限公司、山东蓝光软件有限公司试开发；12月底，开发工作完成。

2018年2月，安全生产共享平台集团端，王楼、古城煤矿矿端项目启动；10月，王楼、古城煤矿矿端项目通过验收投入使用，集团端系统上线试运行。12月23—25日，召开郭屯、彭庄、新驿、里彦煤矿矿端平台启动会。

2019年3月，郭屯、彭庄、新驿、里彦煤矿平台进入试运行；9月，通过验收。10月，召开新上海一号、榆树井煤矿矿端项目启动会。

2020年1月，邱集煤矿召开项目启动会。8月，以安全生产共享平台为基础建立了智能管控的"安监云"平台。统一薄弱人物、三违、风险、隐患等各类标准库，创新建立以薄弱人物排查管控、"三违"智能分析、智能隐患排查治理、区域安全状况、安全履职考核和智能评价排班等功能为核心的煤矿"安监云"移动App平台，借助无线网络与配备的防爆智能手机，形成"响应及时、协同有序、智能预警、高效运转"的智能安全综合管理体系。10月，新上海一号、榆树井煤矿矿端平台通过验收。11月，邱集煤矿平台通过验收。12月，集团端平台通过验收，安全生产共享平台实现全集团覆盖。

2. 功能与应用

平台建设的主要内容包括临矿集团安全生产运营综合门户、集团"一张图"综合信息服务平台、集团生产经营综合管理系统、移动门户系统、三维透明化矿山等子系统，并与大数据平台、主数据平台、设备共享平台、MES运销平台等系统进行对接，实现数据的互联互通、共享应用。

通过制定集团"一张图"数据标准规范体系，基于在线协同的理念，建立集团、矿井多级管理的分布式协同一张图GIS平台，对各类矿井图形信息以及设施、设备等属性信息进行一体化管理，实现GIS图形、属性数据的标准化管理、实时同步更新，提供各类煤矿综合信息的基础服务。

以企业安全生产数据为基础，建立统一标准，实现安全生产一张图的基本模式，搭建大数据综合可视化分析系统、安全隐患排查治理智能分析系统和煤矿井下自然灾害预警系统等风险管控与预测预警系统，面向安全隐患排查治理的数据挖掘分析。实现安全生产日常监管动态实时化。通过安全生产共享平台，随时随地全面了解企业安全生产现状，为领导决策提供丰富的信息支撑。

建立临矿集团"一张图"数据标准规范体系，统一包括生产技术、地质测量、机电运输、一通三防、安全管理等各专业空间数据的获取、处理、存储、分析，以及煤矿地理信息在不同用户、不同系统之间的共享和服务标准，打破专业界限，实现数据共享，规范了业务流程，将所有信息孤岛融合成数据矿山。

建立基于大数据的煤矿GIS"一张图"数据共享平台。针对煤矿空间数据更新快、业务流程复杂、多变因素业务过程计算等问题，在一张图协同GIS框架下，基于协同化、流程化、一体化的思路，研究并实现基于大数据架构的煤矿"采、掘、机、运、通"和"水、火、瓦斯、顶板"分布式协同图形处理与分析技术，实现一张图协同服务和多级架构的分布式在线协同管理。通过融合GIS与协同技术的一张图平台，达到"规范管理、责任到人、足不出户、统揽全局"的效果，实现对"地域、行业、业务"的全覆盖，打造全新的煤矿安全生产管理模式。

实现基于大数据的安全生产智能诊断系列技术。基于大数据管理及统一GIS服务平台和全集团"一张图"的管理理念，在人机环管技五大安全生产要素实现综合集成的基础上，以煤矿开采技术方法、矿井各类安全生产规程规范为依据，对煤矿安全生产相关的信息进行综合展示、关联分析、探索挖掘、推理演化，发现历史数据中蕴含的安全生产知识规则和人机环管技要素演化模型，根据现实数据量化概括当下的安全生产状况，发现存在的安全风险和问题，诊断推理风险与问题发生的原因及可采取的处理措施，根据历史和现势对未来的安全生产形势进行预判和预警，实现煤矿安全生产的动态诊断和辅助决策监管。

研究实现透明化矿山构建的相关核心技术。基于高精度动态地质模型和灰色地理信息系统的理论，通过二、三维一体化机制建立可以动态更新的矿山三维地质模型，构建透明化的生产矿井模型，集成了多专业、多层面的空间业务数据，实现工作面、断层、巷道、设备、陷落柱、钻孔、水、风流等的可视化展示、操作与信息查询，将三维可视化与管控一体化完美结合，更直观地反映矿井的整体安全生产状况。

以大数据建设、应用创新为主线，紧扣"机械化换人、自动化减人"科技强安专项行动部署，按照着力实施提高装备水平、优化生产系统、优化劳动组织"一提双优"建设，探索大数据、物联网等新技术在煤炭行业的融合应用。以课题形式开展研究，主要融合云计算、互联网、物联网、大数据、人工智能、移动互联等新技术，结合实际，重点基于一张图的管理理念、统一的GIS数据库和管理平台，研究制定临矿集团数据标准规范体系，形成了多级架构、分布式在线协同的一张图管理模式。通过大数据建模分析,搭建了大数据综合可视化分析系统、安全生产智能诊断系统和煤矿井下自然灾害预警系统等风险管控与预测预警系统,结合虚拟现实技术、矿山安全生产技术、三维建模技术构建高精度、透明化矿山,实现对矿井安全生产的动态化、精准化、实时化监管。为全省煤炭系统乃至全国煤炭行业提供临矿范本、发挥借鉴作用做出应有贡献。

(四)人力资源共享平台

1. 建设进程

2017年2月,组织相关人员到浪潮集团等公司学习借鉴人力资源共享建设和管理经验,到古城煤矿、菏泽煤电公司、王楼煤矿、山东玻纤等单位,了解人力资源服务深层次需求以及各种新政策在基层执行效果,形成总体建设方案。8月,召开五大平台、大数据建设推进会,人力资源共享平台建设启动。11月,人事管理模块上线试运行。12月,薪酬模块上线试运行。

2018年8月,合同管理、报表管理、薪资管理历史数据补录、时间管理推广、福利管理业务调研以及工人绩效核算等模块上线运行。9月,开展人事基本信息数据治理,为大数据分析平台提供稳定可靠的数据源,实现数据共享。

2019年8月,完成与财务共享平台薪酬互通、社保管理二次调研和社保云平台开发。9月,完成社保云平台、时间管理迁移云平台上线,推广至物商集团、株柏煤矿、王楼煤矿等多家二级单位。

2020年5月,完成平台所有模块验收工作,平台建设进入后期运维阶段。

2. 功能与应用

人力资源共享平台有组织管理、人事管理、合同管理、薪酬管理、招聘管理、时间管理、绩效分值管理、社保管理、统计分析管理、政策文件管理、手机自助服务、系统集成、流程管理13个基础管理或功能模块。基本实现人力资源业务的全覆盖,所有功能在二级单位的部署上线。

共享平台推出便捷的移动服务,主要功能有员工信息自助查询、移动考勤及查询、人力主题分析、收入证明开具、人事业务流程审批和政策文件查询。主数据平台抽取人力组织和人员相关信息作为权威数据,分发到其他需要使用组织和人员信息的平台中,提高人力数据的价值的同时促进共享平台数据及时、准确。通过接口实现与财务共享平台的薪酬互通,人力资源共享平台在完成工资单并完成相应审批流程后,自动通过接口推送到财务共享平台,形成职工薪酬付款单,实现薪酬数据不落地,既保证了薪酬数据的安全保密,又提高了薪酬发放整个流程流转的效率。

人力资源共享平台的上线运行,强化临矿集团对人员数量、人力成本、薪酬预算管控,初步建成面向职工、业务人员和领导层等多层次的共享模式。人力资源移动应用率先采用混合云模式,低成本、高效率为临矿集团两万多员工提供个人信息、薪酬信息、考勤信息等自助服务,方便职工办理相关业务;同时聚焦数据治理,根据人事档案数据,开展人事基本信息数据治理工作,着重从人员信息的完整性、准确性和及时性等方面进行检查完善,结合主数据标准规范驱动人力数据流动,为大数据分析平台提供稳定可靠的数据源,实现数据共享,有效降低其他业务系统用户数据对接工作量,提高工作效率,降低数据初始化成本。

(五)党建平台

1. 建设进程

2017年6月,组织人事部、大数据中心组成联合考察组,先后到福建石油化工集团、神华集团、莱钢集团考察学习党建信息化工作先进经验;与多家业界知名软件商进行系统论证30余次,对整个系统进行科学规划,确定系统的业务框架和技术架构。8月17日,完成项目招标工作。9月,完成与山东省委组织部灯塔党建在线系统对接，实现临矿集团党组织和党员的基础数据、组织生活数据与省委组织部数据同步，成为山东省内唯一与灯塔在线系统对接的国有企业。平台建设采用联合开发模式，大数据中心与用友能源技术人员组成开发团队，利用互联网架构开发党建平台，其知识产权归临矿集团所有。

2018年6月，党建平台在临矿集团机关、菏泽煤电公司、会宝岭铁矿公司试点运行；11月上旬，系统全面上线。

2019年5月，完成系统优化及移动端整体框架改造，对业务部门新增需求进行梳理，开展系统新增需求设计与开发工作。12月，根据灯塔党建在线系统功能变动，新增党员发展流程信息、党组织换届信息、组织生活附件信息等数据同步，向临沂市直机关工委提交数据申请。

2020年3月，制定党建云建设方案，应用云共享理念推动各专业工作协调联动，形成有机统一体。7月，与临矿集团工会对接智惠云工会需求，初步确定与招商银行对接工会费收缴、困难职工认定、云帮扶、云慰问、云超市等功能。拟定功能清单，设计系统原型。10月，针对智慧工会原型设计与详细需求，搭建系统框架，设计数据库。11月，开放工会组织人员会费管理功能，通过权限设置，与各工会管理人员一同初始化组织人员会费信息。12月，工会系统完成一期功能开发，工会组织管理、人员管理、困难职工认定、大病帮扶、影像对接、流程中心部署与对接、工会费线上收缴功能上线。

2. 功能与应用

党建平台分为组织工作、宣传发布、纪检监察、工会工作、共青团工作、临矿党校、老干部工作、和谐临矿、统战工作9个业务功能模块，及系统管理、办公协作2个系统管理模块。平台外部对接山东省灯塔党建在线系统，内部对接人力资源共享服务平台、大数据分析平台，党建业务数据初步融合利用。运用互联网、大数据技术，覆盖临矿集团党委、基层党组织、支部三级党组织，面向全体党员、会员、团员，实现业务系统化、移动可视化、信息多元化、媒体数据化，将工作业务、动态、信息等数据有效贯通，"党建+互联网+大数据"平台成为传播党的理论的前沿阵地、开展党建工作的交流平台、党员学习教育的网络党校、服务企业服务党员的"绿色通道"和提升党员党性修养的有效途径。实现灯塔党建在线系统党组织、党员数据与人力资源共享服务平台行政组织、职工数据的映射，工会会员、团员青年、志愿者、女工信息等数据实现与人力资源共享平台的对接。在数据管理工作方面，不需要业务人员重复录入，只需要在人力资源共享平台数据的基础上，添加必要的管理字段，即可通过软件开发实现相关的业务功能，节省业务人员80%以上数据管理的工作量，体现出主数据平台在数据集成中的价值。

二、大数据平台

（一）总体架构

临矿集团为创新企业管理模式，挖掘、发挥数据资源的价值，实现用数据说话、用数据管理、用数据决策、用数据创新的工作机制，规划了数说临矿、经营分析、人力资源及领导看板等多个专题的建设原型。引入外部数据，通过网络工具爬取行业数据与对标数据，建设集团级大数据创新应用服务平台，构建涵盖集团内部安全生产、经营管理等业务的大数据仓库，挖掘数据价值，解决数据滞后、数出多门等问题，让决策层随时随地可以"看到数""看透数""看全数"。2017年8月，临矿集团大数据平台开工建设；2018年12月，建设完成通过验收。2019年12月，临矿集团数据治理项目开工建设；

2020年12月25日，建设完成通过项目验收。

2017—2020年临矿集团大数据平台建设进度一览表

表8-3-2

项目	完成时间	工作内容
大数据平台	2017.08	召开临矿集团大数据项目启动会
	2017.10	完成实施规划方案、搭建大数据分析平台
	2017.12	启动董事长等高层领导看板开发实施工作
	2018.01	舆情系统上线运行
	2018.03	数说临矿大屏上线，高层领导看板及移动分析上线
	2018.04	形成含财务、人力、生产、设备、供应、销售、党建等数据地图
	2018.05	完成党建分析看板、大数据分析室六张的开发
	2018.06	完成审计部门需求调研及审计看板的实施交付
	2018.07	完成煤质、人力、法务看板需求调研及实施交付
	2018.08	完成人员成长看板、资金实时一览表的实施交付
	2018.09	完善人力、财务、设备、生产、销售、党建等专题看板
	2018.10	完成人力一张图的实施交付
	2018.12	上线设备创新应用水泵预警
		大数据项目通过验收
数据治理平台	2019.12	召开数据治理项目启动会
		完成睿治数据治理平台、ABI数据分析平台环境部署。
	2020.02	制定《临矿集团大数据治理项目实施方案》
	2020.05	完成人力数据信息治理工作
	2020.06	制作完成财务共享中心看板
	2020.07	完成企管处专项资金报数需求建设
		完成安全生产数据治理、数据仓库、数据资产建设
	2020.08	完成OA、设备相关数据治理、数据仓库、数据资产建设
		数据治理和数据分析系统正式上线，开始运行
		完成最终版财务分析报告
	2020.09	完成党建、ERP相关数据治理、数据仓库、数据资产建设
		形成临矿集团数据资产门户，进行项目总结性汇报
	2020.10	完成郭屯煤矿数据正式采集到Hadoop大数据库
	2020.12	完成包括安全动态、煤质动态在内的多项移动端分析表建设工作
		数据治理项目通过验收

（二）大数据分析平台

按照集团总体架构搭建、功能模块两级建设模式，创新数据分析个性化定制，在煤炭行业探索推进并建成大数据分析平台，开辟了"走进临矿、六大产业、党建工作、发展历程、社会责任、能源经济"六大专题，实现人力资源、财务共享、调度系统、党建平台等数据采集与整合、ESB平台建设、五大平台接口、舆情分析等模块的建设。完成董事长、总经理、财务总监云中看板电脑端、移动端的内容及人力、财务、设备、销售、采购等专题分析的上线运行。根据领导对信息和数据的需求进行定制化推送，在集团层面打通数据壁垒，实现数据融合。

（三）数据标准化体系

实现首个与山东能源集团MDM打通的二级MDM中心。通过建立规范标准的基础数据标准体系，统一的元数据和主数据管理，突出数据质量控制，有效解决数据融合过程中异构系统的数据集成工作量，提高数据采集效率。保证不同系统数据的完整性和一致性，为数据查询、获取、分析提供统一的数据接口，为大数据业务专题分析提供高标准数据源。建立人力资源类、财务类、设备管理类、党建、安全生产等五大业务系统主数据。通过建设主数据平台，开展财务共享、人力资源共享、安全生产、设备管理、党建、煤炭运销系统6个业务系统数据的调度、规范和融合。利用企业服务总线实现对临矿集团多个异构应用系统数据的集成，将传统网状结构的接口调整为一对多接口方式，减少40%的接口数量，提高接口的稳定性，解决信息孤岛，实现各系统间横向数据正常交换。

（四）临矿大数据仓库

1.利用IDI数据抽取工具，在ORACLE 12C建立数据仓库，实现数据的集中统一管理、统一利用。按照"数入一库""数出一门"总体思路，创新二级部署的模式，构建面向业务主题的灵活数据仓库，形成数据存储和数据集市双层技术体系。通过科学规划以及大数据仓库和主数据平台的高质量建设，实现业务系统横向数据融合，解决困扰多年的信息孤岛、数据不畅等。

2.建立企业级Hadoop架构大数据平台，作为临矿数据湖。涵盖产、供、销、人、财、物的领域生产经营全要素的煤炭企业大数据平台，整合人力资源共享平台、财务共享平台、设备共享平台、安全生产平台、OA系统、ERP系统、党建平台等业务系统的数据，实时采集矿端安全监测、人员定位、水文、应力、微震、设备诊断等传感器数据入库到Hadoop大数据库，为数据分析应用提供数据基础。

3.通过华为河图平台，打破数据湖与数据仓库割裂的体系，将ORACLE 12C数据仓库与Hadoop数据湖整合到一起，构建数据湖和数据仓库融合的数据管理平台，完成湖仓一体化。

（五）临矿数据地图

采取一张图的管理理念，以图形化的方式通过与大数据分析指标进行关联。根据财务、生产、安全、设备、人力、销售、采购等分析指标体系建设需要，以业务流程为主线，以业务表单为蓝本，对支撑系统的多级数据源进行梳理，明确数据有效字段标识、数据流走向和采取的数据加工方式，将各有关指标的支撑数据通过图形化的方式展现，方便直观地展示现有数据类型、数据量、数据完整度等有关信息。

（六）数据质量治理

对数据从采集、加工处理、存储、应用全生命周期管理，提高数据质量和数据服务能力。提供拖拉拽的分析工具，让数据分析变得更加简单高效。按照数据流向，对数据源进行细致摸排，以与其他业务系统切合最为密切、数据交叉密集的人力资源数据为突破口开展数据治理，按照业务规范治理和数据库底层清理的双轮驱动模式，多维度对数据的准确性、完整性进行治理。建立和完善一系列数据治理相关的管理办法和制度，形成完整的数据治理体系，持续不断地进行数据治理工作，实现数据质量和标准持续提升。

（七）数据资产建设

建立整个集团的数据资产目录，对治理后的高质量数据进行加工，构建数据集市，并按人力、财务、设备、安全、煤质五大业务主题进行分类，实现5千多条数据资产编目发布到数据资产门户后，业务部门可以直接查看全集团已有数据资产，通过数据申请/审批获取相关数据权限。

（八）数据敏捷分析

ABI敏捷分析平台融合了ETL数据处理、数据建模、数据可视化、数据分析、数据填报、移动应用等核心功能而打造的全能型数据分析平台。其中敏捷分析模块为业务人员提供自助式数据分析能力，用户使用拖拉拽的方式，将数据仓库中的数据制作成多种样式的图表进行分析，全方位满足用户的数据应用场景，通过丰富的数据分析手段，充分考虑一线生产部门日常工作繁重、业务需求多变、且对信息化系统操作能力不强等特点，根据生产、安全、运销、采购、库管等业务主题预设分析维度和指标数据，让业务人员通过敏捷ABI工具、简单拖拽实现数据分析应用。

三、智能矿山

2018年，临矿集团通过集团层面统筹规划，制定标准规范和技术要求、矿级单位试点应用的两级建设模式，以鲁西、里彦煤矿为试点建立智能控制中心。

2019年，按照临矿集团《智能矿山建设指导性意见——基础设施及自动化部分》，规范设备传感器类型、数据格式、现场控制总线类型、传输接口及协议，通过硬件时钟服务实现各工控系统时间同步，确保数据采集准确性、可靠性。按照整体规划、一矿一策思路，梳理出16个智能点，规划70多个子系统，各矿搭建一套标准平台，实现数据、系统、平台统一融合，形成临矿集团智能矿山建设模式。

2020年，研究5G、工业互联网、AI、大数据等技术在智能矿山建设中的应用，促进煤矿安全生产数字化转型。

（一）工业互联网平台

2018年，探索实践工业物联网应用，构建煤矿物联网平台功能架构，融合工业大数据、融合通信、边缘计算、建模和分析技术，开展数据集成和应用，以新技术不断探索完善智能矿山在煤矿建设的新模式。

2019年9月，以古城、王楼煤矿为试点，启动基于工业互联网平台的设备健康管理与故障诊断系统项目建设。12月，工厂建模平台开发完成，实现组态搭建设备机理与数理模型并上线试运行。2020年4月，移动端功能上线；8月，完成系统整体上线运行，实现古城、王楼煤矿供电系统、提升系统、排水系统、压风系统、通风系统、主运输系统、架空乘人装置、制冷系统的综合监测分析及各大系统故障诊断功能，完成集团侧规划功能和移动应用系统。

2020年9月，在郭屯煤矿启动系统建设，对矿井主要设备进行机械振动分析，通过在通风、压风、主提升、排水、架空乘人等设备加装振动传感器，实现关键设备部位的振动监测分析及报警、预警，引入实时计算阶比跟踪，使非稳定工况振动信号分析能力得到提升。建立工业App应用，集成各矿井主设备系统状态实时监测、故障推送反馈、诊断报告等功能，方便机电设备运行管理。基于工业互联网平台设备健康管理与故障诊断系统建设，采用"云、边、物、端"四层架构，打造集团、矿侧云、边协同数据中心，建设涵盖通风、排水、压风、主提升、供电、主运输等矿井主系统设备的健康管理与故障诊断系统，包括数据采集、时序数据、时钟校时、组态监控、设备画像、机理与大数据模型、振动分析、指标分析、故障报警预警、诊断报告、综合集成等功能，建立大量的设备机理模型以及大数据劣化分析模型。

2020年末，设置30000+数据采集点、2000+模型（含机理、振动、大数据），出具了500+诊断报告，基于平台自诊断和专家远程诊断的方式，准确发现多起设备早、中期故障并及时处理，实现矿井主系统设备的健康管理与故障诊断预警功能，提升设备运行管理的可靠性和经济性，促进由计划性检修向预测性维护模式转变。

（二）智能煤场建设

2018年，开展智能远程运销系统建设，实现煤质、煤种、销量等信息自动准确采集，为大数据分析提供数据支撑，强化煤质管理和销售控制，利用大数据手段挖掘煤种、产销量、客户等之间的关系，辅助生产决策和客户关系维护。统一制定智能煤场和智能发运系统建设标准，以王楼、郭屯、彭庄煤矿为试点，利用物联网与自动化等技术，实现开卡、计量、放仓等岗位具备撤员条件，发运时间平均由两班16小时减少到一班8小时。2019年12月，完成古城煤矿智能煤场建设。

2020年，推广完成里彦、株柏、新驿、邱集4对矿井智能煤场建设，省内除鲁西煤矿外实现全覆盖。通过与智能发运系统结合，利用物联网等技术，有效弥补煤炭发运管理短板，节约人工费用，实现减人提效的目的。创新建立数字化实验室，实现少人化运转，保证化验结果准确可靠。

四、支撑系统平台

2017年，利用超融合技术，建立临矿集团私有云平台，实现计算、存储、网络等资源按需分配、动态调整，通过业务系统数据交互与云+等公有云平台有机融合，打造临矿集团混合云服务平台，为各类业务系统提供定制化资源分配，在满足应用增强系统访问效率的同时，大幅提高设备利用率降低运维成本。通过实现业务上云、数据融合，将企业的管理由线下搬到线上，由"人管"转向"系统管"，由柔性到刚性的转变，全方位、多角度激发"临矿+互联网""临矿+大数据"发展新动能，形成公开、透明、流程闭合的管理新模式，逐步实现用数据说话、用数据管理、用数据决策、用数据创新的工作机制。

（一）集团骨干基础网络平台

2017年3月，采取双机虚拟化配置的方式，更换核心网络交换机和部分楼层交换机，规划布局财务共享服务中心、大数据应用中心网络设备。替换原有思科EIGRP私有路由协议，增加万兆交换接口业务板和IPS对矿级单位的防火墙板卡，对内部往来数据进行二次清洗过滤，加强网络安全建设，避免病毒数据的内部扩散，保障主干网络核心业务节点的安全稳定。根据业务数据量，对主干网络专线进行带宽升级，由2M专线升级为10M专线，满足五大共享平台、大数据分析平台、SAP业务系统、视频会议等各业务系统数据传输的需求。

（二）虚拟化云数据中心

2017年4月，形成临矿集团数据中心虚拟化云平台一期建设方案和思路，利用先进的超融合技术，通过虚拟化和分布式存储实现计算、网络、存储等资源的按需分配和动态调控，提高设备利用效率，构建多个虚拟机替换老旧服务器和存储设备，实现设备更新换代。6月，平台投入使用。11月，增加3个超融合节点，扩容资源池。平台承载着在建的五大共享平台、大数据分析平台、档案管理、协同办公等所有子业务系统，以及各业务系统测试环境部署，搭建各类应用和数据库虚拟服务器40多台，为各业务系统运行支撑搭建可靠便捷的硬件平台。2020年10月，扩容临矿集团私有云平台，增加计算、存储资源，提升云平台支撑能力，满足日益增长的业务系统需要。

（三）数据库应用体系改造

采用内存数据库技术及固态盘数据分层技术，提高数据访问速度。结合最大数据应用技术，升级数据库存应用支持体系。采用国产X86的硬件体系，降低运维成本，提高系统可维护性。

五、平台安全保障

临矿集团在安全管理、技术防护、应急处置等三个重点方面强化安全防护，构建临矿集团特色网络信息安全防御体系，完成核心路由器、交换机设备以及楼层交换机的国产化更替，优化防控列表细化数据访问策略，实现数据流向的定向跟踪。建立数据中心监控平台，利用人工智能技术实现设备自动化巡检，以及多渠道指标预警，保障企业基础网络设施安全可靠。

2018年，依据《信息系统安全等级保护测评要求》等管理规范和技术标准，对临矿集团安全生产共享平台、大数据平台、人力资源共享平台、OA系统、财务共享平台进行信息安全等级保护二级的安全测评。

2019年，搭建基于大数据分析的态势感知平台系统，部署漏洞扫描、日志分析、数据库审计、堡垒机系统、APT持续威胁攻击防御、DPI深度数据包检测等防御措施，构建"全景防护网"工程，通过实现安全设备统一协调配合、整体联动和异常行为的云端分析，发挥大数据技术优势，强化业务系统的安全防护，严防技术渗透攻击。

2020年，重点强化安全防护，提升技术人员的现场安全保障与处置能力，形成管理、技术、人员三位一体的安全管理与保障机制。对权属单位内部网络安全专项检查，形成问题报告，督导各有关单位整改。通过测评，完成上海庙矿业公司OA系统和榆树井煤矿PLC工业控制系统等保认定。梳理评估矿井工业网络安全防护情况，在管理和技术上强化网络安全监测、防护，压实责任，保障网络安全。优化防御策略，完成内部所有虚拟机可疑端口封闭，实现核心数据流量的防火墙系统全覆盖，提升监控效率，避免因单机或局部问题造成核心网络和数据的安全风险。建立对象存储系统，打通与NBU备份系统数据备份通道，结合超融合云存储文件系统，实现企业重要数据资产多层级备份保护。升级完成古城煤矿异地备份系统，增加备份数据容量，优化数据备份策略和频率，完善窗口参数提升数据传输效率。与NBU备份一体机联动，以虚拟机模式创新私有云平台数据备份机制，利用云空间增加数据备份数量，提升数据安全备份指数。

第四节　成　果

2016年8月，临矿集团通过多年创新管理方法和技术手段，推进信息化与工业化的深度融合，被中国煤炭工业协会授予煤炭工业两化融合先进企业称号。

2017年，临矿集团被山东省煤炭行业协会授予2017年全省煤炭行业企业管理现代化创新成果优秀组织单位、山东省煤炭行业2017年质量管理小组活动优秀组织单位称号。获得《临矿集团调度信息系统》《科技管理信息系统》软件著作权2项。

2018年，获得《财务共享数据交换系统》《ERP数据采集系统》《党建平台》《煤矿安全生产综合管理系统》软件著作权4项；作为"临矿第一"新旧动能转换创新成果，临矿集团被山东省煤炭行业协会授予山东省两化融合推进先进单位称号。

2016—2017年度中国煤炭工业协会两化融合先进单位

2019年1月，临矿集团被中国煤炭工业协会授予"2016—2017年度两化融合先进单位"称号。获得《自动化工程设备检测维护系统》《专家问答平台管理系统》《难题解决平台管理系统》软件著作权；4月，《基于大数据的智能煤矿安全生产共享大数据平台》获得煤炭行业两化深度融合优秀项目；11月，《以大数据分析共享升级煤炭企业管理模式》获得第三十三届山东省企业管理现代化创新成果二等奖。

2020年，获得《资源开发平台》《卫康临矿App》《"智联"工业互联网平台》软件著作权。3月，临矿集团大数据赋能企业数字化转型项目入选国家工业和信息化部2020年大数据产业发展试点示范项目，为山东省入围的唯一煤炭生产经营企业；11月，《以大数据分析共享创建企业智慧管理新模式》被遴选为2020年全国智慧企业建设最佳实践案例。12月，《煤炭行业大数据资产建设实践—临矿集团数据治理项目》被评为2020年全国行业应用+数据资产管理"星河奖"；《基于大数据的工业互联网平台关键技术研究及产业应用》获得2020年山东省第五届智能制造（工业4.0）创新创业大赛总决赛二等奖；《煤炭企业基于数据驱动的数字化转型实践》被评为2020年煤炭企业管理现代化创新成果一等奖，临矿集团被评为山东省2020年企业管理现代化创新成果优秀组织单位。

第四章　矿区通信

第一节　机　构

1991—1995年，矿务局通信系统隶属后勤服务中心，设通信科科长1人，管理及工作人员11人，负责局机关、附近各单位、家属区及下属矿井的语音通信设备和线路、生产调度通信管理维护工作。

1996年，通信业务从后勤服务中心分离，成立科技信息计算中心，设主任1人，通信科科长1人，管理及工作人员9人，主要业务职能不变。

2001年，成立通信中心，隶属总务处，设通信中心主任1人，管理及工作人员4人，负责全局计算机网络、通信系统及线路的运营维护。

2005年3月，成立科技信息中心，设主任1人；下设通信安装维护室、网络信息室、收费室、话务员室，有工作人员11人，负责局机关及周边单位和家属区的通信业务，负责全局计算机网络、通信系统的运行维护和煤炭运销、财务等软件系统的应用与维护。

2008年，科技信息中心隶属技术中心，技术中心副主任兼任信息中心主任，有工作人员11人。

2012年，更名为信息中心，隶属技术中心。负责临矿集团网络通信、软件应用研发以及信息化、自动化等建设管理和运行维护。

2017年6月，信息中心从技术中心分离，成立临矿集团大数据中心。设主任、副主任各1人，共14人。负责临矿集团网络通信、软件应用研发以及信息化、自动化、智能化、大数据等项目的规划、实施、管理。

第二节　语音通信

1990年12月，矿务局对矿区通信系统进行改造，投资313.46万元，采用供电式电话交换机，通过架设电线杆架空钢绞线、通信电缆等方式，实现北3矿（草埠、莒县、岐山煤矿）、南5矿（汤庄、褚墩、五寺庄、塘崖、株柏煤矿）之间人工话务台转接的有线办公电话通信。

1995年，矿务局投资310万元，引进瑞典爱立信MD110程控交换机和国产2G微波无线传输系统，更新改造老旧通信线路。矿区通信采用语音通信数字程控机。

2004年，投资260万元，联合运营商将通信系统升级为国产深圳华为C&C08程控交换机大容量电话设备系统，支持矿务局机关及周边单位和家属区3000多门电话和"ADSL调制解调器拨号上网"的使用。应用山东泉清通信公司的军工8G信道微波通信系统替换局机关至褚墩煤矿、塘崖煤矿、株柏煤矿的传输语音、网络的2G信道微波通信系统。汇接中国电信、中国网通、中国移动通信专线，实现语音、网络、传真等全业务办公通信网和公共通信网的无缝汇接。

2006年，升级改造微波系统和室外天线设备系统，实现机关总部办公生活等与株柏煤矿、恒昌公司、兴元公司的大带宽、大容量网络和语音通信。

2008年，按照省煤炭安全局的要求，组织实施王楼、邱集、新驿、古城矿井"小灵通"无线通信系统，完善各矿调度指挥系统，增强信息化安全生产办公应用。

2009年，在西部济宁矿区及内蒙古矿区建立通信分中心，通过数据专线电路、VPN等方式与临矿集团通信系统汇接，通过统一规划、统一编号，建立覆盖整个临矿集团的跨城域、省域的内部通信网络系统。

2010年，对集团公司总部华为C&C08程控交换机设备进行升级改造，将联合运营商建设管控的业务权限，割接至机关总部管控交换机上。将古城煤矿、田庄煤矿、上海庙矿业公司、王楼煤矿、军城煤矿的矿用调度机与临矿集团本部语音交换机进行汇接，实现与西部矿区及内蒙古矿区的内部免费直连通信；和井下小灵通无线通信系统汇接，实现临矿集团矿井地面和井下作业人员全覆盖通信调度生产。

2011年，对各生产矿井监控系统进行改造，实现井上下主要生产场所、生产流程、重要设备的实时图像上传临矿集团调度指挥中心集中汇聚显示，集团领导、调度室等部门能够直观、快捷地了解生产现场情况，提高科学调度指挥和管理水平。

2014年，联合中兴通信公司对会宝岭铁矿岩石构造巷道进行3G通信系统测试试验和论证后，以光纤PON技术为载体，利用综合接入器和工业交换机等设备，构建"双回路双环网"稳定性和可扩展性的非煤矿井通信系统。通信系统以CN（核心网）+ BSC（基站控制器）+ 井下基站+GOTA的组网方式，借助工业环网系统，将无线通信与有线通信融合为同一调度平台，实现有线无线通信无缝汇接。将3G无线通信系统与电信3G网、临矿集团内部通信网络进行级联，实现内部通信多级互联，为安全生产、经营管理提供免费的交流平台。

2016年，根据国有企业去办社会化功能和家属区及周边分离重组单位对通信业务的需求，按照国标电信级通信业务改造方案，联合中国移动、中国电信、中国联通3家通信公司统一标准、统一工期、统一质量，以临沂市最优的通信新技术和优惠资费实施电话和网络业务分离移交。

2017年3月，实现居民电话和网络业务割接移交；12月，分离重组单位完成通信业务割接分离移交。

2020年8月20日，会宝岭铁矿公司井下-430米水平5G无人电机车在轨道大巷中快速运行。

2019年，采用纯SIP软交换的华为U1981通信IP语音网关取代华为C&C08程控交换机设备，对配线架和楼层接入设备单元进行升级更换。各矿井陆续完成矿用IP语音网有线通信系统升级改造，建成井下集WIFI通信、UWB人员定位等系统的融合通信系统。

2020年，临矿集团与移动公司、联通公司签订5G战略合作协议，探索5G技术在煤炭行业中的应用，助力矿井无人化、矿井透明可视化、矿井万物互联及矿井设备远程协同运行维护。郭屯煤矿的透明化智能工作面，联合华为、山东移动、上海山源和北京龙软协同推进5G技术在井下智能开采研究与应用，在3301工作面开通煤矿井下5G基站，实现工作面5G信号全覆盖；4K高清影像、惯导数据传输、采煤机远程控制、测量机器人等技术在现场得到应用；通过优化5G频段带宽和抗干扰技术应用，5G信号在工作面传输半径达到200米，网络延迟控制在30毫秒以内，传输带宽达到1000兆比特/秒，奠定透明化智能工作面建设基础。会宝岭铁矿通过与华为、山东移动合作，建设基于5G通信控制的电机车无人驾驶系统，完成-430米水平13000米有轨运输巷道5G网络覆盖，实现5G网络下电机车远程控制。

第三节　网络通信

2005年3月，为建立各单位之间快速信息通道和生产调度安全监测监控、视频会议、新闻传输、工业电视、财务及煤炭运销管理等系统，实现数据共享，矿务局投资1300万元，开始建设全局广域网。7月，一期建设完成，在全局广域网平台上实现生产调度安全监测监控、视频会议、新闻传输、工业电视、OA办公自动化。

2006年2月，实施广域网建设二期工程，推进矿务局财务和运销系统以及矿井生产自动化工作，实现财务和运销系统集中控制；2007年12月，工程完工。

2006年9月，以田庄煤矿为试点单位，制定矿井综合自动化系统技术方案。2007年3月，开始施工建设，6月底完成投入运行。综合自动化平台接入安全、主扇风、井下水泵、井下平带、井下电力、压风机监控系统等10个子系统，能够实现集中控制及实时监测各个主要机电设备运行状态及各项运行参数，提高生产效率，降低事故率。

2007年5月，借鉴田庄煤矿的成功经验，王楼煤矿开始矿井综合自动化系统建设；7月，建成使用。系统由人员定位系统、安全生产监测系统、工业电视及调度大屏幕指挥系统、井下皮带自动控制系统、主井提升自动化控制系统、副井提升自动化控制系统、井下泵房监测系统、矿灯考勤管理系统、地面原煤运输自动控制系统、35千伏变电所自动控制系统、核子秤监测系统、主要通风机远在线监测系统、压风机在线监测系统等13个子系统组成，实现安全监控数字化、生产过程自动化，提高了矿井的安全指数。

2008年1月，形成临矿集团数字化矿山建设实施方案，山东省信息产业厅批准《数字化矿山—王楼煤矿数字化矿山建设》项目。拓展临矿集团广域网覆盖范围，增加防病毒过滤网关、ERP专用网络版瑞星杀毒软件等设备，提高整个网络的安全性、稳定性、高效性。

2009年，对临矿集团中心机房基础设施进行扩容，完善数据中心、网络、通信等硬件支撑环境；对古城煤矿网络、通信及自动控制系统进行改造集成。建立临矿集团资金、资产（设备）、人力资源、基建项目、全面预算管理等应用系统。先在政工部门试点运用，然后全面推广，实现网上办公。

2010年，在王楼煤矿数字化矿山建设成功经验的基础上，建设古城煤矿数字化矿山平台及综合自动化监控系统，降低事故发生率。信息中心与机电处联合开发整个集团的机电设备管理系统，一期进行机电设备台账管理，二期建立设备档案管理模块实现与财务数据的整合，三期向非煤产业推广应用。制定临矿集团总体井下报警广播系统及工业电视监控系统技术方案。规划、设计、实施机关北家属区网络通信系统。12月1日，各单位人力资源系统全部上线运行。

2011年，实施临矿集团网络平台升级完善工程。包括核心设备冗余备份、增加线路带宽、存储备份升级。3月，通过国资委考核组对信息化的考核。对临矿集团备份系统进行总体规划，分为临矿集团本部备份与古城容灾中心两部分，在本地的备份中除了对已有的ORACLE数据进行备份外，还增加对其他数据库及应用系统、操作系统的备份，保证临矿集团的数据安全。同年内，建设新驿煤矿及田庄煤矿"数字矿山"平台。

2012年1月，印发《临沂矿业集团信息化考核管理办法》。同月，临矿集团协同办公投入运行，实现快捷高效的办公；向部分二级单位进行延伸，完成亿金公司日照、烟台、临沂各分公司以及会宝岭铁矿的网络汇接建设。工业电视、安全监测监控实现与山东能源集团汇接。优化临矿集团小区网络结构，增加上网认证和计费系统。

2013年1月，深化SAP-ERP应用，利用先进管理工具实现对以往管理的超越、创新，财务系统切换上线。工业视频监控采用基于IP的H3C监控平台，通过租用10兆专线，实现工业视频监控联网。按照山东能源集团统一要求安装H3C路由器、天融信防火墙等网络设备，通过租用网通和电信公司2条10兆SDH专线与山东能源集团无缝对接。

2014年4—6月，对技师学院内部网络和临矿集团主干网络进行汇接；7—9月，对家属区百兆网络主干进行千兆升级。为技师学院和会宝岭铁矿开发网站系统。根据单位实际量身配套开发数字报纸、在线投票、论坛、网上考试、科技管理等系统。

2015年，制定《临矿集团大数据发展纲要》，助力临矿集团在技术升级、管理提升、智能改造、市场构建等方面工作的开展。优化"数字矿山"数据上传系统，构建"矿压、防治水、软岩"三大专题数据库。自主开发集团和二级权属单位科技管理系统平台、设备再利用中心系统平台，实现设备全过程精细化管理及后期综合数据分析，发挥闲置资产效益。5月31日，在OA系统的基础上进行法务系统部署后与已有OA系统进行数据集成，临矿集团法律事务系统上线运行，实现与山东能源集团MDM数据平台对接。

2016年2月，制定《临矿集团大数据应用总体规划方案》。9月，对网络安全和信息化工作领导小组进行调整。①制定生产专业数据库建设方案，重点对采掘、防治水、冲击地压、生产经营等方面进行数据库信息系统建设，规范数据结构，加强数字矿山系统与综合自动化、安全监测监控等安全生产系统平台的数据集成与共享，规范各相关业务子系统的数据接口标准，推进安全生产等系统数据综合集成。②自主开发临矿集团"三违"综合管理分析系统，统一煤矿常见"三违"、工伤事故、工种、专业等编码数据标准，规范各单位的安全管理工作。③以王楼煤矿皮带集控系统升级改造为试点，与扩音广播系统、工业电视系统有效结合，实现调度室对整个井下运输系统的远程控制、远程监视及煤流的全自动运行。④在古城煤矿推行班清班结试点工作，为企业的精细化成本管控奠定基础。⑤根据山东玻纤集团生产经营管理需求，建设完成采购管理、销售管理、库存管理、生产管理、质量管理等供应链平台子系统，实现业务系统和财务SAP系统融合，建立了山东玻纤集团的资金管理系统。完成山东玻纤集团内部基础主干网络平台的搭建，实现4个厂区与临矿集团的网络互通。⑥完成临矿集团与菏泽煤电公司、鲁西煤矿、里彦煤矿等监狱煤矿网络及部分应用系统的对接。对菏泽煤电公司本部，彭庄、郭屯煤矿设备的配置情况和运行现状进行分析，完成网络升级改造，实现临矿集团到菏泽煤电公司的主干网络覆盖，打通菏泽煤电公司内部矿井间网络壁垒，有效实现网络对接。节省投资300余万元，实现菏泽煤电公司与集团协同办公系统（OA）、人力资源系统、SAP ERP（财务、物资等）、法务、财务报表、调度统计、视频会议等系统部署和对接，满足临矿集团经营管理需要。⑦推进基于无源光网络的多网合一传输技术的应用。采用以太网无源光网络（PON）+工业交换机+综合接入器的方式，形成了三环冗余工业网，确保了网络传输线路的安全、稳定、可靠，利用PON的拓扑结构实现以太网的接入。系统能够提供光口、电口、BNC、POTS、RS485等应用接口，实现井上下无线通信、安全监测、人员定位等多网合一。建立"临矿早餐"微信应用平台，以微信平台"企业号"为基础，建设"新闻早读"微信应用平台，每天定时对国内外新闻、集团新闻、行业资讯等信息进行推送。自主开发集团网络考试、交流论坛等系统。自主编写工程技术人员在线交流系统、临矿集团创新平台。

2017年，对思科EIGRP私有路由协议进行替换，增加万兆交换接口业务板和IPS对矿级单位的防火墙板卡，对内部往来数据二次清洗过滤。对主干网络专线带宽升级，由2兆专线升级为10兆专线，满足五大共享平台、大数据分析平台、SAP业务系统、视频会议等各业务系统的数据传输的需求。推进临矿集团财务共享服务平台、人力资源共享平台、设备管理平台、党建平台、安全生产平台等系统建设。4月，升级改造宝利通视频会议系统，与山东能源集团思科视频会议系统、山东省煤炭工业局宝利通视频会议系统对接互连，实现山东省煤炭工业局、山东能源集团、临矿集团内部、澳大利亚公司等单位的多级互连。更新建设IPS入侵防御系统、云平台反病毒系统、服务器反病毒系统、负载均衡系统、机房消防系统、门禁系统、机房视频监控等多个业务系统，新增Vertas 14t备份一体机，对原有NBU数据备份系统进行升级。6月，建设虚拟化云数据中心，为五大共享平台各子业务系统和"临矿云"大数据平台提供硬件支撑平台。7月，完成总部机关无线网络全覆盖，在省内各主要生产矿井建设无线覆盖网络，实现企业和用户随时随地上网，高效、快捷地访问集团内部局域网资源和互联网资源。安全管理引入认证阻止非授权用户访问无线网络。9月，升级的办公OA模块在临矿集团上线试运行，新增无纸化会议、会议室预约、办公用品管理、住宿招待管理、车辆管理、用印申请、工作委托、知识与资料管理等功能模块，在王楼煤矿、新驿煤矿推广应用。10月，开工建设档案管理系统，将临矿集团现存的各类档案数据有效组织、挖掘，建立各类档案信息资源库，实现档案信息的快速查询，与OA系统公文直接进行信息交换，实现公文自动归档入库。11月，法务系统正式上线，在临矿集团推广应用合同管理系统，将合同管理植入财务共享系统中，对风险进行超前防控。12月，完成对总部机关、王楼、田庄、邱集、里彦、株柏煤矿工业视频系统升级改造。

2018年，制定《临沂矿业集团有限责任公司大数据、信息化工作管理办法（试行）》《临沂矿业集团有限责任公司大数据、信息化工作考核办法（试行）》《智能矿山建设通用技术规范》。以鲁西煤矿、里彦煤矿为试点建立智能控制中心，融合机电和信息化技术人员专业特长，重点负责大数据、智能化、自动化项目的设计、应用及维护。以王楼、郭屯、彭庄煤矿为试点开展智能远程运销系统建设，利用物联网与自动化等技术，实现煤场少人或无人管理。自主开发"临矿心声"论坛系统，为职工打通"吐槽"渠道。采用企业微信作为客户端入口开发创客平台，实现科技成果与经验线上推广、专家库管理、在线提问及解答、难题征集悬赏等功能。通过系统升级、优化NBU备份性能及备份窗口，提高备份管理效率，优化异地数据备份任务及数据快速还原策略，建立完整的数据备份还原体系。9月，依据《信息系统安全等级保护测评要求》等管理规范和技术标准，对安全生产共享平台、大数据平台、人力资源共享平台、OA系统、财务共享平台进行信息安全等级保护二级的安全测评。

2019年3月，增加堡垒机、日志审计系统、数据库审计系统、漏洞扫描系统以及网络安全大数据态势感知平台，实现各安全系统统一调度指挥，形成高效的安全团队协作模式，创新融入大数据技术对可疑行为、病毒进行数据分析和研判。从风险识别到针对性防御措施制定，全方位开展网络安全管理与防范，加强网络安全预警监测，实现集团网络全天候、全方位感知和有效防护，形成网络信息安全管控体系。5月，通过初测、整改完善、最终测评、公安机关备案等一系列的工作，临矿集团安全生产共享平台、大数据平台、人力资源共享平台、OA系统、财务共享平台通过信息安全等级保护二级测评。9月，对各单位各系统详细制定IP地址规范，由各单位信息中心统一管理、统一分配。10月，下发《临沂矿业集团有限公司网络安全管理办法》，从职责划分、网络安全、信息安全、工控安全、关键基础设施安全、应急处置、资产管理、考核问责等方面规范安全管理，提升安全防护和应急处置能力。以业务系统和关键基础设施为单位，制定完善应急预案和流程化操作手册，结合具体场景开展安全应急演练，提升对具体问题的处置能力。12月，新驿煤矿完成无线网络覆盖，与临矿集团无线网络系统统一漫游认证。

2020年2月，开通线上临矿云工作协同平台，对接内部业务系统数据，关联临矿视频云会议平台，提供远程协同视频通信服务，解决企业远程办公、沟通、协同等问题。3月，在里彦、株柏、新驿、邱集4对矿井实施智能化煤场项目通过与mes融合，实时获取发运计划并回传磅单，实现产销协同。4月，完成古城、郭屯、彭庄、王楼、新驿、鲁西、邱集、里彦、株柏9对矿井人员精确定位系统、无线通信系统以及会宝岭铁矿人员精确定位系统建设。7月，完成临矿集团调度室UPS不间断电源及工业视频系统存储服务器升级，在总部机关安装NTP时钟服务器，通过北斗、GPS双模信号天线，为临矿集团及各权属单位服务器、智能化设备、传感器、视频监控等设备设施提供校时服务，确保各类设备时钟与北京时间同步。12月，完成山东玻纤卓意公司无线网络覆盖，与临矿集团无线网络系统统一漫游认证；完成榆树井煤矿OA集成办公系统和PLC工业控制系统的二级等级保护工作；完成郭屯、彭庄、古城、王楼、新驿、鲁西、株柏7对矿井万兆环网升级改造，提高基础网络带宽，增强数据传输能力。

第五章 环境保护

第一节 环保管理

一、机构队伍

（一）机构设置

2006年，成立节能保护办公室，归总务处管理，负责环境保护、环境监测、节约能源、质量管理、能源计量检测。

2007年，节能保护办公室划归综合开发处管理。

2014年，划归非煤产业管理处管理，负责环境保护、环境监测、节约能源、质量管理、能源计量检测、节能环保政策奖励资金申报。

2020年，划归非煤产业管理中心管理，负责环境保护、环境监测、节约能源、质量管理、能源计量检测、节能环保政策奖励资金申报。

2007—2020年临矿集团环保工作人员统计表

表8-5-1

年度	公司机关	基层单位	合计
2007	3	24	27
2008	3	25	28
2009	4	26	30
2010	4	27	31
2011	4	28	32
2012	4	28	32
2013	4	29	33
2014	4	30	34
2015	4	32	36
2016	5	55	60
2017	6	58	63
2018	6	60	66
2019	6	62	68
2020	6	62	68

（二）职责

贯彻执行国家和上级有关部门及地方政府环境保护方针、政策和法律、法规，制定本单位环境保护管理制度；编制本单位环境保护规划和年度计划，将其纳入生产发展规划和计划中；执行建设项目环境影响评价制度和"三同时"制度；组织矿井进行环境监测及地表形变观测，分析掌握矿区生态破坏和环境污染趋势；保证环境保护设施正常运行和维护；做好操作人员业务培训，做到持证上岗；建立环境保护档案，进行环境统计，及时、准确上报环境报表；建立环境污染事故报告制度，制定应急预案，定期组织演练；实行清洁生产审核制度，定期进行审核；负责接待群众来访，协调解决本单位造成的环境污染（或生态破坏）纠纷，并向临矿集团及政府有关部门报告；对职工进行经常性环境保护教育，普及环境保护知识，提高环境保护意识。

二、基础管理

（一）制度建设

2007年开始，临矿集团围绕环境保护工作建立健全相关制度和规定，强化基础管理：①按照企业环境目标责任书要求，把环境保护工作纳入任期目标进行考核，建立健全考核奖惩办法和管理制度，以签订责任书的形式，对环境目标和任务进行分解落实。临矿集团每半年组织一次检查、考核。同时，加强日常巡回检查及不定期抽查，查找环境保护工作存在的薄弱环节，发现问题督促被查单位及时整改，提高企业环保管理水平。②抓好建设项目的环境管理。建设项目在可行性研究阶段申报环境影响报告书、环境影响报告表或环境影响登记表；项目建设中防止污染及其他相关设施，必须与主体工程同时设计、同时施工、同时投产；项目竣工后，修正和恢复建设过程中破坏的环境。③加强公司企业环境治理。对存在的环境污染源制定详细治理计划并逐步实施；建立环保设施运行管理台账，每日对污染物排放浓度监测记录。8月，召开临矿集团节能减排工作会议，与各单位签订节能目标责任书，制定《关于加强节能减排工作的实施意见》《能源计量管理办法》《节能目标责任考核办法》等文件。

2011年，制定《临矿集团环境保护管理办法》。

2017年，制定《十三五环保工作规划纲要》《临矿集团环保工作实施方案》《临矿集团环境保护工作考核实施细则》《临矿集团环境保护管理办法》等制度。

2018年，制定《临矿集团环保节能工作指导意见》。

2020年，修订《临矿集团环境保护管理办法》《临矿集团环境保护工作考核实施细则》并及时下发各权属单位。

（二）审查、审核及认证

1. 清洁生产审核

2007—2020年，临矿集团根据山东省和临沂市环保局、经贸委关于开展清洁生产审核的要求，配合所辖各矿井和地面单位，按照要求开展清洁生产审核，全部实现清洁生产。

2. 管理体系认证

2010年，山东玻纤集团启动ISO14001环境管理体系认证，实施ISO14001环境管理体系认证。2011年，山东玻纤集团开展ISO14001认证，取得ISO14001环境管理体系认证证书；2013年、2015年，2次通过方圆标志认证集团ISO14001环境管理体系复审。2017年，通过GB/T24001环境管理体系再认证。2018年、2019年、2020年分别通过方圆标志认证集团GB/T24001环境管理体系复审。经过ISO14001环境管理体系的运行实践，实现节能降耗，提高预防污染能力，避免因环境问题所造成的经济损失。

3. 统计与上报

2007—2020年，临矿集团及各单位设有1~2名兼职人员负责环保统计工作。主要统计报表为《煤炭工业环境统计报表》，有《环境保护基本情况》《三废排放及处理利用情况》《污染治理情况》《废水处理设施情况》《建设项目环境评价及"三同时"执行情况》五个子表组成。每年1月各单位上报后由节能环保办公室负责汇总，经临矿集团相关领导审核同意，上报国家、省煤炭工业环保管理部门。

4. 宣传与培训

2007年，临矿集团以各级干部、专业管理人员、环保重点岗位职工为重点，开展环境保护工作宣传教育。教育形式采用会议贯彻、举办培训班、派出学习、季度检查、半年考核、年终综合考核评比等形式。每逢重大活动日，张贴标语、条幅，印发宣传材料到各单位及专业人员手中；举办业务培训班，拟定专题和学习配档表，集中组织专业人员学习。截至2020年，共培训1000人次，张贴和印发宣传标语700余份。

2008年4月，举办临矿集团节能环保知识竞赛，有16支代表队参加预、决赛，决出一等奖1名、二等奖2名、三等奖3名。

2009年10月，对所属单位节能管理人员及重要能耗设备操作人员236人，分2期4个班进行节能管理和经济运行上岗证培训。

2011年开始，每年"六·五世界环境日"，临矿集团举办环保节能学习培训班，组织环保分管领导和环保管理人员、环保设施操作人员，进行环保管理、统计、污染防治、设施运行等方面的学习培训。

2012年11月，举办临矿集团节能减排知识竞赛。

2013年10月，在古城煤矿安全技术培训中心举办临矿集团能源管理体系培训班，邀请德州市节能监察支队3位专家授课，42名节能管理人员参加学习。

2014年6月，举办环境保护培训班，邀请兖州市环保局有关领导针对煤炭污染防治和环境保护法律法规、环保法进行讲解。

2016年6月，临矿集团召开环保工作会议，邀请到临沂市环保局局长李立新对环保减排目标、大气及水污染防治、环境基础建设、环保理念及机制建设、产业结构、固体废物排放、散煤控制等进行讲解。

2018年2月，在菏泽煤电公司召开环保工作会议，要求各单位要着力推进矿井水综合利用、余热综合利用等新能源工程建设，突出抓好燃煤锅炉改造，制定绿化成活率、一次性餐具淘汰目标等细化措施，实现"出煤不见煤、污水不外排、矸石不升井、垃圾不落地"绿色矿山建设目标。

2019年4月，组织各单位赴济南参加由中国工业环保促进会举办的固体废物和危险废物污染控制及环境管理责任专题培训。

2020年9月，组织各单位赴苏州参加新修订《固体废物污染环境防治法》履职重点及规范固废和危废管理专题培训。

三、环保投资

2007—2020，按照项目建设三同时规定，对环境保护投资237000万元。

2008—2019年，投资166700万元，对山东玻纤集团公司10万吨玻璃纤维池窑拉丝（二期）、4亿平方米湿法薄毡、6万吨ECER玻璃纤维生产线、13万吨叶蜡石粉和9万吨ECER玻璃纤维、8万吨C–CR特种玻璃纤维生产线等项目实施环境管理。

2014—2018年，投资8000余万元，对古城、王楼、新驿煤矿生活污水及矿井水处理实施环境管理改造。

2016年，投资780万元，煤场安装全覆盖洒水降尘装置、挡风抑尘网，建设洗车平台。

2016—2019年，投资6500万元，对王楼、新驿、田庄煤矿进行新能源及余热综合利用改造，淘汰燃煤锅炉，实现矿井产煤不燃煤的环保绿色生产。

2016—2020年，投资35100万元，沂水热电公司新上3组280吨/时超高压高温循环流化床锅炉2×CB30+1×CB50抽背压式汽轮发电机组。

2017—2019年，投资16400万元，对古城、新驿、田庄、王楼、里彦煤矿煤场进行封闭改造，建成储煤棚（仓）、矸石棚（仓）、煤泥棚等，做到煤炭升井无露天存放。

2019年，投资1800万元，对沂水热电厂烟尘超低排放改造。

2020年，投资1800万元，对山东玻纤VOC挥发性有机物进行综合治理。

四、环境检测

各单位在建井初期编制完成环境影响评价报告书，并取得环保部门的环评批复，手续齐备；配备专业监测人员和环境监测设备及仪器。配合当地政府及环保部门对排污情况进行日常监测、监督、检查，建立工业污染源档案，定期分析数据、评价监测工作成果和污染发展变化趋势，及时向主管部门报送监测报告和有关资料。针对环境污染物种类，定期对水质、噪声、烟气、放射源进行检测；矿井水处理站及综合利用电厂烟气排放均安装在线监测设备，监测数据直接传送至环保部门监控平台，实现24小时监测。

第二节　污染防治

一、烟气治理

2010年7月，沂水县热电公司投资1320万元，新上双碱湿法炉外脱硫系统；2013年9月，投资3300万元，将双碱湿法炉外脱硫更换为石灰—石膏法炉外脱硫，新上SNCR脱硝系统+低氮燃烧改造并将1～3号炉静电除尘器改为布袋式除尘器；2015年8月，进行超低排放改造，安装北京清新公司高效旋汇耦合装置及管束式除尘除雾装置。所有改造项目均通过有关部门环保竣工验收，在山东省同规模电厂率先达到超低排放。2019年，对沂水热电厂新上锅炉的烟尘净化系统进行超低排放改造，烟尘、二氧化硫、氮氧化物排放浓度不高于5毫克/立方米、35毫克/立方米、50毫克/立方米。

2010年9月，古城煤矿电厂3台锅炉烟气脱硫系统改造为炉外湿法脱硫，建设2座脱硫塔和1套公用设备设施及远程脱硫自动监控系统，项目投资560万元。锅炉的烟气经静电除尘和氨法湿式脱硫处理后由高80米的烟囱排放。采用高效静电除尘器除尘，除尘效率99.7%，再经氨法湿式脱硫处理，烟尘排放浓度在50毫克/立方米以下，二氧化硫排放浓度在350毫克/立方米以下，烟气黑度在林格曼黑度一级。烟气监测采用在线监测系统，与市、省在线监测系统联网，经济宁市环境保护局抽查测试和在线监测，烟尘和二氧化硫达标排放。2016年，古城电厂投资2070万元，对尾部烟气处理装置进行超低排放改造，脱硫除尘部分采用石灰石—石膏脱硫、湿电除尘一体化技术，新建两台脱硫湿电除尘一体塔及附属设备，两台吸收塔均采用直排烟囱；脱硝改造采用SNCR和低氮燃烧组合、尾部烟气臭氧氧化脱硝工艺技术。投入运行后，主要大气污染物烟尘、二氧化硫、氮氧化物排放浓度在基准氧含量6%条件下，分别不高于5毫克/立方米、35毫克/立方米、50毫克/立方米。

2016年11月，山东玻纤集团投资1800万元，在玻纤复合材料公司、临沂天炬公司配套建设脱硫脱硝除尘系统各1套。脱硫采用双碱法处理工艺，脱硝采用SNCR高温脱硝和臭氧低温脱硝相结合，除尘采用湿电除雾器。窑炉烟气经治理后满足《山东省建材工业大气污染物排放标准》限值排放要求。

2020年7月，对山东玻纤集团VOC挥发性有机物进行治理，确保废烟气达标排放。

二、粉尘治理

针对煤矿粉尘污染，临矿集团制定各项制度和控制措施。工业场地储煤场采用处理后的矿井水通过高压水枪定时自动喷雾灭尘；工厂道路采取洒水车定时洒水抑尘和绿化降尘措施；选煤厂各条胶带安装防尘罩，减少扬尘的同时抑制噪声污染；在矿运煤车辆出口处利用废旧金属棚建设自动洗车台，确保运输车辆清洁出场。

2020年3月，古城、新驿、鲁西、王楼、里彦煤矿共投资250余万元，安装能源云智能环保监控系统，将矿区进出车辆、洒水降尘、矿井水外排等所有环保数据上传到济宁市能源局检测平台。

三、水污染处理

各单位执行《山东省南水北调沿线水污染物综合排放标准》要求，安装生活污水及矿井水处理装置，保证污水处理达标。中水水质经上级环保部门监测达到井上下生产用水要求，用于矿井生产用水、井下洒水降尘、选煤厂用水及地面绿化用水，实现水资源循环利用。

2007—2020年，各矿累计排放矿井水9785.61万吨，回用5871.36万吨，各矿井利用井下或地面的污水处理站对矿井水治理，做到合格排放。

绿化后的铁矿尾矿库（2016年）

四、固体废弃物污染防治

（一）煤电一体化

2003年，古城煤矿电厂年消耗洗矸石16万吨、煤泥8.5万吨、中煤4万吨，每年减少洗矸石储运、占地、环保等费用348万元。2005年9月，电厂二期工程投产后，通过配套煤泥输送管道能够全部消化矿井洗煤产生的副产品。综合利用电厂将煤矸石、煤泥等劣质燃料作为原料进行发电、供热，再将发电产生的烟灰、炉渣作为水泥、空心砌块砖等的制作材料，形成"资源—产品—再生资源"循环利用模式。电厂锅炉产生的灰渣卖给水泥厂、砖厂，实现资源综合高效利用。

（二）煤炭深加工

2006年，古城煤矿加大煤炭洗选力度，变单纯卖原煤为入洗原煤卖精煤、副产品用于发电的循环利用模式。对洗煤厂进行改扩建，提升入洗能力，实现煤炭全洗选。对煤泥水系统进行改造，将煤泥直接用于电厂发电，形成"煤炭—洗煤厂—煤泥—电厂—发电—矿井—煤炭"的循环产业链，降低发电成本，年创产值5000多万元。

（三）煤矸石铺路

2001—2018年，古城煤矿年产煤矸石3.6万吨、洗矸32万吨。洗矸全部由矿进行统一定价销售，由于洗矸中含有一定发热量，洗矸外销供不应求。对于生产中产生的煤矸石全部由古城村负责运输和处理，无永久矸石山。仅在古城村东北设有一临时储矸场地，并与古城煤矿签有矸石山占有用地恢复协议。对于煤矸石，附近村庄变废为宝，一部分用于水泥厂原材料，一部分用于村镇公路建设。2019年，古城煤矿彻底清除临时矸石堆场，确保无固废存储。

（四）全尾砂充填

会宝岭铁矿对井下采空区开展监控监测，采取隔一采一的采矿技术。采矿结束后立即开展充填，两者互不影响，及时调整采充比，从源头解决采矿范围线内地表沉降危害。尾矿库工程严格按照设计要求，建立泄洪槽，贯通库区，满足暴雨泄洪要求。编制项目环境风险评价报告，制定环境风险应急预案，在兰陵县环保局备案。会宝岭铁矿公司成立矿区救护队，配齐专用设备，用于突发性事故救援，建立尾矿库影响范围内联防机制。

（五）危废处理

2018—2020年，各矿井在当地环保部门指导下，陆续建设标准化危废存储库，并与有资质的第三方签订危废运输处置协议，做到所有危废规范存储，依法依规处理。

五、矸石山绿化

2015年12月，针对矸石市场需求疲软、矸石存量增加状况，新驿煤矿对矸石山进行植树种草绿化，建造矸石山公园。分四期对整座矸石山进行绿化：①对北侧矸石山披土绿化美化，种植观赏性植物，建设人工假山、凉亭，完成绿化8000平方米。②对5号职工宿舍楼正西面矸石山山坡披土植草种果树，设置围栏养家禽，建立小型生态平衡系统，以山养山，完成绿化6000平方米。③矸石山披土之后种植法桐，完成绿化4000平方米。④对未披土部分用防尘盖土网全面覆盖，安装高压水枪降尘，完成覆盖2万平方米。

第三节 节能减排

一、组织与领导

2007年，临矿集团调整充实由董事长任组长，总经理、分管副总经理、总工程师任副组长，相关处室负责人为成员的节能减排工作领导小组；每季度研究部署1次节能减排工作。成立节能环保办公室，配备专职、专业人员，负责节能环保工作。下属各单位成立节能减排领导小组，设置节能减排、环保办公室，配备专兼职管理人员，建立、健全和完善相应机构，制定节能管理办法，明确任务职责，保障节能减排工作有效开展。

二、管理制度

2008年，修订《临矿集团能源计量管理办法》《临矿集团节能管理办法》《临矿集团能源消耗定额管理制度》《临矿集团节能绩效考核体系》等一系列文件，加强节能减排管理制度建设，节能减排工作持续向好发展，能源消耗水平呈下降趋势。临矿集团及所属单位均设置专兼职能源统计岗位，建立完备的统计原始记录和统计台账，按时报送节能监察机构、能源计量网上直报等各级能源统计报表。建立较完善的能源计量数据采集、统计管理制度，设有专（兼）职统计人员，要求所属单位按照总耗能数不变、统一折标系数调整后上报，从原始数据的产生、统计、计算、储存、查询等都有严格操作要求，严格按照标准规定进行能源统计，且统计报表由专职人员负责收集资料进行填写，做到报表、台账、原始记录一一对应，所有能源统计原始记录、报表和台账由专人负责，及时归类存档，定期检定原始数据。按照能源计量器具配备和管理通则要求，合理配备能源计量器具，定期检定、校准计量器具，满足能源计量和管理需要。

三、目标与考核

2007—2020年，与所属各单位签订年节能目标责任书，实施目标责任落实。①依据能源计量器具对能源购入、储存、加工转换、终端利用全流程测量数据，将节能目标责任层层分解到班组、岗位、机台，根据节能行政主管部门制定的单位产品能耗限额，下达单位产品能耗定额和节能量指标，建立定额管理制度，开展定额管理。②各单位围绕目标责任向基层区队、班组下达节能指标，层层签订目标责任书，逐级落实，形成岗位保班组、班组保区队、区队保单位、单位保集团的"四保"模式。③建立节能减排工作例会制度和月检查验收制度，持续实行节能环保"一票否决制"，凡未完成年度节能目标责任的单位及其领导班子，一律不得参加年度评奖、评优，不得享受年终考核奖励，对完不成节能目标考核任务的单位罚款20万元并通报批评，使节能减排工作步入制度化、规范化。

2007年7月、12月，节能减排领导小组召开专题会议，由节能环保办公室牵头对各单位年度节能工作进行半年、年终考核。对照《万家企业节能低碳行动实施方案》《万家企业节能目标责任制考核实施方案》《临沂矿业集团节能目标责任考核办法》《临沂矿业集团能源计量考核办法》《临沂矿业集团环境保护考核办法》，严格考核评比，现场总结亮点、提出存在问题、限期整改落实，通报考核奖罚情况。

2014年，所属单位与有资质的中介机构签订"能源管理体系建设指导服务"合同，12月前均通过能源管理体系评审专家评审，其中军城、田庄煤矿获得济宁市能源管理体系优秀单位称号。

2015年，建设形成以煤为主、以"煤炭开采、煤泥水治理、余热制冷取暖洗浴、矸石粉煤灰制砖、矸石充填、土地复垦"为内容的循环经济发展体系。坚持以煤为主，多元发展。加强非煤项目考察调研，新上一批高效、节能环保和能够起替代作用的骨干产业，增大非煤产业比重，提升煤炭企业抗风险能力，形成煤炭企业新的经济增长点。

2016年，加强节能减排宣传教育，提升干部职工节能减排意识，坚持重在实践、重在落实，破除干部职工节能减排是政府、企业的事情，与我无关的思想，切实把节能减排变为干部职工的自觉行动。参照济宁地区煤炭行业领先水平的煤矿进行能效对标，按矿与区队（车间）、班组及重点能耗岗位签订的节能目标责任书、能耗定额进行月分析考核。

四、节能技改

2010—2015年，完成各类节能环保改造项目495项，通过对节能减排设备设施的更新改造和新技术、新工艺的推广应用，年实现节能量11.8万吨标准煤。

2010年，沂水县热电公司进行抽凝机组低温循环水供暖改造，提高能源综合利用效率，降低企业成本和能源消耗。2012年，实施锅炉风机电机变频控制技改项目，节省电费200万元。

山东玻纤集团磁悬浮制冷机、节能型空压机等新技术、新工艺的研究应用，减少系统耗电量。1号、2号、3号、5号生产线应用热风式烘干系统，年节约蒸汽6.5万吨。采用合同管理形式，新上变压吸附制氧系统，制氧电耗由0.7度/立方米降低到0.4度/立方米。

古城煤矿"十二五"期间推广节能新设计、新技术、新工艺、新材料，对落后的生产工艺及设备优化更新改造。采用双轮放煤和多架联合放煤技术，推广原生矸石置换开采工艺。通过新工作面转采设计和施工，在2201面过斜交断层时多采出原煤资源31.6万多吨。对主井绞车电控系统改造，单钩运行时间缩短6秒。矿井建立自动化控制中心，实现对重要设备集中自动化控制，井下泵房、皮带、压风机、扇风机等场所实现无人值守。

田庄煤矿推行用电承包和分析通报制度，将全年电费承包给机电科，实行节奖超罚，节约电费与矿四六分成。截至2015年，累计节约用电1700万度。

王楼煤矿投资2228万元，实施矿井水余热资源综合利用项目地面工程，用于矿区冬季供暖、夏季供冷，淘汰燃煤锅炉，降低电力消耗，军城煤矿采用合同能源管理模式，取消燃煤锅炉，利用太阳能、水源热泵机组实现采暖、制冷，降低矿井综合能耗，减少废气排放。

株柏煤矿投资420万元，建设新能源利用系统，采用太阳能、矿井水余热、压风机余热等可循环利用清洁能源技术淘汰燃煤锅炉，解决洗浴、供暖、制冷。

新驿煤矿投资335万元，建设矿井余热利用项目，采用压风机余热、太阳能及矿井水余热相结合方式代替非供暖季锅炉运行，保障洗浴用水。对主要能耗设备变频改造，年节电180万度。

上海庙矿业公司投资170万元，建设太阳能压风机综合利用工程，利用压风机余热和太阳能，满足每天200吨洗浴热水和衣物烘干所需热量，夏季取消锅炉运行。

会宝岭铁矿利用峰谷电价政策，利用夜间低谷和平谷阶段时间运转设备，高峰阶段尽量减少或停止设备运转。投资60万元，完成空压机预热节能热水系统改造，停用供洗浴用水的水煤浆锅炉，年节约费用65万元。

五、综合利用

节约利用土地资源。古城煤矿建有24兆瓦综合利用电厂，将热值低、污染重的煤泥、洗矸就地消化，减少不必要的运输环节，避免占地及环境污染，年消化低热值燃料17.2万吨，所产生炉渣、粉煤灰由罐车运至水泥厂成为生产原料，实现资源利用、效益提升最大化。

节约利用矿产资源。加强对富余资源的再循环、再利用，把优势运用到位、把潜力挖掘到位。对矸石拣煤实行精细化管理，减少残留煤的流失。古城煤矿建立矸石筛选系统，将原本放弃的掘进矸石进行筛选，回收残留煤。对洗煤产生的煤泥大多数用于热电厂发电。

有效利用煤炭资源。采用新工艺、新技术，提高煤炭回收率。各矿区推广原生矸石置换开采工艺，完善轨道运输、胶带输送及矸石仓存储系统，实现矸石井下充填"装、运、充"连续、高效运行。采煤工作面通过推广应用沿空留（送）巷技术，薄煤层实现无煤柱开采，提高矿井煤炭资源利用率。

促进生态绿化发展模式。古城煤矿在职工生活区、选煤厂配套形成占地3000平方米的绿色生态园区，集种植、养殖、沼气回收利用于一体的低碳生态园，种植蔬菜供应食堂，残食用于畜禽养殖，搜集宿舍区及养殖园生物残渣进入沼气池厌氧发酵，所产沼气供应食堂。建设的2个沼气池容量60立方米，年产沼气8000立方米，沼气池残渣用于种植积肥，实现碳源循环利用。

综合利用矿井余热余压资源。各矿井均最大限度利用压风机冷却水余热、矿井水余热、太阳能等清洁可循环利用资源，用于采暖，取代燃煤锅炉。

六、指标完成

2007—2020年，投入节能环保专项资金135208万元，完成各类节能环保改造项目495项，节约和回收标准煤567万吨。其中"十二五"累计实现节能量64182.51吨标准煤，完成省政府下达的节能量20697.22吨标准煤任务的353.41%；"十三五"累计实现节能量55000吨标准煤，完成省政府下达的节能量20697.22吨标准煤任务的265.74%。

第四节 土地复垦

一、综合治理

（一）新驿煤矿

2020年12月，新驿煤矿完成省政府要求治理已稳沉采煤塌陷地80%的目标任务。

2005—2020年新驿煤矿采煤塌陷地治理统计表

表8-5-2

序号	治理面积（亩）	投入资金（万元）	协议治理方	土地所有单位	协议签订时间
1	375	231.6	新驿镇五西村	新驿镇五西村	2005.07
2	190.5	129.19	新驿镇五西村	新驿镇五西村	2006.09
3	676	564	新驿镇人民政府	骆村、新驿四村、五西村	2018.10
4	773	1691.69		皇林村、新驿一村、王楼村、秦村	2019.02
5	1325	2848.07		魏家村、骆村、新驿四村、后寺村	2019.08
6	731	1145.70		后寺村、王楼村、东三村	2020.06
7	1611.95	2709.67		皇林村、王楼村、大庄村、后闫楼村、东三村、秦村、西东村	2020.10
合计	5582.45	9319.92	－	－	－

（二）田庄煤矿

2017年7月，王因街道沙河采煤塌陷地治理项目开始实施，治理879.83亩，费用624.21万元；2018年6月完成，为政府治理。10月，济宁市国土资源局开发区分局，实施济宁高新区王因街道柳沟等5村采煤塌陷地治理项目，涉及柳沟村、玉皇庙村、娘娘庙村、吕庙村、程街村5村部分采煤塌陷地，治理619.45亩，费用568.41万元，为市级专项治理资金及地方配套。

2018年12月，田庄煤矿开始实施济宁高新区王因街道办事处玉皇庙等4村采煤塌陷地治理项目，治理模式为农业复垦；规划1911亩，预算投资2008.55万元，实际发生1808.02万元，为企业自筹土地复垦三方共管账户资金；2019年9月，经验收通过后，移交村民耕种，移交1911亩。12月，济宁市国土资源局开发区分局对"浅层采煤塌陷地调查技术方案"进行批复，治理模式为评估核减退出；济宁市自然资源和规划局高新技术产业开发区分局于2019年6月18日和2020年11月27日，组织有关专家进行验收并进行批复，评估核减退出10008亩，投资214.8万元，经验收通过后交村民耕种。

2020年，实施王因街道沙河等3村采煤塌陷地治理项目，项目规模1287.06亩。自投资金1637.46万元，计划2021年底竣工。

（三）王楼煤矿

2014年末，矿井开采区范围出现塌陷征兆。矿井超前对尚未塌陷区域土地进行流转，开发农业生态园。

2014—2020年王楼煤矿接收流转土地统计表

表8-5-3

序号	土地流入时间	土地所属村镇	流转数量（亩）
1	2014.05	喻屯镇安兴集村	302.75
2	2015.05	喻屯镇安兴集村	80.28
3	2016.06	喻屯镇安兴集村	10
4	2016.10	喻屯镇城后村	300.4
5	2018.02	喻屯镇张桥村	45.12

序号	土地流入时间	土地所属村镇	流转数量（亩）
6	2018.03	鲁桥镇王埝村	212
7	2018.04	喻屯镇王贵屯李户村	148.35
8	2019.01	喻屯镇邵楼村	12.3
9	2019.05	喻屯镇刘官屯西村	801.8
10	2019.10	喻屯镇王贵屯李户村、安兴集村、胡屯村	1087.26
11	2020.06	喻屯镇王贵屯李户村、城后村	1527.4
合计	—	—	4527.66

2016年11月，对郑庄片区1054.8亩塌陷地进行复垦；2017年12月，通过国土部门组织的专家验收；2018年3月，完成交付。

2017年9月，对郑庄等3村318.55亩塌陷地进行治理；2018年5月，通过国土部门组织的专家验收；6月，完成交付。

2018年4月，对刘官屯西村等4村1251.15亩塌陷地进行治理，因现场条件限制，实际治理面积变更为1203.15亩；2019年6月，通过自然资源部门组织的专家验收，7月完成交付。

（四）邱集煤矿

2011年10月，在黄河北煤田独家利用黄河淤沙吹填方法，对西1、西3采区塌陷地进行复垦治理。一期治理工程总投资1100万元，复垦规模800亩，由山东省地矿工程勘察院施工总承包。2014年9月，完成施工。2015年11月，交付马集镇、仁里集镇520亩。

2016—2018年，完成水利改造、挖深垫浅1147.51亩。2017—2018年，完成生态园治理利用611.65亩。2018年2—11月，完成东八采区采煤塌陷地治理1092亩，总投资911.8287万元。2019—2020年6月，交付齐河县仁里集镇1092亩，对生态园整体项目进行综合提升，总投资106.68万元，新建道路825米、桥梁1座、排水沟678.8米。

截至2021年2月，采煤塌陷地已稳沉治理率100%，通过齐河县自然资源局初验获得批复。

（五）菏泽煤电公司

2018年6月，编制《临矿菏泽煤电公司郭屯煤矿矿山地质环境恢复治理工程（一期）设计》。设计治理总面积608亩，预算总投资856.34万元。8月，编制《临矿菏泽煤电公司郭屯煤矿矿山地质环境恢复治理工程（二期）设计》，治理总面积626亩，预算总投资714.10万元。11月，编制《临矿菏泽煤电有限公司彭庄煤矿地质环境恢复治理工程设计（一期）》，设计治理总面积2020亩，预算总投资2234.97万元。丁里长镇单垓村优质鱼养殖项目，治理郭屯煤矿采煤塌陷地900亩；张营镇小屯村30兆瓦光伏发电示范项目，治理彭庄煤矿采煤塌陷地805亩。

2019年7月，彭庄煤矿塌陷地治理一期工程与张营街道办事处签订治理交付协议，10月20日开工，总合同金额3388.55万元。2020年2—3月，完成彭庄煤矿塌陷地二期治理范围圈定，圈定1732.26亩。

2020年9月，二期治理开工。至年末，郭屯煤矿塌陷地治理完成2366.93亩，完成塌陷地治理稳沉2517亩的94%；彭庄煤矿完成塌陷地治理任务的53%。

（六）里彦煤矿

2015年，治理塌陷地1573亩，资金来源为省财政专项拨付。由政府组织实施高标准基本农田建设，2020年施工完毕。

2017年，新增采煤塌陷地综合治理面积227.83亩，属浅层塌陷。矿井采取"打包式补偿、委托治理"模式，与镇政府、涉及各村村委签订代理治理及综合补偿的协议，支付费用390.6万元。

2018年6月，矿井确定塌陷地治理项目为太平镇李家集等5村采煤塌陷地综合治理项目，治理范围为矿井七采区薄煤层塌陷地。治理规模1294.68亩，预算总投资1255.87万元。编制《邹城市太平镇李家集等五村采煤塌陷地综合治理项目可行性研究报告》《邹城市太平镇李家集等五村采煤塌陷地综合治理项目规划设计报告》。10月，与塌陷地所属村委签订协议，对该片区土地进行流转，流转期20年。11月开工，2020年9月竣工，施工1294.68亩，治理塌陷地1001.6亩，预算投资1205.48万元。实际费用1026.5万元，流转土地1259.55亩，1300元/亩，每年支付青苗补偿163.74万元。

2019年10月，委托政府综合治理的太平镇南陶城村采煤塌陷地开工，规划治理440.99亩，实际塌陷354.54亩，2020年3月完工。2020年9月，圣琪二期和消防液工程塌陷地治理项目竣工，评估退出采煤塌陷地1038.86亩，已支付费用1135万元。

2020年末，累计形成塌陷地9093.92亩，稳沉采煤塌陷地7067.1亩、治理6415.2亩，其中政府治理5413.6亩。

（七）鲁西煤矿

2018年3月，编制《2018年1450亩积水区塌陷地治理方案》。12月，对鲁西煤矿因历史原因形成的已有建筑物的塌陷地地块（140.433亩）进行退出塌陷地总量试点。2020年12月，济宁市任城区批复评估核减退出695.38亩。

2020年1月，河东村采煤塌陷地治理项目通过济宁市任城区立项。治理模式为农业复垦，树木不再挪移，由村民对各自地块内起埂、裂纹、浅坑等表象进行自行平整，矿仅对沟路渠进行治理修复，保证旱能浇、涝能排，治理327.84亩。8月开工，11月初通过验收。

2020年12月，鲁西煤矿稳沉的采煤塌陷地1140亩，治理完成1023.22亩（工程治理327.84亩，评估核减退出695.38亩）。

二、治理方法

邱集煤矿塌陷地治理（2014年）

2011年，邱集煤矿采用"引黄输沙淤填治理、水利改造、挖深垫浅、生态利用"方式对已稳沉采煤塌陷地采取引黄输沙淤填治理、覆土抬田方式进行一次性达标治理；对没有完全稳沉的采煤塌陷地采取挖深垫浅、围堰种植等方式进行合理利用；对轻微塌陷采煤塌陷地采取水利改造、修渠排水等方式进行治理；形成"黄河淤沙充填、水利改造、挖深垫浅+生态利用的'3+1'综合治理利用模式"。生态园建有5座蔬菜采摘大棚，种植大豆、地瓜等农作物，完成主体道路施工和绿化工程，形成环形河道和临时码头。356亩"观赏鱼养殖基地"，放养各类观赏鱼鱼苗1600万尾，成为黄河北最大的观赏鱼养殖基地。2017年10月，在第二届国际土地复垦会议上获得黄河泥沙充填复垦采煤沉陷地先锋称号；2018年6月，获得省级采煤塌陷地竞争性资金分配696.3万元，获得"临矿之最"奖励30万元；8月，被省采煤塌陷地领导小组评为省级创新示范工程；12月，推出黄河北煤田"3+1"采煤塌陷地综合治理利用模式。

2018年，根据《山东省采煤塌陷地认定指导意见》中"凡正常耕种5年以上，农田水利、生产设施正常使用，煤矿企业和土地权利人无纠纷的采煤塌陷地，按治理完毕的采煤塌陷地处理"的提法，田庄煤矿对符合条件的7353亩浅层采煤塌陷地进行申请，办理塌陷地退出手续。编制《田庄煤矿浅层塌陷区采煤塌陷地利用现状评估报告》《山东省田庄煤矿有限公司浅层采煤塌陷地调查评估报告》，对符合条件的5484亩塌陷地从塌陷地总量中退出。与现场施工的综合治理方法相比较，可节资4990.44万元。由此产生的公共设施补偿费2700元/亩、设计费200元/亩，与正常塌陷地现场施工综合治理费10600元/亩相比较每亩可节省7700元，5484亩可节省资金4222.68万元；按每亩1400元计算，5484亩塌陷地一次性补偿可节省水淹地补偿资金767.76万元/年。

2018年，里彦煤矿实施的邹城市太平镇李集等5村采煤塌陷地治理，把减产或绝产塌陷地变成为配套齐全的高标准农田及精养鱼塘，在邹城市创出"先流转后治理"的塌陷地治理新模式。

第五节　绿色矿山建设

一、组织机构

2018年3月，成立绿色矿山建设工作领导小组，下设办公室，设在非煤产业管理处，负责绿色矿山建设日常工作。下属各矿井均相应成立绿色矿山建设工作领导小组。

2020年末，非煤产业管理处（中心）有工作人员6人。

二、建设成果

2018年3月，印发《关于加快推进绿色矿山建设的实施意见》，提出到2020年临矿集团所有矿井建成国家级或省级绿色矿山、力争建成绿色矿业集团的奋斗目标，制定工作标准和具体措施。下发《关于编制上报绿色矿山建设方案的通知》，要求各矿对照相关标准和有关文件要求，立即开展自查工作，6月30日之前将绿色矿山建设工作方案上报绿色矿山

邱集煤矿绿色矿山全景（2019年）

建设工作领导小组审查。将此项工作列入临矿集团2018年节能环保重点工作任务责任清单，将对其推进、完成情况进行检查、考核。3月底，会宝岭铁矿与中钢集团马鞍山矿山研究院有限公司签订技术

咨询服务合同。6月，内蒙古上海庙矿业公司榆树井煤矿与北京绿矿联合工程技术研究院签订绿色矿山建设方案报告编制合同。8月，临矿集团与北京嘉宇圣铭矿山研究院签订《绿色矿山建设战略合作协议》；根据协议约定，山东省内10个煤矿与其签订绿色矿山申报委托协议。9月，临矿集团在古城煤矿举办绿色矿山申报工作专题培训班，绿色矿山推进委员会专家授课，各单位绿色矿山建设工作领导小组成员、具体负责绿色矿山工作人员46人参加培训。12月，非煤产业管理处配合北京嘉宇圣铭矿山研究院对省内10个煤矿进行现场申报辅导。

2019年1—6月，督促北京嘉宇圣铭矿山技术研究院编制完成省内煤矿绿色矿山建设实施方案和自评报告，配合地方绿色矿山建设主管部门完成绿色矿山建设实施方案评审。7月，省内矿井完成绿色矿山第三方评审验收。

11月，永明煤矿编制绿色矿山建设实施方案；12月，通过绿色矿山建设实施方案专家评审，上报子长市矿产资源管理站备案。2020年9月，会同中圣环境科技发展有限公司编制绿色矿山建设自评估报告，子长市矿产资源管理站对永明煤矿绿色矿山建设进行验收并审核通过，上报陕西省自然资源厅。

截至2020年，郭屯、新驿、鲁西、邱集、古城、榆树井煤矿和会宝岭铁矿建成国家级绿色矿山，株柏、永明煤矿建成省级绿色矿山。

2021年2月，里彦煤矿建成省级绿色矿山。

第九篇　党群组织

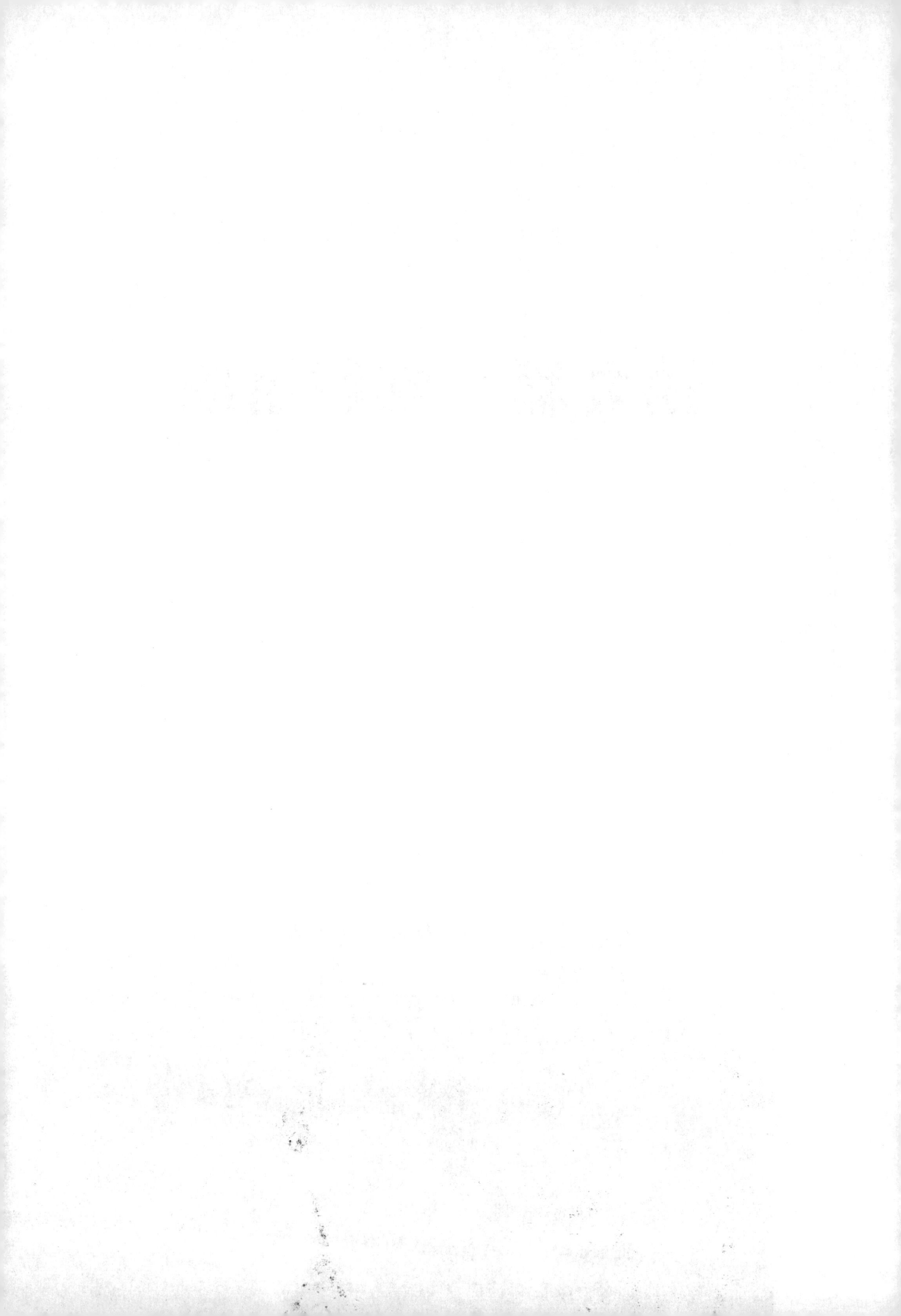

　　1991—2020年，临矿集团党委始终把坚持党的领导、加强党的建设贯穿于一切工作之中，全面落实党组织把方向、管大局、保落实的政治核心作用。坚持深入开展马克思列宁主义、毛泽东思想、邓小平理论、"三个代表"重要思想、科学发展观、习近平新时代中国特色社会主义思想和党的路线、方针、政策的教育，用党的理论创新成果武装党员干部头脑，教育职工群众；坚持党管干部原则，健全完善选人用人机制，严格党内各项制度，加强党员教育和管理，积极开展党内活动，党委的领导核心和政治核心作用、党支部的战斗堡垒作用、党员的先锋模范作用得到有效发挥；坚持认真落实党风廉政建设责任制，加大防腐倡廉教育、效能监察和案件查处力度，党风廉政建设和反腐败斗争取得明显成效；坚持围绕深化改革、促进发展的实际，广泛开展以解放思想、转变观念为主要内容的形势任务与主题实践活动，为推进企业发展提供动力和保证；针对新形势下出现的新情况、新问题，不断探索创新思想政治工作的新形式、新方法，思想政治工作和精神文明建设不断加强；坚持深入开展群众安全、民主管理、岗位练兵、技术比武、劳动竞赛等活动，充分发挥工会、共青团的作用；坚持尊老、爱老，为广大离退休人员健身强体、发挥余热创造有利条件。

第一章　党务工作

第一节　组织机构

　　1991—1994年11月，矿务局党委组织工作机构主要是党委办公室、组织部、宣传部、纪委。

　　1994年11月，矿务局印发《关于深化矿务局机关干部人事制度改革的实施意见》，对局机关处室进行调整。党委办公室设主任1人、副处级秘书1人、工作人员1人；组织宣传部设组织部部长1人、宣传部副部长1人、组织员1人、宣传部工作人员2人；纪委设副书记2人、纪检员（正处级）2人、办公室主任（副处级）1人、工作人员5人；机关党委设书记1人、工作人员1人；人民武装部设部长1人；老干部处设处长1人、工作人员5人。

　　1996年9月，矿务局印发《关于深化局机关机构改革的实施意见》，对局机关处室进行调整。成立政治工作部，由宣传部、机关党委、人武部、老干部处、团委合并组成，设管理岗8人、工勤岗1人；设部长兼机关党委书记、机关工会主席1人、宣传部部长1人、团委副书记1人、人民武装部部长1人、老干部处副处长1人、管理人员3人。设立组织人事部，撤销干部处，成立人事处，人事处与组织部合并为组织人事部，设部长1人、组织员1人、工作人员3人。党政办公室由局长办公室、党委办公室合并组成，设主任1人、副主任1人、副处级秘书1人、工作人员9人。纪委监察处设副书记1人、办公室主任1人、监察室主任1人、管理人员3人。党群部门负责人，由党委提名，征求局长意见，组织人事部门考察，由党委任免。

　　2001年11月，矿务局印发《关于深化局机关机构改革的实施意见》，对局机关处室进行调整。党委办公室、宣传部、机关党委、团委合并成立政工处。政工处设处长1人，兼任党委办公室主任、宣传部部长、机关党委书记、团委书记；设政工处办公室主任1人，兼任机关工会主席；管理人员2人。

组织干部处设处长1人、副处长1人、管理人员1人。纪委监察审计处设副书记、监察审计处处长1人、办公室主任1人、案件审理室主任1人、管理人员5人。老干部处设处长1人，管理人员1人。武装保卫处设处长1人、副处长2人、管理人员1人。

2007年12月，临矿集团印发《关于集团公司组织机构调整设置的通知》，对机关组织机构设置进行调整。调整后，设有纪委、监察审计处（合署办公），矿区工会，党委组织部、干部处（合署办公），政工处（党委办公室、党委宣传部、团委、机关党委合署办公）、老干部处、武装保卫处。

2008年3月，撤销监察审计处，成立监察处，与纪委合署办公。

2012年5月，政工处增设新闻中心、危机管控办公室。危机管控办公室主任、副主任分别由政工处处长、副处长兼任。

2015年12月，成立人事处，与组织部合署办公。撤销干部处。

2017年7月，对机关组织机构设置进行调整，成立统战部，设部长1人、副部长1人；撤销政工处。成立人事部和企业文化部，人事部设部长1人、副部长1人，企业文化部设部长1人、副部长1人；撤销人事处。党委办公室主任、宣传部部长、信访稳定办公室主任为1人，党委办公室副主任、宣传部副部长、信访稳定办公室副主任为1人。党委办公室、宣传部、信访稳定办公室、企业文化部合署办公；组织部、人事部、统战部合署办公。机关党委书记、团委书记为1人，机关党委副书记、纪委书记、工会主席（正处级）为1人。成立临矿集团党校，提文科任党校校长。

2020年4月，成立融媒体中心，与党委办公室、宣传部、信访稳定办公室、企业文化部合署办公。

2020年5月，何祥成任临矿集团党校校长，免去提文科党校校长职务。

2020年末，集团公司专兼职党务人员522人。

第二节　党代会

一、中共临矿集团第一次代表大会

2017年3月28—29日，中共临矿集团第一次代表大会在总部机关召开。与会代表122人，其中专业技术和管理岗位代表46人，领导干部代表44人，基层员工代表32人，代表中女代表8人，离退休党员代表2人。大会审议通过刘孝孔的《为建成"四个领先"的"四富临矿"而努力奋斗》工作报告、祁方坤的《聚焦监督执纪问责，切实落实监督责任，为建设"四富"临矿提供坚强纪律保障》纪检工作报告，以无记名方式投票选举产生中国共产党临沂矿业集团有限责任公司第一届委员会，于德亮、王军、王学兵、牛爱君、石富山、白景志、刘中军、刘孝孔、祁方坤、李存禄、肖庆华、张明、张圣国、何祥成、邵昌友、赵仁乐、曹庆伦、尉光、提文科、鲁守明、管清向（按姓氏笔画为序）为委员；选举邓志宏、田俊、田大恩、田国志、祁方坤、孙迎东、孙富兴、李洪、李安平、杨红树、吴同德、宋陵、邵长余、季广修、岳登松、郑士东、贾安强（按姓氏笔画为序）为纪律检查委员会委员。通过一届一次党委会，选举产生刘孝孔、祁方坤、张圣国、曹庆伦、提文科（按姓氏笔画为序）常务委员会委员；刘孝孔当选书记，张圣国、提文科当选副书记。通过一届一次纪委会，选举邓志宏、田国志、祁方坤、宋陵、郑士东（按姓氏笔画为序）为纪委常务委员会委员，祁方坤当选书记，田国志、郑士东当选副书记。

3月29日，临矿集团党委常委召开第一次会议，研究通过《常委会议事规则》。召开临矿党委一届二次全委（扩大）会议，研究通过临矿集团党委《学习贯彻十九大精神的实施意见》《坚持党的领导加强党的建设的实施意见》《党建活动经费管理使用制度》，明确党委集体领导、党委书记作为第一责任人的工作职责，健全"一把手负总责，分管领导各负其责，班子成员齐抓共管"的工作机制。

二、基层单位党代会（党员大会）

1994—2020年，临矿集团权属单位党组织在不同时间分别召开党员代表大会。

2016年8月，根据临矿集团党委的统一部署，经集团公司党委批准，直属基层党组织相继召开党代会（党员大会）。

1994—2002年矿务局各基层单位党代会统计表

表9-1-1

召开时间	单位	届次	委员				书记	副书记	纪委书记
1994.10	五寺庄煤矿	第四次	孔宪福　孙汉顺　杜朝学　季兰秀　季朝洪　聂瑞明　解胜茂				杜朝学	–	孙汉顺
1994.10	株柏煤矿	第一次	王洪忠　刘庆三　刘守明　姜善祥　柴西义　栾宗田　黄文斋				黄文斋	姜善祥	姜善祥
1994.11.29	工程公司		石兰廷　田洪石　刘启军　宋友跃　李长胜　陈猛　魏延福				陈猛	田洪石	田洪石
1995.04.20	草埠煤矿	第五次	主学欢　申贤增　安庆德　刘厚福　孙廷华　何发远　张仲华				孙廷华	申贤增	安庆德
1995.05.26	褚墩煤矿	第二次	石奎　闫士莹　欧焕桂　周树运　赵学仁　秦永桂　夏玉安				秦永桂	闫士莹	闫士莹
1995.07.09	汤庄煤矿	第五次	卢建智　李士昌　杨跃林　周义佩　韩跃民				杨跃林	–	周义佩
1995.07.05	机械厂	党员大会	邢世春　刘新海　施安东　潘维照　薛春喜				潘维照	施安东	
1995.09.22	岐山煤矿	第四次	王秀珍　刘泽运　宋兰武　库德平　崔守芬				崔守芬	–	王秀珍
1998.09	物资供应公司	第一次	刘春祥　孙桂勇　张继本　张克义　徐宝华				刘春祥	孙桂勇	–
1998.11	机械厂		邢世春　刘新海　施安东　潘维照　薛春喜				潘维照	施安东	
1998.11.22	株柏煤矿	第二次	李树斗　王洪忠　田凤法　姜善祥　韩文义				李树斗	–	田凤法
1998.12	工程公司		石兰廷　田洪石　刘启军　张庆友　魏延福				刘启军	田洪石	田洪石
1998.12	褚墩煤矿	第三次	于世祥　石奎　闫士莹　刘元国　杨再军　周树运　董长增				闫士莹	–	董长增

续表

召开时间	单位	届次	委员	书记	副书记	纪委书记
1999.10.24	技工学校	第一次	苏忠良　李国华　宋玉泉　陈永瑜　张瑞清	张瑞清	陈永瑜	陈永瑜
1999.11	中心医院		张正水　施安东　刘继玉　王文强　薛佃伟	张正水	施安东	施安东
1999.11.15	矿务局中学	党员大会	王怀江　付金廷　邢殿伟　苏学明　钱首际	钱首际	–	–
2000	煤炭运销公司		李守举　吴纪余　曹汉东	李守举	–	–
2000	后勤服中心		张文宝　李同宝　崔志彬	张文宝	–	–
2002.10.28	莒县新城建材公司		史文乾　刘桂霞　宋明光	宋明光	–	–

2016年临矿集团直属基层党组织党代会（党员大会）召开统计表

表9-1-2

召开时间	单位	届次	委员	书记	副书记	纪委书记	备注
2016.08.13	古城煤矿党委	第一次	魏兴民　王统海　安明成　鲁守明　贾安强	鲁守明	贾安强	贾安强	–
2016.08.16	菏泽煤电公司党委		赵喜庆　王新坤　赵治国　管清向　李安平	管清向	李安平	李安平	–
2016.08.18	王楼煤矿党委		丁学贤　王玉强　张俊宝　汪学军　梁宝成　肖庆华　邵长余	肖庆华	邵长余	邵长余	
2016.08.18	新驿煤矿党委		范吉宏　钟宇辉　孙世民　李存禄　孙富兴	李存禄	孙富兴	孙富兴	–
2006.08.20	田庄煤矿党委		王兴存　李宗国　周树志　白景志　杨红树	白景志	杨红树	杨红树	
2016.08	株柏煤矿党委		张作利　吕建华　季现亮　胡殿友　岳登松	胡殿友	岳登松	岳登松	
2016.08.20	会宝岭铁矿公司党委		张茂坤　韩文义　薛其成　张海涛　孙迎东	张海涛	孙迎东	孙迎东	
2016.08	邱集煤矿党委		刁志新　高清水　薛　峰　庄又军　李　洪	庄又军	李　洪	李　洪	–
2016.08.15	内蒙古上海庙矿业公司党委		齐东合　杜东吉　张金泉　张建军　夏宇君　张传毅　田大恩	张传毅	田大恩	田大恩	

召开时间	单位	届次	委员	书记	副书记	纪委书记	备注
2016.08.14	榆树井煤矿党委		李新山 陈广印 肖俊生 齐东合 张世海	齐东合	张世海	张世海	－
2016.09	山东玻纤集团党委		高贵恒 李 钊 吴同德 牛爱君 宋忠玲	牛爱君	宋忠玲	宋忠玲	－
2016.08	临沂亿金公司党委		申延杰 秦玉明 黄 伟 卜祥泉 翟若臣 何发元 李 冰	何发元	李 冰	李 冰	－
2016.08.24	技工学校党委		李 泉 陈永瑜 季广修	季广修	－	季广修	－
2016.09.24	机关党委	第一次	张 明 何祥成 贾自富 田国志 赵太强 李宪寅 王学兵	王学兵	－	－	－
2016.08.24	郭屯煤矿党总支		李国辉 管清向 吴兆顿	管清向	吴兆顿	－	－
2016.08.25	彭庄煤矿党总支		李兴欢 赵喜庆 郭书雷	赵喜庆	郭书雷	－	－
2016.08.14	新上海一号筹建处党总支		翁洪周 李宗珠 陈广印 齐东合 张世海	齐东合	张世海	－	－
2016.08	临矿置业公司党支部		朱 旭 张伟斌 林 原 赵钦营 刘守连	刘守连	－	－	党员大会
2016.08.19	鲁北公司党支部		刘启军 吕光喜 高 伟 庄树伟	庄树伟	－	－	
2016.08	石家坡煤业公司党支部		杨 哲 付士军 吴 涛	吴 涛	－	－	

第三节　党建工作

一、组织建设

（一）党委中心组理论学习

1991—2006年5月，按照局委制定的中心组理论学习制度，根据中心组理论学习领导小组的要求，每年初由宣传部门拟定学习方案，经组长批准后执行。理论学习由集体学习和个人自学相结合，集体学习每月上不少于1次，个人自学每周不少于3小时。

党委理论学习中心组由党委常委成员组成，党委书记任组长，党委副书记任副组长。每年年初下达中心组学习安排表，布置学习专题、学习篇目、自学篇目、思考题。学习内容根据实际情况进行相应调整。各权属单位党委根据矿务局党委的中心组学习安排，制定本单位理论中心组学习计划；矿务局党委对各单位理论学习情况进行检查，对矿处级领导干部的学习笔记进行抽查调阅。

2006年6月，印发《临矿集团党委理论学习中心组学习实施办法》，由学习秘书拟定学习方案，报理论学习中心组组长审定后执行。每年组织1次读书会，集体学习研讨不少于1天。理论学习中心组成员结合工作实际每年撰写不少于1篇调研报告或者理论文章。每年6月底、12月底，向上级党委宣传部报送中心组学习情况。中心组建立学习档案，包括学习制度、成员名单、学习计划、学习记录、学习成果、考勤记录等内容。

2013年，党委中心组安排中国特色社会主义理论体系、科学发展观、商业模式创新以及建设学习型、服务型、创新型党组织等专题学习。

2016年，党委中心组组织集体学习12次，举办党委书记专题教育党课2次、读书会1次。根据形势变化和山东能源集团的新要求，及时补充学习内容。在学习方法上，针对不同阶段性工作需要和学习内容，采取专题学习、现场调研等学习方式。开展"管理提升、对标找差"活动，到红领集团、欧文斯科宁公司、上海多利农庄等进行外出考察、参观学习；结合"两学一做"学习教育、党风廉政建设等到沂蒙革命纪念馆、临沂市检察院廉政警示教育基地进行体验式学习、反思自省等。通过不断活化学习方式，深化学习内容，收到良好效果。

2016年9月5日，临矿集团党委中心组理论学习会

2017年4月17日，完善党委中心组学习制度，印发《临矿集团党委理论学习中心组学习实施办法》，对组织与职责、学习内容和形式、学习要求、学习管理和考核与问责、学习服务与保障等方面作详细规定。党委理论学习中心组学习以政治学习为根本，以深入学习中国特色社会主义理论体系为首要任务，以深入学习贯彻习近平总书记系列重要讲话精神和治国理政新理念新思想新战略为重点。年初制定学习计划，明确学习标准、内容，将每月第一周的周一作为"固定学习日"。全年组织集体学习13次，举办党委书记专题教育党课1次，举办读书会1次，通过集中学习、个人自学、专题调研等形式全面完成九大专题的学习。

2018年6月4日，将《人工智能基础（高中版）》列入副矿（处）级及以上领导干部读书学习活动重点推荐书目。全年集体学习15次，举办《习近平谈治国理政》专题读书会、"中国道路中国梦"专题讲座、浙江大学十九大精神专题培训班等。

2019年，坚持发挥党委理论学习中心组理论学习的示范带动作用，全年开展集体学习14次、研讨16次。举办《习近平谈治国理政》第一、二卷读书班3期。

2020年11月16日，印发《关于进一步加强和改进党委理论学习中心组学习的意见》，制定学习组织、学习计划、集体学习、学习考勤、个人自学、研讨交流、专题调研、档案管理度、学习旁听、领导述学、学习情况报送、考核评价、情况通报反馈13项制度。全年举办党委理论学习中心组集体学习会15次，《习近平谈治国理政》第三卷专题读书班1次，党的十九届五中全会精神专题学习班2期，做到重要精神和文件全学习、中层以上人员全覆盖。

（二）民主生活会

1991—2000年6月，局委民主生活会每年召开2次。会前，根据上级党组织的要求，局委及时提交民主生活会请示报告、明确会议主题、提出具体要求、印发召开会议通知。在认真开展自查自纠、广泛听取党内外群众意见、客观分析存在的问题和不足的基础上，认真撰写对照检查材料。会议采取"一人谈，众人帮，逐个进行"的方式，认真开展批评与自我批评，做到实事求是、客观公正、态度中肯。对职工群众反应的热点问题和自身查找的问题，逐条逐项制定整改措施，明确责任部门和责任人，定时间、定人员、定标准进行整改落实。整改结果及时通过适当的方式向党内外公示，接受群众监督。基层党委把开好民主生活会作为领导班子和领导干部自身作风建设的举措，精心组织，认真筹备，按时召开，规范运作，不断提高民主生活会的质量。

2000年7月，根据《中共中央纪律检查委员会、中共中央组织部〈关于改进县以上党和国家机关领导干部民主生活会的若干意见〉的通知》，矿务局和二级单位班子民主生活会由1年召开两次改为召开1次。会议期间，党委班子成员分别到二级单位党委进行监督指导。

2001年11月3日，局委召开"三个代表"学习教育活动专题民主生活会，省指导检查组到会指导。会上班子成员认真反思十五大以来的工作，谈个人学习体会，总结经验，并进行批评与自我批评。

2004年8月16日，局委召开党员领导人员民主生活会，山东省国资委副书记、纪委书记王和先到会进行督导。会上，党委常委成员从自身的思想、工作、学习、作风等方面深入的自我总结和剖析，总结工作中取得的成绩和经验，找出存在的问题和不足，有针对性提出切实可行的改进措施和努力方向、奋斗目标，进行批评与自我批评。

2005年4月19日，局委召开专题民主生活会，省国资委企业领导人员管理处，市委保持共产党先进性教育活动督导组到会督导。局党委常委成员深刻进行个人党性分析，实事求是地剖析个人在理想信念、宗旨意识、组织观念、思想作风、工作作风、廉洁自律和发挥先锋模范作用方面存在的突出问题和思想根源，明确努力方向，进行批评与自我批评。

2006年10月9日，临矿集团党委召开党员领导人员民主生活会，省国资委党委组织部到会督导。对2005年度民主生活会征求意见落实情况和2006年度党员领导人员民主生活会征求意见与建议情况进行通报。党员领导人员逐个进行个人发言，回顾总结一年的学习、工作和廉洁自律情况，找出差距、缺点和不足，明确努力方向，并进行批评与自我批评。

2007年2月16日，临矿集团党委召开党员领导人员作风建设专题民主生活会。对山东省国资委党委的通知精神、中纪委七次全会精神和胡锦涛总书记在中纪委第七次全会上的讲话精神进行学习，谈自己的学习体会，查找自身存在的问题和不足，剖析存在问题的根源，明确整改措施和努力方向，并进行批评与自我批评。9月3日，临矿集团党委召开党员领导人员民主生活会，交流学习胡锦涛总书记在中央党校省部级干部进修班上的重要讲话和省九次党代会精神的心得体会，就自身存在的问题和不足进行认真的查摆与分析，找出努力方向，进行批评与自我批评。

2008年9月26日，临矿集团党委召开党员领导人员民主生活会，省国资党委宣传与群众工作处到会督导。班子成员结合胡锦涛在全党深入学习实践科学发展观活动动员大会暨省部级主要领导干部专题研讨班上的重要讲话的学习，谈学习体会，总结经验，并就自身存在的问题和不足进行认真查摆与分析，明确努力方向。

2009年6月11日，临矿集团党委领导班子召开学习实践科学发展观专题民主生活会。省国资委党委组织部、省管企业学习实践活动指导检查二组到会督导。党委领导班子成员总结个人贯彻落实科学发展观所取得的成绩和收获，分析存在问题的主要根源，明确整改措施和努力方向，进行批评与自我批评。

2010年10月14日，临矿集团党委召开党员领导人员民主生活会，省国资委党委派员到会督导。班子成员总结近年来贯彻落实《国有企业领导人员廉洁从业若干规定》所取得的收获、体会和工作成绩，深刻剖析存在问题和主要根源，明确整改措施和努力方向，进行批评与自我批评。

2011年10月10日，临矿集团党委召开党员领导人员民主生活会。班子成员先后围绕一年来在学习工作作风方面存在的问题以及今后的努力方向等作个人发言，进行批评与自我批评。

2012年12月28日，临矿集团党委召开以"认真学习党的十八大精神，深入落实科学发展观，推动临矿集团实现又好又快发展"为主题的党员领导人员民主生活会。班子成员围绕一年来思想、学习、工作等方面进行深刻反思，有针对性地制定整改措施，进行批评与自我批评。

2013年11月21日，临矿集团党委召开党的群众路线教育实践活动专题民主生活会。省国资委党委党的群众路线教育实践活动第二督导组到会督导。每位班子成员在紧紧围绕以深入贯彻落实中央"八项规定"，按照"照镜子、正衣冠、洗洗澡、治治病"的要求，以"为民务实清廉"为主题，联系思想和工作实际，开展批评与自我批评，认真进行党性分析和对照检查。从落实中央八项规定精神和山东省委常委会实施办法、转变作风方面的基本情况切入，深刻剖析作风不正、工作不实、行为不廉等问题，分析研究加强作风建设、反对"四风"的改进措施和有关制度规定，对存在的问题深入剖析原因。大家开诚布公，坦诚相见，找问题、提意见，不保留、不护短，析原因、剖根源，不回避、不遮掩，相互帮助、相互促进、相互提高，消除隔阂，增进团结。

2014年12月23日，临矿集团党委召开以"严格党内生活，严守党的纪律，深化作风建设"为主题的党员领导人员民主生活会。省国资委党委党的群众路线教育实践活动第二督导组、省国资委纪委到会督导。领导班子成员就在班子建设中和个人存在的问题进行深入剖析，提出今后努力方向和改进措施，进行批评与自我批评。

2016年1月19日，临矿集团党委"三严三实"专题民主生活会。

2016年1月19日，临矿集团党委召开2015年度专题民主生活会，聚焦"三严三实"主题，认真对照"严以修身、严以用权、严以律己，谋事要实、创业要实、做人要实"的要求，着力解决"不严不实"的问题，切实增强践行"三严三实"要求的思想自觉和行动自觉，深入推进"六大攻坚战"，努力在真抓实干、推动集团公司改革发展稳定上见实效。山东能源集团党委派员到会督导。

2017年1月21日，临矿集团党委召开2016年度党员领导人员"两学一做"专题民主生活会。山东能源集团党委、纪委派员到会督导。通报2015年党员领导人员民主生活会征求意见整改落实情况和2016年民主生活会征求意见与建议情况。班子成员从理想信念、政治纪律和政治规矩、作风、担当作为、组织生活、落实全面从严治党责任等6个方面查找存在的突出问题，聚焦政治合格、执行纪律合格、品德合格、发挥作用合格等4个方面开展党性分析，深刻剖析产生问题的根源，逐一做个人对照检查，相互开展批评与自我批评，提出整改具体措施。

2018年2月7日，临矿集团党委召开2017年度党员领导人员民主生活会。通报2016年度党员领导人员民主生活会征求意见整改落实情况和2017年度党员领导人员民主生活会征求意见与建议情况；党委书记、董事长代表班子做对照检查，每位班子成员逐一发言进行自我批评，其他班子成员互相开展批评。

2018年9月7日，临矿集团党委召开中央巡视反馈意见整改落实专题民主生活会。通报本次专题民主生活会的筹备情况、征求意见与建议情况。按照先班子后个人，先主要负责人后其他班子成员的顺序，班子及班子成员对照"学习贯彻习近平新时代中国特色社会主义思想和党的十九大精神、"四风"问题、全面从严治党"两个责任"落实不够有力问题以及巡视整改存在做表面文章现象等8个方面的问题，依次开展对照检查、批评与自我批评，提出137条意见和建议。

2019年1月29日，临矿集团党委召开2018年度党员领导人员民主生活会。山东能源集团党委、纪委派员到会督导。通报本次专题民主生活会的筹备情况、征集意见建议情况，按照先班子后个人、先主要负责人后其他班子成员的顺序，围绕强化创新理论武装，树牢"四个意识"，坚定"四个自信"，勇于担当作为，以求真务实作风坚决把党中央决策部署落到实处这一主题，联系集团公司工作，进行自我检查、党性分析，严肃开展批评和自我批评。

2019年8月29日，临矿集团党委召开"不忘初心、牢记使命"专题民主生活会，山东能源集团党委第二巡回指导组到会督导，班子成员逐一做对照检查发言，围绕"思想、政治、作风、能力、廉政"等5个方面深刻检视存在的问题、剖析根源、明确今后的努力方向和整改措施，并开展相互批评。

2020年9月14日，临矿集团党委召开山东能源集团党委巡察"回头看"和违反中央八项规定精神突出问题专项巡察整改落实专题民主生活会。按照先班子后个人，先主要负责人后其他班子成员的顺序，重点围绕"学习习近平新时代中国特色社会主义思想，做好意识形态工作""贯彻落实中央重大决策部署和山东省委工作要求，推动企业转型发展""履行全面从严治党责任""贯彻落实新时代党的组织路线""巡视、审计等监督发现问题和主题教育整改落实问题整改成效"等5个方面，深刻查摆突出问题，深入开展党性分析，开展批评和自我批评。

（三）班子建设

1. 党委领导班子建设

1991—2006年，省企业工委、山东煤管局党组、省国资委党委多次对矿务局党委领导班子进行调整。1983年5月—1997年7月，赵荣思任矿务局党委书记；1997年7月—2001年10月，李加夫任矿务局党委书记；2001年10月—2004年1月，张军任矿务局党委书记；2004年1月—2006年5月，李义文任矿务局党委书记。

2005年，局委根据省委组织部、省国资委党委关于"四好"领导班子创建的精

2016年1月19日，山东能源集团党委考核临矿集团党委领导班子现场。

神，制定《临沂矿务局党委关于创建"四好"领导班子的实施意见》。

2006—2020年，省国资委党委、山东能源集团党委多次对临矿集团党委领导班子进行调整。2006年5月15日，李义文任党委书记；2011年5月—2013年5月，刘成录任临矿集团党委书记；2013年5月—2016年3月，张希诚任临矿集团党委书记；2016年3月—2020年11月，刘孝孔任临矿集团党委书记；2020年11月，张圣国任临矿集团党委书记。山东能源集团党委每年对临矿集团党委班子进行考核。

2006年，制定《关于开展"四好"领导班子创建活动的实施方案》，用3年时间，把全局各级领导班子建设成为"政治素质好、经营业绩好、团结协作好、作风形象好"的优秀班子。

2011年8月28日，制定《临矿集团党的基层组织试行党务公开实施方案（试行）》，确立公开内容、范围、时限、方式和程序，建立制度保障。集团公司成立党务公开工作领导小组，办公室设在党委办公室，各单位党组织成立相应机构。集团公司全面推行党务公开制度。

2012年5月14日，制定《临矿集团民主监督暂行办法》，将各级领导人员尤其是领导班子成员作为重点对象，在党委统一领导下，采取党内监督与党外监督相结合、专门机构监督和群众监督相结合、上级监督和各权属公司内部监督相结合的原则，整合职工代表大会、董事会、监事会等各种监督力量，有效防控廉洁风险。

2012年6月13日，临矿集团建立干部约谈制度，集团公司党委和各单位党组织主要负责人、分管负责人和组织部门负责人接受所管理的各级管理干部、各类人才约谈和主动约谈所管理的各级管理干部、各类人才，促进上级党组织与党员干部和人才之间的思想交流和工作沟通。

2014年3月7日，临矿集团执行省国资委党委《关于进一步加强和改进省管企业民主管理工作的意见》，对企业民主管理工作提出具体要求，加强职代会建设、推进厂务公开工作、切实发挥职工董事和职工监事作用、加强对企业民主管理工作的组织领导等作出明确规定。9月15日，集团公司制定《关于建立干部约谈制度的意见》，完善"双向约谈"制度。

2016年，健全完善"三重一大"议事决策制度，持续推进党委会前置把关固化、常态化，发挥党委会的政治判断和把关定向作用，确保各项安排部署的精准落地。先后召开第一次党代会、党委一届二次、三次、四次全委（扩大）会议，审议通过《关于坚持党的领导加强党的建设的实施意见》《印发〈履行全面从严治党主体责任清单〉的通知》《关于深入学习宣传贯彻党的十九大精神的决议》等文件，构建集团党委常委会、基层党委和一线支部分别向全委会、党员代表会和党员大会报告制度，形成"一把手负总责，分管领导各负其责，班子成员齐抓共管"的工作机制。印发《临矿集团领导班子建设20条纲要》，推进领导班子加强政治敏锐能力、管理提升能力、资本运营能力、学习创新能力建设。

2017年，开展"融入一线、带头做合格党员"主题活动。健全完善领导人员联系基层党支部制度，在临矿集团领导班子成员、机关处室主要负责人以及二级单位班子成员之间开展"融入一线，带头做合格党员"活动，每一位领导人员联系一个基层支部，集团公司领导班子成员带头到所在支部、联系点讲党课，并全面实施"六个一"工程（联系领导及人员结合所联系党支部实际，在推动支部具体工作中，为支部全体党员及骨干员工上一次党课或做一次形势任务报告会；召开一次与基层党员"面对面"谈心交流会；参加一次基层党支部的民主生活会；与一线职工一起上一个班；解决一批职工群众工作生活上的实际问题；形成一份"全要素提速、全过程提质、全价值链提效、全体党员提能"高质量的调研报告）。10名集团领导班子成员共联系19个支部，机关处室负责人联系30个支部，各基层单位班子成员联系135个支部，建立起从基础工作抓起、领导干部作表率、以上率下层层示范的长效机制。

2018年，修订完善《临矿集团领导班子建设20条纲要》。组织召开一届三次、四次全委（扩大）会，进一步明确党委集体领导、党委书记作为"第一责任人"的工作职责。深化"六个一"工程，开展"融入一线、带头做合格党员"活动，临矿集团9名班子成员联系19个支部，机关部室负责人联系30个支部，各基层单位班子成员联系135个支部，共讲党课460次，3723名党员参加学习，推动联系点成为党建工作的示范点和"两学一做"学习教育常态化制度化纵深发展的示范窗口。组织集团公司领导参加省委第三期和能源集团党委读书班，集团党委分2期举办读书班，144名副处级以上党员干部带着"如何学""如何用""如何守"，坐下来、静下心、深进去，聚精会神读原著、学原文、悟原理。

2019年，举办3期《习近平谈治国理政》第一、二卷读书班，191名副处级以上党员干部参加。221名副处级以上党员干部下基层调研；集团公司班子成员聚焦突破改革发展中的难点、堵点、痛点问题，确定13个调研课题，征集意见建议340条，编发简报24期。

2020年，组织《习近平谈治国理政》第三卷专题读书会1次，举办党的十九届五中全会精神专题学习班2期，实现矿处级以上人员全覆盖。制定党委落实全面从严治党主体责任任务清单64条，制定集团党委、基层党委、支部三级党建工作任务清单57条，细化责任分工、明确工作重点。调整集团公司党委常委党建工作联系点及集团公司党员领导人员党建工作联系点，深入调查研究、加强督导指导、解决实际问题，提升基层党建整体水平。

2. 二级单位领导班子考核

2001年，矿务局加大对所属单位领导班子的考核力度。4月17日，开始2000年度领导班子考核工作，历时1个月，对20个单位领导班子进行集中考察、考核，参与座谈761人，参与测评1224人；在考评的基础上，先后对18个单位的92名矿处级干部进行调整（不含局机关机构改革变动人员），其中，新提拔24人，岗位变动48人，从矿处级岗位退下来20人；新提拔的24人中，具有大专以上学历的19人，占新提拔人员的79.17%，平均年龄39.1岁。

2007年1月，对2006年度考核存在问题比较多的泰安、莱芜、济南煤机厂与沂水热电公司领导班子进行大幅度调整。其中泰安、莱芜煤机厂新提拔的干部占到班子成员的50%。全年调整变动矿处级管理人员39人，其中提拔15人，调整岗位23人（内有1人诚勉、1人降级使用）。

2009年，临矿集团把各单位领导班子的建设置于临矿集团组干工作的重中之重来抓，采取各种方式加强指导领导班子和高管层管理人员队伍建设。全年调整矿处级管理人员26人，其中提拔7人（副处升正处2人，正科升副处5人）、岗位交流18人、降职1人。因工作失误实行诚勉2人、延长试用期1人。

2010年4月6日，临矿集团对所属单位领导班子及班子成员进行考核。20个单位、126名矿处级管理人员接受考核；座谈人数418人，971人参加对矿处级管理人员的测评。考评工作在严格考核程序保证考核严肃性的基础上，进行工作创新，考核结束时，考核组及时将考核中发现的问题进行梳理，向班子进行反馈，在核实情况的基础上，整理下达整改通知书，对整改的情况及时关注，并要求在下一年度考核时将落实情况形成书面报告。

2012年，按照德才兼备、以德为先的用人标准，注重规范干部选任程序，严格执行从后备干部人才库中选拔聘用干部。全年调整矿处级人员95人。其中提拔54人：3人从正处级岗位提拔到副总工程师岗位，7人从副处级岗位提拔到正处级岗位，44人从正科级岗位调整到副处级岗位；41人进行正常岗位交流。

2015年4月20日，为打破干部职务晋升终身制，使干部管理进入良性"生态圈"，让管理人员既能"上"也能"下"，全面试行处级管理人员契约化管理。在部分新提拔矿处级人员中进行契约化、任期化管理试点，并在此基础上对由集团公司集中管理的副处级以上人员全部推行任期契约化管理，制定矿处级人员任期目标契约化管理规范。干部管理由任命终身制变为契约任期制，聘任期内人员享受相关职务待遇，聘任期满经聘期考核，称职以上经过续聘的仍享受干部待遇；不称职的，聘用合同即予终止，"干部"身份解除，不再享受有关待遇，易岗易薪，按新的岗位和工种办理手续。集团公司根据人员资历、专业及任职经历等实际情况与其签订任期目标契约书，协议书内容由双方协商确定，管理干部聘期一般为3～5年，技术干部聘期一般为2～3年，解决干部终身制在位不作为的弊端，培养"领导人员在位要作为、积极奉献为人也为己"的思想，管理人员工作积极性得到较大提高。

2017年，围绕新时期"忠诚、干净、担当"好干部标准和领导干部自觉践行"三严三实"的要求，创建领导班子"三维度360度"管理考核机制，完成对临矿集团管理的各单位领导班子和领导人员的2016年度考核，根据思想、学习、绩效、廉洁等各方面的情况，分生产技术、经营后勤、行政后勤三组，对214人进行测评。根据考核结果提拔任用18人，给予2名矿处级和8名管理技术人员降薪处理。

2018年初，开展基层单位领导班子及成员、机关管理技术人员的2017年度考核，对6名矿处级干部、1名科级及以下管理人员进行诚勉谈话并降薪。12月，对基层单位领导班子及成员进行2018年度考核，同时对选人用人情况和生产矿井副总师、各单位新选拔正科级管理人员进行测评，共有951人参加对矿处级领导人员的测评；座谈人数453人，其中处级129人、科级281人、职工代表43人。对1名评定等级为基本称职的班子成员诚勉一年并下达诚勉通知书，对连续3年评定等级为基本称职的1名班子成员提前转任副处级调研员。

2019年12月，对公司所属单位领导班子及班子成员进行2019年度考核，共对134名基层班子成员和机关71名处级干部、208名管理技术人员进行年度考核，同时对选人用人情况和生产矿井副总师、各单位新选拔正科级管理人员进行测评，共有1076人参加对矿处级领导人员的测评，座谈人数547人。评定等级为基本称职的4名处级管理人员、1名科级及以下管理人员诚勉一年并下达诚勉通知书。

2020年11月9日，制定《临沂矿业集团实施经理层成员任期制和契约化管理暂行办法》，在物商集团、山东玻纤集团、会宝岭铁矿、澳洲公司4个经营单位进行经理层成员任期制和契约化管理的试点推行。对临矿集团经理层成员任期、职责范围、年度及任期绩效责任指标、考核内容与方式、薪酬兑现、退出机制等进行契约化的约定，并签署业绩合同及聘任协议，强化刚性考核并根据考核结果兑现薪酬和继续续聘或解聘，做到以企业管理实现"能上能下"，以刚性考核实现"能进能出"，以目标业绩实现"能增能减"。

3. 主体责任清单

2018年4月16日，为贯彻全面从严治党要求，压实履行全面从严治党主体责任，制定公司党委领导班子集体、党委书记"第一责任人"和班子成员"一岗双责"责任清单。

临矿集团党委领导班子对履行全面从严治党主体责任负集体领导责任。重点是制定工作计划，加强班子建设，层层落实管党治党主体责任；遇有重大问题或上级安排的重要工作，及时研究部署。坚持党管干部原则，把握正确用人导向。坚持正风肃纪，构筑防控机制，健全权力运行风险防控机制。支持执纪监督，加大纪律审查力度，持续保持反腐败高压态势。抓好对权属单位党组织总体评价和领导干部业绩评定、评先评优和提拔使用工作。

党委书记对落实全面从严治党主体责任承担第一责任人职责，认真学习贯彻上级党组织关于全面从严治党的部署要求，主持召开专门研究部署全面从严治党工作的党委常委会议。做到重要工作亲自部署、过问、协调和督办。年初与基层单位党委书记签订落实全面从严治党主体责任目标责任书。严格执行"三重一大"集体决策等制度和党内组织生活制度，坚持正确的选人用人导向，加强对党员领导干部的日常管理监督。带头执行廉洁自律各项规定，每年向上级党组织报告本人履行第一责任人责任以及本人和其他班子成员廉洁自律等情况，接受监督和评议。

领导班子其他成员履行"一岗双责"，对分管范围内落实管党治党工作负主要领导责任。认真学习贯彻落实上级党组织关于全面从严治党的部署要求。将全面从严治党各项要求融入分管业务工作中，督促指导分管单位和处室抓好各项制度措施的落实。加强对分管范围党员干部的日常教育管理监督，加强对分管单位和处室负责人履行党建职责情况的督促和检查，严格党内组织生活，遵守党的纪律特别是政治纪律和政治规矩，主动接受班子其他成员监督，支持纪检工作，做好巡查督导，每年在党委有关会议上述责述廉、接受监督和评议。

4. 出国（境）管理

2010年11月28日，临矿集团印发《关于进一步规范和加强各级领导干部出国（境）管理工作的通知》，加大对出国（境）人员的管理力度、规范审查审批程序。

2011年3月1日，印发《关于做好企业领导人员贯彻落实两项法规工作的通知》，执行中央办公厅国务院办公厅《关于领导干部报告个人有关事项的规定》《关于对配偶子女均移居国（境）外的国家工作人员加强管理的暂行规定》，所有临矿集团领导及矿处级管理人员均应按照规定报告个人有关事项。

2014年5月16日，执行中共中央组织部《关于进一步加强领导干部出国（境）管理监督工作的通知》要求，对领导干部出国（境）的审查、证件管理、日常管理监督、加强协作配合与信息沟通等方面作明确规定。

2016年12月5日，印发《关于进一步加强重要岗位人员因私出国（境）管理有关问题的通知》。各单位党组织按照文件要求严格审批备案程序，严格证件集中管理，严格备案登记制度，严格落实责任，严格责任追究，切实做好重要岗位人员因私出国（境）的管理工作。

二、机关党委

1983年，建立矿务局机关党委。负责机关党组织建设、党员发展、政治理论学习、评先树优等工作，兼管机关计划生育工作。1996年9月18日，矿务局成立政治工作部，机关党委并入政治工作部，设专职机关党委书记1人。

2001年11月19日，矿务局机关机构改革成立政工处，由党委办公室、宣传部、机关党委、团委合并组成，机关党委书记由政工处处长兼任。2001—2020年，机关党委按照临矿集团党委的部署，先后开展"三个代表"学习教育活动、保持共产党员先进性教育活动"创先争优"活动、深入学习实践科学发展观活动、党的群众路线教育实践活动、"三严三实"专题教育、"两学一做"学习教育、"不忘初心、牢记使命"主题教育等。2002年，机关党委不再兼管机关计划生育工作。

2006年8月5日，矿务局改制为临矿集团，设政工处，由党委办公室、宣传部、机关党委、团委组成，机关党委书记由政工处处长兼任。机关党委下设1个党总支、18个党支部；老干部党总支由5个党支部调整为9个。机关党委制定《机关工作人员行为规范》《考勤管理办法》《办公室卫生标准、要求》《文明礼貌用语规范》《检查考核标准》，建立定期检查和不定期抽查制度。开展对机关工作人员培训工作，先后进行中共十六届六中全会精神和商务礼仪2个专题的培训。按照临沂市市直机关工委要求，开展创建"群众满意机关"活动，机关工作人员的精神面貌和工作作风得到改善。

2011年，开展廉洁风险防控工作，通过绘制流程图、查找风险点、规范业务流程、建立预警预防制度、制定防控措施、修订完善制度等工作，实现廉洁风险管理全覆盖。

2017年7月3日，临矿集团党委撤销政工处建制，专设机关党委，设书记1人，副书记兼机关纪委书记、工会副主席。5日，成立机关"守纪律、转作风、强素质、树形象"活动督察队，加强机关工作作风督查。年末，机关党委下设政工、行政、生产、经营、科技开发、救护大队、后勤保障、济宁矿区党支部和老干党总支。

2020年末，机关党委下辖政工、行政、生产、安监局、经营、财务、科技开发、工程管理、后勤保障、救护大队、煤质管理、五寺庄留守处12个党支部和老干党总支。

三、基层党建

（一）组织建设

1991年，矿务局党委下辖褚墩、汤庄、五寺庄、塘崖、草埠、莒县、岐山煤矿，工程处、总厂、教育培训部、汤头疗养院、局机关12个党委，煤田地质勘探工程公司、机修厂、水泥厂、职工医院、技工学校、老干处6个直属党总支，铝矾土矿、职工子弟学校、多种经营总公司、发电厂、建筑安装工程公司（简称建安公司）、汽车运输公司、供应公司7个直属党支部。

1992年5月，成立中共临沂矿务局曲阜矿井筹建处支部委员会。12月3日，成立中共临沂矿务局株柏煤矿委员会。

1993年2月11日，汽车运输公司划归褚墩煤矿，撤销汽车运输公司党支部，成立褚墩煤矿汽车运输公司党支部。2月28日，将工程处、建安公司合并为基本建设工程公司；3月4日，成立基本建设工程公司党委，撤销工程处党委、建安公司党支部。4月23日，总厂划归五寺庄煤矿管理，11月20日，总厂更名为临沂繁星实业公司，组织上仍沿称总厂党委。6月25日，成立局劳动服务公司党支部，撤销局多种经营总公司党支部。10月22日，曲阜矿井筹建处更名为古城矿井筹建处，同时成立古城矿井筹建处党支部。

1994年6月6日，成立恒河实业总公司党委、技工学校党委，撤销技工学校党总支。9月，职工医院更名为局中心医院，职工医院党总支更名为局中心医院党总支。12月，成立光力士玻璃纤维股份有限公司党总支。

1995年5月，铝矾土矿建制撤销，同时撤销铝矾土矿党支部。

1996年1月，局水泥厂合并到塘崖煤矿，水泥厂党总支的隶属关系由局直属调整为塘崖煤矿党委管理。11月14日，撤销教育培训部党委，成立局后勤服务中心党支部。12月24日，成立煤炭运销公司党支部。

1997年1月26日，发电厂更名为热电厂，党支部更名为热电厂党支部。5月8日，局招待所党支部隶属关系由局机关党委调整为矿务局党委直管。10月10日，成立古城矿井筹建处党总支、矿务局中学党总支，撤销岐山煤矿党委、古城矿井筹建处党总支、矿务局中学党支部。

1998年5月15日，成立古城矿井筹建处党委，撤销古城矿井筹建处党总支。9月9日，成立供应公司党总支，撤销供应公司党支部。

1999年4月16日，撤销五寺庄煤矿党委、总厂党委。4月29日，成立恒河总公司总厂党总支、恒河总公司搪瓷厂党总支。

2000年11月13日，成立搪瓷厂党委，同时撤销恒河总公司搪瓷厂党总支。

2001年3月6日，成立古城煤矿党委、临沂鲁星搪瓷有限责任公司党总支，撤销古城矿井筹建处党委、搪瓷厂党委。4月4日，成立新驿矿井筹建处党支部。4月10日，成立亚龙机械有限责任公司党总支、临沂创元焦化有限责任公司党总支，撤销机械厂（机修厂）党总支、恒河总公司总厂党总支。6月，汽车运输公司划转为局劳动服务公司管理，撤销褚墩煤矿汽车运输公司党支部。11月12日，成立矿务局新区建设指挥部党总支。11月19日，煤炭运销公司党支部划转局机关党委管理。

2002年1月，塘崖煤矿进行改制，成立临沂兴元煤业有限责任公司，党组织更名临沂兴元煤有限责任公司党委。2月5日，成立临沂恒昌煤业有限责任公司党委、临沂华建工程有限责任公司党委、临沂矿务局中心医院党委、临沂亿金物资有限公司党总支，撤销褚墩煤矿党委、工程公司党委、中心医院党总支、供应公司党总支。2月18日，成立临沂奥洁瓷业有限责任公司党总支、临沂兴大工程有限责任公司党总支，撤销煤炭地质勘探工程公司党总支。2月20日，成立淄博草埠实业有限责任公司党委，撤销草埠煤矿党委。4月5日，成立山东光力士集团股份有限公司党委、临沂腾源热电有限责任公司党总支，撤销淄博光力士玻璃纤维股份有限公司党总支、热电厂党支部。8月20日，成立临沂煤苑实业有限责任公司党支部，隶属临沂矿务局党委；撤销招待所党支部、矿务局劳动服务公司党支部。

2003年10月13日，汤庄、莒县煤矿关闭破产，其党组织关系移交地方属地管理，撤销党委建制。

2004年2月16日，邱集煤矿、马坊煤矿、田庄煤矿划归矿务局管理，党委更名为临沂矿务局田庄煤矿党委、临沂矿务局邱集煤矿党委、临沂矿务局马坊煤矿党委，矿党委领导班子及班子成员受矿务局党委领导，田庄、邱集煤矿党组织关系实行属地管理。4月，相继成立鲁星搪瓷有限责任公司党支部、五寺庄煤矿留守处党支部、新驿煤矿党委，撤销临沂鲁星搪瓷有限责任公司党总支、恒河实业总公司党委、新驿矿井筹建处党支部；同时因奥洁瓷业有限公司组织关系移交到罗庄办事处党委管理，撤销临沂奥洁瓷业有限责任公司党总支。7月26日，山东煤矿泰安机械厂、山东煤矿济南机械厂划归矿务局管理，山东煤矿泰安机械厂党委、山东煤矿济南机械厂党总支受矿务局党委领导，山东煤矿泰安机械厂党组织关系属地管理。10月2日，成立沂水热电有限责任公司党支部。10月10日，矿务局中学党组织关系移交临沂市罗庄区委管理，撤销矿务局中学党总支建制。11月10日，马坊煤矿党组织关系转移至矿务局党委管理。12月，煤炭运销公司党支部划归矿务局党委直接管理。

2005年3月1日，济南机械厂、山东省煤炭经济技术开发总公司、山东省煤炭工业供销公司、山东省煤炭发展总公司、山东省全成经贸公司的党组织及52名党员关系转移至矿务局党委管理，并成立山东煤炭发展总公司党支部，撤销原省局划转矿务局管理的公司中所设党组织建制。4月22日，撤销临沂腾源热电有限责任公司党总支。7月11日，山东煤矿莱芜机械厂划归矿务局管理，其党委受矿务局党委领导，党组织关系属地管理。11月4日，根据临沂市委《关于调整山东省煤炭临沂温泉疗养院党委党的组织关系隶属关系的批复》要求，临沂温泉疗养院党组织关系调整为临沂市委组织部管理。

2006年1月20日，成立临沂沂州府实业有限责任公司党支部，撤销临沂煤苑实业有限责任公司党支部。2月17日，成立王楼矿井筹建处党总支、房地产开发总公司党支部、局总务处党支部，撤销局后勤服务中心党支部。2月18日，撤销淄博草埠实业有限责任公司党委。4月21日，经临沂市委批复，将临沂兴元煤业公司党委、临沂创元焦化党总支、临沂鲁兴搪瓷公司党支部、临沂罗庄中心医院党委、临沂华建工程公司党委、临沂亚龙机械公司党总支等移交临沂市罗庄区委管理；临沂恒昌煤业公司党委组织关系移交临沂市郯城县委管理；临沂兴大工程公司党总支组织关系移交临沂市兰山区委管理。至5月，4个党委、3个党总支、1个党支部共计8个党组织移交地方管理，8个单位的离退休党员暂由矿务局党委管理。7月18日，成立内蒙古矿区建设指挥部党支部、会宝岭铁矿筹建处党支部，撤销新区建设指挥部党总支。运销公司党支部、房地产公司党支部、会宝岭铁矿筹建处党支部、总务处党支部隶属机关党委管理。

2006年末，临矿集团党委下辖古城、株柏、新驿、邱集、田庄、马坊煤矿、山东光力士集团、技工学校、泰安煤机厂、莱芜煤机厂、临矿集团机关11个党委，王楼矿井筹建处、临沂亿金物资有限公司、济南煤机厂和老干处4个党总支，96个党支部。

2007年1月1日，成立山东煤机装备集团公司党委、山东兖州煤矿机械有限公司党支部，撤销山东煤炭发展总公司党支部。因机构调整，沂水热电有限责任公司党支部移交光力士集团公司党委管理。2月8日，成立王楼一号井筹建处党总支、王楼二号井党支部，王楼二号井党支部隶属王楼一号井筹建处党总支；撤销王楼矿井筹建处党总支。6月30日，成立王楼煤矿党委，撤销王楼一号井筹建处党总支。

2008年7月3日，成立军城矿井筹建处党总支，撤销王楼二号井党支部。

2009年1月3日，成立内蒙古矿区建设指挥部党总支，撤销内蒙古矿区建设指挥部党支部。6月12日，成立山东东山王楼二号（军城）煤矿党委，撤销军城矿井筹建处党总支。6月22日，因矿务局煤炭运销公司变更为临沂矿业集团煤炭运销公司，矿务局煤炭运销公司党支部，更名为临沂矿业集团煤炭运销公司党支部。

2010年7月1日，成立榆树井煤矿党委。12月27日，成立山东临矿置业有限责任公司党支部，撤销临沂华建房地产开发有限责任公司党支部。

2011年2月26日，成立内蒙古上海庙矿业有限责任公司党委、亿金物资有限责任公司党委、煤炭运销公司党总支、山东兖州煤矿机械有限公司党总支，撤销内蒙古矿区建设指挥部党总支、临沂亿金物资有限责任公司党总支、煤炭运销公司党支部、山东兖州煤矿机械有限公司党支部、山东煤矿莱芜机械厂党委、山东煤矿泰安机械厂党委、山东煤矿济南机械厂党总支。4月15日，成立新上海一号井筹建处党总支。7月28日，成立会宝岭铁矿有限公司党委、山东玻纤复合材料有限公司党委，撤销会宝岭铁矿筹建处党支部、山东光力士集团股份有限公司党委。

2012年9月11日，成立凤凰山铁矿筹建处党支部。10月29日，撤销煤炭运销公司党总支。

2013年7月15日，成立澳大利亚公司党支部。12月22日，成立山东玻纤集团股份有限公司党委，撤销山东玻纤复合材料有限公司党委。

2014年2月14日，成立山东省鲁北煤炭配送基地有限公司党支部。

2015年1月8日，成立石家坡煤矿筹建处党委，撤销凤凰山铁矿筹建处党支部。12月11日，成立菏泽煤电有限公司党委，原菏泽煤矿有限公司郭屯煤矿党总支、彭庄煤矿党总支，归并临沂矿业集团后延续原机构建制。12月29日，撤销军城煤矿党委。

2016年2月22日，成立里彦煤矿党总支，隶属田庄煤矿党委管理。3月8日，撤销马坊煤矿党委。7月31日，成立淄博卓意玻纤材料有限公司党总支。12月23日成立鲁西煤矿党总支，隶属新驿煤矿党委管理。

2017年5月20日，成立菏泽煤电有限公司机关党总支。6月5日，成立永明煤矿筹建处党总支，隶属邱集煤矿党委管理。7月3日，因煤机集团整体移交山能重装集团，撤销煤机集团党委及其所属基层党组织。8月28日，因置业公司组织人事社保关系移交山能置业集团，撤销中共山东临矿置业有限责任公司支部委员会。9月25日，成立德信置业公司党总支。11月20日，撤销石家坡煤矿筹建处党委。

2018年4月23日，成立山东物商集团有限公司党委，撤销亿金物资有限责任公司党委、鲁北煤炭配送基地有限公司党支部。5月23日，因临沂沂州府实业有限责任公司党组织移交罗庄区管理，撤销沂州府实业公司党支部。7月16日，成立山东煤炭技师学院党委，撤销技工学校党委。7月30日，成立山东能源澳大利亚有限公司党支部。8月7日，成立陕西永明煤矿党委，隶属邱集煤矿党委管理；撤销永明煤矿筹建处党总支。

2018年末，临矿集团党委下辖古城、王楼、榆树井、新驿、田庄、邱集、株柏、永明煤矿、菏泽煤电、内蒙古上海庙矿业公司、会宝岭铁矿、山东玻纤集团、物商集团、技师学院、机关等15个基层党委；新上海一号煤矿筹建处、菏泽煤电机关、郭屯、彭庄、里彦、鲁西煤矿，上海庙德信置业公司、淄博卓意公司、老干处9个党总支，共有182个党支部。

2020年9月27日，成立山东里能里彦矿业有限公司党委；撤销田庄煤矿党委，其党组织关系整体转入山东里能里彦矿业有限公司党委。年末，临矿集团党委下辖古城、王楼、新驿、里彦、邱集、株柏、榆树井、永明煤矿、会宝岭铁矿、内蒙古上海庙矿业公司、菏泽煤电、山东玻纤集团、物商集团、技师学院、机关15个基层党委；郭屯、彭庄、鲁西煤矿、新上海一号煤矿筹建处、菏泽煤电机关、上海庙德信置业公司、淄博卓意、老干处8个党总支，共有175个党支部。

1991—2020年临矿集团基层党组织及党员统计表

表9-1-3

年度	党委	党总支	党支部	党员人数		
				合计	正式	预备
1991	12	14	173	3555	3370	185
1992	13	17	162	3612	3372	240
1993	13	17	160	3546	3361	185
1994	15	9	143	3534	3355	179
1995	15	10	146	3673	3454	219
1996	14	9	111	3658	3482	176
1997	13	8	104	3730	3570	160
1998	14	11	138	3697	3536	161
1999	12	12	135	3746	3609	137
2000	13	11	135	3814	3650	164
2001	12	10	131	3842	3726	116
2002	14	11	137	3928	3811	117
2003	12	11	133	3423	3326	97
2004	16	9	138	3233	3117	116
2005	16	9	148	3005	2891	114

年度	党委	党总支	党支部	党员人数		
				合计	正式	预备
2006	11	4	96	2287	2222	65
2007	13	3	111	2478	2379	99
2008	13	4	106	2394	2286	108
2009	14	4	119	2529	2413	116
2010	15	4	122	2683	2548	135
2011	16	4	202	4350	4127	223
2012	16	3	144	3015	2871	144
2013	16	3	147	3088	2993	95
2014	16	3	150	3204	3110	94
2015	17	5	151	3285	3194	91
2016	16	8	196	3743	3633	110
2017	14	10	191	3906	3778	128
2018	15	9	182	3879	3712	167
2019	16	9	182	3958	3777	181
2020	16	8	175	3205	3031	174

（二）组织活动

1991年，局委把开展"评先树优"活动作为基层党组织和广大党员发挥作用的长效机制，每年评选表彰1次，使党组织的战斗堡垒作用和党员的先锋模范作用得到有效发挥。

1992年，开展党支部达标升级和党员目标管理活动。

2005年，为加强基层党组织建设，制定《关于开展争创"五个好"党组织和"五个好"党员活动创建的意见》。"五个好"党组织即："领导班子好、党员队伍好、工作机制好、发展业绩好、群众反映好"，"五个好"党员即："政治素质好、工作业绩好、服务群众好、履行义务好、思想作风好"，同时制定考核细则。

2007年5月，临矿集团党委印发《关于创建党建工作示范点的通知》，按照"典型带动、规范提高、分类指导、整体推进"的原则，创建时代特色鲜明、示范带动作用较强、党员和职工群众公认的企业党建工作示范点，打造山东省委提出的基层党组织"五个好"标准。

2011年，根据抓品牌党建，锻造学习型、创新型、实干型、开拓型、民主型"五型"党组织，争做坚定理想信念、勤奋学习、爱岗敬业、服务一线、廉洁自律、践行企业文化和企业形象代言的"七标杆"党员队伍的要求，集团公司党委提出构建以标杆为基点的坐标系的活动思路，各级党组织和党员在这个坐标系中寻找属于自己的位置，亮出自己的身份，从自身做起，通过"树标、对标、追标、评标、励标"5步走，真正为企业贡献力量，进一步助推集团飞速发展。活动中，各基层单位在做好"亮旗帜、亮承诺、亮身份"等规定动作的同时，结合自身实际开展"党员挂牌上岗作表率""一名党员一面红旗，一个岗位一份奉献"等创新活动。

2012年1月，根据上级要求，临矿集团党委制定全面开展基层党组织书记抓党建工作述职制度。

结合自身实际，集团公司党委开展争创学习型、创新型、实干型、开拓型、民主型"五型"党组织及"十来"党员的活动，即平时工作看得出来、关键时刻站得出来、危难时刻豁得出来、团结群众带得出来、廉洁自律显得出来、言行之中亮得出来、努力工作奉献出来、服务窗口展示出来、节能降本行动起来、一流业绩创造出来。活动中，集团党委作出为职工群众办10件实事的承诺。

2013年1月，根据中组部及省委要求，集团党委建立《党员承诺践诺制度》《在基层党组织和党员中建立"三亮三比三评"制度》《基层党组织晋位升级长效机制》《继续推动基层党组织和广大党员学习先进争当先进机制》和《加强行业系统基层党建工作》五个创先争优长效机制。

2014年3月，根据临沂市委要求，集团党委在基层党组织和党员中开展"沂蒙党课"学习活动。4—5月，按照能源集团党委要求，开展服务型党组织进班子、进机关、进区队、进岗位、进项目、进社区"六进"活动和"服务发展、服务群众、服务党员"主题研讨活动。

2015年，根据山东能源集团实施项目化管理深化服务型党组织建设要求，集团党委制定"落实一个项目、解决一个问题、培育一个典型、形成一个机制、创建一个品牌"实施方案，把党建及中心工作热点难点问题作为项目化管理的着重点和创新点，把基层党建工作的"软任务"变成"硬指标"，基层党组织的战斗力、凝聚力、向心力得到提高，服务企业改革发展的能力得到提升。集团公司党委审核确定8个单位12个党建创新项目，有4个单位项目被山东能源集团审核立项。

2016年7月，集团党委制定《党支部书记任职资格评定办法》，印发《关于开展评选"优秀支部工作法"活动的通知》。年底有251名党支部书记通过首次认证并获颁资格证书。次年初，召开首届"十佳优秀党支部工作法"表彰大会，"十佳优秀支部工作法"每个支部获奖10000元，用于改善党员教育培训设施；并将"十佳优秀支部工作法"结集出版，推广应用，发挥典型示范带动作用。

2017年，集团党委开展党建工作全面提升年活动，深入对标先进单位，找差距、补短板，坚持"走在前列、树立标杆"和"从严从实"要求，将继承传统和改革创新相结合，发挥主观能动性和首创精神，积极打造党建品牌，提升基层党建工作水平。3月，印发《关于基层党务部门机构设置及专职党务人员配置的指导意见》，配齐配置基层党务工作人员。4月，制定《推进基层党组织全面进步、全面过硬的实施意见》，推进"六个过硬"党支部建设。5月，印发《关于设置总政工师和副总政工师及评聘工作的通知》，优化党建、组织、宣传等党务机构设置。10月，开始构建"党建+互联网+大数据"平台思路；11月，依托全省"灯塔—党建在线平台"，实现支部建设信息化、可量化和可视化。全年完成15个党委、5个党总支、196个党支部换届选举工作，配备251名专职党务干部和8名专职纪委书记，选聘10名副总政工师。

2018年，集团公司党委开展全面推进基层党建工作标准化建设年活动，着力推进组织建设、党员管理、党内组织生活等"十个"标准化建设。对党支部建设从硬件上提出"十有十上墙"，在软件上对"三会一课"、组织生活会、谈心谈话、廉政教育、"六个一"工程、党支部书记论坛、优秀支部工作法、党建工作示范点等进行规范。在党建工作中全面导入标准化理念，制定《关于推进基层党建工作标准化建设的意见》，坚持大党建、"去虚化"的原则，开始编制涵盖基层党委、党支部建设、党员管理、党内组织生活、阵地建设、纪检监察、工会、团的建设、党建政研、党建保障运行等10个内容《临矿集团党建工作标准体系》，并在集团党委、基层党委、党支部、党员4个层面推进标准化建设各项工作。

2019年，开展党建工作标准化固化深化年活动。4月，在各级党组织和全体党员中深入开展以"一个党委一面旗帜、一个支部一个品牌、一个党员一个故事"为主要内容的"三个一"主题实践活动。8月，出版具有著作权的《新时期国有企业基层党建工作标准化研究》书籍，有72项党建工作规范，基层党组织和党员行有准则、动有依据、做有规范。组织党员故事讲坛69次，1925人讲述党员故事。组织365名党务工作人员参加党建标准化专业考试。

2020年，新冠疫情暴发，集团公司党委严格落实中央、省委、能源集团党委和临沂市委相关部署要求，印发《关于充分发挥各级党组织和广大党员干部在新型冠状病毒感染肺炎疫情防控中的战斗堡垒作用和先锋模范作用的通知》，发动党员干部深入基层一线、深入职工开展工作，助力打赢疫情防控阻击战。先后组织3320名党员捐款118.7万元。2月21日，省政府公布与鲁西矿井一墙之隔的任城监狱207例确认感染新冠病毒。鲁西矿井以硬核措施实现职工零输入、零感染、零疑似。1人被评为省属企业疫情防控先进个人。

根据临沂市直机关工委关于开展评星定级工作深化党支部标准化建设的指导意见，开展星级党支部创建活动，申报18个五星党支部、38个四星党支部、117个三星党支部，并通过临沂市直机关工委对五星级和四星级党支部验收，被授予相应星级荣誉称号。6—8月，开展"我来讲党课""党员讲个人故事"活动，各级党组织开展讲党课338场次，参与党员4581人次，其中党组织书记讲授181场次、98名劳动模范党员讲授102场次、基层一线党员讲授71场次。在党员活动室讲授276场次、党性教育基地36场次、工作现场15场次、生产车间11场次。集团党委领导和各部室负责人分别到各党建工作联系支部讲授党课。9月，组织党课评选竞赛，先后评出优秀党课课件56部，并有6部优秀课件在能源集团获奖。

（三）党建考核

1991年1月，局委印发《党建目标管理考核细则》，对全局党建考核工作进行部署。考核细则实施千分制，901分以上为优秀，801～900分为良好，601～800分为一般，600分以下为差。

1992年，局委修订《党建目标管理考核细则》，基层单位每月自检1次，局委半年检查1次，年终全面检查。《细则》实施千分制考核，年终进行总结表彰。表彰面生产矿、处不超过50%，地面厂、公司、院校等单位不超过25%。检查时以实物和记录为依据，无物证或记录者视为该项工作未开展。

1993—2013年，临矿集团党委依据不同时期上级党委的要求，结合实际开展各种形式的检查与考核。

2014年，集团公司党委依据《党建思想政治工作考核办法》《信访稳定工作考核办法》，组织考核组对13个基层单位和机关党委的党建思想政治工作和信访稳定工作进行全面考核，采取听取汇报、民主测评、个别谈话、查看现场、查阅资料、组织考试等方式进行。共听取综合汇报16场次，座谈交流592人次，组织包括基层单位领导班子、中层干部、职工代表3个层面1151人的现场满意度测评和问卷调查。按照党委综合工作、组织工作、宣传思想工作、工会工作各占22%权重，共青团工作占12%权重进行加权汇总。

2015年1月，根据山东能源集团党委《关于新形势下充分发挥党组织政治核心作用进一步加强改进企业党建和思想政治工作的实施意见》和《山东能源集团党建思想政治工作考核办法（试行）》，制定《临矿集团党建思想政治工作考核办法（试行）》。各基层单位每半年自查自评1次并形成情况报告；在此基础上，集团公司党委每半年进行1次抽查，年底进行全面检查考核，主要采取听汇报、查资料、看现场等方式进行。考核实行百分制。考核结果纳入各单位领导班子年度绩效考核，与领导班子薪酬挂钩。

2017年4—5月，临矿集团党委按照《党建思想政治工作考核办法》《党风廉政建设责任制考核办法》《关于进一步加强改进党建和思想政治工作的实施意见》《关于落实党风廉政建设纪委监督责任的实施意见》，对14个基层单位的党建思想政治工作、党风廉政建设和信访稳定工作进行半年考核。采取听、查、测、看、谈、汇、评等方式进行。听取综合汇报14场，座谈交流200人次，组织包括基层单位领导班子、中层干部、职工代表3个层面313人的满意度测评和问卷调查。党委综合工作、组织工作、宣传思想工作、工会工作各占22%权重，共青团工作占12%权重进行加权汇总。

2018年1—2月，对14个基层单位2017年度党建思想政治工作和信访稳定工作进行考核，听取综合汇报16场次，座谈交流592人次，1151人进行现场满意度测评和问卷调查。12月—2019年1月18日，集团党委组成2个考核组，对13个基层单位党委和机关党委的党建思想政治工作和信访稳定工作进行考核。通过听取汇报、民主测评、个别谈话、查看现场、查阅资料等方式，得出各单位最终考核得分。

2020年6月17日—7月31日，集团党委考核组对各单位党建思想政治工作、意识形态工作、落实党风廉政建设责任制工作、信访稳定工作等进行考核，给各单位在党委综合、宣传思想等工作，组织工作，党风廉政建设工作，工会工作，共青团工作等方面提出问题清单216项。

2020年11月17日，颁发修订后的《临矿集团党建思想政治工作考核办法》，党建思想政治工作、党风廉政建设、信访稳定工作3项考核统一归结为党建工作考评，按综合百分制汇总，其中，党建思想政治综合性工作占比50%，党风廉政建设和信访稳定工作按单列百分制独立考评后各占25%比重汇入总分；党委综合工作（满分100分，权重占22%）、组织工作（满分100分，权重占22%）、宣传思想工作（满分100分，权重占22%）、工会工作（满分100分，权重占22%）、共青团工作（满分100分，权重占12%）。党建工作考核结果与各单位领导班子年度绩效考核及薪酬挂钩。党建工作考核、经营业绩考核分别按百分制考核，同等权重加扣分后兑现权属单位领导班子年度薪酬。

2021年1月中旬开始，集团党委对各单位党建工作（含党建思想政治工作、党风廉政建设工作、信访稳定工作、意识形态工作以及省委巡视反馈问题整改落实情况）进行检查考核。

四、党员队伍

（一）队伍建设

1991年，矿务局各级党组织按照《中国共产党发展党员工作细则（试行）》，遵循"坚持标准、保证质量、改善结构、慎重发展"的方针，重视培养吸收生产一线工人、青年知识分子入党，重视解决空白班组问题，有计划、有步骤地搞好党员发展工作。

1996年1月4日，党委组织部、团委根据中共十四届四中全会精神，制定《关于深入开展推荐优秀团员作党的发展对象工作的实施意见》，加大共青团组织的"推优"力度，逐步改善和优化党员队伍的年龄、文化、知识结构。

1997年5月5日，局委向临沂市委组织部专题汇报《中国共产党发展党员工作细则（试行）》贯彻执行情况。严格党员发展程序，加强对入党积极分子的培养教育，严把发展党员入口关，保证新党员质量。

2004年9月23日，局委根据中共山东省委《关于做好新形势下发展党员工作的意见》，健全完善各项制度。2006年，加强党员信息化管理工作，完成党员和党组织信息数据库的更新、完善、汇总。

2007年，临矿集团党委印发《关于进一步规范和加强发展党员工作的意见》，对党员发展的程序、纳新标准等进行规范。围绕"坚持标准，保证质量，改善结构，慎重发展"的原则，明确"严格入口把关，注重考核管理，强化平时教育"的工作思路，制定发展党员政审、培训考试、预审、审批及"二推一公示"、发展党员工作第一责任人和发展党员工作直接责任人、发展党员票决制等制度。

2008年4月，转发临沂市委组织部《关于印发蒙阴县发展党员工作有关文件的通知》，组织各单位学习蒙阴县发展党员工作经验，进一步规范发展党员工作。

2012年3月，集团公司党委印发《关于进一步规范和加强发展党员工作的意见》，按照临沂市委组织部《规范和完善发展党员工作五项制度（试行）》和市直机关工委《关于发展党员工作进行自查自纠的通知》要求，自3月下旬开始至5月底，针对发展党员工作开展自查自纠活动。

2014年9月，学习落实《中国共产党发展党员工作细则》，强化发展党员工作的标准意识、程序意识和纪律意识，严把发展党员质量关，切实提高发展党员工作的科学化水平。

2016年10月，制定《临矿集团发展党员工作规程（试行）》，强化党员发展"入口关""第一责任人"和责任倒查制度，重视在生产经营一线和青年职工中发展党员，把生产经营骨干培养成党员，把党员培养成生产经营骨干，及时吸收技术能手、青年专家入党。

2018年，临矿集团发展党员实现"灯塔–党建在线"平台纪实公示。

表9-1-4

1991—2020年临矿集团党员队伍统计表

年度	党员总数	其中		入党时间							职业分布			年龄构成					文化程度					
		女	少数民族	1945.09.02	1945.09.03—1949.09	1949.10—1966.04	1966.05—1976.10	1976.11—2002.10	2002.11—2012.10	2012.11及以后	在岗党员	离、退休党员	其他党员	35岁及以下	36~45岁	46~55岁	56~60岁	61岁以上	研究生	大学本科	大学专科	中专	高中中技	初中及以下
1991	3555	208	7	35	72	622	1135	1691	-	-	3206	300	49	715	1184	1293	187	176		243		254	574	2484
1992	-	-	-	-	-	-	-	-	-	-	-	-	-	-	-	-	-	-				-	-	-
1993	-	-	-	-	-	-	-	-	-	-	-	-	-	-	-	-	-	-				-	-	-
1994	3534	234	3	36	68	430	956	2044	-	-	2676	808	50	759	1185	1145	226	219		355		303	708	2168
1995	3673	251	5	37	68	413	938	2217	-	-	2796	829	48	821	1182	1181	250	239		395		332	742	2204
1996	3658	274	4	32	66	391	841	2328	-	-	2531	1072	55	884	1163	1058	307	246		424		356	775	2103
1997	3730	287	4	31	62	382	780	2475	-	-	2575	1104	51	940	1144	1061	306	279		466		389	810	2065
1998	3697	304	2	31	61	355	703	2547	-	-	2518	1124	55	944	1195	952	313	293	1		554	412	816	1914
1999	3746	313	3	29	61	334	674	2648	-	-	2615	1073	58	833	1276	892	400	345	1		618	413	832	1882
2000	3814	324	3	27	61	335	627	2764	-	-	2725	1032	57	827	1297	898	377	415	1		669	412	826	1906
2001	3842	330	3	26	51	309	619	2837	-	-	2342	979	521	738	1317	857	418	512	1	186	639	420	831	1826
2002	3928	383	4	26	49	303	606	2944	-	-	2400	1052	476	690	1298	964	452	524	4	184	639	451	861	1789
2003	3423	320	2	16	46	226	414	2721	-	-	2001	1148	274	642	1169	801	308	503	4	183	679	360	765	1432
2004	3233	351	6	15	43	226	401	2548	-	-	1946	1099	188	584	1044	788	258	559	3	221	645	435	661	1278
2005	3005	332	4	17	32	208	319	2429	-	-	1907	986	112	547	1037	641	202	578	6	249	684	473	543	1050
2006	2287	233	4	17	31	185	282	1772	-	-	1355	883	49	387	684	488	176	552	7	187	483	379	377	854

续表

年度	党员总数	其中		入党时间							职业分布			年龄构成					文化程度					
		女	少数民族	1945.09.02	1945.09.03－1949.09	1949.10－1966.04	1966.05－1976.10	1976.11－2002.10	2002.11－2012.10	2012.11及以后	在岗党员	离、退休党员	其他党员	35岁及以下	36～45岁	46～55岁	56～60岁	61岁以上	研究生	大学本科	大学专科	中专	高中中技	初中及以下
2007	2478	248	7	17	27	182	278	1539	435	－	1558	864	56	440	758	510	168	602	9	261	526	267	569	846
2008	2394	242	7	15	22	156	231	1427	543	－	1623	715	56	467	712	532	152	531	13	285	524	249	572	751
2009	2529	263	7	15	22	144	221	1420	707	－	1787	689	53	561	677	612	145	534	13	341	573	249	622	731
2010	2683	275	7	13	21	143	218	1412	876	－	1936	691	56	637	687	658	158	543	18	399	617	254	668	727
2011	4350	477	32	14	28	247	414	2091	1556	－	3041	1224	85	1038	1090	951	342	929	31	657	987	449	1056	1170
2012	3015	329	7	11	17	135	207	1375	1270	－	2286	680	49	862	698	687	205	563	30	547	712	265	770	691
2013	3088	347	8	10	17	131	204	1338	1244	144	2342	699	47	905	689	688	220	586	41	611	730	257	770	679
2014	3204	359	9	8	15	127	195	1355	1207	297	2449	712	43	912	721	801	204	566	50	672	754	271	820	637
2015	3285	363	11	8	15	125	189	1342	1208	398	2506	746	33	796	737	917	229	606	49	726	764	272	891	583
2016	3743	406	20	8	14	123	194	1454	1418	532	2883	807	53	953	923	1034	222	611	76	933	866	296	931	641
2017	3906	412	20	6	8	96	182	1416	1513	685	3103	772	31	943	1045	1115	216	587	71	1102	946	297	916	574
2018	3879	404	19	4	6	84	164	1307	1461	853	3093	740	46	939	1064	1093	229	554	72	1155	945	281	899	527
2019	3959	407	20	3	6	81	154	1274	1415	1026	3206	730	23	930	1127	1036	298	252	74	1215	966	274	922	508
2020	3205	303	18	2	5	7	2	733	1277	1179	3130	67	8	888	1169	953	171	24	70	1219	844	177	718	177

表9-1-5

1991—2020年临矿集团发展党员统计表

年度	总数	女性	少数民族	25岁及以下 人数	25岁及以下 %	26~35岁 人数	26~35岁 %	36~45岁 人数	36~45岁 %	46~55岁 人数	46~55岁 %	56~60岁 人数	56~60岁 %	硕士研究生 人数	硕士研究生 %	本科 人数	本科 %	大专 人数	大专 %	中专 人数	中专 %	高中(技校) 人数	高中(技校) %	初中及以下 人数	初中及以下 %	工人 人数	工人 %	管理人员 人数	管理人员 %	技术人员 人数	技术人员 %	学生 人数	学生 %
1991	169	9	-	15	8.9	100	59.2	43	25.4	10	5.9	1	0.6			18			10.7	22	13	64	37.9	65	38.5	130	76.9	9	5.3	30	17.8	-	-
1992	189	17	-	-	-	-	-	-	-	-	-	-	-			35			8.5	18	9.5	66	34.9	70	37	150	79.4		39		20.6	-	-
1993	169	8	-	-	-	-	-	-	-	-	-	-	-			24			14.2	17	10.1	60	35.5	68	40.2	126	74.6		38		22.5	5	3
1994	168	8	-	16	9.5	97	57.7	50	29.8	5	3	-	-			39			23.2	23	13.7	60	35.7	46	27.4	123	73.2	3	1.8	42	25	-	-
1995	214	21	-	17	7.9	131	61.2	64	29.9	2	0.9	-	-			37			17.3	28	13.1	67	31.3	82	38.3	173	80.8	8	3.7	33	15.4	-	-
1996	173	24	1	20	11.6	112	64.7	40	23.1	1	0.6	-	-			25			14.5	25	14.5	69	39.9	54	31.2	115	66.5	12	6.9	44	25.4	2	1.2
1997	164	20	-	19	11.6	106	64.6	35	21.3	1	0.6	3	1.8			28			17.1	30	18.3	65	39.6	41	25	103	62.8	8	4.9	51	31.1	2	1.2
1998	147	22	-	20	13.6	96	65.3	29	19.7	2	1.4	-	-			29			19.7	34	23.1	43	29.3	41	27.9	81	55.1	14	9.5	47	32	5	3.4
1999	121	13	-	13	10.7	65	53.7	40	33.1	3	2.5	-	-			27			22.3	14	11.6	50	41.3	30	24.8	77	63.6	22	18.2	22	18.2	-	-
2000	139	20	-	24	17.3	72	51.8	39	28.1	4	2.9	-	-			44			31.7	21	15.1	34	24.5	40	28.8	80	57.6	22	15.8	35	25.2	2	1.4
2001	109	20		17	15.6	56	51.4			36			33	-	-	5	4.6	27	24.8	18	16.5	29	26.6	30	27.5	60	55.1	12	11	35	32.1	2	1.8
2002	103	25		14	13.6	52	50.5			37			35.9	-	-	6	5.8	23	22.3	21	20.4	28	27.2	25	24.3	54	52.4	15	14.6	30	29.1	4	3.9
2003	92	17		8	8.7	67	72.8			17			18.5	-	-	10	10.9	24	26.1	17	18.5	26	28.3	15	16.3	39	42.4	45	48.9	5	5.4	3	3.3
2004	125	27		16	12.8	69	55.2			40			32	-	-	7	5.6	34	27.2	29	23.2	55	44	-	-	59	47.2	46	36.8	10	8	10	8
2005	97	12		15	15.5	48	49.5			34			35.1	-	-	3	3.09	30	30.9	26	26.8	18	18.6	20	20.6	44	45.4		47		48.5	6	6.2
2006	62	6		5	8.01	38	61.3			19			30.7	-	-	3	4.84	19	30.7	23	37.1	6	9.7	11	17.7	25	40.3		37		59.7	-	-

续表

年度	总数	女性	少数民族	年龄统计										学历统计												岗位							
				25岁及以下		26~35岁		36~45岁		46~55岁		56~60岁		硕士研究生		本科		大专		中专		高中(技校)		初中及以下		工人		管理人员		技术人员		学生	
				人数	%	人数	%	人数	%	人数	%	人数	%	人数	%	人数	%	人数	%	人数	%	人数	%	人数	%	人数	%	人数	%	人数	%	人数	%
2007	92	10	1			69	75	23	25									21	22.8	8	8.7	41	44.6	12	13	37	40.2		52	52	56.5	3	3.3
2008	98	9	-			63	64.3	35	35.7									19	19.4	11	11.2	48	49	9	9.2	44	44.9		48	48	49	6	6.1
2009	102	13	-			75	73.5	27	26.5									28	27.5	9	8.8	45	44.1	7	6.9	39	38.2	31	30.4	27	26.5	5	4.9
2010	130	6	-			80	61.5	50	38.5									31	23.9	13	10	52	40	15	11.5	57	43.9	45	34.6	24	18.5	4	3.1
2011	201	22	1			135	67.2	66	32.8									65	32.3	19	9.5	70	34.8	19	9.5	99	49.3	74	36.8	26	12.9	2	1
2012	140	12	-			101	72.1	39	27.9									29	20.7	19	13.6	59	42.1	-	-	57	40.7	62	44.3	17	12.1	4	2.9
2013	95	7	-			60	63.2	35	36.8									22	23.2	9	9.5	38	40	5	5.3	38	40	39	41.1	16	16.8	2	2.1
2014	90	6	1	6	6.67	60	66.7	24	26.7	-	-	-	-	2	2.2	29	32.2	25	27.8	6	6.7	28	31.1	-	-	21	23.3	45	50	24	26.7	-	-
2015	90	9	2	-	-	63	70	24	27.7	3	3.3	-	-	-	-	29	32.2	19	21.1	8	8.9	31	34.4	3	3.3	42	46.7	38	42.2	10	11.1	-	-
2016	110	8	1	-	-	67	60.9	37	33.6	6	5.5	-	-	3	2.7	44	40	26	23.6	3	2.7	30	27.3	4	3.6	36	32.7	65	59.1	9	8.2	-	-
2017	130	11	-	-	-	80	61.5	42	32.3	8	6.2	-	-	-	-	55	42.3	37	28.5	6	4.6	27	20.8	5	3.9	45	34.6	64	49.3	21	16.2	-	-
2018	167	21	2	1	0.6	110	65.9	51	30.5	5	3	-	-	5	3	69	41.3	38	22.8	5	3	40	24	10	6	72	43.1	69	41.3	26	15.6	-	-
2019	180	16	1	-	-	109	60.6	53	29.4	8	4.4	-	-	1	0.6	79	43.9	50	27.8	11	6.1	33	18.3	3	1.7	77	42.8	28	15.6	75	41.7	-	-
2020	171	18	-	2	1.17	108	63.2	53	31	8	46.8	-	-	4	2.3	80	46.8	51	29.8	10	5.9	23	13.5	3	1.8	90	52.6	19	11.1	62	36.3	-	-

（二）党费收缴

1991—1996年，局委每年初核定调整1次党员月交纳党费具体数额，每半年公布1次收缴情况。单独设立党费管理账户的，严格执行财务管理制度。局属各单位按照党员实缴党费总额的100%上缴，局委将其60%上缴临沂市委组织部。剩余党费主要用于党委表彰先进、救济补助困难党员、开展党员学习教育等。同时，按10%比例下拨给二级单位党委，用于基层党组织和党员的理论学习等。党费使用上，严格审批手续，凡重大开支经党委集体研究，其他开支由分管领导签字审批。

1997年1月，局委印发《关于加强党费收缴、使用和管理的通知》，规定凡有工资收入的党员，每月以比较固定的、经常性的工资收入即岗位工资、技能工资、工龄津贴（包括教龄、护龄）和按月发放的奖金为计算基数，按规定比例缴纳党费。其收缴标准为：每月工资收入在400元（含400元）以下者，缴纳月工资收入的0.5%；400～600元者，缴纳月工资收入的1%；600～800元者，缴纳月工资收入的1.5%；800～1500元者，缴纳月工资收入的2%；每月工资收入在1500元以上者，缴纳月工资收入的3%。基层单位收缴的党费按季度上缴局委，局委按规定及时上缴临沂市委组织部，并按10%比例下拨给二级单位党委使用。

2000年4月，局委按照中央组织部《关于进一步加强党费收缴、管理和使用工作的通知》要求，对各单位的党费收缴、管理和使用情况进行摸底调查。根据调查情况，局党委规定，各单位收缴的党费按季度上缴局委，并定期将党费收缴情况向党员公布，接受监督；严格按照使用范围开支。局属各单位对党费的使用不超过全年收缴党费总额的10%；党员自觉向所在党组织缴纳党费，特殊情况如不能亲自缴纳或不能按月缴纳时，经支部委员会同意，可以委托其他党员代缴或预缴、补缴，预缴、补缴的时间不能超过6个月；无正当理由连续6个月不缴纳党费的，按自行脱党处理；对退离休已回原籍居住的党员，应及时将组织关系转回居住地党组织。

2002年4月，局委印发《关于进一步加强党费收缴、管理和使用的通知》，各单位严格按照中央组织部规定的党费收缴基数、比例，及时、足额缴纳党费。党员每月缴纳，党支部按季度上缴基层党委，基层党组织每半年自留10%、按90%比例上缴局委。矿务局财务处设立党费专门账户，基层党支部、党小组对党费收缴情况进行登记，并记入"党费证"。使用党费必须履行审批手续，集体讨论决定，实行党委主管领导或分管领导"一支笔"签字报销制度。

2006年5月，局委印发《关于进一步加强党费收缴和管理工作的通知》，各级党组织认真执行党费收缴和管理工作四项制度，严格党费收缴制度、健全党费公开制度、实行党费专户专存制度、推行党费检查报告制度，各单位有专人负责党费收缴工作，把党费公开列入党务公开重要内容。9月，临矿集团党委根据临沂市委要求，在中国建设银行罗庄区分行龙潭路分理处开设独立账户；各基层党组织也分别在单位财务设立党费账户。

2008年4月，临矿集团党委根据中组部关于党费收缴、使用和管理的规定，制定下发文件，要求每1个支部、每1名党员切实履行职责，收缴的党费按季度上交集团公司党委，并定期向党员公布，接受监督。缴纳党费的比例调整为：每月工资收入（税后）在3000元以下者，缴纳工资收入的0.5%，3000元以上至5000元者，缴纳工资收入的1%，5000元以上至10000元者，缴纳工资收入的1.5%，10000元以上者缴纳工资收入的2%。2008年5.12汶川地震后，集团公司党委组织捐款，并缴纳特殊党费416100元。

2016年，根据中组部《关于中国共产党党费收缴、使用和管理的规定》，制定《临矿集团党费收缴使用管理办法》，以支部为单位由专人负责对每1名党员党费缴纳基数进行重新核算，切实做好日常党费足额按时收缴工作。4月，根据临沂市委组织部关于开展党费收缴专项整治工作的通知要求，对属地归临沂市委管理的集团公司党员（含离退休党员）2008年4月—2016年的收入及交纳党费情况开展自查自纠和整改。各级党组织安排专人对所属党员逐人逐年列表，仔细核算党费收缴基数，9月底全面完成党费补缴工作。

2017年7月，临矿集团党委执行《中共中央组织部办公厅关于进一步规范党费工作的通知》规定，明确每年3月底前以上年度月工资基数核定党员月交纳党费数额。党员按月向党支部缴纳党费，党支部按月上缴基层党委，基层党委按季度上缴集团公司党委，集团公司党委按每季度向临沂市直机关工委缴纳。集团公司党委指定专人负责管理党费账户。基层单位党组织缴纳党费时，由各单位直接将党费存入党费专户。制定《党建活动经费管理使用制度》，按不低于职工上一年度工资总额1%的比例提取党建活动经费，基层单位按30%上缴集团公司党委，留取70%用于党员教育培训、党建理论研究、党建工作表彰、党建项目奖励、党内组织关怀等。

2020年1月，临沂市直机关工委党费在线收缴系统投入使用，集团公司全体党员通过微信公众号"沂蒙机关党旗红"平台缴纳党费。11月，印发《关于进一步规范集团公司党费工作的意见》，规定临矿集团党委管理的党费，使用5万元以上的由临矿集团党委会议研究审批，5万元以下的由临矿集团党委组织部拟订方案，报分管领导审批。

1991—2020年临矿集团党费收缴情况统计表

表9-1-6
单位：元

年度	收缴	上缴中共临沂市委组织部	上缴市直机关工委
1991	46940.43	27869.09	—
1992	57650.2	21323.25	—
1993	54221.63	22000	—
1994	53121.34	42300	—
1995	59309.98	31000	—
1996	82931.44	45000	—
1997	81751.78	55000	—
1998	102834.25	61700.55	—
1999	93826.98	55696.19	—
2000	92803.97	55682	—
2001	110951.65	66570	—
2002	125945.96	75567	—
2003	116932	70159	—
2004	137001.7	82200	—
2005	190773.6	114464	—
2006	305218.56	182922	—
2007	288492.6	172344	—
2008	2556629.66	165953	—
2009	249282.6	161660	—

年度	收缴	上缴中共临沂市委组织部	上缴市直机关工委
2010	353597.37	229411	—
2011	308641.6	200103	—
2012	393384.5	255065	—
2013	412230.24	267298.6	—
2014	349420.48	226507	—
2015	286839.08	185557	—
2016	1130676.36	731842	—
2017	1523076.65	—	1501119
2018	1784889.46	—	885247
2019	2013800	—	—
2020	2007500	—	2007500

（三）组织关系

1991—2004年，局委根据中央组织部《关于转移党员组织关系手续的通知》要求，开具党员组织关系介绍信、党员证明信，使用统一式样的"中国共产党党员组织关系介绍信""中国共产党党员证明信"。矿务局内部的党员流动经党委组织部办理转移手续；党员调出本系统或外系统党员调入的，经临沂市委组织部办理转移手续；党员临时外出工作、学习6个月以内的，一般由党委组织部出具党员证明信；党员关系信的转移由党员自行携带办理，集体转移由组织部门统一办理。

2005年，矿务局组织开展保持共产党员先进性教育活动时期，局委规定党员回原籍或因其他情况不在所在单位居住的，由所在单位党组织出面将组织关系转移到居住地。长期外出务工、经商且有固定地点的党员，转移正式组织关系。短期外出6个月以内的按照流动党员管理，颁发流动党员活动证，在所在地党组织过组织生活，所在地无党组织的，党员应定期返回过组织生活，并汇报外出期间的有关情况。待分配的退伍军人及学生党员，其组织关系转移到父母所在单位。

2013年4月，制定《临矿集团党员档案管理办法（试行）》，对党员档案的收集范围、整理归档、档案利用、转递、丢失补办、管理权限和维护作出明确规定，并下发《关于进一步做好党员组织关系转接的通知》。

2016年3月，按照临沂市直机关工委关于开展党员组织关系集中排查的通知要求，在集团党委所辖范围内组织开展党员组织关系排查工作，核查党员身份信息，摸清流动党员底数，理顺党员组织关系，健全完善党员档案，对与党组织失去联系的党员作出妥善处理。

2017年，根据上级党组织要求，对党员组织关系开展"地毯式"集中排查，全面掌握党员基本情况，并对2016年排查出的11名失联党员进行组织处置。11月23日，根据省委组织部及临沂市委工作规定，制定临矿集团"灯塔–党建在线"综合管理服务平台党员组织关系转接系统管理使用办法，党员组织关系转接全部纳入平台系统。

2019年3月，执行临沂市委组织部《关于进一步规范党员组织关系管理的通知》，明确在职人员、离退休干部、职工、高校毕业生、退役军人等几类党员的组织关系管理要求，不符合政策规定的，及时督促党员转移组织关系。同时，督促党员按时参加组织生活，及时足额交纳党费。

（四）教育与管理

1991年6—7月，根据中央关于"民主评议党员工作每年进行1次"的规定，在思想、作风、纪律三项整顿的基础上，对全体党员进行民主评议。全局党员3353人，参评3218人，评出优秀党员556名、合格党员2574名，不合格党员5名，其中2人除名，限期改正3名。

1993年5—6月，在广大党员中开展关于建设有中国特色的社会主义理论和新党章知识学习竞赛活动。

1995年1—6月，围绕抓好党的十四届四中全会精神的宣传、爱国主义、道德法制3个方面的教育，在全局广大党员、干部、职工中集中深入开展社会主义思想教育活动。

1997年5月，在临沂市委组织的全市党员电教工作检查验收中，矿务局党员电教工作受到充分肯定和好评。

2000年6月，围绕学习形势政策知识、科学文化知识、企业改革知识，牢固树立理想信念，对党员进行全员素质教育，活动至年底结束。

2004年9月，局委根据省委组织部《关于加快党员和党组织信息数据库建设的通知》和中共临沂市委组织部《关于建设全市党员和党组织信息数据库的通知》要求，建立健全党员和党组织信息数据库，促进企业党内管理工作的标准化、规范化、科学化。全局有3233名党员纳入数据库管理。

2005年5月，根据临沂市委《关于认真做好不履行党员义务、不完全符合党员条件党员教育转化工作的通知》要求，局委在分析评议的基础上，对不履行党员义务、不完全符合党员条件的党员开展帮教转化工作。建立"主题党日"制度。以党支部为单位，由党支部书记召集，每月至少开展1次，活动时间相对固定，全员参与、主题鲜明、活动务实、仪式感强，做好记录。

2006年9月，在集团公司广大党员、职工中，集中学习《江泽民文选》，学习胡锦涛总书记在中共中央学习《江泽民文选》报告会上的重要讲话和《中共中央关于学习〈江泽民文选〉的决定》的活动。下半年，完成全局党员和党组织信息数据库的更新、完善、汇总工作。

2007年11—12月，临矿集团党委组织开展党的十七大精神集中学习活动，安排党委中心组每周集中学习1次，做到学习内容、学习时间、学习人员、学习效果"四落实"，每个中心组成员做好学习笔记，写出心得体会；广大党员干部，采取集中学习和个人自学相结合的方式进行。

2008—2010年，加强对新发展党员培训工作，重点开展党章、党的路线方针政策和形势任务教育，培训新发展党员330名。

2011年5月，印发《关于开展"学党史、增党性、当先锋"主题实践活动的意见》，部署开展"六个一"主题实践活动，即开展一次党史学习教育活动，开展一次重温入党誓词活动，召开一次专题组织生活会，开展一次专题讨论，开展一系列岗位竞赛活动，开展一系列党员奉献活动。

2012年3月，集团党委组织学习《临沂市委组织部〈规范和完善发展党员工作五项制度（试行）〉》。

2013年7月，集团公司党委组织开展党的群众路线教育实践活动。

2014年5月，矿集团党委组织收看《周恩来的四个昼夜》《焦裕禄》《孔繁森》《"时代楷模"朱彦夫发布仪式》4部教育片，听取国防大学军队政治工作教研室副主任公方彬《我们不能没有信仰的学习》的讲座。

2015年，在全体党员中开展形势任务教育。2016年，集中开展"学党章党规、学系列讲话，做合格党员"活动。12月，根据临沂市委要求，做好《党员证》发放、使用和管理工作。集团公司党委统一购置并编码，以党支部为单位建立台账，并发放到每一名在职党员手中。

2017年，组织全体党员参加全省"灯塔–党建在线"十九大精神学习竞赛活动，3001名党员参与竞赛，11个党支部进入全省前500名，菏泽煤电公司彭庄煤矿机关党支部连续2个月位列全省第一名，受到省委组织部的通报表扬。参加临沂市直机关工委、临沂市委组织部、省委组织部举办的十九大精神知识竞赛，分别获得三等奖、一等奖、二等奖。

2015年6月，永明煤矿组织党员到延安革命纪念馆，接受爱国主义、革命传统和延安精神教育。

2018年2—3月，根据上级部署，集团公司党委按全面排查、统一复核、调查处理、建章立制等步骤有序对党员信教问题进行专项排查治理。5—6月，集团党委举办2015—2017年新发展党员和离退休党员专题培训班。11月，组织学习《中国共产党党支部工作条例（试行）》。12月，落实省委关于严格做好党员徽章制作、佩戴和管理工作的通知要求，增强党员的身份意识、责任意识，规范党员徽章佩戴和管理的要求。

2019年1月，按照中宣部要求，集团党委印发《关于做好"学习强国"学习平台推广使用工作的通知》，做好"学习强国"学习平台的推广使用，并纳入年度意识形态工作责任制和党建工作考核。8月15日，在临沂市委宣传部举办的"学习强国"知识竞赛复赛和决赛上，集团党委在市直复赛和全市决赛中分获冠军和亚军。

2019—2020年，在集团公司党校先后举办2期新任党支部书记及党务工作人员培训班，179人进行为期5天系统培训学习，采用理论学习、分组研讨、现场党性体验、党员发展工作情景模拟、经验交流相结合的教学方式，内容充实、载体新颖、形式灵活。

2020年2月，集团党委利用学习强国平台助力疫情防控工作。3月，集团公司党委被临沂市委表彰为学习强国宣传推广先进单位。5月，建立"学习强国"学习平台活跃度月度通报制度，落实党委书记"第一责任人"责任。11月，建立月度工作提醒制度，提升学习强国学习平台的覆盖面和影响力。截至2020年底，在学习强国平台注册2827人。

（五）困难党员救助

1991—2016年，矿务局（临矿集团）没有建立专门党员困难救助制度，一般困难党员的救助由所在单位工会组织予以解决。

2017年8月8日，临矿集团党委遵循管理党员与关怀党员相结合的原则，制定《关于建立健全党内关怀机制的实施意见》，多种途径、多种形式关心和爱护普通党员、离退休老党员特别是困难党员。全年共走访慰问困难党员190人，发放慰问金22万元。2018年，为57名生活困难党员、16名老党员、117名老干部发放慰问金17.2万元及价值4.74万元的慰问品。2019年，走访慰问困难党员41人，发放慰问金4.37万元。

2020年，走访慰问困难党员57人，发放慰问金4.15万元；走访慰问老党员、老干部176人，发放慰问金3.48万元；走访慰问脱贫攻坚一线的5名"第一书记"，送去米面油等生活用品。

五、专题教育

（一）"三个代表"学习教育活动

2001年10月12日—11月11日，局委制定《关于在局领导班子及成员中开展以"三个代表"为主要内容的学习教育活动的实施意见》。根据中央和省委要求，在局党政领导班子及成员中开展"三个代表"学习教育活动，以整风的精神，解决思想、观念、工作、作风等方面存在的问题。

（二）保持共产党员先进性教育活动

2005年1月，根据中共临沂市委的统一部署和要求，矿务局参加第一批先进性教育，全局有26个单位参加。通过半年的学习教育活动，广大党员对"三个代表"重要思想有新的认识，精神风貌有新的变化。全局3429名党员职工群众参加的满意度测评，满意率100%，达到"党员受教育，职工得实惠，企业得发展"的目的，实现"上级满意、党员满意和职工群众满意"三满意。

（三）"创先争优"活动

2007年，集团党委提出争创"五型""十来"党组织，争做"七标杆"党员队伍的号召。活动中，集团党委作出为职工群众办10件实事的承诺，各基层党组织也先后向职工群众做出183项承诺，并全部得到兑现，职工群众真正得到实惠，满意度普遍提高。

2010年，根据中组部、省市委的统一部署，集团公司确定基层党组织和党员创先争优活动的实践载体是"争做创业先锋，建设百年临矿"。7月3日，集团党委印发《深入开展创先争优争做二次创业先锋活动的实施意见》，明确活动的总体要求、主要内容和主题，确保活动有序开展，取得实效。

2011年1月，集团党委印发《创先争优活动考核办法（试行）》《关于在各级党组织、全体党员中开展党内"对标先进、承诺践诺"活动的通知》。各级党组织积极融入"奋战五年、二次创业、打造临矿百年基业"的进程中。5月，开展"学党史、增党性、当先锋"主题实践活动。

2012年1月，转发《关于做好对基层党组织和党员开展创先争优活动情况进行群众评议的通知》，全面开展"党建对标"活动，将"对标管理"植入党建工作。活动历时一年半，期间临矿集团承诺每年为员工办10件实事，基层党组织每年承诺为员工办5～10件实事，每名党员承诺为群众办1件实事，全部得以落实。

（四）深入学习实践科学发展观活动

2009年5—8月，根据省国资委党委统一部署，临矿集团参加第二批次学习实践科学发展观活动，制定开展学习科学发展观活动的实施意见，成立活动领导小组，拟定调研提纲，提出活动要求。活动期间，集团公司党委成立督导检查领导小组到各单位进行督导指导，按照临矿集团开展深入学习实践科学发展观活动的要求，完成学习调研、分析检查、整改落实3个阶段的任务，集团党委及各单位党委、总支、支部均召开领导班子专题民主生活会和党员专题组织生活会，在加强党的理论武装、推动科学发展取得明显成效。

（五）党的群众路线教育实践活动

2013年7—12月，根据山东能源集团党委统一部署，集团党委制定《临矿集团深入开展党的群众路线教育实践活动实施方案》，成立党的教育路线实践活动领导小组和督导小组。以集团领导班子和副处级及以上管理人员为重点、以为民务实清廉为主要内容，以集中学习、现场集中培训、读书会、召开专题民主生活会等形式，聚焦作风建设，集中解决形式主义、官僚主义、享乐主义和奢靡之风，实现自我净化、自我完善、自我革新、自我提高的目标任务。

（六）"三严三实"专题教育

2015年5月，按照山东能源集团部署要求，制定《临矿集团党委关于"三严三实"专题教育实施方案》，成立活动领导小组和三个督查组，结合临矿集团改革发展实际，坚持从严从实、突出问题导向、注重以上率下、立足常态长效、全面融入大局，紧扣"严以修身、严以用权、严以律己，谋事要实、创业要实、做人要实"主题，在集团公司扎实开展"三严三实"专题教育活动；12月，召开专题民主生活会，对教育实践活动进行全面总结；2016年1月20号，印发《开展临矿集团基层党组织书记抓党建工作述职评议考核实施方案的通知》，落实全面从严治党责任，践行"三严三实"要求。

（七）"两学一做"学习教育

2016年5月，根据山东能源集团党委部署要求，集团党委制定《在集团公司党员中开展"两学一做"学习教育的工作方案》，印发《关于在集团公司"两学一做"学习教育中建立领导人员联系基层党支部制度》《集团公司基层单位党组织书记抓"两学一做"学习教育责任清单》《临矿集团党委"两学一做"学习教育指导督导组工作方案》，成立协调领导小组和四个指导督导组，以动员部署为开端，在全体党员中开展"学党章党规、学系列讲话、做合格党员"学习教育。集团公司领导班子带头原文学习《党章》《习近平总书记系列重要讲话读本》，以及习近平总书记在庆祝中国共产党成立95周年大会、在纪念红军长征胜利80周年大会上的重要讲话精神，联系基层支部，全程参加党课学习和组织生活，讲好专题党课，对活动强化督导指导。同时深入调查研究、创新实践载体、突出解决难题，相继开展"真学实做走在前、争做沂蒙好党员""党员画像"主题实践活动和走访慰问老党员、困难党员，全体党员重温入党誓词等活动。至2017年4月，先后开展集中学习700多次，参与集中学习党员18764人次；在全体党员当中通过画好优秀共产党员、不合格党员和自己的形象"三张画像"，校正党员思想行为偏差，提升广大党员思想境界，树立起共产党员的良好形象。

2017年5月，根据山东能源集团党委的通知要求，集团公司印发《关于推进"两学一做"学习教育常态化制度化的实施意见》。6月，召开集团党委推进"两学一做"学习教育常态化制度化工作座谈会，传达习近平总书记关于推进"两学一做"学习教育常态化制度化重要指示精神以及省委、省国资委党委及山东能源集团党委推进"两学一做"学习教育常态化制度化工作座谈会精神；对"两学一做"学习教育开展以来的工作情况进行总结，对推进"两学一做"学习教育常态化制度化工作安排部署。同时，开展"学习廖俊波同志先进事迹""学习党的十九大精神"等主题党日活动，"富民兴临我有责、我为发展解难题"主题实践活动；组织"我为四富临矿进一言"金点子征集活动，征集金点子694个；开展"讲述入党故事"活动，参与的党支部121个、党员1407人。学习教育过程中，集团公司党员领导干部共讲党课460次，3723名党员参加学习。

2018年1月，临矿集团党委将2018年定为全面推进基层党建工作标准化建设年。5月，扎实开展"大学习、大调研、大改进"活动，认真做好"不忘初心、牢记使命"主题教育。

（八）"不忘初心、牢记使命"主题教育

2019年6—8月，按照山东能源集团党委和临沂市委的部署要求，集团党委紧紧围绕守初心、担使命，找差距、抓落实的总要求，对照共产党人的初心和使命，通过学习研讨、调查研究等方式，开展"不忘初心、牢记使命"主题教育。6月11日，召开"不忘初心、牢记使命"专题学习会，贯彻落实能源集团主题教育工作会议精神，正式启动"不忘初心、牢记使命"主题教育，以主题教育的新成效推动临矿高质量发展。集团党委先后组织集体学习12次，开展专题研讨3次；举办3期读书班，191名副处级以上党员干部参加。建立"不忘初心、牢记使命"主题教育党员领导人员党建工作联系点制度，党委常委每人联系2个基层党委,其他班子成员每人联系1个基层党委,机关部室党员领导人员每人联系1个基层党支部,采取送党课到基层、参加民主生活会、组织生活会等方式,强化督导指导,确保各联系点成为示范党组织、过硬党组织。

2019年7月9日,集团党委以临矿红色基因的发源地—莒县煤矿旧址作为第一站,开展"寻找初心、淬炼党性"现场教育,参观莒县煤矿原工广区,深化对"初心和使命"的认识;到沂水党性教育检测中心,通过重温入党誓词、奏唱国歌、观看党性教育专题片、与党旗合影等活动形式助力主题教育落实落地。主题教育中,各基层单位党委组织革命传统教育30次2610人参与;组织2690人观看《走近毛泽东》《沂蒙精神》《邹碧华》《喜盈代村》等影片及廉政教育片《蜕变的初心》。8月29日,召开"不忘初心、牢记使命"专题民主生活会。

六、品牌建设

(一)品牌建设

2006—2020年,集团党委围绕"奋战五年,二次创业,打造临矿百年基业"的部署,坚持党建工作品牌先行,着力强化品牌引领,增强党建内生动力,先后建塑感动临矿人物评选、临矿"第一书记"帮扶模式、青工创新工作法等品牌。

1.感动临矿人物评选

2006—2020年,集团党委创新和拓展先模人物表彰模式,开展年度"感动临矿十大人物"评选活动。活动采取单位推荐、评委会评审、党委会研究、网站公示等方式,根据年度中心工作特点,每年确定不同评选主题,已先后举办15届,

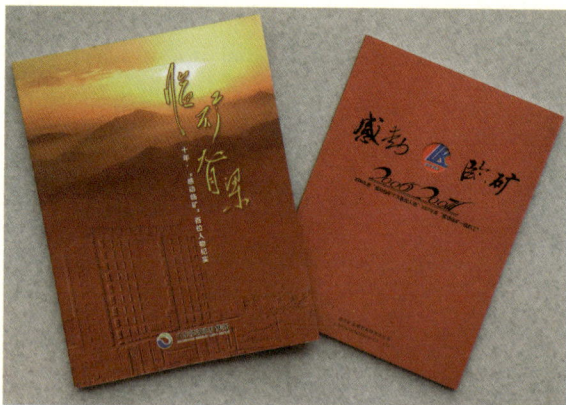

感动临矿人物事迹宣传册(2016年)

评选出杰出一线职工、科技创新人物、优秀大学生、改革突围转型优秀团队、智能智慧建设新闻人物等专题人物304名、受表彰提名人物140名、14个团队。同时大张旗鼓宣传十大人物模范事迹和奉献精神,弘扬"聚合力、引潮流、树形象、促发展"的头雁、品牌效应,激发干部职工干事创业的激情和能量,在矿区内外产生巨大的感召力和社会影响力。

2006—2020年感动临矿新闻人物与团队获奖统计表

表9-1-7

年度	活动主题	获表彰人物与团队	获提名奖
2006	感动临矿 十大新闻人物	翁洪洲　王永宝　李敦美(女)　陈长波 王伟竹　谢充启　菅常玉　周广星 肖顺生　刘志梅(女)	侣书海　宋尚艳(女)　　张文忠 张清伟　邱教喜　英玉国　郑　平 扈建昌　路兴国　蔡　磊
2007	感动临矿 一线职工	王允双　王慎周　孙兰云(女)　陈发洲 张　军　宋青合　陈秋华(女)　郑怀友 赵　峰　景光刚	艾金国　刘纪超　刘建平　郑家友 侯洪华　高小军　贾致虎　梁　泉 高海涛　韩勇飞

年度	活动主题	获表彰人物与团队	获提名奖
2008	感动临矿 科技创新人物	—	王永宝　王统海　王振伟　石宏杰 齐东合　李连华　刘守连　吕建华 李　强　张文忠　杨庆全　张洪友 张树宽　罗启庭　武善元　赵东林 高建平　诸葛祥华　曹善西　葛安华
2009	感动临矿 十大优秀大学毕业生	刘卫峰　刘维信　任小红（女） 李　强　李军林　武　涛　周明祥 贾良杰　徐国华　戴玉玲（女）	王理明　马　敏（女）　刘　刚 张传明　张欣荣　李　杰　吴忠伦 赵治国　周立波　高　伟　高守峰 贾东秀
2010	感动临矿 十大好矿嫂	马学娟　王广霞　王爱兰　孙云雪 朱海霞　张良红　陈秋兰　郑丽华 赵祥芬　管德兰	王　莹　王聪慧　包丽丽　边丽君 齐桂兰　李桂英　杨增艳　徐勤静 高建菊　滕茂霞
2011	感动临矿对外开发 十大新闻人物	于富岭　刘守连　朱玉清　何发元 吴　涛　周启昆　侯善可　赵仁乐 夏宇君　解信德	—
2012	感动临矿十大 优秀技校毕业生	丁安芳　王崇欣　白云明　刘润东 孙景华　陈淑科　李俊春　李长新 姚焕东　徐玉峰	牛世夫　王小雷　毕玉平　李建明 李　伟　张　忠　张　军　张广瑞 郁明堂　赵加宾
2013	感动临矿十大管理 提升新闻人物	尹成勇　龙禄财　张凤南　张俊江 张文忠　李恒盈　李正训　季书强 姚久扬　解孝华	马士广　李光华　李　伟　张海亮 时伯玺　赵钦营　曹广海　谢充启 董立霞（女）　翟祥见
2014	感动临矿 十大改革突围转型 优秀团队	古城煤矿柳俊仓技术研发团队　山东玻纤集团郭照恒市场开拓团队　邱集煤矿杨明新经营管理团队　会宝岭铁矿陈维山降本增效团队　王楼煤矿赵志国降本增效团队　煤质管理处刘金顺市场开拓团队　军城煤矿王玉强降本增效团队　田庄煤矿王誉钦市场开拓团队　新驿煤矿陈伟降本增效团队　榆树井煤矿　张爱杰技术研发团队　泰安煤机公司　李正训技术研发团队	王楼煤矿龙禄财经营管理团队　山东鲁北公司胡小军经营管理团队　凤凰山铁矿　曹广海资源开发团队　永明煤矿马士广降本增效团队　古城煤矿杨继英安全生产团队　株柏煤矿　上官福聚安全生产团队　新驿煤矿　解孝华安全生产团队　置业公司　刘志清经营管理团队　新上海一号煤矿　赵兴发技术研发团队　石家坡煤矿古希振安全生产团队　山东煤炭技师学院　严庆昌市场开拓团队
2015	感动临矿 十大科区长	于德海　王崇欣　孔凡军　史仍方 李雪峰　杭　猛　康成坤　管彦峰 燕廷军　上官福聚	王振伟　王中山　王　涛　马士广 孔得有　张爱杰　张会良　唐兴海
2016	感动临矿 十大工匠	王大鹏　王树周　古希震　刘培跃 陈国庆　杜井玉　张明键　陈建峰 杨建银　赵海涛	王春朋　王　勇　任振华　刘庆刚 李　春　张孝鲁　吴　迪　吴秀乾 贺　帅　贾俊杰
2017	感动临矿 两化一大创新能手	赵燕军　田福海　刘维信　石道波 步长存　董勤凯　石绍飞　杨贵军 杨建银　白晓楠	吴平平　赵仁宝　王乐义　董　强 李　强　臧元平　袁长才 陈雪影（女）　王少卫　张　军 邵丽娜（女）
2018	感动临矿 十大临矿奋斗者	步长存　王东京　陈子豪　孔得有 王艾新　刘廷高　李长磊　王传秋 臧宗良　贾士和	马　勇　于得海　王成果　上官福聚 刘　磊　陈建刚　田　凯　邢建福 庄肃川　张燕如　闫书友　刘　宁

续表

年度	活动主题	获表彰人物与团队				获提名奖			
2019	感动临矿十大智能智慧建设新闻人物	杨贵军	严祥军	李 涛	赵艳鹏	刘钊君	褚夫尧	张禄洲	闫家正
		袁长才	潘秋祥	褚海峰	宋元龙	季荣杰	吴忠伦	赵晨旭	
		孟令乾	牛建斌						
2020	感动临矿十大创新创效"双创"人物（团队）	特殊贡献奖：武善元 正式奖：上海庙矿业公司软岩治理快速掘进公关团队 郭屯煤矿智能化矿山建设团队 邱集煤矿防治水团队 李新山 李 健 张 军 徐继来 沈 龙 王丽芳（女） 董 强				褚夫尧	刘向明	黄传升	季荣杰
						王 辉	孙明福	张庆国	李恒盈
						徐传伟	李振标		

2. 临矿"第一书记"帮扶模式

临矿集团第一书记扶贫事迹宣传册（2015年）

2012年2月，山东省直和临沂市直选派"第一书记"工作组开始，临矿集团建立党委统一领导、总部统一调度、"第一书记"组织实施的三级协调机制，制定"五个一"总体帮扶思路（建一个永葆生机和活力的好班子、办一个可持续盈利的好项目、创一个集体收入稳步增长的好机制、造一个国有企业社会责任和农村经济互保共赢的好环境、在沂水县树一个好品牌）。扶贫工作中，集团党委加强对贫困村"造血机能"的培育，形成集团党委坐镇后方、运筹协调、谋篇布局，第一书记盯一线、抓落实、解决具体问题的工作格局，确定"村集体+合作社/农户+企业"帮扶思路。通过因地制宜、发展特色产业，让帮扶村搭乘企业发展的"快车"，村企结成"利益共同体"，打通精准扶贫的"最后一公里"，帮扶村全部脱贫解困并产生出蜕蛹化蝶式巨大变化，推动乡村全面振兴，创出一条国企帮扶农村永久脱贫的"临矿模式"，获得省市两级政府的肯定和认可。

"临矿模式"坚持村企互惠共赢，利用产业项目帮扶，落实"村集体+合作社/村民+临矿"形式，推进产业项目实行公司化运作，实现村集体和村民全面脱贫解困。2012—2020年，根据省委组织部和山东能源集团党委的统一安排，临矿集团先后选派4轮省直、市直驻村"第一书记"21人次，对临沂市兰陵县、沂水县等20余个贫困村进行包帮扶贫，累计投入扶贫资金1385.47万元，撬动社会各类扶持资金14117.2万元，1319个贫困户实现脱贫，村集体增收200余万元。桃棵子村依托红嫂祖秀莲故里优势，打造红色创意主题及休闲度假为一体的乡村旅游，通过发展乡村旅游合作组织，推进乡村旅游公司化规模和产业化经营；四门洞村依托"地下荧光湖"旅游资源大力打造农家乐及旅游纪念品产业；田家峪村依靠苹果生姜产业促进村民脱贫致富，申请建生姜恒温库、村委办公室改造、新建游客中心设施等项目，创建"沂蒙美丽乡村"。"第一书记"先进事迹先后在山东广播电台、《灯塔—党建在线》《中国扶贫动态》《中国煤炭报》《大众日报》《山东工人报》《临沂日报》《临沂驻村干部》等媒体上进行宣传报道，创造出"村企互惠共赢"的帮扶模式和"企业反哺社会"的知名品牌。

3. 青工创新工作法品牌

2008年，临矿集团团委结合青年职工多、创新意愿强的实际，开展青工创新工作法评选命名活动，获得各级党组织和广大青年的积极响应，形成党政工团上下推动、团的系统自主联动、青工创新广泛行动、激励机制持续推动的格局。"青工创新工作法"已成为临矿青工发挥聪明才智、施展技能才敢的宽阔平台，产生巨大的经济效益和社会效益。各级团组织通过视频宣传、挂牌命名、派员学习考察观摩等方式对创新工作法广泛宣传，受到省国资委团委、能源集团团委、临沂团市委等领导的高度评价。截至2020年，共举办9届青工创新工作法评选命名活动，累计申报1379个创新项目，118个项目获得"青工创新工作法"，32个项目获得提名奖，10名青年创客获得"青创先锋"称号。

（二）党建创新成果

1. 党建工作创新奖励基金

2017年4月，集团党委印发《临矿集团党建工作创新成果奖励基金实施细则》，建立党建创新长效机制，鼓励、支持和推动各基层党组织积极探索全面从严治党新形势下党建工作的新思路新方法新途径。设立200～500万元/年的党建创新成果奖励基金，奖励在党建创新工作表现突出的先进组织、个人和创新成果。当年，各单位、各部门申报党建创新成果206项，评选出65项，发放奖金98.5万元，调动基层党组织打造工作亮点、创建党建品牌、破解工作难题的热情。

2018年，申报党建创新项目216个，评选出项目品牌化创新和自主项目建设创新25项、微创新45项、成果创造创新6项，发放奖金110.7万元。"七彩党建""派驻'第一书记'帮扶农村真脱贫""实施组织变革激发动力活力"成为新的党建品牌。

2019年，申报党建创新项目236个，评选出表彰奖励党建创新项目113项，其中创造创新18项、微创新71项、成果创新24项，发放奖金169.3万元。菏泽煤电公司"红领带"、古城煤矿"'星系列'党建考核"、株柏煤矿"党建工作'二十四节气表'"成为重要创新品牌。

2020年，征集党建创新项目248项，评选出表彰奖励党建创新项目143项，其中创造创新23项、微创新100项、成果创新20项。

2. 党建+互联网+大数据平台

2017年10月，为适应党建工作信息化、网络化发展趋势，临矿集团运用互联网、大数据技术，研发"党建+互联网+大数据平台"，通过打破时间、空间、维度等限制，将大量数据处理升级为有价值的信息，建设涵盖党、政、工、团、信访维稳全部政工业务，覆盖集团党委、基层党组织、支部三级党组织，面向全体党员、会员、团员，业务系统化、移动可视化、信息多元化、媒体数据化的互动共享党建平台，实现日常业务、教育培训、监督检查、信息沟通、职工诉求等关键问题由线下转到线上。2018年四季度，在集团公司上线试运行，同时发布移动端App。

2020年7月，印发《关于推进和实施党建云管理工作的意见》，探索建设党建工作"五大管理系统""十大应用平台"，实现"智慧升级"。

3. 从"单通道"到"三通道"

2012年，制定《临沂矿业集团公司管理、技术人员职业发展暂行管理办法》《临沂矿业集团公司专业技术职务岗位设置及聘任管理暂行办法》等制度。在人才培养上，实行管理、技术双通道发展模式，对管理、技术人员实行分序列管理，各设三层九岗，同层次人员薪酬待遇基本对应，能够相互交流。2016年，创新实施"三通道十二级台阶"人才攀登工程，在"管理""技术"双通道基础上，创新增建技能员工职业发展体系，管理、技术、技能三类人才实现并轨，使各类人才"成长通道更多，发展空间更广"。管理技术技能"三通道"均按照"四层十二台阶"模式设计，从低到高四个层次十二级台阶可以攀登、可以发展，形成临矿特色"梯"型构架的人才发展"三通道十二级台阶"体系。

4."三考一聘"选拔人才

2016年，临矿集团实施全员专业考试选拔人才，创新推进"三维度"（民主推荐、组织推优、实名推荐）选人用人制度，推进"三考一聘"人才选拔工程。先后组织2次大规模集中考试选拔，有5941人次参加53个专业考试，760人进入后备专业人才库，346人得到提拔使用。

2018年10月30日，山东能源集团在临矿集团召开由权属单位组织部长、人力资源部长参加的人才工作座谈会，推广临矿集团"三通道十二级台阶"人才攀登工程建设经验。"'三职并行'人才成长体系"入选2019年全省人才创新案例评选。截至2020年，"80后"矿处级干部占12%，"80后"科区级管理技术人员占48.2%。聘任技能通道人才306人，其中聘任集团高层次人才首席资深专家4名、首席专家5名、资深高级工程师7名、资深高级实习指导教师1名；建设市场化选聘"第四通道"，市场化薪酬"一企两制"。

第四节　干部管理

一、机构设置

1991年，矿务局组织部、干部处负责干部管理。权属单位设立组织科、干部科；不设专职组织科、干部科的单位，在其他部门配备专兼职的干部人事管理工作人员，管理干部人事的具体工作。

1994年11月，矿务局深化机关人事制度改革，组织部与宣传部合并成立组织宣传部，设部长1人，组织宣传部与干部处共同负责干部人事管理工作。

1996年9月，矿务局机关机构改革，撤销干部处，成立人事处，人事处与组织部合并为组织人事部，设部长1人，定编管理岗5人，负责干部人事管理工作。

2001年11月，矿务局机关机构改革，组织人事部改为组织干部处，定编4人，设处长1人、副处长1人、干部管理1人、人事调配1人。2004年10月，撤销教育处，部分教育及培训工作职责并入组织干部处，增设副处长1人。

2007年12月15日，临矿集团调整机关组织机构设置，党委组织部、干部处合署办公。2015年12月，成立人事处，与组织部合署办公，撤销干部处。

2017年7月，撤销人事处，成立人事部。

二、管理

1991年，矿务局对所属单位及局机关工作人员实行任命制。1994年，矿务局对所属单位及局机关工作人员实行聘任制。

2006年8月，临矿集团成立，通过实施副处级干部契约化管理、内部离岗、"人才库"建立、"双通道"和"三通道"办法的实施，干部的选拔聘任更加严谨规范，干部人事档案材料收集归档更加全面、及时、规范。

（一）核岗定编

1994年11月，矿务局改革机关职能，进行以精简机构压缩机关工作人员为重点的局机关人事制度改革。改革重点是核岗定编，精简管理人员，推行干部聘任制。改革后，编制单列处室6个，学术团体1个，定编50人，其中，管理人员44人；另有7个部门隶属处室归口管理，不列入机关编制。机关处室由32个减少到21个，工作人员由339人减少到210人。

1996年9月，矿务局对机关进行转换企业内部机制机构改革，设"八部一室"，即政治工作部、生产技术部、财务部、劳动工资部、组织人事部、规划建设部、多种经营部、教育卫生部、党政办公室，定编77人，其中管理岗75人，工勤岗2人。单设纪委监察、工会、安全监察、公安处4个部门，定编39人，其中管理岗35人，工勤岗4人。双重职能、自谋费用的机构有审计处、质监站、劳动保险事业管理处、劳动技能鉴定站、法律事务处、科技信息中心6个，定编管理岗29人，工勤岗9人。房改办与生活服务中心合并，成立后勤服务中心，定编管理岗22人，为独立二级单位。教研室，定编6人，行政隶属矿务局中学，业务隶属教育卫生部，实行双重领导。隶属部室管理的二级实体5个。通过改革，局机关管理人员由207人减少至121人，工勤人员由100人减少至6人。在矿务局机关改革的基础上，全局引入竞争机制，受聘什么职务，就享受什么待遇，解聘或低聘后不保留原待遇；印发《关于从工人中聘用管理人员的暂行规定》，打破干部与工人身份界限；为规范人事管理程序、加强科技人员管理工作，印发《临沂矿务局关于干部人事管理工作有关规定》《临沂矿务局关于加强科技人员管理的暂行规定》。

2001年4月17日，矿务局对20个单位领导班子进行集中考察、考核，考评期间参与座谈761人，参与测评1224人；在考评的基础上，先后对18个单位的92名矿处级干部进行调整（不含局机关机构改革变动人员），其中，新提拔24人（具有大专以上学历的19人，占新提拔人员的79.17%，平均年龄39.1岁），岗位变动48人，从矿处级岗位退下来20人。年末，矿务局机关机构改革。机关处室由27个精减为18个，人员由268人减少至195人，24个处级岗位直接竞聘产生。在下属单位的公司制改革中，由股东选举主要领导人。原领导班子成员在改革改制中有15人落选，其中，有6名党政正职。2002年2月，矿务局印发《关于人事管理有关问题的暂行规定》，对管理机构设置原则、干部人事管理程序与规范、从工人中聘用管理人员、科技干部管理、人事档案管理等问题作出明确规定，指导全局人事管理工作有序开展。

2006年5月，对二级单位的人事管理统一由矿务局进行核岗定编。相继将古城、新驿、田庄、邱集、株柏、马坊煤矿，光力士集团、煤炭运销公司、沂水热电公司、亿金物资公司统一核岗定编，干部人事管理工作统一划入其党群工作部管理。

2008年5月2日，印发《临沂矿业集团有限责任公司中层管理人员选拔任用工作暂行办法》。7月31日，印发《临沂矿业集团有限责任公司中层后备领导干部工作暂行规定》，对后备干部的条件和资格、数量和结构、选拔、培养、管理、使用、组织领导、纪律与监督等方面作出明确规定。

2014年5月15日，制定《关于加强基层单位机构编制及管理人员配置管理的规定》，按照机构精简、人员精干、运行高效的原则，将职能重叠交叉、业务关联度较强的科室、工区、岗位进行整合优化，减少管理机构和岗位职数，降低生产成本。

2015年1月15日，印发《机构改革控员提效工作的指导意见》，以创建"轻机构、轻组织、轻管理、扁平化、精干化、竞争化"模式为目标，稳步推进"瘦身健体"工程，建设一支精干高效敢打硬仗的管理队伍、技术队伍，解决存在的机构臃肿、人浮于事、效率低下等问题。5月14日，印发《临沂矿业集团管理人员任职回避和公务回避及报告说明工作暂行办法》，规定对管理人员回避的范围、程序以及违反规定的处理作具体要求。6月22日，制定《临矿集团干部选拔任用管理办法》，固化干部提任动议、推荐、考察、决定、公示、试用、任职、备案等工作流程，设定交流、回避、后备、考核、竞争上岗、解聘、辞职、离职等行为标准，规范干部调整汇报和事先报备制度，对副总师的审批、科级的备案、关键岗位人员任职交流等事前必须向临矿集团汇报，批准后方可进行干部任免和备案；对《山东省干部选拔任用纪实工作办法》进行落实，对干部选拔任用过程的写实提出明确要求。同时结合基层单位工作实际，授予各用人单位自主权，科级及以下人员的任用由各单位自主决定。11月8日，印发《临沂矿业集团优化组织结构压缩管理层级工作方案》，先后关停三级单位3个，划转四级单位3个，资产重组二级单位2个、三级单位2个，注销三级单位1个、四级单位1个，去产能三级单位1个，去僵尸三级单位1个。

2017年，临矿集团创新管理模式，在田庄—武所屯—里彦煤矿推行"一矿三井"、在新驿—鲁西煤矿、内蒙古上海庙矿区、菏泽煤电公司推进"一矿两井"管理模式，探索矿长兼井长，推进组织扁平化以及大工区制、大事业部制管理模式。加强党务部门机构人员建设，制定《关于基层党务部门机构设置及专职党务人员配置的指导意见》，优化党建、组织、宣传等党务机构设置，二级单位普遍实现党办、组织、宣传等党务人员专责专职配备，纪委和监察等科室的独立履行职责，选拔251名专职党务干部，配备8名专职纪委书记，选聘10名副总政工师。

2019年1月14日，印发《实名推荐后备干部人选管理办法》，对推荐后备干部的方式、条件、程序、管理、选用、责任追究等方面进行明确规定。同日，修订印发《干部选拔任用管理办法》，对选拔任用的基本条件、分析研判和动议、民主推荐、组织考察、讨论决定、任职、交流回避、考核评价、后备队伍建设、退出、纪律和监督管理等进行重新修订，规范干部选拔任用程序。

2020年3月16日，修订《干部选拔任用管理办法》。4月14日，为深化国企改革，健全市场化的选人用人机制和科学合理的激励约束机制，制定《职业经理人实施办法（试行）》，对职业经理人选聘和管理的遵循原则、权限和职责分工、选聘条件和任职资格、选聘方式和程序、任期、考核、薪酬和监督、职业发展、退出等方面作出明确规定。11月9日，再次修订《干部选拔任用管理办法》，对管理权限和职责分工、选聘条件和任职资格、薪酬激励和约束监督等方面的内容进行重新修订和完善。同日，印发《临沂矿业集团管理人员任职回避和公务回避暂行办法》，对管理人员回避的范围、程序及违反规定的处理进行细化；制定《临沂矿业集团权属企业领导人员选拔任用工作流程》，对选人用人工作的流程进行固化、模板化，在干部考察、重要岗位人员任免中严格流程管理，没有经过规定程序的，一律不考察、不研究、不讨论。

（二）干部档案管理

2010年7月30日、12月19日，2次召开党政联席会，落实省委《关于转发中组部关于印发〈干部人事档案材料收集归档规定〉的通知》，落实干部人事档案材料收集，确保干部信息真实规范、齐全完整。

2012年1月30日，按照夯基础、促重点的原则，对基层单位干部档案管理情况进行全面检查，并对检查情况进行通报。

2013年7月14日，集团公司印发《关于做好文件改版后干部人事档案整理工作的通知》，按照山东省委组织部《干部人事档案工作文件资料选编》和省国资委档案工作培训要求，集团公司加强干部档案资料的收集和整理，对归档材料严格审核，不符合要求的不入库。按照《干部人事档案工作目标管理考评标准》三级标准要求，各单位建立档案库房，配备档案设施，制定规章制度，指定专人管理，强化档案安全保密。

2014年9月12日，执行省委组织部《关于从严管理干部档案的通知》，抓好干部档案任前审核，确保档案信息真实准确。

2015年9月28日，印发《临矿集团干部人事档案专项审核工作实施方案》，对临矿集团副处级及以上管理人员、机关管理及技术岗位人员、各单位副科级及以上管理及技术人员的人事档案，重点核实干部的"三龄、两历、一身份"（年龄、工龄、党龄，学历学位、工作经历，干部身份）和家庭成员、重要社会关系等信息。至2017年10月9日，完成集团公司2173名在岗干部的档案审核工作，印发《关于对干部人事档案专项审核工作检查情况的通报》。

2019年1月，按照山东能源党委《关于认真学习贯彻〈干部人事档案工作条例〉通知》要求，严格落实"凡提必审""凡进必审""凡转必审"要求，把任前档案审核作为干部选任的重要关口，切实为组织选人用人把好关。

2020年3月30日，印发《临沂矿业集团干部人事档案管理办法（暂行）》，规范档案日常的收集、整理、保管、借阅使用、鉴定销毁等制度。7月，对各单位干部档案工作全面检查，对检查情况进行通报。10月，印发《关于进一步做好干部人事档案有关工作的通知》，对档案审核情况、管理工作机构和人员配备情况进行全面梳理。11月，对《临沂矿业集团人事档案管理办法（暂行）》进行重新修订。

（三）人才库建设

2012年，临矿集团建立处级干部后备人才库，其中正职27人，副职67人。

2013年4月12日，临矿集团印发《人才库建设管理暂行办法》，按经营管理、生产技术、党建思想政治和技能操作4个类别建设人才库，按人才来源将人才库分成外部库和内部库；人才库实行动态管理，每年第四季度对人才库信息进行更新。

2015年，探索"三公三荐三考"模式，实施全员人才考试选拔，将一批70后、80后、90后中青年优秀干部充实到各层级管理技术团队。1249人报名参加13个专业选拔考试，125人进入后备人才库，60人获得提拔。

2016年5月—2017年6月，全力推进"三考一聘"人才建设工程，先后组织计算机、文秘、法务、后勤保障、党群、市场营销及物流贸易、工程管理、企业管理、节能环保、科技管理等25个专业2939人专业考试和选拔工作，383人进入拔尖人才库。通过本次"三考一聘"选任处级及高级技术干部14人、科级及中级技术干部176人。

2019年3—9月，先后组织人力资源、文秘、党群、后勤保障、法律事务、节能环保、工程技术、安全生产管理、一体化论证、科技管理、信息化、煤质管理和选煤、工程管理、企业管理28个专业3002人专业选拔工作，各专业前10名（工程技术和安全管理前10%～15%、党群人员前20名），共377人纳入拔尖人才库。

（四）职称评聘

1990年4月，中宣部、中组部颁布《企业思想政治工作人员专业职务试行条例》，在从事党的工作和思想政治工作的人员中进行政工专业职务评审，职务档次为：高级政工师为高级专业职务、政工师为中级专业职务、助理政工师及政工员为初级专业职务。政工专业职务的高中级任职资格由山东煤管局，山东省企业政工专业高级职务评审委员会、中煤总公司山东分公司政工专业中级职务评审委员会评审，初级资格由矿务局政工专业评审委员会评审。

1991年，实行职称评聘合一政策。12月26日，矿务局有6人被中国统配煤矿总公司政工专业高级评审委员会评审认定为高级政工师；63人被中国统配煤矿总公司山东分公司政工专业中级评审委员会评审认定为政工师；矿务局政工专业初级评审委员会评审认定86人为助理政工师，58人为政工员。

1992年，根据山东煤管局的要求，矿务局调整职称改革领导小组，设有工程、卫生、技校、中学教师、小学教师5个中级专业技术职务评审委员会。汤庄与褚墩煤矿联合，塘崖与五寺庄煤矿联合，草埠、莒县、岐山煤矿和建井工程处联合，分别组建工程系列初级专业技术职务评审委员会。

1993年1月，矿务局印发《关于专业职务聘任及工资待遇有关问题的通知》，对聘任及工资待遇作出规定。聘任按干部管理权限进行，局级行政主管领导的专业技术职务由山东煤管局局长聘任；局属各单位、局机关副处级以上干部的专业技术职务由矿务局局长聘任，初级专业技术职务由本人所在单位聘任。

1994年，执行职称评聘分开政策。7月24日，对中级专业技术职务评审委员会进行调整，工程中评委、卫生系列中评委、技校中评委、中教中评委均由15人组成，小教中评委由11人组成。

1995年12月，矿务局印发《关于职称聘任工作中有关问题的通知》，规定中高级专业技术职务聘任要根据各单位设岗方案进行，不允许突破。

1997年8月，矿务局职称改革领导小组及工程、卫生、技工学校3个系列的中等专业技术职务评审委员会进行调整。

1999年，山东煤管局取消各矿务局中级专业技术职务评委会评审的授权，中级、高级专业技术职务的评审由上级主管部门评审。授权矿务局成立工程、卫生、技校、中学教师、小学教师5个初级专业技术职务评审委员会。

2001年，矿务局实行岗位工资制，专业技术职务的聘任不再与工资挂钩。

2003年10月，卫生、中学教师2个初级专业技术职务评委会进行调整。

2005年，矿务局组织工程、卫生、政工等3个初级评审委员会评审工作，115人取得初级专业技术职务，其中工程系列61人、卫生系列39人、政工系列14人、技校教师1人。

2006年，上报中高级参评材料54份：高级19份、中级35份，其中利用职称评审管理系统软件网络化申报17份、委托地方职评机构申报参评13份；审查并提交初评委参评材料73份，其中工程系列57份、政工系列16份。按照国家规定，为134名毕业生办理转正审批以及专业技术职务的认定工作。10月27日，调整工程技术初级专业职称评审委员会。

2010年12月23日，调整集团公司职称改革领导小组，下设职称改革办公室，设在组织干部处。同日，调整工程、政工和技工学校3个初级评审委员会。组织呈报各专业系列职称评审材料高级职称425份、中级职称789份、初级职称评审及考核认定材料1300余份。同年，经省煤炭局批复，临矿集团组建工程技术、卫生技术、中学教师、技校教师4个专业技术系列中级职称评审委员会和小学教师系列高级职称评审委员会。

2011年9月，印发《临沂矿业集团有限责任公司管理及技术人员职业发展暂行管理办法》，按照三层九岗设置管理和技术干部，规范专业技术职务岗位设置，完善专业技术职务聘任制度。

2012年3月，印发《关于调整临沂矿业集团有限责任公司职称改革领导小组的通知》，对职称改革领导小组进行调整，并调整工程技术职称、政工专业职称和技工学校教师职称初级评审委员会。

2013年4月，集团公司印发《技术岗位人员考核评价管理暂行办法》，对专业技术岗位人员建立年度和聘期考核评价制度。

2014年4月，调整临矿集团职称改革领导小组，并对工程技术职称、政工专业职称和技工学校教师职称初级评审委员会进行调整。

2015年末，临矿集团共聘任技术岗位人员278人。

2016年，集团公司制定《集团公司深化初级职称申报评审的实施意见》，打破职称申报壁垒，按照评聘分开、考评结合的原则，以政工职称作为突破口，进行职称申报及评审改革试点，当年85人申报政工职称评审。全年累计479人申报工程技术初、中级职称评审，其中有108人、143人通过初级、中级评审。

2018年，调整集团公司职称改革工作领导小组及工程技术职称、政工专业职称、技工学校教师职称初级评审委员会。

2020年1月，调整工程技术职称、政工专业职称、技工学校教师职称初级评审委员会。12月14日，调整集团公司职称改革工作领导小组。

1991—2020年临矿集团专业技术职务晋升统计表

表9-1-8

项目 年度	合计	职称结构						专业结构									
		正高级	副高级	中级	助理	员级	执业资格	工程	经济	会计	统计	审计	卫生	政工	教育	执业资格	其他
1991	346	–	6	67	113	160	–	60	6	9	2		18	217	33	–	1
1992	213	–	1	82	127	3	–	66	15	17	6	1	46	–	62	–	–
1993	215	–	29	44	35	107		15	21	124	34	2	16		3	–	–
1994	455	–	11	160	153	131		76	6	46	2	1	71	174	78	–	1
1995	327	–	53	46	114	114	–	96	12	30	10	1	62	28	82	–	6
1997	362	–	21	77	119	145	–	102	8	37	13	8	81	18	94	–	1
1998	325	–	22	90	90	123		73	6	11	1	–	80	73	80		
1999	306		36	114	155	1		48	23	54	5	1	75	47	51	1	1
2000	302		14	42	81	162	3	67	20	38	1	3	72	16	82	3	–
2001	235	–	20	47	67	98	3	39	10	23	2	–	77	26	54	3	1
2002	229		27	34	95	73	–	63	7	18	–	–	59	17	65	–	–
2003	280	1	29	55	82	113	2	91	26	14	1	–	49	25	72	2	–
2004	383		21	81	144	137		156	20	26		–	90	22	67	–	2
2005	353	1	13	86	125	120	8	150	24	40	2	–	79	33	17	8	–
2006	303	–	9	53	138	70	33	160	25	14	1	–	21	40	9	33	–
2007	182		12	35	100	15	20	120	15	14		–	1	9	3	20	
2008	302	1	10	39	175	54	23	186	17	9	2	–	8	46	11	23	
2009	328	–	7	51	171	78	21	223	29	14	2	–	1	25	13	21	–

续表

项目 年度	合计	职称结构						专业结构									
		正高级	副高级	中级	助理	员级	执业资格	工程	经济	会计	统计	审计	卫生	政工	教育	执业资格	其他
2010	358	1	16	54	181	83	23	235	35	14	1	–	4	38	8	23	–
2011	501	2	25	74	275	97	28	315	58	25	4	2	–	52	16	28	1
2012	585	2	26	99	352	76	30	395	58	28	4	2	1	62	8	30	1
2013	682	2	36	121	391	105	27	478	54	26	3	5	2	83	4	27	–
2014	499	–	28	98	303	37	33	303	45	29	1	4	6	66	12	33	
2015	434	4	28	128	218	33	23	289	34	14	1	4	4	55	10	23	
2016	293	3	25	98	117	25	25	157	31	14		4	5	51	6	25	
2017	339	–	4	179	88	60	8	283	23	9	1	–	2	13	–	8	
2018	363	4	47	168	89	55	–	301	5	3	–			48	6		
2019	459	6	64	198	117	64	10	330	24	19			1	63	6	10	6
2020	530	2	22	197	194	110	5	410	36	28	–	1	–	35	9	5	6

（五）内部退养

2006年2月，矿务局实施调研员工作制度。工资待遇执行局机关对应级别人员的80%（含基层单位调研员），安全风险金按局机关非生产处室相应级别管理人员下延一个档次执行（含基层单位调研员）；股金按管理人员的50%持股，其他待遇按有关规定执行。

2013年7月，集团公司制定《关于完善矿处级调研员和机关工作人员内部离岗的暂行规定》，矿处级（含总经理助理及副总师）男57周岁，女52周岁担任调研员；机关高级（工程）师、科级及以下工作人员距法定退休年龄3周年以内的职工，男管理人员、技术人员、工人57周岁，女管理人员、技术人员52周岁、工人47周岁，统一办理离岗手续，退出现任岗位。符合特殊工种提前退休条件的管理人员和工人，按相应法定退休年龄提前3年办理离岗手续。调研员、内部离岗待遇，自次月起执行本人岗位绩效工资80%，安全风险抵押金执行非生产同一职级的50%。

2015年4月，集团公司印发《关于聘任调研员和协理员及内部退养的管理规定》。明确调研员和协理员及内部退养的范围、条件和待遇。调研员的范围为集团公司副处级以上领导干部，协理员的范围为现在岗的高级（工程师）及以下技术人员、科级及以下管理人员。内部退养的年龄：正处级57岁（女52岁），副处级56岁（女51岁），高级（工程师）、科级及以下人员55岁（女50岁）。符合特殊工种提前退休条件的人员，按相应法定退休年龄提前3年担任协理员。基层单位副总（工程）师符合特殊工种提前退休条件的可按相应退休年龄提前2年担任协理员。机关在岗工人男55岁，女45岁，办理内部退养手续，符合特殊工种提前退休条件的工人按相应法定提前退休年龄提前3年办理内部退养手续。调研员待遇自次月起执行机关非生产同职级岗位薪酬加绩效薪酬总额的70%；基层单位调研员执行集团公司机关同级别待遇。协理员自次月起集团机关所有层级协理员执行非生产同职级岗位薪酬加绩效薪酬总额的70%。基层单位协理员按照集团公司的统一指导线执行。工人执行机关工人岗位薪酬加绩效薪酬总额的70%。基层单位工人按照集团公司统一指导线执行。

三、干部教育培训

1991—2000年，矿务局干部教育培训工作，根据上级主管部门下达的培训计划组织培训。

2001年，矿务局加强集中培训教育，先后组织工商管理知识培训、煤矿主导专业学历培训、急需专业专项培训等。

2002年，矿务局投资40万元，聘请北京经济管理干部学院知名教授，历时40天，分批对全局副处级以上领导干部及部分优秀中青年干部进行封闭式全天候工商管理知识培训。

2005年，与山东大学联合举办工商管理硕士研究生课程班，对全局142名局矿级管理人员进行为期2年的培训，并颁发工商管理培训合格证书。5名局级领导参加中南财经政法大学EMBA的培训教育。

2008年4月，临矿集团制定《关于2008年度专业技术人员继续教育培训计划的实施意见》，开展"653工程"继续教育。与山东科技大学合作举办采矿、机电专业1年脱产大学专业证书班，70人参加。

2011年10月，集团公司财务总监荣刚赴德国参加财政部组织的全国会计领军（后备）人才2011届企业类培训学习。

2017年4月，集团公司在浙江大学连续开展4期"思维转型、能力提升"专题研修，220名矿处级领导干部参加，学习成果汇编出版《之江问学》；相继举办8个专业500人参加的专题培训班；10月，组织"企业生产经营决策模拟"演练培训，共8个单位56人参加，提高领导人员企业经营决策与运营管理的协调性。

2018年，相继在集团公司党校举办专业性培训班。5月，举办大数据分析师培训班，47人参加；6月，举办2期财务共享培训班，230人参加；7月，举办信访网格员业务培训班，41人参加；8月，举办史志业务培训班，62人参加。

2018年8—9月，在华为大学举办4期"创新型临矿"高级管理人员和优秀年轻干部培训班，154人参加，学习成果汇编出版《华为论道》。

2018年10—11月，在浙江大学先后举办4期入库人才培训班，361人参加。

2019年5月，在集团公司党校，举办新任矿处级领导管理人员培训班，79人参加，为打造高素质的领导团队奠定基础。

2020年5月，临矿集团与浙江大学联合通过"云上课堂""云上直播"的形式，开展"后疫情时代企业化危为机-转型升级"培训，400人参加。8月2日—9月29日，组织开展"青年领军人才素质提升"培训班，分5期共315名人才库人员到浙江大学进行专题研修。10月21—28日，在浙江大学举办"大数据分析专业能力提升"培训班，50人参加。

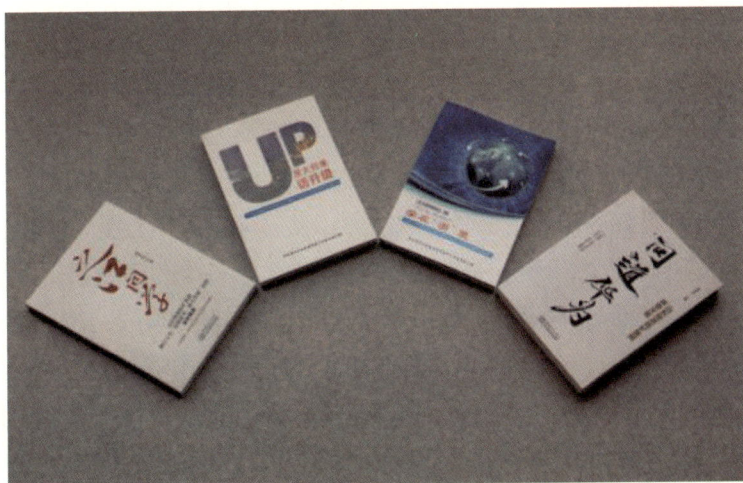

临矿集团干部教育培训理论研究成果（2018年）

四、人才招聘

（一）大学生招聘

1991—2000年，临沂矿务局录用各类人才主要是由上级主管部门指令性派遣。

2001年，矿务局开始进入校园招聘，同时面向社会进行人才招聘。

2002年，矿务局印发《关于引进高层次及急需专业毕业生的意见》，指导人才招聘工作。对招聘的高校毕业生，实行见习期1年，见习期间执行见习工资，本科生800元/月，专科生700元/月。

2006年，临矿集团成立，加大校园招聘力度，先后到中国矿业大学、山东科技大学、山东理工大学等高等院校进行校内招聘。

2011年3月，集团公司对新招聘的大学毕业生见习期工资进行调整，见习期为1年，地面、矿井专科毕业生1300～1700元/月，本科毕业生1700～2000元/月，硕士研究生2000～2400元/月。

2018年，先后到中国矿大、山东科技大学、德州学院、枣庄学院等开展2018届大学生招聘。建立"临矿招聘"微信公众号，与临矿集团大数据平台建设对接，更加方便快捷高效。同年，对新招聘全日制大学毕业生见习期工资待遇标准进行调整。新招聘的全日制大学毕业生，本科、专科执行1年见习期制度，硕士研究生执行半年见习期制度，见习期工资待遇执行标准：全日制专科毕业生见习期间工资待遇执行3500元/月，全日制本科毕业生见习期间工资待遇执行4000元/月，全日制硕士研究生见习期间工资待遇执行4500元/月；见习期间从事计件岗位的按计件计发工资，工资额不低于以上标准。见习期满后由所在单位进行考核，考核合格者进行转正定级，并按照所在单位从事的岗位或工种，对应套入岗位工资标准，新岗位工资标准低于见习期间工资待遇的执行原待遇标准。见习期满考核不合格者，延期3个月后重新考核。新招聘全日制大学毕业生为985、211院校毕业的或所学专业属于临矿集团急需紧缺专业的，见习期间工资待遇标准上浮20%执行，急需紧缺专业包括：地质工程、电气工程及自动化、矿物加工、工程管理（工程造价）、会计学（财务管理、金融学、审计学）、计算机技术（信息工程、软件工程）、人力资源管理、法学（法律）。新招聘全日制大学毕业生所学专业为年度招聘计划需求专业范围以外的，见习期间工资待遇标准下调10%执行。

2019年12月1日，在集团公司总部机关举行第一次应届大学生双向选择推介会，现场共有40名大学生签约。

2020年，疫情期间，依托线上平台开展大学生"云招聘"会，180多名大学生参加临矿集团总部的线上面试，签约70人。7月，制定《高学历人才津贴发放办法（暂行）》，规定：2020年7月以后正式入职的博士研究生、硕士研究生、双一流大学本科生及集团年度招聘计划需求专业范围内的大学本科生享受津贴发放待遇；申报具备的条件：具有相应的毕业证书和学位证书、遵纪守法、工作岗位上具有良好的职业道德和履职能力；发放标准：在工作岗位满1年后，临矿集团在3年内给予符合条件的博士研究生、硕士研究生、双一流大学本科生和年度招聘计划需求专业范围内的大学本科生10.8万元、7.2万元、3.6万元、2.88万元人才津贴；发放形式：按照逐年递增的形式进行发放，博士研究生、硕士研究生、双一流大学本科生、集团招聘范围内的大学本科毕业生在发放的第一年月度发放标准为2000元、1000元、500元、400元，第二年月度发放标准为3000元、2000元、1000元、800元，第三年月度发放标准为4000元、3000元、1500元、1200元。办法中还对发放的原则、专业分类、管理等进行明确的规定。

2002—2020年，临矿集团招聘的大学生主要来自中国矿业大学、山东科技大学、华北科技学院、河北工程大学、黑龙江科技大学、山东理工大学等高校的采矿、机电、安全工程、机械、电气工程等煤矿主导专业的应届毕业生。

1991—2020年临矿集团招聘大中专学生统计表

表9-1-9

年度	接收人数合计	学历构成				备注
		研究生	本科	专科	中专	
1991—2000	621	1	46	119	455	上级主管部门按计划进行派遣
2001	46	–	10	14	22	
2002	140	–	16	120	4	
2003	105	–	44	61	–	
2004	98	–	44	52	2	
2005	94	–	64	28	2	
2006	58	–	37	19	2	
2007	112	–	90	22	–	
2008	282	3	204	75	–	
2009	231	8	169	54	–	
2010	216	4	179	33	–	按招聘计划招聘
2011	253	18	222	13	–	
2012	251	31	220	–	–	
2013	166	–	–	–	–	
2014	93	–	–	–	–	
2015	29	–	–	–	–	
2016	38	–	–	–	–	
2017	42	4	38	–	–	
2018	162	8	154	–	–	
2019	170	12	158	–	–	
2020	208	17	168	23	–	

（二）社会招聘

社会招聘工作通过组织大规模招聘面试会和不定期举办小型招聘会进行。

2005年5月，矿务局通过《大众日报》《中国煤炭报》及山东人才网、临沂矿务局网站等媒体面向全国发布招聘信息。6月15日，通过网站、电话、传真及现场咨询、报名的人数总计3321人。经筛选有83人通过初核，后经过综合面试、健康查体，录用46人。对煤矿急需的采矿、地质、测量、安全机电、机械等专业，面向社会不定期地举办招聘面试会，至2006年末，共招聘61名煤矿主导专业的管理与技术人才。

2007年，面向社会组织3次小型招聘面试会，参加面试22人，聘用12人。2011年，通过市场化选聘，引进管理人员16人。其中处级4人、科级6人。

2013年，创新人才引进机制，加大优秀人才集聚力度，面向社会市场化选聘31人；刚性引进高层次人才4人，柔性引进4人。

2017年，通过社会化招聘，引进玻纤专业5名高端技术管理人才、2名部门级职业经理人、3名技术研发人员及1个物流贸易团队，拓宽柔性引进人才渠道。2018年，创新市场化人才选聘制度，建立市场化薪酬"一企两制"，面向全国选聘7名大数据分析师、智能化软件工程师，山东玻纤集团引入2个团队12名人才。

2019年，通过"市场化选聘"第四通道，面向全国招聘6名大数据、智能化软件开发建设和分析工程师。

五、人才培养

（一）学历教育

对口单招、协议招生。详见本志第十一篇文教卫生第一章教育第三节职工教育。

（二）人才管理

1994年，印发《临沂矿务局科技干部管理暂行规定》（讨论稿）。

1996年，对《临沂矿务局科技干部管理暂行规定》进行完善修订，对专业技术拔尖人才队伍的选拔范围、条件、管理办法作出规定：专业技术拔尖人才每2年选拔1次，实行4年制动态管理，管理期内享受30元/月技术津贴。12月，选ículo9名专业技术拔尖人才。

2000年，印发《临沂矿务局专业技术拔尖人才选拔与管理工作暂行办法》，遵循民主、公开、平等、择优的原则，按照基层单位推荐、局专业技术人才评审委员会评审和局党政联席会的研究批准的程序选拔人才。每2年选拔1次，4年制动态管理，管理期间享受规定待遇。12月，选拔15名专业技术拔尖人才。2001年12月，对专业技术拔尖人才进行调整。

2008年7月，印发《关于加快培养科区级管理人员的通知》，从学历层次高、实践经验丰富和表现优秀的毕业生中选拔科区级管理人员及专业技术人员。

2011年9月6日，印发《临矿集团人才工作目标责任制考核办法》；30日，印发《临沂矿业集团公司"十百千"人才工程实施方案》，确定利用3～5年的时间重点培养一支优秀的经营管理，高技能人才，领军的骨干人才队伍，到"十二五"末，重点培养造就生产经营关键技术和管理岗位的10名以上具有相当影响力的科技专家或管理专家；100名以上具有相当影响力的各个专业的拔尖人才或专业技术（学科）带头人；1000名以上优秀高技能操作人才。10月27日，制定《临沂矿业集团公司中长期人才发展规划纲要（2011—2020年）》，实施人才"开发""蓄才""塑才"3个人才重点工程，重点进行"党群、经营管理、专业技术和技能"4支人才队伍建设。

2012年1月，印发《推荐选拔集团公司"十百千"人才工程首批人选的通知》；3月26日，成立"十百千"人才工程评审委员会，评出"十百千"人才科技、管理专家9人，拔尖人才、专业学科带头人16人。

2013年4月，印发《临矿集团建立领导干部联系优秀人才制度的实施意见》；7月，印发《新入职员工大学生推行导师制和职业生涯规划实施方案》，莱芜煤机公司作为首批试点单位，先后有50名新入职大学生参与职业生涯规划和"导师制"培养，参与百个技术攻关和"五小成果竞赛"活动，取得90项科研成果，30名大学生学徒进入到企业中心技术研发团队，8人提拔到科级、副科级管理岗位，

16人带头承包科研攻关课题。

2015年1月，印发《临矿集团技术专家薪酬管理办法》，规定技术专家薪酬待遇由基本薪酬和专家技术津贴2部分组成，基本薪酬参照临矿集团机关业务处室同专业、同级别待遇执行，专家技术津贴执行每月5000元，在省外工作的基本薪酬增加20%。

2016年8月，临矿集团制定《集团公司机关与基层单位管理技术人员双向交流任职管理办法》，实施人才双向挂职制度。11月22日，下发通知，组织开展双向交流人员选拔工作。

2017年2月8日下午，临矿集团在总部机关召开机关双向任职座谈会，首批8名机关人员通过双向任职到基层单位进行挂职锻炼。

2017年，与浙江大学联合开展培训，全年培训员工700人。

2018年，印发《关于适应新时代新发展新临矿要求大力发现培养选拔优秀年轻干部的实施意见》，明确优秀年轻干部德才兼备的培养标准，推进年轻干部制度化、规范化、常态化。建立"三考一聘十二级台阶"人才选拔机制，聘任首席资深专家、首席专家、资深高级工程师等高层次技术人才14名，技术通道人才581人，技能通道人才306人，实现人才成长从"单序列"到"多通道"再到"全立交"的多维转变，连续2届入选山东省人才工作创新评选案例。组织38人"双向任职"交流锻炼。

2019年9月，印发《临沂矿业集团有限公司关于培养选拔人工智能（AI）工程师的实施方案》，落实人才强企战略，实施AI工程师培养建设工程，选拔146人分2个班进行培训，其中重点班41人，普通班105人。

2020年3月，完成第二批高层次人才的选拔评聘工作，聘任34名高层次人才，其中8名首席资深专家（享受临矿集团班子副职待遇）、14名首席专家（享受临矿集团副总工程师待遇）、8名首席高级（工程）师（享受正处级待遇）、4名资深高级（工程）师（享受正处薪酬的90%）。

第五节　纪检监察

一、组织机构

（一）机构队伍

1988年10月，矿务局成立监察处，设置办公室、监察科、案件审理科。有监察干部6人；其中，处长1人、副处级监察员1人、办公室1人、监察科2人、案件审理科1人。各单位相继成立监察科。

1990年3月，矿务局纪委工作机构改科为室，设办公室、纪律检查室、案件审理室，工作人员9人。

1991年12月25日，矿务局根据上级要求，监察处与纪委合署办公，实行一套机构、两块牌子，执行两种职能。全局有纪检专兼职干部29人。

1992年末，全局纪检监察干部42人。

1996年9月，矿务局机关机构改革，纪委、监察处由13人变为7人，职能不变。

2001年11月，矿务局机关机构改革，监察处与审计处合并为监察审计处，与局纪委合署办公，实行一套机构、三个牌子、三种职能的体制。副书记兼监察审计处处长1人、办公室主任1人、管理人员1人；案件审理室副主任1人、审理员2人；监察审计室主任1人、管理人员3人。全局有专兼干部46人。

2003—2005年，全局有专兼职纪检监察人员51人。其中，局级1人、处级3人、副处级17人、一般纪检监察干部30人。

2007年，临矿集团纪委监察处与审计处合署办公，纪委下设办公室、监察审计室、案件审理室。集团公司下设11个纪委，有5个基层单位设立专兼职纪检员，共有42名专兼职纪检监察干部。

2010年，临矿集团总部设纪委监察审计处，下设纪检监察室、案件审理室、办公室；基层纪委有17个，4个单位设副处级纪检员。专兼职纪检监察人员28人。

2015年12月，审计处与纪委监察分开，审计处单设。集团公司总部设纪委监察处，下设案件审理室、案件检查室、办公（信访）室；基层单位设12个纪委，4个单位设副处级纪检员。专兼职纪检监察人员52人。

2016年，临矿集团权属古城煤矿等13家单位设置监察科，专职负责纪检监察工作，专兼职纪检监察人员37人。

2017年3月，撤销纪委监察处，成立纪委监察部，内设机构为办公室、纪检监察室、案件审理室，行使监督执纪问责职能。权属古城煤矿等13个单位设置专职纪检监察机构，其中设专职纪委书记单位12家，设专职纪检员单位1家，专兼职纪检监察人员42人。

2018年，纪委监察部专职纪检监察人员7人，其中纪委副书记2人，纪委副书记、监察部部长1人，纪委副书记、检查室主任1人；各室设主任或副主任1人、会计师1人、助理政工师1人。集团公司纪检监察人员共有51人，其中，专职42人，兼职9人。

2019年，临矿集团纪委监察部设办公室、纪检监察室、案件审理室，有专职纪检监察干部8人。权属单位纪检监察人员48人。

2020年，临矿集团纪委监察部有专职纪检监察干部7人。权属单位纪检监察人员47人。各基层单位设立纪委和监察科。

（二）学习培训

1991—2000年，矿务局纪委、监察处坚持每年举办1次纪检监察干部培训班。培训内容有案件查办、信访举报，案件审理、会计等专业知识以及党规党法、党的纪律处分条例、刑法等相关知识。其间，共举办纪检监察干部业务培训班10期，培训纪检监察干部480人次，同时，全局纪检监察干部外出参加培训班共计92人次。

2001—2006年，局纪委监察处专门召开全局纪检监察干部会议，学习上级系列条规条纪和纪检监察业务知识，组织2次测试，合格率达到100%，90分以上的占95%。

2007年，集团纪委印发《关于转发山东省纪委、监察厅关于纪检监察干部严格遵守党的纪律加强廉洁自律的暂行规定的通知》《关于组织纪检监察人员进行业务学习考试的通知》《转发省国资委纪委〈关于在省管企业纪检监察人员中开展专业知识和有关法律法规学习的计划〉的通知》《建立健全教育、制度、监督并重的惩治和预防腐败体系实施纲要》《中国共产党纪律处分条例》《中国共产党党内监督条例》《中国共产党党员权利保障条例》《临矿集团关于印发〈党员领导干部报告个人有关事项的规定〉的通知》《基层纪检监察干部业务知识读本》等文件，开展"作风建设年"活动。

2008年，集团纪委先后组织2次纪检监察人员业务知识测试，有效提升纪检监察人员业务知识运用能力。并转发省纪委等4部门《关于加强全省国有企业党风和反腐倡廉建设的意见的通知》，对贯彻落实文件精神提出5个方面要求。

2009年7月，集团纪委转发省国资委纪委《关于省管企业纪检监察机构深入开展"做党的忠诚卫士、当群众贴心人"主题实践活动的通知》，把开展主题实践活动与加强纪检监察队伍自身建设紧密结合。

2011年3月，集团组织纪检监察人员学习《省管企业纪检监察信访监督工作暂行办法》《王仁元、谭成义和孔凡太同志在省管企业纪检监察工作会议上的讲话》，派员参加中纪委杭州培训中心纪检监察业务培训班。

2012年11月，集团纪委派员参加中纪委杭州培训中心举办的纪检监察业务培训班。

2013年4月，集团纪委派员参加中纪委杭州培训中心纪检监察业务培训班。7月，转发山东能源集团《关于进一步加强办案安全工作的通知》，组织纪检监察人员认真学习，落实办案安全责任，严格办案程序，严守办案纪律，确保办案工作安全。

2014年3月，集团纪委派员参加中央纪委北京培训中心纪检监察业务培训班。根据《临沂市纪检监察机关关于办理党风政风投诉举报的暂行办法》，组织各级纪检监察人员认真学习，严格遵照办法执行，规范办理党风企风投诉举报工作。

2015年4月，集团纪委派员参加中央纪委北戴河培训中心纪检监察业务培训班。6月，建立纪检监察工作季度例会制度。8月，4人参加省国资委纪委举办的省管企业纪委书记纪检监察业务培训班。10月，选派3人参加中央纪委北戴河培训中心纪检监察业务培训班。11月，组织纪检监察人员学习王岐山在纪检监察干部监督工作座谈会上的讲话，认真践行"三严三实"要求，树立纪检监察干部良好形象。

2016年，认真落实"三转"要求，做好监督执纪问责，工作重心转移到"管纪律"上。召开权属单位纪委书记述职评议会议。印发《临矿集团权属单位纪委书记、副书记提名考察办法（试行）》，对权属单位纪委副书记的提名、考察的程序、方式、责任划分等作详细规定。组织纪检监察人员观看中纪委专题片《打铁还需自身硬》，强化纪检监察人员的廉洁履职意识。编印《临矿集团纪检监察组织纪律审查程序规范》。

2017年3月，召开一届一次纪委全委会，选举产生临矿集团第一届纪委常委会，建立新一届纪委领导班子。在各单位共设立64名廉政监督员，在党支部配备纪检员，构建基层纪检监督网络。开展"一忠二严三管四新（忠诚，严明党的政治纪律、政治规矩，管思想、管作风、管行动，新能力、新作为、新素质、新形象）"主题实践活动，提升监督执纪问责能力。

2018年，集团纪委落实上级"大学习、大调研、大改进"活动要求，先后组织2批赴龙矿集团纪委、淄矿集团、新矿集团、肥矿集团和枣矿集团纪委进行对标学习。9月，组织10名纪检人员参加山东能源集团纪委举办的纪检监察干部业务培训会。11月，组织人员参加山东能源集团纪委组织召开的纪律审查统计分析业务培训。

2019年10月，举办纪检监察干部业务培训班，27人参加。

2020年10月，举办纪检人员业务培训班，邀请省纪委监委、济宁市纪委监委，山东省委党校和山东能源集团有关部室领导、专家授课。11月，选派11人参加山东能源集团纪委组织的纪检监察业务培训班，年度内纪检人员业务培训全覆盖。

（三）理论交流

1997年8月，矿务局纪委监察处成立党风廉政建设理论研讨理事会。9月，组织召开第一次全局纪检监察干部理论研讨会，有32篇论文在会议上进行交流，8篇论文获得一等奖。1998年9月，召开第二次全局纪检监察干部理论研讨会，36篇论文在会上进行交流，10篇获得一等奖，12篇获得二等奖，14篇获得优秀论文奖。

1999—2000年，分别召开第三、四次党风廉政建设理论研讨会，有22篇论文获得一等奖。

二、党风廉政建设

（一）惩防体系建设

1. 党风廉政建设工作会议

1991—2015年，临矿集团坚持每年3、4月，召开党风廉政建设工作会议，会议主要回顾总结上年度工作情况，安排部署本年度工作任务；表彰廉洁勤政干部、纪检监察工作先进集体和先进个人；与基层单位、部门负责人签订党风廉政建设目标责任书。

2016—2020年，坚持每年召开党风廉政建设工作会议，会议主要回顾总结上年度工作情况，安排部署本年度工作任务；表彰廉洁勤政干部、纪检监察工作先进集体和先进个人。集团公司党委书记与基层党委书记签订《主体责任书》、纪委书记与权属单位纪委书记签订《监督责任书》、分管领导与机关处室签订《廉政目标责任书》。

2. 体系建设

1991年，修订和完善《党风党纪责任制度》《惩治腐败促进廉政制度》《办事公开制度》和《两公开、一监督制度》，对党风党纪的责任作出明确规定，实行生产经营、党风廉政"双承包"。7月，矿务局召开党风廉政工作会议，根据上级要求，建立党风廉政建设"一票否决"制度。1992年，部署开展狠刹公款吃喝风、公款送礼风、公费旅游风和清理假单据、假工资单和涂改档案的谋私行为活动，解决个别领导干部在孩子、房子、票子问题上以权谋私的问题。1993年，坚持以反腐败为重点，建立规章制度14项165条；落实中纪委"5条规定11项不准"。1994年，落实实施中纪委五次全会对国有企业领导干部提出的"四条八不准"廉洁自律要求。

1995年，建立健全反腐倡廉制度，印发《关于反腐倡廉加强党风廉政建设的工作意见》《关于对副处级以上领导干部收受礼品实行登记制度的规定》《关于对副处级以上领导干部实行收入申报制度的规定》。1996年7月，印发《关于副处级领导干部重大事项实行报告制度的通知》。1997—2000年，建立新提拔任用干部上岗廉政谈话教育制度。1997年，局纪委对新提拔的5名副处级领导干部进行上岗前谈话，各单位对12名新提拔的科级干部进行上岗前谈话教育。

2001—2002年，印发《加强领导干部廉洁自律"十三个不准"的规定》《关于解放思想、干事创业，加强纪律和作风建设的八条意见》《关于严禁领导干部在婚丧喜庆事宜中大操大办的规定》《关于严禁领导干部驾驶公车的规定》《关于贯彻省管企业领导人员廉洁自律若干规定的实施办法的实施意见》等一系列廉政规定。2003—2004年，加强厂务公开工作，重点抓好局、矿（厂、公司）、工区3级网络的建立和监督检查工作，做到每月一调度、每季一检查，对公开不及时、不真实的单位和部门及时提出整改意见。

2005年，全面贯彻落实中央关于《建立健全教育、指导、监督并重的惩治和预防腐败体系实施纲要》，加强对各级领导干部的监督管理。印发《临沂矿务局领导人员廉政谈话制度》《关于加强全局各级领导干部及管理人员的亲属等廉洁自律有关规定的通知》，规范党员领导干部廉洁从业行为。2006年，矿务局建立巡视工作制度，先后对邱集、古城、新驿、田庄、株柏、马坊煤矿、莱芜煤机厂等7个单位进行巡视，发现问题30条。2007年5月，印发《贯彻落实〈建立健全教育、制度、监督并重的惩治和预防腐败体系实施纲要〉的实施意见》，建立督查考核机制，实行巡察制度、督查制度、完善责任追究办法，逐步建立起与公司现代企业制度相适应的党风廉政建设体系。2009年，印发《关于严格禁止领导干部驾驶公务用车的通知》，严禁公车私驾、公车私用。

2011年，实施"三重一大"决策制度。2012年，制定《临矿集团四级"三重一大"决策事项廉洁风险防控暂行办法》《临沂矿业集团有限公司民主监督暂行办法》《临矿集团生产经营管理重要业务廉洁风险防控暂行办法》《临矿集团（管理人员）岗位廉洁行为规范（试行）》《临矿集团廉洁风险预警防控暂行办法》《临沂矿业集团有限责任公司开展廉洁从业专项效能监察暂行办法》。

2013年，集团纪委制定《关于进一步改进工作作风密切联系群众的规定》《关于严格落实中央八项规定精神切实加强节日期间党风廉政建设的通知》;《关于加强公车管理的紧急通知》《关于加强节假日期间公车管理使用的通知》《关于转发中共临沂市纪委〈关于重申公务用车管理有关纪律〉的通知》。

2014年，集团纪委制定《关于进一步加强内部食堂公务接待管理的通知》《关于进一步加强领导干部廉政档案管理工作的通知》《关于印发〈关于推进反腐倡廉教育和廉洁文化建设的实施意见〉的通知》《关于转发〈中共山东能源集团纪委关于春节期间集中开展执行八项规定专项检查〉的通知》《关于转发〈关于加强春节期间廉洁自律工作〉的通知》《关于进一步严明纪律加强中秋国庆期间党风廉政建设的通知》。

2015年，集团党委制定《关于落实党风廉政建设主体责任的实施意见》和《关于落实党风廉政建设监督责任的实施意见》《关于进一步落实中央八项规定精神，深入纠正"四风"的通知》《关于严禁违规操办"升学宴"问题的通知》《关于建立临矿集团纪检监察工作例会制度的通知》。

2016年，印发《临沂矿业集团纪检监察组织纪律审查程序规范》《临矿集团廉政监督员制度》《临矿集团权属单位纪委书记、副书记提名考察办法（试行）》《关于进一步落实中央八项规定精神 强化"六个管住"要求的实施意见》《关于切实做好2017年元旦春节期间廉洁自律工作的通知》《关于对超标准使用办公用房问题进行清理整顿的补充通知》等，重点做好落实中央八项规定精神、重要时间节点进行廉政提醒、专项效能监察方面的工作。

2017年，集团纪委制定《临沂矿业集团有限责任公司纪委常委会议事规则（试行）》《纪检监察工作请示报告制度等三项制度》《临矿集团党风廉政建设工作联席会议制度》《关于加强党风廉政建设新闻宣传工作的意见》《关于重申严禁工作日和中午饮酒的通知》《关于切实做好2018年元旦春节期间廉洁自律工作的通知》《关于集中开展"六项

2018年6月15日，临矿集团在古城煤矿召开基层单位纪委书记座谈会，传达学习山东省属企业纪检监察机构《监督执纪常用文书汇编》。

纪律"学习教育的通知》《关于对集团公司矿处级领导干部及各级管理人员兼职取酬情况进行专项清理的通知》，加强监督检查，强化追责问责力度。

2018年，集团纪委印发《临矿集团党委落实全面从严治党主体责任情况报告》《关于印发〈履行全面从严治党主体责任清单〉的通知》《关于重申严格执行"三重一大"决策制度严禁领导干部插手重大工程、重大采购等问题的通知》《关于印发〈临矿集团党员干部纪律作风集中整顿活动实施方案〉的通知》《关于对形式主义、官僚主义问题开展专项巡察整治的通知》《关于下发〈临矿集团基层区队（车间）、科室"微腐败"专项整治活动的实施意见〉的通知》《关于印发〈开展全面从严治党自查自纠工作实施方案〉的通知》《印发〈关于受党纪行政处分的权属企业负责人考核及薪酬扣减有关意见（试行）〉的通知》。

2020年，集团纪委根据山东能源集团党委关于严格"八项纪律"、确保"三大稳定"的要求，制定"十强化、十严禁"制度；研究制定《基层区队活动经费管理制度》，紧盯区务公开、薪酬分配、岗位调整、社保管理等重点环节开展施治，加强对基层"微腐败"问题的治理。

（二）反腐倡廉教育

1. 主题教育

1991—2020年，临矿集团纪委围绕党风廉政建设和反腐倡廉工作，坚持一年一个主题教育活动，确立以矿处级领导干部和管"人、财、物"人员为重点对象的教育工作思路，强化领导干部的廉政自律意识和拒腐防变能力。

1991年3月，矿务局纪委在全局党员干部中开展"学党章、正党风、做合格党员"的主题教育活动，对全局副科级以上的党员干部学习情况进行测验，555名科级以上党员干部通过测验。

1992年4月，根据中共山东省纪委和中共临沂地区纪委的要求，在全局开展"反腐败、防演变"主题教育活动，举办36期学习班，760人参加，播放18场教育片，1800人收看。

1993年，继续开展以反腐倡廉为主要内容的党风党纪教育，制定学习教育计划和实施意见，举办42期党风廉政教育学习班，1086人参加；举办10场党风廉政报告演讲，1608人收听。

1994年，开展党员理想信念教育和党的基本知识教育活动。

1995年，开展"学条规、守纪律、作表率"教育活动，组织3次条规知识考试和知识竞赛，3670名党员干部参加；举办1期纪检监察干部学习班，42期学习班，1100人参加；举办4场专题报告会、6期图片展览、宣传廉政勤政集体8个、树立先进个人42名。

1996年，开展学党纪政纪条规教育活动，3670名党员干部参加学习活动，173名副处级以上领导干部参加测验，平均成绩98.1分。

1997年，开展"政策法规年"活动，认真学习《中国共产党纪律处分条例》《廉洁从政若干准则》《行政监察法》，举办9期学习班、培训320人。

1998年，围绕"政策法规年"活动，重点加强对党员干部的廉政教育和条规学习教育，举办3期分管人财物部门的负责人学习班和1次知识竞赛活动，召开1次学习法规经验交流会。

2001年，开展以"理想、信念、纪律"为主题的专题教育活动，组织领导干部进行廉政知识答题活动，将成绩存入个人廉政档案。同时，开展学习《中国共产党党内监督条例（试行）》和《中国共产党纪律处分条例》活动。

2003年，开展以艰苦奋斗、廉洁从业为主题的教育活动，举办9期学习班，培训320人。8月，组织开展廉洁从业知识测试活动，矿处级领导干部测试平均分数在96分以上，中层干部测试在97分以上。

2004年，开展以"为民、务实、清廉"为主题的专题教育活动，组织中层以上党员干部观看《立党为公、执政为民》《王怀忠的两面人生》等教育片。

2005年，开展"廉洁奉公、执政为民"的教育活动，以权力观教育为重点，围绕自律学廉、承诺倡廉、守规保廉、节日送廉、案例警廉、谈话醒廉、群众评廉、组织考廉等方式内容开展活动，并举办学习《实施纲要》知识竞答活动，局级领导知识答题平均得分97.72分，矿处级领导平均97.1分，科级平均96.8分，优秀率100%。

2006年，开展树立社会主义荣辱观教育和"读一本廉政好书，写一篇体会文章"廉政教育活动。

2007年6月，开展"廉政自省日"活动，建立"廉政学习日制度"。8月，开展"算好清廉七笔账树立正确权力观"专题教育，组织"上一堂反腐倡廉专题讲座课、看一次警示教育专题片、剖析一起严重违纪违法典型案例、开一次专题讨论"活动。

2008年，有计划分步骤地组织开展"艰苦奋斗、勤廉创业，为打造临矿百年基业建功立业"主题教育活动。

2009年，开展以"领导人员讲一次党课、组织一次廉政教育参观、观看一次反腐倡廉电教片、学唱一首廉政歌曲、组织一次廉政知识测试、进行一次廉政谈话"为主题的"六个一"活动。10月9日，组织1076名党员干部参加廉政知识测试，平均成绩95分以上。

2010年，开展学习宣传贯彻《中国共产党领导干部廉洁从政若干准则》知识测试活动。

2011年，开展"以人为本 执政为民"主题教育活动。

2012年，开展"恪守从业道德 保持党的纯洁性"教育实践活动，向4138名党员发放《领导干部廉洁从政教育读本》《领导干部从政道德启示录》《恪守从业道德、保持党的纯洁性教育读本》等书籍；坚持每月1次"纯洁性活动日"，组织各级管理人员观看教育片110场，7600人观看，上党课50堂，撰写学习心得体会文章270篇；组织全体党员和管理人员分17批、6920人到红色教育基地接受教育；编印《应对廉洁风险30个怎么办？》小册子，提醒各级管理人员准确识风险、巧妙避风险。

2014年，首次将领导干部德廉测试范围扩大到副处级领导人员，做到领导人员全覆盖，德廉测试一次性通过率95%。

2015年，开展"学习一准则一条例"主题教育活动，向3649名党员发放《中国共产党廉洁自律准则》《中国共产党纪律处分条例》，对矿处级领导干部进行廉政考试，以考促学、以学促行。

2016年，开展党纪党规教育活动，组织集团公司152名副处级及以上党员管理人员参加省纪委组织的德廉和党风党纪知识测试，优秀率100%。组织集团公司机关副科级以上党员干部和权属单位矿处级党员干部闭卷考试，成绩平均得分94.97分，及格率97%。

2018年，加强基层工区级管理人员廉洁教育，举办基层工区长（车间主任）党规党纪专题培训，对134名工区长、车间主任进行廉政教育。

2019年，开展以"讲政治、讲纪律、讲规矩、树正气"的"三讲一树"为主题的教育活动，对近两年新提拔的70余名矿级管理人员进行专题培训；举办"六大纪律"专题讲座、预防职务犯罪专题讲座；组织临矿集团机关52名新提拔科级管理人员到临沂市沂蒙党性教育基地、廉政教育馆接受廉政警示教育活动，使中层干部队伍中的"新生力量"上好履新第一课。

2020年，以"五个一"为主线，组织开展一系列反腐倡廉教育活动。召开一次警示教育大会，1000人接受警示教育；开展一次廉洁风险排查，共排查重点风险点214条，制定整改措施322项；开展一次廉洁谈话，通过集体约谈与个别谈话的方式，实现廉洁提醒谈话全覆盖；签订一份廉洁从业承诺书，累计签订承诺书2844份；举办一堂廉洁党课，开展廉洁党课120场，参与1538人。

2. 典型案例教育

1991—2020年，利用"案例警廉教育"强化反腐倡廉工作，采取播放典型案例影视片、以案说纪、刊登典型案例等形式方法，开展各类"案例剖析教育"20次，利用《纪检监察简报》，刊登典型案例32期，剖析临矿集团典型案例5期，以身边的事教育身边的人，接受教育达26220人。

1993年，组织党员干部观看《新中国第一大案》《禹作敏》《贿赂忧思录等》5部影视片，播放63场，观看人数达4342人，编写宣传材料370份。利用矿务局某矿职工报销医药费假发票案、某厂销售科长贪污货款案，进行案例剖析说教，促进广大党员的廉洁守规意识。

1996年，本着"廉洁自律抓自觉、树形象"的工作思路，以正面典型教育为主，大力开展学、树领导干部廉洁从政形象活动，树立被评为山东国有重点煤矿10名廉洁勤政干部之一的繁星实业公司党委书记、经理杜朝学为廉洁自律勤政干部，组织党员干部学习其事迹。活动中，共举办报告会4场，图片展览6期，宣传廉洁勤政集体8个。

2004年，购买《地狱门前》一书，发给各单位党政领导人，并组织大讨论教育引导领导干部牢固树立执政为民的思想，自觉遵守党纪条规。

2013年，组织临矿集团全体党员干部观看反腐倡廉警示巡回报告会，报告会以"现身说法"的形式，揭示工程建设、招标投标、选人用人等领域的腐败行为。同时组织机关党员领导干部及"四管"人员学习中央和各级文件精神，编辑"三问、三思、三省"廉洁教育学习心得优秀作品专刊，提高广大党员干部的廉洁自律意识。

2014年9月，组织召开反腐倡廉警示报告会，用典型案例深入剖析违反中央"八项规定"的现象和原因，列出20条负面清单，共2300人接受教育；组织3200名党员领导干部观看《刘贞坚腐败案件警示录》光盘。副处级以上领导干部撰写心得体会，提升党员领导干部廉洁从业意识。

2017年，开展领导干部廉洁从业教育活动，组织160名矿处级党员领导干部到邹城监狱和临沂监狱接受教育，听取服刑人员现身说法，组织2场预防职务犯罪专题报告会，观看中纪委拍摄的反腐专题片《永不停歇的征程》警示教育片，让"珍惜岗位、廉洁从业、远离犯罪"的理念深入人心。

2018年10月，为加强廉政教育，在临矿党校组织召开警示教育大会，对2017年发生的3名原矿处级领导干部犯罪案例进行剖析，取得明显的教育效果。有130名副处级以上领导干部参加会议。组织观看《巡察利剑》《失控的雅好-王传民严重违纪违法案件警示录》等6部警示教育片，有1010人观看。

2020年11月，在开展"五个一"反腐倡廉教育活动中，组织党员干部观看《蜕变的灵魂》警示教育片，从"任人唯亲、任人唯钱、破坏政治生态、无视八项规定、贪图奢靡享乐"6个方面，剖析榆林市原书记严重违纪违法的典型案例，

2020年11月25日，临矿集团党委组织召开警示教育大会。

增强党员干部廉洁自律意识和拒腐防变能力。

（三）党风廉政建设责任制

1. 签订目标责任书

2000年4月，局委开始执行签订党风廉政建设目标责任书制度，责任书的内容主要包括责任目标和考核奖惩两个方面，每年签订1次。2001年5月，修改完善目标责任书部分内容，责任内容由5条改为6条。2004年4月，签订党风廉政目标责任书的范围，由各级党组织扩大到各级党政班子成员与各分管处（科）室（部门）。2010年，各基层单位也层层签订目标责任书。

2000—2003年，集团党委与各基层党委签订党风廉政建设目标责任书69份。2004—2020年，集团党委与各基层单位党委、机关

2018年3月9日，临矿集团纪委书记祁方坤（左）与基层单位纪委书记签订党风廉政建设责任书。

各处室签订党风廉政建设目标责任书651份。2010—2020年，各基层单位层层签订目标责任书6017份。

2. 党风廉政建设责任制考核

临矿集团党风廉政建设和反腐倡廉工作实行定期党风廉政建设责任制考核。

1991—2000年，每半年进行1次考核，实行百分制，将检查内容分解列项打分，并对检查情况进行通报。2001—2006年，改为每年1考核。2007—2012年，按照党风廉政建设责任制和目标责任制不定期进行检查和考核。

2013年，制定《临矿集团党风廉政建设责任制考核办法》，开展2次党风建设和反腐倡廉工作检查，发现问题21条，对落实党风廉政建设责任制不力的3个单位进行通报批评。根据基层单位领导班子和机关管理人员年度工作考核结果，对3名矿处级、5名科级人员进行诫勉谈话，降低其年薪10%。

2014年5—6月，对23个基层单位落实党风廉政建设责任制情况进行检查考核，查出存在问题120条，提出整改建议90条，提出整改要求；对4名处级领导干部进行诫勉谈话。对机关处级领导干部2013年度落实党风廉政建设责任制民主考评，根据考评结果，对3名处级领导干部进行诫勉谈话。

2015年初，制作"两个责任"《落实清单》和《落实台账》，明确6大项、20个小项的工作任务。7月开始，对17个权属单位落实党风廉政建设责任制情况进行全面检查考核，对"两个责任"落实情况进行巡查，查出问题120条，提出整改建议90条。根据民主测评结果，制定《约谈方案》，分别对19名矿处级干部进行廉政谈话，对5名矿处级干部进行诫勉谈话。

2016年，成立检查组对权属单位党风廉政建设责任制落实情况进行检查考核，查出存在问题42条，分别下发反馈意见、提出整改措施63条。约谈8名考核结果较差的矿处级人员和13名填报个人重大事项报告不实不全矿处级人员。

2017年4—5月，对14个基层单位落实党风廉政建设责任制情况进行检查考核，查出共性问题5条、个性问题12条，逐一反馈意见，限期整改。

2018年1—2月，对13个权属单位党委落实党风廉政建设责任制情况进行全面检查考核，查出共性问题6条、个性问题7条，逐一反馈意见，限期整改。

2019年，集团党委先后对13个权属单位党委落实党风廉政建设责任制情况进行全面检查考核，提出6个方面的共性问题、14条整改建议。

2020年，临矿集团党委组成两个检查考核组，先后对13个权属单位党组织落实党风廉政建设责任制情况和2020年度巡视整改情况进行全面检查考核，提出问题41项、整改意见51条。

（三）廉洁风险防控

2010年8月，临矿集团积极推进岗位廉洁风险防控机制建设工作，召开岗位廉洁风险防控机制建设工作专题培训班3期、专题报告会2场，确立邱集煤矿、亿金公司、运销公司为推进岗位廉洁风险防控机制建设试点单位，制定《山东能源临矿集团廉洁风险防控工作实施方案》，建立全方位、全覆盖的廉洁风险防控制度体系。

2011年9月，临矿集团在邱集煤矿召开集团公司廉洁风险防控工作经验交流和全面推动会，廉洁风险防控工作全面铺开；11月，召开岗位廉洁风险防控第二阶段推进会，共查找风险点9672个，其中一级风险点1371个、二级风险点3147个、三级风险点5154个。

2012年，继续深化廉洁风险防控工作，健全完善岗位职责说明书、岗位职责目录、廉洁风险防控预警预控表、业务运行流程图等，形成廉洁风险防控管理模板。系统编制《临矿集团廉洁风险防控制度汇编》《临矿集团廉洁风险防控管理手册》《临矿集团廉洁风险防控管理工作指导手册》。各单位和机关处室逐级厘清职权，查找岗位廉洁风险点，制定有针对性的防控措施。清理登记权力事项2311项，其中临矿集团本级120项，直属部门246项，所属单位1945项。绘制流程图14283个，查找风险点18820个，规范业务流程310项，建立预警预防制度720项。制定防控措施135452条、修订完善制度1822项，实现廉洁风险管理全覆盖；制定《临矿集团四级"三重一大"决策事项廉洁风险防控暂行办法》《临矿集团重点领域（重要业务）廉洁风险防控暂行办法》，对集团、二级公司、三级公司和科区（车间）"四个层次"实行防控，明确各层级机构"三重一大"的决策范围，强化"三重一大"事前防控，做到及时预警处置。6月13日，省国资委党委在临矿集团召开廉洁风险防控管理工作推进会，推广集团公司廉洁风险防控管理做法。10月16日，《大众日报》用整版篇幅对临矿集团廉洁风险防控管理作专题报道。为推动廉洁风险防控进岗位、进生活、进家庭，编印《应对廉洁风险30个怎么办》手册，告知提醒各级管理人员准确识风险、巧妙避风险、人情规风险。制定量化考核标准，构建廉洁风险防控工作评价体系，由12个一级指标、31个二级指标组成。

2013年，开展"廉洁风险防控回头看"活动。2月，制定《临矿集团2013年廉洁风险防控管理提升意见》，实施全面防控，重点推进，对新提拔使用的21名矿处级干部、79名科区级干部和175名关键岗位人员的廉洁风险点重新进行修订完善，对自身岗位风险"回头看"，使查找和防控岗位廉洁风险与工作的延伸更新同步进行，保证风险查找、辨识和防控不断线。推行项目化管理、信息化监督、制度化防控、权力规范化运行、管理常态化提升"五化"管理，促进廉洁风险防控融入中心工作。制定《临矿集团关于推进廉洁风险防控管理工作长效机制建设的实施意见》，将廉洁风险防控工作纳入党风廉政建设责任制建设。

2014年，编印《廉洁风险20个负面清单》手册。

2018年，将临矿集团廉洁风险防控工作经验和流程进行梳理规范，作为纪检监察工作标准化内容之一，编入《新时期国有企业基层党建工作标准化研究》。

2019年，根据廉洁防控机制，突出监督检查职责，加大风险点的排查力度，完善各项责任机制。编制古城煤矿《"微腐败"风险防控预控工作规则》，形成一套针对科室（区队）微腐败治理规范化、制度化的预防防控机制。在王楼煤矿试点建立矿主要领导、分管领导、单位部门负责人、各支部书记、纪检委员、特邀群众监督员为主题的"六位一体"党风廉政建设责任捆绑机制。

2020年，开展重点领域、重要岗位和关键环节的廉洁风险自查自纠工作，累计排查137条廉洁风险，制定针对性措施175项，全面查找容易出现廉洁风险点的因素及环节，建立临矿集团重点领域廉洁风险管控台账。

（四）案件处结

1991年，立案4起，查结4起，处理党员4人，其中，党内警告2人、撤销党内职务1人、留党察看1人，科级3人、一般干部1人。

1992年，因违反计划生育政策查处2人，其中党内严重警告1人、留党察看1人。

1993年，来信来访68件次，查结61件次，办结率90%。立案12起，其中，党内案件4起、政纪案件8起、结案11起。处分党员4人，其中，党内严重警告3人、党内警告1人。受政纪处分8人。查处塘崖煤矿某职工报销医药费13607元的假发票案、水泥厂销售科某科长5450元水泥货款贪污案、总厂供销科某业务员48504.75元焦炭货款贪污案、汤庄煤矿机关某干部道德败坏案、株柏煤矿工资科某干部挪用公款案等。

1994年，来信来访46件次，查结42件次。立案5起，查处5起，处分党员5人（党内警告1人、严重警告1人、留党察看3人；处级1人、科级1人、一般干部1人、工人党员2人）。

1995年，立案4起，查处4起，处分党员4人，其中党内警告3人、留党察看1人。

1996年，来信来访49件次，查结落实46件次，处理10人。立案查处违纪案件3起，处分违纪党员、干部5人，其中，开除党籍2人；挽回经济损失9.43万元。汤庄煤矿查处1起万元以上的贪污案，草埠煤矿党委对违法的1名科级干部作出开除党籍的处分。

1997年，来信来访57件次，调查落实46件次，处理36人，开除19人。

1998年，共处理31人，其中因安全违章处理13人、违反计划生育10人；科级17人、职工14人。立案8起，处理8人，其中开除党籍1人、警告1人、严重警告1人。

1999年，来信来访28件次，查结12件次，立案查结6起。处理党员干部8人，其中开除党籍2人、留党察看2人、党内严重警告3人、党内警告1人；处级1人、科级4人、一般干部1人、工人（党员）2人。

2000年，来信来访8件次，查结3起，挽回经济损失2万元。共处理党员干部8人，其中，处级2人、科级5人、一般党员1人。

2001年，立案6起，处理党员干部21人。其中，矿处级7人、科级13人、一般党员1人。

2003年，来信来访24件次，调查落实20件次，处理6人。其中，处级2人、科级4人，落实和澄清5个单位6位领导干部的问题。

2004年，来信来访15件次，初核8起，立案8起，处理党员31人。其中矿处级16人、科级14人、其他1人；开除党籍2人，党内警告处分6人。

2005年，来信来访12件次，落实12件次，立案1起，7人受到党政纪处分。

2006年，来信来访23件次，举报电话5人次，1人受到党纪处理。因安全事故问题7人受到责任追究。

2007年，来信来访18件次，查结4件次，处理党员干部4人。其中，开除党籍3人、留党察看1人；处级2人、科级2人。

2008年，来信来访19件次，全部查结。立案1起，查处1人，给予党内警告处分，科级干部。

2009年，来信来访16件次，查结16件次，立案2起，查处2人，给予党纪处分，挽回经济损失30万元。

2010年，来信来访和网上举报、电话举报23件次，对13件来信进行处置。

2011年，来信来访和网上举报、电话举报35件次，对10件来信进行落实。

2012年，来信来访7件次，网上举报、电话举报13件次，立案1起，处分1人，给当事人留党察看、行政撤销职务处分（副科级）。

2013年，来信来访22件次，全部予以处置。立案2起，处理党员干部3人，均给予党内警告处分。其中给予行政记大过处分2人、记过处分1人；处级干部3名。

2014年，来信来访31件次，全部查结，立案5起，处理5人。给予党内警告处分3人、党内严重警告1人、撤销党内职务1人；同时给予行政记过处分1人、降职1人。

2015年，来信来访23件次，全部予以处置，立案4起，处理18人。其中因安全管理不善14人受到党纪处理；其他4人因违规违纪受到党纪政纪处分，1人受到撤销党内职务处分、3人受到党内警告处分；均为科级干部。

2016年，来信来访31件次，全部查结，立案15起，处理17人。给予党纪处分11人；一般干部6人、处级2人、科级9人；挽回经济损失5.29万元。

2017年，来信来访64件次，全部予以处置，立案12起，处理18人。给予党纪处分16人；矿级4人、科级12人，一般人员2人。临矿集团安全监察局原副局长李某，株柏煤矿原党委书记、矿长侯某，株柏煤矿原副矿长吕某严重违法犯罪问题，被分别判处有期徒刑，并给予开除党籍、解除劳动关系的党政纪处分。

2018年，来信来访64件次，谈话函询7件次，初步核实52件次，了结5件次。立案13起，处理19人。处分党员15人、非党员4人。

2019年，共收到来信来访48件次，其中了结1件次，函询1件次，初核46件次，立案4件次，给予党纪政纪处分13人，给予组织处理11人。

2020年，来信来访55件次，谈话函询1件次，暂存待查1件次，了结8件次，初步核实45件次，立案11件次，给予党政纪处分和组织处理97人，其中党纪处分35人、行政处分33人、组织处理29人。

三、监督检查

（一）专项治理民生诉求管理

1995年6月，组织人员对公安、学校、医院、计划生育等单位和部门有关收费问题进行专项清理，共清理金额23万元。

1996年5月，对全局领导干部住房和执行房改政策情况进行清理登记，对清理出的领导干部占用2套住房问题进行纠正。6月，对公款购买安装的通信工具进行清理登记。全局公款购买的移动电话29部，BP机47个，程控电话56部，通过清理取消公款电话2部，查出并取缔"小金库"3个，收缴金额9.37万元。

1998年4月，对全局住宅公务电话和移动电话进行清理整顿，取消住宅电话2部，收缴移动电话6部，追回因工作调动带走的电话1部。

2001年，对个人借欠公款进行专项清理，特别对陈年旧账逐一排查摸底，采取停班还款、停止调动等措施，共清回欠款740万元。

2003年5月21日—6月5日，对古城煤矿等14个单位的物资采购供应、仓库管理情况进行检查，查出问题37条，对存在的问题限期整改。

2006年，对矿务局部分单位擅自兴办经济实体进行清理整顿。通过自报、清理，对严重违反规定，擅自集资入股，兴办实体，造成亏损的2个单位进行处理；对集资入股兴办车队的2个单位进行清理，挽回损失100万元。

2007年，重点对物资供应、财务管理、煤炭运销管理、工程建设管理和劳动用工管理等方面的制度执行情况进行监督检查。

2008年，执行《关于严格禁止利用职务上的便利谋取不正当利益的若干规定》，重点抓好治理领导干部违反规定收送现金、有价证券、支付凭证和收受干股，利用婚丧嫁娶等事宜收钱敛财等问题，清理纠正领导干部在住房上以权谋私的问题。各级领导干部认真贯彻执行礼品登记上交等4项规定，全年礼品礼金登记上交折合价值7万元。

2009年，对临矿集团企业领导职数、企业领导人薪酬发放情况开展专项检查自查自纠。经排查，除省国资委和省煤炭局核定的薪酬、安全风险金外，其他形式如加班费、单项奖励、福利费等情况未发生，临矿集团未进行职务消费货币化改革，领导班子的通信费、住宿费、招待费等按照规定标准报销。

2010年7月，开展"小金库"专项治理工作，发现2个单位存在"小金库"，资金全部追回。

2011年，加强对"三重一大"决策制度执行情况的监督检查，重点对2008年以后投资在3000万元以上的重大项目进行自查。

2012年10月12—18日，对各单位落实加强生产经营管理的42条措施情况开展专项检查。

2014年12月，开展超标车清理专项活动和内部亿元以上投资项目专项检查。

2015年，对集团本部及各单位是否存在企业领导人员关联交易和利益输送问题开展自查自纠。

2016年，对机关总务处、工会等9个机关部门2012年以来的财务收支情况进行专项检查，共查出问题28条，提出整改意见12条。

2017年1—3月，对各权属单位开展食堂和工会费用使用情况专项检查，发现工会管理存在库存现金超限等问题13条，发现食堂管理存在大额现金支付等问题14条，分别提出整改意见；4月，开展严肃财经纪律专项检查，重点对招待费、大额报销、大额现金支出等问题进行清理整顿，对检查发现的14个突出问题进行整改；4月24日—5月11日，对各单位基建投资和改造升级项目"三个严禁"执行情况进行专项检查，发现未批先建、计划外投资列入生产成本等问题7条，提出整改意见6条；10月，开展违规兼职取酬专项清理。

2018年3月，组织对相关工程的合规性检查认定，发现存在无计划工程、超权限自行招标等问题，检查工程结算价款5.8亿元；4月，对权属单位开展落实"三重一大"决策制度专项检查，查出基层单位决策程序不严密、制度建设不规范、会议记录不详细等多项共性问题，提出整改建议。

2019年3月14—29日，组织对临矿集团2018年1月以来物资、设备等招标采购业务进行专项检查，查出突出问题12条，提出处理建议12条。5月，开展煤场专项检查，发现煤场管理不严不细、制度规定不全等7类问题，责令单位限期整改，对相关责任人进行经济处罚。

2020年6月15—30日，对权属单位"三重一大"决策制度落实情况开展专项检查，发现问题7条，提出处理建议5条；8月，根据能源集团要求，先后对483人次兼职取酬、经商办企业信息进行清查核实，204人退出兼职。

（二）效能监察

1996年，监察部门以加强企业管理和提高经济效益为中心，堵塞管理漏洞，完成效能监察3项，发现违法违纪金额4.4万元，避免经济损失12万元。

2001年，重点围绕生产经营管理的薄弱环节，开展执法效能监察。坚持每年2次的物资供应、煤炭运销、财务管理大检查，查出问题130条，完善措施80条。对建设工程项目开工、竣工预算实行监督，全年共审查工程项目16项，审查资金8400万元，审减资金760万元。

2004年，围绕提高企业经济效益开展执法效能监察。2005年，继续加强对物资设备采购供应的监督检查。

2008年，对在建工程项目会宝岭铁矿、光力士公司池窑拉丝、王楼二号井、内蒙古矿区建设等6个重点工程开展专项效能监察，查处问题30项，提出整改措施28项，节省资金380万元。

2011年，对2008年以来立项、在建和竣工的投资在3000万元以上的重大投资项目进行自查，对军城煤矿和会宝岭铁矿等7个项目进行检查，未发现建设项目的审批、投资计划、未批先建、决策失误等问题。

2012年，聘请山东天元同泰会计师事务所专业人员组成专项效能监察组，对17个权属单位、8个公司机关单位、实体进行专项效能监察。

2013年，开展招投标专项效能监察，对招投标程序不规范、管理不严密、制度有漏洞的6个单位责令整改；开展执行财经财纪和经营风险评估工作，发现问题20条，形成《重要业务风险效能监察情况通报》，对存在突出问题的4个单位、9名责任人进行通报批评和经济处罚。

2014年5月，对16个单位2013年度和2014年1—5月的财务收支、投资管理、劳动用工、薪酬发放等经营情况进行专项效能监察；对各单位2013年度经营管理和财经财纪执行情况进行检查，发现搞面子工程、未严格执行临矿集团招投标管理规定等问题，涉及13个单位、7类问题；11月，开展外委工程和劳务派遣专项效能监察，发现问题23条，提出整改意见，对一重要线索进行立案调查。

2015年初，针对"五小"（小食堂、小澡堂、小费用、小轿车、小金库）问题开展专项检查；3月，对各单位2014年度经营管理和财经财纪执行情况进行效能监察，找出资金管理、投资收益预期降低等11个经营和廉洁风险；8月，对2015年上半年各单位盈亏情况进行核实，发现调增当期利润、当期费用资本化等7个问题，限期整改。

2016年一季度，对权属单位巧立名目乱发奖金补贴等问题开展专项效能监察，对3个单位主要负责人和纪委书记进行约谈，对16名违规突击提拔的干部取消任命决定，对违规发放的奖金津贴全部清缴，对2名直接责任人给予调整工作岗位处理；3月，在菏泽煤电公司开展职工工资收入分配专项效能监察，发现套取工资、瞒报工伤、工区分配权过大等问题12条，提出整改意见5条；7月，对株柏煤矿技改项目和鲁北公司2015年以来新建项目进行专项效能监察，发现招标程序不严谨、合同签订不规范等问题16条，提出整改意见11条。

2017年10月，对2016年以来权属单位工业3.0+改造升级、新旧动能转换、大数据五大平台建设的新设备及新工程项目进行全面效能监察，完成对古城煤矿、田庄煤矿、王楼煤矿、菏泽煤电公司的监察工作，涉及投资103项，金额11.16亿元，发现"三重一大"制度执行、招标项目履行招标程序不严等问题。

2018年3月，对基层单位落实"三重一大"决策制度执行情况进行专项检查，查出决策程序不严密、制度建设不规范、会议记录不详细等问题；对12个权属单位2014—2017年临时性追加工程、非计划性工程、非重点工程的合规性进行检查认定，发现存在无计划工程、超权限自行招标等问题，检查工程结算价款5.8亿元。

（三）落实八项规定

临矿集团党委、纪委和权属单位党委及纪检监察组织以落实中央八项规定精神为切入点，结合实际制定改进作风的具体办法，把纪律挺在前面，抓早抓小、寸步不让，以钉钉子精神推动作风建设在坚持中深化、在深化中坚持，促进作风整体好转。

2013年，规范公务用车管理，对集团31辆超标公务用车按规定进行纠正处理，印发《关于加强节假日期间公车管理使用的规定》《关于加强公车管理的紧急通知》，对规定运行费用进行单车核算，限额管理。开展2次落实中央八项规定精神专项效能监察、4次专项巡视和多次暗访。对3名在工作作风等方面存有"四风"苗头性问题的人员，集团纪委分别给予廉政谈话。全面开展会员卡清退专项活动，集团公司84名专兼职纪检监察人员、242名矿处级及以上领导干部实现会员卡零持有、零报告。会议费同比减少490万元，下降69.9%；招待费同比减少357万元，下降13.97%；差旅费（含出国境差旅）同比减少679万元，下降40.92%。

2014年初，印发《关于进一步加强内部食堂公务接待管理的通知》，将企业领导人员公务用车、公务接待、通信费用、差旅标准等逐项划定最高限额，规范报销流程，严格责任追究。坚决清理处置超标公务用车，成立超标公务用车处置工作领导小组；印发《关于限时做好集团公司超标公务用车清理处置工作的紧急通知》，对集团及基层单位超标公务用车进行清理处置。4月，针对中午饮酒问题，对8个单位进行专项突击检查。中秋节前，制定《关于进一步严明纪律加强中秋、国庆期间党风廉政建设的通知》，明确"严禁滥发奖金实物"等20个严禁，切实加强节日期间的"四风"专项整治工作。对违反中央八项规定精神的1名副处级领导干部、4名科级管理人员进行党纪、政纪处分和组织处理。规范职务消费管理，印发《临矿集团关于进一步规范企业负责人职务消费管理的试行意见》等5个规定性文件，转发上级纪委各类通报14件。

2015年，坚持以"四种形态"为指引，落实中央八项规定精神，转发上级纪委各类通报11件次，印发规定性制度8项。在五一、端午、中秋、国庆等重要时间节点，成立专项巡查组，分批次对17个权属单位落实中央八项规定、深入纠正"四风"进行专项巡查。12月，开展巧立名目乱发奖金补贴等问题专项清理整顿工作，对是否存在巧立名目乱发奖金补贴、公款吃喝旅游、超标用车用房等问题进行清查。收到2件违反中央八项规定精神问题信访件，给予6名责任人党纪、政纪处分和组织处理。

2016年，针对重点问题、重要时间节点早提醒、早预防、早打招呼，明确"十个严禁""六个管住"要求。坚持监督不断线，对15个权属单位进行34次督查。对6个单位突击检查中午违规饮酒问题，在清明、国庆等重要节假日期间，对各单位落实"节假日公车封存"制度执行情况进行抽查。6月，对严禁操办升学宴进行集中警示提醒。9月，对领导人员落实中央八项规定精神开展专项检查和清理整改工作，对各单位班子成员办公用房进行统一清查整改，完成办公用房清理整顿工作。11月，对4个主要负责人调整的单位进行"四个突击"问题专项检查。查处违反中央八项规定精神问题1件，给予党纪政纪处分2人，给予组织处理和经济处罚6人次，约谈5人，并下发通报，公开曝光

2017年，临矿集团纪委制定《关于重申严禁工作日和中午饮酒的通知》，制作《临矿集团禁酒令"约法三章"》，在各级机关及食堂悬挂，提出"凡是顶风违纪、工作日中午饮酒的，一律先免职后处

理"等"五个一律"要求。高考结束后，重申严禁违规操办升学宴的禁令，明察暗访。开展"禁酒令"、节假日公务用车封存制度执行情况专项检查12次，开展落实中央八项规定精神廉政提醒15人次。编印《不可逾越的红线——落实中央八项规定精神文件和通报汇编》。

2018年，将落实中央八项规定精神作为"及格线"狠抓不懈，出现违反中央八项规定精神问题的单位，党风廉政建设责任制考核一律定为"不及格"，党建类评先树优一律"一票否决"。共下发、转发上级纪委各类文件规定、典型问题通报11件次，对落实中央八项规定精神督导督察17次，开展"禁酒令"专题暗访5次，开展专题约谈7人次。

2019年，制定《关于进一步严格落实中央八项规定精神 加强作风建设的工作意见》，明确5类32项具体工作任务。在重要节假日、升学季等重要时间节点，均通过微信、短信等方式进行廉洁提醒，签订《不违规操办"升学宴"承诺书》140份。

2020年，集团党委继续加强作风建设，驰而不息落实中央八项规定精神，举办违反中央八项规定精神案例巡回展，深入开展落实中央八项规定精神专项巡察和专项治理"回头看"活动，对查出的8个方面16条问题下发专题通报，对自查自纠查摆的42条问题进行整改，对基层单位1起违反中央八项规定精神的问题进行查处。

（四）科技监督

2018年9月，在临矿集团实施大数据建设和五大平台建设的基础上，临矿集团纪委与浪潮公司合作，探讨开发建设科技防腐平台。通过对平台采集的数据进行分析研判，有效嫁接廉洁风险防控管理理念，及早发现廉洁风险，进行及时预警预控。

2018年11月，大数据纪检监督平台建设确定"三步走"（风险预警、监测为主；完善纪检监督制度体系；全面公开透明、行为可控）路线图。

2019年，围绕"四项费用、招标采购、工程建设、干部管理、合同审批和三重一大"六大管理模块进行重点监控，完成8个纪检监督库的建设，初步实现事前、事中、事后的全程监管、全程监督。

2020年9月，纪检监督平台正式上线运行"三重一大"线上监督管理模块，把"三重一大"事项酝酿、决策、执行3个层面与风险管控有机整合，设置821目录清单，将基层单位上报的"三重一大"事项全部上传、上报、上平台。实现对205项议题的全程监督，其中重大事项决策116项、重要干部任免28项、重要项目安排34项、大额资金使用27项，实现对权力运行监督的全领域、全过程、全覆盖。

四、党委巡察

2006年，矿务局建立巡视工作制度，先后对邱集煤矿、古城煤矿等7个单位进行巡视，主要从生产经营、安全管理、财务管理、党风廉政建设、领导干部廉洁自律、热点问题等方面入手，采取听、查、看、问、谈等多种形式进行，发现问题30条，及时提出整改意见，并写出巡视情况报告。

2010年3月—5月，对古城煤矿等16个单位进行工作巡察，了解和发现有待解决的问题50项，提出建议64条。

2012年4月，开展落实临矿集团42条措施情况专项巡察，发现问题12项，提出整改建议9项。

2014年，按照《省国资委巡视整改工作领导小组关于做好省委巡视组反馈意见整改落实有关工作的通知》要求，对落实党风廉政建设主体责任等5类问题进行整改。

2016年8月25日—10月14日，能源集团党委第二巡察组对临矿集团进行巡察。

2017年1月20日，能源集团党委第二巡察组到临矿集团反馈巡察意见。23日，临矿集团党委召开整改落实工作部署会，对整改落实工作作出具体安排。25日，制定整改落实总体方案和落实整改任务清单，部署开展整改工作。能源集团第二巡察组共反馈问题35条，全部整改完成；移交问题线索5件，已办结5件（其中查否4件）；移交信访件5件，办结5件，办结率100%；对查实的典型案例，作出公开通报2期，共通报案例11件；根据巡察反馈问题和移交信访件、问题线索等，立案1件，给予党政纪处分2人，组织处理3人，通报批评11人，经济处罚12人，约谈14人；根据巡察反馈意见建议新制定或修订规范性文件23个；立案审查违反中央八项规定精神问题1件，给予党政纪处分2人。

2017年9月1—27日，对株柏煤矿开展专项巡察，共查出46条问题，提出整改建议17条。11月22日—12月8日，对技师学院开展专项巡察，共查出问题42条，提出整改建议17条。

2018年3月26日—4月13日，对新驿煤矿开展巡察，查出问题44条，提出整改建议21条；6月19日—7月6日，对王楼煤矿开展巡察，查出问题76条，提出整改建议36条；7月18日—8月13日，对田庄煤矿开展巡察，查出问题69条，提出整改建议31条；8月29日—9月28日，对邱集煤矿开展巡察，查出问题60条，提出整改建议14条；9月25日—10月24日，对会宝岭铁矿开展巡察，查出问题42条，提出整改建议16条；11月13日—12月7日，对上海庙矿业公司开展巡察，查出问题43条，提出整改建议18条。6月，对株柏煤矿和技师学院巡察问题整改落实情况开展"回头看"，对管控不力、失职失责的管理干部分别给予组织诫勉、谈话提醒。8月，开展形式主义、官僚主义专项巡察整治。8月—9月，对机关党委和8家省内外单位开展定向检查，发现53条问题，形成问题清单和整改清单。11月，推进形式主义、官僚主义专项巡察整治活动，形成自查自纠报告，完善问题整改台账。

2019年，先后完成13家权属单位的内部巡察工作，组织民主测评和问卷调查936件次，组织谈话890人次，发现问题655条，提出整改建议234条。

2020年，对权属单位纪检专业巡视整改工作进行督导，共督导14次。对5家基层党组织集中开展内部巡察"回头看"，完成对技师学院、株柏煤矿的第二轮巡察。7月1日—10日，对11家权属单位落实中央八项规定精神情况开展专项巡察，查处问题17条，提出整改意见3条。12月，对山东玻纤集团党委开展内部巡察。

第六节　宣传教育

一、宣传工作

（一）思想政治工作

1991年，局委组织开展思想政治工作达标创优活动，制定《临沂矿务局思想政治工作达标创优考核细则》。局党委及基层单位领导班子，建立健全中心组理论学习制度。中心组学习做到"五有"（有组织、有领导、有计划、有内容、有学习秘书）、"二簿"（学习签到簿、讨论记录簿）、"四制"（考核制、汇报制、抽查制、通报制）。开展六好（班子素质好、队伍作风好、思想政治工作好、安全生产好、民主管理好、经济效益好）区队建设，各单位抓1个创建六好区队活动的试点，矿务局对各单位活动情况，半年进行1次检查，年终进行总结评比表彰。

1992年11月，局委执行中煤总公司党组《关于加强和改进煤矿"六好"区队建设工作的通知》精神，各单位按照局委的要求，把活动摆上党政工团工作的重要日程，于12月底前完成本单位建设"六好"活动规划、实施细则、意见的重新修订任务。

1993年，"六好"区队建设检查考核工作按新修订的细则和意见执行。

1994—1996年，围绕实现全局扭亏解困的目标，面对市场经济的新形势持续做好职工思想政治工作。1995年8月，矿务局被临沂市委命名为"市级思想政治工作优秀企业"。

1997年，制定《关于深入贯彻中共中央〔1997〕4号文件进一步加强和改进党的建设工作的实施意见》，局委及权属单位党组织调整党组织机构设置，围绕脱贫解困做好思想政治工作，形成党政工团齐抓共管机制。

2000—2001年，局委执行山东煤管局党组《关于加强和改进全省煤炭行业思想政治工作的意见》，强化思想政治教育内容，紧密结合实际改进思想政治工作的方式方法，完善思想政治工作机制，切实加强党对思想政治工作的领导。局委围绕改革改制开展职工思想状况调研活动，各单位党组织对职工队伍的思想状况进行调查；局委组织调查组对9个单位的1000余名干部职工进行问卷调查，召开多种形式的座谈会32次。2001年4月，矿务局被临沂市委授予全市思想政治工作优秀企业称号。

2002年，以做好关井破产单位和下岗职工群体的思想工作为重点，矿务局领导亲自接待或安排有关部门搞好职工来信来访工作，深入细致地宣讲上级政策，解疑释惑，化解矛盾，引导职工正确理解和对待下岗。有针对性地开展职工思想状况调研活动，针对第二批改制单位职工思想状况，组织有关人员进行调查研究，逐个写出调查报告，针对热点、难点、疑点问题做好疏导工作。

2003—2004年，在思想政治工作中大讲企业改革的必然性，教育干部职工认识到，企业进行改革的终极目标是让企业好起来，提高效益，让职工得到更多的实惠；宣讲企业改革的政策规定，把改革的政策规定原原本本底交给职工，让他们理解并吃透政策，明确政策界限，消除对改革政策的误解，更好地依靠政策维护自身利益；让职工明白只有抓住改革机遇，才能激发企业的生机与活力，增强干部职工支持改革、参与改革的意识和自觉性。

2005—2006年，局委根据《中国共产党章程》和中央、省委和省国资委党委有关文件精神，制定《临沂矿务局党委关于加强和改进党的建设工作的意见》，改进提升思想政治工作。各级党组织把培养有理想、有道德、有文化、有纪律的职工队伍，作为企业思想政治工作和精神文明建设的根本任务，努力提高职工的思想道德素质和科学文化素质；坚持以人为本，尊重人、关心人、理解人、帮助人，把思想教育和严格管理结合起来，把解决思想问题与解决实际问题结合起来。

2007年，临矿集团进行法人治理结构改革试点，集团党委适应试点要求，在党建工作中创新管好思想、管好方向、管好政策、管好干部、管好文化、管好群众的"六个管好"的思路和措施，党建思想政治工作更加贴近新体制、贴近基层、贴近群众、贴近实际。

2008年，坚持"有为、务实、创新"抓党建的工作思路，探索临矿集团在公司治理结构条件下加强和改进党建思想政治工作的新思路和新方法；围绕发挥党组织作用，与山东科技大学共同完成《临矿集团改革发展模式》课题研究；在省国资委的部署下进行国有企业政治优势转化为企业核心竞争力和党群人才队伍建设2个课题的研究和实践，为发挥企业党组织作用提供经验。

2009—2010年，按照省国资委党委要求加强党群人才机制创新试点工作，打破过去政治工作"见人不见物"和"见物不见人"的两极思维定式，提出各级党群人才的"五师"（政策解答的宣讲师、经营管理的助推师、文化建设的工程师、职工价值追求的引导师、心理健康的调节师）标准和要求。

2010年5月，省国资委在省管企业人才机制创新工作会议上，对培养党群"五师"型人才的创新做法给予肯定。《临矿集团改革发展模式研究》被省科技厅授予山东省软科学优秀成果一等奖，《国有企业政治优势转化为企业核心竞争力》课题被评为山东省职工思想政治工作研究会优秀成果二等奖。

2011年，临矿集团党委在创先争优活动中注重创新，将对标管理纳入创争活动中，确立争创"五型"党组织和"十来"党员的目标，开展"树标、对标、评标、追标、励标"等系列活动。10月15日，在山东重工潍柴集团召开的省管企业创先争优推进会上，临矿集团将对标管理机制引入创先争优活动，确保活动常态化、长效化的做法受到会议的肯定和好评。

2012年，集团党委注重加强党建品牌建设，培育出"文明和谐、平安企业""创先争优、党内对标""党群人才队伍创新""岗位廉洁风险防控""感动临矿人物评选""青工创新工作法命名""优秀大学生（青工）创新团队建设""企业文化创新""和谐劳动关系""责任临矿"十大品牌。

2013年，煤炭行业"黄金十年"终结，煤炭企业遭遇十年未有大变局，集团党委突出市场导向，确立坚持面向市场，融入中心、融入管理、融入人心"一个面向、三个融入"的工作格局，以"应对危机渡难关、难中求进谋发展"主题教育活动为载体，在集团公司开展解放思想、改革创新、形势任务"三项教育"，各单位利用工作会、"六大攻坚战"推进会、经济运行分析会、职工学习日等时机，在全体职工中广泛开展"四性"（市场经济残酷性、无情性、竞争性、优胜劣汰性）教育，帮助职工解放思想，转变观念。提出"四不"（不回避、不懈怠、不折腾、不张扬）工作基调。临矿集团被评为山东省优秀职工思想政治工作研究会。

2014年，煤炭市场危机加剧，成为全国煤炭行业十多年来最为艰难的一年，对临矿集团来说是困难最大、压力最重、付出最多的一年。思想政治工作坚持"融入中心、融入人心"的工作思路，坚持团结稳定鼓劲、正面宣传为主，实施思想政治工作和人文关怀并重的工作方式，在维护职工合法权益的同时加强思想引领、舆论引导、心理疏导，把职工思想工作做实、做透，凝聚集团上下共克时艰、度危求进的思想共识。

2015年，多重危机和压力下，临矿集团制定《临沂矿业集团党建思想政治工作考核办法（试行）》，在矿处级干部中开展学习《论持久战》等经典名著活动，逐级开展"四新"形势任务教育，举办职工演讲比赛、征文比赛、组织"四新"教育文艺展节目赴各基层单位进行巡回展演。

2016—2019年，确立"发展是硬道理、挣钱是真本事、党建是大动力"工作格局，建立信息沟通、工作协调、管治结合、党政融合的运行机制，将党建思想政治工作与经营、安全管理相融合，党建思想政治工作提升到一个新高度。印发《临矿集团领导班子建设20条纲要》，明确提出加强政治敏锐能力、管理提升能力、资本运营能力、学习创新能力建设。学习十九大会议精神，紧跟新时代，探索建设符合实际的党建一体化工作网络阵地，普遍建立微信群、QQ群，实现办公、交流和信息共享的快节奏和高效化。各类微信公众平台彰显"互联网+宣传"的

2017年11月3日，临矿集团第一期学习贯彻党的十九大精神党务人员培训班在浙江大学开班。

优势，在矿区形成较好的舆论氛围。

2020年1月，在全体员工中开展临矿集团第一位"数字员工"卡通形象及命名征集活动，"煤亮子"成为临矿集团第一位数字员工。9月，在山东能源集团联合重组期间，开展面向全体员工的职工思想状况问卷调查和"讲大局、聚合力、保稳定、促发展"形势任务教育。在山东省企业文化高峰论坛暨《文化的力量》企业文化建设成果文集发行仪式上，山东玻纤集团被授予2020年度山东省企业文化建设先进单位称号；株柏煤矿被授予新时代企业文化建设与党建互融互促示范单位称号。

（二）职工思想教育

1991年，由于东欧剧变，国家经济出现暂时困难，局委在全体党员、干部和职工群众中开展社会主义思想教育活动，活动以学习科学社会主义理论和进行党的社会主义初级阶段的基本路线教育为重点，以"六忆六看"（忆旧社会劳动人民的苦难史，看没有共产党就没有新中国；忆个人家庭生活的变化史，看只有改革开放才能富中国；忆我国四十一年社会主义建设史，看只有社会主义才能救中国；忆我局及本单位的发展史，看只有走社会主义道路才能发展中国；忆中国人民反帝反封建的斗争史，看中国革命由中国共产党领导、中国人民选择社会主义道路的历史必然性；忆社会主义与资本主义两条道路的斗争史，看坚持社会主义道路的曲折性，反"演变"、反渗透、反腐蚀斗争的长期性、社会主义最终战胜资本主义的必然性）为主线，进行群众性学习讨论活动。整个教育活动自3月开始到年底结束。活动期间，分别召开煤炭生产单位和地面单位社会主义思想教育活动经验交流现场会。8月21日—9月2日，局委通过所属19个单位检查验收，及格率为100%。

1993年，株柏煤矿职工社会主义市场经济教育演讲比赛。

1992—1994年，矿务局转换经营机制、破除"一大三铁"，局委在全局职工中开展社会主义市场经济教育活动，引导广大职工加深对十四大精神和邓小平关于建设由中国特色社会主义理论的学习，提高对建立社会主义市场经济体制重大意义的认识，解放思想，更新观念，清除疑虑，振奋精神，明确目标和责任，积极投入到社会主义市场经济活动中去，为企业改革开放和提高经济效益做出积极贡献。矿务局被临沂地委宣传部、临沂地区经委、临沂地区工会、临沂地区职教办等部门表彰为全区企业职工社会主义市场经济教育先进单位。

1995年，局委部署开展十四届四中全会精神的宣传教育、爱国主义教育、道德法制教育，举办社会主义思想教育骨干培训班，组织参加纪念抗日战争和世界法西斯战争胜利50周年全省职工爱国主义知识竞赛活动。在全局开展领导干部学孔繁森、基层干部学习王廷江、广大群众学习韩素云的"三学"活动。

1996—2000年，面对全局扭亏解困的新形势，矿务局围绕"改革发展和扭亏增盈"主题，组织职工学习社会主义市场经济理论、邓小平建设有中国特色社会主义理论，以及《煤炭法》等法规，并借香港回归系列庆祝活动等多种形式的理论教育活动，对职工深入开展社会主义、爱国主义、集体主义教育，加强社会公德、职业道德、家庭美德教育，激励职工弘扬艰苦奋斗、无私奉献的创业精神，增强万众一心、奋力扭亏的坚强斗志。

2001—2003年，矿务局实施"一年起步、两年大上，三年实现扭亏为盈"发展战略，全面构建现代企业制度，为配合全局改革发展工作的落实措施，充分发挥思想政治工作在改革发展中的教育、引导作用，局委在全局干部职工中开展"解放思想、更新观念、适应形势、促进发展"为主题的学习教育活动、"讲形势、讲任务、讲责任、讲奉献"和"同是一局人，共分一局忧"等活动，提高职工改革发展意识、机遇意识、市场经济意识、创新意识、政策及法律意识。

2004年，开展"学海尔、学青岛港、学许振超"活动，企业学海尔、企业党委学青岛港、职工学许振超。各单位运用中心组学习、党团活动、政治学习日等有效形式，形成浓厚的学习争创氛围。

2005年，针对部分党员干部职工存有创业激情减退、拼搏意志松懈、艰苦奋斗意识淡漠、享乐主义抬头、骄傲自满倾向滋生等思想和行为，局委在党员干部职工中集中开展以"保持清醒头脑、保持创业激情、开展二次创业"为主题的学习教育活动，引导广大党员干部职工保持清醒头脑，克服各种不良思想和作风，激发创业意识，换发创业激情，保持精诚团结、励精图治、敢为人先、跨越发展的勇气和动力，再造矿区党员干部职工的新思想、新风貌、新气魄。

2006年，集团公司党委印发《关于广泛开展社会主义荣辱观宣传教育活动的通知》。各级党组织和工会、共青团组织按照社会主义荣辱观的基本要求，组织各种形式的学习，开展群众性道德实践活动，推动矿区形成知荣辱、树新风、促和谐的文明风尚。

2007年，开展现代企业制度学习年活动。重点学习《临沂矿业集团有限责任公司章程》《临沂矿业集团有限责任公司董事会议事规则》《临沂矿业集团有限责任公司总经理工作规则》《临沂矿业集团有限责任公司监事会议事规则》《临沂矿业集团有限责任公司党委会议事规则》等。

2008年，集团公司围绕"奋战五年，二次创业，打造临矿百年基业"开展"奋战五年、二次创业、打造临矿百年基业我该怎么办"大讨论、感动临矿新闻人物和"创业功臣"评选、"创业功臣"事迹巡回报告等10大系列活动，利用有线电视、广播、简报、宣传栏等媒体，宣传活动中涌现的先进单位、先进人物的模范事迹，提高干部职工干事创业的信心和激情。

2009—2011年，印发《临矿集团"二次创业"有关问题调查问卷》，在调查摸底的基础上，在广大干部职工中组织开展"二次创业"大讨论大宣传活动，各单位充分运用多种宣传阵地和手段，宣传临矿集团改革发展取得的巨大成就，宣传"临矿人"不畏艰辛、顽强拼搏的奋斗精神，宣传临矿集团面临的新形势，宣传二次创业、建设强富美新临矿的光明前景，宣传实现二次创业宏伟目标的新举措，增强"临矿人"不懈奋斗的意识和永不止步的精神。

2012年，开展"知形势、明企情、亮家底、提信心""应对挑战、创新创效、喜迎十八大"主题教育活动和"思想大解放、资源大开发"大讨论及让十八大精神"进班组、进党员、进职工、进决策、进管理、进发展"等系列活动，增强大机遇、大发展、大开发的紧迫感和工作积极性、主动性。同年，临矿集团获得全国五一劳动奖状、山东省企业文化建设成果十佳单位称号，保持山东省思想政治工作优秀企业、山东省企业文化建设示范单位和省级文明单位称号。

2013—2014年，组织十八大精神学习，开展"应对危机渡难关、难中求进谋发展"主题教育，弘扬和继承自强不息、顽强拼搏的精神，危中求生、穷则思变的精神，万众一心、共克时艰的精神，特别能吃苦、特别能战斗的精神，坚定战胜困难、奋力前行的信心和决心，凝心聚力推进各项任务目标的落实。

2015—2016年，开展社会主义核心价值观宣传教育，把社会主义核心价值观作为职工日常教育的内容，通过开展以培育和践行社会主义核心价值观为主题的征文比赛、优秀电视片展播等活动营造浓厚氛围，使社会主义核心价值观逐步内化为职工群众的精神追求，外化为职工群众的自觉行动，为企业生产经营和突围转型提供强大精神动力。

2019年9月17日，临矿集团党委"爱党爱国爱企爱岗、向新中国成立70周年献礼"主题宣讲活动启动仪式。

2017—2018年，开展以"深化改革怎么看、面对改革怎么办、参与改革怎么干"为主题的大讨论活动和以树立"四个意识（政治意识、大局意识、核心意识、看齐意识）"、坚定"四个自信（中国特色社会主义道路自信、理论自信、制度自信、文化自信）"、做到"四个服从（党员个人服从党的组织，少数服从多数，下级组织服从上级组织，全党各个组织和全体党员服从党的全国代表大会和中央委员会）"为主要内容的大宣讲活动，最大限度挖掘上级改革政策红利，消除精神上的慵懒、散漫、懈怠，破除畏缩不前、迷茫无措、等待观望的不良思想，为领先性"四富临矿（企业富强、资源富裕、职工富有、客户富足）"高质量发展提供坚强的思想保障。

2019—2020年，以新一轮思想、管理和技术三大变革为主题，开启干部职工"思想裂变"之旅，以对标找差、自我评判、问题指引赋能高质量发展，通过不断地外出对标学习，开阔视野、提升境界、拓宽思路，提升新时代临矿发展的思想动能。

（三）意识形态工作

2018年12月12日，集团党委按照中央、省委、能源集团党委对意识形态工作的部署要求，印发《中共临沂矿业集团有限责任公司委员会关于进一步加强和改进意识形态工作的实施意见》《临矿集团意识形态工作联席会议成员单位责任清单》《临矿集团各级党组织意识形态工作责任清单》《临矿集团各级党组织意识形态工作责任制管理负面清单》《临矿集团各职能部门、各级党组织意识形态工作对照检查体系》，集团党委意识形态工作开始走向规范化、制度化、体系化。党委每年专题研究意识形态工作2次，召开意识形态和宣传思想工作领导小组会议2次，每季度召开意识形态跨部门分析研判会议1次，每月召开舆情会商研判会议1次，每年召开涉宗教意识形态工作会商研判会议1次。

2020年5月9日，集团党委成立意识形态工作领导小组，党委书记、董事长刘孝孔任组长，党委副书记、总经理鲁守明，党委副书记、工会主席何祥成，党委常委、纪委书记靳家皓任副组长。

2020年11月17日，集团党委印发《临矿集团党委意识形态阵地管理实施细则（试行）》，以12章47条内容，明确9大类意识形态阵地的管理措施、主要责任和监督责任，按照"谁主管、谁主办、谁负责"的原则，责任落实到个人，实施流程管控可追溯，杜绝错误思想和理念在任何渠道传播。

2020年11月24日，临矿集团党委成立意识形态和宣传思想工作领导小组、意识形态和网络安全工作领导小组，党委书记、董事长张圣国任组长。

2021年1月22日，临矿集团党委办公室印发《关于进一步加强和改进意识形态工作的通知》，明确

10大项"规定动作",意识形态工作体系日趋完善。

（四）党校

1997年9月15日，局委成立业余党校，李加夫任校长，杨跃林、张书军、陆云高任副校长，李泉任教务主任。

1998年3月16日，局委印发《局党委党校1998年培训计划》。4—10月，举办宣传科长、领导骨干、基层工会主席、支部书记、中青年干部、团干部6个班次的培训班，共培训460人。

1999年3月18日，局委下发1999年度党校理论轮训计划的通知。4—9月举办8期邓小平理论与党的十五大精神培训班，共培训328人。

2000年4月10日，局委下达《关于2000年党校理论培训计划》。4—9月，举办8期基层党委书记、矿（厂）长、经理、纪委书记、副处级领导、基层党支部书记和优秀中青年干部等为期3～5天的培训班，培训336人。

2017年7月，成立临矿集团党校，设在王楼煤矿军城井。8月30日，举行临矿集团党校揭牌仪式暨第一期党支部书记培训班开学典礼，形成以党校、干校、团校、工校、职工培训学院，构建"四位一体"管理新格局、"五校合一"管理模式。8月30日—9月2日，70名党支部书记及党务工作者参加首批培训；9月5—8日，权属单位73名支部书记参加第二期培训；9月24日—9月28日，举办119名党员发展对象培训班。2017年，共计培训262人次。

2018年3—8月，党校组织十九大精神和山东能源集团党代会精神宣讲团，分别到古城、新驿煤矿、菏泽煤电公司、上海庙矿业公司、陕西永明煤矿及集团机关等13个单位进行宣讲，受众3400人次。5月4日，聘任王学兵、田国志为党校客座教授；李宪寅、高志勇、李德志、郭书雷、田凯为党校兼职高级讲师；范立斌、菅光超、邵群、徐霞、郭帅、孟凯、马敏、孙运梅、刘华欣、李小玉、张丽丽为党校兼职讲师，聘期为3年。8月，集团公司投资1000余万，对党校学员公寓、餐厅、培训楼教室及报告厅等后勤及教学设施设备进行升级改造，能够满足260人同时培训。全年完成党支部书记培训、"新·老党员"十九大精神专题培训、党员发展对象培训、工区队长党规党纪培训以及专业人才库培训等23个班次，2022人的培训任务。

2019年3月2日，聘任刘春峰、赵太强、张明、崔希国、刘金顺、王统海、赵治国为临矿干部学院客座教授，李善祥、彭立正、齐宝华、任小红、刘长富、厉波、李海燕为兼职高级讲师；史军、兰庆文、虢富娜、王文文为兼职讲师。聘任刘中军为临矿集团党校客座教授，邓志宏、赵钦营为兼职高级讲师，张红芳、高连庆、郭良金、陈桂磊、刘金婷、张银萍为兼职讲师；聘期3年。3月、9月，党校教师组成"奋力建成智能智慧临矿""爱党爱国爱企爱岗向新中国成立70周年献礼"主题报告宣讲团，到13个基层单位进行宣讲，受众7200人。全年先后举办党支部书记、党员发展对象、新任矿处级管理人员以及财务、智能化开采、煤质洗选、群监员、青安岗员和对标管理管理、"不忘初心，牢记使命"主题教育读书班等25个专题培训班，共培训1582人。

2020年3月2日，聘任孔祥堂、郑士东、闫陶章、张海涛、吴涛、邵长余为党校、干部学院客座教授；张广金、龙禄财、高建平、王全勇、张晓明、张军为党校、干部学院兼职高级讲师；张传法、王德民、田福海、姜新、王洪运为党校、干部学院兼职讲师；聘期为3年。受疫情影响，党校大规模培训于7月开始，先后组织新任党支部书记示范培训、党员发展对象、纪检人员培训以及意识形态（宣传思想）和信访稳定工作、物资供应和工程管理人员廉政培训、财务人员素质提升、智能开采（AI工程师）培训、党的十九届五中全会精神等24个专题培训班，共培训1648人。

（五）政研会

1. 矿务局职工思想政治工作研究会

机构。1984年8月29日，矿务局职工思想政治工作研究会（简称职工政研会）成立，选举产生研究会理事长、副理事长、秘书长、副秘书长、常务理事、理事名单及学组设置。赵荣思为理事长，孙庆章为副理事长，油遂起为副理事长兼秘书长，王风来为副秘书长，赵荣思、孙庆章、施兆生、油遂起、王风来、董志宏、法永玉、李春晓、杨跃林为常务理事。制定《临沂矿务局职工思想政治工作研究会章程》。

1994年12月28日，职工政研会召开第九次年会。选举产生新的政研会理事。赵荣思、崔宝德、李加夫、芦文祥、钟广俊、李景锡、张军、潘元庭、漆光壁、李春晓、董志宏、于建群、王存红、张书军、季广修为常务理事；赵荣思为会长；崔宝德、于建群为副会长；于建群为秘书长；董志宏、王存红、张书军为副秘书长。修改通过政研会章程。

1998年3月5日，职工政研会理事会进行调整，设理事49人。李加夫为会长，崔宝德、杨跃林为副会长，张书军为秘书长，李守仁、季广修为副秘书长，李加夫、崔宝德、杨跃林、张军、赵学仁、陆云高、辛崇政、王荣宝、张升德、张书军、李守仁、季广修为常务理事。

矿务局根据人员变动及工作需要，政研会理事会及时进行调整。各基层单位设立思想政治工作研究会分会，领导和协调具体工作。

任务。在矿务局党委领导下，围绕党的中心任务和工作需要，组织开展思想政治工作的理论研究活动和经验、成果的总结、交流、推广活动，为基层提供咨询和信息；对全局思想政治工作重点课题的研究工作进行规划、组织和协调，指导各分会广泛开展群众性研究活动；组织和推动思想政治工作者和研究人员深入基层调查研究，及时、准确地向各级党委及有关部门反馈干部、群众的思想动态和企业思想政治工作的现状，提出意见和建议；配合协同有关部门培训思想政治工作干部、研究会干部和理论骨干，加强政工队伍建设；受矿务局党委委托，具体承办推荐和表彰在企业思想政治工作实践和理论研究中做出显著成绩的优秀单位和优秀思想政治工作者，评选优秀政研会、优秀政研干部和优秀论著、论文以及调研报告。

年会。1984—2001年，职工政研会按照《临沂矿务局思想政治工作研究会章程》的规定正常开展活动，一般每年召开1次。年会召开前印发研究专题，各权属单位根据主题、结合自身实际开展研究工作。年会对一年来的研究工作进行总结评比，对优秀政研成果予以表彰奖励，对下一年度的工作进行部署，提出新的研究专题。1984年8月，召开第一次年会；1987年9月，召开第二次年会；1997年1月，召开第十一次年会；1999年3月，召开第十三次年会；2001年2月，召开第十五次年会。2002—2017年，没集中召开过年会。职工政研会获得1990年度、1991年度山东省优秀职工思想政治工作研究会，连续获得1989年度、1990年度、1991年度、1992年度临沂地区思想政治工作优秀企业。

研究专题和成果。思想政治工作研究按照"务实、求实"的工作思路，主要围绕新形势下干部职工思想大解放拟定研究专题，开展调研活动。

1984—1999年度矿务局思想政治工作研究专题统计表

表9-1-10

年度	研究专题
1984	1. 怎样加强和改进煤炭企业党的思想政治工作 2. 以共产主义思想为核心，如何搞好精神文明建设 3. 如何健全领导制度，搞好党政分工 4. 怎样搞好正规办学，脱产轮训 5. 提高政工干部素质、途径、方式和方法 6. 如何实现党风的根本好转 7. 怎样建立健全思想政治工作责任制 8. 如何把争创文明单位的活动坚持不懈，卓有成效底开展起来 9. 如何落实好党的知识分子政策，发挥知识分子在四化建设中的作用 10. 怎样认识和搞好当前的经济体制改革
1987	1. 当前形势下，如何进一步改进和加强职工思想政治工作 2. 当前我局干部、职工中存在的思想问题主要有哪些？针对这些问题，如何开展思想政治工作 3. 思想政治工作如何为增强企业活力服务 4. 如何进一步搞好坚持思想基本原则，反对资产阶级自由化的正面教育？ 5. 在"双增双节"运动中，如何发挥党员的先锋模范作用 6. 在推行矿长负责制后，党委和党委书记如何开展工作 7. 推行矿长负责制后，党的基层支部如何开展工作 8. 当代煤矿青年有哪些主要特点？如何发挥青年职工在煤矿两个文明建设中的作用
1991	1. 如何全心全意依靠工人阶级，充分调动职工积极性 2. 当前形势下如何进一步加强党组织建设 3. 如何搞好思想政治工作专业化 4. 如何对职工进行反"和平演变"教育，把社会主义思想教育活动引向深入
1992	1. 思想政治工作落实到经济上、业务上采取什么形式 2. 如何发挥职工主人翁作用，用什么形式去实现 3. 在深化企业内部改革，转换经营机制形势下，如何加强党的建设，如何提高"三会一课"质量 4. 职工最关心、最迫切需要解决的问题有哪些？针对这些问题如何做好思想政治工作职工在深化改革中的思想反映和存在的问题 5. 基层党组织建设情况，特别是一线党支部建设情况
1993	1. "基本路线要管一百年，动摇不得"，采取什么形式做到年年讲、反复讲 2. 转换企业经营机制，把企业推向市场，需要更新那些观念，树立什么样的意识 3. 在当前转换企业经营机制，把企业推向市场的新形势下，煤炭企业如何才能更快、更好地适应市场经济的要求，保证企业的稳步发展 4. 把企业推向市场后，临沂矿务局有哪些些优势，面临那些困难 5. 如何适应新形势、新任务的要求，加强煤炭企业党的思想、组织、作风建设，特别是搞好各级领导班子和基层组织建设，使各级党组织和党员更好地发挥政治核心作用、战斗堡垒作用和先锋模范作用 6. 如何坚持两手抓，做到两手硬，在新形势下把临沂矿务局的精神文明建设提高到一个新水平 7. 在深化企业内部改革，特别是"三项制度"改革中，如何教育引导广大干部职工对待物质利益调整，处理好国家、集体、个人的三者利益关系 8. 适应企业转换经营机制的要求，如何靠改革来完善和深化六好区队建设活动

续表

年度	研究专题
1994	1. 根据党员、干部职工的思想实际，如何深入开展中共十四届三中全会精神和《邓小平文选》（第三卷）的学习活动，真正把握精神实质 2. 实现临沂矿务局三年经济发展战略目标，宣传思想工作应发挥什么作用，如何发挥作用 3. 社会主义市场经济条件下，如何进一步加强党的建设，更好地发挥党组织的政治核心作用、战斗堡垒作用和共产党员的先锋模范作用。 4. 目前，广大党员干部职工中还有那些深层次的思想问题没有得到解决，怎样解决 企业走向市场，临沂矿务局如何在市场经济中夺取"三个文明"建设的更大胜利 5. 适应社会主义市场经济要求，如何进一步改进和完善"六好区队"建设活动
1995	1. 转换企业经营机制、建立现代企业制度与思想政治工作体制、机制的调整和创新 2. 社会主义市场经济的发展与人生观、价值观、道德观的教育和引导 3. 煤矿思想政治工作优良传统的继承、优化和发扬 4. 按照中央批转的《爱国主义教育实施纲要》的要求，煤矿开展爱国主义教育的方法和途径
1996	1. 在当前企业思想政治工作面临新形势、新任务、新困难的情况下，改进加强思想政治工作的有效途径 2. 在继承和创新相结合的基础上，如何改进思想政治工作的方式、方法 3. 用邓小平理论武装全体党员，教育干部职工的有效方式方法 4. 在深化企业内部改革，建立现代企业制度的新形势下，培育有理想、有道、有文化，有纪律（以下简称四有）职工队伍，调动职工积极性的方式方法 5. 如何做好职工队伍的稳定工作，维护正常的生产秩序 6. 新形势下如何改进加强党的建设，更好地发挥"三个作用"
1997	1. 临沂矿务局当前面临的新形势给思想政治工作提出那些新任务、新要求，改进、加强的有效途径是什么 2. 在扭亏解困工作中，如何通过强有力的思想政治工作调动广大干部职工的积极性 3. 当前新形势下进一步加强临沂矿务局党的建设，在脱贫解困工作中更好地发挥"三个作用" 4. 当前新形势下加强职工思想道德建设的难点和措施 5. 经济困难单位如何做好职工队伍的稳定，维护正常的生产秩序和工作秩序 6. 搞好职工安全教育工作的方法和途径
1998	1. 搞好新形势下加强党的建设，充分发挥"三个作用"，保证、促进企业健康稳定发展的研究 2. 搞好用邓小平理论武装党员，教育干部职工，培育"四有"职工队伍有效方式、方法的研究 3. 搞好深化企业改革、建立现代企业制度中改进、加强思想政治工作的研究 4. 搞好围绕职工普遍关心的热点、焦点问题，做好疏导工作，维护矿区稳定的研究 5. 搞好加强文明煤矿（单位）建设活动方式、方法的探讨研究
1999	1. 企业改组改制、减员增效，对干部职工的思想有什么影响 2. 下岗职工、困难职工的思想状况以及如何开展思想政治工作 3. 企业加强党建工作，发挥政治核心作用的途径是什么 4. 如何加强精神文明建设

1989—1998年度矿务局思想政治工作研究会年会成果统计表

表9-1-11

年度	论文	调研报告	优秀论文	优秀调研报告	优秀政研会
1989	247	17	13	–	5
1991	339	–	22	–	5
1992	356	46	28	10	6
1993	367		34	8	7
1994	380	–	22	12	8

年度	论文	调研报告	优秀论文	优秀调研报告	优秀政研会
1995	378	-	25	9	11
1996	426	-	31	7	11
1997	562	-	35	10	12
1998	500	-	32	8	10

2011年，各级政研会会员对外发表论文112篇，其中，《临矿集团改革发展模式》获得中国煤炭工业优秀成果三等奖、省煤炭科学技术一等奖，省软科学优秀成果一等奖。

2013年，政研会被评为省优秀职工思想政治工作研究会，继续保持山东省思想政治工作优秀企业、山东省企业文化建设示范单位等荣誉称号。

2. 临矿集团党建思想政治工作研究会

机构。2018年1月9日，临矿集团在田庄煤矿举行成立党建思想政治工作研究会（简称党建政研会）成立大会，会议通过《临沂矿业集团有限责任公司党建思想政治工作研究会章程》《临沂矿业集团有限责任公司党建思想政治工作研究会组成人员名单》，制定"改革创新"为主导的党建思想政治工作思路。党建政研会由刘孝孔任会长，张圣国、提文科、曹庆伦、祁方坤为副会长，管清向、鲁守明、王学兵、何祥成、田国志、刘厚福、赵太强、陈立海为常务理事，王学兵为秘书长，李宪寅、高志勇、邓志宏、李德志、杨传信为副秘书长。

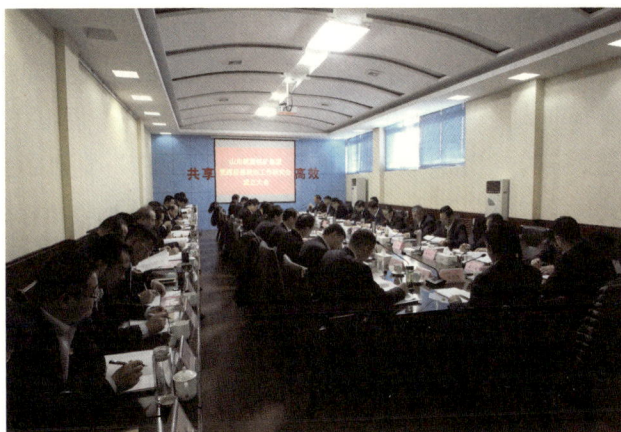

2018年1月9日，临矿集团党建思想政治工作研究会在田庄煤矿举行成立大会。

任务。宣传贯彻党的路线、方针和政策，执行党中央、省委、省国资委党委、山东能源集团党委、临矿集团党委的各项决定、决议；围绕党的政治、思想、组织、作风、纪律"五大建设"，紧密结合企业实际，开展基础性、应用性、前瞻性研究；组织企业党建思想政治工作者、职工教育及群众工作者、理论研究工作者等深入基层调查研究，及时了解基层干部职工的思想动态，及时提供相关信息，反映基层意见和建议；研究党建思想政治工作的特点与规律，探索加强党建思想政治工作的新途径、新方法，推动党建思想政治工作不断向纵深发展；围绕临矿集团党委重大决策部署和企业实际，组织开展企业党的建设、思想政治工作、精神文明建设和企业文化建设的应用理论研究；接受临矿集团党委的委托，配合有关部门，评选先进，推荐在党的建设、思想政治工作、精神文明建设及企业文化建设等方面取得显著成绩的先进集体和个人，表彰奖励优秀党建思想政治工作单位、优秀党建思想政治工作者、优秀党建思想政治工作研究（成果）论文；组织推动各基层单位开展党建思想政治工作的各类活动；组织开展相关理论研究成果的鉴定、评选、奖励、推广和展示活动；举办各类党建思想政治工作专题研讨会、讲座、培训班等，开展学术信息交流；加强同上级有关部门及兄弟单位政研会的联系与合作，组织学习与考察，开展相关工作成果的交流和推广；运用现代传媒手段，及时传送、交流、展示研究信息和研究成果；承办临矿集团党委交办的有关事宜。

政研会成果。 2019年3月，集团党委对2018年度优秀党建政研课题成果进行评审，评选出一等奖5篇、二等奖6篇、三等奖7篇、优秀奖11篇，党建政研工作先进单位3个。获得一等奖的政研课题分别是临矿集团党办宣传部《对标华为浅谈临矿"实新"文化建设与提升》、上海庙矿业公司党委《省外矿区家文化"12365"关怀机制探索》、临矿集团纪委监察部《临矿集团廉洁风险防控管理与探索》、技师学院党委《职业能力水平提升与"技能通道"发展路径研究》、菏泽煤电公司党委《文化力在企业并购进程中的实践和应用》。党建政研工作先进单位为临矿集团党办宣传部、菏泽煤电公司党委、田庄煤矿党委。

2020年1月，集团党委对2019年度优秀党建政研课题成果进行评审，评选出优秀成果37项，基层单位党委副书记优秀论文7篇、党群部门负责人优秀论文6篇，党建政研工作先进单位4个。获得一等奖的课题分别是组织人事部《"三职并行"人才机制创新探索研究》、纪委监察部《浅议国有企业开展内部巡察工作的实践与思考》、菏泽煤电公司党委《"家"文化体系在企业发展中的探索和实践》、党办宣传部《浅析新形势下国有企业新闻宣传工作转型》、新驿煤矿党委《"源党建"品牌的建设与管理》。获得一等奖的基层单位党委副书记、党群部门负责人优秀论文分别是邵长余《浅议新时期国有企业人才建设工作突出问题及应对思路》、翟健飞《"三通道十二台阶"人才攀登工程助推企业发展的研究与实施》、李安平《"红·领·带"党建品牌在企业发展中的探索与实践》、赵钦营《基层廉政风险双重预防机制策略研究》、高志勇《沂蒙精神在基层党建工作中应用的探究》、贾安强《党建文化模式的探索与应用》、孙迎东《新时代国有企业纪检监察工作的探索》。先进单位分别是组织人事部、党办宣传部、菏泽煤电公司党委、新驿煤矿党委。

二、精神文明建设

1991年，局委成立精神文明建设委员会，办公室设在宣传部，宣传部长任主任。各单位按要求进行相应地整顿充实，将精神文明建设列入十年规划和"八五"计划，纳入各单位负责人任期目标责任制。同年，矿务局修订《关于加强社会主义精神文明建设的意见》《文明单位评选、验收和命名表彰若干规定》《文明单位验收标准》。同年，局委表彰文明煤矿4个，文明单位4个。

1992年，局委表彰文明煤矿6个，文明单位4个。1993年，表彰五寺庄、株柏、莒县煤矿，工程公司、机械创、中心医院、技工学校为精神文明、物质文明"双文明单位"。1994年，表彰恒河实业总公司、工程公司、机械厂、技工学校为"双文明单位"。1996年，表彰汤庄、株柏煤矿，工程公司、供应公司、电厂、技工学校、中心医院为"双文明单位"。

1997年2月，局委制定《关于"九五"期间加强社会主义精神文明建设的实施意见》，成立临沂矿务局"九五"精神文明建设指导小组，办公室设在宣传部，负责协调、监督各部门、各单位精神文明建设各项工作的开展。各单位也成立相应组织。10月，局委成立矿务局精神文明建设指导委员会，李加夫任主任，崔宝德、杨跃林、赵学仁任副主任，陆云高、张书军、辛崇政、张升德、季广修、于德亮、曹庆伦、孙加民、侯从吉、王荣宝、李守仁、刘凤江、田大恩、李泉为委员。办公室设在宣传部，张书军兼任办公室主任，李守仁、李泉任副主任。主要负责督促检查局属各单位贯彻党的十四届六中全会、十五大精神和上级关于精神文明建设的一系列方针政策，以及贯彻落实局委关于精神文明建设的安排部署，加强本单位精神文明建设工作；按照上级要求，研究提出全局精神文明建设中、长期规划和年度工作安排意见，提请局委审定后组织实施；调查研究全局精神文明建设的进展情况，不断发现典型、总结交流经验，并对存在的问题提出解决办法和改进意见；结合生产经营和各项工作实际，提出精神文明建设方面的重要举措，供局党委决策，为局委当好参谋；协调解决精神文明建设主要是思想道德建设和文化建设方面的有关问题等。

1998年，局委印发《关于在全局开展创建文明煤矿（单位）活动的实施意见》。同年，矿务局表彰株柏煤矿为文明煤矿，工程公司、供应公司、技工学校为文明单位。1999年，表彰株柏煤矿为文明煤矿，工程公司、供应公司、技工学校为文明单位。

2000年，矿务局表彰株柏煤矿为文明煤矿，工程公司、供应公司、技工学校、中心医院为文明单位。2003年，引导基层单位申报各级文明单位，对已获得文明单位称号的进行申报复检。

2006年9月，临矿集团党委颁发《关于在集团公司开展文明单位创建活动的实施意见》，制定《临沂矿业集团公司文明单位建设管理办法（试行）》《临沂矿业集团公司文明单位考核标准（试行）》，采取先自查后申报再考核的办法，由临矿集团文明单位创建活动领导小组组织审核验收，并负责向省管企业精神文明建设委员会和各单位所在地精神文明建设委员会推荐先进典型。文明单位的日常管理由临矿集团文明单位创建活动领导小组负责。临矿集团成立创建活动领导小组，党委书记、董事长和总经理任组长，党委副书记任副组长，其他班子成员和政工处、组干处、行政办公室、生产处、安全局、机电处、通风处、财务处、工资处、企管处、多种经营处、武装保卫处、纪委审计监察、工会等部门负责人为成员，办公室设在政工处。各单位成立相应的组织机构。

2007年4月，临矿集团根据鲁企文明委转发的《山东省文明建设委员会关于在全省深入开展以"讲文明、促和谐"为主题的群众性创建活动的实施意见》精神要求，在全公司开展"讲文明、促和谐"群众性主题创建活动，努力提高员工文明素质和文明程度，打造"强、富、美"新临矿。

2009年，扎实开展"文明单位"创建活动，临矿集团、邱集煤矿、莱芜煤机公司被评为山东省文明单位。2010年4月，临矿集团执行《山东省省管企业文明单位建设管理办法》。

2011年，临矿集团，古城、邱集、田庄煤矿，莱芜煤机公司5个单位被命名为省级文明；临矿集团、古城、田庄、新驿、王楼、株柏煤矿、技师学院、运销公司被命名为省管企业文明单位。

2012年，临矿集团获得全国五一劳动奖状、山东省企业文化建设成果十佳单位称号，保持山东省思想政治工作优秀企业、山东省企业文化建设示范单位和省级文明单位等荣誉称号；省管企业文明单位新增山东玻纤复合材料有限公司，临矿集团、山东煤炭技师学院、古城、田庄、王楼、新驿、株柏煤矿、运销公司8家单位保持省管企业文明单位。王楼煤矿获省级文明单位称号。马坊煤矿获得泰安市文明单位荣誉称号。临矿集团有省级文明单位7个、省管企业文明单位9个、市级文明单位2个。

2018年，集团公司有新驿煤矿全国煤炭系统文明单位1个，临矿集团、邱集煤矿、技师学院省级文明单位3个，古城、田庄、王楼煤矿，会宝岭铁矿、鲁北公司、上海庙矿业公司省属企业文明单位6个。

2019年，集团公司有新驿煤矿全国煤炭系统文明单位1个，临矿集团、邱集煤矿、技师学院、古城煤矿省级文明单位4个，古城、田庄、王楼煤矿，会宝岭铁矿、鲁北公司、上海庙矿业公司省属企业文明单位6个。

2020年，集团公司有新驿煤矿全国煤炭系统文明单位1个，临矿集团，邱集、古城煤矿，技师学院、菏泽煤电公司省级文明单位5个，王楼煤矿、会宝岭铁矿、鲁北公司、上海庙矿业公司省属企业文明单位4个。

三、新闻工作

（一）机构设置

1991—1994年10月，设立党委宣传部。

1994年11月，设组织宣传部，宣传部与组织部合署办公。

1996年9月，矿务局机关机构改革，设政治工作部，宣传部与机关党委、人武部、老干部处、团委合署办公，政治工作部部长兼任宣传部部长。

2001年11月，矿务局机关机构改革，党委办公室、宣传部、机关党委、团委合并成立政工处，政工处处长兼任宣传部部长。

2007年12月，临矿集团机构调整，设党委办公室、党委宣传部、团委、机关党委合并成立政工处，政工处处长兼任宣传部部长。

2012年5月，政工处增设新闻中心，政工处处长兼任新闻中心主任。

2017年7月，临矿集团机构调整，撤销政工处，党委办公室、宣传部、信访稳定办公室、企业文化部合署办公。党委办公室主任、宣传部部长、信访稳定办公室主任由1人兼任。

2020年4月，成立融媒体中心，与党委办公室、宣传部、信访稳定办公室、企业文化部合署办公。

（二）管理

2011年3月21日，山东能源集团有限公司挂牌成立后，临矿集团在4月向各权属单位下发通知，要求在对外宣传中凡涉及"临矿集团"主体称呼的，必须在其前冠以"山东能源"，即"山东能源临矿集团×××"。

2015年6月12—13日上午，在会宝岭铁矿举办临矿集团网站、电视骨干通信员培训班，重点培训《网站新闻写作与舆情应对处置》《电视摄像及电视新闻写作》等内容。

2016年3月3日，建立基层电视采编人员到集团公司电视台挂职轮训制度，每期抽调2名电视采编人员到集团公司电视台，挂职2周，有24人参加。

2017年7月17日，制定《临矿集团新闻宣传工作管理办法》，建立由临矿集团党委统一领导的新闻宣传工作管理体制和运行机制，党委宣传部具体负责新闻宣传工作的日常管理与协调，权属单位党委在临矿集团党委领导下做好本单位的新闻宣传工作，贯彻集团党委各项部署和要求，并对本单位新闻宣传工作的绩效负责。

2018年7月18日，印发《关于加强对重要媒体宣传的通知》，要求各单位积极在《大众日报》《中国煤炭报》等主流媒体上稿，重视《山东能源报》、山东能源集团网站、山东能源集团电视台等媒体的上稿工作，加强审核把关，确保信息发布权威准确。

2019年5月，建立山能媒体投稿融合协作机制，加大对山东能源报、山能网站、山能电视台和山能官微的投稿力度，对党办宣传部内部人员落实新闻作品生产和创作任务，责任人为主创人员，与机关各部室或基层单位有关人员提前做好新闻策划，进行合作投稿，分别指定山东能源报、山能网站、山能电视台和山能官微的投稿业务负责人。宣传部成员的重点稿件由部长或副部长审核，需要报请临矿集团领导审核的由部长或副部长确定，各单位针对以上4类媒体的投稿也要落实审稿程序，统一报送临矿集团内网"党建大动力"平台共享，分别报送4类媒体投稿负责人进行统一投稿。

（三）内部宣传

1. 纸媒体

1991年，党委办公室编辑《党务工作简报》。1993年，《党务工作简报》改为《党务工作简讯》。1998年，《党务工作简讯》改为《临煤工作动态》，由党政办公室主管。

2001年，政工处创办《临煤政工通信》。2002年，《临煤工作动态》改为《临局工作动态》。2004年，《临局工作动态》改为《临局动态》。部分办公室、纪委及工会分别编印《临矿学习力》《纪检监察简报》《工会简讯》。

2. 新媒体

2016年7月，开通临矿早餐公众号，设有新闻早读、党建工作、集团新闻等栏目，由集团公司大数据中心开发、管理。

2017年8月，开通临矿集团工会公众号，主要用来宣传推送上级工会及临矿工会的惠民政策以及各权属单位工会工作的典型经验和创新方法，由集团公司工会管理。

2018年2月，开通《指通临矿》公众号，由党委宣传部管理，为临矿集团官方微信公众订阅号。主要设有三个栏目，其中头条新闻栏目，推送临矿集团重大会议或活动新闻、主要领导重要公务活动新闻消息等；创新临矿栏目，推送临矿集团党的建设、动能转换、大数据建设等重点工作典型经验和创新方法；我的名片栏目，推送企业简介、招聘信息、对外公告等内容。

3. 电视台

1989年11月18日，经省教育委员会批准，矿务局教育培训部建设教育电视收转台，转播国家教育电视台2套节目及市地以上教育电视台、广播电视台的教育节目。

1990年1月4日，经省广播电视厅、临沂地区广播电视局批准，设立临沂矿务局教育电视台，配套建设1座高70米的电视发射塔进行开路发射。6月29日，临沂地区无线电管理委员会同意矿务局教育培训部建设教育电视台，主要为发展矿务局电大教育、职工技术教育和实用技术教育服务。

1991年2月13日，经安装和调试，矿务局教育电视收转台试播发射。隶属矿务局教育培训部，设台长1人、工作人员4人。1992年，矿务局在教育电视台的基础上，建立有线闭路电视网络，可收看12套电视节目，有线电视用户500户。

1993年1月，矿务局印发《关于收取有线电视部分费用的通知》，采取企业和个人分担的方式，矿务局拨付10万元，不足部分谁受益谁交钱。1994年6月，矿务局投资购置日本JVC公司生产的编辑机1套、JVC-KY27摄像机1台、字幕机、特技机各1台。11月16日，矿务局教育电视台归组织宣传部管理，成为对内依靠新闻宣传为矿区服务、对外依靠有线电视用户创收的经济实体。

1996年，矿务局教育电视收转台开路停止发射，开始自办闭路电视节目，设矿区新闻、电视专题、少儿节目、文艺荟萃、晚间剧场等栏目，担负着矿务局及20多个下属单位的电视新闻宣传和文艺节目的编播工作。有线电视网主要覆盖矿务局机关家属院和附近的中心医院家属院、矿务局中学家属院、机械厂家属院、车队家属院、招待所等。设台长1人、总编辑1人、工作人员4人。1997年12月，矿务局闭路电视网与罗庄有线电视网联网，电视节目增加至38套。

2001年4月29日，局委印发《关于进一步加强新闻宣传工作的意见》，增加矿区新闻播放次数，每周播放3次矿区新闻。12月，矿务局对工程公司家属院、总厂家属院、技工学校家属院架设光缆进行信号传输，收视效果更加清晰稳定。

2002年，矿务局投资更新电视摄、录、编设备。主要购买DSR-370P、DSR-150P摄像机各1台、DSR-1800P编辑录放机2台、DSR单放机1台、自动播出设备1套，大大提高自办节目质量。

2004年11月，随着机关综合办公楼的启用，矿务局投资110多万元购置非线性编辑设备2套、索尼摄像机2台、字幕机、特技机各1台、上载工作站1套、硬盘自动播出设备2套（主、备播出机），对机房前端设备进行更新，定做电视屏幕墙，电视台的播出、编辑、演播机房焕然一新。矿务局在不断加强电视台基础设施建设、提升内部宣传效果的同时，重视新闻及专题片的上报评比工作。

2005年，局电视台推出"临沂矿务局企业风采宣传片"，纪录2001年以来矿务局实现跨越式发展的巨大成绩。投资65万元，建立信息中心和临沂矿务局网站。古城煤矿、莱芜煤机厂等也建立网站。10月10日，矿务局承办"临沂矿务局杯"首届全国煤矿电视纪实专题片颁奖大会，矿务局改革发展纪实片《日出东山》在会上获得全国评选一等奖；《再铸辉煌》获得全省评选一等奖；制作的3分钟宣传片在省人民会堂进行播放；有4篇电视作品获得中国煤炭新闻奖。

文化传播中心（2005年）

融媒体记者组织采访（2021年）

2006年2月，局电视台《矿区新闻》栏目获得省人民政府、省国资委颁发的"省管企业自办媒体好栏目"奖。同年，有4篇电视作品获得中国煤炭新闻奖。反映临矿集团发展历程的电视专题片《临矿集团——新世纪的壮丽崛起》，获得中国煤炭新闻奖专题类二等奖；临矿集团获得"（2006）最具成长性企业"称号、董事长李义文获得最受关注企业家称号的电视新闻，获得中国煤炭新闻奖消息类二等奖；反映聋哑女工李敦美感动临矿的电视系列报道《大爱无声》，获得中国煤炭新闻奖系列报道类三等奖；《邱集煤矿水患治理成效显著》的电视新闻，获得中国煤炭新闻奖消息类三等奖。8月，临矿集团成立，矿区新闻改为临矿新闻。

2011年，《百年临矿》专题片被评为省优秀企业专题片，并获得中国煤炭工业新闻奖二等奖。11月，拍摄电视宣传片《激情百年》。

2013年，协助东方卫视"大爱东方"栏目组，深入采访王楼煤矿大学生采煤队，制作专题片《地下一千米的梦想》，9月7日东方卫视"大爱东方"栏目进行播放。10月28日，电视台开辟《落实"六大攻坚战"推进会专题报道》栏目，成立摄制组赴各基层单位进行专题采访报道。2017年5月9—17日，拍摄电视宣传片《临矿，未来的价值在哪里》。

1996—2020年，临矿集团电视台在中央级电视台投稿播出6篇，在省级电视台的投稿播出25篇，在市级电视台的投稿播出25篇。制作播出《临矿新闻》1872期，制作专题片573部。

4. 网站

2005—2006年，以局域网为平台，创建矿务局网站，传播信息、交流经验、宣传党的理论和方针政策，内容由政工处负责把关、更新，技术维护由信息中心负责，设有临矿新闻、基层动态、专题栏目、局长（董事长）信箱、纪委举报电话、企业论坛、民生通道等。

2007年3月，印发《关于进一步加强矿区网络信息管理工作的意见》，坚持依法文明办网，抵制不文明行为；坚持正确的办网宗旨，打造新型宣传阵地；坚持办好3个信箱（董事长、总经理、纪委书记信箱）和1个论坛（企业论坛），及时了解职工思想状态；坚持信息上网审批制度，严把信息上网关。需要在临矿集团网站发布的信息，一般信息由政工处负责审查把关，重要信息报集团公司分管领导或主要领导审批，所有信息交由科技信息中心网站管理员统一上传。各单位党政负责人为第一责任者，宣传、网络管理部门为责任部门。集团公司和各单位成立网络信息员队伍，并加强信息员队伍思想政治素质建设和业务素质建设，规范管理。建立并实施网络信息工作定期汇报制度、网站信息情况月报告制度。

2013年9月21日，临矿集团在公司内网开辟"视点·观点·声音"栏目。2015年8月19日，党委办公室印发《关于进一步规范集团公司网站投稿的通知》，对投稿稿件格式和方式进行规范。

2017年1月5日，执行《山东能源集团互联网信息发布保密审查暂行规定》，对信息发布的审核及禁止网上发布信息的基本范围等内容作明确规定。

5. 对外宣传

1991—2020年，临矿集团重视加强企业对外宣传工作，不断建立健全新闻报道管理、通报、评比、表彰奖励制度，推动对外宣传工作的健康稳定发展，提升企业形象和社会美誉度。开展新闻报道先进集体、优秀通信员评比活动，制定新闻报道先进集体和优秀通信员评比条件。在地市级以上新闻单位发表稿件499篇，表彰通信报道先进单位5个、优秀通信员10名。

1992—1993年，矿务局在地市级以上新闻单位共计发表稿件1272篇，表彰通信报道先进单位10个，优秀通信员33名。1994年3月，局委印发《关于加强新闻宣传工作的几点意见》，严格新闻宣传纪律，建立和完善新闻报道奖励制度以及发稿登记、审阅制度等。全年在地市级以上新闻单位发表稿件965篇，表彰通信报道先进单位5个，优秀通信员25名。

1995年3月，党委宣传部在褚墩煤矿举办全局通信员骨干培训班，加强通信员业务素质培训。局属各单位相继调整奖励政策，提高奖励标准，全年在地市级以上新闻单位发表稿件1374篇，表彰通信报道先进单位5个，优秀通信员29名。

1996年4月，矿务局在草埠煤矿以集体采访、实地交流锻炼的方式举办骨干通信员培训班，促进全局新闻宣传工作的开展。临沂矿务局推荐的《情系煤海写春秋—记临沂市优秀共产党员、褚墩煤矿掘进一队队长刘西常》电视新闻，在省委宣传部、山东电视台组织的《先锋颂》栏目评比中获二等奖；在临沂市委宣传部、临沂电视台组织的《沂蒙先锋谱》栏目评比中获特别奖。全年在地级以上新闻单位发表新闻稿件1059篇，其中中央176篇、省级145篇、地级738篇。

1997年1月，局委对1996年度全局新闻报道工作先进单位和优秀通信员予以表彰，6个单位获得新闻报道工作先进单位称号，25人获得优秀通信员称号。

1998年3月，局委对1997年度新闻报道工作进行表彰，6个单位被授予新闻报道先进单位称号，25人被授予优秀通信员称号。

1999年3月，局委对1998年度新闻报道工作进行表彰，1998年全局在地级以上新闻单位发表稿件1100篇，6个单位获得新闻报道工作先进单位称号，32人获得优秀通信员称号。

2001年4月，局委印发《关于进一步加强新闻宣传工作的意见》，建立新闻宣传目标责任制，继续实行稿件奖励政策。全年在地市级以上新闻单位发表稿件360篇。2002年，6个单位获得新闻报道先进单位称号，33人获得优秀通信员称号。2003年，全年在地市级以上新闻单位发表稿件370篇。

2004年6月，矿务局印发《关于进一步加强信息工作的通知》，健全完善全局信息工作网络，信息工作网络以矿务局为枢纽，纵向上联省委企业工委、省煤炭工业局，下联局属各控股、参股公司和单位；横联各矿务局（矿业集团）、地方政府有关部门。全年在地市级以上新闻单位发表稿件370篇。

2005年，全年在地市级以上新闻单位发表稿件329篇。2006年，以临矿集团成立为契机，临矿集团党委加大新闻宣传力度，设计制作企业标志、创作临矿集团之歌《向着太阳出发》、制作临矿集团宣传画册和企业形象宣传片，利用《中国煤炭报》《大众日报》等媒体集中进行企业形象宣传。全年在地市级以上新闻单位发表稿件330篇。

2007年4月，临矿集团印发《关于进一步加强新闻宣传管理工作的意见》，建立新闻发布会制度和新闻采访报告制度、建立健全新闻宣传奖惩制度。基层单位均配备专职或兼职新闻宣传人员。

2010年2月，临矿集团印发《关于进一步加强新闻（信息）宣传管理工作的意见》，制定《临沂矿业集团新闻（信息）宣传奖励办法》，对临矿集团在册职工，凡在报刊、电视、网络媒体上，正面宣传报道临矿集团工作动态、成果经验、典型人物和重要事件的文章，分级别、按字数给予奖励。

2011年3月，山东能源集团成立后，相继开设山东能源集团网站、《山东能源报》、山东能源电视中心，临矿集团及其权属单位积极向山东能源自建媒体投稿宣传。2012年11月，临矿集团建立月度新闻宣传上稿情况通报制度。

2013年，以在《大众日报·山东能源》发表的篇数为主，兼顾山东能源集团网站、电视台等媒体，该办法实行后引起各单位的高度重视。

2014年，围绕开展形势任务教育的具体措施，突出报道内涵提质、降本增效的措施和做法；六大攻坚战新举措、新成效，积极宣扬在严峻形势下攻坚克难、迎难而上先模人物事迹；营造凝心聚力、度危求进的舆论氛围。

2016年，临矿集团对外宣传重点做好突围转型、度危求进、转型升级、科技创新以及"两学一做"学习教育的宣传报道，积极宣扬山东能源集团和临矿集团参加平邑石膏矿抢险救援人员的英模事迹。

2017年，临矿集团对外宣传重点突出"党建大动力"战略、党的十九大精神落地生根、新旧动能转换、临矿模式亮点等内容，为新时代临矿转型升级、新旧动能转换和改革发展营造良好的舆论氛围。2018年，加大"党建大动力"战略、新旧动能转换、大数据建设和年度工作亮点、成果经验等的宣传力度。

2020年，围绕新冠疫情形势，采访报道集团防"疫"保供保安的新部署、新举措、新经验；山东能源联合重组主题宣传、智能智慧临矿建设、第一书记脱贫攻坚、"两家融合"创新做法等宣传重点，加大宣传报道力度。11月20日，党委宣传部编写的专著《反哺——山东能源临矿集团第一书记扶贫记》，由应急管理出版社出版，在全国发行；12月2日举办《反哺——山东能源临矿集团第一书记扶贫记》出版座谈会暨新书发行仪式，《反哺老区献礼沂蒙—临矿集团举行〈反哺〉出版座谈会暨新书

《反哺—山东能源临矿集团第一书记扶贫记》（2020年）

发行仪式》等消息，先后发表在齐鲁晚报客户端、山东国资和中国煤炭报等媒体。

第七节　离退休职工管理

一、机构设置

1989年7月18日，成立矿务局老干部处，负责全局离退休老干部管理工作。设处长1人、科级工作人员2人。下设办公室、老干所、老干部活动中心、老年体协、老龄委、老年大学、老干部党校、老人乐园等机构。

2006年8月，临沂矿务局改制为临沂矿业集团有限责任公司，矿务局老干部处更名为临矿集团老干部处，有工作人员9人，负责离退休老干部管理工作。至2006年末，集团公司有离退休干部管理服务机构14个，专（兼）职工作人员47人。

2016年6月27日，成立后勤保障部，老干部处隶属后勤保障部管理。后勤保障部部长兼任老干部处处长。为加强基层对老干部工作的领导，各单位相应成立由党委书记任组长，党委副书记任副组长的老干部工作领导小组。

二、离退休职工待遇

（一）政治待遇

1. 政治学习

矿务局及所属基层单位老干部管理部门，建立完善《老干部政治学习制度》，定期组织老干部参加政治学习。根据上级要求，安排有阶段性政治理论学习。机关老干党总支每年至少4次、基层单位每年至少2次组织学习政治理论。

临矿集团成立后，按照上级政策认真落实老干部政治待遇。加强离退休党支部建设，健全组织，配备支部班子，坚持"三会一课"制度，组织党员老干部按时参加组织生活。

2002—2020年，先后组织离退休干部学习邓小平理论、"三个代表"重要思想、科学发展观、习近平新时代中国特色社会主义思想和十七大、十八大、十九大文件精神等。购买相关书籍，供老干部学习。组织离退休干部开展保持共产党员先进性教育、学习实践科学发展观、"两学一做""三严三实"和创先争优等教育活动。

2008年8月，集团公司党委根据中央组织部、人力资源和社会保障部《关于印发进一步加强新形势下离退休干部工作的意见的通知》，加强离退休干部思想政治建设，完善落实离退休干部生活待遇保障机制，推进老干部活动中心工作，发挥离退休干部的积极作用，加强离退休干部的服务管理工作。

2. 定期通报情况

临矿集团建立年度通报和半年通报制度，年度通报会（老干部迎新春座谈会）邀请老党员、老劳模代表，副局级以上离退休干部、机关处级老干部代表参加，党委副书记主持，董事长通报上年工作情况和新一年主要工作思路，与老干部进行座谈。1991—2020年，共召开老干部迎新春座谈会30次。

每年召开2次定期通报会。第一次在1月，通报上年度工作情况和下一年的工作任务；第二次在7月，通报上半年的工作情况和下半年的工作任务。机关全体离退休干部参加，由党委分管书记通报情况。

2006年后，通报会改为集团公司老干部情况通报会，参加人员除机关全体离退休干部外，每个基层单位选派3名老干部代表参加。定期向老干部通报情况，让老干部全面了解企业的生产经营、改革发展状况等，使之关心支持企业工作。

3. 阅文阅报

临矿集团认真贯彻中共中央办公厅、中央组织部《关于离休退休干部阅读文件问题的通知》要求，设立阅文室，完善老干部阅读文件制度、学习制度和情况通报制度，存有上级文件、内部文件、报纸和书刊等，老干部按规定阅读。利用阅文室，对重要文件进行传达学习，对因患重病及行动不便、不能参加会议的老领导，由老干部处负责将文件送到家中。为老干部订阅《老干部之家》《共产党员》《支部生活》《党员干部之友》等报纸杂志40多份，专人管理，全天开放。每年按规定为离休干部、局级退休干部订阅"一报一刊"。

4. 走访慰问

1990—2011年，临矿集团坚持走访慰问制度，临矿集团党政领导、各单位党政领导及老干部部门分级定期走访老干部。积极开展敬老助老活动，每年劳动节、国庆节、老人节、敬老月、春节等重大节日，由局领导带队到老干部家中走访慰问，组织走访慰问离退休干部活动，送慰问金和慰问品，对家庭困难的离退休老干部给予及时救助。派出专门人员定期或不定期地对离退休干部及困难家庭、患病人员进行走访慰问。2005年，在抗日战争胜利60周年之际，矿务局派出3个慰问小分队，对全局56名抗战老战士登门慰问、发放抗日纪念章。

5. 考察学习、参加活动

1993年8月，分3批组织57名离休干部到石臼港、青岛市、威海市、烟台市、蓬莱市参观休养。2003年"老人节"，组织50名副处级以上老领导到新驿、古城煤矿参观考察。

在每年邀请老干部到西部矿区进行考察的同时，邀请老干部参加各类大型活动。1995年，组织老干部参观抗日战争纪念馆，纪念世界反法西斯战争与中国抗日战争胜利50周年活动。1997年，组织老干部学习《中华人民共和国香港特别行政区基本法》等法律法规知识，迎接香港回归，加强离退休老干部爱国主义教育。每年临矿集团召开职工代表大会、工会会员代表大会等重要活动，都邀请离退休老干部代表参加。1993—2005年，先后组织老干部参加重大节日纪念庆祝和参观考察活动。

2005年，开展共产党员先进性教育，制定离退休党员先进性教育活动计划，参与率94%以上。

（二）生活待遇

临矿集团按规定为老干部足额发放离退休费、生活补贴、补助费，及时调整老干部的各项经费、津贴；按规定为老干部报销医疗费，建立健全老干部健康档案，坚持按规定每年为老干部健康查体，落实老干部在医疗方面的各项待遇。

1991年，矿务局转发上级《关于解决离退休干部几项经费的通知》，严格按照文件落实离退休干部待遇。1993年，执行省劳动局《关于企业离退休人员增加离退休金的通知》，为离退休职工增加生活补贴。1998年10月，开工建设老人乐园。矿务局与各单位及个人捐款74.6万元，占地面积15000平方米，绿化面积9600平方米。1999年11月3日，成立矿务局老年书画研究会，制定《临沂矿务局老年书画研究会章程》，由老干部处负责管理。

2001年，按照中央组织部、国家经贸委等部门《关于落实离休干部离休费、医疗费的意见》和省委组织部等5部门《关于提高离退休干部护理费标准及扩大护理范围的通知》精神，落实离休干部的离休费、医疗费，提高离退休干部护理费标准。2006年，根据上级规定，为离退休老干部落实住房补贴，解决住宅采暖补贴。

2006年，投资100万元，建设建筑面积1000平方米的老干部活动室，设阅览室、书画室、乒乓球室、象棋室、麻将室、健身室等场所；投资100万元，新建文化广场，安装健身器材，绿化环境；投资20.6万元，对老人乐园内的池塘等设施进行改造。

三、老年大学

1999年8月18日，矿务局成立老年大学，由老干部处管理。设立校委会，局长崔宝德任名誉校长，党委书记李加夫任校长，局分管领导及老干部处、教育培训部负责人任副校长，有关处室负责人为成员。校委会下设办公室，分管教学业务工作。制定《临沂矿务局老年大学章程》，落实人员编制、办学经费、教学方案、教师聘任、教材教具准备等问题。

第一届老年大学于2000年开班，学制2年，共招生48人。学校坚持"老有所学，增长知识；老有所为，服务社会；老有所乐，健康长寿"的办学宗旨，突出科学性、实用性和知识性。设置书法、绘画、老年保健等课程。成立班委会，加强对学员的日常管理。每年安排120个学时，学员出勤率85%以上。至2001年底，学员顺利结业。第二届老年大学于2002年开班，招收50名学员；2003年8月，因校址搬迁，老年大学停课。

2006年12月18日，老年大学复课。为加强领导，成立以临矿集团董事长、党委书记李义文任名誉校长，党委副书记刘孝孔任校长，老干部处负责人任副校长的领导小组，修订《临沂矿业集团有限责任公司老年大学章程》和《学员守则》；更新老年大学教室设施，安装多媒体教学设备及空调；设立教务处，聘请知名教师；根据老干部喜好，开设书法、绘画、微机、体育、声乐等兴趣班，通过积极宣传，学员增至106人。先后有80名学员选择体育班，75名学员选择微机班，42名学员选择书法班，60名学员选择绘画班，54名学员选择声乐班。学制2年，学员顺利结业。

四、文体活动

1991—2020年，临矿集团重视组织和引导离退休老年人参与文体活动，推广老年人力所能及、喜闻乐见的健身活动。

1991年，在全局推广门球、导引养生功、太极拳、太极剑、老年迪斯科、台球、乒乓球、象棋、钓鱼、书画等健身活动。3月，参加临沂老年体协举办的42式太极拳培训班和临沂市老年人门球比赛。1992—1994年，每年组队参加临沂市老年人门球比赛、全省煤炭系统老年人象棋比赛、全省煤矿老年人门球比赛、全省煤矿老干部书画笔会、临沂市老年人太极拳太极剑比赛、全省煤炭系统老年人台球比赛、临沂市老年人钓鱼比赛等。

1995年，承办全省煤炭系统老年人门球比赛。1996年，组队参加临沂市举办的健身操、健身球、门球、太极拳剑、象棋等比赛。其中，健身操、太极拳项目获得一等奖。1997年，组队参加临沂市城中老年健身舞操比赛，获得一等奖；临沂市驻城老年人太极拳比赛，获得三等奖；临沂市第四届老年太极拳剑表演赛，获得团体优秀奖。1998年，组队参加临沂市第三届驻城老年人门球赛，获得一等奖；参加"庆改革开放20周年，迎99老人节"临沂市驻城太极拳剑表演赛，获得最佳奖；成功承办全省国有重点煤矿第十二届老年人门球比赛。1999年，组队参加全省重点煤炭系统第十三届老年人门球赛，获得第3名。

2000年，组队参加临沂市第五届"大陆杯"老年人太极拳剑表演赛，获得最佳奖；参加山东省第二届老年人健身球、保健操比赛，获得最佳奖；参加临沂市驻城第五届老年人门球赛，获得一等奖。被临沂市老年体育协会授予临沂市老年体育工作先进集体称号。2001年，组队参加省第八届老年人太极拳、剑交流比赛，获得优秀奖；参加临沂市驻城第五届老年人门球赛，获得三等奖。2002年，组队参加临沂市市直门球选拔赛，获得第6名，并代表市直机关参加临沂市第十七届"长寿杯"老年人门球比赛；参加全国大型企业老年人门球比赛，获得优胜奖；参加全省煤炭系统老年人门球比赛，获得第6名；并先后参加全省煤炭系统书画展与临沂市举办的书画展；2003年，邀请专家到矿务局开展老年人太极拳剑、健身操传授活动，每天早、晚参与活动人员达200人；老年文艺演出队应邀参加临沂市老人节大型庆祝活动；组队参加临沂市第六届老年人太极拳剑交流赛，获得最佳奖。2004年，组队参加临沂市老人节驻城健身球操、秧歌比赛，获得优秀奖；参加临沂市第七届老年人太极拳剑比赛，获得最佳奖。

2005年，组队参加临沂市第二十届"长寿杯"老年人门球比赛，获得优秀组织奖；参加临沂市第三届老年人健身球、健身操暨第二届健身秧歌比赛，获得优秀组织奖和表演奖。老人节期间，组织百名老年人应邀参加临沂市举办的大型文体表演。2006年，组队参加临沂市第三届老年人乒乓球比赛，获得女子团体第1名；参加全省煤炭系统在龙矿集团举办的老干部书画笔会，矿务局退休干部王树民在会上作专题报告；参加省首届老年人运动会威海分会场举行的柔力球比赛，获得团体第6名、个人第3名和混合双打第4名；参加全省煤炭系统老年人乒乓球比赛，获得男子团体第2名，女子团体第1名，女子个人包揽前3名的优异成绩；参加临沂市第十届老年人钓鱼比赛，获得体育道德风尚奖。并举办庆祝临矿集团成立职工书画展。2007年，组队参加省企业退休人员门球赛，获得三等奖；参加临沂市兰山区第五届运动会门球比赛，获得第一名；参加全省环保杯老年人柔力球比赛暨省煤炭系统第二届老年人乒乓球比赛，荣获团体季军；参加省煤矿老干部书画笔会；在临矿集团机关《临矿集团之歌》合唱比赛中获得团体第三名。2008年，组队参加临沂市第四届老年人乒乓球比赛，获得团体第七名；参加全省煤矿老干部书画笔会、老年人书画展，荣获优秀组织奖。2009年，组队参加省第二届老年人运动会柔力球比赛、全省煤矿老干部书画笔会、第四届老年人乒乓球比赛、老年人象棋比赛，获得优秀组织奖。参加临沂市第四届老年人乒乓球比赛、临沂市兰山区驻城老年人运动会门球比赛，均获一等奖。

2010年，组队参加省第二届老年人运动会女子门球比赛，获得铜奖；参加临沂市第五届老年人乒乓球比赛获得体育道德风尚奖、优秀组织奖；参加临沂市驻城老年人运动会门球比赛获得优秀奖；参加临沂市第五届老年人乒乓球比赛荣获体育道德风尚奖；参加临沂市驻城老年人运动会门球比赛获得优秀奖；被临沂市老年体育协会授予"临沂市老年体育工作先进集体"称号。2011年，组队参加临沂市首届老年人柔力球比赛，获得最佳奖。2012年，组队参加临沂第六届老年人乒乓球比赛，荣获优秀组织奖；参加全省煤炭系统老干部书画笔会。

2015年，组队参加临沂市首届老年人运动会健身腰鼓比赛，获得一等奖；参加临沂市广场舞比赛，获得优秀团体奖；参加临沂市健身球、门球比赛，获得二等奖并荣获得体育道德风尚奖、优秀组织奖。2016年，组队参加全省煤炭系统老年人第28届书画笔会；参加临矿集团工会组织的"庆五一"

系列文体活动。2017年，组织参加全省煤炭系统老年人第29届书画笔会；参加省第六届老年艺术节，参展书画摄影作品40幅，6幅获得优秀作品奖。2018年，组织参加全省煤炭系统老年人第30届书画笔会，12幅书画作品参展。

2020年，临矿集团落实国有企业退休人员社会化管理移交工作部署和山东能源集团党委要求，组织工作专班加快对接协调、推进移交。对离退休老干部开展政策宣传，做好思想工作，确保有序移交、平稳过渡。324名老党员顺利实现社会化管理移交，全部完成退休人员社会化资产移交。

第八节 统战工作

一、组织机构

1991年，统战工作由党委办公室负责。1996年，统战工作由党政办公室负责。

2001年，统战工作由党委办公室负责。2007年，统战工作由政工处负责。

2016年7月，统战工作由党委宣传部负责。2017年7月3日，成立党委统战部，何祥成任部长；高志勇为副部长。2019年5月，高志勇赴基层任职，田凯为副部长。

2020年5月，李安平任党委统战部副部长（主持工作），田凯为副部长。11月，王学兵任党委统战部部长，李宪寅、张红芳任副部长。

二、统战对象

2009年，临矿集团统战工作对象包括民主党派、党外知识分子、少数民族、信教职工，其中，民主党派1人，为民盟人士；副处级以上党外知识分子3名，副科级以上党外知识分子209名；少数民族共包括回族、蒙古族、满族、土家族、达吾尔等5个民族成分；信教职工2名，信仰伊斯兰教。

2016年，统战联络对象1106人，其中全日制专科以上党外知识分子1006人，少数民族70人。科级及以上领导干部中，党外人士有12人。积极推荐优秀党外知识分子在各级政协任职，1人担任罗庄区政协委员。

2018年底，临矿集团统战对象1395人，其中大专及以上学历的党外知识分子1303人，副高级及以上职称25人，担任副处级以上职务的党外干部2人，科级职务的党外干部120人，本科及以上学历的出国和归国留学人员8人，各级人大代表4人（其中县级2人，地市级2人），县级政协委员1人；各民主党派成员3人，少数民族职工40人，少数民族群众12人，少数民族代表人士2人，其中担任科级职务的党外少数民族干部2人，宗教人士25人，其中佛教2人、伊斯兰教14人、天主教2人、基督教7人；副科级及以上职务的宗教人士7人，其中基督教3人、佛教2人、伊斯兰教2人。

2020年，临矿集团有统战成员1143人，其中党外知识分子1050人，少数民族62人，民主党派4人（含退休3人），信教职工26人；各级人大代表9人、政协委员3人

三、服务与交流

2006—2009年，临矿集团重视提高党政干部、统战干部、党外干部"三支队伍"的素质，累计开展培训班30期，培训人员2000余人次。先后有300余人次统战对象提出意见建议131条，党组织采纳80余条。

2015年，帮助解决党外知识分子最关心的职工子女就学问题。

2017年，组织学习习近平总书记关于宗教工作的重要讲话和批示精神，宣传新修订的《宗教事务条例》及相关文件，在党的统一领导下，做到思想上学习、工作上团结、生活上爱护、政策上落实。临矿集团无利用宗教进行违法范围、渗透等情况，无互联网涉宗教舆情事件；无乱建大型露天宗教造像、投资承包经营寺庙宫观等情况。

2018年，根据《中共山东省委办公厅印发〈关于开展省委巡视发现突出问题专项治理的工作方案〉的通知》《关于对党员信教问题进行专项治理的通知》要求，制定《关于对党员信教问题进行专项治理的实施方案》，对党员信教问题进行专项排查治理，3月底完成。坚持运用"互联网+统战"系统思维来谋划和推动统战工作，依托临矿党建平台，初步开发建设统战工作板块，设立统战时讯、政策理论、统战视野、建言献策、通知公告等模块，综合学习交流、信息发布、综合服务、建言献策、协同办公和数据分析等功能，实现统战工作效能最大化。不定期召开党外知识分子座谈会，针对企业管理中的重大决策和重要事项，征求意见建议。在充分利用微信群、QQ群等网络渠道听取党外人士意见建议的基础上，借助"临矿心声"社区，促进统一战线成员参与协商，为企业发展积极建言献策。进一步畅通党外知识分子成长成才渠道，加快推进"三通道十二级台阶"人才攀登工程建设；建立市场化人才选聘制度，实行市场化薪酬"一企两制"，面向全国选聘7名大数据、智能化软件开发建设和分析工程师，山东玻纤集团引入2个团队12名人才。

2019年，以做好新时代统一战线工作为目标，继续开发建设临矿党建平台的统战工作板块，运用"互联网+统战"系统思维谋划和推动工作。启动第二轮"三考一聘"工作，走上更高层次的岗位298人，专业拔尖人才库人员达760名。12月，按照临沂市委统战部要求，开展港澳台侨情普查工作。

2020年，重点对各单位职工信教情况、党外知识分子、少数民族、民主党派人士、港澳台同胞、人大代表、政协委员分布情况等进行摸底汇总，建立《临矿集团统战对象摸底情况登记表》。各单位共有兼职统战工作人员45名。疫情防控期间，统战对象共捐款85.1万元。国庆期间，组织统战人士开展"我与国旗合个影，我对祖国说句话"活动，共征集照片325张，并择优刊发。建立集团党委领导与党外知识分子联系结对制度，并根据人员变化适时调整，集团党委领导班子成员均与党外知识分子均开展结对帮扶活动，通过现场座谈交流等方式了解掌握他们当前的工作状态、思想状况以及对临矿集团发展的意见建议。利用宣讲活动、统战工作座谈会、党员干部与统战对象谈心交朋友等方式，扎实做好统一战线各领域的意识形态工作，巩固统一战线共同的思想基础。四季度召开涉宗教意识形态联席暨分析研判会议，研判当前涉宗教意识形态工作情况，明确防范抵御非法宗教传播的措施。

第九节 信访稳定

一、机构队伍

1991年，矿务局设有信访科，隶属行政办公室管理；2007年7月，信访科划归政工处管理。2017年7月，政工处撤销，成立信访稳定办公室，设主任、副主任、干事各1名，信访办公室主任由党委办公室主任兼任。各权属单位均按照集团公司要求成立相应组织，设立专兼职信访员。

2018年5月，成立信访网格化管理领导小组，刘孝孔任组长，张圣国、提文科、曹庆伦、祁方坤任副组长，成员有王学兵、何祥成、田国志、贾自富、刘中军、尉光、赵太强、刘厚福、刘恩功、朱玉清、陈立海及各单位主要负责人。领导小组下设办公室，设在信访稳定办公室，王学兵兼任办公室主任，李宪寅任办公室副主任。在集团公司和基层单位实行信访网格化管理。

2018年6月，通过各单位推荐、临矿集团信访部门审查、临矿集团党委研究批准，确定36人为信访网格员。7月26日，对各单位信访网格员进行业务培训。信访网格员的考核工作，由临矿集团信访部门会同其所在单位具体实施，通过日常考核、明察暗访、责任倒查、征求意见等方式，监督指导信访网格员履职情况。信访网格员考核工作，以群众满意和履职情况为重点，实行"周汇报、月考核、半年一评议、年度测评"工作机制，考核结果分为优秀、合格、不合格等档次，并作为津贴发放、评选表彰、选拔任用的依据。信访网格员每人每月工作津贴300元，工作津贴的发放与绩效考核挂钩，每半年调整1次，工作津贴由各单位承担。绩效考核内容为"信访网格员工作职责"规定的内容，考核结果为优秀的，执行标准的100%；考核结果为合格的，执行标准的80%；考核结果为不合格的，不执行。信访网格员出现不能胜任工作、不积极履行职责、违法乱纪、违反相关规章制度、工作失误造成重大不良影响、年度考核不合格等情况之一的，在征得临矿集团信访部门同意后，由各单位予以辞退，并及时按程序重新选聘新的信访网格员，报临矿集团信访部门审查、备案。

2020年7月1日，制定《信访网格员管理考核计分标准》，对信访网格员采取百分制考核。实行每月一考核，年度实行综合考核；月度考核得分80分及以上的，评价为优秀；考核得分60～79分的，评价为合格；考核得分60分以下的，评价为不合格；出现因工作方法不当造成重大影响的，直接评价为不合格；月度考核结果与信访网格员工作津贴挂钩，评价为优秀、合格、不合格的，工作津贴标准分别按照100%、80%、0的比例兑现；年度综合评价为不合格的，由临矿集团信访稳定办公室责令所在单位对信访网格员予以调整。

2020年临矿集团专兼职信访工作人员、信访网格员情况表

表9-1-12

序号	单位	姓名						人数
1	古城煤矿	范立斌 秦兴海	刘 鹏 刘振清	孟庆科 鲁通玲	吴平平 郑美加	焦永奇	王 斌	10
2	菏泽煤电公司	张 永 刘志强	赵 滨 路 清	郭 浩	杨以龙	王迎春	吴继飞	8
3	王楼煤矿	谢更现 王志增 王成启	陈云关 苏礼冲 韩 玉	柳启龙 崔永江 付永光	高 扬 马伟海 冯德才	惠 平 徐玉栋 陈培永	庄文涛 王山峰 吴海刚	18

序号	单位	姓名						人数
4	新驿煤矿	史 军	于国栋	姚 群	刘 娟	吴春晓	唐兴海	7
		律 玲（女）						
5	里彦煤矿	王 磊	孙永全	王 飞	金 刚	邱淑敏	孙忠明	17
		杨振勇	尚 岩	吴庆利	魏宝东	李 涛	张明明	
		褚子祯	张玉生	刘 光	季相远	张道文		
6	永明煤矿	朱弘一	刘井泉	鲍 冰	李培华	杨秀宽	杜泽文	10
		孙彦峰	杜秋军	王大强	张夫光			
7	邱集煤矿	客华平	樊 礼	孟庆德	韩 华	张 杰	李 新	11
		孟兆明	李光晓	张俊华	李洋洋	孙西征		
8	株柏煤矿	朱玉宝	秦春娜	高连庆	杨党伟	张建峰	王连振	10
		刘子贵	吴云礼	刘海涛	徐桂远			
9	上海庙公司	徐 畅	杨朝晖	唐 峰	侯海龙	张 勇	盛 勇	48
		孙九光	李明振	贾东秀	周冠龙	王 维	徐得方	
		蔡桂平	李 虎	刘 栋	陈洪利	庄肃展	李学政	
		王现涛	王洪涛	胡子波	胡发伦	张廷永	王新立	
		李 准	张汝海	张 虎	王永国	王金龙	王宗伦	
		杨 峰	何晓青	马祥志	吕文斌	刘生健	李俊春	
		刘 艳	孙 毅	刘希强	崔 平	王历民	秦夫艳	
		徐继来	李传昊	李世涛	孙成磊	鲍现坤	董爱明	
10	会宝岭公司	王浩然	陈宜蒙					2
11	山东玻纤集团	陈维春	徐勤丽	张召利	潘永才	齐 伟	武玉利	6
12	物商集团公司	邹学峰	秦 晗	马梓超	王小雷	王晓杰		5
13	技师学院	郭良金	孟 凯					2
14	临矿集团机关	王学兵	李宪寅	王现法	赵善勇	王晓伟	王连祥	10
		孙英华	马云涛	陈长飞	曹 灿			
总计		164 人						

二、管理考核

（一）管理

1993年，局委制定《重要信访案件监督管理办法》，在全局各单位设立举报箱，为办案工作奠定基础。

2010年11月，根据省委和省国资委的要求，临矿集团党委建立稳定工作风险评估机制。

2011年9月，集团党委执行《山东能源集团有限公司信访工作管理办法（试行）》《山东能源集团有限公司维护稳定工作应急预案（试行）》。

2015年4月，集团党委开展《信访条例》修订实施10周年宣传活动；6月，制定《临矿集团规范信访基础业务百日专项整治工作方案》，集中开展规范信访基础业务专项整治活动。11月，在权属各单位中开展学习宣传新修订的《山东省信访条例》，学习宣传活动情况纳入年度信访稳定工作考核。

2016年7月，制定《临沂矿业集团有限责任公司信访稳定工作考核办法》。8月，建立信访工作联席会议制度。9月，集团党委实施《信访工作管理办法（试行）》。

2017年8月，集团党委制定领导干部信访维稳工作包保责任制。涉事单位主要负责人为第一责任人，分管信访稳定工作的分管领导为直接责任人；信访事项特别重大的，临矿集团分管领导作为责任领导进行督促协调，并与各权属单位签订《临矿集团信访事项包保责任书》。9月，规范完善信访案件领导包案督办制度，建立临矿集团领导班子成员包案督办台账。按照《信访工作联席会议制度》，全年召开5次信访工作联席会议，做到"五个确保不发生"。

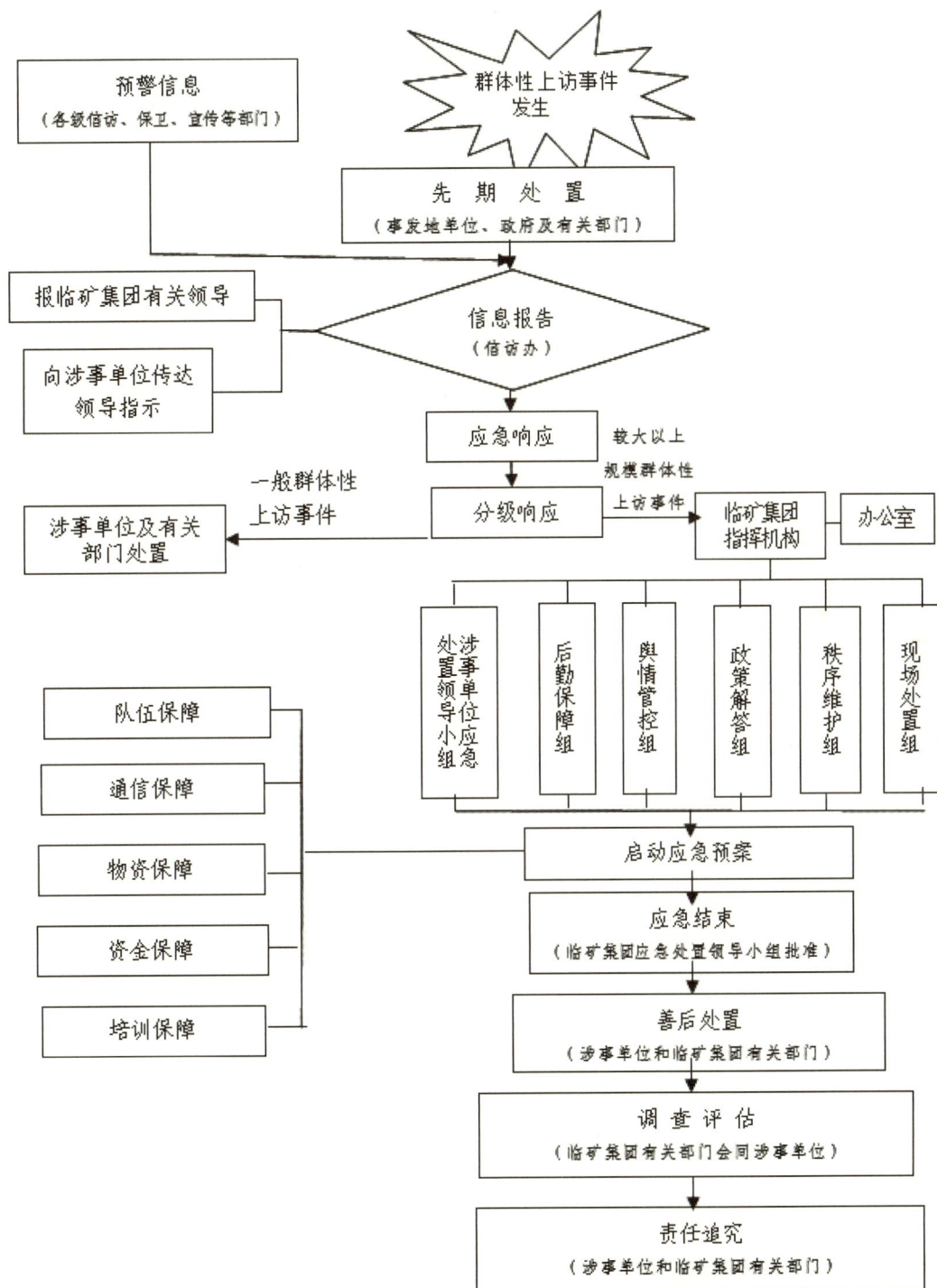

图9-1-1　　　　2020年临矿集团应急处置工作流程示意图

2018年12月，针对"两节""两会"等特殊敏感时期的信访稳定工作，集团党委制定《关于进一步加强和改进意识形态工作的实施意见》，在会宝岭铁矿公司召开信访稳定和意识形态工作专题会议，部署特殊敏感时期信访维稳工作。

2019年，创新实施"纵横协同"维稳工作法，办结率达100%，做到"五个确保不发生"。针对信访积案、难案，逐一研判案情，实行领导包案，制定针对性化解措施，圆满完成上级交办的各项积案化解任务。

2020年6月，制定《临沂矿业集团有限责任公司群体性上访事件应急处置预案》。8月，执行山东能源集团《信访稳定工作责任追究暂行办法》，临矿集团为预防和处理信访事项的管理主体，各单位为日常管控和应急处置的责任主体。

（二）考核

1997年，印发《临沂矿务局信访工作目标管理试行办法》及考核评分标准，制定和完善领导小组例会制度、党委行政重视信访工作制度、领导接待来访制度、领导阅批主要来信制度、领导包案制度、信访办公室岗位责任制度、信息搜集上报制度和追究责任制度9项制度。矿务局被山东煤管局授予信访工作达标单位称号，汤庄煤矿被授予信访工作先进单位称号。

2000年，局委对1999年度信访工作进行考核。

2016年7月4日，制定《临沂矿业集团有限责任公司信访稳定工作考核办法》。10月，执行中共中央办公厅、国务院办公厅《信访工作责任制实施办法》。

2016—2020年，考核从12月中旬开始，依据《临沂矿业集团有限责任公司信访稳定工作考核办法》，并参照当年下发的有关信访制度、规定和要求，集团党委对各单位信访工作同党建思想政治工作一起进行检查考核。考核方法有听汇报、对口检查、组织测评、看阵地、座谈交流、征求意见、领导点评。

三、信访处理

（一）工作流程

1. 来信、来电、短信

（1）对于来信、来电、短信形式信访事项，信访维稳办及时拆封、下载、登记。

（2）信访维稳办要针对来信、来电、短信内容调查核实情况，判断是否属于受理范围。

（3）如果属于受理范围，能解答的，予以答复；若需对口部门解答的，向领导汇报，由对口部门出面协调答复。如果不属于受理范围，要及时告知信访人不属于受理范围。

（4）信访维稳办要整理答复内容，形成答复意见，并逐级报送领导审核，并根据意见进行修改完善。

（5）信访维稳办将答复意见反馈至信访人，并做好信息记录、存档。

（6）结束。

2. 群众来访

（1）信访维稳办工作人员接待信访人，并登记来访人相关信息，通过接谈，了解事项、诉求。

（2）信访维稳办工作人员法根据接谈情况，判断是否属于受理范围。如果是个体访，属于受理范围且能解答的，予以现场解答；不能解答的，及时向分管主管汇报，协调对口部门出面解答。不属于受理范围的，告知信访人不属于受理范围，及时劝离信访人。如果是群体访，信访事项属于受理范围且能解答，予以现场解答；不能解答，要及时向分管主管汇报，协调对口部门出面解答。大规模的、有组织的集体访，向分管主管、党委办公室主任逐级汇报，协调武装保卫及相关部门联合接访，应制定应急预案，由对口部门出面协调答复，及时劝离信访人。

（3）信访维稳办工作人员记录信访事项的答复内容、接访人，整理形成答复意见，进行信息存档。

（4）信访维稳办工作人员及时向分管主管、党委办公室主任汇报接访情况。

（5）结束。

3. 上级部门交办、转办信访事项

（1）集团领导、党委办公室主任、分管主管逐级阅批上级交办、转办信访件后，信访维稳干事王现法要做好登记，并对信访事项进行调查落实。

（2）分管主管组织相关人会员走访信访人，送达"是否受理通知书"。

（3）信访维稳干事根据调查落实情况，针对信访人诉求形成信访答复书，并逐级报送领导审核，根据意见进行修改。

（4）分管主管组织相关人员将信访答复书送达信访人，告知办理结果，落实办理回执要求。

（5）信访维稳干事将所有办理资料扫描，通过信访网络上传，完成交办、转办信访事项流程。

（6）信访维稳干事将相关的所有资料信息归档。

（7）结束。

（二）来信来访

1991—2015年，临矿集团共计受理来信2975件，来访10700人次集体访318起。

2016年，共来信来访90起194人。其中，接待集体来访4起72人，个体访86起122人。办理中央巡视组交办信访案件2起，分别是魏某某、宋某某、李某某在信访事项，已办结。办理省信访局交办案件6起。

2017年，共接待来访131起273人，起数同比上升45.5%，人数同比上升40.7%。其中，接待集体来访6起68人次，个体访125起205人次。办理省信访局交办案件8起。协助省煤炭工业局调查信访案件1起。办结山东能源集团督办的信访案件2起。

2018年，共接待来访167起295人次，起数同比上升27.49%，人数同比上升8.05%。其中，接待集体来访2起20人，个体访165起275人次。办理省信访局交办案件8起，完成山东能源集团督办的信访事项2起。

2019年，共接待来访298起367人次，其中，接待集体来访3起20人次，个体访295起347人次。信访办在平时工作中加强隐患排查、矛盾化解，进一步强化措施，防止信访反弹，取得较好效果。完成山东能源集团和临沂市信访局交办的各项任务。在重大活动、重大节日期间，实现重点敏感时期"五个确保不发生"和"三个零"的目标。全年召开5次信访工作联席会议，会同人力资源处、法律事务部等相关部门，从法律、政策等方面研究信访事项，为信访案件办理提供政策和法律保障。做好"三供一业"分离移交后老旧小区拆迁、武所屯生建煤矿关井退出、离退休人员移交社会管理等工作推进中的信息排查和矛盾化解，推动重点工作的进展。

2020年，共接待来访来电73起111人次，因受疫情的影响，来访起数和来访人数同比大幅下降。

1991—2020年临矿集团受理信访案件统计表

表9-1-13

年份	信访总量	信访形式					
		上级交办	来访			来信	来电
			来访	其中			
				集体访	集体访人数		
1991	127	–	–	6	85	–	–
1992	115	–	–	2	21	–	–
1993	107	8	99	1	10	8	–
1994	111	1	105	9	112	6	–
1995	144	–	–	11	159	–	–
1996	270	20	241	–	–	29	–
1997	124	13	107	3	69	17	–
1998	80	9	68	–	–	12	–
1999	81	–	78	5	–	3	–
2000	57	–	54	10	–	–	–
2001	78	3	72	7	–	6	–
2002	160	14	142	28	727	18	–
2003	209	13	195	15	846	14	–
2004	246	10	235	13	376	11	
2005	311	30	278	13	138	33	–
2006	271	10	252	29	–	19	
2007	98	13	81	7	63	17	
2008	204	25	159	8	108	45	–
2009	160	21	125	11	203	35	–
2010	171	17	156	22	940	15	–
2011	183	12	172	34	639	11	–
2012	146	3	145	26	477	1	–
2013	148	4	141	25	396	7	–
2014	146	–	140	25	396	6	–
2015	148	–	148	15	254	–	–
2016	90	10	78	4	72	–	12
2017	131	10	107	6	68	–	24
2018	167	8	132	2	20	–	35
2019	298	5	367	3	20	12	58
2020	73	15	111	0	0	8	28

四、诉求渠道

（一）网络舆情处置

2012年5月，临矿集团成立突发事件网络舆情应急处置领导小组，党委书记、董事长任组长，其他班子成员任副组长，机关各处室主要负责人为成员。领导小组下设办公室，设在政工处，政工处处长兼任办公室主任，其他工作人员为成员。执行《山东能源集团有限公司突发事件网络舆情应急处置管理办法》规定。各单位建立党政主要负责人负总责、分管领导具体抓的组织机构，确定1名联络员负责与临矿集团领导小组办公室联系。各单位设有专人负责网络舆情管控工作。

2017年9月，集团党委制定《临沂矿业集团有限责任公司突发事件网络舆情应急处置管理办法》，对网络舆情的应对、舆情分级及分级应对、网络舆情的监测研判与处置、网络舆情管理与处置的保障、机制建设等方面作明确规定。各单位根据该办法制定相应制度。同时废止2012年《山东能源集团有限公司突发事件网络舆情应急处置管理办法》。临矿集团成立网络舆情突发事件应急处置领导小组（以下简称领导小组），党委书记、董事长任组长，领导小组办公室设在信访稳定办公室，办公室直接对临矿集团层面及主要领导负责，根据工作需要可以跨部门、跨层级协调处置、督导落实。各单位按要求建立相应组织机构。领导小组办公室定期分析研判网络意识形态领域情况，对涉及临矿集团系统的网络舆情采取有效监控措施。

2020年，依托手机钉钉App和PC电脑端，建设集发帖交流、投诉举报、问题求助、查阅资料等功能为一体的"临矿心声云"平台，以"心声社区""民生通道""工会帮办""领导信箱""政策法规"五个板块，保证职工诉求渠道的畅通，稳定职工思想。

（二）民生通道

1. 管理

2014年4月，为拓宽职工诉求渠道，建立听取民声、收集民意、解决民需的互动平台，临矿集团党委在官网开通"民生通道"栏目，由党委宣传部管理，对临矿集团职工或社会群众在临矿集团网站留言板反映的诉求、提出的问题或建议等，依照规定程序进行处理答复。4月14日"民生通道"收到第一条诉求。

2018年7月，为进一步加强对网站"民生通道"的管理，全面掌握社情民意，更好地服务于职工群众和领导决策，制定《网站"民生通道"管理办法（试行）》，规定临矿集团信访稳定办公室（党委宣传部）是"民生通道"的主管部门。配备2名"民生通道"管理员，实行AB角工作制，确保每天查阅"民生通道"的次数不少于两次。"民生通道"管理员负责对接收的民生诉求作好记录。

2019年，优化"民生通道"办理流程，在"党建平台"开辟线上审批流程，收到诉求投诉后，仅需用手机操作，便可完成"管理—责任部门—宣传部部长—分管领导—最终发布"的流程，提高回复办理速度。

2. 诉求答复程序

"民生通道"管理员接收民生诉求后，填写《临矿集团"民生通道"诉求承办单》，明确办理单位或部门、办结时间、问题类别等相关事项。

诉求答复涉及的责任单位或部门收到《临矿集团"民生通道"诉求承办单》后，在第一时间进行调查落实，确保答复意见实事求是、依据充分、简明扼要、表述准确，不掺杂任何个人感情色彩，不产生歧义。答复意见经部门负责人或分管领导审定后，上报"民生通道"管理员。其中，对于政策性较强的问题，责任单位或部门还须报临矿集团职能部门审核把关后，报临矿集团"民生通道"管理员。

对民生诉求的答复一般在3天内完成。因特殊情况无法在规定时间内完成的，经临矿集团"民生通道"管理员同意后可以适当延迟办理，但最长不得超过7天。

对责任单位或部门上报的答复意见，"民生通道"管理员负责初审，信访稳定办公室主任负责再审，信访稳定办公室主任负责终审。在审核把关过程中，对存有异议的及时向责任单位核实，确保准确无误后方可上传。对于重大问题，经请示临矿集团分管领导同意后再行发布。

3. 诉求内容

2014—2017年，"民生通道"收到留言274条，其中：2016年，收到留言58条，回复58份；2017年，收到留言123条，合并形成办理单49份，均在第一时间办理回复。

2018年，"民生通道"收到民生诉求175条，同比2017年增加42.3%；累计回复116条，回复数量同比2017年增加137%，回复率66.3%；累计办结142条，办结率81.1%。

2019年，"民声通道"收到职工诉求261件，内容涉及工资薪酬、福利待遇、管理制度、工作作风等方面，累计办结228条，办结率87.4%。

2020年，"民生通道"收到民生诉求192条，同比减少69条，降幅26.4%；累计办结154条，办结率80.2%。各单位、各部室对收到的《临矿集团"民生通道"诉求承办单》在规定时间内进行回复。从民生诉求类别看，诉求内容主要集中于工资薪酬、管理制度、福利待遇、疫情防控、加班和休班制度、后勤保障等方面。

（三）临矿心声

2018年9月20日，临矿集团党委对标学习华为"心声社区"的成功经验，畅通职工群众对临矿批评、吐槽、建议的渠道，在临矿网站开通"临矿心声"平台，由党委办公室管理。职工只需在该平台注册账户，便可以在平台上进行吐槽、发牢骚、发表意见或建议。'临矿心声'平台开通不到1小时，便收到职工的发帖。11月，为加强对"临矿心声"平台的管理，临矿集团制定《"临矿心声"管理规定》，明确用户的权利与责任、隐私权的保护等内容。为切实发挥平台应有的作用，鼓励职工群众在"临矿心声"踊跃发言，让广大职工的个人隐私得到充分保护，临矿集团改进"临矿心声"操作方式，取消会员功能，职工无须注册账号和登录就可进入社区发帖，所有发帖作者只显示"游客"身份。2018年年底，临矿心声共计收到职工诉求59条。

2019年，加强"临矿心声"社区日常维护，收到咨询、反映问题帖子10篇，涉及7个单位和部门，经及时提醒督促和有关单位、部门的积极跟帖，为职工解答疑虑，及时平息舆情。

2020年7月29日，临矿集团党委在钉钉上线试运行"临矿心声云"，职工可从手机钉钉App进入。平台包括"心声社区""民生通道""工会帮办""领导信箱""政策法规"5个版块，职工可根据需要，进入相关版块讨论发帖、投诉举报、提交诉求以及了解相关政策法规，职工均可匿名或昵称发布信息。

（四）热线办理

2014年6月，临沂12345市民服务热线办理由总务处负责，实行首接负责制，在规定时限内，及时答复和反馈办理结果。同时，建立内部督办、监察问责、舆论监督的督办考核体系，确保承接的职工诉求"事事有回音、件件有着落"。

2016年1月，临沂12345市民服务热线划归后勤保障部管理，通过短信回、电话回访、上门回访、定期约访等多种形式对办结件回访跟踪，了解处理意见的落实情况，不满意的事项重新查明原因，及时做好解释工作，疏通职工心中的症结，提高职工满意率。全年市民热线工单回复率达到100%，办结率98%，职工满意率96.9%。

2014—2018年，热线受理的诉求中，咨询类问题516件，求助类问题126件，投诉类问题197件，供暖、供电、环境、物业管理类问题619件。

2019—2020年，热线受理的诉求中，咨询类问题473件，求助类问题18件，投诉类问题40件，福利待遇类问题57件。

第二章　工　会

第一节　机构队伍

一、临沂矿业集团公司工会

临沂矿业集团公司工会（简称临矿集团工会）组织关系隶属临沂矿业集团公司党委，业务关系隶属省煤矿工会和临沂市总工会。2011年4月，山东能源集团工会成立后，按照省总工会批示，临矿集团工会由临沂市总工会和山东能源集团工会双重领导。

1990年，临沂矿区工会有基层工会23个、车间工会132个、工会小组947个，会员12342名；专职工作人员115人，其中专职干部66人。

1991年，临沂矿区工会设主席1人，副主席2人，工作员15人。下设办公室、组宣部、生活女工部、生产保护部。

1992年9月，矿区工会成立华阳贸易部，是为职工服务的经济实体，1994年5月注销。

1996年10月，撤销组宣部、生活女工部、生产保护部，成立财务部、综合部。

1999年5月，矿务局文体部并入工会，撤销综合部、财务部，组建生产法律保障部、组宣文体部、女工保障部；工作人员13人，其中主席1人、副主席2人。

2006年8月，临沂矿务局改制成立临沂矿业集团有限责任公司，临沂矿区工会更名为临沂矿业集团公司工会。设主席1人，下设生产法律保障部、组宣文体部、女工保障部、办公室。女工保障部兼管工会财务工作。年末，临矿集团工会有专职干部6人，基层工会17个、车间工会126个、工会小组358个、会员21300人。

2016年12月，工会财务由临矿集团会计服务中心代管，2名兼职财务人员随转。

2017年7月，成立工会干部管理学院，设在王楼煤矿军城井。

2020年末，临矿集团工会设工会主席1人、副主席2人、工作人员5人；下设14个基层工会、160个车间工会、260个工会小组、有会员21388人。

二、工代会

1985年11月27—28日，临沂矿区工会第四届会员代表大会召开，代表160名。临沂地区工会办事处主任胡广惠，副主任王芙蓉、组织部长王德英到会祝贺。选举产生临沂矿区工会第四届委员会，李春晓为主席，陈宗贞、韩跃民为副主席。

1988年3月11日，临沂矿区工会第五届会员代表大会召开，正式代表192名，选举产生临沂矿区工会第五届委员会。

1994年8月18—19日，临沂矿区工会第六届会员代表大会召开，正式代表126名，选举产生临沂矿区工会第六届委员会，李春晓为主席，王选民为副主席。

1997年7月18日，临沂矿区工会召开第六届五次全委会，同意李春晓辞去临沂矿区工会第六届委员会委员、常委和主席职务，补选赵学仁为矿区工会第六届委员会委员、常委、主席。

1999年3月12日，临沂矿区工会召开第六届八次全委扩大会议，部署工会年鉴撰写工作，表彰1998年度群监竞赛先进单位，布置困难职工和劳动模范基本状况调查工作。

2001年12月14日，临沂矿区工会第六届十一次全委会召开，参会22人。同意王选民辞去副主席职务，选举季广修为副主席。

2004年2月5日，临沂矿区工会召开第六届十四次全委扩大会议，参会27人。同意赵学仁同志辞去矿区工会委员、常委、主席职务，补选刘孝孔为矿区工会委员、常委、主席。

2005年6月11日，临沂矿区工会第六届第十五次全委扩大会议召开，参会32人。省煤矿工会主席刘宁、副主席董长连参加会议，同意刘孝孔同志辞去矿区工会委员、常委、主席职务，补选雷其春为矿区工会委员、常委、主席。

2006年3月3日，临沂矿区工会召开第六届十六次全委（扩大）会议，参会58人。同意季广修辞去矿区工会副主席职务，补选张传毅为矿区工会副主席

2007年3月7日，临矿集团工会第一届工会会员代表大会召开，选举委员25人，雷其春为主席，张传毅为副主席。

2010年11月，临矿集团工会第一届六次全委（扩大）会议召开，选举刘厚福为副主席。

2015年1月16日，临矿集团工会一届十次全委（扩大）会议召开，选举陈立海为副主席。4月13日，临矿集团工会一届十一次全委（扩大）会议召开，选举提文科为临矿集团工会委员会委员、常委、工会主席。6月10日，召开临矿集团工会一届九十二次全委（扩大）会议，同意提文科辞去临矿集团工会委员会委员、常委、工会主席，选举曹庆伦为临矿集团工会委员会委员、常委、工会主席。

2019年5月，临矿集团工会第二届五次全委会召开，增补吴涛为工会委员会委员、常委、工会副主席。

2020年5月26日，临矿集团工会第二届六次全委（扩大）会议召开。同意曹庆伦辞去临矿集团工会第二届委员会委员、工会主席职务。选举产生第二届工会委员会、女职工委员会。选举何祥成为临矿集团工会第二届委员会委员、工会主席，吴涛、邵长余为副主席。

1991—2020年临矿集团工会主要领导任职表

表9-2-1

姓名	职务	任职时间	备注
李春晓		1985.12—1997.06	
赵学仁		1997.07—2004.01	
刘孝孔		2004.01—2005.04	2013.06—2015.04 党委副书记刘孝孔代工会主席。
雷其春	工会主席	2005.04—2013.05	
提文科		2015.04—2015.06	2020.01—2020.04 党委副书记提文科代工会主席。
曹庆伦		2015.05—2020.01	
何祥成		2020.05—	

续表

姓名	职务	任职时间	备注
韩跃民	工会副主席	1984.12—1992.06	2005.12—2007.05、2009.01—2010.11 工会副主席一职空缺。
陈宗贞		1993.08—1994.11	
王选民		1994.10—2001.12	
季广修		2001.12—2005.12	
张传毅		2007.05—2009.01	
刘厚福		2010.11—2019.11	
陈立海		2015.01—2017.06	
吴　涛		2019.05—	
邵长余		2020.4—	

三、机关工会

1991年，矿务局机关工会无专职机构，机关工会与机关党委合署办公，机关党委设专职工会副主席1人，机关党委书记兼职机关工会主席，人员均为兼职。

2002年1月，机关工会设在政工处，政工处办公室主任兼任机关工会主席。

2011年10月，政工处副处长兼任机关第一届工会委员会主席。

2013年2月，成立机关女职工工作委员会，设主任1人。

2016年末，机关工会下设行政车间工会、政工车间工会、科技开发车间工会、经营车间工会、生产车间工会、后勤保障车间工会、济宁矿区车间工会、救护队车间工会。

2017年7月，机关党委副书记兼任机关工会主席；8月，对机关各车间工会、女职工委员会进行调整。

1995—2017年机关工会主席任职情况表

表9-2-2

姓名	职务	任职时间	备注
孟宪民	工会主席	1995.12—1998.02	
张升德		1998.03—2002.01	
王学兵		2002.01—2011.10	
贾安强		2011.10—2016.07	
李宪寅		2016.07—2017.07	
季广修		2017.07—2018.11	

2018年10月，撤销济宁矿区车间工会建制，成立煤质管理车间工会，11月，成立临矿集团五寺庄煤矿留守处车间工会、山东能源澳大利亚有限公司车间工会；同月，机关工会由机关党委兼管。

2019年7月，成立安监车间工会、财务车间工会、工程管理车间工会。

2020年末，机关工会下设政工、行政、生产、安监、经营、财务、科技开发、工程管理、煤质管理、救护大队、后勤保障、老干处、五寺庄煤矿留守处、澳大利亚公司车间工会。

每年3月机关工会对优秀工会工作者、优秀工会积极分子、女职工建功立业标兵、文明和谐职工家庭等进行表彰奖励。机关工会按照集团工会要求组织员工参加文体活动、职工疗休养等活动。2013—2015年，机关女工每年组织庆"三八妇女节"文艺演出，到各矿开展嘱安全慰问。2018年7月，执行职工住院、生育、婚姻、生日、退休等慰问。

2020年3—4月，参加临矿集团"阅见未来·读出精彩"职工读书月活动，总成绩排名第一，被评为"学习力"先锋单位。全年累计走访慰问困难职工、残疾军人、工病亡遗属、烈属20余人；开展住院、丧葬、婚姻、生育、退休等慰问60余人次，为10名上考大学的职工子女发放慰问品，为1名家庭困难的职工子女申请助学金。

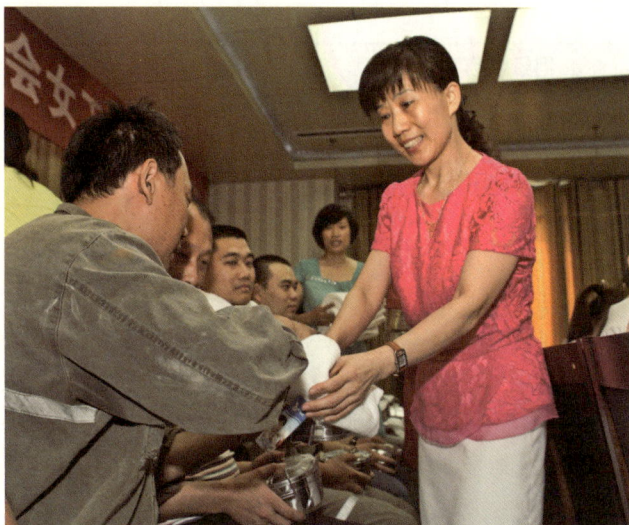

2014年6月13日，集团公司机关女工委到会宝岭铁矿送清凉、嘱安全。

四、权属单位工会

1991—2020年，临矿集团工会先后存在过41个二级基层工会，随主辅分离、破产重组、关井闭坑，26个二级基层工会移交或撤销。

2020年末，二级基层工会有15个。

1991—2020年临矿集团二级基层工会建设和发展情况表

表9-2-3

组织名称	组织建设与发展情况
古城煤矿工会	1994年6月，成立古城筹建处工会。2020年末，会员2080名，16个车间工会。设工会主席、副主席、女工委员会主任，专职工会人员3名，组织机构健全。工会主席：王家德（1994.06—2001.04）、张传毅（2002.01—2006.01）、何祥成（2006.02—2010.03）、李泉（2010.04—2013.07）、贾安强（2013.08—2020.05）、董忠科（2020.05—）。
菏泽煤电公司工会	菏泽煤电公司2012年设立工会，实行工代、职代会双会合一，组织机构健全。2015年12月被临矿集团并购后，工会组织随转。2016年1月，召开菏泽煤电公司一届双代会，选举产生新的工会委员会。下设彭庄煤矿工会和郭屯煤矿工会。2020年末，会员4012人，车间工会32个。工会主席：菏泽煤电公司工会李安平（2016.01—2020.06）、高志勇（2020.06—），彭庄煤矿工会郭书雷（2016.01—2019.08）、胡彦峰（2019.08—），郭屯煤矿工会徐晓华（2017.09—2020.06）、秦晓强（2020.06—）。
王楼煤矿工会	2006年4月，王楼矿井筹建处成立工会；5月，选举产生王楼矿井筹建处第一届工会委员会。设主席、副主席、女工委主任，组织机构健全。2020年末，王楼煤矿工会设主席1人，工会会员1403人，车间工会15个，工会主席：邵长余（2006.5月—2020.05）、张卫（2020.05—）。

组织名称	组织建设与发展情况
新驿煤矿工会	2004年5月，成立工会，会员代表581人，实行工代会、职代会双会合一。2018年3月换届选举，设主席、副主席、女工委主任，组织机构健全。2020年末，工会会员1226人，12个车间工会。工会主席：陈立海（2004.06—2008.02）、孙福兴（2008.03—2019.07）、高志勇（2019.08—2020.05）、李冰（2020.05—）。
鲁西煤矿工会	2016年9月6日，临矿集团接管鲁西煤矿，工会工作由新驿煤矿工会代管。2018年11月，成立鲁西煤矿新工会，设主席、副主席、女工委主任，组织机构健全。会员639人，车间工会5个。鲁西煤矿工会由新驿煤矿党委领导。2020年末，会员822人，车间工会7个。工会主席：董勤凯（2018.11—2019.07）、高志勇（2019.07—2020.05）、李冰（2020.05—）。
邱集煤矿工会	1990年4月，成立邱集煤矿筹建处工会。2004年10月，邱集煤矿划归临矿集团，工会组织纳入临沂矿区工会管理，组织机构健全。2020年底，会员人数604人，8个车间工会。历任工会主席：孙富兴（2006.03—2008.03）、彭士伟（2008.04—2016.06）、李洪（2016.06—2018.02）、李东（2018.02—）。
株柏煤矿工会	1993年4月，成立株柏煤矿工会。2020年，有会员628人，7个车间工会。工会主席：姜善祥（1996.09—2001.06）、田凤法（2001.06—2014.01）、岳登松（2014.02—2019.06）、董凤广（2019.06—2020.04）、杨现贵（2020.04—）。
会宝岭铁矿工会	2011年12月，成立会宝岭铁矿工会。2020年末，有会员583人，车间工会7个，组织机构健全。工会主席：刘长洲（2011.12—2012.05）、韩文义（2012.05—2014.04）、孙迎东（2014.04—2015.12）、薛其成（2015.12—）。
山东玻纤集团公司工会	2007年，成立山东光力士集团工会。2013年12月，成立山东玻纤集团工会。2017年10月，成立山东玻纤集团股份有限公司工会。 2007—2016年，工会日常工作由党群部门负责。2020年末，有工会会员2908人，车间工会4个，组织机构健全。工会主席：宋忠玲（女）（2001.05—2017.10）、张善俊（2017.10—）。
山东物商集团公司工会、亿金公司工会、鲁北公司工会、运销公司工会	2018年6月，物商集团公司工会由鲁北公司、煤炭运销公司、亿金公司工会整合成立，组织机构健全。2020年末，物商集团工会共有会员319人，车间工会3个。工会主席：李冰（2018.06—2020.05）、秦涛（2020.05—）。①2002年1月临沂矿务局物资供应公司改制为亿金公司，工会组织健全，张克义、黄伟先后为工会主席，2013年7月，亿金公司工会召开第二届委员会第八次会议，选举李冰为亿金公司工会主席。2018年6月，亿金公司工会合并到物商集团工会。②鲁北公司工会。2015年5月成立，工会主席刘启军。③2011年3月成立运销公司工会，工会组织不健全，钱学军任工会主席，2018年6月，工会组织合并到物商集团工会。
山东煤炭技师学院工会	1958年，成立学校并组建工会。1980—2012年，工会组织为临沂矿务局技工学校工会委员会。2000年—2012年10月，为山东省煤炭高级技工学校工会委员会。2012年10月，变更为山东煤炭技师学院工会委员会，组织机构健全。2020年，会员194人，车间工会5个。工会主席：王竹（1991.10—1994.06）、张瑞清（1994.06—1998.10）、李国华（1998.10—2001.11）、苏学明（2001.06—2005.12）、季广修（2005.12—2017.07）、赵钦营（2017.07—）。
上海庙矿业公司工会	2011年3月，成立榆树井煤矿工会。2012年4月，成立上海庙矿业公司工会。2020年末，矿业公司工会设工会主席、副主席、女工委主任，工会组织健全，下辖1个基层工会（榆树井煤矿工会），管理上海庙一号井工会业务；会员1805人，车间工会15个。公司工会主席：田大恩（2012.06—2017.06）、翟健飞（2017.06—2020.04）、张世海（2020.04—）。榆树井煤矿工会主席：刘跃泉（2011—2011.08）、翟建飞（2011.08—2015.01）。
永明煤矿工会	2018年10月20日，成立永明煤矿工会，组织机构健全。2020年末，会员231人，3个车间工会。工会主席：韦金国（2018.10—2019.06）、白云明（2019.06—）。
里彦煤矿工会	2020年12月10日，成立里彦煤矿工会，有会员774人，车间工会9个。工会主席：杨红树（2020.12—）。

组织名称	组织建设与发展情况
田庄煤矿工会	2000年8月，成立田庄煤矿工会，组织机构健全。2004年2月，划归临矿集团，工会组织随转。2019年，有会员1171人，车间工会9个，管理里彦煤矿、武所屯煤矿工会。2020年7月，田庄煤矿关闭，工会组织撤销。工会主席：刘传武（2003.03—2005.12）、彭士伟（2005.12—2008.03）、王开超（2008.03—2015.12）、杨红树（2015.12—2020.07）。
军城煤矿工会	2009年8月3日，成立军城煤矿工会，工会主席：刘传武。2015年12月29日，军城煤矿关闭，工会组织撤销。
沂州府公司（矿务局招待所）工会	1998年10月22日，矿务局招待所召开一届一次会员代表大会，选举庞维清为工会主席。2002年8月26日，临沂煤苑实业公司工会召开第一届一次工会会员代表大会，选举胡经浩为工会主席。2003年4月12日，临沂煤苑实业公司工会召开一届二次工会全委会，选举庞维青为工会副主席。2005年12月20日，临沂煤苑实业有限责任公司工会委员会变更为临沂沂州府实业有限责任公司工会委员会。2018年底，临沂沂州府实业党组织转地方，工会组织随转地方。
马坊煤矿工会	2006年5月9日，召开工会第五届一次工代会，选举乌以功为矿工会主席、杨传信为副主席。2015年2月，马坊煤矿关井，其工会组织撤销。
煤机厂工会	2005年10月18日，山东煤矿莱芜机械厂，泰安煤机厂、济南煤机厂工会组织纳入临沂矿区工会管理。2006年3月6日，补选魏丕杰为泰安煤机厂工会主席。2006年9月22日，补选吴在昊为泰安煤机厂工会主席。2006年2月28日，补选张荣宝为济南煤机厂工会主席。2009年2月19日，兖州煤机公司工会选举王东晓为工会主席。2014年，山东能源集团成立重装集团，将煤机集团公司下设莱芜、泰安、兖州3个煤机厂划归重装集团管辖，工会组织随转。
后勤服务中心工会	1997年11月30日，服务中心召开首届工会委员会，选举孟宪民为工会主席。2002年5月8日，服务中心工会召开第二届一次会员代表大会，选举崔志彬为主席。2005年，后勤服务中心工会划归矿务局机关工会。
创元焦化公司工会	2001年5月23日，创元焦化公司工会召开第一次会员代表大会，选举王鲁民为主席，许志娟为副主席。2004年3月29日，创元焦化公司工会召开第二次会员代表大会，选举翟建章为主席，史继荣为副主席。2006年3月13日，创元焦化公司工会移交地方。
华建工程公司（工程公司）工会	1993年5月26日，工程公司召开首届工会委员会第一次会议，选举李长胜为主席，陈宝瑞为副主席。2001年2月3日，工程公司工会召开第一届委员会第十六次会议，选举李勋国为副主席。2001年7月10日，工程公司工会召开工会第一届委员会第十七次会议，选举何乃森为主席。2002年工程公司改制为华建工程公司。2002年3月18日，华建公司工会第一届一次会员代表大会选举何乃森主席，李勋国为副主席。2006年3月13日，华建公司工会移交地方。
亚龙机械公司（局机械厂）工会	1995年5月10日，矿务局机械厂工会召开第二届二次全委会，选举施安东为主席。1999年6月17日，机械厂工会召开第二届三次全委会，选举周士军为主席。2001年4月18日，临沂亚龙机械有限责任公司工会委员会建立，矿务局机械厂工会委员会撤销。2001年4月23日，亚龙机械公司召开首届职工代表大会，选举邢士春为主席，张秀申为副主席。2006年3月13日，亚龙机械公司工会移交地方管理。
中心医院工会	2002年2月7日，中心医院工会召开第一次会员代表大会，选举施安东为主席，彭树英为副主席。2006年3月13日，中心医院工会划归地方管理。
汤庄煤矿工会	1991年5月28日，矿工会召开第七次会员代表大会，彭传亮为主席，卢建智、张德庆为副主席。1994年12月1日，矿工会召开第八次会员代表大会，选举卢建智为主席，张德庆为副主席。1999年4月20日，矿工会召开第九次工会会员代表大会，选举李凤岗为主席，葛德田为副主席。2000年，汤庄煤矿破产关闭，其工会组织撤销。

续表

组织名称	组织建设与发展情况
恒河实业总公司 （五寺庄煤矿）工会	1994年10月1日，五寺庄煤矿工会召开第四次会员代表大会，选举孔宪福为主席，候敬法为副主席。1996年五寺庄矿改制为恒河实业总公司。1996年6月4日，恒河实业总公司工会召开第一次会员代表大会，选举张文为主席。2000年，恒河实业总公司破产关闭，其工会组织撤销。
恒昌煤业公司 （褚墩煤矿）工会	1998年9月11日，褚墩煤矿工会召开第二次会员代表大会，选举石奎为主席，杨桂英、李勇为副主席。2001年7月10日，矿工会召开第二届全委会第四次会议，选举闫士莹为主席；李钟生、张玉生为副主席。2002年，褚墩煤矿改制为恒昌煤业公司。2006年3月13日，恒昌煤业公司工会组织移交地方。
兴元煤业公司 （塘崖煤矿）工会	1995年7月9日，塘崖煤矿工会召开第三次会员代表大会，选举于洪胜为主席。2001年6月19日，矿工会召开第三届二次全委会，选举卢加棣为主席。2002年，塘崖煤矿改制为兴元煤业公司。2006年3月13日，兴元煤业公司工会组织移交地方。
草埠煤矿 实业公司工会	1995年4月30日，草埠煤矿工会召开第五届一次工代会，选举张仲华为主席，张成建为副主席。2001年8月10日，矿工会召开第五届四次全委会，选举刘厚福为主席。2001年12月14日，矿工会召开第五届七次全委会，选举孙富兴为主席。2006年，草埠煤矿破产关闭，其工会组织撤销。
岐山煤矿工会	1995年6月10日，岐山煤矿工会召开第五次代表大会，选举王秀珍为主席，齐共文为副主席。1996年，岐山煤矿破产关闭，其工会组织撤销。
莒县煤矿工会	1992年3月6日，莒县煤矿工会召开第五届一次会员代表大会，选举陈树森为主席，史法成为副主席。1999年，莒县煤矿关井破产，其工会组织撤销。
创元公司（矿务局 总厂）工会	1994年12月26日，总厂工会召开第三次会员代表大会，选举李淑平为主席，郭兴廷为副主席。2001年4月24日，总厂改制，工会更名创元焦化公司工会。2006年，创元焦化公司工会移交地方。
腾源热电公司（矿务 局热电厂）工会	1999年7月30日，热电厂工会召开第二届第二次会员代表大会，选举张学诗为主席。2001年7月18日，热电厂工会召开第二届三次会员代表大会，选举韩跃民为主席。同年改制为腾源热电公司。2002年4月14日，腾源热电公司工会召开第一届一次会员代表大会，选举孙洪德为主席。2005年，腾源热电公司工会移交地方。
水泥厂工会	1991年11月10日，水泥厂工会召开一届一次会员代表大会，选举郭洪玺为主席。1994年7月4日，水泥厂工会召开第一届第二次会员代表大会，选举魏文明为主席。2000年，临沂矿务局将水泥厂划归塘崖煤矿，水泥厂工会组织并入塘崖煤矿工会。
劳动服务 公司工会	1995年2月10日，劳动服务公司工会召开会员代表大会，选举张岳为副主席。2001年7月19日，劳动服务公司工会召开第一届三次全委会，选举庄树武为主席。2002年，劳动服务公司工会划归煤苑公司工会。
兴大工程公司 （地质公司）工会	1999年6月26日，地质公司工会召开五届六次会员代表大会，选举张文胜为主席。2002年地质公司改为兴大工程公司；2002年3月8日，兴大工程公司工会召开一届一次会员代表大会，选举相荣涛为主席。2006年3月13日，兴大工程公司工会移交地方。
鲁星搪瓷公司 （搪瓷厂）工会	2001年2月19日，搪瓷厂工会召开第一届一次全委会，选举于洪胜为主席。2001年5月7日，搪瓷厂改为鲁星搪瓷公司。2005年，鲁星搪瓷公司工会移交地方。
矿务局中学工会	1999年11月23日，由钱守际、陈乃仁、丁元堂、张兴平、于世敏等组成学校第一届工会委员会，钱守际为主席。2006年3月13日，实施主辅分离，矿务局中学划归地方管理。

第二节　民主管理

一、职工代表大会

1991年3月28日，临沂矿区工会建立职代会汇报制度，权属单位召开职代会需提前一周向矿区工会报告，填写《职工代表大会审批表》，经批准后开会。

1991—2020年，临矿集团每年组织召开1次职代会。权属单位每年召开1~2次职代会。

1991—2020年临矿集团职代会召开情况表

表9-2-4

会议时间	届次	代表人数	征集提案数	会议议题
1991年4月11—13日	矿区工会五届一次	183	132	通过行政工作报告、财务工作报告和临沂矿务局职代会实施细则、临沂矿务局关于开展双增双优活动的决议、双保责任制合同决议、临沂矿务局关于井下职工实行安全互助金的办法。
1992年4月25—27日	五届二次	183	130	通过行政工作报告、财务预决算报告、九一年双保合同完成情况的报告，通过九二年双保合同的决议，局长与矿区工会主席签订双保合同。
1993年4月18—19日	六届一次	169	135	通过行政工作报告、财务预决算报告、关于加强企业伤病长休职工管理的暂行规定。
1994年3月16—18日	六届二次	116	132	通过行政工作报告、财务预决算报告、临沂矿务局实行岗位技能工资制度实施意见。
1995年3月1—4日	七届一次	160	138	通过行政工作报告、财务预决算报告、临沂矿务局劳保医疗管理暂行办法、临沂矿务局劳动争议调解委员会工作实施细则。
1996年3月29—31日	七届二次	160	134	通过行政工作报告、财务预决算报告、业务招待费使用情况的报告。
1997年2月26—28日	八届一次	156	128	通过行政工作报告、财务预决算报告、业务招待费使用情况的报告，审议通过临沂矿务局医疗保险暂行办法、临沂矿务局医疗保险暂行办法实施细则和临沂矿务局集体合同。
1998年3月28—29日	八届二次	153	125	通过行政工作报告、财务预决算报告、集体合同履行情况的报告、局职代会民主评议干部实施细则，民主评议局级领导干部。
1999年3月31日—4月1日	九届一次	168	128	通过行政工作报告、财务预决算报告、业务招待费使用情况的报告、提案工作报告、集体合同履行情况的报告，民主评议局行政领导班子和局级领导干部。
2000年4月29日—5月1日	九届二次	168	145	通过行政工作报告、财务预决算报告、业务招待费使用情况的报告、集体合同履行情况的报告。
2001年4月4—5日	九届三次	168	136	通过行政工作报告、财务预决算报告、业务招待费使用情况的报告、集体合同履行情况的报告、2001年至2002年集体合同、2000年福利费收入预算、汤庄煤矿关闭破产方案、劳动合同管理暂行办法、劳动合同书。

会议时间	届次	代表人数	征集提案数	会议议题
2002年2月27—28日	九届四次	168	126	通过行政工作报告、财务预决算报告、业务招待费使用情况的报告，2001年度厂务公开情况的报告、集体合同履行情况的报告、提案工作报告，民主评议局行政领导班子和局级领导干部。
2003年2月18—20日	十届一次	158	118	通过行政工作报告、财务预决算报告、厂务公开情况的报告、集体合同履行情况的报告、提案工作报告、临沂矿务局"十五"后三年改革发展规划、关于对塘崖煤矿、草埠煤矿实施政策性关闭破产情况的报告、临沂矿务局工资集体协商实施办法、临沂矿务局2003年至2005年集体合同。
2004年2月14—15日	十届二次	158	121	通过行政工作报告、安全工作报告、财务预决算报告、业务招待费和福利基金使用情况的报告，局领导班子及其成员做述职报告、厂务公开情况的报告、集体合同履行情况的报告、提案工作报告、2004年度工资集体协商协议，民主评议局领导班子和局级领导干部。
2005年2月18—19日	十届三次	158	126	通过行政工作报告、安全工作报告、财务预决算报告、局领导班子及成员做述职报告、业务招待费和福利基金使用情况的报告、厂务公开情况的报告、集体合同履行情况的报告、提案工作报告，民主评议局领导班子和局级领导干部。
2006年3月6—7日	十届四次	145	118	通过行政工作报告、安全工作报告、财务预决算报告、业务招待费和福利基金使用情况报告、厂务公开情况报告、集体合同履行情况的报告、提案工作报告，民主评议测评局级领导班子和局级领导干部。
2007年3月8日	集团公司工会一届一次	135	61	通过行政工作报告、安全工作报告、财务工作报告、职代会实施细则、工资集体协商协议、集体合同、业务招待费和福利基金使用情况的报告、厂务公开情况的报告、集体合同履行情况的报告等书面报告、职代会各工作委员会条例、职代会各工作委员会候选人、参加劳动争议调解委员会、平等协商委员会职工代表候选人名单、女职工特殊权益保护集体合同。
2008年3月5日	一届二次	143	56	通过行政工作报告、安全工作报告、财务工作报告、工资集体协商协议、业务招待费和福利基金使用情况的报告、厂务公开情况的报告、集体合同履行情况的报告等书面报告。
2009年2月7日	一届三次	143	45	通过行政工作报告、安全工作报告、财务工作报告、工资集体协商协议、业务招待费和福利基金使用情况的报告、厂务公开情况的报告、集体合同履行情况的报告等书面报告。
2010年3月4日	一届四次	152	57	通过行政工作报告、安全工作报告、财务工作报告、工资集体协商协议、业务招待费和福利基金使用情况的报告、厂务公开情况的报告、集体合同履行情况的报告等书面报告。
2010年12月30日	一届五次	151	50	通过行政工作报告、安全工作报告、财务工作报告、工资集体协商协议、业务招待费和福利基金使用情况的报告、厂务公开和三重一大落实情况的报告、集体合同履行情况的报告等书面报告。
2012年1月12日	一届六次	162	43	通过行政工作报告、安全工作报告、财务工作报告、工资集体协商协议、业务招待费和福利费使用情况的报告、厂务公开和三重一大落实情况的报告、集体合同及履行情况的报告等书面报告。
2013年1月13日	二届一次	185	56	通过行政工作报告、安全工作报告、财务工作报告、业务招待费和福利费使用情况的报告、厂务公开和三重一大落实情况的报告、集体合同及女职工权益保护专项集体履行情况的报告、民主评议领导干部实施细则、职代会实施细则、各工作委员会条例等书面报告。

会议时间	届次	代表人数	征集提案数	会议议题
2014年1月11日	二届二次	182	53	通过行政工作报告、安全工作报告、财务工作报告、业务招待费和福利费使用情况的报告、厂务公开和三重一大落实情况的报告、集体合同及女职工权益保护专项集体履行情况的报告。
2015年1月14日	二届三次	164	66	通过行政工作报告、安全工作报告、财务工作报告、业务招待费和福利费使用情况的报告、厂务公开和三重一大落实情况报告、集体合同及女职工权益保护专项集体履行情况报告、2015年度工资总额预算与经济效益挂钩联动考核办法、2015—2017年集体合同、2015年度工资集体协商协议和女职工权益保护专项集体合同、2015年度精简机构瘦身减负实施办法等。
2016年1月15日	二届四次	169	67	通过行政工作报告、安全工作报告、财务工作报告、业务招待费和福利费使用情况的报告、厂务公开和三重一大落实情况的报告、集体合同及女职工权益保护专项集体履行情况的报告、2016年度工资总额预算与经济效益挂钩联动考核办法、2016年度工资集体协商协议等。
2017年1月13日	二届五次	163	68	通过行政工作报告、安全工作报告、财务工作报告、业务招待费和福利费使用情况报告、厂务公开和三重一大落实情况报告、集体合同及女职工权益保护专项履行情况报告、临矿集团2017年度工资总额预算与经济效益挂钩联动考核办法、2017年度工资集体协商协议。
2018年1月13日	二届六次	161	80	通过行政工作报告、安全工作报告、财务工作报告、业务招待费和福利费使用情况报告、厂务公开和三重一大落实情况报告、集体合同及女职工权益保护专项集体履行情况报告、临矿集团2018年度工资总额预算与经济效益挂钩联动考核办法、2018年度工资集体协商协议、临矿集团公司员工奖惩管理暂行办法等。
2019年1月10日	二届七次	168	77	通过行政工作报告、安全工作报告、财务工作报告、业务招待费和福利费使用情况报告、厂务公开和三重一大落实情况报告、集体合同及女职工权益保护专项集体履行情况报告、临矿集团2019年度工资总额预算与经济效益挂钩联动考核办法、2019年度工资集体协商协议、临矿集团公司员工奖惩管理暂行办法、关于临矿集团二届六次职代会提案落实情况和二届七次职代会提案征集情况的报告等。
2020年1月10日	二届八次	166	75	通过行政工作报告、安全工作报告、财务工作报告、业务招待费和福利费使用情况报告、厂务公开和三重一大落实情况报告、集体合同及女职工权益保护专项集体履行情况报告、临矿集团2020年度工资总额预算与经济效益挂钩联动考核办法、2020年度工资集体协商协议、临矿集团公司员工奖惩管理暂行办法、关于临矿集团二届七次职代会提案落实情况和二届八次职代会提案征集情况的报告等。

二、厂务公开

1999年8月，矿务局党政联合印发《关于推行厂务公开、加强民主监督和管理的实施意见》，成立领导小组，党委书记、局长任组长，纪委书记、矿区工会主席任副组长，监审、司法、组干、宣传、财务、企管、劳资等部门负责人为成员，办公室设在矿区工会；凡涉及企业的发展规划、经营方针、新产品开发、技术改造、企业效益、医疗保险、下岗分流、劳动就业、集资建房、住房分配、工资奖金二次分配、工资晋升、子女升学、计划生育、民主评议领导干部、业务招待费使用情况、领导干部廉洁自律情况、基建项目发包、物资采购、机构调整、干部聘免、职称评定、技师聘任，管理人员及工人调动等与职工群众切身利益相关的"热点"问题，及时通过职代会、公开栏公开。9月，党政联合下发《临沂矿务局厂务公开实施细则》《临沂矿务局厂务公开监督检查考核办法》。规定厂务公开的内容及基本形式，对监督检查考核标准、监督检查评议方法进行细化。

2001年6月，按照《山东省企业实施厂务公开意见》和省局党组的要求，对厂务公开领导小组和办事机构进行调整。下设生产经营重大事项公开工作小组、改革改制重大决策公开工作小组、领导干部廉政建设重大问题公开工作小组、职工切身利益问题公开工作小组。9月，建立厂务事务统一公开日制度，每月6日为厂务公开日，2001年10月施行。

2004年11月，党政联合下发《关于借鉴ISO9000标准建立厂务公开民主管理质量体系试点工作的意见》，将ISO9000质量标准体系导入厂务公开工作中。

2005年1月，根据省政府《关于深化国有企业改革的意见》等有关规定，矿务局物资供应公司、煤田地质勘探公司、招待所、后勤服务中心，申请改制为非国有法人控股企业。1月1—7日，按照有关规定，上述单位对拟支付职工的经济补偿金等费用进行公示。在全矿区开展职工代表大会星级创建活动，矿务局职代会被省煤矿工会授予省级优秀星，6个基层单位职代会被授予先进星。

2006年8月，成立股东会、董事会、监事会。董事会设1名职工董事（工会主席）；监事会中设1名职工监事（工会副主席）；建立职工持股会制度，工会主席任理事长。

2009年，制定《关于切实加强区务公开、民主监督、民主管理工作的实施意见》，对涉及职工切身利益的工资分配、奖金分配、福利待遇、各类罚款等事项进行公开。把职工工资收入作为公开重点，制定《关于职工工资发放及考勤管理的有关规定》。将物资采购、工程招投标、废旧物资处理及时公开。职工对矿务公开工作满意率达97%以上。

2010年，临矿集团在网站开辟厂务公开专栏。坚持每半年对基层单位进行检查，推行工区、车间、班组三级网络公开。采取职工代表参政议政提示卡、职工代表与企业对话会、职工代表持证查询、领导干部接待日等形式，避免职代会闭会期间及职代会决议实施中可能出现的空档。在公开内容上，坚持企业发展规划、改革改制方案、生产经管理方针、重要规章制度向职工公开的"四项公开"。加强民主接待日制度建设和实践，厂务公开工作走向正轨化、制度化。

2011年，下发《关于切实加强区务公开、民主监督、民主管理工作的实施意见》，抓好矿、科室（区队）、班组三级公开网络的阵地建设，建立分配政策公开、职工出勤公开、职工当班得分公开、奖惩公开、当月收入公开制度。制订《关于职工工资发放及考勤管理的有关规定》。

2013年，执行《职工代表巡视制度》。组织职工代表对企业改革发展的重大决策、企业生产经营重大事项、经济分配等涉及职工切身利益的热点问题进行巡视。2013年，临矿集团被山东省评为厂务公开民主管理工作先进单位。

2014年，加强对常务公开的巡视力度。各基层单位每月检查考核区队、车间经济分配"六上墙"（内部分配方案、区队每月工资总额、分值、职工个人出勤、得分、工资）、"四签字"（区长、车间工会主席、纪检委员、核算员）制度落实情况。

2015年，建立党委书记是厂务公开第一责任人，纪检、工会负责人是厂务公开第一监督人，职工群众是厂务公开第一评价人的工作机制，把厂务公开纳入综合考评体系。执行《临矿集团党的基层组织实行党务公开实施方案（试行）》，对企业资产状况、选聘任免干部事项、领导干部廉洁自律情况、劳动用工与职称评定及招工等事项、职工晋级、奖金分配与奖惩及评优树先情况、基建工程项目等12

个方面的内容公开,增强落实厂务公开制度的刚性和可操作性。11月,职工代表巡视组到17个权属单位巡视检查,对职工劳动合同与劳动关系、工资奖金分配、健康监护、帮扶管理、两堂一舍等后勤服务管理工作进行检查。

2016年,开展劳动关系和谐企业创建活动,修订"三重一大"决策制度。职工代表巡视组对12个基层单位的"三重一大"及厂务公开巡视检查,查处问题76条,化解劳动纠纷17起。

2017年开始,职工代表巡视改为每年两轮;2018年,增加向职工发放调查问卷和个别谈话。2019年,通过工会微信号征集职工意见。共发放问卷调查表1638份,座谈职工476人次,查处问题264条。

2020年,职工代表巡视组对基层单位厂务公开工作、"两堂一舍"进行专项巡视,共巡视14个单位,发放电子调查问卷3925份,座谈职工368人,发现工作亮点157个,查出问题118条,发放整改意见通知书118份,整改措施118条,建议153条。

三、职工之家

1990年,矿区工会开始"职工之家"建设,制定《建设"职工之家"考核标准和办法》。在草埠煤矿召开工作会议,各单位汇报建设四小家、民主管理达标和"三无"班组竞赛情况,与会人员参观草埠煤矿各车间工会建设"四小家"情况。

1991年2月,制定《关于深入开展建设职工之家升级活动的实施细则》。4月,下发《关于开展争创"六好"工会小组竞赛的意见》。7月,山东省煤矿工会、临沂地区工会联合检查团对矿区工会建家工作检查验收,临沂矿区工会达到省煤矿工会"先进职工之家"标准。10月,"职工之家"升级复查验收团,对矿区工会复查验收,确认为合格"职工之家"。10—12月,矿区工会建家检查验收组,对全局建家工作进行检查验收,建家先进单位:褚墩煤矿工会、汤庄煤矿工会、草埠煤矿工会;建家合格单位:工程处工会、五寺庄煤矿工会、岐山煤矿工会、局医院工会、地质公司工会、建安公司工会;建家不合格单位:塘崖煤矿工会、莒县煤矿工会、总厂工会、地质公司工会。

1992年7月,修订《职工之家升级活动实施细则》。10月,草埠煤矿工会被山东省总工会授予模范职工之家称号,汤庄煤矿工会保持模范职工之家称号。

1996年3月,下发《关于开展建设职工信赖的家活动的意见》。

1997年2月,省煤矿工会表彰自1993年以来建家工作先进集体和个人。临沂矿区工会、汤庄煤矿工会、塘崖煤矿工会、草埠煤矿工会被评为先进职工之家。4月,授予汤庄煤矿工会等16个基层工会先进职工之家称号。

2001年5月,下发《关于在"十五"期间继续开展建设"职工之家"活动的意见》。

2004年2月,临沂市总工会授予临沂矿区工会、华建公司工会模范职工之家称号;山东省总工会授予淄博草埠实业公司工会模范职工之家称号。6月,下发《临沂矿区工会建设"职工小家"考核标准及办法》《临沂矿区工会建设"职工小家"考核细则》,对获得先进职工之家、先进职工小家称号的单位及个人给予一定物质奖励。

2005年2月,临沂矿务局技工学校工会、兴大公司工会、马坊煤矿工会被临沂市总工会授予模范职工之家称号。

2006年2月,邱集煤矿工会被山东省市总工会授予模范职工之家称号。矿务局机关工会、新驿煤矿工会被临沂市总工会授予模范职工之家称号。3月,下发《临沂矿区工会建设"职工之家"考核标准及办法的通知》。

2007年，各基层工会落实《关于在"十五"期间继续深入开展建设"职工之家"活动的意见》，建成一批先进模范"职工之家""职工小家"，临矿集团工会被授予全国模范职工之家称号。

2017年，开展"互联网+工会"网上"职工之家"建设工作，建立职工之家微信公众号、电子职工书屋。开展"宝贝乐园"、干洗店、理疗室、理发店、哺乳房、探亲房、爱心超市等全方位服务职工的"虚拟社区"建设。

2018年，按照省总工会《2018年至2020年在全省实施职工心理健康行动》要求，临矿集团工会与临沂大学合作，对50名职工进行心理疏导师培训，建立一支集巡讲、咨询和干预于一体的职工心理健康服务人才队伍。开展"荣休纪念日""生日慰问""婚育慰问""心理慰问"等各种形式的职工关怀活动，打造"幸福矿区"。临矿工会微信公众号，推送《临矿朗读者》23期，《掌上会读》240期，接受职工诉求240条，拥有关注粉丝2.3万人，公众号文章累计浏览20万余人次。

2019年1月，山东能源集团公司工会授予王楼煤矿、物商集团模范职工之家称号。3月，齐河县总工会授予邱集煤矿模范职工之家称号。

2020年1月，山东能源集团公司工会授予新驿煤矿、田庄煤矿模范职工之家称号。11月，省总工会授予邱集煤矿模范职工之家称号。

四、职工持股会

2002年9月，矿务局成立临沂矿务局内部职工持股会（以下简称持股会）。持股会代表持有内部职工股的职工行使股东权利，以企业工会社团法人名义承担有限民事责任。

持股会常设机构为理事会，办公地点在设矿务局工会。2002年9月13日，职工持股会召开第一次会员代表大会，会议审议通过《临沂矿区工会职工持股会章程》《临沂矿区工会职工持股会理事会成员选举办法》，选举赵学仁、张书军、任广亮、季广修、王怀仁为临沂矿区工会职工持股会理事；赵学仁为理事长，张书军为副理事长。2003年4月28日、2004年4月11日两次召开会员代表大会，对持股会章程进行修改，对股权转让等有关事宜进行表决。

职工持股会共投资2个企业。2002年4月，矿区工会持有临沂奥洁瓷业有限责任公司股本201.4万元，2004年4月全部退出股份；2002年9月，代表646名职工出资山东东山矿业有限责任公司576万元，投资期间接受分红及增股，2010年1月，退出山东东山矿业有限责任公司全部股份。同月，职工持股会集散。

第三节　群安工作

矿区工会成立由工会主席任主任，有关部门负责人为成员的群众安全工作委员会，群监会根据人员变动情况每年调整一次；各生产单位均设立群监会，建立健全各级群众安全组织体系，依托群监会、协管会、青安岗，形成围绕企业安全工作重心，群安会统一指挥，有关部门协调配合，各级群监组织联合作战的工作模式。

1991年1月2日，矿务局实现安全生产，被山东省煤矿群监会《关于1990年第四季度安全给局

（矿）长挂旗的通报》予以表扬。

1992年2月10日，矿务局制定《矿（处）际群监工作竞赛办法》，每年对竞赛优胜单位给予表彰奖励。5月，开展五月安全宣传月活动，不定期组织人员进行检查，此项活动长期开展。8月，在草埠煤矿召开群监工作现场经验交流会，推广群监员井口接待站经验，现场学习管理办法。

1993年1月3日，矿务局被省煤矿群监会《关于1992年第四季度安全给局（矿）长挂旗的通报》予以表彰，获得"安全第一、居安思危"红旗。10月16日，举办《矿山安全法》《煤矿安全规程》知识竞赛，五寺庄煤矿代表队获得团体第一名。4月，配合汤庄煤矿学习《矿山安全法》和新《煤矿安全规程》，在汤庄煤矿举办安全事故案例展览，展出图版40幅，放安全录像8场次，举办安全法规谜语有奖竞猜。10月，举办《矿山安全法》《煤矿安全规程》知识竞赛，五寺庄煤矿代表队获得团体第一名。

1994年9月23日—12月31日，开展百日安全生产无事故竞赛活动。

1995年5月中旬，矿区工会组织事故案例巡回展览，每个生产建设矿井展出2场。各单位组织安全知识竞赛16次，参赛人数480人次，举办安全展览95期，88360人次参观，放安全电影、录像、幻灯552场次，101330人次观看。

1996年3月10日，发动职工和家庭开展为期100天的反事故斗争。5月15—25日，临沂矿区工会到褚墩、汤庄、塘崖、草埠、株柏、莒县煤矿举办安全画展16场次，5296人次观看。

1997年3月，省煤矿工会表彰奖励两级群监工作竞赛优胜单位，株柏煤矿、五寺庄煤矿群监会受到表彰。5月，在五月安全宣传教育月活动中，重点宣传《煤炭法》《矿山安全法》和煤矿工人"十项权利"等。

1998年5月20—25日，围绕采、掘、机、运、通5项内容，编排《煤矿安全三字经》少儿群口快板剧，并将全局上几年所发生的典型事故案例绘成图画版刻制成录像片，历时5天，先后到塘崖、株柏、褚墩、汤庄、莒县煤矿等单位巡回播放。

2000年开始，开展"安康杯"竞赛活动。5月，举办"安全在我心中演讲"活动。

2001年7月12—14日，全省煤矿群众安全工作经验交流表彰会上，临沂矿区群监会被授予先进矿区群监会称号，塘崖煤矿群监会被授予先进矿际群监会称号，株柏煤矿协管会被授予先进矿际协管会称号。

2002年5月，下发《矿（公司）际群众安全工作竞赛办法》，对群监工作组织建设、会议制度、宣传教育、监督检查、群监竞赛、安全生产、安全信息、地面安全工作创新等作具体要求，对奖惩作具体规定。

2004年，举办安监干部培训班13期、227人次，班组长培训班25期、217人次。各级群监组织共组织安全检查98次，查出不安全问题528条，全部填表立卡限期整改。

2005年，下发《关于进一步做好群众安全工作的意见》，调整临沂矿区群众安全监督检查委员会，地面生产单位首次建立群监组织。基层工会坚持定期的群众安全办公会、群监例会制度，群监员实行业务培训和持证上岗，落实群监员的待遇。12月，临沂矿务局被省总工会、省安全生产管理局授予山东省安康杯竞赛优胜企业称号。

2006年1月，印发《临矿集团群众安全监督检查委员会工作条例》，对群监会、协管会、井口（地面）接待站等组织的工作职权做进一步的补充、完善和明确。对参与群众安全工作竞赛的主要工作人员实行个人安全风险抵押金制度。4月，临沂矿区工会被省煤矿工会评为矿区际群众安全竞赛优胜单位第一名。6月，临沂矿区共安排120名群监员到山东工会干部学院进行培训学习。12月，矿区工会被省总工会、省安全生产管理局授予山东省安康杯竞赛优胜企业称号。年末，共有11个群监会，121个群监分会，989名群监员。

2007年1月，群监员持证上岗并佩戴明显标志。1—10月，各级群监会举办培训班32次，培训群监人员721人次。开展6月安全月活动，举办安全征文比赛、"人人争做安全员"知识竞赛、事故案例展览，全年各级群监组织共组织安全检查103次，查出不安全问题596条，填表立卡督促整改。开展事故隐患排查126次，排查事故隐患312条，全部得到整改。各煤矿生产单位推广使用《煤矿安全检查表》，完善井口接待站制度，群监员考核制度，考核结果与津贴挂钩。

2008年，临矿集团获得全国"安康杯"优胜企业称号，临矿集团工会群监会获得群众安全工作优胜单位称号。

2010年12月，临矿集团工会被授予全国职工职业安全卫生知识竞赛优秀组织单位。

2011年11月，临矿集团工会组织13名班组长、区队长和安全生产管理人员参加"白国周班组管理法"学习班。

2012年6月27日，举办"安康杯"职工安全健康知识竞赛，15个代表队参加，邱集煤矿获得第一名。11月，临矿集团获得全国"安康杯"竞赛文化宣传工作先进单位称号。

2013年6月18日，举办供电与消防安全知识竞赛，15个参加，邱集煤矿代表队获得团体第一名。举办5期培训班，培训群众监督员235名。

2014年，组织安全检查176次，查出事故隐患325条，隐患排查135次，排查事故隐患146条，全部整改。分期分批培训278名群监员。

新驿煤矿群监员上岗检查（2018年）

2015年，组织开展"查、保、促"群众安全活动。督导"查促保"活动912人次，查处隐患418项，全部整改。

2016年6月，参加全国安全卫生消防应急知识普及竞赛活动，发放教材500本、试卷8000份，举办安全卫生消防知识竞赛。在山东省煤矿群众安全生产工作会暨"查、保、促"活动推进会上，临矿集团作《五个到位夯实群众安全基础，创新管理促进矿山健康发展》群众安全工作经验介绍，古城煤矿等3个单位获得群众安全先进单位称号。

2020年1月，下发《关于进一步加强群众安全工作的意见》，确立"1236"的群众安全工作思路，调整群监会，制订《关于印发临矿集团群众安全工作竞赛办法的通知（试行）》。各基层工会坚持定期群众安全办公会，群监、协管例会制度，落实群监员、协管员待遇。各基层工会召开群众安全会议203次，开展群众安全大检查129次，查出隐患1037条，全部整改。依托钉钉平台，开展网络全员答题竞赛，12.82万人次参加。参加山东能源集团组织竞赛，2人获五项全能冠军，5人获三项全能冠军，14人获一等奖，75人获二等奖，1个单位获优胜集体。在全员竞赛的基础上，在山东能源集团群众安全工作"十个十佳"评选活动中，有5个先进集体、10名先进个人受到表彰奖励。

第四节 劳动竞赛

一、竞赛与表彰

1991年8月，矿区工会在褚墩煤矿举办烹饪技术比武。褚墩煤矿集体总分第一名，赵中验、田宝春获得个人一等奖。9月，开展提升运输铺轨、掘进光爆锚喷、通风、机电安装劳动竞赛，草埠煤矿获得提升运输铺轨单项竞赛第一名，塘崖煤矿获得掘进光爆锚喷竞赛第一名，工程处获得通风单项竞赛第一名，莒县煤矿获得机电安装单项竞赛第一名。

1992年1月，矿务局、矿区工会对1991年度完成承包任务的16个单位、10个红旗区队进行表彰奖励。4月，省煤管局、省煤矿工会在济南召开全省煤炭工业劳动模范表彰大会，褚墩煤矿被授予省级"矿际竞赛"先进矿。12月，开展劳动竞赛活动。全年产煤750034吨，比计划超产150034吨；提前81天完成全年原煤生产任务；全年亏损4023.7万元，比上级下达的考核指标节亏354.3万元；职工人均收入比1991年提高360元。

1993年12月，临沂地区工会对临沂市劳动竞赛先进集体和个人以及诸葛亮杯十大技术革新能手进行表彰。临沂矿区工会获得"全区劳动竞赛组织工作先进单位"称号，草埠煤矿的高长和、机械厂的马宗彬、汤庄煤矿的葛秀文获"全区劳动竞赛积极分子"称号，五寺庄煤矿获"全区劳动竞赛先进企业"称号，褚墩煤矿采煤一队的张登堂生产小组获"全区劳动竞赛先进班组"称号，总厂副厂长贾金秋获"临沂地区职工诸葛亮杯优秀技术革新能手"称号。

1995年4月，矿区工会在全局开展二季度会员奉献季活动。以"创先、创优、创新、创最佳效益"与"降成本、降消耗、降积压、降亏损"为目标，参加活动人数90%以上，月人均增收节支100元以上。5月，开展企业劳动竞赛和扭亏增盈竞赛。9月，召开二季度会员奉献季活动总结表彰会，对2个先进单位、7个优秀组织单位、9名优秀组织者进行表彰奖励。

1996年5月，继续开展社会主义劳动竞赛活动。全年产煤81.78万吨，超计划18.78万吨；原煤单位成本181.88元，比1995年降低6.08元；原煤全员效率达到0.658吨/工，比1995年提高0.023吨/工；全年亏损998万元，比上级核定的亏损指标节亏660万元；全局人均工资6673元，比1995年增长170元。

1998年7月23—31日，开展技术大比武活动。矿务局救护队和莒县煤矿分别获得救护、掘进支护集体第一名；褚墩煤矿获得通风、机电（电工）2个第一名。局救护队薛俊金、褚墩煤矿邓士军、密士国，莒县煤矿高建祥、姚贵义、杜庆东、邵明武分别荣获救护、通风、机电和掘进比武个人第一名。对获奖单位颁发奖杯一个，获得第一、二、三名的个人分别发放奖金400元、300元和200元。

2001年3月，在全局开展以"抓创新、强管理、保安全、降成本、增效益"为主题的竞赛活动。

2002年7月，在矿务局技工学校举办计算机知识竞赛，全局13个单位39名选手参加比赛。矿务局技工学校获得团体第一名。

2003年1月16日，在全局开展"创优杯"竞赛活动。

2006年，制定《矿（公司）际群众安全工作竞赛办法》，开展"安康杯"矿（公司）际群监竞赛，对参与群众安全工作竞赛的主要工作人员实行个人安全风险抵押金制度，一季一考核兑现。开展"三无"区队、"三无"班组和优秀群监员、协管员竞赛活动。株柏煤矿工会群监会对实现"三无"的班组进行月评比挂旗表彰奖励。对当月实现"三无"的班组挂红旗，奖励班组100元，并给全组人员戴光荣花、照相上光荣榜。古城煤矿开展评最佳和最差工区活动，对实现"三无"的区队奖励6000元，对最差工区罚工区领导班子1000元；邱集煤矿工会对群监分会主任实行安全风险抵押，对月度实现"三无"的班组奖励1500元，连续3个月实现无"三违"的班组奖励5000元。7月，参加山东省第二届职工职业（车工、钳工、焊工）大赛，13名职工获奖。

2007年6月21—27日，参加全省安全技能大赛。莱芜煤机公司常勇获得三等奖。

2010年9月，临矿集团举办首届职工职业技能竞赛暨临沂市第三届"劳动之星"技能大赛，竞赛专业有6个，比赛分预赛、初赛、决赛，历时7个多月，参赛职工1200多人。临矿集团对在竞赛中成绩取得第一名的采煤机司机宋佰江、综掘机司机李祥宏、矿井维修电工刘庆刚、矿井维修钳工张军、瓦斯检查工徐磊、车工朱甲玉，在临沂市表彰奖励的基础上再次进行表彰奖励。

2011年9月3—7日，由山东能源集团工会牵头，组织权属矿业集团36名选手参加"晋城煤业杯"第四届全国煤炭行业职业技能竞赛。

2012年6月，组队参加省第四届职工职业技能大赛。9月，承办第二届职工职业技能竞赛暨临沂市第五届"劳动之星"技能大赛，涉及采煤机司机、综掘机司机、矿井维修电工、矿井维修钳工、采掘电钳工、矿山测量工、矿井通风工、瓦斯检查工、电焊工、车工等10个专业，历时9个多月，12000人参加预赛，14支代表队、257名选手参加决赛。

2013年9月，开展小发明、小革新、小改造、小设计及小建议群众性"五小"创新和技术降本增效活动。对26项职工"五小"创新优秀成果和37项技术降本增效优秀成果予以表彰奖励。其中"五小"创新成果一等奖3项、二等奖5项、三等奖10项、优秀奖8项；技术降本增效成果一等奖3项、二等奖8项、三等奖11项、优秀奖15项。

2014年6月，在临沂市第七届"劳动之星"暨煤炭系统职业技能大赛中，临矿集团承办综掘机司机、矿井通风工、安全仪器监测工、煤质化验工、矿井维修钳工、采掘电钳工、矿山救护工、退捻工8个工种的竞赛项目。1600人参加预赛。综掘机司机孙明德、采煤机司机胡建顺、采掘电钳工王科、矿井维修电工菅光雷、瓦斯检查工李伟、矿井维修电工缪萌、矿井通风工许金伟、矿井测量工贺志坚、电焊工郑伟宁、车工魏述雷等10名选手分别获得第一名，被授予临沂市"劳动之星"荣誉称号。组织10个单位、15320人参加"安康杯"竞赛，开展技能大赛17场次。通过参赛晋升高级技术职称60人，拥有省级首席技师2名，国家级高技能人才（劳模）创新工作室1个。临矿集团获得全国安康杯优胜单位荣誉称号。

2015年11月，参加省管企业第三届职工职业技能大赛。技师学院陈永伟、赵鲁获得汽车驾驶比赛一等奖。开展技能大赛40场次，8个工种、1972人参赛。通过参赛晋升高一级技术职称36人，拥有省级首席技师2名，国家级职工创新工作室1个，省（部）级职工创新工作室3个，市级职工创新工作室8个，集团公司级职工创新工作室18个。

2016年3月，参加全国安全卫生消防应急知识普及竞赛和"安康杯"竞赛安全文化宣传活动。发放教材500本，试卷8000份。6月，举办安全卫生消防知识竞赛。7月，开展第四届"劳动之星"10个工种职业技能大赛，并参加临沂市第七届职工技能大赛。有29项职工创新成果受到山东能源集团表彰，有10项职工科研成果受到省煤矿工会表彰，有2人获得省技术能手称号。

2017年9月19—22日，组织9名选手参加"同煤杯"第七届全国煤炭行业职业技能竞赛。12月，开展第三届"金点子"和"五小"创新创效优秀成果评选，评选出十佳"金点子"、优秀"金点子"20个、"金点子"50个，分别奖励8000元、6000元、2000元；"五小"成果一等奖10个、二等奖20个、三

新驿煤矿职工技术比武（2017年）

等奖50个，分别奖励8000元、6000元、2000元。获得山东能源集团2016—2017年度职工"五小"创新成果一等奖2项、二等奖4项、三等奖9项。

2018年，承办临沂市第十一届"劳动之星"暨临矿集团第五届职业技能竞赛。程立群等10名选手获得一等奖，被授予集团公司技术标兵称号，奖励1万元。参加市级综掘机司机、机电设备操作工和玻璃纤维拉丝工竞赛一等奖获得者，由所在单位向临矿集团申报2018年度劳动模范称号。王庆园等28名获得第2—4名的选手被评为二等奖，授予集团公司一级技术能手称号，奖励5000元。被评为一、二、三等奖的选手纳入临矿集团高技能人才库，对获奖选手执行技能补贴，一等奖800元/月，二等奖600元/月，三等奖400元/月，补贴时间2018年10月—2020年9月。对于已享受职称补贴或技能补贴的，按照就高不就低原则，不重复享受补贴。

2020年9月，在"陕煤杯"全国煤炭行业职业技能竞赛中，古城煤矿张志强获得电工组二等奖。10月，承办临沂市第十三届煤炭系统"劳动之星"暨临矿集团第六届职业技能竞赛。程立群等14名荣获第一名的选手被评为一等奖，被授予临矿集团技术标兵称号，颁发荣誉证书、奖励5000元。参加市级防冲卸压工、煤质化验工和矿井维修电工竞赛一等奖获得者，由所在单位向集团公司申报2020年度劳动模范称号。

二、劳模工作室

2015年1月13日，山东能源集团工会下发《关于深入开展创建山东能源"劳模创新工作室"的实施意见》，就深入开展"劳模创新工作室"创建工作作出安排，确立创建标准、条件及相关考核管理制度，对评选命名挂牌的劳模创新工作室，每个给予3万元的创新经费奖励，并由所在单位按照不低于1∶1的比例对资助资金进行配套。1月23日，山东能源集团工会在临矿集团王楼煤矿召开"劳模创新工作室"现场推进会，对"劳模创新工作室"创建工作进行全面发动部署。

2015年3月，临矿集团下发《关于组织开展职工创新创效、全面启动"3531"工程竞赛活动的实施意见》，在集团公司内部全面启动"3531"工程竞赛活动，在3年时间内，将集团公司50名劳动模范，382个处（科）室、区队，1079个班组，通过"金点子"评选、"技能大赛"、劳模创新工作室创建等活动，培养一批"改革突围团队""金点子创造者""劳模技能大师""工人先锋号"。上半年，集团公司共征集合理化建议320条，群众性技术创新和"五小成果"78项；上海庙矿业集团解信德高技能人才创新工作室、新驿煤矿董强高技能人才创新工作室、王楼煤矿龙禄财劳模创新工作室与郑丽颖高技能人才创新工作室、古城煤矿柳俊仓高技能人才创新工作室获得山东能源集团工会首批命名。7月，临矿集团征集群众性"五小"科技创新成果75项。12月，技师学院菅常玉劳模创新工作室、会宝岭铁矿王崇欣劳模创新工作室、新驿煤矿解学兵高技能人才创新工作室获得山东能源集团工会命名表彰。

2016年6月，集团公司召开职工创新、创效"3531"工程竞赛活动推进会。9月，集团公司有29项职工创新成果受到山东能源集团表彰，10项职工科研成果受省煤矿工会表彰，2人获省技术能手荣誉称号。11月，评定命名翁洪周劳模创新工作室等19个工作室为临矿集团劳模创新工作室。12月，王楼煤矿龙禄财劳模创新工作室获得山东省总工会命名表彰。

2017年1月，古城煤矿伦庆忠高技能人才创新工作室、亿金公司孟令乾劳模创新工作室获得山东能源集团工会命名表彰。

2018年，命名"魏兴民劳动模范创新工作室"等20个工作室为临矿集团劳动模范创新工作室。12月，王楼煤矿兰庆武劳模创新工作室、技师学院郭良金高技能人才创新工作室、邱集煤矿武善元劳模创新工作室获得山东能源集团工会命名表彰。古城煤矿伦庆忠高技能人才创新工作室获得山东能源集团金牌劳模创新工作室命名表彰。

2019年10月，征集"五小"创新成果280项。经各专业专家组复评，确定"五小"创新成果一等奖20项、二等奖30项、三等奖80项。

2020年5月，征集"金点子"暨"发展难题"项目462项。经专家组复评，授予邱集煤矿徐庆国《可视化顶板管理》等10个项目为一等奖。11月，郭屯煤矿翁洪周劳模创新工作室、会宝岭铁矿刘文华劳模创新工作室、技师学院张军劳模创新工作室获得山东能源集团命名表彰。邱集煤矿武善元劳模创新工作室获得山东能源集团金牌劳模创新工作室命名表彰。12月，评定任振华劳模创新工作室等6个工作室为临矿集团劳模创新工作室。

2020年，新驿煤矿董强劳模创新工作室被省总工会命名为省级劳模工作室，董强被临沂市总工会授予"沂蒙十大工匠"荣誉称号。

三、先模评选

（一）集团公司级先模评选

1991—2020年，集团公司级先进集体和劳动模范由行政和矿区工会联合下文，提出评选条件和要求，下达指标，每年评选一次。先进集体评选，由各基层单位推荐，集团公司根据各单位经营指标完成情况和精神文明建设成绩择优评定，一般每年评选8～10个；劳动模范评选，按二级单位在册职工人数下达指标，提出评选条件，各单位自行推荐人选，在本单位公示一周后报集团公司工会，翌年经集团公司评选领导小组初审，报集团公司党政联席会议研究决定，进行表彰。

对先进单位的评选采取"一票否决制"。在安全、年度效益指标、节能减排指标、职工刑事犯罪率、计划生育等7个方面，其中一条达不到考核指标即予以否决，取消其评选资格。在劳动模范评选推荐人选中，包括工区区长在内的生产一线职工占劳模总数的70%左右；专业技术人员占总数的20%左右，单位处级干部占总数的10%左右，女职工占一定比例。评选推荐对象从各单位评选出的先进个人中产生。

（二）市级及以上先模评选

临矿集团根据上级下达的名额，提出推荐对象，由所在单位召开职代会或代表团组长联席会议审议通过。经临矿集团党政联席会议研究同意后，向上级主管部门申报。

（三）先模管理

先进集体和劳动模范，实行分级负责的管理原则。集团公司工会负责集团公司级先进集体和劳动模范的培养、推荐、评选及宣传教育、政治、生活待遇落实等日常管理工作。

集团公司级先进集体和劳动模范表彰时颁发荣誉证书或奖匾并给予一次性物质奖励。当年安排1次荣誉疗养。

1997年，市级及以上劳动模范退休后，按相应荣誉级别每月享受荣誉津贴，执行省总工会、人事厅、劳动厅、财政厅文件《关于改善和提高离退休劳动模范待遇的通知》规定津贴标准。

第五节　女工工作

一、女工组织

1984年5月，矿区建立生活女工部，1名副部长专管女工工作。

1990年11月，建立临沂矿务局机关女职工委员会。设矿区商场女职工委员会和机关处室女工小组。

1990年末，汤庄、褚墩、五寺庄、塘崖、草埠、岐山、莒县煤矿、工程处、地质队、总厂、机厂、电厂、水泥厂、建安公司、局医院、技校、矿中、局机关等18个单位建立女工委员会，有女工小组129个、女职工893人。

1995年12月15日，矿区工会召开第一次女职工代表会议，来自各单位的16名女职工代表参加。会议审议通过《女职工委员会工作条例》，选举产生第一届女职工委员会委员，贾英千当选为主任，杨桂英当选为副主任。

2012年9月，临矿集团工会设立女工部，负责女职工委员会的日常工作，各基层工会女工委员会下设26个女职工分会、115个女职工小组。全集团公司有专职女工干部18人，兼职1人。

2014年，临矿集团及基层单位有女职工委员会18个，女职工分会26个，女职工小组115个，专职女工干部17人、兼职2人；女职工3225人，其中省外创业者421人。建立女职工培训学校12个，获得临沂市总工会授予女职工培训示范学校1个。

2015年，临矿集团及基层单位有女职工委员会15个，女职工分会22个，女职工小组104个，专职女工干部15人、兼职2人；女职工2244人，其中省外创业者198人。

2016年，临矿集团及基层单位有女职工委员会16个，女职工分会22个；女职工2581人，其中在省外创业者206人。

2017年，临矿集团及基层单位有女职工委员会14个，女职工分会22个，女工小组81个，专职女干部22人；女职工2479人，其中省外创业者123人。

2018年，临矿集团及基层单位有女职工委员会14个，女职工分会22个，女工小组81个，专职女干部22人；女职工2425人，其中省外创业者152人。

2019年，临矿集团及基层单位有女职工委员会15个，女职工分会40个，女职工小组57个；专职女工干部13人、兼职51人；女职工2347人，其中省外创业179人。

2020年，9月，调整临矿集团工会女职工委员会。年末，临矿集团及基层单位有女职工委员会15个，女职工分会35个，女职工小组84个；专职女工干部13人、兼职46人；女职工2225人，其中省外创业159人。

二、素质提升

1996年3月，下发《关于开展女职工工作目标管理竞赛评比考核办法的通知》，实行百分制考核。

2000年6月，举办女职工"强素质、多贡献"演讲比赛，引导女职工加强政治理论、科学文化和技术技能学习，加快观念更新和技术知识储备，争当本职工作的内行和能手。2001年3月，开展女职工素质自我达标活动。2002年4月，开展全面提高女职工素质情况调查活动，形成《临沂矿区工会关于实施女职工"素质提升""岗位建功"行动情况的调查报告》。

2004—2011年，开展女职工技术比武150场次，5220人次，比赛项目有车床、电焊、电机维修、教学、注射、充灯、酒店服务等。

2012年，举办女职工业务技能、文明礼仪、卫生保健、饮食烹饪等培训班，参与率80%以上；开展以合理化建议和小革新、小发明、小改造、小设计、小建议等"五小"活动为内容的女职工创新活动。玻纤公司、田庄煤矿、邱集煤矿、莱芜煤机公司举办女职工技术比武活动。

2013年，开展"双降双提双保"建功立业竞赛活动，围绕降低生产成本，挖潜堵漏，节支降耗。王楼煤矿女职工创造"1+1"单元式库存管理方法，以电子物资卡和纸质物资卡相结合的方式进行库存管理，降低物品库存，产生经济效益一百多万元。

2014年，集团公司女职工"五小"创新28项，创造价值56万元；组织女职工技术比武12场次，2032名女职工参加。

2015年，开展"双降双提双保"建功立业竞赛活动，女职工提出金点子88条。王楼煤矿选煤厂浮选车间"郑丽颖巾帼创新小组"，对降低浮选药量、改造浮选柱、升级浮精脱水系统等生产环节创新改造，年创造经济价值700余万元；2016年，巾帼浮选创新工作室成为山东能源集团唯一一个女子创新工作室。

2017年，举办职业素养、心理健康、养生保健、婚姻家庭、子女教育等培训讲座等70期。开展"打造四富临矿 彰显巾帼风采"为主题的"书香三八"征文活动，865名女职工参加，征集稿件近600篇，评出优秀作品141篇。古城煤矿防冲微震监测组，被山东省总工会授予女职工建功立业示范岗；王楼煤矿选煤厂巾帼浮选班组被山东省总工会授予山东省煤矿十佳安全班组。

2018年10月，王楼煤矿女职工培训学校被山东省煤矿工会授予女职工培训示范学校。

2019年，建立女职工培训学校5个，古城煤矿获得全省工会女职工培训示范学校。田庄虢富娜、杜晓峰被山东能源集团授予十佳文明和谐家庭。王楼煤矿郑丽颖被授予山东省女职工建功立业标兵。王楼煤矿巾帼浮选小组被中华全国总工会授予全国工人先锋号。

2020年11月，邀请山东省总工会心理健康专家李树军作心理健康知识专题讲座。临沂驻地4家单位60余名女职工参加现场讲座，其他单位300余名女职工通过网络收看。

三、女工活动

1991年，女职工工作实行目标管理。

1993年，发动女职工为中华女子学院奠基典礼捐款1776.3元，举办女工干部培训班，家属协管会缝制安全鞋垫300多双。

2001年4月，矿区工会邀请由全总女工部组织的专家讲解女职工保健知识，分别在局职工俱乐部、塘崖煤矿、总厂，褚墩、古城、草埠煤矿举办讲座。

2002年，矿区工会开展"矿区十佳女职工"评选表彰活动，李文荣、王春霞、韩奎英、庄子娟、庄玉荣、王宝霞、车进花、王春叶、王长华、鲁统玲等10名女职工当选。

2004—2005年，在"三八"妇女节期间，组织进行座谈会，表彰"三八"红旗手与"五好文明家庭"，开展丰富多彩的文体活动。矿区工会在全局女职工中开展以"岗位建功""学习成才"为主要内容的"双文明建功立业"竞赛活动，组织动员女职工积极参加"创建学习型组织，争做知识型职工""职工技能升级竞赛"活动。

2006年12月，临矿集团工会在新驿煤矿举办以"挑战·机遇·发展"为主题的女职工素质提升、岗位建功演讲比赛，有15个单位、25名选手参加。

2007年3月，开展"幸福杯"女职工权益保障知识答卷"活动答卷率及答卷合格率达97%以上。7月，参加山东煤矿工会"兖矿杯"全省煤矿"巾帼话安全"演讲比赛，田庄煤矿王涛、古城煤矿李忠玲荣获演讲比赛二等奖。8月1日，山东煤矿工会副主席董常连带领全省煤矿"巾帼话安全"巡回演讲团一行15人，到古城煤矿演讲。

2009年3月，举办以"平安·和谐·创新·发展"为主题的"庆三八、展风采"女职工才艺作品展，征集书法、绘画、摄影、剪纸、十字绣、钩织、编织、花艺等作品148件。古城煤矿女工委开展"五比五赛"劳动竞赛活动，光力士公司开展"保质量、保安全、降成本"劳动竞赛活动。

2010—2011年，持续开展以"传承中华传统美德，提升女职工素质，创建文明和谐职工家庭，构建文明和谐矿区"为宗旨的文明和谐职工家庭创建活动。开展"我为节能减排做贡献"活动，发挥女职工在节能减排中的特殊作用。

2012—2014年，开展"争当安全好矿嫂""平安进家庭""廉洁驻矿区"等活动。组织女职工学习业务技能、科学文化、法律法规、文明礼仪、卫生保健、饮食烹饪等知识，开展以合理化建议和"五小"活动为内容的技术管理创新活动。

2016—2017年，开展创建"文明和谐职工家庭""平安幸福职工家庭"和"廉洁守法职工家庭"系列活动。开展女职工安全演讲比赛，组织优秀选手到各煤矿井口巡回演讲。

2018年3月，菏泽煤电公司开展"四个一""三八"妇女节系列活动。7月，组织女工协管员参加能源化学工会"创协管新业绩、展巾帼新风采"女职工（家属）协管安全"微故事"征集活动，征集作品28篇，其中2篇获二等奖。

2015—2020年，组织"书香三八"读书活动，收到征文750篇、文学作品966篇、家书309篇。株柏煤矿秦春娜的《书香浓郁 临矿煤三代》征文获得全国优秀奖。出版《光芒女性 煤花放歌》《喜迎国庆七十年，巾帼书香展风采》优秀作品集。

四、女工权益保护

1999年9月，矿区工会对全局女职工劳动保护情况和女职工学习成才活动进行调查。

2000年5月，对全局下岗女职工再就业情况和创建职工文明家庭活动情况进行调查。

2002年6月，对全局单亲困难女职工情况进行摸底调查，建立单亲困难女职工档案，实行跟踪帮扶，在女职工中开展一帮一结对子活动。

2004年6月8日，制定《临沂矿务局女职工劳动保护实施细则》，对女职工禁忌劳动、"五期"（孕期、产期、哺乳期、经期、更年期）保护、卫生保健、劳动保护设施、定期妇科病普查、生育待遇等作明确规定。

2006—2020年，将《女职工特殊权益保护专项集体合同》签订纳入职代会日程中，每年对女职工特殊权益保护情况进行专项检查。

2012年，在《集团公司薪酬管理办法》中加入国务院新颁布实施的《女职工劳动保护特别规定》的内容。

2016年，王楼煤矿"爱心妈妈小屋"通过山东省总工会验收合格，正式挂牌。

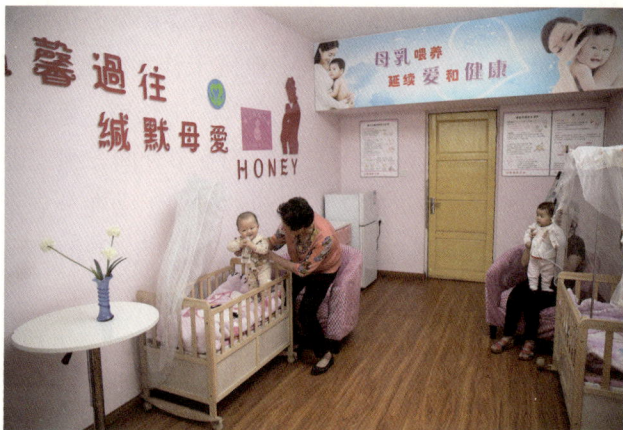

王楼煤矿爱心妈妈小屋（2018年）

2018年，按照新修订的《山东省计划生育条例》将女职工产假由98天延长到158天。对符合生育一胎或二胎政策的女工，享受完规定的产假后，本人申请，单位批准，可以适当延长假期，最长为3年。第一年内产假期满后，由单位承担社会保险费（单位及个人部分）；第二年分别由单位、个人承担相应社会保险部分；第三年社会保险全部由个人承担。

2020年，开展"女职工维权行动月"系列活动，发放《促进工作场所性别平等指导手册》《女职工权益维护案例集》，举办女职工权益保护相关法律法规知识座谈会，营造关爱女职工、维护女职工特殊权益的良好氛围。

五、协管工作

1991年，在女工家属中开展"三保、三不让、三个比一比"竞赛活动，保证职工吃好，不让职工班前喝酒，比一比谁对亲人照顾好；保证职工休息好，不让他人干扰，比一比谁承担家务、教育子女好；保证亲人树立安全第一思想，不让亲人违章违纪，比一比谁的枕头风吹得好。

1999年4月，转发省煤矿工会《全省重点煤矿矿（处）际群众安全工作竞赛办法》，将女工家属安全协管工作纳入煤矿群众安全工作竞赛体系，与群监工作同步考核。

2003年8月，印发《临沂矿区女工家属协管安全工作条例》，成立临沂矿区工会女工家属协管安全委员会。开展女工家属协管员井口送温暖、写安全嘱咐信、亲人安全寄语、挂安全牌等活动，组织部分家属到一线采掘迎头体验生活。

2005年，发动职工签订《夫妻安全公约》、每月填写一次"亲情嘱咐卡"等，将亲情安全文化引入职工家庭之中。

2007年，制定《女工家属协管安全委员会工作条例》，修订《矿（处）际协管安全工作竞赛考核办法》，组织女工家属为井下职工拆洗缝补工作服、井口送茶水、写安全信、送安全鞋垫、井口安全文艺演出、订立夫妻安全公约、参与对"三违"人员的帮教等活动。

2008年，工会女工协管会获得全国集团公司际协管安全工作优胜单位称号。

2009年，开展"心系安全、情满矿山，争当安全好矿嫂，争当安全光荣户"活动，女工家属协管会共开展送温暖活动902次，缝补工作服钉纽扣13210件，送安全鞋垫、挂安全牌5256双（件），送各类食品18350公斤。协管员上门走访帮教"三违"人员820人次,转化率在98%以上。12月,在临矿集团工会组织的矿(处)际协管安全工作竞赛检查评比中,王楼煤矿协管会、邱集煤矿协管会获得第一名。

2010年,全年开展送温暖活动902次,协管员上门走访帮教"三违"人员820人次,转化率在98%以上。

2012年,全年帮教"三违"职工820人次,转化率100%。王楼矿创建"家属安全风险抵押金"管理法,将一线职工家属纳入安全风险管理范围,让职工家属参与到安全考核体系中。

2014年,有女工家属协管会11个、家属协管员495人。临矿集团内部推广王楼煤矿女工协管会工作机制,设立家属协管安全基金账户,以家庭为单位签订《夫妻安全公约》,职工违章率下降11%,此经验在全国煤矿中推广。

2015年,落实协管活动经费、协管员津贴,协管津贴按每人每月不低于100元的标准发放。全公司12个生产矿井全部建立女工家属安全协管会,下设协管分会25个、协管小组82个,协管员263人。全公司女工家属开展井口送温暖活动1629次,帮教"三违"职工912人次,其转化率为100%。

2016年,有协管会14个,协管员272人;开展井口送温暖等协管活动456次,帮教"三违"职工455人,帮教率100%。开展"优秀协管员"的评选活动。

2018年5月,举办2期女工协管员专项培训,100名协管员参加。

2019年,协管员补贴调整至120元/月。共开展井口送温暖等协管活动1100次,家庭走访116户,帮教"三违"职工1076人,帮教率100%。10月,组织60余名协管员培训。

2020年,有协管会15个、协管员263人。

第六节　捐助与帮扶

一、公益捐助

1991年夏天,山东、安徽、江苏、浙江等地遭受百年罕见的特大洪涝灾害,特别是临沂地区的平邑、苍山等县受灾严重。全局职工家属捐款相助,共捐款20万元。其中,个人捐款96620元,参加捐款14120人,占职工总数的96.92%。

1995年1月14日,矿区工会转发《临沂地区职工生活互助互济基金筹集情况的通知》。各单位积极开展工作,相继完成基金筹集任务。7月27—29日,辽宁省中部普降大暴雨,沈阳、抚顺矿务局有5对矿井停产、2对矿井全部被淹。按照山东煤矿工会要求,矿区工会发动全局职工向灾区捐款2.14万元。

1998年8月,长江、嫩江、松花江等流域遭受特大洪灾,全局职工主动向灾区捐款15.52万元,捐衣物5970件。

2002年12月,矿区工会在全局开展扶贫济困送温暖募捐活动,1756名职工进行捐款,共捐款5.92万元。

2003年10月16日,矿区工会召开救灾捐赠专题会议,动员全局职工开展救灾捐赠活动。全局共捐现金2.98万元,捐棉衣、被等3761件。12月下旬,全局开展扶贫济困送温暖募捐活动,1756名职工参加捐款,共捐款5.93万元。

2005年11月，矿务局在局属临沂市范围内的15个单位中开展以"扶贫济困送温暖"为主题、以实物捐赠为内容的职工捐助活动，有3556名在职和离退休干部职工参加，捐赠各种衣物、用品7345件套。

2007年8月17日，山东华源矿业淹井事故后，职工为华源矿业家属捐款26万元；向省慈善总会捐款45.17万元；连续三年赞助临沂主题文化节；资助临沂书海发展基金和济宁农家书屋工程。

2008年，四川汶川县"5.12"大地震发生后，为支持灾区群众抗灾救灾，重建家园，干部职工捐款800万元。建国前参加工作已退休在家的老局长捐出一个月的工资6500元。

2010年，临矿集团各类社会公益事业捐款164万元，其中，向玉树地震灾区捐款73.4万元。此外，还为中国志愿者基金会、临沂市见义勇为基金会、临沂市老年体协、汶川地震孤儿电视片进行捐助。

2011年，临矿集团向省慈善总会捐赠善款101.84万元，职工参与率99.8%，慈善公益、爱心互助，成为临矿广大干部职工的一种共识、风尚和自觉行动。

2005—2020年，临矿集团每年开展"慈心一日捐"活动，所集善款按比例上交省慈善总会，留存部分入工会帮扶账户，用于企业困难职工帮扶。

二、职工帮扶

临沂矿区工会始终关心关注困难职工的生活，坚持组织定期或不定期救济、帮扶等工作，解决职工的实际生活困难。帮扶困难职工方式有：节前慰问、即时帮扶、办理低保、"金秋助学"、大病大灾救助、低保边沿困难帮扶等

1991年底—1992年春节期间，矿务局行政、工会对住局职工医院、临沂疗养院的矿务局伤、病职工统一进行走访慰问。对工亡、病亡家属，每户发给30元的慰问品；对工亡家属，每户发放救济金40元，对病亡家属，每户发放救济金30元。

1992年10月—1993年春节期间，对局内职工因伤病住局职工医院的，由矿务局统一慰问，在单位住院的由该单位慰问。对工病亡家属的慰问，改变过去实物慰问的方法，按照工亡户每户50元、病亡户每户40元的标准发放救济金的方法进行。

1993年8月4—5日，临沂连降暴雨，汤庄煤矿桥头井和三号井被淹，褚墩、五寺庄煤矿也受到洪水威胁，造成停产。这次几十年罕见的特大暴雨，给临沂矿区生产和职工家庭造成的经济损失达2195.37万元。对此，矿区工会发动职工自救捐款7.5万元。12月29日，矿务局、矿区工会联合下发《关于做好1994年春节慰问工作的通知》，对春节慰问困难职工工作作出具体安排。

1994年2月26日，汤庄煤矿职工医院职工袁春学一家遭遇车祸，其次子当场死亡，其本人和爱人、长子均撞成重伤，肇事者逃逸。汤庄煤矿工会及时发出向袁春学捐款的倡议，全矿共捐款8826元。矿区工会救济袁春学1000元，矿区工会主席带领矿区工会的各部室负责人到该矿职工医院慰问袁春学一家。

1996年2月3—7日，局长崔宝德、局党委书记赵荣思、矿区工会主席李春晓等率领有关部门负责人，先后走访慰问全局123户特困职工户，送慰问金4万元。4月1日，成立临沂矿区送温暖基金会。基金会由矿区工会及基层工会共同出资，利用利息开展送温暖活动。基金会首期筹措资金28.78万元，其中，工会经费27.55万元，职工捐款1.23万元。4月23日，矿区工会根据上级《关于解决特困职工生活问题发放特困职工证意见的通知》精神，规定凡职工家庭人均收入低于80元，或遭受天灾人祸，不

能维持正常生活者，即认定为特困职工，有效期1年。持特困职工证的职工享受特殊优惠政策。5月18日，矿区工会下发《关于转发莒县煤矿工会〈关于请求局工会发动全局职工捐款救助兰启部的呼吁书〉的通知》，对莒县煤矿患尿毒症的职工兰启部募集治疗费。

1997年春节前夕，山东煤管局政工处处长马华川等一行3人，到矿务局慰问困难职工。1月，矿务局从送温暖基金中拨出4.5万元，对全局特困职工中的150户重点特困户慰问救济。局长崔宝德、局党委书记赵荣思、矿区工会主席李春晓等领导于1月28—30日，先后走访慰问局属基层单位的18户特困职工。全年全局共走访慰问1671户，送慰问救济金17.69万元。

1998年1月9—19日，矿务局局长崔宝德、局党委书记李加夫、矿区工会主席赵学仁等，先后走访慰问局属17个单位的200户特困职工，每户送慰问金300元。全年全局共走访慰问困难户1735户，送慰问金19.47万元。1月18—19日，山东煤管局副局长李长春等一行3人，携带4.8万元慰问金来矿务局慰问困难职工，4月24日，山东煤管局扶贫检查团一行5人，对矿务局1997年开始实施《扶贫脱贫规划意见》的情况和下岗职工再就业工作情况进行检查，先后对汤庄煤矿和五寺庄煤矿的扶贫解困工作进行深入了解。1999年7月，矿务局成立城市居民最低生活保障工作领导小组，下发文件开展对矿区职工生活状况层层展开调查。通过个人申报、群众评议、组织审查、三榜公布后，再按时上报。12月10日，将36.88万元低保金发到各基层单位符合标准的职工手中。

2000年1月26日，山东煤炭工业管理局副局长公茂泉在山东煤矿工会主席石绍敏、社保处副处长刘中坤的陪同下，携带11万元慰问金到临沂矿务局走访慰问。先后到汤庄煤矿、褚墩煤矿看望6户特困职工和退休在家的全国劳动模范密长明，并分别送给500元慰问金。

2001年4月，矿务局按照省民政厅《关于抓紧核发中央、省属单位应保家庭城市居民最低生活保障金领取证的通知》和临沂市民政局的要求，对全局月人均生活费低于156元的困难职工家庭进行全面核查。共核查出应保困难职工家庭1617户，涉及6337人。8月，对18名本科大学生分别给予1200元、9名专科生和中专生分别给予1000元的资助，有2名大学生受到省煤矿工会每人2000元的资助。12月，开展好元旦春节期间送温暖活动。

2002年1月13日，省民政厅厅长李森、临沂市副市长牛泉然等一行，到汤庄煤矿看望3户困难职工，每户发给300元慰问金。1月29日，省煤炭局副局长郑晓光、省煤矿工会副主席刘宁一行3人，携带5万元慰问金到临沂矿务局走访慰问。6月28日，省煤炭工业局、省煤矿工会在青岛鲁煤大厦召开省属煤矿扶贫送温暖工作经验交流表彰会。草埠实业公司作典型发言。7月30日，资助18名困难职工子女，发放助学金2.4万元。同日，省总工会、省民政厅、省财政厅领导到临沂矿务局检查指导城市居民最低生活保障工作开展情况，并到恒河实业总公司看望3户困难低保户。2003年1月23日，省煤炭工业局副局长闫忠恩、省煤矿工会副主席王锡山等一行3人，携带3.5万元慰问金到矿务局进行春节走访慰问。1月28日，临沂市民政局副局长孙德士等一行3人，到矿务局慰问特困职工3户，发放慰问金1500元。春节期间，矿务局、矿区工会拨款14.22万元，对全局20个基层单位的262户困难户进行走访慰问。8月，矿区工会出资4.6万元，对23名考上大学的特困职工子女分别资助2000元。12月19日，矿区工会在全局开展以"进万家门、知万家难、暖万家心"为主要内容的送温暖活动。

2004年1月9日，省煤炭局纪检组长张英学等一行5人，携带2.5万元慰问金到矿务局进行春节走访慰问。春节期间，矿务局走访慰问特困职工1116户，发放慰问金29.1万元。7月30日，矿区工会资助21名困难职工子女，发放助学金4.2万元。

2005年1月7日，省总工会副主席陈维义等一行5人，携带3万元慰问金到矿务局进行春节走访慰问。2月2日，省国资委副主任汲斌昌等领导到矿务局慰问困难老职工、老党员、老模范。春节期间，全局共对786户困难职工家庭进行慰问，送慰问金24.53万元。其中，利用送温暖基金13.5万元，走访困难职工家庭204户。8月，矿区工会对22名特困职工子女大学生每人给予2000元资助。

2006年1月17日，省国资委规划发展处处长李现实、企业分配处副处长张炳栋等，到矿务局慰问困难老职工、老党员、老模范。1月24日，省煤炭工业局纪检组长张英学、省煤矿工会副主席董长连等领导，到矿务局走访慰问困难职工家庭。春节期间，全局走访慰问困难职工家庭1198户，送慰问金32.28万元。其中，矿务局出资9.2万元，走访150户。7月3日，矿区工会下发《关于资助特困职工子女上大学工作的通知》，提出"决不能让一名困难职工子女因困难而上不起学"的要求，全局共资助53名困难职工子女，发放助学金15.9万元。

2001—2011年，全公司对家庭遭遇大病大灾等临时性生活困难的1370名职工发放救助金139.6万元，并及时为符合条件的300余户特困职工家庭办理"低保"，保证困难职工的基本生活；持续开展节日送温暖活动活动。全公司节日走访慰问困难职工6035户，发放慰问金291.02万元。救助困难职工子女上大学441人，发放助学金110.54万元。

2005年，集团领导坚持每人包1个特困户，8年共计资助30余万元。

2007年，春节送温暖款11.84万元，困难职工子女助学款15.3万元，救助困难职工23万元；

2006—2020年间，集团公司积极开展金秋助学活动，主要救助的范围是：参加当年全国统一高考，被普通高等院校（考取师范、军校等专业免交学费的除外）正式录取的全日制大专以上院校就读的困难职工家庭子女，确保每一位困难职工家庭子女不因生活困难而辍学。金秋助学主要采取临矿集团工会和各基层单位工会二级救助的方式进行，省煤炭工会、政府机构也参加救助活动。通过调查摸底及时掌握了解特困职工家庭子女的入学情况，为他们享受各项费用减免、获得助学贷款及特困补助提供帮助，尽力为其上学提供资助。

2007—2020年，集团公司工会带领各基层单位工会通过建立困难职工档案，采取临时救济和定期慰问的方式，对职工进行帮扶救助。其间制订的《特殊困难职工帮扶救助暂行办法》，对与本单位签订劳动合同的在职职工，本人及家庭成员患有重大疾病造成基本生活困难的、因工伤事故导致家庭基本生活困难的、由于天灾人祸等意外事故造成基本生活困难的，对符合帮扶救助范围的职工采取基层工会和临矿集团工会两级组织进行救助，帮扶救助资金数额由两级单位工会组织各承担50%。

2009年，全公司有低保家庭298户，发放低保金202.5万元，困难职工196人，发放救助金39.6万元，保证特困职工的基本生活；9月，集团公司继续深入开展"金秋助学"活动，对71名困难职工子女上学提供资助21.5万元；春节期间，在全公司广泛开展扶贫送温暖活动，走访慰问困难职工768户，发放慰问金56.16万元。

2011年，临矿集团继续开展节日送温暖活动和"金秋助学"活动，两节期间走访慰问困难职工756户，发放慰问金60.48万元；救助困难职工子女上大学97人，发放助学金25.8万元；对家庭遭遇大病大灾等临时性生活困难的205名职工发放救助金41.6万元；及时为符合条件的268余户领取低保金197.5万元，特困职工家庭帮助办理"低保"。

2012年，临矿集团对家庭遇到临时困难的175名职工发放生活救助金35.5万元。对低保边缘户、零就业家庭、因病致贫等特殊困难的职工家庭，充分发挥工会帮扶救助困难职工的主渠道作用，及时协调帮助困难职工获得企业、社会、政府的救助，为符合条件的285户特困职工家庭办理"低保"手续，一年来领取低保金230万元；9月，临矿集团继续开展"金秋助学"活动，对96名困难职工子女上学提供资助28万元；元旦春节期间，全公司走访慰问困难职工821户，发放慰问金62.7万元；

2013年，临矿集团对家庭遇到临时困难的209名职工发放生活救助金38万元。对低保边缘户、零就业家庭、因病致贫293户特困职工家庭办理"低保"手续，发放低保金238万余元；9月，集团公司继续开展"金秋助学"活动，对118名困难职工子女上学提供资助31.4万元；元旦春节期间，走访慰问困难职工877户，发放慰问金70.64万元。2013年四季度起，集团公司困难职工帮扶中心对全公司低收入职工（实发工资低于1000元/月，包括农民协议工）、人均收入低于或濒临当地城镇居民生活最低保障标准的特困职工（包括病亡职工家属）、患大病职工、（工）伤残1～4级且至今不能上岗工作的（工）伤残职工和生活困难的工亡职工家属实行定期帮扶救助，户均1000元/季度。

2014年，临矿集团救助大病职工和工病亡遗属220人次，发放医疗救助金45万元；在金秋助学活动中，对116名困难职工子女上学提供学费资助32.25万元；元旦春节期间，走访慰问困难职工和工病亡遗属1177户，发放慰问金101.25万元；定期救助低收入职工和特别困难职工612人次，发放救助金61.2万元；为符合条件的276户特困职工家庭办理"低保"手续，一年来领取低保金230万元。

2015年，季度共救助困难职工225人，发放困难职工救助金22.5万元，季度帮扶从2013年第四季度开始，截至2015年底，这项救助措施已惠及716人次，困难职工受助资金71.6万元；金秋助学活动中，共资助130名困难职工子女上大学，资助金额总计为39.2万元；元旦春节期间送温暖活动中将走访慰问困难职工和工病亡遗属979户，其中集团公司走访慰问533户，基层单位走访慰问446户；发放慰问金91.8万元，其中集团公司发放53.3万元，各基层单位发放38.5万元；定期救助低收入职工和特别困难职工104人次，发放救助金10.4万元；为符合条件的36户特困职工家庭办理"低保"手续，发放低保金6.02万元。

2015年2月15日，临沂市人大常委会副主任、市总工会主席孙丰刚来集团公司走访慰问，先后看望3户困难职工，每户1000元慰问金。

2016年1月20日，临沂市总工会常务副主席、党组副书记鹿传伟一行，先后看望3户困难职工，每户1000元慰问金；22日，省煤炭工业局副局长黄传富到2户困难职工家中进行走访慰问，每户2000元慰问金。临矿集团全年救助困难职工1093人，其中救助特困职工15人，拨付救济资金共82万元，对其中1名因煤气罐爆炸造成大面积毁容的职工家属和1名生育早产双胞胎造成大出血生命危险的职工家属，追加帮扶资金共6.6万元；救助困难学生90名，救助资金16万元；元旦春节期间继续开展以"心系职工情、温暖进万家"为主题的送温暖活动，走访职工448人，发放慰问金45万元；为符合条件的36户70人特困职工家庭办理"低保"手续，发放低保金20万元。

2017年1月15日，临沂市总工会党组成员、副主席宗丽一行，走访困难劳模和会宝岭铁矿，送慰问金2.2万元。22日，省煤炭工业局党组成员、副局长黄传富、省煤矿工会主席李斌等一行3人，先后走访2户困难职工，每户2000元。临矿集团全年救助困难职工515人，其中救助特困职工10人，拨付救济资金12万元，对1名患白血病卖房治病的职工，组织募捐，特批帮扶资金3万元。对1名退休老干部患癌症特批帮扶资金2万元；元旦春节期间继续开展以"心系职工情、温暖进万家"为主题的送温暖活动，走访职工362人，发放慰问金36.2万元。

2018年5月，临矿集团制订下发《大病、大灾、大难长效帮扶办法（试行）》。明确大病、大灾、大难帮扶困难标准、救助程序，设立大病、大灾、大难长效帮扶基金账户，集团公司与各基层单位两级账户注入资金1200万元，行政与工会各出资50%；2018年救助36人次，发放救助资金49.614万元；6月，能源集团成立困难职工帮扶基金会，拨付专项资金24.9万元，救助大病职工救助10人，救助资金

21.1万元，救助单亲困难职工4人，救助资金0.8万元，救助临时应急困难职工3人，救助资金3万元；8月，金秋助学活动，共救助困难职工子女158人，发放救助资金39.4万元，追踪救助大病困难职工子女3人，每人救助5000元。

2018年1月23日，省煤炭工业局党组书记、局长乔乃琛，省煤矿工会主席李斌等一行4人，先后走访慰问2户困难职工，每户2000元慰问金。2月9日，山东能源党委副书记、董事田志锋一行3人，先后看望困难职工，每户4000元慰问金。

2019年，根据能源集团关于组建成立困难职工帮扶救助基金会的要求，共建立集团困难职工帮扶救助基金分会一个，权属二级单位建立困难职工帮扶救助工作站（中心）13个。建立困难职工帮扶救助档案583份。全年救助困难职工1133人。山东能源集团困难职工帮扶救助基金会下拨专项资金38万元，救助困难职工99人。对符合条件的低保边缘户（困难）职工家庭发放救助金32.4万元。金秋助学发放救助金66.5万元，救助各类学生213人。发放大病救助款27.36万元，救助各类大病患者12人。

2020年，金秋助学发放救助金47万元，救助各类学生221人。发放大病救助款72万元，救助各类大病患者68人次。应急救助31人，发放救助资金9.3万元。日常季度救助发放资金36.3万元，救助人数202人，其中救助女职工34人，单亲女职工19人。

1999—2016年临矿集团职工最低生活保障统计表

表9-2-5

年度	保障户数	保障人数	保障金额（元）
1999	1921	6785	555000
2000	2131	6923	2355100
2001	2399	8201	5269102
2002	2361	7881	5476279
2003	2271	7439	4699941
2004	1958	6335	2677194
2005	1687	2394	2000161
2006	189	585	423620
2007	236	688	460205
2008	264	782	534426
2009	298	861	566150
2010	275	832	538150
2011	268	788	508706
2012	285	835	526560
2013	293	868	549880
2014	276	809	485409
2015	36	101	59812
2016	36	96	57924
合计	17184	53203	27743619

注：2017年后取消最低生活保障，改为日常帮扶。

第七节 职工疗养

1983年，矿务局恢复职工疗养。1985年，省煤炭工业局改革疗养承包办法，承包费用由省煤炭局和承包单位各负担一半，矿务局承包31张床位用于职工疗养。职工患病经医生诊断，认为需要疗养者，持诊断证明向所在单位申请疗养，经领导批准后，填写疗养申请表即可前往疗养，一般为3个月。1983—1990年，安排350人到汤头、泰安、青岛煤矿疗养院疗养。

2002年，安排各单位劳动模范、先进工作者、一线职工进行疗养。当年安排疗养115人，其中省内健康疗养56人，省内荣誉疗养35人，省外荣誉疗养24人。

2003年，安排职工疗养141人，其中参加临沂市总工会在临沂疗养院组织的劳动模范疗休养团15人。

2004年6月10日，下发《关于加强职工康复疗养工作的通知》，把疗养工作纳入集体合同、工资协议、企业民工管理和建设职工之家的重要内容，落实职工康复疗养期间的待遇，把疗养工作作为评先树优的依据。全年向泰安疗养院派员10人、临沂疗养院派员39人进行康复疗养；一线职工和先模人物共5批209人次，分别到青岛、北京、上海、深圳等地荣誉疗养。

2005年4月30日，组织5名职业病患者到临沂疗养院进行康复疗养；一线职工、技术骨干和先模人物共15期、326人次，分别到青岛、北京、上海、深圳、海南等地进行荣誉性疗养。向泰安疗养院派员2期40人、临沂疗养院派员3期101人进行康复疗养。

2006年5月，转发省煤炭局《关于进一步加强煤矿职工疗养工作的意见》，明确疗养人员疗养期间按正常出勤对待，工资照常发放，报销一次往返路费，由所在单位发给生活补助费每天不低于8元。凡派员数量达到考核指标80%、90%、100%的，对派员单位分别给予奖励；对达不到80%的单位，不能评为工会工作先进单位，不能推荐为上级表彰的各类先进。临矿集团工会及基层工会共组织职工疗养28期、859人，到泰安、临沂、大连、桂林、厦门、海南、青岛、武汉、日照等疗养院疗养。

2007—2008年，共组织25期、1311名职工，到泰安、汤头、大连、海南、云南、桂林等疗养院疗养。

2009—2010年，共安排2543名职工进行疗养，疗养人员中采掘生产一线职工、班组长占疗养总人数的63%。

2011年，全年康复、短期健康和荣誉疗休养2288名职工。其中康复疗养97名职工、短期健康疗养220名职工、荣誉休养1971名职工，完成省局下达的各种疗养考核指标。临矿集团工会、古城煤矿工会、王楼煤矿工会被评为全省煤矿职工疗养工作先进单位。

2012年，按照疗养人数占在职职工总数的3%～5%、康复疗养人数按照占本单位在职职工总数7‰～9‰的要求，全年安排18期、996名职工疗休养。

2013年，临矿集团经营出现困难，全年安排荣誉疗养194人，没有组织健康疗养。

2014—2019年，共组织119期、4707名职工健康疗养，17期、226名职工荣誉疗养。

2020年，受新冠肺炎疫情影响，疗养工作开展较晚，共组织9期、202名职工健康疗养，19期、121名职工荣誉疗养。

第八节　经费与会费

一、工会经费

1991年，矿务局按工资总额的2%向矿区工会拨缴经费。局属单位工会经费留用60%，上缴矿区工会40%。矿区工会上解临沂市总工会40%，留用60%。

1992年，矿区工会按照省煤矿工会的要求，从矿区工会留用的经费中拿出1%，每季1次向省煤矿工会上解经费。

2006年，按照中华全国总工会关于调整工会经费上缴办法的通知精神，临矿集团所属单位工会经费分成比例由留用60%改为留用40%；临矿集团工会从收取经费中50%上交临沂市总工会；自留经费中的1%，每季1次向省煤矿工会上解经费。

2012年，按照山东能源集团工会的要求，自留用经费中的3%，于每年1月30日、7月30日前分2次将上年度的经费上解到山东能源集团工会。上解山东煤矿工会比例不变。

二、工会会费

1991—2020年，工会会员按基础工资、职务工资、工龄津贴3项收入的0.5%交纳会费。

三、监督管理

临矿集团工会和各基层工会通过选举产生经费审查委员会，负责对所在单位工会经费的收缴、管理和使用情况进行监督。临矿集团工会经审委每年对工会财务制订的年度经费收支预、决算进行审计。

临矿集团工会财务接受临沂市总工会、山东能源工会和临矿集团工会经费审查委员会的监督和审查。

四、账户设置

工会经费在集团公司资金结算中心（内部银行）设专门账户，实行独立核算。

1991—2006年，临矿集团工会设账户1个；2007—2020年，设财务账户2个，分别为工会经费户和困难职工帮扶户。

1991—2016年，工会财务由工会工作人员管理，财务账户独立，独立核算。2017年，工会财务由机关财务服务中心代管，工作人员随转，工会财务独立账户，独立核算。

表9-2-6

1995—2020年临矿集团工会经费收支表

单位：元

年度	账户	拨缴经费收入	上级补助收入	其他收入	本年收入合计	职工活动费	工会业务费	工会行政费	补助下级支出	维权支出	其他支出	上缴经费支出	本年支出合计	本年经费结余	上年经费结余	期末经费滚存结余
1995		366640.17	6000	21328.54	393968.71	95816.23	52376.10	59989.87	—	—	12000.00	130000.00	350182.20	—	—	—
1996		529679.18	2000	86137.32	617816.50	184852.72	20742.80	125040.18	—	—	36991.00	288548.27	656174.97	—	—	—
1997		651622.85	—	6061.43	657684.28	102667.54	38582.90	111290.85	1000.00	—	25232.27	325811.43	604584.99	—	—	—
1998		439829.88	20000	6149.77	465979.65	67632.28	30226.30	91670.00	—	—	81307.90	219914.94	490751.42	—	—	—
1999		420000.00	85000	4140.92	509140.92	36079.56	18758.10	94087.80	—	—	27682.70	210000.00	386608.16	—	—	—
2000	矿区工会经费	396529.44	15000	13400.45	424929.89	25087.30	35256.70	386158.28	10000.00	—	61787.81	100734.77	619024.86	—	—	—
2001	矿区工会经费	423648.19	3000	1341.00	427989.19	12237.70	39856.80	8854.87	—	—	65432.70	200000.00	326382.07	—	—	—
2002	矿区工会经费	422176.10	10000	14783.82	446959.92	73428.10	149845.86	72807.80	—	—	73011.49	210000.00	579093.25	—	—	—
2003	矿区工会经费	453538.00	35000	13565.47	502103.47	58904.80	44477.50	65791.21	2600.00	—	26106.00	231100.00	428979.51	—	—	—
2004	矿区工会经费	480141.00	6300	6676.50	493117.50	2090.50	77240.32	63461.90	—	—	50995.00	243000.00	436787.72	—	—	—
2005	矿区工会经费	517222.38	24000	2612.64	543835.02	7305.90	93004.60	168981.43	—	—	64508.10	264000.00	597800.03	—	—	—
2006	矿区工会经费	245515.58	50000		295515.58	84514.55	65487.55	98754.54	—	—	51441.00	15000.00	315197.64	—	—	—
2006	经费专用户	4658487.89	—	1354.55	4659842.44	654871.88	36774.55	165484.78	1000.00	—	32145.00	—	890276.21	—	—	—
2006	本年合计	4904003.47	50000	1354.55	4955358.02	739386.43	102262.10	264239.32	1000.00	—	83586.00	15000.00	1205473.85	432489.89	233430.21	665920.00
2007	矿区工会经费	1166738.12	184100	3003.26	1353841.38	27364.20	112156.70	121513.98	—	—	62608.00	597708.61	921351.49	—	—	—
2007	经费专用户	2095932.36	1500	4876.20	2102308.56	392183.80	211539.60	146777.73	3470.00	—	201698.70	—	955669.83	1146638.73	1041140.39	2187779.12
2007	本年合计	3262670.48	185600	7879.46	3456149.94	419548.00	323696.30	268291.71	3470.00	—	264306.70	597708.61	1877021.32	1579128.62	1274570.60	2853699.22
2008	矿区工会经费	1424003.34	47358	4498.84	1475860.18	189572.00	114695.00	151179.40	—	—	92030.10	712732.26	1260208.76	215651.42	665920.00	881571.52
2008	经费专用户	2964289.33	—	12891.61	2977180.94	497067.90	139585.80	208316.70	—	—	268154.70	—	1113125.10	1864055.84	2187779.12	4051834.96
2008	本年合计	4388292.67	47358	17390.45	4453041.12	686639.90	254280.80	359496.10	—	—	360184.80	712732.26	2373333.86	2079707.26	2853699.22	4933406.48

续表

年度	账户	拨缴经费收入	上级补助收入	其他收入	本年收入合计	职工活动费	工会业务费	工会行政费	补助下级支出	维权支出	其他支出	上缴经费支出	本年支出合计	本年经费结余	上年经费结余	期末经费滚存结余
2009	矿区工会经费	1772412.53	55020	4055.08	1831487.61	193445.50	120382.70	191711.16	-	-	135041.00	886206.27	1526786.63	304699.98	88157.52	1186271.50
	经费专用户	2870952.11	-	13703.82	2884655.93	274064.00	34841.90	482246.71	-	-	142976.00	-	934128.61	1950527.32	4051834.96	6002362.28
	本年合计	4643364.64	55020	17758.90	4716143.54	467509.50	155224.60	673957.87	-	-	278017.00	886206.27	2460915.24	2255227.30	4933406.48	7188633.78
2010	矿区工会经费	2691922.33	113700	20396.94	2826019.27	759583.00	358351.28	210805.30	9720.00	-	225258.00	1345961.17	2909678.75	83659.48	1186271.50	1102612.02
	经费专用户	4627203.10	-	21229.34	4648432.44	466580.00	34186	8973	-	-	11280	-	521019.00	4127413.44	6002362.28	10129775.72
	本年合计	7319125.43	113700	41626.28	7474451.71	1226163.00	392537.28	219778.3	9720	-	236538	1345961.17	3430697.75	4043753.96	7188633.78	11232387.74
2011	矿区工会经费	3568812.25	413700	4159.75	3986672.00	935200.30	342039	241844.43	100000	-	334693	1784406.18	3738182.91	248489.09	1102612.02	1351101.11
	经费专用户	5696748.48	-	42647.26	5739395.74	350701.70	432560.9	13113.3	700000	-	298472	-	1794847.90	3944547.84	10129775.72	14074323.56
	本年合计	9265560.73	413700	46807.01	9726067.74	1285902.00	774599.9	254957.73	800000	-	633165	1784406.18	5533030.81	4193036.93	11232387.74	15425424.67
2012	矿区工会经费	876245.50	65000	-	941245.50	54874.00	154144	1355847.45	-	264814	-	-	1829679.45	548434.58	1351101.11	548434.58
	经费专项户	4514000.00	-	1373.69	4515373.69	1241500.00	1584447	854814.51	500000	514841	2548144	876245.52	8119992.03	21356854.59	20154351.88	21356854.59
	本年合计	5390245.50	65000	1373.69	5456619.19	1296374.00	1738591	2210661.96	500000	779655	2548144	876245.52	9949671.48	21905289.17	21505452.99	21905289.17
2013	矿区工会经费	239110.46	65000	2730.77	306841.23	51445.00	214456.00	1354878.21	-	254874	-	-	1875653.21	458785.21	548434.58	458785.21
	经费专项户	6547874.24	-	4787.95	6552662.19	1114514.00	392500.00	548754.32	400000	677000	300000	1312453.21	4745221.53	24678523.22	21356854.59	24678523.22
	本年合计	6786984.70	65000	7518.72	6859503.42	1165959.00	606956.00	1903632.53	400000	931874	300000	1312453.21	6620874.74	25137308.43	21905289.17	25137308.43
2014	矿区工会经费	411251.40	-	402574.63	813826.03	454575.21	214523.21	13587457.56	-	254846.25	522546	-	15033948.23	846546.55	458785.21	846546.55
	经费专项户	7851452.52	-	6883.14	7858335.66	1475354.51	1451454.55	895462.58	450000	654875.54	254451.22	684451.25	5866049.65	26482154.22	24678523.22	26482154.22
	本年合计	8262703.92	-	409457.77	8672161.69	1929929.72	1665977.76	14482920.14	450000	909721.79	776997.22	684451.25	20899997.88	27328700.77	25137308.43	27328700.77

续表

年度	账户	拨缴经费收入	上级补助收入	其他收入	本年收入合计	职工活动费	工会业务费	工会行政费	补助下级支出	维权支出	其他支出	上缴经费支出	本年支出合计	本年经费结余	上年经费结余	期末经费滚存结余
2015	矿区工会经费	8294151.8	30000	2007.61	8326159.41	518486.00	165874	135877.40	—	684845	654133.02	654845.24	2814060.66	455814.56	846546.55	455814.56
	经费专项户	1939166.04	—	—	1939166.04	225488.00	1687474.54	698758.85	500000	665421	684548	587453.66	5049144.05	26548748.66	26482154.22	26548748.66
	本年合计	10233317.84	30000	2007.61	10265325.45	743974.00	1853348.54	834636.25	500000	1350266	1338681.02	1242298.90	7863204.71	27004563.22	27328700.77	27004563.22
2016	矿区工会经费	9507173.44	—	1027.84	9508201.28	856242.55	547785.69	577865.78	—	575754.52	—	—	2557648.54	522520.51	455814.56	522520.51
	经费专项户	1580000.00	—	—	1580000.00	545368.58	454562.47	485752.99	400000	5454585.56	20610	—	7360879.60	28586697.20	26548748.66	28586697.20
	本年合计	11087173.44	—	1027.84	11088201.28	1401611.13	1002348.16	1063618.77	400000	6030340.08	20610	—	9918528.14	29109217.71	27004563.22	29109217.71
2017	矿区工会经费	—	1786790	3000	1789790	98072	1221166.50	1311237.3	—	28673.60	—	—	1560149.40	761136.11	522520.51	761136.11
	帮扶户	7941002.41	22000	405867	8368869.41	1049200	1430053.5	521249.80	520000	629400	2121800	—	6271703.30	30683863.31	28586697.20	30683863.31
	本年合计	7941002.41	1808790	408867	10158659.41	1147272	1552220	1832487.1	520000	658073.6	2121800	—	7831852.70	31449999.42	29109217.71	31449999.42
2018	矿区工会经费	1633411.97	97800	795750	2526961.97	762908.66	777325.00	3080	—	50126	—	1389082.51	2982522.17	4401305.59	761136.11	4401305.59
	帮扶户	6746554.74	3000000	50350	9796904.74	332319	2420753.52	102853.71	2105004	812425.4	98800	300000	6172155.63	28739530.22	30683863.31	28739530.22
	本年合计	8379966.71	3097800	846100	12323866.71	1095227.66	3198078.52	105933.71	2105004	862551.4	98800	1689082.51	9154677.80	33140835.81	31449999.42	33140835.81
2019	矿区工会经费	1021221.62	97200	—	1118421.62	1268822.58	285290	—	—	116345.9	1800	—	1672258.48	3227096.75	4401305.59	3227096.75
	帮扶户							2019年工会经费户与帮扶户合并为一个账套核算									
	本年合计	1021221.62	97200	—	1118421.62	1268822.58	285290	—	—	116345.9	1800	—	1672258.48	3227096.75	4401305.59	3227096.75
2020	矿区工会经费	13421400	—	—	13421400	405200	—	222800.00	4942000	2256100	28600	1750000	9604700.00	3816700.00	7276700.00	11093400.00
	本年合计	13421400	—	—	13421400	405200	—	222800.00	4942000	2256100	28600	1750000	9604700.00	3816700.00	7276700.00	11093400.00

第三章　共青团

第一节　机构沿革

1989年1月，临沂矿务局第六次团员代表大会召开，选举产生共青团临沂矿务局第六届委员会，杨跃林任书记。

1994年10月，季广修任矿务局团委副书记，主持工作。

1997年9月，矿务局召开第七次团员代表大会，选举产生第七届委员会，季广修当选书记。

2001年11月，局团委与党委办公室、宣传部、机关党委合并，成立政工处。团委书记一职空缺，设兼职团委干事1人分管局团委工作。

2006年8月，矿务局改制为临矿集团，成立临矿集团团委。团委设在政工处，团委书记由政工处处长兼任，设兼职团委干事1人。

2011年11月，任命贾安强为临矿集团团委副书记。

2016年7月，任命李宪寅为临矿集团团委副书记。

2017年7月，任命陈立海为临矿集团团委书记，菅光超为临矿集团团委副书记。

第二节　组织建设

一、团代会

1997年9月，共青团临沂矿务局第七次团员代表大会召开，正式代表125人，选举产生共青团临沂矿务局第七届委员会，由27人组成。

2017—2019年，权属各单位召开第一次团代会或团员大会，完成第一届委员会选举。

2017—2019年基层单位团代会（团员大会）统计表

表9-3-1

单位	召开时间	委员					书记	副书记
古城煤矿	2017.08.15	张士其	肖金杰	陈　晨	鲁通玲	刘振青	刘振青	—
菏泽煤电公司	2017.08.04	江　玲	赵　佩	刘道光	冯亚东	朱利文	刘道光	冯亚东 朱利文
王楼煤矿	2017.05.04	于振伟	孔　超	侯旺旺	陈云关	董　凯	陈云关	董　凯
新驿煤矿	2017.10.24	王海阔　朱明宣　刘　梅　吴春晓　于国栋 周国光　鲍保钢					于国栋	周国光 鲍保钢
田庄煤矿	2017.09.09	公维健	孟庆锋	徐　景	贾瑞溪	邱淑敏	贾瑞溪	邱淑敏

单位	召开时间	委员	书记	副书记
邱集煤矿	2018.04.25	马文秀 张 利 张 振 樊 礼 刘惠娟	刘惠娟	—
株柏煤矿	2017.09.25	张慧敏 高 岳 聂基超 高连庆 程 成	高连庆	程 成
上海庙矿业公司	2017.11.21	朱宁泊 李晓娜 董金法 鲍 冰 李 准	鲍 冰	李 准
永明煤矿	2018.11.17	丁亮亮 李浩浩 严文兴 高 帅 张 利	张 利	—
会宝岭铁矿	2017.07.22	王 辉 石绍飞 张 斌 孟 辉 胡 冰 高文忠 王玉梅	王玉梅	
山东玻纤集团	2017.10.25	卢宪珍 付洪阳 朱启伟 李勇强 张宗宇 惠宏志 颜世春	颜世春	—
技师学院	2018.03.27	王 勇 王雨蒙 武玉明 王 欣 英 玉 郭良金 黄秀婧	郭良金	黄秀婧
物商集团	2019.04.11	刘伯达 李浩然 何文斌 邹学锋 秦 晗	邹学锋	秦 晗

二、团员管理

1991年，团员管理延续1988年开始的以团员证和团员档案为依据的团员证管理制度。

1996年，局团委开展推荐优秀团员作为党的发展对象工作。局委组织部、局团委联合下发《关于深入开展推荐优秀团员做党的发展对象工作的实施意见》。4月，局团委举办"推优"工作学习班，局属各单位64人参加，规范和明确"推优"工作的基本要求、程序、重点。

2004年7月，局团委建立团组织、团干部、团员计算机信息管理系统，对团员实现团员证和电子身份证"双证"管理，对团员的团籍实行"双重"注册，对各单位共青团组织和人员管理实现有效覆盖，并与临沂团市委实现信息共享。

2017年，开始使用"智慧团建"平台开展团组织和团员管理。2018年，各级团组织和团员信息全部录入系统。

2018年，发展团员60名；2019年，发展团员80名；2020年，发展团员60名。规范开展团员发展、超龄离团工作，强化团员的仪式感和荣誉感。

三、团干部队伍建设

矿务局各级团组织按照"德才兼备、政绩突出、群众威信高、热心团的工作"标准要求，坚持从优秀团员和青年党员中选拔任用团干部。1991年，局属各单位都按标准要求设置专职团委书记，并配齐团干部。局团委坚持"以会代训"等多种形式加强对各单位团干部的业务培训，建立团的工作实绩档案。各单位建立对团支部委员以上团干部培训制度，并开展"争优创新""争当优秀青年工作者"等活动。1991年末，有二级单位团委18个，团委委员以上团干部97人，团员1687人。

1997年，矿务局团委下发《关于加强共青团工作的意见》，对加强基层团组织的思想、组织和作风建设，保持团组织班子健全、富有活力和战斗力作出明确规定和要求。

2001年10月，局团委下发《关于认真学习贯彻党的十五届六中全会精神的通知》，要求各级团组织抓好团干部的理论教育、"三观教育"和传统教育，强调以"学习促进、强化整改"为主要方法，以"改进和提升思想作风、学风、工作作风、领导作风以及生活作风"为主要内容，以"工作实绩和青年满意度"为考核标准，进一步加强制度建设，解决团干部作风方面存在的突出问题。

2019年，组织各级团干部培训21场，主要学习上级重大会议精神、团务基础、智慧团建等业务，750余人次参加。8月，菅光超当选共青团临沂市第十八届委员会委员。

2020年，组织团干部参与各类学习培训，派出3名团干部参加全煤团指委井冈山培训，1名团干部参加全省共青团学习党的十九届五中全会精神第4期读书班暨第5期共青团干部培训班。

四、基层团组织

2006年末，临矿集团有二级团委10个，直属团支部2个，团委委员以上团干部68人，团员2734人。

2018年末，有二级团委13个，团干部382人，团员1214人。

2020年末，有二级团委13个，直属团支部1个，团干部387人，团员1453人。

2006年临矿集团基层团组织统计表

表9-3-2

组织名称	负责人	支部个数	团员人数	青年人数	干部人数	备注
古城煤矿团委	刘振清	13	453	1130	7	–
株柏煤矿团委	徐晓华	6	47	227	5	–
新驿煤矿团委	于国栋	12	389	632	7	–
邱集煤矿团委	郭景池	8	128	407	5	属地管理（德州）
田庄煤矿团委	刘英锋	14	670	1311	7	属地管理（济宁）
马坊煤矿团委	杨振勇	3	30	193	3	–
光力士集团团委	武玉楼	12	296	400	5	–
莱芜煤机厂团委	亓宪新	11	295	1018	7	属地管理（莱芜）
泰安煤机厂团委	王珊珊	6	86	235	7	属地管理（泰安）
技工学校团委	吴秀成	16	310	1204	9	–
沂州府公司团支部	薛明玺	1	10	48	3	–
亿金物资公司团支部	主金元	1	20	46	3	–
合计		103	2734	6851	68	

2020年临矿集团基层团组织统计表

表9-3-3

组织名称	总支个数	支部个数	团员人数	青年人数	团干部人数
古城煤矿团委	0	14	77	567	44
菏泽煤电团委	2	7	81	885	24
王楼煤矿团委	0	14	68	752	43
新驿煤矿团委	1	17	85	959	53

组织名称	总支个数	支部个数	团员人数	青年人数	团干部人数
邱集煤矿团委	0	6	28	122	19
里彦煤矿团委	0	5	30	146	17
株柏煤矿团委	0	2	25	108	8
上海庙矿业公司团委	0	15	218	980	48
永明煤矿团委	0	2	13	42	7
会宝岭铁矿团委	0	7	73	416	23
山东玻纤集团团委	1	10	252	1328	30
物商集团团委	0	3	39	183	11
技师学院团委	1	18	449	17	57
机关团支部	0	1	15	160	3
合计	5	121	1453	6665	387

第三节 团的教育

一、教育

1991年4月，各级团组织以增强"反和平演变能力"为重点，组织开展社会主义思想教育活动。其中，草埠煤矿团委开展"三请"（请老党员、老干部、老工人作报告）、"三回顾"（回顾党史、团史、矿史）、"一对比"（改革前后对比）活动；褚墩煤矿团委开展访"四老"（老党员、老干部、老模范、老职工）活动；总厂团委开展改革开放以来书画展活动。8月，局团委组织开展《毛泽东选集》（第三版）学习活动。五寺庄煤矿团委利用青年义务劳动筹集的1000元资金，购置43套《毛泽东选集》，定期组织学习，同时配发《毛泽东诗词艺术》《鲁迅选集》等书籍。

1995年6月，局团委在团员青年中开展学孔繁森、王廷江、韩素云"三学"教育活动。1997年，局团委组织全局广大青少年观看影片《离开雷锋的日子》，弘扬雷锋精神。1999年5月，局团委在广大团员青年和青少年学生中开展"保护母亲河行动"宣传教育和筹集资金活动。

2000年，局团委组织开展学习《毛泽东、邓小平、江泽民论思想政治工作》读书活动。2004年"五四"青年节期间，局机关团支部组织机关青年团员赴临沭滨海烈士陵园接受革命传统主义教育。2005年8月，局团委在广大青年团员中开展增强青年团员意识主题教育活动，各级团组织结合"青春献矿山、煤企建新功"实践活动，建章立制，强化教育，推动工作。

2011年5月，临矿集团团委开展"我与临矿同成长"青年思想教育主题实践活动，引导广大青年职工深入学习邓小平理论和"三个代表"重要思想，牢固树立科学发展观。2013年4月，为贯彻集团公司管理提升工作推进会精神，集团公司团委举办"临矿微讲堂"主题实践活动。5月，开展《关于深入学习习近平总书记五四重要讲话精神开展"个人梦·企业梦·中国梦"主题教育实践》活动。

2016年4—6月，开展"与祖国共奋进、与企业同发展"励志教育活动，先后组织新入职大学生、优秀团员青年200余人次到沂蒙革命纪念馆、孟良崮战役纪念馆、滨海红色文化纪念园等爱国主义教育示范基地接受红色革命教育。

2017年3月，集团公司团委组织开展"学习总书记讲话，做合格共青团员"教育实践活动，开展学习教育、主题团课、"我的青春我的梦"主题征文、组织生活会、评选表彰、志愿服务等活动。10月，开展学习《习近平的七年知青岁月》征文活动，收到稿件110篇，对其中42篇优秀征文进行表彰。组织团员青年学习宣传贯彻党的十九大精神，开展"临矿青年为党的十九大打call"教育活动。

邱集煤矿大学生创业团队进行课题攻关（2012年）

2018年5月，临矿集团团委开展"不忘初心，砥砺前行"座谈会、重温入团誓词、新团员入团仪式等纪念五四运动99周年系列教育活动。6月，团委开展以主题团课、青年座谈会、文艺演出、"红色之旅""对党说句心里话"、服务困难党员等为主要形式的"不忘初心跟党走，青春献礼97周年"主题教育活动。8月，号召广大团员青年开展参加"青年大学习"网上主题团课学习，截至年末3.9万人次参与。

2019年，开展五四运动100周年纪念活动，组织纪念五四运动主题团课，收看纪念五四运动100周年大会习总书记讲话实况。组织广大团员青年参加团中央"青年大学习"网上主题团课学习，全年累计12.1万人次参与，位居全市前列。

2020年，组织团员青年参加团中央"青年大学习"网上主题团课，累计16万人次参与。

二、活动

1991年3月，局团委组织团员青年和学生开展"双学奉献活动日"活动，4000余名团员青年参加以修自行车、修手表、修电器、理发为主要内容的为社会和职工群众服务活动，成立86个义务帮工队，在农村大忙季节帮助家在农村的职工耕种收播。4月，局团委以"青年监督岗"为平台，组织开展"安全创水平、质量上台阶""守纪律、严质量、保安全、促效益""人人遵章有把握、实现安全生产月""无违章、无事故、无废品"为主要内容的共青团4月安全月立功活动，提出"团员身边无违章，青年当中无事故"的口号，各级团组织，创建出一批如汤庄煤矿标准大巷等"青字号"优良工程。

1993年11月14日，为配合第四季度安全决战活动，局团委以加大青年安全监督岗工作力度和学习宣传贯彻《中华人民共和国矿山安全法》《煤矿安全规程》为重点内容，组织开展为期48天的全局团员青年安全生产活动。1995年，局团委在全局团员青年中组织开展"争当青年岗位能手"活动。春节期间，局团委以"学雷锋树新风""在我身边无违章，在我身边无事故"为主题，组织全局团员青年开展精神文明建设和安全生产活动。

1996年6月，局团委在全局青工中开展以青工安全生产知识教育、青年安全监督岗和青年岗位能手评选及"双增双节"活动为主要内容的保安全促生产活动。9月，开展"为了黄河滩区失去家园、校园的孩子们"紧急救助行动，广大团员青年、少先队员踊跃投入这一行动中。

1997年5月1日—12月31日，局团委在从事生产、经营、服务工作且年龄在39岁以下的青年职工中，组织开展青年突击队竞赛活动。5月，局团委下发《关于动员和组织全局青年切实搞好当前安全生产的紧急通知》，各级团组织开展加强青年安全监督岗、狠反"三违"和强化现场安全管理为内容的活动，强化团员青年的安全生产意识，促进安全生产稳定发展。

1998年4月，局团委组织开展"学习、创造、树新风，迎接团的十四大召开"为主题的各种纪念活动。1999年9月，局党委宣传部、局团委联合举办庆祝中华人民共和国建国50周年全局青年卡拉OK比赛。

2001年5月，为纪念中国共产党成立80周年，局团委开展"党在我心中"读书比赛、演讲比赛、知识竞赛、文艺演出、体育比赛活动。7月，组织团员青年开展以"管理创水平、效益上台阶"为主题的第三季度争创效益最好季实践活动。2005年5月，局团委开展全局争创优秀青年安全监督总岗、分岗和争当优秀青年安全

临矿集团"千万百亿"活动宣传册（2011年）

监督岗岗员活动。2008年8月，为纪念改革开放30周年，集团公司团委开展"责任、创新、和谐"征文演讲比赛。9月，为贯彻落实党的十七大精神，开展"责任、创新、和谐"征文演讲比赛。2009年6月，集团公司团委在"安全生产月"活动当中开展"安康杯"竞赛、"青年安全生产示范岗"创建活动。

2011年6月，开展"搭鹊桥，做红娘"服务青年职工婚恋活动。2012年2月，集团公司团委开展"让青春在能源事业中闪光"主题教育征文活动。3月，集中开展青少年学雷锋志愿服务活动。5月，开展"融入山能文化、建设六大临矿"征文活动。10月，开展"认清形势、迎接挑战"主题实践活动。2015年5月，集团公司团委开展"让青春之花在'持久战'中绽放"征文比赛。2016年，集团公司团委发动各级团组织开展"青年文明号"创建工作，教育和引导青年职工加入该项活动，提升自我素养水平。2017年6月，开展青年班前安全"微课堂"、争创"青年安全生产示范岗"、安全合理化建议征集、"送温暖、嘱安全"等活动，新申报各级青年安全生产示范岗3个，组织青安岗查岗55380余次，查处安全隐患和提出合理化建议6415条。

2018年3月，集团公司团委开展"创新临矿·创客青年"主题实践活动。4月，印发《青年安全监督岗管理办法》，成立矿级总岗12个，分岗110余个、青安岗员540余名；组织2期青岗员骨干培训班，共计60人参加，基层单位团委自主开展培训，全部实现先培训后上岗；开展"安全生产，青年当先"为主题的青年安全生产示范岗创建活动，14个基层青年区队（班组）开展"临矿集团青年安全生产示范岗"创建。6月，结合"安全生产月"开展安全知识培训、青年安全宣誓、防灾演练、"安全出行""隐患找碴"等系列活动。10月，团委联合人力资源、工会等部门组织集团公司技能比武活动，青年职工630余人参与、80人获得奖项。12月，在各级团组织中开展"青春扶贫、益暖齐鲁"系列公益活动，累计在线上平台捐款3.5万元，捐赠物资折合价款8000余元。

2019年，完善"青安岗"建设，共设矿级总岗14个，分岗104个，全年共组织集中上岗、分散上

岗9.3万余人次，提出问题隐患及合理化建议2万余条。团委组织2期青安岗员骨干培训班，基层单位组织540余名青安岗员进行轮训。全年组织安全宣教145场。广泛开展"青年安全生产示范岗"创建活动，共有创建集体18个，其中"全国青年安全生产示范岗"创建集体1个。开展"我与祖国共奋进"主题团日活动，先后组织"临矿最美青工""我与祖国共奋进"等话题视频发布活动，播放次数34.8万次。开展"临矿党建平台"共青团资讯发布功能建设，建成"团情资讯""团青动态""青年风采"3个重点栏目。

2019年，完善基层"青年创客"组织建设，组建各级青年创客中心（团队）44个，吸引近3200名青年职工参与创新创造活动。开展难题征集、创客模型大赛、创客微讲堂和专业交流会，探索创客团队与科研院所深度结合开展科研攻关，征集五小创新成果1300余项，合理化建议1600余条，完成课题攻关730项，青年获得专利163项。组织各单位团委开展"技能比武"35场，参与青工2900人；大力开展"导师带徒"活动，青工"拜师学艺"1000人。选拔培养35名青年技能人才参加上级各类技能大赛、8人获得奖项，4人参加全国煤炭行业青年技能大赛，3人获得二等奖，集团团委获得"优秀组织奖"。9月，组织各单位广泛开展庆祝新中国成立70周年"阅读伴我成长"讲书大赛，选拔出的3名优秀选手入围全国煤炭行业决赛，获得一等奖、三等奖各1人。组织开展青年微电影创作活动，推荐3部作品参加全国煤炭行业青年微电影大赛，1个作品获得优秀作品奖。

2020年1月，面对春节前夕突如其来的新冠肺炎疫情，团委开展"青春战'疫'"行动，向各级团组织、广大团员青年发出倡议书，号召团员青年挺好政治站位、坚决落实责任、带头树立榜样、做好个人防护、协助宣传引导，先后组织防控疫情志愿服务、"抗击疫情、播种希望"植树造绿、"打卡"爱国卫生运动、参加抗疫爱心捐款、助力复工复产等一系列专题活动。6月，组织2期青安岗员骨干培训班，开展安全宣教、安全知识竞赛、"修旧利废、节能降耗"等活动。9—10月，联合工会组织开展庆祝国庆"爱国爱党、爱企爱岗"主题系列活等系列文体活动，1名青工获全省"中国梦—新时代—话小康"百姓宣讲第一名。10月，联合人力资源、工会等部门组织临沂市第十三届"劳动之星"暨临矿集团第六届职业技能竞赛，10名优秀青年技能人才获得优异成绩，被授予"青年岗位能手"称号。4—6月，开展"青春临矿，奋斗有我"短视频征集活动，在微信公众号上发布"临矿青年说"专栏，宣传展示各单位团委推荐的18名团员青年典型事迹。5月，组织收看团中央"传承红色基因，争做时代新人"清明节主题团队日活动暨"国旗下成长"云端升旗仪式，开展"五四运动101周年"纪念活动等主题活动。7—8月，开展"新山能·新青年·新作为"主题教育实践活动，团干部到区队班组开展"微宣讲"150余场次，征集征文120余篇、短视频70余个。8—9月，创新开展"青年云课堂——筑梦新山能，奋进新征程"专题学习答题活动5期，累计3万人次参与；组织"希望小屋"爱心捐款活动，参与腾讯"99公益日"活动，通过微信公众号宣传、团组织发动、志愿者动员等，累计捐款12万元。12月，组织开展"青春建功

2020年11月17日，会宝岭铁矿公司青年创客中心难题攻克验收。

'十四五'"青年突击队竞赛。

三、青工创新工作法

2008年11月，集团公司团委举办首届青工创新工作法活动。5个专业评审组共推荐27项优秀创新工作法。

2009年12月，集团公司团委开展第二届青工创新工作法活动，全公司有16个单位推荐创新项目110余项，对《民生煤仓快速施工工作法》等20项青工创新工作法予以命名表彰。

2010年5月，集团公司团委开展第三届青工创新工作法活动，全公司有17个单位推荐创新项目156项，对《架空乘人座椅闭锁工作法》等14项青工创新工作法予以命名表彰。

2012年5月，集团公司团委开展第四届青工创新工作法活动，18个单位推荐140项创新项目。对《张勇煤仓杠梁让压筒创新工作法》等18项青工创新工作法予以命名表彰；开展"优秀大学生（青工）创新团队"评选活动，授予古城煤矿"防治冲击地压大学生创新团队"等10个团队"优秀大学生（青工）创新团队"荣誉称号。

2013年6月，集团公司团委开展第五届青工创新工作法活动，在18个单位推荐的138项创新项目中，对《陈亚华单轨吊起吊梁运输支架应用创新工作法》等12项青工创新工作法予以命名表彰。

2014年5月，临矿集团团委开展第六届青工创新工作法活动，在22个单位推荐的163项创新项目中，对《赵仁宝风动注浆搅拌器的研制与应用创新工作法》等14项青工创新工作法予以命名表彰。

2016年5月，集团公司团委开展第七届青工创新工作法活动，共有15个单位推荐创新项目138项，对《张孝坡利用"三维地震数据动态解释系统"制订过断层方案工作法》等10项青工创新工作法予以命名表彰。

2018年5月，集团公司团委开展第八届青工创新工作法活动，共有各单位推荐创新项目193项，对《马勇聚能光面爆破工作法》等12项青工创新工作法予以命名表彰。

2020年4—6月，组织开展首届"青创先锋"暨第九届青工创新工作法评选命名活动，经各单位初选，共推荐青工创新项目211项，最终评选出正式奖10项、提名奖10项，表彰"青创先锋"10名。

四、荣誉

1995年，局团委被临沂团市委评为青春立功活动先进单位。聂瑞明、唐广平、王黎海、曹芹、崔联军、高伟被山东煤管局表彰为青年岗位能手，杜明勤被山东煤管局党组表彰为杰出青年岗位能手。

2002年，局团委被临沂团市委评为先进团委。

2003年，局团委被临沂团市委授予先进团委称号，廖广洲、庄乾坤被授予优秀共青团员称号，株柏煤矿的机电工区团支部被授予先进团支部称号，肖庆华被授予优秀青年岗位能手称号。

2004年，廖晓玲、茹新华被临沂团市委授予优秀共青团员称号，古城煤矿的机电工区团支部被临沂团市委授予先进团支部称号，肖庆华被临沂团市委授予优秀青年岗位能手称号。

2006年，古城煤矿采煤二工区的区长翁洪洲被省国资委团委、省企业青年联合会授予首届山东省省管企业十大杰出青年提名奖。古城煤矿采一工区被山东省国资委团委命名为（2004）山东省省管企业青年文明号。古城煤矿的机电工区团支部被临沂团市委授予五四红旗团支部称号，株柏煤矿王晓利、技工学校王彦飞被临沂团市委授予优秀共青团员称号。古城煤矿的采煤一工区团支部、新驿煤矿的通防工区团支部、光力士集团玻纤总厂的退捻车间团支部被山东省国资委团委授予省管企业青年文明号称号。在山东省第二届青年职业技能大赛中，莱芜煤机厂的张勇获钳工专业第16名，柴洪鹏获电工专业第31名。11月，集团公司团委获得首届"山东省省管企业青工技能大赛"优秀组织奖。集团公司团委被临沂团市委授予（2005）先进团委称号。

2010年，集团公司机关贾安强被团省委授予优秀共青团干部称号。

2011年，新驿煤矿于国栋被省国资委团委授予山东省省管企业优秀共青团员称号。

2012年，机关贾安强被团中央授予全国优秀共青团干部称号。置业公司赵钦营被省国资委团委授予管企业优秀团干部称号。

2013年，集团公司团委被全国煤炭行业共青团工作指导和推进委员会授予五四红旗团委称号。邱集煤矿的郭景池被省国资委团委授予管企业优秀青年工作者称号。王楼煤矿的吴振华被全国煤炭行业共青团工作指导和推进委员会授予冀中能源杯百名优秀矿工入围奖荣誉。

2015年，集团公司团委被全国煤炭行业共青团工作指导和推进委员会授予全国煤炭行业五四红旗团委称号。

2016年，古城煤矿的调度指挥中心和王楼煤矿的温馨家园被省国资团委授予省管企业青年文明号称号。会宝岭铁矿公司团委被临沂团市委授予五四红旗团委称号。菏泽煤电公司郭屯煤矿的综采一区团支部被省国资委团委授予省管企业五四红旗团支部称号。置业公司团支部被临沂团市委授予五四红旗团支部称号。集团公司机关范立斌被全国煤炭行业共青团工作指导和推进委员会授予全国煤炭行业优秀共青团干部称号。王楼煤矿的刘辉被全国煤炭行业共青团工作指导和推进委员会授予冀中能源杯全国十大矿工入围奖荣誉。株柏煤矿高艳辉被省国资委团委授予省管企业优秀团干部称号。

2017年，集团公司李鸿瑞被全国煤炭行业共青团工作指导和推进委员会授予全国煤炭行业优秀共青团干部称号。集团公司团委被临沂团市委授予红旗团委称号。山东煤炭技师学院团委被临沂团市委授予五四红旗团委称号。临沂亿金物资公司团总支被临沂团市委授予五四红旗团总支称号。会宝岭铁矿主井提升班组被山东团省委授予青年安全生产示范岗称号、选矿厂团支部被授予2015—2016年度山东省青年文明号称号。

2018年，集团公司团委被临沂团市委授予临沂市红旗团委称号。王楼煤矿的大学生采煤队团支部被山东团省委授予山东省五四红旗团支部称号。技师学院团委被全国煤炭行业共青团工作指导和推进委员会授予全国煤炭行业五四红旗团委称号。古城煤矿的掘三工区团支部被临沂团市委授予临沂市五四红旗团支部称号。菏泽煤电公司团委被临沂团市委授予临沂市五四红旗团委称号。会宝岭铁矿的选矿厂团支部被山东团省委授予山东省青年文明号称号。集团公司机关的菅光超被山东省国资委团委授予省管企业优秀共青团干部称号。

2019年，集团公司1个青安岗、1名青岗员受到山东能源集团群众安全生产十个十佳表彰。集团公司团委被临沂团市委授予五四红旗团委称号。内蒙古上海庙矿业公司团委被临沂团市委授予五四红旗团委称号。会宝岭铁矿公司机运团支部被临沂团市委授予五四红旗团支部称号。集团公司机关菅光超被全国煤炭行业共青团工作指导和推进委员会授予全国煤炭行业优秀共青团干部称号。永明煤矿刘辉被授予第7届全国煤炭青年五四奖章。会宝岭铁矿刘筱懿被团省委授予优秀共青团员称号。

2020年，新驿（鲁西）煤矿红星青年突击队被临沂团市委授予青春担当好团队。2020年，会宝岭铁矿公司团委被临沂团市委授予五四红旗团委称号。邱集煤矿机关第一团支部被临沂团市委授予五四红旗团支部称号。会宝岭铁矿公司团委被团省委授予五四红旗团组织称号。物商集团何文斌被全国煤炭行业共青团工作指导和推进委员会授予全国煤炭行业优秀共青团员称号。菏泽煤电公司李文华被团省委授予优秀共青团员称号。集团机关菅光超被山东团省委授予优秀共青团干部称号。

第四节　少先队工作

1991年3月7日，矿务局团委、矿务局教育培训部联合表彰一批优秀少先队大队、中队、少先队辅导员，发出"争做四有金星少年"的号召。4月，为配合青岗"争先创优当能手"竞赛活动，组织少先队员开展写安全信活动、红领巾井口安全宣传活动。同年，矿区职工子弟学校组织开展"学雷锋，学赖宁，争做四有金星少年""争戴雏鹰奖章"等活动，促进少年儿童的健康成长。

1992年2月9日，局团委、局教育培训部、局少工委联合下发《关于举办全局小学少先队"中国近代史现代史及国情知识教育"竞赛的通知》，集中组织开展多种形式的专题教育活动。3月29日，局团委、局教育培训部、局少工委联合下发《关于组织全局少先队员积极参加全省"争戴少先队员劳动奖章"活动的意见》，在全局少先队员中组织开展增强劳动观念教育、增强劳动技能和劳动习惯教育、增强热爱劳动人民和珍惜劳动成果教育。

1998年5月，局团委针对企业扭亏增盈工作逐步深入和部分职工下岗等实际情况，在全局少先队员中开展"与下岗职工子女手拉手，共创美好明天"活动。活动主要以开展手拉手结对救助为主要内容，结合争戴雏鹰奖章活动，引导少先队员努力争戴自理章、劳动章、友爱章。

2001年6月，局团委、局教育卫生部联合在全局青少年中开展向临沂市十佳少先队员张杰学习活动。

2003年，矿务局中学被授予少先队工作红旗单位称号，杨光辉、邵丽萍、胡淑贤、郭润华、孙晓林、卢乾坤、孟庆武、张欣、马超、林克成、刘健高、段雪寒被授予市级雏鹰奖章，矿区义务安全宣传假日小队（恒昌煤业公司学校二年级）被授予优秀雏鹰假日小队称号。

2004年，矿务局中学双语三年级二班被授予"少先队优秀中队"称号，曲金珠、王彬、林立森、孟庆武、董浩被授予雏鹰奖章。9月，局属职工子弟学校先后移交地方管理，局团委不再负责少先队工作。

第五节　团　费

1995年5月，局团委作出调整团费上缴数额的决定。1998年5月，转发《共青团临沂市委关于团费缴纳和管理使用的规定》，要求各单位团组织按照新标准执行。2001年，针对部分单位改革改制的实际情况，报请上级团组织同意，对其团费收缴标准作出适当调整。在团费管理上，局团委按照临沂团市委规定的比例上缴团费，留存部分由局财务处代为管理，单设账户。局团委团费的使用，由团委书记签字并加盖公章，在财务处团费项中列支。团费主要用于团内各项思想教育、实践活动和内部日常管理工作。

2005年12月，局团委根据企业青年团员现状，报请临沂团市委同意，将年度团费交纳数额由2004年度的3000元减免至1500元。

2017—2020年，严格执行《关于中国共产主义青年团团费收缴、使用和管理的规定》，规范开展收缴团费工作。年末，各基层单位按照收缴团费的35%上缴集团公司团委。

1991—2020年临矿集团团委团费收支统计表

表9-3-4　　　　　　　　　　　　　　　　　　　　　　　　　　　　　　　　　　　　单位：元

年度	基层团组织上缴数额	上缴上级团组织数额	支出	结余	备注
1991	1409.80	–	1190.98	502.36	接283.54
1992	8037.20	–	7253.73	1285.83	
1993	1954.70	–	421.40	2819.13	
1994	950.00	500.00	844.30	2424.83	
1995	3013.48	–	4716.38	721.93	
1996	3311.00	–	2424.14	1608.79	
1997	802.80	–	1838.00	573.59	
1998	2503.00	–	213.80	2862.79	
1999	2304.00	3000.00	455.00	1711.79	
2000	3442.00	–	1192.00	3961.79	
2001	8925.08	3000.00	–	9886.87	
2002	1854.00	3000.00	1853.74	6887.13	
2003	6475.56	1000.00	2514.24	9848.45	
2004	800.00	–	1553.00	9095.45	
2005	4011.00	–	5258.00	7848.45	
2006	–	–	772.00	7076.45	
2007	5686.00	–	9432.50	3329.95	
2008	–	–	613.00	2716.95	
2009	12967.00	–	13100.00	2583.95	
2010	3274.00	–	–	5857.95	
2011	14942.00	3000.00	716.40	17083.55	
2012	–	–	–	17083.55	
2013	–	–	–	17083.55	
2014	–	–	–	17083.55	
2015	–	–	–	17083.55	
2016	53224.10	3000.00	–	67307.65	
2017	28087.00	3000.00	21562.10	70832.55	
2018	5659.00	–	41607.38	34884.17	
2019	–	3000.00	19209.84	51094.01	
2020	7150.00	–	19049.40	62993.41	

第十篇　企业文化

　　自1960年临沂矿务局的初建到2020年临矿集团的强大，历经60年风雨洗礼，其深厚的发展底蕴，推动了临矿集团"实·新"文化体系的形成、发展、提升和创新，明确了"开采价值"的使命和"打造创新型低碳化百年临矿"的愿景，以及"人为本、实为基、新为贵、效为先"的核心价值观和"精诚团结、励精图治、敢为人先、创新发展"的企业精神。临矿集团进一步创新企业文化内涵，注重企业文化建设与安全生产、经营管理的深度融合，为企业文化赋予了新活力，对企业内强素质、外树形象，推动企业深度融合、凝心聚力，发挥了企业文化特有的导向、引领、激励、约束作用。先后获得省级文明单位、山东省思想政治工作先进单位、山东省企业文化建设示范单位、山东省煤炭系统职工职业道德建设标兵单位、临沂市第一书记工作先进单位等多项荣誉称号。

第一章　企业文化建设

第一节　创建与发展

一、机构队伍

　　1991—2016年，企业文化建设工作一直由党委宣传部负责，权属单位也均由党群部门兼管。

　　2017年7月3日，集团公司成立企业文化部，党委宣传部长兼任企业文化部部长，企业文化部与党委办公室、党委宣传部合署办公。各权属单位按集团公司企业文化工作的统一部署开展工作。

二、形成发展

　　（一）起始阶段

　　1991—2001年，由于自然条件和其他因素的制约，矿务局小穷困苦，在山东省7家矿务局中一直是企业负担最重、规模最小、职工收入最低的弱小单位。2000年，全局煤炭产量54.9万吨，销售收入3.6亿，22个单位中有16个亏损，连续28年亏损，一度濒临破产。

　　这一时期，矿务局的企业文化建设主要围绕企业扭亏解困工作展开，大力倡导"煤矿工人特别能战斗"的光荣传统和艰苦奋斗、无私奉献的精神，为企业生存发展起到良好的推动作用。

　　（二）发展阶段

　　2001—2005年，为企业文化形成阶段。

　　2001年，山东煤管局对矿务局领导班子进行调整。矿务局确立"解困先解观念困，脱贫先脱思路贫"的谋生基调和"三步走"（一年起步、两年大上、三年实现扭亏为盈）的战略构想，紧紧抓住国有企业改革发展的新机遇，在全国煤炭行业率先实施股份制、关闭破产、主辅分离辅业改制、剥离企业办社会等改革，在全省国有企业中率先进行公司治理、财务总监、法律顾问等试点尝试，改革改制取得历史性突破，经济运行质量和效益明显提高。

2004年，矿务局被省国资委授予省管企业文化建设示范单位称号。

2005年，按照省国资委要求，矿务局制定《关于加强企业文化建设的指导意见》，开始推动临矿企业文化体系建设。

这一时期，矿务局坚持以文化立企、以文化铸造企业核心竞争能力的理念，成立企业文化建设领导小组和工作机构，开展以"重发展、重道德、重管理、重科技、重形象、创建学习型企业"为主要内容的"五重一创"文化建设活动，逐步形成"精诚团结，励精图治，敢为人先，创新发展"的企业精神和"在创新中超越自我，在奉献中实现自我"的价值理念，优化提升"先优后增再大，先强后富再美"的发展思路和"以新区开发建设为龙头，以占有煤炭资源为根本，大力推进可持续发展"的发展战略，企业文化建设跃上新台阶。

（三）提升阶段

2006—2015年，为企业文化的提升阶段。

2006年8—9月，矿务局改制为临沂矿业集团有限责任公司，以此为契机，集团公司坚持在培育企业精神、提炼经营理念、推动制度创新、塑造企业形象、提升员工素质等方面进行积极探索和实践。随着临矿改革改制后的快速提升和崛起，客观上也要求企业必须提升管理层次和统筹发展能力。在此背景下，临矿集团党委委托北京智益德文化管理有限公司对临矿碎片化、无序状态的文化要素进行系统性的梳理总结和提升，形成具有临矿特色的"实·新"文化框架。同时，组织开展安全文化、制度文化、行为文化等一系列各具特色的实践活动，丰富和深化企业文化内涵。设计企业标志、谱写集团之歌、摄制企业形象宣传片，利用多家媒体集中进行企业形象宣传，提升企业形象和企业品牌。10月，制定《关于集团公司标志、徽章和临矿集团之歌使用管理的规定（试行）》，明确提出"临沂矿业集团有限责任公司标志、徽章和集团之歌，代表着临矿集团的新形象，是临矿集团的象征"；对集团公司标志、徽章和临矿集团之歌在各种场合的使用和管理作出统一规范，各权属单位均按照规定执行。

2006年10月，临矿集团被省委宣传部、省委组织部、省经贸委、省国资委、省总工会授予山东省企业文化建设示范单位称号。同年，临矿集团被省国资委评为省管企业文明单位。

2007年4月，开展"唱响临矿集团之歌"活动，各单位从班组、工区（车间）开始，人人学唱集团公司之歌，利用班前、班余时间排练演唱，各基层单位在组织重大活动和大型会议除奏唱规定歌曲外，全部奏唱集团公司之歌。同年，制定《临矿集团企业发展纲要》《创建文明单位实施细则》，组织开展以社会主义荣辱观教育为主题的职工行为规范教育、准军事化管理；以庆祝集团公司成立一周年为契机，通过多家媒体集中进行企业形象宣传，提升企业文化品牌。

2009年，临矿集团启动企业文化重塑提升工程。成立企业文化建设项目小组，聘请企业文化专业咨询公司联合对集团公司文化进行深度剖析和梳理，融入新的文化基因、个性特征、价值导向等文化要素，将"忠诚、感恩、敬业、担当"充实到企业文化之中，提炼形成完整的"实·新"文化体系。

2010年3月，印发《临矿集团企业文化手册》，明确集团公司"开采价值"的使命和"打造创新型低碳化百年临矿"的愿景，以及"人为本、实为基、新为贵、效为先"的核心价值观和"精诚团结、励精图治、敢为人先、创新发展"的企业精神，对企业视觉和行为识别系统进行规范。7月，集团公司印发《关于推进企业文化落地生根的实施意见》，将"实·新"文化印制成册，下发至每一位员工手中；集团公司和各单位紧紧围绕"企业文化落地生根"这一主题，开展"临矿人行为规范"大讨论等一系列企业文化"生根"活动，大力提高员工对企业文化理念体系的认知度和认同感，使重构重塑的企业文化理念体系在集团公司落地生根，融入企业改革发展、经营管理的各项工作中。自2010年下半年开始，临矿集团分别在集团公司机关、蒙阴会馆和上海庙矿业公司连续举办6期企业文化骨干培训班，656名企业文化骨干参加脱产培训；聘请企业文化专家为基层单位培训36名企业文化宣讲师，通过文化宣讲师的广泛宣讲，对公司1.93万名员工进行培训。9月，临矿集团印发《临矿集团企业文化建设管理考核办法（试行）》，将企业文化建设纳入党建思想政治工作考核。11月，集团公司面向各单位全体职工征集临矿文化故事，挖掘、宣传具有鲜明文化特征的典型人物和典型事件，推动"实·新"文化理念的形象化、故事化、具体化，促进干部职工理解、认同、践行"实·新"文化；搜集整理17篇文化故事，汇成《临矿文化故事集》。

2011年4月，围绕临矿"实·新"文化与能源集团"超越文化"的融合问题，印发《关于开展"学习、培训、对接、融合、共创"山东能源文化的意见》，各单位通过班子会、职工大会、班前班后会，利用邀请专家授课、巡回演讲等形式，学习《山东能源集团有限公司企业文化建设纲要》；22日，在田庄煤矿举办集团公司"山东能源·临矿文化"演讲比赛，38名选手参赛。5月，全面执行《山东能源集团有限公司视觉形象识别系统管理办法（试行）》，严格执行能源集团战略目标、核心价值观、视觉系统，达到目标愿景统一、企业使命统一、价值观统一、企业形象统一，实现"实·新"文化与能源集团"超越文化"的全面融合。

2012年，继续强化临矿集团"实·新"文化"四个一"宣贯工程（对新招聘大学生入企、机关新进工作人员入职、技校毕业生上岗、新提拔管理干部履新第一堂课即讲山能超越文化、集团公司实·新文化、临沂沂蒙文化）。同年，集团公司荣获省级文明单位、全国五一劳动奖状、山东省企业文化建设成果十佳单位称号。

2013年，临矿集团制定《关于2013年企业文化建设工作的意见》，开展企业文化建设考评，形成有效推进企业文化建设的运行机制。针对煤炭行业"黄金十年"终结的严峻形势，提出"不回避、不懈怠、不折腾、不张扬"的"四不"工作基调，成为集团公司的工作的总基调，"实·新"文化有新的传承和提升。

2015年10月，收购菏泽煤电公司，对菏泽煤电公司进行临矿集团"实·新"文化导入。全年各单位举办企业文化教育培训活动36次。

（四）创新阶段

2016年开始，企业文化建设进入创新阶段。

2016年，集团公司全面总结煤炭行业"黄金10年"和"危机4年"的发展经验，确立创建"领先性"企业的发展战略，制定《临矿集团领导班子建设20条纲要》，进入创建人均工效、人均收入、人均创新成果、人均客户价值"四个领先"，打造企业富强、资源富裕、职工富有、客户富足的"四富临矿"的历史新阶段。

2017年8月，集团公司将企业文化手册重新修订，印刷新版《企业文化手册》，对"实·新"文化进行扩容升级和理念延伸，增添商务礼仪和形象规范。制作《廉洁文化手册》，分为"内涵篇""理念篇""规范篇""教育篇""风范篇""家风篇"六部分。《企业文化手册》和《廉洁文化手册》全面展示集团公司的价值理念、企业文化溯源、文化概述和企业文化风采等文化建设的重要内容。为更好地提升和激发集团公司"实·新"文化，助推企业领先的新动能和新活力，集团公司成立企业文化发展提升领导小组和团队。团队主要负责制订企业文化发展提升实施纲要和年度计划、企业文化发展提升的阶段性课题研究、各单位子文化创建和"实·新"文化的融合落地、企业文化各分项理念的修正提炼与提升、企业形象的标树与标准执行情况的督查、企业文化发展提升的典型推广和标杆打造、各类文化会议与活动的策划组织和宣传，管理制度的优化提升及文化氛围环境的营造。

2018年8月，临矿集团首次在专业技术人员培训中增加企业文化课，在矿井通防技术人员技能提升专题培训班上专门设置企业文化课程。11月，在全国各省市企业文化建设协会主办的2018中国企业文化建设峰会上，集团公司、古城煤矿获2018年度文化建设先进单位称号。

2019年，临矿集团着力推动企业文化建设与安全生产、经营管理的深度融合，坚持以思想、管理、技术三大革命为引领，通过对标学习、自我批判等方式，赋予"实·新"文化新的内涵，以创新的方式让"实·新"文化更加有温度、有温情、有温暖，深化"一家人、一条心、一个拳头、一股劲"的共识，赋予"实·新"文化新的内涵。菏泽煤电公司"家"文化、新驿煤矿"融"文化、田庄煤矿"青松"文化、邱集煤矿"求实"文化等一批子文化融合落地。6月，在中国文化管理协会企业文化管理专业委员会主办、光明网协办的全国首届"新时代党建+企业文化学术与实践创新成果"发布会上，古城煤矿《"活力·幸福"让党建从心出发》获得首批"新时代党建+企业文化实践创新成果"，为能源集团首家获此荣誉的单位。10月，在中国企业文化建设峰会组委会主办的2019年中国企业文化建设峰会上，临矿集团被评为2019年度企业文化建设典范企业，古城、邱集煤矿，会宝岭铁矿被评为2019年度企业文化建设先进单位。

2020年，临矿集团持续推进企业文化内化固化，融入"奋斗者"文化元素，将企业文化与宣传思想、安全生产、经营管理深度融合，继续在大学生入职、新党员培训以及各类专业培训中前置企业文化课，加深干部职工对企业文化内涵的理解和对临矿发展历程的认知。推出临矿第一个"数字员工"卡通形象"临矿煤亮子"，成为临矿智能智慧建设的"代言人"，使企业文化更加具象、可亲。在中国企业文化建设峰会组委会主办的2020年中国企业文化建设峰会上，新驿煤矿、上海庙矿业公司、山东煤炭技师学院被评为2020年度企业文化建设示范单位；会宝岭铁矿创客文化、菏泽煤电公司"宜·家园"文化、永明煤矿"红双核"党建文化被评为2020年度百佳职工文化品牌；邱集煤矿机运工区被评为2020年度企业文化建设优秀班组。在山东省企业文化十佳及先进单位的评选中，临矿集团获得山东省企业文化成果十佳单位称号。

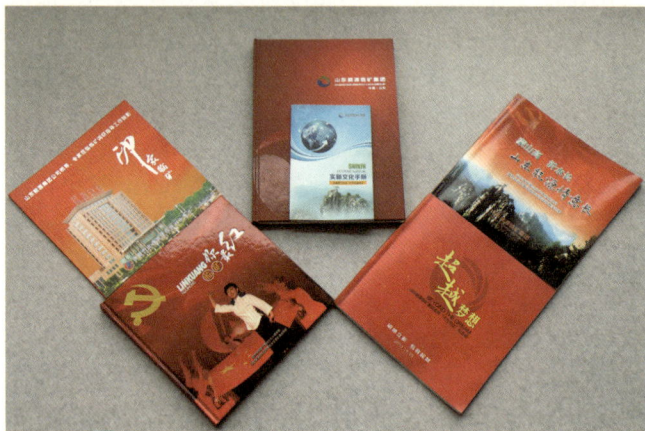

临矿集团企业文化宣传册（2019年）

第二节　文化理念

一、文化定位

根植于沂蒙大地的现代化国有大型企业，历经革命战争和艰苦创业的洗礼，传承朴实的沂蒙精神、弘扬思变的创业历程，不断铸就"实"和"新"的文化底蕴和兴企情怀，赋予现代管理理念的新内涵。

二、文化内涵

临矿人具有"阳光、坦诚、简单"的文化潜质。阳光就是一种向上的活力，培养积极乐观、不断追求进步的心态；坦诚就是敢于担责、勇于面对，直截了当地表明自己对某件事或某个人的看法；简单就是简单做人、简单处事，营造简单并快乐的工作状态。

三、理论引领

（一）早鸟论

早起的鸟儿有虫吃，临矿集团在正确把握市场规律的基础上确立领先性战略，坚持先行一步的工作理念，用"早鸟论"来引领发展，大数据共享平台建设与应用、物联网模式的探索就是这一理论的体现。

（二）夹缝论

强调的是危机意识和求生能力，临矿集团作为大型煤炭企业，宏观上面临着能源消费结构变化带来的革命性冲击，随着新技术的突破，煤炭资源被新能源所取代的可能性越来越大；微观上临矿集团在行业内综合竞争力还不够，需要我们始终保持一种求生的欲望，不断挖潜增效、转型升级。

（三）弯道超车论

在经济危机和国家"去产能"的新形势下，临矿集团已经赶在和省内煤炭第一方阵"跟跑"的行列，且轻装上阵、"能量"充足，具备弯道超车的优势。

四、发展战略

（一）战略定位

建设"三个临矿"（省内临矿、省外临矿、海外临矿）、实现"四个走在前列"（在打造能源集团第二个上市公司上走在前列，在办大煤、办大电上走在前列，在以增量扩股为主要形式的混合所有制改革上走在前列，在应对煤炭市场更大危机的措施和方法上走在前列）。

（二）战略任务

提升扩容旧动能，培育创造新动能。

五、企业使命

（一）开采价值

临矿的事业，是围绕着"开采"领域持续不断地创新和发展，而我们最终要做的，就是为消费者创造"价值"。"开采"，一方面指我们从事的是开采的事业，另一方面指我们不断挖掘、"开采"客户、员工、社会、股东等利益相关者的价值。因而，我们的终极责任是开采价值。客户是临矿生存发展的根本，员工是临矿生存发展的基石，社会是临矿生存发展的保障，股东是临矿生存发展的基础。

（二）企业愿景

打造领先性，百年新临矿。"领先性"，领先是临矿战略的核心，只有做到思想上、行动上、文化上先行一步，才能真正实现领先现在、领先未来、不被淘汰。"新临矿"，"新"体现临矿不断革新、力求创新的发展理念，形象不断提升、规模不断扩大、实力不断增强都是"新临矿"的内在要求；"百年新临矿"，百年企业是几代临矿人的梦想，它是临矿人为之奋斗的动力支撑，"百年新临矿"既体现了我们的远大理想，也体现了不墨守成规、与时俱进的时代精神。

（三）企业精神

精诚团结，励精图治，敢为人先，创新发展。

（四）企业核心价值观

人为本，实为基，新为贵，效为先。

（五）分项理念

发展理念。发展是硬道理、挣钱是真本事、党建是大动力；理念延伸—树立信仰坚强、信念坚定、信任坚固的"三信"意识，坚持以市场为师、以安全为基、以效益为本、以实新为荣的"四为"原则，弘扬不回避、不懈怠、不折腾、不张扬"四不"工作基调。

管理理念。对标管理、行业领先；理念延伸—锻炼政治敏锐力、管理提升力、资本运营力、学习创新力"四种能力"，树立标杆思维、实施标杆管理、全面对标创标，实施技术与管理、资本与大数据"四轮驱动"。

学习理念。学习是核心竞争力和先进生产力；理念延伸—学习资源是战略性资源、学习投入是战略性投资，建学习型企业、做知识型员工、创智慧型管理，培育和注入学习基因、不断激活自己、锻造自己、超越自己。

安全理念。尊重生命、多用设备少用人；理念延伸—宁花百万元上项目、不花一万元增一人，打造数字化、智能化无人值守矿山，生命无价、安全为天。

经营理念。资源共享、互惠互赢；理念延伸—插上大数据和金融资本"两个翅膀"，打造财务、人力资源、设备管理、安全生产和党建+互联网"五大共享平台"。

人才理念。以干为用、开发全员潜能；理念延伸—人力资源是第一资源，畅通管理、技术和技能全员晋升"三通道"，实施"三考一聘十二级台阶"人才攀登工程。

创新理念。尊重创造、思新求变；理念延伸—崇尚"微创新"、激发"大动能"。临矿基因：创新创造，拆掉思维里的墙，提升现代管理能力，精益求精、追求卓越、培育临矿匠心。

廉洁理念。敬畏法度、干净干事；理念延伸—把纪律和规矩挺在前面，修身正己、廉洁兴企，以"眼里揉不进沙子"的精神抓廉洁。

成本理念。资产优良、效率优先、人员优精；理念延伸—资源共建共享、激活"沉睡"资源，智能提效、智能降本。

环保理念：从高碳到低碳；理念延伸–由黑色变绿色、由工厂变家园、由旧动能变新动能。

（六）宣传用语。

沂蒙情绿色缘，梦圆临矿集团。

（七）企业口号

山东能源，我的家园；创建四个领先，打造四富临矿；干在当下，走在前列，活在未来。

第三节　行为规范

一、行为公约

（一）遵纪守法

员工应了解与本职工作有关的法律，确保自己的行为符合相关规定，有责任熟悉、遵守、传播并维护企业的各项规章制度。

（二）诚信自律

员工要忠诚于企业，诚实守信，说实话、办实事、做实在人。注重个人不正常行为的约束，反对出于任何目的的欺骗和作假行为。

（三）爱岗敬业

员工应该热爱本职，忠于职守，熟练掌握职业技能及岗位相关知识，自觉履行职责，注重工作效率。

（四）礼貌待人

员工应该礼貌地对待客户、同事、承包商和外来参观人员。在履行职责和对外业务交往中，不得做有损于公司声誉的行为。

（五）保守机密

员工必须遵守公司关于技术、经营、生产等保密的有关规定，不准泄露或擅自使用任何与公司相关的保密信息。

（六）爱护财产

员工有责任保护企业设备财产和其他资产的安全，不得私自挪用并防止蓄意破坏或滥用。

（七）勇于创新

在不断的学习中勇于创新，让临矿集团更加符合企业自身发展规律和顺应社会发展大势。

（八）有效监督

员工有权利和义务向相关管理部门报告有关违反国家法律、公司内部管理规定及本规范的行为，公司对报告人予以保密，任何人不得打击报复。

二、行为信条

（一）决策层职业行为信条

纵览全局、以人为本、廉洁从业、实干实效、知人善任、勤于学习、勇于创新、善与变革。

（二）管理层职业行为信条

人性管理、仁爱包容、踏实做事、执行到位、公平公正、以效为先、持续改进、不断超越。

（三）员工层级职业行为信条

安全为天、遵章守制、体面做人、和谐团队、服从管理、诚信做事、精益求精、追求绩效。

三、商务礼仪

（一）员工基本礼仪

工作时间内要规范着装。参加商务活动及重要会议，统一着装，着装要正式、得体，保持整洁干净，并佩戴统一标志。男士应穿西装系领带，女士应着职业装，体现美观大方、干练大气的风格。

（二）仪容大方

工作中注意仪表的整洁大方，头发清爽，面容洁净。男士要注意脸部的整洁，不蓄长胡须等。提倡女士上班施淡妆，车间女工不穿高跟鞋，并将长发挽起。

（三）目光坦诚

眼睛是心灵的窗户，运用好凝视礼节。一个坦诚坚定的眼神，能传达出对同事和宾客的尊重与友好之情。

（四）手势得体

工作中指示物品、递接物品、展示物品、招呼别人、举手示意要采用简洁一致，彬彬有礼的手势。

（五）主动问候

见面问候时，下级先问候上级，男士先问候女士，主人先问候客人。领导检查工作或外来人员参观时，应主动站立、问候。不方便口头问候时，可用招手、点头、微笑、欠身等方式相互致意。

（六）真诚交谈

自觉运用"您好、谢谢、再见、对不起"等礼貌用语。交谈中，学会倾听，即使不同意对方观点，也要让对方把话说完。交谈时应做到语调平和，用词准确、礼貌，通俗易懂。日常办公提倡使用普通话。

（七）礼貌介绍

介绍他人时，要遵守"来者优先了解情况"的原则，先将我方人员介绍给客户，先将下级介绍给上级，先将男士介绍给女士，先将年轻者介绍给年长者。

（八）交换名片

对外交往应准备好公司统一格式的名片。呈送名片时，应将自己的名片正面向上，双手呈递对方；接受对方名片时，应双手相接；互换名片时右手送交名片，左手接对方名片；接过名片后，应认真阅读，再妥善收好。

（九）亲切握手

两人以上场合中，握手由"尊者决定，尊者先行"；接待方应主动伸出手与客人相握，表示欢迎。在客人告辞时，等客人先伸出手再伸手相握，表示"再见"；男士等女士伸手后方可与女士握手。握手时应神情专注，面带微笑。

（十）行走礼让

在公司区域内行走，上下楼梯或在办公楼、走廊通道行走时，匀速沿走道右侧行走；上下楼梯时，应保持单列行走，如遇人多事急，应在楼道转弯处超行；行走中遇到客人和领导时，应主动打招呼，并在上下楼梯或进出门口时主动让路。

（十一）递物有法

递交文件时，应将文件正面对着对方递上去；若是书写笔，应将笔尖朝向自己；若是刀子或剪刀等利器，应将尖端朝向自己。

（十二）乘车有序

乘车时要讲究座次，要礼让尊长、女士和上级。上下车的动作要文雅，保持车内的清洁和安静。

（十三）引路有方

在走廊引路时，应走在客人左前方的两三步处。引路人走在走廊左侧，让客人走在路中央，与客人步伐保持一致，并适当地做些介绍。

（十四）电梯礼让

与他人共乘电梯时，应主动服务，注意礼让。到达目的楼层，按住"开门钮"，请客户先出。

（十五）接打电话

来电话时，铃响一声拿起话筒；接听电话，先说"您好"，再自报家门，语调温和亲切，留心听取对方的讲述，并记下要点；结束时礼貌道别，待对方挂断电话，再放话筒。通话简明扼要，工作期间不被私人电话占用过多时间。

（十六）收发传真

传真设备无人在场而又有必要时，应使之处于自动接收状态。发传真时，要写清楚姓名、公司、部门、地址、传真号码和联系电话等信息，同样应为对方写明收传真人的姓名、所在公司、部门等信息，书写于传真内容上方。发送或收到传真后，即刻告知对方。如遇转呈他人发来的传真，要在第一时间内通知到位。重要的传真文件要备份存档。

（十七）电子邮件

养成及时回复邮件的习惯，发出的邮件必须写主题，开头和结尾遵循一定范式，切记要署名。邮件正文内容应简明扼要，排版整齐大方，以方便阅读。发出前谨慎检查，确保万无一失。群发邮件时，要考虑尊重别人的隐私，学会使用抄送功能。

四、商务社交礼仪

（一）商务拜访

预约遵约。商务拜访必须提前预约，一般提前三天预约拜访时间。拜访时要准时应约，如有变化，要提前更改约定的时间。

拜访有节。拜访前须提前联络，明确时间、地点；等待时。尊重对方公司的办公环境，非礼勿视、非礼勿听、非礼勿言、非礼勿动；见面时，讲究递交名片、自我介绍等见面礼仪。离别时，由拜访者提出，先起身并伸手向受访者道别并致谢；对方送行时，应该请对方留步。

（二）商务接待

计划得当。严格执行上级有关规定，提倡互相尊重、以诚相待。接待中央、省部级领导及重要商业伙伴、国外友人等要有预案。接待日程周全，迎送、会见、谈判等具体日程安排应完整周全、通报及时。接待规格、接待人员、接待费用都要有章可循。饮食住宿方面，遵守规定的同时尊重来宾习俗。为来宾提供交通工具时要妥当安排。

礼宾有序。礼宾次序兼顾职务排列，并以适当的形式提前向接待对象进行通报或征求意见。

（三）商务用餐

体现好客山东热情，尊重客人习俗，严格按照上级规定和有关制度执行。

五、商务谈判礼仪

（一）谈判地点

谈判地点要由谈判各方共同协商确定，东道主提前做好现场布置。

（二）谈判座次

双方谈判酌情选择横桌式或竖桌式座次。横桌式，客方人员面门而坐，主方人员背门而坐；双方主谈者居中就座，各方其他人员依具体身份高低，各自先右后左、自高而低地分别在己侧就座。竖桌式，进门右侧由客方人士就座，左侧则由主方人士就座。多边谈判可用自由式或主席式的座次。自由式无须事先正式安排座次，而主席式在面向正门设置一个主席之位，供各方代表发言时使用，其他人员一律背对正门、面对主席之位分别就座。

（三）谈判表现

谈判者应做到心平气和、处变不惊。谈判应以互惠双赢为目标，懂得适当让利，争取谈判成功。

（四）合同签订

谈判结束后，在事先准备好的签字厅举行签字仪式。签字仪式讲求正式端庄。签字人按照主左客右的座次入席，采用"轮换制"签署文件，首先签署应由己方所保存的文本，然后再签署应由他方所保存的文本；签字后，交换文本，真诚握手，互致祝贺。

六、大型会议礼仪

（一）组织到位

会议之前，做好精心筹备，拟好会议通知，及时送达各方。会议上所用的文件，如会议议程、开幕词、闭幕词、主题报告、大会决议、典型材料、背景介绍等，一般应在会前准备妥当，把握好下发的时机。会场布置、对外沟通、用品采办等会务工作，要关注细节、准备充分。

（二）会议期间

负责会务工作的管理人员要安排好与会者的引导。负责签到的人员，应及时向会议的负责人或主持人进行通报。周期较长的会议，为与会者安排会间的工作餐，并为住宿、交通提供方便。凡重要的会议，用速记、录音、录像等方式进行现场记录。

（三）会议之后

会议结束，应形成文件，包括会议决议、会议纪要等，及时下发或公布；应协助与会者返程，做好后续服务，使会议有始有终。

第四节　识别系统

一、视觉系统

2010年8月，临矿"实·新"文化手册印制完成，公布临矿自己的企业文化识别系统。

2011年5月，山东能源集团下发《山东能源集团有限公司视觉形象识别系统管理办法（试行）》，要求各权属单位在旗帜、证件、会场、公文、标牌、公关礼品、环境布置等方面使用山东能源集团视觉形象识别系统，临矿集团视觉形象识别系统不再使用。

企业标志

二、听觉系统

2006年，临矿集团特邀著名词作家曹勇、曲作家孟卫东为临矿集团写出临矿集团之歌《向着太阳出发》，由中国国家交响乐团伴奏演唱制成音频、视频，在临矿集团广为传唱。要求集团公司员工人人会唱集团之歌；集团公司和各单位在重大节日、重大活动、重要演出、召开重要会议时使用临矿集团之歌；集团公司机关和各单位在日常工作或重大迎宾活动时的背景音乐使用；各单位也可制作手机彩铃供员工使用；各单位在举行升旗仪式时，在升旗仪式前后可播放临矿集团之歌；明确提出禁止对临矿集团之歌词、曲作任何形式的修改。

第五节　安全文化

一、安全文化培育

2011年开始，临矿集团在山东能源集团"超越"文化和企业"实·新"文化的引领下，推进以培育安全理念、思维、心态、知识、技能等为重点的安全文化建设，提高全员安全素质，夯实安全生产第一道防线。

安全理念渗透教育。通过警示教育、知识培训、技能提升、素质提高，推进以亲情文化、警示文化、行为文化、诚信文化为主的安全文化建设，充分发挥企业文化在安全生产管理中的正能量。

开展群众安全活动。各矿按照不同专业，成立群监分会和群监组，覆盖井下采掘、辅助、地面各厂点，构筑起相互交叉融合的群众安全保障网络，促进现场工程质量动态达标。

开展"安康杯"竞赛活动。各矿成立活动领导小组，制定《竞赛活动意见》《竞赛考核标准》，确立"弘扬企业安全文化，加强班组安全管理"的竞赛主题，先后组织开展安全生产月千人签名、安全事故案例展、安全知识擂台赛、安全文艺下区队等活动，在矿区营造浓厚的安全生产氛围。

二、安全文化理念

安全高于一切、安全重于一切、安全先于一切；人命关天，发展决不能以牺牲人的生命为代价；安全是最大的效益，事故是最大的损失；安全是最大的效益、最大的政治；从0开始，向0迈进，实现安全100%；防微杜渐、警钟长鸣；抓安全避谈成绩，永远战战兢兢、如临深渊、如履薄冰；尊重生命、多用设备少用人，能用设备不用人；宁花百万上设备，不花十万增一人；实施机械化、自动化、智能化"4D归零"，即对枯燥（dull）、肮脏（dirty）、危险（dangerous）、昂贵（dear）的工种、岗位、人员和作业地点，逐步用机械化、自动化和智能化进行置换、替代和淘汰），解放矿井、解放安全、解放矿工；隐患就是事故、防治胜于救灾、生命价值至上。

第二章　沂蒙精神

第一节　精神传承

临矿集团根植沂蒙革命老区，有着光荣的历史和丰厚的文化底蕴，无论在革命战争年代、社会主义建设时期，还是改革开放以来，一代又一代临矿人始终以煤矿工人特别能吃苦、特别能战斗的英雄气概，秉承弘扬沂蒙老区优良的革命传统，为新中国的成立和国家建设作出积极的贡献。临沂矿务局前身是位于莒县的竹园煤矿，它为抗日战争的胜利和新中国的建立作出了重要贡献。

抗战时期，矿工们冒着生命的危险用马驮、驴驮，或用沂蒙山区的小推车将煤偷偷运到位于莒南县大店镇的滨海军区兵工厂，为滨海军区提供能源供给；配合八路军工兵连运炸药、武器，英勇参战。

社会主义建设时期，矿务局战天斗地、艰苦创业，"文革"期间仍坚持生产支援沂蒙老区建设，1966—1976年，累计产煤957.6万吨。

社会主义现代化建设和改革开放时期，矿务局坚持"精诚团结、励精图治、敢为人先、创新发展"的企业精神，将沂蒙精神内化为后发赶超、争先进位的创业激情，外化为服务企业、造福员工的价值准则，主动作为，开拓进取、吃苦耐劳、艰苦奋斗、敢于胜利、勇往直前、永不服输，把沂蒙精神发扬光大。20世纪末，矿务局被煤炭部列入36个关停破产矿务局之一，在沂蒙精神的感召激励下，临矿人知难而进，率先走出沂蒙、跨向省外、迈出国门，甩掉"小穷困"的帽子，成为全国36家煤炭特困企业脱贫解困的先进典型。2001年1月1日，古城煤矿建成投产，成为矿务局走出沂蒙开发的第一对矿井；2002年10月1日，山东东山股份有限责任公司成立，成功地探索出全省国有企业投资主体多元化的新路；2006年7月8日，成立内蒙古上海庙矿区建设指挥部，开启了省外开发建设的序幕；

2018年8月7日，临矿集团新入职大学生接受沂蒙精神教育。

8月5日，临矿集团成立，建立了现代企业制度，给根植沂蒙大地的临矿人插上了腾飞的翅膀；2011年11月19日，临矿集团实现"千万百亿"的历史性跨越，圆了几代临矿人的梦想；2012年，临矿集团成功并购澳大利亚罗克兰公司，昂首走出国门。

临矿集团历经革命战争和艰苦创业的洗礼，传承朴实的沂蒙精神、弘扬思变的创业历程，具有天然的沂蒙精神的"根"和"魂"。每年都对新老职员工进行沂蒙精神教育。经常性的组织职工赴沂蒙精神纪念馆、孟良崮战役纪念馆、沂蒙红嫂纪念馆等红色教育基地接受教育。

第二节　光荣的历史

一、竹园煤矿的工人斗争

竹园煤矿（莒县煤矿）在抗日战争和解放战争时期，有着光荣的斗争史，为中国人民的解放事业作出过贡献。

1936年春，河南人柴继周持国民党山东省第三行政专员公署许可证到竹园建矿，与兰官庄地主刘树成合股打窑，抗战开始后停产。

1937年11月，共产党人郭友邻、刘克成等在矿区附近珍珠山拉起抗日队伍"莒县抗日自卫团"，在竹园矿区播下了革命火种。

1940年前后，莒地的交通要线尚未被日伪控制，无暇顾及竹园煤矿。当地群众合股办矿，出的煤大部分供应了八路军大店根据地设在横山、马鬐山的兵工厂。此间，煤矿股东畏于时局复杂而不问矿事，煤矿实际已发展成为地下党的企业，同时也是地下工作者隐蔽、联络的场所和发动工人运动的基地。

1941年前后，日伪军在珍珠山顶建立据点，日本人曾子小野接管煤矿，其公开身份是中日合作莒县实业公司经理。小野让柴继周管技术指导，不准过问其他，但柴在矿工们的掩护下，仍为八路军兵工厂运送煤炭。日伪军夜间缩在据点里不敢下山，只有白天到矿上。白班工人就将好煤留在井下，仅将次煤或渣子运出。夜间将煤悄悄运到八路军兵工厂。

小野见出煤少，怀疑有人窃运，于是决定严格清查。1942年秋，小野派伪军姚某领十几名伪军到矿清查，拦住下井的白班矿工盘问："柴经理最近干些什么？他在哪里？"众人皆以不知作答，姚大怒，抄起棚前镐把当头向工人孙佃亮打去，孙举镐相迎。众工友一拥齐上："谁敢动手就砸死谁！"有位长者劝道："都是乡里乡亲，得叫我们有碗饭吃，别忘了你也是中国人。"众怒之下，姚见势不妙，悻悻而去。从此，在矿督工、清查之伪军无不敷衍了事。

在向根据地运送煤炭的过程中，经常会遭到日伪军的盘查、埋伏。很多同志和矿工在运煤的路上被敌人枪杀，许多骡子和马也被打死了。有时运一趟煤出去，拉回来的是牺牲同志的遗体。特别是利用矿工身份掩护的地下党，他们的风险非常大，有时候不知道为什么就被日本鬼子抓走了。

当时竹园煤矿采用土法开采，在井巷只能靠豆油灯来照明，用镢头、镐头刨，用铁锨、铁锹挖煤；靠肩抬或人力拖筐，把绳子盘在腰间，爬行着把煤一筐筐地运出去；排水则用牛皮包、�子头（元宝形的篮子）。工人劳动强度大，安全无保障，生活极为艰苦。

1943年，日伪货币大幅贬值，此时矿工一个班的工资买不到两斤花生饼。在这种情况下，矿工们为增加工资而经常举行罢工。为此，小野曾多次派伪军前往镇压，但伪军迫于公众的压力不敢过分为小野卖力。于是，黔驴技穷的小野在中秋后的一天，亲自出马，以怠工罪名将矿工王盛抓捕毒打，声称要杀一儆百，"肃正思想"。工人们无比愤怒："非打回来不可！"进而举行总罢工，罢工持续三天，后经驻莒城日军经济顾问稻田出马，与工人代表王立本等交涉，令小野向被打人赔礼，并从即日起每个人增资两角，罢工取得胜利。

1943年6月，小野从青岛运来汽绞车、锅炉、水泵等，准备安机器大规模掠夺性开采。八路军大店根据地知悉后，立即组织数千名民兵群众夜袭竹园煤矿，将机器拆开运走，汽车烧毁，使敌人使用机器开采的计划破产。

1944年8月，八路军滨海部队夜袭离矿五公里的日伪营墩子据点，竹园煤矿秘密武工队与西乡民兵取得联系，用放排枪、喊话、在铁桶里放爆竹等佯攻战术，吓得山上伪军次日逃回莒县城，山顶据点被矿工拆毁，竹园煤矿宣告解放。

竹园煤矿解放后，由鲁中工商局接管，任命杜进成为经理，后又成立煤矿职工会，朱德渊任主席。此时，矿武工队已发展到百余人。

1944年11月14日，八路军滨海部队发动解放莒城战役，伪保安大队长莫正民率部三千余人起义，日军龟缩在大炮楼里负隅顽抗。竹园煤矿部分工人由刘彦修带领，配合工兵连，利用挖地道的办法准备炸掉大炮楼，后被敌人发觉而停止，守城日军于29日夜在坦克支援下弃城逃窜，莒城宣告解放。

1945年11月24日，八路军滨海部队发动了滨海全区解放的最后一役——泊里战役。竹园煤矿51名工人自愿报名参加工兵连，由工会主席宋德渊率顿奔赴300里以外的泊里战场。采用地下作业坑道爆破的方法，于12月26日夜将泊里东南角大炮楼炸塌一角，八路军遂占领大炮楼，控制了制高点，迫敌于27日夜弃城逃窜，被八路军截击，生俘伪军司令于炳辰及官兵1600余人。战斗结束后，滨海军区给竹园煤矿工兵连记集体大功，给矿工李恒义、陈洪福、贾聚会、荆秀义、荆富民、刘传等6人各记一等功。此后，竹园矿工组成的10人担架队随军参加了著名的莱芜战役，直到孟良崮战役结束后才带功凯旋。

1948年春，国民党张天佐残部自昌乐南逃过莒城，经竹园煤矿之东，被矿武工队拦腰侧击，溃不成军。

当年临沂矿工与敌斗争的遗址——竹园煤矿老井口。

1949年9月12日，竹园煤矿与临沂煤矿合并，改为采炭所，属临沂煤矿领导。1964年4月，莒县煤矿（竹园煤矿）由临沂专区矿务局划归临沂矿务局管理，成为临沂矿务局的骨干煤矿之一。1999年1月1日，矿务局决定撤销莒县煤矿编制，成立竹园井，划归汤庄煤矿。2000年，随汤庄煤矿列入全国资源枯竭矿山企业关闭破产项目。2002年6月22日，莒县煤矿社会职能部分移交日照市莒县人民政府。6月28日，汤庄煤矿破产终结。

二、临沂煤矿的工人斗争

1946年秋，滨海行署成立临郯煤矿总公司，辖罗庄、中沟、窑北头、竹园4矿。1947年2月，国民党重点进攻时，上级决定放弃中沟、窑北头煤矿，保留罗庄煤矿，体弱及管钱管物者由陆健带领撤到竹园煤矿，身强力壮者组成临郯煤矿工人大队，由刘东岑带领坚持武装斗争。临郯煤矿工人大队由刘东岑任大队长，陆唐克任政委，下设罗庄、窑北头、中沟三个中队，陈思佐、赵永贵分任窑北头、中沟中队指导员，罗庄中队由刘清如带领单独行动。刘东岑带领的两个中队百余人，相当于一个连，活动在沂河两岸，在丰山、傅庄打过几次仗，并与八路军留下来的十五、十六团保持联系，刘东岑还担任临西独立团团长，领导5个县大队，并兼任临西县武装部长，领导地方武工队，运动战开始后，工人大队撤销。

1947年2月，国民党军队进占临沂时，鲁南军区开办的罗庄煤矿奉命保留，以待将来开采。机器、井筒都没有破坏，并留下一部分职员，煤矿被国民党军队王洪九占领后，投资银洋一万元，先后委派马建唐、郑夫样任经理，召原有职工，经短时间的筹备继续开采，刘清如经常秘密到矿，安排多打几个新窑，以便敌撤后扩大生产。

1948年10月9日，国民党军队溃败，罗庄煤矿武工队先将汽绞车轴瓦去掉，使之停产，并夜袭敌营，使敌人来不及破坏就连夜向南逃窜，煤矿得以完整无损地保存下来。在敌占一年零八个月期间，共产煤3万余吨，新开竖井8个，遗留炭9288吨，焦288吨，坑木6.3万公斤，牛皮141张，其他房地建筑均未受到破坏。12月，刘清如经理奉山东矿务局命令前来接收临沂煤矿，当月恢复生产，到年底产煤518吨。

三、草埠煤矿的工人斗争

1940年5月，鲁村人唐伯平、唐瑞莪等人在草埠河西开办庆仁井，10月被汉奸吴化文强占。吴化文派一个姓吴的参议管理矿井，残酷打骂和虐待矿工。有一次，吴嫌出炭少，召集矿工用木棒打，井下把头也狐假虎威，装腔作势。有一个叫李庆海的老木工上前挡住，对吴参议厉言道："我们都是中国人，得长点良心，有点中国人的味。井下条件不好，矿工们时常有闷死的危险，忍饥受饿给你们出炭，反而挨你们的打，如果把我们逼急了就罢工停产，看你们吴司令（指吴化文）怎么收拾你！"一席话说得吴参议闭口无言，只好改变面孔，以好言相慰，李庆海又提出矿工粮食少，吃不饱，家里人都挨饿，无力干活，后经工人代表交涉谈判，矿方同意每人每班增加一斤豆饼。矿工们看到有斗争就有胜利，于是都鼓起了勇气。在井下把头打骂工人时，矿工们一起抄起小锹头严厉地警告："今后你们再敢动我们一下，就把你们砸粘填在老塘里！"从此，吴化文的井上下管理人员的恶性大为收敛。井上炼焦工人把大块的好焦放在交通方便，容易运输的地方，并与当地自卫团、民兵、游击队取得联系，将焦运往八路军的兵工厂。有一次，吴参议发现整天炼焦就是不见多，怕上边怪罪不好交代，于是就盘问矿工是否内部有"钩子"（指地下党的联络人员），矿工们通过村里自卫团给山中游击队送了信，第三天一早，一张醒目的告示贴在了墙上："奉华东军区命令，借用贵方部分焦，望行方便，倘若不然，叫你等老巢归天。"当夜工人放火烧了3间工具房，以示警告。从此，他们黑白龟缩在屋里。工人们协助民兵、游击队把焦和好煤运出。天一黑人就进矿，里外相应。有时叫哨兵发现了，矿工们就大声说："老总，他们（指游击队）和我们都知道你的'老家'（指死路）在哪里，当今做事可要留点后路。"哨兵只好装看不见，甚至躲起来，任凭人们搬运。

1944年4月，吴化文经不住八路军的强大攻势，于12日夜逃窜，投奔国民党，矿区解放。8月，鲁中南工商局派王雨亭前来恢复矿井，经过1个月的调查和筹备，召集原班人员于9月1日恢复生产，王雨亭任经理，贺幸普任副经理，白现英主管井上下事务。改24小时工作制为12小时工作制，提高矿工生活待遇，由原来吴化文时期的5斤豆饼提高到井上10斤、井下12斤谷子，民众纷纷来矿干工。矿成立工会委员会，丁好之任工会主席，丁念胡任副主席，当时有300多人，其中270多人参加工会组织。工人斗志旺盛，把以前给吴化文当过把头罪大恶极的人抓到矿上批判斗争，控诉把头逼死人命、扒民房、砍老百姓的树做坑木等罪行，在声讨中，人们用活生生的事实愤怒控诉了汉奸吴化文的滔天罪行，许多人泣不成声。许多人拿着锨、镐非要把这些狗爪牙砸死以雪仇恨，最后王雨亭宣布，我们的政策不能打人，但要强迫他们在矿工监督下到井下干重活，用他们所得的薪金和家有财产抵债。矿工会还组织工人宣传工作队，积极配合当地政府在矿区周围十几个村庄大搞土地改革，斗地主恶霸，维持社会治安等，深受民众欢迎。

1945年秋，王雨亭调离，上级派淄博洪山人李长胜接任。李是矿工出身，有丰富经验，先后从博山、新汶运来2台大锅炉，还有气泵、汽绞车等。工效大大提高，日产达到120多吨，人员达到400多人。当时出的全是9层煤，煤质好，所产的煤都运往设在沂源县大桑地、沂水县马牧池和博山岱庄的兵工厂，有力支援了中国人民的解放事业。

第三章 史志工作

第一节 机构队伍

1983年6月,成立史志办公室。按照矿务局党委要求,各单位相继成立史志办。

1989年9月,史志工作移交行政领导,调整史志编纂委员会,史志办公室主任由行政办公室主任兼任。

1996年5月,《临沂矿务局志(1948—1990)》印刷成书,先后有10人在史志办工作、4人在史志办帮助工作。9月,矿务局调整机关处室,撤销史志办,其业务划归党政办公室。

2006年9月,省煤炭局召开会议部署第二轮修志工作。

2007年3月,临矿集团筹备续志工作,准备编纂《临矿集团公司志(1991—2006)》,由政工处负责。4月,临矿集团成立由董事长、党委书记任主任,总经理任副主任,其他班子成员和各基层单位、各业务处室主要负责人任委员的编审委员会。4月17日,召开《临矿集团公司志》编纂工作会议,公布史志办设置,史志办主任由党委副书记、纪委书记刘孝孔兼任,副主任由王荣宝、陆云高、张书军、兰春忠、尹焕军、刘中军、刘守明、吴士其、刘新海、王学兵(常务)担任,各单位也成立相应机构、配备相关人员。

2008年3月,调整史志办,刘孝孔任主任(兼),王学兵、李守仁任副主任。

2012年5月,《临沂矿业集团公司1991—2006》成稿。撤销史志办,先后有7名兼职编写人员在史志办帮助工作。

2016年8月,山东能源集团启动《山东能源集团志(2010—2015)》编纂工作,聘请1人为《山东能源集团志(2010—2015)》《山东省志·煤炭工业志》、临沂市史志办提供资料。至此临矿集团史志办业务恢复。

2018年5月14日,山东能源集团志执行副主编孙卓龙致信党委书记、董事长刘孝孔,建议抓紧启动集团志及各权属单位志书编写工作,刘孝孔作出批示:要对史志工作进行反思和重视,尽快启动修志工作。22日,山东能源集团召开史志工作推进会,要求各权属单位加快推进修志工作。临矿集团开始筹备修志工作。8月,成立《临矿集团公司志(1991—2018)》编纂委员会,党委书记任主任,党委副书记任副主任,领导班子其他人员为成员,下设办公室,王学兵任主任,李宪寅任副主任,郑培永、杨永霞、董立霞为史志办专职工作人员。各单位成立相应机构、配备工作人员。

第二节 志书编纂

一、《临沂矿业集团公司志(1991—2006)》编纂

2007年3月14日,临矿集团开始筹备二轮修志相关事宜。由于都是新手,党委副书记刘孝孔安排

政工处办公室主任王学兵带领董立霞、顾宗岷到淄矿集团和肥矿集团史志办学习史志工作经验。4月3日，到省煤炭局史志办汇报临矿集团史志工作情况并向原史志办主任、副主编常贯之请教学习史志相关知识。4月17日，召开《临沂矿业集团公司志》编纂工作会议，对志书编写工作进行部署，党委副书记、纪委书记刘孝孔强调史志工作的目的意义，并对志书编写提出要求。会议邀请省煤炭局史志办常贯之、詹金书2位副主编到会指导，常贯之向与会人员作志书编纂专题辅导报告。临矿集团第二轮修志工作全面启动。各单位相继召开史志编纂工作会议，确定具体编纂人员。

2009年7月，《临沂矿业集团公司志（1991—2006）》初稿完成，共计16篇、72章、60余万字。11月，邀请常贯之对其中内容进行详细修改，根据他的意见，史志办继续对志书修改完善。

2012年5月，《临沂矿业集团公司志（1991—2006）》成稿，共计16篇、72章、271节、61万字，并经编委会审核，但未报上级部门终审，未出版。

志书编纂期间，共查阅各类档案25740卷。其间为《山东省志·煤炭工业志》提供各类资料50余万字，表格30个。

与第一轮修志相比，本时期办公方式发生很大变化，所有资料均以复印、扫描形式保存整理，使用电脑办公。

二、《临沂矿业集团公司志（1991—2020）》编纂

2018年8月31日，临矿集团党委召开续志工作启动大会，印发《临沂矿业集团公司续志工作方案》，党委副书记提文科对史志工作进行安排部署，邀请孙卓龙进行志书撰写的知识培训，61人参加。各单位、各处室按照续志方案开始撰写。临矿集团第二轮修志全面重启。

9月13日，召开志书续写处室负责人会议，强调各处室要高度重视、认真负责，在规定时间内拿出高质量初稿。会后，党委书记、董事长刘孝孔与各处室、各单位负责人签订《临矿集团续志工作目标责任书》，要求各处室至少安排一人为志书供稿，对修志目标和质量要求以及奖惩、考核作出规定。

2020年春节前后，各地遭受新冠病毒侵袭，在集团公司党委的统一安排下，修志人员以居家办公为主，发挥互联网和微信、QQ功能，按规定调度各单位修志进度，确保修志工作按照时间节点开展。修志人员居家办公期间能修改完善的尽量完成，确需在单位查找资料的，将内容汇总打包，待上岗后统一查找。3月18日，疫情防控工作取得阶段性胜利后，史志办先后对省内各单位志书编纂情况进行督查，通过听取汇报、查看志书、现场互动等方式，协助参编单位解决一些实际问题；对落后单位、处室的负责人和编写人员逐一进行约谈。

2020年6月，《临沂矿业集团公司志（1991—2018）》形成初稿。12月10日，在郭屯煤矿召开临矿集团首批权属单位志书终审会议，会上，党委副书记何祥成对史志工作进一步强调，要求各单位务必在2021年7月完成出版。结合临矿集团实际和专家建议，决定将临矿集团志下限延长至2020年末，在2021年7月前出版，向中国共产党成立100周年献礼。

2021年1—2月，各处室上报初稿，史志办进行初审，各处室根据初审意见进一步修改完善。3月29日，在山东煤炭技师学院组织专家对《临沂矿业集团公司志（1991—2020）》送审稿进行复审，复审专家有：临矿集团党委副书记、工会主席何祥成，《山东能源集团志》执行副主编孙卓龙，枣矿集团史志办原主任、《枣庄矿业集团公司（矿务局）志》主编汪宏，临矿集团党委宣传部长、史志办主任、集团志主编王学兵，群团工作副部长、史志办副主任、集团志副主编李宪寅，工程监督管理中心

主任张海涛，法务风控中心主任长齐宝华，综合办公室副主任刘九周，党委组织部（人力资源部）副部长田凯，规划发展部副部长任小红，纪委检查室主任徐晓华，生产技术综合部副部长孙运兆，安全生产指挥中心压煤搬迁办公室副主任张俊宝，工会副处级调研员李德志，史志办工作人员郑培永、杨永霞、董立霞。3月30日，向山东能源集团提出终审申请。

4月6日，临矿集团党委成立由王学兵、徐学文、李德志、郑培永、田凯、董立霞、杨永霞、吴海刚、李奇组成的复审稿修改专班，分成2组对170万字的《临沂矿业集团公司志（1991—2020）》复审稿，按照篇章节目修改补充完善，历时20天，形成109万字的终审稿。其间，临矿集团党委书记、董事长张圣国十分关注志书修改工作，两次听取专题汇报；党委副书记何祥成到现场看望慰问，并提出修改指导意见。

5月15日，山东能源集团对《临沂矿业集团公司志（1991—2020）》终审稿进行评审，评审专家有：煤炭工业文献委副主任、《中国煤炭工业志》副总纂陈昌，《山东省志》副总纂、四级调研员唐延仲，山东省煤炭行业协会秘书长徐其端，山东能源集团机关党委书记严继承，《山东能源集团志》执行副主编孙卓龙，兖矿集团史志办原副主任杨建平，枣矿集团史志办原主任《枣庄矿业集团公司（矿务局）志》主编汪宏。与会专家一致同意志书通过终审。

5月17日，《中国煤炭工业志》总纂吴晓煜发来贺信：

　　热烈祝贺《临沂矿业集团公司志》顺利通过终审。

　　临矿集团党委把学党史与编矿志结合起来，写出一部在党领导下，临矿人艰苦创业的发展史。传承红色基因，挖掘红色资源。为党的百年华诞献上一份文化大礼！这是一条经验。

　　特别是做到了不仅集团有志，而且所属煤矿，二级单位有志，甚至在外省开办的煤矿也有志，形成了全集团的志书体系。这是很不容易的。唯其不易，更显难能可贵！

　　向临矿人学习！

　　向临矿修志人致敬！

　　为临矿史志成就点赞！

2021年4月20日，集团公司志复审稿修改专班在修改志稿。　　2021年5月28日，终审稿修改专班在审稿。

终审会后，临矿集团党委特别邀请枣矿集团史志办原主任、《枣庄矿业集团公司（矿务局）志》主编汪宏亲自对终审稿修改完善，成立由汪宏、王学兵、张红芳、王伟、郑培永、吴海刚、张银萍、张璞、董立霞、马乐、李春凡组成的终审稿修改专班，历时13天终于定稿。5月28日送交新华出版社。

这一时期，临矿集团无纸化办公使得档案查找和资料搜集发生变化，多年的资料在本部室电脑保存完好，办公OA系统的普及也给资料搜集带来便利。其间，在临矿集团及权属单位档案室查阅各类档案3983卷、走访调查等，搜集资料1600余万字。

二、临沂矿务局组织史编纂

2005年7月，根据省委党史研究室、省国资委要求，开展组织史的收集、整理和编纂工作，矿务局成立编审委员会。志书按照新中国成立至"文革"前（1949.10—1966.05）、"文革"至徘徊中前进时期（1966.06—1978.12）、十一届三中全会后（1979.01—2004.12）三个阶段，分别记述临沂矿务局的党组织和行政组织沿革情况；同时，记述古城（包括岐山煤矿）、新驿、田庄、邱集、株柏、马坊煤矿等30个二级单位的党组织和行政组织沿革情况，并附录窑南头、付庄、河湾、老屯、团埠屯、碗窑、蒙汶、铝矾土煤矿8个早期关停矿井的简介，为临矿集团留下了宝贵的历史资料。

2008年12月开始，组干处组织人员完成临沂市委组织部、市委党史委、市档案局所需的《中国共产党山东省临沂市组织史资料（1998年3月—2008年12月）》资料。

三、年鉴工作

临矿集团每年为《临沂年鉴》提供资料、撰写年鉴稿，根据领导安排，年鉴资料和稿件由行政办公室或党委办公室提供。按照年鉴撰写要求，编纂中认真执行行文原则，各类数据由相关部门审核把关。在选材上注重突出临矿特色，以临矿集团重要工作、重大活动为主，抓住工作中的大事、要事、新事、特事和主要成果，系统记述临矿集团每年度各项建设的成就。

第三节　修志督导

临矿集团史志办既承担着《临沂矿业集团公司志》的撰写任务，也承担着权属单位志编写的督导工作。

2007年4月，由于所有编纂人员均是第一次参与志书编写，为帮助修志人员更好地掌握志书编纂的相关知识，临矿集团史志办公室自行印制史志编纂业务学习资料共计7万余字下发各处室、部门及所属单位。史志办总结出"学、清、纲、责、查、写"六步入门法对志书编纂人员进行面对面辅导。至5月末，已对12个单位、4个机关处室的120名撰写人员进行辅导。先后有计划派出临矿集团史志办和权属单位志书编写人员30人次参加省史志办公室在威海、潍坊、济南举办的全省史志工作培训班和省煤炭局在龙矿集团、淄矿集团、兖矿集团召开的全省煤炭系统史志工作培训班。

2018年8月，按照山东能源集团要求，临矿集团重启修志工作，编纂《临沂矿业集团公司志（1991—2018）》《古城煤矿志（1992—2018年）》《菏泽煤电公司志（1998—2018）》《上海庙矿业公司志（2004—2018）》《会宝岭铁矿公司志（2006—2019）》《新驿煤矿志（2000—2018）》《邱集煤矿志（1978—2018）》《株柏煤矿志1992—2018》《王楼煤矿志（1996—2018）》《田庄煤矿志（1997—2020）》《山东玻纤集团志（1964—2018）》《山东煤炭技师学院志（1958—2018）》《物商集团志（1951—2018）》。10月，史志办工作人员分别参加菏泽煤电公司、株柏、新驿、田庄煤矿、会宝岭铁矿等单位的续志启动大会，对撰写人员进行《志书撰写基本流程六步入门法》培训。11月，史志办建立周调度制度，每周对各单位和机关各处室志书撰写情况进行调度；建立月度例会制度，每月召开1次处室续志月度例会，对各处室志书撰写情况进行调度、督促。12月，临矿集团党委对各单位进行2018年度党建思想政治工作和信访稳定工作考核，首次将各单位志书撰写工作情况列入思想政治工作考核。

2019年3月，各单位将完成的初稿报送史志办，史志办反馈修改意见。10月，史志办先后到各单位与史志人员现场交流。12月11日，临矿集团在王楼煤矿召开史志编纂工作推进会，党委副书记提文科出席

2018年11月15日，史志办主任王学兵（右中）到株柏煤矿督导史志工作。

2018年11月16日，临矿集团史志办董立霞在株柏煤矿史志培训班授课。

会议，各部室、各基层单位分管领导及相关人员72人参加。会议学习11月15日全国煤炭企业修志工作座谈会精神。王楼、古城、上海庙矿业公司、邱集煤矿4家单位作典型发言，另有7个处室和单位汇报工作进度。

2020年4月，史志办对《新驿煤矿志（2000—2018）》《会宝岭铁矿公司志（2006—2019）》《菏泽煤电公司志（1998—2018）》《邱集煤矿志（1978—2018）》送审稿进行复审。5月，对《上海庙矿业公司志（2004—2018）》《株柏煤矿志（1992—2018）》送审稿进行复审；邀请《枣庄矿业集团公司（矿务局）志》主编汪宏审核《会宝岭铁矿公司志》《新驿煤矿志》《菏泽煤电公司志》《上海庙矿业公司志》《株柏煤矿志》《山东物商集团志》送审稿。8月邀请孙卓龙审核《邱集煤矿志》送审稿。9月对《王楼煤矿志》进行复审。11月，对《古城煤矿志（1992—2018）》《山东物商集团志（1951—2018）》进行复审。12月，完成《山东煤炭技师学院志（1958—2018）》《山东玻纤集团志（1964—2018）》送审稿复审。2021年2月、3月，邀请汪宏对《王楼煤矿志（1996—2018）》《田庄煤矿志（1997—2020）》《古城煤矿志（1992—2018）》《山东玻纤集团志（1964—2018）》送审稿进行审核，邀请孙卓龙对《山东煤炭技师学院志（1958—2018）》送审稿进行审核。

第四节　修志成果

2020年12月10日，在菏泽煤电公司郭屯煤矿召开《菏泽煤电公司志（1998—2018）》《上海庙矿业公司志（2004—2018）》《会宝岭铁矿公司志（2006—2019）》《新驿煤矿志（2000—2018）》《邱集煤矿志（1978—2018）》《株柏煤矿志（1992—2018）》《山东物商集团志（1951—2018）》7部志书送审稿终审会，经评审组会商，全部通过终审。

2021年3月29日，在山东煤炭技师学院召开《古城煤矿志（1992—2018年）》《王楼煤矿志（1996—2018）》《田庄煤矿志（1997—2020）》《玻纤集团公司志（1994—2018）》《山东煤炭技师学院志（1958—2018）》5部志书送审稿终审会，经评审组会商，全部通过终审。

2021年6月，临矿集团出版《临沂矿业集团公司志（1991—2020）》（197万字）及《菏泽煤电公司志（1998—2018）》《上海庙矿业公司志（2004—2018）》《会宝岭铁矿公司志（2006—2019）》《新驿煤矿志（2000—2018）》《邱集煤矿志（1978—2018）》《株柏煤矿志（1992—2018）》《山东物商集团志（1951—2018）》《田庄煤矿志（1997—2020）》《古城煤矿志（1992—2018）》《山东玻纤集团志（1964—2018）》《王楼煤矿志（1996—2018）》《山东煤炭技师学院志（1958—2018）》13部志书，总计960万字。至此，顺利完成第二轮修志工作。

2007年，二轮修志工作首次启动时，便注重修志人员队伍的培养，特别是2018年8月再次启动后，临矿集团通过"走出去、请进来"，外出参加培训，邀请专家授课、改稿，面对面交流等方式，培养修志人员200余人，为临矿集团留下了一笔无形的宝贵财富。

第十一篇　文教卫生

临沂矿业集团公司志

1991年，矿务局在大力发展煤炭主业的同时，文教卫生事业也得到一定程度发展，建有幼儿园、小学、中学、高中、技工学校和医院等。1999—2013年，为减轻企业负担，7所职工子弟学校、1所幼儿园移交地方管理，矿务局医院、技工学校改制为民办非企业法人单位。2012年5月，内蒙古上海庙矿业公司鉴于当地教育设施不完备，建立临矿集团唯———家幼儿园，2014年10月闭园；2018年9月，上海庙矿业公司与山东科技大学附属幼儿园合作，幼儿园再度开园。

临矿集团文体活动丰富多彩，每年"五一""十一"等重大节日均组织文艺演出及球类、拔河等职工喜闻乐见的活动，广大职工积极参与、自创作品，展现了新时代临矿职工朝气蓬勃、健康向上、勇于担当、锐意进取的精神风貌。临矿集团多次获得中华全国总工会、中国煤矿文联、中国煤矿体协、山东能源集团的表彰。

第一章 教 育

第一节 机构设置

1991年，矿务局普通教育、职工教育由教育培训部管理。教育培训部设部长1人、副部长2人。下设办公室、普教科、职教科、电大工作站、教研室、财务科等，有管理人员18人。

1996年9月，教育培训部与卫生处合并，成立教育卫生部，配备1名副部长专门负责教育管理工作，下设普教科、职教科、职业病防治科、计生办。

2001年11月，教育卫生处撤销，成立教育处，与矿务局中学合署办公，矿务局中学校长兼教育处处长，配备1名副处长负责教育管理工作。

2004年8月，矿务局中学移交地方管理，教育处业务归并到组织人事处。

第二节 普通教育

一、幼儿教育

（一）机关总部幼儿园

1.办学

局机关幼儿园坚持"一切为了孩子"，以培养幼儿"德、体、智、美、劳"全面发展为目标，根据省统编幼儿教材和幼儿教学大纲要求，开设语言、数学、艺术、科学、社会、健康等课程。遵循幼儿身心发展规律和特点，培养幼儿热爱学习的兴趣，从不同角度促进幼儿情感、态度、能力、知识、技能等方面的和谐发展，寓教于乐，利用自然环境和社会环境，扩展幼儿生活和学习空间。面向全体幼儿，因材施教，确保幼儿健康快乐成长。在搞好日常教学的同时，结合幼儿身心特点，开展珠心算、英语教学、艺术教学等特色教学活动，组织教师参加生活化游戏化教育研究、蒙氏教育、良好行为习惯养成研究等教研活动。

1991—1999年，局机关幼儿园位于机关家属院西门处，设置大、中、小、托4个班，有教职工14人，90%教师取得学前教育大专学历，均为幼师毕业生、小教高级职称，待遇等同小学教师。入园幼儿人数每年为120人左右。1992—2006年，每年组织园长、骨干教师到北京、济南、青岛、烟台等地观摩学习。

1999年5月，园址由家属院搬迁至矿务局中学对过。2000年，由半日制改为全日制，为幼儿提供三餐一点，开办方便小学生中午就餐的"小饭桌"。2000年，更新部分教学设施，添置煤气灶、部分餐具、桌椅、被褥。2004年10月，扩建幼儿园，建筑面积1600平方米，添置大型户外玩具，铺设塑胶地垫，加盖玩具顶棚；2005年2月建成使用。2004年，入园人数244人，教职工22人。

2005年2月，通过公开招聘、择优录取，招聘16位幼儿教师补充到教师岗位。加强教师培训，鼓励教师自学自练，举行技能竞赛，提高教学能力。提供机会让教师外出观摩、听课、听讲座、借班上课等，丰富教学经验。为争创临沂市一类幼儿园，为每个班增添电视机、VCD、紫外线消毒灯及消毒柜，厨房添置烤箱、打蛋机；11月，幼儿园被评为临沂市一类幼儿园。

2006年8月，矿务局机关幼儿园更名为临沂矿业集团幼儿园。年末，添置全套蒙氏教具，开设蒙氏教学班，结合蒙氏教学的理念和幼儿的年龄特点，制定小、中、大班幼儿蒙氏教育教学内容，制作蒙氏玩教具，设计符合幼儿年龄特点及与活动内容相关的纸张作业。活动中，开展双语教学，重视孩子的参与。蒙氏生活训练、感官教育等多维教育，得到家长们的一致好评。

2013年，机关幼儿园移交地方管理。

2. 荣誉

1993年、1995年，参加临沂市幼儿体操比赛分别获得一等奖、二等奖。1997年，在山东省煤炭系统论文评选活动中，1名教师获得二等奖，3名教师获得三等奖。1999年，在临沂市教育委员会论文评选活动中，3名教师获得二等奖。2004年，在临沂市教育委员会论文评选活动中，1名教师获得二等奖，1名教师获得三等奖。2002年、2005年，在临沂市优质课评选活动中，幼儿园分别获得二等奖、三等奖。1999、2004年，2名教师获得临沂市优秀教学奖。

（二）权属单位幼儿园

1991—2000年，各单位普遍设立幼儿园，配备专职教师，但规模不大。园内配有一些必要的设施和儿童玩具，入园幼儿由家长定时接送，食宿自理。2000年后，随着关井破产工作的推进，部分单位逐步将幼儿园办园职能推向社会，不再自办幼儿园。

2012年，内蒙古上海庙矿业公司双职工家庭学龄前儿童增多，上海庙经济开发区范围内配套教育设施还未完善。5月15日，上海庙矿区德信公司在沂蒙佳苑生活区开办希望星幼儿园。2014年10月，幼儿园闭园。2018年9月，上海庙矿业公司与山东科技大学附属幼儿园合作开办科大鹰骏幼儿园，在职工内部选拔培养5名幼师。共15个教室，设警卫室、活动室等，班级配备钢琴、电脑、电视机、DVD、投影仪等设备，室外设活动场地，有蹦床、滑梯、平衡木、多功能攀爬器等大型玩具和设施。园内设保健室和保健医生，室内外实行封闭式管理，是一所具有现代化教学条件的高标准幼儿园。

二、中小学教育

（一）学校

1991年末，全局有职工子弟学校7所、教师258人，其中小学教师138人、中学教师120人；班级76个，其中小学班40个、中学班36个；学生3889人，其中小学生2320人、中学生1569人。1991—2004年，局属各学校有598人升入高等院校。

1994年9月，成立株柏煤矿职工子弟学校，全局职工子弟学校增至8所。局属单位学校由于教学质量好于社会同类学校，加之煤炭系统高考特殊政策，使学校规模和就学人数不断增加。

2003年末，全局有中小学8所，教职工350人，其中，具有大专以上文化程度298人、中师以上文化程度42人；有高级职称63人、中级职称98人、初级职称108人。全局有在校生51997人，其中高中生3900人。

1. 矿务局中学

1991年4月，矿务局职工子弟中学和矿务局职工子弟小学合并为临沂矿务局职工子弟学校。1992年，学校更名为临沂矿务局中学。1993年，小学升学率100%，初中升学率85%，高中升学率70%。1994年，有教师86人，其中中学教师47人、小学教师39人；校舍面积6357.4平方米，藏书20081册；有小学班18个、学生805人，中学班10个、学生420人，小学升学率100%、初中升学率90%、高中升学率80%。

2004年9月，移交地方管理，取消高中办学。有初中班6个、学生267人，小学班12个、学生568人，学前班2个、学生81人。小学升学率100%、初中升学率89%。

2. 汤庄煤矿职工子弟学校

1989年，在临沂市学校规范化检查中获得一等奖。1994年，有教师30人，校舍面积2480平方米。学校备有课桌凳350套、实验桌凳24套，建有物理、化学、生物实验室各1个，实验开出率95%。中学班6个、学生302人，小学班7个、学生328人；初中升学率85%。2002年，初中升学率89%

2003年1月，汤庄煤矿破产，职工子弟学校移交地方管理。有教师49人，中学班6个、学生274人，小学班13个、学生589人。

3. 褚墩煤矿职工子弟学校

1989年，褚墩煤矿职工子弟学校在临沂市学校规范化检查中获得一等奖。1992年5月，经省煤炭管理局验收，被评为山东统配煤矿达标学校。1994年，有教师23人，中学班2个、学生90人，小学班5个、学生122人。

2006年10月，移交地方管理。有教师23人，中学班3个、学生129人，小学班6个、学生201人。

4. 五寺庄煤矿职工子弟学校

1990年，有教师18人，初中班3个、学生106人，小学班5个、学生180人。1993年，初中毕业生升学率60%。1994年，有教师25人，中学班3个、学生100人，初中班5个、学生144人。初中毕业生升学率50%。1993年，经省煤炭管理局验收，被评为山东统配煤矿达标学校。

2002年4月，移交地方管理。

5. 塘崖煤矿职工子弟学校

1990年，有教师25人，中学班3个、学生106人，小学班5个、学生162人。1992年，经省煤炭管理局组织验收，被评为山东统配煤矿达标学校。1993年，小学毕业生升学率100%、初中毕业生升学率

85%。1994年，有教师25人，中学班3个、学生112人，小学班5个、学生170人。藏书6800册。小学毕业生升学率100%、初中毕业生升学率88%。

1999年8月，移交地方管理。有教师30人，中学班4个、学生159人；小学班6个、学生263人；学前班1个、学生31人。设有物理实验室、化学实验室、生物实验室、音乐室、美术室、书画室各1间。

6. 工程公司职工子弟学校

1990年，学校有教师24人，中学班3个、学生150人，小学班5个、学生152人。1993年，更名为工程公司职工子弟学校。经省煤炭管理局验收，被评为山东统配煤矿达标学校。同年，在临沂市教育规范化学校检查中获得一等奖。1994年，图书馆藏书5200册。

2004年9月，移交地方管理。全校有教师27人，初中生178人，小学生381人。

7. 草埠煤矿职工子弟学校

1990年，有教师17人，中学班3个、学生150人，小学班5个、学生320人。1993年，初中毕业生升学率76.9%。1994年，初中毕业生升学率62%。

2007年11月，移交地方管理。全校有教师16名，学生120人。

8. 株柏煤矿职工子弟学校

1994年春，建立株柏煤矿职工子弟学校，9月开课，校园面积5928平方米。有教师10人，小学班6个、学生83人。2003年6月，有教师19人，其中中学高级职称1人、中级职称4人、初级职称14人；学前班2个，小学班6个，初中班3个，学生218人。

2003年7月21日，召开株柏煤矿第四届四次职代会，经职工代表审议通过，报经矿务局批准，下半年不再设立学校。在校学生转到沙墩镇中、小学校就读，19名教师，其中校长1名、副校长1名由矿内部安置。

1994年矿务局普教在校师生统计表

表11-1-1

学校	班级总数（个）	教师总数	小学班数（个）	小学生	中学班数（个）	中学生
矿务局中学	26	86	16	805	10	420
汤庄煤矿职工子弟学校	13	30	7	328	6	302
褚墩煤矿职工子弟学校	7	23	5	122	2	90
塘崖煤矿职工子弟学校	8	25	5	170	3	112
工程公司职工子弟学校	9	–	6	215	3	164
五寺庄煤矿职工子弟学校	8	25	5	144	3	100
草埠煤矿职工子弟学校	8	21	5	285	3	111
株柏煤矿职工子弟学校	6	10	6	83	–	–

1994—2003年矿务局中学一至六年级在校学生统计表

表11-1-2

年度	班数（个）	学生	一年级	二年级	三年级	四年级	五年级	六年级	入学率	巩固率
1994	20	923	203	197	188	176	159	–	100%	100%
1995	20	959	193	205	197	188	176	–	100%	100%

年度	班数（个）	学生	一年级	二年级	三年级	四年级	五年级	六年级	入学率	巩固率
1996	20	967	185	193	203	197	189	–	100%	100%
1997	18	873	90	187	195	204	197	–	100%	100%
1998	18	850	174	187	189	193	204	–	100%	100%
1999	18	831	187	174	90	187	193	–	100%	100%
2000	18	826	180	189	175	91	191	–	100%	100%
2001	18	815	140	179	186	175	89	43	100%	100%
2002	21	937	168	140	179	186	175	89	100%	100%
2003	23	1026	174	168	141	182	185	176	100%	100%

注：矿务局中学含小学、初高中。

（二）教研教改和达标

1991—2004年，全局中小学教研工作达到较高水平。局属各学校成立教研组，加强日常教学研究，教学质量普遍提高。先后被全国教育协会确认为普教分会、优秀教研室，被临沂市教育局评为优秀教研室。1993年，塘崖煤矿职工子弟学校率先达到全省统配煤矿达标学校。1994年，矿务局中学、汤庄煤矿职工子弟学校、工程公司职工子弟学校达标；1995年，褚墩煤矿职工子弟学校、五寺庄煤矿职工子弟学校、草埠煤矿职工子弟学校达标，至此全局所有普通中小学全部成为全省统配煤矿达标学校。

（三）素质教育

1996年，在中小学校中实施"54321"德育教育工程，即确立5条评价标准、优化4支德育队伍、开辟3条德育渠道、建设2座德育基地、完善1个德育机制。教育卫生部成立德育研究室，各学校成立德育领导小组；各校按国家课程计划开课，每周一课时事教育，一课主题班会，一课团队活动；将德育内容分为政治思想教育、传统美德教育、行为规范教育，爱国主义和国情、矿情教育。从小学到高中统一安排教育系列，形成前后贯通有序的教育整体。教师根据"有意、有序、有机、有心、有效"十字渗透纲领，落实德育渗透措施；在"五育"序列中，德育是唯一享有"一票否决权"的指标，德育达不到应有要求，不能评先评优。

1997年11月26日，矿务局在华建工程公司学校召开全局素质教育经验交流会。矿务局中学、华建工程公司学校、汤庄煤矿职工子弟学校先后介绍贯彻"54321"德育教育工程、全面推进素质教育的经验体会。

2000年，根据教育部《关于加强中小学信息技术课程建设的指导意见》，高中班级开始设置信息技术课；2001年，初中、小学班级开设信息技术课。在课时设置上，高一每周2课时，高二每周1课时，初一、初二每周1课时；小学班在四、五、六年级开设，每周1课时。通过信息技术课的教学，学生掌握信息技术的基本知识，培养获取、分析和处理信息的能力。

（四）中小学移交地方

根据1999年8月《中共山东省委山东省人民政府关于进一步搞好国有大中型企业的意见》和2000年6月中共中央办公厅、国务院办公厅《关于进一步做好资源枯竭矿山关闭破产工作的通知》等一系列文件精神，1999年8月—2007年11月，临矿集团对所属7所中小学一次性人、财、物整体移交当地政府管理。

1999—2007年临矿集团中小学移交统计表

表11-1-3

学校	移交时间	移交地	划拨资金（万元）
塘崖煤矿职工子弟学校	1999.8	罗庄区人民政府	60
五寺庄煤矿职工子弟学校	2002.4		80
汤庄煤矿职工子弟学校	2003.1		483
矿务局中学 工程公司职工子弟学校	2004.9		1259
褚墩煤矿职工子弟学校	2006.10	郯城县人民政府	235
草埠煤矿职工子弟学校	2007.11	沂源县人民政府	415

三、技工教育

（一）学校沿革

1991年，矿务局技工学校提升办学资质，首批晋升省部级重点技工学校。

1993年，经省劳动厅批准成立山东省煤炭技工学校，与矿务局技工学校一个班子、两块牌子建制。1998年，矿务局技工学校晋升为国家级重点技工学校。

2000年，被劳动和社会保障部批准为山东省煤炭高级技工学校。2001年，经山东省人民政府批准，成立山东煤炭工业学校。2004年12月，经山东省国资委批准，改制为投资主体多元化的民办非企业法人单位。

2006年4月11日，经山东省劳动和社会保障厅批准，筹建山东临沂煤炭技术学院。

2010年11月，经山东省人民政府批准晋升为山东煤炭技师学院；2010年，经教育部、国家发改委、财政部批准成为全国煤炭系统唯一一家开办西藏中职班的定点学院；2011年4月，经国家安全生产管理总局批准获得煤矿二级安全技术培训资质。

（二）学制和专业设置

1991—2006年，学校开设的专业与学制为：

一年制：综掘、综采、高档普采、玻纤。

二年制：服装设计与制作、电工、微机、礼仪、综掘、综采、综机维修、机电维修、技术通风与安全、采掘、焦化、机电、采区机电维修、电工电子、制药工艺、机电设备检修、采矿工程、玻纤、运转、地测。

三年制：机电、电钳、电修、车工、运转、铆焊、电学、机修、综采、微机、地测、陶瓷、采掘、玻纤、办公自动化、土建、通风与安全、搪瓷、铸锻、采煤、计算机应用与财会、铸造、自动化、计算机网络、技术财会、机电工程、电气化、综掘、计算机应用、采煤工程、数控与加工、综机维修、机电一体化、网络与电子商务、电子技术与自动化、网络与财会、旅游、发电厂设备运行、汽修、地测通风。

四年制：机电工程、综采、综掘、综机维修。

2007—2020年，学校开设的专业与学制为：

一年制：机电、机电一体化、机电维修、电气自动化、电气自动化设备安装与维修、机电设备安装与维修、矿山机电、电工、电修、机修、机修安装、铆焊、数控、烹饪、玻纤、综采、综掘、采煤、采矿、地测、通风与安全、焦化、选矿、化工设备机电维修、化工工艺、采掘、采掘、掘进、采矿工程、地测、地测通风、通风与安全、焦化、焦电、化工、选煤、选矿、化工分析、生物化工。

二年制：机电、机电一体化、机电维修、电气自动化、电气自动化设备安装与维修、电工电子、电子技术应用、机电设备检修、机电设备安装与维修、机械设备检修、电厂及变电站电气运行、火电厂集控运行、火电厂热力设备运行与检修、发电厂及变电站电气设备安装与检修、供用电技术、采区机电维修、电钳、采掘电钳工、矿井维修钳工、矿山机电、矿山机电维修、煤矿机械设备与安装、煤矿机电设备维修、煤矿电气设备维修、电工、电修、机加工、机修、农业机械化、农业机械使用与维护、机修安装、机械制药、综机维修、电气化铁道供电、铁路客运服务、交通客运服务、航空服务、通信运营服务、汽修、铆焊、焊工、车工、数控、工业机器人应用与维护、计算机网络应用、微机、旅游、旅游服务与管理、电子商务、制冷设备运用与维修、礼仪、会计、中药、生物制药、制药工艺、口腔义齿制造、护理、市场营销、综掘、采煤、给排水、化工机电、化工工艺、化工分析、工程造价、煤矿安全工程、幼儿教育、烹饪、玻纤、综采。

三年制：机电、机电一体化、机电工程、机电维修、电气化、电子技术应用、机电设备安装与维修、发电厂设备运行、火电厂集控运行、火电厂热力设备运行与检修、发电厂及变电站电气设备安装与检修、供用电技术、电钳、钳工、采掘电钳工、综机维修、矿山机电维修、矿山机械运行与维修、煤矿机电设备维修、煤矿电气设备维修、矿井机械设备检修、电修、机修、农业机械化、自动化、综机维修、电气化铁道供电、铁路客运服务、交通客运服务、航空服务、通信运营服务、汽修、汽铲车驾修、铆焊、数控、工业机器人应用与维护、采煤机司机、计算机网络应用、计算机应用与维修、电子商务、摄影摄像技术、建筑工程管理、财会、会计、药物分析与检验、中药、生物制药、口腔义齿制造、护理、美术绘画、市场营销、幼儿教育、玻纤、综掘、综采、采煤、采掘、掘进、采矿、采煤工程、地测、土建、通风与安全、化工工艺。

四年制：机电一体化、机电工程、火电厂热力设备运行与检修、综机维修、航空服务、汽修、工业机器人应用与维护、综采、综掘、采矿工程。

2+2制：机电设备安装与维修、火电厂集控运行、火电厂热力设备运行与检修、发电厂及变电站电气设备安装与检修、供用电技术、农业机械使用与维护、电气化铁道供电、铁路客运服务、航空服务、汽修、数控、计算机网络应用、电子商务、生物制药、市场营销、幼儿教育。

（三）招生

1991—2004年，实行考试录取制，学校按照上级有关招生就业的方针政策要求，自行制定招生宣传计划，做好学校招生工作，做好生源调查及招生简章制定和招生计划落实工作；与有关企事业单位联系，开辟办学空间。

2004—2020年，实行注册录取制，招生安置办公室工作人员负责接待学生及家长的报名和咨询；报名时，核实报名资格、登记翔实，对不符合报名条件者一律不予办理报名手续。报名后，认真准备考务工作，成立招生考试领导小组，召开考务工作会议，考试期间严肃纪律，做好监考及考试服务工作；经考核、体检合格的考生，由高分到低分、分专业择优录取，并根据专业设置和考试成绩分编班级。

（四）教学

教学分理论教学和实习教学。

理论任课教师在新学期开学前，根据教学大纲和计划的要求，分析教材，确定教学内容，编写学期授课进度计划，一式二份，教研组长审查，报教学部，经教学部分管部长同意，再报分管院长同意后执行。学期授课进度计划，教师自留1份，教学部存1份。编制学期授课进度计划要统筹考虑、合理安排，保证完成教学计划和大纲要求，并填写好学期授课进度计划编制说明。学期授课进度计划确定后，不得随意变动，无特殊情况必须完成教学任务。教师每节课讲解30分钟以上，然后组织课堂活动。课堂教学要求目的明确，重点突出，内容讲解正确，语言确切明白，用普通话，双边活动正常，教学方法适当，板书整洁清楚。教师上课提前到教室，不能迟到、早退，更不能空堂。迟到、早退超过3分钟视为课堂事故，超过5分钟视为空堂。课后小结，要简单明了，概括性强。教师要给学生布置课后作业，符合大纲要求，并全批全改，必要时个别学生要面批或对全班讲评。

实习教学分为基本功训练、复合操作、独立操作和技术考核4个阶段。教师指导学生掌握动作要领和操作方法；学生在实习教师指导下，掌握和完成多种动作配合；学生在掌握本专业的基本技能的基础上，达到一定熟练程度，按照要求生产产品创造价值。技术考核分为阶段考核和结业考核，阶段考核要根据每一阶段的实习计划、课题、目的、要求、结合生产进行；结业考核要按照国家规定的专业技术工人等级标准，在学生毕业前，进行全面的综合考核。考核后，教师认真公正的评定学生成绩，帮助学生总结经验教训，提出改进意见。

第三节 职工教育

1990年，教育培训部设电大工作站。汤庄、褚墩、五寺庄、塘崖、草埠、莒县、岐山煤矿及总厂、机械厂等9个单位职工学校设立职工教育科。各级职工教育部门制定职工培训计划，采取内部培训和外出学习相结合的形式，组织职工培训工作。1994年后，全局职工教育主要以岗位培训为主，以安全培训为重点，利用多种形式加强技术培训工作。2006年，全局共培训干部职工520期、12800人次，培训区队长36期、1512人次，培训安全监察员38期、1596人次，培训计算机人员16期、560人次，培训救护队员3期、105人。同时，积极开展技术比武、岗位练兵和理论研究活动，推动业务素质的提高。矿务局在内部刊物发表职教论文29篇，获得省职教办一等奖1篇。

1994—2006年，矿务局成人教育得到发展。先后与山东科技大学、山东工商学院、新汶矿业集团职工大学、山东煤炭教育学院等高校联合办学，在办学方向、办学规模、专业设置、办学层次以及教学管理方面全方位拓展思路，形成专业证书班、高中起点专科、专科起点本科等多层次相结合，业余、脱产等多形式并存的教育学习体系，先后为矿务局和地方企事业单位培养毕业生1600人，其中，采矿、矿山机电等专业600余人。

2006年，临矿集团更加重视职工教育，通过对口单招、协议招生等多种途径，培育专业技能和管理人才。

一、学历教育

（一）"对口单招"与协议招生

2003年3月，国家给予煤炭行业特殊政策，在部分省矿区城市对口单独招收中专、技校、职业高中应届毕业生（简称"三校生"）和煤炭企业优秀青年，进行学历本科教育，矿务局成立"对口单招"工作领导小组。4月，下发组织推荐中国矿业大学"对口单招"优秀青年的通知。2006年，按照山东省政府对采矿工程等煤矿主导专业定向就业单独招生的扶持政策，先后与山东科技大学、山东轻工学院等院校签订招生协议。

1. 对口单招

2003—2011年，临矿集团先后组织与中国矿业大学、山东科技大学、山东工商学院、华北科技学院、河南理工大学、河北工程大学的"对口单招"工作，累计招收315人，其中本科308人、专科7人。其中，2003年本科2人，2004年本科6人，2005年本科6人，2006年本科14人，2007年本科46人、专科7人，2009年本科88人，2010年本科91人，2011年本科55人。

2. 协议招生

2006年，委托山东轻工学院举办硅酸盐专业大专学历班培养123人。与山东科技大学协议招生31名大学生签订协议书，其中采矿工程11人、安全工程4人、矿山机电5人、地质测量工程4人、土木工程7人，矿务局每年向每名大学生提供3000元资助，毕业后按协议到临矿集团工作。2007年，委托山东科技大学采取订单式培养采矿等6个专业本科生60人。2008年，委托山东科技大学培养采矿等6个专业62人；同年，光力士公司委托山东科技大学培养大专学历班以及培训会计等有关专业31人。2009年，组织69人到山东轻工业学院大专班脱产学习。2010年，临矿集团"订单培养"学生66人。

（二）成人学历教育

1994—2006年，参加采矿、矿山机电、自动化等煤矿主导专业成人学历教育1070人。2009年，参加成人煤炭主导专业学历教育194人，其中本科66人、专科128人。2010年，参加成人煤炭主导专业学历教育322人，其中本科147人、专科175人。2011年，参加成人煤炭主导专业学历教育者239人。

二、专业技术教育

1991—2006年，矿务局以山东煤炭工业学校为依托，招收采煤工程、安全工程、地质测量等专业的中专学历班；以山东科技大学为依托，举办采煤工程、机电工程等专业的脱产或不脱产专业证书班、大专学历班；以山东科技大学为依托，分层次举办专业技术人员培训班；以山东轻工业学院为依托，举办脱产2年制硅酸盐学历班；围绕企业改革发展中的热点、难点问题，开展资本运作、财会、税收、人力资源开发与管理等方面的短期培训。

2010年4月，下达临矿集团年度教育培训计划，按照重点人才重点培训、优秀人才强化培训、年轻人才反复培训、紧缺人才提升培训的原则，组织开设工程硕士班、学历教育培训、专业技术人员继续教育培训（653工程，是指2005年9月国家人事部实施的人才更新知识培训工程）、工商管理培训、财会专业技术人员培训、人力资源培训、统计与预算员培训、科技信息管理人员培训、政工管理人员培训以及职工素质培训、法制教育、职工技能培训等。

2013年，出台《临沂矿业集团有限责任公司技术岗位人员考核评价管理暂行办法》，对于技术岗位人员实行年度及聘期2次考核；管理人员实行360度年度考核，考核结果与个人薪酬待遇与升降职等挂钩。

1991—2006年临矿集团专业技术教育培训统计表

表11-1-4

年度	合计	分项目培训人数				
		短期培训	专业证书	学历培训（脱产）	工商培训	其他培训
总计	20902	12751	175	506	166	7304
1991	784	498	18	–	3	265
1992	861	517	21	–	5	318
1993	899	569	12	–	4	314
1994	889	538	9	–	6	336
1995	936	557	15	–	5	359
1996	990	579	17	–	7	387
1997	953	565	13	–	6	369
1998	974	598	–	–	2	374
1999	1110	693	–	–	5	412
2000	1426	947	–	–	10	469
2001	1589	996	–	–	21	572
2002	1510	910	–	–	32	568
2003	1658	995	70	–	14	579
2004	1753	927	–	198	15	613
2005	2082	1271	–	138	16	657
2006	2488	1591	–	170	15	712

三、专业技术培训

（一）安全培训中心

1991年，矿务局所属各厂矿安全技术培训工作由各自的业余学校负责。

2001年1月，古城煤矿成立四级煤矿安全技术培训中心，建筑面积2500平方米，其中教室270平方米、宿舍440平方米、食堂600平方米、实验室264平方米。专职培训教师14人。培训规模按180人配置教室3口，第一、二教室配备录放机、影碟机、电视机、功放、音箱等电教设备，计算机室配备10台微机。承担班组长、特种作业人员安全培训和古城煤矿全员培训任务。2002年8月，被山东煤矿安全监察局授予四级煤矿安全培训机构。2004年，投资200余万元，按照三级煤矿安全培训机构标准进行改扩建。2005年2月，经山东煤矿安全监察局检查验收，获得三级煤矿安全培训资质，成为临矿集团直属安全培训机构。2005年，投资560万元与山东煤矿安全监察局合办安全技术培训中心，每两年对职工全员培训一遍。

2011年10月11日，古城煤矿安全技术培训中心，改由山东煤炭技师学院托管。

2012年10月18日，撤销临沂矿务局安全技术培训中心，成立临沂矿业集团有限责任公司安全技术培训中心。

（二）管理及专业技术人员培训

2003年4月，矿务局下发举办采矿工程、机电工程大专证书班的通知，组织采掘40名、机电30名优秀员工到山东科技大学进行为期1年的强化培训。2004年，矿务局分别在技工学校、古城煤矿安全技术培训中心、邱集煤矿安全技术培训中心设立函授教学点，聘请山东科技大学教授开办煤矿开采技术、矿山机电、矿井通风与安全、采矿工程、工业电气自动化等专业课程，培养学历与技能相结合的专业技术人才。2006年，矿务局与山东科技大学合作，举办采矿、机电专业脱产学习1年的大学专业证书班70人。2007年，参加中国煤炭工业协会"653工程"培训92人，矿长资格培训9人，其他政治理论业务培训18人。

2010年，临矿集团举办培训班3期，培训采煤、机电、安全工程专业的基层管理与技术人员150人；参加煤矿注册安全工程师继续教育56人。参加中国煤炭工业协会"653工程"培训38人，参加物资采购专业培训6人。

2011年，培养山科大工程管理硕士9人。参加基层管理与技术人员全脱产培训279人，煤矿注册安全工程师继续教育56人，中国煤炭工业协会"653工程"培训69人。

第四节　普法教育

1991年4月，临沂市委、市人大常委会、市政府召开"二五"普法依法治理工作会议，矿务局在会上作《坚持普法依法治理，促进企业法制建设》的典型发言，并被授予普法教育和依法治理先进单位称号。矿务局成立以党委书记为组长，机关有关部门负责人为成员的"二五"普法依法治理工作领导小组，下设立普法办公室，下发《临沂矿务局关于开展普法教育和依法治理工作的第二个五年规划》《临沂矿务局1991年普法教育和依法治理工作要点》，对"二五"普法和当年的学习内容、方法步骤、保障措施、组织领导等作出具体安排。组织举办为期10天的全局普法教育师资培训，各单位普法办公室主任、辅导员共44人参加。各单位按照矿务局要求，成立"二五"普法依法治理工作领导小组和普法办公室，配备专兼职办事人员。普遍建立普法辅导站，配备兼职辅导员，并采取"上大课"等脱产培训的形式，每期半个月，学习相关法律法规。12月，根据临沂市普法办公室的要求组织普法考试，全局干部职工13000余人参加考试。省普法办公室对市地级干部考试成绩进行通报，矿务局11名局级干部平均成绩99.5分，名列全省前茅。临沂市普法办公室对科级以上干部考试成绩进行通报，矿务局897名科级以上干部平均成绩99分，名列全市前茅。局党委对"二五"普法依法治理工作进行细化，规定百分制量化考核打分标准，将普法教育和依法治理工作由"软任务"变成"硬指标"，组织人员对23个单位的普法工作进行检查，全部达到规定标准要求。全年矿务局举办脱产培训班211期，培训干部职工万余人次。

1992年2月，局党委下发年度普法教育和依法治理工作要点，对当年普法工作进行安排部署。3月，局党委组织全局173名处级以上干部参加全省经济法律法规业余培训班。7月，局普法办公室举办全局经济法律法规培训班，各单位财务、工资、供应、销售、企管等部门负责人54人，参加为期15天的脱产培训，系统学习《中华人民共和国经济法》《中华人民共和国合同法》《中华人民共和国全民所有制工业企业法》《中华人民共和国劳动法》《中华人民共和国仲裁法》等。

1993年，矿务局重视普法阵地建设，各单位普遍建立法制夜校、法制宣传栏等普法阵地。12月，局普法办公室组织年度普法考试，全局在职干部职工参加。

1994年，组织开展"法律进万家""12·4法制宣传日"等活动。印发宣传品13000份，出动宣传车14台次，制作过街帘、横幅36条，发放宣传资料4万份。

1995年4月，制定"二五"普法考核验收标准，对"二五"普法工作的组织领导、学法用法、档案管理、依法治理等进行量化考核。各单位本着"缺什么、补什么"的原则，对照标准进行整改，并对"二五"普法教育和依法治理工作进行总结。9月，全省煤炭企业法制建设座谈会在矿务局召开，全省国有煤炭企业和地方煤炭企业法律方面负责人参加会议，矿务局在会上作典型发言，介绍全局普法依法治理工作情况。

1996年3月，临沂市普法依法治理领导小组副组长、市人大常委会副主任李荣强到矿务局检查"二五"普法依法治理工作，对矿务局普法工作给予肯定。6月16日，临沂市委、市人大常委会、市人民政府召开全市"三五"普法依法治理工作会议，矿务局在会上作典型发言，并被授予普法教育和依法治理先进单位称号；25日，局党委召开"三五"普法依法治理工作会议，下发《临沂矿务局关于开展普法教育和依法治理工作的第三个五年规划》。9月，煤炭工业部在北京召开全国煤炭系统普法教育和依法治理工作会议，矿务局被授予全国煤炭系统普法教育和依法治理先进集体称号。

1997年9月，矿务局实行全局领导干部普法考核证制度，将普法考试成绩纳入干部档案管理，173名矿处以上干部取得普法考核合格证。

1998年1月，下发《临沂矿务局1998年普法教育和依法治理工作要点》。

2000年8月10日，市政协副主席丁凤云、团市委书记尹长友到矿务局检查普法依法治理工作，对矿务局"三五"普法工作给予高度评价。

2001年9月，临沂市委召开全市普法教育和依法治理工作会议，矿务局被授予全市普法教育和依法治理先进单位称号。10月，局党委召开全局"四五"普法依法治理工作会议，下发《临沂矿务局关于开展普法教育和依法治理工作的第四个五年规划》。12月，普法办公室组织举办第一期为期10天的"四五"普法辅导员培训班，各单位普法办公室工作人员和普法辅导员参加培训。

2002年7月，局委根据《山东省2002年普法依法治理工作目标考评标准》，对矿务局普法工作的组织领导、教育内容、监督检查、工作任务等进行量化考核。

2003年3月，普法办公室组织举办第二期"四五"普法培训班暨矿处级领导干部经济法律知识讲座，27人参加培训，学习《中华人民共和国产品质量法》《中华人民共和国土地管理法》《中华人民共和国合同法》等。

2004年5月，普法办公室组织举办第三期"四五"普法培训班暨企业经营管理干部经济法律知识培训，34人参加培训，学习《中华人民共和国劳动法》《中华人民共和国产品质量法》《中华人民共和国土地管理法》《中华人民共和国合同法》等。

2005年2月，普法办公室组织副科级以上干部参加2004年度全省普法统一考试，对考试成绩进行通报。10月13日，市人大常委会副主任张伟祥率检查团到矿务局检查"四五"普法依法治理工作，对矿务局"四五"普法依法治理工作给予高度评价。

2006年，临矿集团启动"五五"普法依法治理工作，贯彻落实《关于在全市公民中开展法制宣传教育的第五个五年规划》《临沂市2006—2010年依法治市规划》和市人大常委会关于"五五"普法、依法治市2个决议，开展法制宣传教育，扎实推进依法治理工作。

2011年，开展"六五"普法工作，按照"六五"普法规划总体目标，加强矿区管理，在全集团公司宣传相关法律法规，开展"法律六进（法律进机关、进乡村、进社区、进学校、进企业、进单位）"活动。

2016年，开展"七五"普法工作，贯彻落实党的十八大、十九大精神，按照临沂市"七五"普法规划和依法治市（2016—2020年）要求，结合实际，开展普法依法治理工作。

2017年，组织职工学习商业秘密法律知识，举办商业秘密法律风险防范讲座。

2018年，开展宪法学习宣传和贯彻实施活动，组织职工参加全省企业职工网上法律知识竞赛活动。

2019年，开展企业"法治体检"专项活动，推进"法治临矿"建设。组织干部职工参加"五法"（军事设施保护法、保守国家秘密法、国家安全法、国防法、反间谍法）普法知识竞赛活动，利用网站、微信、宣传栏等开展"五法"宣传活动。

2020年2月，制定《关于遵守疫情防控有关法律规定的通知》，引导广大干部员工遵守相关法律法规，在党和政府的引导下理性应对疫情防控，打赢疫情防控阻击战。全年开展"学法规、抓落实、强管理"活动，强化煤矿安全管理，实现依法办矿、依法管矿。开展《中华人民共和国国家安全法》颁布实施5周年宣传教育活动，组织职工学习《国家安全法》等国家安全法律法规，做到依法治企。开展"宪法宣传周"宣传活动，学习宣传贯彻习近平法治思想，弘扬宪法精神。组织职工收看国家档案局的"新修订档案法公益大讲堂"培训课程，普及档案法律知识。各单位结合实际开展法律法规学习。

第二章　文化体育

第一节　组织机构

一、机构

1991—1999年，矿务局设文体部。

1999年5月，文体部并入矿区工会，工会组建组宣文体部。

二、文化体育协会

2005年6月，成立矿务局文化体育协会，召开第一届理事会，通过《文化体育协会章程》。

2006年3月，召开文化体育协会第一届理事会第二次会议，40名理事和增补理事候选人参加会议。

2017年12月，成立临矿集团职工文化体育协会（简称文体协会）。下设文学、美术、书法、摄影、音乐、舞蹈、曲艺、诵读，篮球、乒乓球、羽毛球、嗒嗒球、跳绳、围棋、象棋等专项协会，相关活动由各基层工会、团委具体承办。文学协会由机关工会承办，美术协会由菏泽煤电工会承办，书法协会由机关工会承办，摄影协会由新驿煤矿工会承办，音乐舞蹈曲艺诵读协会由王楼煤矿工会承办，篮球协会由古城煤矿工会承办，乒乓球协会由古城煤矿工承办，羽毛球协会由新驿煤矿工会承办，嗒嗒球协会由田庄煤矿工会承办，围棋协会由技师学院工会承办，象棋协会由菏泽煤电工会承办，跳绳协会由王楼煤矿工会承办跳绳。

第二节　文体设施

一、职工俱乐部

1991年，矿务局及各单位有俱乐部9个、总建筑面积8560平方米。

2003年，矿务局机关总部俱乐部拆除，在原址建设综合办公楼，内设大会堂。

2020年，各二级单位均建有集演出、会议、学习为一体的多功能厅。

二、图书阅览室

1991年，矿务局机关图书阅览室有平房3间，建筑面积54平方米，1间作图书室，2间作阅览室，报纸、杂志20余种，图书1100余册。全局共有图书阅览室15处，房屋41间，建筑面积903平方米，报刊680种，藏书46539册。2003年，矿务局机关图书阅览室取消。

2016年，建立网上数字图书馆。

三、设施

1991年，修建职工歌舞厅。1992年，购置架子鼓、电贝斯、电吉他等乐器。1994年，购置影碟机、功放机等"卡拉OK"器材。1996年，购置二胡、笛子、月琴等一批民族乐器，定做数套民族舞蹈服装。1998年，购置钢琴、小号等一批乐器。

2000年，购置知识竞赛抢答器。2002年，购置舞台音响、灯光等器材。2003年，建设露天文化广场，舞台、灯光、音响齐备。2005年，购置演出音响设备1套。

第三节　文体活动

一、文化活动

1991年7月1日，举办纪念建党70周年——我为党旗添光彩文艺调演；10月1日，举办"庆国庆"文艺汇演，15个基层单位、461名演员参演。

1992年10月1日，举办美术、书法、摄影、剪纸展览，送展作品553件。

1993年3月，李保刚创作《沂蒙矿工之歌》获得全国厂矿歌曲创作一等奖。1994年5月，该歌曲确定为临沂矿务局局歌。11月，汤庄煤矿参加山东煤管局、山东煤矿工会组织报告团，巡回演讲抗洪抢险救灾事迹。12月，在汤庄煤矿组织发扬艰苦创业精神、反对拜金主义演讲会。

1994年6月，举办爱国颂党"卡拉OK"歌手比赛。7月，组队参加山东煤矿工会举办的闯市场、讲道德、做主人、多贡献演讲比赛。1995年9月，举办临沂矿区"九五金秋"职工交谊舞比赛。

1996年6—7月，组织"情注矿山"文艺演出，10个单位各组织1场演出，6个单位交流演出，优秀节目在全局巡回演出15场，到枣庄矿务局演出4场。7月，参加山东省煤管局汇报演出。9月，参加山东省煤矿百名歌手大奖赛。

1997年3月，组队参加山东煤矿工会、山东煤矿文体协会举办的山东省煤炭系统第二届集邮展览。6月，组队参加山东煤矿工会举办的山东煤矿爱岗敬业职业道德演讲比赛。为庆祝建党76周年及香港回归祖国，举办"歌唱党、迎回归"歌咏比赛，12个基层单位600名职工参演。11月，在中国煤矿文联、中国煤矿地质工会举办的全国煤矿局、矿（厂）歌评比中，《沂蒙矿工之歌》获得三等奖；组队参加山东煤管局、山东煤矿工会举办的山东省国有重点煤矿安全知识电视大奖赛决赛。1998年4月，举办爱国、爱党、爱矿山演唱比赛。

1999年5月，举办临沂矿区第一期声乐培训班，28名学员参加。6月，举办"迎七一"文艺调演，170名演员参演。8月，举办"学、忆、话、迎"演讲比赛，24人参加；李守平、贾真真、高笑霞获得一等奖。9月，在山东煤矿职工"学、忆、话、迎"演讲比赛中，工程公司李敏获得二等奖；举办"庆国庆"文艺晚会。12月，举办临沂矿区迎接澳门回归美术、书法展览，展出作品100幅。

2000年7月，举办宣传人口与计划生育文艺巡回演出，到8个基层单位巡回演出，代表矿务局参加罗庄区调演，代表罗庄区参加临沂市会演。9月，组队参加山东煤矿歌手选拔赛，矿区工会张叶红获得美声唱法二等奖、机厂陈凌飞获得通俗唱法二等奖；选送作品12件，参加山东煤矿工会纪念山东煤矿工会成立50周年书画展，草埠煤矿庞海运书法作品获得二等奖。

2001年4月，参加临沂市总工会、临沂移动通信公司联合举办"唱响新世纪主旋律"歌咏比赛，参赛节目获优秀创作奖，演唱二等奖。6月，举办庆祝建党80周年文艺演出。9月，组队参加山东省煤矿职工庆祝建党80周年文艺演出，矿区工会张叶红《我和我的祖国》获得声乐二等奖。

2002年10月，山东省煤矿"济三杯"职工曲艺小品比赛在淄博矿业集团举行，选送《干杯》获得二等奖。春节期间，组织春节慰问演出团到各基层单位巡回演出，演出12场次，历时15天。

2003年4月，举办"劳动者之歌"歌手比赛，19个基层单位44名选手参加。古城煤矿胡乃川等4人组合、局职工子弟学校王建霞获得一等奖。

2004年5月，组织"五一"文艺巡回慰问团，历时半个多月，演出15场次。10月，在山东省煤矿职工青年歌手选拔赛中，机关李鑫淼获得美声唱法二等奖，田庄煤矿徐婷获得通俗唱法二等奖。11月，参加山东省国资委"鲁信杯"国企风采演唱比赛，选送百人大合唱《祖国颂》《为沂蒙矿工喝彩》获得金奖。

2005年2月23日，举办元宵节焰火晚会。6月，举办美术、书法、摄影和文艺作品展评活动，有各类作品600件，一等奖4名。6月，山东省煤矿首届"淄矿杯"纪实专题电视片展评在淄矿集团举行，选送《面向未来、走向辉煌》获得一等奖。7月，选送15件作品参加山东省煤矿第三届"新矿杯"职工美术、书法、雕刻、摄影展览。

2006年8月，邀请山东省歌舞剧院在临沂市人民会堂联袂演出，庆祝临沂矿业集团有限公司成立。10月，参加山东省国资委举办的全省歌手大赛。12月，临沂市总工会举办全市职工歌手大赛，机关李鑫淼获民族唱法金奖，田庄煤矿徐婷获通俗唱法金奖。

2007年3月，开展"庆三八、展风采"系列活动。6月，举办临矿集团"巾帼话安全"演讲比赛，评出一等奖2名、二等奖7名、三等奖14名。8月，举办"唱响临矿集团之歌"歌咏比赛，16支代表队参赛，机关代表队获得第一名。11月，山东省煤矿工会举办"龙矿杯"职工歌手大赛，机关李鑫淼获得民族唱法一等奖、田庄煤矿许婷获得通俗唱法一等奖、邱集煤矿王英杰获得通俗唱法二等奖。12月，举办《劳动合同法》知识竞赛，16支代表队参加比赛，株柏煤矿获得一等奖。

2008年4月，举办"庆五一、迎奥运"职工歌手比赛，50名选手参赛。11月，举办"奋战五年、二次创业、打造临矿百年基业"演讲比赛，48名选手参加比赛，8名选手获得一等奖。3月，举办以"平安、和谐、创新、发展"为主题的"庆三八、展风采"女职工才艺作品展，展出作品148件。11月，举办"奋战五年、二次创业、打造临矿百年基业"演讲比赛，18个基层单位48名选手参加比赛，8名选手荣获一等奖。

2009年8月3日，在技工学校南校区会堂举办庆祝临矿集团成立三周年文艺调演，基层单位13支代表队共300多名职工参加；5日，在临矿集团文化广场，举办庆祝临矿集团成立三周年文艺晚会；9—25日，开展庆祝临矿集团成立三周年巡回慰问演出活动，到15个基层单位演出11场、观众8000人次。

11月，在山东省煤矿工会庆祝新中国成立60周年文艺汇演中，张叶红演唱《黄河源头》、李鑫淼演唱《母亲河，我喊你一声妈妈》、田庄煤矿表演舞蹈《跨越》获得一等奖。2010年5月，举办临矿集团首届职工街舞培训班，30名青年职工参加培训。

2011年6月，在王楼煤矿举办庆祝中国共产党成立90周年职工文艺调演，基层单位18支代表队400

名职工、100个节目参加汇演。7月1日，由山东省煤矿工会、山东煤矿文化体育协会主办的山东省煤炭系统职工庆祝中国共产党成立90周年文艺汇演临矿集团专场在王楼煤矿举行，山东省煤矿工会文体部部长、文体协会秘书长李万泉等一行10人组成的评审组到场对节目进行评审；26日，在莱芜煤机公司举办职工庆祝建党90周年大合唱比赛，基层单位19支代表队、2000名职工参加比赛，评出金奖代表队5支。8月5日，在文化广场举办庆祝临矿集团成立五周年"永远跟党走、临矿又启航"文艺晚会。8月，在山东省煤炭系统职工"庆祝建党90周年"文艺汇演中获得优秀组织奖，大合唱《弹起我心爱的土琵琶》、女生独唱《沂蒙之恋》、组合演唱《相亲相爱》获得一等奖。11月10日，山东能源集团"超越杯"临矿职工书画摄影作品展在新驿煤矿开幕，195幅书画作品、375幅摄影作品入展。

2012年1月，第二届山东煤矿艺术节电视专题片展评上，《生命至上、安全为天》《古煤华章》《耀动青春、展现风采》《创新》《成长之路》《铸魂》《谁持彩练当空舞》《马坊矿发展纪实》等获得金奖，《激情百年》《心怀梦想、扬帆远航》《弘扬正气清风、坚持廉洁勤政》《崛起》等获得银奖。2月，参加山东能源集团情系省外创业慰问团，行程1万公里，到新疆、内蒙古矿区慰问演出节目9场次，职工家属观看6000人次。4月，在技师学院南校区举办临矿集团青年职工歌手比赛，120名选手参加比赛。6月，成立巡回慰问演出团，历时13天对省内11个基层单位慰问演出。8月，抽调基层单位优秀文艺骨干组成慰问团，赴内蒙古矿区慰问演出。9月，临矿集团工会获得山东煤矿艺术节优秀组织奖、山东煤矿艺术节突出贡献奖。

2013年2月，派员参加山东能源集团2012年度总结表彰晚会。6月18日，在王楼煤矿举办以供电、消防为主题的安全知识竞赛，基层单位15支代表队参加竞赛，邱集煤矿获得团体一等奖。7月24日，参加山东能源集团党委主办的企业之歌合唱比赛，山东能源集团所属7个单位参加比赛，临矿集团合唱团135人演唱《超越》《临矿又在启航》《山东能源人》，获得第二名；参加中国第十届艺术节"山能之夜"晚会，《汶水赞歌》被评为优秀节目。

新驿煤矿职工摄影展（2013年）

8月，临矿集团工会、王楼煤矿获得第四届中国煤矿艺术节集体贡献奖。

2014年1月，山东能源集团职工优秀教育漫画评选中，军城煤矿李同德作品《一起打》获得一等奖，古城煤矿孙领作品《扫除》《贪官之墓》、军城煤矿吴兰兰作品《安全漫画系列》、新驿煤矿刘梅作品《全家"咐"》获得二等奖。4月，举办歌手大赛、演讲比赛。5月，参加山东省煤矿工会组织的歌手大赛，获得"突出贡献奖"，孙文静、董晓伟获得美声唱法金奖；李鑫森获得民族唱法金奖；马宗鹏、徐婷获得流行唱法金奖；张利、孙文静获得原创歌曲金奖；李保刚等人创作歌曲《万古黄河》《为矿工喝彩》《走进沂蒙山》《沂蒙之恋》《心中的草原》《中国矿工》《老父亲的话》《唱起赞歌呀啦索》《眼泪》获得优秀歌曲作品奖。6月，在山东能源演讲比赛中，军城煤矿董红秀获得金奖。12月，中国煤矿文联授予临矿集团工会2013—2014年度全国煤矿文化艺术工作先进单位，授予李保刚2013—2014年度全国煤矿文化艺术工作先进个人，中国煤矿体协授予临矿集团工会、古城、王楼煤矿全民健身先进单位；授予李保刚、邵长余、贾安强先进个人。

2015年4月，在王楼煤矿举办临矿集团庆祝"五一"国际劳动节文体系列活动。5月，开展"四新"形势任务教育巡回慰问演出。慰问演出团20人，到山东、内蒙古、陕西三省7个地市，行程1万公里，组织到井口一线等慰问演出27场；5月，临矿集团获得山东能源首届职工文艺展演最佳组织奖，李鑫森演唱《斑竹泪》获得民族唱法第一名；张叶红、张兴平、王勇表演小品《暴风雨之夜》获得小品组第一名，编剧李保刚获得优秀创作奖；王勇、王金燕、孙笑表演快板剧《劝酒》获得曲艺组第一名，编剧李保刚获得优秀创作奖；王勇、王金燕合说相声《男人和女人》获得相声组第二名；临矿集团工会、王楼煤矿被中国煤矿体协表彰为2015年全国煤矿全民健身活动先进单位，曹庆伦、陈立海、邵长余被中国煤矿体协表彰为全国煤矿全民健身活动先进个人。7月，在肥矿集团胶南职工疗养院举办基层文艺骨干培训班；临矿集团代表山东能源集团，参加在云南曲靖全国煤矿第五届职工运动会田径比赛和乒乓球、嗒嗒球比赛，高希涛获得嗒嗒球比赛中老年组男子单打第三名，李保刚、张叶红获得乒乓球比赛厅局级组混双第三名，刘厚福、鲁守明、李保刚获得乒乓球比赛领导干部组团体第五名，鲁守明、李保刚获得乒乓球比赛领导干部组男双第五名。9月，在王楼煤矿举办山东能源集团首届文艺展演。12月，李保刚被中国煤矿文化艺术联合会、宣传基金会表彰为繁荣发展煤矿文化艺术事业做出突出贡献的煤矿优秀文化艺术工作者。

2016年1月，组成新年慰问演出团到基层单位进行巡回慰问演出。3月，庆祝国际"三八"妇女节，举办让亲情走进安全职工演讲比赛，选拔优秀选手到井口、班组、区队巡回演讲。4月，组织第二届职工文艺展演、美术书法篆刻摄影展。5月，代表山东能源集团参加山东省总工会主办的"中国梦、劳动美——颂歌献给党"首届职工合唱展演，获得优秀奖；临矿集团获得中国煤矿文联2015年度全国煤矿文化网络宣传文化先进单位；临矿集团获得中国煤矿文联2015年度阳光杂志编务工作先进单位。9月，李保刚创作小品《暴风雨之夜》，获得国家安全监管总局、中华全国总工会全国安全生产优秀文艺作品奖。

2017年3月，举办打造"四富"临矿、彰显巾帼风采女职工征文比赛。4月，举办庆祝"五一"国际劳动节文体系列活动，文艺展演设小品类（音乐剧、情景剧）、曲艺相声快书类、舞蹈类、器乐类、歌唱类5类项目。8月，山东煤炭技师学院承办临矿集团第三届书法美术摄影大赛，评出优秀摄影作品奖、优秀书法作品奖、优秀绘画作品奖各6个。7月，参加山东能源集团在枣矿集团举办的第二届"超越杯"职工书画摄影展，陈立海《归去来兮赋》获书法二等奖；高岩《兰香》获美术一等奖，张传行《展望》获美术二等奖；崔鑫《平邑救援图组》获得摄影二等奖。8月，陈立海、孙富兴被山东能源集团工会授予职工书法美术摄影优秀作者代表称号。9月，在王楼煤矿举办"永远跟党走、共筑中国梦"文体系列活动。2018年4月，举办"临矿情·劳动美"庆"五一"文艺展演，12支代表队参加演出。

2019年8月，举办"阅读伴我成长"讲书大赛。9月，举办"阅读伴我成长"读书讲书会；在中国能源化学地质工会全国委员会组织举办的2019年"京能杯"第二届微电影视频创作大赛上，临矿集团微电影《最美逆行者》，讲述救护大队中队长李长磊在抢险救灾中的感人事迹，获得大赛一等奖。

2020年11月14日，中国曲艺家协会、中国曲艺牡丹奖艺术团艺术家走进菏泽煤电公司彭庄煤矿。中国曲协分党组书记杨发航，中国曲协副主席闫淑平，山东省文联党组成员、副主席王映海，山东省曲协主席慈建国，菏泽市委常委、宣传部部长陈强，牛群、鞠萍、唐爱国等演员参加。

2017年9月临矿集团"永远跟党走、共筑中国梦"最佳绝活展示一览表

表11-2-1

单位	形式	名称	表演者
王楼煤矿	绝活	硬气功	杜胜飞
新驿煤矿	绝活	组装IED节能灯	董强
		多元化模块组装	
		电动机综合保护器快速排出故障	
技师学院	书法	篆刻	张政
菏泽煤电公司	绝活	蒙眼拆风钻	王宪超
古城煤矿	民间艺术	剪纸	赵雪飞
	硬笔书法	钢笔字	
临矿集团机关	技能展示	蒙眼拆装呼吸器	张文寒
		蒙眼操作苏生器	
新驿煤矿	刀工展示	食品雕刻	左安北
邱集煤矿	绝活	铁砂掌	刘善镇
临矿集团机关	刀工展示	花样雕刻	来庆玉
	厨艺展示	艺术拼盘	
古城煤矿	技能展示	绘画	卜纪亮
	硬笔书法	钢笔字	
王楼煤矿	绝活展示	单人插接钩头	李玉勇

二、体育活动

1992年5月，举办第八届职工乒乓球比赛，21个基层单位33个代表队110名运动员参加比赛，褚墩煤矿获得男子团体第一名，电厂获得女子团体第一名；地质公司杨朝军获得男子单打冠军，电厂左安秋获得女子单打冠军。1993年7月，组队参加山东煤矿第二届职工运动会。

1995年5月，举办第九届职工乒乓球运动会，17支代表队77名运动员参加比赛；褚墩煤矿获得男子团体第一名，局医院获得女子团体第一名，付东明获得男子单打第一名；刁小丽获得女子单打第一名。1997年5月，开展"全民健身宣传月"活动，进行趣味运动会、家庭运动会、体育知识竞赛等。

2000年6月，举办迎"七一"乒乓球比赛。基层8个单位24名选手参加比赛，电厂李安民，医院刁子丽分别获得男、女单打第一名。

2003年7月，参加山东省煤矿第三届职工运动会乒乓球比赛。9月，参加临沂市首届职工乒乓球比赛。10月，参加山东省煤矿第三届职工运动会"肥矿杯"田径比赛，矿务局13人参加比赛，王路路分别获得女子组800米、1500米第一名、第二名；钱闪闪获得女子组400米第二名。

2006年3月23日，举行矿务局职工体育年启动仪式。10月，举办职工体育年乒乓球、篮球比赛，54名运动员参赛，莱芜煤机厂获得乒乓球男子团体第一名，济南煤机厂周江获得男子单打第一名；莱芜煤机厂获得乒乓球女子团体第一名，莱芜煤机厂陈华获得女子单打第一名；莱芜煤机厂获得篮球比

赛第一名。

2007年10月，"煤机杯"职工篮球邀请赛在煤机集团莱芜煤机公司举行。古城、新驿、田庄、邱集煤矿，光力士公司、莱芜煤机公司、亿金公司、公司机关等8支代表队参加比赛，光力士集团获得第一名。

2008年6月，参加山东省煤炭系统职工嗒嗒球比赛。7月，在山东省煤炭系统职工迎奥运健身活动月活动中，临矿集团获得优秀组织奖，公司机关、技工学校获得先进单位。10月，参加全国煤炭职工第二届嗒嗒球比赛，高希涛、丁超获得男子双打第八名，张叶红获得中老年组女子单打第六名，临矿集团代表队获得体育道德风尚奖。11月，技工学校、莱芜煤机公司获得中国煤矿体协2008年度职工体育先进单位称号，高希涛、董猛、张叶红、李保刚获得中国煤矿体协2008年度职工体育先进个人称号。8月，举办临矿集团首届职工嗒嗒球比赛，170名运动员、教练员、裁判员和工作人员参加比赛。11月，举办临矿集团首届职工乒乓球比赛，120名队员参加。

2009年3月，临矿集团、技工学校、莱芜煤机公司，古城、田庄、新驿、邱集煤矿等被评为山东煤炭系统群众文体活动工作先进单位。李德志、张叶红、李鑫淼、徐婷、孙福兴、何祥成、彭士伟被评为山东煤炭系统优秀文化工作者。董猛、高希涛、王学兵、季广修、邵长余、王开超、李保刚被评为山东煤炭系统优秀体育工作者。4月，李保刚获得山东省煤炭系统2004—2008年度优秀体育工作者称号。9月，古城煤矿被评为山东省"全民健身月"优秀组织奖，莱芜煤机公司、临矿集团机关工会被评为山东省"全民健身月"先进单位。11月，在中国煤矿体协"与祖国同庆、与健康同行"活动中获得优秀组织奖，莱芜煤机公司、临矿集团机关、技工学校被评为先进单位，李振山、季广修、王学兵、张叶红、李保刚被评为先进个人。12月，李保刚获得中国煤矿体育协会"与祖国同庆、健康同行"活动先进个人。

2010年8月，举办职工篮球选拔赛，基层单位15个代表队参加比赛，在古城煤矿和莱芜煤机公司同时开赛；9月3日，在古城煤矿进行决赛，古城煤矿获得第一名。9月，古城煤矿被评为全国煤矿体育工作先进单位，李泉被评为全国煤矿体育工作先进个人，莱芜煤机公司被评为全国煤矿优秀全民健身活动站（点），董猛被评为全国煤矿优秀社会体育指导员，蒲先湖被评为全国煤矿优秀裁判员；18日，临矿集团篮球队在全省煤炭职工篮球比赛中获得第七名。2011年9月，举办第二届职工乒乓球比赛，170名队员参加。

2012年1月，临矿集团获得全国煤矿2011年全民健身活动优秀组织奖，古城煤矿获得全国煤矿2011年全民健身活动先进单位称号。李保刚获得全国煤矿2011年全民健身活动先进个人称号。6月，举办羽毛球、嗒嗒球比赛，200名队员参加；组队参加山东省职工运动会，获得1金、1银、4铜。7月，临矿集团获得山东省第六届职工运动会先进单位。11月，临矿集团工会获得全国煤矿全民健身活动优秀组织奖，李保刚获得全国煤矿全民健身活动先进个人。

2013年12月，成立山东能源集团职工文体协会专项协会，篮球协会理事董猛、武玉国；乒乓球协会理事穆绪彦、张叶红；羽毛球协会理事高希涛、董明辉；围棋协会理事姜良宝、尹喆；象棋协会理事李翔、于效益；集邮协会理事高翔、苏凤杰；嗒嗒球协会理事张叶红、董明辉、高希涛。

2014年3月，临矿集团工会、古城、王楼煤矿被中国煤矿体协授予全民健身先进单位称号，李保刚、邵长余、贾安强被授予全民健身先进个人称号。4月，举办临矿集团第三届职工乒乓球比赛，180人参加。5月，与济宁湖西监狱煤矿在王楼煤矿进行乒乓球友谊比赛，古城煤矿和新驿煤矿组成临矿篮球队在湖西监狱煤矿进行友谊比赛。2015年4月，举办临矿集团第四届职工乒乓球比赛。

2016年4月，举办庆祝"五一"国际劳动节文体系列活动，开展第三届嗒嗒球比赛、第二届羽毛球比赛、第五届乒乓球比赛。10月，中国煤矿体协表彰曹庆伦、陈立海、李保刚、邵长余、贾安强为全民健身先进个人，李鑫淼为2015—2016年度全国煤矿文化艺术作先进个人，临矿集团及古城、王楼煤矿为全国煤矿全民健身活动先进单位。

2017年4月，举办庆祝"五一"国际劳动节文体系列活动，开展乒乓球、围棋、象棋、够级比赛。6月，参加山东省第七届职工运动会。9月，举办"永远跟党走、共筑中国梦"文体系列活动，开展跳绳比赛、青年职工才艺展示大赛；山东能源集团工会表彰临矿集团为山东省第七届职工运动会优秀组织单位，陈云关、董凯为山东省第七届职工运动会优秀教练。10月，参加全省煤炭系统职工羽毛球比赛，获优秀组织奖，成海丁、崔姗姗获女子双打第三名。

2018年4月，举办临矿集团首届职工拔河比赛，260人参加，田庄煤矿获得男子组和女子组第一名。7月，举办羽毛球比赛，12支代表队参加，新驿煤矿吴贝贝获得男子单打第一名，菏泽煤电公司崔姗姗获得女子单打第一名，菏泽煤电公司获得男子团体第一名，田庄煤矿获得女子团体第一名，菏泽煤电公司李安平获得领导干部组第一名，王楼煤、邱集煤矿、菏泽煤电公司获得优秀组织奖，新驿煤矿获得最佳组织奖，技师学院获得体育道德风尚奖。9月，举办"永远跟党走、共筑中国梦"系列文体活动，15支代表队参加，邱集煤矿获得10人长绳项目第一名，株柏煤矿获得领导干部组10人长绳项目第一名，菏泽煤电公司获得男子单跳项目第一名；王楼煤矿获得女子单跳项目第一名。

2020年12月，临矿集团代表山东能源集团参加全省石化医药系统首届职工三对三篮球比赛，获得二等奖、优秀组织奖。

2018年5月29日，上海庙矿业公司"我运动、我健康、我快乐"亲子运动会。

第四节　职工作品

叶　泰　1934年生，江苏张家港人。1957年毕业于北京矿业学院，分配到山东省临沂专员行署，后调任临沂矿务局，历任工程师、总工程师、副局长。自学生时代酷爱书法绘画艺术，退休后潜心于书法绘画艺术的研究与创作，博众家之长，融入自己对艺术生活的理解，在书法、绘画及篆刻等方面达到较高艺术水准。现任临矿集团老年大学教师、校长，临沂市罗庄区老年书画协会名誉主席，临沂市市直老年书画协会顾问，临沂矿业集团书画研究会会长。

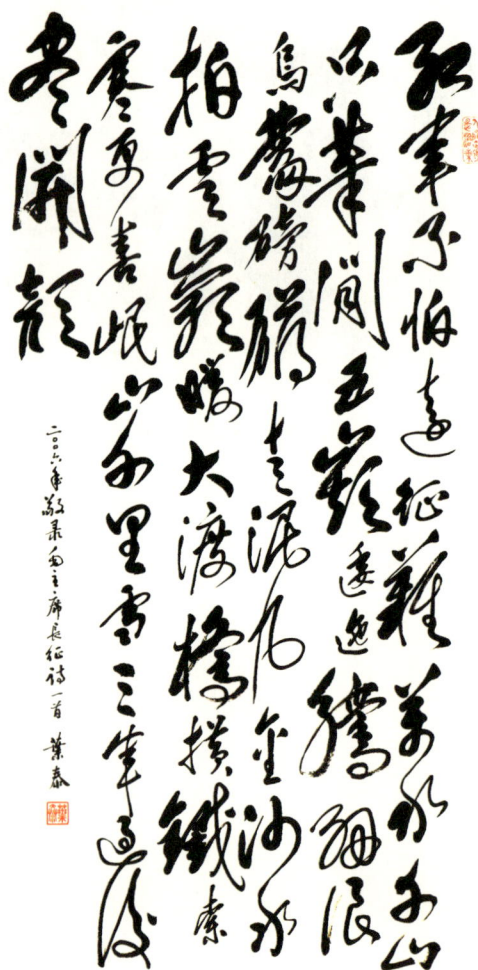

　　王树民　1945年生，山东临沂人，民革党员。1967年8月—1995年8月在临沂矿务局工作。中国书法家协会会员，擅长手指书法。1990年10月，获"大鹏杯全国书法大奖赛"隶书作品银奖。1997年10月，文化部、日本国际通信社、中国驻日大使馆在日本东京举办"王树民书法展"。2009年，被聘为中国王羲之书画艺术研究院副院长，手指书法被临沂市评为非物质文化遗产，临沂电视台为手指书法拍专题片，2011年，被聘为中国美术报书法艺术总监。

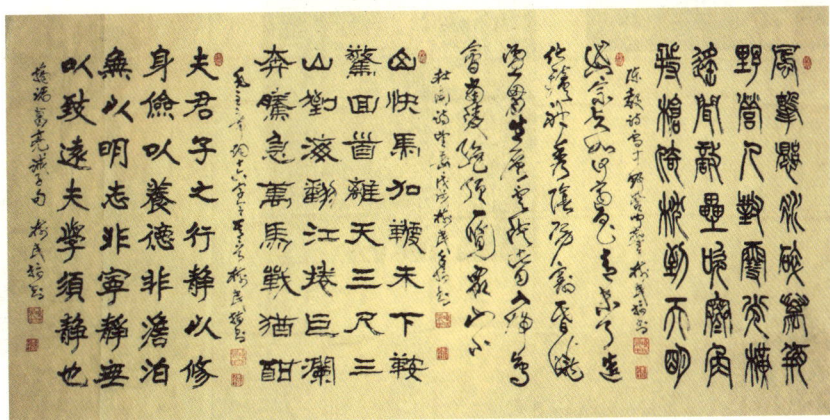

田国卿　1950年5月生，山东临沂人，中共党员。1971年参加工作，曾任临沂矿务局五寺庄煤矿政工科长、政工师。罗庄区第一、二、三届美术家协会主席。现为山东省美术家协会会员，山东省书画学会理事，中国楹联学会会员。先后毕业于山东师范大学艺术系，中国书画函授大学，2008年，结业于清华大学中国画高级研修班。国画书法兼修，尤擅长画牡丹。艺术成就入编《92中国美术家》《山东美术全书》《中国美术选集》等数十部辞书。出版个人专著《田国卿牡丹画集》（一、二卷），《水木清华——田国卿国画艺术》《田国卿画集》。

钱守宽　1966年生，山东临沂人，1987年7月—1997年12月，任临沂矿务局电厂办公室主任。现为中国书协会员，山东省书协行书委员会委员，清华大学美术学院全国书法创作及美术理论高研班导师，山东省书协王羲之书法院导师，第二届中国书法兰亭奖艺术奖三等奖得主，政协委员。2008年4月，荣获华鹏飞杯中国书法电视大奖赛特等奖；2002年9月，入展首届中国书法兰亭奖；2004年10月，入展全国第五届楹联书法展；2004年5月9日，被安徽界首市人民政府授予荣誉市民称号；2005年，入展全国第五届中国书坛新人新作展；2007年12月10日，入展全国第九届书法篆刻展；2011年，入展全国第十届书法篆刻展；2012年5月，入展全国第三届青年书法篆刻展。

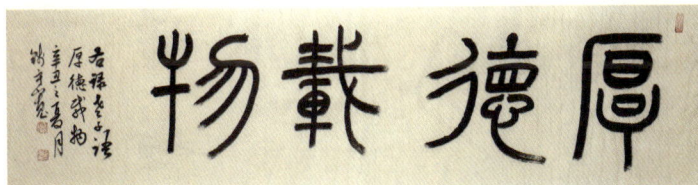

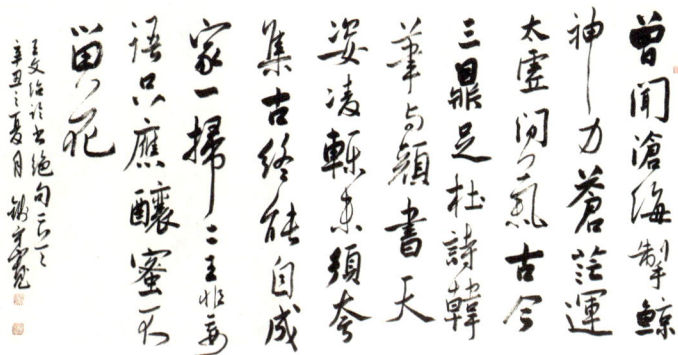

鲍浩顺 1968年出生，莒南县人。1989年10月—2003年10月，在临沂矿务局塘崖煤矿工作。其书法作品幼承家学，诸体皆擅，风格鲜明，在全国省市各级书法大赛中屡获殊荣，深受广大书法爱好者喜爱并收藏。现为临沂市书法家协会会员，山东省书法家协会会员，中国工艺美术协会会员。

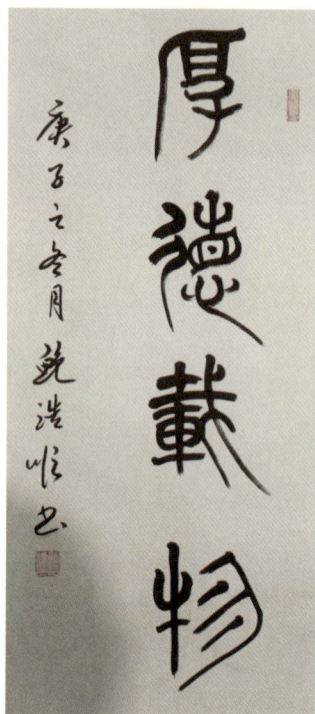

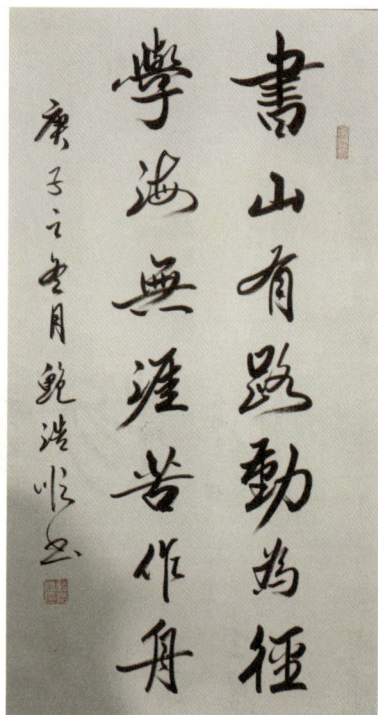

　　陈立海　1969年12月生，山东临沂人。山东省书协会员，临沂市书协会员，临沂市美协会员。以古为师，善习真、草、隶、篆诸体，作品多次在全国、省、市书法美术展中入展或获奖。曾任临矿集团办公室副主任，新驿煤矿党委副书记、纪委书记、工会主席，临矿集团压煤搬迁办公室主任、工会副主席、团委书记等职，现任临矿集团机关党委书记。

庞海运　1969年2月生，山东临沂人，中共党员，先后供职于临矿集团草埠、新驿煤矿，内蒙古上海庙矿业公司、山东莱芜煤矿机械公司。1996年，毕业于由山东师范大学主考的山东省高教自学考试书法专业，现为中国硬笔书法家协会会员、山东省书法家协会会员、济南市莱芜区书法家协会副主席。

　　王　伟　笔名小石，1976年3月生，山东日照人。现就职于临矿集团电视台。毕业于山东师范大学美术学专业。现为中国煤矿美术家协会理事、山东省美术家协会会员、临沂市罗庄区美术家协会副秘书长、临沂市摄影家协会会员、罗庄区摄影家协会理事。

　　杨传信　1963年4月生，山东省兰陵县人，1980年12月参加工作。大学学历，政工师。先后供职于临矿集团石家坡、四咀、马坊煤矿。中国诗歌学会会员、中国煤矿作家协会理事、中国自然资源作家协会会员、山东省作家协会会员、临沂市作家协会理事、罗庄区作家协会副主席。

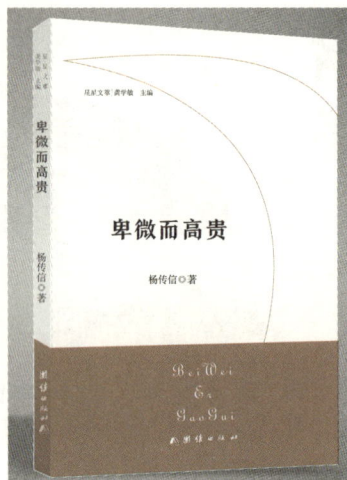

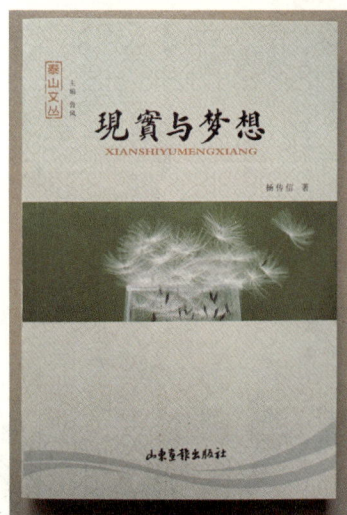

　　孙富兴　1965年5月生，山东莒县人，曾任临矿集团新驿煤矿党委副书记、工会主席。中国摄影著作权协会会员、中国煤矿摄影协会理事、山东省摄影家协会会员。工作之余，通过摄影反映煤矿工人工作、生活，作品多次获国内大奖。

　　张　政　1978年生，山东平邑人，现在山东煤炭技师学院工作。中国书画篆刻等级六级，曾入选山东省首届书法篆刻展，入选一、二届"羲之奖"全国书法篆刻大奖赛，获山东省第十二届书、画、刻字艺术大展赛三等奖，2002全国美术书法精品大赛银奖，中国青少年书画家全集金奖，纪念黄庭坚逝世九百周年暨首届山谷杯全国书画大赛金奖，第一届国立杯全国书画艺术大赛金奖。第二届临矿集团书法摄影展篆刻一等奖，第三届临矿集团书法摄影展篆刻一等奖等。

第三章　医疗卫生

第一节　机构设置

1991年初，矿务局卫生处负责全局卫生医疗、环保及计划生育等工作，下设医政管理科、环境监测站、职业病防治科、卫生防疫站和计划生育办公室，共有工作人员12人，其中卫生技术人员6人。9月，环境监测站划归生产技术处管理。

1996年9月，卫生处与教育培训部合并，成立教育卫生部。

2001年11月，卫生处与教育卫生部分离，与局中心医院合署办公，计划生育管理业务划归总务处。

2005年3月，矿务局撤销卫生处，其职业病防治业务划工资处，职业病防治监督业务划归安全监察局，医政工作划归组织人事处，预防保健业务划归总务处。

第二节　医疗管理

一、医疗单位

1991年，矿务局有18个医疗卫生机构，其中，矿务局职工医院为局级医院，汤庄、草埠、五寺庄、褚墩煤矿建有矿级职工医院，其他为卫生所或卫生室，形成以局职工医院为中心的医疗网络系统和以局卫生防疫站为中心的预防保健网络系统。年末，全局有医疗卫生人员510人，其中，卫生技术人员384人；全局有卫生防疫人员24人。

2001年，全局有卫生医疗机构14所，工作人员526人，其中，医疗人员150人，护理人员178人。

2002年1月，矿务局中心医院改制分离，注册为民营非营利性医院，更名为临沂罗庄中心医院。4月26日，更名为临沂市市南医院。2003年2月24日，恢复为临沂罗庄中心医院。

2003年1月10日，汤庄煤矿（含莒县竹园井）关闭破产，汤庄煤矿职工医院及30名医务人员移交临沂市罗庄区人民政府，后转交临沂市市南医院。9月22日，莒县煤矿卫生所及3名医护人员移交当地政府。

2004年12月20日，塘崖煤矿（含五寺庄井、褚墩井）关闭破产，塘崖煤矿和五寺庄煤矿职工医院及20名医务人员移交地方政府。

2005年12月19日，褚墩煤矿职工医院及19名医护人员移交地方政府。

2007年7月11日，草埠煤矿破产，职工医院及医务人员23人移交地方政府。

二、管理

1991年5月，矿务局印发《矿级医院（卫生所）标准化管理检查评分标准》，各级医疗机构推行医院（卫生所）标准化管理工作。8月，省煤管局下发修订后的《医院标准化管理检查考核标准》。各单位根据新标准要求上设备、定制度。10月，下发《临沂矿务局劳保医疗管理暂行办法》，明确规定医疗费定额标准、就医要求、转诊条件、医疗费结算方法。11月，矿务局职工医院和五寺庄煤矿职工医院通过省煤管局组织的标准化管理检查验收；随后，矿务局对草埠、褚墩、汤庄、塘崖、岐山、莒县煤矿及建井工程处、总厂等所属职工医院进行自检，均达到标准化管理要求。

1993年1月，矿务局印发《关于进一步推行劳保医疗制度改革的意见》，各单位继续坚持"保证医疗、克服浪费、福利基金首先保证医疗费支出"的原则，推行医疗费与个人经济利益适当挂钩的办法。4月，矿务局部署医院分级管理工作。

1994年1月，转发卫生部、山东煤管局《关于加强医疗质量管理的通知》，各单位认真查找自身存在的医疗事故隐患。

1995年7月，矿务局转发卫生部《关于禁止医务人员收受"红包"的补充规定》，要求广大医务人员必须认真履行《医德规范及实施办法》，恪守职业道德，做到廉洁自律，文明行医，并制定对收受"红包"人员的处罚规定。8月，矿务局中心医院通过临沂市卫生局二级甲等医院评审。

1997年9月，转发省卫生厅《关于以病人为中心深化医院改革的意见的通知》，各单位坚持"以病人为中心，以质量为核心"，实现医疗卫生工作的根本性转变。11月，下发《临沂矿务局职工医疗保险制度改革试行方案》《临沂矿务局职工医疗保险制度试行方案实施细则》，开始建立企业职工医疗统筹基金与个人医疗账户相结合、医疗费用由企业和个人共同负担的医疗保障制度，逐步实现与国家医疗保险制度改革方案的平稳接轨。

1999年6月中旬，组织全局18个单位、410人参加无偿献血活动，献血总量8.19万毫升。

2000年8月，矿务局公布局内定点医疗机构资格。矿务局中心医院和褚墩、汤庄、草埠、塘崖、株柏、莒县煤矿及恒河实业总公司、工程公司，总厂、技工学校、机械厂的卫生医疗机构共12个具备定点医疗机构的基本条件。

2001年2月2日、7月20日，矿务局2次组织全局无偿献血活动，303人参加。

第三节　医疗工作

一、卫生防疫

1991年3月，矿务局公布全局10名食品卫生检查员和17名传染病管理检查员，并授权其可持证对全局各单位卫生防疫、传染病管理工作进行检查。

1992年3月，各单位按照《中华人民共和国传染病防治法》《全省煤矿卫生工作条例》规定，建立健全预防组织，做到人员、领导、机构、经费、房屋、设备"六落实"，并自1992年起，对全局预防保健工作进行全面考评。

1993年初，矿务局卫生防疫站有房屋80平方米，设站长1人、食品卫生医师、环卫劳卫医师、计划免疫医师、妇幼保健医师各1人，有烟尘测试仪、林格曼计、BOD培养箱、721分光光度计、监督检测车等设备。

1999年入夏，以霍乱为主的肠道传染病在山东一些地市及周边地区爆发流行。7月下旬，矿务局对各单位夏季爱国卫生活动开展情况、"两堂一舍"卫生管理、防病药品准备及防暑降温等工作进行检查，对查出的问题限期整改。11月，组织开展病毒性肝炎防治工作，接种甲肝、乙肝疫苗。

2000年9月，转发《临沂市风疹疫苗免疫接种实施方案》，各单位医疗机构、学校、计划生育办公室密切配合，组织12周岁以下儿童和30周岁以下育龄妇女的预防接种工作。

2001年6月，组织对全局2周岁以上学龄前儿童及在校学生涂药驱虫。10月，下发《关于做好流行性出血热预防工作的通知》，成立防治工作领导小组，采取以预防接种、灭鼠、健康教育为主的综合性预防措施，杜绝出血热疫情的发生。

2002年7月，转发卫生部《关于做好救灾防病工作的紧急通知》，针对夏季以来全国许多地区遭受洪涝灾害的形势，各单位采取措施，加强疫情管理和报告制度，做好救灾防病的各项准备工作。

2002年11月，广东省佛山市发生全国首例非典型性肺炎，并迅速蔓延，给人民群众的身体健康和社会稳定造成空前的威胁。2003年4月18日，矿务局对非典型性肺炎防治问题进行专门研究，下发《关于加强非典型性肺炎防治工作的意见》，成立非典型性肺炎防治领导小组，各单位紧急行动，积极预防，有效控制疫情扩散与蔓延。5月3日，下发《进一步加强领导认真抓好非典型性肺炎防治工作的紧急通知》，成立非典型性肺炎防治工作指挥部，在全局落实加强宣传、堵住源头、综合防治的强化措施。5月13日，下发《关于深入开展爱国卫生大扫除全民健身和科普宣传教育活动的通知》，组织开展以"改善自身生存环境、增强职工健康素质、预防非典型性肺炎传播"为主题的爱国卫生大扫除、职工健身和科普宣传教育3项活动。5月24日，转发《全市卫生系统防治非典型性肺炎期间严明有关纪律的通知》，明确值班人员坚守岗位、准确上报疫情、对外来人员进行医学观察、执行首诊负责制等13条规定。5月31日，下发《传染性非典型性肺炎疫情重点区域隔离控制应急处置预案》，对疫情重点区域的确认和隔离控制、隔离控制的解除以及职责分工等作明确规定，各单位制定应急预案，做好应急准备。6月14日，转发国家《突发公共卫生事件应急条例》。7月16日，下发《防治非典型性肺炎工作总结和今后工作安排》，各单位把非典型性肺炎防治工作从应急状态转入长效机制，再接再厉，严防非典型性肺炎疫情反弹。8月14日，部署开展伤寒、副伤寒防治工作，各单位利用防治非典型性肺炎工作机制，开展职工健康教育、加强生活用水和食品卫生管理、做好应急性预防服药和医疗机构的诊治工作，控制疫情的发生和蔓延。

2004年2月，转发《山东省高致病性禽流感应急预案》，各单位开展禽流感防治知识的宣传教育，增强职工对疾病的防范能力；职工食堂严格执行卫生制度，采购家禽类必须索取卫生检疫证；严禁到发生禽流感的疫区采购家禽类食品；加大必要的投入和防疫物资准备，提高应对公共卫生事件的能力。

2009年4月，印发《临矿集团幼儿园关于手足口病防治措施与办法》，建立健全晨检、卫生消毒、缺课追踪及上报制度等，成立手足口病预防控制小组。

2020年1月，临矿集团成立应对新冠肺炎疫情工作领导小组，下设领导小组办公室，负责领导小组日常工作，统筹开展疫情防控处置工作的组织协调、联络沟通、隐患排查、应急处置、宣传引导等工作。临矿集团党委要求各生产单位主要负责人提前结束休假，返回工作岗位，制定复工复产中的防疫预案。执行疫情"日报告、零报告"制度，以班组为单位，实施"网格化"管理，按照"班组一区队（车间）—单位"层级链条，一级对一级负责，全面掌握每名职工情况，严格落实24小时应急值守制度，加强赴湖北、南方等地探亲、旅游、公务出差员工的检测监控。经排查有11名湖北籍员工分散在7个权属单位，其中有6人在山东过年，没有湖北亲属来山东探亲；有5人已回湖北过年，未经单位批准不能擅自返程。对因实行紧急措施导致不能正常上班的职工，依法支付职工在此期间的工作报酬。2月11日，临矿集团下发《关于遵守疫情防控有关法律规定的通知》，各单位、各

2020年1月30日，临矿集团应对新冠肺炎疫情工作领导小组第二次会议。

部室根据临矿集团疫情期间实施轮岗弹性工作制、实施网上"云办公"工作部署安排，引导放假在家的人员服从当地政府、街道和社区的疫情防控措施安排，依法依规做好自我防疫工作。

二、职业卫生

（一）机构与管理

1991年，矿务局职业病防治工作由卫生处负责，设1名管理人员。1999年，临沂市成立职业病诊断鉴定委员会，矿务局卫生处1名副处长为尘肺病诊断鉴定组成员。

2001年，卫生处移至矿务局中心医院办公，副处长主管职业病防治工作。2003年，省卫生厅批准矿务局中心医院为职业健康检查资质单位，具有独立开展职业病诊断鉴定资格。

2005年5月，矿务局撤销卫生处，对其职能进行分工。其中职业病人待遇落实由工资处负责；职业卫生监督监察由安全监察局负责；将职业健康检查工作委托给临沂罗庄中心医院负责。

2012年，由安全监察局负责实施对权属单位职业健康工作的指导、监督、协调、服务工作，临矿集团各职能处室是职业健康业务管理部门。各权属单位履行职业病防治主体责任，成立职业健康工作领导小组，单位主要负责人任组长，分管负责人及其他班子成员任副组长，安全监察、医疗卫生、人力资源、工会、社会保险、生产技术、通防、机电、财务、环保节能等部门负责人为成员。下设职业健康管理办公室，负责日常管理工作，办公室设在安全监察处，由安全监察处副处长兼任办公室主任。各基层区队成立相应组织机构，配备专、兼职职业安全健康管理人员，构建起"主要领导亲自抓、分管领导协同抓、专业部门靠上抓、区队班组具体抓"的分级负责管理机制。各单位所属安全监察（安全环保）部门是职业健康综合监督的管理部门，负责职业健康工作的监督管理、检查考核和责任追究。各单位职能部门是职业健康的业务管理部门，负责职责范围内的职业安全健康宣传教育、技术指导、监督检查等业务管理工作。对各项制度的执行和落实情况，各单位每月自行组织1次检查考核，临矿集团每季度进行1次全面检查考核。

2012—2015年，采取定期组织安全监督检查与动态安全标准化达标验收相结合的方式，开展群众性职业病危害防治活动，强化职业危害预控及排查治理，防范各类职业病危害的发生。把开展安全知识竞赛活动与开展"安全生产月""职业病防治法宣传周"等活动结合起来，统筹兼顾，协同并进。

2016年，组织开展安全知识竞赛活动，对《煤矿作业场所职业危害防治规定》进行宣贯，发动职

工开展职业卫生知识学习，提高职业健康意识。

2017—2020年，制定职业危害告知、职业危害防治宣传教育培训、职业危害防护设施维护检修、从业人员劳动防护用品管理、职业危害检测、监测和评价等管理制度，制定完善岗位职业健康操作规程、职业病危害事故应急预案。

（二）职业危害治理

1. 粉尘

1991年，粉尘测定工作由各矿井通风工区（科）负责，每个矿井配备测尘员2名、AFQ-20A或AKFC-92A型测尘仪2～3台，坚持半月测定1次总粉尘浓度，月测定1次呼吸性粉尘浓度，测尘采用滤膜称重法。2004年，购进郑州生产的CH-100型自动测尘仪8台，测尘采用快速直读法。2006年，新驿煤矿与山东科技大学联合开发粉尘自动检测系统通过专家鉴定，实现对2个采煤工作面粉尘24小时跟踪实时检测监控。

2006年矿务局各矿井粉尘测定情况统计表

表11-3-1

单位	游离二氧化硅含量（%）	粉尘分散度（%）							
		岩尘（μm）				煤尘（μm）			
		小于2	2～5	5～10	大于10	小于2	2～5	5～10	大于10
古城煤矿	16	50	38.5	8.5	3	39	48.5	8	4.5
株柏煤矿	2.9	46.5	41	11	1.5	–	–	–	–
新驿煤矿	19.5	46	30.5	18.5	5	–	–	–	–
褚墩煤矿	5.8	48.5	39.5	8.5	3.5	37	41.5	13	8.5
塘崖煤矿	10.7	49.5	34.5	9.5	6.5	38	34.5	15.5	
邱集煤矿	5.2	35.5	32.5	199.5	12.5	36.5	38.5	17	8.5
田庄煤矿	1.8	36	36.5	16	11.5	–	–	–	–
马坊煤矿	35	36	38.5	14	11.5	–	–	–	–

1991年，防尘措施主要有湿式钻眼、冲刷井壁巷帮、放炮喷雾、装岩（煤）洒水、净化风流等技术。电煤钻由于供水装置漏水，湿式打眼不正常，防尘设施多数为机械式手动洒水灭尘装置。草埠、株柏、褚墩煤矿在主要进风大巷使用红外线自动喷雾装置。同年，由通风防尘处负责引进掘进工作面放炮自动喷雾装置29套。

1992年，推广使用自动化防尘技术，有大巷红外线自动喷雾，电机车触控喷雾，转载点、装车点自动喷雾，水式电煤钻打眼等。

2002年，矿务局推广放炮自动化高压远程喷雾、胶带微震动喷雾、采掘机内外喷雾、移架降架联动喷雾、煤层注水等防尘技术。

2007年开始，各权属单位采取多种措施，治理粉尘危害：①落实包保责任制，实行防尘区域无缝隙管理。井下所有采掘工作面、硐室、巷道分别明确防尘责任单位，防尘设施使用、日常维护和巷道除尘全部落实到人。②开展"无尘化"矿井创建活动。坚持每年考核评比1次，对创建情况进行全面验收并严格兑现奖罚。将清洁生产延伸到地面煤场，建设煤场防尘喷淋系统。③源头防尘，采掘工作面使用综掘机除尘系统、放炮远程喷雾、采煤机综掘机外喷雾、支架移架放顶自动喷雾、风水联动自动喷雾、自动旋转喷雾、转载点自动喷雾、耙装机自动喷雾、挡尘帘等降尘设施提高防尘效果。④开展粉尘危害治理技术创新。引进附壁风筒、综掘机司机"氧吧"等防尘设施，推广应用综掘"长压短抽"等先进除尘工艺。

2. 噪声

各生产单位采用先进工艺，选用低噪声设备，采取减振措施，减少作业场所噪声危害，为员工配备防噪耳塞等。2008年，古城煤矿对主要噪声源分别采取隔声、吸声和消声装置；主副井绞车房、主通风机房等场所设有隔声操作室；通风机房墙面敷设吸声结构并安装混响式吸声吊顶，风道内衬安装吸声衬板，出风扩散口安装片式消声器；空压机房内有隔声值班室，所用空压机配有进气消声器；井下局部通风机选用低噪声对旋式局扇，外置消音装置，使所有作业场所噪声均低于115分贝，连续工作满8小时场所全部低于85分贝。

3. 高温热害

井下主要机电硐室及采掘工作面安设温度传感器，高温地点加大风量、定期洒水降温。

2007年，随王楼、郭屯等矿井开采深度增加，井下梯度地温升高，导致采掘工作面及回风流高温湿热显现，相关煤矿采取各类降温措施：①在高温季节来临时，作业地点准备好职工的防暑降温用品和物资。②在极端高温天气工作时，相应缩短一线职工的工作时间。③在高温作业场所安装机械制冷降温设备。王楼煤矿引进德国WAT公司KM3000制冷机组1套，地面制冷泵房提供冷却水至井下制冷硐室内制冷机组，通过制冷机组的冷却，制冷硐室提供冷冻水至空冷器，与局部通风机相连接，实现采掘头面制冷降温。郭屯煤矿井下在-808米水平制冷硐室配备型号为KM3000的制冷机组3台，2用1备，制冷量9.9兆瓦，总功率为2700千瓦。

4. 辐射危害

加设防护网和放射源警示标志，定期对放射源进行检测。

5. 有毒有害因素

山东玻纤集团等地面单位按照有毒和无毒工序进行分区，优化生产布局，从而减少生产过程中有毒有害气体对作业人员的伤害。非煤矿山和煤矿优化通风系统，合理安排生产计划，优化通风设计，避免长距离掘进和串联通风，采煤工作面和掘进工作面实行独立通风。及时构筑通风设施，保证通风系统合理、稳定、风量充足。加强通风管理，合理分配风量，使采煤工作面、备用工作面及掘进工作面等用风地点的风量、风速符合规程要求。对井下所有头面实施防瓦斯连续监测监控，执行好瓦检工巡回检查制度。

（三）职业健康监护

1991年，矿务局组织对新工人入矿前的查体、接尘人员查体档案的建立和尘肺病人的登记与管理工作。年末，全局接尘人员建档率90%，尘肺病人登记合格率100%。1997年10月2日，矿务局执行《山东省实施〈中华人民共和国尘肺病防治条例〉办法》，制定贯彻意见和落实措施。

2002年，矿务局宣传贯彻《中华人民共和国职业病防治法》，各矿上下关注职业卫生工作。2003年7月，落实《中华人民共和国职业健康监护管理办法》，卫生处组织对接尘工人进行职业健康查体，建立职业健康监护档案。2010年，执行《国务院关于进一步加强企业安全生产工作的通知》。2011年，执行《国家安全监管总局关于加强职业健康工作的指导意见》《山东省煤炭工业局关于加强全省煤矿职业健康工作的意见》。

2014年，制定《临沂矿业集团有限公司2014年职业病防治工作计划》，建立健全责任体系、管理机构、规章制度，做好前期预防工作，配置健全作业场所防护设施，做好员工个人防护、职业教育卫生培训、健康监护工作。各单位对职业卫生工作全面梳理，自查自纠，临矿集团组织人员对各单位进行检查。2015年，执行《煤矿作业场所职业危害防治规定》。

2016年，按照《山东煤矿职业卫生档案管理指导意见》以及山东煤矿安全监察局《关于印发山东煤矿职业卫生档案管理指导意见的通知》要求，完善职业卫生档案，包括矿井基本情况表、重点职业病危害因素分布平面示意图、生产工艺流程图、主要工艺描述、各生产单位接触职业病危害因素人员一览表、职业病危害因素动态监测结果、职业病防治有关文件、职业危害防治计划与实施方案、职业危害防治等管理制度、职业卫生专（兼）职管理组织职能及人员分工、职业危害项目申报档案、职业病防护设施台账、职业卫生培训教育汇总资料、职业健康监护档案、职业病事故应急救援预案及演练有关资料等。分别在安监处、安培中心、卫生所建立职业卫生管理档案室、职业卫生培训档案室和职业卫生监护档案室，并设专人管理，对职业卫生档案及时归档，按年度或建设项目整理、编号登记、入库保管，按规定的期限保存。根据人员变更情况，及时补充、完善各单位的职业卫生档案，达到统一编号、专册登记、一人一档、规范整洁的要求。

三、妇幼保健

1991年，矿务局卫生处负责妇幼保健工作，各单位由卫生防疫部门负责。

1992年3月，下发《关于实行儿童计划免疫制度的通知》，决定实行儿童计划免疫保偿制度。凡1991年7月1日以后出生的婴幼儿都必须参加计划免疫保偿，每人交保偿金6元（包括疫苗、注射、办证、建卡等手续费工本费），保偿期1年。保偿单位负责对入保儿童按照规定的免疫程序进行卡介苗、脊灰疫苗、百白破三联菌苗、麻疹活疫苗的8次基础免疫接种。入保者在管理期限内如发生相应传染病，经局防疫站指定医院确诊，由保偿单位给予一次性赔偿。赔偿标准：麻疹、百白破各20元；白喉、破伤风、婴儿瘫、结核病各50元；如因上述病症死亡，给予一次性抚恤金200元。

2000年9月，转发《临沂市风疹疫苗免疫接种实施方案》，各单位对8个月至12周岁的儿童，年底前全部接种1次风疹疫苗；第二年春天，对30周岁以下，具备生育能力并符合计划生育规定的育龄妇女，进行风疹疫苗普种。

2001年5月，下发《关于做好肠道寄生虫病防治工作的通知》，各单位对2周岁以上学龄前儿童及所有在校学生使用海密克，采用一次性皮涂方式驱虫。

2004年，女职工保健查体86人。6月，下发《临沂矿务局女职工劳动保护实施细则》，禁止安排女职工从事因生理特点禁忌从事劳动范围的劳动。对长久站立、行走劳动的女工，因月经过多或痛经不能坚持劳动的，经医疗机构证明，给予公假1～2天；女职工怀孕期间不得安排有毒物质的作业和超过卫生防护要求的放射性作业以及经常攀高、弯腰、下蹲等容易引起流产、早产、畸胎的劳动；女职工怀孕后，在指定医疗机构检查和分娩时，所发生的费用由所在单位负担；对女职工每2年普查1次妇女病。女职工100人以上的单位，应设置女职工卫生室，妇幼休息室；有5名以上哺乳婴儿的单位应建立哺乳室；有40～100人的单位，应设置简易温水箱及冲洗器；流动、分散工作的单位，发放个人自用冲水用具。女职工浴室实现淋浴化。

2005年3月，撤销卫生处，儿童保健业务取消；妇女保健业务划归总务处管理。2005年春，组织女职工保健查体244人。

2016年2月，保健工作由总务处划归临矿集团工会管理。每年组织女职工查体1次，由各单位自行组织。

四、计划生育

（一）机构设置

1990年，计划生育管理工作由卫生处负责，1名副处长分管。

2001年11月，计划生育工作由卫生处划归到总务处管理，总务处副处长兼计划生育办公室主任，配备专职计划生育人员，设副主任1人。

2006年末，全集团有计划生育干部58人，专职21人，兼职37人。

2016年2月，计划生育工作由总务处划归临矿集团工会管理，工会副主席兼计划生育办公室主任，配备专职人员1人。

（二）管理规定

1991年6月17日，矿务局制定《关于加强计划生育工作的规定》，继续提倡一对夫妻一个孩子，严禁计划外生育。提倡晚婚晚育，男年满25周岁、女年满23周岁以上结婚的为晚婚。提倡优生优育，推行婚前检查，经局以上医院确诊患有严重遗传性疾病的，禁止怀孕生育。生育二胎以上的，一律实行绝育手术，并以女扎为主。实行生育证制度，符合条件领取生育证后方可怀孕。符合二胎条件的要按照规定审批后，发给二胎生育证。无证怀孕的，一律流产，强行生育的按超生处罚。对符合二胎条件而无证生育的从夫妻双方工资中征收20%的超生费，从怀孕之月至安排生育指标之月止征收，最长不超过3年，征收超生费期间，夫妻双方不发奖金、不提职、不晋级、不升工资。不符合二胎生育条件的，是双职工的，男方给予行政开除留用2年的处分，女方给予开除公职处分；是单职工的，无论男女均开除公职。超生二胎以上的（不含二胎），一律开除公职；是党员的，开除党籍；已"农转非"的，再"非转农"。严禁私自抱养或领养孩子，违者按计划外生育给予相关处罚。严格育龄妇女查体制度，拒查者每次罚款100元，并限期补查。8月7日，矿务局纪委、监察处、干部处、卫生处联合下发《关于党员干部职工违反计划生育政策法规处理的规定》，要求对清理出1980年1月1日以来违反计划生育政策法规的党员、干部、职工，根据情节严重程度，给予相应的处理。

1992年6月，下发《关于计划外生育费管理使用的通知》，规定各单位自1980年以来违反计划生育政策的罚款和征收的超生费全额上缴，矿务局扣除上缴部分后，将剩余款额按50%返回交款单位，上缴款额不足的不予返回，单位欠交款额用该单位的其他资金强行扣回，并追究有关人员的责任。计划生育费纳入财务专户存储管理，计划生育部门具体提报使用，由财务部门按计划列支，保证用于计划生育事业，不得挪作他用。

1998年9月18日，矿务局根据临沂市《关于城市计划生育工作规范化管理的意见》《关于对流动人口与计划生育实施规范化管理的意见（试行）》的要求，将汤庄、五寺庄、塘崖、株柏、古城煤矿，总厂、机械厂、热电厂、华建工程公司、煤炭运销公司、汽车运输公司、招待所、矿务局中学、技工学校、中心医院、劳动服务公司、后勤服务中心、矿务局机关共18个单位计划生育工作划归临沂市罗庄区计划生育委员会管理，将褚墩煤矿归属临沂市郯城县管理，草埠煤矿归属淄博市沂源县管理，岐山煤矿归属临沂市平邑县管理，煤田地质勘探工程公司归属临沂市管理。

2001年4月16日，矿务局转发《山东省禁止非医学需要鉴定胎儿性别和选择性终止妊娠的规定》，要求各单位认真贯彻执行，严格控制人口性别比。7月10日，矿务局下发《关于计划生育有关假期待遇的规定》，对计划生育假期、计划生育医药费的报销、独生子女及父母待遇都作出明确规定。婚假：男女双方达到法定结婚年龄的享受婚假3天；男方年满25周岁、女方年满23周岁结婚的为晚婚，除法定婚假外，增加婚假2周（有一方达不到晚婚年龄的，双方均不能享受增加的假期）。产假：计划内生育的，产假为90天；剖宫产的增加假期15天；达到晚婚年龄计划内生育第一个孩子的，除法定产假外，增加产假2个月。节育手术休息时间：放环2天，取环1天；男扎7天；女扎21天；人工流产14天；人工流产+放环16天；人工流产+女扎30天（人工流产均指节育措施失败所致）；中期怀孕引产30天；中期怀孕引产+女扎40天（即符合计划生育政策规定、医学鉴定需要的情况）；产后女扎，除产假外，另加14天。以上增加的婚、产假及休息时间均视为出勤，工资照发，不影响年终评比。对有关费用报销规定，报销范围仅限于职工计划内生育费、按政策规定落实节育措施、流、引产以及已婚育龄妇女进行检查、孕情跟踪的费用；计划内生育费实行限额，正常分娩不超过600元；剖宫产等600元以外的医药费由医疗保险解决；其他费用按国家收费标准报销，超出标准的部分由个人担负。上述费用由单位财务部门从福利费中支付。独生子女及父母待遇：独生子女自领证之日起至14周岁止，每人每月10元，夫妻双方各承担50%；独生子女在矿务局各学校上学，升学时加10分；在矿务局定点医疗机构就医免挂号费；独生子女父母退休时加发5%的退休金。

2002年4月18日，矿务局下发关于开展宣传学习《中华人民共和国人口与计划生育法》活动的实施意见。各单位利用标语、宣传栏、电视媒体等形式组织宣传、学习活动，广大职工群众增强法律观念，加强法律意识。

2005年3月8日，矿务局规定女职工计划生育符合规定的住院医疗费用，按照临政办发〔2001〕34号文件执行，即个人负担本人年工资总额30%后，剩余部分按规定的住院费用报销比例报销，其报销费用由所在单位负担。3月22日，矿务局规定，凡生育1个孩子的，在女职工正常休假的基础上，给予男方护理假期7天。12月8日，根据《山东省人口与计划生育条例》规定，矿务局下发《关于对退休独生子女父母发放一次性养老补助的通知》，决定对2002年9月28日以后退休的独生子女父母发放一次性养老补助，由所在单位按照单位所在地级市上一年度职工平均工资的30%执行。

2006年4月，矿务局将临沂罗庄中心医院、华建工程公司、创元焦化公司、亚龙机械公司、腾源热电公司、恒昌煤业公司6个单位的计划生育管理移交罗庄办事处计划生育办公室管理。6月12日，矿务局根据山东省人口和计划生育委员会有关规定，下发《关于对退休独生子女父母发放一次性养老补助的补充通知》，规定凡1988年7月20日—2002年9月28日期间退休的独生子女父母，退休后，未按1988年发布施行的《山东省计划生育条例》第二十九条第二款加发5%退休金的，可参照矿务局《关于对退休独生子女父母发放一次性养老补助的通知》的有关规定，由所在单位发给一次性养老补助。

2007年，为育龄妇女查体4次，为独生子女户足额发放独生子女费，每人60元/年，发放至孩子满14周岁。

2008年6月7日，开展计划生育集中清理，全年为育龄妇女查体4次。

2013年，育龄妇女进站查体工作由矿医院转到罗庄镇医院；同年，为独生子女父母退休时按临沂市上一年度人均工资的30%发放一次性养老补助金。

2014年，生育第一个子女可进行免费登记。6月1日，单独二孩政策放开。2015年，生育第一、第二个子女后，不再进行节育手术。

2016年，二孩政策全面放开；为独生子女父母发放独生子女费60元/年，发放至14岁改为18岁。

二孩政策放开后，婚假由3天改为17天，产假由98天改为158天。

2017年，取消目标责任兑现奖励。

（三）综合管理

1991年5月22日，矿务局党委召开党政一把手计划生育工作会议和全局计划生育工作会议，宣读中共临沂地委、临沂地区行署对矿务局计划生育工作通报批评的决定。局长崔宝德、局党委书记赵荣思，分管副局长李景锡分别作检讨。各单位党政主要领导接合所在单位情况进行表态发言，作自我批评。

1991年，处理1980年1月1日以来违反计划生育政策的职工1920人、党员干部17人。

1992年1月10日，召开临沂矿务局计划生育协会成立大会。临沂地区计划生育委员会和临沂地区计划生育协会的有关领导到会指导并讲话。大会根据《中国计划生育协会章程》，选举产生局计划生育协会会长、副会长、常务理事、理事，聘请名誉会长。

1992年5月20日，召开计划生育工作总结表彰大会，对19个先进单位、45名先进个人给予表彰奖励。

1997年9月26日，下发《关于开展计划生育集中活动的通知》，成立计划生育集中活动领导小组。这次集中活动，对育龄职工100%全员化管理；对流动人口纳入全部管理；对违反计划生育政策规定、超生或非法抱养的进行彻底清理，查出一例罚款1500元。对全局所有计划外出生、超生、非法抱养的职工，分别给予开除矿籍、开除党籍、留用察看、经济罚款等处分，处理103人。

1998—1999年，继续加强计划生育管理工作，处理违反计划生育政策职工131人。

2000年，对塘崖煤矿计划生育管理不严、出现3名女工计划外生育二胎的问题给予重点管理。责令该单位主要负责人和分管领导写出书面检讨，对单位和计划生育负责人"一票否决"，对该单位党政主要负责人、分管领导和计划生育负责人各罚款500元；对恒河实业总公司出现1名待业人员1胎计划外生育，给予工作警告处分，要求该单位限期1年扭转被动局面。

2002年3月19日，罗庄区召开计划生育工作总结奖惩大会，矿务局有9个单位、2人受到表彰奖励，2个单位因职工违反计划生育政策超生被列为重点管理单位。

2003年8—9月，组织开展所属辖区育龄妇女基础信息核查及城区人口与计划生育清理核查活动，对15～49周岁育龄妇女清理核查。坚持"查不漏户，户不漏人，人不漏项"原则，逐条逐项核对，最后由本人核实签字。这次入户核查累计1627户，沿街楼91户，建主管档案1525人、协管档案2614人。根据入户核查情况，按照规定绘制《单位全貌图》《人口与计划生育户况显示图》。

2006年8月，向临沂市罗庄区计划生育局捐款关爱女孩活动经费3000元。

2007年，临矿集团坚持党政一把手"亲自抓、总负责"，主管部门指导，相关部门参与的综合管理制度，重新修订优化人口与计划生育目标责任合同。

2009年，开展优生优育宣传咨询服务活动，普及优生优育、生殖健康科普知识，引导育龄妇女自觉接受婚前检查，有针对性进行婚育指导。

2010年，加强暂住人口、人户分离人口、大龄女青年管理，坚持每年至少2次为育龄妇女查体，规范计划生育信息管理。

2010—2018年，临矿集团均获得罗庄计生委先进单位称号。

1991—2018年临矿集团计划生育情况统计表

表11-3-2

年度	晚婚	晚育	独生子女（户）	节育	独生子女费（元）	独生子女父母补助（元）
1991	5	3	38	40	2040	－
1992	6	6	41	41	2220	－
1993	10	8	54	45	2505	－
1994	8	16	58	87	2870	－
1995	11	10	59	89	3105	－
1996	11	64	63	54	3355	－
1997	16	12	73	56	3725	－
1998	19	15	81	105	3940	－
1999	29	24	87	77	4725	180
2000	29	26	103	81	4435	360
2001	36	29	104	91	4005	360
2002	44	29	108	86	3950	480
2003	43	9	104	92	3715	240
2004	48	40	206	103	12095	240
2005	17	43	219	95	14070	720
2006	25	27	216	89	16610	420
2007	22	44	222	86	25070	－
2008	50	39	238	98	27860	41126.4
2009	68	58	242	107	30055	23760
2010	61	145	245	83	39565	15840
2011	93	68	197	79	40425	8902
2012	75	80	207	98	45690	11164.2
2013	87	67	199	91	54550	107482.5
2014	71	80	195	108	58290	111612
2015	59	65	167	89	56460	232348.5
2016	80	70	89	70	51660	368619.6
2017	70	56	78	52	50640	453630.1
2018	58	40	82	50	4440	1370751.4

第十二篇　后勤保障

临矿集团始终坚持"以人为本"的发展理念，着力为职工营造舒适、优越的工作和生活环境。在由东部老矿区向西部新矿区拓展过程中，本着"兵马未动，粮草先行"的理念，克服企业亏损、资金匮乏的不利因素，全力为职工创造良好的工作生活条件，稳定职工队伍。随着西部矿区的崛起与煤炭市场的好转，临矿集团所属矿井着力推进后勤工作高质量发展，在职工福利设施方面加大投入力度，积极营造"舒适、舒心、文明、健康"的工作和生活环境，增强向心力和凝聚力。矿区楼舍林立、道路通畅、绿树成荫，"四季有绿、三季有花、秋季有果"，现代化的办公楼、宽敞明亮的餐厅、宾馆式的职工公寓、干净舒适的浴室，职工工作环境明显改善。为方便职工上下班，矿井开通通勤班车，职工生活质量显著提高。

武装保卫处（科）在做好矿区治安保卫工作的同时，还承担国防教育、征兵、民兵训练、预备役官兵管理、防汛抢险等工作，为企业稳定有序发展提供安全保障。

第一章　后勤管理

第一节　机构设置

1991年，矿务局生活福利处负责全局职工生活福利达标和局机关职工生活福利工作。1994年4月，生活福利处更名为生活服务中心，职能不变。

1996年5月，房改办与生活服务中心合并，成立后勤服务中心。

2001年11月，局机关改革，保留后勤服务中心，职能不变。

2006年2月，后勤服务中心撤销，职能并入总务处，下设财务科、物业管理科、水电暖科、综合科、综合管理办公室、住房资金管理办公室、计划生育管理科、绿化环卫科、幼儿园等。局属各单位设有生活福利科或总务科，负责职工生活保障事务。

2010年11月，成立山东东山矿业公司接待处，为独立法人单位，经营范围为住宿、餐饮服务、房屋租赁。

2012年6月，山东东山矿业公司接待处由总务处负责管理。

2016年6月，成立后勤保障部，管理总务处、武装保卫处、老干部处及接待处。总务处下设物业管理科、水电暖科、办公楼综合管理科、综合管理办公室、绿化环卫科等。

第二节　两堂一舍

一、职工食堂

（一）管理

1991年，全局有食堂26个，建筑面积17209平方米，炊管人员609人。按除去人工、水电等费用后的饭菜成本价销售。

1991—1993年，矿务局机关食堂隶属生活福利处，配备司务长、会计、出纳、仓库保管、采购员，设置面组、菜组，炊管人员30余人。食堂制定管理制度、考勤制度、交接班制度、司务长岗位责任制、会计岗位责任制、采购人员岗位责任制等。1994年，隶属生活服务中心。1996年，隶属后勤服务中心。1998年2月，交局招待所管理。2004年12月，局机关办公楼新食堂启用后，由局行政办公室管理，建立岗位责任制和管理制度。

2010年7月，制定《临矿集团接待处财务管理核算办法》，对接待处资金、采购、出入库、收入费用等作出规定。

2012年5月，机关食堂由行政办公室划归总务处管理，组织形式为山东东山矿业有限责任公司的分公司，为东山公司设立的非法人分支机构，独立核算的经济实体。

2013年10月，山东东山矿业有限责任公司与临沂市春风劳动保障服务有限公司签订劳务派遣协议，机关食堂厨师、服务员由春风公司派遣。

2014年2月，印发《关于进一步加强内部食堂公务接待管理的通知》，严格执行食堂公务接待管理规定。

2017年，制定《关于对"两堂一舍"实行量化考核星级评定的通知》，开展健康食堂创建活动，每季度进行1次职工座谈、民主测评、查阅资料、现场检查、考核通报，对各单位健康食堂创建情况进行考核评估。11月，机关食堂的原材料采购实行报销单据上线审批。

2018年5月，机关职工每月补助就餐费600元/人，自助餐20元/人，自助餐厅2个，一层职工餐厅容纳150人就餐，二层自助餐厅容纳100人就餐。中餐包间6个、西餐厅1个。6月开始，省内各权属单位每期派2名厨师、3名服务员到机关食堂轮值，每期3个月。

2020年，国内发生新型冠状病毒疫情，机关食堂制定一系列疫情防控管理制度和工作措施。

各单位食堂采取相关措施，提高服务质量。其中，郭屯煤矿职工食堂推行精益7S管理，对食堂操作间工作台进行优化合理布置，打造可视化"明厨亮灶"。邱集煤矿以"情暖职工、服务一流"为工作宗旨，整治餐厅环境卫生，每天坚持6次消毒，3次通风换气，严控从业人员健康，严格外来人员登记。

炊服人员实行持证上岗制度，规定持有厨师资格证、健康证者方可上岗。职工食堂使用炊事人员一般采取招聘、自聘方式，从业年限长的优先录用。服务人员经健康查体，学习培训1周，试用1月合格后录用。

2020年末，临矿集团有食堂29个，建筑面积41278.6平方米，炊管人员638人。

（二）设施

1. 机关食堂

1992年，全局开展生活福利达标活动，机关食堂进行整修，墙体贴瓷板，粉刷餐厅，餐厅后的一排平房改造成单间，购置部分桌椅、餐具，一次可供100人就餐。

2004年1月，局机关食堂停办。12月，矿务局新建综合办公大楼投入使用。在其北侧建有2层楼食堂1处，建筑面积622.44平方米，主要用作对外招待。一层为饭菜制作间和大餐厅，有和面机、电饼铛、电烤箱、蒸箱、消毒柜等设备。

2010年4月，临矿集团文体楼建成投入使用，厨房移到文体楼二楼添置双炒双温灶、双门蒸饭柜、静音风柜等设备。

2013年12月，临矿集团机关食堂一楼职工餐厅进行整体改造，食堂厨房增添蒸饭柜、油烟控制柜、消音风柜等设备。

2017年11月，筹建机关食堂2层东、西自助餐厅，添置海尔卧式冰柜5台、海尔立式冰箱7台。

2018年5月，机关食堂2层东、西自助餐厅投入使用，部分就餐人员分流到自主餐厅就餐，解决一楼餐厅就餐拥挤问题。10月，改造菜梯，运餐车可一同进入菜梯；添置和面机、压面机、节能灶、智能净水设备、新型环保厨房油烟净化设备等，改善职工就餐环境，油烟排放达标。

2. 权属单位食堂

1991—2009年，各权属单位职工食堂饭菜制作炊具传统简陋，配有冰箱、烤箱、和面机等，制作食品结构单一，平时只有馒头、面饼和炒菜，且菜品很少。

2001年开始，随着经济条件的好转，各单位普遍对职工食堂进行改造或扩建，配置消毒柜、馒头机、绞肉机、豆浆机、铝合金蒸笼、电饼铛等设备，部分单位还添置水饺机，实现服务优质化、饭菜多样化。

2010—2020年，各基层单位职工食堂增添小型冷冻库和智能冷柜、消毒柜，增加饭菜保温设施和面食设施，配备包子机、豆芽机、豆腐机、洗碗机、水饺机、烧饼机等设备。

（三）食品供应

1. 原材料采购

机关职工食堂使用的面粉、油、肉、蛋等材料，通过比质比价挑选优质价廉的供货商送货上门，其他青菜等原料由专人负责到市场采购。

2017年1月，制定《机关食堂物资采购制度》，对供应商选定、采购程序、验收入库、报销流程等作具体规定。原材料采购主要以定点供应商配送为主，外出采购为辅，由采购小组与厨房共同验收定点供应商原材料供货的数量、质量，签署供货协议。对定点供应商的配送货品不定期比质比价，质量优先，对不符合标准原料予以退货。对供应商配送价格定期由采购小组进行考察。

2020年12月，印发《山东能源临矿集团生活物资集中采购供应管理办法（试行）》，菏泽煤电公司、郭屯、彭庄、王楼、新驿、鲁西、邱集煤矿、会宝岭铁矿、山东玻纤集团、物商集团、临矿集团机关食堂等第一批单位的米、面、食用油生活物资由物商集团集中采购、统一配送。

2. 制作与要求

临矿集团机关食堂主要用于机关职工就餐，同时兼顾内部业务招待。机关食堂职工餐为一日三餐全白班制度，职工刷卡购买饭菜。主食有馒头、米饭、花卷、千层饼、蒸包、发面饼、烤牌、发糕、粽子等。菜类有中锅菜，烧鸡、牛肉、红烧猪蹄等熟食，平均每天菜品在20种左右，周期性更新饭菜品种，以成本价销售。

各生产矿井职工食堂均实行24小时供给饭菜，满足职工不同时段就餐需求。饭菜做到荤素营养搭配均衡，在追求大众菜、多样化的基础上，做到色、香、味、形俱佳。面食有馒头、花卷、蒸包、油煎包、煎饼、肉夹馍、烤排、油条、油饼、发面饼、水饺、米饭、面条等近20个品种。菜品制作方面，以普通炒菜为主，炸、烩、蒸等菜品每天增加到30多个品种。根据不同时令阶段，增设砂锅、耗肉干饭、糁汤等品种。不仅有大锅售饭窗口，还配有小炒窗口。各服务窗口饭菜明码标价，供大家自由选择。上海庙矿业公司下属2矿井开设民族特色窗口，解决少数民族职工就餐问题。地面各生产经营单位的餐厅则按照一日三餐的形式对内部职工按时开放。

2012年，部分生产规模较大的矿井为解决地面人员与井下职工集中用餐时过于拥挤问题，同时服

上海庙矿业公司10元自助餐（2019年）

务于大型会议、大型活动的人员就餐，在对大餐厅基础设施进一步改造完善之后，又成立自助餐厅或小餐厅进行分流。自助餐厅分为凉菜区、主食区、小炒区、水果区等。自助餐按点供应，饭菜做到荤素营养搭配均衡。早点以鸡蛋、油条、油饼、油煎包、蒸包、面条、蛋炒饭、豆浆、稀饭、咸汤为主，咸菜不少于6种；中、晚餐保持六菜两汤、两荤四素，面食有馒头、花卷、烤排、发面饼、米饭、煎饼、肉包、菜包、糖包、馅饼、水饺等，做到餐餐不重复，保证热菜不少于10种，凉菜不少于5种，面食不少于5个品种。

2018年，上海庙矿业公司领先推行"4D"（整理到位、责任到位、执行到位、培训到位）管理模式，在食堂内安设铝合金玻璃隔断，严格将凉菜间、烹饪间、面食加工制作间和粗加工等功能区域单独分开，独立制作，避免食品加工过程中的交叉污染。严把采购关，货买源头，货比三家，明确没有"两证两章、食品卫生许可证、QS认证"的食品一律不得采购。食品原料加工分类、分池、分台操作，分容器存放。蔬菜加工按一拣、二洗、三切顺序操作。严格执行厨房安全卫生操作规范和粗加工安全卫生操作规范，制作食品做到烧熟煮透，禁止向职工出售剩、冷、过期饭菜。职工食堂作为非营利性福利机构，为保证价格合理，所有食材统一集中招标采购，每周进行1次市场价格考察，有效控制原材料采购成本。2019年，推行10元自助餐；2020年，在定期组织对食堂进行民主评议活动的基础上，增加补贴额度，提高饭菜质量和服务水平，将"10元吃饱"自助餐升级为"10元吃好"。

二、职工澡堂

（一）总部机关澡堂

建于1979年，建筑面积248平方米。1991年，生活福利达标时进行整修，粉刷墙壁，增加淋浴喷头，配备梳子、镜子、脸盆、拖鞋、更衣橱，定期对水池进行消毒。配备专职管理人员，设专人售票。内部职工票价为0.5元/位，外部人员票价为1元/位。

2000年2月，机关职工澡堂交招待所管理，内、外部人员票价一律1.5元/位，矿务局对职工给予每月10元/人洗澡补助。

2004年5月，停止职工洗澡补助，澡堂停用。

2005年10月，在机关职工家属住宅区内新建澡堂1个，建筑面积230平方米，设有男、女浴室，单间4个、蒸汽房2个、淋浴喷头43个、更衣橱24个，对外营业，票价为2元/位。

2006年10月—2018年，澡堂实行内部职工承包经营，在机关内部公开招标，签订承包合同，由承包者自行负担水电气费用，并上交一定的承包费用。2014年，水、电、气价格增长，票价调整为3元/位。2016年，票价调整为4元/位。2018年，临矿集团职工家属区"三供一业"分离移交后，澡堂停止运营。

（二）权属单位澡堂

各单位职工澡堂隶属总务科或后勤服务公司管理，要求更衣室内严禁烟火、每天定时打扫、保持环境卫生，职工澡堂作为福利设施对个人不收取费用。生产矿井的职工澡堂配有洗衣房，职工升井后可将待洗工作服交洗衣房，由值班洗衣工洗净，放到烘干室烘干，工作服若有破损则由缝补工补好，不耽误次日上班穿用，彻底改变以前那种"井下一身汗，井上一身炭，又脏又凉无法穿"的局面。

1991—2003年，矿工更衣室配备木制更衣橱柜。为消除火灾隐患，2004年，将木制更衣橱全部更换为铁制更衣橱。

2010年，更衣室安装吊篮、电视机、电热水器。男澡堂与来宾澡堂有2个以上的浴池和数量不等的淋浴喷头，女澡堂配淋浴头。

2011年开始，各矿井陆续对职工澡堂装修改造，包括对地面、墙面、洗浴设施、天花板等进行升级，并建设干蒸、湿蒸房，浴池增设臭氧消毒、喷泉按摩等功能。

2017年，为进一步规范"两堂一舍"标准化管理，更好地提升服务品质，各矿制定《"两堂一舍"管理制度》，包括浴室管理员岗位责任制、浴室卫生消毒制度、职工澡堂交接班制度、澡堂工操作规程等。按照要求工作人员搞好现场交接班，全天24小时做好设施管理和保洁工作，保证24小时热水供应。澡堂内部为职工添置防滑拖鞋，在楼梯敷设防滑条，浴室铺设防滑垫。

同年，部分生产矿井锅炉拆除，投资新建压风机余热利用系统为澡堂供给热水。新驿煤矿对职工澡堂淋浴系统进行红外线节水改造，加设双回路自动循环加热系统，解决管道内积存凉水的问题。

郭屯煤矿男职工浴室（2017年）

三、职工住房

（一）总部机关集体宿舍

1. 宿舍建设

1991—2005年，矿务局机关有2栋单身宿舍楼。1980年，投资11万元建成第1栋，位于局机关家属区南部，占地1030平方米，为3层楼房，60个房间；2006年7月，因统一规划而拆除。1987年，投资18.6万元建成第2栋，位于南院办公区西部，占地1318平方米，为2层楼房，1层为小车班车库，2层为单身职工宿舍；2001年，经过整修，2层全部改为单身职工宿舍。

2006年8月，在局机关家属院西南角建成1栋占地1830平方米的5层职工宿舍楼，共有50个房间，配备宽带网线、床、衣橱、热水器等设施，有独立的卫生间和厨房；2007年，投入使用。南办公区西部的职工宿舍经过整修改造成为科技楼，作为信息中心、技术中心和设计院的办公场所。

2. 宿舍管理

1991—1993年，矿务局宿舍管理隶属生活福利处管理；1994—1996年，隶属生活服务中心管理；

1997—1998年，隶属后勤服务中心管理；1999年，隶属总务处管理。

2007年7月，制定《临矿集团机关职工宿舍楼管理办法》，每间宿舍年收取360元租赁费，供暖费由单位承担，水、电、有线电视等费用由职工个人负担。

2012年8月，因职工宿舍居住紧张，租用技师学院沿街房16间用作职工宿舍。2018年7月，停止租用。

2018年3月，制定《临矿集团总部机关职工租房补助管理暂行规定》，鼓励职工外出租房，给予符合租房补助条件的机关职工按500元/月的标准发放补助。2018年3月—2020年3月，为63名职工办理住房补助，发放租房补助23.9万元。

（二）权属单位集体宿舍

1. 株柏煤矿

1991年11月，在工人村建成4座单身职工宿舍楼投入使用。其中3层双面楼2座，建筑面积4150平方米，共168间、500个床位；3层单面楼2座，建筑面积2328平方米，共76间、240多个床位。1992年，矿井投产后，到矿居住的职工家属逐渐增多，导致家属宿舍相对不足，2座双面楼大部分房间改成家属宿舍。

1993年11月，为解决在矿区工业广场值班人员的住宿问题，在工业广场南侧建3层单面楼1座，建筑面积1302平方米。1楼东侧为女职工宿舍，西侧为职工餐厅，2楼为招待所。3楼为男职工宿舍，共15间、43个床位。

2002年，按照矿务局福利达标要求对工人村2座单面楼职工宿舍实行公寓化管理，宿舍配备铁架床、床垫、床单、被子、被罩、枕头、凉席、床头橱、吊扇、圆桌、马扎、脸盆、三角架、快餐杯、扫帚等器具。每座楼由2名女工负责打扫卫生，为职工提供热水。

2016年，对工人村2座单身宿舍楼实行标准化管理，共81间、304个床位，每个房间安装空调，宿舍楼设管理员2人；水、电全部装表计量收费，夏季用电减半计算。对2栋职工集体宿舍楼进行改造，可住职工536人，室内配备电视、网线、暖气、空调、桌椅、热水器、储物柜等主要设施，床上用品统一配备并编号；男、女职工宿舍分区设置，配有3间探亲房。楼内实行牌板化管理，楼栋、房间编号、警示标牌；卫生和检查制度健全，实行日查旬检月考核，奖罚分明。

2017年6月，南北单面楼整修完毕，职工全部搬至单面楼。职工集体宿舍单面楼两栋共90间、建筑面积1841.4平方米，每间宿舍住4名职工。2018年，2座职工单面宿舍楼全部供暖。

2. 古城煤矿

集体职工宿舍楼有5栋，为砖混结构。宿舍区内4栋，每栋6层，每层20个房间；安培中心内1栋，5层，每层14个房间。总建筑面积7750平方米，可入住职工1660人。

1995年5月，单身宿舍区1、2号宿舍楼投入使用。2000年3月，3号楼投入使用。2003年，4号楼投入使用。2006年1月，连接矿区与单身宿舍区的人行天桥投入使用。2007年4月，华星物业服务公司24人负责卫生清理及提供热水、被褥拆洗。2010年11月—2011年6月，对4栋宿舍楼依次装修改造。

2011年，安培中心宿舍楼建成投入使用。

2018年3月，对宿舍区洗漱间、卫生间吊顶装修。4月，对宿舍楼节能改造，安装LED节能声控灯500盏、节能直饮机17台。

3. 新驿煤矿

2003年3月，1号宿舍楼竣工，建筑面积4123平方米，142个房间、468个床位。12月30日，2号宿舍楼竣工，建筑面积4123平方米，142个房间、497个床位。

2008年2月，3号宿舍楼竣工，建筑面积4476平方米，154个房间、570个床位。

2014年10月，5号宿舍楼竣工，建筑面积6737平方米，144个房间、325个床位。房间设单独卫生间，按标准配备木床、桌椅、橱柜、电视等生活用品。1～5层住职工，6层为招待所。

2017年，修订《新驿煤矿宿舍入住须知》《职工宿舍管理规定》《宿舍质量标准化管理规定》等制度，配备管理员及保洁员；1、2、3号宿舍楼更新木床，增添床上用品、壁橱、床头柜、储物柜、晾衣架、窗帘、热水器、洗衣房等。

新驿煤矿职工宿舍楼（2018年）

2020年末，有职工宿舍楼4栋，每幢6层、582个房间，可居住1860人。

4. 王楼煤矿

2004年，1号楼竣工使用，入住594人，建筑面积4123平方米。2005年，2、4号楼竣工使用，入住598人，建筑面积5383平方米。2007年，3号楼竣工，入住548人，建筑面积3410平方米。2010年，机关宿舍楼竣工，入住120人，建筑面积2650平方米。2011年，5号楼竣工，入住460人，建筑面积3500平方米。

2004年，制定《职工宿舍管理规定》《职工宿舍用电管理规定》等制度，进行日常监督管理。2012年2月，对采一工区、采二工区职工宿舍楼实行标准化管理，制定《标准化职工宿舍监督检查标准》。3个楼层设1名保洁工，负责楼梯、走廊、洗刷间、卫生间的卫生清理。周三下午卫生监督检查小组组织1次抽查，总务科做好检查记录，将检查情况汇总后OA公布；各单位按检查结果进行整改，整改后反馈；总务科验收，对整改不达标者予以处罚。宿舍每周定期检查1次，每月进行1次考评，对优秀宿舍进行表扬，对较差宿舍相应处罚。

2007年，职工宿舍规定6人/间，管理人员4人/间。2010年，机关管理人员迁入新建机关宿舍楼，3人/间，副总级2人/间，采掘职工由6人/间调整为4人/间。2012年，新建5号宿舍楼启用，辅助人员由6人/间调整为4人/间。2017年2月，军城煤矿单元房和2号职工公寓对职工租赁。单元房制定租赁评分办法，双职工优先租赁。2018年末，在单身公寓和单元房租住职工170人。2018年11月，采一工区、采二工区职工宿舍由4人/间调整为3人/间。

5. 邱集煤矿

1990—1992年，先后建成1～6号单身宿舍楼。2004年，建成7号单身宿舍楼。宿舍楼总建筑面积13995平方米，设计入住920人。宿舍配有吊扇、三抽桌、床头厨、有线电视等。设服务人员7人，负责楼内公共区域的卫生清洁。

2007年10月—2009年5月，维修1～6号单身宿舍楼卫生间，改造地面、墙面砖、便池、洗漱池等，做防水处理。

2010年，改造2、4、5、6、7号单身宿舍楼，安装空调278台。2011年，改造1、3号单身宿舍楼。为房间、走廊及卫生间铺贴地板砖，顶棚吊硅酸钙板，墙面刷乳胶漆，更新木门，阳台用铝合金隔断封闭，电气线路重新布设。2012年，为3号楼单身宿舍安装空调56台。更新木床、床垫，为一线职工配发新被褥、凉席等用品。

2018年11月，按照临矿集团"两堂一舍"实行量化考核星级评定要求，修缮7号单身宿舍楼，安装铝合金窗和套装门，内墙刷乳胶漆、线路再敷设、灯具更新、楼梯设不锈钢扶手、卫生间改造。采掘一线职工优先入住。

6. 田庄煤矿

1997—2000年，建成职工宿舍楼A、B、C楼，总建筑面积9327.43平方米。日常执行《职工宿舍管理规定》《职工宿舍用电管理规定》等制度。

1999年，投资建设2层探亲楼1栋，建筑面积1526平方米，后改为女职工宿舍楼。2001年，在矿西院投资建设双职工公寓楼，建筑面积2530平方米。2005年11月，在矿东院建单身职工宿舍楼1栋，建筑面积6000平方米，3层以上为住宿，1、2层为工区办公室和会议室。

2012年2月，对采一工区、采二工区职工宿舍楼实行标准化管理，统一配置单人床、储物柜，执行《标准化职工宿舍监督检查标准》。每3层设保洁工1人，负责楼梯、走廊、洗刷间、卫生间的卫生清洁工作。

2017年9月，完成宿舍设施改造，对供电进行增容、更换老化线路；补充添置储物柜150个；更新不锈钢洗手池、便池；每层设公共电视室1间。

2018年，完成洗漱间供水改造，厕所冲淋全部实现废水利用。每名职工配2套床上用品。

2020年末，职工宿舍楼总建筑面积16479.43平方米，可满足2000人入住。

7. 榆树井煤矿

2006年9月，1、2、3号职工宿舍楼开工建设，建筑面积分别为3567.69平方米、6188.85平方米、6188.85平方米，2007年8月竣工。2009年10月，5、6号宿舍楼开工建设，建筑面积均为6188.85平方米，2010年7月竣工。

2010—2013年，在职工宿舍区开通互联网。2011年12月，装修闲置的36间出租房，重新租赁分配，解决双职工住房难问题。2013年6月，将矿区东侧30间540平方米房屋改造成职工探亲房，解决职工亲属到矿住宿难问题。

2018年5月，将2号宿舍楼1层32个房间装修后改为探亲房。

2020年末，有职工宿舍783间，其中1号宿舍楼房间带独立卫生间，其余无独立卫生间。房间配有电视机、高低床及单人床，衣橱、电视柜等，无线网络全覆盖。正科级及以上人员为单间、副科级2人/间、管理人员3人/间、工人4人/间。

8. 新上海一号煤矿

2007年9月，1、2、3号职工宿舍楼开工建设，总建筑面积13799.24平方米，2008年11月竣工。2010年3月，4号宿舍楼开工建设，建筑面积7127.16平方米，2011年7月竣工。

2011年3月，对矿建施工单位44间、建筑面积960平方米房屋进行修缮，安置30户双职工入住。7月，新建双职工临时住房19间、建筑面积400平方米。

2018年4月，将2号宿舍楼2层、3层、4层32个房间装修后改为探亲房。2018年，实现职工宿舍无线网络全覆盖，公共区域监控全覆盖。对1、2、3号宿舍楼顶防水进行维修，4号宿舍楼重新做防水。

在1、3号宿舍楼安装纯净水处理装置及热水器。

2020年末,有职工宿舍568间。房间配备电视机,高低床及单人床,衣橱、电视柜、电风扇等。副总级及以上人员为单间,科级2人/间,管理人员3人/间,工人4人/间。

9. 会宝岭铁矿

有职工宿舍楼2栋,建筑面积8800平方米,房间316间,2011年2月投入使用。宿舍隶属后勤服务公司管理,设管理人员1人,保洁员4人,负责楼梯、走廊、洗刷间、卫生间的清理及基础设施设备的巡回检查。宿舍楼内设探亲房10间、"妈咪小屋"1间、儿童乐园1间。男职工宿舍3人/间,副科级及以上人员、女职工2人/间。女职工生育后,如有哺乳需要可申请临时房1间。2020年12月,宿舍入住率100%。

2018年,根据临矿集团建设标准化"两堂一舍"要求,对职工宿舍进行升级改造,宿舍外墙重新粉刷;统一配备衣橱、窗帘、蚊帐、凉席等床上用品;实现宿舍网络全覆盖;通过供暖管网和末端改造,在宿舍区新增300台风机盘管,开启职工宿舍供暖、制冷新模式。

10. 菏泽煤电公司

菏泽煤电公司职工公寓位于郓城县东溪路星河国际小区,由5栋宿舍楼组成,总建筑面积37583.64平方米,房屋523套。7~10号楼有房屋270套,其中150.29平方米的18套、112.56平方米的36套、91.01平方米的108套、90.65平方米的108套;11号楼45、35平方米的253户。由鲁能集团自郓城恒丰置业有限公司采用单位团购形式所得,产权归菏泽煤电公司所有,作为职工周转房。2014年5月,职工入住;2015年12月,由临矿集团接管。

11. 彭庄煤矿

2005年,建设职工宿舍楼3栋,1号楼有房间90间、2号楼有房间128间、3号楼有房间128间。使用初期1号楼为3人间,2、3号楼为8人间。2009年,添置电视机346台。

2010年,安装空调256台。2012年,添置洗衣机。2014年,1号楼由3人间改为2人间;2、3号楼由8人间改为4人间。2015年,更新部分老化的电视机。

2017年,建设4号职工宿舍楼;2018年竣工,安排获得优秀员工荣誉的职工入住,为3人间。

12. 郭屯煤矿

2005年,1、2、3号宿舍楼开工建设;2006年9月完工,建筑面积21934平方米。2009年11月,宿舍配备电视机及空调。配备高低床及单人床,衣橱、写字台、电视柜等。2012年,添置公用洗衣机,采用刷卡服务;2017年,改为微信支付。2017年9月,4、5号宿舍楼开工建设;2018年12月完工,有204个房间。房间配置独立卫生间、壁布装饰、席梦思床及全棉被褥,43寸液晶电视,中央空调和地暖,WiFi全覆盖,达到"三星级+星级宾馆"标准。

13. 鲁西煤矿

2016年9月,新驿煤矿接管鲁西煤矿,并根据协议接管任城监狱警备中心18层大楼西半边374间宿舍,每层单间16个、套间3个,建筑面积19306平方米。其中12层以上为从未使用过的新房间。2017年,投入150余万元进行改造。配备床及床上用品329套、阳台柜子279个、晾衣架312个、鞋架344个,添置架子床和木床650个、茶水炉10套;粉刷1楼大厅、活动室墙壁,改造室内洗手间台盆。2017年1月,重新分配职工宿舍,用于职工住宿单间256间、套间48间,17层为招待所,供外来宾客使用。按照临矿集团星级标准要求,细化宿舍楼管理,设置专职管理员,按照楼层分布、分工区安排职工入住。2017年11月末,入住1026人。

2018年，投入113.6万元，完成宿舍楼改造升级工程，实施公寓化、酒店化管理。用于住宿的房间323间，科级人员2人/间、副科级3人/间、职工4人/间，入住1186人。配有专职管理员2名、保洁工4名。分别在5层、15层、18层设置女职工宿舍、夫妻房、探亲房、哺乳房。宿舍配备床位布置图、卫生值班表；每间宿舍1个月限定20度用电量和5立方米用水；推行外出租房补助制度，外出租房者每人补助100元/月。

（三）总部机关家属住宅

1991年10月，局机关建设家属楼2栋、建筑面积3047.68平方米，入住48户；1994年6月，建设家属楼6栋、建筑面积11247.96平方米，入住180户；1997年，建设家属楼5栋、建筑面积10110.04平方米，入住150户；1999年，建设家属楼4栋、建筑面积2452.52平方米，入住12户；2002年，建设家属楼10栋、建筑面积35105.27平方米，入住324户；2005年，建设老年房9排、建筑面积2200平方米，入住53户；2006年，建设小区住宅楼8栋、建筑面积20800平方米，入住210户。职工住房条件得到改善，家属区人均居住面积由"十五"期间的13.8平方米，增加到2006年的21.6平方米。10月，在临沂北城新区建设杏坛文化家园11栋高层及多层住宅，建筑面积186000平方米，面向职工和社会销售。

2007年，建设红山小区2排2层住宅楼、建筑面积5200平方米，入住18户；2011年，建设英伦名嘉小区13栋住宅楼、建筑面积129700平方米，入住727户；2014年，争取国家节能改造资金358万元，对家属区10栋楼房实施外墙保温处理；2018年，山东能源临矿置业公司兴建临矿玖府住宅区。

（四）住房改革

1992年10月，制定《临沂矿务局职工住房制度改革试行方案》，将实物福利制度改变为商品货币制度，坚持以改变低租金、无偿分配住房制度为基本点，重点解决无房户、危房户和住房特困户的住房问题，使矿区人均居住面积达到7.5平方米，住房成套率60%。建立住房基金制度，实现住房资金投入产出的良性循环。

1993年，制定《临沂矿务局职工住房制度改革试行方案》。职工购买规定标准面积的新住房，按标准价为基价出售。住房开工前一次性付清房款优惠25%；竣工后和购买旧房一次性付清房款优惠20%；分期付款，首次付款不得低于应付款的60%，在此基础上每多付10%，优惠2.5%。分期付款最长不得超过5年，旧房不得超过4年，分期付款须支付利息。各单位回收的售房资金全部存入住房基金专户，专项用于住宅建设。全局实行房改后，售房实行标准价，成套楼房全局平均售价230元/平方米；住房标准按矿务局《关于干部、职工住房问题的暂行规定》执行。局机关旧公房按标准价出售给职工。楼房按实际居住条件分为2类，1986年1月以后建筑的成套楼房建筑面积平均205元/平方米，1986年1月以后建筑的非成套楼房建筑面积平均150元/平方米。平房分为抗震加固和普通平房2类，前者建筑面积170元/平方米，后者建筑面积100元/平方米。新建机关31号住宅楼出售价270元/平方米，对一次性付清购房款的优惠20%。

1995年3月，逐步实现住房商品化、社会化，改变住房建设投资由国家、单位统包为国家、单位、个人三者合理负担体制，按照"个人存储、单位资助、统一管理、专项使用"原则，建立住房公积金制度和住房基金管理制度。住房公积金每人25元/月。

1996年12月，对住房实施办法作出补充规定，全面建立住房公积金制度；做好住房资金的集中管理和运营工作；加大出售公有住房力度；从1997年1月起实行老人老办法、新人新办法，原享受的住房补贴和建房互助金予以保留，纳入职工工资按月发给本人，不再扩大范围。

1998年，机关11、15号楼出售价格执行完全成本价502元/平方米。机关28～30号住宅楼出售价执行完全成本价502元/平方米。只面对正科级及以上人员，采取预交款、一次性收全额，调换住房的超出部分按776元/平方米付款。

1999年，机关14、16～18号住宅楼按实际建设成本价776元/平方米出售。对已购房的拆迁户，在标准价基础上补交成本价后，以建筑面积兑换，多余部分按776元/平方米补齐。

2000年7月21日，成立临沂华建房地产开发有限责任公司，负责局机关区域房地产开发业务。

2001年7月，经局第九届职工代表大会第九次代表团会议审议，通过《临沂矿务局关于深化住房制度改革的实施方案》。继续推进住房制度改革，实现住房货币化，全局统一进行房地产开发，以市场价出售，职工可以优先购买，全部产权归职工所有。严肃住房制度改革纪律，建立健全职工住房档案，严禁交叉购房和跨越单位购房，严肃查处违反国家政策、低价出售房改房及将所购房私自出租牟取暴利等行为。

2002年，新建煤苑小区34～43号住宅楼，出售价格执行建设成本价730元/平方米。2003年2月，对全局土地及房产开展清理整顿、处置登记工作。

2006年4月，新建20～22号、24～26、44、45号住宅楼，在17号楼增建1个单元，出售执行市场价格1600元/平方米。其中45号楼用作机关职工宿舍。6月，老年房竣工，共9排平房，出售价格1100元/平方米。

2008年，分别在救护大队和老干所旧址建设煤苑北区1～4号住宅楼和红山小区3排楼房，出售执行市场价格1900元/平方米。12月，新建杏坛文化家园高层住宅楼11栋，出售执行市场价格3900元/平方米。

2011年12月，新建英伦名嘉小区，分批次出售，执行市场价格5400元/平方米。2013—2014年，对煤苑东区10栋楼进行外墙保温节能改造，室内门窗更换双层玻璃。

2017年12月，将机关辖区范围17处老旧家属区"三供一业"全部移交临沂市罗庄区人民政府管理，证载土地面积531.19亩，住户1268户。

2018年9月，与临沂市罗庄区罗庄街道办事处签订《临矿集团驻地职工家属区"三供一业"管理职能移交接收有关事项的补充协议》，将辖区家属住宅区，包括临沂罗庄中心医院家属区、临沂第二十一中学家属区的1732户水电暖及物业管理等职能移交罗庄街道办事处，将驻地职工家属区所占用的原值4226643.79元、净值2336674.13元资产无偿移交。

四、四供

（一）供电

2007年6月，投资160余万元，对集团机关中心配电室扩容改造，供集团机关办公、1432户居民和矿区87户沿街房用电。居民用电价格0.545元/度，沿街楼及外用户的用电综合收费价格0.972元/度。办公及家属区年平均用电量460万度。2017年11月，煤苑北区、老年房、红山小区、汽运公司家属区和二十一中学的415用电户移交罗庄区供电局管理收费，全部更换分户电表和电缆、变压器，供电移交总费用318万元。煤苑南区1102户列入罗庄区银凤湖片区规划，属于拆迁范围，供电没有移交。2018年9月，与供暖、物业一起移交罗庄区街道办事处管理，移交费用3000万元。

（二）供暖

临矿集团供暖属福利型。2006—2015年，一直使用江泉热力蒸汽，价格波动较大，供暖建筑面积

16万平方米。2007年，内部价格执行12元/平方米，对外用户价格执行36元/平方米。2009年，调整为15元/平方米。2012年，供暖收费价格25元/平方米。

2014年，申请地方节能奖补资金300万元，对煤苑东区324户外墙加设保温层，对住户的塑钢窗、楼梯间塑钢窗由单层改为双层，安装楼梯门玻璃，分户安装热计量表。费用来自奖补资金，住户未承担任何费用。

2015年3月，华盛江泉热电因环保问题，锅炉停运整顿，至7月仍无法承诺锅炉正常供汽。临矿集团引进外来公司投资生物质锅炉，为集团机关及家属区供暖，供暖价格45元/平方米。2016年3月，因生物质锅炉不符合环保要求，供暖方撤出；10月，为满足环保要求，临矿集团租赁4台6吨燃气锅炉为集团机关和家属区供暖。

2016年，集团办公大楼安装磁悬浮变频中央空调机组，免费配备云服务功能，节能效果提高50%，年节约费用40万元，撤员并岗4人，实现远程监测、无人值守、故障预警、安全节能、环保高效。申请老旧小区补助资金500万元，更换室外管径150～250毫米供暖管道960米、供暖分水器105套，将上供下回单管供暖系统改为分户独立控制，改造供暖户578户，室内暖气片更换由住户承担。投资144.7万元，按照蓝天热力的接收标准，升级改造换热站换热器、水泵、软化水和自动控制系统。

2018年9月，与临沂市罗庄区罗庄街道办事处签订《临矿集团驻地职工家属区"三供一业"管理职能移交接收有关事项的补充协议》，将罗庄中心医院家属区，临沂第二十一中学家属区1732户水、电、暖、物业管理等职能移交。由临矿集团安排5人协助维修和运行管理。

（三）供水

1. 管理

1991—2001年，矿务局驻地家属区和办公用水使用东水源地自备水井供水。

2002年，矿务局机关办公区、生活区改由罗庄自来水公司供水。2012年、2014年取水样到山东省水样化验中心化验检测，各项指标合格。2014年，检验结果为pH测定值7.34，铅测定值小于0.05，总硬度测定值344.3，细菌总数测定值14，大肠菌群测定值小于3，均符合标准。

2007年，生活用水综合价格1.98元/立方米。2011年9月，罗庄区调整水价为2.65元/立方米。2016年12月，调整水价为2.9元/立方米。机关办公区、生活区日平均用水量700吨，月平均用水量2万立方米。供应家属区、沿街楼住户和南北办公区用水。

2016年末，家属区供水移交罗庄自来水公司，总务处管理范围只有南北办公区，用水量每月3000立方米。

2. 设施

2013年，投资28万元对机关家属区部分水表进行远程抄表改造。

2014年3月，家属区34～43号楼及20～22号楼、24～26号楼水表改换成摄像式远程抄表系统，投资27万元安装水表656块，代替人工抄表。

2016年6月，争取国家老旧小区改造资金，将小区使用20多年的铸铁管、PVC供水管道更换为内衬水泥的球墨铸铁管和PE管，更换直径80～200毫米管道860米。12月，按照《关于山东省国有企业家属区"三供一业"分离移交工作方案的通知》，驻地家属区1640户供水全部移交罗庄自来水管理、收费，相应设备一并移交，移交费用168万元。

所属各单位职工家属区生活和办公用水情况基本相同，均由地方自来水公司供水。2018年末，职工家属区全部实现"三供一业"分离移交。

（四）供气

2015年，完成机关家属区1100户居民及职工食堂燃气管路安装工程。

第三节　"三供一业"移交

2017年1月，根据上级职工家属区"三供一业"分离移交工作部署和临矿集团目标任务，总部机关家属区供水系统全部移交罗庄自来水公司管理运营，与供电公司签署驻地家属区供电移交框架协议。3月，建立市场化专业化运营机制，总部家属区1100余户网络和座机电话改造移交，节约改造投资80万元，节省材料及外部费用17万元，撤员并岗4人。

4月，山东能源集团召开"三供一业"推进工作会议，临矿集团列入"三供一业"分离移交范围的职工家属区包括济宁、菏泽、淄博、临沂4地市，共16个单位21个家属区8178户。山东能源集团下达的三供一业考核户数29650户（其中供水7713户、供电7651户、供暖6108户、物业8178户），全年拨付奖补资金11916万元。

5月，成立由董事长任组长、总经理及有关领导任副组长的"三供一业"分离移交工作领导小组和专门工作机构，制定《临矿集团职工家属区"三供一业"分离移交工作实施方案》，建立职工家属区"三供一业"分离移交工作督导、评价和考核机制；组织各权属单位、政策性破产企业和主辅分离辅业改制企业16个单位负责人、分管领导、工作人员召开职工家属区"三供一业"分离移交工作会议，推进职工家属区"三供一业"分离移交任务；与罗庄区政府召开职工家属区"三供一业"分离移交工作对接会议，商讨总部驻地供暖、老旧家属区改造等事宜。

6月，多次与罗庄街道办事处对接商讨棚户区改造、搬迁安置、罗程路改造、人行天桥建设及供水、供暖、市政设施移交等工作；组织后勤保障部、法务资本部、人力资源处、工程监督管理处联合对各权属单位、破产重组企业、主辅分离企业的16个单位21个家属区现场调研。

8月，临矿集团与罗庄区人民政府签订《政企合作和谐发展框架协议》，约定临矿集团驻地职工家属区"三供一业"分离移交、老旧家属区搬迁安置、总部家属区提升改造、规划建设商务办公楼、退休人员社会化管理及市政、社区管理职能等事项。

12月29日，与罗庄区人民政府签订《临矿集团老旧职工家属区"三供一业"移交接收协议》，将窑汪崖片区（包括华建公司窑汪崖、大芦湖、创元焦化、腾源热电、华建公司电厂家属区）、亚龙公司片区（包括亚龙公司、技师学院、建材厂、老电厂、汽运公司、华建公司俱乐部家属区）、五寺庄片区（位于罗庄区册山街道办事处）、亿金公司片区

2017年8月30日，临矿集团与罗庄区人民政府签订《政企合作和谐发展框架协议》。

（位于罗庄区金雀山六路中段北侧）老旧家属区1268户，签订协议一揽子移交罗庄区政府，纳入拆迁改造范围。年末，临矿集团与地方政府、专业化公司签订"三供一业"和老旧小区分离移交、市政设施、社区管理职能分离移交协议37个，其中"三供一业"分离移交协议31个、社区管理职能移交协议5个、市政设施分离移交协议1个，签订分离移交协议率100%；并实现移交户数20072户，实际完成率67.7%。

2018年6月，临矿集团实现移交户数累计25084户、完成率84.6%，各单位维修改造工作和老旧小区亚龙片区338户搬迁安置调查摸底工作完成。临矿集团分别与罗庄、册山、高都、盛庄街道办事处签订社会职能移交协议，完成彻底移交。

10月11日开始，临矿集团市政设施分离移交1个，包括临矿集团西广场和罗程路、临沂第二十一中学路灯，由罗庄街道办事处管理。社区管理职能移交共涉及21个家属区，按照属地管理原则移交给9个社区，其中临沂市境内5个、济宁市境内2个、菏泽市境内1个、淄博市境内1个。截至12月底，签订社区管理职能移交协议5个，临矿集团所有社区管理职能已分离移交实行属地管理；临矿集团与地方政府、专业化公司签订"三供一业"分离移交协议31个，实现移交户数29650户，完成率100%。临矿集团"三供一业"维修改造工程共涉及兴大公司家属区、兴元煤业公司（含兴塘小区）家属区、罗庄中心医院家属区、临沂第二十一中学家属区、田庄花园、古城小区、煤苑北区、汽运公司家属区、山东玻纤家属区9个单位，48个单位工程全部完成改造。

2019年7月，山东省财政厅开展职工家属区"三供一业"分离移交中央财政资金补助项目绩效评价工作。12月30日，罗庄区人民政府发布《罗庄区人民政府房屋征收决定公告》，由罗庄区人民政府组织对银凤湖片区范围内国有土地上的房屋实施征收。

2020年3月，完成"银凤湖"亚龙片区技师学院、建材厂、汽运公司东家属区、亚龙公司、华建俱乐部等5个家属区共333户拆迁安置任务。8月，罗庄区册山街道完成五寺庄煤矿家属区325户前期入户调查及实施方案制定，根据《罗庄区册山街道原五寺庄煤矿职工家属区老旧住房回收实施细则》，册山街道办事处、五寺庄煤矿留守处、隆泰律师事务所联合开展2次住户意见征求，并现场签字确认。9月，财政部山东监管局开展"三供一业"中央财政补助资金清算工作。截至11月中旬，临矿集团"三供一业"涉及14家原中央下放企业26597户，全部审核通过。2020年12月，五寺庄老旧职工家属区启动拆迁安置工作。

第二章　矿区绿化

第一节　绿　化

1991年，各单位普遍建造花园或庭前绿化区，在矿（厂）区和生活区内沿路植树、修坛养花、园中建亭，形成四季常青、景点错落、点线面结合的绿化整体。

2001—2006年，集团机关办公区占地39627平方米，绿地29120平方米，绿地率73.49%。绿化区建有假山、凉亭等，栽种合欢、樱花、玉兰等各类花木1万余棵。住宅区占地11万平方米，绿地39863平方米，绿地率35%。种植草坪3万平方米；栽植乔木、花灌木等43万余株。2006年9月，集团总部机关办公区被临沂市人民政府命名为"花园式单位""十佳宜居园林景观"。新建矿区做到办公、住宅建设与绿化同步，老矿区进行绿化规划建设。2006年末，权属单位绿化面积197283平方米，绿化率26%以上。

2007年，集团机关栽种高杆女贞109棵、合欢17棵、百日红4棵、大雪松32棵、毛白杨30棵、各种乔灌木35480余棵。对前期搭配不合理的47棵树木进行移栽，新增草坪891平方米。

2009年1月，制定《环卫绿化工作考核管理办法》。2月，集团家属院南区9处绿化带移交总务处管理，面积4000平方米，补栽樱花35棵、小黄杨30棵、香樟树10棵。下半年，对南院办公区部分地段绿化调整，整体改造院内大路两侧、科技楼前2800平方米绿化带，利用苗木搭配组成图案，绿化环境明显改观，在绿化带内安装喷头利用池塘水喷淋。

2010—2012年，对集团机关办公区、临矿广场绿化地带苗木进行补栽，补栽小叶石楠5500株、香樟树3棵、银杏树4棵、大叶女贞6棵、樱花20棵。

2015年，临矿集团与各矿在矿区楼旁道侧、空旷地带种树植草，用以控制水土流失、遮阴吸尘、消音净化环境。其中，新驿煤矿在矿区种植国槐、云杉、新疆杨、侧柏、桧柏、桧柏球、刺槐、苹果树、碧桃、香花槐、李子树、榆叶梅、黄刺梅、旱柳等乔木200515棵；种植景天、马兰、

前左为1972年启用的矿务局办公楼，后右为2004年启用的临矿集团办公楼（2021年）

香石竹、荷兰菊、千蕨菜、爬地柏、沙枣苗、连翘、刺玫、金叶榆球、丁香、金叶犹、串兰、红叶小檗、水蜡等花、灌木地被植物7520株，花冠14300平方米；种植苜蓿、草坪、小麦84880平方米；工业场地占地32400平方米，绿化11150平方米，绿化率34%。

2016年，集团总部机关新增绿地面积1300平方米草坪，移植树木、乔灌木90余棵，按要求进行养护、施肥，做好春、夏、秋季的防治病虫害工作，每年分6次对苗木喷洒农药。

2017—2018年，6次对机关家属院集中清理，对老年房区街道绿化改造。

2020年6月，机关南办公区实施绿化节水改造，绿化带喷头改为滴灌模式。

第二节 公 园

1998年10月，矿务局、各单位及个人捐资74.6万元建设老人乐园，位于矿务局家属区北面小红山上，占地15000平方米，绿化9600平方米。园内建有假山、池塘、长寿亭、长廊，栽有名贵花木，种植草坪。由老干部处管理。

2006年，矿务局投资20.6万元，对池塘进行改造，增设莲花池6个，放置观赏鱼苗。凉亭及走廊铺设大理石地面，设雪花白大理石护栏，周围铺贴广场砖。池塘周边种植塔松、垂柳和草坪。2007年，新栽8～10米雪松32棵；2008年，新栽8米高雪松8棵。

2009年12月，老人乐园移交总务处管理。2010年4月，公园西侧新增绿化面积160平方米，新栽绣线菊1500株、红叶草1500株、燕尾草1500株、9米高雪松2棵。2011年3月，公园西北角新栽8米高雪松7棵。

老人乐园（2016年）

2012年4月，公园东侧新栽藤本月季1100株，微型月季900株。

2013年，对公园绿化管道进行改造，新敷设管道200米、喷头15处。

2018年12月，对老人乐园霓虹灯升级改造，安排1名环卫绿化工人负责绿化养护修剪及院内卫生清理等工作。

第三章　武装保卫

第一节　机构沿革

1991年，矿务局人民武装部隶属矿务局党委管理，负责全局国防教育、征兵、民兵训练、预备役官兵管理、防汛抢险等工作。

1992年1月10日，矿务局成立公安处经济民警大队，设大队长兼教导员1人。2003年2月14日，临沂市公安局批准矿务局经济民警大队改为矿务局护卫队。

1996年9月，局机关改革，人民武装部并入党委政治工作部。

1999年3月，按照省人事厅、省公安厅等4部门关于《山东省企业事业单位公安机构体制改革实施意见》要求，矿务局公安处移交地方。2000年3月，矿务局公安处更名为临沂市公安局河西分局并整体划入公安序列。

2001年9月28日，临沂市公安局河西分局挂牌，隶属临沂市公安局领导，除负责矿区治安保卫工作外，兼管矿务局武装保卫工作。11月，矿务局成立武装保卫处，设处长1人，副处长2人，管理人员1人。

2007年9月，河西分局移交临沂市人民政府管理。负责临矿集团所属企业单位及改制分离单位（临沂市范围内）办公区、生产区、生活区治安秩序。2015年12月，河西分局人员分流。

2016年1月，临矿集团重组武装保卫处。6月，武装保卫处隶属后勤保障部管理。

2020年12月，临矿集团成立退役军人事务工作领导小组。

第二节　武装工作

一、民兵

（一）组织

1990年，矿务局人民武装部建立一支200人的民兵应急中队，负责应对矿区可能发生的突发事件。局属各单位根据上级要求和自身实际，建立民兵组织或应急分队，统一装备、严格军事训练、维护矿区稳定。

1991—1993年，矿务局将五寺庄、汤庄、褚墩、塘崖、株柏煤矿，建井工程处、机械厂、发电厂、水泥厂的民兵组织整编为1个营，下设4个连、22个排、67个班，共889人。

1994年，矿务局民兵组织整编为4个连、21个排、63个班，共822人。1995—2000年，编制、人数保持不变。

2001年，根据罗庄区人民武装部要求和新形势的需要，矿务局总部只保留民兵医疗应急分队，由

第十三篇　人物与荣誉

山东能源临矿集团2020年度总结表彰大会

人物传略收录断限内已故正局级领导。人物简介收录断限内在世的正局级及集团级领导。人物名录收录断限内省级人大代表、集团副职、处级干部。集体荣誉收编临沂矿务局建局之初至2020年，市级及以上单位颁发的荣誉。个人荣誉收录全国劳动模范、煤炭行业技能大师、全国五一劳动奖章、全国煤炭工业劳动模范、山东省劳动模范、富民兴鲁劳动奖章、山东省煤炭工业劳动模范、临沂市劳动模范、山东能源集团劳动模范、临矿集团劳动模范。

第一章 人 物

第一节 人物传略

王冠泰 男，汉族，1921年8月生，山东省利津县北岭乡新台子前村人，中共党员。1943年12月，参加革命工作，历任村长，渤海军区四分区司令部四股招待所所长、分区后勤兵工厂副指导员、渤海军区兵工总厂材料股副股长、经营室主任。1949年12月，任山东矿务局保卫科股长、四中队队长，山东矿务局秘书科、工资科、计划科科长，枣庄矿务局基建科科长。1957年4月，任临沂煤矿矿长。1960年3月，任临沂地区建委主任、纪委主任、煤炭局局长。1964年4月，任临沂矿务局党委副书记兼局长。1976年，任临沂地区建委党组副书记兼副主任，1978年，任临沂地区计划委员会副主任。1983年12月离休。1995年8月，因病逝世。

杨振德 男，汉族，1920年2月生，山东省苍山县大炉乡加河滩村人，中共党员。1938年，任本村青抗先团长。1942年，任村农救会长、革救会长、区革救会委员。1946年，任山东军区侦察队支部委员。1948年10月，任中共苍山县大炉区委书记。1953年，任中共苍山县委常委、苍山县人民检察院检察长。1958年10月，任汤庄煤矿党委书记。1960年3月，任临沂矿务局党委副书记兼局长。1975年，任临沂矿务局党委书记。1976年，任临沂地区煤炭局副局长。1979年，任临沂地区计量局党组副书记兼副局长。1983年2月离休。1996年4月3日因病逝世。

曹方强 男，汉族，1920年10月生，山东省沂南县库沟乡世和庄人，中共党员。1939年10月，参加革命工作，任抗敌自卫军连指导员，区武委会主任。1942年7月入党，任赣榆县人民武装部长。1947年1月，任滨海军区人民武装部组织科科长。1947年6月任日照县人民武装部长、县长。1951年4月，任中共临沂地委副秘书长、临沂专署办公室主任。1954年，任中共费县县委书记。1956年，任中共临沂地委合作部部长。1959年，任傅庄煤矿副矿长。1963年12月，任临沂矿务局党委书记。1971年，任山东矿业学院核心组成员、中专部主任，山东煤管局干校筹备处主要负责人。1979年，任兖州矿务局党委副书记。1982年离休。1996年4月因病逝世。

刘东岑 男，汉族，1916年3月生，山东省临沂市梅家埠乡韩家埠村人，中共党员。1938年6月，参加革命工作，任临郯青年救国团九分团常务委员。1939年1月，加入中国共产党，任临沭县苍马办事处古贺区区长、县武委会主任。1944年，任海赣办事处主任、工委副书记，中共滨海地委秘书长兼作战科科长。1946年，任临郯煤矿总公司（辖中沟、窑北头、罗庄、竹园4矿）总经理兼党总支书记。1947年，任临西县独立团副团长、团长、县人民武装部部长。1948年9月任济南市市政党委副书记、市政工会筹委会主任、工会主席，省、市、邮电工会筹委会主任。1952年8月任邮电总会华东办事处主任，上海市邮电工会主席。1956年，任全国邮电工会秘书长、副主席。1958年，任中央工业交通工作部一级巡视员。1959年，任外贸部四局副局长、监察组一级巡视员。1976年，任外贸包装局副局长、包装公司副总经理。1984年4月离休。2000年因病逝世。

　　赵竹生　男，汉族，1920年2月生，山东省莱芜市寨里镇周王许村人，中共党员。1939年1月，参加革命工作，在部队任排政治干事、营民运干事，同年5月入党。1940年，任连指导员、八路军山东纵队二旅政治部民运科工作队组长、团民运干事兼队长。1942年，任中共莒县青山区委副书记。1944年，任中共莒县埠庄区委书记。1946年，在中共滨海地委党校学习，任政治部工作组组长、华东局组织部工作组组长。1949年，任中共山东省委农村工作部秘书长（县团级）。1954年，任中共山东省委农村工作部一处副处长。1957年，任中共沂南县委书记。1958年，任临沂煤矿党委书记。1960年3月，任中共临沂地委交通部副部长。1962年，任中共临沂地委宣传部副部长。1972年，任地革委政工办主任。1976年，任临沂地区经济委员会副主任。1984年5月离休，离休后任临沂地区老年体育协会乒乓球协会主席。2006年3月因病逝世。

　　李福崇　男，汉族，1925年2月生，山东省莱芜市圣井乡蒲汪村人，中共党员。1937年3月入团，1941年2月加入中国共产党，任八路军连指导员。1950年，任中共临沂县委组织部长兼艾山区党委书记，邳县县委组织部长、县委常委、苍山县委书记。1960年，任临沂矿务局党委书记。1963年3月任费县县委常委、县委副书记。1964年8月，任费县县委书记。1972年，任临沂地委副书记兼副专员。1973年10月，任临沂地委副书记。1982年3月，任潍坊市政协主席。1985年12月离休，离休后任潍坊市书法协会主席，临沂书画函授大学校长，中国书法家协会会员、中国老年书画研究会会员、山东老年书画研究会副会长、临沂书法家协会名誉主席、临沂老年书画研究会会长、临沂诗词学会顾问。书法作品多次参加全国及省内外展览并获奖，在有关报刊发表并收入《当代书画篆刻家辞典》《全国首届文联著名书画家精品邀请展作品集》等。1985年率潍坊市书画界赴日本访问。1992年在北京举办个人书画展。1999年出版个人书画集。2013年因病逝世。

　　赵永贵　男，汉族，1926年12月生，山东省莒县人（后划为莒南县）。中共党员。1945年2月，任中共莒南县大店区委组织干事、县党校学员。1945年5月，任中共莒南县委宣传部干事。1945年8月，任中共莒南县沟头区委宣传委员。1946年4月，任滨海区临沂傅庄矿区工会副主席。1946年8月，任中共华兴铁工厂书记，1947年8月兼厂长。1948年秋，任鲁中南供销总社秘书科副科长。1950年5月，任滕县专区供销合作总社副主任。1950年10月，任滕县专署财政经济委员会副主任。1950年11月，任滕县专署秘书室副主任。1952年秋，任中共滕县地委政法委副主任。1953年6月，任中共滕县地委工业部副部长。1953年7月，任中共济宁地委工业部副部长。1955年，任中共济宁地委委员、工业部部长。1958年任中共济宁地委第一工业部长。1962年5月，任肥城矿务局党委书记。1965年9月，任华东煤炭工业公司政治部副主任（代理主任）兼干部部长、党委委员。"文化大革命"期间受到冲击。1970年11月，任中共临沂矿务局党委书记兼局长、临沂地委委员。1973年8月，任山东省机械工业管理局第一副局长、党的核心领导小组第一副组长。1975年9月，任中共济宁地委常委、地革委副主任、工业交通部部长。1977年7月，任中共济宁地委副书记。1982年12月，任济宁地区行署专员（1983年3月主持地委工作）。1983年10月，任中共济宁市委书记兼军分区第一政委、党委第一书记。1986年4月，任济宁市人大常委会主任、党组书记。1988年6月，任山东省人大常委、城乡建设环境保护委员会副主任委员。1993年12月离休。历任济宁市第十、十一届人大代表，山东省第六、七届人大代表，第六届全国人大代表。2013年7月病逝。

　　注：因年代久远，人物传略图片资料无法查寻。

第二节 人物简介

崔宝德 男，汉族，1943年6月生，山东省沂源县土门镇水磨头河南村人。1958年9月参加工作，1965年7月加入中国共产党，大专学历，高级经济师。1958年7月，毕业于沂源县第二中学。在草埠煤矿生产科任统计员。1960年10月，任草埠煤矿秘书科收发员，做文字工作。1966年6月，任草埠煤矿团委书记。1969年6月，任草埠煤矿革委会主任。1971年6月，在临沂矿务局办公室工作。1972年2月，任草埠煤矿党委副书记。1975年9月，任临沂矿务局党委副书记。1982年4月，任矿务局局长（1985年9月，在北京煤炭干部管理学院学习2年，获大专学历。）。2001年2月，任矿务局局级调研员。2003年7月退休。

1989年5月，被临沂地区行署授予临沂地区劳动模范称号。1992年，被山东省煤炭工业管理局授予山东煤炭工业劳动模范称号，被中国煤炭工业企业管理协会评为第四届中国煤炭工业优秀局长。

赵荣思 男，汉族，1937年4月生，山东省莒县夏庄乡草岭村人。1957年10月参加工作，1959年11月加入中国共产党，高级政工师。1952年6月，加入中国共产主义青年团。1957年7月，毕业于莒县一中。1957年10月，在莒县竹园煤矿任民办教师。1958年7月，在团埠屯煤矿任民办教师。1961年7月，任临沂矿务局团委干事。1962年8月，任矿务局人民武装部干事。1965年1月，任矿务局人民武装部部长。1975年7月，任矿务局党委副书记。1982年6月，任矿务局党委书记。1998年3月退休。

1992年12月，被临沂地区行署、临沂军分区评为民兵基层建设先进个人。1993年8月，在中共临沂地委宣传部、中共临沂地委组织部开展的"东方杯"全区新党章知识学习竞赛活动中获得个人二等奖，同年，被山东省总工会授予工会积极分子称号。1994年12月，被中共临沂地委、临沂地区行署授予全区优秀企业思想政治工作者称号。

李加夫 男，汉族，1941年10月生，山东省青州市人。1962年9月参加工作，1978年1月加入中国共产党，高级经济师。1962年9月，毕业于山东泰安煤炭中专学校，经分配到临沂矿务局工作，历任矿务局计划员、副处长。1979年4月，任大芦湖煤矿党委副书记（主持工作）、书记。1983年5月，任矿务局副局长、党委常委。1997年7月，任矿务局党委书记。2001年10月退休。

1995年3月，被中国煤炭工业企业管理协会授予全国煤炭工业管理优秀工作者称号。

张　军　男，汉族，1947年2月生，山东省临朐县人。1967年9月参加工作，1985年6月加入中国共产党，中专学历，高级政工师。1967年6月，毕业于泰安煤矿学校采煤专业。1968年7月，在临沂矿务局朱陈煤矿采掘队工作。1974年5月，在朱陈煤矿掘进队工作。1976年3月，任朱陈煤矿生产科技术员；1978年4月，任朱陈煤矿生产科工程师。1978年6月，任矿务局总工办工程师。1983年1月，任矿务局生产技术处副主任工程师。1983年8月，任矿务局生产技术处副处长。1987年12月，任矿务局副局长。1994年2月，任矿务局副局长、安全监察局局长。1997年6月，任矿务局副局长、党委常委。2001年2月，任矿务局党委副书记。2002年11月，任矿务局党委书记。2004年2月，任矿务局局级调研员。2007年2月退休。

李义文　男，汉族，1952年4月生，山东省淄博市博山区人。1971年12月参加工作，1975年9月加入中国共产党，研究生学历，高级政工师、经济师。1971年12月，在淄博矿务局黑山煤矿从事采煤工作。1973年2月—1988年7月，先后任矿务局岭子煤矿采煤队长、井长、工会主席、党委委员。1988年8月，任矿务局双沟煤矿工会主席、党委委员。1990年5月，任双沟煤矿副矿长、党委委员。1991年1月，任双沟煤矿矿长、党委书记，矿务局开发公司经理兼机修制造厂厂长、党委书记。1996年10月，任矿务局工程公司副经理、经理兼党委书记。1999年6月，任山东方大工程有限责任公司董事长、总经理、党委委员。2001年2月，任临沂矿务局局长、党委书记。2002年11月，任矿务局局长、党委副书记。2004年1月，任矿务局局长、党委书记。2006年5月—2011年5月，任临矿集团党委书记、董事长。

山东省第十一届人大代表，山东省第九次党代会代表。1999年，被授予当代中国杰出管理人才称号和富民兴鲁劳动奖章。2005年，被评为齐鲁十大新闻人物、荣获中国煤炭工业优秀企业家称号。2007年，被授予2006年度最受关注的企业家称号、被评为全国煤炭工业劳动模范。2010年，被评为全国劳动模范。

孙廷华　男，汉族，1956年7月生，山东省莒县人。1972年12月参加工作，1983年8月，加入中国共产党，高级政工师。1972年12月，在临沂矿务局五寺庄煤矿参加工作。1976年9月—1979年7月，在山东矿业学院地矿系学习。1979年7月，任矿务局草埠煤矿技术员。1983年4月—1992年6月，先后担任草埠煤矿副矿长、矿长、党委委员。1997年6月，任矿务局副局长。2001年2月，任矿务局副局长兼安全监察局局长、党委常委。2006年5月—2008年9月，任临矿集团董事、总经理、党委副书记。

2013年4月，获得山东省劳动模范称号。

刘成录 男，汉族，1961年6月生，山东莱芜人。1982年7月参加工作，1986年8月加入中国共产党，大专学历，高级工程师。1980年9月—1982年7月，在山东煤矿学校地下采煤专业学习。1982年7月—1986年12月，任临沂矿务局草埠煤矿技术员、生产计划科科长。1986年12月—1992年6月，任草埠煤矿副矿长、党委委员。1992年6月—1994年11月，任草埠煤矿矿长、党委委员。1994年11月—1996年2月，任矿务局安全监察局副局长。1996年2月—1997年6月，任矿务局株柏煤矿矿长、党委委员。1997年6月—2001年3月，任矿务局安全监察局局长（1995年9月—1998年1月，在新汶矿务局职工大学经济管理专业专科学习）。2001年3月—2002年11月，任古城煤矿矿长、党委书记（副局级）。2002年11月—2006年5月，任临沂矿务局副局长、党委常委。2006年5月—2010年12月，任临矿集团副总经理、党委常委（2007年12月获中南财经政法大学高级管理人员工商管理硕士学位）。2010年12月—2011年5月，任临矿集团董事、总经理、党委副书记。2011年5月—2013年5月，任临矿集团董事长、党委书记。

山东省第十二届人大代表，临沂市第十八届人大常委。2007年4月，被山东省总工会授予山东省富民兴鲁劳动奖章。2010年1月，被省人社厅、省煤炭工业局授予山东省煤矿安全生产二等功。2013年5月，被山东省人民政府评为山东省劳动模范。

宿洪涛 男，汉族，1961年10月生，山东莱州人。1982年7月参加工作，1984年8月加入中国共产党，工程技术应用研究员、教授级高级政工师、高级经济师。1982年7月—1984年11月，任枣庄矿务局官桥机电修配厂车间技术员、团支部书记。1984年11月—1995年10月，任矿务局团委书记。1995年10月—1998年12月，任矿务局八一煤矿党委书记、第一工程处党委书记。1998年12月—2001年2月，任枣矿集团八一煤矿矿长、党委书记，高庄煤矿矿长。2001年2月—2003年6月，任枣矿集团董事、党委副书记。2003年6月—2004年1月，任肥矿集团董事、党委副书记。2004年1月—2005年3月，任肥矿集团董事、副总经理、党委常委。2005年3月—2008年9月，任肥矿集团董事、总经理、党委副书记。2008年9月—2010年12月，任临矿集团董事、总经理、党委副书记。

2008年，获得山东省劳动模范称号。2021年，获得全国五一劳动奖章。

张希诚 男，汉族，1963年2月生，山东昌乐人。1987年7月参加工作，1999年10月加入中国共产党，研究生工学博士学历，工程技术应用研究员。1983年9月—1987年7月，在山东矿业学院煤田地质系煤田地质勘探专业学习。1987年7月—1997年8月，任肥城矿务局曹庄煤矿地质测量科见习技术员、助理工程师、工程师、副科长。1997年8月—2001年6月，任矿务局地质测量处副主任工程师。2001年6月—2004年1月，任肥矿集团设计院院长。2004年1月—2004年5月，任肥矿集团曹庄煤矿矿长、党委常委。2004年5月—2004年12月，任肥矿集团交口铝电煤公司董事、总经理。2004年12月—2005年4月，任肥矿集团交口铝电煤公司董事、总经理、党委书记。2005年4月—2006年7月，任肥矿集团交口铝电煤公司董事、总经理、党委常委。2006年7月—2007年8月，任肥矿集团副总经理。2007年8月—2009年6月，任肥矿集团副总经理、总工程师。2009年6月—2011年5月，任肥矿集团副总经理。2011年5月—2013年5月，任临矿集团董事、总经理、党委副书记。2013年5月—2016年3月，任临矿集团党委书记、董事长（2008年2月—2013年6月，攻读天津大学工商管理硕士学位；2008年9月—2013年6月，攻读山东科技大学采矿工程专业博士研究生）。

2014年，被山东省总工会授予山东省富民兴鲁劳动奖章。

刘孝孔 男，汉族，1964年6月生，山东莱芜人。1982年12月参加工作，1987年6月加入中国共产党，中央党校大学学历，教授级高级政工师。1982年12月—1983年6月，肥城矿务局杨庄煤矿工人。1983年6月—1990年8月，任矿务局杨庄煤矿宣传科干事、党委办公室资料员（1988年9月—1990年7月，在郑州煤炭管理干部学院劳动经济专业专科学习）。1990年8月—1997年4月，任矿务局党办秘书、副科级秘书、科级秘书。1997年4月—1998年3月，任矿务局党办副主任。1998年3月—1998年12月，任肥矿集团董事会办公室副主任。1998年12月—2001年9月，任肥矿集团董事会办公室主任（1998年8月—2000年12月，在中央党校函授学院本科班政治法律专业学习）。2001年9月—2004年1月，任肥矿集团党委常委、纪委书记。2004年1月—2005年4月，任临沂矿务局党委副书记、纪委书记、工会主席。2005年4月—2006年5月，任矿务局党委副书记、纪委书记。2006年5月—2013年5月，任临矿集团党委副书记、纪委书记。2013年5月—2015年3月，任临矿集团董事、总经理、党委副书记、纪委书记。2015年3月—2016年3月，任临矿集团董事、总经理、党委副书记。2016年3月—2018年6月，任临矿集团党委书记、董事长。2018年6月—2020年11月，任临矿集团党委书记、董事长，山东能源集团党委委员。

临沂市第十九届人大常委会委员；全国煤炭企业优秀党委书记，2020年，被授予山东省五一劳动奖章，临沂市劳动模范。

张圣国 男，汉族，1962年10月生，山东新泰人。1980年2月参加工作，1982年8月加入中国共产党，中央党校大学学历，高级工程师。1978年10月—1979年12月，山东省新泰市羊流镇官桥村下乡知青。1979年12月—1980年2月待分配。1980年2月—1983年11月，任新汶矿务局良庄煤矿采煤六区工人、副区长。1983年11月—1985年9月，任良庄煤矿生产调度室副主任。1985年9月—1987年7月，在山东煤炭干部学校干部专修科企管专业学习。1987年7月—1990年6月，任良庄煤矿生产调度室主任。1990年6月—1996年7月，任良庄煤矿副矿长（1993年8月—1995年12月，在中央党校函授学院本科班经济管理专业学习）。1996年7月—1997年3月，任新汶矿务局安全监察局副局长。1997年3月—2000年1月，任矿务局泉沟煤矿矿长、党委委员。2000年1月—2001年6月，任新矿集团泉沟煤矿公司董事长、经理、党委委员。2001年6月—2002年1月，任泉沟煤矿公司董事长、党委书记、党委委员。2002年1月—2006年2月，任新矿集团汶南煤矿矿长、党委委员。2006年2月—2006年6月，任新矿集团干部。2006年6月—2007年5月，任新矿集团副总工程师、采矿技术中心主任。2007年5月—2008年6

月，任新矿集团总经理助理、生产技术处处长、采矿技术中心主任。2008年6月—2010年12月，任新矿集团总经理助理。2010年12月—2011年10月，任新矿集团总经理助理，新矿内蒙古能源公司董事长、党委委员。2011年10月—2012年7月，任新矿集团总经理助理，新矿内蒙古能源公司董事长、总经理、党委委员。2012年7月—2015年3月，任新矿集团副总经理。2015年3月—2015年5月，任肥矿集团党委副书记、工会主席。2015年5月—2016年3月，任肥矿集团董事（职工代表）、党委副书记、工会主席。2016年3月—2017年1月，任临矿集团党委常委、董事、总经理。2017年1月—2018年8月，任临矿集团党委副书记、董事、总经理。2018年8月—2020年11月，任山东能源重装集团党委书记、执行董事、总经理。2020年11月，任临矿集团党委书记、董事长。

侯宇刚　男，汉族，1967年8月生，山东章丘人。1988年8月参加工作，1987年10月加入中国共产党，研究生工学博士学历，工程技术应用研究员。1985年9月—1988年7月，山东矿业学院济南分院综合工程系工业电气自动化专业学生。1988年8月—1992年3月，任淄博矿务局机械制造厂见习技术员，八分厂、技术开发办公室技术员。1992年3月—1994年7月，任机械制造厂电器仪器分厂副厂长、厂长。1994年7月—1996年3月，任机械制造厂办公室主任。1996年3月—1997年12月，任淄博日型油压机公司副总经理、党支部书记。1997年12月—1998年10月，任许厂矿井筹建处副主任。1998年10月—2002年1月，任许厂煤矿副矿长。2002年1月—2004年12月，任淄矿集团许厂煤矿副矿长、党委委员（2000年5月—2003年12月，攻读中国矿业大学控制工程专业工程硕士学位）。2004年12月—2011年11月，任许厂煤矿矿长、党委委员（2007年3月—2010年1月，完成中国矿业大学（北京）机械电子工程专业博士研究生学业）。2011年11月—2013年12月，任枣矿集团副总经理。2013年12月—2015年3月，任淄矿集团副总经理。2015年3月—2015年5月，任淄矿集团副总经理、党委常委。2015年5月—2016年3月，任淄矿集团董事、副总经理、党委常委。2016年3月—2017年1月，任淄矿集团党委常委、董事、总经理。2017年1月—2018年8月，任淄矿集团党委副书记、董事、总经理。2018年8月—2020年5月，任临矿集团党委副书记、董事、总经理。

2004年、2005年，获得全国煤炭工业优秀矿长称号。2006年，获得全国煤炭工业双十佳矿长称号。2009年，获得济宁市劳动模范称号和山东省富民兴鲁劳动奖章。2020年，获得临沂市劳动模范称号。

鲁守明　男，汉族，1970年6月生，山东沂南人。1990年9月参加工作，1995年6月加入中国共产党，大学学历，工程技术应用研究员。1987年9月—1990年7月，临沂矿务局技工学校电修专业学生。1990年9月—1992年9月，矿务局工程处机电队井下绞车工。1992年9月—1995年7月，郑州煤田职工地质学院工程测量专业脱产学习。1995年7月—1997年4月，任株柏煤矿生产科技术员。1997年4月—1998年7月，任株柏煤矿三工区副区长。1998年7月—2003年1月，任株柏煤矿三工区区长。2003年1月—2003年10月，任株柏煤矿二工区区长（1998年9月—2001年7月，在新汶矿业职工大学经济管理专业业余大专班学习）。2003年10月—2005年7月，任株柏煤矿安监处处长。2005年7月—2008年3月，任临沂矿务局（临矿集团）田庄煤矿副矿长兼安全监察处处长、党委委员。2008年3月—2012年5月，任田庄煤矿副矿长、党委委员（2007年3月—2010年1月，在山东科技大学采矿工程专业函授大学学习）。2012年5月—2015年12月，任田庄煤矿矿长、党委书记。2015年12月—2017年3月，任临矿集团古城煤矿矿长、党委书记。2017年3月—2018年8月，任临矿集团党委委员、古城煤矿矿长、党委书记。2018年8月—2020年4月，任临矿集团党委常委、副总经理。2020年4月，任临矿集团党委副书记、董事、总经理。

2014年2月，被临沂市委市政府授予优秀企业家称号。2015年2月，被临沂市政府授予临沂市劳动模范称号。2017年3月，被中国煤炭工业协会授予煤炭工业优秀矿长称号。2021年4月，被临沂市总工会授予五一劳动奖章。

第三节　人物名录

一、人大、党代会代表名录

乌以功　男，汉族，1956年11月生，山东聊城茌平人。中共党员，第七届、第八届全国人民代表大会代表。

李义文　男，汉族，1952年4月生，山东淄博博山人。中共党员，高级政工师、经济师、研究生学历，山东省第十一届人大代表，山东省第九次党代会代表。

刘成录　男，汉族，1961年6月生，山东莱芜人。中共党员，高级工程师，山东省第十二届人大代表，临沂市第十八届人大常委。

二、临矿集团领导人员名录

1991年：赵荣思　崔宝德　李加夫　李景锡　叶　泰　廖星荣　黄文斋　王恩功　张　军　李春晓

1992年：赵荣思　崔宝德　李加夫　李景锡　叶　泰　漆光壁　黄文斋　王恩功　张　军　李春晓

1993年：赵荣思　崔宝德　李加夫　李景锡　叶　泰　漆光壁　潘元庭　王恩功　张　军
　　　　李春晓　钟广俊

1994年：赵荣思　崔宝德　李加夫　李景锡　张　军　潘元庭　漆光壁　李春晓　钟广俊　叶　泰

1995年：崔宝德　赵荣思　李加夫　李景锡　张　军　潘元庭　漆光壁　李春晓　王恩功

1996年：崔宝德　赵荣思　李加夫　李景锡　张　军　潘元庭　漆光壁　李春晓　黄文斋　王恩功

1997年：崔宝德　李加夫　杨跃林　张　军　潘元庭　孙廷华　陈　猛　刘成录　许作庆　赵学仁
　　　　调研员：黄文斋　漆光壁　李春晓　赵荣思　王恩功

1998年：崔宝德　李加夫　杨跃林　张　军　潘元庭　孙廷华　陈　猛　刘成录　许作庆　赵学仁
　　　　调研员：黄文斋

1999年：崔宝德　李加夫　杨跃林　张　军　潘元庭　孙廷华　陈　猛　刘成录　许作庆　赵学仁

2000年：崔宝德　李加夫　杨跃林　张　军　潘元庭　孙廷华　陈　猛　刘成录　许作庆　赵学仁

2001年：李义文　张　军　孙廷华　潘元庭　陈　猛　曹庆伦　于德亮　杨跃林　赵学仁
　　　　调研员：崔宝德　许作庆

2002 年：李义文　张　军　孙廷华　潘元庭　陈　猛　曹庆伦　于德亮　杨跃林　赵学仁

2003 年：李义文　张　军　孙廷华　潘元庭　陈　猛　曹庆伦　于德亮　杨跃林　赵学仁

2004 年：李义文　孙廷华　刘孝孔　吴洪军　杨跃林　刘成录　陈　猛　曹庆伦　于德亮

　　　　调研员：张　军　潘元庭　赵学仁

2005 年：李义文　孙廷华　刘孝孔　刘成录　陈　猛　吴洪军　曹庆伦　于德亮　雷其春

　　　　调研员：张　军　潘元庭　赵学仁

2006 年：李义文　孙廷华　刘成录　刘孝孔　雷其春　陈　猛　吴洪军　于德亮　曹庆伦　张廷玉

　　　　外部董事：赵政民　温燕明　申传东

　　　　调研员：张　军　赵学仁

2007 年：李义文　孙廷华　刘孝孔　刘成录　陈　猛　吴洪军　于德亮　张廷玉
　　　　曹庆伦　雷其春

　　　　外部董事：赵政民　温燕明　申传东

　　　　财务总监：申传东

　　　　调研员：张　军　赵学仁

2008 年：李义文　宿洪涛　刘孝孔　刘成录　陈　猛　吴洪军　于德亮　张廷玉
　　　　曹庆伦　石富山　雷其春

　　　　监事会主席：梁金久

　　　　常务监事：孟令湘

　　　　监事：吴乃东

　　　　外部董事：孟宪昌　温燕明　赵政民

　　　　财务总监：申传东

　　　　调研员：张　军

2009 年：李义文　梁金久　宿洪涛　刘孝孔　刘成录　陈　猛　吴洪军　于德亮
　　　　张廷玉　石富山　曹庆伦　雷其春

　　　　监事会主席：梁金久

　　　　常务监事：孟令湘

　　　　监事：吴乃东

　　　　外部董事：赵政民　温燕明　孟宪昌

　　　　财务总监：申传东　荣　刚

2010 年：李义文　刘成录　刘孝孔　郭修杰　陈　猛　陈家忠　于德亮　张廷玉
　　　　石富山　荣　刚　曹庆伦　雷其春

　　　　监事会主席：梁金久

　　　　常务监事：孟令湘

　　　　监事：　吴乃东

　　　　外部董事：赵政民　温燕明　孟宪昌

　　　　财务总监：荣　刚

2011 年：刘成录　张希诚　刘孝孔　郭修杰　陈　猛　陈家忠　于德亮　张廷玉
　　　　石富山　荣　刚　曹庆伦　雷其春

监事会主席：梁金久

常务监事：孟令湘

监事：吴乃东

外部董事：赵政民　温燕明　孟宪昌

财务总监：荣　刚

2012 年：刘成录　张希诚　刘孝孔　郭修杰　陈　猛　陈家忠　于德亮　张廷玉
石富山　曹庆伦　雷其春

监事会主席：梁金久

常务监事：孟令湘

监事：吴乃东

外部董事：赵政民　温燕明　孟宪昌

财务总监：荣　刚

2013 年：张希诚　刘孝孔　陈　猛　郭修杰　于德亮　张廷玉　曹庆伦　石富山

外部董事：赵政民　温燕明　孟宪昌

2014 年：张希诚　刘孝孔　郭修杰　陈　猛　陈家忠　于德亮　张廷玉　石富山　曹庆伦

外部董事：赵政民　温燕明　孟宪昌

2015 年：张希诚　刘孝孔　张廷玉　于德亮　石富山　曹庆伦　提文科　王　军　赵仁乐

外部董事：臧桂茂　王　军

监事：李正明　付业宁

财务总监：王　军

2016 年：刘孝孔　张圣国　提文科　曹庆伦　祁方坤　石富山　于德亮　王　军　赵仁乐

外部董事：臧桂茂　王　军

监事：李正明　付业宁

财务总监：王　军

调研员：王洪忠

2017 年：刘孝孔　张圣国　提文科　曹庆伦　祁方坤　石富山　于德亮　王　军　赵仁乐

外部董事：臧桂茂　王　军

监事：李正明

财务总监：王　军

调研员：王洪忠

2018 年：刘孝孔　侯宇刚　提文科　曹庆伦　祁方坤　鲁守明　石富山　王　军　赵仁乐

外部董事：臧桂茂　王　军

监事：李正明

财务总监：王　军

调研员：王洪忠

2019 年：刘孝孔　侯宇刚　提文科　曹庆伦　祁方坤　鲁守明　石富山　王　军　赵仁乐

外部董事：臧桂茂　王　军

监事：李正明

　　　　财务总监：王　军
　　　　调研员：王洪忠
2020 年：张圣国　鲁守明　何祥成　靳家皓　石富山　赵仁乐　肖庆华　李存禄　王苏南
　　　　外部董事：藏桂茂　王苏南
　　　　监事：李正明
　　　　财务总监：王苏南

三、机关处级干部名录

1991 年

董志宏　于建群　杜福成　刘财生　曹瑞良　李加敬　庄会新　李安三
申维友　杨跃林　张敬成　郗明斋　陈宗贞　韩跃民　苗忠诚　申茂其
寇洪军　陈本训　张德让　秦　明　李志芳　漆光壁　刘顺侠　张继桐
徐明如　李效言　陈铎彪　张成山　徐金厚　张志让　徐宏远　佰　合
王景佩　王　竹　孙恩起　杨松林　徐维明　侯玉林　刘建永　陆秀峰
雷庆丰　李树荣　张汉卿　公茂强　孙春喜　陈永安　王继符　吴振年
陈克亮　曹庆伦　孔宪福　邹文祥　王存红（女）　范爱华（女）
陈继法　刘永年

1992 年

董志宏　于建群　杜福成　刘财生　曹瑞良　李加敬　庄会新　申维友
杨跃林　张敬成　陈宗贞　苗忠诚　申茂其　寇洪军　陈本训　张德让
秦　明　李志芳　刘顺侠　张继桐　徐明如　李效言　陈铎彪　张成山
徐金厚　张志让　徐宏远　刘佰合　王景佩　王　竹　魏修君　陈克亮
孙恩起　杨松林　侯玉林　刘建永　陆秀峰　雷庆丰　李树荣　张汉卿
公茂强　孙春喜　陈永安　王继符　吴振年　曹庆伦　孔宪福　邹文祥
陈继法　刘永年　于德亮　许作庆　徐维明　王存红（女）　范爱华（女）

1993 年

董志宏　于建群　刘财生　曹瑞良　李加敬　庄会新　申维友　张敬成
陈宗贞　苗忠诚　申茂其　陈本训　张德让　秦　明　李志芳　刘顺侠
张继桐　李效言　陈铎彪　张成山　徐金厚　王景佩　王　竹　魏修君
陈克亮　吴振年　曹吉庆　卿垂友　孙友钧　李焕武　尹致舜　张宏仁
侯从吉　杨松林　侯玉林　刘建永　雷庆丰　李树荣　张汉卿　公茂强
孙春喜　陈永安　王继符　曹庆伦　孔宪福　邹文祥　刘永年　于德亮
许作庆　徐维明　陆云高　于洪坤　王景云　王存红（女）　范爱华（女）
连玉彬　张连生

1994 年

董志宏	于建群	张升德	辛崇政	王选民	庄会新	申茂其	王存红（女）
陆云高	李效言	刘建永	朱振钦	徐维明	曹瑞良	李志芳	卿垂友
李焕武	杨再军	曹庆伦	王景佩	曹吉庆	刘顺侠	陈永安	杨松林
尹致舜	魏修君	侯从吉	申维友	公茂强	邵炳生	王恩功	秦　明
李守仁	李风岗	邹文祥	张书军	季广修	王荣宝	赵树权	李庆春
许作庆	刘永年	刘恩功	尹焕军	赵学范	连玉彬	吴家胜	李树荣
于德亮	李振森	高永健	刘持华	刘跃全	刘常州	刘洪波	苏学明
张立傲	孙加民	张连升					

1995 年

董志宏	于建群	张升德	辛崇政	王选民	庄会新	申茂其	孙加民
陆云高	李效言	刘建永	朱振钦	徐维明	曹瑞良	李志芳	卿垂友
李焕武	杨再军	曹庆伦	王景佩	曹吉庆	刘顺侠	陈永安	杨松林
尹致舜	魏修君	侯从吉	申维友	公茂强	邵炳生	李守仁	李风岗
邹文祥	张书军	季光修	王荣宝	赵树权	李庆春	许作庆	刘永年
刘恩功	尹焕军	赵学范	连玉彬	吴家胜	李树荣	于德亮	李振森
高永健	刘持华	刘跃全	刘常州	刘洪波	苏学明	张立傲	孟宪民
刘成录	王存红（女）						

1996 年

张升德	辛崇政	王选民	陆云高	李效言	徐维明	杨再军	曹庆伦
侯从吉	张书军	李庆春	许作庆	于德亮	李振森	刘洪波	孙加民
刘守明	徐宏远	魏延福	李守仁	邹文祥	季广修	王荣宝	赵树权
刘永年	赵学范	吴家胜	刘持华	刘常州	孟宪民	高佑山	刘风江
陈克明	主硕元	吴士其	赵太强	解信德	崔金华	田大恩	杜洪滨
张金石	张廷玉	魏文明	王存红（女）				

1997 年

张升德	王荣宝	李守仁	辛崇政	张金石	王选民	陆云高	高佑山
李效言	赵树权	徐维明	刘永年	杜洪滨	曹庆伦	赵学范	吴家胜
解信德	侯从吉	张书军	李庆春	于德亮	张廷玉	吴士其	李振森
兰春忠	刘洪波	主硕元	孙加民	崔金华	刘持华	刘守明	刘常洲
陈克明	赵太强	田大恩	刘风江	季广修	魏文明	尹焕军	方华艳（女）

调研员

董志宏	于建群	刘建永	王景佩	曹吉庆	刘顺侠	陈永安	杨松林

尹致舜　魏修君　申维友　邵炳生　连玉彬　李树荣　张立傲

1998 年

张升德　王荣宝　李守仁　辛崇政　张金石　王选民　陆云高　高佑山
李效言　赵树权　徐维明　杜洪滨　曹庆伦　吴家胜　赵学范　侯从吉
张书军　李庆春　于德亮　张廷玉　辛崇喜　兰春忠　刘洪波　主硕元
孙加民　崔金华　刘持华　刘守明　陈克明　赵太强　刘常洲　田大恩
刘风江　季广修　魏文明　夏玉安　尹焕军　方华艳（女）
调研员
连玉彬

1999 年

王荣宝　李守仁　陆云高　高佑山　张书军　辛崇政　张金石　王选民
季广修　魏文明　徐维明　张升德　曹庆伦　吴家胜　尹焕军　赵学范
杜洪滨　刘洪波　主硕元　李效言　赵树权　夏玉安　侯从吉　于德亮
张廷玉　辛崇喜　刘守明　陈克明　赵太强　刘常洲　贾自富　兰春忠
刘持华　孙加民　崔金华　李庆春　刘风江　田大恩　方华艳（女）
调研员
连玉彬

2000 年

张升德　王荣宝　李守仁　辛崇政　张金石　王选民　陆云高　高佑山
李效言　赵树权　徐维明　杜洪滨　刘恩功　曹庆伦　吴家胜　赵学范
侯从吉　张书军　李庆春　于德亮　张廷玉　辛崇喜　兰春忠　刘洪波
主硕元　孙加民　崔金华　刘持华　刘守明　陈克明　赵太强　刘常洲
田大恩　刘风江　季广修　魏文明　方华艳（女）　夏玉安　贾自富
尹焕军　孟宪民
调研员
连玉彬

2001 年

王荣宝　陈立海　李　泉　刘恩功　刘风波　张茂坤　孔祥堂　戚洪来
张廷玉　王春霞（女）　庄树建　刘守明　刘常洲　胡顺荣（女）
李庆春　刘中军　赵树权　马先文　赵太强　主硕元　兰春忠　田国志
刘持华　季广修　陆云高　钱学军　张书军　王学兵　张升德　方华艳（女）
夏玉安　李守举　王建设　杜洪滨

2002 年

王荣宝　陈立海　李　泉　刘恩功　刘风波　张茂坤　孔祥堂　戚洪来
杨再军　杜洪滨　张廷玉　庄树建　刘守明　李　冰　李守举　王建设
贾自富　李庆春　刘中军　赵树权　刘常洲　邢连军　马先文　赵太强
主硕元　兰春忠　田国志　刘持华　季广修　陆云高　钱学军　张书军
王学兵　张升德　夏玉安　方华艳（女）王春霞（女）

2003 年

王荣宝　李　泉　刘恩功　尚玉莹　刘风波　张茂坤　孔祥堂　戚洪来
杨再军　杜洪滨　张廷玉　夏玉安　李守举　庄树建　刘守明　李　冰
贾自富　李庆春　刘中军　邹文祥　邢连军　马先文　赵太强　主硕元
侯从吉　兰春忠　刘启军　田国志　刘持华　季广修　陆云高　钱学军
张书军　王学兵　张升德　方华艳（女）　王春霞（女）

2004 年

王荣宝　李　泉　李保刚　尹焕军　尚玉莹　刘风波　张茂坤　孔祥堂
戚洪来　杨再军　杜洪滨　张廷玉　庄树建　刘守明　夏玉安　袁　勇
李　冰　贾自富　李庆春　刘中军　解信德　邢连军　刘常洲　马先文
赵太强　主硕元　侯从吉　兰春忠　刘启军　田国志　刘持华　季广修
陆云高　钱学军　田大恩　张书军　王学兵　张升德　钱守际　邹文祥
张传毅　方华艳（女）　王春霞（女）

2005 年

解信德　王荣宝　李　泉　李保刚　杨再军　杜洪滨　历　波　吴现枝
刘文军　岳登松　尹焕军　尚玉莹　刘风波　戚洪来　吴加胜　胡殿友
薛正才　孔祥堂　杨再军　张守彦　郑培永　吴士其　庄树建　刘守明
李　冰　贾自富　李庆春　刘中军　尉　光　张传毅　袁　勇　邹文祥
周启昆　刘常洲　邢连军　马先文　赵太强　主硕元　侯从吉　兰春忠
苏学明　田国志　刘持华　刘启军　陆云高　钱学军　田大恩　张书军
王学兵　张升德　钱守际　夏玉安　崔希国　王春霞（女）　任秀霞（女）
胡顺荣（女）

2006 年

解信德　王荣宝　李　泉　李保刚　杨再军　历　波　吴现枝　刘文军
岳登松　尹焕军　尚玉莹　刘风波　戚洪来　吴加胜　孔祥堂　张守彦
郑培永　吴士其　庄树建　朱孔东　刘守明　贾自富　刘中军　尉　光

张文宝　赵太强　严维国　于广春　兰春忠　闫陶章　田国志　刘持华
刘启军　张传毅　薛正才　韩昭礼　陆云高　钱学军　田大恩　王立才
张书军　王学兵　刘新海　邢连军　夏玉安　崔希国　邹文祥　张升德
钱守际　杜洪滨　主硕元　侯从吉　孟现民　高佑山　魏文明　周启昆
刘常洲　栾宗田　刘恩功　胡　波　王素梅（女）　王春霞（女）
任秀霞（女）　胡顺荣（女）

2007 年

解信德　王荣宝　李　泉　杨再军　历　波　吴现枝　刘文军　岳登松
尹焕军　尚玉莹　刘风波　戚洪来　吴加胜　韩昭礼　孔祥堂　张守彦
郑培永　吴士其　庄树建　朱孔东　刘守明　贾自富　刘中军　尉　光
王伟江　严维国　于广春　兰春忠　闫陶章　田国志　刘持华　刘启军
张传毅　薛正才　张圣深　李保刚　陆云高　钱学军　田大恩　赵树权
张书军　王学兵　刘新海　邢连军　夏玉安　崔希国　刘恩功　胡　波
赵太强　王春霞（女）　胡顺荣（女）　任秀霞（女）　王素梅（女）
张文宝　邹文祥

调研员

张升德　钱守际　杜洪滨　主硕元　侯从吉　孟现民　魏文明

2008 年

解信德　王荣宝　李　泉　杨再军　历　波　刘文军　吴现枝　李存禄
岳登松　张守彦　郑培永　尹焕军　尚玉莹　刘风波　戚洪来　吴家胜
张圣深　孔祥堂　吴士其　朱孔东　闫陶章　刘守明　贾自富　薛正才
刘中军　尉　光　刘恩功　王伟江　严维国　于广春　崔希国　邢连军
夏玉安　赵太强　张文宝　陈立海　胡　波　李守举　郑士东　田国志
刘持华　刘启军　李仁海　李保刚　韩昭礼　陆云高　钱学军　田大恩
张书军　王学兵　胡顺荣（女）　王春霞（女）　王素梅（女）　任秀霞（女）
邹文祥　刘新海

调研员

杜洪滨　侯从吉　孟现民

2009 年

王荣宝　李　泉　杨再军　刘厚福　历　波　刘文军　吴现枝　岳登松
张守彦　郑培永　尹焕军　王道臣　尚玉莹　刘风波　戚洪来　吴家胜
张圣深　孔祥堂　吴士其　胡顺荣（女）　朱孔东　王春霞（女）
闫陶章　刘守明　贾自富　薛正才　刘中军　尉　光　任秀霞（女）

刘恩功　王伟江　严维国　于广春　崔希国　邢连军　夏玉安　赵太强
张文宝　陈立海　胡　波　李守举　郑士东　李仁海　田国志　刘持华
刘启军　李保刚　韩昭礼　王素梅（女）　陆云高　钱学军　田大恩
张书军　王学兵　李守仁　邹文祥　刘新海

调研员

杜洪滨　侯从吉　孟现民

2010 年

王荣宝　马先文　刘英峰　焦士荣　尹焕军　厉　波　刘文军　吴现枝
岳登松　张守彦　郑培永　张　明　王道臣　尚玉莹　刘风波　戚洪来
吴家胜　张圣深　毛爱星　孔祥堂　吴士其　胡顺荣（女）　朱孔东
王宝国　王春霞（女）　刘守明　贾自富　李善祥　刘中军　尉　光
任秀霞（女）　刘恩功　邵昌友　严维国　于广春　崔希国　邢连军
赵太强　张文宝　刘长江　陈立海　胡　波　李守举　郑士东　闫陶章
李仁海　田国志　刘持华　刘启军　刘厚福　李保刚　韩昭礼　王素梅（女）
何祥成　钱学军　田大恩　张书军　王学兵　贾安强　刘新海

调研员：

杨再军　邹文祥　李守仁　薛正才　侯从吉

2011 年

王荣宝　马先文　焦士荣　尹焕军　厉　波　刘文军　吴现枝　岳登松
张守彦　郑培永　张　明　侯维华　王道臣　尚玉莹　刘风波　戚洪来
吴家胜　张圣深　毛爱星　孔祥堂　吴士其　胡顺荣（女）　王宝国
尉　光　刘守明　贾自富　李善祥　刘中军　闫陶章　任秀霞（女）
刘恩功　贾明兰（女）　唐光平　邵昌友　严维国　于广春　崔希国
邢连军　赵太强　张文宝　刘长江　陈立海　胡　波　曹汉东　李守举
郑士东　李仁海　田国志　刘持华　刘厚福　李保刚　韩昭礼　王素梅（女）
何祥成　田大恩　刘瑞华（女）　王学兵　贾安强　刘新海

调研员

杨再军　邹文祥　李守仁　薛正才

2012 年

王荣宝　马先文　王学兵　贾安强　张　明　侯维华　王道臣　刘风波
戚洪来　吴家胜　张圣深　毛爱星　孔祥堂　焦士荣　刘恩功　厉　波
吴现枝　刘文军　岳登松　张守彦　郑培永　吴士其　刘新海　陈立海
胡顺荣（女）　尉　光　刘中军　闫陶章　任秀霞（女）　齐宝华

刘守明　贾自富　李善祥　刘春峰　崔希国　邢连军　解玉德　邵昌友
严维国　于广春　刘守连　贾明兰（女）　唐光平　赵太强　张文宝
杨现贵　何祥成　刘瑞华（女）　李守举　田国志　刘持华　李仁海
郑士东　孙　广　刘厚福　王素梅（女）　韩昭礼　李保刚　李德志
胡　波　刘金顺　尹焕军　尚玉莹

调研员

邹文祥　杨再军

2013 年

王荣宝　马先文　王学兵　张　明　侯维华　王道臣　尚玉莹　刘风波
戚洪来　吴家胜　张圣深　毛爱星　孔祥堂　焦士荣　刘恩功　吴　涛
历　波　吴现枝　刘文军　岳登松　张守彦　郑培永　胡　波　刘金顺
吴士其　胡顺荣（女）　汪学军　尉　光　刘中军　李孝利　邵昌友
严维国　任秀霞（女）　于广春　尹焕军　闫陶章　齐宝华　刘守明
贾自富　李善祥　刘春峰　崔希国　刘守连　贾明兰（女）　唐光平
赵太强　张文宝　杨现贵　何祥成　刘瑞华（女）　李守举　田国志
郑士东　庄树建　刘厚福　李保刚　王素梅（女）　李德志　刘新海
陈立海　邢连军　解玉德　魏升平

调研员

张文宝　韩昭礼　李仁海　刘跃全　张继本

2014 年

王荣宝　马先文　张　明　侯维华　王道臣　刘风波　戚洪来　吴家胜
张圣深　毛爱星　孔祥堂　焦士荣　刘恩功　曹善西　吴现枝　刘文军
焦士荣　张守彦　郑培永　吴士其　胡顺荣（女）　汪学军　杨现贵
尉　光　刘中军　李孝利　闫陶章　齐宝华　马云涛　刘守明　贾自富
李善祥　刘春峰　邢连军　解玉德　崔希国　邵昌友　严维国　任秀霞（女）
于广春　周启昆　唐光平　刘长洲　贾明兰（女）　王学兵　苏学明
何祥成　刘瑞华（女）　李守举　田国志　郑士东　庄树建　刘厚福
李保刚　王素梅（女）　李德志　刘新海　陈立海　胡　波　刘金顺
赵太强

调研员

张文宝　韩昭礼　李仁海　刘跃全　张继本

2015 年

尉　光　张　明　侯维华　尚玉莹　王道臣　刘风波　戚洪来　吴家胜

毛爱星	孔祥堂	焦士荣	刘恩功	林英良	曹善西	吴现枝	刘金顺
刘文军	郑培永	李守举	胡顺荣（女）		张广金	赵太强	杨现贵
吴士其	宋　陵	刘中军	齐宝华	闫陶章	贾自富	李善祥	刘春峰
崔希国	邢连军	解玉德	邵昌友	于广春	马先文	唐光平	崔宝山
王学兵	苏学明	何祥成	田国志	郑士东	邓志宏	刘厚福	陈立海
李保刚	李德志	刘新海	朱玉清	任智德	胡　波		

调研员

张继本	张文宝	韩昭礼	刘守明	解信德	张守彦	严维国	刘长洲
张圣深	马云涛	周启昆	候善可	刘瑞华（女）		任秀霞（女）	
贾明兰（女）		王素梅（女）					

2016 年

尉　光	张　明	齐东合	侯维华	尚玉莹	王道臣	戚洪来	吴家胜
毛爱星	孔祥堂	焦士荣	刘恩功	林英良	贾自富	曹善西	吴现枝
刘文军	郑培永	燕廷军	李守举	胡顺荣（女）		张广金	曹召彬
刘中军	齐宝华	季相栋	闫陶章	任小红（女）		李善祥	杨现贵
张海涛	于广春	马先文	唐光平	崔宝山	王学兵	苏学明	李宪寅
何祥成	高志勇	田国志	郑士东	邓志宏	吴士其	宋　陵	刘厚福
陈立海	李保刚	李德志	邢连军	解玉德	刘春峰	尹焕军	崔希国
刘风波	刘金顺	龙禄财	朱玉清	任智德	胡　波	赵太强	杨传信
主宝皆	李　振						

调研员

张文宝	韩昭礼	刘守明	解信德	张守彦	严维国	刘长洲	张圣深
马云涛	周启昆	候善可	刘新海	任秀霞（女）		贾明兰（女）	
刘瑞华（女）		王素梅（女）					

2017 年

尉　光	张　明	齐东合	王统海	孔祥堂	刘恩功	林英良	赵治国
刘中军	闫陶章	贾自富	张海涛	马先文	王学兵	何祥成	田国志
郑士东	宋　陵	陈立海	季广修	邢连军	吴士其	刘春峰	尹焕军
崔希国	刘金顺	朱玉清	赵太强	刘九周	吴兆顿	王道臣	任智德
戚洪来	毛爱星	宋维军	曹善西	吴现枝	刘文军	王兴存	胡顺荣（女）
郑培永	燕廷军	张广金	曹召彬	齐宝华	季相栋	于广春	任小红（女）
李善祥	闫景臣	唐光平	崔宝山	李宪寅	高志勇	邓志宏	李保刚
李德志	解玉德	刘风波	龙禄财	胡　波	杨传信	韩文义	主宝皆
李　振							

调研员：

张文宝　解信德　张守彦　严维国　刘长洲　张圣深　马云涛　任秀霞（女）
贾明兰（女）　王素梅（女）　周启昆　刘新海　焦士荣　苏学明　李守举

2018 年

尉　光　张　明　吴兆顿　王统海　孔祥堂　刘恩功　林英良　胡殿友
赵治国　刘中军　王荣宝　闫陶章　贾自富　张海涛　马先文　王学兵
何祥成　田国志　郑士东　宋　陵　刘厚福　陈立海　邢连军　刘春峰
尹焕军　吴家胜　崔希国　刘金顺　朱玉清　赵太强　刘九周　戚洪来
任智德　刘　刚　周情来　宋维军　曹善西　吴现枝　刘文军　张德军
刁志新　燕廷军　张广金　曹召彬　齐宝华　季相栋　李善祥　于广春
高建平　闫景臣　唐光平　崔宝山　李宪寅　高志勇　邓志宏　刘启军
李德志　解玉德　彭立正　刘长富　龙禄财　杨传信　韩文义　主宝皆
李　振　王道臣　孙运兆　任小红（女）　胡顺荣（女）　李海燕（女）
调研员：张守彦　刘新海　焦士荣　苏学明　李守举　毛爱星　李秀萍（女）
　　　　胡　波　李保刚　刘风波　吴士其　季广修　郑培永

2019 年

何祥成　张　明　孔祥堂　赵治国　王统海　张海涛　宋　陵　尉　光
闫陶章　王学兵　李乐成　林英良　陈广印　田国志　任智德　崔希国
朱玉清　马先文　岳登松　刘金顺　赵太强　吴　涛　陈立海　刘春峰
刘中军　郑士东　王荣宝　贾自富　戚洪来　李善祥　刘九周　张晓明
田　凯　刘长富　侯维华　张德军　齐宝华　王全勇　张广金　刁志新
解玉德　孙运兆　王桂利　武　超　邓志宏　李宪寅　龙禄财　宋维军
高建平　闫景臣　张铁刚　曹广海　王振伟　曹召彬　陆永生　陈　伟
燕廷军　彭立正　曹善西　韦金国　王　斌　唐光平　邓晓刚　张洪宝
刘　刚　赵燕军　兰庆武　郭书雷　陈世坤　张世宝　主宝皆　刘建光
李　振　胡顺荣（女）　任小红（女）
调研员
胡殿友　刘厚福　邢连军　尹焕军　吴家胜　张守彦　焦士荣　苏学明
李守举　毛爱星　胡　波　李保刚　刘风波　吴士其　季广修　李秀萍（女）
郑培永　于广春　刘恩功　刘文军　李德志　杨传信　刘志刚　李兴欢
刘启军　王道臣　尚玉莹　吴兆顿

2020 年

张　明　孔祥堂　赵治国　王统海　张海涛　宋　陵　尉　光　闫陶章

王学兵	李乐成	林英良	陈广印	田国志	任智德	崔希国	岳登松
赵太强	吴　涛	陈立海	刘春峰	郑士东	王荣宝	王桂利	李宗国
李安平	翟健飞	邵长余	王玉强	戚洪来	刘九周	张晓明	田　凯
刘长富	侯维华	张德军	齐宝华	王全勇	张广金	刁志新	解玉德
孙运兆	武　超	邓志宏	李宪寅	龙禄财	宋维军	高建平	闫景臣
曹广海	王振伟	陆永生	陈　伟	彭立正	曹善西	王　斌	邓晓刚
张洪宝	刘　刚	赵燕军	兰庆武	郭书雷	孙世民	周树志	王兴存
高敬东	张红芳	董凤广	张延强	王晓伟	张俊宝	主宝皆	任小红（女）

调研员

胡殿友	刘厚福	邢连军	尹焕军	吴家胜	张守彦	李守举	毛爱星
胡　波	李保刚	刘风波	吴士其	季广修	郑培永	于广春	李秀萍（女）
刘恩功	刘文军	李德志	杨传信	刘志刚	李兴欢	刘启军	王道臣
尚玉莹	吴兆顿	朱玉清	马先文	刘金顺	刘中军	贾自富	胡顺荣（女）
燕廷军	唐光平	陈世坤					

四、二级单位领导干部名录（1990—2020）

菏泽煤电公司

杨爱东	徐建华	李长寅	孙志国	朱德明	陈明磊	沈　平	战　谊
宗胜利	赵喜庆	吴　涛	李存禄	魏兴民	王统海	韦金国	诸葛祥华
范吉宏	谭炳刚	程　勇	刘明星	温景韶	王志清	赵平科	佟凤健
夏建亭	殷长举	刘岷忠	李丰盛	朱光营	赵玄栋	翟　伟	王荣利
文　昌	王孚泰	焦方训	李　辉	赵术江	苏茂秋	金　波	吴兆顿
冯旭东	刘志刚	郭书雷	李淑峰	孙明峰	商传芝	吴继鲁	周庆安
唐中华	马明强	张　哲	高　峰	隋守吉	胥学峰	王新坤	冯云清
徐玉学	刘元存	陈世坤	张　海	李兴欢	杨宇峰	刘会站	李国辉
李安平	张士笑	赵治国	阚士远	侯维华	徐晓华	李雪峰	高清水
王振伟	梁宝成	翁洪周	王兴存	戴德胜	马　洼	季现亮	胡彦峰
邹洪建	申世豹	高志勇	秦晓强	茹新华			

古城煤矿

潘元庭	刘成录	徐宏远	刘恩功	崔守芬	王洪忠	孟繁勤	刘厚福
陈家忠	张传毅	鲁守明	伦庆忠	曲焕庆	王家德	李祥金	诸葛祥华
周启昆	宋兰武	解信德	赵喜庆	吴士其	夏宇君	宋友跃	聂瑞明
王存策	王立才	柳俊仓	焦士荣	韩耀民	庄树武	李　钊	何祥成
陈维水	苏学明	李　泉	高清水	魏兴民	贾安强	安明成	李允生
王统海	李宗珠	翁洪周	王桂利	董忠科	李乐成	徐国华	刘　辉
张铁刚							

会宝岭铁矿

陈 猛	周启昆	刘长洲	赵仁乐	刘守连	张海涛	邵昌友	张茂坤
栾宗田	彭立正	任广亮	张树宽	孙迎东	韩文义	张纪堂	刘长江
孙 广	历 波	薛其成	刘文华	褚新胜	王正英	李善祥	单井林

上海庙矿业公司

李义文	吴洪军	孙廷华	宿洪涛	刘成录	陈家忠	张希诚	张传毅
刘孝孔	肖庆华	何法元	吴俊松	刘跃泉	孙洪德	邵昌友	贾安刚
任广亮	胡殿友	张伦恭	魏升平	肖顺生	郑怀友	夏宇君	李宗珠
杜东吉	焦士荣	邓志宏	吴 涛	刘 星	张德军	庞海运	陈广印
刘厚福	张世海	庄书建	赵树权	王永吉	赵仁乐	王立才	高建平
陈建刚	刘宝开	肖俊生	解信德	王统海	翁洪周	李新山	高 伟
胡忠利	翟健飞	杨红树	田大恩	张金泉	张 勇	王宝国	王笃平
齐东合	吕玉广	孔凡军	王玉强	陈 重	管彦太	丁学贤	刘汉慈
王永宝	王寅林	孙世民	王传峰	赵宝相	张宝斌	贾良杰	

新驿煤矿

刘厚福	童培国	焦士荣	石富山	张传毅	李存禄	庄又军	张 卫
张庆有	吴家胜	夏宇君	陈立海	王兴存	白景志	张茂坤	李宗国
彭立正	孙富兴	邱青祥	伦庆忠	王传庆	梁宝成	路兴国	孙世民
范吉宏	张 涛	高敬东	钟宇辉	杨现贵	李国辉	石 刚	潘国华
董勤凯	杨尊胜	高志勇	薛 峰	吕凤新	时维玉	李 冰	曹召彬
田传宇							

邱集煤矿

宋庆平	孟繁勤	陈东杰	刘成录	王立才	陈家忠	郭修杰	李存禄
庄又军	武善元	王永宝	宋庆平	朱宝华	徐泰阁	韩昭礼	于广春
童培国	任智德	陈东杰	崔宗阳	刘成录	王立才	武善元	林英良
孙富兴	桓希传	张海涛	安明成	张成建	彭士伟	刁志新	范吉宏
高清水	李 洪	薛 峰	付士军	刘明星	王传锋	李 东	步长存
邱合银	王东京						

王楼煤矿

刘洪波	潘元庭	刘成录	吴洪军	解信德	周启昆	夏宇君	王立才
肖庆华	赵仁乐	林英良	白景志	刘守连	邵昌友	张俊宝	单井林
陈家忠	李传军	邵长余	任智德	胡殿友	刘传武	高佩宝	张伦恭
丁学贤	田宝方	王道臣	毛爱星	主宝皆	齐东合	庄又军	诸葛祥华
张士笑	宋 陵	王玉强	梁宝成	高敬东	王永宝	汪学军	吕凤新

张　卫　密士廷　徐国华　王忠密　王宝国　田福海　刘维信　童培伟

田庄煤矿

吴洪军　蓝承启　孙连生　刘传武　胡　波　李宗国　彭士伟　张　明
郭修杰　鲁守明　周树志　宋　陵　李传军　王开超　何发元　李海燕（女）
南锦玉　李永强　张　涛　张瑞祥　王永宝　白景志　王兴存　单井林
吴国栋　林相亮　薛　峰　宋海宁　主宝皆　张伦恭　杨红树　丁学贤
潘国华　魏海峰　李保林　李　强　张兆营　张全川

株柏煤矿

黄文斋　刘成录　刘守明　王洪忠　李树斗　石富山　胡殿友　齐东合
柴西义　栾宗田　姜善祥　刘庆三　韩文义　田凤法　李　钊　夏文营
白景志　尚玉莹　吴国栋　鲁守明　丁学贤　高佩宝　张作利　田宝方
吕建华　茹新华　张世宝　孙桂勇　柴延春　张树宽　岳登松　季现亮
宋海宁　董凤广　李乐成　赵燕军　高建伟　杨现贵　王成功　王崇欣

山东玻纤集团公司

山东玻纤

牛爱君　高贵恒　王建设　宋忠玲（女）　吴同德　董象庆　孙　广
唐光平　李　钊　李金宝　杜纪山　张善俊　崔宝山　荀洪宝　郭照恒
巩新沂　王传秋　李　振　李传军　田宝方　唐京鹏　王玉华

沂水热电公司

赵树权　唐光平　徐伟力　李金宝

草埠煤矿、淄博草埠实业公司

孙廷华　刘成录　何法元　申贤增　张廷玉　张仲华　安庆德　主学欢
刘其永　刘厚福　牛爱君　唐光平　丁学贤　高佩宝　田宝方　张成建
徐伟力　孙福兴　杜洪滨　李家林　翟作富　宋恒勤　王道臣　李传军

物商集团

吴振年　张承茂　席思军　刘春祥　李守举　李庆春　何发元　童培国
袁　勇　曹汉东　庄树伟　王景云　徐宝华　张克义　张继本　孙桂勇
沈光瑞　刘跃全　刘长江　刘建光　钱学军　李　冰　秦玉明　马新涛
黄　伟　吕光喜　申延杰　李　东　卜祥泉　翟若臣　高　伟　马云涛
邱青祥　王　伟　宋宪峰　刘启军　田　俊　汪学军　潘国华　秦　涛

山东煤炭技师学院

姜开勇　王　竹　张瑞清　张守福　苏学明　季广修　李　泉　韩耀东
刘继溥　宋玉泉　薛明礼　黄砚明　陈永瑜　李国华　庄树武　李兰深
刘长江　刘建光　赵钦营　王　刚　贾安强

第二章　荣　誉

第一节　集体荣誉

一、省、部（厅、局、协会）级

1991—2019年临矿集团获得省部（厅、局、协会）级荣誉统计表

表13-2-1

获奖单位	荣誉称号	授予单位	获奖时间
临沂矿务局	质量标准化矿务局	中国统配煤矿总公司	1991.03
	劳动工资工作"争先创优"优秀单位	山东省煤炭工业管理局	1991.05
	财务管理工作先进集体		
	（1990）安全生产先进单位	中国统配煤矿总公司	1991
临沂矿务局党委	山东省优秀职工思想政治工作研究会	省思想政治工作研究会	
临沂矿务局	安全生产先进单位	山东省煤炭工业管理局	1994
	煤炭工业二五法制宣传教育先进单位	煤炭工业部办公厅	1996.01
	全国煤炭系统普法教育和依法治理先进集体	煤炭工业部	1996.09
	省级守合同重信用企业	省企业信用与社会责任协会省工商行政管理局	1996.12
矿务局团委	"青少年人才工程"先进团委	山东团省委	1996
矿区工会	先进职工之家	山东煤矿工会	1997.02
临沂矿务局	信访工作达标单位	山东省煤炭工业管理局	1998.03
	安全生产先进单位	山东省煤炭工业管理局	1999.01
矿区工会	全省重点煤矿矿区际群众安全工作竞赛优胜单位	山东煤矿群监会	2000.03
临沂矿务局	（1999）全国"安康杯"竞赛优胜企业	全国总工会国家经济贸易委员会	
	国有重点煤矿质量标准化矿务局	煤炭工业部	2000.07
	（1998—2000）信访工作先进单位	山东煤矿安全监察局山东省煤炭工业管理局	2000
	信访工作先进单位	中共临沂市委临沂市人民政府	
	全省煤矿扶贫送温暖工作先进单位	山东省煤炭工业管理局山东省煤矿工会	2002.06

续表

获奖单位	荣誉称号	授予单位	获奖时间
矿区工会	全国模范职工之家	全国总工会	2004.04
临沂矿务局	全省煤炭系统煤炭营销工作先进集体	山东省煤炭工业管理局 山东省煤炭运销协会	2004.12
	省管企业文化建设示范单位	山东省国资委	
	全国模范职工之家	全国总工会	
	公司级群监竞赛先进单位	山东省煤矿工会	2005.05
古城煤矿党委 株柏煤矿党委 田庄煤矿党委	先进基层党组织	山东省国资委党委	2005.06
临沂矿务局	全省煤炭系统安全生产先进单位	山东省煤炭工业管理局	2005.07
	慈心一日捐先进单位	山东省慈善总会	2005.08
矿区工会	先进女工集体	山东省煤矿工会	2005.09
临沂矿务局	山东省"安康杯"竞赛优胜企业	山东省安全生产监督管理局	2005.12
矿区工会	四五普法先进单位	山东省总工会	
临沂矿务局	全省煤炭系统营销工作先进集体	山东省煤炭工业局 山东省煤炭运销协会	
	全省煤炭系统安全生产先进集体	山东省煤炭工业管理局	2005.07
矿区工会	全省煤炭系统职代会"先进星"单位	山东省煤矿工会	2006.01
	矿区际群众安全竞赛优胜单位		2006.04
临沂矿务局	山东省富民兴鲁劳动奖状	山东省总工会	2006.05
矿区工会	沂蒙光彩事业先进单位	山东省工商业联合会等部门	2006.06
临矿集团	安全质量标准化公司	山东省煤炭工业管理局	
	（2005）全省煤炭系统安全生产先进集体	山东省煤炭工业管理局	2006.07
	山东省企业文化建设示范单位	山东省委宣传部、组织部 省经贸委 省国资委　省总工会	2006.10
临矿集团党委	山东省思想政治工作先进单位	中共山东省委宣传部	
临矿集团	2005年度省直管企业养老保险工作先进单位	省人力资源和社会保障厅 省财政厅	2006.12
	"安康杯"竞赛优胜企业	山东省总工会 省安全生产监督管理局	
	全省煤炭企业营销工作先进集体	山东省煤炭运销协会	
	平安山东建设先进单位	中共山东省委、省人民政府	2007.01
古城煤矿党委 光力士公司党委	先进基层党组织	山东省国资委党委	2007.06

获奖单位	荣誉称号	授予单位	获奖时间
临矿集团	安全质量标准化公司	山东省煤炭工业局	2007.07
	山东省认定企业技术中心	山东省经济贸易委员会	2007.12
	2007年质量信誉AAA等级	中国产品质量协会	2007
	群监竞赛"优胜单位"	山东省煤矿工会	2008.05
	2007年度山东省企业基本养老保险先进单位	省财政厅 省人力资源和社会保障厅	2008.11
	全国"安康杯"竞赛优胜企业	中华全国总工会	2008
	全国实施用户满意工程先进单位、用户满意企业	中国质量协会 全国用户委员会	
新驿煤矿党委 邱集煤矿党委	先进基层党组织	山东省国资委党委	2009.06
临矿集团	2009年度山东省企业基本养老保险先进单位	省人力资源和社会保障厅 省财政厅	2010.10
	山东省诚信企业	山东省经济和信息化委员会	2010.12
	企业集团统计工作先进单位	国家统计局山东调查总队	
	山东省管理创新优秀企业	山东省经济和信息化委员会	
古城煤矿党委 王楼煤矿党委	齐鲁创业先锋	山东省国资委党委	2011.07
临矿集团	2010年度全省煤炭行业统计工作先进单位	山东省煤炭工业局	2011.02
	2011年全省煤电供应保障工作先进集体	山东省经济和信息化委员会	2011.12
	第二届低碳山东风云榜贡献单位	山东省科学院等	
	"晋城煤业杯"第四届全国煤炭行业职业技能竞赛优秀组织奖	中国煤炭工业协会	2011
	全国五一劳动奖状	中华全国总工会	
	2010—2011年度全省煤炭行业职业技能鉴定优秀职业技能鉴定站	山东省煤炭工业局	2012.04
	省管企业思想政治工作十佳企业	山东省国资委	
古城煤矿党委	先进基层党组织	山东省国资委党委	2012.07
临矿集团	山东工业生产者价格统计先进单位	国家统计局山东调查总队	2012.12
	企业信用评价AAA级信用企业	中国煤炭工业协会	
临矿集团团委	全国煤炭行业"五四"红旗团委	全国煤炭行业共青团工作指导和推进委员会	2012
临矿集团	煤炭行业人力资源工作先进单位	中国煤炭工业协会	
	2011 山东社会责任榜和谐山东最具社会责任企业	政协山东省委员会 《联合日报》社	2012.03
邱集煤矿	先进协管会	中国能源化学工会全国委员会	2012.05

获奖单位	荣誉称号	授予单位	获奖时间
临矿集团	企业信用评价 AAA 级信用企业	中国煤炭工业协会	2012.12
	2010—2011 年度煤炭工业节能减排先进企业	中国煤炭工业协会中国煤炭加工利用协会	2013.05
	2012 年度山东省能源计量标杆示范企业	山东省人民政府节约能源办公室、省质量技术监督局	2013.08
	山东省煤矿瓦斯综合治理工作体系建设达标公司	山东省煤炭工业局	2013.12
临矿集团团委	全国煤炭行业"五四"红旗团委	全国煤炭行业共青团工作指导和推进委员会	2013
临矿集团	全省煤矿安全宣传工作先进单位	山东煤矿安全监察局	
	2012—2013 年度煤炭工业节能减排先进企业	中国煤炭工业协会	
	2013 年度"山东省节能先进企业"	山东省人民政府	2014.09
	2012—2013 年度煤炭工业节能减排先进企业	中国煤炭工业协会中国煤炭加工利用协会	2015.04
古城煤矿党委王楼煤矿党委	先进基层党组织	山东省国资委党委	2015.07
临矿集团	2014—2015 年度"守合同重信用"企业	山东省工商行政管理局	2016.08
	煤炭工业两化融合示范企业	中国煤炭工业协会	
	档案管理先进单位荣誉称号		2016
	2014—2015 年度煤炭工业节能减排先进企业	中国煤炭工业协会中国煤炭加工利用协会	2017.03
菏泽煤电公司党委	先进基层党组织	山东省国资委党委	2017.07
临矿集团	商务诚信 AAA 级信用企业	中国国际电子商务中心等	2017.07
	企业信用评价 AAA 级信用企业	中国煤炭工业协会	2017.12
	全国煤矿文化艺术工作先进单位	中国煤矿文化艺术联合会	2017
	山东省煤炭系统职工职业道德建设标兵单位	山东省煤矿工会	2018.04
	全民健身先进单位	中国煤矿体育协会	2018
	全国煤矿文化网络宣传先进单位	中国煤矿文化艺术联合会	
	最佳组织单位	全国安康杯竞赛组委会	
	2016—2017 年度会员单位节能减排先进单位	中国煤炭加工利用协会	
	2018 年度文化建设先进单位	中国企业文化建设协会	2018.11
	全国煤炭行业职业技能鉴定先进单位	煤炭工业职业技能鉴定指导中心	2018.12
	2019 年度企业文化建设典范企业	中国企业文化建设峰会	2019.10

获奖单位	荣誉称号	授予单位	获奖时间
临矿集团	绿色企业创造力样本	中国投资协会创新投融资专业委	2019
	生态修复创造力样本	中国投资协会	
	2018 中国 CFO 商业合作伙伴奖	新理财杂志社	

2008—2019年临矿集团获省部（厅、局、协会）级科技奖项统计表

表13-2-2

完成单位	获奖项目	等级	颁奖机构	年度
古城煤矿	大采深煤层冲击矿压原因分析及防治研究	三等奖	山东省政府	2008
信息中心	地域分散型集团企业信息化新技术研究			
	地域分散型集团企业信息化新技术研究	二等奖	中煤协会	
古城煤矿	综采放顶煤采空区自燃发火机理及预报研究	三等奖		
	深部动压硐室群加固技术研究			
田庄煤矿	薄煤层炮采工作面粉尘防治技术研究			
新驿煤矿	矿井通风信息智能化管理系统研究与应用	二等奖	山东省政府	2009
泰安煤机	煤柱回收大采高子母式自移液压支架	三等奖		
新驿煤矿	矿尘在线实时监测与监控系统的研究开发	二等奖	中煤协会	
泰安煤机	ZKD100-1000-4200 码头矿石快速定量装车系统	三等奖		
临矿集团	临矿集团改革发展模式研究			
	临矿集团改革发展模式研究	一等奖	山东省软科学委	2010
新驿煤矿	基于 CAN 总线的粉尘浓度在线检测监控系统研究	二等奖	山东省政府	
	数字矿山技术开发与应用	三等奖		
王楼煤矿	王楼煤矿充水机理与充水性分区研究	二等奖	中煤协会	2011
	王楼煤矿充水机理与充水性分区研究	三等奖	山东省政府	
	数字矿山技术开发与应用	二等奖	安监总局	
煤机集团	BLZG50.1200X2620 立式全自动隔膜压滤机	三等奖	山东省政府	
田庄煤矿	薄煤层超高水材料复合矸石堤坝式充填开采技术			2012
古城煤矿	深部沿空综放工作面动力灾害防治技术研究	二等奖	中煤协会	
上海庙公司	侏罗纪弱胶结极软岩复杂地层硐室与巷道支护技术	二等奖		
菏泽煤电	复杂地质条件下深井巷道动水治理关键技术	一等奖	山东省政府	
玻纤集团	EP 高性能玻璃纤维生产技术研究与产业化	三等奖		2013
上海庙公司	井筒毗邻富水软岩大断面硐室变形破坏机理及修复	二等奖	中煤协会	
王楼煤矿	绞车变频调速装置尖峰电压治理技术开发	三等奖		

续表

完成单位	获奖项目	等级	颁奖机构	年度
古城煤矿	深部沿空综放工作面动力灾害防治技术研究	二等奖	安监总局	2014
会宝岭铁矿	FCM法（大矿段深孔落矿嗣后充填高效采矿技术）	二等奖	中国有色金属协会	
	铁矿坚硬岩石井巷快速掘进关键技术与应用			
邱集煤矿	黄河北煤田开采深陷规律及建筑物保护开采技术	二等奖	中国安全健康协会	
新驿煤矿	煤矿污水处理自动控制系统	二等奖	中煤协会	
	煤矿井下洗选及充填技术工艺的开发与应用	三等奖		
莱芜煤机	PYNTK-121盘式加压过滤机	二等奖		
田庄煤矿	固定抱索器架空乘人装置静态上下车的开发与应用	三等奖	安监总局	2015
	近水平浅部开采超高水充填覆岩运动规律研究			
古城煤矿	预应力全长锚固锚杆锚索支护技术	二等奖	中煤协会	
王楼煤矿	采动作用下断层突水机理与防治关键技术	二等奖		
	煤矿采场覆岩空间结构演化机理研究及应用技术	二等奖	山东省政府	
会宝岭铁矿	矿山建设"安全110"管理模式的创新与应用	二等奖	中煤协会	2016
集团公司上海庙公司	弱胶结膨胀性软岩回采巷道围岩控制技术及应用	三等奖		
王楼煤矿	千米深井巨厚岩浆岩下冲击地压规律防控技术研究	三等奖		
邱集煤矿	大型煤炭基地沉陷区黄河泥沙充填修复技术及示范	一等奖	山东省国土资源厅	2017
鲁西煤矿	煤矿采场覆岩破坏灾变演化机理及防控关键技术	一等奖	中国岩石力学学会	
菏泽煤电	大埋深高地压沿空掘巷锚网索平衡支护技术研究	三等奖	中煤协会	
	彭庄煤矿矿井深部软岩巷道支护技术研究			
王楼煤矿	矿井水资源化成套设备技术的研究应用			
新驿煤矿	基于电磁加热技术的粗煤泥脱水系统的开发应用			
鲁西煤矿	用于沿空留巷的可缩性新型混凝土墩柱的研究	二等奖	山东省科协	2018
王楼煤矿	大直径静态旋流微泡浮选柱煤泥浮选中优化改造	三等奖	省总工会科技厅等	
鲁西煤矿	复杂破碎围岩巷道稳定机理与控制技术研究	二等奖	中煤协会	
集团公司	激励式漏电与防越级保护系统研究与应用			
王楼煤矿鲁西煤矿	深井动力灾害致灾机理及预控关键技术研究	三等奖		
田庄煤矿	煤矿托管模式风险防控体系建设			
鲁西煤矿	深部采场动力灾害防控成套技术及关键装备	二等奖	山东省政府	2019
邱集煤矿	黄河泥沙充填复垦采煤沉陷地关键技术及应用	二等奖	国土资源部	
上海庙公司	深埋隧（巷）道流固耦合涌突水孕灾机理及防控研究	一等奖	中国岩石力学学会	

二、山东能源集团级

2012—2019年临矿集团获得山东能源集团荣誉统计表

表13-2-3

获奖单位	荣誉称号	授予单位	获奖时间
古城煤矿	先进单位	山东能源集团	2012
新驿煤矿			
王楼煤矿党委	先进基层党组织	山东能源集团党委	2013.07
古城煤矿党委			
新驿煤矿党委			
古城煤矿	先进单位	山东能源集团	2014
玻纤集团公司			
玻纤集团党委	先进基层党组织	山东能源集团党委	2015.07
古城煤矿党委			2017.07
王楼煤矿党委			
临矿集团公司	信访工作先进单位	山东能源集团	2018
玻纤公司	先进单位		
王楼煤矿			
会宝岭铁矿			
王楼煤矿党委	先进基层党组织	山东能源集团党委	2019.07
会宝岭铁矿党委			
玻纤集团党委			

第二节　个人荣誉

一、全国英模人物

1959—2018年临矿集团全国英模人物统计表

表13-2-4

姓名	性别	届时单位职务	荣誉称号	颁奖单位	获奖时间
李京文	男	汤庄煤矿采煤区长	全国群英会先进工作者	国务院	1959
赵玉起	男	莒县煤矿副矿长			
宋克成	男	莒县煤矿			
常贯玉	男	大芦湖煤矿绞车工			
单守训	男	汤庄煤矿	文教群英会先进工作者		1960

续表

姓名	性别	届时单位职务	荣誉称号	颁奖单位	获奖时间
乌以功	男	马坊煤矿工区党支部书记	全国劳模	国务院	1989
密长明	男	汤庄煤矿			1995
杜明勤	男	褚墩煤矿			2000
李义文	男	临矿集团党委书记、董事长			2010
翁洪周	男	榆树井煤矿副矿长	全国技术能手		2014.12
			享受国务院特殊津贴	中国人力资源和社会保障部	2016.12
乌以功	男	马坊煤矿一工区党支部书记	全国"五一劳动奖章"	全国总工会	1987.04
密长明	男	汤庄煤矿工人			1992
杜明勤	男	褚墩煤矿工人			1998
刘西常	男	恒昌煤业采煤区长			2004
刘　辉	男	王楼煤矿大学生采煤队队长	感动中国"十大杰出矿工"	国家煤矿安监局 中国煤炭工业协会	2016.05
龚广起	男	临沂煤矿工人	全国煤炭工业劳动模范	燃料工业部	1953
殷传法	男	罗庄煤矿工人			
岳凤堂	男	矿务局总厂工人	全国煤矿先进生产者		1956
张升德	男	矿务局机厂工人	全国冶金系统先进工作者	冶金部	1977
丁守初	男	大芦湖煤矿采煤工	全国煤炭工业劳动模范	煤炭部	1978
周元伦	男	汤庄煤矿桥头井队长			1985
李家洪	男	草埠煤矿工人			1989
乌以功	男	马坊煤矿一工区党支部书记			
密长明	男	汤庄煤矿工人			1995
李义文	男	临沂矿业集团公司		中国煤炭工业协会	2007.09
翁洪周	男	古城煤矿采煤二工区区长			
王慎周	男	田庄煤矿掘一工区区长			2012
张　勇	男	上海庙矿业区长			2012.01
李　涛	男	古城煤矿班长			2018.05

二、省（自治区）劳模人物

1951—2019年临矿集团省（总工会、煤炭工业局）级劳模人物统计表

表13-2-5

姓名	性别	届时单位职务	荣誉称号	授予单位	获奖时间
戚　春	男	临沂煤矿工人	山东省工农兵劳模	山东省政府	1951
岳凤堂	男	临沂煤矿焦化厂工人	山东省第一届 先进工作者		1956
钱守真	男	临沂煤矿工人			

姓名	性别	届时单位职务	荣誉称号	授予单位	获奖时间
王顺廷	男	汤庄煤矿工人	社会主义建设积极分子	山东省政府	1959
管志高	男				
李　坤	男	总厂工人			
宋儒生	男	局机关工人			
张文芳	男	莒县煤矿工人			
庄会明	男	莒县竹园煤矿工人			
王富有	男	草埠煤矿工人			
陈如才	男	汤庄煤矿工人			
葛希年	男	岐山煤矿工人			
李京文	男	汤庄煤矿区长			1960
张占祥	男	临沂煤矿工人			
焦玉雪	男	临沂煤矿罗庄井工人			
常贯玉	男	大芦湖绞车工	山东省先进生产者		
葛希才	男	岐山煤矿队长			
赵玉起	男	岐山煤矿工人			1960 1963
单守训	男	团埠屯煤矿工人			1960
任纪春	男	草埠煤矿工人			1963
徐守元	男	大芦湖工人	山东省五好职工		1966
唐孝海	男	草埠煤矿工人			
李公正	男	临沂矿务局仓库工人	新疆维吾尔自治区第三次工业学大寨先进个人	新疆维吾尔自治区	1977
兰承启	男	田庄煤矿工人	山东省劳模	山东省政府	1982
邱广才	男	五寺庄煤矿支部书记	山东省五好职工		
赵加庆	男	莒县煤矿采煤队长	山东省劳动模范		
丁守初	男	大芦湖煤矿通风工			
周元伦	男	汤庄煤矿采煤队长			
蒋锁海	男	五寺庄煤矿组长			1986
密长明	男	汤庄煤矿工人			1989
乌以功	男	马坊煤矿采掘工区党支部书记			1989.09
丁秀太	男	草埠煤矿工人			1992
崔宝德	男	临沂矿务局局长			
杜明勤	男	褚墩煤矿工人			1995
刘西常	男	恒昌煤业副总经理			2003
郭修杰	男	田庄煤矿矿长			2008
宿洪涛	男	临矿集团总经理			
刘成录	男	临矿集团董事长			2012

续表

姓名	性别	届时单位职务	荣誉称号	授予单位	获奖时间
丁肇玉	男	汤庄煤矿工会主席	富民兴鲁劳动奖章	山东省总工会	1987
刘学伦	男	褚墩矿掘进二队队长			
刘西常	男	褚墩煤矿组长			1990
李春晓	男	临沂矿区工会主席			1991
管亦颂	男	汤庄煤矿机修组长			1993
王立海	男	汤庄煤矿工区区长			1994
刘同宝	男	塘崖煤矿采煤工区			1996
王廷锡	男	汤庄煤矿组长			1998
吴纪余	男	莒县煤矿销售科长			
乔成全	男	塘崖煤矿采掘组长			1999
谢充启	男	株柏煤矿班长			2000.04
李庆春	男	矿务局电厂工人			
彭士伟	男	邱集煤矿党委副书记			2002.04
王立才	男	古城煤矿副矿长			
李义文	男	临沂矿务局局长、党委书记			2005
翁洪周	男	古城煤矿采煤区长			2006
刘成录	男	临矿集团副总经理			2007
何发元	男	田庄煤矿矿长	富民兴鲁劳动奖章	山东省总工会	2009
雷其春	男	临矿集团工会主席			2009.04
张传毅	男	新驿煤矿矿长			2010
陈家忠	男	古城煤矿矿长			
肖庆华	男	王楼煤矿矿长			2011.04
白景志	男	新驿煤矿副矿长			
邵长余	男	王楼煤矿党委副书记			2012.04
刘春峰	男	莱煤机董事长、党委书记			
李存禄	男	邱集煤矿矿长			2013
张希诚	男	临矿集团党委书记、董事长			2014
张 军	男	技师学院			2018.07
曹庆伦	男	临矿集团公司工会主席			2019.04
刘孝孔	男	临矿集团党委书记、董事长	山东省五一劳动奖章		
周连桂	男	塘崖煤矿工人	山东省煤炭工业劳动模范	山东省煤炭工业局	1972
彭友谦	男	局机关工人			1973
姜兴太	男				
宋祥永	男	莒县煤矿工人			

姓名	性别	届时单位职务	荣誉称号	授予单位	获奖时间
王相林	男	技校工人	山东煤炭工业学大庆先进工作者	山东省煤炭工业局	1973
牟立善	男				
张号德	男	汤庄煤矿工人			
高文美	男				
程友典	男	褚墩煤矿工人			
陈西彬	男	五寺庄煤矿工人			
庄 景	男				
郭洪坤	男	机厂工人			
姜志民	男	恒河公司工人			
闫宝贵	男	中心医院医生	山东省煤炭工业劳动模范		
杨玉山	男	大芦湖煤矿采煤工			
常贯玉	男	大芦湖绞车工			
唐永德	男	大芦湖煤矿队长			
石佃仁	男	工程公司工人	山东煤炭工业学大庆先进工作者		
宋恒勤	男	草埠煤矿工人			
杨继兴	男	地质公司工人			
殷继礼	男	岐山煤矿工人			1978 1979 1982 1984
刘向学	男	创元公司工人			1977.04
丁守初	男	大芦湖煤矿采煤工	山东省煤炭工业劳动模范	山东省煤炭工业局	1977 1978 1979 1982 1984
姜希太	男	褚墩煤矿工人			1979
王现奎	男	五寺庄煤矿工人			
包增收	男	临沂矿务局工人			
周元伦	男	汤庄煤矿工人			1982
赵家庆	男	莒县煤矿采煤队长			
赵京坤	男	岐山煤矿工人			1984
高宝富	男	塘崖煤矿工人			
贾金秋	男	五寺庄煤矿科长			1987
刘学伦	男	褚墩煤矿队长			
王明亮	男	五寺庄煤矿工人			
钱守真	男	机关办公室主任			1989
李家洪	男	草埠煤矿工人			

续表

姓名	性别	届时单位职务	荣誉称号	授予单位	获奖时间
张和珍	女	医院内科主任	山东省煤炭工业劳动模范	山东省煤炭工业局	
马富春	男	工程处工人			1989
高兴福	男	兴元公司工人			
刘纪元	男	莒县煤矿绞车司机			1991
王贞全	男	工程处工人			
管亦颂	男	汤庄煤矿机修组长			
苏洵波	男	塘崖煤矿工人			1992
崔宝德	男	临沂矿务局局长			
李兆民	男	岐山煤矿工人			
张学诗	男	地质公司总工程师			
杜明勤	男	褚墩煤矿采煤队长			1994
冯丽华	女	汤头疗养院医师			
刘同宝	男	塘崖煤矿工人			
陈 猛	男	临沂矿务局副局长			
秦成明	男	草埠煤矿工人			1997
张树玲	女	中心医院医生			
刘向学	男	局总厂			
刘继华	男	塘崖矿生产科长			2000.04
宋启朋	男	汤庄煤矿工人			
于海霞	女	矿中教师			
吴洪军	男	临沂矿务局副局长			
曹付汉	男	邱集煤矿工人			2000.04
赵喜庆	男	古城煤矿副矿长			
王云海	男	株柏煤矿销售科长			
王建设	男	草埠煤矿副矿长			
林英良	男	邱集煤矿总工程师			2000.09
杨学忠	男	邱集煤矿工人			
彭树英	女	中心医院医生			
张廷玉	男	局财务处处长			
赵喜庆	男	古城煤矿副矿长			
谢充启	男	株柏煤矿副区长			2003
姬传忠	男	草埠煤矿工人			
徐付喜	男	邱集煤矿工人			

姓名	性别	届时单位职务	荣誉称号	授予单位	获奖时间
邱教喜	男	田庄煤矿工人	山东省煤炭工业劳动模范	山东省煤炭工业局	2003
魏延福	男	华建公司经理			2003
王德仁	男	草埠煤矿工人			1973 1984
李兆秀	男	株柏煤矿工人			1973 1982
见宝田	男	莒县煤矿工人			1973 1978
邱广才	男	五寺庄煤矿 支部书记			1977 1979 1982 1984
曲凤学	男	朱陈煤矿工人			1982 1984
陈庆峰	男	热电厂工人			1982 1984
丁肇玉	男	汤庄煤矿采煤工			1986 1987
张德法	男	工程处支架工			1973

三、地市级先模人物

1976—2020年临矿集团职工个人荣誉统计表

表13-2-6

姓名	性别	届时单位职务	荣誉称号	授予单位	获奖时间
丁守初	男	大芦湖煤矿采煤工	临沂地区劳动模范	临沂行署	1976
邱广才	男	五寺庄矿支部书记			1976
常贯玉	男	大芦湖绞车工			1976
刘恒民	男	岐山煤矿工人			1976
宋祥永	男	莒县煤矿工人			1976
吴纪余	男	莒县煤矿工人			1976
王廷锡	男	汤庄煤矿工人			1988
丁肇玉	男	汤庄煤矿工会主席			1988
刘学伦	男	褚墩煤矿工人			1988
崔宝德	男	临沂矿务局局长			1989
王守岭	男	汤庄煤矿工人			1989

续表

姓名	性别	届时单位职务	荣誉称号	授予单位	获奖时间
孙廷华	男	草埠煤矿矿长	临沂地区劳动模范	临沂行署	1991
张重地	男	褚墩煤矿搬运工人			
刘书祥	男	褚墩煤矿副矿长			1992
王兴华	男	五寺庄煤矿工人			
丁秀太	男	草埠煤矿工人			
郑金水	男	汤庄煤矿清洁工	临沂市劳动模范	临沂市人民政府 临沂市人民政府	1998
徐振忠	男	兴元公司工人			2002
王洪忠	男	株柏煤矿矿长			
郭修杰	男	田庄煤矿矿长			2005
王永宝	男	上海庙公司矿长			2006
相荣涛	男	临沂兴大公司经理			
林相亮	男	王楼煤矿区长			2010
孙善强	男	古城煤矿			
龙禄财	男	临矿集团			2014
李存禄	男	邱集煤矿	德州市劳动模范	德州市人民政府	
刘孝孔	男	临矿集团	临沂市劳动模范	临沂市人民政府	2017
刘　辉	男	王楼煤矿			2018
牛爱君	男	玻纤集团			
丁肇玉	男	汤庄煤矿工会主席	振兴沂蒙	临沂市总工会	1987
孙明东	男	褚墩煤矿			
焦士荣	男	五寺庄煤矿采煤队长			
刘学伦	男	褚墩煤矿	振兴沂蒙	临沂市总工会	1987
贾金秋	男	莒县煤矿机电科长			
翟兴利	男	总厂			
郑宗爱	男	褚墩煤矿			1988
王思文	男	五寺庄煤矿			
刘汉高	男	兴元公司			
侯玉林	男	矿区工会			
王廷锡	男	汤庄煤矿			
吴纪余	男	莒县煤矿销售科长			
李兆民	男	岐山煤矿采煤支部书记			1989
钟广俊	男	汤庄煤矿矿长			
李春晓	男	矿区工会主席			
孙廷华	男	草埠煤矿党委书记			
宋传杰	男	总厂			1990
郭振福	男	兴元公司			

续表

姓名	性别	届时单位职务	荣誉称号	授予单位	获奖时间
辛崇刚	男	莒县煤矿采煤工	振兴沂蒙	临沂市总工会	1990
解盛茂	男	五寺庄煤矿副矿长			
张教仁	男	汤庄煤矿			
张炳才	男	工程处			1991
陈宝瑞	男				
刘同保	男	兴元公司			
王洪忠	男	五寺庄煤矿			
谢宗民	男	汤庄煤矿			
丁秀太	男	草埠煤矿工人			
魏宝利	男	五寺庄煤矿			1996
刘子桂	男	株柏煤矿掘进组长			
谢充启	男	株柏煤矿回采组长			1998
栾宗田	男	株柏煤矿总工程师			1999
刘彦儒	男	工程公司工人			2001
何法元	男	草埠煤矿矿长			2003
李义文	男	临沂矿务局党委书记、局长			2004
刘厚福	男	新驿煤矿党委书记、矿长			
魏 利	男	兴大公司工人			2005
吴佩琦	男	株柏煤矿采煤组长			
朱召峰	男	田庄煤矿工人			
刘孝孔	男	临矿集团党委副书记			2006
刘成录	男	临矿集团副总经理	振兴沂蒙劳动奖章		2007
于德亮	男	临矿集团副总经理			2008
张瑞清	男	技工学校校长			
何祥成	男	古城煤矿党委副书记			
曹庆伦	男	临矿集团总工程师			2009
童培国	男	运销公司总经理			
吴士其	男	临矿集团财务处长			
马志信	男	株柏煤矿采煤队长			
牛爱君	男	玻纤集团董事长、党委书记			2012
邵长余	男	王楼煤矿党委副书记			
田凤法	男	株柏煤矿工会主席			2013
赵仁乐	男	会宝岭铁矿总经理			2014
张圣国	男	临矿集团总经理			2017
于永彬	男	煤质处科长			

姓名	性别	届时单位职务	荣誉称号	授予单位	获奖时间
李　泉	男	技师学院党委书记、院长	振兴沂蒙劳动奖章	临沂市总工会	2017
张　军	男	技师学院教师			
贾表强	男	救护大队中队长			2019
陈桂磊	男	临矿集团工会			
董　强	男	新驿煤矿科技中心主任			2020

四、山东能源劳动模范

2011年，山东能源集团成立，每2年评选表彰一次劳动模范。

2012—2018年获得山东能源劳动模范荣誉统计表

表13-2-7

姓名	性别	届时单位职务	获奖时间
尹焕军	男	临矿集团对外开发处处长	2012 年
张传毅	男	古城煤矿长、党委书记	
吴　涛	男	榆树井煤矿矿长	
李守举	男	临矿集团纪委处长	
曹善西	男	永明煤矿筹建处副主任	
陈贯江	男	株柏煤矿技术科科长	
杜照孔	男	玻纤集团副总工程师	
王崇欣	男	会宝岭铁矿机电科科长	
刘怀成	男	莱芜煤机集团事业部经理	2012 年
陈庆玉	男	邱集煤矿采煤班长	
周同泽	男	新驿煤矿采煤班长	
葛现栋	男	王楼煤矿机电科科长	
牛爱君	男	玻纤公司董事长、党委书记	
林玉玺	男	新驿煤矿综采区长、党支部书记	
董勤凯	男	王楼煤矿副总工程师	
颜廷军	男	田庄煤矿采煤区长、党支部书记	
李常成	男	邱集煤矿掘进班长	
张俊江	男	会宝岭铁矿选矿厂厂长、党支部书记	
邹长海	男	上海庙一号矿筹建处综掘班长	
董立霞	女	煤炭技师学院党群部长、办公室主任	
刘金顺	男	煤质管理处副经理	
赵喜庆	男	菏泽煤电公司副总经理、彭庄煤矿矿长	2016 年
郭照恒	男	山东玻纤公司副总经理	

姓名	性别	届时单位职务	获奖时间
李 涛	男	古城煤矿采煤班长	
华明海	男	新驿煤矿掘进班长	
刘维信	男	王楼煤矿副总工程师	
王怀青	男	株柏煤矿生产工区区长	
董洪伟	男	田庄煤矿机电工区副区	2016 年
张继刚	男	邱集煤矿副总工程师	
王义涛	男	会宝岭铁矿机运工区副区长	
侯贻胜	男	上海庙矿业综采工区生产队长	
杨 林	男	鲁北公司罗克兰矿业公司经理	
田红波	男	古城煤矿机电科主管工程师	
徐家升	男	菏泽煤电公司腾达煤矿综采副区长	
王 涛	男	王楼煤矿运搬区长	
张清东	男	新驿煤矿掘进班长	
徐庆国	男	邱集煤矿防治水副总、地测科长	
姜万腾	男	田庄煤矿主任政工师	
谢充起	男	株柏煤矿工区区长、党支部书记	2018 年
翟健飞	男	上海庙矿业公司党委副书记、工会主席	
孙明福	男	永明煤矿洗煤厂厂长	
褚新胜	男	会宝岭铁矿机运工区党支部书记、区长	
宋忠玲	女	山东玻纤公司监事会主席	
王庆祥	男	救护大队小队长	

五、上级党委表彰的优秀共产党员

2004—2020年获上级党组织表彰的党员统计表

表13-2-8

荣誉称号	获奖党员					表彰机构	表彰时间
优秀共产党员	童培国					临沂市委	2004.06
优秀党务工作者	李树斗						
	刘厚福	李树斗				山东省国资委党委	
优秀共产党员	杜明勤	张书军	钟宇辉	何祥成	王沛智 刘厚福	临沂市直机关党委	2005.06
	庞海运	葛现瑞	魏建文	孟宪东	石富山 吴云礼		
	徐宝华	张积峰	邵昌友	刘文军	李加敬 营常玉		
	王清华	田士宏	刘洪学	刘建涛	徐广军 李允生		
	王计辽	李树斗	肖俊卿	杨义刚	徐瑞刚 周华泽		
	李祥宏	秦德峰	杜贵峰	庄肃良	高学民 闫爱国		
	刘文凯	李金花（女）	宋忠玲（女）				

续表

荣誉称号	获奖党员	表彰机构	表彰时间
优秀共产党员	张书军　杜明勤　钟宇辉	山东省国资委党委	2005.06
	杜明勤	临沂市委	2006.06
优秀党务工作者	李义文		
	陈立海　张旭俭	山东省国资委党委	2007.06
优秀共产党员	张伦恭　肖允友　韩延伟		
优秀党务工作者	李义文	山东省委	2008.06
	陆云高	山东省国资委党委	2009.06
优秀共产党员	张连国　赵仁乐		
	张连国　翁洪洲		2011.07
优秀党务工作者	李守举		
	王开超	临沂市委	
优秀共产党员	李振山	山东省国资委党委	2012.07
	王正英　李　杰　张连龙　孔凡弟　文士高 高志勇	临沂市直机关党委	
	李存禄　王树志　胡殿友　梁希利　王均明　王崇新	山东能源集团党委	2013.07
优秀党务工作者	刘瑞华　李　泉　邵长余		
	贾安强　田国志　高志勇		
优秀共产党员	齐东合　赵仁乐　刘成磊　王均明		2015.07
	李存禄　鲁守明　周忠建		
优秀党务工作者	王学兵　邵长余	山东省国资委党委	
	田国志		
优秀共产党员	刘　辉　庄树伟		2017.07
	夏宇君　范吉宏　刘持兵　张兆营		
优秀党务工作者	鲁守明　刘子桂　李宪寅	山东能源集团党委	
	何祥成　邓志宏　安宝川		
优秀共产党员	肖庆华　邵昌友　张禄洲　申世豹		2019.07
	周　波	山东省国资委党委	
	刘建光（追授）	山东能源集团党委	2020.07
	刘建光（追授）	临沂市委	

六、年度表彰

1991—2020年度，临矿集团表彰劳动模范、优秀共产党员名单。

1991 年

劳动模范（100 名）

密士杰　孙德云　密长明　解运奎　李元香　朱崇福　管亦颂　王廷玺　张重地　刘书祥
郑宗艾　尹廷启　孙明东　解盛茂　管炳义　杨思同　宋振清　刘广太　荆玉友　王明亮

沈在传	张玉才	李玉芳	刘志诚	高兴福	郭振夫	李相廷	苏旬波	韩春堂	刘同保
秦成明	王玉成	王守宝	李加林	谢同卿	崔胜志	李加洪	丁秀太	王学来	刘纪元
周启春	戚传业	孙贵秋	辛崇刚	吴纪余	孙开忠	李敬清	李兆民	王贞全	慕乾山
刘汉武	刘洪玺	刘士海	宋传杰	刘汉金	刘爱金	于洪贤	吴兴锋	阎宝贵	张和珍
张学诗	田会宝	蒋凡军	姜德连	李佃新	贾金秋	李春成	李发伦	杨维林	邵长建
苑朋奎	孙德安	谢宗民	张秀启	张见学	李发红	赵玉忠	蔡玉海	曹德田	李新全
陈启法	张贵友	明作环	袁兆友	王兴华	李金向	严修德	齐元君	孙廷华	刘德龙
霍宗平	靳仙志	王彦存	刘泽运	王云海	刘子贵	马兴明	焦洪涛	高文友	苏忠良

1992 年

劳动模范（40名）

王得申	张方玉	左富世	盖广成	梅景学	王清新	宋志孔	张全友	张登堂	于宝田
孙秀东	杜明勤	程玉秀	聂瑞明	庄明风	张重贵	庞秀全	肖庆旺	李春良	郑国强
密夫玉	刘玉华	孟凡银	薛 成	尚发堂	宋传革	齐恒祥	秦成忠	李相功	于德福
付风忠	薛面宝	路广才	耿安义	曹明祥	黄伯玉	卢家棣	张作岭	曹方廷	张荣禄

优秀共产党员（98名）

马传海	葛秀文	田俊华	刘加学	刘永远	蔡相军	刘恒田	周广庆	李广启	朱崇福
吕永丰	盖广成	钟广俊	徐宝华	王本明	贾孝全	杨再军	邵泽启	吴广利	杜广德
季兰秀	段连利	赵学忠	张景富	王兴华	张贵友	袁兆友	刘守明	闫祥章	刘书祥
刘西宝	张振乾	解宝江	周全友	付文杰	梁本德	孔凡堂	宋硕德	牛英杰	顾维荣
杜京彬	王荣宝	孙寿恒	耿启峰	吴福远	刘方勤	李台昌	齐元贵	牛爱君	李向功
任维富	吴纪余	于家德	董守亮	刘纪元	孙桂秋	周启春	葛振宽	李奎富	孔祥利
谢广圣	魏汉明	陈开昌	张宪功	王云海	贯庆壁	刘士海	刘洪玺	王明礼	徐举田
谷景堂	刘汉金	李志武	卢家棣	沈怀军	古立升	高荣梯（女）		侯建坤	廖海增
顾宗岷	邢殿伟	杨义刚	蒋凡军	陈 猛	董瑞发	张克义	王庆平	钟 芝	杜福成
徐宏远	徐明如	李春成	高佑山	寇洪军	李德芳	张洪爱	闫淑俊（女）		王存红（女）

1993 年

劳动模范（51名）

王立海	张可修	于阳伍	田会宝	桑瑞朋	陈广清	益允玉	魏宝利	朱长松	胡耀忠
高鹏飞	吴兴栋	薛庆泉	魏荣才	吴学德	李爱军	王文志	刘恩俊	杨化祥	黄自胜
王俊珍	刘子桂	季兰忠	李树斗	张树宽	张廷玉	王道臣	王建设	薛玉友	周化泽
姬传忠	高佩宝	周启春	董桂田	于家德	明立金	王彦存	陈 猛	黄金光	路 平
马宗彬	牟钦善	宋春德	刘忠厚	高文友	李庆春	郭景新	刘恩功	高荣梯（女）	
张树玲（女）	包彦梅（女）								

优秀共产党员（98名）

杜君一	葛秀文	刘建田	杨洪才	魏克平	周广庆	刘慎连	田俊华	阚玉宝	景仲杰
刘恒田	程德义	袁宗玉	杨厚忠	李贵合	赵喜庆	马迎德	殷宝贵	张振乾	董瑞发
阚祥章	王文才	周树运	解宝江	密士旬	刘秀生	梁本德	蒋德军	秦玉征	胡跃忠
段连利	石富山	张崇贵	李建欣	陈佰堂	王自有	刘德才	季朝洪	王明亮	刘汉高
孙寿恒	闫凡本	吴清宏	袁清素	王荣宝	丁秀太	王守宝	刘方勤	刘成录	高佩宝
宋传坤	宋玉福	张云启	于家德	于文光	穆新红	辛崇刚	王彦存	路广才	王秀珍
葛振良	王云海	张树宽	张丙才	陈猛	魏汉明	张平	吴兴锋	张荣运	张传启
吴兴栋	王鲁民	张广友	刘建天	古立升	沈怀军	卢家棣	焦洪涛	孔繁伟	廖海增
王明彩	张作岭	杨义刚	张风利	蒋凡军	骆万军	张秀芹	密士超	钟芝	董志宏
徐宏远	杨松林	李庆田	赵文会	李春成	彭建英（女）	王存红（女）		上官相振	

1994 年

劳动模范（46名）

陈建先	刘慎连	赵安乐	吴兴光	栗付连	孙佃进	邱瑞	刘希常	刘洪桂	崔立兴
高朋章	唐俊华	陈怀颂	陈树科	杜朝友	李朝武	焦金泉	董秉怡	汤运启	张文东
叶顺伟	吴兴栋	肖庆旺	张庆春	崔连军	陈广营	陈彦章	王圣君	丁学东	李红
王道臣	丁来功	刘增柯	赵圣华	郭志刚	姜自兴	王卫平	古立升	刘彦儒	王文强
陈晓阳	吕起升	王丽	王亚琳	孟凡全	夏宇君				

优秀共产党员（98名）

陈宝金	孟庆国	杜君一	刘元山	魏克平	王进国	袁清玉	马迎德	刘广新	陈廷联
魏本章	赵喜庆	吴士刚	张永祥	姜良国	孙安章	刘宏桂	邢秀田	邢志永	张振乾
张守彬	蒋德军	吴绍明	惠地林	刘西宝	韩玉章	陈伯堂	王思文	张崇贵	魏宝利
李建欣	胡耀忠	王自友	魏荣才	陆金友	聂瑞明	刘继华	官相振	肖俊礼	刘连杰
夏美林	刘维青	郭振富	于守才	王守宝	李志军	魏启海	李台昌	谢同卿	何发元
宋玉福	辛重刚	王伟	于家德	吴玉荆	莒振良	郭志刚	张临生	葛现栋	马西洪
田玉军	张树宽	王云海	吴兴锋	谢宝国	丁元海	陈猛	薛庆泉	谢金元	胡守祥
贾金秋	赵俊启	唐守江	吴学功	古立升	焦洪涛	刘洪锋	类淑升	刘洪星	邢殿伟
高荣梯	左安秋	刘春祥	蒋凡军	张祖顺	邓兆献	桓希传	漆光壁	孟凡全	赵文会
刘凤江	满荣林	钟芝	魏修君	于德亮	李守仁	田桂荣（女）		张树玲（女）	

1995 年

劳动模范（40名）

郑金水	葛秀文	赵玺庆	冷成华	郑善德	夏美华	刘汉湘	伍本学	朱茂存	姜树华

密启香	刘明星	孟庆洁	刘夫玉	朱玉玺	蒿建章	段宝兴	刘继华	高保才	叶顺华
郑国强	刘子桂	谢充启	韩文义	耿成湖	刘忠云	盛国新	丁业善	宋传坤	李俊来
薛面宝	郭志礼	姜自欢	王玉华	侯廷彬	王思国	王彦美	曹方廷	郭景新	上官夫鹏

优秀共产党员（100名）

王立海	刘元山	于孝进	王进国	魏克平	李法伦	刘广新	于长计	袁清玉	张宗洪
奚玉明	杨跃林	魏本章	姜广聚	许玉东	汤亮兴	张振乾	刘西常	李洪迎	密士珣
张守彬	王忠恕	崔立兴	刘元国	赵建国	邢秀田	聂瑞明	高树贞	王明亮	王自友
杜善金	宋德民	顾洪玺	邱学义	焦士荣	孙汉顺	盖允玉	刘继华	刘连杰	王成才
高兴福	刘维青	孟庆余	郭振夫	宋玉福	葛庆森	齐元贵	李志军	丁秀太	徐维合
薛 成	刘厚福	吴玉荆	王 伟	辛崇岗	于家德	李俊瑞	于现友	刘彦发	李广海
王云海	刘志荣	黄文斋	周玉芝	刘立江	刘奉合	刘洪峰	谢宝国	魏汉明	丁元海
刘丙军	孙兰广	孙 广	王鲁民	宋传杰	古立升	吴学功	尉明德	王文强	郭景新
杨义刚	刘春祥	孟凡礼	蒋凡军	邢殿伟	王思国	苑庆岭	密奇超	钟 芝	李跃海
王学兵	刘恩功	刘中军	刘风江	赵文会	孟凡全	卜照珍（女）		田桂荣（女）	
王发云（女）	郭廷忠								

1996年

劳动模范（98名）

佐富士	赵喜庆	郑金水	郑善德	宋启朋	栗付连	赵安乐	于永梓	刘慎连	解运奎
密长明	夏美华	秦成明	丁来功	周钦福	赵家军	郑怀友	邢建福	刘文民	丁学福
崔宝山	阚竹祥	刘春山	王建设	黄勤德	于加德	刘云生	刘洪发	丁兆成	聂瑞明
唐俊华	陈怀颂	黄现友	张广洪	翁洪洲	姜树华	杜朝友	刘明星	王沛智	孙 广
张自忠	贾金秋	刘凤国	薛庆全	刘向学	魏庆远	刘宏桂	孟祥礼	刘汉湘	尹廷启
赵宗平	魏广军	伍本学	刘西常	杜明勤	崔立兴	徐瑞刚	张登堂	杨凤停	刘同保
乔成金	肖庆旺	高保才	苏旬波	张贵强	刘继华	孙效乾	崔连军	刘风和	王依合
密夫玉	陈维义	王如海	王云海	王洪忠	王怀青	谢允启	李兆民	葛现国	黄金光
刘彦儒	陈 猛	魏汉明	夏宙君	李庆春	扬义刚	刘汉金	黄桂霞	管常玉	姜德连
蒋凡军	古立升	张建春	孟凡全	汪东才	张树玲（女）		韩奎英（女）		陆 彩（女）

优秀共产党员（95名）

王立海	刘元山	于孝进	孙佃进	李法伦	张开亮	魏本章	历 波	姜广聚	李玉亮
倪宗华	宋怀峰	姜良国	刘秀生	孟祥礼	王彦平	梁宝成	密士旬	陈永合	张振乾
蒋德军	曹善西	聂瑞明	范开红	孙 广	盖允玉	顾洪玺	明作环	刘洪昌	焦士荣
杜善金	唐俊华	任广东	孙汉顺	宋传杰	刘建忠	刘连杰	孟庆余	许国平	郑诗华
刘汉高	王成才	文士高	刘洪峰	张传剑	朱家增	袭荣一	翟所峰	齐元富	刘春山
范宗洪	王富启	邱和礼	丁兆成	于家德	王 伟	刘云生	葛现国	李守先	李广海

刘汉伍　徐荣树　王云海　黄金光　谢宝国　魏汉明　刘丙军　刘汉金　张广友　古立升
王　刚　类树升　严庆昌　陈洪升　杨义刚　张克义　孙桂勇　蒋凡军　阮秀青　申　君
张祖顺　钟　芝　赵德启　赵太强　刘风江　赵文会　孟凡全　崔治彬　汪东才　王思国
孟令彩（女）　苑庆玲（女）　王素梅（女）　刘学芬（女）　张树玲（女）

1997 年

劳动模范（52名）

杜西学　曹善西　唐玉华　刘玉福　张振民　李长义　董开国　田会宝　汤运启　焦士荣
魏宝利　段宝兴　徐常民　邹学义　邱学义　刘连杰　庞树阶　王宝义　许洪勤　王乐军
季超民　官夫鹏　张建军　汲广顺　赵孔建　刘清枝　刘伟军　丁学东　唐孝亮　丁学福
宋传革　张成建　刘忠云　曹庆伦　张立昌　赵俊达　李玉亮　王洪财　黄金宝　邵长建
刘庆三　谢宝国　王连启　董新双　夏宇君　马玉峰　王亚琳　刘　华　高广夫　李兰深
王　丽（女）　刘秀莲（女）

优秀共产党员（96名）

韩跃民　管彦锋　卢建智　袁清玉　李法伦　张开亮　王善标　孟庆国　葛秀文　李宜辉
李玉亮　张凤南　谢印增　陈永合　杜明勤　曹善西　王清军　解胜信　徐维禄　胡顺良
张瑞东　马士国　赵建国　刘西常　聂瑞明　杜善金　孙承志　唐俊华　李朝武　英成锋
刘建喜　樊加云　李忠涛　刘连杰　陈彦章　杨化祥　刘红锋　陈世珍　高兴福　刘沛林
宋伯利　何西文　刘汉武　徐荣树　肖顺生　杨宝国　何发元　周化泽　李广运　李传平
龚根祥　王守宝　李相功　于家德　董新双　刘云生　张桂堂　葛现国　李兆民　李守先
陈　猛　魏汉明　黄金光　谢宝国　贾金秋　宋振清　吴兴栋　刘汉金　顾宗保　杨义刚
古立升　王　刚　刘春祥　孙桂勇　张佩海　严庆昌　阮秀清　王思国　蒋凡军　张全志
吴兴国　孙庆章　赵文会　刘中军　王建启　张祖顺　庞维青（女）　范开红（女）
王存红（女）　刘学芬（女）　田桂荣（女）　张秀芹（女）　彭树英（女）　季丛莲（女）
王素梅（女）　方华艳（女）

1998 年

劳动模范（53名）

张登堂　田洪义　王士俊　董开国　刘玉夫　钟义法　王连续　杨自山　孟凡江　陈洪祥
唐玉华　密士杰　刘　杰　管彦峰　魏克平　黄自强　刘清河　张树皆　王乐军　许洪勤
房　栋　唐光平　唐孝帅　耿启峰　丁学福　王立庆　丁慎峰　吴福远　刘伟军　郑加友
秦成军　闫文森　席思军　朱长松　钟宁辉　杜善金　钱振行　孙广路　王云海　赵开祥
殷自和　杨　哲　耿孝敬　赵仁东　解信德　王崇欣　李玉亮　刘艾金　杨义刚　吴学功
张有军　苏忠良　王中民

优秀共产党员（96名）

王立海	孟庆国	汤海兴	李洪儒	刘元山	秦晓军	王善杰	张宗红	李法伦	吴兴光
李宜辉	管彦辉	李钟生	杜明勤	张玉增	张明启	陈风东	王清军	李新山	崔立兴
徐守业	徐宝俊	李延亮	汤亮光	赵建国	李忠涛	汤运启	李春明	荆玉友	盖允玉
焦士荣	高鹏飞	孙 广	孙承志	宋振清	邵士法	张守景	张同国	刘夫玉	闫凡本
宋伯利	孙钦华	陈彦章	于兆光	席思光、	秦成明	刘本学	高 杰	薛玉友	李广运
张福珍	李加悦	庞海运	张桂堂	于家德	王云海	张作利	陈维义	于德福	田凤法
徐桂善	刘彦儒	谢宝国	徐自利	黄金光	张广友	刘汉金	张允成	古立升	吴学功
薛丽芹	徐良东	曹方廷	季丛莲	杨义刚	张 岳	马迎德	刘志收	王思国	李兆民
桓希传	孙桂勇	崔志彬	陈珍祥	密奇超	孙庆章	王素梅	王学兵	刘中军	赵文会
王建启	上官凤杰	刘瑞华（女）	刘学芬（女）	范庆玲（女）	张志香（女）				

1999年

劳动模范（46名）

孙晋强	李秀忠	张守军	管亦颂	刘西常	孟凡江	孙桂军	郑可行	赵宝相	崔连志
杨永光	李 霞	董恩民	贾金秋	宋兆华	宋春团	房建山	严修德	何西文	肖俊青
高录海	张 刚	王俊平	秦德富	葛庆森	申法周	秦成明	邵士德	田衍圣	阚竹祥
韩文义	季兰忠	鲁守明	李彦光	付奉忠	田 标	寇维林	魏延福	张 强	李道永
张 学	宋宜进	包锡亮	王少勇	赵修贞	陆 彩（女）				

优秀共产党员（96名）

王永吉	王清军	崔立兴	刘国林	李新山	李彦亮	赵清光	李文成	孙永军	李淑平
赵建国	李进文	孟庆国	李洪儒	李法伦	管彦峰	郑金水	刘相海	宋 陵	姜广聚
焦贵重	孙永奎	吴兴光	张苏洋	王思文	刘恩法	宋春团	芦庆华	薛庆全	钱学志
孟令彩	杜善金	钱振行	王自友	刘彦斌	陈庆功	姚文玺	钱守峰	王秀龙	张桂强
朱延友	陈延章	夏西全	夏美林	张作利	王云海	于长计	徐荣树	刘汉武	黄勤德
李海传	李加悦	李传平	刘忠云	赵家军	秦成明	刘本学	于家德	张桂堂	史文乾
能昌迎	王思国	焦士荣	任树才	刘丙军	吴继东	谢宝国	刘彦儒	徐自利	张文胜
马常玉	孙桂勇	田 凯	张全志	李国华	刘汉金	杨义刚	孙本亮	伦志田	王忠民
张有军	崔志彬	郭廷忠	贾中平	王学兵	赵文会	邓兆献	袁洪芹（女）	彭树英（女）	
田桂荣（女）	张秀芹（女）	刘学芬（女）	王春霞（女）	刘延英（女）	刘瑞华（女）				
王素梅（女）									

2000 年

劳动模范（50名）

孟祥礼	朱茂学	张连龙	张文喜	吴涛	王会祥	崔金华	梁成培	聂瑞明	钱振行
钱学志	徐常民	高振启	张庆春	刘同修	杨传永	刘继华	宋硕德	杜景彬	王俊平
秦成忠	孙富兴	刘翠玲	郑加友	宋宗东	齐元宝	丁慎峰	王洪忠	白景志	赵德国
王宝霞	吴俊林	汤友锦	王兴存	王思国	密其香	姜自龙	王存策	高广夫	王之玲
董艳征	张如存	唐京鹏	杨树栋	刘明章	齐欣红	康义忠	贾自富	董立霞（女）
孟凡全

优秀共产党员（95名）

张苏阳	张跃先	刘恩法	盖允玉	岳登松	刘明友	王秀山	杜善金	李春厚	杜明勤
李新山	刘国林	崔立兴	李文成	曹善西	石刚	季超才	刘保深	孙远兆	王彦平
张开亮	孟庆国	徐少杰	许士明	孙晋国	李法伦	王玉海	梁成培	刘相海	宋广峰
孙永奎	杨传忠	崔中启	闫凡本	陈延章	刘继华	王怀仁	夏美林	李长亭	徐明军
张善俊	徐荣树	刘汉武	鲁守明	王云海	肖顺生	徐汉吉	刘忠云	龚根祥	崔宝山
潘兴平	李传军	周化泽	李志军	丁兆成	史文乾	李佃忠	徐自利	魏汉明	刘冰
白光辰	丁金川	赵喜庆	刘明星	杨仁珂	翁洪洲	来永富	高学民	谢树忠	姜德连
李国华	刘汉金	杨义刚	伦志田	王怀江	田凯	张西燕	崔志彬	张全志	牛学堂
宋立峰	申君	李泉	鲁守良	王学兵（女）	孔祥堂	刘延英（女）	彭树英（女）
闫巧云（女）	张金梅（女）	王春霞（女）	方华艳（女）	薛丽芹（女）
张伟斌	赵文会

2001 年

劳动模范（31名）

杜明勤	张连龙	王国永	郭振夫	徐振忠	刘继华	秦成明	巩新沂	谢章福	翁洪洲
赵士雷	王立才	谢充启	王洪忠	王秀山	段宝兴	刘汉金	李庆春	魏延福	李道永
王继军	田会宝	张勤武	张学	类淑升	刘军本	戚洪来	巨结实	胡经浩	王守富
刘明章

优秀共产党员（45名）

杜明勤	崔立兴	房美云	李文成	刘保华	陈忠英	王善标	颜廷金	盖允玉	刘同宣
陈彦章	崔忠启	张桂强	来永福	葛现栋	张连国	王沛智	张桂堂	姬传忠	丁业善
张慎礼	刘忠云	王云海	尹自和	杨庆全	刘冰	陈兴志	孙承志	刘汉金	杨义刚
赵德启	黄伟	高学民	郭景新	陈洪升	田凯	崔志彬	牛学堂	尉光	张廷玉
王学兵	刘延英（女）	王桂欣（女）	田桂荣（女）	张西燕（女）

2002 年

劳动模范（31名）

刘西常	杨自山	王会祥	刘继华	徐振忠	王圣君	李勋田	丁学奎	田宝方	翁洪洲
宋春团	范宗洪	谢充启	鲁守明	秦泗杰	薛庆全	姚武斌	李庆春	魏延福	李道永
姜德营	张勤武	武进玉	薛明玺	刘明章	邹义德	巨结实	韩奎英（女）		王桂欣（女）
周启坤	张廷玉								

优秀共产党员（44名）

赵清光	王从军	李文成	刘纯栋	石富山	张建涛	季广德	高兴福	宋佰利	潘兴平
东明利	张丰年	张传毅	翁洪洲	李星坤	张树宽	张传法	庄肃良	张桂堂	张洪祥
刘洪波	赵德启	耿安义	张建国	张克义	侯孝永	田 凯	马玉峰	杨义刚	高树会
杜纪山	高鹏飞	菅常玉	邢殿伟	崔志彬	刘志收	刘振华	贾忠平	田桂荣（女）	
刘文军	袁洪芹（女）		张树玲（女）		郑 华（女）		刘瑞华（女）		

2003 年

优秀共产党员（40名）

焦士荣	刘恩法	王存策	刘汉武	王云海	李淑平	杜明勤	张永明	李彦亮	肖俊青
高兴福	王怀仁	唐光平	葛庆森	李大国	周启昆	张建国	耿安义	黄 伟	侯孝永
李国华	于建胜	段宝兴	李朝武	杜纪山	田 凯	菅常玉	刘振国	王清华	张桂堂
张 卫	庄肃良	刘守明	吴俊松	尉 光	庄树建	王月华	马克芳	严维娟	张秀琴

2004 年

劳动模范（38名）

翁洪洲	王艾新	张学奎	谢充启	庄又军	刘厚福	胡厚涛	邵 锦	徐付喜	童培国
魏建文	任智德	葛庆森	李大国	肖俊卿	王圣君	李彦亮	杨永光	屈玉江	赵振民
刘庆彬	王建亭	魏延福	张 申	高学民	黄金强	李丙月	李庆春	姜德营	唐光平
张勤武	管常玉	马跃忠	邵昌友	张志霞（女）	严维娟（女）		刘守明	张茂坤	

优秀共产党员（43名）

秦玉明	何祥成	王庆东	李 钊	吴佩奇	郭修杰	童培国	徐付喜	张之付	田思银
文士高	胡加勇	张茂坤	崔华伟	李善祥	刘长泉	丁学贤	魏其海	田衍圣	魏汉明
张建国	高学民	黄 伟	于向阳	杨义刚	高贵恒	姜振杰	菅常玉	王忠民	王清华
李彦亮	张学武	王昌新	高录海	杨作生	房 栋	孙佃海	管德华	庄肃良	李金保
韩奎英（女）	马克芳（女）		游桂芹（女）						

2005 年

劳动模范（49名）

焦士荣　翁洪洲　何祥成　吕建华　张作利　王永宝　范宗洪　邱青祥　李永强　肖云友
王慎周　郭修杰　秦成明　吴　涛　魏建文　汪关东　李庆田　阚玉贵　李彦亮　于洪双
于兆兴　肖俊卿　赵振民　陈建民　姜金东　李广兴　陈俊昌　刘怀成　汪心强　梁　泉
魏延福　王如林　高学民　黄金强　黄艳景　唐光平　姜德营　营常玉　张勤武　邵昌友
张清伟　刘守明　刘文军　吴俊松　张富菊（女）　王志华（女）　王锦辉（女）
周忠娟（女）　严维娟（女）

优秀共产党员（49名）

何祥成　王沛智　钟宇辉　庞海运　葛现瑞　伦庆忠　王传智　王立才　张旭俭　魏建文
孟宪东　吴云礼　郑培永　徐宝华　于文杰　李　矿　赵振民　张积峰　马凤国　邵昌友
董凤广　朱孔东　刘文军　李加敬　营常玉　王清华　田士宏　刘洪学　刘建涛　徐广军
李允生　张建国　王计辽　于兆兴　肖俊卿　杨义刚　杜明勤　徐瑞刚　司茂国　丁业善
周华泽　李祥宏　秦德峰　杜贵峰　高学民　庄肃良　闫爱国　马克芳（女）　李金花（女）

2006 年

劳动模范（29名）

赵喜庆　王统海　张作利　谢充起　庄又军　邱青祥　胡建顺　王均明　王慎周　邵　锦
林英良　秦成明　汤彦兴　侯洪华　夏宇君　赵振民　张洪友　张春浦　李　伟　任泽伸
张文忠　郭兆恒　刘成营　白安启　营常玉　高海涛　肖顺生　戎红芳（女）
刘中军

优秀共产党员（50名）

翁洪洲　陈淑科　陈广印　张明建　来永福　庞海运　邵　锦　林英良　曹福汉　侣书海
朱英海　闫　勇　亓　军　毕研宏　张永昌　刘德昌　韩延伟　曹　中　田宝方　东明利
营常玉　陆云高　尹焕军　齐宝华　段伦洪　高佃光　刘长泉　于兆兴　张跃先　房　栋
杜明勤　于阳午　鲁从永　刘　冰　姜　涛　贾安刚　夏宇君　梁　泉　刘建涛　高学民
于向阳　秦德峰　马新涛　马凤国　于　晓　张文忠　高鹏飞　张志霞（女）
庄肃良　严维娟（女）

2007 年

劳动模范（49名）

肖俊生　王庆东　陈广印　尹作海　韩文义　谢充起　张茂坤　林玉玺　孙兆勇　邱青祥

鲁守明　肖允友　李永强　王慎周　刘　刚　林英良　秦成明　张旭俭　陈法洲　汤彦兴
付丛臣　肖庆华　葛现栋　梅秀堂　李　伟　秦恕波　屈玉江　姜金东　杨德荣　刘　义
李敦峰　刘同祥　张希娟　徐秀霞　周梅军　王诗军　魏　霞　梁　泉　秦玉明　杨再军
胡希利　菅常玉　高海涛　袁　勇　周启昆　高建平　李英新　肖顺生　崔玉祥

优秀共产党员（51名）

尹作海　王庆东　梁副恒　贾树祥　杨宪利　赵　军　张　明　张道靖　朱桂生　汤彦兴
刘彦伟　丰绪光　王敦怀　史晓晖　刘云明　韩延伟　曾祥柱　周玉平　梁　泉　李凤生
李金刚　王建亭　菅常玉　周启昆　袁　勇　岳登松　庄树建　葛现栋　刘守莲　卜祥泉
何发远　田　凯　庄肃良　上官福聚　范爱华（女）　徐淑红（女）　郑　华（女）

2008 年

劳动模范（48名）

白景志　庄又军　于洪升　吕建军　林英良　秦成明　葛连民　陈　杰　肖庆华　翁洪洲
葛现栋　林相亮　孙善强　肖俊生　姚焕东　王庆东　张学奎　郑诚信　徐玉峰　吴国栋
赵德国　付风忠　卜祥泉　菅常玉　高海涛　陈永水　杨玉华　李胜军　于　伟　陈永军
屈玉江　种雪虎　杜照孔　郭兆恒　江兆英　周明祥　王清华　周启昆　付华平　李传军
于德海　张　涛　陈长民　邵泽兵　肖顺生　董方明　吴士其　任秀霞（女）

优秀共产党员（38名）

尹作海　孙善强　刘建玺　田凤法　王中民　白景志　邵长剑　鲁守明　蔡　磊　林英良
秦成明　李广华　王传庆　杨久波　刘守莲　王兆民　刘彦伟　丁　刚　刘晓杰　卞昌友
宋宪峰　邢恩义　李吉然　李凤生　崔宝山　牛连俊　菅常玉　张儒连　张纪堂　朱　旭
钟　芝　李长磊　崔志斌　卜祥泉　刘跃泉　庄肃良　刘晓娜（女）　刘瑞华（女）

2009 年

劳动模范（60名）

赵喜庆　王统海　梁付恒　杨小刚　王庆东　赵　雷　谢洪路　魏　勇　付风忠　刘守莲
秦守伦　梁希利　赵德国　徐桂远　李宗国　薛　峰　范宗红　李传福　陈秋兰　袁　勇
张　明　李永强　郑德山　王慎周　张兆营　夏文营　王誉钦　于富岭　侯洪华　菅常玉
郭照恒　牛连俊　崔宝山　王　永　姜秋云　刘大峰　周立波　周玉平　韩延伟　陈永军
刘彦伟　张成建　成　明　张凤芹　郭纯岭　魏范伟　周启昆　高海涛　肖俊生　赵仁乐
吴俊松　李金栋　齐东合　林相亮　钟宇辉　翁洪洲　王传庆　王艾新　陆云高　褚夫东

优秀共产党员（39名）

赵喜庆　尹作海　赵德国　王连欣　张茂坤　汤友锦　张　明　王慎周　安明成　张道靖

李广华　吴纪强　郑加友　刘守莲　刘德昌　王学岭　韩延伟　周立波　亓　军　周宝花
蔡洪波　郭良法　代方军　陆明志　武玉楼　翟玉强　菅常玉　李善祥　董凤广　徐田祯
褚夫东　张全志　温步飞　张纪堂　庄肃良　贾安刚　张志霞（女）　黛玉玲（女）
刘晓娜（女）

2010 年

劳动模范（80名）

赵喜庆　王统海　王桂利　孙善强　王东京　李加坤　宋春团　张凤南　李雪峰　陈淑科
付　欣　鲁守明　李成华　杨加富　王慎周　杨庆春　贾士和　俞建廷　李　强　田　俊
张茂坤　秦福刚　庄肃展　石　刚　杨尊胜　施少峰　王传民　齐东合　钟宇辉　刘维信
高长海　王艾新　葛现栋　田衍圣　李新山　秦成明　张华昌　董　书　郭纯岭　王大强
高佩宝　邱合银　王玉付　王洪超　张文东　付风忠　吴国栋　赵德国　曹善喜　邱延俭
周启昆　张德军　吴　涛　吴绍辉　翁洪洲　肖俊生　肖顺生　齐　恒　许记领　何克志
史晓辉　张　华　张延振　陈建民　周玉平　朱一振　杜照孔　郭照恒　李　娟　王宗雷
徐加芳　赵敬海　朱化鹏　菅常玉　薛其成　卜祥泉　吕光喜　张晓明　王春霞（女）
诸葛祥华

优秀共产党员（40名）

能昌迎　邱青祥　来永福　高希望　张树宽　鲁守明　王均明　翟健飞　张立芝　李广华
李俊春　徐晓华　刘振波　毕于庆　张延振　亓　军　史晓晖　周　江　刘德昌　李吉然
邢宪新　张善俊　苏成明　刘昌青　菅常玉　童培国　张纪堂　朱　旭　徐明方　刘英峰
田国志　庄肃良　黄文斋　卜祥泉　焦士荣　吴　涛　肖顺生　张　岳　胡　波　诸葛祥华

2011 年

劳动模范（79名）

张传毅　陈维水　葛秀金　辛全玉　葛现国　张连国　赵加彬　魏兴民　高清水　何玉军
周树志　朱召峰　杨加富　王慎周　李　强　秦士俊　赵燕军　王笃平　白景志　孙世民
薛　峰　路兴国　华明海　杨尊胜　齐东合　钟宇辉　李俊春　田衍圣　周钦永　张爱杰
翁洪周　肖俊生　郑怀友　徐继来　李新山　密加强　张　勇　赵兴发　孙洪德　张　明
王方均　马达昌　刘怀成　亓立安　陈建民　张佰海　朱一振　陈永军　兰春忠　庄又军
邵　锦　王学珍　王世良　孙皆友　李　瑛　薛玉涵　荀洪宝　张慎礼　胡文武　王秀俊
郭照恒　高贵恒　曹善西　于富岭　刁志新　张　勇　范吉宏　季现亮　陈　杰　吴国栋
白云明　赵德国　李金栋　周启昆　菅常玉　薛其成　邱青祥吴士其　诸葛祥华

优秀共产党员（42名）

尹作海　能昌迎　张连国　程广胜　伦庆忠　张茂伟　王　艳　张宗树　王福轩　杨秀成

张　勇　翟建飞　张连龙　葛现栋　李俊春　庄又军　陈广印　吴纪强　李义峰　马达昌
张守生　周长润　于文杰　孙长征　王长民　杜明建　毕于庆　孔祥祯　徐茂忠　郭照恒
张文忠　张　军　贾忠平　岳登松　周启昆　王伟江　贾安强　赵善勇　宋代广　苗存兵
张　岳　庄肃良

2012年

劳动模范（100名）

张传毅　柳俊仓　陈淑科　孙善强　张连国　赵加宾　钱仲泉　魏兴民　张学奎　贾章才
张玉兆　吴海静　丁学贤　田衍圣　李俊春　侯尤军　梅秀堂　王　伟　周钦永　王艾新
宋　陵　张　涛　鲍绪军　褚衍金　金　刚　李　强　许　刚　王均明　李言忠　张兆营
李明红　伦庆忠　周同泽　孔　峰　丰培堂　王延朋　赵万奇　孙瑜春　王玉强　孔凡军
柴　磊　李　杰　孙学营　来守习　曹善西　汤彦兴　高　伟　王永国　徐继来　时伯玺
汤友锦　蒋环环　盛　永　李新山　王忠密　密加强　葛忠林　石进海　赵兴法　刁志新
范吉宏　庄乾文　赵家军　唐兴海　陈庆玉　菅常玉　黄　伟　张作利　陈贯江　杜照孔
解玉芹　齐化军　李　瑛　张丽娟　阚玉武　王传秋　李长新　杨　震　冯克坤　任川荣
唐　斌　杨德荣　朱一振　张佰海　尹　鹏　张　彬　陈永军　杨玉华　王崇欣　周启昆
吴家胜　吴　涛　薛其成　葛现栋　刘怀成　尹焕军　李守举　刘洪涛　崔　平　诸葛祥华

优秀共产党员（99名）

魏兴民　阚士远　李秀军　能昌迎　严洪涛　田录太　沈廷远　张茂坤　李常友　范宗红
朱先停　徐贵启　高敬东　葛现栋　韩　东　范立强　薛奎会　寇天燕　黄承同　王均明
许　刚　庄又军　刘国伟　梁希利　冯立强　刁志新　韦金国　范吉宏　季现亮　张　勇
王传峰　李光华　张连龙　付士军　安宝川　陈贯海　刘子贵　陈维义　刘海涛　王正英
杜东吉　李宗珠　张建庆　王忠密　王统海　郑怀友　张宝玉　张旭俭　张儒连　秦玉明
宋代广　陈　科　郭照恒　杜照礼　刘昌青　李凤生　王　琴　赵秀刚　武玉楼　王长民
于文杰　侯伟强　李建明　张恒林　张宗辉　孙长征　赵九洲　董宗明　刘云庆　邢恩义
李义峰　刘云明　亓立安　石　松　佟传强　杨得荣　于　军　于　伟　张延振　刘　义
相吉安　毕玉庆　王　刚　菅常玉　班彦玺　庄肃良　刘志收　马云涛　尹焕军　宋维军
贾自富　崔希国　张守彦　崔志斌　何祥成　贾安强　刘长洲　张守福　段伦洪

2013年

劳动模范（50名）

王东京　张连国　赵加宾　梁副恒　孙明德　穆新红　徐德方　石　刚　周忠建　陈　伟
华明海　李俊春　李　涛　周钦永　董勤凯　刘　涛　李保林　张全川　王均明　宋长奋
王　义　刘国伟　潘凤岭　孔凡军　陈庆玉　史国华　孙　宾　唐兴海　李光华　汤彦兴

康成坤	徐连国	郭志磊	陈永军	顾　亮	吕心伟	陈建民	段伦洪	菅常玉	穆绪彦
王清宝	张俊江	曹广海	郑怀友	葛忠林	张　勇	田福海	徐继来	邹长海	董立春（女）

优秀共产党员（45名）

赵喜庆	贾安强	张凤南	赵加宾	尹作海	陈维义	姜树华	梁宝成	王延朋	李宗国
邵泽兵	刁志新	范吉宏	赵甲均	李光华	崔现贵	庄又军	梁希利	齐东合	汤友锦
胡殿友	张俊江	代方军	朱朋	曹坤	胡彪	顾亮	赵树炎	周玉平	崔东
陈永军	田士宏	彭吉国	张守福	黄伟	赵钦营	张军	张明	刘守明	赵太强
潘建富	汤运启	周宝花（女）		任小红（女）		张海燕（女）			

2014 年

劳动模范（50名）

柳俊仓	张良先	卢立波	焦永奇	陈淑科	李雪峰	王传庆	林玉玺	张运良	曲学伟
李允生	赵燕军	葛祥玉	张兆营	鲍绪军	沈传坤	谢直江	吕凤新	丁学贤	赵治国
魏建文	何玉亮	徐茂忠	徐彭波	刘文华	赵钦营	林英军	刘成磊	徐晓华	朱凤文
李光华	张元荣	陈保利	马士广	赵甲均	蔡洪波	高甲鹏	刘润东	孔得有	石进海
王笃平	赵兴发	张爱杰	刘孝峰	司书波	焦士荣	付欣	王春玲（女）		董立霞（女）
丁晓									

优秀共产党员（52名）

魏兴民	付欣	张连国	梁副恒	高连庆	王中民	解孝华	于常亮	徐贵启	王慎周
薛峰	周元	桓希传	唐兴海	季现亮	张元荣	吴涛	鹿佰宝	田衍圣	王艾新
王玉强	刘国伟	赵光庆	张爱杰	刘宝开	刘文华	司书波	李传新	汪心强	徐大利
邹忠刚	梁吉军	李健	卢尚运	刘春	李秉德	王守富	张金栋	张慎礼	毛书兵
盖允玉	刘金顺	王全勇	孙佃银	曹保卫	刘志清	刘启军	崔荣富	于晓（女）	
郝莹（女）	董立霞（女）	刘瑞华（女）							

2015 年

劳动模范（68名）

李乐成	阚士远	王桂利	梁副恒	孙善强	张凤南	赵加宾	陈恩东	郭书雷	李动群
李亚伟	马明强	孙玉河	于勇胜	张子保	周波	范吉宏	解孝华	陈伟	曲学伟
周同泽	张明明	王永宝	刘立厂	董勤凯	周钦永	何晓青	崔永江	杜井玉	刘国伟
来守习	邵锦	陈勇	高建伟	王清现	许刚	颜廷军	黄修军	夏学密	刘夫利
杨加富	张继刚	李光华	王彬	王清宝	厉波	杨振乾	郑培永	刘其鹏	汤友锦
王祥会	贾良杰	安玉伟	毛书兵	赵成旭	齐元国	张守福	周忠娟	张加伟	田雨

陈永伟　赵　鲁　潘　彬　李孝利　宋永斌　马云涛　王振伟　上官福聚

优秀共产党员（42名）

陈维水　李雪峰　王东京　穆新红　周忠建　李勋年　杜庆东　葛现栋　管彦太　王寅林
王兴存　王誉钦　刘洪国　韦金国　杜泽文　唐兴海　田德江　季荣杰　鹿佰宝　张元荣
刘子贵　吴军杰　肖俊生　李恒盈　辛本义　曹广海　陈维山　张善俊　王守富　刘持兵
周常海　高立起　宋永斌　刘志清　韩广勤　苏学明　米　娜（女）　董丽霞（女）
任小红（女）　董丽丽（女）

2016 年

劳动模范（80名）

魏兴民　孔祥振　李　涛　连　奖　卢立波　王坤林　张相领　周广波　刘衍梁　赵喜庆
张树林　米　潇　李振杰　王　伟　孙善强　王　凯　徐继来　李　勇　李锦良　王　兵
徐　威　孙世民　闫景臣　高守峰　管彦峰　华明海　孔　峰　李常友　马　涛　丁　金
刘　猛　刘维信　刘泽明　杨飞飞　张克靖　岳　辉　徐同杰　张作利　王怀青　付明江
张瑞祥　范　祥　董洪伟　李振标　王自桥　陈秀伟　周中正　葛祥玉　曹宏图　葛现成
张继刚　闫之喜　陈庆玉　张茂坤　贾浩玺　王义涛　夏宇君　侯贻胜　万如全　葛忠林
董方明　王小雷　孟令乾　郭照恒　杨娟业　宋志金　李　杰　李传周　王　浩　王树周
朱　旭　孙佃佑　郭良金　杨　林　邓志宏　魏海峰　于永彬　许小龙　高贵美　诸葛祥华

优秀共产党员（43名）

李乐成　王桂利　梁福恒　王东京　孙成强　殷志新　杨　洁　王寅林　李俊春　王艾新
王其杰　李永强　李昭亮　刘　刚　高清水　曹　川　郭纯岭　臧明田　赵贵波　王怀青
刘子勤　张善宣　杨玉峰　张　虎　董方明　王现涛　高　伟　张国栋　郭书雷　李志春
李　军　周世华　秦玉明　郭良金　田　冰　赵钦营　曹召彬　燕廷军　崔荣富　高海涛
苏学明　杨传信　王春玲（女）

2017 年

劳动模范（82名）

伦庆忠　王桂利　张良先　吴建孝　付　欣　张龙飞　张扬扬　朱淄博　付殿奎　段修上
葛祥冲　李常成　杭　猛　张连国　梁宝成　赵加宾　毕江帅　王明修　王中山　宋兆国
王振伟　解孝华　陈　伟　林玉玺　葛现瑞　管彦峰　郭　瑞　于洪升　冯玉祥　王永宝
何玉收　王寅林　胡彦峰　崔永江　兰庆武　李　佳　谢家顺　刘　刚　赵国安　侯明灰
姜万腾　杜国斌　付永明　许　刚　张庆振　王　一　武善元　李福庆　张传博　刘夫利
马奇振　王成功　褚夫尧　毛传慧　陈广印　刘立厂　孔得有　金书领　张文东　蔡贵平
张元虎　刘持兵　杨秋峰　张守福　张发洋　安智广　王鲁平　寇荣来　历　波　赵敬廷

杨贵军　廖海增　张瑞平　徐传伟　田　凯　李树杰　王全勇　朱林菊（女）　李秀梅（女）
陈秋兰（女）　赵太强　张世宝

特殊贡献劳动模范：曹汉东

优秀共产党员（40名）

李俊瑞　宋春杰　程立群　王均福　戴德胜　李常成　周忠建　赵士雷　丁学贤　何玉收
密士廷　刘忠云　李功平　范吉宏　孔　峰　南锦玉　王均明　周　元　薛　峰　鹿佰勇
陈仁军　王宝国　张爱杰　杜兰运　王连振　吴沛奇　邹研超　付　余　刘持兵　董合刚
齐元国　孙汉涛　主金元　田　雨　范立斌　许　林　陆永生　张兴平　刘　宁　李　明

2018 年

劳动模范（83名）

田红波　李宗凯　王东京　冯珂珂　谢洪路　胡海涛　殷　涛　刘廷高　李明明　范立斌
戴德胜　李连立　王艳锋　徐兴洋　张　寒　林　鹏　郭凡胜　张开强　郭宏岗　李洪伟
许崇新　徐家升　吕凤新　王其杰　王　涛　张克靖　张延强　肖太永　刘　涛　秦　康
张清东　王祥兴　张　卫　孙世民　王　彬　李　阳　菅光雷　贾士和　闫家正　张敬刚
徐安强　于得海　黄传升　密长丰　徐庆国　张右彬　王建新　于茂光　刘海涛　谢充起
翟健飞　赵兴法　来守习　辛本义　齐　法　茹行行　吴淑国　孙明福　倪庆九　褚新胜
孔令壮　王龙洛　庄肃川　张秀艳　王传秋　刘德峰　周明祥　李　刚　刘安青　王　刚
郭良金　王庆祥　陈长飞　赵建华　程立群　闫大鹏　彭利军　张　军　郭圣刚　孙　领
张禄洲　上官福聚　宋忠玲（女）

特殊贡献劳动模范：曹汉东

优秀共产党员（41名）

王桂利　王东京　梁福恒　刘　鹏　徐加伟　李培帅　李常成　田　涛　段成科　王其杰
周钦永　庄文涛　石　刚　秦　康　张德凯　刘元秋　单井林　刘井泉　石宏杰　郭景池
郭纯岭　白云明　王玉强　胡忠利　赵宝相　管彦太　鞠　乔　刘　军　李志春　李忠锋
徐茂忠　周明祥　徐传伟　刘曰强　刘文军　刘九周　杨传信　龙禄财　陆永生
诸葛祥华　上官福聚

2019 年

劳动模范（87名）

孙　健　段培溪　张　勇　陈立军　张秋房　王乐军　李积华　张同同　杨秀成　张现刚
王海龙　陈桂常　姜　瑞　王开前　于勇胜　邱恩贤　李修和　李百平　王守军　高梦举
任振华　赵艳鹏　李文勇　密士廷　张洪磊　陈　亮　张宝玉　杨飞飞　李文超　石　刚
赵　威　丰培堂　菅光同　赵贵波　解学兵　李以存　王立迎　季　勇　杨红树　王　镇

王 勇　魏宝东　王自桥　张宏伟　郭纯岭　李福庆　毛思军　王怀青　杨昭晖　侯海龙
时套套　朱培培　许小宁　宋德堂　刘立厂　孔得有　宋维杰　左海峰　侯贻胜　周 宁
王承波　张俊江　刘光钰　何文文　杨照增　邬忠毅　杨风波　李光龙　刘 晓　王明洋
周世华　王成华　邹学锋　李 越　季宝宏　姜 新　高海涛　李治纬　张平龙　陈洪远
张文寒　李晓刚　上官福聚　张 锐　谭富玲（女）　谢荣娟（女）　贾蕙蓉（女）

特殊贡献劳动模范：曹汉东

优秀共产党员（42名）

张庆忠　孙 健　梁福恒　吴平平　杨秀成　孟圣师　王 磊　董庆泉　孙新磊　张俊宝
季荣杰　张 信　陈云关　吕建军　邱宝崔　冯连涛　黄君雷　李永强　李振标　许 刚
刘 磊　樊 礼　刘子桂　徐桂远　王玉强　时套套　刘立厂　刘 健　王大强　司书波
王 辉　李长新　张 强　刘元伦　胡小军　李兰深　王统海　韩文义　王全勇　段 刚
吴秀成　胡顺荣（女）

2020年

劳动模范（90名）

王同庆　张开强　岳从明　朱代永　刘敬修　李常成　王建建　徐鹏程　步长存　张子保
李长海　李增强　王思建　步允山　葛祥冲　周均民　何玉德　张禄洲　张龙飞　惠 平
张克靖　侯文柱　王清彦　陈培永　周 朋　葛现瑞　吕建军　郝大镇　胡丰华　王同广
董洪伟　侯明灰　左世龙　韩国强　樊 礼　陈绪刚　魏英建　乔士敏　赵培路　黄保超
李 阳　常德仲　张长春　王 涛　顾 杰　张贻涛　邹长海　肖建平　董方明　王 成
徐继来　夏学银　刘广青　付仰银　曾范涛　金书领　张 勇　刘宝开　孔凡军　李新山
杨位涛　褚衍堂　王建伟　邵昌友　司书波　付纪森　牛爱君　刘文斌　张仕友　张小锁
黄成法　袁俊聪　李传增　朱启伟　赵京成　刘 宁　吴景柱　张世宝　王 凯　赵建华
陈桂磊　张志强　许筱筱　刘呈焕　李海燕（女）王 燕（女）米 娜（女）张 娟（女）

特殊贡献劳动模范：曹汉东
扶贫第一书记代表：主宝皆

优秀共产党员（41名）

陈 晓　龚 永　殷 涛　张玉兆　刘道光　柴 磊　张广全　刘敬修　徐家升　王忠密
张假妮　于建涛　李书利　薛 峰　曹明亮　解孝华　刘培勇　吴国栋　樊 敬　朱玉春
王振玉　陈庆钊　刘子勤　茹新华　杨昭晖　左海峰　何晓青　刘 杨　王 辉　王德广
何玉亮　徐希俊　赵成旭　朱 勇　郭 帅　刁志新　李占国　王 凯　吴振华　郭圣刚
张银萍（女）

注：1991年未评优秀共产党员，2003年未评劳动模范。

附　录

花园式矿区

一、重要文件

煤炭工业部山东煤炭工业管理局文件

〔91〕鲁煤管企字第55号

关于公布山东统配煤炭系统大中型企业名单的通知

各矿务局、装备公司：

山东省经济委员会、山东省统计局鲁经企字〔1990〕第140号文件公布了经国家确认的我省部分大型工业企业名单，最近又以鲁经企字〔1990〕第608号文件公布了山东省第一批大中型工业企业名单。现将这两个文件中的山东统配煤炭系统大中型企业名单公布如下：

一、鲁经企字〔1990〕第140号文件公布的山东统配煤炭系统大一型企业有：淄博矿务局、新汶矿务局、枣庄矿务局、兖州矿务局、肥城矿务局。

二、鲁经企字〔1990〕第608号文件公布的山东统配煤炭系统大中型企业有：

（一）大型企业：

特大型：兖州矿务局、新汶矿务局

大一型：龙口矿务局、临沂矿务局、山东煤矿机械装备公司

大二型：兖州煤矿机械厂

（二）中型企业

中一型：山东煤矿泰安机械厂、山东煤矿莱芜机械厂

企业类型审批权限规定，大型及以上企业需报经国家有关部门审核认定，中型企业由省经委、省统计局审查认定。按照以上规定，鲁经企字〔1990〕第608号文件公布的山东统配煤炭系统大型及以上企业，在国家正式审定、公布前，暂按大型企业（特大、大一、大二）管理。

一九九一年一月十六日

临沂矿务局文件

临局发〔2002〕107号

关于深化临沂矿务局企业制度改革
组建山东东山矿业有限责任公司的请示

山东省煤炭工业局：

临沂矿务局成立于1960年，截至2001年12月末，有在册职工11116人，2001年度账面亏损总额13108万元，资产总额107328万元，负债97800万元，净资产9528万元，资产负债率为91.12%。现有5个生产矿，7地面生产经营单位，6个事业服务性单位。去年以来，经省局批准完成机械厂、总厂、搪瓷厂、褚墩煤矿、塘崖煤矿、草埠煤矿、工程公司、煤田地质勘探工程公司、物资供应公司、热电厂、中心医院等11个单位的产权制度改革。

根据鲁煤企改〔2002〕33号《转发省经贸委关于2002年全省企业管理工作要点的通知》精神，按照山东省经济贸易委员会和省局的要求，为加快改革改制步伐，转换经营机制，增强企业活力，适应市场经济要求，按照《中华人民共和国公司法》和上级有关规定，在省局领导的指导帮助下，初步拟定了我局分三步实施的总体改制思路，已经具备了第一步组建山东东山矿业有限责任公司的条件，拟开展该公司的组建工作：

拟组建的公司名称暂定为山东东山矿业有限责任公司，注册资本预计6000万元，由矿务局作为国有法人股东出资50%；已改制的企业法人出资12.5%；其他单位职工通过工会社团法人出资17.5%；公司经营班子成员以自然人身份出资20%。

出资方式：

国有法人股东（矿务局）、企业法人和社团法人以货币形式出资。

经营班子成员首次出资现金不少于认购股金的30%～50%，其余由个人以所持股份作抵押，由个人与企业签订协议，通过分期付款3～5年付清。

出资按照个人自愿的原则，管理人员和一般职工应当适当拉开出资比例。新公司对古城煤矿、株柏煤矿经评估后的经营性有效净资产、土地使用权、矿业权予以购买或租赁，已立项的新驿矿井和正在办理立项手续的王楼矿井由新公司承建，前期实际投入新公司返还给矿务局，由新公司办理相关手续，取得土地使用权和矿业权。新公司劳动用工由矿务局劳务输出。新公司实行独立核算，资产分离，自主经营，经营成果与矿务局合并上报。矿务局领导班子成员与新公司董事会、监事会、经理层组成人员相互交叉任职。

在组建新公司的同时，对局劳动服务公司、招待所予以重组进行产权制度改革，由原来的服务经营型单位，改造成为单纯经营型的独立法人单位。

我们于8月19日召开全局第九届职工代表大会第五次会议，表决通过局改制实施方案，现提出组建山东东山矿业有限责任公司申请，请予以审批。局班子成员将分工负责，加强领导，抓好全局的稳定和安全生产工作，确保公司组建的顺利完成。

公司组建后，我们将充分利用新的经营机制，按照公司章程和企业发展规划，调动各方面的积极性，推进资本扩张和产权重组，不断扩大企业规模，努力提高经济效益，促进企业发展，积极创造条件尽早将公司改建为山东东山矿业集团有限责任公司，完成我局第二步、第三步的改制工作。

当否，请批复。

二〇〇二年八月二十日

山东省煤炭工业局文件

鲁煤企改〔2002〕180号

关于同意组建山东东山矿业有限责任公司的批复

临沂矿务局：

你局上报的《关于深化临沂矿务局企业制度改革组建山东东山矿业有限责任公司的请示》（临局发〔2002〕107号）收悉，经研究批复如下：

一、同意你局组建山东东山矿业有限责任公司。组建后的新公司，矿务局作为国有法人股东出资50%，已改制的企业法人出资12.5%，其他单位职工通过工会社团法人出资17.5%，公司经营班子成员要持大股，以自然人身份出资20%，并依据在新公司承担的责任大小等因素，适当拉开出资档次。

二、原则同意你局第九届职工代表大会第五次会议通过的改制实施方案。新组建的山东东山矿业有限责任公司为自主经营、自负盈亏、自我发展、自我约束的法人实体。要严格按照国家的法律、法规、规范性文件的有关规定运作，实行规范经营。

鉴于临沂矿务局属原煤炭工业部划定的特困企业，为使新公司有一个良好的发展基础，根据山东省人民政府《关于加快省属国有工交企业改革意见的通知》（鲁政发〔2000〕44号）有关规定，力争使土地出让金按土地评估确认价格的15%确定，并缓缴3年。

三、要按国家有关法律法规要求，尽早办理好新公司的有关法定手续，争取自10月1日起开始新公司运作。

二○○三年一月二十八日

山东省煤炭工业局文件

鲁煤企改〔2004〕20号

关于局直属煤矿和局办实体管理体制问题的通知

临沂矿务局，各直属煤矿及局办实体：

根据《山东省人民政府关于深化省属国有企业改革的意见》（鲁政发〔2003〕62号）和省深化国有企业改革领导小组办公室的工作要求，为加快煤炭企业改革步伐，增强企业活力和发展后劲，经省局党组研究，将邱集煤矿、马坊煤矿、山东省煤炭工业发展总公司及田庄煤矿划归临沂矿务局管理；将其他局办实体委托临沂矿务局管理。

二〇〇四年二月十六日

山东省煤炭工业局文件

鲁煤企改〔2004〕111号

关于山东煤矿泰安机械厂 山东煤矿济南机械厂
管理体制问题的通知

临沂矿务局，山东煤矿泰安机械厂、山东煤矿济南机械厂：

　　根据《山东省人民政府关于深化省属国有企业改革的意见》（鲁政发〔2003〕62号）和省深化省属国有企业改革领导小组办公室《省属国有企业改制或重组程序（试行）》（鲁企业改字〔2003〕20号）等文件要求，为加快省局直属企业改革改制步伐，增强企业活力和发展后劲，经研究，将山东煤矿泰安机械厂、山东煤矿济南机械厂划归临沂矿务局管理。

二〇〇四年七月二十六日

山东省人民政府国有资产监督管理委员会文件

鲁国资企改函〔2005〕58号

关于临沂矿务局重组山东煤矿莱芜机械厂的函

山东省煤炭工业局、临沂矿务局：

你们《关于山东煤矿莱芜机械厂管理体制问题的函》（鲁煤企改函〔2005〕6号）和《关于重组山东煤矿莱芜机械厂的请示》（临局发〔2005〕116号）收悉。经研究，函复如下：

一、鉴于山东煤矿莱芜机械厂的主营业务与临沂矿务局的主业生产具有关联性，同意临沂矿务局在与省煤炭局协商一致的基础上，对山东煤矿莱芜机械厂实施重组，将该企业的国有资产无偿划入临沂矿务局，形成以产权为纽带的母子公司关系。

二、临沂矿务局要认真做好与山东煤矿莱芜机械厂的重组衔接工作，保持山东煤矿莱芜机械厂的正常生产经营秩序，维护企业稳定。要结合临沂矿务局的发展战略，积极稳妥地做好重组整合工作，实现资产、业务、技术和人才等生产要素的优化配置，做强做大主业，促进国有资产的保值增值。

二〇〇五年七月十一日

临沂矿务局文件

临局发〔2005〕180号

关于临沂矿务局改为临沂矿业集团有限责任公司的请示

省国资委：

我局于1960年3月建局，1995年被原国家经济贸易委员会等6部委定为国家大型企业，为省管企业。现有3个控股公司、9个参股公司；国有独资的有3个生产矿、3个煤机厂、2个后勤服务单位。至2005年9月底，全局汇总资产总额37.45亿元，负债24.41亿元，净资产13.04亿元（其中，国有净资产7.96亿元），资产负债率为65%。全局在册职工11085人，离退休人员9766人。

自2001年开始我局即探索改为集团公司，由于当时我局国有净资产不足5亿元，达不到省政府规定的改为国有独资公司的条件，未能和其他国有重点煤炭企业一样，改为国有独资的集团公司，现仍然称矿务局。

经过几年来的发展，我局经济总量和企业规模得到壮大，企业净资产逐年增加，已经具备了改为国有独资公司的条件。

为建立现代企业制度，适应市场经济的要求，提高企业社会形象，创造良好的发展环境，特申请将临沂矿务局改为国有独资的临沂矿业集团有限责任公司。

当否，请批示。

附：《关于临沂矿务局改为临沂矿业集团有限责任公司的方案》

二〇〇五年十月十二日

关于临沂矿务局改为临沂矿业集团有限责任公司的方案

为建立现代企业制度，适应市场经济要求，根据《山东省人民政府关于深化省属国有企业改革的意见》（鲁政发〔2003〕62号）、《关于培育发展大型骨干企业集团的指导意见的通知》（鲁政办发〔2002〕14号），结合企业实际，特制订临沂矿务局改为临沂矿业集团有限责任公司方案。

一、企业基本情况

临沂矿务局是一个具有悠久开采历史的老矿区，是在抗日战争时期解放区接管莒县煤矿作为军工煤炭生产基地，1948年10月临沂解放后接管罗庄煤矿改为临沂煤矿，并在1958～1960年间，为解决交通不便的沂蒙老区煤炭需求，对地方小煤矿进行改造合并的基础上发展起来的，于1960年3月成立临沂矿务局，1986年1月上划煤炭工业部，1995年被国家经济贸易委员会等6部委定为国家大型企业，1998年煤炭工业部撤销，又下放到省属管理，现为省属企业。

由于临沂矿务局煤层开采条件差，是在计划经济条件下成立的社会效益型企业，1973～2001年连续29年亏损，建局以来除国家每年给予补贴外，累计还亏损56067万元。

2001年以来，通过改革改制，加强管理，提高了经济效益，再加上煤炭市场好转，于2002年实现利润76万元，首次实现扭亏为盈。

全局现有3个控股公司、9个参股公司；国有独资的有3个生产矿、3个煤机厂、2个后勤服务单位。其中：

控股公司3个：山东东山矿业有限责任公司、山东光力士集团股份有限公司、内蒙古鲁蒙能源开发有限责任公司。

参股公司9个：临沂恒昌煤业有限责任公司（原褚墩煤矿）、临沂兴元煤业有限责任公司（原塘崖煤矿）、淄博草埠实业有限责任公司（草埠煤矿）、临沂华建工程有限责任公司（原临沂矿务局基本建设工程公司）、临沂兴大工程有限责任公司（原煤田地质勘探工程公司）、临沂亚龙机械有限责任公司（原机械厂）、临沂创元焦化有限责任公司（原总厂）、临沂鲁星搪瓷有限责任公司（原五寺庄煤矿）以及临沂罗庄中心医院（原局中心医院）。

国有独资单位：3个生产矿为：临沂矿务局田庄煤矿、临沂矿务局邱集煤矿和临沂矿务局马坊煤矿；3个煤机厂为：山东煤矿泰安机械厂、山东煤矿济南机械厂、山东煤矿莱芜机械厂；2个后勤服务单位为：临沂矿务局技工学校、临沂矿务局后勤服务中心。

至2005年9月底，全局汇总资产总额37.45亿元，负债24.41亿元，净资产13.04亿元（其中，国有净资产7.96亿元），资产负债率为65%。全局在册职工11085人，离退休人员9766人。

2001年以来，我们已经顺利完成汤庄煤矿的关闭破产工作，企业办社会职能移交工作基本完成；第二批关闭破产的塘崖煤矿已终结法定程序；第三批关闭破产的草埠煤矿各项工作正在顺利实施。对局属15个单位进行产权制度改革，组建了13个矿务局参股10%～51%的有限责任公司，地面生产经营和服务性单位中，泰安、济南、莱芜3个煤机厂也已上报列入关闭破产计划，经鲁经贸企字〔2003〕430号文件批准，有机械厂、热电厂、工程公司、物资供应公司、煤田地质勘探工程公司、中心医院、招待所、技工学校、后勤服务中心等9个单位实施主辅分离，矿务局中学于2004年9月移交当地政府管理。所有改制单位均发挥了体制和机制优势，实现了快速健康发展。

二、矿务局改为集团公司的必要性与可行性

矿务局改为临沂矿业集团有限责任公司，实现企业体制的彻底转换，是改革发展形势的必然要求；是贯彻落实省国资委总体部署，加快国有企业改革步伐的要求；是建立完善现代企业制度，适应市场经济的要求；是企业改革发展，实现做大做强目标的内在要求；也是提高企业社会形象，创造良好的发展环境，使企业真正成为市场竞争主体的要求。

我局于2001年即开始探索改为集团公司，由于当时我局国有净资产不足5亿元，达不到省政府规定的改为国有独资公司的条件，未能和其他国有重点煤炭企业一样，改为国有独资的集团公司。经过几年来的发展，我局经济总量和企业规模得到壮大，企业净资产逐年增加，已经具备了改为国有独资公司的条件。矿务局改为临沂矿业集团有限责任公司是必要的，也是可行的。

三、矿务局改为集团公司的基本方法

1. 基本思路

将临沂矿务局改为国有独资的临沂矿业集团有限责任公司。以集团公司为母公司，建立以资本为主要联结纽带的母子公司体制。以山东东山矿业有限责任公司等4个控股公司和3个煤矿为核心层和紧密层，适当发展若干半紧密层和松散型成员企业，形成主业突出、多业并举、综合发展的现代企业集团。

2. 主要内容

（1）集团公司名称暂定为临沂矿业集团有限责任公司（简称集团公司）。企业集团登记为临沂矿业集团。

（2）临沂矿业集团有限责任公司作为临沂矿业集团的母公司；集团公司的控股公司及分公司为：山东东山矿业有限责任公司、内蒙古鲁蒙能源开发有限责任公司、山东煤机装备集团有限公司、山东光力士集团股份有限公司和临沂矿业集团田庄煤矿、邱集煤矿、马坊煤矿；同时按照《临沂矿业集团有限责任公司章程》规定，适当吸收、发展若干参股的半紧密层和其他松散型成员企业。

（3）集团公司按照《中华人民共和国公司法》及有关规定，设立集团公司董事会、监事会、经理层及董事会工作机构和集团公司工作机构。

3. 集团公司的注册资本

以临沂矿务局现有实收资本或原注册资本，作为临沂矿业集团有限责任公司的注册资本。

四、组织实施

1. 加强领导，保证集团公司的顺利成立。鉴于矿务局改为集团公司工作时间紧、任务重，我局成立矿务局改为集团公司工作领导小组，组织领导矿务局改为集团公司工作。组长由局长、局党委书记李义文担任，副组长由副局长孙廷华担任，局班子成员及办公室、企管、财务、劳资、政工、工会等部门负责人为成员。同时，成立若干工作小组，分工负责做好矿务局改为集团公司中的各项具体工作。

2. 分阶段进行，稳步推进矿务局改为集团公司工作。2005年10月为第一阶段，制订矿务局改为集团公司方案，并向省有关部门汇报，报省国资委审查修改，召开职工代表大会形成决议，争取10月底以前由省国资委审核批复方案；2005年11月为第二阶段，抓好方案批准后的实施，做好制订章程及成立集团公司的各项准备工作；2005年12月为第三阶段，具体组织集团公司成立工作，召开创立大会，办理注册登记，确保集团公司2006年1月1日挂牌运营。

3. 加快改制分离步伐，尽快完成关闭破产、主辅分离、企业办社会移交工作，为集团公司成立打下良好基础。①抓好塘崖煤矿、草埠煤矿破产项目的收尾工作和社会职能移交工作，抓好泰安煤机厂、济南煤机厂、莱芜煤机厂破产准备和重组山东煤机集团工作。②争取年底以前完成9个改制单位的主辅分离工作。③抓好三对矿井及其他所属单位的改制重组工作。④建立矿区社区管理机构，集团公司受政府委托代为管理。随着国有企业改革中企业办社会职能政策的进一步落实，积极同企业所在地政府协商，在条件成熟时移交地方政府管理。

4. 加大宣传工作力度，广泛利用各种宣传手段，宣传矿务局改为集团公司的目的、意义，使广大职工允分认识到矿务局改为集团公司的重要性、紧迫性和必要性，自觉投入到这项工作中来。同时，妥善处理好矿务局改为集团公司过程中出现的各种问题，积极稳妥地做好集团公司成立的各项工作。

5. 集团公司成立以后，公司将按照"先优后增再大，先强后富再美"的总体思路，稳步实施产权结构多元化、煤炭产业集中化、非煤产业集优化、经济发展规模化"四化"战略，加快内部产权制度结构的调整，尽快完成内部战略性改组；加快机制创新步伐，使法人治理结构和约束监督机制更加完善；加强企业内部管理，优化资源配置和规模经营，实现企业快速发展目标。通过加强管理，加快发展，实施资本运营战略，至2006年，使集团公司人均产量、产值、利润、收入、自有资金等经济指标跨入全省煤炭行业先进行列，建立起主业突出、多业并举、综合实力雄厚的大型现代化企业集团。确保2010年各项主要经济指标在2005年的基础上实现翻番，把集团公司建成规模大、优势突出、核心竞争力强、在省内外有广泛影响的知名企业。

总之，我们将以集团公司成立为契机，积极引进新理念、新机制，在省委、省政府和省国资委的正确领导下，按照集团公司章程和企业发展规划，加快改革，强化管理，滚动发展，不断壮大企业规模，努力提高经济效益，促进集团公司的快速、稳定、健康发展。

二〇〇五年十月十二日

山东省人民政府国有资产监督管理委员会文件

鲁国资企改函〔2005〕79号

关于临沂矿务局改制为临沂矿业集团有限责任公司的批复

临沂矿务局:

你局《关于临沂矿务局改制为临沂矿业集团有限责任公司的请示》(临局发〔2005〕180号)收悉。依据《省政府办公厅关于设立国有独资公司有关问题的通知》(鲁政办发〔2004〕73号)规定,经研究,批复如下:

一、同意临沂矿务局改制为临沂矿业集团有限责任公司,并同意其公司章程。

二、临沂矿业集团有限责任公司为省政府设立的国有独资公司,由省国资委作为其国有资本出资人。要按有关规定办理国有资产产权登记、工商登记等事宜。

三、临沂矿业集团有限责任公司成立后,要按照现代企业制度的要求,逐步实现投资主体多元化,尽快建立规范的法人治理结构,并认真研究论证公司的发展战略,通过市场化运作尽快将企业做大做强。

二〇〇五年十月二十五日

临沂矿业集团有限责任公司章程

2007年3月16日临矿集团董事会第一次会议通过。5月8日山东省国资委批复生效。

第一章　总则

第一条　为确立临沂矿业集团有限责任公司（以下简称公司）的法律地位，规范公司的组织和行为，完善公司法人治理结构，保障出资人、公司和债权人的合法权益，形成权责分明、管理科学的运行体制，根据《中华人民共和国公司法》《企业国有资产监督管理暂行条例》《山东省人民政府国有资产监督管理委员会关于进行完善公司法人治理结构试点工作的通知》等法律、法规、文件，制订本章程（以下简称公司章程或本章程）。

第二条　公司的中文名称为：临沂矿业集团有限责任公司。

英文名称为：LINYI MINING GROUP CO., LTD.

第三条　公司住所：临沂市罗庄区商业街路69号。

第四条　公司由山东省政府单独出资，并授权山东省人民政府国有资产监督管理委员会（以下简称省国资委）履行出资人职责。

第五条　公司的组织形式为国有独资公司，公司依法享有省政府出资和公司负债形成的全部法人财产权。

公司依法享有民事权利，承担民事责任，并以其全部财产对公司债务承担责任。

第六条　公司依法自主从事经营活动，遵守法律、行政法规，遵守社会公德、商业道德，诚实守信，接受政府和社会公众的监督，承担社会责任。

公司的合法权益受法律保护，不受侵犯。

第七条　公司中的中国共产党的组织，依照《中国共产党章程》开展活动。公司应当为党组织的活动提供必要条件。

第八条　本章程所称高级管理人员是指公司董事长、董事、监事会主席、总经理、副总经理、总工程师、总会计师（财务总监）、董事会秘书和公司党委书记、党委副书记、纪委书记、工会主席等。

第二章　注册资本、经营宗旨和经营范围

第九条　公司注册资本为人民币7亿元。

第十条　公司经营宗旨为：以市场和国家产业政策为导向，按照资本运营与资产经营的要求，通过参股、控股、投资，以产权为纽带，构建母子公司管理体系，实现资源的优化配置与高效运营。以追求效益最大化和可持续发展为目的，走集约化、专业化、集团化和跨地区、跨所有制、跨行业综合发展的道路。以人为本，依靠科技进步和科学管理，逐步发展成为以煤为主、多业并举、综合发展、

"强富美"的大型企业集团，努力实现规模经济和公司出资人价值最大化。

　　第十一条　公司经营范围为：省政府授权范围内的国有资产经营；煤炭、铁矿石等矿产资源性产品建设开采销售；煤炭洗选加工，煤化工及综合开发利用；矿山机械、玻纤建材、电力热力、物流贸易、房地产等行业领域的投资管理；规划组织、协调管理集团所属企业在上述行业领域内的生产经营活动。

第三章　公司与出资人的关系

　　第十二条　公司是国有独资公司，对授权经营范围内的国有资产向省国资委承担保值增值责任。

　　第十三条　省国资委依照《中华人民共和国公司法》《企业国有资产监督管理暂行条例》等法律、法规对公司行使以下职权：

　　（一）决定公司的经营方针，管理投资方向和投资规模；

　　（二）委派和更换非由职工代表担任的董事，决定董事的报酬；

　　（三）依照有关规定代表省政府派出监事会；

　　（四）批准董事会的报告；

　　（五）批准监事会的报告；

　　（六）批准公司年度的财务预算、决算方案；

　　（七）批准公司的利润分配方案和弥补亏损方案；

　　（八）对公司增加或减少注册资本作出决定；

　　（九）批准董事会提交的重要子公司的有关重大事项和公司重组、股份制改造方案；

　　（十）向董事会下达年度经营业绩考核指标和资产经营责任制目标，并进行考核评价；

　　（十一）对董事会重大投融资决策的实施效果进行跟踪监督，要求董事会对决策失误作出报告；

　　（十二）对发行公司债券作出决定；

　　（十三）对公司合并、分立、变更公司形式、解散和清算等事项作出决定；

　　（十四）批准公司章程和章程修改方案；

　　（十五）法律法规规定的其他职权。

　　第十四条　省国资委确保公司依法享有经营自主权，并依照有关规定授权董事会行使出资人的部分职权，决定公司重大事项。

第四章　董事会

第一节　董事会组成

　　第十五条　公司设董事会，董事会由7名董事组成。其中，外部董事4名，非外部董事3名（其中，包括1名职工董事）。

　　外部董事，指由非公司员工的外部人员担任的董事。

职工董事，指由公司职工代表大会民主选举产生，由职工代表担任的董事。

第十六条　公司董事每届任期不超过3年，由省国资委委派或更换。董事任期届满，经省国资委委派可以连任；职工董事可以连选连任；外部董事在公司任职按照《山东省国有独资企业外部董事管理办法（试行）》的规定执行。

第十七条　公司董事会设董事长1名，由省国资委在董事会成员中指定。

第二节　董事会的权力和义务

第十八条　董事会对省国资委和公司负责，行使下列职权：

（一）决定公司的发展战略和中长期发展规划，并对其实施进行监控；

（二）决定公司的经营计划、投融资计划；

（三）决定公司的年度经营目标；

（四）推进公司现代企业制度建设和管理现代化，制订科学的决策和执行流程，完善法人治理结构运转程序；

（五）制订公司的年度财务预算方案、决算方案，批准公司年度财务报告；

（六）制订公司的利润分配方案和弥补亏损方案；

（七）制订公司增加或减少注册资本的方案以及发行公司债券的方案；

（八）制订公司合并、分立、解散或者变更公司形式的方案；

（九）决定公司内部管理机构的设置，决定公司分支机构的设立和撤销；

（十）聘任或解聘公司总经理；听取公司总经理的工作汇报，负责对总经理的考核，决定其报酬；根据总经理的提名，聘任或解聘公司副总经理、总工程师、财务负责人；根据董事长提名，聘任或解聘董事会秘书、董事会专门委员会主任及董事会工作机构负责人；根据总经理的建议，决定副总经理、总工程师、财务负责人的报酬和奖惩事项；报省国资委备案；

（十一）制订公司的基本管理制度；

（十二）决定公司职工收入分配方案；

（十三）决定公司重大资产抵押、质押、保证等对外担保；

（十四）履行对全资、控股和参股企业的股东职权；

（十五）决定公司内部业务重组和改革事项；

（十六）决定公司的风险管理体系，包括风险评估、财务控制、内部审计、法律风险控制，并对实施进行监控；

（十七）制订公司章程草案和修改方案；

（十八）省国资委授予董事会行使的出资人的部分职权；

（十九）法律法规规定的其他职权。

第十九条　董事会履行下列义务：

（一）执行省国资委决定，代表出资人和公司的利益，对出资人和公司利益负责；

（二）向省国资委报告年度工作；

（三）向省国资委提交年度经营业绩考核指标和任期经营目标完成情况报告；

（四）向省国资委提供董事会的重大投、融资决策信息；

（五）向省国资委提供真实、准确、全面的财务和运营信息；

（六）向省国资委提供董事和经理人员的实际薪酬以及经理人员的提名、聘任或解聘的程序和方法等信息；

（七）支持经理层依法履行职权，开展日常生产经营管理工作，并对经理层实施管理和监督；

（八）建立与董事会重大事项沟通制度，如实提供有关情况和报告；

（九）维护公司职工、债权人和用户的合法权益，维护公司形象及商誉；

（十）确保国家法律法规和省国资委规章在公司的贯彻执行。

第二十条　董事会应建立科学、民主、高效的重大事项决策机制，并制订董事会议事规则。

第三节　董事的权力和义务

第二十一条　董事在任职期间，享有以下权利：

（一）要求了解行使董事权利所需的公司有关信息；

（二）忠实履行职责，最大限度维护所有者的利益，追求国有资产保值增值；

（三）出席董事会会议，在董事会会议上充分发表意见，对表决事项行使表决权；

（四）对提交董事会会议的文件、材料提出补充要求；

（五）根据本章程的规定，提出召开临时董事会会议的建议；

（六）按照有关规定，领取报酬、津贴；

（七）根据有关规定，在履行职务时享有出差、办公等方面的待遇；

（八）向省国资委反映有关情况；

（九）法律法规规定的其他权利。

第二十二条　董事应承担以下义务：

（一）关注公司发展，投入足够的时间和精力，谨慎、勤勉地履行董事职责；

（二）亲自出席董事会会议和其他董事会活动，及时了解和掌握足够的信息，独立审慎地表决；

（三）遵守法律法规和公司章程，忠实履行职责。维护出资人和公司利益；

（四）遵循诚信原则，不得利用公司的地位和职权，为本人或他人谋取私利；

（五）不得挪用公司资金或者擅自将公司资金借贷给他人；不得将公司资产以其个人名义或者其他人名义开立账户存储；不得擅自以公司资产为任何人债务提供担保；

（六）不得自营或者为他人经营与公司同类的业务或者从事损害公司利益的活动；

（七）不得利用职务便利，为自己或者他人谋取属于公司的商业机会，不得接受与公司交易的佣金；

（八）保守公司的商业秘密；

（九）外部董事与公司不应存在任何可能影响其公正履行外部董事职务的关系。外部董事本人及其直系亲属近两年内未曾在公司和公司的全资、控股子企业中层以上职务任职，未曾从事与公司有关的商业活动，不持有公司所投资企业的股权，不在与公司主营业务有直接竞争或潜在竞争关系的单位兼职。

第二十三条　外部董事除享有上述权力、履行上述义务外，按照省国资委颁发的《山东省省管国有独资企业外部董事管理办法》的要求，还应享有该规定所赋予的有关权力、履行有关义务。

第四节　董事长职权

第二十四条　董事长为公司法定代表人，对外代表公司，行使以下职权：

（一）确定董事会会议议题；

（二）召集和主持董事会会议；

（三）检查董事会决议的实施情况；

（四）组织制订董事会运作的各项规章制度，协调董事会的运作；

（五）签署董事会重要文件，代表公司对外签署有法律约束力的重要文件；

（六）听取公司高级管理人员定期或不定期工作报告，对董事会决议的执行情况提出指导性意见；

（七）在发生不可抗力或重大危急情形，无法及时召开董事会会议的紧急情况下，对公司重大事务作出特别决定，并在事后向董事会报告；

（八）董事会闭会期间，由董事长代行董事会授予的部分职权；

（九）法律法规、公司章程授予的其他职权。

第五节　董事会专门委员会

第二十五条　董事会设战略委员会、提名委员会、薪酬与考核委员会、审计委员会。董事会也可以根据需要设立其他专门委员会。

董事会的专门委员会是董事会的专门工作机构，为董事会重大决策提供咨询、建议。专门委员会不得以董事会名义作出任何决议。

董事会可根据需要聘请公司有关专家或社会专家、学者，组成非常设专家咨询机构，为公司制订中长期战略发展规划、重大投资或融资方案，提供专业咨询意见。

第二十六条　董事会各专门委员会由公司董事组成，成员由董事会选举产生，对董事会负责。

（一）战略委员会。由5名董事组成，由董事长担任主任。该委员会负责研究公司发展战略、中长期规划和企业改革、并购重组、转让股权等重大的投融资决策，向董事会提交建议草案；对其他影响公司发展的重大事项进行研究并提出建议；对以上公司重大决策事项的实施情况进行检查；董事会授权的其他事宜。

（二）提名委员会。由3名董事组成，成员中外部董事为2名，主任由董事长提名，外部董事担任，并经董事会审议通过。该委员会负责研究公司经理人员的选择标准、程序及方法，向董事会提出建议；对总经理提出的副总经理、总工程师、财务负责人等进行考察，向董事会提出考察意见；董事会授权的其他事宜。

（三）薪酬与考核委员会。由3名外部董事组成，主任由董事长提名，并经董事会审议通过。该委员会负责拟订公司总经理的薪酬政策与分配方案，制订考核标准并对其进行绩效考核，提出奖惩建议；听取并评审总经理拟订的副总经理、总工程师、财务负责人的薪酬方案、考核与奖惩建议；研究公司职工收入分配方案并提出建议，对公司薪酬制度执行情况进行监督；董事会授权的其他事宜。

（四）审计委员会。由3名外部董事组成，主任由董事长提名，并经董事会审议通过。该委员会负责监督公司内部和风险管理体系的有效运行，向董事会提出建议。审议公司年度财务预算方案、决算方案、利润分配方案、弥补亏损方案；检查公司的内部控制制度和执行情况及遵守法律情况，提议聘请或更换外部审计机构，指导和监督公司内部审计工作。董事会授权的其他事宜。

第二十七条 董事会专门委员会应建立定期会议制度，就董事会议案提出专项意见。

董事会专门委员会履行职权时，各董事应充分表达意见。意见不一致时，应向董事会提交各项不同意见并作说明。

第二十八条 董事会办公室负责对董事会各专门委员会提供服务及与有关部门的联络。

第二十九条 董事会专门委员会应制订议事规则，具体规定各专门委员会的组成、职责、工作方式、议事程序等内容，经董事会批准后生效。

第六节 董事会会议

第三十条 董事会会议分为定期董事会会议和临时董事会会议，由董事长召集和主持。董事长因特殊原因不能履行职务时，由董事长指定其他董事召集和主持。

定期董事会会议每年举行四次，每季度召开一次。

有以下情况之一时，董事长应在7日内签发召开临时董事会会议的通知：

（一）1/3以上董事提议时；

（二）由外部董事提出，并经1/3以上董事同意时；

（三）监事会提议时；

（四）总经理提议时；

（五）董事长认为有必要时；

（六）省国资委认为有必要时。

第三十一条 召开董事会会议，应在会议召开10日以前通知全体董事。

会议通知的内容，应包括时间、地点、会期、议程、议题、通知发出日期等。

董事如已出席会议，并且未在到会前或到会时提出未收到通知的异议，应视作已向其发出会议通知。

第三十二条 凡须经董事会决策的重大事项，应按本章程规定的时间，通知所有董事，并提供相应资料。当3名以上董事或2名以上外部董事认为资料不充分或论证不明确时，可联名提出缓开董事会会议或缓议董事会会议所议议题，董事会应予采纳。

第三十三条 董事会会议应由1/2以上的董事、2/3以上外部董事出席方可举行。

每名董事有一票表决权。

董事会决议分为普通决议和特别决议。董事会通过普通决议时，应经全体董事过半数同意；通过特别决议时，应经全体董事2/3以上同意。

董事会审议本章程第十八条第（六）（七）（十七）项所列事项时，应以特别决议通过。

第三十四条 董事会会议一般应以集中的形式召开。遇特殊情况，经董事长同意，可采取电话、视频会议或签署书面决议等方式对议案作出决议。

第三十五条 董事应亲自出席董事会会议。遇特殊情况，董事不能亲自出席董事会会议时，可提交由该董事签名的授权委托书委托其他董事代为出席并行使表决权。授权委托书应载明授权范围和授权权限。

董事连续3次未能亲自出席董事会会议的，视为不能履行董事职责，董事会可提请省国资委予以解聘；是职工董事的，提请职工代表大会予以撤换。

第三十六条　董事会会议应对所议事项作成会议记录。会议记录应包括会议召开的日期、地点、主持人姓名、出席董事姓名、会议议程、议题、董事发言要点、决议的表决方式和结果（同意、反对或弃权的票数及投票人姓名）等内容。出席会议的董事和列席会议的董事会秘书应在会议记录上签名。会议记录应妥善保存于公司。

第七节　董事会秘书

第三十七条　董事会设董事会秘书1名，设立董事会办公室作为董事会常设工作机构，为董事会工作提供服务。

第三十八条　董事会秘书的主要职责是：负责领导董事会办公室的工作；准备和递交国家有关部门要求董事会和股东会出具的报告和文件；筹备董事会会议，做好董事会会议记录，组织董事会议案材料，反馈董事会决议执行情况；协调与股东、董事、监事和经理层沟通信息，保证有权得到公司有关记录和文件的人及时得到有关文件和记录；负责处理公司信息披露，办理董事会对外联络工作；公司章程所规定的其他职责。

第三十九条　董事会秘书应具有必备的企业管理、法律等方面的专业知识和经验。存有《中华人民共和国公司法》第一百四十七条所列情形的人员不得担任董事会秘书。

董事会秘书是公司高级管理人员，对董事会负责，由董事长提名，董事会决定聘任或解聘，报省国资委批准备案。

第五章　董事责任的追究

第四十条　董事责任指董事在以董事身份履行职务过程中或履行董事义务时，因单独或共同作为或消极不作为而导致公司遭受损失，按照法律法规或本章程的规定而应承担的法律后果。

第四十一条　有下列行为之一的，董事应承担董事责任：

（一）董事违反法律法规、本章程规定的董事义务，给公司造成损失的；

（二）董事会决议违反法律法规或者本章程规定，致使公司遭受严重损失的，参与表决的董事无法证明其对该决议投反对票的。在记录时明确表示同意和弃权的董事要承担连带责任，但经证明在表决时曾表明异议并记载于会议记录的，该董事可以免除责任。

第四十二条　有下列情形之一的，公司追究董事的董事责任：

（一）导致董事责任的行为构成犯罪的。指该等行为触犯中华人民共和国刑事法律而受到刑事处罚。

（二）导致董事责任的行为构成欺诈的。指董事履行职务或义务时，故意隐瞒真实情况或提供虚假材料，为本人或他人谋取不当利益。

（三）导致董事责任的行为属董事主观故意所致的。指董事履行职务或义务的行为虽未构成犯罪或欺诈，但董事明知该行为会损害公司利益，仍希望或放任该行为结果的发生。

（四）公司因对董事承担连带责任而向第三方赔偿的。

第四十三条　董事主要以下述方式承担董事责任：

（一）经济赔偿。该赔偿系因董事责任导致的公司直接经济损失，或公司因承担连带责任而向第三方支付的赔偿。

（二）解聘董事职务。依据公司章程规定的程序予以解聘。

（三）消除影响等其他方式。给公司造成名誉损失的，通过新闻媒体等公开方式及时消除负面影响。

第六章　总经理

第四十四条　公司设总经理1名，由董事会聘任或者解聘；设副总经理、总工程师、总会计师若干名，协助总经理工作，经总经理提名由董事会聘任或者解聘。总经理、副总经理、总工程师、总会计师是公司高级管理人员。

第四十五条　总经理对董事会负责，行使以下职权：

（一）主持公司的生产经营管理工作，组织实施董事会决议；

（二）组织实施公司年度经营计划和投资方案；

（三）拟订公司财务预算、决算方案；

（四）拟订公司利润分配和弥补亏损方案；

（五）拟订公司职工收入分配方案；

（六）拟订公司内部管理机构设置方案；

（七）拟订公司的基本管理制度；

（八）制订公司的具体规章；

（九）提请聘任或者解聘公司副总经理、总工程师、总会计师；

（十）根据党组织考核意见和建议，聘任或解聘应由董事会聘任或解聘以外的管理人员；

（十一）董事会授予的其他职权。

第四十六条　总经理、副总经理在行使职权时，不得变更董事会决议或超越其职权范围。总经理履行以下义务：

（一）维护公司法人财产权，确保公司资产的保值增值，正确处理出资人、公司和职工的利益关系；

（二）严格遵守国家法律、法规和公司的各项规章制度，忠实履行董事会的各项决议；

（三）定期向董事会报告公司安全生产经营情况和董事会决议执行情况；

（四）自觉接受董事会、监事会的监督和检查，听取董事会、监事会的意见和建议；

（五）接受董事会的评价、考核、奖惩；

（六）尽责勤勉，不断提高公司的安全发展能力、市场应变能力和竞争能力，增强公司自我改造和自我发展能力；

（七）讲求诚信，依法承担保守公司秘密义务；

（八）当自身利益与公司和出资人的利益相冲突时，应当以公司和出资人的最大利益为行为准则。

第四十七条　总经理有下列行为之一时，应当承担相应责任：

（一）违反法律法规、公司章程和董事会决议，给公司造成损失的；

（二）因管理不善、工作不力造成重大经济损失的；

（三）因失职、渎职造成重大安全事故和重大经济损失的；

（四）《中华人民共和国公司法》第十二章规定的其他行为。

承担责任的主要形式：经济赔偿、解聘或辞去职务、消除影响、法律规定的其他形式。

第七章　监事会

第四十八条　公司设监事会，是公司的监督机构，对省国资委负责，并定期向其报告工作。

监事会由5人组成。其中，职工代表2人，由公司职工代表大会或者其他民主形式选举产生；其余成员由省国资委委派或更换。

监事会设主席一人，由省国资委从监事会成员中指定。

第四十九条　监事会依照《中华人民共和国公司法》《国有企业监事会暂行条例》的有关规定履行职责，对公司国有资产保值增值状况实施监督。主要行使下列职权：

（一）检查公司财务；

（二）对董事、总经理和其他高级管理人员执行公司职务的行为进行监督，对违反法律、法规、公司章程的高级管理人员提出罢免的建议；

（三）当董事、总经理和其他高级管理人员的行为损害公司利益时，要求其予以纠正，必要时向省国资委报告；

（四）依照《中华人民共和国公司法》的有关规定，对董事、总经理和其他高级管理人员提起诉讼；

（五）监事会主席列席董事会会议和总经理办公会，并对有关决议事项提出质询或者建议；

（六）法律法规和公司章程规定或省国资委授予的其他职权。

第五十条　监事承担下列责任：

（一）监事会成员不得在公司中为自己、亲友或者其他人谋取私利；

（二）监事会成员必须对检查报告内容保密，并不得泄露公司的商业秘密。

（三）监事会成员有下列行为之一的，依法给予行政处分或者纪律处分，直至撤销监事职务；构成犯罪的，依法追究刑事责任：

①对公司的重大违法问题隐匿不报或者严重失职的；

②与公司串通编造虚假检查报告的；

③有违反上述（一）（二）项责任所列行为的。

第五十一条　监事会每年至少召开2次会议，也可以召开临时会议。会议通知应于会议召开10日前书面送达全体监事。会议通知应包括：召开的日期、地点及议题等内容。

第五十二条　监事应亲自出席监事会会议，因故不能出席时，可书面委托代理人代为出席。委托书应载明代理事项和权限。受委托人应于监事会召开前，将委托书提交会议主持人。

第五十三条　监事会会议由监事会主席召集和主持。监事会主席不能履行或不履行职务时，由半数以上的监事共同推举1名监事召集和主持会议。

监事会会议应由1/2以上的监事出席方可举行。每1名监事有1票表决权。监事会作出决议，必须经全体监事过半数通过。

第五十四条　监事会会议应当有会议记录。出席会议的监事和记录人应在会议记录上签名，监事有权要求在会议记录上对其在会议上的发言作出某种说明性记载。

监事会会议记录作为公司档案应在公司长期妥善保存。

第八章　民主管理

第五十五条　公司依照宪法和有关法律法规的规定，通过职工代表大会和其他形式，实行民主管理。

第五十六条　公司研究有关职工工资、福利、安全生产、劳动保护以及劳动保险等涉及职工切身利益的问题，或公司生产经营的重大问题时，应当听取公司工会和职工的意见和建议。

第九章　财务会计制度和审计

第五十七条　公司依照法律法规和国家财政部门制订的中国会计准则的规定，制订公司的财务会计制度和内部审计制度，并依法纳税。

第五十八条　公司会计年度采用公历日历年制，即每年公历1月1日起至12月31日止为1个会计年度。

公司采取人民币为记账本位币，账目用中文书写。

第五十九条　公司应当在每一个会计年度终了后90日内，制作财务会计报告。财务会计报告依照法律、行政法规和国家财政部门的规定制作。

公司年度财务报告应依法经会计师事务所审计，并经公司董事会审议通过。

第六十条　公司应在当年税后利润中提取10%，列入公司法定公积金。

当法定公积金累计额达到公司注册资本的50%时，公司可不再提取法定公积金。

第六十一条　公司在弥补亏损、提取法定公积金后，经省国资委批准，可以提取任意公积金。

第六十二条　公司的公积金的用途限于下列各项：

（一）弥补亏损；

（二）扩大公司生产经营；

（三）转增公司注册资本。

但是，资本公积金不得用于弥补公司的亏损。

第六十三条　公司董事会、监事会、党组织等行使职权所必需的费用纳入公司年度财务预算，据实计入管理费用，由公司承担。

第六十四条　公司内部审计部门依法开展内部审计工作，对公司及所投资企业、分公司等分支机构的经营管理活动进行审计监督。

公司年度审计必须由董事会审计委员会聘请有资质的会计师事务所审计。

第六十五条　公司实行财务总监制度，按照《山东省省管企业财务总监管理办法》规定，由省国资委向公司委派财务总监，依法履行财务管理和财务监督工作。

第十章　劳动管理和工会组织

第六十六条　公司根据《中华人民共和国劳动法》和国家其他有关法律法规的规定，制订适合公司具体情况的劳动用工、工资分配、劳动保险、生活福利、社会保障等劳动人事制度。

第六十七条　公司实行劳动合同制度，与职工签订劳动合同。

第六十八条　根据《中华人民共和国工会法》，公司设立工会，开展工会活动，维护职工的合法权益。

公司根据《中华人民共和国工会法》的规定，向工会拨交经费，由公司工会根据全国总工会制订的《工会基金使用办法》使用。

第十一章　公司的合并与分立、经营期限、终止和清算

第六十九条　公司合并或者分立，应当由公司董事会提出方案，按本章程规定的程序通过后，报省国资委批准。

第七十条　除非因经营不善或其他原因导致公司无法继续经营，经省国资委批准解散，或公司破产外，公司将永久存续。

第七十一条　公司终止，应依法组成清算组，制订清算原则、程序并进行清算。

第十二章　附　则

第七十二条　本章程由公司董事会制订，经省国资委批准后生效。修改时同。

第七十三条　本章程自生效之日起，即成为规范公司的组织与行为，规范公司董事、监事、总经理和其他高级管理人员行为的、具有法律约束力的文件。

第七十四条　公司董事会、监事会等可依据本章程的规定，制订各自议事规则和董事会各专门委员会、总经理、董事会秘书等工作规则。各项规则不得与本章程的规定相抵触。

第七十五条　本章程所称"以上""以下"，均包括本数。本章程由省国资委授权公司董事会负责解释。

山东省人民政府国有资产监督管理委员会文件

鲁国资任〔2008〕14号

关于建立临沂矿业集团有限责任公司
监事会和委派监事的通知

临沂矿业集团有限责任公司：

经研究决定，建立临沂矿业集团有限责任公司监事会。委派：

马承文为临沂矿业集团有限责任公司监事会主席；

孟令湘为临沂矿业集团有限责任公司常务监事；

吴乃东为临沂矿业集团有限责任公司监事。

同意：

兰春忠、张传毅为临沂矿业集团有限责任公司监事（职工代表）。

二〇〇八年四月二十二日

临沂矿业集团有限责任公司文件

临矿字〔2009〕85号

关于收购鲁蒙公司股权的请示

省国资委：

为强化管理，便于对内蒙古上海庙矿区进行资源整合，我公司拟收购山东东山矿业有限责任公司在内蒙古鲁蒙能源开发有限公司（以下简称鲁蒙公司）持有的股权，现将有关事宜请示如下。

一、鲁蒙公司概况

为开发内蒙古鄂托克前旗的煤炭资源，我公司与山东东山矿业有限责任公司共同出资设立了内蒙古鲁蒙能源开发有限公司，于2005年4月11日注册成立，注册资本1000万元（实收资本1000万元），其中临沂矿业集团有限责任公司出资900万元，占注册资本的90%，山东东山矿业有限责任公司出资100万元，占注册资本的10%。公司住所地在鄂托克前旗上海庙镇，公司经营范围包括能源的研发及应用，能源项目建设的投资等。

二、股权收购方式

拟由我公司收购山东东山矿业有限责任公司在鲁蒙公司持有的10%股权，使鲁蒙公司变更为我公司的全资子公司，股权收购价格按省国资委核准确认的中介机构评估值计算，收购资金由我公司自筹解决。

我公司收购上述股权后，山东东山矿业有限责任公司将不再持有鲁蒙公司的股权；我公司持有鲁蒙公司1000万股权，占注册资本的100%。待省国资委批复后，我公司将及时办理鲁蒙公司的工商变更登记和产权变动登记等手续。

当否，请批示。

二〇〇九年五月十二日

山东省人民政府国有资产监督管理委员会文件

鲁国资规划函〔2009〕50号

关于同意收购山东东山矿业有限责任公司
所持内蒙古鲁蒙能源开发有限公司10%股权的批复

临沂矿业集团有限责任公司：

你公司《关于收购鲁蒙公司股权的请示》（临矿发〔2009〕85号）收悉。根据法律、法规和《山东省省管企业投资管理暂行办法》（鲁国资规划〔2005〕4号）等有关规定，经研究，批复出如下：

一、同意你公司收购山东东山矿业有限责任公司所持内蒙古鲁蒙能源开发有限公司10%的股权。收购完成后，内蒙古鲁蒙能源开发有限公司成为你公司的全资子公司。

二、请依照法律、法规和有关文件规定的条件和程序规范运作股权收购行为，并及时办理国有产权变更登记、工商变更登记等手续.

二〇〇九年六月十六日

临沂矿业集团有限责任公司文件

临矿发〔2012〕104号

关于投资收购澳大利亚罗克兰公司部分股权的请示

山东能源集团:

为响应国家和山东能源集团"走出去"获取资源的发展战略,我公司拟投资收购澳大利亚罗克兰(RCI)公司部分股权,现将有关事宜请示如下。

一、临矿集团基本情况

临沂矿业集团有限责任公司是经山东省国有资产监督管理委员会批准,在原临沂矿务局基础上组建的国有独资公司,2006年8月5日正式挂牌运营。现注册资本为20亿元,住所地位于山东省临沂市罗庄区商业街路69号,主营业务

主要包括煤炭、煤机制造、玻璃纤维和物流贸易等,现有古城、新驿、田庄、邱集、株柏、马坊、王楼、军城和榆树井8对煤炭生产矿井,1个铁矿生产矿井,1个煤机集团,1个玻纤集团和供应、运销2个公司、1个山东煤炭技师学院。

截至2011年底,在册职工2万余人,资产总额1539018万元,净资产670148万元,资产负债率54.46%。2011年度营业额实现1415813万元,利润额为192921万元.

二、目标公司情况

罗克兰公司(Rocklands Richfield Limited)为注册于澳大利亚并有效续存的公司,总部位于澳大利亚South Perth(南珀斯),2006年3月在澳大利亚证券交易所上市,上市代码RCI,公司在澳大利亚的昆士兰波温盆地拥有三个煤炭项目,100%拥有MDL324采矿权项目,60%拥有EPC890正在申请采矿权项目和60%拥有EPC930探矿权项目。公司已发行股票3.682亿股,充分稀释后的股票总数3.882亿股,期权2.06亿股。公司主要股东持股情况为胡本仁(Benny Wu)持股51%,印度金达尔钢铁及电力公司(Jindal Steel&Power)持股27.29%,其余为社会公众持股。2012年4月27日股票价格每股0.345澳元,市值约1.34亿澳元。截至2011年12月31日,公司总资产2550万澳元,净资产1630万澳元。公司持有的现金、现金等价物和短期投资金额为1953万澳元,其中现金1773万澳元。负债总额为917万澳元,其中短期负债28.85万澳元,长期负债887万澳元。

RCI拥有昆士兰波温盆地三个煤炭项目,Hillalong MDL 324采矿权、EPC 890及EPC930勘探权项目,矿权面积近917.89平方公里。其中Hill along-MDL 324采矿权项目,采矿许可证面积31.89平方公里,可采煤层1层,平均厚度6米,倾角在15～20度,埋深300米以上的资源量6050万吨。煤质属于中挥发分到高挥发分的烟煤,煤种为焦煤。Rocklands-EPC 890勘探权项目(正在申请采矿权),矿权面积126平方公里。资源量为7亿吨,煤层4层,平均厚度2.1米,煤质属于焦煤,洗选回收率高、灰分低、低硫低磷、具有较好的结焦特性。Richfield-EPC 930勘探项目,矿权面积760平方公里。煤质为无烟煤,原煤低硫低磷,灰分为10.4%,洗选性能好。

三、收购方式和收购成本预测

1. 收购方式为友好要约，场内挂牌和场外交易相结合的方式。

2. 收购对价

按每股0.52澳元的价格收购目标公司股权。按每股0.02澳元收购目标公司期权。RCI名下资产包括：Hill along ProjectMDL 324（RCI持有100%股权）、Rocklands Project EPC 890（RCI持有60%股权）、Richfield Project EPC 930（RCI持有60%股权）和RCI现存银行账面现金余额约A\$15,000,000（以收购截止日为准）

收购以上股权、期权总价为206004667澳元，收购至51%以上时即为成功。

四、项目的开发规划

RCI公司收购完成后：

1. 投资3.0亿澳元，2015年6月前将MDL 324露天矿开发到年产150万吨精煤的产能。

2. 投资3.5亿澳元，2016年底前将EPC930露天矿开发到年产500万吨至700万吨精煤的产能。同时完成整个区域的勘探和可行性研究工作。

3. 投资800万澳元，2014年底前完成EPC890项目的可行性研究和环境评估。

我公司拟投资收购该项目股权的行为已经我公司组织的专家进行了分析论证并经临矿集团第二届董事会第八次会议审议通过，并由省发改委向国家发改委进行了信息报告。

综上，为积极实施"走出去"发展战略，获取资源，产生规模效应，我公司拟投资1.05–2.06亿澳元收购澳大利亚罗克兰（RCI）公司51%以上的股权，对目标公司的控股经营。其中拟先期投资5000万澳元在澳大利亚注册设立山东能源澳洲有限公司（暂定名），由该公司具体实施对目标公司的股权收购。

当否，请批示。

二〇一二年五月十四日

山东能源集团有限公司文件

山东能源规字〔2012〕22号

山东能源集团有限公司关于转发省国资委对于收购
澳大利亚罗克兰里奇菲尔德有限公司股权的批复的通知

临矿集团：

　　你单位关于投资收购澳大利亚罗克兰公司部分股权的请示（临矿发（2012）104号）收悉。经能源集团第一届第七次董事会研究通过并报省国资委（山东能源规发（2012）84号），省国资委给予了批复（鲁国资规划函（2012）70号），现转发给你们。请据此做好政府各项申报工作，并认真按省国资委要求，进一步优化投资收购方案，积极筹措资金，做好风险防控，并将项目进展情况及时报告能源集团。

二〇一二年八月十七日

山东省人民政府国有资产监督管理委员会文件

鲁国资规划函〔2012〕70号

关于山东能源临沂矿业集团有限责任公司收购澳大利亚罗克兰里奇菲尔德有限公司股权的批复

山东能源集团有限公司：

《山东能源集团有限公司关于临矿集团收购澳大利亚罗克兰公司股权的请示》（山东能源规发〔2012〕84号）收悉。根据《山东省省管企业投资管理暂行办法》（鲁国资〔2009〕4号）、《山东省省属企业境外国有资产监督管理暂行办法》（鲁国资产权〔2007〕23号）等规定，批复如下：

一、鉴于该投资事项符合国家和省实施"走出去"战略的要求，符合你公司的"十二五"发展战略规划，且经过你公司董事会研究通过，并已取得国家能源局和省发改委关于项目信息报告的确认函，审核所需材料齐全，原则同意你公司所属临沂矿业集团有限责任公司或其子公司通过要约收购取得澳大利亚罗克兰

里奇菲尔德有限公司的控股权。

二、要督促子公司根据我国和澳大利亚有关法律规定，进一步完善投资收购方案，充分评估论证投资地政治、经济、法律、人文环境及市场发展变化的影响，尤其要针对潜在的土地使用权取得、劳工政策调整、税收政策变化等法律政策风险，目标公司所属矿权土地性质及复垦补偿影响，资源外运所需的铁路及港口运输风险以及财务风险、运营管控等风险，研究制订风险防控措施，落实项目资金来源，并签订严密的收购协议。收购完成后，要按照《山东省省属企业境外国有资产监督管理暂行办法》等规定，加强对境外投资项目的跟踪监管，健全风险防范预警机制，灵活运用资源开发及资本运营等方式，确保尽快收回投资并取得良好收益，实现国有资产保值增值。

三、请按有关规定办理境外国有资产产权登记、境外公司章程备案等相关事宜，并将项目进展情况及时报告我委。

二〇一二年八月七日

临沂矿业集团有限责任公司文件

临矿发〔2015〕185号

临沂矿业集团有限公司关于并购
山东鲁能菏泽煤电项目的请示

能源集团：

为做大做强煤炭主业，实现临矿集团可持续发展，临矿集团拟收购山东鲁能菏泽煤电开发有限公司（以下简称"菏泽煤电"）83.59%的股权，实现对菏泽煤电的控股经营，现将有关情况汇报如下：

一、菏泽煤电概况

菏泽煤电成立于2001年12月31日，注册地位于菏泽市中华东路298号。公司注册资本85000万元，由都城伟业集团有限公司（股比83.59%，以下简称都城伟业集团）、华电国际电力股份有限公司（股比12.27%）、菏泽市投资开发公司（股比3.33%）、菏泽光源电力有限公司（股比0.81%）4家股东组成，下设彭庄煤矿、郭屯煤矿。截至2014年底，公司资产总额35.93亿元，净资产8.84亿元。2014年公司实现收入总额12.1亿元，净利润-2.13亿元。

彭庄煤矿，2007年3月投产，设计生产能力60万吨/年，核定生产能力110万吨/年，井田面积67平方公里，截至2015年9月30日，彭庄矿尚余保有煤炭资源储量为5917.5万吨，可采储量为2971.23万吨。

郭屯煤矿，2010年3月投产，设计生产能力240万吨/年（正在核定300万吨/年生产能力），井田面积69平方公里，截至2015年9月30日，郭屯煤矿尚余保有煤炭资源储量为47229.70万吨，可采储量为19917.51万吨。该矿已建成洗选能力300万吨/年配套选煤厂，在建铁路专用线正线长13.566公里，设计运营能力240万吨/年，远期300万吨/年，预计2015年底竣工通车运营。

二、并购项目的优势

1. 临矿集团并购菏泽煤电，符合国家和山东省经济社会发展规划和产业政策，符合山东能源集团发展战略，有利于提升临矿集团行业竞争力，对于临矿集团可持续发展具有战略意义。

2. 矿井地处华东，地理位置好，工业基础雄厚，周边有多处电厂、焦化厂等用煤大户，具有较好的区位优势。

3. 矿井储量丰富、煤质优良，赋存条件较好。截至2015年9月30日，两矿尚余保有煤炭资源储量为53147.20万吨，可采储量为22888.74万吨，井田煤种有气煤、1/3焦、天然焦，煤质优良。

4. 郭屯、彭庄两矿井均为生产矿井，手续齐全，装备先进，自动化程度高，具备实现高产高效的条件，并购后，可尽快实现较好的投资效益。

5. 临矿集团具有相似条件矿井的开采经验，具备防治冲击地压、热害、水害等灾害的技术水平和管理能力。

6. 郭屯煤矿与规划建设的2×1000MW电厂毗邻，具备发展煤电一体化相关产业的优势条件，有望实现煤电一体化。

三、并购工作进展情况

1. 2015年10月9日，山能源集团与鲁能集团、临矿集团与都城伟业集团分别签订合作框架协议和托管协议，按照协议约定和工作计划，在能源集团的领导下，临矿集团立即开展工作。

2. 10月10日临矿集团对菏泽煤电实施托管。同时组织专业人员与新联谊会计师事务所、康桥律师事务所、山东天元同泰会计师事务所、山东中新资产评估有限公司专业人员共同组成尽职调查小组，进入菏泽煤电公司开展尽职调查工作。

3. 10月30日各中介机构提交了并购菏泽煤电项目的《尽职调查报告》《可行性研究报告》《专项风险评估报告》《财务报表审计报告》《资产评估报告》和《法律意见书》。

4. 2015年10月31日召开专家论证会，出具了项目可行的专家论证意见；11月2日召开临矿集团第四届董事会第五次会议，履行决策程序，通过同意并购的决议。

四、并购方案及资金来源

临矿集团并购菏泽煤电方案：按照中介机构出具的评估结果菏泽煤电估值16.17亿元，菏泽煤电83.59%的股权价值为13.52亿元，临矿集团拟按照不高于13.52亿元的原则，以产权交易中心确定的交易价格为准，收购都城伟业集团持有的菏泽煤电全部股权。收购后临矿集团持有菏泽煤电8.9%股权，成为控股

股东。

该并购方案的资金来源：4.06亿元（30%）为临矿集团自有资金，9.46亿元（70%）为临矿集团向银行贷款融资，资金基本落实到位。

五、并购后生产规划

鉴于矿井当时的状况，临矿集团收购后，拟实行优化调整、效益开采，已组织编制了五年接续计划，方案如下：

1. 郭屯煤矿

矿井重点向南北两翼开拓一采区，以一采区南北两翼工作面作为最近几年内矿井生产及准备的重点，利用一采区优良资源来保证矿井正常接续，同时重点开拓四、五采区。郭屯煤矿未来五年煤炭产量规划为：第一年230万吨，第二年290万吨，第三年320万吨，第四年320万吨，第五年320万吨。

2. 彭庄煤矿

矿井采用立井、大巷、下山开拓方式。在-420m布置井底车场，向西郭屯煤矿九采区方向布置下山，开拓西翼采区，后期可以作为郭屯煤矿回风井使用。当时西翼下山已开拓至F6断层处，距离郭屯煤矿九采区约1000m左右。近几年开拓东翼采区东南部和北部剩余工作面作为接续重点。彭庄煤矿未来五年煤炭产量规划为：第一年110万吨，第二年120万吨，第三年150万吨，第四年150万吨，第五年150万吨。

六、经济效益预测

采用现价体系计算，在菏泽煤电年生产能力达到470万吨情况下，折现率为8.15%时的鲁能菏泽煤电项目投资财务净现值为45129.27万元，投资财务内部收益率为9.6%，静态投资回收期10.14年，动态投资回收期19.05年。

临矿集团收购菏泽煤电83.9%股权，项目期内投资财务净现值为51996.50万元，投资财务内部收益率为12.52%，静态投资回收期11.83年，动态投资回收期16.4年，累计经济增加值397176.88万元。

七、存在的风险及应对措施

1. 资源压覆风险：郭屯煤矿井田范围内村庄密集，压覆煤炭资源严重。

风险对策：对地面建筑物占压资源情况及矿井生产接续进一步分析，合理优化开拓布局。村庄下压煤不宜搬迁的区域，积极探索三下开采工艺；对于村庄压煤，积极与地方政府对接，有计划的加快推进压煤村庄搬迁工作。

2. 安全生产风险：郭屯煤矿主井、副井和风井井筒均已产生一定程度的变形，对矿井提升安全造成一定影响。风险对策：经专家分析，该变形问题可防可治。当时，已聘请煤炭工业南京设计研究院编制了三个井筒综合治理方案，并于2015年11月4日完成对该治理方案的专家论证，11月6日与鲁能集团就井筒治理相关问题进行交流，达成了共识，下一步将按照方案进行治理。

3. 诉讼纠纷风险：经调查，与菏泽煤电签订劳动合同的员工中有260人离职，但未与该260名离职员工解除劳动法律关系、未办理和缴纳社会保险、住房公积金，可能存在菏泽煤电被该260名员工提起劳动仲裁或诉讼的风险。

风险对策：对260人离职人员，查找相关资料文件，针对不同情况，并根据公司运营的需要，分别妥善处理。

综上，在当前煤炭市场低潮形势下，我们认为危机之时恰恰是并购重组之机、逆势发展之机。并购菏泽煤电，符合山东能源集团发展战略，有利于提升临矿集团核心竞争力；菏泽煤电所属两矿煤质好，储量大，经过采场调整及技术改造，具有稳产增效的潜力，预期效益较好，风险可控。

临矿集团拟按照不高于中介机构确定的评估值的原则，以产权交易中心确定的交易价格为准，收购都城伟业集团持有的菏泽煤电83.59%的股权，实现对菏泽煤电的控股经营。

当否，请批示。

2015年11月6日

山东能源集团有限公司文件

山东能源规字〔2015〕44号

关于临矿集团收购山东鲁能菏泽煤电
开发有限公司83.59%股权的批复

临矿集团：

你单位《关于并购山东鲁能菏泽煤电项目的请示》（临矿发〔2015〕185号）收悉。经2015年11月23日能源集团董事会临时会议审议通过，现批复如下：

一、原则同意你单位通过竞买，按照不高于中介机构评估的价值收购都城伟业集团持有的山东鲁能菏泽煤电开发有限公司83.59%的股权，实现对山东鲁能菏泽煤电开发有限公司的控股经营。

二、股权收购过程中，你单位要按照国家有关法律法规规范操作。

三、股权收购完成后，你单位要及时办理产权变更，同时依法履行股东职责，规范公司治理结构，健全内部控制和风险防范机制，采取各种综合措施，加快矿井规划能力合规手续办理，实现依法生产，加强生产经营安全管理，增加经济效益，促进企业发展。

四、该项目列入2015年度投资计划。

2015年11月30日

临沂矿业集团有限公司文件

临矿人事发〔2017〕122

临沂矿业集团有限公司关于印发《临矿集团"管理、技术、技能三通道"职务设置及聘任管理暂行办法》的通知

公司各单位、机关各处室：

《临矿集团"管理、技术、技能三通道"职务设置及聘任管理暂行办法》已经集团公司领导班子会议研究通过，现印发给你们，请认真遵照执行。

2017年5月15日

附：（另页）

"管理、技术、技能三通道"职务设置及聘任暂行管理办法

第一章　总　则

第一条　为推进"科技兴企"战略，进一步畅通管理、技术、技能人才职业发展通道，规范三通道序列职务设置，完善三通道序列职务聘任制度，根据上级有关规定，结合集团公司实际，制订本暂行办法。

第二条　本办法适用于集团公司总部机关及其所属各单位，玻纤公司、鲁北公司、技工学校根据行业特点自行制订，报集团公司组织人事处、人力资源处备案管理。

第三条　本办法所称管理、技术、技能序列职务，是指用人单位根据工作需要设置的具有明确的职责、任职条件和考核标准的管理、技术、技能序列职务。

管理序列职务分为四层十二阶：即管理级：见习管理、专员管理、主管管理；科级：副科级、科级、副总级（二级单位）；处级：副处级、处级、副总师（集团公司）；集团高管级：副总经理、总经理、董事长。

技术职务序列分为四层十二阶：即初级：见习（技术）员、（技术）员、主管（技术）员；中级：助理（工程）师、（工程）师、主管（工程）师；高级：高级（工程）师、资深高级（工程）师、首席高级（工程）师；专家级：首席专家、资深首席专家、临矿院士。

技能序列职务分为四层十二阶：即初级：初级工、中级工、高级工；中级：技师、主管技师、资深技师；高级：高级技师、资深高级技师、首席高级技师；工匠级：首席工匠、资深首席工匠、临矿工匠院士。

第四条　为进一步规范管理、技术、技能序列职务聘任制度，各聘用单位应在公开平等、竞争择优、能上能下、德才兼备的原则指导下，逐步建立起有效的竞争激励机制。

第五条　集团公司各级组织人事、人力资源部门是综合管理"三通道"序列职务设置和聘任工作的职能部门。

第二章　管理、技术、技能序列职务设置

第六条　管理、技术、技能序列职务设置实行总量、结构比例和最高职务档次综合控制，并实行定期核定制度。

第七条　聘用单位根据规定的管理、技术、技能序列职务总量比例范围内设置管理、技术、技能职务，不得超出集团公司下发的三通道序列职务结构比例和最高职务档次标准。

第八条　管理序列职务按集团公司确定的定编计划由各单位自行设计，报集团公司审批后执行。技术序列专家层次、高级层次由集团公司统一管理，技术序列中级、初级构架，原则上按照各单位具

有专业技术职务任职资格人数的相关比例确定，技术序列人员定编按照本单位实际情况控制上限自行设计，报经集团

公司审查批复后执行。技能序列：初级工聘任数量不超过本单位初级工人数的20%，中级工聘任数量不超过本单位中级工人数的30%，高级工聘任数量不超过本单位高级工人数的50%，中级层次设置数量不超过技师人数的60%，高级层次设置数量不超过高级技师人数的70%。集团公司工匠层次岗位由集团公司统一选拔确定岗位数量。

第九条　设置原则

（一）科学设置原则：各聘用单位应根据本单位管理技术技能发展要求，以工作任务为基础，按照工作性质、工作任务、工作内容等因素设置不同的管理、技术、技能序列职务。

（二）提速提效原则：以提高工作效率为前提，保证每个职务满负荷，实现责、权、利相统一，发挥岗位的最佳效能。

（三）优化配置原则：根据不同序列职务的工作特点、技术要求和责任大小，合理确定序列的结构比例，设置的职务应职责清楚、规范有序，不交叉设置和重复设置。

（四）控制总量原则：管理、技术、技能序列职务总量比例要按实际需求设置，同时不得突破集团公司确定的管理、技术、技能序列结构比例指导标准。

（五）评聘分开原则：坚持专业技术及技能任职资格评定与技术及技能序列聘任分开的原则，对具备专业技术及技能职务任职资格人员按照专业对口的原则，竞聘相应专业技术及技能序列职务，聘任后，享受相应薪酬待遇。

第十条　设置方案

（一）各聘用单位对本单位的管理、技术、技能工作任务进行科学、合理的分解，提出三通道序列职务设置意见。

（二）提出本单位管理、技术、技能序列职务设置方案，明确每一个管理、技术、技能序列职务的职责、任务、工作目标、考核标准。

（三）对某些不稳定或不易固定的管理、技术、技能序列职务，可按工作任务、内容、工作量、技术技能复杂程度及完成期限等要求相应确定，并根据变化情况及时调整，重新设置。

第十一条　管理权限

（一）管理、技术序列职务设置方案由各级组织、人事部门拟定并报集团公司组织人事处批准后组织实施。技能序列职务设置方案由各级人力资源部门拟定并报集团公司人力资源处批准后组织实施。

（二）集团公司具体负责制订集团总部的管理、技术、技能序列职务设置方案；审批所属单位管理、技术、技能序列职务设置方案；设置集团公司高级层次（处级层次）及以上的岗位。

（三）所属各单位拟定本单位管理、技术、技能序列职务设置方案，分别报集团公司组织人事处、人力资源处备案管理。

第十二条　职务核定

管理、技术、技能序列职务设置实行定期核定制度。集团公司将根据各聘用单位管理、技术、技能人员定员、工作性质等的变化情况，每二年核定一次。未经核定或超出方案聘任职务的，不得兑现薪酬福利等有关待遇。

第三章　管理、技术、技能序列职务聘任

第十三条　积极推动管理、技术、技能序列聘任按照公开、公平、竞争、择优的原则实行竞聘上岗。原则上二级单位科级及以下管理职务、全部技术及技能职务要通过竞聘取得。

第十四条　集团公司矿处级管理人员不参加专业技术及技能职务的聘任。

第十五条竞聘人员的基本条件：

（一）临矿集团在册职工或退休返聘人员符合相应条件者均可参加竞聘。

（二）遵守国家法律、法规，具有良好的职业道德和行为规范。

（三）技术、技能序列职务需通过评审取得相应的专业技术及技能职务任职资格，并经集团公司行文公布.参加全国统一考试，取得的各类执业（职业）资格，视为获得相应职级的专业技术及技能职务任职资格。

（四）身体健康，符合应聘职务学历、职称、专业年限等基本要求。

（五）符合聘任单位认为必要的其他条件。

（六）管理、技术、技能序列职务晋升必须为上一年度考评为优秀者。

第十六条　各聘用单位应当严格按照审批的职务设置方案，开展管理、技术、技能职务竞聘工作，不得跨系列、专业和在高、中级职务之间挪用指标。

第十七条　专业技术及技能序列职务初次竞争上岗的主要程序是：个人撰写竞聘报告、资格审查、民主评议或业务考核、公开竞聘、聘任委员会研究确定聘任人选、公示、聘任。必要时可通过测试、答辩、述职等形式公开进行竞争。竞聘新增职务或更高层次职务的主要程序是：个人撰写任职期内工作总结、资格审查、组织民主评议、进行任期考核、聘任委员会研究确定受聘人选、公示、聘任。必要时可通过测试、答辩、述职等形式公开进行竞争。

第十八条　任期届满考核结果为称职及以上的可以续聘现专业技术及技能序列职务。

第十九条　有下列情形之一的不予续聘现专业技术及技能序列职务：

（一）任期届满考核不称职或连续两年基本称职的；

（二）所具有的专业技术技能职务任职资格与现实际从事工

作明显不符的；

（三）任职期内违规违纪受到党纪、政纪处分的；

（四）被劳动教养以及被依法追究刑事责任的。

第二十条　各单位专业技术及技能序列职务聘任可以低职高聘，也可以高职低聘，但低职高聘人员不得超过单位本层级聘任专业技术人员的20%，并应向集团公司作出备案说明。

第二十一条　专业技术及技能职务聘任采取分级聘任的办法。高级及以上专业技术及技能序列职务、集团公司机关专业技术及技能人员由集团公司行文聘任并颁发聘书；初、中级专业技术及技能序列职务由二级单位行文聘任并颁发聘书；新聘任专业技术、技能序列职务的，填写《专业技术序列职务聘任呈报表》《专业技能序列职务聘任呈报表》，续聘专业技术、技能序列职务的，填写《续聘专业技术序列职务呈报表》《续聘专业技能序列职务呈报表》，报集团公司审批后按照权限由各单位聘任。

第二十二条　聘期一般为2年。涉及某一项重大专项项目的，由各聘用单位根据具体情况确定，

但不得超过劳动合同期限。

第二十三条　推行"三通道"管理模式。为进一步深化职称制度改革，提高专业技术人员及技能待遇，调动广大专业技术人员积极性，集团公司设计管理、技术、技能"三通道"序列职务管理模式，积极在专业技术领域推行副总师（工程、经济、会计、政工）制度，实行职位公开、竞聘上岗、择优聘用。

第四章　聘后管理

第二十四条　受聘人员按新任序列职务办理易岗易薪，执行相应的薪酬待遇。技术序列执行相对应管理序列的90%的薪酬（实行年薪制的，以基薪为基数），可根据单位实际情况上下浮动5%。

技能序列实行聘任补贴制和岗位薪酬制。聘任补贴制一般适用计件岗位人员，执行补贴标准为：聘任补贴制适用于从事相应岗位的在岗技能人员，执行补贴标准为：初级工100元/月、中级工150元/月、高级工200元/月、技师400元/月、主管技师500元/月、资深技师600元/月、高级技师800元/月、资深高级技师1000元/月、首席高级技师2000元/月、首席工匠5000元/月、资深首席工匠10000元/月、临矿工匠院士20000元/月。

岗位薪酬制一般适用实行岗位管理人员，中级技能层次的技师职务、高级技师职务分别执行部门副职和正职的90%的薪酬；其他岗位执行相对应管理职务的90%薪酬，可根据单位实际情况上下浮动5%。薪酬待遇报人力资源处审查后实施。

第二十五条　专业技术及技能序列人员实行年度考核与任期届满考核相结合的考核制度，由各级组织、人事部门或人力资源部门负责组织考核。

第二十六条　各聘用单位要结合专业工作特点，制订适合本单位实际的专业技术及技能序列人员考核办法，以加强专业技术人员和技能人员的聘后考核。

第二十七条　年度及聘期考核结果将作为续聘、解聘、晋升的主要依据。

第二十八条　聘期内有下列情形之一的，可以解聘：

（一）年度考核不合格的；

（二）患病或非因工负伤等原因，连续六个月不能坚持正常工作的；

（三）严重失职、渎职的；

（四）因工作变动，现从事岗位与个人取得技术职称、技能资格不符的；

（五）违反工作纪律或者单位规章制度，经批评教育仍不改正的；

（六）被劳动教养以及被依法追究刑事责任的；

（七）国家法律、法规另有规定的。

第二十九条　技术、技能序列人员聘期期满后，原聘任专业技术技能序列职务自行解聘。各聘用单位可根据实际工作需要重新组织竞聘。

第五章　附则

第三十条　各用人单位应当根据本办法，结合实际情况制订相应的实施细则。

第三十一条　本办法自下发之日起执行，在此之前的有关文件规定与之相违的，以本办法为准。

第三十二条　本办法解释权属集团公司。

临沂矿业集团有限责任公司文件

临矿企发〔2017〕140号

关于临沂矿业集团有限责任公司章程修正案草案情况的说明

根据能源集团《关于修订权属企业公司章程的通知》（山能风险字〔2017〕5号）要求，按照通知所附《权属企业公司章程范本》，结合企业实际情况，对公司章程进行了修改完善。现将《临沂矿业集团有限责任公司章程（修正案草案）》修改情况说明如下。

一、《公司章程》修改的主要内容

1. 原《公司章程》共计12章75条。按照《权属企业公司章程范本》修订后，《公司章程（修正案草案）》共计14章119条，对部分章节进行了单列，部分章节进行了合并，部分内容进行了细化和完善。

2. 原《公司章程》"第八条　本章程所称高级管理人员是指公司董事长、董事、监事会主席、总经理、副总经理、总工程师、总会计师（财务总监）、董事会秘书和公司党委书记、党委副书记、纪委书记、工会主席等。"

《公司章程（修正案草案）》按照能源集团章程范本将公司经理层高级管理人员明确为"第四十八条　公司总经理、副总经理、财务总监、总工程师、总会计师、总法律顾问和董事会秘书为公司高级管理人员"。

3. 原《公司章程》"第九条　公司注册资本为人民币20亿元"。

《公司章程（修正案草案）》对公司出资股东、出资金额、出资时间进行了细化，修改为"第十二条　公司注册资本为人民币20亿元。山东能源集团有限公司出资20亿元，占注册资本的100%。"

4. 原《公司章程》"第十一条　公司经营范围为：矿业投资，煤炭综合开发、洗选加工利用，煤化工；矿山机械、建筑材料（不含水泥）的研发、生产、销售；物流贸易；房地产投资；房屋租赁；职工安全培训（限分支机构经营）"。

《公司章程（修正案草案）》按照集团公司经营发展需要，修改为："第二章第十一条　煤炭开采；铁矿开采；发电、售电；汽油、柴油零售；燃气生产、经营；配煤、煤炭洗选、加工、销售；公路货物运输；水路货物运输；自备铁路货物运输；装卸搬运，仓储（危险品除外）；化工产品（不含化学危险品）销售；饮食服务；职工安全培训；农牧养殖；人力资源服务、劳务派遣、劳务外包、职业技能培训与鉴定（以上限分支机构经营）。

"以自有资金对外投资及管理、投资咨询服务；煤电综合开发；矿业技术咨询服务；矿山机械设备的生产、销售、安装、拆除、维修、租赁；矿山工程专业承包；教育咨询；货物及技术进出口业务；企业管理咨询服务；物业管理服务；园林绿化；污水处理；房屋租赁，并提供餐饮、住宿等相关服务；因特网接入服务业务；地下管网建设；对外提供经济技术合作业务；煤矿、选煤厂托管运营；矿区内的塌陷地综合治理、开发；煤炭、玻纤、建材、金属材料、机电产品、铁矿石、铁矿粉、粉煤灰砖、煤矸石系列产品、木材的销售；塑料制品、橡胶制品、纺织品、服装、工艺品（不含金饰品）、计量器具、仪器仪表及配件的生产、销售；环境监测、计量检测；环保技术咨询、服务及培训；会议及展览服务；网站建设与维护。选煤工程技术开发、转让、咨询、服务；矿物资源产品研发、生产、租赁、经营、安装；选煤厂工程设计；选煤工艺改造、设备维修、配件加工制作；煤炭工艺试验及煤质检测分析；新材料加工、制作、销售（依法须经批准的项目，经相关部门批准后方可开展经营活动）。"

5. 原《公司章程》"第二十五条 董事会设战略委员会、提名委员会、薪酬与考核委员会、审计委员会，董事会也可以根据需要设立其他专门委员会"。

《公司章程（修正案草案）》第十八条，按照能源集团章程范本"董事会根据需要设立战略与投资委员会、提名与薪酬委员会、审计风险委员会和预算委员会等专门委员会"进行修改，做到董事会专门委员会名称的上下统一。具体修改如下：

（1）"战略委员会"名称修改为"战略与投资委员会"；

（2）"提名委员会"名称修改为"提名与薪酬委员会"，将原薪酬与考核委员会的薪酬管理职能划入"提名与薪酬委员会"，将"薪酬与考核委员会"的名称修改为"考核委员会"；

（3）"审计委员会"名称修改为"审计风险委员会"；

（4）《公司章程（修正案草案）》对考核委员会主任的提名和产生进行了修改，原《公司章程》规定"主任由董事长提名，并经董事会审议通过"，现修改为"主任、成员由提名与薪酬委员会提名，并经董事会过半数选举产生"；

（5）《公司章程修正案（草案）》对审计风险委员会主任的担任及产生方式进行了修改，原《公司章程》规定"主任由董事长提名，并经董事会审议通过"，现修改为"主任由外部董事担任，经董事会过半数选举产生。"

6. 原《公司章程》"第三十条 董事会会议分为定期董事会会议和临时董事会会议，由董事长召集和主持。董事长因特殊原因不能履行职务时，由董事长指定其他董事召集和主持"。

《公司章程（修正案草案）》修改为"第三十条 董事会会议分为定期会议和临时会议，由董事长召集和主持。董事长不能履行职务或者不履行职务的，由半数以上董事共同推举一名董事召集和主持"。

7. 原《公司章程》"第三十二条 当3名以上董事或2名外部董事认为资料不充分或论证不明确时，可联名提出缓开董事会会议或缓议董事会会议所议议题，董事会应予采纳"。

《公司章程（修正案草案）》修改为"第三十一条第三款 当三分之一以上董事或两名以上外部董事认为资料不齐全或论证不充分时，可书面提出缓开董事会会议或者缓议有关议题的建议，董事会应予采纳"。

8. 原《公司章程》"第三十三条第一款 董事会会议应由二分之一以上的董事、二分之一以上外部董事出席方可举行"。

《公司章程（修正案草案）》修改为"第三十四条 董事会会议应由二分之一以上的董事出席方可举行"。

9. 原《公司章程》"第三十五条第二款 董事连续三次未能亲自出席董事会会议的，视为不能履行董事职责，董事会可提请股东予以解聘"。

《公司章程（修正案草案）》修改为"第三十三条第二款 董事连续两次未能亲自出席又不委托

其他董事代为出席董事会会议的，视为不能履行董事职责，董事会、监事会可提请股东予以撤换。"

10. 原《公司章程》"第四十四条　公司设总经理1名，由董事会聘任或者解聘；设副总经理、总工程师、总会计师若干名，协助总经理工作，经总经理提名由董事会聘任或者解聘。总经理、副总经理、总工程师、总会计师是公司高级管理人员"。

《公司章程（修正案草案）》修改为"第四十八条　公司设总经理一名、副总经理若干名、财务总监一名、总工程师一名、总会计师一名、总法律顾问一名、董事会秘书一名。

"公司总经理、副总经理、财务总监、总工程师、总会计师、总法律顾问和董事会秘书为公司高级管理人员。"

11. 原《公司章程》"第四十五条（九）　提请聘任或者解聘公司副总经理、总工程师、财务负责人"。

《公司章程（修正案草案）》修改为"第五十条（八）　按照有关规定，向董事会提请聘任或者解聘公司副总经理、总工程师、总会计师、总法律顾问"。

12. 原《公司章程》"第四十八条第三款　监事会设主席一人，由股东从监事会成员中指定"。

《公司章程（修正案草案）》修改为"第五十九条第三款　监事会设主席一人，由全体监事过半数选举产生"。

13. 原《公司章程》"第七条　公司中的中国共产党的组织，依照中国共产党章程开展活动。公司应当为党组织的活动提供必要条件"。

《公司章程（修正案草案）》将党的组织与党建工作专门列为一个章节，即"第五章　第四十一至第四十七条"，共七个条款。

14. 原《公司章程》第六章　总经理，共计四条。

《公司章程（修正案草案）》将总经理及其他高级管理人员章节合并为一章，即第六章总经理及其他高级管理人员，包括第四十八至第五十八条共十一个条款。主要对总经理及其他高级管理人员的职权、责任等做了详细规定。

15.《公司章程（修正案草案）》修改后将原《公司章程》第五章"董事责任的追究与监事、高级管理人员的资格、义务和法律责任"合并为第八章，包括第七十一条至第七十八条共八个条款，对董事、监事、高级管理人员应当具备的条件、资格、义务和法律责任，做了详细的规定。

16.《公司章程（修正案草案）》在原《公司章程》的基础上增加第九章法定代表人，包括第七十九至八十二条共四个条款，规定了公司法定代表人在法律法规以及本章程规定的职权范围内行使法定代表人职权、履行的义务。

17.《公司章程（修正案草案）》对《公司章程》原"第八章民主管理、第十章劳动管理和工会组织"进行了整合，合并为一个章节，即"第十一章工会组织、民主管理和劳动管理"，包含四个条款，涵盖工会、职代会、劳动合同管理、社会保险、劳动保护等方面内容。

18.《公司章程（修正案草案）》在原《公司章程》的基础上增加"第十三章　章程的修改"章节，包括第一百一十一条至第一百一十五条共五个条款，规定修改公司章程的情形以及修改章程需向股东提交的材料等内容。

二、《公司章程（修正案草案）》与能源集团下发的权属企业公司章程范本的差异性条款

1. 章程范本第三十条第二款规定"总经理、监事列席董事会会议"。

《公司章程（修正案草案）》同时将财务总监、总法律顾问作为董事会会议列席成员，修改为

"总经理、监事、财务总监、总法律顾问列席董事会会议"。

2. 章程范本第三十七条第三款规定"董事会定期会议以及审议重大决策、重要人事任免、重大项目安排和大额度资金运作时需董事讨论决定的董事会临时会议，不得采用通信方式或者书面材料审议方式召开"。

《公司章程（修正案草案）》对董事会在特殊情况和紧急情况以及董事意见全部一致的情况下，采用通信方式或者书面材料审议方式召开董事会进行了认可，将"不得采用通信方式或者书面材料审议方式召开"修改为"原则上不得采用通信方式或者书面材料审议方式召开"。

3. 章程范本第四十八条第二款规定"公司总经理、副总经理、财务总监、总法律顾问和董事会秘书为公司高级管理人员"。

《公司章程（修正案草案）》结合集团公司实际，在高管人员设置中增加总工程师一名、总会计师一名，修改为"公司总经理、副总经理、财务总监、总工程师、总会计师、总法律顾问和董事会秘书为公司高级管理人员"。

以上说明，请审议。

附：《临沂矿业集团有限责任公司章程（修正案草案）》

2017年6月22日

中共临沂矿业集团有限公司委员会文件

临矿发〔2018〕第100号

关于印发临矿集团领导班子建设20条纲要（修订版）的通知

各单位党委（总支、支部），各部室：

《临矿集团领导班子建设20条纲要（修订版）》已于2018年8月19日经集团公司党委常委会（扩大）会议研究通过，现印发给你们，请作为加强领导班子和团队建设的行动纲领、基本遵循和"教科书"，认真学习、深刻领悟和贯彻执行。并请各单位、各部室遵照本纲要，结合干部队伍的思想、工作、能力和作风实际，加强本单位、本部室班子和团队建设，不断提升领导班子和团队的驾驭力、学习力、创新力和战斗力。

2018年8月19日

附：（另页）

临矿集团领导班子建设20条纲要（修订版）

2018年8月19日集团公司党委常委会（扩大）会议研究通过

　　2016年，能源集团党委对临矿的改革发展提出建设"三个临矿""四个走在前列"的目标定位。3月底，新的领导班子调整以来，按照能源集团党委的目标要求，敏锐把握临矿未来已来的大势，认真总结历史、把握现实、展望未来，深刻反思煤炭行业"黄金十年"和"危机四年"的市场演变和经营规律，站在新一轮工业革命、能源革命和新旧动能转换的高度，立足于强临矿、必须强班子，担大任、必须有大责，承大任、必须有大格局，制订《临矿集团领导班子建设20条纲要》，提出着力提升政治敏锐能力、管理提升能力、资本运营能力和学习创新能力"四种能力"，造就领导班子"三信、四为、四自"的制度规范、领导素养和抓大事、创大业、大视野、大格局的气度风范。两年多的实践证明，20条纲要政治清醒、理念先进、责任明确、要求严格、扎实管用、务实可行，是完全符合临矿实际和未来发展的，在领导班子建设中已经发挥并将持续发挥着主导作用，产生了"头羊"示范引领效应，成为引领临矿科学发展、创新发展、跨越发展的纲领性文件、成为领导班子建设的行动指南和安身立本的"教科书"。在20条纲要的指引下，临矿的管理和发展产生了聚变效应，思想、技术、管理三大革命春潮涌动、如火如荼，煤炭产能迈入能源集团第一方阵，铁矿产业、玻纤产业效率效益达到行业先进水平，在全国煤炭行业率先提出和开展了新旧动能转换重大工程和大数据管理工程，开启了临矿高质量发展的新时代。2016年，确立"四个领先、四富临矿"的发展战略，构建了六大产业发展格局，以对标追标超标、向世界一流企业看齐为总抓手，开展"思想革命、头脑风暴、管理提升"，重塑了发展境界、发展格局和奋斗气魄，拉开了新旧动能转换重大变革的序幕；2017年，召开具有里程碑意义的第一次党代会，规划和明确了"四个领先、四富临矿"的主要目标和奋斗措施，在员工数量基本保持不变的前提下，产量、资产、收入、工效等主要经济指标呈现倍增效应，相比2011年实现"千万百亿"的峰值，等于再造了一个新临矿；今年以来，思想、技术、管理三大革命持续发力，企业关键指标再创临矿建企以来最好水平、再创同类型煤炭企业最好水平，顺利实现建成创新型临矿的目标任务已成定局。

　　当前，宏观经济形势正处在百年未有之大变局的新时代和"稳中有变"的重大关口。在新一轮科技革命和产业变革正在孕育成长之际，在以工业3.0+装备升级、大数据为代表的新旧动能转换重大工程进入攻坚期之际，集团公司领导班子必须要主动应变、积极求变、着力改变，适应新形势、增强新本领、解决新问题。必须要牢牢把握"发展是硬道理、挣钱是真本事、党建是大动力"的工作格局、"领跑市场只能保生存、领先行业才是保发展"的工作理念、"主业精强、产业协同、行业领先、集群发展"的工作原则、"低调做人、低调做事、闷声发大财"的工作基调，不断强化"四种能力"建设，继续弘扬"四自"精神，瞄准"临矿独有、国内领先、世界一流"的产业培育目标，抓住深化新旧动能转换重大工程不放松，持续推动思想、技术、管理三大革命和质量、效率、动力三大变革，矢志不移地实施好"六大产业、六个一流"的"领先性"发展战略，在2017年实现"再造一个新临矿"目标任务的基础上，2018年建成以"四个贡献率"为主要标志的创新型临矿；2019年建成新动能发挥主力军作用的智慧临矿、智能矿山；2020年建成"两化"高度融合、轻资产重价值"敏简轻快"的"云上临矿"；2021年建成"四个领先"的"四富临矿"，全力打造煤炭企业新旧动能转换的临矿样板。在此基础上，再奋斗5年左右的时间实现临矿的伟大梦想，即创建亿吨级煤电临矿、千万吨级铁矿临矿、国际一流的玻纤临矿、新旧动能转换的工业3.0临矿、引领行业的大数据临矿、创客云集的创新型临矿、具有较强影响力的党建标准化临矿。为实现这一重要目标和伟大梦想，临矿的改革发展、高质量发展又到了一个关键期和"窗口期"。集团公司党委借经理层主要领导调整之际，结合两年来的工作实践，对20条纲要做了修订完善，要求各级党委和领导班子必须重温、重学、持续践行20条纲要，再聚新能量、再创新业绩、再开新局面。

集团公司领导班子是能源集团战略的具体实施者、临矿集团战略的组织制订者，是企业的灵魂和员工的主心骨。"其身正，不令而行；其身不正，虽令不从"。承接历史大任、肩负发展大责、造就企业和员工发展红利，关键在领导班子，关键在领导班子的责任担当、历史使命和现实作为。集团公司领导班子必须把培育可持续发展能力、核心竞争能力、转型升级能力、新旧动能转换能力、人力资源管理能力、大数据应用能力等摆在首位，立足主业、转型发展，敢为人先、走在前列。

一、政治敏锐能力

1. 坚持党的领导。牢固树立政治意识、大局意识、核心意识、看齐意识，坚定维护以习近平同志为核心的党中央权威和集中统一领导，善于用习近平新时代中国特色社会主义思想武装头脑、引领行动。把维护集团党委的领导核心、政治核心、政治权威作为临矿改革发展的头等大事和首要政治保障，健全完善集团党委集中统一领导的管理体制和工作机制，保证党委对董事会、经理层和各项工作的全面领导。健全完善党委"三重一大"议事规则和决策制度，凡属"三重一大"等问题，党委先调研、先讨论、先决策，董事会、经理层履行决策和执行程序。坚持党委全委会、党委常委会决定企业改革发展重大事项制度，每年年底或特殊时期，党委常委会要向全委会报告工作，讨论决定下一年度或重要工作的发展方向、工作目标和重点任务。坚持党委理论学习中心组制度，重大问题先学习、重大政策先领会、重要会议精神先贯彻、重点工作先对标。带头落实党建工作标准化的制度举措，主动参加双重民主生活会。敢于叫响"向我看齐"，坚持向党中央看齐、党委成员向党委书记看齐、全体党员向党委成员看齐，形成以上率下、身先士卒、团结一致、风清气正的政治生态。扛起党建工作主体责任、监督责任和"一岗双责"，对党忠诚老实、襟怀坦白、心无旁骛，在党言党、爱党忧党，自觉同违反党章、破坏党的纪律、危害党委集中领导和团结统一的言行作斗争，认真履行所分管单位、部室的全面从严治党责任。

2. 把握宏观大势。立足临矿可持续发展，增强宏观经济政策的预测能力、反应能力、对标能力和创造性地运用能力，催生高质量发展的动力和活力。临矿因改革而兴、必将因改革而强。今年是改革开放40周年，新一轮改革发展的各种重大举措接踵而至，领导班子要坚持"凡事预则立、不预则废"，再一次培育和增强政治敏锐能力。深入研究国有企业改革"十条意见"，牢牢把握转型升级、去产能、债转股、兼并重组、产业链构建、职工分流安置、行业信贷等政策，把握宏观经济政策的末端、拐点和机遇，善于把常规提升到超常规，把专业拓展到产业，把战术提升到战略，把时势造英雄变为英雄造时势，永续临矿发展的内生动力。树立"听风便是雨"和"睁着眼睡觉"的理念，深刻把握"利益相关者"理论，超前谋划、未雨绸缪，提前防范蝴蝶效应、多米诺骨牌效应带来的冲击和影响。中美贸易战既是挑战也是机遇，抓住了就是"黄金"，错过了就是"损失"，要抓住国家出台的一系列扶持和激励国内企业的重大措施，倒逼提质增效、转型升级。

3. 加强沟通协调。严格按照规范法人治理结构和治理机制行权履职，在公司治理和经理层管理上采取统一决策、分级负责、过程监控、例常自治、例外强化、成果检验、持续改进的循环管理方式。把党委领导、公司治理和内部管理高度融合，健全完善党委会、董事会、总经理办公会、党政班子工作例会等制度，构建起"党委会抓领导、董事会定战略、经理会管运营、党政班子会抓日常"的治理与管理相统一的格局。建立周一党政领导班子工作例会制度，实行大数据管理，重点解决内外信息不对称、内部信息断层、信息孤岛的问题，解决市场信息、生产信息、管理信息、技术信息条块分割的问题，解决机关基层、部门之间、纵横之间的掣肘、拖延、摩擦问题，达到工作一站式部署、问题一揽子解决、协同高效运作的目的。建立管理预警提示制度，对天气的预测、产能的把握、安全的管控、市场的波动、煤质的变化等重点事项以清单的形式预警提示、落实督办。加强对二级企业的管控和赋能，集团重点管战略、管风险、管激励、管赋能，基层重点在执行、在创新、在发展、在创效，上下形成"动车组效应"。

4. 心系企业发展。时刻牢记"个人名利淡如水、临矿事业重如山"，把权利看淡、责任看重、工作当事业干，坚持做正确的事、正确地做事。坚持"事功主义"，崇尚"立德、立功、立言"，以能干事、会干事、干成事、不出事论英雄，多琢磨事，少琢磨人。敢于担当、敢于承责，勇于对企业的未来发展和重大经营决策承担个人风险。坚守"为官避事平生耻""万家忧乐在心头"的理念，时刻保持强烈的进取精神和忧患意识，遇到矛盾不绕、面对困难不躲、解决问题不拖，心无杂念、夙夜在公、知难而进、迎难而上。把问题导向、问题指引和以问题为师作为改进和提升工作的突破口、切入点，在2017年集中11月份开展"问题指引2018"的基础上，坚持每年集中11月份开展问题大揭发、大讨论、大改进指引活动，今年重点开展"问题指引2019、解难点、破痛点、攻堵点"活动。

5. 维护班子团结。自觉遵守以实事求是、理论联系实际、密切联系群众、批评和自我批评、民主集中制、严明党的纪律等为主要内容的党内政治生活基本规范，巩固党的团结和集中统一、保持党的先进性和纯洁性、增强党的生机活力。贯彻民主集中制原则，坚持依法决策、民主决策、科学决策，践行"会上是自己的、会下是班子的、一个声音、一个步调"的理念，及时消除可能影响班子团结和战斗力的噪音杂音。时刻谨记"相互补台、好戏连台，相互拆台、都要垮台"的警训，思想常见面、工作常商量、遇事常沟通、内外常通气，珍惜团结、珍惜友情、珍惜"羽毛"、珍惜发展的好局面。

6. 强化作风建设。弘扬沂蒙精神，践行"实新"文化，以德服人、以智引人、以责带人。倡树"君子之风"、见贤思齐，每日三省吾身，谦卑待人、坦荡做事，敬畏事业、忠诚谋事。不媚上、不宠下，不相互吹捧，不让信任代替监督。倡导"平民化"的生活观，保持艰苦朴素的生活情趣习惯，不搞特殊化，杜绝官僚化；民胞物与、视民如伤，关心职工疾苦，牵挂职工冷暖。坚持用"眼里揉不进沙子"的精神抓党风、抓廉政，维护党性纯洁和企业廉洁。坚持公私分明，算好人生"七笔账"，绝不容忍家人、同学、特定关系人在临矿谋取不正当利益，以良好的党风带家风、家风带作风、作风带矿风。建立职工民生热线互信互通平台，用"阳光、坦诚、简单"和"有心事无心病、有话就说、有事就办、有气就出"的"实新"文化，优化用人、干群、生活和人际工作环境。

二、管理提升能力

7. 坚持装备升级。加快质量变革、效率变革、动力变革，提高全要素生产率，推动高质量发展。把"能用设备不用人、宁花一千万元上装备、不花一万元增一人"作为根深蒂固的理念，最大限度地解放矿井、解放矿工、解放生产力。坚决摒弃"增头、增面、增人"的"人海战术"，坚决打破"小煤窑、小作坊、小家子气"的思维和工作方式，坚决走"一提双优"、装备升级、机器换人、智能化替人之路。把稳安全、稳产量、稳矿井摆在首要位置，实施工业3.0+装备升级工程。系统总结提炼临矿开采十大核心技术，加快培育专业化、产业化团队，不断取得由卖产品到卖技术、卖管理、卖标准、卖模式、卖思想的重大突破，推选出一批临矿名家、临矿院士。全面开展大数据建设工程，实现业务数据化、数据业务化，推动企业迈入精细管理、精益运营和精准决策的新时代。坚持安全经济技术环境"四位一体"论证制度，把宏观经济形势、企业运营、行业数据的分析纳入论证体系。设计成本是成本之源，要将"一体化"论证延伸到工程设计前端，从源头上杜绝形成闲置资产和沉没成本。有效防范安全和环保风险，牢固树立"安全成本是最大成本"的理念，将人作为最不安全的管理因素，强化安全生产管理，构建科技兴安、技术立安、设备保安、制度管安、自主保安的安全体系；打好生产生活用水达标排放、选煤厂和煤场治理、矸石山治理、采煤塌陷地治理"四大攻坚战"，2020年前全部建成绿色矿山、绿色企业。

8. 强化市场闭合。坚持以市场为师、与危机共舞、与客户共赢、企业与用户共同创造价值，一切技术、管理和经营手段，都必须得到市场的认同、用户的接纳。坚持市场、煤场、现场有机统一，构建"任督二脉"畅通机制，使市场风险和压力对内部机制始终处于激活状态。坚持问题导向、目标导向和责任导向，将"一体化""价值链"和"市场闭合"融为一体。

9. 严格落实考核。建立会议决定贯彻落实闭合制度，建立安排部署、督促检查、工作督办、结果反馈四环相扣的工作机制，建立中长期发展能力考核制度。建立首问负责制，坚决杜绝部门指挥领导、"逆指挥"等管理弊端，降低时间成本，造就"闻风而行、立说立行、雷厉风行"的执行力。坚持"什么重要考核什么，重要的事必须考核，考核的事必须是重要的"理念，对新项目导入EVA管理。完善推行以科技进步、管理创新、资本运营和人力资本"四个贡献率"为核心的考核体系，到2020年，确保新动能的贡献率达到80%以上。

10. 保持企业本质。坚持"企业富强、资源富裕、员工富有、客户富足"的"四富临矿"发展目标，秉承"金杯银杯，不如员工的口碑；这奖那奖，不如出资人的夸奖"的理念，以市场竞争力、企业可持续发展能力作为衡量和检验一切工作、一切管理的唯一标准，在存量资产优化升级、有进有退、转型创效上实现新突破，在盘活战略资源上取得新进展，在搞活人力资源上创建新机制，在扭亏增盈、企业创效、市场获利上取得新成效，实现国有资产保值增值率。坚持企业盈利先回报股东、回报职工、回报客户，用效率、效益和绩效检验一切工作和管理，在保持国有企业本质前提下，警惕将企业经营政治化、政府化、社会化和福利院化。

11. 严格财经管控。严格执行"三重一大"决策制度，探索建立财务总监委派制度，严格执行项目经费、招投标、资金安排审批制度，大额资金安排必须经党政班子集体研究，经得起审计、员工和历史的检验，对领导班子和个人负责。发挥财务共享平台对资金管控的作用，将涉及资金预算、拨付、审核等流程的全部业务嵌入财务共享平台，做到无计划不招标、无招标不合同、无合同不预算、无预算不支出，扎紧扎牢制度的笼子。严控非生产性开支，全集团一律不准搞社会赞助、不搞劳民伤财的面子工程、不搞大型娱乐活动、不承接大型演出活动、不巧立名目发福利、不装修改造除职工住所以外的办公场所和楼堂馆所。

12. 激活干部队伍。落实省委《关于进一步激励广大干部新时代新担当新作为的实施意见》，推行"三公三荐三考"制度（公心、公正、公道，群众推荐、组织推荐、成果自荐，逢晋必考、逢用必考、逢汰必考），畅通"三通道十二级台阶"，建立未来20至30年的可持续发展的人力资源支撑。构建人才成长使用大舞台，建立机关与基层单位优秀管理技术人员双向挂职锻炼制度，选派优秀年轻干部到对标单位学习制度，到民营企业"打工"制度，干部队伍契约化管理制度和市场化管理、优胜劣汰制度，给创新创造者以价值创造的机会和平台。继续实行各类首席资深专家评聘制度，每年培育出一批"三通道"人才。敢于打破常规晋升机制，对优秀人才破格提拔使用，选拔一批70后、80后、90后中青年优秀管理人员充实到矿（公司）、区队（车间）班子。深入贯彻和实践"不疼人、不疼钱、财散人聚"的理念，对做出重大贡献的员工敢于重用、敢于重奖。健全完善容错、纠错和澄清保护机制，对给予容错的干部，考核考察要客观评价，选拔任用要公正合理；对受到诬告陷害、失实举报的干部，由党委或组织部门给予澄清正名。

13. 推行平台化管理。紧跟大数据平台建成之后对管理的要求，构建大数据分析、监测、预警管理机制，实现大数据管理全覆盖、全量化、无真空。推行平台化管理、扁平化管理和共享管理，打破科层架构、构建网状组织，通过去中心化、科层化，推进大平台、大共享管理，将管理运营模式从"控制—命令式"转换为"赋能—分布式"，将"金字塔"式转变为市场现场"一体化"式。构建"部室+中心"和"专业+产业"的组织架构，将部室职能的落脚点放在统筹五大平台实施战略管控上，重点是发展战略引领、资本运营管控、后台技术服务和考核激励约束。对中心实行事业部制改革、产业化改革，逐步实现自主经营、自负盈亏。对权属单位充分放手放权，在人财物等方面赋予更多自主权。

三、资本运营能力

14. 走资本化路子。既要坚持传统经营模式的利润累加，更要重视产业与资本对接下的价值倍增，破解推进转型发展的资金来源、资本支撑问题。坚持以资源资产化、资产资本化、资本证券化方向为引领，放大资本运营、资产资本撬动能力，通过流动、组合、裂变等方式对有形无形存量资产进行优化配置。创造性的实施全资源要素资本化，在传统的资产资本化、资本证券化理念基础上，实现创新创造资本化、创造性成果资本化、知识资本化、企业家资本化、人力资源资本化。树立经营企业理念，对价值企业、价值项目、价值资产资本化。探讨将战略资源部分变现、预期变现、以资源换资源的路径，盘活澳洲公司等战略资源，提高资源价值创造能力。强化产业链布局，创新"煤、电、水、配"一体化、"煤、电、路、港"一体化、产学研用一体化、"互联网+产业+金融"的发展新模式，防止用专业化隔断产业链。

15. 资产运营管理。抓住国企改革的新一轮机遇，以产权为纽带，采取混合所有制改革、股权激励等方式，实现国有资产"人格化"，破除体制、机制障碍，切实提高成果、知识资源的流动性和创效能力。对新上项目、新并购企业，探索"项目跟投"与"多元合作"相结合的模式，引进战略投资者和核心员工资本，让职工和企业结成荣辱与共的命运共同体。对资产重、效益好的单位，积极推进与央企混改，与省属投资公司战略合作，优化股权结构，放大资产效应。对优质资源和新产业积极探索整体上市、主营业务上市等措施，力争在培育上市企业上取得新突破。

16. 拓宽融资渠道。建立信息交流与合作平台，定期与金融机构联络、沟通和协调，同重点金融机构建立战略合作关系。着力引入战投，拓展直接融资途径，改善融资通道、培植造血功能，保障企业发展资金和现金流安全。加大融资储备力度，储备可动用授信额度，跟进海外欧元贷款和跨境人民币贷款。继续推进中期票据、私募债、公司债券的发行，探索产权融资多元化、并购贷款、保险债权计划等融资手段，持续推进债转股等权益性融资。跟踪关于煤炭安全专项资金、国家安全技术改造资金和灾害治理补助资金、科技研发奖励、税费减免等一系列政策，拓宽资金来源渠道。开展财务创效，运用区块链理论和技术打通供应链金融和财务共享平台的链接，探索开辟第三方支付通道。

17. 加强风险防控。健全法律风险、预算风险、财务风险、廉洁风险四大防控体系，完善财务风险防控实施细则与财务风险应急预案，定期开展财务风险评估，防范各环节财务风险。定期研究现金流、负债等对经营风险的影响，加强资金预算执行跟踪与控制。严格投资、融资、工资等重大资金项目的监督，持续关注困难单位资金安排，切实防范资金风险。

四、学习创新能力

18. 培植企业家精神。以任正非、宗庆厚和曹德旺等企业家为标杆，厚植企业家基因。领导班子成员在思想理念上要始终保持"年轻态"，始终保持干事创业的激情、豪情、朝气、锐气和勇气。着力培植创新、冒险、创业、宽容、民主的企业家精神，带出、培养和造就一支年轻有为、品学兼优、专注专业、勇于创新、敢打敢拼、生龙活虎的企业家队伍。不断弘扬专注品质、追求极致和精益求精的工匠精神，对产品精雕细琢，在生产、服务等各环节追求精益管理，在技术、品质、标准等方面建立起优势，支撑临矿整体实力的跃升。

19. 健全学习机制。学习力是临矿的核心竞争力。"竞争过对手，必须学的过对手"。面向集团班子、矿处级干部建立集宏观数据、行业动向、临矿工作、个人建议于一体的微信发布互动平台，及时掌握天下大势、临矿大事。领导班子成员要把读书、思考、实践作为主要兴趣和爱好，围绕创新创效每年必读两本以上的书，开阔眼界、提升境界、营造心界。"走出去"主动对标学习，每年要不低于两次带领分管系统对外进行学习考察。善于向先进和标杆学习，善于向失败、错误和问题学习，允许试错、宽容失败，但不允许重蹈覆辙。善于从意料之外的成功或失败、外部意料之外的事件中挖掘创新点，激发创新的灵感。坚持外出学习培训感悟体会报告制度，自学考证费用全额报销制度，凡是集团公司批准的学习培训，参加人员必须写出感悟体会报告，未有报告或质量低劣者费用自理、通报批评。

20. 矢志创新创造。建立科技经费保障机制，科技投入占产品销售收入的增长比例年均保持在1%左右的水平，确保"十三五"末集团公司科技投入占产品销售收入的比例达到3%以上水平。坚持"自主创新+引进消化再创新"，推进"院士工作站""国家级双创平台"建设，对成熟的工艺、技术、装备敢于和善于采取"拿来主义"，大力推广应用。将创客临矿上升到战略高度，引领集团公司上下加快培育一批创客团体、造就一批创客队伍、创造可观经济价值。坚持论功行赏，把定期奖励和即时奖励相结合，以基金的方式设立2000万～3000万/年的科技管理创新贡献奖。

"四种能力"建设是临矿领导班子树立提振精神、增强信心、奋发有为、敢打敢拼新形象的有力发声；是叫响敢于担当、敢于负责、知难而进、迎难而上口号的庄严承诺；是建设"四个领先"的"四富临矿"的强大思想武器。班子成员要把"四种能力"建设常抓在手，加强学习、解放思想、提升境界、提升格局，不断发掘推动企业改革发展的切入点和着力点，创造性地开展工作；要珍惜保持和继续发扬临矿"精诚团结、励精图治、敢为人先、创新发展"的改革锐气，事不避难、知难而进、迎难而上，推动临矿实现创新发展、科学发展、跨越发展，打造培育能源集团新的隆起带和新的增长极。

临沂矿业集团有限公司文件

临矿企发〔2019〕154号

临沂矿业集团有限公司关于修改公司章程的请示

能源集团：

  根据公司经营发展需要，临矿集团于2018年3月成立财务共享中心，中心自运营以来，工作效率和服务质量大幅提升。为推进临矿集团财务转型，提升财务价值，明确财务共享中心和纳入财务共享服务各成员单位的责、权、利，拟对财务共享中心实行内部市场化运营管理。为确保合法、合规运营，并挖掘发展潜力，进行外部市场化业务拓展，需对临矿集团经营范围及公司章程进行修改，该事项已由临矿集团董事会审议通过，特申请核准。

  当否，请批示。

  附：1.临矿集团董事会第二十六次会议决议

    2.临沂矿业集团公司章程修正案

2019年7月3日

临沂矿业集团有限责任公司第五届董事会第二十六次会议决议

2019年6月26日第五届董事会第二十六次会议通过

临沂矿业集团有限责任公司第五届董事会第二十六次会议于2019年6月26日在临沂矿业集团公司总部六楼第一会议室以现场表决方式召开。参加会议的董事5人，分别为刘孝孔、侯宇刚、臧桂茂、王军、曹庆伦。集团公司监事会参与审核了本次会议的有关议案。会议的召集、召开符合《公司法》和《公司章程》的有关规定。

会议由刘孝孔董事长主持，与会董事经过认真审议，采用逐项投票表决方式，一致通过如下决议：

一、审议通过关于处置澳洲资源的议案

会议认为，《实施澳洲煤炭资源盘活利用方案》（以下简称《方案》）较全面地分析了临矿集团国内三对主力矿井核减20%产能后的资金情况及国家调整产能政策给集团公司未来资金状况带来的不确定影响，同时分析了澳洲公司资金紧张的状况。目前，澳洲公司无独立融资能力，临矿集团的资金状况也不能对项目提供资金支持，项目实施面临后续开发资金需求量大等困难的影响。鉴于以上因素，结合集团公司发展战略的调整、资金状况、国际煤炭市场走势和三块矿权开发条件等因素，《方案》提出的澳洲煤炭资源盘活利用推荐方案是可行的，同意优先实施分矿权资产出售方案。

该议案表决结果：5票同意，0票反对，0票弃权。

二、审议通过关于经营上海庙矿业公司的议案

会议认为，《内蒙古上海庙矿业有限责任公司发展研究报告》较全面地总结了矿井在建设和生产过程中面临的水患威胁、软岩支护、煤质较差等风险，并在这些方面积累了经验，培养了人才。上海庙矿区具有得天独厚的坑口电厂和区域煤炭销售优势，2019—2023年五年采掘接续符合矿井实际情况，2020年有望扭亏为盈。本次会议同意上海庙矿业公司制订的发展研究报告，上海庙公司要精心规划，科学组织，尽快调整采场布局，形成合理、有序的生产格局，为公司的可持续发展夯实基础。

该议案表决结果：5票同意，0票反对，0票弃权。

三、审议通过关于山东物商集团日照罗克兰智慧物联产业园项目的议案

会议认为，物商集团建设日照钢铁物流产业园项目符合产业结构调整政策，符合集团公司"现代物流贸易以建设平台型物流企业为核心"的产业发展定位，符合物商集团"一基一链"战略。项目产业环境、营商环境和企业发展环境有利，运作模式灵活，预期经济效益可观，对物商集团聚焦主业，聚力打造资源型、平台化、全产业链的物流基础设施服务商，提高企业核心竞争力具有重要战略意义。为完善项目手续、推进项目实施，同意将该项目上报能源集团进行审批。

该议案表决结果：5票同意，0票反对，0票弃权。

四、审议通过关于修改临矿集团公司章程的议案会议认为，财务共享中心运行以来，工作效率和服务质量大幅提升，集团公司作为服务方，厘清与各成员单位的责、权、利，实行内部市场化运营管理和有偿服务是必要的、可行的，对推进集团财务转型、提升财务价值、挖掘发展潜力、增强发展活

力具有重要意义，同意集团公司经营范围增加"代理记账业务"，履行能源集团审批程序后实施。

　该议案表决结果：5票同意，0票反对，0票弃权。

临沂矿业集团有限责任公司董事会

临沂矿业集团公司章程修正案

　　根据临矿集团2019年6月26日第五届董事会第二十六次会议决议，决定对公司经营范围进行修改，增加"代理记账业务"，特对公司章程第十一条进行修改，修改后公司经营范围为：

　　第十一条 公司经营范围：煤炭开采；铁矿开采；发电、售电；配煤、煤炭洗选、加工、销售；公路货物运输；水路货物运输；自备铁路货物运输；装卸搬运，仓储（危险品除外）；化工产品（不含化学危险品）销售；饮食服务；农牧养殖；（以上限分支机构经营）。

　　以自有资金对外投资管理及咨询服务；煤电综合开发；矿业技术咨询服务；代理记账业务；矿山机械设备的生产、销售、安装、拆除、维修、租赁；矿山工程专业承包；教育咨询；货物进出口业务；企业管理咨询服务；物业管理服务；园林绿化；污水处理；房屋租赁，餐饮、住宿服务；因特网接入服务业务；地下管网建设；煤矿、选煤厂托管运营；矿区内的塌陷地综合治理、开发；煤炭、建材、金属材料、机电产品、铁矿石、铁矿粉、粉煤灰砖、煤矸石系列产品、木材的销售；塑料制品、橡胶制品、纺织品、服装、工艺品（不含金饰品及象牙制品）、计量器具、仪器仪表及配件的生产、销售；环境监测、计量检测；环保技术咨询、服务；会议及展览服务；网站建设与维护。选煤工程技术开发、转让、咨询、服务；矿物资源产品研发、生产、租赁、经营、安装；选煤厂工程设计；选煤工艺改造、设备维修、配件加工制作；煤炭工艺试验及煤质检测分析。（依法须经批准的项目，经相关部门批准后方可开展经营活动）。（以工商登记为准）

临沂矿业集团有限责任公司

2019年7月3日

山东能源集团有限公司的文件

山东能源字〔2019〕130号

山东能源集团有限公司关于修改
《临沂矿业集团有限公司章程》的批复

临矿集团：

你公司《关于修改公司章程的请示》（临矿企发〔2019〕154号）收悉。经研究，同意对你公司《公司章程》第十一条进行修改，将公司经营范围增加"代理记账业务"，你公司要依法合规做好相关工作。

2019年7月30日

临沂矿业集团有限公司文件

临矿资字〔2020〕17号

关于遵守疫情防控有关法律规定的通知

各单位、各部室：

近期，新型冠状病毒感染肺炎疫情形势严峻。习近平总书记强调：生命重于泰山，疫情就是命令，防控就是责任。山东省已启动重大突发公共卫生事件一级响应。针对企业陆续复工复产，疫情防控进入关键时期等形势，为贯彻落实中央和省委、能源集团打响防疫阻击战战略部署，依法有序开展疫情防控工作，请各单位、各部室进一步强化法治意识，认真学习并严格遵守疫情防控有关法律规定，以实际行动助力打赢疫情防控阻击战。现就遵守疫情防控有关法律规定通知如下：

一、国家和社会应当关心、帮助传染病病人、病原携带者和疑似传染病病人，使其得到及时救治。任何单位和个人不得歧视传染病病人、病原携带者和疑似传染病病人（依据《传染病防治法》第16条第1款）。

各单位、各部室对身边或周边区域确诊的新冠病毒患者、疑似病人的和（被）隔离观察人员不要歧视，要支持他们配合政府积极治疗和隔离。

二、服从人民政府、居民委员会、村民委员会或者所属单位的指挥和安排，服从中央应对疫情工作领导小组、省疫情防控指挥部作出的决定和命令，配合落实应急处置措施，积极参加应急救援工作，协助维护社会秩序（依据《突发事件应对法》第57条；《山东省突发公共卫生事件应急办法》第40条；《国家卫建委、最高法、最高检、公安部关于做好新型冠状病毒性肺炎疫情防控期间保障医务人员安全维护良好医疗秩序的通知》第2条）。

各单位、各部室要根据集团公司疫情期间实施轮岗弹性工作制、实施网上"云办公"工作部署安排，引导放假在家的人员服从当地政府、街道和社区的疫情防控措施安排，依法依规做好自我防疫工作。

三、发现传染病病人或者疑似传染病病人时，应当及时向附近的疾病预防控制机构或者医疗机构报告。不得隐瞒、缓报、谎报或者授意他人隐瞒、缓报、谎报（依据《传染病防治法》第31条；《突发公共卫生事件应急条例》第21条；《山东省高级人民法院、山东省人民检察院、山东省公安厅、山东省司法厅关于敦促新型冠状病毒感染的肺炎高危重点人员如实登记申报的通知》第1条）。

各单位、各部室要增强防范武汉新冠病毒的意识，按照集团公司制订的《防疫内控流程》时刻绷紧防控这根弦。

四、接受疾病预防控制机构、医疗机构有关传染病的调查、检验、采集样本、隔离治疗等预防、控制措施，如实提供有关情况（依据《传染病防治法》第12条第1款）。

五、需要接受隔离治疗、医学观察措施的病人、疑似病人和传染病病人密切接触者在卫生健康主管部门或者有关机构采取医学措施时应当予以配合；拒绝配合、拒绝强制隔离或治疗、隔离期未满擅自脱离隔离治疗的，由公安机关依法协助强制执行；情节严重，危害公共安全的，存在承担过失以危险方法危害公共安全罪的风险；故意传播新型冠状病毒，危害公共安全的，存在承担以危险方法危害公共安全罪的风险（依据《传染病防治法》第39条第2款；《突发公共卫生事件应急条例》第44条；《刑法》第114条、第115条；《山东省高级人民法院、山东省人民检察院、山东省公安厅、山东省司法厅关于敦促新型冠状病毒感染的肺炎高危重点人员如实登记申报的通知》第3条、第4条）。

六、不得编造、传播有关突发事件事态发展或者应急处置工作的虚假信息。不得散布谣言，谎报险情、疫情、警情或者以其他方法故意扰乱公共秩序。不得编造与突发传染病疫情等灾害有关的恐怖信息，或者明知是编造的此类恐怖信息而故意传播（依据《突发事件应对法》第54条；《治安管理处罚法》第25条；《突发公共卫生事件应急条例》第52条；《最高人民法院、最高人民检察院、公安部、司法部关于依法惩治妨害新型冠状病毒感染肺炎疫情防控违法犯罪的意见》第2条第6款）。

各单位、各部室要以高度的政治责任感加强舆情引导和风险防控，科学引导，妥善应对。要引导员工在微博、QQ圈、微信群和论坛等媒体上不乱发帖、不发表违法言论、不妄议中央、不非议大局。要引导广大干部群众不造谣、不传谣、不信谣，不盲目转发疫情相关信息。

七、在隔离期间，实施隔离措施的人民政府应当对被隔离人员提供生活保障；被隔离人员有工作单位的，所在单位不得停止支付其隔离期间的工作报酬（依据《传染病防治法》第41条第2款；《山东省企业工资支付规定》第26条第3款）。

八、单位和个人违反本法规定，导致传染病传播、流行，给他人人身、财产造成损害的，应当依法承担民事责任（依据《传染病防治法》第77条）。

各单位、各部室要严格遵守疫情防控的法律法规、规范性文件、防控指挥部公告的规定，共克时艰，合力打赢疫情防控攻坚战！

当前新型冠状病毒感染的肺炎疫情防控形势依然严峻。防控疫情蔓延是一场大仗、硬仗。疫情面前，人人有责。各单位、各部室要引导广大干部员工遵守相关法律法规，在党和政府的引导下理性应对疫情防控，打赢这场疫情防控阻击战。

2020年2月11日

二、文献资料

孙卓龙致刘孝孔的一封信

2018年5月14日，《山东能源集团志》执行副主编孙卓龙专门为修志事宜致信临矿集团党委书记、董事长刘孝孔。刘孝孔特为此信作出批示：

请提书记负责此项工作的落实，孙卓龙同志的意见非常好，值得我们反思和重视，尽快启动这项工作。

2018.5.15

尊敬的刘孝孔董事长：

你好！我是老友孙卓龙，冒昧打扰，敬祈原谅！

知你日理万机，还想给你添点"心事"。去年10月18日和今年4月26日，我和贵集团办公室负责编写史志的董立霞两次参加了中国煤炭工业协会文献委和《中国煤炭工业志》编委会召开的全国煤炭企业史志工作会议。会议的中心任务就是加快推进煤炭企业二轮修志工作。

在20世纪80年代末（有的是90年代初）圆满完成建国后第一轮修志的基础上，从2002年开始，全国又统一部署开展第二轮修志工作。从山东能源集团来看，淄矿集团二轮修志进展最好，2013年完成《淄矿集团志》的编印，其二级单位在今年底将全部完成编纂工作。枣矿集团次之，2013年完成《枣庄矿业集团公司（矿务局）志》的编印，其二级单位有13家已完成编印。新矿集团于2016年仅完成《新矿集团志》的编印，其二级单位没搞。龙矿集团预计今年底写出《龙矿集团志》初稿，其二级单位有两家写出初稿。肥矿集团两级均未启动。听说《临矿集团志》2010年曾经写了初稿，后不知是何原因搁置至今。

上一轮修志，临沂矿务局从1840年写到1990年。据我所知，此后的28年（截至2017年），是临矿集团从计划经济向市场经济转变过程中拼搏奋进，企业面貌变化最大的一段时期，也是锐意改革，勇于担当，创出辉煌业绩的鼎盛时期。从亏损20多年，濒临破产的小局，到现在一跃成为两千万吨大集团。2017年，创出10项历史新水平。回顾临矿这20多年的发展史，用"凤凰涅槃、起死回生、创造奇迹、可歌可泣、百感交集"等词来形容、比喻一点也不为过。你作为一名亲力亲为的主要领导肯定比外人的感受更深刻、更直观、更强烈。所以，我认为，借助二轮修志的契机，把临矿集团这段令人难忘、荡气回肠的历史记述下来，载入史册，留存于世，不仅必要，而且应该；不仅是传承历史必须完成的一项文化建设任务，而且是对历史、对临矿、对职工负责，功在当代，利在后世的一件大事；这也是一个企业家立德、立功、立言的具体体现。你是现职领导班子成员中任职时间最长、资格最老、经历最多、对这段历史最熟悉、对文字工作最内行，是最有优势和条件领导大家完成二轮修志工作任务的主要领导。现在你已荣升能源集团常委，说不定哪天就要到高层任职，你要是不操心把这件事情抓好，就会错失良机，留下遗憾。况且，这是一项系统工程、一把手工程（吴晓煜司长语），工作量很大，任务很艰巨，你不拍板启动，谁也难以推动。你说对吗！

其实，也不要把编纂《临矿集团志》想的太难，只要领导重视，部门支持、发动群众，众手成志，集中时间，集中力量，用一年半到两年的时间，完成临矿集团及所有二级单位的二轮修志任务，还是大有希望的。关键是主要领导下定决心，高度重视，就一定能把这项功在千秋的事业干好！

2015年退休后，领导就把我留下来编纂《山东能源集团志》，其间，因卜董事长调出，曾搁置了一段时间。2016年8月11日，能源集团召开史志工作动员会之后，正式拉开工作序幕。到今年5月底，在领导的关心支持和上上下下的共同努力下，整个编纂工作基本结束，现在二稿正报请领导最后审定把关，如果顺利，6月份就可以交给出版社排印。实践证明，只要用心组织，做好宣传发动工作，大家都行动起来，就能圆满完成史志编纂任务。

给你写这封信的目的，就是落实中煤协会布置的任务，建议在你的领导下，抓紧启动《临矿集团志》及各矿的志书编写工作。干煤矿，抓效益固然重要，但也不能忽视企业文化建设。这项工作拖得再久也得干，与其晚编，不如早编，早编早主动。编成了，这也是你主政期间重视文化建设的一大功绩，何乐而不为呢？现在临矿集团整体发展格局很好，效益很好，正是编纂史志的黄金时期。机不可失时不再来，请领导三思。

以上建议，仅供你参考，如果需要老兄帮忙，我一定鼎力相助。最后，预祝临矿集团志编纂工作尽快启动，祝你工作顺利，万事胜意！

　　此致

敬礼！

能源集团办公室　孙卓龙敬启

二〇一八年五月十四日

中国煤炭工业协会煤炭工业文献委
感谢信

山东能源集团、临矿集团及古城煤矿：

11月15日，煤炭工业文献委召开煤炭企业修志工作座谈会，委托山东能源集团承办。山东能源集团、临矿集团党政领导高度重视，安排古城煤矿具体承办。

本次会议共有来自全国51家单位的85名代表参会。会议筹备时间短、内容多，参会人员规格高，报到时间、接站地点分散，生活习惯差异大，会议的组织筹备和保障工作难度大。古城煤矿党委以勇于担当的精神和高度负责的态度，按照煤炭工业文献委的要求，精心组织、合理安排。全体会务人员不辞辛苦、细致周到，接待服务、食宿安排、会务保障等方面都做到了组织有序、保障有力，以精严细实的工作作风和斗志昂扬的精神面貌，高质量的完成了本次会议的服务保障工作，受到了中国煤炭工业协会党委书记梁嘉琨、副会长解宏绪和参会代表的肯定与高度评价。

古城煤矿发扬了国有企业的责任担当和优秀品格，展示了双十佳企业的管理水平。在此向您们的付出表示感谢，同时祝山东能源集团、临矿集团及古城煤矿的发展再上新台阶。

中国煤炭工业协会煤炭业文献委

2019年11月20日

三、报刊选辑

"临矿巨变"之改革篇——历尽沧桑后的崛起

拥有46年建矿历史的临沂矿务局，其五年来的变迁已成为山东煤炭行业和社会各界关注的焦点。破产的阵痛，重组的艰辛，都浓缩在这短短的五年之中，可谓沧桑巨变。如今，经山东省政府批准，按照《中华人民共和国公司法》，原来的老临矿将组建为一家新兴的国企——临沂矿业集团有限责任公司，为其转制、破产和重组的历程画上了一个完美的句点，企业站到了新的发展起点上。

有数据为证。2005年，临矿原煤产量达到517万吨，比2000年提高4.62倍；销售收入达到35.3亿元，比2000年提高9.8倍；实现利润38503.8万元，上缴各种税金由2000年的2487.4万元上升至2005年的58653.3万元。企业好了，职工收入水平也有了大幅提高，人均收入由2000年的6499元上升至2005年的24516元，年均增长30.41%，企业开始焕发出勃勃的生机与活力。

向陈旧观念宣战——"临矿"由乱到聚

2001年，李义文奉调来到临矿担任局长、党委书记时，让他最为忧虑的就是全局上下的一片哀叹声、失望声，另外还有上上下下陈旧、落后、保守的思想观念。李义文说："这是企业之所以不能发展的最大障碍。"

临沂矿务局成立于1960年，从1973年至2000年，已连续亏损28年之久。2000年，全局煤炭产量只有92万吨，煤炭销售收入36033万元，全局22个生产经营单位中有17个亏损，亏损面达到77.27%。在省属七家矿务局中，临矿一直是负担最重、规模最小、职工收入最低的困难单位，也是原煤炭工业部划定的36家困难企业之一。

面对严重亏损的困难局面，临矿班子采取了大刀阔斧的治乱方略——凝聚人心。

2001年3月14日，是一个在临沂矿区发展史上永远值得铭记的日子。这一天，在全局召开的千人形势报告会上，局长、党委书记李义文代表局班子向全局吹响了解放思想的"号角"，提出靠别人不如靠自己，等条件不如创条件，盼机遇不如抓机遇，苦熬不如苦干，怨天尤人不如自主自强的生存理念。

在随后开展的一系列思想解放活动中，开展了国家靠什么繁荣和富强、企业靠什么生存和发展、个人靠什么谋生和富裕的"三个大讲"活动，解决了"等、靠、要、熬"的问题。开展了"不怕公有私有，就怕什么都没有；不怕是草是苗，就怕市场不需要；不怕姓资姓社，就怕姓穷"的"三不怕"教育活动，解决了"不敢干、不敢闯、不敢试"的问题。开展了解放思想、干事创业、加快发展主题教育活动，解决了"守、满、浅、随"的问题。

职工群众的心里亮了，全局上下精神状态为之一新，局领导班子又为全体职工勾勒出一幅美好的发展蓝图：制订改革改制、经济效益、煤炭生产、多种经营、基本建设、职工收入六大发展思路，确立一年起步、两年大上、三年实现扭亏为盈的"三步走"目标，并提出建立大型煤炭企业集团的战略构想。通过转变观念和目标激励，激发了全局上下想发展、盼发展、谋发展的强烈愿望。

科学推进主辅分离——"临矿"由衰转兴

危机往往也是生机。思路明确之后，临矿一系列改革措施相继出台，主辅分离、明晰产权，发展活力由此萌生。

矿务局是计划经济的产物，"小而全""大而全"，至2000年末，全局大小22个二级单位中非煤和后勤服务单位就有17个，占77.27%，从事非煤和后勤服务人员5225人，占在册职工总数的45.14%，下岗职工3222人，占27.83%。

实施主辅分离，精干主业激活辅业，成为当务之急。临矿先是对12所医院和学校进行了移交或停办，移交了2个社区管理机构。剥离了与主业无关的单位，成为省属7个矿务局中人员最精干的一个。

改到急处是金钱，改到痛处是人心。实施主辅分离，关系到每个职工的切身利益。因此，临沂矿务局组织干部跑基层，送政策，让职工做个主辅分离的明白人。在分离工作中，始终秉承人性化操作，所出台的一系列方案政策均通过职工代表大会审议表决，是留在企业参加重组改制还是自谋职业，都宽限时间，让职工自己选择。对自谋职业的人员，矿务局派出专人与当地劳动部门协调，顺利过渡。在册患病或工伤人员，在支付补偿金和医疗费用后，按规定本应解除合同，但是考虑到他们无能力生存，就协调重组企业让这些人参加重组，提供力所能及的岗位让其再次就业。

减员不是目的，活力来自改革。对资源枯竭、扭亏无望、毫无市场竞争力的衰老报废矿井实施政策性关闭破产，从源头上消灭亏损。2001年以来，临沂矿务局先后实施三批共8个单位的关闭破产工作；先后组织完成15个单位的产权制度改革，所有生产经营单位截至2002年8月已全部改制为各种类型的有限责任公司，其中，有10个改制为国有资本少量参股的民营公司。

2002年10月1日，注册资本8000万元，国有股占50%的山东东山矿业有限责任公司正式挂牌运作，这不仅标志着临沂矿务局整体改制第一步的完成，而且首开全省国有重点煤炭企业实现投资主体多元化的先河，构成了参股的员工既是股东又是建设者的双重身份，从而形成具备现代企业制度基本特征的管理体制和经营机制。

改革实现了"四个归位"：一是职工归位到主人地位。改制单位的职工实现了身份置换，广大职工既是出资者，又是劳动者。二是经营者归位到风险地位。"位子"能否保住不再是局里说了算，而是企业股东说了算。三是分离改制企业归位到市场主体地位，形成追求利润最大化的动力机制。现在分离后的企业大都实现了盈利。四是矿务局把主业归位到做大做优的重点地位，集中发展煤炭、电力、玻璃纤维等重点骨干产业。

应该说，改制重组一家上万人的大型国有企业，是一项摸着石头过河的艰难探索，既没有明确的批示去"照本宣科"，也没有现成的案例去"按图索骥"，但临矿成功了。

管理挖潜+规模扩张——"临矿"由弱趋强

改革只是基础，管理永远是企业制胜的关键因素。因此，向管理要效益，实行管理挖潜，成为临矿日益变强的一个突破口。

创业初期，突出了硬性管理特点，强调经营管理的真实性。2001年3月，矿务局对原来下达给各单位的考核指标进行了重新核定和调整，并实行高额风险抵押承包，规定年底完不成调整后的指标，领导班子一律就地免职。中后期突出了科学规范管理的精细特点，全面进行了精细化管理探索和创新。每年突出一个管理重点：2001年，压指标、挤利润、抓扭亏；2002年，压"两金"、抓积累；2003年，抓成本、提效益；2004年，突出了供销集中管理改革；2005年，抓了精细化管理。5年来，先后出台100多项经营管理制度，重点加强了物资采购、煤炭运销、财务资金、劳动用工、投资和工程等管理工作，取得了明显的成效，实现了经济运行的良性发展。

新矿区开发建设方面，提出"以最优的设计、最先进的设备、最快的速度、最少的投资，实现最大产出，取得最大效益"的建设方针，迅速形成主业支撑的局面。其中，新驿矿井在建设中，创出了在同一区域、同类矿井中21个月建成并投入运营的新纪录。

煤炭主业得到了突飞猛进的发展。2001年以来已经累计投资9亿多元建成了1对现代化矿井新驿煤矿；正在建设的王楼1号矿井，明年上半年投产；对4对矿井进行了大规模技术改造；今年还将陆续开工和立项开发王楼2号井和内蒙古榆树井矿井，成立5个矿井筹建处开展工作。

结束语

创业艰难百战多。临沂矿务局的改制重组就是临矿人的二次创业，不仅实现了临矿的绝地重生，而且为临矿可持续发展奠定了3个基础：一是奠定了足以维持生存的生产经营规模和销售格局；二是奠定了企业管理体制和经营机制的基本模式；三是奠定了未来的产业发展走向。如今，当再次回顾临矿艰难的重组历程和坚韧不拔的苦干实干时，会发现——临矿今天的显著变化，既出乎于预料之外，也合乎于情理之中。

路在人走，事在人为，期待今后能在更多国企中看到越来越多的"临矿巨变"。

（2006年7月27日《大众日报》　王爽　田国志　李泉　吴海刚）

鲲鹏展翅入云霄　扶摇直上九万里

——临矿集团的科学发展之路

近日，在临沂矿业集团公司年度总结表彰会上，传出了一组令人振奋的数据：

2010年末与"十一五"初指标相比，煤炭产量增加246万吨，增长了43%，年均增长7%；销售收入增加45亿元，增长了141%，年均增长19%；利润增加14亿元，增长了467%，年均增长41%；资产总额增加73亿元，增长了173%，年均增长22%……

"十一五"，临矿集团交出了一份科学发展、和谐发展的靓丽答卷。

是什么让临矿的综合实力有了质的飞跃和量的提升，并在短短时间里一跃而成为行业翘楚？

借用临矿集团董事长、党委书记李义文的话来回答，更为贴切、恰当，那就是"长期以来形成的那么一股劲，那么一种工作热情，那么一种拼搏精神"。而蕴涵其中的思想大解放、观念大更新，则是临矿集团跳跃发展、跨越攀升的秘籍。

思路一变天地阔，精神面貌焕然新

作为有着50多年历史的煤炭老企业临沂矿务局（"临矿集团"前身），由于底子薄、基础差，职工思想观念陈旧，长期以来发展缓慢、举步维艰，建矿40周年时的2000年，全局煤炭产量只有74万吨，销售收入3.6亿元，亏损2665万元；全局22个单位中有16个亏损，亏损面达到72.73%。经济发展水平远远落后于省内兄弟局。

"扭亏先扭人，扭人先扭心"。2001年2月28日，李义文走马上任临沂矿务局局长、党委书记。在不到一个月的时间里，李义文走遍了全局22个单位，掌握了大量的一手资料。面对全局上下普遍存在的"等、靠、要、熬"的心态，针对干部职工中笼罩的畏难发愁、精神不振、不思进取的情绪，李义文发话了，而且，一"发"而不可收。

2001年3月14日，临矿召开具有里程碑意义的会议——全局形势报告会。1000多名职工聆听接受"洗礼"，见证并领略了新领路人的睿智和韬略。李义文从国家改革开放20多年来的形势，讲到国企改革的现状，从临沂矿务局面临的严峻挑战讲到企业下一步的出路。他高声提出"解困先解观念困，脱贫先脱思路贫"，号召全局上下要唱响《国歌》《国际歌》和《好汉歌》，"宁可拼死冲出一条生路，也不能苦熬等来四面楚歌"。李义文的讲话深深地震动了在场的每一名职工，3个多小时的报告，被20多次掌声所打断，起到了振聋发聩的效果。

趁热打铁。李义文立即在全局开展了"三个大讲""四个不怕"宣传教育活动。"大讲国家靠什么繁荣和富强、企业靠什么生存和发展、个人靠什么谋生和富裕。""不怕公有私有，就怕什么都没有；不怕是草是苗，就怕市场不需要；不怕姓'资'姓'社'，就怕姓'穷'"。只有大胆试、大胆闯、大胆干，才能使企业重获生机。

李义文的讲话通过声势浩大的解放思想教育运动传遍了全局上上下下，犹如醍醐灌顶，恰似久旱甘霖，深深地浸透着干部员工的心田，无不为之振奋，无不为之鼓舞，使广大干部职工逐步扭转了悲观失望、"等靠要"的畏难发愁思想，树立起积极改革谋自立、当家作主图自强的主人翁意识。

在冲破了"等、靠、要、熬"的思想藩篱后，临矿人逐步树立了"敢"字优先，"敢创、敢干、敢试"之风蔚然。以反骄破满、干事创业为主题的"站在新起点、实现新跨越"解放思想大讨论活动如火如荼；"二次创业，打造临矿百年基业"活动方兴未艾。一句句掷地有声的话语、一个个扎实有效的活动有力地解决了干部职工中存在的保守思想，广大干部职工的思想认识发生了质的飞越，精神面貌焕然一新，为集团公司改革改制、跨越发展提供了强大的精神动力和智力支持。

创新机制求突破，调整战略谋跨越

"举一纲而万目张。"东汉时期的大学问家、山东人郑玄的这句话，用在临矿人身上颇为贴切。

思想观念的"总阀门"一打开，其他工作路径就变得顺风顺水流畅起来。打破计划经济"大锅饭"体制，实行产权明晰、职责明确的现代企业制度成了题中应有之意。

伴随着思想解放运动，临沂矿务局开始了大刀阔斧的体制改革和机制创新，制订全局"三步走"的整体改制方案。2002年10月1日，注册资本8000万元、国有股占50%的山东东山矿业有限责任公司正式挂牌运作。标志着临沂矿务局整体改制第一步的完成。

随着东部矿区煤炭储量的急剧减少，临矿集团领导未雨绸缪，抢抓机遇，长袖善舞，大力实施"走出去"战略。先后拿下了内蒙古煤田的榆树井、新上海1#和2#的"矿权"。一马平川的内蒙古大草原活跃着一支来自"礼仪之邦"的"山东大汉"。同时，省内的军城矿井和会保岭铁矿也纳入了临矿集团的开发"版图"。至此，临矿集团人均资源占有率一跃居为全国同行业的前茅。

进入新世纪，在中国煤炭工业大整合、大发展的背景下，临矿人敏锐地抓住国家对衰老矿井实行关闭破产的优惠政策，稳步实施关闭破产、主辅分离的改革。"十五"期间，成功对11个单位进行了政策性关闭破产、8个单位实行主辅分离，又对3个煤机厂、13个公司实体进行了重组，共向地方移交17所学校和医院、2个社区管理机构，将所有单位的食堂、绿化、环卫、治安等后勤服务职能全部推向了社会。通过实行破产重组改革，使企业甩掉了沉重包袱，轻装上阵，真正成为市场竞争的主体。为二次创业，打造临矿百年基业搭建了广阔的发展平台。

2006年8月5日，对于临矿来说又是一个不寻常的日子，临沂矿业集团有限责任公司挂牌成立，从此，临矿完成由工厂制向公司制的重大转变，具有浓厚计划经济色彩的矿务局成为一段历史；临矿集团犹如"老树新枝"焕发出勃勃生机，一家拥有矿业、煤机、玻纤三大优势主导产业的大型国有企业巍然屹立在蒙山沂水间。

2005年6月，山东省国资委在临矿召开现场会，推广临矿经验；省委省政府、国务院国资委也进行了重点推广。先后有60多家省内外煤炭企业前来"取经"，成为"山东国企改革的一面旗帜"。

2006年12月27日，省国资委召开临沂矿业集团完善公司治理结构试点工作会议，完善公司治理结构试点工作正式启动；2008年5月，省国资委向临沂矿业集团公司派驻监事会，初步形成了董事会、监事会、党委会和经理层相互制衡、协调运转的新机制，使临矿在决策上做到了更加慎重、更加科学，有效规避了投资和发展风险，在现代企业制度建设方面走在了省管企业的前列，成为省管企业首批完善公司治理的3个试点单位之一。

2009年11月9日，应省行政学院和省国资委邀请李义文董事长为各省管企业的领导作了题为《规范试点、科学运作，积极探求有效的公司治理之道》的辅导报告。受到与会领导和专家学者的高度评价。

科学的发展有赖于科学的发展战略。在制订"十一五"发展规划的过程中，临矿先后三次对发展战略和发展模式进行了反思和调整，最终确定了具有临矿特色的"先优后增再大，先强后富再美"的发展思路，确立"打造创新型低碳化百年临矿"的愿景，以清晰、明确、科学、务实的发展战略和共同愿景，凝聚了人心，鼓舞了斗志，使企业实现了超常规发展。

在战略实施上，临矿集团恪守"专、好、实"的原则，把"宁专勿乱、宁好勿多、宁实勿虚"作为信条一以贯之；不搞"银样镴枪头"的把式，更不搞"花花肠子"，一门心思打造"金刚钻"。例如，要求改制分离单位与母体彻底分离，一律不纳入集团公司各项指标统计。仅此一项，每年影响集团整体销售收入不少于20亿元。五年来，累计投入 4.22亿元进行技改，年新增产能200多万吨；投入2.23亿元加大原煤洗选投入，年新增洗选能力360万吨；投资3.2亿元上新装备，综采机械化、综掘机械化程度分别由52%、8.5%提高到85.3%、68.2%。目前，已建成了2个省级技术中心，3个市级技术中心，共完成科技项目200余项，3项成果填补国内空白，3种洗选产品首次出口到印度、刚果（金）和马来西亚等国家。建成了山东省第一个"数字矿山"示范项目。由煤机集团主持编制的国家标准1项、行业标准2项，累计申报专利32项，赢得了市场竞争的制高点和在洗选煤行业中的"标准话语权"。

有了"金刚钻"，不愁"瓷器活"。与中国烟草总公司合作成立的上海庙矿业公司，地处刚刚被批准为国家级能源化工基地的上海庙能源化工基地，前景十分广阔。正在探讨与国电公司、山东鲁能进行煤电一体化合作，共同开发上海庙煤电、煤化两个转化项目。煤机集团已与国内外两家公司达成了合作意向，走出了一条强强联合、快速扩张的新路子。

正是坚持了"发展有度、建设有序、经营有利、资金有余"的原则，不贪多、不贪大，集中精力优先发展主业，形成了资产质量好、人均资源占有量高、人均创效强的比较优势。

文化助推聚合力，敢为人先谱新篇

经过"十五""十一五"两个五年的发展，当年那个曾经连续28年亏损、濒临破产绝境的"特困户"，如今已发展成为拥有资产过百亿、利润17亿元、社会知名度大幅提升的行业"佼佼者"。其间，仅用了十年的时间就迅速形成了以煤为重点支撑产业，拥有省内矿区、上海庙矿区、苍峄铁矿区三大矿业基地，以煤机和玻纤为两大支柱产业，以煤电化工、现代物流等为战略性新兴产业，多业并举、协调发展的新格局。

这些成绩的背后，企业文化的助推作用功不可没。

随着企业和员工的"一夜暴富"，"小成即满，小富即安"的思想在部分职工中滋生蔓延，部分职工的创业激情不足。面对战略发展的机遇期和转变发展方式的挑战期，过去的企业文化已很难适应公司的发展形势，亟须对企业文化进行相应的定位和提升。

临矿的决策者清醒地认识到了这一点。于是，从2009年四季度开始，一场被列为"一把手"工程的企业文化重塑提升工程在临矿上下全面铺开。

首先，聘请了企业文化专业咨询公司—北京智益德管理咨询有限公司，联合对临矿企业文化进行大规模的调研、征集。共向高、中、基层各个管理层级发放回收问卷10622份。随后，认真分析和梳理临矿优秀的文化基因、个性特征、价值导向等文化要素，形成了《企业文化调研报告》。在此基础上，经过多次反复沟通和探讨，最终提炼形成了"实新"文化体系，编撰形成了《临矿集团企业文化手册》。同时，规范了视觉识别系统，编制完成《VI手册》，在全集团全面推行临矿集团视觉和标识系统。临矿"实新"文化体系对企业使命、发展愿景、核心价值观以及企业精神等进行了重新提炼和升华，统一了职工的思想，为企业改革发展提供了强大的精神动力和智力支持。

为了使"实新"文化深入人心，临矿集团不断加大企业文化体系的宣贯力度，自上而下地开展了大规模的企业文化培训，举办了6期由集团公司领导和企业文化骨干共计800多人参加的培训班，促进理念、行为系统入眼、入脑、入心、入手。为了使企业文化之树长青，集团接着又下发《关于推进企业文化落地生根的实施意见》。各单位紧紧围绕"企业文化落地生根"这一主题，通过开展"临矿人行为规范"大讨论活动、编撰企业文化故事集和语录库等一系列企业文化"生根"活动，积极投入到企业文化宣传推广中，企业的凝聚力和向心力不断增强，"实新"文化已逐步成为临矿集团特有的核心竞争力。企业先后荣获"中国最具成长性企业""山东省企业文化建设示范单位"。

沐浴在科学发展春天里的临矿人，必将在转型和跨越的大道上阔步前进，迈向硕果累累的金秋，一个更富更美的新临矿必将傲然挺立于齐鲁大地、闪耀在广袤的内蒙古大草原！

（2011年第4期《中国煤炭工业》 张书军　崔鑫）

弘扬"沂蒙精神"　打造"百年临矿"
——山东能源临矿集团"六大工程"结硕果

2011年，对于地处沂蒙老区的山东能源临矿集团来说，是个具有里程碑意义的历史节点，这一年，临矿集团以科学发展观为指导，大力弘扬沂蒙精神，抢抓机遇、加快发展，各项经济指标再创新高，煤炭产量和销售收入双双跨越千万吨和百亿元大关，临矿跨入了全国特大型煤炭企业行列，实力临矿、平安临矿、创新临矿、活力临矿、阳光临矿、幸福临矿"六大工程"建设均取得了丰硕成果。

多元发展聚合力　"实力临矿"成效显

一年来，临矿集团积极转变发展思路，大力调整产业结构，在挖潜提效、板块整合的同时，加大对外资源开发力度，取得了主业、非煤和资源开发的可喜成绩。

积极实施精煤战略。一年来，加大煤矿技改力度，加强煤炭洗选深加工和配送煤运营，新上4座选煤厂，洗选精煤达385万吨，提升了经济效益。在沂蒙精神熏陶中成长的临矿人在内蒙古上海庙极其荒凉、枯燥的环境下建设的现代化、生态化矿井——榆树井煤矿，成为鄂尔多斯市煤矿企业建设的样板工程；2011年4月10日，该矿首列满载精煤的44节列车发往山东费县电厂，实现了蒙煤入鲁、煤炭外运的第一步，投资兴建的上海庙一号矿井也将于今年10月1日进入试生产。

在做大做强煤炭主业的同时，大力调整产业结构，坚持择优扶强、优化资源配置，非煤收入首次超过煤炭收入，达到创纪录的81亿元。为破解老区煤炭资源枯竭的难题，投资新购了沟西、西官庄两个探矿权，使铁矿石的资源占有量达到2.7亿吨。经过三年多的建设，会宝岭铁矿于2011年10月1日实现-130水平试生产；年洗选能力300万吨的选矿厂也于今年元旦实现了采选联合试运转。临矿集团董事长、党委书记刘成录对该项目给予了高度评价："会宝岭铁矿的成功试生产是临矿集团进军冶金行业征途上的一件大事，也是临矿集团开发建设史上的又一个里程碑；不仅为集团公司可持续发展注入了新的生机与活力，而且对振兴东部矿区经济、提升集团公司整体经济实力和社会效益都具有十分重要的意义。"在煤机产业方面，以打造"全国洗选煤设备制造基地"为契机，加快新产品研发和主导产品升级，研制开发的新型压滤机、单轨吊、立体车库等新产品广受用户青睐。同时，创新营销模式，加强机械制造服务业等新产业，变"卖产品"为"卖服务"，通过与中煤、神华实行反承包运营模式，使得中国最大的两家煤炭企业各个选煤厂煤泥水不再外排，促进了绿色矿山建设。山东玻纤复合材料公司采用美国GIS公司的生产技术，加快玻纤壁布、平织窗纱、复合PET材料等新产品研发力度，做"宽"了玻纤产业，形成了较为完备的玻纤产业链条。

资源是企业保持持续发展的根本。在资源开发上，临矿树立"资源为王"的发展理念，全面加大资源开发力度，加快"走出去"发展步伐，并成功购买了省外两家煤矿，托管了省内一家生建煤矿。

强基固本保安全 "平安临矿"促和谐

建设平安大厦，必须要有坚实的基础。为了打造本质安全型企业，临矿集团始终坚持"安全、稳定、可控、和谐"的安全理念，从软、硬件两方面夯实安全根基，不断加大安全投入和技术创新力度，构建起安全生产的长效机制，营造了基础牢固、稳定可控、安全和谐的"平安临矿"。

加大科技投入，全面提升矿井机械化、自动化水平。临矿集团坚持贯彻"多用设备少用人"的安全理念，不断加大装备投入和技改力度，累计装备综采设备12套、综掘设备21套、远程控制系统2套，采煤机械化水平和掘进机械化水平分别提高到目前的86.7%和97.1%，最大限度地解放了井下作业人员，降低了安全风险，并建成了全省第一对"数字矿山"示范项目。在加大"硬件"投入的同时，狠抓制度建设与责任落实，强化刚性约束。修订完善了《安全处罚管理办法》等制度，从制度层面消除安全责任盲区。坚持领导干部下井带班、管理人员包挂和督查问责制度，推动了安全压力逐级传递。狠抓安全监察与隐患排查治理，采取解剖式普查与专项督查相结合的办法，一年来，共组织各类安全大检查91次，查出隐患1017条。狠抓"双基"、质量标准化建设和安全管理创新，强化安全培训管理，提高了员工安全技能和分析解决问题的能力，先后涌现出安全责任基金制、区域负责制、安全风险递增奖励考核制、安全金牌奖励制等一系列好经验、好做法，进一步提高了安全管理水平，实现了安全生产。

敢为人先塑优势 "创新临矿"成果丰

创新是临矿人由求生存到求发展、求壮大的法宝，是企业跨越发展的不竭动力和源泉。多年来，临矿集团从解放"人"的思想入手，树立了"敢"字优先，倡导"敢想、敢干、敢创、敢试"之风，围绕体制机制创新，建立完善了以法人治理结构为核心的现代企业制度；围绕技术创新，突破了一个个行业乃至世界性技术难关，取得了一大批科技成果。

2001年，临矿集团在全省国资系统率先进行了产权制度改革，使企业真正成为市场竞争的主体；2006省国资委完善公司治理结构试点工作在临矿正式启动；2008年5月，省国资委向临沂矿业集团公司派驻监事会，初步形成了"三会一层"新机制，在现代企业制度建设方面走在了省管企业的前列。随着企业规模的不断扩大，公司业务扩展到蒙、陕、甘等省（自治区）十余个地市。为此，临矿集团从加强集团管控入手，构建了权责明确、控放适度、运转高效、管理科学的组织体系。同时，不断加强财务管理、全面预算管理和全面风险管理，集团管控能力不断增强。

推进科技创新，提高核心竞争力。近年来，临矿集团不断增加科技投入，建立和完善科技创新体制机制，着力提升企业创新能力，目前已建成2个省级技术中心、3个市级技术中心为主导的科技创新平台，建立了以自主创新为主体、产学研相结合的技术创新体系。近年来，共完成科技项目200余项，新产品鉴定15项，获得省部级及以上科技成果奖励90项，制订国标1项、行标4项，累计申报专利32项。在去年召开的集团公司科技创新大会上，对125个科技创新成果进行了奖励，奖金额达300万元。通过多年的技术攻关和创新，重点解决了冲击地压、软岩治理、薄煤层开采等技术难题，其中，软岩治理技术达到了世界先进水平。

为调动广大青工创新积极性，临矿集团自2009年开始，每年召开青工创新工作法命名表彰大会，以颁奖典礼的形式隆重表彰青工创新工作法获奖者代表。三年来，共有50余项创新成果获得命名表彰，产生直接经济效益1亿多元，在企业内形成了积极向上的激励导向和风气。

以人为本激潜能　"活力临矿"增动力

企业兴旺，人才为本。临矿始终坚持"以人为本"的理念，把激发企业内在活力作为跨越发展的重要推动力，建立了以能力和业绩为导向的人才选用机制，加快推行技术管理"双通道"，开辟技能人才成长"快车道"，为企业发展提供了可靠的智力支持和人力资源保障。

为了给优秀人才脱颖而出提供施展平台，临矿先后出台了《"十百千"人才工程实施方案》《管理及技术人员职业发展暂行管理办法》等4项制度，拓宽了优秀人才成长渠道，打通了管理、技术两条晋升通道，有效激发了各类人才活力。同时，深化薪酬制度改革，修订了岗位绩效工资标准及实施方案，使个人收入与岗位职责、劳动贡献、企业效益密切挂钩，调动了全体职工的积极性、主动性。按照"技术人员专业化、管理人员MBA化、高级管理人员EMBA化、所有管理人员职业经理人化"的"四化"思路，通过定单培养、脱产学习、内部培训等方式，实施人才素质提升工程，提升了全员的综合素质，一大批年轻的专业技术和管理骨干挑起了大梁。

根据"十二五"人才发展新规划，临矿将重点培养造就生产经营关键技术和管理岗位10名以上有相当影响力的科技专家和管理专家，100名以上有相当影响力的各个专业拔尖人才和技术带头人，1000名以上优秀高技能操作人才。将为企业持续发展提供最可靠的智力支持和人力资源保障。

廉洁从业好心态　"阳光临矿"出正气

廉洁出正气，廉洁出战斗力。临矿集团为打造本质廉洁型企业，不断完善制度，加强督查，建立健全惩防体系，让权力在阳光下运行，形成了公开民主、开放透明的工作环境，引导各级领导干部始终保持健康向上、激情创业、干净干事的"阳光心态"。

围绕阳光决策，严格落实"三重一大"有关规定；围绕阳光监督，加大党务、厂务公开力度，全面推进岗位廉洁风险防控机制建设，强化重点岗位和关键环节的监督检查和巡视，做到权力运行到哪里，监督审计就跟进到哪里，逐步形成了对重要领域、重点岗位和关键环节廉洁风险进行超前预警、科学防范、及时治理的工作格局。特别是2010年以来，临矿集团在邱集煤矿、亿金物资公司和煤炭运销公司三个单位率先开展了岗位廉洁风险防控试点工作，排查各级干部权力行使中容易引发腐败问题风险点，共查找确定风险点9672个，建立了全方位、全覆盖的廉洁风险防控制度机制，使每个职权都有"紧箍咒"，保证了权力在"阳光"下运行。

通过以上措施，凝聚了改革发展的合力，进一步提升了集团公司的发展活力和企业形象，在集团公司上下营造了风清气正、干事创业的良好环境。

成果共享惠员工　"幸福临矿"润心田

多年来，临矿集团坚持以人为本，关注职工需求，坚持发展成果惠及职工、让职工分享发展成果，把稳步提高职工收入水平作为打造"幸福临矿"的首要任务来抓。

大力实施"幸福临矿"工程，提高职工幸福指数。各单位把提高职工收入作为每年为职工办的十件实事之一，建立了收入稳步增长机制。各项民生工程快速推进，各单位普遍加大了"两堂一舍"改造，完善文化体育设施，800多户职工喜迁新居。为解除单身青工找对象难的后顾之忧，开展了"搭鹊桥、做红娘"服务青年职工婚恋活动，下属的各矿积极与周边具有互补"优势"的商场等服务行业"结对子"，为双方青工搭建直接接触、交流和沟通的"姻缘"平台，用企业的关爱促成了一个个幸福伴侣，并定期举办集体婚礼，推动了家庭、企业、社会的和谐与稳定。同时，加强人文关怀，各级领导干部深入基层，认真倾听职工呼声，为职工多办实事、多办好事，重点关注弱势群体的救助问题，让职工真正享受到企业发展带来的实惠，使临矿逐渐呈现出"病有所医、老有所养、闲有所乐、居有所安"的幸福景象。

展望未来，临矿集团董事长、党委书记刘成录信心满怀："临矿目前的发展态势奠定了'十二五'规划的良好基础，在山东能源集团优势平台的支持下，在沂蒙精神激励下的临矿人，将创造出更加辉煌的业绩，'大而强、优而富'的百年临矿一定会实现！"

（2012年2月22日《大众日报》　王学兵　贾安强　崔鑫）

"实新"文化与"超越"文化 对接激情与合力迸发释放
临矿：从"特困户"到"一面旗帜"

◆曾是全国煤炭行业 36 个"特困户"之一的临矿，去年产量和销售收入双双跨越千万吨和百亿元大关。

◆临矿探索建设现代企业制度，取得了成功的经验，被誉为"山东国企改革的一面旗帜"。

"井下'人车'就是好，比起'猴车'来不但可以节约时间，还能节省体力。"

山东能源临矿集团军城煤矿刚上马的机械化人员运输系统，为矿工上下班提供了便利。井下便利，井上更方便。去年10月，古城煤矿投资300万元建设的钢构拉膜式智能化停车场正式启用，车子在何位，只要看一眼设置在入口处的电子显示牌就可立马定位。

远在大漠的内蒙古上海庙矿业公司榆树井煤矿，刚刚实现无线网络覆盖，该矿职工可以畅享3G网络带来的现代生活。

这些变化，得益于临矿"实新"文化与山东能源"超越"文化在对接、融合和共创过程中，激情与合力的迸发与释放。

山东能源集团重组整合元年，临矿集团煤炭产量和销售收入双双跨越千万吨和百亿元大关。尤其非煤收入首次超过煤炭收入，达到创纪录的81亿元。这对于曾是全国煤炭行业36个"特困户"之一的临矿来说其意义非同凡响。

亿元投资育人才

2011年临矿新班子调整上任以后，把解放思想放在突出位置，在集团上下迅速掀起了新一轮"思想大解放、发展大跨越"的热潮。

针对部分领导干部中存在的发展欲望不强、创新动力不足等问题，临矿集团抓住对接山东能源"超越"文化这一契机，着力在解决思想之"根"上下力气、做文章。该集团组干处处长何祥成介绍，今年要聘任3名科技专家和管理专家、20名各专业拔尖人才和学术带头人、200名优秀高技能操作人才。目前，申报工作已近尾声，专家评审会将很快研究确定首批入选"十百千"人才。首批列入"十百千"人才工程的人员实行技术津贴制，每月分别补贴5000元、2000元和1000元。

临矿集团党委副书记、纪委书记刘孝孔在全公司人才工作会议上表示："通过实施技术、管理双通道考核管理办法，旨在建立以能力和业绩为导向的人才选用机制，开辟人才成长的'快车道'，有效解决专业技术人员和大学毕业生两大群体职业成长通道与长远激励问题。"

多年来，临矿按照"技术人员专业化、管理人员MBA化、高级管理人员EMBA化、所有管理人员职业经理人化"的"四化"思路，自2001年以来总计投资1.03亿元，通过定单培养、脱产学习、内部培训等方式，大力实施人才素质提升工程，一大批年轻的专业技术和管理骨干被委以重任。

树起全国煤矿标杆

5年前，作为省管企业首批完善公司治理的3个试点单位之一，临矿集团在建设现代企业制度方面做了有益探索，并取得了成功的经验，被誉为"山东国企改革的一面旗帜"。

5年来，临矿人创新发展的脚步从未停息，特别是临矿"实新"文化与山东能源"超越"文化的对接融合，产生了巨大的推动力。

一年来，通过推行精细化管理、全面预算管理和全面风险管理，集团管控能力不断增强，在人均收入大幅提高的同时，吨煤成本不升反降；实施"科技强企"，去年拿出300万元对125个科技创新成果进行了重奖；连续4年举办了"青工创新工作法"评选命名活动，共有60多个创新项目以个人名字命名表彰，累计创效超10亿元；最近，又推出了10个"优秀大学生创新团队"。通过技术攻关，重点解决了冲击地压、软岩治理等技术难题，其中，软岩治理技术达到了世界先进水平。

榆树井煤矿建成投产后，实现了蒙煤入鲁、煤炭外运的目标，并成为鄂尔多斯乃至全国煤矿企业建设的标杆和样板。经过4年多的建设，会宝岭铁矿年洗选能力300万吨的选矿厂于今年元旦实现采选联合试运转。山东煤机集团以打造"全国洗选煤设备制造基地"为契机，加快新产品研发和主导产品升级，与中国最大的两家煤炭企业合作，实行专业化服务和反承包运营模式，促进了绿色矿山建设。

（2012年5月21日《大众日报》 王学兵 崔鑫）

高质量发展的"临矿样本"

山东能源临矿集团创新性"嫁接"矿井大数据建设平台，投资建成的临矿第一套智能化通风系统，可实现以风定产、智能调节、精准控风、实时控制，提高了矿井通风安全管理和分析决策水平，实现了可视化"无人值守"。

同处济宁地区的临矿鲁西煤矿选煤厂在省内率先引进智能干选系统，可通过WiFi远程对设备运行参数进行调整、实时监控。日前系统升级改造圆满完成，18名选矸工被分流到其他岗位，彻底结束了该矿人工选矸的历史，并且每天选矸量由原来的200吨增加到600吨，工效提高3倍。

像这些过去想都不敢想的智能、前沿、"高大上"的技术，如今正在临矿集团稳步推进中。

"经过两年多的新旧动能转换工作，集团上下形成了令人可喜的创新理念、创新氛围、创新环境和创新机制，涌现出了层出不穷的创新成果和迭代叠加的创新红利。一个创新动力强劲、创新工作活跃、创新成果卓越的创新型临矿正在建成。"日前，临矿集团党委书记、董事长刘孝孔接受记者采访时说。

"学习力＝企业核心竞争力"

2016年3月，临矿新班子组建后，总结煤炭黄金10年和危机4年来的发展经验和教训，得出结论：市场残酷无情、危机变化无常，唯有练好内功、固本强基，才能应对挑战；唯有打造成长性、领先性企业才能永续发展。在此基础上，他们提出"以市场为师，向先进看齐"，确立创建"领先性"企业发展战略。

领导班子"领先性"是战略实施的中流砥柱。临矿出台加强各级领导班子建设《20条纲要》，提出强化领导班子政治敏锐能力、管理提升能力、资本运营能力和学习创新能力"四个能力"建设。

"四个能力"从哪里来？"领先性"战略如何落地生根？"我们要把学习资源作为企业的战略性资源对待，把对学习的投入作为战略性投资，向学习要动力、向学习要效益、向学习要发展。"刘孝孔特别为到浙江大学参训人员提出"思考题"：临矿的核心竞争力是什么？影响企业发展的障碍是什么？怎样创建领先未来的体制和机制？

在浙大宁静的校园里，参训人员围绕"临矿三问"，结合专家所讲，展开热烈讨论，对标、审视各自存在的问题和短板。培训后，集团各级领导结合实际和所学所感，纷纷撰写塑造临矿转型升级的新理念、新动能、新活力的论文和建议，并将优秀论文集结形成《浙大归来话升级》一书，将所学成果应用于临矿实际工作中，为临矿领先性战略的实施提供解决方案。

针对人才选拔渠道狭窄、人才发展常遇"天花板"等问题，他们打破了"论资排辈"的选人用人常规，逢晋必考、逢用必考、逢汰必考，构筑以考定优、用考选才、凭考晋升的员工成长平台。一年多来，25个专业近3000人参加了专业考试选拔，383人选拔进入人才库，162人得到提拔重用。在此基础上，制订"三考一聘十二级台阶"人才选拔制度，实施"员工职业生涯攀登"计划，推行了干部交流任职、契约化管理制度，找到了一条人才选拔使用的新路子。一批70后、80后、90后中青年优秀干部充实到临矿各层级管理技术团队。同时，建立了"人才库和人才池"大数据，为未来20年至30年的人力资源提供了人才支撑和资源保障。"三考一聘"释放了临矿人才的"蝴蝶效应"，影响带动各类人才流动达600余人次，激活了人力资源"一潭活水"。

"浙商之先，启智临矿；浙大之光，维新吾邦！"这是前不久临矿集团赠送给浙江大学继续教育学院锦旗上的"锦句"。在此之前，临矿集团被该学院授予年度"最佳学习型企业"称号。

临矿还在领导干部中开展读书活动，要求每名干部每季度读书不少于一本书，并写出读后感。《习近平的七年知青岁月》一书出版后，临矿集团党委迅速组织全体党员领导干部认真学习《习近平的七年知青岁月》一书，学思践悟习近平"知青岁月"，用"梁家河"精神和毅力推动新旧动能转换。

通过学习力建设，以思想观念转换引领新旧动能转换，使广大干部和管理人员的心智模式得到了改变、思想维度得到了拓展，磨砺了各级领导干部在攻坚克难中的坚韧不拔、在优异成绩前的清醒坚定，保持了集团领先性战略的铿锵落地，为转型发展提供了"源头活水"。目前，创新正成为临矿新的资源禀赋和引领发展的第一动力，推动了新旧动能的加速转换，一批领先性、革命性、颠覆性的临矿速度、临矿质量、临矿模式、临矿品牌和工业3.0"示范工程""样板工程"纷纷诞生。2017年新增煤炭产能1000万吨，实现营业收入248亿元，实现利税50亿元，人均收入8.5万元，如期实现年初党代会提出的"再造一个新临矿"的目标。

新动能催生国内领先"云临矿"

面对经济发展新常态、深化改革大趋势和转型发展硬任务，临矿集团以战略视野、长远眼光寻求新旧动能转换破解之道，应用新技术，推广新模式，培育新业态，推动传统产业脱胎换骨。

为了加快实施新旧动能转换，2016年4月以来，除南下浙江、浙大学习浙商快捷高效的新思维、新管理外，临矿新领导班子带领集团中层和二级单位党政领导，先后到省内大数据先锋红领集团学习互联网个性化定制，北上神华学习互联网+煤炭开采新工艺，西进晋煤、阳煤学习云计算条件下的煤炭贸易。与巨人比肩对标找短板，以"云计划"为临矿的未来增添新动能。

通过考察学习、对标反思，临矿成立新旧动能转换领导小组，制订《临矿工业3.0+升级改造计划》和以大数据为核心的5大平台建设方案，推出10大类26项重点工程，发布了《大数据应用发展规划纲要》和《大数据建设方案》。并由此建立起五大共享平台，构建起数据资源横向集成共享、纵向融会贯通的运营"四梁八柱"。

"必须抢抓机遇，拿出腾笼换鸟、凤凰涅槃的勇气，以'砸锅卖铁''赶鸭子上架''有条件要上，没条件创造条件也要上'的精神和气魄，把临矿目前的工业2.0转型升级到工业3.0、4.0。"临矿集团党委书记、董事长刘孝孔介绍说，

有了决策者的强力推动，有充沛的资金支撑，五大共享平台和26项新旧动能转换重点工程齐头并进、次递铺开；一个个传统煤炭行业的技术和管理模式正在被颠覆和改写，新动能逐步取代旧动能，成为临矿上上下下的共识和统一行动。

动能转换呈现"加速跑"的发展态势。以机械化、自动化、智能化为重点的采掘工艺革新取得新突破：2017年8月1日，财务共享平台成功上线，当年11月、12月，人力资源、安全生产共享平台相

继建成；2018年1月1日，设备管理、党建共享平台建成；3月23日建成启用的财务共享平台；5月2日，临矿集团党政领导班子工作例会上，首次以安全生产、资金结构、人力资源、设备运营、煤质管理等6张表形式，开启大数据分析新模式，向人们呈现了由"人治"向"云管理"悄然转变的初具雏形的"云上临矿"。

"大数据共享五大平台的集体入列，使得临矿既可以盘活闲置资源、激活沉默成本，让各类要素优化配置，又可以重塑组织架构、压减流程链条，让动力活力松绑涌流，管理革命和技术革命相融共生、双轮驱动，必将大大提速新旧动能交织交换的进程，实现'腾笼换鸟、凤凰涅槃'，促进'老树发新枝、老鹰长新翅'。"刘孝孔如此评价。

按照临矿集团的规划，从今年开始的四年内，将依托五大共享平台，以数字化转型推动管理架构和流程再造，推动产业转型升级，创建独具临矿特色的商业模式；同时运用大数据运营管理，形成临矿的自主知识产权，建设专业化队伍和产业化公司，以创造贴有"云上临矿"标签的价值和红利。

目前，临矿集团已建成投用田庄煤矿薄煤层自动化采煤工作面、郭屯煤矿第一个厚煤层一次采全高工作面、株柏煤矿第一个急倾斜煤层机械化开采工作面和鲁西煤矿第一个快速掘进成套装备工作面。而以王楼煤矿第一个无人或少人值守工作面为标志，临矿全面开启智能化值守模式，实现了从"守岗盯靠"到"无人则安、智能运行"的理念革新，改变了"增产必增人"的旧动能管理模式，临矿以"弯道超车"的发展态势步入山东大型煤炭企业第一方阵。

科技创新，"煤亮子"亮绝活

"创新是引领发展的第一动力，是建设现代化经济体系的战略支撑"。习近平总书记在党的十九大报告中，10余次强调"科技"、50余次强调"创新"。可以说，创新已成为新时代中国发展的最强引擎。

临矿集团以十九大精神为引领，积极落实"大众创业、万众创新"号召，坚持"技术产业化、产业智能化"方向，大力实施创新引领战略，着力构建"创新型临矿"。

"通过机械化换人提效，田庄煤矿从'去产能'矿井中解放了出来，发展壮大了起来，仅机械化开采工艺变革年综合效益4000万元。"田庄煤矿矿长、党委书记李宗国说起薄煤层开采时自豪感地表示。据了解，针对薄煤层炮采炮掘落后工艺的实际情况，该矿探索推行以薄煤层机械化、自动化开采为主的工业3.0+装备升级，实现了从炮采到高档普采再到综采工艺的"三级跳"，彻底告别了炮采炮掘史。薄煤层开采这一"绝活"，让田庄矿起死回生的同时，也获得临矿集团新班子上任后即时奖励的"第一单"——60万元的重奖。

远在内蒙古的上海庙矿业公司针对现场"卡脖子"难题，拿出200万元科技创新基金，激励对软岩、地下水害特性攻关取得重大突破，《上海庙矿区膨胀型富水软岩地层高产高效工作面与综合疏放水成套技术研究》成果，获得临矿集团100万元重大奖励。

"最近我们在3下A02工作面应用钢管混凝土高效沿空留巷技术取得成功，实现了无煤柱开采，这一在中厚煤层采用留巷技术在省内尚属首次。这也是鲁西矿青创联盟成立来的一大成果"临矿集团鲁西煤矿矿长范吉宏评价说。据悉，仅此一项可新增利润1600余万元。目前，青创联盟汇集青年创客221人，他们打破区队班组区划，构建了面向全矿的"技术共享圈"。

像鲁西矿这样的创客小组在临矿集团各二级单位达49个。目前临矿集团在册员工平均年龄37岁，

35岁以下的员工占42%，其中，专兼职创新人员5300余人，年推出创新成果500项以上。特别是青年员工已成为大众创业、万众创新的主力军。

会宝岭铁矿"青年创客中心"发挥90后年轻职工占多数的优势，给他们压担子，让他们在平凡岗位上"出彩"。青年创客中心共有四支创客团队，他们面向全体干部职工征集安全生产、经营管理中的"疑难杂症"以难题的形式进行申报，申报成功后，悬赏定价，等待认领攻克。2017年4月成立至今共计征集难题108项，攻克35项，直接经济效益3500万元。其中，大学生创客团队针对爆破大块率居高不下的问题，试验成功多排微差爆破技术，原矿石产量由5000吨/天提高到6600吨/天，出矿效率提高31%，人均工效提高9.3%；机运创客团队立足工业智能化研究应用，在中细碎车间运行巡检机器人，把职工从噪音和粉尘的环境中释放出来。

近两年，临矿集团不断深化创新体制机制改革，在集团层面成立技术研究院、安全经济技术环境"一体化"研究院和矿井水害防治技术、智能化自动化技术等7个研究所，二级单位层面也全部成立专门的科技管理机构。同时，建立了科技经费稳步增长机制，集团科技投入年均增加0.5个百分点，"十三五"末将达到3%以上，以科技经费的提取使用倒逼项目研发、成果转化渐成常态。

建立科技创新重奖制度，创造性地将创新创效收入纳入薪酬结构。从2016年开始，临矿集团与二级单位签署科技项目责任书，将创新投入、创新成果、创新效益同各单位主要负责人、分管副职政治待遇、经济待遇挂钩，对完不成创新任务单位，扣减主要负责人、分管副职年度薪酬，以此强化科技创新在企业可持续发展中的核心带动作用。据悉，在刚刚召开的临矿集团"临矿之最""临矿第一"新旧动能转换创新成果表彰大会上，对8个单位分别授予2017年度科技工作成绩特别优秀单位奖、优秀单位奖、进步最快单位奖，资金分别为30万元、20万元、10万元。

在大数据二期工程推进过程中，临矿集团将重点扶持一批从事数据采集、数据加工、数据应用的一批的创新个体、创客团队，让数据动起来、用起来、活起来，让数据成为创客创新的支撑。他们将利用三到五年的时间，构建集团、矿厂、区队、班组4个层级、功能和层次不同的40个创客中心，打造一批遍布各领域、覆盖各产业的300个创客团队，年推出成果交易、课题悬赏、难题求解2000个，年综合创效达到1亿元以上。对于创新创造的奖励，临矿集团毫不手软。两年来，临矿有100多项创新成果获得重奖，百余项知识产权成果获得奖励。2016、2017累计发放创新成果奖金达2700多万元，今年有望达到3000多万元。

"要强力推进新旧动能转换现场观摩会的创新成果、成熟经验、管用办法和'微创新'成果的推广应用、落实落地、开花结果。"7月26日，在临矿集团创新成果巡展启动仪式上刘孝孔强调，要及时地把这些成果转化为企业的核心竞争力，让创新成果覆盖到相关领域、相关岗位，以旧创新引发新创新，以小创新推动大创新，以已创新激发未创新，从而产生榜样效应和蝴蝶效应。

新旧动能转换集中发力、优质产能快速释放，使临矿资产质量、盈利水平和抗风险能力等稳步提高。2017年，临矿完成产量、销售收入、利润、资产总额、上缴税金、经济增加值、国有资产保值增值率等十项关键指标均创临矿建企以来最好水平，其中，产量、资产、收入、工效等主要经济指标呈现倍增效应，相比2011年史上峰值的"千万百亿"，相当于一年再造了一个"新临矿"。

（2018年10月《中国煤炭工业》 王学兵 崔鑫）

三通道十二级台阶，人人尽展其才

——山东能源临矿集团建设员工职业发展体系纪实

将管理、技术、技能三类人才并轨，明确达到各层级的时间节点和目标条件

自2016年5月至2019年7月累计完成25个专业2939人的全员考试和专业选拔工作，231人走上管理技术岗位。

作为技能序列最高级的"临矿工匠院士"，享有20000元/月的补贴，与技术序列的"临矿院士"一样，待遇可比肩董事长。

近日，山东能源临矿集团省内外988名工程技术及安全生产管理人员分赴济宁学院和内蒙古鄂托克前旗能源局考务中心两个考点，同时开展两大专业综合考试。4天后，囊括临矿集团采掘、地测防治水、机电、通防、调度和安全6个专业排名前50%的494名报考人员的成绩榜便挂了出来。"这是山东能源临矿集团今年各类专业考试人数最多的一次，我们将对各专业前10名、20名人员每人奖励2000元，并纳入集团人才库，为下一步考聘工作做好准备。"山东能源临矿集团组织人事部部长何祥成说。

从低到高有十二级台阶可攀

2016年3月，临矿集团新班子上任后，针对人才青黄不接、选拔渠道狭窄、后备力量薄弱等问题，制订《临矿集团领导班子建设20条纲要》，积极探索人才成长通道、路径和人才选拔机制。

通过全面的方案征集、研讨、论证，一部具有临矿特色的"人才宝典"——《关于深化"三通道十二台阶"人才攀登工程的实施意见》下发，在广大员工中引起强烈共鸣。

根据方案，临矿集团打破传统的管理"单通道"职级，创新建设管理、技术、技能"三通道四层十二级台阶"员工职业发展体系，将管理、技术、技能三类人才并轨，明确达到各层级的时间节点和目标条件。员工从低到高有十二级台阶可以攀登、发展，实现了同等价值、同等发展、同等地位、同等薪酬。在管理序列中，从低到高设置管理级、科级、处级和高管级四级，每个层级又设立3个岗位。如科级设副科级、科级、副总级3个岗位，集团高管级设副总经理、总经理、董事长3个岗位；对应的技术序列分别为中级：助理工程师、工程师、主管工程师，专家级：首席专家、资深首席专家、临矿院士3个高级岗位。同时，在技能序列中，与科级相对应的分别是技师、主管技师、资深技师；和集团高管级对应的是工匠级，相对应地分设首席工匠、资深首席工匠、临矿工匠院士。

"十二级台阶让人才成长从'单通道'向'三通道'转变，而且管理与技术、技术与技能、技能与管理，通道两两对应互通，三类员工纵向可以向本序列高层次岗位发展，横向可以在不同序列间不断成长和竞岗流动，让各类人才拥有了更多的选择机会和发展空间。"何祥成介绍。

同时，临矿集团还尝试市场化选人用人机制，首次通过社会化选聘财务共享中心大数据分析师，通过聘用协议和契约合同对其责权利、经营目标、激励以及未能完成经营目标的退出机制等进行明确

约定。临矿集团《"一企两制"人才职业发展系列图》在国家版权局登记备案。"一种基于人才管理的大数据分析设备""人才储备管理系统和人员薪资管理系统"还分别获得了发明专利、计算机软件著作权。

一线技工待遇可比肩董事长

"我作为实习指导教师能享受到干部待遇，过去连想都不敢想。"44岁的临矿集团煤炭技师学院教师张军对记者说。2018年5月，他直接被聘任为临矿集团钳工机械资深高级实习指导教师，相当于管理序列的干部职级，干起工作来格外有劲。

为了解决企业技术骨干紧缺的问题，临矿集团试点新型学徒制，选拔了100名青工交给张军作为企业技能传承的种子来培养。最终，有81人通过高级技工资格认证，2名学员获临沂市"劳动之星"技能大赛冠军。

"一名优秀的本科生通过努力，17年可晋升到首席高级工程师。"何祥成说，其薪酬待遇将超过单位的"一把手"。

为鼓励各单位具备专业技术资格人员积极晋升技术职称，他们还对享受初级、中级、副高级、正高级人员给予职称补贴，每人每月分别补贴200元、400元、800元和1000元。同时，对技能序列的各类技术人员、技师也给予相应补贴。作为技能序列最高级的"临矿工匠院士"，可享有每月20000元的补贴，与技术序列的"临矿院士"一样，待遇可比肩董事长。

据何祥成介绍，"三通道十二级台阶"模式，让员工从低到高，按照"四层十二台阶"步步登高，解决了企业需要与员工兴趣的矛盾。目前，他们选拔聘任管理通道人才2399人、技术通道人才581人、技能通道人才306人，今年底高技能人才队伍将超过2000人。

人才红利助力高质量发展

临矿集团启动了全员"三考一聘"工作，自2016年5月至2019年7月累计完成25个专业2939人的全员考试和专业选拔工作，231人走上更高层次的管理技术岗位，"80后"副处级干部达到8人。今年4月他们又开启了第二次"三考一聘"工作。截至目前，临矿集团已完成人力资源、工程管理、文秘综合、工程技术以及安全生产管理等17个专业的考试，2121人参加考试，249人进入人才库。

"说话做事更有底气了，不用再考虑如何发展、往哪里发展的问题。"山东省工程技术研究员、临矿集团技术中心主任刘春峰，从管理序列的副总工程师晋升为技术序列的资深首席专家后表示，作为人才政策的受益者，他享受到了集团副总经理待遇。

目前，临矿集团建有1个院士工作站、2个博士后创新实践基地、2个省级企业技术中心、1个省级工程技术中心和8个市级技术中心。近年来，获得专利授权536项，其中发明专利43项，万人发明专利拥有量16件，超过了万人发明专利14件的国家标准，获得软件著作权23件。

"该体系的建立，为临矿集团新旧动能转换、高质量发展提供了充沛的人力资源。"临矿集团党委书记、董事长刘孝孔说。

（2019年8月15日《中国煤炭报》　高文静　崔鑫　王伟）

"党建大动力"为临矿加装"红色引擎"

"临矿集团'党建大动力'战略实施以来,我们坚持一年一个主题,一年一个提升,走出了一条以高质量党建为引领、高质量发展为主线,动力足、创新强的跨越发展、科学发展之路。"山东能源临矿集团党委书记、董事长刘孝孔说。

临矿集团新班子上任以来,提出"红色国企、临矿姓党"的信条和"发展是硬道理、挣钱是真本事、党建是大动力"的工作格局,发出了加强党的全面领导、全面加强党的建设的动员令。制订《临矿集团领导班子建设20条纲要》,提出着力提升政治敏锐能力、管理提升能力、资本运营能力和学习创新能力"四种能力",为开展思想变革、技术变革、管理变革"三大变革"打下基础。

针对长期以来形成的企业党的建设弱化、淡化、虚化、边缘化问题,临矿集团于2017年启动"党建工作全面提升年"活动。不断推进各级党组织机构设置规范化、活动阵地标准化、党务队伍专业化、教育管理常态化、党建服务品牌化、工作保障制度化、活动目标创效化"七化"标准建设,为企业闯关突围、科学发展提供了强力保障。

"把标准化引入党建工作,是新时代提高党建质量的创新举措,既具有价值也富于挑战。"临矿集团党委副书记提文科表示。

临矿集团注重在党建工作顶层设计上做文章,积极探索将党建工作融入生产经营全过程,在党委、党支部、党员三个层面上规范创新开展党建工作,建章立制,强化考核,实现了党的建设有吸引力、党的组织有战斗力、党员有凝聚力的良性发展。

在多轮外出学习对标、培训调研后,临矿集团党委将2018年确定为"党建工作标准化建设年",专门成立党建工作标准化编委会,参照中央方针政策、上级党组织决议决定和工作部署,结合集团公司工作实际,将"七化"雏形升级到"十个标准化"体系——基层党委工作标准化、党支部工作标准化、党员管理标准化、党内组织生活标准化、阵地建设工作标准化、党建政研标准化、党建保障工作标准化、纪检监察工作标准化、工会工作标准化、共青团工作标准化。在广泛吸收全面从严治党理论成果和实践经验的基础上,临矿集团组织有关人员通过导入标准化思维理念,用标准化原理、标准化方法对党建工作进行优化整合,经过一年多的编撰校对,《新时期国有企业基层党建工作标准化研究》一书,于今年8月由新华出版社正式出版。该书的出版对于加强国有企业党的建设,推进党建工作标准化提供了行之有效的办法。

他们在召开季度党建工作例会的同时,创新举办了党支部书记论坛、党员故事讲坛,将基层党委、党支部、党员三个层面的积极主动性都调动起来。通过深化"一党委一亮点、一支部一品牌、一党员一故事",让每个党委都有自己的特色,让每个支部都有自己的品牌,让每名党员都讲好自己作为党员的故事。临矿集团培育形成了一批上档次、有活力、管长久、可参学、能推介的党建品牌。同时,党建工作创新成果奖励基金制度带动了基层党务工作者的创新热情,2017、2018年度分别表彰奖励党建创新项目65项、76项,发放奖金98.5万元、110余万元,有效发挥了"党建大动力"作用。

"以党建工作标准化为总纲,以党建与中心工作融合发展为导向,目前基层单位初步形成了各有特色的抓党建工作体系。古城煤矿的'红星党建'、新驿煤矿的'源党建'、会宝岭铁矿'七彩党建'、物商集团的'党建双平台'等等，将党建融入生产经营全过程，持续打造品牌效应。"临矿集团党委组织部部长何祥成如数家珍。同时，党建工作阵地也由简陋的会议室升级到"十有十上墙"的标准化配置。新驿煤矿的新时代讲习所、王楼煤矿的党建文化广场、物商集团政治生活馆等等成为矿区党建工作的新看点。

　　利用互联网给党建"赋能"，是临矿党建大数据综合管理服务平台建设的一大亮点。他们借助大数据五大平台，坚持统筹协调、上下联动，加快推进基础数据录入，完善各专业模块功能，实现基层党建工作创新与智慧信息技术手段的有机结合，开创了临矿党建工作"云时代"，不仅"让党的一切工作到支部"，更使"党的一切数据走上云端"。

　　"通过品牌化、系统化、规范化、可视化的党建标准化体系创建，实现了党建各项工作的标准化、高效化运作，达到了提升和改进新时代党建工作的目的，使党建工作嵌入安全生产经营管理全过程。"刘孝孔说。

（2019年11月28日《大众日报》　崔鑫　张璞）

临矿集团产学研深度融合智能化加速向前

新华社信息济南讯　近年来，山东能源临矿集团从机制上推动持续性技术创新，走出了一条产学研深度融合、成果加速转化的创新发展之路。临矿集团探索的深度融合协同发展平台，在融合院校科研优势与企业实际经验的基础上，成功实现国内首套透明化自适应采煤等技术的推广应用。

筑巢引金凤　搭建产研"新平台"

"同学们好，我现在在郭屯煤矿，今天晚上我们学习《高级地理信息系统》第三章……"这是北京大学教授、博士生导师毛善君通过视频连线为远在北京的同学们讲授课程。这是他来到菏泽煤电公司郭屯煤矿的第二个年头。像这样把北大课堂"搬"到矿区，已成为常态。

从"象牙塔"到生产矿区，毛善君的梦想就是把他研究出的"透明化自适应采煤技术"尽早落地，转化为"现实生产力"。跑井下问需、到头面测量、盯现场测试，反复打磨技术设计应用方案，驻矿开展"老母鸡"式研发成了他和团队成员工作的真实写照。

"搞科研不能局限于实验室里做研究，还要实地了解掌握一手情况。特别是搞煤矿智能化，更不能脱离矿井生产实际。"毛善君说，郭屯煤矿3301智能化工作面应用较早、运行成熟，是透明化智能工作面开采技术研发较为理想的"试验田"。

早在 2018 年，菏泽煤电公司党委书记、董事长、总经理李存禄便对毛善君团队最初提出的透明化工作面智能化开采技术设想十分看好，敏锐地意识到这将会成为未来煤炭工业智能开采的新方向。

为争取该项目"落户"矿区，更为了留住毛善君科研团队，公司在郭屯煤矿成立智能智慧研究中心，在科研条件创设、技术力量支持、实验设施配套、生活服务配备等方面，想方设法创造一流条件。

随着智能智慧研究中心发展，他们不仅与多家高校院所、智能装备制造企业形成产学研联系，而且与多名矿业界院士专家建立了稳固的、长期的合作关系，形成了以蒋宇静院士山东省院士工作站、毛善君教授透明化工作面研究所、何满潮院士"110 工法"应用研究所和5个研究中心为主体的"一站两所五中心"架构。

"边栽梧桐树边引金凤凰，不仅能让教授、专家紧盯生产一线问需，更有利于打破高新技术壁垒，实现跨领域、多学科的充分'混搭'，联合攻关。"李存禄说。

郭屯煤矿透明化智能工作面开采技术，融合了地质、测绘、通信、控制等多种学科的先进成果，其中有多项来自"一站两所五中心"提供的技术支持。

"'企业家'重点负责项目设立、目标确定、科研配合及成果应用，'科学家'着重利用自身优势通过技术攻关实现既定目标，'两家'融合必将产生巨大的化学反应。"临矿集团党委书记、董事长刘孝孔说。

名师带高徒　赋能科创"新引擎"

"没想到在矿上圆了我上名校的梦想！"郭屯煤矿智能开采集控员刘虎在朋友圈晒出他们团队听毛善君教授讲课，与北大、中国矿大等名师高徒共同探讨问题的图片，引得工友、朋友们纷纷点赞评论。

2019年初，毛善君透明化智能工作面开采技术研究团队进驻郭屯煤矿，吸收矿井部分技术人员、管理人员和操作人员组建了"两家三员"攻关组，不仅实现了优势互补，更为智能工作面开采技术专业岗位群的形成奠定了基础。

"'两家三员'组合模式，能实现资源共享、优势集成，弥补矿井智能化专业岗位群人员培养周期长、技能提升难、团队磨合少等不足。"菏泽煤电公司党委副书记、工会主席高志勇说，技术研究团队成员多是北京大学、中国矿大等知名院校煤炭相关专业的博士、研究生，他们中有30多人常驻矿区，与"名师高徒"们共同搞科研。

借助科研团队力量，菏泽煤电公司又组建了"5+N"自主研究中心，选拔业务能力突出、创新意识强、工作表现优秀的职工组建了10个智能化技术创新攻关团队，按照专业细分进行攻关。

"我干的是煤矿测量，我们团队的老师是北大测量专业的博士。他指导我们完成的《巨厚表土层煤矿井筒偏斜机理与治理关键技术研究》项目，还获得了临矿集团新动能创新成果奖。"郭屯煤矿地测防治水科助理工程师王金正说，有了系统的学习和专业指导，现在搞小改小革、技术创新更有底气了，成果也更有"含金量"了。

"矿井技术人员经验丰富，但缺乏自动化、智能化专业的理论体系；高校院所的科研人员专业知识扎实，但对现场生产工艺、生产环节等实际情况、实操技术相对陌生。'两家'融合、'三员'参与能有效搭建互动平台，促进创新要素在企业与科研机构间自由流动。"李存禄说，今年上半年，公司"5+N"自主研究中心累计申报发明专利25项、实用新型专利30项、软件著作权3项、技术专著1本，锻造了一批"智能工匠"。

据了解，菏泽煤电公司不仅为矿井智能化人才培育搭建了施展舞台，还制订一系列鼓励学习、激励创新的制度规范，仅每年设立小改小革、创新创造专项奖励资金就达500万元。

众智促提升　策源产业"新高地"

"透明化智能工作面开采技术和'110/N00工法'的探索应用将在煤炭行业产生颠覆式变革。"7月30日，国家煤矿安全监察局党组成员、副局长宋元明率调研组到郭屯煤矿调研透明化智能工作面建设工作时，对菏泽煤电公司"两家"融合取得成绩给予充分肯定。

"'两家'融合能精准抓住行业需求，实现产学研对接、定制化研发，能有效提高科研成果转化效率，实现产品研发、产业链创新和价值链再造。"刘孝孔说，透明化智能工作面开采技术和"110/N00工法"等技术在郭屯煤矿的研发应用，不仅填补了多项煤炭行业空白，而且为矿井智能化高效化采掘提供了"临矿样本"。

2019年初，临矿引进何满潮院士团队，在郭屯煤矿4306工作面开展切顶卸压无煤柱自成巷技术（即"110工法"）应用研究，成功留巷800米，有效降低了工作面回采期间的冲压威胁，填补了国内冲击地压矿井切顶卸压无煤柱自成巷技术空白。

今年9月，历经两年多完成的郭屯煤矿"综采工作面智能化自适应采煤关键技术研究及系统"项目，顺利通过中国煤炭工业协会组织的科技成果鉴定。5G技术应用于井下智能自适应综采工作面常态化生产、全自动测量机器人动态精确定位系统研发应用等多项技术均为国内首创，达到国际领先水平，推动了我国煤炭工业由"记忆截割"进入"自适应截割"新时代。

科学家的和盘托出、企业家的倾情投入，一批批实用实效的科研成果纷纷走出"象牙塔"，在菏泽煤电公司"破壳而出、化茧成蝶"。采区"N00工法"科研工程，智能掘进自主精准定位技术，机器人测量、惯导和编码器精确定位系统，具有我国自主知识产权的TGIS矿井智能管控平台……这些"高大上"技术的研发应用纷纷落地生根将对我国矿井安全高效开采产生深远影响。

"我们要发挥企业技术创新主体作用，促进产学研深度融合，通过矿井技术服务，在深化'两家'互动合作基础上，加快培育全智能化开采专业化队伍步伐，以技术服务实现市场化运作、产业化发展的思路，将矿井的人才优势、建设经验推向市场，实现'卖产品''卖服务'转变。"谈到下一步发展，刘孝孔表示，通过提高智能化矿山技术普及化、全面化、常态化水平，真正让采煤工变身"采矿员"，让"煤黑子"成为"煤亮子"，让"井下无人"梦想照进现实。

（新华社山东分社《高管信息》第40期　崔鑫　李鸿瑞　任腾霄）

临矿集团第一位"数字员工"上岗

"从本月开始，我们的第一位'数字员工'就正式上岗了。"近日，山东能源临矿集团党委书记、董事长刘孝孔宣布。与此同时，临矿集团员工也在积极为这位"数字员工"起名字。

临矿集团大数据中心主任、中国大数据技术与应用联盟智库专家委员会专家崔希国介绍，这名"数字员工"是由11000余条代码控制的流程自动化机器人，可不分昼夜、安全可靠地工作，能够替代人的重复性、流程性劳动，模仿1500种人为操作，按时把每日资金情况以日报形式及时发送给相关领导。此外，临矿集团还规划了7个财务方面的应用。在不久的将来，临矿集团还会有更多"数字员工"上岗。

"数字员工"只是临矿集团智能化、数字化建设的一个缩影。

三年前，临矿集团组织千余名矿处级以上领导干部和专业管理技术人员先后到红领集团、浙江大学对标学习；率先投资10亿元，推进以10大类26项133个项目和"云上临矿"建设为主要内容的新旧动能转换工程。

截至去年底，临矿集团共完成工业升级项目120个，装备了6个智能化采煤工作面、6个智能化掘进工作面、10条岩巷快速掘进作业线，开展机器人研发与应用9项，采掘工效分别同比提高17.4%、8.2%。其中，透明化工作面成为引领煤炭智能开采的新潮流。

2018年3月23日，临矿集团大数据—财务共享中心启用。目前，临矿集团财务、人力资源、设备管理、安全生产和党建五大共享平台全部建成，数据资源成为临矿集团的重要资产。临矿集团大数据"5+N"平台模块达到230个，归集标准数据1.8亿条，数据涵盖财务、人力、物资、安全生产等业务领域，且以每天10万条的速度增加。2019年，临矿集团提交《重点数据扫描》42期，发布安全、经营、环保等预警信息126份，提高了管理精确度。

借助新动能、大数据，临矿集团非煤板块也快速发展。2019年，临矿集团非煤板块销售收入同比增长13.3%，利润率由20.5%升至46.6%。会宝岭铁矿自主完成的非煤矿山双重预防体系上升为国家标准；通过卖技术、卖标准，为233家企业提供技术服务，2019年创收400万元。玻纤公司年产8万吨池窑拉丝数字化智能生产线达产达效，成品纱A级品率超过99%；推进精准化营销，开发外贸客户400余家，新增销量超过万吨。

至此，临矿集团呈现煤炭、玻纤、铁矿三足鼎立、良性互动的局面，曾经对标学习的"师傅"慕名前来对标、交流、学习。

如今，新动能已成为引领临矿集团高质量发展的引擎。科技创新、管理提升、资本运营、人力资本的贡献率分别同比提高8个百分点、14.65个百分点、0.72个百分点和13.36个百分点。一年来，临矿集团科技投入达4亿元，奖励各类研发人员800余人、奖励金额合计近1亿元；累计引进挂职博士21名，省级科技重大专项实现"零突破"；万人发明专利拥有量为28件，较规划翻了一番。

"在新的一年，我们将防风险、保安全，稳产能、降成本，增后劲、提质量，促改革、惠民生，全面完成全年各项工作任务，全力建成敏简轻快的'云上临矿'。"临矿集团党委副书记、总经理侯宇刚说。

（2020年1月21日《中国煤炭报》　高文静　崔鑫）

山能临矿：战"疫"向春生

疫情防控阻击战：临"疫"有备

新冠肺炎疫情暴发之初，山东能源集团提出了"向最坏处打算、做最充分准备，宁可十防九空、不能失防万一"的要求，临矿集团迅速落实，密切关注，积极研判，提早"预谋"，一系列部署按部就班进行。

1月19日，在全集团视频会上进行专门部署，全面启动全矿区防疫工作，要求员工春节期间不准到湖北等地探亲、旅游。同时，充分预估到，一旦疫情持续爆发，煤炭供应势必紧张，煤矿必须提前检修，做好复产准备。1月20日，安排后勤保障部门开始大批量预定口罩。

1月21日，下发紧急通知，要求各单位把职工的防疫安全、健康安全摆在首位，立即储备10万份口罩和2万瓶消毒液，放假前就发到一线员工。大年初二，全面贯彻落实中央政治局常委会精神和山东能源紧急电话会议要求，安排各级党员干部，在危机关口，必须提高政治站位，不辱使命，命令集团领导、各单位"一把手"立即停假返岗，组建集团、矿厂和区队应急领导小组，启动一级应急响应机制和战时管理模式。大年初三，集团公司、矿两级班子全部到位、吃住在岗、靠前指挥，坚持24小时值班、分工包矿。同时，按照复工复产的要求，生产单位开始有选择地通知职工陆续返矿。

"云上临矿"大有用场，应用大数据全面检索22575名职工78734条职工家庭成员信息并采取应对措施。把集团所属30个企业、职工集中住宅区实行网格化管理，明确党委书记为网长，组建500名应急人员，分兵把守，严防死守研发应用临矿员工踪迹、体温、居家办公、网上申报、出入门登记等钉钉信息管理系统，对全体员工、全过程进行检测监控制定全集团统一的《防疫工作内控流程》，突出把好复工复产关、外来人员切断关、复工人员隔离观察关、错时就餐关、宿舍居住关、班前班后会议关、上下井和洗澡关、井下作业关、公共场合消毒防疫关、返程人员安全关"十关"，实现防输入、防接触、防周边、防感染、防扩散、防漏洞、防松懈"七防"，坚决阻断病毒传播渠道、坚决保证职工健康安全、坚决保证矿区和谐稳定。复工复产之后，严格落实隔离观察制度，对员工班前、班中和班后三次测体温，逐一签订《疫情防控承诺书》，通过"钉钉"工作平台每天对每名职工健康情况进行采集、分析。采取视频、学习强国、云上会议室等模式，召开区队（车间）、班组会议，严禁人员聚集、聚餐、聚会。对地面单位和机关实行轮岗制、弹性工作制和云上办公工作模式，在大数据共享平台上建立网上例会、网上审批、网上结算、网上招投标等制度和通道。针对疫情防控形势下职工可能出现的焦虑、急躁等负面情绪，及时组织60名心理咨询师，通过远程视频等方式开展心理疏导，引导职工增强信念、坚定信心。大力支援地方社区防控工作，派设180个党员先锋岗、300名党员战斗在防疫最前线，组织员工捐款180万元、离退休老党员捐款4.8万元。

安全生产保卫战：战"疫"有方

"十必须、十全力""十个毫不放松"、把好"六不"关口，这是山东能源集团聚力打好安全生产保卫战、疫情防控阻击战、复产保供攻坚战"三大战役"的总体要求。临矿集团把安全管理作为复工复产的前置程序、先决条件，隐患不排除不能生产、设备不完好不能生产、技措不明确不能生产、骨干不到岗不能生产、系统不完善不能生产、安监不到位不能生产，保证了矿区的安全稳定。管理干部以"四不两直"方式沉到一线、督导工作，明确驻矿责任人"八项"工作职责，分管领导和生产部室30多人分12个包保组到各生产单位进行驻矿盯守，重点对安全生产措施落实情况进行督导检查。认真汲取近期煤矿事故教训，开展井上、下煤仓专项检查、防冲矿井复工前安全评价，对查出的283条问题，一项项督促整改。为做好现场重大安全风险、隐患、技术工作难题的跟踪管控和监督落实，充分利用大数据、安全生产管理平台和监测监控系统等信息化渠道，实施安全技术管理。全面学习对标山东航空安全管理理念和经验做法，提升安全管理工作标准和水平，推进本质安全型临矿建设，开展"学山航、大对标、促提升"活动，构建自觉自主、制度严密、管控有序、训练有素的安全管理新体系。在各单位深入开展"查身边隐患、保自身安全、防安全事故"活动，切实解决"想不到、管不到、治理不到"的问题，为打赢安全生产保卫战提供多重保障。在安全生产一线，1200名党员主动返岗、冲到前线，把疫情防控和安全生产作为锤炼党性、检验主题教育成效、考验治理能力和抢抓机遇的大考试和大检验，实现两手抓、两不误、两确保。

复产保供攻坚战：胜"疫"有智

山东能源临矿集团的生产单位横跨4个省区，省内分布10个地市、15个县区、30个乡镇，复工复产极其艰难，危难关头，临矿干部职工智勇双全。据了解，临矿集团全年电煤供应量计划260万吨，疫情当前，他们及时开通电煤绿色通道，组建专班，保证了13个电厂的用煤。特别是鲁北公司发挥省内煤炭资源调拨、保障鲁西北能源安全的重要作用，协调山西、陕西和省内兖矿、肥矿向鲁北储煤基地调煤，保障鲁西北地区的电厂发电、供热。在运输通道没有打通之前，他们通过强化与地方政府的沟通，动用2500辆公车、私家车，将16000多名员工送到岗位，以保证临矿的煤炭、铁矿、玻纤三大产业全面恢复生产。2月17日，1300公里开外的内蒙古上海庙矿区通过开通临沂到鄂尔多斯"点对点"班车分批次护送员工返岗复工，被中央电视台进行了连续报道。榆树井煤矿复产复工模式成为鄂尔多斯市学习推广的样板，市委书记、市长为此点赞。2月29日，鲁西煤矿557名员工经过核酸监测全部确定为"零感染"，全矿干部职工历经大灾、大难、大考，斗罢"疫险"再复产。2月份，临矿集团省内外13对煤矿全部实现复工复产，积极投入保供大军，累计供应电煤60多万吨。2月份，承担沂水、兖州等地供汽、供暖任务的玻纤集团沂水热电厂发电6592万度、供汽36224吨、供暖56.13万吉焦。古城煤矿热电厂发电1278.15万度、供汽33864吨、供暖15.66万吉焦。2月份，物商集团鲁北煤炭储备配送基地累计到达火车煤27列、9.77万吨，发运专列1列、汽运2099车，保供煤炭10.74万吨。2月份，玻纤集团生产成品纱31130.74吨，完成计划的101%。应对大考，山东能源临矿集团党委书记、董事长刘孝孔深有感触地说，我们通过系统反思这场防疫战争对临矿治理体系和能力的启迪、教训和提升空间、发展潜力，已经拟定了12个方面的20个课题，对临矿的超前预测能力和快速反应能力、应急体系和应急能力、"一体双优"、智能智慧和专业化队伍、煤炭储备基地和"地上煤矿"建设、在建设智能化企业条件下的劳动定额、弹性工作制、轮岗制、"云办公"等新型工时制、大数据、"云上临矿"建设、机构设置、流程再造、组织体系等，进行研究探讨，我们要把好事办好、把坏事变好事、对别人的好事坏事举一反三、引以为鉴、改进提升，在更高层次、更高水平上建设"敏简轻快"的"云上临矿"。新冠肺炎疫情发生以来，按照山东能源集团疫情防控总体部署和要求，临矿集团早认识、快行动，集聚"硬核"力量，发动全员参战，同心同力同向共克时艰，用心用力用智坚守阵地，在大灾、大难、大考面前展现了国企使命、山能担当，在坚决打赢安全生产保卫战、疫情防控阻击战、复产保供攻坚战中以实战姿态迎春而向，向春而生，让社会放心，为行业争光。

（2020年3月13日《齐鲁晚报·齐鲁壹点》 记者　王瑞超　通信员　张红芳）

四、单位简介

（一）权属单位

1. 山东东山矿业有限责任公司

山东东山矿业有限责任公司成立于2002年9月，是经鲁煤企改〔2002〕180号文批复，临矿集团等10个企业法人单位、临矿集团工会委员会、李义文等7个自然人共同出资组建的有限责任公司，注册资本8000万元，临矿集团出资4000万元，占比50%；其他法人和个人出资4000万元，占比50%。经营煤炭开采、销售，餐饮、住宿，发电，售电，燃气生产、经营，煤炭洗选、加工等业务。

2005年2月，经公司股东会决议，同意各股东同比例增资合计14000万元，增资后注册资本由8000万元调整为22000万元，临矿集团出资11000万元，占比50%；其他法人和个人出资11000万元，占比50%。2006年1月，经公司股东会决议，同意增资扩股，增资后注册资本由22000万元调整为66000万元，临矿集团出资33660万元，占比51%；其他股东出资32340万元，占比49%。2008年7月，经公司股东会决议，同意以未分配利润转增资本，增资后注册资本由66000万元调整为112200万元，临矿集团出资57222万元，占比51%；其他股东出资54978万元，占比49%。2009年，经国资委备案，临矿集团收购其他股东持有的49%股权，出资112200万元，占比100%。

2. 山东东山古城煤矿有限公司

山东东山古城煤矿有限公司是经国家计委批准建设的大型现代化矿井，总投资65000万元。1992年8月26日，组建临沂矿务局曲阜矿井筹建处。1993年10月25日，更名为临沂矿务局古城矿井筹建处。1996年5月1日，矿井开工建设。1999年3月10日，临沂矿务局按照国家开发银行贷款要求，根据原煤炭部《关于实行建设项目法人责任制的试行办法》《中华人民共和国公司法》有关规定，经山东省煤炭工业管理局批准，组建山东古城煤炭开发有限责任公司。2001年1月1日，移交试生产管理。设计生产能力90万吨/年，服务年限52年。2002年3月28日，山东古城煤炭开发有限责任公司改制为临沂矿务局的子公司，成立临沂矿务局古城煤矿。2002年10月，临沂矿务局古城煤矿改制为山东东山矿业有限责任公司古城煤矿。2007年11月16日，经鲁国资企改函〔2007〕80号文批复，同意成立古城煤矿，注册资本10000万元，为东山公司全资子公司。2008年4月1日，山东东山矿业有限责任公司古城煤矿变更为山东东山古城煤矿有限公司。2002年，核定生产能力180万吨/年；2005年，核定生产能力220万吨/年；2020年，核定生产能力120万吨/年。

古城煤矿坐落在兖州市，北至泰安80千米、西南至济宁市及京杭大运河30千米，东至京沪高铁曲阜东站20千米。井田东西走向长6.5千米，南北倾斜宽1.5～7.5千米，总面积16.66平方千米，总厚度12.95米。主采煤层为二迭系山西组3层煤，平均厚度8.5米，地质储量15766.8万吨，工业储量12311万吨。煤炭产品具有低灰、低磷、低硫、高发热量特点，平均发热量5300大卡以上，是优质的动力用煤、化工用煤和炼焦配煤。矿井采用立井、暗斜井多水平开拓方式，中央并列式通风方式，机械抽出式通风方法，副井进风，主井回风。采煤方法为综采放顶煤，采用自然冒落法管理顶板。开采方式经北京天地科技有限公司开采事业部论证，山东省人民政府压煤搬迁办公室批准为条带开采。

2020年末，全矿从业人员1415人，其中在册职工1312人，物业人员36人，劳务人员67人。矿级党政领导班子成员7人，矿党委下设21个党支部，矿团委下设13个团支部，矿工会下设15个车间工会。管理机构设办公室、生产技术科等18个机关科室；生产、辅助工区11个。建有装机容量为24兆瓦的综合利用电厂、年入洗量180万吨精煤的选煤厂和铁路专用线。先后荣获全国安全生产标准化一级矿井、全国煤炭工业行业特级安全高效矿井、全国安全文化建设示范企业、全国煤炭系统文明煤矿、全国工业重点行业效益十佳矿井、全国煤炭环境保护优秀单位、全国五一巾帼标兵岗、全国模范职工之家、山东省"双基"建设先进单位、山东省国有企业创建四好领导班子先进集体、省管企业齐鲁创业先锋基层党组织等荣誉称号。

3. 山东东山新驿煤矿有限公司

新驿矿井于2001年3月开始筹建，采用企业自有资金与国家银行贷款相结合的形式；11月，成立临沂矿务局新区建设指挥部及新驿矿井筹建处。2002年8月3日，主井井筒开工，副井井筒开始试挖。2004年4月30日，新驿煤矿宣布成立，共设置10个科室5个区队，有员工728人；5月，1301首采工作面试生产。矿井从开工到试生产，用时22个月，创出全省同类矿井建设较好水平，实现当年投产、当年达产、当年盈利。2005年1月1日，矿井正式投产。2008年3月，经鲁国资企改函〔2007〕80号文批复，同意成立新驿煤矿，注册资本5000万元，为东山公司全资子公司。矿井设计生产能力45万吨/年，服务年限71.6年。2005年，核定生产能力110万吨/年；2007年，复核生产能力105万吨/年。

新驿煤矿位于济宁市兖州区境内，东南距兖州城区19千米，西北距汶上县城20千米。井田东西长3.0～9.1千米，南北宽1.1～9.3千米，开采深度-150～-700米，面积59.59平方千米。地质储量32486.9万吨，工业储量10887.3万吨，可采储量4833.3万吨，主采煤层为3（3$_下$）层煤。煤炭品种为低中灰、低硫、高发热量、低磷的优质炼焦配煤及环保动力燃料用煤。矿井属低瓦斯矿井，通风方式为中央并列抽出式，副井进风、主井回风。采用立井开拓方式，综采倾斜长壁后退式一次采全高落煤。35千伏变电所担负整个矿井的供电任务，降压后供给各采煤、掘进、机电、运输等机械设备；井下排水采用直排和接力集中排水方式，经高效污水系统处理达到排放标准的矿井水，排至矿井西部的排水渠或循环再利用。

2020年末，新驿煤矿有8个部室10个工区（车间），员工1606人。固定资产原值88723.48万元，净值28135.59万元，累计实现利润137428.17万元，累计缴纳税金169360.12万元。先后荣获全国煤炭工业先进集体、国家级安全质量标准化煤矿、全国煤炭系统文明煤矿、全国煤炭工业行业一级安全高效矿井、山东省文明单位、山东省富民兴鲁劳动奖状、全国煤炭工业先进煤矿、山东省十佳煤矿等荣誉称号。

4. 山东东山王楼煤矿有限公司

王楼矿井于2004年9月开工建设，2007年7月1日投产，设计生产能力为90万吨/年。2008年2月，经鲁国资企改函〔2007〕80号文批复，成立王楼煤矿，注册资本9800万元，为东山公司全资子公司。2009年9月，经鲁国资规划函〔2009〕91号文批复，同意王楼煤矿增加注册资本20200万元，增资后公司注册资本30000万元。2015年12月，王楼煤矿吸收军城煤矿，注册资本由30000万元变更为33000万元。

山东东山王楼煤矿有限公司（王楼煤矿）坐落于山东省济宁市任城区喻屯镇境内。矿井北距兖新铁路济宁火车站约25千米，西北距济宁机场约26千米，济宁向东距京沪铁路兖州站32千米，往东经临沂可至石臼港。王楼井田范围东西长约8.7～13.2千米，南北宽约3.4～7.9千米，面积93.7696平方千米。井田内含煤地层为石炭—二叠系太原组、山西组，其中可采及局部可采煤层5层，分别为3上、10下、12下、16上、17煤层，平均总厚度5.98米，其中3上为主要可采煤层。煤种主要为低灰、低磷、高发热量的气肥煤。2013年5月，核定生产能力为130万吨/年；2015年12月，核定生产能力为120万吨/年；2020年9月，核定生产能力为100万吨/年。矿井为单水平（-680米水平）立井开拓。截至2020年12月31日，矿井范围内保有资源储量18264.6万吨，可采储量2892.4万吨。

2020年末，王楼煤矿设有生产技术部等5部1室、监察科、安全监察处和京杭公司等3个外派机构；总人数1660人，在岗人员1536人；各类专业技术人员226人，研究生学历7人，大专以上学历237人，45岁以下职工占94%；矿党委下设15个党支部，党员269名；矿工会下设15个车间工会，会员1403人；矿团委下设14个团支部，团员68人。资产总额149509.17万元，其中固定资产64578.89万元，无形资产7366.14万元，长期待摊费用34540.60万元。先后荣获国家一级安全生产标准化煤矿、全国煤炭行业一级安全高效矿井、全国"安康杯"竞赛优胜单位、全国工人先锋号、中国煤炭工业先进煤矿、煤炭工业节能减排先进企业、全国五四红旗团委、全国青年安全生产示范岗、省劳动关系和谐企业、省富民兴鲁劳动奖状、济宁市廉政文化示范点等国家、省、市及集团公司各类荣誉称号。

5. 山东省邱集煤矿有限公司

邱集矿井始建于1978年。1979年8月，由于国家压缩基本建设项目，邱集煤矿决定缓建。1983年3月，成立山东省德州地区邱集煤矿筹建处，隶属德州地区领导，矿井重新恢复建设。1987年6月6日，由于国家压缩基建投资，矿井再次缓建。1988年6月6日，山东省计委同意恢复建设邱集煤矿，设计生产能力45万吨/年；8月26日山东省计委批准邱集煤矿划归山东省煤炭工业局直属管理，为全民所有制企业，德州地区邱集煤矿筹建处改为山东省邱集煤矿筹建处。1998年6月，山东省邱集煤矿筹建处更名为山东省邱集煤矿。2002年1月，矿井生产系统实现联合试运转。2003年12月31日，矿井正式竣工投产。2004年2月，经鲁国资产权函〔2004〕66号批复，同意将邱集煤矿无偿划转给临沂矿务局，注册资本1410万元，为临沂矿务局全资企业。2005年6月30日完成技改，矿井生产能力90万吨/年。2007年，因矿井一直未达到核定产能，降为75万吨/年。2017年，经山东能源集团批准，邱集煤矿注册成为公司制企业，注册资本1410万元，实收资本1846万元，为临矿集团全资子公司。2018年1月8日，邱集煤矿更名为山东省邱集煤矿有限公司。

邱集煤矿位于山东省德州市齐河县城偏西南50公里，马集镇邱集村以西，是山东省境内黄河北煤田第一对投产的矿井。可采煤层7、10煤层资源枯竭，现主采煤层为11煤层位于太原组下部，直接顶板为四、五灰，平均煤厚2.04米，有资源储量6561万吨，-300米～-500米水平资源储量2096.1万吨，煤种以气肥煤为主。13煤层位于太原组底部，平均煤厚4.2米，资源储量为10805.9万吨，该煤层厚度大，为本井田的主要可采煤层，属较稳定至稳定煤层。11、13煤层底板均严重受徐、奥灰岩溶承压含水层水威胁，2016年，开始通过地面及井下注浆治理含水层。至2020年末，累计投入治理资金9.38亿元，施工钻孔45组，钻探进尺16.2万米，注浆量91.2万吨，治理面积2.1平方千米，累计解放资源储量1780万吨（11煤605万吨，13煤1175万吨）。矿井采用立井开拓，-395米水平采用上下山走向长壁后退式开采；-447米水平采用长壁采煤法，沿走向布置工作面，仰斜开采。

矿井设有调度室等17个生产业务科室和综采一工区等6个生产辅助区队。总人数808人，在岗人员605人。先后荣获国家一级安全生产标准化矿井、全国煤炭工业先进煤矿、山东省安全生产诚信建设示范矿井、省级文明单位、山东省煤炭系统劳动关系和谐企业、山东省煤炭系统能源管理体系建设示范单位、山东省企业信息化建设示范单位、山东省安全文化示范企业、富民兴鲁劳动奖状、入选国家级绿色矿山名录库、山东省模范职工之家、山东能源集团模范职工之家等荣誉称号。2020年被德州市科学技术局评为"德州市高新技术企业"。

6. 临沂矿业集团菏泽煤电有限公司

临沂矿业集团菏泽煤电有限公司前身为山东鲁能菏泽矿业开发有限公司，成立于1998年4月，注册资本金32500万元，其中山东鲁能物矿开发有限公司出资占股比75.39%，山东鲁能发展集团公司出资占股比10%，菏泽地区华茂矿产资源开发有限公司出资占股比9.23%，菏泽电力实业集团公司出资占股比5.38%。该公司是国家电网实施煤炭资源开发在山东的重点煤电产业，规划布局为"两矿一厂一线"重点煤电一体化生产基地，下设彭庄煤矿、郭屯煤矿、郭屯电厂和运煤铁路专用线。2008年3月，受国家供电与发电分离政策影响，郭屯电厂建设终止放弃。2008年，公司注册资本85000万元，其中鲁能集团旗下的都城伟业公司持股83.59%。至2015年12月，累计投资358600万元，先后建成投产彭庄煤矿、郭屯煤矿和运营铁路专用线；累计上缴利税180000万元，为菏泽市60户重点企业之一。2015年12月29日，经山东能源规字〔2015〕44号文批复，临矿集团收购都城伟业集团有限公司持有的山东鲁能菏泽煤电开发有限公司83.59%的股权，实现对山东鲁能菏泽煤电开发有限公司的控股经营；公司注册资金85000万元，华电国际电力公司出资10426.82万元、占比12.27%，菏泽市投资公司出资2832.82万元、占比3.33%，菏泽光源公司出资686.23万元、占比0.81%，临矿集团出资71054.13万元、占比83.59%；同日，山东鲁能菏泽煤电开发有限公司名称为变更为临沂矿业集团菏泽煤电有限公司。2016年12月，山东能源集团创元投资公司收购华电国际电力公司和菏泽光源公司股份，变动后股权结构为：能源集团创元投资公司出资11113.05万元，占比13.08%，菏泽市投资公司出资2832.82万元，占比3.33%，临矿集团出资71054.13万元，占比83.59%。

临沂矿业集团菏泽煤电有限公司位于菏泽市郓城县东溪路中段，宋金河东岸。下辖彭庄煤矿、郭屯煤矿两对生产矿井和郭屯运煤铁路专用线，与紧邻郭屯煤矿的大唐郓城发电公司超超临界2×100万千瓦发电项目签订煤电联营协议。2对生产矿井保有储量6亿吨，可采储量1.82亿吨，主采煤层为3煤，厚度2～8米，采用一次采全高、综采放顶煤生产工艺；主要煤种为1/3焦煤和优质气煤，生产能力350万吨/年。运煤铁路专用线自郭屯煤矿装车站起，至京九线与郓城站接轨，正线全长13.566千米，项目投资49900万元；2009年12月开工建设，2017年1月建设完成开通运营，核准运输能力300万吨/年。至2020年12月，菏泽煤电公司资产总额429300万元，净资产收益率为29.65%；人均工资10.54万元，采掘一线人均工资达到12.06万元。

2020年末，菏泽煤电公司设有公司机关、彭庄煤矿、郭屯煤矿、新疆项目部。公司机关下辖安全监察部、生产技术部等17个部门。从业人员4660人，各类专业技术人员533人，研究生学历15人，大专以上学历1076人，45岁以下职工占68%。菏泽煤电公司党委下设3个党总支、35个党支部，有党员437名。菏泽煤电公司工会有2个二级工会、35个车间工会、有会员4087人；菏泽煤电公司团委下设2个团总支、14个团支部，有团员118人。拥有冲击地压灾害防治何满潮院士工作站、北京大学教授毛善君工作室及深部岩石力学与地下工程国家重点实验室等技术创新平台。先后获得企业信用评价AAA级信用企业、企业文化建设先进单位、全国煤炭工业文明单位、全国煤炭工业先进集体等称号。

7. 彭庄煤矿

2001年4月30日，获得彭庄煤矿探矿权。2004年4月18日，矿井开工建设。2007年3月建成投产，历时6年，总投资69000万元，是菏泽市实施巨野矿区开发的第一对投产矿井。设计生产能力60万吨/年，核定生产能力110万吨/年。2016年9月1日，矿井配套入洗能力200万吨/年的选煤厂开工建设，总投资4985万元，2017年3月19日，实现带煤试运转。

彭庄煤矿位于郓城县城东偏南约11.5千米处，属巨野煤田。井田东西长11千米，南北宽10千米，面积67.193平方千米；地质储量1.47亿吨，可采储量3242万吨。矿井采用立井暗斜井开拓，中央并列抽出式通风，生产水平-420米。3$_下$煤层为主采煤层。煤种为低灰、低硫、低磷、高热值、高挥发分气煤。

2020年末，设有综合办公室、安全生产调度指挥中心等13个科室和综采工区等11个生产、辅助工区（厂），从业人员1333人。先后获得国家级安全质量标准化矿井、全国煤炭工业行业一级安全生产高效矿井、全国煤炭工业特级安全高效矿井、全国煤矿安全文化建设示范企业等称号。

8. 郭屯煤矿

1998年12月22日，获得郭屯煤矿探矿权。2005年10月，矿井开工建设，历时11年3个月，至2010年3月建成投产，为当时国内建井史上表土层最厚、井筒冻结最深、涌水量最大的矿井之一。设计生产能力240万吨/年，服务年限52.4年。建有入洗能力300万吨/年的选煤厂，正线全长13.6千米年运营能力300万吨的铁路专用线。

郭屯煤矿位于巨野煤田中北部，北距郓城县约10千米，西南距菏泽市区约48千米，东距济宁市约61千米。井田南北长约16千米，东西宽约14千米，面积69.33平方千米，地质储量7.83亿吨，可采储量1.76亿吨，总投资260000万元。矿井采用立井暗斜井开拓，中央并列抽出式通风，生产水平-808米。可采及局部可采煤层有3（3$_上$、3$_下$）煤、15$_上$煤、16$_上$煤、17煤和18中煤5层，平均厚8.67米，占煤层总厚的84%；主采煤层为3（3$_下$）煤层，平均厚4.73米。煤质为低灰—中灰、低硫、特低磷、特高发热量的优质气煤，是良好的动力用煤和炼焦配煤。

2020年末，设有综合办公室、安全生产调度指挥中心等13个科室和综采一区等14个生产、辅助工区（厂），从业人员2431人。先后获得煤炭工业二级安全高效矿井、国家一级安全质量标准化矿井、国家一级安全生产标准化煤矿、国家绿色矿山等称号。

9. 山东里能鲁西矿业有限公司

山东里能鲁西矿业有限公司（简称鲁西煤矿）1999年11月开始筹建，隶属于山东省监狱管理局、里能集团。2000年7月18日，主井井筒破土动工。2002年9月，矿井竣工投产。2016年2月，山东省政府将鲁西煤矿划归山东能源临矿集团，注册资本7500万元；9月6日，临矿集团安排新驿煤矿进行全面接管。矿井设计生产能力45万吨/年，服务年限58.4年；核定生产能力87万吨/年。2017年，开工建设选煤厂，8月8日建成投产，年洗选能力150万吨。

鲁西煤矿位于济宁市正北约15千米处，行政区划属济宁市任城区二十里铺街道办事处，井田面积54.4181平方千米。矿井设计生产能力45万吨/年，核定生产能力87万吨/年，设计服务年限58.4年，开采水平为-300米、-405米水平，主采3煤、16煤，分为南区和北区。原煤可作为动力用煤和民用用煤。

2016年末，以新驿煤矿为培训基地，整合新驿煤矿、邱集煤矿、石家坡煤矿、军城煤矿等单位人员，进行班组、区队的整编经培训后，成编制的输送到鲁西煤矿，实现了生产队伍的平稳安全过渡。至2020年末，设置生产技术部等5部1室5工区1厂。在册职工987人，其中采掘工430人（含内蒙古创收74人）、辅助工243人、机关人员248人、企业服务人员47人、其他不在岗人员19人。先后荣获全国煤炭工业先进煤矿、国家级安全质量标准化煤矿、全国煤炭工业双十佳煤矿、全国煤炭工业一级安全质量标准化煤矿、山东省文明单位、山东省煤炭行业十佳煤矿、山东省煤矿安全程度评估A级矿井等荣誉称号。

10. 内蒙古上海庙矿业有限责任公司

内蒙古上海庙矿业有限责任公司，由中国双维投资有限公司与山东能源临沂矿业集团有限责任公司共同出资组建，是以煤炭开采、洗精煤、煤矸石综合利用、销售等为一体的大型现代能源化工集团。2004年，临沂矿务局开发建设内蒙古上海庙矿区。2005年4月11日，成立内蒙古鲁蒙能源开发有限公司。2006年7月8日，成立内蒙古上海庙矿区建设指挥部。2007年8月22日，临沂矿业集团有限责任公司与中国烟草总公司签署合作意向书；12月28日，内蒙古上海庙矿业有限责任公司挂牌成立。2008年5月29日，上海庙矿业公司在鄂托克前旗注册成立。

2007年11月，经鲁国资规划函〔2007〕41号文批复，临矿集团与中国双维投资公司共同设立上海庙公司，注册资本60000万元，双方各出资30000万元。2011年5月，公司注册资本调整为180000万元；2012年6月，公司注册资本调整为336151.66万元；2013年6月，公司注册资本调整为356151.66万元；2013年11月，公司注册资本调整为376151.66万元；2015年6月，公司注册资本调整为396151.66万元；2016年8月，公司注册资本调整为429791.66万元；2017年9月，公司注册资本调整为471791.66万元。

矿业公司坐落在内蒙古自治区级上海庙能源化工基地园区，位于鄂尔多斯市鄂托克前旗境内。东距鄂托克前旗74千米，西距宁夏回族自治区银川市48千米，南临宁东能源化工基地。矿业公司在上海庙煤田拥有井田面积51.16平方千米，煤炭地质储量25.5亿吨，可采储量13.9亿吨。主要含煤地层为侏罗系延安组，可采及局部可采煤层共十层，煤质为低中灰、低中硫、特低磷、中低热值的不粘煤。下辖的榆树井煤矿，2006年7月开工建设，2010年7月实现试生产，设计能力300万吨/年；新上海一号矿井，2008年5月开工建设，2012年9月实现试生产，设计能力400万吨/年。

2020年末，矿业公司资产总额763283.69万元，拥有2对矿井（榆树井煤矿、新上海一号矿井筹建处）、1个全资子公司（内蒙古德信矿业技术服务有限公司）、1个参股子公司（鄂托克前旗上源水务公司）。设立股东会、董事会、经理层，机关部室7个，在岗职工3131人，其中：在册职工847人、劳务输入861人、临沂华建公司495人、其他人员928人。有管理人员227人、专业技术人员112人。先后荣获全国煤矿文化艺术工作先进单位、2020年度企业文化建设优秀企业、内蒙古自治区高新技术企业、山东省属企业文明单位、鄂尔多斯市级园林式单位、山东能源集团省外创业先进集体、临矿集团先进单位等荣誉称号。

11. 榆树井煤矿

榆树井煤矿2008年2月开工建设，基建投资总额22.53亿元（含选煤厂、铁路专用线）。2010年7月，实现试生产，2011年，取得"五证一照"，7月1日划线转资。2015年10月，矿井停止生产。2016年9月，经双方股东论证后进行复工。2017年6月，通过鄂托克前旗人民政府、煤炭局验收，实现复工。矿井设计生产能力300万吨/年，按400万吨/年装备，服务年限57.3年。

矿井地处内蒙古西南边陲、明长城以北的毛乌素沙漠边缘地带、鄂托克前旗境内，隶属上海庙矿业公司，是双维投资公司和临矿集团在内蒙古上海庙能源化工基地共同出资建设的第1对现代化大型矿井。矿区距宁夏回族自治区银川市38千米，距银川河东机场26千米。井田面积24.56平方千米，地质储量3.94亿吨，可采储量2.47亿吨。2006—2007年5月，为主、副斜井配合回风立井开拓方案。2007年6月，变更为主、副、风立井+石门+大巷开拓方式。2、5、8、15、18煤层为主要可采煤层。2020年末，矿井仅开采2、5、8煤层。压风机房安装GS250-8W型螺杆式空气压缩机3台，总装机容量750千瓦，总供风能力120立方米/分钟。主井提升采用JKM-3.5×4（Ⅲ）型塔式多绳摩擦式提升机，布置1对16

吨多绳箕斗，绞车最大提升速度8.43米/秒。副井提升采用JKMD-4×4（Ⅲ））E型落地式多绳摩擦式提升机，提升罐笼采用1对1.5吨轨距900毫米矿车，2层4车罐笼（一宽一窄），大罐单层乘60人，小罐单层乘33人。最大提升速度7.54米/秒。通风方式为中央并列式，通风方法为机械抽出式。采用副井进风、主井辅助进风，风井回风。主通风机选用2台FBCDZ-No.28/2×200型防爆对旋轴流式通风机，最大风量11280立方米/分钟，最大风压2700帕。

截至2020年末，榆树井煤矿设生产技术科、机电运输科、安全监察处、调度室、地质测量科、通防科、物资管理科、煤质管理科、行政办公室、党群工作部、劳资社保科、财务管理科、总务科、保卫科等14个科室和采煤工区、综掘一工区、综掘二工区、机电工区、运输工区、通防工区等6个工区。在岗职工1379人，在册职工383人、劳务输入312人、临沂华建公司260人、其他人员424人；管理人员135人、专业技术人员14人。曾获得山东省国资委团委青年文明号、内蒙古自治区总工会模范职工之家、鄂尔多斯市人民政府2012年度全市煤炭行业先进集体、鄂尔多斯园林式单位、临矿集团先进单位等荣誉称号。

12. 新上海一号煤矿

新上海一号矿井2008年5月开工建设；2012年9月，实现矿井和选煤厂联合试运转。2015年10月，矿井停止开拓。2016年9月，双方股东召开矿井复工论证会。2017年6月，通过鄂托克前旗人民政府、煤炭局验收，实现复工。矿井设计生产能力400万吨/年，按600万吨/年装备。配套建设有铁路专用线1条、年洗选能力400万吨的选煤厂1座。

矿井地处内蒙古西南边陲、明长城以北的毛乌素沙漠边缘地带、鄂托克前旗境内，隶属矿业公司，是双维投资公司和临矿集团在内蒙古上海庙能源化工基地共同出资建设的第2对现代化大型矿井。东距鄂托克前旗74千米，距宁夏回族自治区银川市38千米。井田南北长约12.5千米，东西宽2.0～3.5千米，面积26.6平方千米，有2、2下、5、8、15、16、18、19、20、21等10个可采煤层，总厚度平均26.98米，地质储量5.19亿吨，可采储量3.49亿吨，矿井采用立井开拓方式，2个水平开采；提升系统布置采用主、副井双井塔，主井装备1对30吨的箕斗提煤，副井装备1宽1窄双层双车罐笼；矿井采用中央并列式通风系统，主井与副井进风、风井抽出式回风。

截至2020年末，新上海一号煤矿筹建处设生产技术科、机电运输科、调度室、安全监察处、地质测量科、通防科、办公室、党群工作部、劳资社保科、财务科、总务科等11个科室和综采一工区、综掘一工区、综掘二工区、开拓工区、机运工区、运输工区、通防工区等6个工区。在岗职工1695人，其中：在册职工436人、劳务输入525人、临沂华建公司240人、其他人员494人。其中管理人员142人、专业技术人员31人。多次获得上海庙经济开发区党工委先进企业党组织、山东能源集团省外创业先进集体、临矿集团先进单位等荣誉称号。

13. 山东东山矿业有限责任公司株柏煤矿

株柏煤矿由临沂矿务局煤田地质勘探队勘探，1986年6月20日，提出《株柏井田详查最终地质报告》，报山东省煤炭工业局审批。省局以（86）鲁煤基字第668号文批复，同意以此作为开发株柏矿井的设计依据。1987年11月28日，根据矿务局设计室编制的《株柏矿井初步设计》，株柏煤矿开工建设。1992年12月5日建成投产。2002年9月，临沂矿务局成立山东东山矿业有限责任公司；11月22日，临沂矿务局株柏煤矿更名为山东东山矿业有限责任公司株柏煤矿。矿井设计生产能力21万吨/年。2014年9月进行矿井技术改造，2015年核定生产能力30万吨/年。

矿井位于临沂煤田东南部，井田面积7.58平方千米，开拓方式采用立井、暗斜井开拓，主采二迭系山西组2、3层煤，煤层赋存较稳定。煤炭品种主要为肥煤、天然焦2种，质量优良，发热量均达到7000大卡以上，属低灰、低硫、低磷、高发热量的优质炼焦煤。1992年12月开始，采用单一走向长壁采煤法、水砂充填采煤法、残采法（穿硐导垛）、伪斜柔性掩护支架采煤法等四种采煤方法。2008年，伪倾斜柔性掩护支架采煤法采煤试验成功，矿井淘汰残采采煤方法。

2020年末，有职工642人，下设行政办公室、生产技术科、生产一工区等19个科室和生产、辅助区队。累计生产原煤438万吨，完成利润35522万元，上缴税金40190万元，实现工业总产值256995万元。先后获得山东煤炭工业双文明建设先进单位、国有重点煤矿通风样板矿井、山东省思想政治工作先进单位、省煤矿安全文化示范企业、省煤矿安全宣传工作先进单位、省十佳煤矿、省级守合同重信用企业、省管企业精神文明建设文明单位、省煤矿瓦斯治理工作体系建设达标矿井、省瓦斯治理示范矿井等荣誉称号。

14. 山东里能里彦矿业有限公司

山东里能里彦矿业有限公司（简称里彦煤矿）1993年7月，开始筹建；2001年9月6日，竣工投产。设计生产能力60万吨/年，2013年度，核定生产能力80万吨/年。2016年，随监狱退危改革划归山东能源临矿集团，注册资本10000万元。选煤厂于2013年3月6日开始建设，2014年9月竣工，设计能力为90万吨/年，2014年10月2日，联合带煤试运转成功运行。

里彦煤矿位于邹城市西南18千米，行政区划属邹城市太平镇。矿井采用立井单水平开拓，中央并列式通风方式，-235米为生产水平。主采16上煤和17煤。各煤层煤种均为气煤。矿井井田面积22.24平方千米，截至2020年底可采储量1432.4万吨。

2020年9月27日，里彦煤矿成立党委，负责管理里彦煤矿、田庄煤矿及山东盟鲁采矿工程有限公司。设置办公室、生产部等12个机关部室，设采煤工区等8个生产、辅助工区（厂）。2020年，里彦煤矿从业人员1099人，其中劳务人员340人；煤炭产量80万吨，完成营业收入34225万元，实现利润总额3693.03万元。2018年，获得一级安全生产标准化矿井称号，2020年，被山东省自然资源厅列入省绿色矿山名录，2020年，被济宁市工业和信息化局授予年度现场管理五星级企业称号。

15. 山东盟鲁采矿工程有限公司

2016年，山东盟鲁采矿工程有限公司成立，位于山东省济宁市高新区王因镇驻地，拥有矿山施工二级资质、机电安装工程三级资质。经营范围包括煤炭洗选、橡胶制品制造、金属丝绳及其制品制造、物料搬运装备制造、通用设备制造（不含特种设备制造）、矿山机械制造、金属制品修理、通用设备修理、专用设备修理、电气设备修理、环境保护专用设备制造、环境保护专用设备销售、煤炭及制品销售、矿山机械销售、润滑油销售、电气机械设备销售、机械设备租赁、金属材料制造、金属材料销售、非居住房地产租赁、土地使用权租赁、轴承钢材产品生产、钢压延加工、金属切削加工服务、轴承销售、化工产品销售（不含许可类化工产品）、合成材料制造（不含危险化学品）、金属丝绳及其制品销售（除依法须经批准的项目外，凭营业执照依法自主开展经营活动）等一般项目，以及各类工程建设活动、成品油零售（不含危险化学品）等许可项目。

2020年11月，盟鲁公司设置生产部、技术研发部和综合部3个部室，承接田庄煤矿的设备维修、调剂、租赁（共享）与支护材料、胶管和托辊加工及加油站经营等非煤产业；按照临矿集团部署，承接集团内部设备调剂、维修和处置等设备共享业务。公司拥有支护材料产研、综机设备维修、单体支柱维修和电动机维修4支专业队，有员工158人。

16. 陕西永明煤矿有限公司

陕西永明煤矿有限公司（简称永明煤矿）是经陕西省工商行政管理局登记的国有控股公司。成立于2013年3月，注册资本1000万元，经营范围包括煤炭开采、销售、煤炭洗选加工。2012年5月31日，临矿集团收购子长县民营企业家罗卫红全资持有的永明煤矿51%的股权。其间由于煤炭市场价格低位运行，矿井断断续续生产。2018年7月15日，永明公司另49%股权由陕西麟煤贸易有限公司收购，形成临矿集团与陕西麟煤分别持有永明公司51%、49%的股权比例结构。2018年8月9日，启动永明煤矿复产工作。2019年11月，陕西麟煤贸易有限公司持有的49%股权由陕西国金财富资产管理有限公司收购。根据《陕西省人民政府关于延安市煤炭资源整合实施方案的批复》，永明煤矿生产能力45万吨/年。2019年，国家煤矿安监总局公告核定生产能力45万吨/年。矿井建有1座年洗选能力120万吨的洗煤厂，采用重介洗选方式进行洗煤。

永明煤矿位于延安市子长县余家坪镇石家畔村，井田面积9.1091平方公里。矿井保有地质储量1160.2万吨，可采储量739.7万吨，主采3号、5号煤层属国家稀缺的45号气煤，是配焦、气化、液化、燃烧动力和低温干馏的优质化工煤。矿井采用斜井开拓方式，按煤层划分2个水平，一水平标高+1076米，开采5号煤；二水平标高+1038米，开采3号煤。采用走向长壁综采工艺，全部垮落法管理顶板。井下主要采用带式输送机运输，辅助运输采用单轨吊车。采用中央并列式通风，主、副斜井进风，回风立井回风。

2020年末，矿井剩余服务年限12.6年。机构分五部三工区，在册职工459人，管理及技术人员55人（含矿领导6人），有党员47名。2020年，销售商品煤50.1万吨（含外购煤5.27万吨），实现销售收入33947万元，实现利润6918万元，工业总产值33883万元。先后荣获百佳职工文化品牌、企地共建先进单位等荣誉称号。

17. 临沂会宝岭铁矿有限公司

2006年5月9日，临沂矿务局与山东省第二地质矿产勘查院签订《山东省苍山县王埝沟地区铁矿探矿权转让合同》，取得山东省苍山县王埝沟地区铁矿探矿权；7月6日，临沂会宝岭铁矿有限公司注册成立，经国家发改委核准、山东省国资委批准，由矿务局与山东省鲁南地质工程有限公司共同出资建设铁矿（采选）项目，注册资本70000万元；7月8日，矿务局成立会宝岭铁矿筹建处，启动会宝岭铁矿项目建设。2011年7月28日，临矿集团决定成立临沂会宝岭铁矿有限公司，撤销临沂会宝岭铁矿筹建处建制；10月，井下–130米水平开工。2012年1月，会宝岭铁矿采选联合试运转成功；3月，临矿集团成立凤凰山铁矿筹建处。铁矿公司实行"一公司、两矿井"的集约化管理模式，拥有生产经营矿井会宝岭铁矿1座，筹建矿井凤凰山铁矿1座。矿产资源总储量3.64亿吨，矿区总面积4.95平方公里，设计产能采选矿石700万吨/年、铁精粉175万吨/年。

会宝岭铁矿位于兰陵县城西约20千米，行政区划隶属临沂市兰陵县尚岩镇，东距兰陵县城约20千米，西距枣庄市约20千米。矿区面积2.1平方千米，蕴含铁矿石资源储量2亿吨。设计规模采选铁矿石300万吨/年、铁精粉75万吨/年，主要产品为铁精粉和选煤用重介质粉，设计服务年限55年。

凤凰山矿区位于兰陵县城西约20千米处，西距枣庄约25千米，行政区划隶属兰陵县尚岩镇、新兴镇。矿区面积2.85平方千米，蕴含铁矿石资源储量1.64亿吨，设计规模采选铁矿石400万吨/年，铁精粉100万吨/年，设计服务年限36年。2012年6月15日，临矿集团组织凤凰山铁矿采选工程设计招标；

26日确定由中国恩菲工程技术公司承担设计工作。2014年3月28日，完成项目初步设计。概算总投资23.69亿元。一期开采-900米水平以上矿体，服务年限15年，后期开采-900米水平以下矿体，服务年限19年；按探明、控制、推断的总资源量计算，总服务年限42年。采用主、副井开拓方式，一期井筒工程服务-900米以上开采需要，后期进行井筒延深。采用分段空场嗣后充填采矿法、大直径深孔空场嗣后充填采矿法。通风方式初期定为两翼对角式，采用副井、进风井进风，东、西回风井回风，主井辅助回风。后经考察论证，改为井下多机站通风。选矿采用湿式预选+阶磨阶选+磁选工艺流程。充填根据不同采矿方法，采用对应的全尾砂分段胶结充填法和全尾砂全段高胶结充填法，充填材料采用选矿厂产生的全尾砂，胶结材料采用胶固粉或水泥。

2020年末，铁矿公司设置生产技术部、安全管理部、机械动力部、基建部、经营管理部、党群工作部、武装保卫部、办公室、供销公司、后勤服务公司，注册成立山东中威安全技术服务有限公司，在册职工606人（其中大专以上学历308人）。先后荣获全省安全生产基层基础工作先进企业、省管企业文明单位、振兴沂蒙劳动奖状、临沂市劳动关系和谐企业、临沂最美纳税人等荣誉称号。

18. 山东物商集团有限公司

山东物商集团有限公司（简称物商集团）位于山东省临沂市罗庄区盛庄街道清河南路，由临沂亿金物资有限责任公司（简称亿金公司）、临矿集团煤炭运销公司（简称运销公司）、山东省鲁北煤炭配送基地有限公司（简称鲁北公司）三家企业于2018年4月23日整合重组成立，是临矿集团权属全资子公司。

亿金公司始于1951年成立的临沂煤矿材料股，历经临沂煤矿器材供应股、器材供应科和临沂矿务局器材组、器材供应科、器材处，拥有一条铁路专运线及23324.53平方米仓储设施，定位专业化铁路物流和仓储物流。运销公司始于1953年1月成立的临沂煤矿运销科，先后历经临沂煤矿煤质股、临沂矿务局煤质科、煤质处、煤炭加工销售处。物商集团成立后，运销公司由原来的煤炭业务转变为经营物流贸易业务，开展集团公司内部物资配送及对外物流运输。鲁北公司成立于2009年10月，定位为"地上煤矿"及"内陆港"。建设两库两中心（交割库、保税库、区域煤炭交易中心、区域大宗商品配送中心）和日照钢铁物流产业园、临沂有色金属产业交易物流园、济宁矿用工矿品物流园3个物流园，是中国（太原）煤炭交易中心的交收库，与青岛港、日照港陆海公转铁中转平台及黄台电厂、阳煤集团达成战略合作，2020年煤炭贸易量突破150万吨。

2020年末，物商集团资产总额27.1亿元，销售收入243.51亿元。设立4个职能部室、6个专业事业部、9个权属子公司和1个分公司，分布于上海、香港、内蒙古、山西等四省10多个地市，在岗员工297人，内退26人，劳务输出2人。

19. 山东玻纤集团股份有限公司

山东玻纤集团股份有限公司（简称山东玻纤集团）总部位于山东省沂水县经济开发区，是一家集玻璃纤维及其制品生产加工与沂水城区发电供热于一体的股份制企业，拥有淄博卓意玻纤材料有限公司、沂水县热电公司、临沂天炬节能材料科技有限公司3家全资子公司。

山东玻纤集团起源于1992年草埠煤矿多种经营发展中的玻璃纤维厂。2008年2月，设立山东玻纤公司，注册资本16000万元，为临矿集团全资子公司。2010年3月，临矿集团将持有的山东光力士集团股份公司无偿划转给山东玻纤公司，注册资本达到17370.14万元。2010年9月，临矿集团对山东玻纤公司增资，山东玻纤公司注册资本达26370.14万元。2013年12月，进行股份制改造，公司变更为股份有限公司，注册资本增至30000万元，其中临矿集团出资26370.14万元，占比87.9%；临沂至诚出资3629.86万元，占比12.1%。2015年10月，公司注册资本增至40000万元，其中临沂至诚公司出资4679.86万元，占比11.7%；临矿集团出资26370.14万元，占比65.93%；东方邦信公司出资8000万元，占比20%；黄河三角洲中心出资950万元，占比2.38%。2020年8月，山东玻纤公司获准在沪市IPO，公司注册资本由40000万元增至50000万元，增资后股权结构为：临矿集团出资26370.14万元，占比52.74%；西藏鼎顺公司出资4679.86万元，占比9.36%；东方邦信公司出资8000万元，占比16%；黄河三角洲中心出资950万元，占比1.9%；上市流通股份10000万元，占比20%。

2020年，公司产品涵盖组合纱、热塑纱、纺织纱、热固纱4大类300个品种，在建筑材料、交通运输、电子电器、新能源风电等领域得到广泛应用，产品销售遍布全国31个省、市、自治区，并远销欧、美、亚、非等20多个国家和地区。玻纤产品年生产能力位居国内第四、世界第六；热电公司发电能力6.6亿度/年，供汽能力达到462万吨/年，供暖采暖面积达到437.5万平方米。年末，在册职工2951人，其中大专及以上学历人数681人，专业技术职称人员262人，具有职业资格人员409人。建有1个省级企业技术中心、博士后创新实践基地。先后与南京玻璃纤维研究设计院、武汉理工大学、山东大学、齐鲁工业大学、中科院宁波材料所等10多所科研院所和高等院校建立了技术联盟，拥有自主研发产品和技术配方30项，获国家发明专利和实用新型专利20项。

2018年，公司即建成第一条"数字化"生产线以后，加速智能化数字化生产技术改造，以"管理信息化、生产智能化、运营数字化"为目标，步入由规模增长向价值驱动的高质量发展阶段。预计2021年"数字化"生产线占比将达到50%，2023年占比将达到80%以上，2025年，将全面建成"数字化"智慧玻纤生产基地。

20. 临沂兴宇工程设计有限责任公司

2002年12月，经临沂矿务局临局企管字〔2002〕106号文批复，同意临沂矿务局设计院改制为临沂兴宇工程设计有限责任公司，注册资本51万元，注册地临沂市罗庄区。经营地质勘查技术服务、工程管理服务、办公服务、专业设计服务、平面设计、建设工程设计等业务。2009年，经鲁国资规划函〔2009〕42号文批复，同意公司增加注册资本至100万元，仍为临矿集团子公司。详见第二篇第二章第二节。

21. 山东煤炭技师学院

山东煤炭技师学院始建于1958年9月，前身为临沂煤矿技工学校，主校区位于山东省临沂市罗庄区罗四路366号，是一家集培养初级工、中级工、高级工以及预备技师和成人教育、技能等级认定为一体的国家级重点技工院校，为事业单位法人。

1962年3月，因国民经济调整停办。1978年6月，恢复建校；1991年，首批晋升为省部级重点技工学校；1998年，晋升为国家级重点技工学校；2000年，晋升为高级技工学校。2006年3月，经省国资委批准，改制为罗庄区中等职业技术学校，注册资本600万元，其中临矿集团出资120万元，占比20%；东山公司出资120万元，占比20%；临矿集团工会出资360万元，占比60%。2010年11月，经山东省人民政府批准，成立山东煤炭技师学院。2020年12月，根据能源集团清理工会出资的相关规定，东山公司和临矿集团工会股份全部退出。为临矿集团全资子公司。

2020年末，学院下辖临沂东山驾驶员培训公司，马坊、军城、兴元3个省公共实训基地，托管古城煤矿安全技术和菏泽煤电公司2个培训中心，龙湖路分院及高都、高新区2个教学点，年职业培训规模达15000人次，在校生人数达到12900人。学院设有从基础课到各专业课所需的实验室、实训车间20个，拥有标准化教室156个、计算机房5个，图书馆藏书18万余册。主要开设发电厂运行与维护、高铁空乘服务、幼师教育、电工电子、机电一体化、综合机械化采煤、综合机械化掘进、采区机电维修和电修等30个专业。下设党群部、经营部、教学部、培训部、招生安置部等部室，有专职教师146人，兼职教师和管理人员200人。其中正教授3人、副教授（高级讲师）58人、讲师67人、高级技师32人、注册安全工程师6人、山东省教学能手10人、临沂市技术能手23人、山东省首席技师1人、国家级裁判员4名、煤炭行业国家级技能大师3名。

学院为山东省技师工作站、中国煤炭行业高技能人才实训基地，教育质量、科研水平办学规模处在山东省技工院校前列。先后被评为全国煤矿安全先进单位、省级文明单位、省管企业文明单位、省技工学校招生先进单位、临沂市双文明单位、职业教育先进单位等称号。学院教师凭借过硬的职业素养和业务能力，多次在全国、省市组织的技工院校教师职业能力大赛及说课比赛中获得优异成绩，其中获得国家级三等奖1次、省级一等奖6次、市级一等奖8次；学生在全市技工院校技能大赛中获团体第一名6次、个人一等奖18次。

22. 山东能源澳大利亚有限公司

山东能源澳大利亚有限公司（简称澳洲公司）成立于2012年8月15日，注册资本5226.87万澳元（折合人民币30000万元），实收资本30000万元，为临矿集团全资子公司，注册地为澳大利亚昆士兰布里斯班市，经营范围为矿山生产、矿产资源勘探、开采及洗选加工等业务。同月，收购罗克兰公司100%股权，注册资本8854.85万澳元（约折合人民币48082.72万元），为澳洲公司全资子公司。注册地为澳大利亚昆士兰布里斯班市，经营范围为矿山生产、矿产资源勘探、开采及洗选加工等业务。2016年，临矿集团将罗克兰公司旗下罗克兰香港公司划转给山东物商集团。

2020年末，澳洲公司下设1个二级子公司、3个三级子公司、1个四级子公司和一个合作项目。员工6人，其中国内派驻员工4人，当地员工2人。100%拥有MDL324矿产开发权、80%拥有MDL3043矿产开发权、88.5%拥有MDL3042矿产开发权，3个矿权总面积608.39平方千米，均位于优质焦煤产区博文盆地内，总资源量达71.78亿吨，煤种为焦煤、肥煤、喷吹煤和动力煤。海拉隆项目（MDL324）位于澳大利亚昆士兰州博文盆地北部，矿权面积31.89平方千米，总资源量为1.626亿吨，主采煤层主要为半硬焦煤。2017年3月17日和2017年8月30日分别获得昆士兰州环境部和澳大利亚联邦政府环境部的环评批文。罗克兰项目（MDL3043）位于澳大利亚博文盆地南部，矿权面积121.2平方千米，总资源量10.069亿吨，主采煤层煤质为硬焦煤和半硬焦煤，原为煤炭勘探权EPC890，2018年底启动详查勘探活动，2020年5月1日升级为矿产开发权MDL3043。富源项目（MDL3042）位于澳大利亚博文盆地中部，矿权面积455.3平方千米，主要赋存4个煤层组，总资源量60.083亿吨，煤质为喷吹煤，原为煤炭勘探权EPC930，2020年1月1日升级为矿产开发权MDL3042。

23. 创元恒盈商业保理（天津）有限公司

创元恒盈商业保理（天津）有限公司于2019年12月成立，由山东能源集团创元投资有限公司和临沂矿业集团有限责任公司共同出资成立，注册资金10000万元，注册地址为天津自贸试验区（中心商务区）燕赵大厦1-1702-A-44。山东能源集团创元公司出资6000万元，占比60%；临矿集团出资4000万元，占比40%。主要经营保理融资，销售分户（分类）账管理，应收账款催收，非商业性坏账担保，客户资信调查与评估，与商业保理相关的咨询服务。

24. 大唐郓城发电有限公司

2017年10月，经山东能源集团批准，临矿集团与大唐山东发电公司共同出资设立大唐郓城公司，注册资金1000万元，大唐山东发电公司出资700万元，占比70%；临矿集团出资300万元，占比30%。注册地址为山东省菏泽市郓城县经济开发区东溪路星河国际办公楼14楼。主要经营电力、热力生产和销售；电力设备设施检修、调试、运行维护等业务。

2018年12月，经山东能源集团批准，大唐郓城发电公司增资至41897万元，大唐山东发电公司出资29327.9万元，占比70%；临矿集团出资12569.1万元，占比30%。

25. 内蒙古三新铁路有限责任公司

内蒙古三新铁路有限责任公司于2007年7月注册成立，注册资本金5.82亿元。公司由鄂尔多斯市国有资产投资控股集团有限公司、中国双维投资有限公司、中国神华能源股份有限公司、临沂矿业集团有限责任公司、新矿内蒙古能源有限责任公司、鄂尔多斯市正腾投资有限责任公司共同出资设立，出资比例分别为34%、27%、17%、15%、5%、2%；主营业务为货物运输。2017年12月，临矿集团增资3300万元，累计出资12030万元，股权占比15%。

公司管理运营的三新铁路坐落于鄂尔多斯市西南部，是内蒙古自治区和鄂尔多斯市"十一五"规划的重点建设项目，线路位于包兰铁路以南，太中银铁路以北，呈南北走向，全长136公里，总投资近13.8亿元，单线电气化，货运输送能力。近期1600万吨/年，远期3000万吨/年，预留开行万吨列及客运条件。至2021年3月，三新铁路接轨3条铁路专用线，分别为上海庙矿业公司榆树井煤矿铁路专用线、上海庙矿业公司一号井煤矿铁路专用线、山东能源内蒙古盛鲁电厂铁路专用线；拟接轨铁路专用线2条，分别为新矿内蒙古能源公司上海庙能源化工园区西部铁路专用线；国电双维上海庙电厂铁路专用线。

三新铁路于2010年建成投入运营，2017年，宁东能源化工基地的神华煤制油项目双线投产，上海庙能源化工基地的7座矿井开始正常生产后，经营状况开始好转；2018年实现首次盈利。2020年，公司完成运量1113.81万吨，实现营业收入20573万元，实现盈利8118万元，连续13年实现安全生产。

2021年2月末，资产总额10.37亿元，负债总额6.67亿元，所有者权益总额3.70亿元，资产负债率64.28%。

（二）政策性破产单位

1. 汤庄煤矿

汤庄煤矿位于山东省临沂市南27千米，罗庄区、郯城县、苍山县三县（区）交界处，西邻206国道，交通便捷。煤矿因建在汤庄村东而得名，占地面积59.17万平方米，是临沂矿区第一个年产突破30万吨的矿井。

汤庄煤田开发较早，初始年月已无据可考，开采时续时断。1958年12月，临沂专署煤炭工业局将苍山、日照、莒南在该区兴建的3个县办煤矿收归合并组成汤庄煤矿。1960年3月，汤庄煤矿划归临沂矿务局。

汤庄煤矿拥有一号井、二号井、三号井和桥头井4对生产矿井。1999年1月1日，临沂矿务局撤销莒县煤矿编制并入该矿，成为该矿的第五对生产矿井，称为竹园井。一、二号井于1982年12月16日合并成为汤庄井。由于矿井衰老，三号井、桥头井分别于1984、1989年注销了生产能力；竹园井、汤庄井也先后于1999年6月20日和2000年3月8日经上级批准关井闭坑。

汤庄煤矿设计能力随着矿井改造几经调整，最后一次核定生产能力是1998年，核定为6万吨/年。实际年产仅为5万吨。该矿自建矿到关井破产，实际服务年限43年，共生产原煤760万吨。其中，1982年原煤产量达到30.2万吨，为该矿历史最好水平。

20世纪90年代后期，汤庄煤矿面对资源枯竭、无煤可采的严峻形势，加快了多种经营发展步伐，先后建设了塑料制品厂、冷藏加工厂、砖厂、铸造厂、汽车修理厂等十几个短平快项目，短时间内获得了一定的收益。1994年11月，经国家计划委员会和煤炭工业部批准，日本国援建项目植物质型煤示范工程落户该矿。因技术不成熟，项目建成后一直处于生产试验阶段，且日方态度暧昧并不做进一步的技术改进，至1998年该项目被迫停止运作。汤庄煤矿一直把植物质型煤项目作为转产重点项目，并投入了大量人力物力，项目失败后背负了500多万元的经济包袱。6月，经山东煤管局批准投资2995万元建成的卫生洁具厂，因技术、资金和管理缺失，于2004年4月将全部股份转让给上海佳欣陶瓷工业有限公司。

因资源枯竭，1999年该矿被列入国家第一批关闭破产计划项目。2000年2月，经国家兼并破产和职工再就业工作小组进一步确认。2001年7月17日，临沂市中级人民法院依法宣告汤庄煤矿进入破产程序；8月3日，矿务局成立汤庄煤矿关闭破产工作机构处理善后事宜。2002年2月，该矿273名职工重组成立临沂奥洁瓷业有限责任公司；6月，临沂市中级人民法院依法宣告汤庄煤矿破产终结。

破产前，汤庄煤矿有各类人员4800名。下设11个科室，4个生产区队，1个卫生洁具厂，1个植物质型煤厂，1座职工医院、1所职工子弟学校。总资产6942万元，总负债6885万元，其中，流动负债5850万元，长期负债1035万元，资产负债率达99.18%。

破产后，根据国家有关规定，汤庄煤矿与当地政府分阶段进行了社会职能的移交。2003年1月，汤庄煤矿将所属学校含教职工49人、资产36.1万元及中央财政补贴费用431.5万元成建制移交临沂市罗庄区人民政府；将所属职工医院37名人员、设施设备及补助费用移交临沂市市南医院；将35千伏变电所含占用土地、设备设施及供电线路移交恒昌煤业公司。2003年6月，社区服务机构整体移交罗庄区人民政府；9月4日，矿务局以财政补助资金方式将汤庄煤矿关闭破产资金计1470万元（含莒县煤矿204.68万元）移交地方政府；10月13日，汤庄煤矿党委撤销建制，党组织关系移交罗庄区党委。

2. 莒县煤矿

莒县煤矿办公区（1988）

莒县煤矿位于山东省日照市莒县城西南12.5千米，珍珠山东麓，刘官庄镇前竹园村南侧，故早名为竹园煤矿，后改为莒县煤矿。矿区与县城有公路相接，东距潍（坊）—徐（州）公路3千米。

莒县煤田开采历史悠久。据记载，早在明朝万历年间（1573—1619年）就有人在竹园、兰官庄、齐家庄一带打窑挖煤，用来烧制小黑碗和缸。其后至1940年前也多为个人投资开采的小煤窑，井型小，规模不大。1940年至中华人民共和国建国初期，该地的煤炭为抗日战争、解放战争乃至国家的生产建设和当地群众生活作出了重要贡献。

1964年4月，莒县煤矿由临沂专署矿务局划归临沂矿务局管理，各项基础工作和管理得到加强，成为矿务局的骨干煤矿之一。

1986年11月，经山东煤管局批准，莒县煤矿竹园井注销生产能力，但仍继续维持生产。1988—1990年，矿务局对莒县煤矿实行集体承包，承包计划15万吨，实际完成15.55万吨，比三年考核计划超5500吨。此后，莒县煤矿针对资源枯竭、矿井注销能力的实际，大力发展多种经营，先后开发建设橡塑制品厂、砖厂、石英材料厂、宝石加工厂、修配厂、木器厂等项目，并组织开展饮食服务、劳务输出等活动。1994年上半年，该矿多种经营发展已形成产值250万元、利润20万元、从业人员279人，其中，安置待业青年200人的规模。1994年，该矿利用煤炭工业部三产贴息贷款550万元，在原橡塑制品厂的基础上扩建为声光鞋厂，1995年，建成投产。1997年，利用煤炭工业部三产贴息贷款500万元，扩建稀土复合肥和磷肥项目，基本实现矿井转产的目标。该矿连续7年被山东煤管局评为多种经营工作先进单位。

1999年1月1日，矿务局决定撤销莒县煤矿编制，成立竹园井，划归汤庄煤矿。2000年，随汤庄煤矿列入全国资源枯竭矿山企业关闭破产项目。

2002年6月22日，莒县煤矿社会职能部分移交日照市莒县人民政府。6月28日，汤庄煤矿破产终结。其中，莒县煤矿427名职工中，有55人办理退休、138人退养、60人参与重组、14人被鉴定为3～6级工残，卫生所4人交地方医院，156人自谋职业。

2003年9月30日，成立莒县煤矿离退休人员管理服务中心，隶属莒县劳动和社会保障局管理。

3. 塘崖煤矿

塘崖煤矿位于临沂市罗庄区西高都办事处塘崖村西北，北距临沂市13千米，西距罗庄区9千米，占地面积约13.47万平方米，总建设面积3.43万平方米。

1978年10月，塘崖煤矿由矿务局建井工程处施工建设。1979年7月，因国家经济调整而停建，已完成投资86.7万元。1980年3月，塘崖煤矿恢复建设，主井于当年4月12日破土动工。1987年1月1日起，由朱陈煤矿成建制接产，当年10月1日正式投产。投产时完成总投资3199.94万元。矿井年设计生产能力为20万吨，但由于受地质构造复杂、火成岩侵蚀严重、煤层赋存极不稳定等条件影响，投产后一直未能达产。2003年，对矿井生产能力进行核定，该矿主井提升能力核定为20.7万吨/年，通风能力核定为15.72万吨/年，排水能力核定为29.4万吨/年，井下运输能力核定为32.2万吨/年，地面设施承受能力核定为22.3万吨/年，供电能力核定为21.4吨/年。按照当时以风定产原则，矿井生产能力综合核定为15万吨/年。1990年，被煤炭工业部评定为特级标准化建设矿井；1992年2月，被山东煤管局授予安全生产先进矿称号；1993年4月，被山东省总工会授予临沂地区先进企业称号；1998年5月，被临沂市人民政府命名为矿山安全先进单位；2003年—2006年，连续4年被山东煤矿安全监察局评为煤矿安全程度评估A级矿井。1987年10月—2003年12月，共产原煤189.97万吨。

1988年后，塘崖煤矿大力发展多种经营。1989年3月9日，建成了龙山瓷厂。1994年10月，建成兴塘瓷厂。1996年初，兼并矿务局水泥厂。先后成立劳动服务公司、生活服务公司、多种经营公司、以劳养武经营处、建筑公司、煤炭运销公司以及具有法人资格的兴塘实业公司，兴办轧钢厂、机修厂等经济实体，其经营范围包括餐饮服务、食品加工、水泥预制、养殖、塑料加工、基础建筑、运输服务、被服生产、造纸印刷、氧化钴生产、钢材成形、机械加工与修理等项目。但由于受矿井条件、体制等因素影响，企业亏损严重。2000年，塘崖煤矿亏损额达503.53万元；2001年6月，塘崖煤矿实际负债总额达7423.39万元，负债率达126.33%。

2002年1月10日，临沂矿务局塘崖煤矿改制为临沂兴元煤业有限责任公司，注册资本390万元，矿务局出资39万元，兴元煤业公司职工持股会出资351万元，持股比例分别为10%和90%。改制后，兴元煤业公司对塘崖煤矿资产实行租赁经营。

2002年8月9日，塘崖煤矿列入国家关闭破产"16·60"计划项目。2003年7月29日，全国企业兼并破产和职工再就业工作领导小组批准塘崖煤矿进入法定程序实施破产；9月12日，临沂市中级人民法院裁定塘崖煤矿进入法定破产程序，正式实行国家政策性破产。兴元煤业公司购置塘崖煤矿的有效资产，接收安置498名破产企业员工。2005年1月，塘崖煤矿破产终结。

2010年1月底，临矿集团完成职工持股规范清理工作，将临沂兴元煤业有限责任公司持股全部退出。

4. 五寺庄煤矿

五寺庄煤矿位于临沂市罗庄区册山办事处南头村东侧，设计能力30万吨/年，服务年限23.8年，工业广场占地面积30.20万平方米，建筑面积4.3万平方米。始建于1959年10月，由煤炭工业部济南管理局设计院提出初步设计，临沂煤矿负责开工建设。1962年6月下马停建。1970年3月9日，临沂矿务局恢复对五寺庄井田原5号井生产，定名为册山煤矿。1972年3月21日，恢复对五寺庄井田1号大井建设。1974年12月16日，矿务局成立五寺庄煤矿建井会战指挥部，加快建井步伐。1977年5月1日，五寺庄1号井建成投产并移交册山煤矿。根据山东省革命委员会煤炭工业局意见，册山煤矿更名为"五寺庄煤矿"。

1982年，五寺庄煤矿产煤23.68万吨，创出建矿以来年产煤最高纪录。

1991年，五寺庄煤矿拥有固定资产2232.2万元，职工1907人，辖4个生产工区，3个辅助工区以及职工子弟学校、职工医院、服务公司等26个部门或单位。由于地质条件复杂、井下生产管理难度大，当年仅产煤11.96万吨，亏损794万元。同年，五寺庄煤矿按照矿务局的统一部署，组织开展"质量标准化、安全创水平"活动，促进安全生产的发展，实现安全生产2周年，被中国统配煤矿总公司命名为质量标准化特级矿井。1994—1997年，五寺庄煤矿继续加强井下安全生产管理，先后制订实施井下安全监察员百分制考核制度、矿级领导下夜班盯现场制度、安全检查登记核对卡制度、"三违"学习培训制度等多项安全管理措施，使安全生产管理工作不断创出新成绩。1997年7月29日，实现安全生产2000天，创建矿以来安全生产最好水平。

1992年2月，五寺庄煤矿被矿务局确定为深化"三项制度"改革试点单位。

1993年，五寺庄煤矿按照矿务局"以煤为主，多种经营"的工作部署，加快发展多种经营；3月6日，自筹资金960万元开始建设搪瓷厂；6月1日，搪瓷厂搪烧车间建成投产。1994年5月28日，搪瓷厂冲压车间建成投产，当年实现利润200万元。

1993年5月1日，矿务局将总厂划归五寺庄煤矿管理。1993年12月，矿务局批准以五寺庄煤矿为基础，成立临沂恒河实业总公司，芦文祥任总经理。总公司下辖五寺庄煤矿、鲁星搪瓷公司、银星石膏矿、繁星实业公司、煤炭运销公司等8个单位；拥有石膏分厂、机修厂、焦化厂、耐火材料厂、型煤厂等20多个生产厂点；可以生产经营煤炭、焦炭、搪瓷浴盆、石膏粉、焦油、粗笨、耐火材料等40余种产品。

自投产后，五寺庄煤矿一直未能达产，1991年11月，被山东煤管局核准为无生产能力矿井。1998年5月8日，因井下煤炭资源枯竭，五寺庄煤矿正式关井停产。停产时，全矿拥有资产178.87万元，在册职工838人，离退休职工906人。根据矿务局统一安排，有307名采掘职工组成施工队，到古城煤筹建处承包井下施工工程，有104名职工下岗待业。

2000年6月1日，经与临沂市罗庄区人民政府协商，五寺庄煤矿职工子弟学校整体移交临沂市罗庄区册山办事处。

2001年2月26日，鲁星搪瓷公司被临沂矿务局确定为首批改制试点单位，进行股份制改造，与恒河实业总公司分离；4月10日，繁星实业公司（原矿务局总厂）进行股份制改造，成为独立的股份制公司，与恒河实业总公司分离；5月，恒河实业总公司已无正常经营活动，其日常工作由五寺庄煤矿进行管理；12月18日，经矿务局批准，恒河实业总公司划归塘崖煤矿管理。

2002年1月15日，恒河实业总公司被临沂市工商行政管理局注销。

2003年9月12日，五寺庄煤矿作为塘崖煤矿五寺庄井（含原恒河实业总公司所属单位）被临沂市中级人民法院宣布破产。

五寺庄煤矿破产时，拥有固定资产264.97万元，负债3353.93万元，在册职工1407人，离休退休职工1194人，党员151人。在企业破产实施过程中，150名职工领取安置费，246名职工领取补偿金，371名职工重组到兴元煤业公司、恒昌煤业公司等单位工作，有494名职工自谋职业。

5. 草埠煤矿

草埠煤矿位于山东省沂源县城偏西南17.5千米，占地面积2.27万平方米。草埠井田开采历史悠久，相传明朝末年就有人在此打井挖煤。1957年11月，沂源县向煤炭工业部济南管理局提出开矿申请，12月得到批复。1958年2月，由煤炭工业部济南管理局设计院进行矿井设计，设计生产能力3万吨/年，3月开工建设。1963年4月，矿井划归临沂专署煤炭工业局。1964年4月，划归临沂矿务局管理。1965年末，建设工程全部完成并投入生产，山东省地方煤炭工业公司核定设计能力为15万吨/年。1984年，原煤产量首次突破20万吨，达20.34万吨。1988年，草埠煤矿实行集团承包经营和矿长负责制，原煤产量每年以10%速度递增，1990年，达22.64万吨，全员效率0.723吨/工，创历史最好水平；掘进机械化程度61.83%。

1992年，草埠煤矿确立"以煤为主，多种经营"的发展思路，打破煤炭单一生产经营模式，先后成立多种经营公司、物资供应站、生活服务公司、煤炭运销公司、花岗石厂、电器厂、锯片制焊厂、洗煤厂、焦化厂、加油站、饭店等经济实体；与地方联营成立玻璃纤维厂、双沂花岗石开发公司；在北京设立了京草建材公司等单位。同时，积极并深化内部改革，精简机关人员，压缩机构编制，逐步形成生产、经营、政工三大块的管理模式。当年多种经营完成产值320.85万元，利润17万元。6月8日，草埠煤矿实现安全生产2000天，创出建矿以来第一次百万吨安全生产，受到山东煤管局和矿务局的表彰。

1994年，全年产煤23万吨，创建矿以来最好水平。

1996年，按照矿务局的工作部署，草埠煤矿制订"脱贫解困工作"规划，开始构建原煤、多种经营、后勤服务"三条线管理"格局。

1997年，实行"成本倒算法"，模拟市场核算，制定目标成本，促进了经济效益的提高。当年实现利润19万元，完成脱贫解困规划目标。

2000年，玻璃纤维厂实现销售收入1313.5万元，出口创汇4万美元，实现利润121万元。

2002年1月1日，按照矿务局改制规划，由矿务局参股10%、草埠煤矿职工控股90%的淄博草埠实业有限责任公司成立，注册资本560万元。至此，草埠煤矿由国有企业改制成为自主经营、自负盈亏、自我发展的股份制独立法人实体。当年实现销售收入6523.4万元，利润530.4万元；产煤22.2万吨，单产效益创历史最好水平。

2002年7月7日，沂水热电公司项目开始筹建。2003年，沂水热电公司项目立项并开工建设。7月1日，第一台机组投入运行。同年，草埠煤矿玻璃纤维厂通过ISO9000：2000国际质量体系认证。由于资源枯竭，草埠煤矿被列入2003年全国企业关闭破产项目。

2004年3月，经协商，草埠煤矿玻璃纤维厂以转让价510万元购置光力士集团复合材料厂资产。

2005年3月2日，经淄博市中级人民法院依法裁决，宣告草埠煤矿破产还债，破产工作进入程序。破产前全公司资产总额44.27万元，负债总额5513.22万元，所有者权益-5468.95万元。破产费用审核14947.06万元，在册职工1927人，离退休、退养、建国前老工人1044人。在破产重组中，除部分人员按有关政策退休外，597人重组到矿务局其他煤矿工作，133人选择自谋职业。12月23日，草埠实业公司以草埠煤矿破产的有效资产与山东光力士集团股份有限公司重组。年末，草埠煤矿剩余资源储量179.9万吨，其中，经济基础储量8.7万吨。

2006年8月20日，草埠煤矿基础储量开采完毕，矿务局同意草埠煤矿停采闭坑。9月9日井口封闭顺利完成，工业广场移交淄博市沂源县人民政府。

2010年1月，临矿集团完成职工持股规范清理工作，将淄博草埠实业有限责任公司持股全部退出。

6. 褚墩煤矿

褚墩煤矿位于山东省临沂市郯城县褚墩镇境内，东埠庄村南，井田面积5平方千米。褚墩矿井1977年3月开始筹备，并由矿务局建井工程处组织施工；10月1日，主井正式破土动工。1984年9月5日，褚墩矿井正式建成投产，由大芦湖煤矿成建制接续生产。移交生产时，累计完成投资3962.88万元，其中，建安工程3010.69万元，设备购置392.49万元，其他基本建设投资559.7万元。完成井巷工程15297米，土建工程35364平方米，其中，工业建筑4499平方米，民用及福利建筑30900平方米，完成安装工程73项。工业广场占地面积19万平方米。

2001年5月3日，矿务局向省煤炭局提交《关于在褚墩煤矿、塘崖煤矿、草埠煤矿、汤庄煤矿组建有限责任公司的请示》。

2002年1月18日，临沂矿务局褚墩煤矿改制为临沂恒昌煤业有限责任公司，恒昌煤业公司职工持股会出资272.1万元，矿务局出资30.2万元，分别占注册资本302.3万元的90%和10%。

2010年1月底，临矿集团完成职工持股规范清理工作，退出恒昌煤业持股。

（三）分离单位

1. 临沂奥洁瓷业有限责任公司

临沂奥洁瓷业有限责任公司位于山东省临沂市罗庄区汤庄办事处境内，前身为山东临沂奥洁卫生瓷厂，是临沂矿务局汤庄煤矿的下属单位，占地面积近4万平方米。该厂始建于1995年，主要生产销售卫生洁具产品。1999年12月，停产。2001年7月，汤庄煤矿政策性破产后，由273名参与重组的职工发起成立奥洁瓷业公司，并按法律程序回购该厂资产，注册资本645.34万元。其中，奥洁瓷业公司工会委员会持股315.94万元（重组职工个人股），临沂矿区工会持股会持股201.4万元，矿务局持股128万元。

奥洁瓷业公司主要生产销售中高档卫生洁具产品。2002年3—8月，对窑炉、成型线等落后工艺、设备进行彻底改造。通过技术改造，生产能力由原来的40万件/年增加到60万件/年，达到生产中高档产品的工艺要求。

针对技术人才和熟练工人缺乏问题，先后高薪聘请技术人才7名，召回熟练工人100名。2002年4—8月，开发新产品6套，其中，联体坐便器2套、分体坐便器2套、洗手盆2套，并利用梭式窑小规模生产，培训新工人。至2002年末，产品合格率达到70%，新增熟练工人100名。

2002年12月，接韩国客户产品订单，按其提供样品开发。2003年3月，组织上线生产；5月，日产半成品达到1500件，具备启动大窑的条件；6月10日，大窑1次点火成功，经过1个月的烧成调试，产品烧成合格率达到93%，优级品率达到60%。

2003年9月，因资金周转困难，奥洁瓷业公司被迫停产。至2004年3月，奥洁瓷业公司总资产2699.85万元，其中，固定资产1618.05万元，无形及递延资产919.57万元，流动资产162.23万元。负债方面，矿务局及银行贷款95万元，应付账款64.16万元。有员工400名，其中，劳务输出120名（在临沂矿务局内）。

2004年3月10日，奥洁瓷业公司召开股东大会，决定将奥洁瓷业公司全部股权按原值对外出让，收回股本按原值退回股东。4月9日，奥洁瓷业公司与上海佳欣陶瓷工业有限公司签订了合作协议书及股权转让合同，按原值受让奥洁瓷业公司全部股权。上海佳欣陶瓷工业有限公司按照合同规定分3年（2004年4月9日—2006年4月9日）将股本金645.33778万元全部付清。收回股本后，奥洁瓷业公司本着先个人后集体的原则，将股本分期分批退回全体股东。

奥洁瓷业公司2003年9月停产后，92名职工与奥洁瓷业公司解除劳动合同，自谋职业，181名职工移交恒昌煤业公司管理，其他职工劳务输出到临沂矿务局内部单位。

2. 临沂矿务局总厂

临沂矿务局总厂，始建于1949年。

1949年，临沂煤矿在罗庄村南建一炼焦厂，用1吨小地池生产焦炭，当年产焦1276吨。1952年2月，安装碎煤机2台，新建大圆炉2组（每组10座），停用小地池生产。1956年5月，该厂在进京代表、先进生产者岳凤堂的带动下，推广四川省东林煤矿土法炼焦提油先进经验，当年提油42.94吨；11月由原油

临沂矿务局总厂（1994年）

精提汽油1.68吨，从此改单一产品为多种产品。1949—1957年，共生产焦炭20.25万吨。主要供应宁、沪、杭一带以及青岛、鹤岗等地的国有企业。

1958年7月，临沂煤矿在窑汪崖村西新建一处炼焦厂，称窑汪崖炼焦厂；12月26日，罗庄焦厂和窑汪崖焦厂合并，改称临沂煤矿炼焦厂，建立党总支委员会。同年，进行掺20%无烟煤炼焦试验获得成功，回收副产品15种。

1960年2月，炼焦厂开展技术革新活动，自制拦焦机车实现了煤气化；3月，临沂矿务局成立，临沂煤矿炼焦厂更名为临沂矿务局炼焦厂；10月1日，该厂划归临沂市冶金局领导，交临沂市钢铁厂管理。1961年11月1日，又交回临沂矿务局。1962年炼焦厂划归大芦湖煤矿管理，改称大芦湖煤矿炼焦厂，下半年因国民经济调整下马停止炼焦。

1965年3月，矿务局恢复焦炭生产，成立临沂矿务局炼焦厂，当年产焦7.75万吨。自1958—1966

年5月，该厂共生产焦炭48.44万吨。

矿务局炼焦厂于1966年7月独立核算。1970年，该厂认真贯彻落实中共中央〔1970〕34号文件精神，大搞技术革新，把沿用二十多年的大揭盖"开滦炉"改革成有固定炉顶的砌碹式"34号"革新炉，不仅省工省料，而且提高抽油率，还能利用余热烧砖、烧瓦、烧石灰等。1971年，采用"34号"革新炉炼焦，全年生产焦炭5.81万吨，提取煤焦油308吨，分馏出轻重柴油、汽油、煤油、酚油、防腐油等8种副产品188吨，利用余热烧砖160万块，石灰1100多吨。"34号"革新炉成功后，为土法炼焦闯出综合利用的新路子，先后参加山东省煤炭工业局和煤炭部组织的技术革新展览，有28个省、市、自治区的土法炼焦厂前来参观学习。

1970年9月，临沂矿务局在焦厂西侧兴建一处化工厂；10月开始筹备"七〇型"机械炼焦炉的建设。1971年1月，"七〇型"机焦炉开工建设；9月，化工厂建成；9月22日，炼焦厂与化工厂合并成立临沂矿务局焦化厂。

焦化厂成立后，管理体制和管理机构进一步健全，依靠群众大搞技术革新，对洗煤跳汰机、振动筛等进行技术改造，精煤洗选回收率由77%提高到84%，并在副产品中成功提取了甲苯、二甲苯等化工产品。1972年，增加炼铁项目。1973年5月，新建日产生铁20吨的13立方米炼铁炉一座。1974年12月，年产4万吨焦炭的"七〇型"机械化炼焦炉建成并投入生产。1976年，上半年开始机焦炉焦油加工。1966年6月—1978年12月共生产焦炭52.56万吨，硫化铁1.3万吨。1978年12月，临沂矿务局焦化厂被临沂地委命名为"大庆式企业"。1979年6月，被山东省委命名为"大庆式企业"。

1979年10月23日，矿务局焦化厂、水泥厂、支架厂合并成立矿务局总厂，建立中国共产党临沂矿务局总厂委员会，下设焦化、炼铁、支架、水泥4个分厂，7个党支部，实行党委领导下的厂长分工负责制。机关设有13个科室、1个卫生所，职工901人。

1988年4月，矿务局对总厂开始实行承包经营；7月，总厂生产的冶金焦炭经山东省进出口商品检验局验收颁发《出口产品质量许可证》，产品远销韩国、新加坡、中国台湾等国家或地区。

1993年4月，矿务局总厂划归矿务局五寺庄煤矿管理；11月，改称临沂繁星实业公司。1997年3月，恢复原称临沂矿务局总厂，除对焦化厂进行直接管理外，另下设机电厂、石膏粉厂、塑料油膏厂3个经营承包经济实体。

2001年4月17日，矿务局总厂改制为临沂创元焦化有限责任公司，注册资本180万元，矿务局出资18万元，创元焦化公司职工持股会出资162万元，持股比例分别为10%和90%。2010年1月底，临矿集团全部退出临沂创元焦化有限责任公司持股。

3. 临沂矿务局基本建设工程公司

临沂华建工程有限责任公司成立于2002年1月16日，其前身临沂矿务局基本建设工程公司（简称工程公司），是1993年3月由成立于20世纪70年代的矿务局建井工程处、建筑安装工程公司合并而成的，主要以矿井建设、工业与民用建筑、房地产开发、机械设备安装为主，同时经营装饰装潢、塑钢门窗制作、设备租赁、水泥预制、水暖管道安装等业务。公司资质为总承包二级。

1993年3月1日，矿务局工程公司成立之初，职工590人，主要承担矿井建设、工业与民用建筑和机械设备安装等业务。公司机关下设党政办公室、总工办、施工计划科、机电科、器材科、财务科、人事劳动工资科、保卫科8个科室，下辖6个施工区队和6个多种经营厂网点，1所职工子弟学校、1所职工医院。2001年，该公司经矿务局批准进行股份制改造，通过招股募股，共募集资金332.33万元，其中，矿务局国有法人股33.23万元，占10%，公司内部职工股299.1万元，占90%。2002年1月16日，召开华建工程公司创立大会，选举产生第一届董事会、监事会，并组建经理层；3月10日，召开成立大会，华建工程公司正式挂牌成立。

1993年，工程公司成立时，所属土地为建筑安装工程公司和建井工程处原有的国有划拨土地，共有9处，土地总量15.86万平方米。2003年12月，又由煤苑实业公司转让1处面积为18845.98平方米的国有划拨土地，华建工程公司在该土地上开始建设综合办公楼。2004年10月，新办公楼落成；11月24日，该公司基地由建井工程处老基地（罗庄村内）搬迁至新综合办公楼。

工程公司自20世纪70年代成立后，先后独立承建年产30万吨的五寺庄煤矿和褚墩煤矿、年产21万吨的塘崖煤矿和株柏煤矿的矿建与土建工程、草埠煤矿和五寺庄煤矿的矿井延伸工程、平邑石膏矿、古城煤矿、新驿煤矿、王楼煤矿及在建的内蒙古榆树井矿井的矿、土、安三类工程；承建了矿务局发电厂、水泥厂、盛能集团热电厂、技工学校电化教学楼、煤苑小区、局机关办公大楼等工程的土建、安装工程和古城煤矿热电厂、沂水热电公司凉水塔及烟囱等分部工程。井巷掘进技术达到部级等级队水平，所建工程获得优良工程12项，科技进步奖5项，优良品率100%。其中，承建的株柏煤矿风井井筒、技工学校电化教学楼、矿务局机关4号住宅楼、古城煤矿热电厂冷却塔等12项工程被评为全省煤炭工业优质工程，矿务局综合办公楼工程被评为全国煤炭系统工程质量最高奖—"太阳杯"奖。至2006年末，拥有固定资产1535万元，注册资金2065万元，年施工能力8381.8万元。在册职工1165人，其中，有经济技术职称的11人，工程技术人员66人，工程施工二级以上项目经理27人；离退休人员192人。连续11届获得全国煤炭先进施工企业称号，连续11年保持省级重合同守信用企业称号，2001年，被建设部评为第二届全国先进建筑施工企业。

2002年1月16日，临沂矿务局基本建设工程公司改制为临沂华建工程有限责任公司，华建工程公司出资238.5万元，矿务局出资26.5万元，分别占注册资本的90%和10%。

4. 临沂矿务局机械厂

临沂矿务局机械厂始建于1959年，位于山东省临沂市罗庄区。1979年10月23日，与矿务局发电厂合并为矿务局机电厂。1986年8月26日，与发电厂分离，更名为临沂矿务局机械制修厂。1992年7月30日，矿务局机械制修厂更名为矿务局机械厂。

矿务局机械厂集矿山、建材、化工、冶金等机械制造、各类大型铆焊工程制作及表面防腐工程、各类设备安装及各类机械配件加工于一体，设有铸造、铆焊、锻造、机加工、钳工、热处理、电修等车间及机电工程安装公司，设备和检测手段齐全，工种配套，长期从事煤矿非标设备及专用设备生产。主要产品有皮带机、给煤机、井筒装备、井架、矿车、扒装机、操车设备、道岔、柱齿钎头等。为适应市场的竞争，还面向社会开发生产了各种规格的球磨机、立窑、烘干机、选粉机等水泥机械设备和水利、冶金、化工等部分设备。铸造车间在普通铸造钢的基础上，开发铸造高锰钢、耐热钢、不锈钢及高铬耐磨铸铁等。3吨电弧炉与原有设备配套，可形成年产4000吨钢的生产能力。

2000年6月，山东煤管局批复同意对机械厂进行公司制改造。2001年4月6日，临沂矿务局机械厂改制为临沂亚龙机械有限责任公司。改制时，全公司在册职工248名，其中，专业技术人员36名，具有高级职称的4人，中级职称的9人，初级职称的10人。注册资本80万元，矿务局入股8万元，亚龙机械公司职工个人入股72万元，持股比例分别为10%和90%。2005年11月注册资本400万元，矿务局入股40万元，持股10%。2009年12月31日，山东省国资委对临矿集团报送《关于产权关系理顺工作方案备案的请示》（临矿发〔2009〕217号）审查同意备案。2010年1月底，临矿集团全部退出临沂亚龙机械有限责任公司持股。

5. 临沂矿务局搪瓷厂

临沂矿务局搪瓷厂位于山东省临沂市罗庄区册山街道办事处驻地。1993年3月11日建设，6月1日，建成投产，隶属于恒河实业总公司。主要生产豪华铸铁浴缸、铸铁淋浴房底座、铸铁水槽、钢板浴缸、钢板淋浴房底座等系列产品，拥有500名员工。建成初期，有2只窑炉，从外部购买钢板浴缸铁坯和铸铁浴缸铁坯，进行加工搪瓷。1994年5月建成冲压车间，年产20万只钢板浴缸铁坯，供3只窑炉进行生产加工。1994年10月，扩建为3只窑炉生产钢板搪瓷浴缸。1999年4月，更名为鲁星搪瓷厂。2000年2月，划归矿务局直接管理，更名为临沂矿务局搪瓷厂；6月，山东煤管局批复同意对矿务局搪瓷厂进行公司制改造。

2001年10月24日，临沂矿务局搪瓷厂改制为临沂鲁星搪瓷有限责任公司，注册资本100万元，矿务局出资30万元，鲁星搪瓷公司职工持股会出资70万元，持股比例分别为30%和70%。2003年1月29日，临沂矿务局决定对临沂鲁星搪瓷有限责任公司增资6万元，累计出资36万元，占公司注册资本的30%。2009年12月31日，省国资委对临矿集团报送《关于产权关系理顺工作方案备案的请示》审查同意备案。2010年1月底，临矿集团全部退出临沂鲁星搪瓷有限责任公司持股。

6. 临沂罗庄中心医院

临沂罗庄中心医院前身为临沂煤矿医务所，始建于1948年10月。1954年进行扩建，拥有房屋50间，设内、外科病房，各配备病床20张，购置了显微镜、手术台和小型救护车。1958年12月，成立临沂煤矿职工医院，购买30毫安X光机1台，新增中医门诊、中药房、药库、透析室、制剂室等机构。1960年3月，临沂矿务局成立，该院更名为临沂矿务局职工医院；8月，院址迁往罗庄村东面的青风岭，病床增至100张，增设妇产科门诊。1973年11月，职工医院搬至现址（职工医院原址改为传染病科），病床增至150张，正式设立内、外、妇、儿、五官、传染病等科室。1982年5月，新建1座3层门诊楼和放射科；同年，按照矿务局的统一部署，开始经济体制改革，实行"经济包干，超支不补，独立核算"制度，扩大了医院的自主权，在"一切医疗服务优先于本局"的前提下，开始对外服务，每日门诊工作量400人次。1985年，扩建内科病房楼，全院病床增至180张，新建制剂室一所，配备1套输液联动线。1990年，有职工270人，全院病床使用率96.2%。1994年，矿务局职工医院更名为临沂矿务局中心医院，建立了1座面积3017.12平方米的4层病房楼。1998年，购买西大门以北的沿街楼（原罗庄被服厂），成立临沂东蒙检验制品开发中心。2000年，被罗庄区确定为公费医疗定点医院；被矿务局确定为劳保医疗定点医院；面积6600平方米的新病房大楼竣工启用。

2002年1月，中心医院按照矿务局的统一部署，进行股份制改造，注册为民营非营利性医院，并更名为临沂罗庄中心医院。

2002年1月12日，临沂矿务局中心医院进行股份制改造后，中心医院职工持股会出资540万元，矿务局出资60万元，分别占注册资本的90%和10%；4月26日，该院更名为临沂市市南医院。2003年2月24日，恢复为临沂罗庄中心医院；12月23日，省经贸委、省财政厅、省社保厅联合下发《关于临沂矿务局主辅分离改制分流总体方案的批复》，同意该医院为主辅分离辅业改制单位。2004年，临沂罗庄中心医院实施主辅分离工作。

2010年1月，临矿集团完成职工持股规范清理工作，将临沂罗庄中心医院持股全部退出。

7. 临沂矿务局招待所

临沂矿务局招待所，位于临沂市罗庄区龙谭路东段，成立于1960年3月，由矿务局党委办公室和行政办公室管理，管理及服务人员10人。

1975年，实行独立核算，设所长1人，其他管理及服务人员20人。1980年，隶属矿务局行政办公室管理。1997年5月，成为临沂矿务局二级单位，管理及服务人员46人。

2002年8月10日，劳动服务公司人员及业务划归招待所管理，其经营的加油站、风筒厂、印刷厂、纸箱厂、泡花碱厂、工矿配件厂、汽车修理厂等项目一并划归招待所管理。

2002年8月10日，招待所改制为煤苑实业公司，矿务局出资40.8万元，煤苑实业公司工会持股会出资39.2万元，分别占注册资本的51%和49%。煤苑实业公司成立后，经股东

沂州府实业公司（2007年）

代表大会选举产生1名执行董事、1名监事。公司机关设立办公室、财务部、企管部、人力资源部、营销部、政工部。

2004年10月，更名为临沂沂州府实业有限责任公司；12月，该公司在册职工67人。

2010年1月，临矿集团完成职工持股规范清理工作，将煤苑实业公司持股全部退出。

8. 临沂矿务局煤田地质勘探工程公司

临沂矿务局煤田地质勘探工程公司前身是1956年成立的矿务局煤田地质勘探队，位于临沂市银雀山路中段，临沂人民广场南侧，主要从事煤田地质勘探工作，先后完成20多个矿区煤田的勘探任务。

1986年，临沂矿务局煤田地质勘探工程公司根据发展第三产业、实现"一主多辅"的经营发展思路，先后投资兴建了地质机械厂、塑料复合彩印厂、汽车修理厂、华清浴池和勘探桩基公司等经营实体。累计投资785.6万元，于2001年建成辐照中心，利用钴-60放射源辐照大蒜、脱水蔬菜、中药、水晶、纤维素等10多个品种，面向社会创收。

2002年2月3日，临沂矿务局煤田地质勘探工程公司改制为临沂兴大工程有限责任公司。兴大工程公司职工持股会出资841.1万元，矿务局出资8.9万元，分别占注册资本的98.95%和1.05%。2002年12月，矿务局增资9.6万元，占该公司注册资本的10%。2006年12月7日，山东省国资委批复同意临矿业集团退出在兴大工程公司所持有的10%的国有股权。2007年3月21日，通过山东省（鲁信）产权交易中心将临沂矿务局所持10%股权以179.06万元转让给临沂兴大工程有限责任公司工会委员会。

（四）移交单位

1. 临沂矿务局中学

罗庄区第三中学前身为临沂煤矿职工子弟学校，始建于1949年2月，是当时为方便矿区职工子女就学而创建的一所集中、小学于一体的学校，隶属临沂煤矿，占地面积3.8万平方米，招收一年级2个班，60名学生。1953年，发展为完全小学，6个班，272名学生。1963年，招收2个初中班，更名为临沂矿务局职工子弟学校。1966年，发展到初中4个班，196名学生；小学9个班，425名学生。

"文化大革命"期间，教师受到冲击，教学秩序混乱，校舍、设施遭到破坏，教学质量严重下降。

1976年10月，学校开始拨乱反正，理顺各种关系，建立相应的规章制度。1978年，学校工作重点转到教学上来，恢复考试制度，教学工作逐渐走向正规。

1989年1月,学校分为矿务局中学和矿务局小学。1991年4月15日,中、小学合并为矿务局中学,教职工120人,32个教学班,2000名学生。1998年,在山东煤炭系统教育达标活动中,矿务局加大教育投资,新建1栋实验楼,配足配齐实验仪器,学校办学条件得到改善。

2004年10月,矿务局实施社会职能移交,将该校移交临沂市罗庄区人民政府,更名为罗庄区第三中学。学校占地面积3.79万平方米,建筑面积8400平方米。拥有中小学教学楼、实验楼和艺体楼。设有千兆校园网,网络遍及所有的教室、办公室、微机室。校园网、城域网的开通,实现了教师网上交互式备课,为提高教学质量提供了有利条件。校园广播系统实现多音源、多区域、定时定曲目自动播放;有多媒体综合教室18处;学生用微机室2处,教师用微机达到专任教师人手一机的配备标准。理化生实验室、体育器材室、音乐舞蹈教室、美术教室、图书、阅览室齐全,设施配套,满足了教学的需要。

2. 临沂市公安局河西分局

临沂市公安局河西分局的前身是临沂矿务局公安处。2000年3月,按照省人事厅、省公安厅等4部门关于《山东省企业事业单位公安机构体制改革实施意见》要求移交地方成立,由临沂矿务局公安处更名为临沂市公安局河西分局,整体划入公安序列。2001年9月28日挂牌,隶属于临沂市公安局。2004年,正式纳入临沂市财政预算。2007年9月,正式移交临沂市人民政府管理。河西公安分局行使县级公安机关除刑事技术侦查、户籍、交通、消防以外的全部职权。有行政公安编制29人,下设指挥中心(加挂办公室、警务保障、信访、机要、通信、公共信息网络安全监察)、政工监督室(加挂纪委、监察室、督察大队、宣传、审计)、法制室、刑事侦查大队(加挂国内安全保卫、反恐、反邪教、经济犯罪侦查)、治安管理大队(加挂户政、出入境管理)、巡警大队、商业街派出所。

主要职责是维护临矿集团所属企业单位及改制分离单位(临沂市范围内)办公区、生产区、生活区的治安秩序,维护矿区稳定,保卫安全生产,服务矿区建设,保障职工群众安居乐业。

3. 塘崖煤矿学校

学校建于1988年9月。1990年,教师25人,班级8个,其中中学班3个,学生106人;小学班5个,学生162人。1994年,该校教师25人,班级8个,其中中学班3个,学生112人;小学班5个,学生170人。学校设有物理实验室、化学实验室、生物实验室、音乐室、美术室、书画室各1个。1994年,藏书6800册,其中,小学生人均15.5册,中学生人均30册。1993年,小学毕业生升学率100%,初中毕业生升学率85%。1994年,小学毕业生升学率100%,初中毕业生升学率88%。

1989年,在临沂市教育局对厂矿学校规范化管理检查中获得特等奖。1992年,经山东煤管局组织验收,学校办学条件达标,被授予山东统配煤矿达标学校称号。

1999年,学校有教师30人,班级11个,其中,中学班4个,学生159人;小学班6个,学生263人;学前班1个,学生31人。8月,学校移交地方管理。

(五)关停并转单位

1. 多种经营总公司

临沂矿务局多种经营总公司于1989年4月1日成立,下设生产部、技术开发部、经营部。职工27人,其中,管理人员21人,工程技术人员2人,服务人员3人,其他人员1人。主要负责全局非煤产业的计划统计、项目调研开发和技术生产经营管理,同时负责煤炭、钢材等对外经营业务和对劳动服务公司的管理。

1993年4月22日，矿务局成立多种经营处，撤销多种经营总公司。原多种经营公司人员6人调入多种经营处，其余人员划归矿务局劳动服务公司。

2. 铝矾土矿

铝矾土矿位于苍山县沂堂乡大槐树村东。1985年2月，临沂矿务局与苍山县政府签订联营协议，在原苍山县第一陶瓷厂的基础上建立。协议规定由矿务局负责经营管理。1985年7月，组建中共临沂矿务局铝矾土矿总支委员会，刘春生任书记，李凤进任矿长。下设政工科、经营管理科、保卫科、办公室、生产管理科、掘进队、机电车间、砖瓦车间、卫生所。党员25人，职工120人。1988年，由于市场的变化和铝矾土品位低，铝矾土矿经营亏损，停止开采，随之人员、机构进行调整。撤销党总支建制，组建党支部，李凤进任矿长兼党支部书记。管理科室设办公室、经营管理、生产管理、保卫科。1993年，铝矾土矿租赁给临沂市兰山沂州企业总公司，由于租金不到位而停产。1995年5月，经临沂市政府协调，矿务局与苍山县联营协议废止，铝矾土矿建制撤销。

3. 汤庄煤矿植物质型煤厂

临沂矿务局汤庄煤矿植物质型煤厂是中日环境合作CCT领域内的GAP示范项目。1994年11月26日，开工建设，占地及房屋建筑面积17993.4平方米。由日本新能源产业技术综合开发机构（NEDO）无偿提供价值5.39亿日元的原材料干燥机、粉碎机、胶带输送机、储包、储罐、风机、压风机、混合成型机、配套辅机等共50台件的型煤制造设备；矿务局出资559.49万元购置的上煤胶带输送机、铡草机、变压器、开关柜、工业锅炉、振动筛、水泵等25台件的配套厂房及附属设备。是日本绿援组织在中国实施的唯一一个植物质型煤示范项目。1995年12月3日竣工，进行调试和试生产。（该项目设计生产能力3万吨/年，主要原料为烟煤和植物质，产品为植物质型煤，主要用途是工业燃料。）

由于该项目设备工艺系统复杂、能耗高，制作成本居高不下，产品无市场。2001年初，为降低生产成本，充分发挥设备优势，提高设备利用率，矿务局先后投资56万元，新上1套搅拌机和烘干机等国产设备，购买型煤新配方，专门生产工业造气型煤，以求开辟新的市场。经过一段时间的运行，该套设备生产的产品因市场用量较少，设备不能连续开机生产，无法达到市场经济运行要求，亏损严重，最终被迫停止生产。（停产后，矿务局抽调10名有一定维护技术的职工对设备进行维护保养，至2006年末，临矿集团终止该项目。）

4. 汽车运输公司

汽车运输公司前身为临沂煤矿汽车队，始建于1953年4月1日，主要担负矿区煤炭运输和矿用设备、器材的运输等任务。1959年1月14日，撤销汽车队，成立机修厂。1960年3月，临沂矿务局成立后将汽车队划归矿务局器材供应科管理。1960年7月28日，成立汽车队，设立党支部，党员17人。1967年末，汽车队成立由7人组成的汽车大修组，负责汽车队车辆的维修工作。1972年3月6日，地址迁到招待所东侧，占地面积1.13万平方米，建筑面积6195平方米。1985年末，车队有汽车15部，吨位113吨，固定资产93.4万元，设有大修、内燃、保养、电工、钣金、机床6个车间，职工144人。1986年3月10日，成立矿务局多种经营公司，汽车队划归多种经营公司管理。1988年5月16日，矿务局汽车队从多种经营公司中分离，单独成立矿务局汽车运输公司，在职职工148名。1993年2月11日，矿务局汽车运输公司划归褚墩煤矿管理。2001年6月，汽车运输公司又划归局劳动服务公司管理。2002年后，劳动服务公司并入招待所。

5. 水泥厂

临沂矿务局水泥厂位于临沂市罗庄区傅庄办事处境内，原为临沂煤矿水泥厂，始建于1958年1月。1991年，水泥厂年生产水泥11.6万吨，职工425人，固定资产总值1037万元，占地面积10.25万平方米，建筑面积1.85万平方米。

水泥厂主要生产325号、425号、525号、525号R型"玛琪诺"牌普通硅酸盐水泥。产品销售采取局内与局外、国内与国外相结合的"双向性""多元化"的经营方式，主要满足局内使用，并销往苏北地区和杭州、宁波、海南、广东等地。1992—1993年，增加外贸出口，产品远销韩国、泰国、新加坡、孟加拉国、马来西亚、中国台湾、中国香港等国家或地区。

1990年，水泥厂仅有两条生产线，设计生产能力7.2万吨/年。

1991年，水泥厂投资110万元，对4.4万吨/年水泥生产线主机立窑进行技术改造，使该线设计生产能力增加到8.8万吨/年。

1992—1993年，水泥经营主要以2吨/袋出口大包形式外运到日照、岚山及江苏连云港等港口出口外销，产品出口量占总产量的88.7%。

1994—1995年，产品经营走入低谷，主要以内销为主，经济效益滑坡。

1996年1月，矿务局将水泥厂并入塘崖煤矿；7月，因亏损严重而停产，职工被分流到塘崖煤矿、龙山瓷厂、兴塘瓷厂等单位。

6. 岐山煤矿

岐山煤矿位于平邑、泗水、新泰三县交界处的平邑县境内，东距蒙山20千米，南距平邑县城15千米，井田面积1.39平方千米。该井田多为受水威胁煤层，常因透水而停采。煤质牌号为气煤。

岐山煤矿是在1957年平邑县李家庄乡和北仲村乡乡办煤矿基础上发展起来的。1958年9月20日，转为平邑县办，有竖井12个，工人680名；10月，新建岐山煤矿炼焦厂和武岩庄煤矿；12月，于家山口四、五号井同时破土动工。"大跃进"时期，岐山矿区共建矿三处（岐山庄煤矿、武岩庄煤矿、峡矸煤矿），90个小井，人员最多时达10024人；设2个党委、1个总支、24个党支部。1959年4月，三矿合并成立平邑县岐山矿，下设岐山庄、武岩庄、峡矸3个产区，分别成立党总支，对原井口进行筛选，保留7个立井、2个斜井、2个平硐，工人3724人。1963年6月1日，岐山煤矿由平邑县移交给临沂专区矿务局。1964年4月1日，合并到临沂矿务局。

由于矿井资源枯竭，1986年6月，矿务局报请煤炭工业部山东煤炭工业管局批准注销生产能力，1987年，矿井开始回收。

1991年7月15日，实现安全生产3000天。至1996年9月矿井关闭，实现连续安全生产13周年。

1996年末，职工286人，下设办公室、生产科、安全监察处、通风防尘科、财务科、工资科、器材供应科、机电科8个科室和采煤、掘进、通风、运搬、机电5个区队。

1997年9月27日，岐山煤矿并入古城矿井筹建处，更名为古城矿井筹建处金利包装制品厂。

2001年12月1日，因金利包装制品厂产品滞销，亏损严重，撤销金利包装制品厂，更名为古城煤矿金利包装制品厂留守处，人员陆续安排到古城煤矿工作。

2004年12月14日，撤销古城煤矿金利包装制品厂留守处。

7. 劳动服务公司

1982年11月5日，为解决矿区待业青年的就业问题，矿务局成立劳动服务公司，设经理1人、管理人员13人，主要经营烟、酒、糖、茶、小百货和印刷等业务。

1984年1月7日，矿务局更新厂并入劳动服务公司，增加餐饮、理发、风筒加工、自行车修理、铁器加工等业务。

1986年3月10日，劳动服务公司与矿务局汽车队合并为临沂矿务局多种经营公司，增加汽车运输、车辆修理等业务。

1989年4月2日，矿务局多种经营总公司成立，同时恢复劳动服务公司建制，主要负责对局属10个厂矿的劳动服务公司的业务管理，开辟和发展新的生产服务门路，组织管理矿务局及各单位待业青年和生产富余人员的安置等业务。

1990年末，劳动服务公司经营项目主要有百货商店、印刷厂、车行、饭店、理发店、风筒加工厂、冰棍厂、橡胶厂等，人员增加至85人。

2001年6月，局汽车运输公司并入局劳动服务公司后，经营业务随之增加，主要项目有加油站、风筒厂、印刷厂、纸箱厂、泡花碱厂、工矿配件厂、汽车修理厂等。

2002年8月10日，劳动服务公司人员及业务划归招待所管理。

8. 临沂矿务局热电厂

临沂矿务局热电厂位于临沂市罗庄区罗庄办事处驻地，始建于1953年10月。1954年6月，投产运行发电。建厂初期，有150千瓦发电机组1台。1987年10月，建设安装1500千瓦沸腾炉发电机组2台。1991年8月，并入临沂电网。1995年，建设安装1×6000千瓦发电机组。1996年7月20日，临沂电业局批准局发电厂1×6000千瓦机组并网方案，所发电量全部上网；10月，发电机组建成投产。项目总投资3119万元，其中，使用煤炭工业部贴息贷款1500万元。2001年，为响应国家资源综合利用政策，投资795万元，扩建安装1台35吨/小时循环流化床锅炉，利用低热值煤矸石发电。3台机组分别在2001、2002年被省经贸委认定为资源综合利用机组。

2002年3月26日，按照矿务局对下属企业改革改制规划，热电厂改制为临沂腾源热电有限责任公司；3月31日，公司召开创立大会。矿务局与腾源热电公司职工持股会出资分别占注册资本164.3万元的51%和49%。

2004年11月，腾源热电公司主辅分离工作完成。公司在册职工169人，参加企业重组145人，自谋职业22人，内退2人，发放经济补偿金386.55万元。2005年2月，矿务局提出腾源热电公司与兴元煤业公司重组方案；4月，重组工作完成，135名员工与腾源热电公司解除劳动合同，重新与兴元煤业公司签订劳动合同。兴元煤业公司持有腾源热电公司51%的股份。公司名称仍为临沂腾源热电有限责任公司，注册资金350万元；职工120人，离退休职工94人；资产总额2770万元，其中，固定资产1906万元，流动资产864万元。

2006年4月27日，省国资委同意临沂矿务局将所持51%股权进行转让，底价132.16万元。7月26日，通过山东省（鲁信）产权交易中心将临沂矿务局所持51%股权以132.16万元转让给临沂兴元煤业有限责任公司。

9. 后勤服务中心

1996年5月，矿务局成立后勤服务中心，下设办公室、财务科、水电科、房地产管理科、总务科、幼儿园，在职职工75人，其中管理人员28人，工人47人。主要负责局机关办公区、家属区、学校、中心医院、招待所、机关附近单位的供水、电、暖和管道维护、环境保护、绿化美化、局内职工子女入托、矿区公路、沿街商品房的经营管理，矿区公路卫生管理，零星维护维修工程施工等业务。

2006年2月，后勤服务中心并入总务处。

10. 山东煤矿济南机械厂

1972年，山东省煤炭工业局利用山东矿业学院实习工厂旧址组建山东煤矿济南机械厂。建厂初期，厂名为山东煤炭工业管理局济南煤矿专用设备制修厂。1973年7月，更名为山东煤矿济南机械厂。1976年11月，划归山东省革命委员会煤炭工业局供销公司领导。1978年2月，划归山东省煤炭科研所领导。1988年2月，煤炭工业部山东煤炭工业管理局与山东煤矿兖州机械厂签订承包济南煤机厂3年的协议。1989年9月，归属山东煤矿机械装备公司直接领导。2004年7月26日，省煤炭局将济南煤机厂划归临沂矿务局管理。主要为煤矿服务，制造、修理各种矿山机械设备。

2006年末，济南煤机厂厂区占地面积1.44万平方米，建筑面积5297.54平方米；有各种机械加工设备52台，固定资产502万元；在职职工75人；完成工业产值1100万元。

2010年1月20日，划归山东煤机装备集团有限公司山东兖州煤矿机械有限公司管理。

11. 山东煤矿泰安机械厂

泰安煤机厂（2007年）

山东煤矿泰安机械厂位于泰山脚下，泰安市灵山大街东首。始建于1958年，原为泰安金属结构加工厂，后随隶属关系和生产规模变化，曾先后几易其名。2004年7月26日，省煤炭局将泰安煤机厂划归临沂矿务局管理。2006年末，被国家列为政策性关闭破产单位。2007年1月，成立山东泰安煤矿机械有限公司。

20世纪50年代，主要承担煤矿的机械、电器设备修配任务，产品单一；60年代中期，由修配转为机械设备制造；70—80年代初，主要以煤矿机电设备制修为主，总体技术含量不高；80年代后，形成支护设备、矿山专用设备、矿物洗选系列设备、散装物料储装系统设备4大产品系列。具有独立装备大、中、小型洗煤厂的设计、制造能力和独立设计、制造、安装大型钢结构工程资质。有各类工程技术人员及中高级技师300人，拥有市级技术开发中心。

2006年，厂区占地面积24.64万平方米，资产总额6695万元，拥有主要设备500台（套），其中，数控切割机、直径5米大型立式车床等精、大、稀设备46台（套），综合加工能力过万吨。职工1178人，其中，干部288人，工人890人。

2006年12月28日，划归山东煤机装备集团有限公司。

12. 山东煤矿莱芜机械厂

山东煤矿莱芜机械厂位于山东省莱芜市莱城区，始建于1966年4月1日，初定名为山东省地方煤炭工业公司莱芜机械制修厂，后更名为山东煤矿莱芜机械厂。1986年3月，企业上划煤炭工业部管理。1994年8月，财务隶属关系纳入中央预算管理。2000年6月，归山东省煤炭工业局管理。2005年7月11日，山东省国资委同意山东煤矿莱芜机械厂划归临沂矿务局管理。

莱芜煤机厂主要从事煤炭、冶金与环保机械产品的设计与制造。1970年，主要承担地方煤矿设备的大中修及配件制作、金属支柱制造等任务。2000年，开始参与城市固体废弃物（生活垃圾）循环回收利用净化处理系统的研制。2002年，开始压滤机专业化生产。

莱芜煤机厂占地面积32万平方米，在册职工1733人，拥有资产3亿元，各类加工设备1000台套，其中，数控（数显）及精、大、稀设备200台套。设有省级技术开发中心，具有独立的产品研究设计开发能力。2006年末，有各类专业技术人员478人，其中，高级职称70人，省级专业技术拔尖人才12人（工程技术应用研究员2人）。主持编制完成国家行业标准1项，累计获得国家专利30项。

莱芜煤机厂（2007年）

2006年12月28日，划归山东煤机装备集团有限公司。

13. 山东省煤炭工业发展总公司

山东省煤炭工业发展总公司成立于1994年4月27日，在山东省工商行政管理局登记注册，位于济南市堤口路141号，隶属于山东煤炭工业管理局，吴洪军为法定代表人、总经理。主要经营煤炭、焦炭、钢材、木材、建筑材料以及商品信息服务、代办铁路自备车货物运输等业务。1996年，公司重点筹建设计生产能力为90万吨/年的山东省田庄煤矿。原有的主营业务从1997年一直没有开展，公司驻济职工主要从事田庄煤矿在济日常事务的协调与处理工作。

2004年2月16日，省煤炭局将该公司划归临沂矿务局管；4月5日副局长陈猛兼任该公司法定代表人、总经理；5月22日，刘启军任公司副总经理，并抽调专门人员，组成驻济工作组，以发展总公司为依托，实施对省煤炭局划转的山东省煤炭经济技术开发总公司、山东省煤炭工业供销总公司、山东省煤矿电器厂、山东省煤炭工业经济贸易公司、山东省煤炭工业支护装备公司、山东省煤炭联合运销总公司、山东省煤炭技术服务公司、山东省煤炭物资总公司、山东省煤炭销售中心、山东全成经贸公司、山东省煤炭工业供销总公司临沂公司、山东省地方煤矿培训中心（托管）12个单位进行改革；6月1日，矿务局调整发展总公司与田庄煤矿的产权关系，田庄煤矿由矿务局出资。

矿务局按照省煤炭局、社保厅、国资委的要求，分别于2004年9月4日、11月12日制定下发并落实《关于对省煤炭局划转企业深化改革的指导意见》和《关于对省煤炭局划转企业深化改革有关问题的处理意见》。

2004年12月—2006年6月，先后对12个单位的355名职工进行分流安置，其中，提供岗位86人、自谋职业188人、办理调出10人、办理退休16人、改制身份置换18人、重组10人、自然减员3人。补发和补缴拖欠上述人员的职工工资或生活费、社会保险费，解除了与原企业的劳动合同关系；对33名已退休职工的社会职能进行移交；将分流安置或改制的84名职工党员组织关系全部转移到分流单位或社区。

通过积极申报，经济南市中级人民法院批准，济南市天桥区人民法院先后于2005年3月、10月，2006年8月、12月依法裁定山东省煤炭工业供销总公司等8个单位破产终结，依法解除企业各类债务1.58亿元。

按照省国资委要求，具备改制条件的山东省煤炭技术服务公司、山东省煤炭销售中心依法通过相关程序，在山东省产权交易中心挂牌交易后，进行产权置换和职工身份置换，新的公司先后于2006年

1月19日、6月30日挂牌成立；山东省煤炭工业供销总公司临沂公司根据公司实际和地缘关系于2006年3月3日划归亿金物资公司管理。至2006年末，省煤炭局划转的12个公司深化改革全部结束。

2017年，经临矿集团研究，山东省煤炭工业发展总公司注销。

14. 马坊煤矿

马坊煤矿（2007年）

马坊煤矿位于山东省肥城市石横镇境内，井田面积0.8875平方千米，共含煤14层，其中可采或局部可采煤层7层。采用斜井开拓，中央对角抽出式通风，采煤方法由炮采到高档炮采逐步过渡到综合机械化采煤。

1976年，聊城地区行署在肥城煤田南高余1号井的基础上筹建聊城地区煤矿，设计生产能力15万吨/年。1979年11月投产，主要生产气煤和肥煤。1985年，核定生产能力9万吨/年。1990年，核定生产能力18万吨/年。1997年1月1日，隶属关系由聊城地区上划至山东煤管局，更名为山东省马坊煤矿。2002年核定生产能力12万吨/年。2004年2月16日，省煤炭局将其划归临沂矿务局管理；3月，马坊煤矿开始协议压煤村庄搬迁，增加煤炭储量106万吨，延长矿井服务年限。2005年4月，矿务局对该矿进行技术改造，使矿井设计生产能力达到30万吨/年。2006年，核定生产能力21万吨/年。

2004年4月16日，省煤炭局将聊城矿柱林场划归临沂矿务局管理，由马坊煤矿代管，林场占地面积325.53万平方米。2008年9月，经省政府决定，矿与聊城林场签订协议，聊城林场土地归聊城市政府所有，原聊城林场人员归聊城市政府重新安置。

2014年12月，马坊煤矿储量耗尽停产，转型为矿山实训教育培训基地，为中国矿业大学、山东科技大学等国内大专院校煤矿专业提供实训服务。矿井于2015年列入去产能名单，2016年10月，完成煤矿关停工作。

15. 黄河煤田筹建处

临沂矿务局黄河煤田筹建处2006年2月17日成立，隶属矿务局新区建设指挥部管理，工作人员5人，办公地点设在济南市槐荫区段北东路3号。主要任务是根据矿务局与山水集团签订的合作协议，共同开发长清井田；完成黄河北煤田潘店井田探矿权转让。

黄河煤田筹建处成立后，从长清矿井开发项目入手，先后完成与山水集团组建山东临矿山水能源开发有限责任公司的工商企业预名，委托济南煤炭设计院编制完成《黄河北煤田长清井田可行性报告》，报济南市发展改革委员会。完成长清井田采矿权设置方案的规划编制，报山东省国土资源厅。

长清矿井开采范围主要在黄河河床、河坝、大堤及河滩泄洪区。开发该项目必须有国家黄河委员会批文，由于以前的批文长达10年以上，按规定必须重新组织专家讨论、评审、批复。经多次向国家黄河委员会等部门汇报、协商，终因现行的国家政策规定所限，长清矿井开发项目于2006年10月搁浅。

根据临矿集团安排，黄河煤田筹建处于2006年10月27日搬回总部机关办公，并相应调整其工作职能，除继续寻找新资源及潘店井田探矿权转让外，增加村庄压煤搬迁工作。潘店井田探矿权转让，经临矿集团多次组织专家论证，终因地质条件复杂、风险太大而放弃。

2007年5月5日，黄河煤田筹建处撤销。

16. 军城煤矿

军城煤矿隶属临沂矿业集团有限责任公司，位于济宁市鱼台县张黄镇境内。2007年1月1日，开工建设，2009年7月1日，开始试生产，2015年12月22日，被王楼煤矿吸收合并，整建制改为王楼煤矿的分公司，实行一矿两井管理模式。

井田面积27.02平方公里，矿井设计生产能力45万吨/年，设计服务年限41.2年。采用立井单水平开拓，生产水平标高为-425米。采用中央并列式通风、综合机械化采煤。主要可采煤层12$_下$、16$_上$、17层煤，煤质为烟煤，煤种为气煤、气肥煤，属典型高硫、高灰煤。2010年8月31日，选煤厂开工建设。2011年3月31日，实现联合试运转。总投资5180万元，设计洗选能力90万吨/年。

2016年，随着国家"去产能"政策的出台，矿井被列入"僵尸企业"名单，9月3日全面停产；10月26日，完成闭坑关井。

17. 山东临矿置业有限责任公司

2000年4月20日，成立临沂华建房地产开发有限责任公司，注册资本500万元。

2004年7月6日，矿务局将临沂华建房地产开发有限责任公司划让给山东东山矿业有限责任公司，山东东山矿业有限责任公司成立房地产开发公司；9月，由山东东山矿业有限责任公司出资450万元，临沂华建工程有限责任公司出资50万元，变更了注册资本和法人代表，法定代表人吴洪军；11月，由东山矿业公司出资950万元，变更原注册资本和法人代表，使公司注册资本达1000万元，使用临沂华建房地产开发有限责任公司营业执照、资质证书、税务登记证、公章等进行开发建设。公司办公地点设在古城小区内。2005年末，公司办公地点迁至临沂矿务局综合办公楼内。2010年，公司办公地点迁至机关老办公楼。先后承建兖州市古城小区，临沂市杏坛家园、英伦名嘉等项目。

2007年12月29日，省国资委同意将山东东山矿业有限责任公司和临沂华建工程有限责任公司分别持有的临沂华建房地产开发有限责任公司95%和5%的股权，转让给临矿集团。

2010年12月31日，临矿集团将临沂华建房地产开发有限责任公司更名为山东临矿置业有限责任公司，注册资本11000万元。

2015年12月，划归山东能源置业集团有限公司。

18. 澄城县石家坡煤矿有限责任公司

2011年12月16日，省国资委批复同意收购澄城县石家坡煤矿有限责任公司。2012年9月3日，临矿集团成立澄城县石家坡煤业有限责任公司，注册资本3580万元，矿井核定生产能力45万吨/年，技术改造为60万吨/年。

2016年3月停产；11月1日，决定注销澄城县石家坡煤矿有限责任公司。2017年10月24日，公司注销；11月29日，撤销陕西石家坡煤矿筹建处建制。

19. 甘肃兴隆煤业有限责任公司

2011年12月26日，省国资委批复同意收购甘肃兴隆煤业有限责任公司85%股权。2011年11月，临矿集团成立甘肃兴隆煤业有限公司，注册资本97.94万元，核定生产能力9万吨/年，技术改造为30万吨/年。2012年3月26日，成立甘肃兴隆煤业有限公司筹建处。2012年7月投产，2013年10月停产。按照甘肃省、兰州市两级政府淘汰落后产能要求，2015年11月，永久性封闭。2017年12月27日，公司注销；28日撤销兴隆煤矿筹建处建制。

20. 山东省田庄煤矿有限公司

山东省田庄煤矿有限公司（简称田庄煤矿）位于济宁市高新区王因街道办事处境内，井田东西长6.1千米，南北宽5.3千米，面积32平方千米。资源储量8650万吨，可采储量2114.3万吨。

1997年8月18日，田庄煤矿破土动工，1999年投入试生产，2002年11月正式投入生产。设计生产能力30万吨/年，主采16上和17层煤。2003年、2004年对采掘接续、提升运输、一通三防、供电及防排水等生产系统进行技术改造，生产能力得到大幅提升。2005年，经山东省煤炭工业局批准，矿井核定生产能力90万吨/年。生产煤种为中变质气肥煤，主要产品为块煤、原煤、洗精煤、中煤和煤泥。矿井原隶属于山东省煤炭工业局管理。2004年2月，田庄煤矿划归临沂矿务局管理，注册资本800万元。2016年7月，经临矿集团授权，接管山东省邹城监狱及滕州监狱所辖的里彦煤矿和武所屯煤矿2对矿井，形成"一矿三井"格局。

2020年，根据省发改委《关于公布2020年全省化解煤炭过剩产能工作目标的通知》，田庄煤矿实施矿井去产能关井。9月，完成主副风井筒充填和井口封闭；11月，通过临矿集团和山东能源集团去产能验收。

21. 山东省武所屯生建煤矿

山东省武所屯生建煤矿位于滕州市姜屯镇境内，井田南北长2.96千米，东西长3.55千米，面积8.556平方千米。武所屯煤矿原为1976年筹建的济宁地区嘉祥县煤矿，隶属山东省济宁市嘉祥县，属县办企业。1984年2月9日，遵照省政府要求，武所屯煤矿移交给山东省劳改局继续建设开发，更名为山东省武所屯生建煤矿。设计生产能力15万吨/年，2006年，核定生产能力39万吨/年。根据国家去产能的政策，按"276工作日"核定生产能力33万吨/年。

2016年，按照《山东省政府关于监狱退出煤矿高危行业专题会议纪要》《山东省政府关于省属监狱煤矿移交接管划转工作专题会议纪要》要求和省政府批准的《山东省属监狱煤矿移交接管划转实施方案》，临矿集团与新航集团就山东省武所屯煤矿接管事宜进行全面沟通协调，指定临矿集团田庄煤矿派员交接组织恢复生产；9月30日，签署全面移交划转协议。

2018年，因矿井长期生产经营亏损，运行困难，4月9日，临矿集团下达《关于山东省武所屯生建煤矿化解过剩产能工作的实施意见》，决定2018年对山东省武所屯生建煤矿实施去产能关停；12月15日，注销安全生产许可证。2019年1月26日，完成关井闭坑。

注：本简介对断限内（1991—2020年）25家权属企业、6家政策性破产单位、8家分离单位、3家移交单位和21家关停并转企业予以扼要说明。

编纂始末

2007年3月，临矿集团志书编纂工作启动，至2021年7月结束，历时15载，期间停顿6年。2018年8月，按照山东能源集团的要求，临矿集团重启修志工作。2020年11月，临矿集团班子调整，修志工作继续得到主要领导的大力支持和强力推动，广大编纂人员众手修志，笔耕不辍，数易其稿，终成此志。

2007年4月17日，召开史志编纂工作动员大会，党委副书记、纪委书记刘孝孔部署修志工作，第二轮修志工作全面启动。2008年3月3日，设立史志办公室，刘孝孔兼任主任，王学兵、李守仁任副主任。2012年5月，史志办撤销。至此，《临沂矿业集团公司志（1991—2006）》成稿，共计16篇、72章、271节、61万字。

2018年8月，按照山东能源集团的要求，临矿集团重启修志工作，再次成立史志办，召开61人参加的续志工作启动大会，印发《临沂矿业集团公司续志工作方案》，党委副书记提文科对史志编纂工作进行了部署。

2020年6月，《临沂矿业集团公司志（1991—2018）》形成初稿，共计130万字；12月10日，在临矿集团首批权属单位志书终审会议上，决定将志书下限延长至2020年，2021年7月前出版，向中国共产党成立100周年献礼。

2021年2月，形成《临沂矿业集团公司志（1991—2020）》初稿，共计170余万字；3月29日，临矿集团组织专家进行复审；4月6日，临矿集团党委成立复审修改专班，分两组对志稿修改补充完善，历时20天，形成终审稿109万字。期间，临矿集团党委书记、董事长张圣国十分关注志书修改工作，两次听取专题汇报；党委副书记何祥成亲自到现场看望慰问，并提出修改指导意见。

2021年5月15日，山东能源集团组织专家对志书终审。终审专家有：煤炭工业文献委副主任、《中国煤炭工业志》副总纂陈昌，《山东省志》副总纂、四级调研员唐延伸，山东省煤炭行业协会秘书长徐其端，山东能源集团机关党委书记严继承，《山东能源集团志》执行副主编孙卓龙，兖矿集团原史志办公室副主任杨建平，枣矿集团原史志办主任、《枣庄矿业集团（矿务局）志》主编汪宏。终审会后，临矿集团党委成立修改专班，将终审意见分类整理，邀请汪宏亲自修改完善，历时13天终于定稿，经集团公司领导最终审定。28日，交付新华出版社。

2007—2021年，先后有王学兵、顾宗岷、董立霞、田凯、郑培永、王玉英、李宪寅、杨永霞在史志办专兼职工作。各单位、处室供稿人员均为兼职，他们在做好本职工作的同时，经常加班加点，放弃节假日休息，全身心地投入到编写工作中。为获取丰富的资料和翔实的数据，提升志书的质量和品位，编纂人员以科学严谨的态度、精益求精的精神，本着对临矿集团负责、对全体职工负责、对历史负责的态度，认真查找资料、反复修改，其中，大幅度修改最多的达到13次，小修小改不计其数。编纂人员一丝不苟、精益求精、兢兢业业、乐于奉献的精神，为最终编纂成书奠定了基础。

编纂期间，中国煤炭工业协会文献委、《中国煤炭工业志》编办领导及山东能源集团领导一直高度关注和督促指导志书的编纂工作。《中国煤炭工业志》总纂吴晓煜始终给予关注和鼓励，多次询问志书编纂情况。《山东能源集团志》执行副主编孙卓龙，枣矿集团原史志办主任、《枣庄矿业集团公司（矿务局）志》主编汪宏为编好这部志书倾注了大量心血。在此，表示衷心的感谢！

　　《临沂矿业集团公司志（1991—2020）》的编辑出版，承蒙山东省史志办、济宁市史志办及山东省煤炭工业局领导和专家们的指导，得到原煤机集团，莱芜、泰安、兖州煤机公司和临矿置业公司的帮助，得到临矿集团老领导、老同志的大力支持。在志书即将出版之际，感谢各级领导和各界朋友的鼎力相助，感谢临矿集团各单位、各部门的大力支持，感谢所有参与和支持志书编辑和供稿工作的同志们。

　　由于我们水平有限，经验不足，加之资料搜集困难，时间仓促，难免会有疏漏和不当之处，敬请各级领导、专家和读者给予批评指正。

编者

2021年6月

《临沂矿业集团公司志（1991—2006）》机关处室供稿人一览表

处室	负责人	供稿人
办公室	王荣宝	吴海刚　郭光志　孙玉玲（女）　郗迎红（女）
安全监察局	杨再军	岳登松
生产技术处	尹焕军	戚洪来
机电运输处	吴家胜	张卫东
通风防尘处	孔祥堂	王　斌
救护大队	张守彦	郑培永
财务处	吴士其	陈淑义　王宝国
劳资社保处	刘守明	高永健
企业管理处	刘中军 尉　光	马云涛　王金鑫　刘　诚
质监站	王伟江	周常海
纪委监察审计处	兰春忠	潘宗席
矿区工会	张传毅	王开超　李保刚　王素梅（女）
组干处	陆云高	钱学军　田大恩　刘瑞华（女）
政工处	张书军	王学兵　李守仁　贾安强
老干部处	刘新海	张兴平
武装保卫处	薛会敏	季洪玉
设计院	方华燕（女）	夏玉安
科技信息中心	崔希国	邓晓刚　刘长富　凌佩南
总务处	赵太强	任秀文（女）
开发处	刘恩功	贾明兰（女）

《临沂矿业集团公司志（1991—2020）》机关处室、单位供稿及提供资料名单

处室与单位	负责人	供稿人	提供资料
办公室	尉　光	刘九周　倪怀君　王守灿 宋建伟　商智勇　赵德帅 张　洪（女）　刘坤明	曲　燕（女）
党办宣传部	王学兵	李宪寅　付怀远　崔　鑫 张银萍（女）　张　璞 李鑫淼（女）　孙运梅（女） 王现法　赵善勇	摄影：王　伟　徐　虎
生产技术处	张　明 陈广印	王　楠　边国栋　牛世夫 王　凯　王道臣　张晓明	—

处室与单位	负责人	供稿人	提供资料
机电运输处	王统海	夏培才　颜世龙	田红波　陈亚华　孟令义 张龙洋　王月阳
通风防尘处	孔祥堂	李治纬	－
安全监察局	李乐成	蒋金庆	－
财务部	李守举 赵治国	王晓庆　刘威	吴海涛　邵丽娜（女） 于　红（女）　孙兰天 刘　强　王　东 张小波（女）　孔祥艺（女）
法务资本部	刘中军 齐宝华	李传奎	－
企业管理处	闫陶章	任小红（女）　姬义义 王继军　王金鑫（女） 张　帅　厉彦欣	－
人力资源处	贾自富 王晓伟	王晓伟　孙英华　沈朋飞 张德标　王连祥　孙成强 陈芝清　徐　佳 巩祥光　贾真真（女）	李善祥　武　超　魏海峰 孙成强　沈朋飞　张德标 陈芝清　金　锋　邵会荣(女)
审计考核部	宋　陵 郑士东	董丽丽（女）	刘进峰
非煤产业 管理处	马先文 朱玉清 张俊宝	程永福　徐继伟　褚　凯	－
工程监督 管理处	张海涛	李占国	高建平　闫景臣　于善昌 王　峰　赵建中　刘双双 于　鑫　张　盼　邹　泉
组织人事部	何祥成 李安平	田　凯　李泽霖　王　伟 郑雨晴（女）	付贵刚　谢　静（女） 刘瑞华（女）
纪委监察部	田国志 翟建飞	邵　群（女）潘宗席	－
技术中心	刘春峰	邓晓刚　邵珠娟（女） 李俊楠（女）	王德民
大数据中心	崔希国	杨小栋（女）　陈　伟　段　刚 白晓楠　刘　扬　乔鹏飞 孙文其　王　朋　侯滨滨 宋元龙	－
工　会	刘厚福 吴　涛 邵长余	李德志　张传法　陈桂磊 李保刚　郭书雷　成海丁（女） 杨　芳（女）　王华英（女）	－
后勤保障部	赵太强	郭　波　宋永彬　王盟盟　孙佃银 刘志清　任秀文（女） 张　伟（女）　林　伟　陈长飞 刘国欣	

续表

处室与单位	负责人	供稿人	提供资料
机关党委 团委	陈立海	吴秀成 菅光超	—
煤质管理处	刘金顺	龙禄财 陈伟 肖庆丽（女）	高海涛 李明菊（女） 王秀亮 李宝明 蒋孝勇 王瑞 于永彬 王艳（女） 葛飞龙 刘大亮 王燕（女） 崔维兵
设计院	邢连军 任智德	李树凤（女） 李青晓（女）	邢连军 解玉德 张山 辛石磊 魏宗明 徐安全 赵燕燕（女） 付金阳 王文科
压煤搬迁办公室	朱玉清 张俊宝	王洪雪	—
救护大队	林英良	郭良宽	—
菏泽煤电公司	李安平 高志勇	王凤斌 时涛	王凤斌 孔庆玉 郭浩 杨以龙 王枭麟
上海庙公司	陈重	王新立	李游 陈成
古城煤矿	贾安强 董忠科	李洪光	摄影：陈宜勇
会宝岭铁矿公司	孙迎东	王慧超	摄影：郭圣刚
新驿煤矿（鲁西煤矿）	高志勇 李冰	孔令福 周芊如（女）	史军 摄影：张行 刘娟（女）
株柏煤矿	董凤广 杨现贵	刘纪玉 高艳辉（女）	摄影：程成 图片处理：李春凡
邱集煤矿	李东	田新正	郭景池
田庄煤矿	杨红树	金刚 董晓伟	陶然 董晓伟 张夏
山东玻纤集团	张善俊	高杰	武玉楼 尹占山 李国庆 张宗宇
永明煤矿	白云明	朱泓一 张利 梁瑞瑞	朱泓一
王楼煤矿	邵长余 张卫	陈培永 徐成凯 邵长水	郑天飞
澳大利亚公司	李孝利	解直锋 高壮壮	解直峰 高壮壮
物商集团	秦涛	徐良勇 马乐 董敬（女） 朱丽雯（女） 段鑫鑫（女）	邹学锋
技师学院	赵钦营	孟凯 李观东 张青春	孟凯